원시 불교 교단의 연구

佐藤密雄 지음

比丘 古天 釋慧能 옮김

부다가야

이 책은 1972년(昭和47年)에 간행된 佐藤密雄 著『原始佛教教團の研究』의 完譯版이다.

KHANGSER RINPOCHE
[LAMA UMZE, VICE ABBOT]
GYUTO TANTRIC MONASTERY

P.O. Sidhbari, 176 05
Dharamsala, Distt. Kangr
Himachal Pradesh, Indi

Ref. No.:.012024

Date: 09/04/2024

Foreword

Over 2,500 years ago, the Lord Buddha embarked on a lifelong mission to share the profound wisdom of the Dharma. The collection of the Buddhas teachings, is said to number 84,000 verses, rest upon three core pillars: discipline, wisdom, and concentration. Among the three pillars, discipline is considered to be the most important, with the Buddha himself emphasizing the importance of the Vinaya. As Lord Buddha said in Pratimoksha Sutra

Monks with all faculties, senses tamed,
Changelessly gone-forth for buddhahood,
Desiring definite liberation,
Always keep the pratimoksha.

The Tibetan Buddhism system emphasizes the importance of the Vinaya rule for monastics. The Vinaya is viewed as an indispensable pillar necessary to achieve enlightenment. The historical importance of the Vinaya in Tibetan Buddhism can be traced back to Master Atisha, an influential Indian scholar-monk who arrived in Tibet around the 11th century. Atisha revived the importance of the Vinaya, promoting stricter adherence and ethical conduct. Building on this foundation, the early 13th century Tibetan Buddhist Master, Lama Tsongkhapa, further stressed that following the Vinaya provides a crucial foundation for enlightenment. Simply put, there is no way to achieve enlightenment without adherence to the Vinaya rules. The Vinaya, is translated to mean "discipline" in Pali, serves as the foundation for monastic life. The Vinaya sets forth the rules for practicing ethical conduct, for the sake of providing a peaceful and harmonious environment within the Sangha. Understanding the Vinaya allows us to cultivate the proper ethical discipline needed to lead a peaceful life. This foundation is crucial for anyone embarking on the path to enlightenment.

This translation was made possible by the work of the Hyeneung Snim and makes this knowledge accessible to Korean readers. Through his work, Korean readers may now better understand the Vinaya, and reap the benefits it offers a compass for navigating the path towards a peaceful and liberated mind.

추천사

Ref. No.:012024

2,500년 전, 부처님께서는 불법佛法의 심오한 지혜를 전하는 필생의 전법을 펼치셨습니다. 그 가르침의 모음은 84,000 법문으로 이루어져 있습니다. 가르침의 세 가지 핵심 기둥은 지계持戒, 지혜智慧, 선정禪定입니다. 이 세 가지 기둥 중에서 계율이 가장 중시되며, 부처님께서도 계율의 중요성을 강조했습니다.

『별해탈경』別解脫經에서 부처님께선 이렇게 말씀하셨습니다.

> 모든 감각 기관을 다스린 승려들은,
> 성불을 위해 부지런히 정진하고,
> 완전한 해탈을 발원하며,
> 언제나 별해탈계를 받아 지녀야 한다.

티벳 불교 승단에서는 계율을 무척 중요시 합니다. 깨달음에 이르기 위해 계율은 필수불가결한 기둥으로 여겨집니다. 티벳 불교에서 계율의 역사적 중요성은 11세기에 티벳에 도착한 존귀한 인도의 학승인 아티사Atisha 로 거슬러 올라갑니다. 아티사는 계율의 중요성을 되살려 더욱 엄중한 수지와 계행을 장려했습니다. 이러한 토대를 바탕으로 13세기 초 티벳 불교의 큰 스승인 쫑카빠Tsongkhapa 는 율장을 따르는 것이 성취의 중요한 초석이라고 했습니다.

다시 말하자면, 계율을 수지하지 않고는 깨달음에 이를 수 있는 길이 없다는 말씀입니다. 빠알리pali 어로 율律을 뜻하는 비나야vinaya는 출가 생활의 기초가 됩니다. 비나야는 승가 내에서 평화롭고 조화로운 환경을 위해 윤리적 행동의 규범을 제시합니다. 이를 이해하면 평화로운 삶을 영위하는데 필요한 적절한 윤리 규범을 확립할 수 있습니다. 이 토대는 불도를 걷는 모든 이들에게 필수불가결한 사항입니다.

한국의 독자들이 사토미츠오 박사의 『원시불교교단의 율장 연구』라는 이 귀한 연구 성과를 접할 수 있게 된 것은 보리원 람림학당 원장 '석혜능 스님'의 번역 덕분입니다. 스님의 번역으로 한국 독자들은 이제 비나야를 더 잘 이해하고, 평화롭고 자유로운 마음으로 길을 안내하는 나침반을 제공받는 혜택을 누릴 수 있게 되었습니다.

2024년 4월 9일

[라마 움제, 부승원장] 규또밀교대학(上密院)

캉세르 린포체

서문

이 책은 남전 빠알리문 율장과 북전 한역 제부諸部 율장律藏에 의해 알려진 원시불교교단의 조직운영 방법과 그 행사 · 직무들을 밝히기 위해 기획한 것이다.

중국 등 동아시아의 전통적인 율학律學에서는 북전의 한역 제부 율장을 다루었는데, 율장의 전반에 속하는 경분별부經分別部, 즉 비구계를 해석하는 부분은 상세하게 연구되었다. 그러나 율장의 후반부인 건도부는 교단의 조직운영과 비구의 직무행사를 기록한 것인데, 이 부분은 한역의 여러 율장에도 혼란스럽게 생각되는 것이 있고, 그 때문인지 수계법이나 의발 · 자구에 관해서는 다소의 연구가 있었지만, 그 이외는 거의 연구가 없었다고 해도 된다.

「경분별부」에 대해서는 남북의 여러 율장은 그 중요한 점에서 일치하고, 또한 실천하기 위한 의미도 분명하며, 이는 실천의 성과를 동반하여 전해지고, 또 번역되었음을 알 수 있다. 이에 반해 「건도부」에 있는 규칙은 실제로 행해지지 않고, 오직 율장의 일부로서만 전송傳誦되거나, 또는 전지傳持된 것으로 보인다. 법현法顯이 스리랑카에서 전했다고 하는 『오분율』은 남전의 『빠알리율장』과 비교적 일치하는 부분이 있는 것으로 독해되지만, 다른 한역의 여러 율장에는 그대로는 의미가 통하지 않는 부분이 많다. 그러나 이런 부분들도 『빠알리율장』을 이용하여 해독하면 후자에 가까워져서 의미가 통할 수 있다. 예를 들어, 『마하승기율』 이외의 남북 여러 부파 율장의 제2결집에 대한 기사는 전부 하나같이 『빠알리율』의 「멸쟁건도」인 「현전비니법」 중의 위원회법 규칙에 따라 행해진 것처럼 기록하고 있다. 그러나 한역 여러 율장은 이러한 제2결집 기사를 가지고 있으면서도 그 현전비니 중의 위원회법에 대한 설명은, 『마하승기율』도 포함하여 혼란스럽고 난삽하여 의미를 통하기 어렵다. 그러나 이들 율장에, 위에서 말한 제2결집 기사가 기록되었을 때는 반드시 이 제2결집에 이용된 운영법, 즉 『빠알리율』과 같은 현전비니 위원회법을 가지고 있었다고 생각되므로, 그에 상당하는 부분을 『빠알리율』로 정리 해명하면 일단 『빠알리율』에 가깝게 의미를 통할 수 있다.

나는 일찍이 이 책의 주요 부분을 학위논문으로 제출했을 때 중국이나 한국 · 일본의 율장연구에 교단연구가 결여되어 있는 것은, ①중국이나 한국 · 일본의 어디에서도 율장에 있는 승가는 마침내 출현하지 않았고, 또한 출현할 수 있는 환경이 전혀 없었기 때문에 율장에서 말하는 승가를 이해하기 어려웠다는 점, ②한역 율장 건도부의 번역문이, 역자나 전래자의 이해 불충분으로 혼란스러워 난해한 것이 많으며, 특히 사분율종이 교단행사의 해석에 의용한 『십송율』에는 착오가 있고, 마찬가지로 『마하승기율』은 이해하기 어려운 난해한 문장으로 되어 있었다는 점, ③율장의 교단조직은 교주가 없는 철저한 민주적인 조직을 이루지만, 국가 정권의 보호 아래 발전한 한국 · 일본이나 중국의 불교에서는 이를 이해할 수 없었던 점 등 때문이라고 기록했다. 이 책은 이러한 의미에서 해명이 늦었던 율장의 건도부를 『빠알리율』을 기준으로 이해하고, 그 교단사상을 밝히고자 했던 것이다.

붓다의 초전법륜과 동시에 불교 교단의 창립이 있었으나, 그때 비구계는 없었다. 많은 사람이 알고 있듯이 이후 몇 년, 율장에 따라서는 십여 년이 지나 비구 가운데 출가자로서 마땅하지 않은 행위를 하는 자가 있고, 그 재범을 막기 위해 비구계의 제1회 제계制戒가 있었다. 이후 이른바 수범수제隨犯隨制의 방식으로 붓다가 입멸할 때까지 현존하는 2백여 비구계가 제정되었다고 한다. 그래서 이를 통해 비구계는 출가자로서 마땅하지 않은 행위의 금지라는 것으로 알려지지만, 그 행위를 마땅하지 않은 것으로 하려면, 그것이 마땅하지 않은 것으로 여겨지는 출가자의 계행이, 불교 비구도 행해야 하는 것으로서 먼저 존재했다는 것을 생각할 수 있다. 즉 비구계 이전의 계인데, 이를 출가계라고 부른다면 그것은 어떠한 것인가 하는 것이 이 책의 한 가지 생각이다.

붓다 시대에는 불교 비구도 포함하여 출가자가 일반적으로 행해야 할 출가계가 있었는데, 이를 행하는 것이 일반 사회에서 출가자로 간주되어 의 · 식衣食을 공양받고 살았다. 그러나 그 경우에 특별한 사람을 제외하고는 일반인은 출가자의 종교와 관계없이 공양했다. 세속적인 인연이나 그 밖의 특별한 관계에 따라서, 또는 경중의 차이는 있었다 하더라도 의 · 식의 공양은 출가자이기 때문에 이루어진 것이지 출가자의 종교와는 관계가 없었다. 그것은 일반인이 출가자에게 공양하는 것은 자신의 내세 행복에 이바지하는 행위이고, 출가자의 종교는 제각기 주장하는 바는 있다 하더라도 현세의 욕심과 내세의 생존을 부정하는 것으로, 전자와는 전혀 종교적으로 이질적인 것이었다. 그래서 일반인에게는 내세의 행복을 위해 공양의 대상이 되는 출가자의 존재가 필요했고, 출가자에게는 비생산적인 생활을 계속하기 위해 일반인의 공양이 필요했다. 그리고 이러한 관계에서는 일반인에게는 공양하여 효과가 있는 올바른 행지의 출가자가 요청되었고, 이에 따라서 출가자 쪽에는 『디가니까야』의 「계온품戒蘊品」에서 말하는 「신시[信施]에 의해 생활하는 사문 · 바라문」의 올바른 출가 행지를 보여주는 출가계出家戒가 있었다고 생각된다. 이 책은 이러한 발상에 따라 남전의 『디가니까야』 및 북전의 『장아함』 「계온품戒蘊品」에 있는 『범망경』이나 『사문과경』 등 13경의 대 · 중 · 소 세 가지 계戒는 비구계 이전의 「출가계」였다고 생각한 것이다. 물론 이것이 출가계 전체라고 해서는 안 되지만, 비구계가 성립되기 위해 예상되는 출가계의 전형典型으로서 마땅하다고 생각하여 그 논증에 힘썼다.

19세기 말 이래의 불교성전 성립사는 율장 바라제목차의 성립에서 비롯되지만, 그러나현존 바라제목차나 건도부의 수계 · 포살 · 안거 · 위의 등 제 건도의 각 부파 율장에 공통적인 것이 붓다 시대에 대부분 성립되었다고 하는 것은, 기존 경전 비평에서는 인정받기 어려운 점이다. 여기에는 예를 들어, 「위대한 붓다의 교단은 인격에 의한 감화가 있어, 세분화된 법규들은 필요하지 않았다.」는 생각도 크게 작용하고 있다. 그러나 최근 프라우바르너Erich Frauwallner의 개념은 건도부의 성립에 관한 것이지만, 종래의 사고방식보다는 다소 오래된 성립으로 보고 있다. 그 논증 방법도 현재까지의 경전의 고등비평 중에서는 오래된 성립으로 하는 논증에 적극적인 것처럼 보이며, 또한 제1결집과 제2결집 기사에 대해 긍정적이지만, 필자는 이에 찬성한다.

붓다의 승가 창설 초기에 세 깟싸빠를 따라서 집단 개종한 1천 명의 배화교도들과 사리불과 목건련을 따라 입단한 250명(혹은 500명이라고 하기도 한다.)의 산자야교도들이 있어 불교 승가가 급속히 강대해졌는데, 이럴 때 외도 출가자들의 대부분이 「위대한 붓다의 감화」에 의해 개종했다고 할 수가 있을까? 아마 그들 중에는 위의가 나쁘고 세상의 비난을 받는 일이 많은(MahāvaggaI,25. 1.) 자들이 있었을 것이고, 이들을 대상으로 하여 화상 제도가 제정된 것으로 보인다. 또한 걸식과 분소의 등에 대한 충고와 지도가 자주 이루어졌고, 더욱이 구족계를 받아 승단에 들어오는 것에 대한 엄중한 제한법이 초기에 필요해진 것이다. 그리고 붓다의 입멸 뒤에 제1결집이 개최되었을 때에는, 붓다의 수많은 꾸짖음이나 가르침의 말씀 중에서 중요한 것만을 거론하여 2백여 비구계나 건도부의 구족계를 받는 규칙 등의 골자로 삼았다고 보아야 한다고 생각된다. 물론 이 책은 종래의 일반학설을 인정하고 있기는 하지만, 한편으로는 지금 말한 바와 같은 것을 반성으로서 가지고 있는 것이다.

『근본설일체유부비나야잡사』를 제외하고 다른 율장의 경분별부나 제1결집의 기사도, 붓다의 최초 결계는 초전법륜 이후 몇 년 혹은 십여 년을 지나서, 비구 가운데 여성과 교분하는 것이 있으며, 그에 기초하여 현재의 바라이의 제1계, 즉 불음계가 결계結戒되었다고 한다. 이에 반해 이 『근본유부율』만은 결계의 제1과 제2는 중학법의 제1 「제정착열반승계」齊整著涅槃僧戒와 제2 「제정착삼의계」齊整著三衣戒의 2계이고,

이것이 5비구에 대해 제정되었고, 제3으로 「불음계」의 결계가 있었다고 한다. 결계의 처음을 5비구라 하니 초전법륜에 가까울 때일 테고, 그 무렵에 「삼의법衣法」이 있었는지도 의문이고, 일의 진실을 인정하기 어렵다. 그러나 이는 비구계의 발생은 대체로 이러한 발생 방법으로 성립되었다고 생각하게 하는 자료가 된다. 비구계 2백여 조항 중에서 약 150가지 이외는 경계輕戒인 중학법이고, 또 150중에서도 90바일제는 별인(別人:3명 이하)에게 죄를 참회하면 되는 것이며, 30사타도 물건의 부정 소지를 금하는 것이지만, 대부분은 승가에 제출하고 참회하면 그 물건은 다시 본인에게 반환되는 것이라, 4바라이와 13승잔법 이외에는 벌죄罰罪라 할 정도의 무거운 금계는 아니다. 그러니 현대의 생각으로는 가벼운 것으로 오히려 경계輕戒라 할 수 있다. 경계輕戒에 중계重戒와 같은 의미를 부여한 것은 계 · 정 · 혜 삼학의 형이상학적인 생각 이후의 일이다. 붓다 시대에도 이 정도의 충고적인 교훈은 이 외에도 다수 있었다고 보아도 무방할 것으로 생각된다. 이것이 교단의 창립 초기에 미교육자라고도 할 외도자外道者를 다수 집단 개종시킨 불교 승가에 대한 나의 생각이다.

아직도 나는 제1결집 이후에 신계新戒가 증보되었다는 생각에는 부정적이다. 붓다의 입멸 뒤에 계를 형식화하는 「정법淨法」의 발달이 있었다고 하더라도, 비구계를 증가시킬 수 있었을까 하는 의문이다. 계가 없으면 죄가 없다는 생각이 고착화되는 시대에 계를 늘린다는 것은 생각하기 어렵고, 제1결집 이후 독립된 수많은 현전승가를 통일하는 기관도 없었을 것으로 생각되므로, 거의 같은 내용의 현존 제 율장 원형의 성립은 제1결집으로 돌아가야 하며, 그 이후 각파에서도 율제

律制에 큰 변화를 가하지 않았다고 본다. 단, 이를 입증할 수 있는 것이 없지만 필자의 이 생각은 율장의 원형을 보다 조기에 성립했다고 보는 경향을 강하게 했다.

이 책의 초고에는 십여 년 전의 것도 많으며, 이를 출판함에 있어 최근 여러 학설을 덧붙여 새롭게 보충한 것도 많다. 히라카와 아키라平川 彰의 『율장의 연구』, 니시모토西本龍山의 『사분율비구계본강찬』, 프라우바르너의 『원시율장』, 파쵸우의 『제 계경의 비교연구』, 고클다스의 『불교승가의 민주주의』, 최근 개정인 둣트의 『원시불교교단사상』 등이다. 인용할 때마다 그것을 명기하였을 것이지만 탈락이 있다면 용서를 구하고 싶고, 많은 연구 성과와 학은에 깊은 사의를 표하는 바이다.

이 책은 소화昭和 37년1962년 문부성의 연구성과간행 조성비로 간행되었다. 간행 조성의 절차나 출판에 관한 모든 사무 및 교정은 대정대학大正大學 조교수 미야바야시宮林昭彦 군, 동 조교수 이시카미石上善応 군의 노력에 의한 것이고, 두 조교수에게 협력하며 교정에 참여해 준 사토佐藤成順 · 미즈타니水谷哲雄 · 세리카와芹川摶通 · 사토佐藤行信 등 제군이 있다. 글로써 사의를 표한다.

또 출판을 맡아주신 산희방불서림山喜房仏書林의 주인 아오키青木正雄에게 깊은 감사의 말씀을 드린다.

佐藤密雄

목차

• **추천사** - 캉세르 린포체 4
• **서문** - 사토미츠오 6

제1장 서설序說

1. 율장의 내용(해설) 23
   (1) 율장의 구성 23
   (2) 경분별부 26
      ① 비구분별 30
      ② 비구니분별 33
   (3) 5종 율장 경분별부의 동이同異 35
   (4) 건도부犍度部 Khandhaka 39
   (5) 부수附隨 58
   (6) 『빠알리율』의 부수附隨 59
   (7) 한역漢譯의 제3부 61
2. 율장과 붓다 입멸연대 66
3. 제2결집과 대합송의 전설 78
4. 두 번의 결집과 율장 88
   (1) 제1결집과 율장 88
   (2) 제2결집과 율장 97
5. 아소카의 전도와 부파율장 109

6. 『십송율』과 『근본유부율』 125
7. 율장 건도부의 성립 134

제2장 출가와 비구

1. 인도에서 출가 사문의 발생 151
2. 출가와 교단 166
3. 출가계와 비구계 185
4. 경분별과 비구계 199
5. 건도부와 비구계 213

제3장 비구의 입단入團과 의지依止

1. 선래비구수구善來比丘受具와 삼귀수구三歸受具 229
2. 10가지 수구受具 239
3. 백사갈마수구白四羯磨受具 258
(1) 계단戒壇 261
(2) 화상의 청걸請乞 270
(3) 교수사의 교계敎誡 274
(4) 백사갈마수구 280
(5) 사의사불응작四依四不應作의 교계敎誡 288
(6) 외도 · 사미 등의 수구자격 300
4. 화상 · 아사리법과 제자법 316
(1) 화상법 316
(2) 화상법과 제자법 323

제4장 승가의 조직

1. 불교승가의 조직 343
2. 현전승가 354
3. 결의의 형식(三種羯磨) 363
4. 무교주제無教主制와 파문破門의 불성립不成立 371
5. 집사인과 자산의 공유 392
(1) 집사인執事人 392
(2) 승가물僧伽物 404

제5장 승가의 쟁사諍事와 멸쟁滅諍

1. 네 가지 쟁사諍事와 멸쟁법滅諍法 415
2. 쟁론쟁사의 현전비니멸現前毘尼滅 434
(1) 『빠알리율』의 현전비니 434
(2) 한역 율律들의 현전비니 444
3. 쟁론쟁사의 다멱비니멸多覓毘尼滅 461
4. 교계教誡 · 범죄犯罪 두 쟁사의 멸쟁 478
(1) 억념비니憶念毘尼 479
(2) 불치비니不癡毘尼 482
(3) 멱죄상법覓罪相法 tassapāpiyasika 484
(4) 자언치법自言治法 493
(5) 여초부지법如草覆地法 498
5. 사쟁사事諍事의 멸쟁법 503
6. 판단 · 결정 505

제6장 승가에서 징벌갈마

1. 승잔죄의 복죄服罪와 출죄 513
(1) 별주, 마나타와 복사服事 513
(2) 별주의 반복과 본일치本日治 529
① 본일치本日治 529
② 합일별주合一別住 530
③ 각종 별주 532
2. 징벌갈마懲罰羯磨 538
(1) 고절갈마苦切羯磨 538
① 고절갈마의 인연과 대상 538
② 고절갈마의 행법[服事] 543
③ 고절갈마의 여법한 조건(法亂用의 억제) 546
(2) 의지 · 구출 · 하의갈마 548
① 의지갈마 548
(a) 의지갈마의 인연 548
(b) 의지갈마의 대상 550
(c) 행법 550
(d) 갈마의 여법 552
② 구출갈마 552
(a) 구출갈마의 인연 552
(b) 구출갈마의 대상 554
(c) 구출갈마 행법 556
(d) 구출갈마의 여법 557
③ 하의下意갈마 557
(a) 하의갈마의 인연 557
(b) 하의갈마 대상 562
(c) 하의 갈마 회과법 564
(d) 하의갈마의 여법 569

(3) 복발갈마 569
3. 세 가지 거죄갈마와 현시顯示 · 범단법梵壇法 575
(1) 불견죄거죄갈마不見罪擧罪羯磨의 인연 575
(2) 불참죄거죄갈마의 인연 577
(3) 불사악견거죄갈마의 인연 578
(4) 거죄갈마의 대상 584
(5) 거갈마의 행법 585
(6) 거죄갈마의 여법 · 불여법 587
(7) 거죄갈마와 학처 589
(8) 거죄갈마의 특종적인 의의 590
(9) 현시갈마顯示羯磨 pakāsaniyakamma 595
(10) 범단법 597

第7장 계경戒經과 안거安居 · 포살布薩

1. 바라제목차와 포살 603
(1) 비구와 바라제목차(戒經) 603
(2) 바라제목차(戒經) 610
(3) 과거 7불의 게계경 615
(4) 비구계바라제목차 631
(5) 바라제목차와 포살 638
(6) 포살과 바라제목차 653
2. 불교승가의 승원화 663
(1) 비구생활의 변화 663
(2) 비구주처의 변화 674
(3) 안거주처의 고정 683
(4) 자자自恣와 가치나의식 696

제8장 율제律制와 정법淨法

1. 네 가지 정통성[四大敎法]과 오정법五淨法 · 칠정법七淨法 713
(1) 네 가지 정통성 713
(2) 오정법五淨法과 칠정법七淨法 721
2. 제2결집의 10사事 734
3. 금전金錢과 정법淨法 748
4. 식사와 음식 763
5. 음식食의 정법淨法과 검개칠사儉開七事 777
(1) 정지淨地와 정주淨廚 777
(2) 검개칠사儉開七事 792
6. 의발 정법 798

제9장 불교의 의제衣制

1. 비구의 삼의三衣와 비구니의 오의五衣 809
(1) 분소의糞掃衣와 시의施衣 809
(2) 비구의 삼의와 작정법 822
① 삼의와 도천刀賤 822
② 삼의의 색천色賤 828
(3) 비구니의 오의五衣 837
2. 옷에 관한 비구계 849
(1) 「장의계」와 옷의 정시淨施 849
(2) 이의숙 등의 계 862
(3) 섭의계攝衣界 875
(4) 와구臥具와 견의絹衣 911

제10장 데바의 파승과 제1결집

1. 데바의 파승 935
(1) 승가의 현실적 모순 935
(2) 데바의 파승사 943
2. 제1결집 956
(1) 결집 준비 956
(2) 삼장의 결집 970
(3) 결집 후의 제 문제 986
① 소소계와 아난다의 문책회과 986
② 뿌라나이견과 범단 995

부 록

프라우바르너 제작 고건도古犍度에 대하여 1005
(1) 프라우바르너의 『원시율장』에 대하여 1005
(2) 원형 건도의 내용 1009
1. 수계건도受戒犍度(Pravrajyāvastu) 1009
2. 포살건도布薩犍度(Poṣadhavastu) 1012
3. 안거건도安居犍度(Varṣāvastu) 1014
4. 자자건도自恣犍度(Pravāraṇāvastu) 1015
5. 피혁건도皮革犍度(Carmavastu) 1016
6. 약건도藥犍度(Bhaiṣajyavastu) 1017
7. 의건도衣犍度(Cīvaravastu) 1019
8. 가치나의건도迦絺那衣犍度(Kaṭhinavastu) 1021
9. 구섬미건도拘睒彌犍度(Kośāmbakavastu) 1022

10. 갈마건도羯磨犍度(Karmavastu) 1022
11. 반다로가건도般茶盧伽犍度(Pāṇḍulohitakavastu) 1023
12. 인건도人犍度(Pudgalavastu) 1024
13. 자자건도自恣犍度(Pārivāsikavastu) 1024
14. 차설계건도遮說戒犍度(Poṣadhasthāpanavastu) 1024
15. 멸쟁건도滅諍犍度(Śamathavastu) 1025
16. 파승건도破僧犍度(Saṃghabhedavastu) 1025
17. 와좌구건도臥坐具犍度(Śayanāsanavastu) 1027
18. 위의건도威儀犍度(Ācāravastu) 1028
19. 잡건도雜犍度(Kṣudrakavastu) 1028
20. 비구니건도比丘尼犍度(Bhikṣuṇīvastu) 1029
21. 두 번의 결집兩度結集(Saṃghītivastu) 1029

律海心要攝頌附註 1030

원시 불교 교단의 율장 연구 - 영문 서문 1047

Notes 유의사항 - 사토미츠오 1050

쫑카빠 대사의「율해심요섭송」 1064

• **청정범행과 정법구주를 위하여** - 역자후기 1068

• **찾아보기** 1074

제1장

서설序說

1. 율장의 내용(해설)

(1) 율장의 구성

이 책에서 승가Saṁgha라는 것은 율장Vinayapiṭaka의 기술에서 볼 수 있는 불교 출가교단이다. 율장은 불교의 출가자 즉, 비구와 비구니의 생활을 규정하고, 금율禁律을 정하고, 승가의 조직이나 운영 방식을 기록하는 것이므로, 거기서 발견되는 승가는 당연히 「있어야 할」 승가이지, 반드시 역사적으로 「있었던」 승가는 아니라고도 생각된다. 그러나 율장의 규칙이나 성립 과정에서 볼 때 승가에 앞서 규율이 만들어지고, 그것에 근거하여 승가가 조직된 것은 아니다. 먼저 승가가 있고, 그 실제 운영상 필요에 따라 율장의 규칙이나 규율이 점차적으로 만들어진 것이므로, 율장이 규정하는 승가와 역사적으로 실재한 승가의 차이는 「이상과 현실」의 차이처럼 크게 어긋나지 않는다. 형식상으로는 율장에 기록하는 모든 것은 붓다가 제정하신 것, 즉 붓다소설佛陀所說로 여겨진다. 이는 한 번 제정한 것이 불필요해지거나 또는 개정을 필요로 하기에 이르더라도 폐기 · 개정되는 것을 불가능하게 한다. 그 결과 율장에서는 나중에 기술한 바와 같이, 신新 · 고古의 규칙이 병존하여 존재하게 되었다. 즉 율장 안에는 새로운 방법으로 처리되게 되어 이미 무효가 된 낡은 규칙이 있고, 또 이것도 나중에 말하지만 정법淨法이라는 특수한 방법에 의해서, 즉 규칙이 금지하고 있는 것을 그 금지에 언급하지 않는 방법으로 실행할 수 있도록 기록되어 있는 것도 있다. 이와 같이 율장은 일찍이 유효하였던 것이 지금은 무효한 규칙에서부터, 새로운 정세에 따라 나중에 증보된 것까지, 즉 오래된 붓다의 시대부터 이 율장을 전지한 부파의 새로운 시대 기록에 이르기까지 그 모든 것을 보유하고 있는 것이다. 그러므로 만약 유능한 역사의 안목을 가지고 살펴보면, 원시불교 승가와 그 후의 변화를 찾아낼 수 있는 자료를 간직하는 것이 현재의 율장이다.[1)]

율장의 문헌은 범梵 · 한漢 · 장藏 · 파巴 등 다양한데, 이 책이 주로 자료로 삼은 것은, 한역의 『사분율』 60권, 『미사색화혜오분율』 30권, 『십송율』 61권, 『마하승기율』 40권 및 남전의 『빠알리율』이다. 이 5부의 율장은 순서대로 법장부, 화지부, 설일체유부, 대중부, (남방)분별상좌부의 것으로, 현존하는 율장 중에서 이들 5부는 율장으로 완전히 성립되었다 할 수 있다. 이 밖에 한역에 18부 206권에 이르는 방대한 『근본유부비나야』가 있고, 그 다소 결여된 부분도 서장역의 완전한 것이

....

1) 프라우바르너Erich Frauwallner는 원시 교단의 규칙 조직 운영을 기록하는 율장 건도의 원형을 추급하여 이것이 제2결집 직전에 붓다 입멸 100년경 즉 기원전 4세기 전후에 존재하였음을 증명하고, 이 건도의 존재가 불교사에 최고 가치가 있다고 하고 있다.(Frauwallner;The Earliest Vinaya and the Beginnings of Buddhist Literature, p. 67, p. 131) 또 그는 제1장에서 『십송율』 · 『사분율』 · 『오분율』 · 『빠알리율』은 최소한 그 건도부는 아소카왕의 전도 때문에 전해진 것으로서 기원전 250년 아소카왕대의 비디샤Vidiśā 교회에 유행하고 있던 원본의 율장에 근거한다고 한다.(ibid. p. 23.) 그리고 그것에 이어지는 장에서 『근본설일체유부비나야』도 『마하승기율』도 『십송율』과 같은 원본에 근거한다는 것을 증명해 간다.

있어 보충할 수 있는데, 이는 어떻게 보면 설일체유부의 『십송율』이 『사분』·『오분』·『빠알리』 등과 같은 형태의 율인데 반해, 별도의 형태로서 전지된 것이라 율장 성립 역사상 중요한 자료이며, 또 특히 비유Avadāna 문학과 율장에 관한 것으로는 중요하다고 볼 수 있는 한 참조해야 한다.[2) 『유부율』은 잠시 제쳐두고, 그 밖의 5부 율장은 내용 항목이 대동소이大同小異하고, 그 '대동'의 점에서 공통적인 원형 율장이 추정되며, '소이'의 면에서는 각 부파가 분열 이후에 추가한 특이점을 볼 수 있는 것이다. 그래서 여기서는 주로 『유부율』 이외의 5부율의 공통된 부분에 주목하여 내용을 해설하기로 한다.

율장의 내용 구성에 대해 보면, 대중부의 『마하승기율』 구성에 관해서는 설명을 필요로 하는 것이 있는데, 다른 법장부의 『사분율』, 화지부의 『오분율』, 설일체유부의 『십송율』, 분별상좌부의 『빠알리율』에 대해서 보면, 어느 율장이나 3부로 구성되어 있다. 『빠알리율』의 항목

---

2) 프라우바르너는 주에 인용하였듯이 『십송율』과 『사분율』·『오분율』·『빠알리율』을 근본적인 것으로서 들고, 제2장에서 『대지도론』 100권 마지막(대정25권, 756쪽 c)에 있는 「첫째는 마투라국의 비니로서 아바다나 본생을 포함하여 80부이다. 둘째는 계빈국의 비니로서 본생 아바다나를 제거하고 단지 요점을 들어서 10부를 만든다.」라는 것을 인용하여 『근본유부율』을 마투라국Mathurā 율장, 『십송율』을 「계빈국Kaśmīr의 율장」이라 한다. 또 한편 『근본유부잡사』(대정24권, 408쪽 b-c)·『同 藥事』(대정24권, 37쪽 c이하)·『아육왕경』(대정50권, 149쪽 b이하) 등의 기사를 음미하여 계빈·간다라 유부교회는 아소카왕시대의 비디샤 교회로부터 전도된 것, 마투라교회는 고대 불교지대로 그 오래된 것은 아육왕의 비디샤 교회시대로 거슬러 올라가는 것으로 알려졌다. 그리고 계빈국의 율장인 『십송율』은 비디샤에서 전도된 것이고 『사분』·『오분』·『빠알리』와 함께 같은 원류의 것이 되고, 마투라국의 『근본유부율』은 『사분』·『오분』·『빠알리』·『십송』과 달리 독립된 것이 된다. 그리고 이 율이 아바다나 즉 비유담이나 본생담을 싣고 있고, 다른 율과 구조가 다른 것은 비디샤의 『십송율』등의 「원류 율장」이 마투라에 들어갔는데 거기에 마투라교회가 전하는 것, 즉 아소카왕 이전의 비유 본생이 포함되어 있는 것이라 볼 수 있다고 한다.(ibid, pp.24-40.) 그리고 건도 등의 구조에 대해서도 근본유부를 기본으로 한다.(ibid, p.3.)

으로 말하면, 제1부가 경분별Suttavibhaṅga, 제2부가 건도Khandhaka, 제3부가 부수附隨 Parivāra이다. 제1부의 경분별은 계경 즉 비구 · 비구니에게 금지된 계율 하나하나를 분별 · 해석하는 부분으로, 전통적인 율학으로 말하자면, 지지계止持戒 즉, 악행위를 금지하는 계를 밝히는 부문이다. 제2 건도부는 전통적인 율학으로 말하면 작지계作持戒 즉, 실행해야 할 규칙을 밝히는 부분으로 수계 · 포살 · 자자 · 안거와 같은 승가의 행위로부터, 비구의 의 · 식 · 주에 관해 지켜야 할 규칙을 적고 있다. 그리고 세 번째 부수附隨에서는 앞의 2부의 내용을 정리하여 요약하고, 또 중요한 것을 항목화하여 실천 · 기억하기 편리하게 사용하고 있다.

(2) 경분별부

먼저 첫째 경분별의 내용인데, 이를 각 율과 대조하여 보면 다음과 같다.

	『빠알리율』 Vinaya-piṭakaṃ	『사분율』 60권	『오분율』 30권	『십송율』 61권	『마하승기율』 40권
1. 經分別 suttavibhaṅga					
(1)	比丘分別 bikkhuvibhaṅga	初分	第1分	比丘律	比丘僧戒法
a	4波羅夷 4 pārājikā p.100	波羅夷 1-2권	波羅夷 1-2권	波羅夷 1-2권	波羅夷 1-4권
b	13僧殘 13 saṃghādisesā p.70	僧殘 2-5	僧殘 2-3	僧殘 3-4	僧伽婆尸沙 5-7
c	2不定 2 aniyatā p.8	不定法 5	不定法 4	不定法 4	不定法 7

d	30捨墮 30 nissaggiyā pācittiyā p.68	捨墮法 6-10	捨墮法 4-5	尼薩耆法 5-8	尼薩耆捨墮法 8-11
e	92波逸提 92 pācittiyā p.174	單墮法 11-19	墮法 6-9	波逸提法 9-18	單墮九十二法 12-21
f	4波羅提提舍尼 4 pāṭidesaniyā p.10	提舍尼法 19	悔過法 10	波羅提提舍尼法 19	提舍尼法 21
g	75衆學 75 sekhiyā p.18	百衆學法 19-21	衆學法 10	衆學法 19-20	衆學法 21-22
h	7滅諍 7 adhikaraṇasamathā p.1	七滅諍法 21	七滅諍法 10	七滅諍法	
(2)	**比丘尼分別** bhikkhunivibhaṅga	**第2分**	**第2分**	**尼律**	**比丘尼戒法**
a	8波羅夷 8 pārājikā p.12	尼戒法 八波羅夷法 22	尼律 波羅夷法 11	八波羅夷法 42	八波羅法 36
b	17僧殘 17 saṃghādisesā p.20	尼戒法 十七僧殘法 22-23	尼律 僧殘法 11	十七僧殘法 42-43	十九僧殘法 36-37
c	30捨墮 30 nissaggiyā pācittiyā p.15	尼戒法 三十捨墮法 23-24	尼律 捨墮法 12	三十捨墮法 43-44	三十事 37
d	166波逸提 166 pācittiyā p.88	尼戒法 178單墮法 24-30	尼律 墮法 12-14	178單波夜提法 44-47	141波夜提法 37-40
e	8波羅提提舍尼 8 pāṭidesaniyā p.3	八提舍尼法 30	尼律 悔過法	八波羅提提舍尼法 47	
f	75衆學 75 sekhiyā p.2		尼律 衆學法	比丘尼八敬法 47	
g	7滅諍 7 adhikaraṇasamathā p.1	[안은 필자의 삽입, 각 이름 아래의 숫자는 記載所用의 쪽 수 또는 卷數이다.]			

이 표의 페이지 수는 빠알리성전협회(PTS) 출판본에 대해 섭송을 제외한 본문만의 분량을 나타낸 것으로, 역어譯語는 남전대장경의 역어를 그대로 차용한 것이다. 또 한역의 『사분율』 등의 경우는 그 항목이 소재하는 권수를 나타낸 것이다. 따라서 이 표에 나타난 바와 같이, 경분별은 비구분별과 비구니분별의 두 가지 분별로 이루어져 있는데, 이는 분별 · 해석되는 계경에 비구계본과 비구니계본의 두 종류가 있고,

『빠알리율』에서는 비구계본에는 비구가 지켜야 할 금율, 즉 계학처戒學處가 227계이고, 비구니계본의 경우는 311계이다. 내용도 양쪽이 상당히 다르므로 이 양자를 분별 · 해석하는 데에도 양쪽이 따로 독립된 것이다.

그런데 경분별Suttavibhaṅga의 경Sutta이란 구체적으로는 비구와 비구니계본Pāṭimokkha 波羅提木叉의 내용인 계 또는 학처를 말한다. 계본은 계경戒經이라고도 번역되는데, 이에 대해서는 나중에 언급하겠지만, 이는 비구 · 비구니가 범해서는 안 될 금율禁律을 모은 것이다. 이 금율의 하나하나를 「계戒」 또는 「학처學處」라 하는 것이다. 그리고 경분별의 분별Vibhaṅga은 계 또는 학처에 대해 그 인연因緣 · 결계結戒 · 수결隨結 · 해석解釋 · 지범持犯의 다섯 가지를 상세하게 설명하는 것이다. 예를 들어, 비구의 극중죄가 되는 금율은 네 가지 바라이pārājikā인데, 그 첫 번째 부정계不淨(淫)戒에 대해서 보면, 이 계가 최초로 제정[結戒]된 원인이 「인연」이다. 이 계는 수제나Sudinna-Kalandakaputta비구가 그 어머니의 간곡한 부탁으로 아들을 얻기 위해 출가 이전의 아내[前妻=故二]와 관계를 한 사건이 있었는데, 이를 기회 즉 인연으로 삼아 붓다는 「어떠한 비구라 하더라도 부정법[不淨法:婬法]을 행하면 바라이로서 함께 살 수[共住] 없다.」라고 계를 제정하셨다. 바라이pārājika란 단두죄斷頭罪란 의미이다.[3] 이를 범한 자는 승단에서 추방[放逐]되고 재입단을 허락하지 않는 엄중한 죄가 된다. 이 경우는 계 제정의 원인이 된 수제나의 사건이 첫 번째의 「인연因緣」이

3) 바라이에 대해서는 예를 들어, 『사분율』(제1권)에서는 「어찌하여 바라이라고 하는가? 예를 들어, 사람의 머리를 자르면 다시 일어날 수 없기 때문이다. 비구도 역시 이와 같다. 그 법을 범하는 자는 다시 비구가 될 수 없다. 그러므로 바라이라 한다.」(대정22권, 571쪽 c)라고 했다.

되고, 이 인연으로 계가 제정된 것이 두 번째의「결계結戒」이다. 세 번째에「수결隨結」이란 한 번 결계된 계에 다시 새로운 의미를 두 번 또는 세 번 추가 보충하는 것을 말한다. 이 제1 바라이에서는 위에서 말한 결계가 있은 뒤에 원숭이[獼猴]와 성교를 한 비구가 있었기 때문에 앞의 결계문「부정법을 행하면」이라는 말 다음에「설령 축생과 행한다 하더라도」라는 말을 추가하여 수결해진 것이다. 또 그 후에도 수행심이 약한 비구가 여자와 성교한 사건을 인연으로 하여 새로운 수결이 있었는데, 그 결과 이 계는「어떠한 비구라 하더라도 비구의 학처를 받아 학처를 버리지 않고, 자신의 학습계율에 대한 취약성[戒羸]을 알리지 않고 부정법不淨法을 행하면, 심지어 축생과 행하는 것조차도 바라이죄를 범하는 것이므로 함께 살[共住] 수 없다.」라고 하게 되었다.[4] 따라서 이 계는 두 번의 수결隨結이 있었던 셈이다. 넷째,「해석」이란 이 계 문장의 문자 해석이다. 계문의 처음에 있는 '어떠한'이라는 말의 의미부터 시작된다. 그 해석 방법은 예를 들어, '비구'에 대해서는 '비구'라는 말의 일반적인 의미 즉, 비구라는 말을 사용하는 각종 비구를 열거한 뒤에「그 가운데 화합승의 백사갈마白四羯磨와 부동不動의 거룩한 님의 속성을 갖춘 비구, 이것이 이곳에서 의미하는 비구이다.」(『비나야삐따까-율장』「빅쿠비방가」1344쪽)라고 하며, 이 계에서 말하는 '비구'라는 말의 의미를 결정하고 있다. 다섯째 '지범持犯'이란 이 계에 저촉되어 바라이죄가 되는 범행의 각종 모양을 구체적으로 기술하고 또 형식상 동일행

4) 『사분율』제1권, 대정22권, 571쪽 a, 『오분율』제1권, 대정22권, 4쪽 b, 『마하승기율』제2권, 대정22권, 235쪽 c, 『십송율』제1권, 대정23권, 2쪽 a, Vinaya-piṭaka, Vol.I, p. 23 남전대장경 제1권, 36쪽.

위라도 정신적인 의미, 그 밖에 범죄가 되는 경우와 되지 않는 경우가 있음을 상세하게 기술하며, 금계를 수지하는 방법을 상세하게 해설하는 부분이다.

① 비구분별

경분별부는 금율禁律인 계의 하나하나에 대해, 위에서 언급한 것과 같이 인연 · 결계 · 수결 · 해석 · 지범의 다섯 가지로 분별하고 있다. 분별되는 계는 먼저 비구분별Bhikkhuvibhaṅga이다. 비구계는 바라이(4) 승잔(13) 부정(2) 사타(30) 바일제(92) 바라제제사니(4) 중학(75) 멸쟁법(7)인데 모두 8종 227계로 되어 있다.

그 가운데 첫째의 바라이 4계는 음행 · 살인 · 도둑질 · 과인법過人法을 얻지 않고서도 얻었다고 하는 대망어 등의 네 가지를 금하는 것이다. 바라이는 극중죄인데, 이를 범했을 때는 승가에서 추방당하고 영원히 비구가 되지 못하게 하는 극중죄이다.

둘째의 승잔僧殘은 위의 바라이의 뒤를 잇는 중죄의 금율이다. 이를 범한 자는 미미하게 승가에 살 여지가 남아있을 뿐이므로 '승잔'이라 이름 붙인다고 한다.[5] 여기에는 성범죄, 방일한 생활, 승가의 평화

5) 승잔(Skt. saṁghāvaseśa, Pāli. saṁghādisesa)은 범어에서는 僧(saṁgha) 殘(avaseśa)이 되지만 『빠알리』에서는 僧(saṁgha) 初(ādi) 殘(sesa)이 된다. 원어에 대해서는 각종 이론(cf. Rhys Davids; Pali-English Dictionary,"Saṅghādisesa")이 있는데 『십송율』에서는 「승가 대중에 殘이 있고, 승가 대중 앞에서 회과함으로써 滅을 얻는 것을 승가바시사라 한다.」(『십송율』제3권, 대정23권, 14쪽 b), 『오분율』은 「그 죄는 殘이고, 더군다나 인연이 있고, 오히려 다스려야 하는 恃怙가 있다. 승가 대중에서 除滅을 구할 수 있다.」(제2권, 대정22권, 10쪽 c)라고 하고, 『승기율』의 해석은 「승가바시사란, 승가는 4바라이를 칭하고, 바시사는 是罪余有로서 마땅히

를 해치는 행동을 금하는 13계가 있다. 그리고 이를 범한 자는 즉시 고백하면 6일간, 범하고 숨기고 있었다면 그 숨긴 일수에 6일을 더하여 승가의 한구석에서 별주別住 parivāsa하고, 그것을 마치고 난 후 20명 혹은 그 이상의 비구승가로부터 출죄를 허락받는다.[6] 그러나 상시 20인의 현전승가는 쉽게 성립하기 어렵고, 따라서 출죄도 할 수 없으므로 그런 의미에서 이는 상당한 중죄重罪이다.

셋째의 부정不定 aniyata이란 2계가 있는데, 이는 비구가 성적인 범죄를 의심받을 행동을 하여 여성 불교신자(우바이)에게 적발된 경우이다. 율장의 단죄는 모두 비구 자신의 고백에 근거하는 것인데, 이 부정만은 비구 자신의 고백이나 혹은 적발한 여성 신자의 단정에 의해 죄가 바라이나 승잔 혹은 그 이외의 경죄인지를 결정하는 것이다.

넷째의 사타捨墮 nissaggiya-pācittiya는 30계인데, 모두 의발 등 자구나 금 · 은 · 전 등을 부정하게 소지를 했을 경우의 죄이다. 이는 그 부정 소지물을 4인 비구 이상이 현전하는 승가에 내놓고 그 죄를 참회하여 출죄하는 것이다.

다섯째의 바일제波逸提는 92계가 있는데, 이는 망어 · 살생 그 밖의

....

갈마로서 다스려야 하므로 승가바시사라 한다.」(5권 대정22권 263쪽 b)라고 했다. 바라이는 無殘이라 하고, 이 승가바시사는 有殘罪라고 하는 생각인데, 『승기율』의 해석은 4바라이는 승가에서 고칠 수 없다는 의미를 말하는 것이므로 아마도 탈자가 있는 것은 아닐까? 『빠알리율』은 분명히 원어를 僧初殘이라 읽고 있고, 「승잔Saṃghādisesa이란, 승가Saṃgha가 그 죄에 대해 별주parivāsa를 명하고, 반복해서 시작하기보다ādi 懲罪를 받게 하여 마나타mānatta를 행하게 하고 그런 후에 복권 시키는 것으로서 數人 또는 한 개인의 所業이 아니므로 승잔이라 한다.」(남전대장경 제1권, 188쪽 번역문)라고 하고, 始ādi는 別住를, 殘sesa은 나중의 의미로, 별주 · 마나타 후의 복권을 가리키는 뜻으로 분별 되고 있다.

6) 출죄를 청하기 전 6일간의 별주는 마나타mānatta라고 불리며, 만약 죄를 범하고 복장한 경우에는 그 날수만큼, 마나타에 앞서서 별주하게 되는데 이를 別住Parivāsa라 한다.

비구로서 해서는 안 될 행적을 금하는 것으로 승가(4비구 이상) 또는 별중(別衆 ; 3인 이하)에게 고백 · 참회하여 출죄한다. 또한 앞의 사타捨墮는 니살기바일제nissaggiya-pācittiya의 역어이고, 이에 대응하여 지금의 바일제pācittiya를 단타單墮라고 번역하기도 하여 양쪽 모두 죄로서는 바일제(또는 墮) 죄이다. 다만 전자는 부정 소지 물품을 「버려야 한다」(nissaggiya 내어놓는)는 점이 달라서 사타捨墮가 된다. 또한 바일제는 3인 비구에게 참회해도 출죄하는데, 사타가 죄로서는 바일제인데도 4인 현전승가에 출죄를 구해야 하는 이유는, 버린 물품이나 금전을 처리할 수 있는 것은 승가뿐이기 때문이다.

여섯째의 바라제제사니는 4계가 있고, 비구가 비구니의 걸식으로 얻은 것을 그 비구니로부터 음식을 받거나 또는 재가의 초청식[招食] 중에 비구니의 주선으로 좋은 음식을 받거나, 승가에서 그 신자의 재산을 보호하기 위해 걸식을 휴지休止하고 있는 독신자篤信者에게 걸식하거나, 비구가 교통이 위험한 승원에 있으면서 걸식하러 나가지 않고 신자로부터 음식을 운반하여 받는 것을 금하는 것이다. 바라제제사니pāṭidesaniya란 「참회해야 한다」는 뜻으로, 네 가지 계 하나하나의 말미에는 「이 비구는 참회하며 "벗이여, 나는 비난할 만하고 합당치 않은 것으로서, 참회해야 할 법을 범했다. 나는 이를 참회한다."라고 말해야 한다.」라는 구절이 첨부되어 있다. 그러나 이는 「대수회對首悔」라는 방법으로 참회하는 것이고, 한 비구를 향하여 이를 행하면 출죄된다고 한다.

일곱째의 중학衆學은 75계가 있다. 중학sekhiya은 「학수學修」라는 의미인데, 옷을 입는 법, 식사 예절, 속인을 대하는 예절[行儀] 등의 위의작법을 주로 익히게 하는 것이다. 예를 들어, 제1계 착의着衣는 몸 전체를 덮으라고 하고「이 학수學修 sikkhā는 행해야 한다karaṇīa」라고 결구하고 있다. 그리고 이 결구는 75계 전부에 붙여져 있는 것으로, 이 점에서 볼 때 중학은 계라고 하기보다는 학수법學修法이라고 해야 하거나, 혹은 계라고 하기보다는 다음의 건도부에서 기술할 위의법威儀法의 종류이다. 따라서 이를 잘못하여 범한 경우에도 고의로 범했을 경우에는 상좌비구에게 참회하고, 고의가 아닌 부주의로 잘못한 경우는 마음속으로 참회하면 된다고 한다.

마지막 여덟째의 칠멸쟁법七滅諍法 : 7 adhikaraṇa-samatha-dhammā은 서두에 「쟁론이 발생할 때마다 이를 멸제하기 위하여」라는 말과 함께 승가 내의 분쟁을 진정시키는 일곱 가지 방법의 명칭이 나열되어 있을 뿐이다. 쟁론을 진정시키는 구체적인 방법은 제3장에서 기술한 바와 같이, 제2부 건도부의 『쭐라박가小品』(Cullavgga. IV)에 기록되어 있다. 그러므로 이는 계의 성격은 아니지만, 비구에게 분쟁이 있을 때 이에 따라서 진정시키는 것이란 의미에서 계와 마찬가지로 명칭을 열거한 것으로 보인다.

② 비구니분별

다음으로 비구니 분별Bhikkhunīvibhaṅga은 대체로 비구분별에 준하는 것이지만, 계의 수에 차이가 있어서 바라이(8) 승잔(17) 사타(30) 바일제(166) 중학(75) 멸쟁법(7)으로 합계 7종 311계로 되어 있다. 비구분별보다 항목이 한 종류가 부족한 것은 비구니계에는「부정법不定法」이 없기 때문이다. 계의 수가 비구보다 많은 것은 바라이와 승잔, 바일제이다.

예를 들어, 바라이의 8계에 대해 보면 처음 4계는 비구와 공통적인 계[共戒]이고, 비구보다 많이 있는 4계는 ①염심 있는 비구의 마촉을 낙수樂受하는 것 ②다른 비구니가 바라이법을 범하는 것을 덮어 주는 것 ③승가로부터 벌 받고 있는 비구를 따르려 하는 것 ④남자의 손을 잡는 것 등 여덟 가지 정욕적情欲的 행동을 하는 것을 금하는 것으로, 승잔이나 바일제의 경우도 포함하여 여성인 비구니를 비구 및 외부 남성의 유혹으로부터 보호하려는 것이다. 제2부 건도부『쭐라박가』제10 비구니건도(Cullavagga. X)에 따르면, 불교 비구니의 시작은 석존의 양모인 마하빠자빠띠摩訶波闍波提 Mahāpajapatī-gotamī의 출가에서 비롯된다. 하지만 석존은 여성출가자의 출현을 기뻐하지 않고, 비구니의 팔중법八重法 aṭṭha-garu-dhammā과 같은 엄중한 규칙을 마련하여 그 행동에 제한을 두어 허락했다고 전해진다.7)

그리고 석존은 여성의 출가를 허락했기 때문에 불교의「범행梵行:淨行이 구주久住하여 정법正法이 1천년 머문다.」고 하던 것이,「범행梵行이 구주久住하지 않고 정법은 오직 5백년 머물게 될 것이다.」라고 탄식했다고 전한다.8)

석존이 탄식했다고 여겨지는 것은, 사실 이 율장이 비구승가 중심의 것이고, 비구니 승가 같은 것은 비구 승가 타락의 원인이 될 뿐이

7) Cullavagga, X, 1, 4.(남전대장경 제4권, 380쪽 이하.)『사분율』제48권, 八盡形壽不可過法(대정22권, 923쪽 a-b)·『오분율』제29권, 八不可越法(대정22권, 185쪽 c)·『마하승기율』제30권, 比丘尼八敬法(대정22권, 471쪽 a-476쪽 b)·『십송율』제47권, 比丘尼八敬法.(대정23권 345쪽 c)

8)『사분율』제48권(대정22권, 923쪽 c)·Cullavagga, X, 1, 6.(남전대장경 제4권, 382쪽)

라고 생각하고 있음을 보여주는 것이다. 지금 비구니계의 수가 많은 것도 이 관점에서 이해해야 하고, 또한 인도, 스리랑카 및 그 계통에서 율장을 존중하는 불교권에서는 비구니 승가가 없어진 것도 이 점과 관계가 있다고 생각된다.

또 비구니 분별이 비구 분별에 비하여 계의 수가 많은데도 문장의 양이 오히려 적은 것은 비구와 비구니에게 공통적인 것은 겹쳐지므로 거듭 분별하지 않고, 특별히 비구니에게 있는 것만을 분별하고 있기 때문이다. 즉 바라이에서는 양쪽에 공통인 것이 4계이고 비구니에게만 특수한 것은 4계, 승잔에서는 공통인 것이 7계이고 비구니에게 특수한 것은 10계, 사타에서는 공통은 18계이고 비구니에게 특수한 것은 12계, 바일제에서는 공통인 것은 70계이고 비구니에게 특수한 것은 96계, 비구니 바라제제사니는 8계 모두가 비구니에게 특수한 것이다. 또 중학법 75계와 끝의 7멸쟁법은 모두 비구와 공통이다.

(3) 5종 율장「경분별부」의 동이同異

이상은『빠알리율』의 경분별부 내용을 해설한 것이다. 이 내용은『사분율』·『오분율』·『십송율』·『마하승기율』에 대해서도 대동소이大同小異하다고 할 수 있다. 이는 율장의 경분별부의 핵심이 되는「계본」이 공통의 원형으로부터 유래되었음을 나타내고, 또한 계를 분별하는 인연 · 결계 · 수결 · 해석 · 지범의 설법도 대부분 공통의 전승에 기초하여 행하여졌다는 것을 짐작케 한다.

경분별부 계의 총수는 비구 분별이든 비구니 분별이든 각 율장에 따라 다소의 차이가 있다. 먼저 비구 분별에 대해 살펴보면, 주요 계로 볼 수 있는 바라이 4계와 승잔 13계, 부정 2계, 사타 30계, 바라이제제사니 4계 및 멸쟁법 7계는 각 율에 공통으로 되어 있다. 바일제에 대해서는 『빠알리율』이 92계였던 데 반해 『마하승기율』은 동수이고, 『사분율』과 『십송율』은 90계, 『오분율』은 91계로 되어 있는데, 그러나 이 차이는 내용을 비교 대조해 보면 실질적으로 더 접근시킬 수 있는 것이므로 각 율과 거의 같다고 볼 수 있는 것이다. 다만 승잔 이하의 계의 배열순서는 많지 않으나 율에 따라서 전후가 바뀌어 있어서, 각 율의 전승 부파의 상이함을 보여 준다. 이것은 각파에서 기억의 필요 등으로부터 편리한 배열 구분을 한 것으로 생각된다. 각 율에 따라서 수가 크게 다른 것은 중학법으로, 이는 『빠알리율』의 75계에 대해 『사분율』과 『오분율』이 100계, 『십송율』이 107계, 『승기율』이 66계를 헤아리고 있다.[9] 이 중학의 내용은 『빠알리율』에서는 앞에서도 말하였듯이 삼의나 하의를 입는 방법에 대한 주의가 2계, 속가에 가는 행의가 24계, 식사 행의가 30계, 상대의 태도 등에 따라서 설법해서는 안 되는 경우가 16계, 대소변 행의에 3계가 있어서, 모두 다섯 종류 75계로 되어 있다. 『승기율』도 5종이지만 식사 6계와 속가에 가는 행의가 3계뿐이어서 『빠알리율』보다 적다. 『사분율』과 『오분율』과 『십송율』은 종류

---

9) 平川의 『율장의 연구』에서는 각파 율장에서 불일치한 것은 衆學法 뿐(433쪽)이라 하고, 그 원인의 하나로서 각 파의 「戒經」 말미에 바라이 등의 수가 나타나 있는데 중학법만은 나타내어져 있지 않고, 「많은 학법」sambahulāḥ śaikṣādha-rmāḥ이라는 점만을 지적하고 있다.(466쪽)

로서는 「사람 머리를 지나도록 나무에 높이 올라가서는 안 된다.」는 것의 1종 1계가 많고, 『사분율』만은 이 외에 불탑에 대해 존경을 잃지 않는 행의가 1종 26계 더 많다. 『빠알리율』에 비해 각 율의 각종 중학의 계의 수를 비교하여 나타내면 다음과 같다.

종 류	빠알리	승기	사분	오분	십송
옷을 입는 방법의 주의	2	2	2	10	16
속가에 가는 행의	24	21	25	40	41
식사의 행의	30	24	23	30	27
상대의 태도에 따른 不說法	16	16	20	16	19
대소변의 행의	3	3	3	3	3
나무에 오를 때 人頭를 지나는 것	0	0	1	1	1
불탑에 대한 행의			26		

이상에서 알 수 있듯이 『사분율』의 불탑에 대한 예절을 제외하면 대체로 공통 사항에 대한 학수學修를 요구하는 것이다. 그리고 이는 앞에서도 말했듯이, 금율로서의 계의 의미가 적은 것으로, 아마도 각 부승가의 풍속적 사정 등이 행의 작법의 구체적 방법으로 증감을 나타낸 것이라고 생각하지만, 불탑에 관한 것은 별도로 대부분의 수의 차이는, 예를 들어 『빠알리』 중학 제59계는 「칼을 가진 자에게 설법해서는 안 된다.」이지만 『사분율』에서는 「검을 가진 자」 제96계와 「칼을 가진 자」 제99조 두 가지로 되어 있듯이 개합이 다른 것도 있다. 따라서 각 율장과 수가 제각각일 정도로 내용이 서로 다른 것이 아니라 공통의 사상 위에 마련된 것임을 알 수 있다.

다음으로 비구니분별에 대해서도 비구분별과 같은 식으로 말할 수 있다. 우선『빠알리율』에서는 바라이를 8계로 하고, 그 가운데 앞의 4계를 비구와 공통계로 하는데, 이는『사분율』·『오분율』·『십송율』·『마하승기율』도 같다. 둘째, 승잔은『빠알리』·『사분』·『오분』·『십송』은 17,『승기』는 19,『근본유부』는 20이다. 비구와 공계인 계는『사분』과『오분』·『십송』·『빠알리』는 7계이지만『마하승기율』은 6계이다. 셋째, 사타는『유부율』33 이외는 각 율 모두 30이다. 이것도『사분』과『오분』,『십송』은 비구와 공통계가『빠알리율』과 마찬가지로 18계이고,『마하승기율』은 19계를 말한다. 넷째, 바일제는『빠알리율』은 166계이고 비구와 공통은 70계인데,『승기율』은 141계이고 공통 70계,『사분율』은 178계이고 공통 69계,『오분율』은 210계이고 공통 69계,『십송율』은 178계이고 공통 71계이다. 다섯째, 바라제제사니는『유부율』의 11을 제외하고 각 율 모두 8계로 한다. 여섯째는 중학인데『빠알리』는 비구·비구니 공통 75계였으나, 최근 히라카와平川 彰가 세는 방법에 따르면『승기율』은 77계이고 공통 64계,『오분율』과『사분율』은 비구와 공통으로 100계,『십송율』도 공통 107계로 되어 있다.

[비구니분별 숫자 가운데 특히 바일제와 중학법의 세는 방법은 제 비구니계본과도 관련하여 학자들의 대조표는 일치하기 어려운 것이 있으나, 지금까지의 여러 연구 가운데 최근의 것으로 가장 면밀하다고 생각되는 히라카와平川 彰의『율장의 연구』에 따라 필자 자신의 것도 정정하여 적었다.][10]

10) 平川, 前揭書 중「비구계경의 연구」(488-496쪽) 참조.

(4) 건도부犍度部 Khandhaka

제2부 건도부의 내용을 나타내면 다음과 같이 된다.

건도부犍度部 Khandhaka

『빠알리율』Vinaya-piṭaka	『사분율』 60권	『오분율』 30권	『십송율』 61권
『마하박가』Mahāvagga 大品			
1 대건도 Mahākhandhaka p.100	1 수계건도 31-35권	1 수계법 15-17권	1 受具足戒法 21권
2 포살건도 Uposathakkh. 36	2 설계건도 33-36	2 포살법 18	2 포살법 22
3 안거건도 Vassupanāyikakkh. 20	3 안거건도 37	3 안거법 19	3 자자법 23
4 자자건도 Pavāraṇakkh. 22	4 자자건도 37-38	4 자자법 19	4 안거법 24
5 피혁건도 Cammakkh. 20	5 피혁건도 38-39	6 피혁법 21	5 피혁법 25
6 약건도 Bhesajjakkh. 53	7 약건도 42-43	7 약법 8 식법 22	6 의약법 26
7 가치나의건도 Kathinakkh. 13	8 가치나의건도 43	9 가치나의법 22	8 가치나의법 29
8 의건도 Civarakkh. 43	6 의건도 39-41	5 의법 20-21	7 의법 27-28
9 첨파건도 Campeyyakkh. 22	10 첨파건도 44	(11 갈마법 23-24)	10 첨파법 30
10 꼬삼비건도 Kosambakkh. 22	9 꼬삼비건도 43	(11 갈마법 23-24)	9 구사미법 30
『쭐라박가』Cullavagga 小品			
1 갈마건도 Kammakkh. 28	11 가책건도 44-45	11 갈마법 23-24	11 반다로가법 31
2 별주건도 Pārivāsikakkh. 7	13 복장건도 46	17 별주법 28	12 승잔회법 32-33

3 집건도 Samuccayakkh. 35	12 인건도 45	(11 갈마법 23-24)	(12 승잔회법 32-33)
4 멸쟁건도 Samathakkh. 32	16 멸쟁건도 47	10 멸쟁법 23	15 멸쟁법 35
5 소사건도 Khuddakavatthukkh. 39	20 잡건도 51-53	14 잡법 26	17 잡법 38-41
6 와좌구건도 Senāsanakh. 32	19 방사건도 50-51	13 와구법 25	14 와구법 34
7 파승건도 Saṁghabhedakakkh. 27	15 파승건도 46	12 파승법 25	16 조달법 36-37
8 의법건도 Vattakkh. 15	18 법건도 49	15 위의법 27	(17 잡법 38-41)
9 차설계건도 Pāṭimokkhaṭṭhapannakkh. 16	14 차건도 46	16 차포니법 28	13 차법 33
10 비구니건도 Bhikkhunīkkh. 29	17 비구니건도 48-49	19 비구니법 29	(17 잡법) 41 18 니율중비구니팔경법 38-47
11 오백인건도 Pañcasaṭikakkh. 9	21 집법비니오백인 54	20 오백집법 30	19 오백비구결집삼장법품 60
12 칠백인건도 Sattasatikakkh. 14	22 칠백집법비니 54	21 칠백집법 30	20 칠백비구집멸악법품 60

[이 표 중 ( )안은 예를 들어, 『오분율』의 경우로 말하면 (11. 갈마법)은 명목상은 『빠알리율』의 갈마법에 상당하지만 내용상으로는 「첨파건도瞻波犍度」·「꼬삼비건도」·「집集건도」도 포함되기 때문에 표에 있는 것처럼 기재한 것이다.]

이 표에 『마하승기율』은 없으나, 이는 나중에 기술한 바와 같이, 형태를 달리하기 때문이다. 그리고 『빠알리율』·『사분율』·『오분율』·『십송율』의 상좌부 4율에 대해 살펴보면, 우선 첫째로 『빠알리율 마하박가』 제1 「대건도」는 불교승가로서는 가장 중대한 비구의 수구受具입단법을 적용하여 그 성립과정을 밝히면서 상세히 기록하는 것이며,

『사분율』·『오분율』·『십송율』도 내용에 있어서는 거의 같은 모양이다.

둘째로 「포살건도」는 네 가지 율 모두 승가의 포살회 행법에 대해 기록하는 것이다. 포살회란 반월마다 즉, 신월[초하루]과 만월[보름]에 일정 구역 내의 비구는 반드시 집합하여 계경[바라제목차]을 송출해야 한다는 것이다. 이 포살회의 성립이나 집합할 지역의 결정 방법, 집합의무자의 자격, 집회의 성립·불성립 등에 대해 다른 건도들도 마찬가지이지만 실례에 의해 구체적으로 설해지고 있다.

셋째, 「안거건도」는 네 가지 율이 모두 우기의 4개월 중 3개월을 모여서 생활하는 안거에 대해 기술하고 있다. 안거란, 우기가 전법傳法과 유행遊行에 적합하지 않으므로 일정한 곳에 모여서 수학·수행하는 것을 말하는데, 이 안거에 대해 전 안거(4월 15일~7월 15일)와 후 안거(5월 15일~8월 15일)가 있다는 것, 안거 장소의 조건, 안거 중의 행위에 대한 제한 등이 기록되어 있다.

넷째 「자자건도」는 안거를 끝냈을 때 행하는 참회식이다. 한 사람씩 결계 안의 전 대중 중에서 자기가 선택한 수자자인受自恣人에 대하여 자기의 행동에 대해 보았거나 들었거나 의문되는[見聞疑] 비행非行에 대해 주의·충고를 받고, 죄가 되는 것은 참회하는 의식인데, 이 의식에 대해 말하고, 또한 인원수와 질병 등의 경우에 대한 방법에 대해서도 언급하고 있다.

다섯째 「피혁건도」는 가죽제의 신발 등 가죽과 관련된 물건에 대해 기술되어 있다. 그리고 이 건도에서 주목해야 할 것은, 본래는 제1건도에서 설해야 할 「변지오중수구邊地五衆受具」가 여기에 있다는 점이다. 변방의 아반띠阿槃提 Avantī에서 온 쏘나꾸띠깐나首樓那億耳 Soṇakuṭikaṇṇa가 세존께 변지의 특수사정을 말씀드리면서 ①무거운數重 신발 ②자주 목욕하는 것[數數洗浴] ③짐승 가죽의 깔개敷具 ④주어지는 옷을 구할 수 없는 동안은 소지하는 일수로 세지 않을 것 ⑤지율자가 끼어있는 5인 비구로 수구受具 입단을 허락해도 된다는 다섯 가지 일을 청하여 허락받은 것을 기록하고 있다.[11] 이는 다섯 가지 일의 제1과 제3이 피혁이기 때문에 여기에 기록된 것으로 생각하는데, 본래는 대건도에 있어야 하고, 수구受具로서는 중대한 것이므로 「대건도」에도 전기轉記되어 있다.

여섯째 「약건도」는 약과 음식[食物]에 대해 허용되는 것과 그렇지 않은 것에 대해서, 또한 그 취득 방법에 대한 정법淨法 등을 상세하게 적고 있다. 『오분율』만은 약법藥法과 식법食法을 나누고 있는데, 약으로서 허락되는 것과 음식으로서 허락되는 것은 취득 · 저장에 차이가 있는 점에서 다른 율과 다르게 특별히 분류한 것으로 생각된다.

일곱째 「가치나의건도」는 그 내용이 확실하지 않으나, 안거 후 1개월 이내에 안거 동안의 정진에 대한 보답으로 주어지는 옷이다.[12] 그리고 이를 받으면 안거 후 삼의의 정비를 용이하게 하기 위해, 5개월간 외출과 옷과 음식에 대한 다섯 가지 금지되는 계율이 예외로 완화된다. 이 건도에는 그런 가치나의의 수법受法 · 제법制法 · 사법捨法 등이 기록되어 있다.

여덟째 「의건도」는 삼의와 그 밖의 옷衣 · 옷의 재료衣料 · 염색하는 방법染法 · 만드는 방법作法 · 저장 · 분배 등에 대해 기록하고 있다.

아홉째 「첨파건도」는 석존이 첨파Campā 지역에 있었을 때 승가에서

....

11) Mahāvagga. V, 13, 12-13. 남전대장경 제3권, 349쪽 이하. 본서 제8장 · 1참조.
12) 가치나의의 기원 기타에 대해서는 제9장 「불교의 의제」, 705쪽 이하 참조.

일어난 사건을 인연으로 삼으므로 이 이름이 있다. 내용은 무죄 비구를 빈척해서는 안 된다고 하면서, 거죄갈마의 바른 방법과 그렇지 않은 것에 관해서 기술하고 있다.

열째 「꼬삼비拘睒彌건도」도, 문제를 일으킨 비구가 꼬삼비Kosambī에 살았기 때문에 붙여진 이름이고, 이것도 어떤 비구 승가가 불화로 해서 양 파로 대립되었을 때 다른 승가의 비구나 신자가 쌍방을 평등하게 다루어서 화해하도록 하는 방법을 설한 것으로, 규칙에 따라 형식적으로 나누지 않고 시간에 걸쳐서 해결을 기대하는 것으로 되어 있는데, 율장으로서 드문 실제주의를 볼 수 있다.

『쭐라박가』의 첫째는 쟁론 등에서 다른 비구를 괴롭히는 비구를 승가가 결의하여 처치하는 7종 갈마에 대해서 적은 것으로, 갈마의 적용 · 복사服事 · 해제 등이 설해져 있다.

둘째 「별주別住건도」는 승잔죄를 범한 자의 구체적인 처벌인 별주 방법을 설하고 있다.

셋째 「집集건도」는 승잔죄를 범한 자에게 위에서 말한 별주를 주는 방법을 설하는 것이고, 경분별 중에 분별되어 있는 13승잔을 범계한 이는 이 집건도와 별주건도 두 건도로 실제적으로 처치복죄處置服罪를 시키게 된다. 따라서 이 두 건도는 같은 일을 처치하는 것이다. 『십송율』은 이 두 건도를 묶어서 이름도 사실에 근거하여 승잔회법僧殘悔法이라 하고 있다. 『오분율』에서는 별주법은 독립시켜서 『빠알리율』의 꼬삼비拘睒彌 · 갈마 · 집건도를 하나로 묶어서 「갈마건도」로 한다. 이는 「꼬삼비건도」의 승가의 분열 · 평화 시의 갈마, 갈마건도의 제 갈마, 집건도에 있어서 승잔죄의 처리 갈마에 주목하여, 갈마(결의 · 결재 · 처치)라는 점에서 일괄하여 하나의 건도로 한 것으로 생각된다.

넷째 「멸쟁건도」는 계경[바라제목차]의 마지막에 명목만 늘어놓고 있던 「칠멸쟁법」의 구체적인 방법을 나타내는 것으로, 승가 내의 쟁론을 멸하는 재판법과 같은 것이다. 예를 들어, 『쭐라박가』 제12 건도는 제2결집에 관한 기사인데, 문제의 10사事의 처리는 이 칠멸쟁법 중의 제1 현전비니의 위원회법을 행하여 쟁사를 판정 · 해결하고 있다.13)

다섯째 「소사건도」는 비구의 일상 필요품에 관한 것, 여섯째 「와좌구건도」는 비구의 주처나 방사 등 설비나 운영자에 관한 것, 일곱째는 데바提婆의 파승과 그 취급 처리에 대해서, 여덟째 「의법儀法건도」는 비구의 위의법을 객비구와 구주비구에 대해, 그 밖의 식법이나 걸식법에 대해서 적고 있다. 아홉째 「차설계건도」는 죄가 있는 비구가 포살에 참가하는 것을 막는 것을 설하는 것으로, 『마하박가』 둘째의 「포살건도」에 이어져야 하는 것이다. 죄가 있는 비구는 포살에 참가하는 것이 거부되는데, 이 거부에 대해서는 신중해야 함에 대해 여러 가지로 언급하고 있다. 열째 「비구니건도」는 석존의 양모 출가로부터 비구니 승가의 시작을 기술하고, 비구니의 출가법이나 비구니팔중법 등에 대해서 밝히고 있다.

열한 번째 「오백인건도」는 제1결집에 대한 기사이고, 열두 번째 「칠백인건도」는 제2결집에 관한 기사이다. 각 율 모두 제2결집의 10사의 처치를 위에서 말한 바와 같이 멸쟁건도 멸쟁법의 하나인 현전비니법 중의 위원회법으로 행하고 있음이 주목된다. 불교사의 기록에도 멸쟁

13) Cukkavagga, XII, 2, 7-9. 남전대장경 제4권, 455쪽 이하. 또 『사분』 · 『오분』 · 『십송율』등 상좌부계의 율은 처리 방법이 같다고 볼 수 있다. 제5장, 329쪽 이하 참조.

법의 사실적인 적용은 없으므로 그런 의미에서도 이 칠백인건도는 중요하다.

『마하승기율』에는 위에서 말한 것과 같은 건도부는 없다. 그러나 건도부에 상당한다고 보아야 할 것은 있다. 즉 제23권부터 제33권까지 11권의 잡송雜誦 14발거, 34 · 35권의 명위의법明威儀法 7발거가 그것이다. 다른 율의 건도부는, 예를 들어, 『오분율』에서는 전 30권 중 20권, 『빠알리율』에서는 전체 1869쪽 중 1044쪽을 차지하는데, 이 『마하승기율』은 전체 40권 중 12권에 지나지 않다. 잡송 · 명위의 21발거의 내용을 『마하승기율』의 게송으로 나타내면 다음과 같다.

[잡송발거雜誦跋渠]

(1) 구족함과 받는다고 이를 수 없음	具足不名受,
지만支滿과 청정하지 아니함	滿不淸淨,
갈마와 주는 일과 절복	羯磨及與事,
함께 말하지 않는 것과 쫓아내는 것	折伏不共語,
기쁘게 하는 것 등의	擯出發歡喜,
첫 번째 장 발거跋渠를 설하여 마친다.	初跋渠說竟. 23-24권[14]
(2) 거갈마와 별주	擧羯磨別住,
마나타와 죄에서 벗어나는 것[出罪]	摩那埵出罪,

14) 대정22권, 426쪽 b.

응함과 응하지 아니함과 수순함	應不應隨順,
타라타와 이주異住와 학회學悔	他邏咃異住,
죄상을 찾음 등	學悔覓罪相,
제2장 발거跋渠를 마친다.	第二跋渠竟. 24-26권[15]

(3) 남의 잘못을 거론하는 것과 죄를 다스림	擧他及治罪,
쫓아냄과 또한 이주異住	驅出幷異住,
스님의 일을 처리함과 전지의 일	僧斷事田地,
승방의 일과 5년의 큰 모임에 절함	僧房拜五年,
걸상과 요의 일과 공경하는 법	牀褥恭敬法.
이를 제3장 발거跋渠라고 한다.	是名三跋渠. 26-27권[16]

(4) 포살과 갈마	布薩及羯磨,
여욕과 설청정說清淨	與欲說清淨,
안거와 자자	安居幷自恣,
가치나의를 받음	受迦絺那衣,
가치나의가 아님	非迦絺那衣,
가치나의를 버리는 것	捨迦絺那衣,
안거를 마치고 옷을 베푸는 것 등	安居竟施衣.
제4장 발거跋渠를 마친다.	第四跋渠竟. 27-28권[17]

15) 대정22권, 442쪽 a.
16) 대정22권, 446쪽 c.

(5) 병에 약을 씀과 화상의 법	病藥和上法,
아사리와 공주共住제자	阿闍梨共住,
의지제자의 법	依止弟子法,
사미의 법과 발우의 법	沙彌法鉢法,
죽의 법과 떡과 나물의 법	粥法餅菜法,
보릿가루의 법과 여러 장의 법	麨法衆漿法,
소비라 장의 법 등의	蘇毘羅漿法.
제5장 발거跋渠를 마친다.	第五跋渠竟28-29권[18]

(6) 비니를 처리하는 일	比尼斷當事,
장애와 장애가 되지 아니한 것	障导非障导,
비구니와 안에서 잠자는 것	比丘尼內宿,
안에서 익히는 것과 스스로 익히는 것	內煮幷自煮,
생고기를 받음과	受生肉幷穀,
곡식을 스스로 취하고 뒤에 더 취함	自取後更受,
피정皮淨과 아울러 화정火淨 등	皮淨幷火淨.
제6장 발거跋渠를 마친다.	第六跋璖竟28-31권[19]

(7) 무거운 물건과 죽은 이의 옷	重物亡人衣,
어리석고 미친 이와 견불욕	癡狂見不欲,

17) 대정22권, 455쪽 a.
18) 대정22권, 464쪽 c.
19) 대정22권, 478쪽 b.

신시를 무너뜨림과 가죽신 壞信施革屣,
나막신을 신는 것과 몸을 문지르는 돌 著屐揩身石,
향 가루와 막대기로 낙낭을 메는 것 등 香屑杖絡囊,
제7장 발거跋渠를 마친다. 第七跋渠竟. 31권[20]

(8) 마늘을 먹는 것과 복발 食蒜幷覆鉢,
끈을 고리 지어 매는 것과 허리띠 鉤紐及腰帶,
말과 수레를 타는 것과 평상을 함께 쓰는 것 騎乘及同牀,
함께 앉는 것과 한 그릇에 함께 먹는 것 共坐同器食,
밥상 위에서 먹는 것과 여러 가지 색 등 食机種種色.
제8장 발거跋渠를 마친다. 第八跋渠竟. 31-32권[21]

(9) 살생하는 것과 사람의 고기를 먹는 것 爲殺食人肉,
안약과 안약을 넣는 통과 산가지 眼藥幷筒籌,
소가죽과 발을 문지르는 물건 牛皮揩腳物,
일산과 부채와 불자拂子 등 傘蓋及扇拂.
제9장 발거跋渠를 마친다. 第九跋渠竟. 32권[22]

(10) 외과수술과 물대는 통 刀治及灌筒,
머리를 깎음과 아울러 도구를 만드는 것 剃髮幷作具,

20) 대정22권, 483쪽 b.
21) 대정22권, 485쪽 c.
22) 대정22권, 488쪽 b.

화합하는 것과 화합하지 못하는 것　和合不和合,
5백 명의 비구와 7백 명의 비구　五百與七百,
간략하게 계율을 말한 뒤에　略說比尼後.
제10장 발거跋渠를 마친다.　第十跋渠竟.32-33권23)

⑾ 헐뜯음과 악공의 음악을 관람하는 것　毁呰觀伎兒,
화만과 아울러 거울의 법　花鬘幷鏡法,
짊어지는 것과 옷을 붙잡아 매는 것　擔持抄繫衣,
나무에 오르는 것과 스스로 불을 켜는 것　上樹自然火,
구리 발우와 회향의 물건 등　銅盂迴向物.
제11장 발거跋渠를 마친다.　十一跋渠竟.33권24)

⑿ 중생과 나무를 심는 것　衆生幷種樹,
땔나무를 쌓는 것과 꽃과 과일의 나무　薪積與華果,
심어 키우는 것은 1년을 허락하는 것　種殖聽一年,
죄와 죄 아님을 다스리는 법 등　罪非罪治法.
제12장 발거跋渠를 마친다.　十二跋渠竟.33권25)

⒀ 일곱 가지의 멸과 아울러 멸하는 일　七滅幷滅事,
조복과 조복하는 일　調伏調伏事,

23) 대정22권, 493쪽 c.
24) 대정22권, 495쪽 b.
25) 대정22권, 496쪽 c.

법을 듣는 것과 기름을 얼굴에 바르는 것　聽法油塗面,
분칠하는 것과 빗과 비녀로 긁는 것　粉刷梳以簪.
제13장 발거跋渠를 마친다.　十三跋渠竟.33권[26)]

⒁ 탑의 법과 아울러 탑의 일　塔法幷塔事,
탑의 감龕과 탑의 원　塔龕及塔園,
탑의 못[池]과 탑묘　塔池及枝提,
기악伎樂과 공양구　伎樂供養具,
향과 꽃을 거두어 검사함과 곤란[難] 등　收撿香花難.
제14장 발거跋渠를 마친다.　十四跋渠竟.33권[27)]

[明威儀法]

(1) 윗자리와 포살의 일　上座布薩事,
제2 상좌와 모두 그러한 것　第二一切然,
윗자리에게 식사 올리는 법　上座食上法,
제2 상좌와 모두 그러한 것　第二一切然,
화상께서 가르쳐 보임을　和上所教示,
공행 제자가 응당 수순하는 것　共行應隨順,
의지 제자도 법교法教를 수순해서　依止順法教,

26) 대정22권, 497쪽 b.
27) 대정22권, 499쪽 a.

제자가 응당 받들어 행하는 것의	弟子應奉行.
처음 장 발거跋渠를 마친다.	初跋渠竟 34권[28]

(2) 평상을 까는 것과 봄의 끝 달	牀敷春末月,
안거와 앉기를 이미 마침	安居坐已竟,
나그네로 온 비구와 전부터 사는 비구	客比丘幷舊,
모두가 또한 그러한 것	一切亦復然,
변소와 대소변	廁屋大小便,
치목의 제2장 발거跋渠를 마친다.	齒木二跋渠. 34권[29]

(3) 옷 띠와 발의 칸막이와	衣帶簾障隔,
방사와 콧물과 침 뱉는 것	房舍及涕唾,
발우의 감龕과 죽 먹는 것	鉢龕粥行住,
앉고 눕기 제3장 발거跋渠를 마친다.	坐臥三跋渠. 35권[30]

(4) 나그네 비구와 전부터 있던 이와	客比丘幷舊,
발을 씻는 것과 또한 발을 닦는 것	洗足幷拭足,
물을 깨끗이 하는 것과 마시는 법	淨水及飮法,
온실과 또 목욕하는 것	溫室亦洗浴,
부엌과 아울러 옷의 법도인	淨廚幷衣法,

28) 대정22권, 502쪽 b.
29) 대정22권, 505쪽 b.
30) 대정22권, 507쪽 b.

제4장 발거跋渠를 마친다.	第四跋渠竟.35권[31]
(5) 아련야와 마을에 사는 비구들이	阿練若聚落,
상대의 발에 예를 표하고 서로 문안하는 것	禮足相問訊,
서로 부르는 것과 찰리	相喚剎利種,
바라문과 거사와 외도	婆羅門居士,
현성賢聖의 무리의	外道賢聖衆.
제5장 발거跋渠를 마친다.	第五跋渠竟.35권[32]
(6) 내의內衣와 마을의 옷	內衣聚落衣,
마을에 들어가서 옷을 입는 것	入聚落著衣,
속인의 집과 옷을 아끼는 것	白衣家護衣,
앞의 사문과 뒤의 사문	前沙門及後,
대신 음식을 받는 것과 대신 갖다 주는 것	倩迎弁與取,
걸식과 더불어 서로 기다리는 것의	乞食與相待.
제6장 발거跋渠를 마친다.	第六跋渠竟.35권[33]
(7) 등을 켜는 것과 선장禪杖을 행하는 것	然燈行禪杖,
환丸을 던지는 것과 가죽신을 가지는 것	擲丸持革屣,

31) 대정22권, 509쪽 c.
32) 대정22권, 511쪽 b.
33) 대정22권, 512쪽 c.

니사단을 펴는 것과 기침을 하는 것	尼師檀謦欬,
재채기를 하는 것과 찡그리며 하품하는 것	嚏及頻申欠,
긁는 것과 방귀를 뀌는 것의	把搔及下風.
제7장 발거跋渠를 마친다.	第七跋渠竟. 35권34)

이상「잡송」14발거와「명위의」7발거의 21발거varga 즉 21품은 뒤섞여 있지만, 실제로는『빠알리율』등 각 건도의 문제를 취급하고 있다. 즉 잡송발거 문제를『빠알리율』의 22건도에 해당시켜서 보면,

[제1발거]는『빠알리율』의「대건도」즉「수계건도」에 상당하고, 다만 다른 부분은 수구갈마와 관련하여 절복 등의「갈마건도」에 있는 징벌갈마에 미치고 있다.

[제2발거]의 거갈마는「갈마건도」에 있는 것에 상당하고, 별주 등 셋은『십송율』의 승잔회법이고,『빠알리율』의「별주건도」와「집건도」에 상당한다. 응 · 불응應不應은 본문에서 볼 때「첨파건도」, 또 응應과 불응不應과 수순隨順은 여법갈마와 수자受者의 순법順法으로「갈마건도」중의 것에 상당한다. 이주異住는「꼬삼비건도」의 승가 분열에 상당하고, 다른 것은「멸쟁건도」에 있는 것에 상당한다.

[제3발거]의 거타擧他에는「첨파건도」의 첨파 비구의 이야기이고, 대부분은「방사건도」에 나오는 문제이지만, 그 가운데 이주異住는 데바닷따의 일이기 때문에 짧은 내용이긴 해도「파승건도」에 상당한다고 할 수 있을까?

34) 대정22권, 514쪽 a.

[제4발거]는 나열한 명목에 분명하듯이 포살 · 차遮포살 · 안거 · 자자 · 가치나의의 제 건도에 상당하는 것을 설명한다.

[제5발거]도 화상 · 아사리 · 의지제자법 · 사미법은『빠알리율』「대건도」 즉, 「수계건도」에 있는 것이고, 발법鉢法은 「소사小事건도」, 다른 것은 「약藥건도」에 상당하는 것이다.

[제6발거] 중의 단당사斷當事는 장문長文(대정22권, 464c-470중)으로 되어 있는데, 처음에 첨파비구의 비법갈마를 기술하고 있다. 예를 들어, 손타라난타가 취침 중 음녀에게 당했지만, 쾌락을 느끼지[受樂] 않았던 사건과 같이, 죄 · 무죄를 판정하기 어려운 문제를, 손타라난타 이하에 35가지 예를 들고 있다. 이는 건도라고 하기보다는 제3부「부수」에 들어가야 할 것으로 생각된다. 다른 것은「비구니건도」와「약건도」에 상당하는 것을 말하고 있다.

[제7발거] 여기에는「와좌구건도」에 드는 중물重物, 「의건도」에 드는 망인의亡人衣 :無常物, 「포살건도」에 드는 치광癡狂비구, 그 밖의「피혁건도」, 「약건도」 등에 드는 것이 설해져 있다.

[제8발거]는 먼저 마늘蒜食을 금하는 것을 설하는데,『빠알리율』이나 그 밖의 율의 건도에는 이를 금하고 있지 않는 것이고, 그 나머지는「잡사건도」에 드는 것이다.

[제9발거] 처음의 셋은「약건도」에, 그 밖은「소사건도」에 드는 것이다.

[제10발거] 도치刀治 · 관통灌筒은 「약건도」, 체발과 구具는 「소사건도」, 오백과 칠백은 각각 같은 이름의 건도에, 약설비니略說毘尼는 제3부의「부수」附隨에 들어가야 할 것이다.

[제11발거]는 비구에게 방류훼자方類毁呰나 관기악觀伎樂이나 신화薪火하는 것 등을 제지하는 것으로 중학법에 가깝고, 나무에 올라가는 법[上樹法]과 같은 것은 『사분율』·『오분율』·『십송율』의 중학법에 들어있다.

[제12발거]의 정인淨人 이하 씨앗 뿌리기[種殖]는 「와좌구건도」에 들어가는 것, 치죄법은 간단하지만 계본에 있는 금율을 총괄적으로 취급하여 죄와 비죄非罪와 치법治法을 기술하는 것으로 이것도 제3부 「부수」에 들어가야 할 것이다.

[제13발거]도 단문으로 칠멸쟁 · 사쟁사 · 오편죄의 명목을 들고, 이어서 도면유塗面油 등을 금하는 것을 설하는 것으로 이것도 제3부 「부수」에 들어가야 할 것이다.

[제14발거]는 불탑에 관한 기사로 공양법 등을 설하는데, 이는 위의법에 들어야 할 것으로 생각된다.

이상의 14발거와 다음의 명위의법은 다른 율의 건도부에 상당하는 것은 분명하다. 그러나 이 율에서는 이상 14발거에서 일단 건도부적인 결론을 지어서 다음과 같은 섭송을 말하고 있다.

구족과 거갈마	具足擧羯磨,
거갈마의 일과 아울러 포살	擧事幷布薩,
병의 법과 비니의 일	病法比尼事,
중요한 물건과 마늘을 먹음	重物及食蒜,
살생하는 것과 외과수술	爲殺幷刀治,
방편으로 받음과 중생	方便受衆生,
멸滅과 탑(偸婆)의 법은 뒤[後]이다.	滅偸婆法後.[35]

이는 위에서 든 14발거의 섭송으로 14사의 내용을 열거하는데 지나지 않는 것이지만, 이에 의해 『승기율』의 14발거 편성이 『빠알리율』 등의 건도 편성과 크게 취지를 달리함을 알 수 있다. 14발거 중에는 다른 율의 22건도에 취급되는 문제가 거의 들어있는데, 22건도는 수구受具 · 포살 · 자자 등의 표제 아래에 관계되는 것을 모으고 있다. 이에 반해 『승기율』도 다른 율과 마찬가지로 수구受具부터 시작되지만, 수구 백사갈마受具 白四羯磨의 설명에 관한 각종 갈마를 들고, 이어서 그 가운데 징벌갈마에 대해, 갈마의 응 · 불응에 관하여 기술하고 있다. 이러한 의미에서 자유로운 진행법으로 되어 있어서 다른 율과는 전혀 다른 것이 되어버린다. 그리고 이러한 입장은 경분별에 대해서도 말할 수 있는데, 예를 들어, 『빠알리율』등의 멸쟁건도에 상당하는 것은 잡송 제13발거나 그 밖에도 있지만, 실질적으로 다른 율의 멸쟁건도에 상당한다. 4쟁사와 그 7멸쟁법에 의한 조복을 구체적으로 상세하게 서술하는 것은 제12 · 13권이고, 이는 경분별부의 92바일제 제4 발쟁계의 분별 속에서다.36)

발쟁계는 정식으로 멸쟁한 쟁사의 재발을 금하는 계인데, 그 설명을 위해 쟁사 종류를 설명하며 멸쟁법을 상세하게 설한다. 다른 율에서는 쟁사나 멸쟁법은 멸쟁건도에서 기술하고 있다. 이에 의해서도 판단되듯이 『승기율』을 전한 대중부는 다른 상좌파上座派와 달리 율장 형식에 자유롭게 해설하고 증광하여 전한 것으로 생각된다.37)

다음으로 「명위의법」은 분명히 『빠알리율』등의 의법건도에 상당하

35) 대정22권, 499쪽 a.
36) 대정 22권, 327쪽 a-335쪽 b.

는 것이다. 내용은 『빠알리율』 등보다 상세하게 다루고 있는 항목도 많다. 이는 7발거에 걸쳐서 상세하게 『빠알리율』등의 의법건도에 없는 것, 예를 들어, 제1발거에 포살이나 식사에 있어서 상좌가 있는 것이나, 또한 사제간의 잡용의 세부까지가 상세하게 기술되어 있다. 또한 본 율에서는 여기에 기술되는 위의법에 위반되는 행위를 「월위의법越威儀法」이라는 죄명으로 부르고 있는데, 이것도 다른 율에는 없다. 먼저의 잡송 제2발거 중에 마나타의 출죄에 관련하여 월비니 13사事를 드는데, 그중에 위의 · 비위의 · 악위의를 들고, 그들 죄를 심생회비니心生悔毘尼라 하고 있으므로 「월위의법」이 「월비니」와 같은 것으로 볼 수 있다.[38]

또한 제35권 마지막에는 「위의와 중학衆學과 악한 마음을 초월하는 것[越惡心]과 무심無心하게 여인과 접촉하는 모든 심회법心悔法은 계율에서 위의법을 어기는 것[越毘尼]이다.」라고 했다. 여기에서는 「월위의越威儀」라고 해야 할 것을 「월비니越毘尼」로 하고 있다.[39] 그리고 여기에도 「위의 · 중학威儀衆學」이라 하고 있으나 「심생회비니心生悔毘尼」의 설명에도 「중학과 위의의 심념악으로서 고의가 아니게 여인에게 접촉하는 이러한 부류는 모두 심회心悔라 하고, 심생회心生悔라고 한다.」[40]고 하고 있다. 즉 위의법은 중학과 같은 성질의 것이라는 것이다. 이는 경분별부의 중학법과 건도부의 위의법과의 관계를 생각하게 하는 하나의 시점을 주

37) 프라우바르너Erich Frauwallner는 대중부의 이 건도부 편찬을 그들의 개조라고 보고 결국 실패라고 보지만, 그러나 옛날 자료는 잘 보존되어 있다고 한다. E. Frauwallner; The Earliest Vinaya, pp. 54, 55, and pp. 195-207.

38) 대정22권, 492쪽 a-b.

39) 대정22권, 514쪽 a.

40) 대정22권, 429쪽 b-c.

는 듯하다. 『승기율』의 중학법은 66계이다. 『사분율』100계, 『오분율』100계, 『십송율』107계, 『빠알리율』75계 등인데 비하여, 가장 적지만 「명위의법」은 소용되는 쪽頁의 분량을 보아도 『사분율』「법건도」(대정22권, 930c-936중) · 『오분율』「위의법」(상동 177a-180하) · 『십송율』「잡법」 일부(대정23권, 279중-290하)의 각각의 분량과 비교하면 『승기율』은 34 · 35권(대정22권, 499a-514상)에 걸쳐 있는 많은 분량이다. 이는 경분별부의 중학법은 계戒라고 하기보다는 위의작법에 대한 주의이고, 건도부의 위의법과 같은 성질의 것으로 생각된다. 그러므로 이런 측면에서 볼 때 양쪽은 합쳐서 생각해야 할 것으로 보인다. 부파에 따라서는 탑법塔法과 같은 것도 중학법이라 하는 것처럼, 많은 것을 경분별부에 채택함에 따라 위의법의 양을 적게 하거나, 다른 파에서는 탑법 등을 위의법에 넣어서 중학법의 양을 적게 하였던 것으로 생각할 수 있다.

(5) 부수附隨

율장 제1부 경분별은 상좌부계의 『빠알리』 · 『사분』 · 『오분』 · 『십송』의 각 율은 물론, 대중부의 『마하승기율』을 더해도 각 율장 사이에는 중학법을 제외하고는 대강에 있어서도 차이가 없었지만, 제2부 건도부에서도 상좌부계의 여러 율 사이에는 대개 일치했다. 상좌부계의 여러 율과 대중부의 『마하승기율』 사이에는 취급되는 문제가 공통임에도 불구하고 편성 형식은 매우 다른 것이 있었다. 즉 제1부에서는 각 율에 공통적인 원형이 보존된 것으로 보이고, 제2부에서는 내용 문제나 의미는 공통되지만, 「대중」·「상좌」 두 계통에서 그 공통 문제 등을 율장으로서의 정리·형식은 전혀 달라 그 형성은 양파 분열 이후의 독자적인 성립이거나, 또는 대중부의 개편임을 보여주는 것으로 보인다. 그리고 지금, 이 제3부의 부수가 되면, 그 의해야 할 제1부와 제2부의 문제가 각 율에 공통이기 때문에 당연히 공통인 것은 있지만, 그것을 고려해 말하면, 이 부수는 각 율에서 내용을 파악하는 방법도 묶는 방법도 각 파의 독립 이후에 각자의 견해로 각각 별도로 성립한 것이다.

『빠알리율』의 부수에 상당하는 것을 한역 율장에 구하면 『사분율』의 조부調部(제56·57권)와 비니증毘尼增(57-60권), 『십송율』의 비니송比尼誦 이하 5권(57-61권)부터 오백비구결집삼장법품(60권)과 칠백비구집멸악법품(60·61권)을 제외한 것이다. 제2부에서 말하였듯이 『마하승기율』의 잡송발거 마지막 부분은 이 부수에 상당하는 것으로 생각된다.

(6) 『빠알리율』의 부수附隨

먼저 부수Parivāra라는 말은 『빠알리율』의 제3부 명칭인데, 이는 19장으로 되어 있다. 지금 남전대장경 제5권의 역어에서 각 장의 제목을 적으면 다음과 같다. (1)대분별大分別 (2)비구니분별比丘尼分別 (3)발생의 개요[等起攝頌] (4)연속적 반복·멸쟁의 분석[無間省略] (5)다발부에 대한 질문

[問犍度章] (6)하나씩 점증하는 원리[增一法] (7)포살의 최초에 대한 답변·이유에 대한 해명[布薩初解答章] (8)시의 모음[伽陀章] (9)쟁사의 분석[諍事分解] (10)별도의 시 모음[伽陀集] (11)질책하는 자[呵責品] (12)작은 쟁사[小諍] (13)큰 쟁사[大諍] (14)가치나옷의 분석[迦絺那衣分解] (15)우빨리의 5법[優波離五法] (16)발생[等起] (17)두 번째 시의 모음[第二伽陀集] (18)땀을 유도하는 시[發汗偈] (19)다섯 개의 품[五品]으로 되어 있다. 이 가운데 (1)의 대분별Mahāvibhnga은 비구분별이기 때문에 (1)과 (2)를 합하여 율장 제1부 경분별의 요체를 설하고 있다. 부수 19장은 모두 P·T·S 로마자본으로 226쪽이다. (1)이 53쪽 (2)가 32쪽이기 때문에 이 점에서 봐도 이 두 장이 부수의 대표부문이라고 할 수 있다. 먼저 (1)장 대분별은 16절로 되어 있다. 처음 8절은 「독송도讀誦道에 의해 설한다.」라고 하고, ①어디에서 시설된 것인가(制處 : 제계 장소와 율전승 등) ②몇 가지 죄가 있는가(罪數:예를 들어, 부정법에 몇 가지 죄가 있는가) ③일탈(失壞 : 한 가지 범계가 戒壞·行壞·見壞·命壞의 몇 壞를 짓는가) ④포함(攝在 : 7취죄의 어느 것인가) ⑤발생(等起 : 신구의 어느 등기인가) ⑥쟁사(諍事 : 4종쟁사 어느 것에 속하는가) ⑦멸쟁(滅諍 : 7멸 중 어느 滅인가) ⑧집합(集合 : 1-7 종합에 의한 분별)으로 되어 있다. 8절 모두 경분별의 순서대로이고, 따라서 바라제목차 독송순으로 되어 있다. 이 8절에서 전체 53쪽 중 48쪽을 쓰고 있다. 뒤의 9-16의 8절은 「인연 이야기를 붙이는 절」이라 한다. 예를 들어, 「부정법을 행함에 따른 바라이는」이라는 식으로 나타내고, 1-8과 같은 「어디에서 시설된 것인가」 등의 표제로 같은 내용이(1-8절 48쪽을 5쪽으로 생략하여) 반복되고 있다.

(2)장 비구니분별도 같이 16절인데, 비구와 공통되지 않는 계에 대해서는 1-8절을 28쪽, 9-16절을 3쪽으로 기술하고 있다.

(3)장은 발생의 개요를 게송으로 범계를 신구의의 소등기所等起로 분별한 것이고, (4)장은 계 등을 오품칠취五品七聚 내지 7멸쟁 등의 법수로 분별한 것이다. (5)장은 각 건도에 있는 죄수罪數를 들고 있고, (6)장은 1법부터 11법에 이르는 증일법增一法에 범계와 그 밖의 것을 말하는 것이다.

(7)장 이하 13장은 모두 83쪽이다. 그 가운데 15장「우빨리문오법」에 28쪽을 쓰기 때문에 그 밖의 12장은 전부 짧은 글小文이다. 대체로 내용은 표제에 분명하지만,「우빨리문오법」은 자격 · 작법 · 조건 등의 5법으로 이루어진 것을 14절에 걸쳐서 약 150가지 정도 들고 있다.「우빨리문」이라는 표제는 한역에도 여러 가지가 있는데, 이「우빨리문오법」의 처음「의지품依止品」은 한역『우빨리문불경』의 시작(대정24권, 903페이지 a-b)과 일치하지만, 다른 것은 일치하지 않다. 그러나 한역『우빨리문불경』의 다른 부분(대정24권, 903중- 910중)은 이『빠알리율』부수의 (1)장 중의 ②죄의 수罪數에 가깝다. 또한 한역『선견율』은 말미에「대덕사리불문우빨리율오출품大德舍利弗問優波離律汚出品」(대정24권, 797a-800하)이 있다. 이는 32문답과 그 해설로 이루어져 있는데, 이 32문답은 지금 부수 제17절 제1 가타집에 있는 37문답과 거의 일치하고 있다.

(7) 한역漢譯의 제3부

한역에서『빠알리율』의 부수에 상당시킬 수 있는 제1은『십송율』

의 (1)증일법(48-51권) (2)우빨리문법(52권-55권) (3)비구(니?)송(56 · 57권) (4)이종비니급잡송(57권) (5)바라이법(57-59권) (6)승가바시사(59권) (7)비니중잡품(61권) (8)인연품(61권)과, 『사분율』의 조부(55-57권)와 비니증(57-60권)이다.

우선 『십송율』의 (1)증일법은 (a)처음에 상당하는 긴 서문과 같은 것(대정23권, 346a-352중)으로, 최초 여장한 남자의 수계문제부터 마지막 탑물 · 승물僧物 · 식물食物 · 응분물應分物의 호용 문제까지 율제상의 문제 66가지를 기술하고, (b)이어서 1법부터 10법까지의 첫 증일법(상동, 352중-369중)으로 최초의 1어사계一語捨戒 ; 佛을 버린다부터 마지막 10비법시十非法施 · 10비법수十非法受 · 10비법용十非法用까지의 각종 문제를 설하는데, 여기에서는 계의 오품칠취5品7聚적인 범죄는 취급되어 있지 않다. (c)이에 이어서 다음의 증일법增一法상동, 369중-378하이 있는데 이는 1법부터 11법까지이다. 이 중 1법부터 10법까지는 증일법을 이루고, 처음에 파승을 악도타惡道墮 1법으로 하고 10법 마지막은 결계 등의 각종 10리十利를 들고 있다. 그리고 11법에 상당하는 것은 증십일상增十一相이라 하고 있지만, 이를 증일법의 11법이라 하고 있지 않다. 한역에 『불설필추가시가십법경』41)이 있으니, 10법으로 끝내고, 마지막은 증십법增十法의 나머지 1법이라는 의미일 것이다. 여기에서는 예를 들어, 범한 것은[所犯]은 유위有爲이지 무위無爲가 아니라고 하고, 또 만일 화인化人을 죽이면 투란차를 얻는 것과 같은 문제가 문답형식으로 설해져 있다.

(2)우빨리문법(상동, 379a-409하)은 경분별부의 4바라이 · 13승가바시사 · 2부정 · 30사타 · 90바야제 · 7멸쟁 및 건도부의 수계 · 포살 · 자자 · 안거 · 약법藥法 · 의법衣法 · 가치나의 · 꼬삼비拘舍彌 · 첨파 · 반다로

41) 대정 24권, 956쪽 c.

가般茶盧伽 · 순행順行(승잔회법) · 차법遮法 · 와구 · 멸사滅事 · 잡사雜事 등의 각 법에 대해서 경분별이나 건도부의 설명으로 해결하기 어려운 경우를 들어 해설해 주고 있다. (3)비구송(比丘誦상동, 410a-423중)은 비니송毘尼誦이라 읽어야 할 것으로 생각되는데, 이는 예를 들어, 술어 해설과 같다. 처음 10종 구족 · 여러 가지 갈마의 하나하나 · 자숙自熟 · 악착惡捉 · 오백인집비니 · 칠백인집비니 등으로 끝나는 타법唾法 · 타기법唾器法 내지 치목법齒木法 · 괄설법刮舌法 · 적이법摘耳法과 같은 것인데, 말하자면 중학법과 같은 것이다. 또한 기탑법起塔法 · 공양탑법供養塔法 · 탑물무진塔物無盡과 같은 문제도 취급되고 있다. (4)의 두 가지 비니 및 잡송二種毘尼及雜誦(상동, 423중-424중)은 단문으로, 예를 들어, 율을 쟁비니諍毘尼:諍法와 범비니犯毘尼:犯戒로 나누는 것이 두 가지 비니二種毘尼이고, 잡송은 예를 들어, 장의長衣는 10야十夜 동안 가져도 된다는 「10야정十夜淨」을 비롯하여, 이런 종류의 정淨을 옷이나 지물, 포살, 출가 등의 햇수에 대해서 말하는 것이다. (5)바라이법(상동, 424중-442하)은 바라이법 하나하나에 대해서 여러 가지 경우를 들어 범 · 불범을 판결하는 것으로 장문으로 되어 있다. 앞의 (2)우빨리문법에서도 범 · 불범에 대한 문답이 있었으나, 그 경우는 단지 행상만을 들어 범 · 불범을 말하는 것이었다. 지금의 것은 경분별부를 약간 간단하게 한 형식의 문답으로 설하고, 범계와 비슷한 불범不犯의 실례를 많이 들고 있고, 우빨리문법과 대체로 중복되지 않는 문제가 제출되어 있다. (6)의 승가바시사(상동, 442c-445하)는 앞의 (5)에 계속되는 같은 방식의 것인데 13승잔에 대한 것이 대부분이고, 계속해서 부정 · 사타 · 단제單提 · 바라제제사니에 대해 간략히 언급하는 단문으로 되어 있다.

『십송율』에서는 이 (6)의 다음에 제1결집 기사[五百比丘結集三藏法品]와 제2결집 기사[七百比丘集滅惡法品]가 있는데, 어째서 여기에 들어있는지는 이해하기 어렵다. 그러나 원래 이 두 가지 기사는 각 율을 통해서 볼 때 율장 제2 건도부에 속하지 않는 별도의 것이고, 율장에 부가되어 전해지고 있었던 것으로 생각되기 때문에 하나의 재료가 된다고 생각된다. 또한 『십송율』 제60권은 선송비니서善誦毘尼序 권상(상동, 445a-453중)이라 하여 제1결집의 기사가, 제61권은 첫머리에 상동 권중卷中이라 하여 제2결집의 기사(상동, 453중-456중)가 있다. 다음으로 비니중잡품毘尼中雜品 제3이란 제목의 것(상동, 456중-461중)이 있고, 이에 이어서 비니서毘尼序 권하卷下가 있다. 그다음에 인연품 제4가 있고, 인연품(상동, 461c-470중) 문장으로 시작되어 있다. 따라서 이 60 · 61권 부분은 그 이전의 59권과는 별본으로 되어 있는 것처럼 보인다. 이는 『십송율』이 처음 3분의 2는 라집羅什과 불야다라弗若多羅의 것이고, 그 뒤 현재의 59권까지를 라집羅什과 담마류지曇摩流支가 번역하고, 60 · 61권은 그 뒤에 서역에서 온 비마라차卑摩羅叉가 번역하여 보충했다는 전설과 함께 생각해야 한다.[42] 그리고 그중에 (7)비니중잡품毘尼中雜品은 비구와 비구니의 전근轉根의 문제, 상응죄(相應罪 : 승잔 · 사타 · 단타 등), 불상응죄不相應罪도 소정의 참죄불능懺罪不能의 경우는 응급하게 심념구설心念口說로 정정情淨이 되는 경우가 각종의 예와 함께 기록되어 있고, (8)인연품은 의衣 · 약 · 식 · 소자구小資具 등에 대해서, 예를 들어, 무상물無常物 등의 소득처와 같은 것을 적고 있다. 이는 서역 지방의 율의 상법常法을 전하는 것인지도 모른다.

『사분율』의 부수에 상당하는 것은 (1)조부調部(55-57권)와 (2)비니증일

42) 『출삼장기집』 제3권, 新集律來漢地四部序錄, 대정55권, 20쪽 a-c.

毘尼增一(57-60권)이다. 먼저 (1)조부調部(대정22권971c-990중)는 우빨리가 질문하는 형식인데, 내용은『십송율』의 (5)바라이법과 (6)승가바시사를 합친 것에 가깝다. 다음으로 (2)비니증일(상동, 990중-1014중)은 1법부터 11 법에 이르는 11법을 설하는 것이다. 1법에는 예를 들어, 1어사계(一語捨戒:我捨佛)가 있고, 3법에는 세 종류의 도盜바라이를 설하고, 11법에 11어語의 사계를 설하는데, 또한 대계大戒를 주어서는 안 되는 13종인十三種人, 22가지 단사인斷事人의 자격 등에 관해 설명이 부가되어 있다. 이『사분율』의 조부調部와 비니증일毘尼增一은 율장 부수의 두 기둥을 나타내고 있다고 볼 수 있다. 즉『십송율』의 우빨리문법이나『사분율』의 조부(우빨리문의 형식이다)는『빠알리율』의 대분별大分別 · 비구니분별比丘尼分別이나, 한역『우빨리문불경』[43]과 같은 형식으로 경분별과 건도부의 요항을 간략하게 기록하는 것이다. 이에 반해『사분율』의 비니증일은『십송율』의 증일법이나『빠알리율』의 증일법과 같은 형식으로 1법부터 11법까지 법수에 의해 경분별과 건도의 요항을 정리한 것이다. 그리고『빠알리』의「우빨리문오법」이나 한역『불설필추오법경』[44]과 같이 5법으로 정리하는 것도 있다. 이는 증일법의 시작이 되는 것으로도 보일 수도 있는데, 좀더 조사 연구가 필요하다. 그리고 부수가 있는『십송율』,『사분율』,『빠알리율』중에서 언뜻 보기에 가장 불완전한 듯한『사분율』이 원형적인 성립을 하고 있고,『십송율』은 몇 개의 부수가 혼잡 중복된 듯하고,『빠알리율』은 원형이 정리되지 않아 복잡하게 분화된 듯하다. 그러나 이런 결론에 대해서는 역시 좀더 조사 연구해 보아야 할 것이다.

43)『우빨리문불경』, 대정24권, 903쪽 a-c.
44)『불설필추오법경』대정24권, 955쪽 a 이하.

2. 율장과 붓다 입멸연대

프라우바르너Erich Frauwallner 교수의 『원시율장과 불교문학의 시원始元』이라는 저서는 주로 율장의 건도부 성립을 연구한 것인데, 그 중 율장 건도부는 기원전 4세기 전반 원시불교 교단 자료를 이루는 것으로, 율장의 역사에 대해서는 물론 불교사 일반을 위한 자료로서 최고의 가치를 지니고 있다.[1] 이 자료를 다루는 방법에 대해서는 비판도 있지만, 종래의 중국이나 한국 · 일본의 율장 연구가 율장의 비구 · 비구니계를 밝히는 부분, 즉 율장의 전반부인 경분별부sutta-vibhanga에 중점을 두고 있었던 데 반해, 이 연구가 후반부 즉 교단 규칙을 중심으로 하는 건도부Khandhaka를 다루고 있는 것도 주목할 만한 일이며, 또한 건도부의 원형 - 그것은 현재 여러 율장에 거의 공통부분이 되는 것 - 이 기원 4세기 전반의 교단, 즉 원시불교승가의 자료를 이룬다는 논증은 더욱 주목할 만하다.

프라우바르너의 연구는 몇 년 전의 것이지만[2] 율장을 중심으로 한

1) Frauwallner, The Earliest Vinaya, p. 57. 프라우바르너의 율장 결집기사 등에 사실적인 견해를 중요시하는 것에 관해서는 예를 들어, 平川 彰, 『율장의 연구』(43쪽 이하 「결집전설가치와 원시불교의 정의」)참조.

2) 로마의 Is. M. E. O.에서 Serie Orientale Roma, VIII(1956)으로 출판되었다.

불교경전의 성립사는 전세기 말부터 올덴베르그와 리스 · 데이비드 두 연구를 출발점으로 하여 오늘에 이르고 있으며, 그러나 두 연구는 아직도 살아 있다고 할 수 있다.

올덴베르그는 1879년에 출간한 빠알리본 율장의 『마하박가』 서문으로 불교 경전의 성립 연대기를 다음과 같이 적고 있다.[3)]

> (1)계경Pāṭimokkha 발생, 법Dhamma 문학 최초. (2)현재의 경분별부Suttavibhaṅga에 있는 계경의 주석 형성. (3)경분별의 편성, 『마하박가』Mahāvagga와 『쭐라박가』Cullavagga의 작성, 경Sutta문학의 주요 부분 발생. (4)베살리Vesāli회의(제2결집). (5)왕사성Rājagaha회의(제1결집) 전설의 작성. (6)승가의 분열, 논장論藏 Abhidhamma의 기원. (7)화시성Pāṭaliputra회의(제3결집), 논사論事 Kathāvatthu의 편찬.

다음으로 리스 · 데이비드는 1903년에 출판한 『불교인도Buddhist India』 중에서 전자보다 한층 정밀하게 불교경전 성립 단계를 10단으로 나누어 다음과 같이 표기했다.[4)]

> (1)전경전에 반복해서 단문 또는 시 형식으로 나오는 간단한 말. (2)같은 말로 두 번 또는 그 이상 현존 경전에 나오는 삽화揷話. (3)계조戒條sīlas 빠라야나Pārāyana 의품義品 Aṭṭhakavagga 계경戒經 Pātimokkha. (4)디가長部 Dīgha 맛지마中部 Majjhima 앙굿따라增支部 Aṅguttara

3) H. Oldenberg; Vinayapitakaṁ, Introduction, p. XXVIII ff.
4) Rhys Davids; Buddhist Indis, 1903, p. 188.

및 쌍윳따相應部 Saṁyutta.의 4부경전nikāyas. (5)숫따니빠따經集 Suttanipāta 테라가타長老偈 Thera-Gāthās 테리가타長老尼偈 Therī-Gāthās 우다나自說 Udānas 및 소송경小誦經 Khuddaka-Pāṭha. (6)경분별經分別 Sutta-Vibhaṅga, 제 건도諸犍度 Khandakas. (7)본생경Jātakas과 법구경Dhammapada. (8) 의석義釋 Niddesa 여시어如是語 Itivuttaka 및 무애해無碍解 Paṭisambhidā. (9) 아귀사餓鬼事 Peṭa-Vatthu 천궁사天宮事 Vimāna-Vatthu 아바다나譬喩 Apadāna 소행장경小行藏經 Cariyā-Piṭaka 불종성경佛種姓經 Buddha-Vaṁsa. (10) 논장論藏 Abhidhamma bools 그 마지막의 것은 『논사論事 Kathā-Vatthu』이고, 최초의 것은 아마도 『인시설人施設 Puggala-Paññatti』일 것이다.

이상 두 사람의 연대기는 붓다 입멸 직후부터 아소카 왕 제3결집 즉, 남방 논장 중에 『논사論事』 편찬까지의 기간을 7단계 내지 10단계로 나누어 그 사이에 현존 경율론의 삼장이 성립되었다고 하고 있는 것이다. 이 두 사람의 경전성립사에 대해서는 일본학계의 혹독한 비판이 있었고, 오히려 그 비판이 일본학계의 경전사론을 이루고 있다고도 할 수 있다.[5] 그리고 올덴베르그와 리스 · 데이비드가 생각하는 연대의 규준이 되는 것을 보면, 두 사람이 서명하는 동방성서S. B. E.의 『율장』 제1권 서문에 의하면, 스리랑카 자료에 의해서 붓다의 입멸을 아소카 왕 즉위 218년 전인 기원전 483년으로 삼아야 하는데, 여러 가지 이유에서 이를 기원전 420-400년으로 낮춰야 한다고 한다.[6] 그리

5) 예를 들어, 和辻哲郎 『원시불교의 실천철학』 중 「근본자료 취급방법에 대해」, 宇井伯壽 『인도찰학연구제2』 「원시불교자료론」.

6) S. B. E, Vol. XIII, Introduction, pp. XII-XXIII.

고 베살리회의 즉 제2결집을 기원전 350년으로 하고, 『율장』의 주부主部인 경분별부Suttavibhaṅga와 건도부Khandhaka는 그 직전 기원전 360-370에 성립되어 있었다는 것이다. 지금 여기에서 두 사람의 경전 성립사의 차이나 그에 대한 비판을 떠나서, 두 사람이 생각하는 율장의 주요 부분인 경분별부와 건도부의 성립관을 보면, 제2결집 직전에 이 두 부분이 성립되었다고 하여, 기원전 4세기 중엽에 제2결집이 있었다고 할 수 있다. 그리고 이는 불멸 후 약 1세기만에 율장 성립을 생각하는 일본 학자의 생각과 통한다고 볼 수 있다. 다만 알려진 바와 같이 일본 학계에서의 불멸연대론은 서양 학자와 같은 것과 그보다 약 1세기 내리는 것도 있어 반드시 일정하지는 않지만, 그 사실은 나중에 서술하겠다.

지금까지의 일본의 경전 성립사를 일신시킨 연구는 대정 14년에 발표된 우이宇井의 「원시불교자료론」이었다. 그리고 특히 율장에 대해서는 그 뒤에 이 우이宇井의 설에 이론을 덧붙여 확충한 논문이 와츠지和辻哲郎의 「근본자료의 취급 방법」이다. 이 두 논문은 널리 알려진 바이지만 지금 와츠지和辻의 논문 일부를 인용하여 두 가지 율장성립의 사고방식을 보면 다음과 같다.[7]

(1) 붓다와 그 직제자가 지배할 수 있는 원시승단에 대해서는 율장으로부터 직접적으로 어떤 것도 알 수 없다. 단 후대의 형식화된 교단 규정을 통해 그 원류로서의 원시승단을 해석해 낼 수 있을 뿐이다.

7) 和辻哲郎 『원시불교의 실천철학』 83쪽-85쪽.

(2) 승단생활이 형식적으로 고정되기 시작하면서, 일찍이 내적으로 이해되었던 것이 외적 규정으로서 나타나면서 동시에 바라제목차 및 여러 가지 의식이 점차 형성되었다. 이 시기에는 입단자가 반드시 성실한 구도자만은 아니라는 상태를 나타내고 있다. 이는 승단 생활이 현세적으로 유력해졌기 때문이며, 이것이 아소카 왕보다 얼마나 오래됐는지 의문이다.

(3) 바라제목차 및 의식은 승단 생활의 고정 정도가 진행됨에 따라 더욱 상세해져 거의 현재의 것과 같게 되었다. 이때 의식衣食을 위해 입단하려는 자를 막는 방법에 대해서까지 극명하게 강구되고 있다. 아마도 아소카 왕 시대에 속하는 현상일 것이다. 그러나 이 시기에 거의 완성된 것으로 보이는 승단의 규정은 아소카 왕의 칙령에 나타난 도덕적 정신보다도 오히려 한층 고정도가 현저하다. (중략)

(4) 상세하게 규정되어 송출되는 바라제목차 및 승단에서 실제로 행하는 의식에 대해 주석 및 인연담이 발생했다. 승단의 규정에 대한 반항反抗은 이미 (3)안에 분명하게 남겼으나, 주석이나 인연담은 이 반항에 맞서 승단에 붓다에 의한 권위를 부여하려고 했다.

(5) 승단 규정, 그 주석 및 인연담이 편찬된다. 이 시기에는 부파의 차이가 점차 나타나기 시작하여 부파에 따라 편찬 방법을 달리했다. 그러나 그 차이가 심하지는 않다. 『사분』『빠알리』의 계통, 『십송』의 계통 및 『승기』의 계통이 서로 갈라지기에 이른 것은 이 시기일 것이다.

(6) 부파를 달리하는 승단에 있어서 주석, 인연담이 점차 상세하게 발달한다.

(7) 부파 대립이 더욱 현저해져 현재와 같은 여러 이본異本으로 나누어지기에 이르렀다. 이는 아마도 서력기원 후에 속할 것이다.

이 가운데 (3)에서 「바라제목차 및 의식은 승단 생활의 고정도가 진행됨에 따라서 점점 상세하게 되어 거의 현재의 것과 같은 형태로 되었다.」라고 보는 것은, 아마 제부 율장의 원형이 되는 경분별부와 건도부의 성립에 상당하는 것으로 보아야 한다고 생각된다. 이렇게 하면 다음에 기술하듯이 우이宇井 연대론에서는 아소카 왕은 붓다 입멸 100년이기 때문에 약 100년 만에 「거의 현재의 것과 같은 형태로 되었다.」는 것이 된다. 이는 서구학자와 마찬가지로 율장 원형의 성립을 붓다 입멸 후 1세기로 하는 설이 된다. 그리고 우이宇井 연대론에서는 제2결집은 붓다 입멸 제100년이고, 아소카 왕 즉위 직전이다. 우이宇井는 「원시불교자료론」에서 「700인 결집에 있어서 율이 제1결집 위에, 그 뒤 증대된 것까지도 송출되어 일단의 확정을 보았을 것이다. 그 이후에도 더욱 이러한 것들의 정리가 진행되어 마침내 현재 각 광율의 원형체가 이루어진 것이다.」라고 하고 있다.[8] 이에 따르면 제2결집에서 일단의 정리된 율장이 이루어졌고, 그 후 다시 정리되어 원형 율장이 만들어졌으며, 그에 따라 현재의 각 율이 성립되었다고 한다. 이것은 올덴베르그 등이 제2결집까지 율장이 성립되었다고 하여, 그 후 대부분의 것이 이를 받아 제2결집 직전에 원형 율장의 성립을 보는 것에 비

8) 宇井伯壽『인도철학연구제2』. 182쪽.

해 다소 성립을 늦게 보고 있는 셈이지만, 그렇다고 대동으로 보는 것을 방해하지는 않을 것이다.

이상에서 언급한 바와 같이 율장 성립사에 대한 올덴베르그 등의 논리는 『빠알리율장』에 대해 서술한 것이지만, 이를 오늘날의 학계에서 말하는 현재 제부 율장의 원형이 된 것으로 생각하면, 동서 학계의 지난 세기 말부터의 연구는 원형 율장의 일단 성립을 제2결집에 두고 있는 셈이다. 그래서 제2결집의 연차가 율장성립 때라고 볼 수 있는데, 그러나 이 제2결집의 연차를 산정하기 위한 불멸연대론은 특히 일본학계에서는 1세기나 오르내리는 매우 불안정한 상태에 있다.

붓다 입멸 연대론은 올덴베르그로부터 오늘날까지 아소카 왕 즉위 연대를 기본으로 한다는 데 동서의 학계는 일치하고 있다. 올덴베르그, 리스 · 데이비드는 아소카 왕 즉위를 기원전 267년으로 했는데, 이것을 우이宇井는 광범한 자료로부터 산정하여 기원전 271년이라고 보고, 이는 아무리 변동해도 2년 정도를 오르내릴 뿐이라고 보았다. 그러나 이에 반해 나까무라中村 元의 최근 연구는 268년으로 하는 편이 좋다고 했다.[9]

불멸연대를 정하는 것은 이 아소카 왕 즉위가 붓다 입멸 후 몇 년이었는지를 결정하는 것인데, 이것을 북방전설에 의해 붓다 입멸 제100-116년째로 볼 것인지, 『도사島史』 등의 스리랑카 전설에 따라 붓다 입멸 제218년째로 볼 것인지에 따라 붓다 입멸 연대에 약1세기 정도 차이가 생긴다. 우이宇井는「붓다 입멸연대론」에서 주된 서양학자의 설을 아홉 가지 들고 있는데,[10] 모두 기원전 480년 전후이고, 우이도 서

9) 中村元 『마우리야왕조의 연대에 대해서』 소화 34년 4월간 『동방학』제1집 소재.

양학자의 설에 대해 「480년 전후에서 움직이지 않는다고 보는 것이 대부분 통설이다.」라고 되어 있다. 그리고 최근에도 1930년 야코비 교수의 정정 연대도 기원전 484년으로 되어 있다.[11]

이에 대해 일본학계의 설 중에서도 중성점기衆聖点記에 기초하여 제1결집에서 우빨리가 율장을 결집한 해를 기원전 485년으로 보는 것이 서구학자 설과 일치한다. 이 중성점기설은 아소카 왕의 즉위연대를 따지는 것이 아니라, 제1결집에서 우빨리가 율장을 결집한 해부터 시작하여 매년 안거를 끝내고 자자自恣를 행할 때마다 1점一點을 내려 전지傳持하였는데, 그것이 제齊 나라 영명 7년(실은 8년)에 975점을 얻었기 때문에[12] 제1결집의 해는 기원전 485년이 된다는 것이다. 이는 붓다 입멸을 기원전 480년으로 보는 것과 비슷하며, 그러나 이것은 아소카 왕의 즉위연대나 아소카 왕과 붓다 입멸의 기간에 관계 없이 독자적인 방식으로 이루어진 것이다. 또 그 점의 숫자도 전하는 것과 같다면 가장 정확하게 햇수를 세는 것이고, 이것이 서양학자가 중시하는 아소카 왕 즉위부터 스리랑카에 전하는 218년을 거슬러 산출한 연차와 대체로 일치하는 점에서, 일본에서도 붓다 입멸을 기원전 480년 전후로 하는 설을 신뢰할 수 있는 유력한 받침으로 삼고 있는 것이다. 그러나 이 설에 대해서 이미 『개원석경록』은 이 설이 『선견율』과 함께 구체적으로 전해진 소전인 점을 지적하고 『선견율비바사』 찬집 후의 소전으로 의심을 모으고 있다. 즉 『선견율』이 5세기 중엽에 스리랑카에 온 붓

---

10) 宇井伯壽, 전게서, 116쪽.
11) 平川 彰, 『율장의 연구』 29쪽 참조.
12) 『출삼장기집』 제11(대정55권, 82쪽 a), 『역대삼보기』 제11(대정49권, 95쪽 b).

다고싸Buddhaghosa 覺音가 지은 『빠알리율』의 주석이라는 것이 명확하게 여겨지고 있는 현재, 이 점기点記도 스리랑카 전설에 보조를 맞춘 스리랑카 상좌부에서 만든 소전에 지나지 않을까 하고 의심할 가능성도 있다.

한편, 북방의 자료 즉 『부집이론部執異論』이나 『아육왕전』 등 10여 종의 자료는 아소카 왕의 즉위를 붓다 입멸 후 100년, 100여년, 116년의 세 가지 형태로 전한다. 이 세 가지 설을 음미해서 이 가운데 116년 설을 거론하며 붓다 입멸 연대를 결정한 자로는 먼저 오노小野玄妙가 있고,[13] 이어서 우이宇井伯壽가 있다.[14] 오노小野는 아소카 왕 즉위년을 서구 학자를 따라서 기원전 269년으로 정하고, 이로부터 거슬러 올라서 116년째인 기원전 384년을 붓다 입멸년으로 한다. 또 우이宇井는 위에서 언급한 것과 같이, 아소카 왕 즉위년을 기원전 271년이라 정하고, 여기에서 116년 거슬러 올라가 기원전 386년을 붓다 입멸년으로 한다. 만약 최근의 나까무라中村의 정정에 따라서 아소카 왕 즉위년을 기원전 268년이라고 한다면, 오노小野 · 우이宇井의 두 설은 기원전 383년으로 정정 된다.

이상과 같은 붓다 입멸 연대론은 율장 성립 연대에 크게 영향을 준다. 즉 이미 본 바와 같이, 동서 학자는 한결같이 율장에 관한 10사十事를 다룬 제2결집으로써 율장 성립을 생각하는 하나의 시기로 삼고, 그 직전이나 그 무렵에 성립했다고 보기 때문이다.

서양학자들의 제2결집은 붓다 입멸 100년설로 기원전 380년경이

13) 小野玄妙, 『불교연대고』 명치 38년(1905刊), 285쪽.

14) 宇井伯壽, 『인도철학연구제2』, 佛滅年代論, 59쪽.

며, 중성점기설도 참조하여 서양학자에 동조하는 일본학계의 사람들도 많다.[15] 우이宇井는 「불멸연대론」에서 북방전설에 의해 붓다 입멸을 기원전 386년이라 여기고 있으나, 제2결집에 대해서는 스리랑카 전설을 인정하여 붓다 입멸 100년경이라 보아 기원전 276-5년에 있었다고 여기며, 그에 이어 대중부 독립의 대결집을 인정하고, 목건련제수目犍連帝須의 제3결집은 부정하고 있다. 우이宇井의 연대표에서 관계 연대를 뽑아내면 다음과 같이 된다.[16]

붓다 탄생	- 기원전 466년
아사세 왕 즉위	- 기원전 394-3년
붓다 입멸	- 기원전 386년
제1결집	- 기원전 386년
챤드라굽다 왕 즉위	- 기원전 321년
제2결집	- 기원전 376-5년
대결집대중부	- 기원전 375-70년
아소카 왕 즉위	- 기원전 271년

이 우이宇井설에 대해 오노小野는 제2결집은 붓다 입멸 제49-58년 사이라는데,[17] 이는 오노의 계산에 의한 깔라쏘까迦羅阿育 Kālasoka 왕 즉위

15) 金倉圓照, 『인도고대정신사』339쪽이나 水野弘元, 「아소카 왕 시대에 부파는 존재했었는가」 『인도학불교학연구』(제6권 제2호 84쪽 이하)는 스리랑카 전설을 존중하시고 그 설을 지지한다.
16) 宇井伯壽, 前揭書 107쪽에서 발췌.
17) 小野玄妙, 前揭書 268-269쪽.

제1년부터 제2결집을 했다고 전해지는 쏘나까Sonaka 비구의 입적에 이르기까지의 기간이다. 오노小野의 입장에서는 제2결집의 전설은 모두 붓다 입멸 100년에 아난다 · 우빨리 · 아나율의 제자 또는 손제자들이 집행했다고 하나, 만약 붓다 입멸 100년을 고집하면 이 사람들은 초인적인 장수자가 되고, 또 이들의 생존 연대의 결집을 인정하면 붓다 입멸 100년 설을 단축해야 한다면서, 오노小野는 후자를 취한 것이다. 우이宇井와 오노小野는 남전의 『도사島史』 · 『대사大史』 · 『선견율』에 의하지만, 우이宇井는 붓다 입멸 100년 설을 취하고 『도사島史』와 『대사大史』에 의거 제2결집 직후의 대결집에 의한 대중부의 분립을 역설한다. 이에 반해서 오노小野는 이 『도사島史』 등의 세 주석서가 똑같이 깔라쏘까Kālā-soka 시대에 우빨리Upāli의 손제자인 쏘나까Soṇaka가 율전승자일 때 불제자 아난다Ānanda의 제자인 쌉바까민Sabbakāmin · 쌀하Sāḷha · 레바따Revata · 쿳자쏘비따Khujjasobhita · 야싸yasa · 쌈부따Sambhūta, 불제자 아누룻다Anuruddha의 제자인 쑤마나Sumana · 바사바가민Vāsabhagāmin 등 8명이 주재하여 제2결집을 했다고 한 점을 들어, 먼저 붓다의 손제자의 생존 기간을 붓다 입멸 30년에서 7 · 80년 사이에 세웠으며, 한편 깔라쏘까 왕과 전등사傳燈師 쏘나까의 연대를 『도사島史』와 『대사大史』를 의거하여, 왕의 재위 첫해부터 쏘나까의 입적까지를 이 기간에 들어가는 붓다 입멸 제48-58년으로 산정할 수 있고, 이 10년간 내에서 제2결집이 이루어졌다고 한다.

우이宇井 · 오노小野 모두 제2결집 결정에는 『도사島史』와 『대사大史』를 이용하고, 우이宇井는 100년이라는 연수를 중시하여 주재자가 붓다의 손제자들이었다는 점이나, 깔라쏘까 왕 시대였다는 점을 경시하여 서기 375년-6년이라고 하였으며, 오노小野는 반대로 주재자를 중시하여서 그 생존 연대를 산정하여 우이宇井설보다 약 반세기(52-42) 빨리 있었다고 여긴다. 우이宇井 연대론이 과학적인 점을 평가받으면서도 일반적으로 수용하기 어려운 것은 제2결집과 아소카 왕이 하나가 되어 제3결집이 없어지는 것에 있으나, 이 오노小野의 설에서는 종래의 제1결집과 제2결집, 제2결집과 제3결집의 사이가 각각 약 100년씩 있었던 것이 50년씩으로 단축된 것 뿐이라, 우이宇井의 설보다는 수용의 어려움이 적다.

현재의 붓다 입멸 연대론으로는 나까무라中村 元 설을 긍정하고, 아소카 왕 즉위 연대를 기원전 268년으로 보는 것에 따르기로 한다. 그리고 이것이 오늘날 학계 통설로 되어 있다고 생각된다.[18] 그리고 두 번의 결집과 붓다 입멸 연대론에 대한 구체적인 정합은 앞으로도 연구되어야 한다.

---

18) 최근에는 塚本啓祥, 「佛滅年代의 資料」(『종교연구』164호) 등이 있다.

3. 제2결집과 대합송의 전설

제2결집이 율제에 관한 10사十事 문제를 다룬 것으로, 이를 「700인 결집」 또는 「700인 비니송」이라고 부르는 것은, 현재의 여러 율장이 고루 전하는 바이고, 이 십사의 처리 후에 법의 결집을 하였던 것을 「제2결집」이라 한다든가, 또는 이때 십사에서 부결당한 1만 명의 밧지뿟따까跋耆子 비구가 대결집을 했다는 것은 『도사』Dīpavaṁsa와 『대사』mahāvaṁsa, 『도사』의 설을 적은 붓다고싸Buddhaghosa의 『선견율』Samantapāsādikā 서序, 『논사주論事註』Kathāvatthuppakaraṇa-aṭṭhakathā인데, 이들 문헌은 모두 4세기 중엽 이후 문헌으로 스리랑카 상좌부의 전승이다.[1] 그리고 이들 문헌은 제2결집기사를 이용하여 대중부 성립을 제2결집 시에 십사를 부결당한 밧지뿟따까跋耆子 비구의 대결집에 의한 것처럼 만든 흔적이 역연하게 되어 있다. 지금 그것을 말하고, 700인 결집은 율장에 관한 10사로 끝났으며, 그때의 율제律制 문제를 원인으로 하여 교의에 미치는 대결집 등이 없었음을 기술하고자 한다.

『도사』에서는 제4장에 간단하게(남전대장경 일역문에서 7행) 700인 결집의 요점을 기술하고 있다. 율장의 기사와 약간 뉘앙스를 달리하는 것으

1) 林 · 平松 共譯 『大史』 해제2(8쪽 이하) 참조.

로 보이는 한 구절은 「이들 700비구들은 베살리에 모여서 붓다의 가르침에서 정해진 율을 승인했다.」(남전대장경 역문)라는 구절이다.[2] 율장에서는 10사事를 율장에 비추어서 부결하였는데, 그것을 다시 율장을 읽어 합송 · 확인했다는 이해하기 쉬운 문구로 적고 있다. 그리고 다음 장의 분파 기사를 보면, 이 한 구절을 분파 기사의 근거로 삼고 있는 것이고, 제2결집을 분파의 원인으로 삼으려는 원모遠謀였음을 알 수 있다. 즉 분파 기사에서는 다시 제2결집 기사를 거론하지만, 여기에서는 제2결집에서 10사를 논의하기 위해 양쪽 파에서 4명씩 선출되어 심의위원이 된 8명의 장로를 악인 등을 구축驅逐하기 위해 베살리에 모였다고 변경하고,[3] 더욱이 율장 제2결집에 모인 사람들은 양쪽 파 모두 10사를 부정한다고 인정했는데, 이 기사에서는 「장로들은 자기편을 얻어 10사를 깨고 그들 악인을 구축했다.」[4]라고 하고 있다. 또한 이 기사 직전의 제2결집 기사에는 「이들 700인의 비구들은 베살리에 모여서 운운」이라 하여, 모인 총수가 700명임을[5] 말하고 있는데, 이 기사에서는 밧지뿟따까跋耆子 비구가 12000명, 붓다의 성문이 12000명 모였고, 악비구를 구축한 장로들은 700명 아라한을 선택하여 법의 제2결집을 했다고 하고 있다. 그리고 또 그에 이어 방축放逐된 악비구들은 자기편을 얻어 1만 명이 모여 대결집을 이루었다고 하여, 이를 대중부 분파의 최초로 삼은 것이다.[6] 『도사』의 제4장 결집기사와 제5장 분파

2) Dīpavaṁsa,VI,52. 남전대장경 제60권, 30쪽.

3) Ibid., V.23. 남전대장경 제 60권, 33쪽.

4) Ibid.,V,26. 남전대장경 제60권, 33쪽.

5) Ibid,V,17,20. 남전대장경 제 60권, 32-33쪽.

6) Ibid,V.31. 남전대장경 제 60권, 34쪽.

기사는 말할 것도 없이 같은 사실을, 전자는 그 일 자체를 말하고, 후자는 전자의 사실이 분파를 낳았고 하는 것으로, 양자는 완전히 한 가지 사실을 설하는데, 로마나이즈 본으로 겨우 1쪽을 사이에 둘 뿐인데, 지금 기술한 것처럼 감정적인 대변경이 이루어지고 있는 것이다. 스리랑카 상좌부가 대중부 분파를 설하는 태도 작위는 악의惡意 이외의 것은 없다. 그리고 『도사』의 이 작의作意 구상은 『대사』 결집기사에 이르러 더욱 확대되어, 베살리에 120만 비구가 모여서 1만의 악비구를 추방하게 되는 것이다.[7] 700명의 비구가 베살리에 모였다는 것도 과대한 수라고 여겨지는데, 『도사』에서는 쌍방의 비구 각각 12000명으로 합계 24000명이 되고, 더욱이 결집참가자가 120만이라고 적고 있는 것이 이 『대사』의 기록이다.

그리고 붓다고싸의 기술은 『도사』를 전승하는 것으로 잠깐 보류해두고, 제2결집과 대중부의 대결집에 대해서는 (1)『도사』제4장 제2결집, (2)『도사』제5장 대중분파기사, (3)『대사』 제4장 제2결집기사, (4)『대사』 제5장 제3결집기사 중의 대중부 분파기사가 문제가 되는 기사이다. 그리고 (1)과 (2)에 대해서는 이미 기술했다. (4)는 제3결집을 설하기 위한 분파기사로, 「제2결집을 행한 장로에게 억압된 1만 악비구는 대중부 Mahāsaṁghika라 이름하는 아사리설Ācariyavāda說을 일으켰다.」라는 것이고,[8] 『대사大史』의 기사는 (3)의 제2결집기사가 상세하다. 여기에서는 앞에 말했듯이 120만의 비구가 베살리에 모였다고 하지만, 기사를 보면 그 중 119만명의 비구는 레바따Revata 장로 아래 싸하자띠Sahajāti에 모인 자

7) Mahāvaṅsa,IV,60. 남전대장경 제60권, 172-173쪽.

8) Dīpavaṁsa, V,30. 남전대장경 제60권, 34쪽. Mahāvaṁsa, V,3,4, 남전대장경 제60권, 174쪽.

들이라 해야 하므로,[9] 나중의 1만 비구는 밧지뿟따까跋耆子 Vajjiputtaka 비구와 한패가 되는 비구가 된다. 그러나「이때 모인 비구는 120만으로서, 모든 비구의 장로는 레바따였다.」라고 적고 있으므로 싸하자띠에서 레바따 아래에 119만이었던 것이 베살리에서 장로파가 120만이 되었다는 의미로도 생각할 수 있다. (2)의『도사』의 분파기사에서는 위에서 언급한 것과 같이 밧지뿟따까跋耆子파와 각각 1만2천이 되었지만,『대사』의 이 기사에서는 장로파를 100배로 하여 120만 비구로 하는 것이다.

다음으로 붓다고싸Buddhaghosa의『선견율Samantapāsādikā』서序와『논사주論事註 Kathāvatthuppakaraṇaṭṭhakathā』인데, 이는 분명히『도사』의 기사를 보고 기록한 것으로 다음에 보듯이『도사』의 제4장과 제5장의 기사의 차이에 당황하고 있음을 알 수 있다.

먼저『논사주』에서는「상좌에서 제외당한 밧지뿟따까跋耆子의 악비구는 다른 동료를 얻고, 많은 사람은 비법非法이라 말했다. 1만인을 모아서 법결집을 행했다.」라고 한다.[10] 이는『도사』제5장의 분파 기사를 그대로 받는 것으로 이 기사도 분파를 설명하는 것이다. 이에 대해『선견율』서序는 대합송大合誦을 말하지 않고 제2결집만을 적고 있는데, 거기서는 두 가지로 설하고 있다. 즉 비니합송毘尼合誦으로서「700인을 넘지도 않고 모자라지도 않으며, 이것이 700비구의 비니를 모으는 뜻이라 이름한다.」라고 하고, 이어서 이 모임 중에 야사耶舍에 의해 초대된 120만(한역은 2만으로 한다)이 있었는데, 이 중에서 700비구를 선택하여 다시

9) Ibid. IV, 34, 35. 남전대장경 제60권, 170-171쪽.
10) 佐藤密雄 · 佐藤良智 共譯『論事附붓다고싸註』3-4쪽.

10사를 판정하고, 또 법과 율의 제2결집이 있었다고 한다.[11] 즉 (1)집합한 700비구의 율합송律合誦과 (2)120만 비구에서 선출한 700명의 10사 판정 및 법과 율의 결집이 있었던 것이다. 그리고 한역에 의하면 (2)의 십사 판결은 소멸쟁법消滅諍法에 의한다고 하고 있다. 그래서 붓다고싸는 대중부의 분파에 대해서는 『도사』와 『대사』에 따라 제2결집으로 추방된 1만명의 밧지뿟따까跋耆子 비구의 대결집을 발단으로 하고 있다. 『대사』와 붓다고싸의 전후에 대해서는 거의 동시에 양쪽 모두 분별상좌부分別上座部의 대중부에 관한 전설에서 비롯되었다고 볼 수밖에 없다고 생각된다.[12] 다음으로 제2결집에 대해서는 붓다고싸도 (1)『도사』 제2결집기사와 (2)대중부 분파기사 및 (3)『대사』제2결집기사가 된 분별상좌부의 전설을 통일하지 않은 채, 700인 집합의 비니합송이 있고, 거기에서 또 야사耶舍에게 초대받은 120만 명 중에서 선택된 700명의 제2결집이 있었다고 하는 부자연스러운 기술로 되어 있다. 그리고 붓다고싸뿐만 아니라 누구라도 『도사』와 『대사』의 기사에 의해 제2결집을 적는다면, 이 붓다고싸와 똑같은 결과가 될 수밖에 없다는 것은 이미 기술한 것으로도 분명한 일이라 생각된다.

남북의 문헌을 통해 볼 때, 『도사』만이 대중부의 사람들이 율을 바꿨다고 하나, 그 밖에 대중부가 율제상의 이견을 주장했다고 기록하는 것은 없다. 제2결집은 10사의 문제를 취급한 것으로 700명이 모여 양쪽에서 대표가 나와 위원회를 만들고 율장에 정한 칠멸쟁법 중 현

11) Samantapāsādikā, Vol. I, pp. 33-34 ff. 남전대장경 제65권 44-45쪽, 한역 『선견율비바사』 「발도자품」 대정24권, 667-678쪽.

12) 『대사』 성립에 대해서는 前揭, 平松 · 林共譯 『대사』 解說二(8쪽 이하)에 내외의 설을 소개하여 검토하고 있다.

전비니멸의 작법에 따라서 10사를 처리하여 부否로 결정하였던 것으로, 이는 위에서 든 한역 『선견율』의 소멸쟁법에 의했다고 보는 것이다. 어느 문헌에도 10사를 주장한 밧지뿟따까跋耆子 비구가 결정에 반대했다고는 기록되지 않는다. 그리고 현전비니멸은 쌍방에 만족할 수 있을 때까지 여러 가지 방법을 반복하여 최후 · 최악의 경우에만 다수결을 사용하지만, 제2결집은 1회의 위원회에서 이의 없이 결정하고,[13] 이를 전원에게 보고하여 마친 것으로, 다수결 등을 사용한 것은 물론 아니다.

또 이를 제2결집이라 부르기에 이른 것도 제1결집 이후에 『대반열반경』의 「네 가지 정통성[四大教法]」이 암시하듯이[14] 10사와 유사한 새로운 주장들이 있어 각지의 장로, 지식자, 대교단 등에서 정법淨法 등의 해석이 이루어졌고, 그것이 반드시 일치하지는 않았다. 그러한 것이 밧지뿟따까跋耆子 비구의 행동 · 주장으로 상징되고 있는데, 그러한 때 야사耶舍의 노력으로 베살리회의가 열렸던 것이며, 제1결집 후 획기적인 회의로 보여 「제2결집」이라 불렸던 것이다. 결집의 형식 · 내용을 예정하고 그에 맞는지 아닌지를 음미하여 제2결집이라 부른 것이 아니라, 베살리의 10사를 정법淨法으로서의 당위 여부를 판정한 회의를 제2결집이라 부른 것으로 해야 한다. 그리고 이것은 대중부의 분파와 직접적인 관계는 없을 것이다.

우이宇井는 700결집으로 추방된 비구의 대합송에 의한 대중부 창립을 논하지만, 이 부분만은 맞지 않는 것이 아닐까?[15] 10사를 주장한 비

13) 재5장. (2), 349쪽 이하 참조.
14) 제8장. (1), 577쪽 이하 참조.

구가 사상적으로 자유 · 진보적이었다고 하는 증거는 전혀 없으며, 대중부율인『마하승기율』도 베살리회의의 발단이 된 금전의 수납에는 엄격하게 반대하고 있으며, 이 율 어디에도 상좌부계의 율과 달리 형식보다는 정신을 중요시한다고 볼 수 있는 곳은 없다. 반대로 중국 등 동아시아의 율종이『사분율』등의 불분명한 곳을 이 율에서 보충했을 정도로 세부적으로 구체적이고 엄격한 형식주의이다. 또 어느 문헌에도 밧지뿟따까跋耆子 비구가 박주대천舶主大天과 같이 사상상의 사견邪見이나 혹은 이견의 소유자였다고 생각하게 하는 것은 없다. 또한『도사』의 분파기사는 대중부의 그들이 경經이나 율律을 바꿨다고 하는데, 그러나『도사』에 따르면 그들은,

「율 내용의 적요인 빠리바라Parivāra 附隨, 아비달마의 논, 빠띠쌈비다Paṭisambhidā, 닛데싸Niddesa, 자따까Jātaka의 일부, 이것만을 제외하고 그들은 다른 것을 만들었다.」[16]

라고 되어 있는데, 이는 빠리바라Parivāra 즉 율장의 부수附隨는 대중부도 바꾸지 않는다는 것이다. 이 부수는『도사』가 말하는 부분이기 때문에 스리랑카 상좌부 율의 부수이고, 이는 율의 내용을 상세하게 항목화하여 요약한 것이다. 이미 앞 절에서 해설한 바와 같이 이는 율의 세세한 부분까지를 규정하는 것이다. 이를 바꾸지 않았다는 것은 결국에 있어서 율제는 상좌부의 것과 같은 것을 사용한다는 것이

15) 宇井伯寿, 前掲書, 72쪽 이하.

16) Dīpavaṁsa, V, 37. 남전대장경 제60권, 34쪽.

다. 이에 의해서도 대중부가 율제상의 문제에서 이견이 없었음을 알 수 있다.

율의 문제로 멸쟁을 하고 있는데, 즉 율제에 의해 해결을 하고 있는데 새로운 교의를 건 분파 독립이란 것도 생각할 수 없다.『도사』는 대중부는 경과 율을 바꾸었다고 하는데, 경이나 율을 바꾸려면 어떤 교의상의 주장이 있어야 하고, 제1결집에서 아난다가 제의한 소소계小小戒 Khuddānukhuddaka를 폐지하는 것과 같은 것은 하나의 자유주의적 주장이지만,『도사』의 대중부는 율장의 부수Parviāra를 인정하고 있으므로 상좌부류에 붓다가 제정한 것은 모두 준수하는 방식이다. 교리에 대해서도『선견율』의 서序는 아소카 왕 자신이 적주비구賊住比丘를 친판親判하여「붓다는 분별론자Vibhajjavādī」라 한 것을 옳다고 하고 있는데,[17] 이는『범망경』등에 기록되어 있는 여러 가지 이견을 이용하여 자파를 옳다고 한 것으로 명백히 분별상좌부의 작위作爲이다. 그리고「분별론」이란 것이 어떠한 주장인지도 분명하지 않다. 대중부의 새로운 설이란『논사』에 의하면 북방 소전이 대천大天의 설로 하는 5사五事인데,[18] 이 5사의 성질을 생각해 볼 때, 모두 사상이나 교의상의 본질적인 문제가 아니라, 수도를 지도하는 수단에 관한 것이다. 장년의 아라한에게 부정한 누정漏精이 있는 것은 생리상의 필연이며, 세속의 견줄 수 없음을 모르는 것도 대중 · 상좌 모든 아라한에게 당연하다. 또한 다른 이를 기별하여 수도하게 하는 것은 붓다 이래에 행하여진 교도법教

17) Samantapāsādikā. Vol. I, p. 61. 남전대장경 제65권, 77쪽.

18) Kathāvatthu. Vol. I. VaggaII, 남전대장경 제57권, 221쪽 이하,『이부종륜론』제1권, 대정49권, 15쪽 a,『대비바사론』제99권, 대정27권, 511쪽 b.

導法이고, 이들을 실행한 것은 누정漏精을 인정하기 때문에 장년의 지도자였다고 생각되는데, 만약 대천大天이 행했다고 인정한다면 그가 새로운 교의를 주장한 것이 아니라, 자기의 생리도 분명히 하여 새로운 지도를 했다는 것이다. 그 특이한 지도에 다수의 무리가 모여서 그것을 외부 사람들이 「대중부」라고 불렀다고 볼 수 있다. 대중부를 자칭自稱하거나 과칭誇稱했는지는 의문이 있고, 타칭他稱이 어느 사이엔가 인정되어 자칭화 되었다고 해야 하지 않을까?

그렇지만 지금 여기에서 말하는 것은 제2결집과 대중부의 대결집과는 관계가 없다는 것이고, 『도사』나 『대사』가 이를 연결시키고 있는 것은 후세 대중부에 대한 반감 때문이다. 악의가 있는 작의作意임은 이미 말한 바에 분명하다고 생각된다. 그리고 제2결집이 우이宇井의 설처럼 아소카 왕의 즉위 겨우 5년 전에 분파가 이루어진 것이라면 상좌의 기록인 『도사』나 『선견율』의 서, 『대사』도 아소카 왕이 대중부가 아닌 분별상좌부에 귀의한 것, 제3결집이 대중부가 아닌 분별상좌부의 것임을 분명히 한 것에 틀림없다. 아소카 왕의 즉위 몇 년 전에 분파와 파승破僧이 있었다고 한다면, 그리고 상좌와 대중부가 대립하고 있었다고 한다면 종교에 공평을 기한 아소카 왕이 한쪽을 무시했다고는 생각할 수 없는 일이다. 사르나트나 꼬삼비의 파승의 징계는 분열의 경향을 보이는 것이고,[19] 또한 제3결집과 같이 교리를 바로잡는 회의가 점차 이견이 많아졌음을 나타내는 것으로, 만약 분파가 있었다면, 이 회의 이후에 사상과 결부된 승가의 분화가 시작되었다고 보아야 한다. 제3결집의 전제가 되는 아소카 왕의 교의친판教義親判에도 대중과

19) 산치법칙(小石柱法勅) 남전대장경 제65권, 아소카 왕 각문, 71쪽, 사르나트 법칙, 상동, 72쪽.

상좌의 사상대립이라 생각할 수 있는 것은 보이지 않다. 제2결집은 10사로 끝났고 그때 대중부의 분열이 있었다고 보기 어렵다. 제2결집 이후 대중부의 분파까지 반세기 내지 1세기 기간이 있었다는 적극적인 이유는 없으나, 오노小野의 연대론에 따르면 위에서 언급한 것처럼 붓다 입멸 반세기 후에 제2결집이 있었고, 약 반세기 후에 아소카 왕의 통치가 있었으며, 그 무렵까지 일단의 불교성전 원형을 얻었다고 볼 수 있다. 물론 적극적인 근거는 없지만, 만약 그렇다면 제가諸家의 성전 성립사聖典成立史에도 부합하거나 적응할 수 있다. 이 오노小野의 연대설을 이용하여 아소카 왕의 즉위 이후에 분파의 표면화를 본다면, 이는 우이宇井 연대론을 더욱 실용화하는 것이라고 생각한다.

4. 두 번의 결집과 율장

(1) 제1결집과 율장

올덴베르그는 율장이 제1결집을 아닌 제2결집 뒤에 만들어진 전설이라고 여겼다.[1] 그 이유는 디가니까야長部經典『대반열반경』Mahāparinibbāna-suttanta에 제1결집에 대해 아무것도 기록되어 있지 않기 때문이라고 한다. 이는 드라프레 · 뿌셍, 오토 · 프랑케, 비칠스키의 비판을 받아 휘노, 오바밀러에 의해 디가니까야『대반열반경』의 붓다 입멸 직후의 기사와『율장 쭐라박가』의 결집기사(제11 · 제12건도)는 한 기사로, 이것이 경장과 율장으로 양분된 것이라고 논단되었는데, 이는 대체로 학계의 승인을 받은 것으로 보인다. 프라우바르너도 이를 지지하여 원시적으로는 붓다의 입멸과 결집 기사는 하나의 이야기였던 것이 둘로 나누어졌음을 논증하고 있다.[2] 그래서 최근 학계에서는 위에 적은 사람들과 파초우W. Pachow 등의 결론[3]을 종합하면, 제1결집이 있었음에 의심의

1) Oldenberg, Vinayapiṭakam, Vol. I, p. XXVII-XXVIII.

2) E. Frauwallner, The Earliest Vinaya, p. 43, Note 1; Ibid., pp. 42-46.

3) W. Pachow, A Comparative Study of the Prātimokṣa, pp. 18-19.

여지는 없으며, 마하깟싸빠大迦葉 Mahākassapa가 주재하여 이루어졌음을 인정한다.

제1결집 기사는 다음과 같은 사실을 기록한다.[4] 마하깟싸빠는 붓다의 입멸에 즈음하여 노년 출가자인 수밧다Subhadda가 '생활규율을 교계하는 대사大師가 죽었으니 자유롭게 되었다'고 방언放言한 것에 의해 결집을 서둘러야 됨을 결심했다. 결집은 500명의 선택된 비구들로 이루어졌으며, 우빨리Upāli에 의해 율장律藏이, 아난다Ānanda에 의해 법장法藏=經藏이 송출되고, 이를 전원 이 합송하는 형식으로 이루어졌다. 율의 합송이 이루어진 뒤에 아난다는 붓다가 생전에 허락한 것이라 하여, '소소계Khuddānukhuddaka는 승가가 원한다면 버려도 된다.'라고 제의하였는데, 이에 마하깟싸빠가 제안하여 '붓다가 제정한 것은 모두 지키는 것으로' 했다. 또 아난다는 결집 직전까지 아직 유학有學이었으나 단기로 수선修禪하여 무학無學이 되어서 500명에 포함되었는데, 이 아난다의 합송이 끝났을 때, 붓다 생전에 아난다가 시자로서 붓다에 대한 태도에 일곱 가지 과실이 있었다고 하여 회죄悔罪를 요구받았다. 그리고 또 아난다는 결집이 끝날 때, 이것도 붓다의 유언이라 하여 찬나Channa 비구에게 범단梵壇 brahmadaṇḍa의 조처를 해야 한다고 발언하고, 자신이 이를 찬나Channa비구에게 전하러 고씨따라마Ghositārāma 구사라원에 갔다. 결집이 끝난 직후에 결집에 참여하지 않았던 뿌라나Purāṇa가 500제자와 왕사성에 귀착하였으므로, 마하깟싸빠는 결집한 법과 율의 승인을 구했

4) Cukkavagga,XI. 『오분율』제30권, 오백집법, 대정22권, 190쪽 이하, 『사분율』제54권, 집법비구오백인, 대정22권, 966쪽 이하, 『십송율』제60권, 오백비구결집삼장품, 대정23권, 445쪽 이하, 『마하승기율』제33권, 집비니장(대정22권, 491쪽 c-493쪽 a)참조.

으나 동의하지 않고, 뿌라나는 자신이 이해하는 붓다의 설에 따를 것을 주장했다.

이상이 붓다 입멸 직후에 왕사성Rājagaha에서 이루어진 제1결집의 요점인데, 지금은 이 요점의 음미를 떠나, 이때의 율장이란 어떤 것인가? 이것은 물론 오늘날의 자료에서 알 수 있는 바는 아니지만, 바라제목차가 어느 정도로 모아진 것으로 여겨진다. 올덴베르그나 리스·데이비드, 우이宇井도,

> 대개 제1결집에서 급선무가 된 것은 율 쪽이었다고 생각되지만, 결코 전설처럼 현존하는 율장을 송출한 것이 아니라, 단지 바라제목차를 중심으로 한 것으로, 여기에 인연의 일부나 제도규정의 기본적인 것을 송출한 정도였을 것이며, 바라제목차로서도 현존하는 것의 원천이 된 원형체 뿐이고, 꼭 현재처럼 조직·분류가 정연한 것은 아니었다.

라고 했다.[5] 이것에 의하면 7취 등으로 정리되지 않은 원형적인 바라제목차나 경분별의 모체가 되는 인연, 건도로 된 제도 규정의 일부 성립이 인정되고 있는 것이다. 산치니케 탄 대학의 파초우W. Pachow는 제1결집 기사 속에 나오는 계나 규칙을, 예를 들어, 마하깟싸빠의「벗 우빨리여, 제1 바라이는 어디에서 제정되었습니까?」등의 질문에 우빨리는「베살리입니다.」「수제나가란타자가 원인입니다.」라고 대답하고 있는데, 이처럼 결집기사에 나오는 것이나 소소계 논의의 의론에

5) 宇井伯壽『印度哲學硏究』제2「原始佛敎資料論」125쪽.

나오는 것을 일단 제1결집으로 편찬된 것 안에 있는 것에 비유하고 있다.[6] 이것은 다소 안이한 견해라고 생각되지만, 그러나 지금 이에 대해 살펴보면,

『십송율』제60권「오백비구결집법품」에서는[7] 마하깟싸빠의 물음에 대해 우빨리는 제1 바라이는 베살리Vesālī 비야리국에서 쑤딘나Sudinna-Kalandakaputta가 원인이고, 제2 바라이는 라자가하Rājagaha 왕사성에서 다니야Daniya 달니가 비구 와사자瓦師子가 인연이고, 제3 바라이는 밧지Vajjī의 나라Vesālī에서 박구무다Vaggumudā 강변에 머무는 여러 비구에 대해, 제4 바라이도 베살리Vesālī국에서 마찬가지로 깔루다인Kāludāyin가류타이 비구 때문에, 제5는 깔라Kāla비구 밀릭카뿟따Milikkhaputta를 위해 제정되었다고 대답하고 있다. 다음으로 미세계微細戒에 대해서는 4바라제제사니, 90 바야제, 30니살기바야제, 2부정법, 13승가바시사를 들어 문제로 삼고 있다.

마찬가지로『사분율』제54권의「집법비니오백인集法毘尼五百人」에서는[8] 4바라이는『십송율』과 같고, 제1 승잔도 사위국Sāvatthī에서 가류타이에 의해, 제1부정과 제2부정도 같은 사람에 의해 제정되었다. 니살기 바일제의 경우는 본기本起는 6군六群 비구에 의해서이고, 그 뒤에 대해서는「여시전전여초분如是展轉如初分」이라 하고 있다. 제5 바일제도 같은 방법으로 본기本起는 석시수釋翅瘦의 상력석자Hatthaka-Sakyaputta 비구에 의해서라고 하며, 바라제제사니는 4계 모두 연화색Uppalavaṇṇā 비구니를 든

6) W. Pachow, A Comparative Study of the Prātimokṣa, pp. 18-23.
7)『십송율』제60권, 대정22권, 445쪽 이하.
8)『사분율』제54권, 대정22권, 966쪽 이하.

다. 중학법에 대해서는 제1계는 사위국Sāvatthī에서 육군비구가 초범이었다고 한다. 그리고 잡쇄계문답雜碎戒問答에서 4바라이, 13승잔, 2부정, 30니살기바일제, 90바일제, 4바라제제사니를 세는 것은 알 수 있으나 중학법의 수는 들고 있지 않다.

『오분율』제30권, 「오백집법五百集法」에서[9] 바라이의 4계는 『십송율』과 같고, 소소계小小戒 문답에서 4바라제제사니는 알 수 있지만, 바일제, 니살기바일제의 명목은 있어도 계의 수는 기재되어 있지 않다.

『마하승기율』제32권, 「오백비구집법장五百比丘集法藏」에서는[10] 9법으로 해서 (1)바라이 (2)승가바시사 (3)2부정법 (4)30니살기 (5)92바야제 (6)4바라제제사니 (7)중학법 (8)7멸쟁법 (9)법수순법法隨順法을 들고 있는데, 바라이와 승가바시사와 중학법에는 수를 붙이고 있지 않다.

『빠알리율』과 『선견율』Samantapāsādikā은 당연하지만 같은 내용이고[11] 4바라이에 대해서는 『십송율』 등과 같이 제계制戒의 장소와 인연인因緣人을 들고 있지만, 그 뒤는 승잔 13, 부정 2, 사타 30, 바일제 92, 바라제제사니 4, 중학 75, 멸쟁법 7로 현존 바라제목차 수와 같이 나타내고 있다.

『아육왕경』 제6권[12]에는 베살리毘時國 Vesālī에서 수제나가란타자에 의해 제1 바라이가 제정되었음을 설하고, 소계론小戒論에 관한 부분에서는 계의 수를 4바라이, 13승잔, 30사타, 90바일제, 4바라제제사니로 기

9) 『오분율』제3권, 대정22권, 190쪽 이하.

10) 『마하승기율』제32권, 대정22권, 489쪽 이하.

11) Cullavagga, IX, 1, 7. 남전대장경 제4권, 429-431쪽. 『Samantapāsādikā』, Vol. I, p. 14. 남전대장경 제65권, 9쪽.

12) 『아육왕경』제6권, 대정50권, 152쪽 a-b.

록하고 있다.

이상은 파초우W. Pachow의 생각을 다소 보충하여 기술한 것인데, 이 생각을 긍정적으로 생각하면 제1결집 중의 기술에 대해서 바일제 등의 수를 혹은 90이라고 말하고, 혹은 92라고 말하는 것이나, 『빠알리율』의 중학법 75계로 하는 것은 명확한데, 이는 후세에 자파自派의 계경 즉, 분파 이후에 기억이나 그 밖의 사정으로 정리 · 분할 · 증보 등을 행한 숫자라고 생각된다. 그렇지만 붓다의 승가는 붓다의 입멸까지 45년의 오랜 세월에 걸쳐 있었다. 즉 다수의 출가자를 통솔해 온 반세기의 경력을 가지고 있었고, 그 기간에 현재의 계경에 가까운 숫자의 계가 성립되었다고 보아야 할 것이다. 불교 승가가 성립되자마자 다섯 비구로부터 이후 사리불 · 목건련의 입단까지 벌써 1250명[13]이 넘는 제자를 헤아릴 수 있고, 이들 모두가 외도로부터 집단으로 개종한 이들이다. 이만큼의 비구들이 사회로부터 존경과 공양을 받아야 할 출가 생활을 하는 것인데, 더욱이 당시 인도 사회에서 출가자로서 살아가기 위해서는 사회의 일반적인 통념으로서의 출가자의 상법常法과 그것에 준하는 생활 방식이 확립되어 있어서 그것에 기초하는 생활을 해야 했다. 그것은 승가에 공양하고 그 생활을 유지하는 일반사회 속인들이 「마땅히 이러해야 한다.」라고 요청하는 삶의 방식으로, 출

13) 1250명은 깟싸빠 삼형제와 이미 개종한 배화교도 1천 명(Mahāvagga, I, 19, 18-24. 남전대장경 제3권, 59-61쪽)과, 사리불 · 목건련과 함께 6사의 한 사람인 산자야(刪若耶 Sañjaya)의 교도 250명이 집단개종(Mahāvagga, I, 24, 2-3 남전대장 3권, 76-77쪽)한 것을 말한다. 『남전 『마하박가』은 이 두 집단개종 뒤에 화상법의 설정을 기록하고 있지만, 그것이 사실이라도 1250명 외도 출가자 모두가 구법자였다고는 할 수 없을 것이고, 화상법을 설정하여 사제에 의한 교육의 필요를 요청하는 사태가 있었다고 생각된다. 제1결집에서 그 폐기가 문제가 되는 小小戒와 같은 것은 처음에 이 외도집단출가자들에게 필요하였던 것이었을까?

가자는 이 요청에 따른 삶을 살아야 한다. 이에 반한 생활을 하면 개인적으로도 출가자로서 해서는 안 될 생활로 비난을 받고, 동시에 그러한 출가자를 낸 교단은 출가자의 사회에서 몰락해간다. 『디가니까야 범망경』 등에 설하고 있는 출가계出家戒는 분명히 이런 일을 나타내고 있다. 『범망경』에서는 불교 비구도 포함하여, 출가자로서 사회로부터 대접받고 있는 자가 비난받게 되는 행위를 소계小戒 · 중계中戒 · 대계大戒로 나누어서 3종 26계를 설하고,[14] 붓다나 불교의 비구에게는 그러한 것이 없다고 칭찬하고 있다. 그런데 중계나 대계에는 각각 「어떤 사문 바라문으로서 신시信施의 음식에 의해 생활하면서도, 예를 들어, 음식을 저축하거나, 의복을 저축하거나 내지 저축물의 향락에 전심하여 생활하는 자가 있는데, 사문 구담沙門瞿曇은 이러한 어떠한 저축물을 향락하는 것도 멀리한다.」(中戒 제2)라는 형식으로 기록되어 있다. 즉 출가 생활은 사회로부터 존경과 신시를 받아서 생활하는 것이므로, 그곳에는 이미 일반사회인이 실천할 수 없는 생활이 있고, 그러므로 존경하며 신시를 베풀 수 있는 출가의 생활이 확립되어 있었다. 그리고 그것은 세속 사회인이 출가 사회에 대한 요청이기도 하고, 이에 적응하는 것이 교단 존립의 첫째 조건이었다. 붓다에게 모인 신심이 깊은 제자들이 오랫동안 출가의 법을 어기는 일은 없었다고 생각하는 것은 지극히 위험한 생각이다. 1000명의 배화교도拜火教徒는 세 명의 리더가 붓다의 제자가 되었다는 것만으로도 불교로 옮기고 있는데, 그들 중에는 행동거지조차 출가의 위의를 행하지 않는 자가 많았다고 생각하는 것은 부정하기 어려운 부분이 아닌가 생각된다. 비구는 반드시 화

14) Digha-Nikāya, Vol. I, pp. 4-14. 남전대장경 제6권, 4-14쪽.

상 아래에 출가하여 5년에서 10년은 그 가르침과 지도 아래에서 공주 생활을 하는 것이 율제律制로서 정해진 것도 바라문의 수학기를 본받은 것으로 생각할 수 있다. 제1 건도에 나타내고 있는 것처럼, 일찍부터 이러한 제도를 만들 필요가 있었다고 생각된다. 이미 출가의 엄격한 생활은 사회적으로 불교나 자이나교, 그 밖의 다른 교파에 공통적으로 부과되어 있다. 일반 출가자로서 그 사회적으로 부과된 출가의 생활법에 반하는 것이 많은 것은 디가니까야의 『범망경』이나 『사문과경』 등[15]이 전하는 바와 같다. 승가가 창설되던 시대부터 외도의 무리 1250명의 출가자를 집단적으로 개종시켜서, 그것도 거의 불교적으로 무교육인 상태 그대로를 주력으로 하는 초기 승가에 출가법에 반하는 행위가 적었을 리가 없다. 그리고 그것을 교계한 계는 오히려 초기에 많고, 붓다의 생애를 통해서 200여의 종류로 누적된 것은 이상하지 않다. 이미 붓다시대에 그 계에 대해서 바라이 · 승잔 · 바일제 등의 경중에 의한 정리도 했다고 보아야 할 것이다. 노년 출가인 수밧다가 석존의 입멸을 보고 붓다의 죽음에 의해 자유가 되었다고 폭언했다고 하는데, 이는 비구계의 엄격함을 반증하는 것으로 말할 수 있다. 붓다 만년에 계戒도 양이 많아졌고, 반세기의 세월이 지나는 초기 시대의 계戒에서는 신시대新時代에 적용하기 어려운 것도 있고, 붓다도 그것을 인정하고 있었다는 것이 제1결집의 「소소계폐지론」이 되어 나타났다고

15) 디가니까야長部經典Dīha-Nikāya 처음에 있는 제1 『梵網經』Brahmajāla-sutta, 제2 『사문과경』Sāmaññaphala-sutta 이하 13경은 계온Śilakhanda이라고 불리고, 『범망경』에 있는 것과 같이 소 · 중 · 대 세 가지 26沙門戒를 설하고 있다(남전대장경 제6권, 1쪽-360쪽). 실제로는 『梵網經』과 『沙門果經』 두 경에만 계문이 있고 외에는 생략되어 있다. 한역에는 13경이 없고 『梵動經』 · 『沙門果經』의 두 경을 포함하여 10경(대정1권, 82-114쪽)이 있다.

보아도 좋겠다.[16] 그리고 제1결집에서는 중죄와 경죄의 분류도 이미 붓다시대에 있었던 것을 확인하고, 그것에 따랐다고 보아도 좋다. 바라이나 승잔과 같은 중죄를 붓다 입멸 후에 누군가가 이를 정하기도 하고 수를 증가하기도 했다고는 생각되지 않다. 그러나 반대로 완화되었다고는 생각할 수 있다. 또한 그 밖의 계에서도 입멸 뒤에 비구계를 늘리는 것은 쉽지 않았을 것이다. 경전의 정비는 교의의 확립을 목표로 하여 해설이 많아지는 것은 당연하지만, 율제는 이를 증가시키는 것이 비구의 자박自縛이 되므로 오히려 있을 수 없고, 그것보다도 정법淨法의 발달에 따라서 계를 완화하는 일은 있었다. 상좌부와 대중부 두 파의 분열 대립을 율제의 엄격과 자유로 나누어서 생각하는 것은 전혀 근거 없는 일이다. 따라서 중죄인 바라이와 승잔은 물론 사타와 바일제의 대부분은 이미 제1결집 때 있었고, 중학에 이르러서는 붓다의 친제親制라기 보다는 붓다시대 때부터 화상이 제자를 맡아서 5년에서 10년에 걸쳐 가르치는 동안에 가르친 위의 교양법으로 되어 있던 것을 정리하여 편집한 것으로 보아야 할 것이다. 중학은 건도부의 위의법과 함께 일찍부터 있었다고 보면 된다. 파초우W. Pachow도 계경 중의 바라이나 승잔에 상당하는 것은 일찍부터 중죄라 생각되고 있었고, 또한 경죄인 중학법은 가장 오랜 규칙이라고 하고 있다.[17] 이상과 같은 생각으로 해서 현재의 각 파의 계경에 공통되는 것의 대부분은, 즉 원형 바라제목차는 제1결집 시에 거의 성립되어 있었다고 보아야

16) 『쭐라박가』(Cullavagga,XI, 1.9)의 소소계 기사는 『마하승기율』을 제외한 모든 율장의 제1결집 기사에 있다. 제10장 · 2 「제1결집」 797쪽 이하 참조.

17) Pachow; op. cit., p. 37.

할 것이다.

(2) 제2결집과 율장

제2결집은 그 개최 연대 문제에 대해서는 앞서 논했다. 이미 말했듯이 붓다 입멸을 기원전 4세기 전반 즉 기원전 386년경으로 보는 우이宇井설은 나까무라中村의 정정을 포함하여 일본학계가 거의 승인하는 바이며, 기원전 480년경으로 하는 것보다는 그 추론의 합리성을 인정하고 일단 이에 동의할 수 있다. 그리고 제2결집에 대해서는 그 시대를 결정적으로 하는 자료는 존재하지 않지만, 지금 가령 붓다 입멸 후 52~64년이라는 오노小野설을 참고하여 기원전 330년을 중심으로 하는 시기라고 가정하는 것이 합리적이라 생각된다. 프라우바르너는 부파의 흥기는 교의 문제에 의한 것으로 여기지만,[18] 파초우W. Pachow도 베살리결집, 즉 제2결집은 율제상律制上의 10사에 관한 율장상의 결집이며, 이때 대중부의 대결집은 없었다고 하고, (1)대중부율인『마하승기율』은 율장의 결집만을 적고, 이때의 주제인 금전불수金錢不受를 결정했음을 인정하고, 또한 이 율장의 니살기바일제법 제18에도 금전불수金錢不受戒를 가지고 있는 것. (2)이 율장의 제2결집 기사에 10사 중 다른 9사를 기록하고 있지 않은데, 이는 다른 9사를 기록하는 것보다도 오래된 편집이라는 것. (3)만약 700인결집에 복종하지 않고 대중부 결집이

18) Frauwallner; op. cit., p. 5.

행하여졌다고 한다면, 금전金錢을 받는다고 하는 이치에 대해서 계경, 즉 바라제목차도 고치지 않고, 또한 경분별에서 이를 주석하는 부분을 왜 그와 같이 바꾸지 않았는가 하는 세 가지 이유를 들고 있다.19) 물론 이 세 가지 이유는 반드시 특이한 것이 아니며, 여러 사람이 생각하는 것으로, 지금은 일반적인 것이다. 그러나 그는 여기에서 나아가 「700회의」는 10사에 의한 율제상의 결집이고, 이에 근거하여 분열은 없었다고 본다. 분열은 이것과 다른 교리상의 이유로, 즉 마하데바大天 Mahādeva의 5사의 주장으로 대표되는 것처럼, 교리 또는 교리 실천의 지도 방법에 대한 의견 충돌이 있었고, 결국 분열을 인정하지 않을 수 없게 된 것이다. 그 후에 목갈리뿟따 띳싸目犍連帝須 Moggaliputta Tissa의 『논사』 편찬을 상징으로 하는 제3결집이 있었다고 한다. 그리고 대중·상좌 분열에 대해서는 세우世友(『이부종륜론』)는 붓다 입멸 후 100여 년으로 하고, 현장玄奘(『서역기』)은 붓다 입멸 100년째라고 하며, 바비야Bhavya는 붓다 입멸 160년의 다르마아쏘까法阿育 Dharmāsoka 때라고 전하고, 부뙨Buston은 붓다 입멸 136년의 난타Nanda 왕과 마하빠드마大蓮華 Mahāpadma 왕 시대였고, 붓다 입멸 160년 아소카아육 Aśoka 왕대로 하지만, 이들 기사를 종합하여 붓다 입멸 100년부터 150년 동안에 있었다고 한다. 그리고 이는 아소카 왕 즉위년을 기원전 270년이라 하는 것이고, 또한 붓다 입멸과 아소카 왕의 사이를 200여 년으로 보기 때문이다. 그래서 사견으로는, 베살리의 율장 제2결집은 분열 따위는 없이 이루어졌고, 분열은 그로부터 다소 연한이 지나야 한다. 또 아소카 왕 시대에는 분명히 분파를 경고하는 것이 있었고, 또 제3결집이 있어, 현존 『논사』의 원형

19) Pachow; op. cit., p. 29.

이 될 수 있었다면, 아소카 왕 즉위 직전이나 직후에 분열이 있었다고 가정하고, 그로부터 대립의 격화나 새로운 분파가 있어 제3결집이나 아소카 왕이 신뢰하는 분별상좌부 전도가 있었다고 보아야 할 것이다. 이미 동서의 불교사 연구는 아소카 왕의 즉위를 기원전 268년경으로 함을 확인하고, 이를 기준으로 제2결집과 대중부의 분파 독립과 제3결집 및 아소카의 전도가 있었음을 인정하지만, 이들에 관한 모든 확실한 연대기는 불분명하고 가정적이다. 그래서 지금 일본 학계가 일반적으로 인정하는 연대론이라 할 수 있는 것, 즉 앞에서 언급한 아소카 왕 즉위와 붓다 입멸 사이를 1세기간이라 하는 설을 결정 채용한다면, 이 경우는 우이宇井설에서는 제2결집을 지우고, 제3결집과 분열을 하나로 해야 하므로, 오노小野설을 참조하여, 제1결집보다 약 반세기 후에 제2결집이 있고, 이것이 원형율장 성립 직후가 되며, 이어 또 반세기가 지날 때 대중부의 독립(이를 교의상의 대중부대결집이라 한다면 그것에 상당한다)이 있고, 이때부터 아소카 왕의 치세가 시작되게 된다. 그리고 제3결집이 있었다고 가정해 보면 합리적으로 볼 수 있다. 또 제2결집, 대결집 등이라고 해도, 예를 들어, 베살리에 1만의 비구가 모인 것은 생각할 수 없다. 또 예를 들어, 10사 해결이나, 독립적인 대중부 사람들이 집합하여 대천의 5사를 승인한 것을 그것을 행한 사람들이 「결집」이라 이름 붙였다고 보아야 하며, 결집saṃgīti이라고 해서 승가를 모을 기관도 조직도 없으므로 제2결집은 야사耶舍가 소집한 범위의 사람들의 집합이며, 제3결집도 역시 아소카 왕이 지지한 중앙지역 승가의 사람들의 집합으로 보아야 한다.

그런데 문제는 제2결집의 문제였던 10사인데, 이 문제의 발단은

『빠알리율 쭐라박가』 제12 건도의 기술[20]에서는 베살리Vesāli에 거주한 밧지뿟따까跋耆子 Vajjiputtaka 비구들이 포살일을 맞아 동발우銅鉢에 물을 채워서 비구 중에 두었다가 찾아오는 우바새들을 향하여 「벗이여. 승가에 1까하빠나가리사반 kahāpaṇa의 전錢, 반까하빠나의 전錢, 4분分까하빠나의 전錢, 1마싸까māsaka의 전錢을 주시오. 승가는 자구資具를 필요로 합니다.」라고 호소했다. 이때 베살리를 유행하고 온 야싸 까깐다까뿟따야사가건자 Yasa-Kākaṇḍakaputta가 이를 보고 우바새들에게도 금전을 동발우銅鉢에 던지는 것을 멈추라고 했지만 그들은 금전을 던졌다. 그래서 야사耶舍도 당연히 베살리에 들어왔기 때문에 베살리승가의 일원으로 헤아려야 하므로 밧지뿟따까 비구들은 소득한 금전을 분배하여 야사에게도 주었다. 그러나 야사는 받지 않고 거부하였으므로 베살리 비구는 화가 나서, 야사가 맑은 신심[淨心]이 있는 우바새들을 모욕했다는 이유로 이 일을 하의갈마下意羯磨 paṭisāraṇiyakamma에 처했다.[21] 이 갈마는 비구가 재가 신자에게 비법非法을 행했을 때 비구가 신자에게 사죄하게 하는 처치법이다. 물론 야사는 이 처분에 불복하고, 쟁론이 되어 각지에서 각각 자기편들이 모여들게 되었다. 결국 양쪽으로 갈라져서 다투는 것이 되자 밧지뿟따까 비구들은 금전수납金錢受納뿐만 아니라, 거기에 아홉 가지 주장을 포함하여 소위 10사를 정법淨法이라고 주장했다. 그리고 서로 주장이 받아들이기 어렵게 되었으므로 이런 경우에 사용하는 방법 즉 「칠멸쟁법」의 첫째 현전비니sammukhāvinaya법 중 단사인斷事人 ubbāhika법에 따르게 되어, 양쪽에서 장로 4명씩이 선출되어 단사인의 위원회를

....

20) Cullavagga, XII, 1, 1. 남전대장경 제4권, 349쪽 이하.
21) Ibid., pp. 1, 2. 하의갈마에 대해서는 제6장 · 2 · (2) 445쪽 이하 참조.

결성하여 해결하게 되었다.[22] 8명의 단사인위원회가 개최되었고, 거기서 문제의 주장을 하나하나 율장의 제규制規로 조회하고 검토한 결과, 10사 모두는 정법淨法으로서 인정하기 어렵다고 판정되었다. 그리고 곧바로 이 위원회의 결정이 전원에게 보고되었고, 쟁론은 그치게 되었다는 것이 그 대체의 줄거리이다. 그리고 이 기술의 마지막에 이때 베살리에 모인 사람은 700명이었다고 부언되어 있는데, 그것이 「700인결집」이라고 불리는 이유이다. 또한 『빠알리율』과 그 밖의 상좌부계의 제2결집 기사를 보면 동일하게 7멸쟁법 중 현전비니의 각종 방법 중 단사인Ubbāhika위원회를 이용하여 멸쟁법에 의한 멸쟁의 전형典型을 이루도록 기록되어 있다. 따라서 이 기사의 내용이 실제로 실행되었다면, 건도부의 멸쟁건도나 밧지뿟따까 비구들이 야사를 처분한 구출갈마驅出羯磨를 적은 갈마건도가 상세한 부분까지 성립되어 있었을 것이다.

『마하승기율』의 제2결집 기사에서도 「칠백집법장七百集法藏」이라 하고 있는데, 거기서 다루어진 문제는 금전 문제만 기록하고 있다.[23] 상좌부계의 율은 지금 기술한 『빠알리율』과 마찬가지로, 단사인위원회에서 처리된 문제는, 예를 들어, 『빠알리율』 계통의 『선견율비바사』의 역어로 말하면 (1)염정塩淨 (2)이지정二指淨 (3)취락간정聚落間淨 (4)주처정住處淨 (5)수의정隨意淨 (6)구주정久住淨 (7)생화정生和淨 (8)수정水淨 (9)불익누니사단정不益縷尼師檀淨 (10)금은정金銀淨이다.[24] 이 10사는 상좌부계의 여러

---

22) Ibid., pp, 7. 현전비니의 단사법에 대해서는 제5장 · (2) 345쪽 이하 참조.

23) 『마하승기율』권 제33권 「칠백집법장」, 대정22권, 493쪽 a.

24) 『선견율비바사』제1권, 대정24권, 677쪽 c.

율장 사이에서는 명목으로나 해석에 있어서나 다소 차이가 있어, 이를 바탕으로 나누면 10사에 관한 문헌은 다섯 가지로, 즉 (a)분별상좌부계(『빠알리율』·『선견율』·『大史』·『島史』) (b)담무덕부계(『사분율』·『비니모경』) (c)화지부계(『오분율』) (d)설일체유부계(『십송율』·『살바다비니마득가』) (e)근본유부계(『유부비나야잡사』·부톤)의 계통으로 된다고 생각된다.[25] 10사의 내용에 대해서는 다음 장에서 기술하지만,[26] 여기에서 주의해야 할 것은, 예를 들어, 각 계통에 공통적인 제6 구주정久住淨의 주장에 있어서도, (a)에서는「화상이나 아사리가 행한 습관적 행법은 해도 된다.」는 의미의 주장이라고 설명하고, (b)에서는『사분율』은「본래의 소작所作」또는「증작曾作」이라 하여, 한 번 행한 것을 되풀이 하는 것과 같으나 불분명하고, (c)에서는 백의시白衣時 즉, 재속시에 하던 일을 출가 후에도 반복하는 것이며, (d)는 이것도 백의시白衣時의 살생 등을 반복해서 하는 것으로 보이는데 불분명하고, (e)는 굴지掘地 등을 행하는 것이라 하고 있다.[27] 이처럼 주장하는 각 항목은 같으면서도 그 설명 내용이 다른 것은, 이는 지방적으로 주장의 동일성이 없음을 나타내는 것으로 구체적인 설명은 각파에서 나중에 덧붙였다고 생각할 수 있다. 그리고 세밀하게 보면, 제10 금은정金銀淨 이외의 9사는 모두 이와 유사한 것으로 보인다. 그래서 금은정과 9사는 이를 구별하여 보아야 할 것 같다.

제2결집의 기사는 이미 언급했듯이,『마하승기율』은 금전 문제만 적는다. 또 상좌부 계통의 각 율의 결집 기사의 서술도, 양쪽이 수납

---

25) 平川 彰『율장의 연구』703-704쪽. Pachow; op. cit., pp. 24-27.
26) 제8장 · (2) 598쪽 이하 참조.
27) 상동 참조.

금전受納金錢의 정 · 부정淨不淨을 논할 때,[28] 갑자기 금은정을 제10사로 하는 10사를 외우는 것으로 되어 있어, 이는 금전사金錢事에다 도중에 9사를 추가한 것임을 언뜻 보아도 분명하다. 10사를 기록하는 결집 기사도 금전사만이 문제였던 것처럼 구성되어 있다. 야사耶舍가 밧지뿟따까跋耆子 비구들의 금전수납 사실을 보고 이를 부정不正으로 충고하는데, 거기에는 두 가지 경전에 나오는 이야기를 인용하고 있다. 하나는 라후아수라羅睺阿修羅를 가리는 네 가지[四翳] 이야기이고, 다른 하나는 마니쭐라까취락주摩尼珠髻聚落主의 이야기이다. 전자는 『앙굿따라니까야』에서, 달빛과 햇빛을 가리는 것은 구름과 안개와 연기 · 먼지烟塵와 아수라왕인 라후Rāhu이고, 사문 · 바라문을 가리는 것[翳]은 (1)음주 (2)부정법不淨法 methunadhamma (3)금은을 즐겨 취하는 것, (4)사명邪命의 생활을 하는 것이라는 내용이다.[29] 후자는 『쌍윳따니까야』에 나오는 경이다. 이는 마니쭐라까마니주계 Maṇicūḷaka가 왕궁의 집회에서 「사문석자가 금은을 받는다.」金銀淨고 하는 설을 부정한 것에 관해서, 석존에 그 올바름을 확인하는 것이다.[30] 그래서 이 두 가지 이야기를 10사와 조합해 보면 관계있는 것은 금은정金銀淨 뿐이므로, 이 두 삽화를 이용하는 기사는 제10사에만 관련되고 금은수납은 정법淨法이 아니라고 하기 위한 것이라고 밖에 할 수 없다. 그리고 이 두 가지 경전 이야기 외에는 다른 9사

---

28) Cullavagga, XII, 1, 10. 남전대장경 제4권, 449쪽. 베살리 비구의 금전수납은 부당한 것이라고 분주하게 장로들에게 호소하였는데, 여기에서 장로 離婆가 자리에 오르게 되자, 돌연히 금전 문제를 제10으로 하는 十事를 알리고 있다.

29) Ibid., XII, 1, 3. 남전대장경 제4권, 441쪽. Aṅguttara-Nikāya, Vol. III, p. 53. 남전대장경 제18권, 93-95쪽.

30) Ibid., XII, 1. 4. 남전대장경 제4권, 443-445쪽. Saṁyutta-Nikāya, Vol. IV, p. 325. 남전대장경 제16권 상, 28쪽.

의 부적당을 증명하는 이야기는 기록되어 있지 않다. 이에 따라서도, 이 제2결집은 금전 문제로 일어났고, 그 때문에 열린 것임을 알 수 있으며, 다른 9사는 거기에 부가된 것임을 알 수 있다. 『마하승기율』의 「칠백집법비니」에서도 베살리에 사는 비구가 세존의 열반 후에 궁핍한 상황을 호소하며 재물 보시를 호소하였더니, 그때 사람들이 혹 금전을 주어서 이를 분배했다는 것을 기록하고 있고, 이 일을 본 야사가 비법이라고 주장했다는 것을 기록하고 있다.[31] 그리고 야사가 분주하게 힘쓴 결과 700중승衆僧이 모여서 존자 타사파라를 상수로 하여 제1결집의 방법에 따라 율장을 송출하고 나서, 그 다음 금전 문제에 대해 「이 가운데 발우를 원하는 자는 발우를 구하고, 옷을 원하는 자는 옷을 구하고, 약을 원하는 자는 약을 구할 수 있어도, 금은 및 돈金錢을 구할 수는 없다. 이처럼 모든 장로는 마땅히 수순하고 배워야 한다.」는 것이라고 결론지었다고 한다. 이 말은 위에서 언급한 『빠알리율』의 삽화 가운데 둘째 마니쭐라까의 질문에 대한 붓다의 대답에 상당한다. 그래서 『마하승기율』의 이 기사는 칠백인이 집합하여 먼저 율장을 합송하고 율장을 확인한 뒤에 그것에 비춰서 금은 및 금전을 취득해서는 안 됨을 분명히 한 것으로 「마니쭐라까의 경」도 참조되어 있는 것으로 보이고, 「칠백집법비니」라는 것에 어울리게 문제 처리도 적당하다고 할 수 있다. 그러므로 이 『마하승기율』의 기사는 파초우W. Pachow가 말하듯이 원본적인 것이다.[32] 이에 반하여 상좌계의 기사는 이에 9사事를 부가한 것이다. 이는 위에도 말했듯이 상좌부계의 기사가 금전

32) Pachow; op. cit., pp. 27-28.
31) 『마하승기율』제33권, 대정22권, 493쪽 a-c.

수납金錢受納의 한 가지 일만을 문제로 삼고, 야사가 밧지뿟따까跋耆子 비구를 힐난하여 장로 비구들에게 호소하는 활동을 하면서, 문제의 율제상律制上의 적 · 부적適不適을 장로에게 들을 때 갑자기 그것이 10사의 질문으로 되고 있는 데서도 알 수 있다. 그래서 분명히 대중과 상좌의 분열 전에 열린 제2결집의 기사라면 『마하승기율』의 기사가 원본적이다. 또 상좌부 기사는 제2결집을 쟁론으로 취급하고, 멸쟁건도에 기록한 부분의 단사인위원회에 의한 현전비니법의 규칙에 맞도록 수정하여 기록하고 있다. 예를 들어, 『빠알리율장』의 멸쟁건도에서 단사인을 이용하는 경우는 「무변無邊한 언설이 발생하여 그 말하는 바의 의미를 알기 어려울 때는 비구들이여, 그러한 쟁사를 단사인에 의해 멸하는 것을 허락한다.」(남전대장경 譯文)고 되어 있는데,[33] 제2결집기사에서는 이에 일치하도록 「때로 승가는 그 쟁사를 결정하고자 집합했다. 그 쟁사를 결정하고자 하는데 무변無邊한 주장[所說]이 일어나 한 주장의 의미조차 알 수 없었다.」는 상태가 되었다고 적고 있다. 거기서 사회자인 레바따Revata는 그 때문에 양쪽에서 비구 4명씩 뽑아서 「단사인으로서 그 쟁사를 멸하게 해야 한다.」고 제안하였고, 그와 같이 추진하고 있다.[34] 『마하승기율』은 쟁사라고도 하지 않고, 멸쟁법에 의하지도 않고, 단지 제1결집도 그러했다고 하여 금전불수계金錢不受戒를 포함하는 율제를 합송하며 전원이 율제를 재확인했다. 그 결과 아무런 다툼도 없이 금전을 구해서는 안 된다고 했다. 따라서 『마하승기율』은 분명히 율제律制의 제2결집이다. 상좌계통도 이것과 같이 기록해야 하는 것을, 금전문

33) Cullavagga, Ⅳ, 14, 19.(남전대장경 제4권, 148쪽) 제5장. 2(345쪽 이하) 참조.
34) Ibid., XII, 2, 7. 남전대장경 제4권, 455쪽.

제에 9사를 더하였고, 이를 10사로 했기 때문에 쟁사로서 취급하고, 멸쟁법에 의한 단사인멸쟁의 법제에 맞추어 기사를 개조했기 때문에, 율합송의 실체를 바꿔 버린 것이다. 아마도 상좌계 사람들에게는, 지방에 따라 식사는 다소 정오를 지나도 된다[二指淨]든가, 어느 정도의 관습도 하나의 규칙으로 보고 율제에 저촉되어도 이를 허용하는 등의 일이 중대한 문제가 되었기 때문에, 이들을 금전 문제에 부가하여 10사로 한 것으로 생각된다. 이 문제들은 아마 제2결집 때 화제가 됐더라도 중요한 문제는 아니었다. 또 『마하승기율』의 기사가 원본적이라고 한다면, 금전수납과 같은 사건이 일어났으므로 율장 내용을 합송하여 명확하게 하고, 그러한 일이 재발하지 않도록 하려는 것이 핵심이었다. 그 결과 집합의 직접적인 원인이 된 금전의 경우는, 어떤 경우라도 이를 구해서는 안 된다고 하는 것이고, 그 밖에 어떤 것이 거기에서 화제가 되었다 하더라도, 요점은 율장에 비춰보면 된다는 취지이다. 그리고 상좌부 계통과 같이 쟁사로서 기록하면, 현전비니가 모든 멸쟁법의 첫 번째 조이기 때문에, 먼저 율제를 제시[현전하게]하고, 이에 비추어 보아 판정하게 되는 것이어서,[35] 『승기율』과 달리 율결집의 의미를 상실한 것이다. 『마하승기율』과 같이 제2결집은 금전 문제를 계기로 야사의 노력으로 이루어진 것으로 보인다. 이러한 결집이 필요한 때이기도 하였을 것이다. 10사에서 보는 것과 같은 정법淨法의 문제가 각처에서 일어나고 있었다. 제1결집부터 수년을 지남에 따라 각종의 계를 실생활에 구체화하고 완화하는 여러 가지 정법淨法이 이루어져, 그 정(淨 : 적당) · 부정(不淨 : 부적당)이 논란이 되었고, 또한 율제 자체에

35) 제5장 · 2(345쪽 이하) 참조.

대해서도 승가에 따라 해석의 차이도 있었을 것이다. 『대반열반경』이 4대 교법을 논하면서, 붓다 입멸 후의 율제의 문제는[36] 장로들이나 장로가 있는 승가나, 장로나 대승가大僧伽들이 결정하는 것이고, 법과 율에 비춰서 타당하면 행해도 좋다고 하는 것은, 제1결집 후의 실상을 전하고 있고, 게다가 제2결집이 필요한 사태를 생각하게 하는 것이 있다. 이러한 것이 제2결집을 나타낸 것이라고 가정한다면, 『마하승기율』의 「칠백집법비니」는 이 결집과 그 계기가 된 사건의 결말을 기록하고 있다고 보아야 하며, 상좌부계 기사에서는 이때 평소의 문제인 금전 문제 이외의 9사의 의문도 해결했다고 생각된다. 그리고 이 제2결집 기사를 대중부가 율합송으로 기록하여, 상좌부계 여러 율이 쟁사의 멸쟁으로 기록하는 이유는 이해하기 어렵지만, 대중부의 기사가 더 소박하다. 제2결집의 대중부와 상좌부 기사는 동일한 사건에 근거한 기사로 여겨지며, 제2결집 때 상좌부와 대중부에 공통적인 율의 내용이 송출되었을 것으로 보인다. 바라제목차의 대강은 이미 제1결집에 송출된 것임을 이미 밝혔다. 현존율의 경분별과 건도의 내용이 거의 일치하는 것은 대중 · 상좌 분열 이전에 일단 그것이 인정되었고, 그에 따라 제도 형식을 갖추어 불교 승가로 존립하면서 교리에 따라 분파되었음을 의미한다. 제2결집을 지나면서 불교사는 형이하의 문제에서 형이상의 문제로 전환한다. 율제의 문제는 논의되더라도 그것으로 분열하는 일은 없었지만, 교리의 문제는 분파를 낳았다고 생각된다. 분파라고 해도 실상은 분화된 승가를 그 공명하는 교의에 의해 유별한 것으로, 중앙의 통제 분리 · 이탈을 선언하고 다른 통일 단체를

36) 제8장 · 1(577쪽 이하) 참조.

선언 · 결성하는 식의 분열은 아니었다고 볼 수 있다. 형식상으로는 부파에 따라 삼의의 색을 달리했다고도 전하나,[37] 그러나 부파적인 사상에 관계 없이 한결같이 비구로서 율장에 근거한 승가 생활을 함으로써 불교 출가자로서 사회적 지위를 부여받았다고 보아야 하며, 그 의미에서도 율장의 내용은 지방별로 다소 이해를 달리했다고 하더라도 부파에 따라 또는 사상에 따라 다르지는 않았을 것으로 보인다. 그것은 여러 율장의 상이함은 기억상의 사정에 의한 계의 순서나, 지방성에 따른 지말적인 해석상의 문제에 지나지 않는다.

37) 『사리불문경』, 대정24권, 900쪽 c.

5. 아소카의 전도와 부파율장

『도사』 등이 전하는 제3결집이 분별상좌부가 전하는 정도로 큰 의미를 지닌 것이었는지는 의심스럽다. 설일체유부가 카니시카 왕 때의 『대비바사론』의 편집을 제4결집이라고 전하는 것과 동시에, 그 파에서 결집적 의의가 있는 교의상의 회의, 혹은 합송이었다고 생각되어, 불교 전반으로서의 의의를 가지는 것은 아니었던 것 같다. 그러나 아소카 왕 때의 제3결집이 대중 · 상좌 분열로 이끄는 교의상의 의견 대립에 대해 분별상좌부의 정통교의의 확립에 있었던 것은, 이 결집의 성과라 불리는 것이 불교내 이견을 깨고 정견을 확립하는 논서, 즉 『논사論事 Kathāvatthuppakaraṇa』인 것에서도 분명하다. 그리고 그 후에 즉, 약 3세기 후에 있었던 카니시카 왕 때의 설일체유부의 제4결집도 마찬가지 의미의 논서, 즉 『대비바사론』의 편집이 있었다. 여기서 생각할 수 있는 것은, 앞에서도 언급하였지만, 율제상의 회의는 제2결집 이후 불교 역사상에 나타나지 않는 것이다. 아소카 왕 치세 이후 문제는 교리로 옮겨간 것이다. 설일체유부, 설출세부, 분별설부 그 밖에도 자기의 사상적 입장을 아마 자신감과 긍지로써 파명派名으로 삼는 것이 나오는 시대로 접어드는 것이다. 거기서 논쟁이 되는 것은 교리의 문제이지 율제의 문제가 아니다. 율제 중에서도 계의 문제는 비구가 일반사회로부터 출가자로서 존경과 신시信施를 얻는 생활을 유지시키기 위한 것으로 수동적인 것이다. 출가 생활의 급격한 또는 특이한 개혁은 사회적으로 불가능하며, 출가자로 살기 위해서는 승가가 설령 교리상 이상적인 생활법을 결정하더라도 그것을 사회가 출가 생활로 인정하고 신시를 하지 않으면 성립할 수 없다. 승가의 규칙도 마찬가지여서 승가는 다른 파의 교단과 마찬가지로 출가집단으로서, 생산적인 일반사회의 지지를 받고 있는 비생산적 종속적 존재이다. 교단의 흥폐는 다분히 재가 지지자의 증감에 의한 것이며, 따라서 그 본연의 자세는 수동적이다. 인도 불교로서는 일반사회로부터 독립하여 완전한 발전의 자유를 가진 것이 교리[敎義]였다. 그것은 당시 출가의 사상은 출가자만의 것으로 이를 재가자에게 이해시키는 것이 아니었기 때문이다. 대부분의 재가자는 속신앙俗信仰에 살고 있으며, 어느 파派를 막론하고 출가자에게 시주하여 내세의 행복을 위한 선업을 쌓는 것이다. 이에 반해, 출가는 현세의 행복도 내세의 행복도 버리고 생사 해탈의, 불교식으로 말하면 완전한 열반parinirvāṇa을 추구하는 것이다. 따라서 사회에 의존하는 형식상의 출가 생활을 규정하는 계는, 사회적으로 인정된 출가 생활을 위한 것으로, 출가자 측에 있어서 반드시 자주적인 자유의 것은 아니지만, 출가자 자신의 목적을 위한 무형의 교리는 완전히 자주적인 자유의 것이었다. 그것은 오히려 재가자에게 알려야 할 것이 아니었다. 『사분율』의 「설계건도」에서는 초기에 포살할 때 비구들이 모여서 법을 설하면서 가영歌詠의 설법을 하였는데, 이에 5실五失이 있어 금지하게 되었다. 5실이란 (1)비구가 가영하면 자기 음성에 수락受樂한다. ⑵듣는 자가 탐착한다. ⑶듣는 것으로 학습하게 한다. ⑷장자들은 자신들이 배운 가영의 소리와 같다고 하여 교만심으로 공경하지 않는다. ⑸적정처에서 음성을 기억하고 선정禪定을 어지럽힌다는 것이다.[1] 이 가운데 ⑶은 속인에게 교의를 학습시킨 결과가 되는 것을 비구의 과실로 삼고 있는 것이다. 『오분율』에서는 초기 포살에서 비구를 향해서는 삼보, 4념처念處 또는 7각지覺, 팔정도道를 설하고, 모든 시주 즉, 재가인에게는 제천諸天을 찬탄해야 한다고 하고 있다.[2] 출가자가 해탈하고자 하는 윤회를, 재가자는 보다 행복하게 윤회하고자 하는 것이다. 세속 사람들은 보시 · 지계 · 생천生天의 윤회법을 행하므로, 비구가 열반을 성취하기 위해 도품을 수행하는 것과는 별개임을 분명히 하고 있다. 따라서 도품에 속하는 논의, 예를 들어, 마하데바大天의 5사와 같은 것부터 삼세실유론三世實有論과 같은 형이상학적인 주장에 이르기까지 무엇을 말하더라도 그것은 전혀 사회적으로는 아무 관계도 없고 비구들 사이의 일로서 자유로웠다. 제2결집 이후의 승가는 이러한 자유로운 면에 교리 문제에 대해 서로 주장한 것으로 율장의 규칙은, 예를 들어 불수금은계不受金錢戒를 지키면서 금전을 수축受畜하는 정법淨法이나 사전捨錢의 처리 방법 등이 각 파의 경분별 안에 다소 차이를 보이고 있고, 중학법 등에도 각파의 다른 항목이 추가되어 있는데, 이것이 제2결집 때와 같이 승가에서 쟁론이 되는 예는 없었고, 사회 실정에 따라 일반적으로 용인되는 방식으로, 즉 수동적으로 변화해 온 것으로 보인다. 따라서 율장상에서 다투지 않는 이 사회 적응상의 변화

1) 『사분율』제35권, 대정22권, 817쪽 a-b.

2) 『오분율』제18권, 대정22권, 121쪽 b.

는 지극히 사소한 부분이고, 그것은 또한 지방성이 강하다고도 해야 한다. 그리고 한 지방에서는 교리가 다른 이파異派에서도 대사회적인 출가행은 각파 모두 동일한 보조였다고 볼 수 있다.

현재의 율장은 광율로는 설일체유부의 『십송율』(한역), 법장부의 『사분율』(한역), 화지부의 『오분율』(한역), 분별부 『빠알리율』(빠알리어본), 『근본설일체유부율』(한역 · 서장역), 대중부의 『마하승기율』(한역) 등 여섯 율장이고, 이외에 계경뿐인 『해탈계경』(한역)은 가섭유부迦葉遺部의 것이고, 또 『율이십이명료론』(한역)은 정량부正量部의 율론律論으로 생각된다. 이들 여러 부파諸派가 각자 전해오는 율장을 소지하고 있음을 알 수 있다. 게다가 또한 『비니모경毘尼母經』(한역)에 있는 「이는 설산부의 오백 비구가 모은 법장이다.(此是雪山部五百比丘所集法藏)」라는 말에 의거,[3] 이를 『설산부율론』이라는 사람들의 설에 따르면 설산부도 율장을 가지고 있었다고 생각된다.[4]

이들 율장을 소지한 부파의 분열에 대해서는 남북 문헌에 따라서 다르지만, 남전에 따르면 상좌부Theravāda는 화지부Mahiṁsāsaka와 독자부Vajjiputtaka로 나뉘어지고, 후자에서 법상法上 Dhammuttarika, 현주賢胄 Bhadraānika, 밀림산密林山 Chandāgārika과 정량正量 Sammitīya의 각부가 나오고, 전자에서는 설일체유부Sabbatthivāda와 법장부Dhammagutta가 나오고, 설일체유에서는 가섭유부Kassapiya, 거기에서 설전부說轉部 Saṁkantika, 또는 거기에서 경부經部 Suttavāda가 순차로 생겨났다고 한다.[5] 이에 대해 대중부에서는 계윤부鷄

3) 『비니모경』제4, 대정24권, 819쪽 a-b.

4) 平川 彰 『율장의 연구』 263-264쪽 참조.

5) Dīpavaṁsa, v, 35-54 남전대장경 제60권, 34-35쪽. Mahāvaṁsa, v, 1-13. 남전대장경 제60권, 174-175쪽.

胤部 Gokulika, 일설부一說部 Ekabyohāra 기타가 나왔다고 한다. 그리고 이 계도系圖에서는 상좌부에 독자, 정량 등의 그룹과 화지 · 유부 등의 그룹 및 대중부 그룹의 세 그룹이 있게 된다. 북전에서는 부파의 계통이 이것과 다른데, 『이부종륜론』[6]에 상좌부가 처음으로 유부有部와 설산부雪山部로 나누어지고, 그 유부에서 독자부 · 화지부 등이 나왔다고 하지만, 이 유부의 위치는 유부를 상좌부 제 파의 본종本宗으로 하기 위해 만들어진 것으로 인정되고, 남전과 같이 화지에서 유부가 나온 것으로 개정하면 남전과 똑같다고 할 수는 없지만, 일치시킬 수는 있을 것이다. 또 『이부종륜론』이 설산부를 본상좌本上座라고 하는 데 반하여, 남전에서는 대중부의 말파末派라고 하는 차이가 있다. 이는 아소카 왕의 설산전도雪山傳道 이래 설산부 승가가 오래되었다는 것과 이 파가 대중부의 주장인 이른바 마하데바大天의 5사를 인정하고, 또한 다른 교의가 유부와 같다고 여겨지는 것과의 두 가지 모순되는 요소가 겹쳐져 있으므로, 후자에 의해 남전은 설산부를 교의상 대중부의 말파라고 보고, 전자에 의해 북전은 설산부가 승가의 옛 전통을 지키고 있는 점에 따라서 본상좌로 여긴 것으로 생각된다.

그리고 현존 율장에 대해서 보면 광율로서는 『사분율』(법장부), 『오분율』(화지부), 『십송율』 · 『근본유부율』(설일체유부)에, 『빠알리율』을 상좌부로 하여 여기에 더하면 이들은 모두 화지 · 유부 그룹의 율이며, 이에 반해 독자 · 정량부 그룹에는 단순히 율론律論인 『율이십이명료론』만 있고, 설산부에는 『비니모경』뿐인 셈이다. 대중부는 교리상의 분파가 있었다고 여겨지지만, 율장은 『마하승기율』 한 율이다. 그리고 이들 여

6) 『이부종륜론』, 대정49권, 15쪽 b.

러 율장을 전하는 부파들이, 대체로 인도에서 수 세기 동안 존재한 것으로 보아야 하며, 다른 부파들은 분파의 계보에는 있으나 지방적으로 알려지지 않게 되었거나 일찍 소멸되었다고 볼 수 있다.

굴겸덕堀謙德이 『해설서역기』에서 정리한 바에 따르면,[7] 종파 구별이 뚜렷한 불교가 행해진 나라가 72개국이고, 그중에서 소승만으로 말하면 「정량부」가 행해진 나라가 14국, 「설일체유부」가 12개국, 「상좌부」가 6개국, 「대중부」가 2개국, 「설출세부」가 1개국으로 되어 있다. 정량부가 가장 융성한 것 같지만, 그럼에도 불구하고 율론律論만 있고 율장律藏이 전해지지 않는 것은 이해하기 어려운 일이다. 혹은 독자 · 정량부의 율이 중국에서 말하는 바와 같이 『바차부라율婆麤富羅律』일 수도 있지만, 다음에도 기술하듯이 이를 뒷받침하는 것은 없다.

현장이 인도에서 얻은 경전은 「대승경」 224부, 「대승론」 190부, 「상좌부경율론」 14부, 「대중부경율론」 15부, 「삼미저야부경율론」 15부, 「미사새부경율론」 22부, 「가섭비부경율론」 17부, 「법장부경율론」 42부, 「설일체유부경율론」 67부가 있었다고 기록되어 있는데,[8] 여기에서도 주목받는 것은 대중부가 1파로서 거론되고 있다는 점, 삼미저야부 즉 정량부의 경율론을 얻었다거나 혹 독자정량부의 율장이라는 것이 그 안에 있었는가 하는 생각이 들게 하는 것이다. 대중부가 1부로서 존재했다는 것은, 현장이 대중부 아비달마를 두 스승에게서 배웠다는 데서도 알려지지만,[9] 정량부 율장에 대해서는 『마하승기율』이 바차부라Vāt-

7) 堀謙德 著, 『解說西域記』 1066쪽 이하 「현장시대의 서역종교 정세」.

8) 大唐 『大慈恩寺三藏法師傳』 제6권, 대정50권, 252쪽 c, 『大唐西域記』 제12권, 대정51권, 946쪽 c.

9) 『大唐大慈恩寺三藏法師傳』 제4권, 대정50권, 241쪽 b-c.

sīputrīya 즉 독자부의 율이라는 전설이 중국에 있다. 독자는 독자정량犢子正量 Vātsīputrīya-Sāmmatīya으로도 불리며, 현장玄奘 시대에 정량부가 되어 있었다는 것은 지금 인용하는 현장의 장래경론將來經論의 내용으로 알려져 있다.

현장은 또한『서역기』제3권 오장나국烏仗那國의 부분에서 율의 전훈傳訓에 5부가 있다고 하면서, (1)에 법밀부法密部 (2)에 화지부化地部 (3)에 음광부飮光部 (4)에 설일체유부說一切有部 (5)에 대중부大衆部가 있다고 하는데,[10] 이는 위에서 살펴 본「장래경론」의 소승부파에서 삼미저야부三彌底耶部를 제외한 5부로서, 중국에서「5부율」이라 칭하는 것의 부와 일치한다. 5부율의 문헌적인 근거가 되는 것은『사리불문경』·『대비구삼천위의』·『불본행집경』·『마하승기율 사기私記』이며,[11] 이들은 담무덕(法密)부, 미사색(化地)부, 가섭유(飮光)부, 살바다(說一切有)부, 마하승기(大衆)부의 병립 존재를 말하고 있다. 게다가 여기서 바차부라(犢子)부를 더해「6부」를 말하는 것이 있다. 즉『대방등대집경』이다.[12] 이에 따르면, 붓다는 교진여에게 예언하여, 붓다의 열반 후에 담마국다(법밀)와 살바데바(說一切有)와 가섭비(飮光)와 미사색부(化地)와 바차부라독자가 있고, 또 이 5부의 경서를 두루 열람하는 것으로「마하승기부」가 있다고 하고 있다. 바차부라에 대해서는「유아有我를 설하고, 공상空相을 설하지 않는다.[說有我不說空相]」라고 설명하니 이는 독자정량부의 일이다. 또한 이들 문헌은 반드시 율장이 5종, 또는 6종이었다고 하는 것은 아니며, 그러

10)『대당서역기』3권, 대정51권, 202쪽 b.

11)『사리불문경』, 대정24권, 900쪽 이하.『대비구삼천위의』권하, 대정24권, 925쪽 c-926쪽 a.『불본행집경』제60권, 대정3권, 932쪽 a.『마하승기율사기』, 대정22권, 548쪽 b.

12)『대방등대집경』제22권, 대정23권, 159쪽 a-b.

한 부파가 존재했음을 말하는 것이 주를 이룬다. 그래서 아마도 중국에서 이 『대방등대집경』의 바차부라부를 어떻게 해석하는지가 문제가 되었다. 7세기에 의정義淨이 전한 『근본유부율』을 잠깐 제쳐놓으면, 마침 중국에 전해진 율도 『사분율』(담무덕)과 『오분율』(미사새부), 『십송율』(살바다부), 『해탈계경』(가섭유부), 『마하승기율』(대중부)의 5부 5율에 상당하게 맞았으므로, 『사리불문경』 등의 5부설은 지장 없이 받아들여졌다. 그러나 『대방등대집경』의 바차부라부는 이를 처리해야 하므로 이를 『마하승기율』과 동일시하는 설을 내었다고 볼 수 없는 것일까?

『마하승기율사기』[13]는 본율本律과 함께 전해졌다는 설을 기록한 것으로 보이나, 5부가 나란히 어지럽게 일어났기 때문에 아소카 왕이 투주投籌하였던 바 본중本衆의 산가지籌를 잡는 자가 많았으므로 「마하승기」라고 이름했다고 한다. 행주行籌의 의미는 분명하지 않지만, 『사리불문경』에서는 율에 대해서 신 · 구新舊로 나누어서 흑 · 백 두 산가지籌로 나누어 잡게 했더니, 구율舊律의 검정색 산가지黑籌를 잡는 자가 1만萬이었기 때문에 이를 「마하승기」라 하고, 흰색 산가지白籌는 1백百뿐이었지만 이를 「상좌上座」라 하여 쓰타비라他卑羅 sthavira라 이름했다고 기록하고 있다.[14] 이 설과 관련하여 생긴 전설이라 여겨지는 것이 『출삼장기집』의 「신집율분이오부기록新集律分異五部記錄」이다.[15] 이에 따르면, 아소카 왕의 치세 초에 왕의 폭위暴威로 「80송율」八十誦律이 회멸되었으나, 그 후 불교가 보호되면서 5부가 각각 견해를 달리했다. 그래서 왕은 5부

13) 주11 중, 『마하승기율사기』.
14) 주11 중, 『사리불문경』.
15) 『출삼장기집』제3권, 대정 55권, 19쪽 c.

의 승가를 모아서 산가지籌를 집게 하였더니, 바차부라부의 산가지를 잡은 자가 많았으므로 이 부를 「마하승기부」라 했다고 한다. 그리고 이 『출삼장기집』의 기사는 부언하여 「만약 요즈음에 이 땅에서 산가지籌를 행하면, 곧 이 『십송율』을 '마하승기'라 이름할 것이다.」라고 적고 있다. 여기에서 이 땅은 아마도 중국일 것이다. 이에 따르면 「마하승기」라는 말은 다수파의 의미이고, 아소카 왕의 행주에서는 바차부라부율이 다수파이었으나, 지금 중국에서 행하면 『십송율』의 파, 즉 설일체유부가 다수의 주籌를 얻어서 「마하승기」가 된다는 취지로 해야 할 것이다.

이상 5부율에 대해서 많이 살펴보았는데 결론적으로는, 인도에서도 대중부를 다섯째로 세는 5부와, 따라서 『마하승기율』을 다섯째로 세는 5율이 부파의 주력이고, 행해진 율장이라고 해야 한다. 그러나 독자·정량부라기보다는, 현장玄奘 시대에는 정량부가 소승파의 큰 축을 이루고 있다는 점은 위에서 본 바와 같이, 이 계통의 바차부라율의 존재를 생각하는 설도 유력했던 것 같다. 이 때문인지 『출삼장기집』이 기록하는 본래의 의미, 즉 다수파의 율이 『마하승기율』이라는 의미와는 다소 다르다고 생각되지만, 『마하승기율』이 독자犢子의 바차부라율이라 여기는 생각이 중국에서도 『삼론현의』에 있으며, 최근 외국 연구자들에게도 많다. 예를 들어, 프라우바르너Erich Frauwallner는 위에서 말한, 현장이 『서역기』에서 전훈傳訓의 율에 5부를 들고, 독자정량犢子正量의 율장을 기록하지 않는 것에 대해,

「독자부犢子部 그룹의 (율)이 없는 것은 쉽게 설명할 수 있다. 전

설이 지지하듯이 '그들의 율장은 단지 대중부의 율장을 수정했을 뿐'이라고 하면 된다.」

라는 의미를 밝히고 있다.[16] 파초우W. Pachow도 같은 의견으로 보이고, 『마하승기율』이 독자犢子(Vātsīputrīya 바차부라)율이고, 정량부율로 하는 계통도를 만들고 있다.[17] 율장은 교리의 문제가 아니므로 「독자정량」과 「대중부」가 같은 율장이라도 아무런 지장이 없으며, 또한 현장시대의 정량부의 소재지는 중인도를 중심으로 9개국과, 동남서 3인도를 합하여 6개국에 이르며 북인도에는 없다.[18] 또 대중부는 북전에 의해 「화씨성華氏城 Pāṭaliputra」, 남전에 의해 「베살리Vesālī」에서 다수파가 되었다면 중인도의 부파라 해야 하고, 또 제다산制多山 등의 안타라파案陀羅派는 남인도이며, 중인도에서는 일찍이 대중부가 정량부가 되고 남인도에 대중부 말류가 번성했다고 볼 수 있어 대중부의 율이 정량부에 공통이라고 할 수 있다. 그러나 이를 뒷받침하는 것이 없어, 그 진위는 새로운 자료의 발견을 통한 향후 연구를 기다릴 수밖에 없다.

그런데 5부율 외에 인도 본토에서는 일찍 소멸되었으나 스리랑카에 전통을 전하는 분별상좌부의 『빠알리율장』과 설일체유부의 한 파인 근본유부의 『근본설일체유부율』을 더하면, 현재의 광율으로서의 율장 전체가 된다. 『근본설일체유부율』과 『십송율』의 관계는 나중에 보기로 하고, 일단 개괄하자면 대개 6부파의 율장이 현존해진다. 그리고

16) Frauwallner, The Earliest Vinaya, pp. 10-11.
17) Pachow, A Comparative Study of the Prātimokṣa, Intro., p. 44.
18) 堀謙德著 『解說 西域記』 1066쪽 이하.

이들 율장의 내용이 대동한데, 그 대동한 부분을 각 부파 율장의 원형이 되는 근본 율장이라고 보는 것은 동서 학자가 똑같이 인정하는 바이다.[19] 또한 이미 말한 바와 같이, 불교경전 성립사를 논하는 쪽에서도, 이 원형율장의 성립을 제2결집 직전이나 그 무렵으로 보았다. 다만 제2결집을 붓다 입멸 100년경으로 할 것인가, 혹은 그것보다 조금 빨리 볼 것인가에 대해서는 앞에 말한 바와 같이, 붓다 입멸 연대를 아소카 왕 즉위보다 약 2세기 전으로 볼 것인가, 약 1세기 전으로 볼 것인가 하는 것과, 제2결집을 붓다 입멸 100년 후보다 앞당겨 생각하는가 하는 것 등과 관련하여 달라지지만, 제2결집이 율장의 원형성립기가 된다는 것에는 누구에게도 이견이 없는 듯하다. 그래서 이 원형율장이 어떻게 각 부파의 율장이 되었는지를 생각해 볼 수 있어야 한다. 그것은 또한 원형율장이 성립된 이후 그 율장을 지키는 승가가 어떻게 부파로 나누어졌는지의 문제이다. 앞에서도 말했듯이, 부파 주장의 다툼은 모두 교리상의 일이었고, 구체적으로 율제상의 문제로 의견이 엇갈려 벌어지게 되었다고 기록되는 것은, 제1결집 후 마하깟싸빠와 뿌라나와의 숙식 등에 대한 검개檢開 문제일 뿐,[20] 대중·상좌의 분열로 이어지지는 않으며, 제2결집의 10사도 반대자 없이 결말지어졌다. 아마 하나의 율을 실행하는 동안에 지방적으로 혹은 사회의 정황, 외부의 변화에 따라 각파에서 다소의 차이가 발생하고, 또한 계조戒條의 기억상의 편의로 기거에 관한 것을 일괄하는 등의 일 때문에 다

19) Frauwallner도 건도부에 대해서 이 생각으로 그 원형을 찾고 있고, The Earliest Vinaya, pp. 1-3 平川 彰도 그러한 구상으로 『율장의 연구』를 저술하고 있다.

20) 제8장 · 5 「食의 淨法과 儉開七事」 634쪽 이하 참조.

소의 계조 순서에 변화가 있었던 것으로 인정된다.

제2결집 이후 불교가 각지에 전도되고 개척된 것은 아소카 왕의 전도사 파견에 의해서였다. 아소카 왕의 전도의 파견처에 대해서는 『대사』나 『선견율』에 기록하는 부분과, 가이거나 필리오자 등의 연구를 종합하면 다음과 같다.21)

(1) 맛잔띠까Majjhantika末闡提는 카쉬미르Kaśmīr, 간다라Gandhāra 지방에 가서 『사유경蛇喩經 Āsīvisūpamasuttanta』을 설했다.

(2) 마하데바Mahādeva는 마히사만달라Mahisamaṇḍala 지방 즉 지금의 마이솔Maisūl지방에 가서 『천사경天使經 Devadūtasutta』을 설했다.

(3) 락키따Rakkhita는 바나바사Vanavāsa 지방 즉 지금의 칸나라Kannara 북부에 가서 무시상응無始相應 Anamataggapariyāya-kathā을 설했다.

(4) 요나까Yonaka인 담마락키따Dhammarakkhita를 아빠란따까Aparantaka 즉 구즈라뜨Gujrāt 지방에 가게 해서 『화취유경火聚喩經 Aggikkhandopama-sutta』을 설했다.

(5) 마하담마락키따Mahādhammarakkhita는 마하랏타Mahāraṭṭha 즉 마라타Maratha에 가서 『나라타깟싸빠본생경Mahānāradakassapajātaka』을 설했다.

(6) 마하락키따Mahārakkhita는 요날로까Yonaloka 즉 인도의 북서국경에 가서 『깔라까라마경Kālakārāmasutta』을 설했다.

(7) 깟사빠곳따Kassapagotta의 맛지마Majjhima와 둔두빗사라Dundubhissara와

21) Mahāvaṁsa, XII, 1-8 남전대장경 제60권, 230쪽 이하. Samantapāsādika, Vol. I, pp. 62 ff. 남전대장경 65권, 80쪽 이하, 平松友嗣 · 林五郎 譯 『大史』 134쪽 이하. See Geiger, Mahāvaṁsa, Translated to English, Introductin, XII and I, Filiozat; L` Inde cllassique, ch. 221.

사하데바Sahādeva와 물라까데바Mūlakadeva는 설산지방Hemavanta에 가서『전법륜경Dhammacakkappavattanasutta』을 설했다.

(8) 소나Soṇa와 웃따라Uttara는 수완나부미Suvaṇṇabhūmi 즉 비르마니에Birmanie 말라야Malaya지방에 가서『범망경』Brahmajālasutta을 설했다.

(9) 마힌다Mahinda 등은 랑까디빠Laṅkādīpa 楞伽島 즉 스리랑카에 가서『소상적유경小象跡喩經 Cūḷahatthipadopamasutta』을 설했다.

이 전도사가 파견된 지방은 왕이 마애법칙磨崖法則으로, 법의 승리Dhammavijaya를 얻었다고 여겨지는 사람들이 있는 지방이다.[22] 법의 승리를 얻은 것으로 알려진 사람은 요나Yona인, 깜보자Kamboja인, 나바까Nābhaka인, 나바빵띠Nābhapaṁti인, 보자Bhoja인, 삐띠니끼야Pitinikya인, 안드라Andhra인, 빠링다Pāriṁda인 사이로 알려져 있는데, 그 중에서 요나 · 깜보자는 서북인도, 나바까 · 나바빵띠는 설산방면, 보자 · 삐띠니끼야는 서데칸, 안드라 · 빠링다는 남인도로 추정되고, 위의 전도사 파견 방향과 대체로 일치한다. 또 이는 왕이 법대관法大官 Dhammamahāmattā을 두었다고 알려진 바, 즉「요나Yona인, 깜보자Kamboja인, 간다라Gandhāra인, 랏티까Raṭṭhika인, 삐띠니까Pitinika인 및 서방의 주변인隣方人」으로 여겨지는 지방과도 일치하고 있다.[23] 아소카 왕의 세력권은 페르시아와의 국경에서부터 갠지스강 하구까지, 카슈미르부터 남인도 마이소르까지 이르고 있는데, 이 영토 중에서 중인도와 동인도의 본래 불교권 이외의 인도 주변지는 법의 승리를 얻어 아소카 왕의 법대관이 있었던 곳이고,

22) 남전대장경 제65권「阿育王刻文」32쪽.
23) 남전대장경 제65권「阿育王刻文」12쪽.

이것이 또한 불교기록에서는 아소카 왕의 전도가 이루어진 곳이다.

프라우바르너는 이러한 지역에 이루어진 아소카 왕 전도를 중시하여 전도사의 행선지에서 부파의 기원을 보려고 한다.[24] 예를 들어, 카시미르 · 간다라로 파견된 맛잔띠까Majjhantika에게 설일체유부 불교의 시작을, 깟싸빠 성姓의 맛지마Majjhima와 사하데바Sahādeva와 물라까데바Mūlakadeva의 설산방면의 전도가 가섭유부와 설산부의 기원이 된다고 한다. 수나叟那인 즉 그리스인의 담마락키따Dhammarakkhita의 전도를 담무덕부의 성립에 관련이 있다고 하고, 또한 이는 수나叟那세계로 향한 마하락키따Mahārakkhita도 합하여 생각해야 한다. 그것을 반증을 할 수 있는 것으로, 『담무덕갈마』를 번역한 담제曇諦가 안식安息 Parthia에서 동일한 『잡갈마』를 번역했다고 전해지는 강승개康僧鎧가 강거康居 Sogdiana인인 것,[25] 『사분율』의 송출자인 불타야사가 계빈罽賓 Kaśmīr에서 온 것을 열거하고 있다.[26] 또 의정義淨이 오장나烏長那 · 구자龜玆 · 우진于闐에만 법호法護와 화지化地와 가섭비迦葉卑가 있다고 하는 것까지 합하여,[27] 담무덕부가 이란국경을 포함하는 이들 지역에 펴져 있었다고 한다. 화지부에 대해서는 『서역기』와 의정義淨이 오장나烏長那에 있다고 하는 것은 앞에도 언급했지만, 『오분율』의 역자인 붓다집佛陀什은 계빈인이고,[28] 『서역기』의 설에서는 무착無着은 건타라犍陀羅에서 처음에 화지부로 출가했고,[29] 타키시라에도 화지부가 있었다는 각문刻文이 존재한다. 또 법현

24) Frauwallner, The Earliest Vinaya, pp. 13-23.

25) 曹魏 安息沙門 曇諦 譯(대정22권, 1051쪽 b), 曹魏天竺三藏康僧鎧(대정22권, 1041쪽 a)

26) 『출삼장기집』제14권, 대정55권, 102쪽 a.

27) 『남해기귀내법전』제1권, 대정50권, 206쪽 c.

28) 佛陀什 譯「고승전」, 대정 50권, 339쪽 a.

法顯은 스리랑카에서 미사색부율을 얻었는데,[30] 이 부는 남북으로 넓어 그 기원은 알려지지 않지만, 마히사만달라Mahisamaṇḍala에 다다른 마하데바Mahādeva와 관련이 있다. 단지 이 마히사만달라는 마이솔 지방이고, 대중부의 제다산부 등 안달라案達羅의 여러 파의 주거지이며, 그들은 동등하게 이른바 마하데바大天의 5율을 주장하는 자이다. 프라우바르너는 이 일에 관한 얘기는 없지만, 그러나 마하데바 즉 마하데바를 5사의 주장자로 보는 것은 경솔한 것인지 모르겠지만, 그 마하데바를 이 지방의 대중부 승가의 조상祖으로 볼 공산도 크다. 마지막으로 『빠알리율장』의 분별상좌부는 마힌다Mahinda 등의 아소카 전도에 의한 것은 말할 것도 없다. 그리고 이상과 같이 각지의 모든 부파諸派, 혹은 승가의 조상祖이 된 아소카 전도의 제대諸隊를 낸 아소카 왕 치하의 중앙승가는 프라우바르너에 따르면 비디샤毘提沙 Vidiśā였다.[31] 『도사』나 『대사』에도 다른 전도대의 출발에는 상세한 기록은 되어 있지 않지만, 마힌다의 능가도 즉, 스리랑카에로의 전도출발에 대해서는 상세하게 기록되어 있고, 그것은 비디샤毘提沙에서이다.[32] 그래서 프라우바르너에 의하면, 즉 『십송』·『사분』·『오분』·『빠알리』의 상좌부 4대 광율은 기원전 4세기 전반(그의 연대론)의 비데싸Videsa의 율을 원형율로 한다는 것이다. 그리고 『마하승기율』도 사실상 내용이 이들과 다르지 않다면, 하나의 원형율에서 현존하는 여러 율이 성립되었다는 것이 되고, 그것

29) 『대당서역기』제5권, 대정51권, 896쪽. 단 『바수반두법사전』제1권, 대정50권, 188쪽 c에는 有部出家로 한다.

30) 『고승법현전』 제1권, 대정51권, 865쪽 c.

31) Frauwallner, op. cit., p. 23.

32) Mahāvaṁsa, Chap. 13. 남전대장경 제60권, 235-237쪽.

은 동시에 현존하는 여러 율에서 공통된 원형을 찾는 가능성과 그로 인해 알려진 불교 승가의 상황은 적어도 제2결집 이전에 이르게 된다. 그리고 이러한 연구 경향은 최근 국내외 학계의 추세인 것 같기도 하다.

6.『십송율』과『근본유부율』

『대지도론』 제100권 말미에 율에 두 가지가 있음을 말하는데, 「하나는 마투라국摩偸羅國의 비니毘尼이며, 아바다나阿波陀那 본생本生을 포함한다. 둘째는 계빈국의 비니이다. 본생 아바다나를 제거하고, 단 필요한 부분을 취하여 10부로 만든다.」고 하고 있다.『대지도론』에 있어서 소승은 유부종有部宗이다. 그리고 이미 예로부터 이 가운데「본생 아바다나를 제거한」 것이『십송율』임은 논증되어 있으며,『대지도론』2권에 80부율의 내용을 3부 · 7법 · 8법 · 비구니 · 비증일毘增一 · 우빨리문 · 잡부 · 선부善部라 하는 데 반해,『십송율』은 현재 3송誦(비구계) · 7법(제4송 · 수계 등 7건도) · 8법(제5송 · 가치나의 등 8건도) · 잡송(제6송 · 調達事 · 雜法) · 니율(제7송 비구니계) · 증일법(增一法 : 제8송) · 우빨리문(제9송-10송 전반) · 선송(善誦 : 제10송 후반)이라 하는데, 내용도 얼핏 보면『대지도론』이 가리키는 부분과 일치한다. 이에 반해 아바다나, 즉 비유譬喩나 본생담本生譚을 포함하는 율이란 현존하는 것으로는『근본유부율』이다. 이 율은 경분별부 및 건도의 해설이나 인연에 이른바 비유나 본생을 이용하여, 그 권수가『십송율』의 배가 된다. 현재 한역으로 대정대장경에 수록되어 있는 것을 열거하면, (1)『근본설일체유부비나야』(비구경분별부) 50권 (2)『동 필추니비나야』(비구니경분별) 20권 (3)『동 출가사』(出家事 :수계건도) 4권 (4)『동 안거사』(安居事 : 안거건도) 1권 (5)『동 수의사』(隨意事 : 자자건도) 1권 (6)『동 피혁사』(皮革事 : 피혁건도) 2권 (7)『동 약사』(藥事 : 약건도) 18권 (8)『동 가치나의사』(羯恥那衣事 : 가치나의건도) 1권 (9)『동 파승사』(破僧事 : 파승건도) 20권 (10)『동 잡사』(雜事 : 잡건도) 40권 (11)『근본설일체유부니타나목득가』 10권 (12)『동 백일갈마』 10권 (13)『동 계경』戒經 1권 (14)『동 필추니계경』 1권 (15)『동 비나야니타나목득가섭송』 1권 (16)『동 약略비나야잡사섭송』 (17)『근본살바다부율섭』 14권, (18)『근본설일체유부비나야송』 3권 등이 있는데,[1] 합하여 18부 206권이다. 그러나 이 번역은 20건도 중에 8건도 밖에 번역되지 않아 미완역이지만, 서장역은 완역이다. 『개원록』에 따르면 역자인 의정義淨에게는 이미 이 외에 약 7 · 80권의 발솔도跋率堵 : 건도를 번역한 것이 있었으나, 그것을 산철刪綴하지 않고 죽었다고 하고 있다.[2] 이미 번역된 것이 책으로 되어 있었더라면 오늘날의 것의 배가 될 것이고, 다시 완역되어 있었다면 한층 방대한 것이 되었을 것이다. 『십송율』의 7법 · 8법 · 잡송을 합한 17사事가 건도부에서 총 21권이지만, 이 『근본유부율』로는 이 중 절반에도 미치지 않는 8사事인데도 이미 81권이나 되는 방대한 분량이다. 이는 아바다나비유와 본생을 가짐으로써 권수가 늘어난 셈이다.

그래서 『대지도론』이 설하는 바로는, 아바다나본생을 포함한 『근본유부율』은 마투라Mathurā국의 율이고, 이를 제거한 『십송율』은 카슈미르(계빈 Kaśmīr)의 율인 셈이다. 그러나 『근본유부율』에는 아난다의 제자 마디얀디나(末田地那 Madhyandina=Madhyāntika)의 가습라迦濕羅:迦濕彌羅로의 개교開

1) (1)–(6), 대정23권 中. (7)–(18), 동 24권 中.
2) 『개원석교록』권 제9, 대정55권, 569쪽 a.

敎를 설하고 있으므로, 일반적으로 『근본유부율』을 계빈의 율로 생각되기 쉽다. 그리고 정교한 설명도 이루어진다.[3] 그러나 프라우바르너는 말전지末田地의 계빈 개교의 기사는 후대의 삽입이고, 그 삽입도 언뜻 보기에 분명한 방법으로 이루어졌다고 한다.[4]

『유부율』의 가습미라국 개교 기사는 『파승사』와 『잡사』에 있는데 『잡사』에 의하면 붓다 입멸에 이어 왕사성 결집이 있고,[5] 마하깟싸빠의 아난다에게의 부법付法과 입열반入涅槃이 있으며,[6] 아난다의 샤나까Śāṇaka에게의 부법과 입열반이 있고,[7] 다시 계속해서 샤나까의 우빠굽따Upagupta에게의 부법과 그 후의 계보,[8] 그리고 베살리결집의 기사가 있는데,[9] 이 모든 부법들은 예를 들어, 아난다는 마하깟싸빠로부터 샤나까를 제자로 하는 예언을 받았고, 마찬가지로 샤나까는 우빠굽따를 제자로 삼는 것을 아난다로부터 예언받았고, 선사先師의 예언에 근거하여 제자를 얻었고, 그 제자에게 법을 상속하고 있는 것이다.

그런데 아난다가 릿차비족Licchavī의 라자그리하(왕사성 Rājagṛha)와 아자따샤뜨루(미생원왕 Ajātaśatru)의 바이샬리(광엄성 Vaiśāli)의 중간인 강가Gaṅgā의 중류변에서 입열반할 때, 붓다나 마하깟싸빠 때와 마찬가지로 열반의 서상으로 대지가 6가지로 진동했다. 이를 본 한 선인이 500문도를 데리고 아난다에게 이르러 아난다의 입멸 직전에 수구수법受具受法하는데 그

3) 『근본설일체유부비나야잡사』제40권, 대정24권, 401쪽 c-402쪽 a.
4) Frawallner, The Earliest Vinaya, p. 27, Footnotes, No. 2 and 3.
5) 『근본유부비나야잡사』제40권, 대정24권, 408쪽 b 이하.
6) 상동, 대정 24, 409쪽 c 이하.
7) 상동, 411쪽 a 이하.
8) 상동, 411쪽 c.
9) 상동, 414쪽 b.

가 일중日中, 즉 마디얀디나末田地那이다. 그런데 아난다는 이미 스승으로부터 예언된 정통 제자 샤나까에게 부법하였다. 마디얀디나末田地那는 스승으로부터 예언된 제자가 아니라, 입멸 직전의 갑작스런 제자일 뿐이다. 그러나 이 마디얀디나에게도 아난다는 붓다로부터 마하깟싸빠를 거쳐 전지한 법을 전한다고 하고, 그를 위해 말하기를, 붓다의 예언에 「내가 열반 후 만 백년이 되는 때 마디얀디나라는 한 필추가 있어서 나의 가르침을 이 나라(가습미라라고 해야 할까?)에 유행시킬 것이다.」라고 했다고 한다. 아난다의 입멸 뒤에 마디얀디나는, 「나의 친교사인 아난다로부터 부촉을 받았으므로 가습미라국에 불교를 유행시키겠다.」라고 하였고, 붓다도 당래세에 일중日中, 즉 마디얀디나 필추가 가습미라국에서 독룡을 조복하고 불교를 유행시킬 것이라고 말씀하셨다고 했다.[10] 이것이 가습미라의 개교에 관한 기사인데, 분명히 정통 전승인 마하깟싸빠-아난다-샤나까-우빠굽다의 전승 기사 중에 삽입한 것이며, 아난다의 입멸 기사에 마디얀디나를 결부시킨 것뿐이고, 마디얀디나 이후로 전통의 계보가 이어진 것은 없다. 이 기사는 분명히 가습미라 유부종이 사상통일이 되었을 때 마디얀디나를 부파의 개조[派祖]로 하여 써넣은 조작 기사이다.

이 전설은 같은 『유부율』의 『약사藥事』에서, 붓다는 아난다를 데리고 입열반전의 유행을 하스띠나뿌라(象城 Hastinapura)에서 마하나가라(大城 Mahānāgara), 쉬루그나(素魯揭群城 Śrughna), 브라흐마나그라마(梵那羯羅摩 Brāhmaṇa-grāma), 깔라나가라(迦羅城 Kālanagara)을 거쳐 라히따까(盧醯德迦 Rahitaka)까지 하는데, 이곳에서 붓다는 연좌宴坐 중에, 아난다에게는 알리지 않고 약샤

10) 상동, 대정 24, 410c-411쪽 a.

바즈라빠니(金剛手夜叉 Yakṣavajrapāṇi)를 데리고 공중으로 북천北天을 조복시키러 가서 용왕 등을 조복한 뒤에 공중에서 녹색의 숲을 보고 금강수에게 말씀하셨다. 「여기는 가습미라국경이다. 내가 멸도한 뒤 100년쯤에 마땅히 비구 제자[서장역에는 마디얀띠까말전지나 Madhyantika라 한다]가 있어서 … 이 국토에 정법正法을 유전할 것이다.」라고 예언했다.[11] 붓다는 이 일을 공중에서 행했기 때문에 아난다는 모르고, 아난다가 북천축의 교화를 제언하자 붓다는 이미 금강수야차와 그것을 행했다고 알리고 있다. 그리고 이 마하나가라大城에서 라히따까盧醯德迦에의 유행은 강가殑河 Gaṅgā와 야무나Yamunā 위의 마투라Mathurā=摩偸羅국 내이고, 북천北天의 교화 후에는 고왕 취락古王聚落과 현마 취락을 지나 마투라 취락에 들어가고 있다. 이는 마투라국의 중심인 것으로 보인다. 그래서 이 기사도 또한 가습미라 불교의 시원을 붓다의 입열반 유행 도중 동행한 아난다에게도 알리지 않고, 붓다가 스스로 공중에서 개교한 사업으로 삼고 있는 것이므로, 이 역시 후세의 삽입으로 보는 데에는 이견이 없을 것이다. 그러나 이 기사는 가습미라의 개교는 처음 공중에서 붓다가 금강수야차를 동반하여 설하셨고, 다음에 붓다 입멸 100년에 마디얀디나말전지나가 두 번째 개교를 이룰 것이라는 예언이 되어 있다. 아마도 앞의 『잡사』의 개교 기사 전 단계일 것으로 보인다.

또 『아육왕전』(『아육왕경』도 포함)에서는, 붓다는 아빨랄라 용왕Nāga Apalāla 등의 교화를 끝내고, 마투라Mathurā에서 마투라국의 싸나바싸Sāṇavāsa와 우빠굽따Upagupta의 전생 비유를 말하는데, 그것이 끝나자 갑자기 붓다는 아난다를 붓다의 옷佛衣으로 감싸서 허공을 날라 계빈의 위에 이르

11) 『근본설일체유부비나야약사』 제9권, 대정24권, 37쪽 c-39쪽 c.

러「이 계빈은 나의 입열반 100년 뒤에 마디얀띠까말전지 Madhyāntika 비구가 있어서 여기에서 계빈국[의 불교]를 세울 것이다.」라고 하신다. 그리고 붓다는 입열반의 땅인 꾸씨나가라 성Kusinagara을 향했다고 기록하고 있다.[12] 이 기사는 그 직전의 기사와 아무런 관계도 없고, 갑자기 이것만이 고립되어 있으므로 분명히 후세에 삽입한 것이다. 또 이 기사는 처음에「아빨랄라 용왕을 교화하고」라고 하고 있으므로, 이는 앞의『약사』등의 기사에 비추어 볼 때「계빈의 교화를 끝내고」란 의미가 된다. 그렇다면 계빈에서 교화를 하고 마투라에 와서, 다시 허공으로 계빈에 날아왔다가 거기에서 꾸시나가라 성을 향하였던 것으로 된다. 이는 아무래도 모순되는 일이다.

피틸스키Przyluski는 그 모순을 풀어서, 용왕의 교화가 오리지널에서는 마가다(마갈타 Magadha)이고, 그것이 나중에 계빈으로 옮겨진 것이라 한다.[13] 프라우바르너는 이 피틸스키의 추정을 사실로서 인정한다면, 이 설화의 모순뿐만 아니라 설일체유부와 근본설일체유부의 관계도 밝힐 수 있다는 것이다.[14] 그래서 그 결론을 보면,『아육왕경』에서 붓다는 그 입열반의 유행을 마갈타에서 마투라로 가고, 그리고 거기에서 구시나성으로 향한 것이 된다. 그리고 북서쪽 계빈의 개교에 대한 설화가 삽입이 될 경우는 여정의 서단西端, 마투라의 뒤가 가장 자연스럽다. 그러나『근본유부약사』에서는 교단사[教會史]로서의 필요상, 이를 바꿔서 붓다의 여정이 계빈, 즉 서북지방을 향해 이루어질 필요가 있었

12)『아육왕전』권제4, 대정50권, 112쪽 a.『아육왕경』권제6, 대정50권, 149쪽 b-150쪽 a.
13) Przyluski, Acoka, p. 6 seq.
14) Frauwallner, op. cit., p. 35.

다. 그리고 이 『약사』에 이 붓다의 계빈의 개교에 대한 이 기사가 들어간 것은, 프라우바르너에 따르면 기원 150~300년 사이라고 논단되고 있다.[15] 그래서 지금 프라우바르너에 따라 이 일련의 계빈 개교의 설화 연구에 근거하여 결론을 내리자면 『근본설일체유부비나야』가 카슈미르의 설일체유부의 율이라는 삽화는 후세의 조작이고, 이 율은 마투라의 근본설일체유부의 율이다. 아소카의 전도에 따라 비데샤Videśa로부터 마디얀띠까末闡提 : 末田地那에 의해 개교된 설일체유부의 율이 『십송율』에서 용수龍樹라고 말하는 「계빈의 율」이라고 보는 것이다.

마투라Mathurā의 승가는 마가다Magadha로부터 전도된 오랜 교단이고, 베살리결집에서 활약한 쌈부따三菩伽 Saṃbhūta는 마투라국의 승가차僧伽遮의 승가람에 살고 있었다고 한다.[16] 『유부비나야잡사』 제40권에 따르면 마투라의 근본유부에서는, 제1결집에서 깟싸빠 스스로 마뜨리까摩窒利迦 Mātṛka를 설했다고 하는데, 이는 사념처, 사정근 등의 법온法蘊, 즉 논장論藏이다.[17] 가습미라 유부의 제1결집에서는, 『십송율』 제60권에 의하면, 아난다가 아비담을 설하였는데, 이는 우바새오계를 내용으로 하는 5포五怖 · 5죄五罪 · 5원五怨 · 5멸五滅이고,[18] 근본유부의 설명과 다르다. 가습미라유부가 교의적으로 발전한 것은 『6족론六足論』을 가진 것인데, 결정적인 것은 그것에 더하여 까띠야야니뿌뜨라가타연니자 Kātiyāyanīputra의 『밧지론發智論』Jñānaprasthāna이 완성된 것이다. 이는 찌나부끄띠至那僕底國 Cīnabhukti의 답말소대나答秣蘇代那 승가람에서 쓰여졌고,[19] 이것이 『대비

15) Ibid., p. 36.
16) 『십송율』 제60권, 대정23권, 451쪽 a.
17) 『근본설일체유부비나야잡사』 제40권, 대정24권, 408쪽 b.
18) 『십송율』 제60권, 대정23권, 449쪽 a.

바사론』으로 발전한다. 찌나부끄띠 국은 북인도의 남단부이고, 마투라는 중인도 서단이다. 신도하信度河와 사모나하閻牟那河의 상류가 가장 접근하는 부분인 신도하 남안에 찌나부끄띠가 있고, 사모나하 중류에 또 마투라가 있다. 즉 설일체유부의 사상 발전이 향하는 곳에 근본유부 지역이 있었다. 그래서 프라우바르너의 결론을 여기에 빌리면 가습미라의 설일체유부와 마투라의 근본유부는 별도의 것으로, 근본유부는 제1결집 이전부터 있었던 교단이고, 설일체유부는 아소카 왕시대에 마디얀띠까말전지에 의해 개교된 것이다.[20]

그리고 『밧지론』, 『대비바사론』을 성립시킨 설일체유부의 교의적 발전에는 근본유부도 이를 인식하고 교의적인 한 파로서 성장했지만, 양자의 개성은 잃지 않고 있다는 것이다.

위에서 설일체유부와 근본유부에 대해서 프라우바르너의 고찰에 다소의 사견을 더하여 말했는데, 그것은 그가 모든 원시율장의 생각을 기술하기 위해서이다. 이에 따르면 설일체유부의 『십송율』, 담무덕부의 『사분율』, 미사새부의 『오분율』은 하나의 율, 즉 비데샤Videśā 승가의 율이 아소카 왕 전도로 이들 부파의 창시자가 된 전도사들에 의해 전해진 것이다. 즉 원래가 하나의 율장이었다. 이에 반해 근본유부종의 율장은 비데샤의 율이 아니고 마투라의 것으로, 전혀 다른 계통이다. 그러나 이 전혀 다른 계통의 율인 근본유부에 비데샤계통의 여러 율을 비교하면, 전자는 이른바 아바다나 · 본생경을 포함하고, 구성에 다른 부분이 있음에도 불구하고 그 구성 내용이 후자와 동일한 원형

19) 『서역기』 제4권, 대정51권, 889쪽 c. 佐佐木教悟 「支那僕底攷」(印佛研, 제3권 제2호) 참조.
20) Frauwallner, op. cit., p. 40.

에서 나온 것으로 생각하지 않을 수 없는 것이 있다. 따라서 비데샤계의 율장은 독립 계통이 아니라 마투라계의 것과 같은 근원으로 거슬러 올라가는 것이라 한다. 그리고 프라우바르너는 율장의 건도부에 대해 이 책의 권말에 붙인 것과 같은 원형건도의 내용 재편을 이루지만, 비데샤계통의 율과 근본유부율 이외에 또 하나 있는 율장인 『마하승기율』에 대해서는 실질적인 내용이 비데샤계의 율과 일치하는 점을 거론하고, 이에는 적극적인 논술은 없으나 당연히 비데샤계통이나 근본유부율과 함께 동일한 조상들의 것이라 보는 듯하다.

누가 보아도, 각 파의 율장에 기억상의 사정으로 볼 수 있는 근소한 계 순서의 차이나, 지역적인 차이에서 온다고 볼 수 있는 규칙의 해석에 차이나 과부족이 있더라도, 예를 들어, 종래 대중부와 상좌부에서 금전수납과 불수납의 차이가 있는 것처럼 여겨지는 경향이 있었지만, 그런 것도 없다. 또한 대중부는 율제에 관용주의이고 상좌부는 엄격주의이라는 식으로 해석하는 경향도 있었지만, 적어도 율장에 대해서는 그런 것이 없고, 지역적인 것인지, 번역譯出 방법에 의한 것인지 단언하기 어렵지만, 대중부의 『마하승기율』이 상좌부계의 것보다는 더욱 엄격하게 느껴진다. 중국, 한국, 일본의 율종이 『승기율』에 따라 수행隨行한 것은 이 율이 일상 생활적으로 구체적인 엄격함이 있었기 때문이라 생각한다. 따라서 지금까지의 설을 종합하여, 제2결집 이전에 성립하고, 결집 회의에서 통일 결정된 원형율장이 그 제계制戒나 제규制規에 많은 개변을 보이지 않고, 현존 각 파의 율장이 되었는데, 그 각 파의 분파는 제2결집 이후로, 시기로서는 아소카 왕의 제3결집과 전도사 파견 때를 생각할 수 있다.

7. 율장 건도부의 성립

율장 건도부의 제1 건도는 불교 승가에 수구입단受具入團하는 규칙을 기록한 것인데, 이 제1 건도의 시작은 불전佛傳이다.[1] 불전이라고 말하면 예를 들어 『빠알리율장』에서는, 붓다의 성도부터 사리불과 목건련 두 대제자의 수구입단까지이고, 불전을 초기(승가의 확립기)와 중기(붓다의 전도활동기)와 종기(입멸전후기)로 나눈다면, 그 초기에 상당하는 부분이다. 이 불전의 의미 내용에 대해서는 학계에 논의가 많다. 그리고 또 건도부의 끝, 즉 제21건도와 제22건도의 두 가지는 각각 제1결집과 제2결집의 기사인데, 이에 대해서도 또한 그 기록의 진실성이나 의미에 대해 학계에 이설이 많아 정설이 없다. 그러나 제2결집 기사가 율장의 완성기를 생각하는 중대한 시기적 단서가 되고 있다는 것은 누구나 긍정하는 것이고, 또 제1 건도의 불전이 독립된 불전은 아니더라도 불교 교단 창립과 붓다의 활동 개시에 대한 중요한 자료이다. 그리고 지금 여기에 「독립된 불전이 아니다」라고 한 것은, 이른바 역사학적 전기로, 오래된 문헌, 즉 삼장이라 불리는 자료 중에는 그런 순수한 의미

1) 『사분율』「수계건도」, 대정22권, 779쪽 a-799쪽 b, 『오분율』수계법, 대정22권, 101쪽 a-110쪽 c, Mahāvagga, 1. 1-24. 『근본유부비나야출가사』, 대정23권, 1020쪽 b-1030쪽 b.

의 불전이라는 것은 없고, 무엇인가를 나타내기 위해 불전이 사용된다고 하기 때문이다. 예를 들어, 히라카와平川 彰의 『율장의 연구』에서는, 인도는 역사가 없는 나라로 여겨지지만, 초기 불교교단에 대해서도 예외가 아니라며, 불전의 형태를 취하고 있는 성전의 경우에도 그것을 만든 사람은 다른 의도를 가지고 있었다고 한다.[2] 이 설은 아마도 우이宇井伯壽, 와츠지和辻哲郎 두 박사 이래의 사고방식을 대표하고 있는 것일 것이다. 그리고 율장의 성립에 대한 올덴베르그 이래의 유럽의 학자들은 불교가 불전의 의미에 대한 인식이 부족하여 역사학이 의미하는 바와 같은 불전을 예상하고 이를 고려하여 제1 건도나 제21 건도의 「제1결집」 기사를 지나치게 높이 평가한다고 평가한다.[3] 그리고 또 이는 사견이지만, 일본의 많은 학자들도 동일한 의견이 아닐까 라고 생각된다. 그것은 우이宇井와 와츠지和辻의 자료론 이래, 경전들의 자료에 대해 그 기술이나 전승을 부정적으로 보는 경향이 강하고, 이에 대해 부정을 거친 긍정의 입장에서, 이를 재검토하는 논의가 없는 것은 아닐까 생각된다. 비평은 변증법적으로 전개되어야 한다고 생각하지만, 현재 상황은 그렇지 않고 일변도적이다.

올덴베르그가 제1결집을 부정한 것은, 디가니까야 『대반열반경』 Mahāparinibbānasuttanta에 제1결집에 대한 아무런 관련이 없다는 것이 큰 이유였다.[4] 이것은 이 『열반경』을 중심으로 하여 볼 때는 당연하다. 이 경에서는 제1결집에 대한 마하깟싸빠의 결의의 이유가 된 수발타의

2) 平川 彰 『율장의 연구』 514쪽 이하.
3) 상동, 526쪽-517쪽.
4) Oldenberg, Vinayapiṭakaṃ, Vol. 1, Introduction, XXVI.

방언放言을 적고 있는데,[5] 제1결집에 대해서는 한 마디도 없고, 그 후에는 다비[火葬]와 사리 분배로 끝났으니 올덴베르그의 이 제언은 무리가 아니라고 본다. 그러나 『대반열반경』은 붓다의 입멸과 사리[유골]의 8분을 기록하는 것을 목적으로 하는 것이므로 올덴베르그의 견해는 잘못되었다는 것이 일본학자의 의견이라고 생각된다. 이 올덴베르그의 견해에 대해 『대열반경』과 제1결집기사를 함께 고찰하고, 휘노는 이 두 가지가 원래 한 가지 이야기였던 것이 나뉘어서 둘로 된 것이라 했다. 이는 그 후 유럽 학자들의 지지를 얻고 있는 것 같다. 이 견해는, 『빠알리율장』의 제1결집 기사는 갑자기 마하깟싸빠가 유행하는 도중에 붓다의 입멸과 수발타의 방언을 들었음을 기술하고, 법과 율을 결집할 것을 선언하는 것이 결집 기사에 들어가 있다. 그래서 이를 『대반열반경』으로 연결시키면 이 두 가지는 하나의 이야기가 되는 것이다. 그래서 휘노는 원래가 하나의 이야기였던 것이 두 개로 나누어져서 한편이 『대반열반경』으로, 다른 쪽이 율장 제1결집기사로 되었다고 한 것이다.[6] 여기에 일본 학계의 적극적인 의견은 찾아볼 수 없지만 부정적인 것으로 보인다.

휘노의 생각을 비판하면서 지지하는 것이 프라우바르너[7]이다. 일본의 우이宇井, 와츠지和辻라는 근본불교자료론의 선각자들은 유럽의 연구자가 빠알리 삼장을 근본자료로 하는 결점을 날카롭게 지적하였는데, 최근에는 산치니케탄의 중국연구실의 파초우W. Pachow는 물론이지

5) Dīghanikāya,Mahāparinibbānasuttanta,XVI, 20. 남전대장경 제7권, 155쪽.

6) Frauwallner, the Earliest Vinaya, p. 43, Footnote 1.

7) Ibid., p. 42-43. 金倉圓照 『印度中世精神史』 207쪽 이하 참조.

만 프라우바르너도 한역 경전을 다루면서 그 의미에서의 결점은 없어졌다고 해도 무방하다. 그러나 이 두 사람 모두 우이宇井, 와츠지和辻 두 사람의 설을 전혀 모르는 것인지 고려하지 않고 있으나, 『대반열반경』과 제1결집이 하나의 이야기를 이루고 있었다는 설을 지지한다. 파초우W. Pachow는 이 이야기가 하나였던 예증으로서 백법조白法祖 역 『불니원경』을 들었으며,[8] 이를 지지하는 것으로 『마하승기율』의 「오백비구집법장」[9]과 『근본설일체유부비나야잡사』의 「오백결집사」와[10] 부톤의 『불교사』의 기사를 지적하며,[11] 위에서 언급한 휘노나 오바밀러의 설에 찬성한다. 또 프라우바르너는 율장 건도부는 불전佛傳의 형식으로 수계 · 포살 · 안거 · 자자 기타 교단 규칙을 말하여 그 승가의 성립과 육성에 즉응하면서 제정한 형태로 편찬한 것으로, 처음 성도에서 승가에 의한 활동이 시작될 때까지의, 즉 제1 수계에 관한 건도의 첫머리에는, 성도에서 사리불 · 목건련의 출가까지의 불전이 있고, 마지막 제20 및 제21건도는 두 번의 결집 건도로, 여기에서는 붓다의 입열반과 결집과 그 법의 유지를 말하고 있다고 한다. 지금 그 주장을 둘러싸고 다뤄지고 있는 문제에 대해서 생각해 보기로 한다.

각 율의 제1 건도 불전은 『빠알리율장』에서는 대건도Mahā-khandhaka인데, 여기에는 붓다의 성도부터 사리불과 목건련의 출가까지 있다. 『사분율』의 제1 「수계건도」과 『오분율』의 제1 수계법에서는 성도 이전으로 거슬러 올라가서 석존의 가계도를 기록하고 있다. 성도 이후에는

8) Pachow. A Comparative Study of the Prātimokṣa, p. 19. 『불반니원경』, 대정1권, 175쪽 b 이하.
9) 『마하승기율』 제32권, 대정22권, 489쪽 c 이하.
10) 『근본설일체유부비나야잡사』 제39권, 대정24권, 402쪽 a 이하.
11) History of Buddhism in Indian and Tibet by Bu-ston, Heiderberg, 1932, PartII, p. 11.

「마하박가」와 그 구성이 같지만, 내용에서는 다소 차이가 있다. 즉 석존의 성도를 『사분율』은 삼명三明에 의한 해탈이라 하고, 「마하박가」와 『오분율』이 관십이인연觀十二因緣을 드는 이외에 또한 두세 가지가 있는 정도이다.[12] 『마하승기율』에서는 잡송발거법의 시작이 「수계건도」에 상당하는 부분인데, 처음에 붓다의 자구족自具足에 대해서 「세존은 보리수 아래에 앉아서 최후의 마음에 확연히 대오大悟하고, 자각묘증自覺妙証하여 선구족善具足하신 것을 경전[線經] 중에 설하는 것 같다.」라고 하여 관련된 말을 하고 있으나, 불전은 기록하지 않는다. 『십송율』의 수구족법은 불전 없이 수구법受具法을 설하고 있다. 『근본유부비나야파승사』 제1-8권에 있는데, 이 불전 속의 사리불 · 목건련의 출가 부분은,

> 부처님께서 가란타가 동산에 계셨는데, 내지 사리불과 목건련이 출가하여 아라한과를 얻었다.

라고 되어 사리불 · 목건련의 출가 사정이 「내지」라고 하여 생략되어 있다.[13] 그 생략된 부분은 『근본유부비나야출가사』 권제1의 「다른 섭송에서, '사리자가 출가하여 근원(近圓=구족계)을 받았다'고 했다.(別攝頌曰舍利子出家受近圓 云云)」이하[14] 및 권제2의 「사리자와 목건련이 득도한 인연이 있다.(有度舍利目連緣)」[15]라고 하고 있으므로, 그것에 미루어 생략한 것으로 보인다.[16] 이 사리불 · 목건련이 「출가사」의 처음에 있으므로,

12) 주(1)과 동일.
13) 『근본유부비나야파승』제8권, 대정24권, 138쪽 b.
14) 『근본설일체유부비나야출가사』 제1권, 대정23권, 1020쪽 이하.
15) 상동 제2권, 대정23권, 1026쪽 a 이하.

이를 포함하는 불전이 다른 율과 같이 「출가사」 앞부분에 있던 것인데, 데바닷따의 파승을 설하기 위해, 깨달음을 이루시고 교단을 창설한 붓다와 이를 지배하고자 했던 데바닷따에 대해 설할 필요 때문에 이야기 앞부분을 「파승사」의 앞부분으로 옮겨서 재편한 것으로 생각된다. 어느 쪽으로 하더라도 이 「출가사」는 건도부의 시작인 출가법이 사리불 · 목건련의 출가에 이어서 시작됨을 보여준다고 할 수 있다.

율장 제1 건도는 비구의 출가수구에 대한 규칙 제정을 기록하고 있는데, 불전은 불교교단에 그러한 규칙의 제정이 필요해진 과정을 나타내는 역할을 하고 있다. 즉 붓다 성도에서 5비구의 귀입歸入이 불교승가의 성립이 되고, 그것에 이어 세 깟싸빠의 도중 1천명의 입단이 있고, 사리불 · 목건련과 그 도중 250명의 입단이 있었던 곳까지의 불전이 존재하는 것이다. 이에 따라 붓다가 직접 면접입단 시킨 것이라고도 할 수 있는 「선래수구善來受具」가 「십중백사갈마수구十衆白四羯磨受具」로 바뀌어야 하는 것, 출가 비구로서의 교양을 갖추기 위해 비구는 화상師을 필요로 하고, 사 · 제師弟는 부자父子와 같이 살아가야 하는 이유 등의 문제가 교단발전의 과정과 함께 잘 나타나 있다. 그리고 이 전기의 작자에게 처음부터 붓다의 자구족自具足을 인정하는 의미가 있었는지는 불분명하다. 그러나 붓다가 아무에게서도 구족계를 받고 있지 않으므로 이 일이 문제가 된다면 보리수 아래에서 깨달음을 증득覺證한 것이 그것으로 간주되는 것은 당연하다. 그래서 자구족의 문제가 생기자 이 불전은 성도의 기사로 붓다의 자구족을 의미하고, 그 후의 기사에서는 제자의 수구가 「선래수구」에서 「십중백사갈마수구」로 되는

---

16) 『국역일체경 · 율부 24』(역자 西本龍山) 138쪽, 註11. Frauwallner, op. cit., p. 47.

과정을 의미하는 이야기로, 이중적인 의미의 불전이 되었던 것이다. 『마하승기율』이 「사종구족법이란 자구족, 선래구족, 십중구족, 오중구족이다. 자구족이란 세존이 보리수 아래에서 최후심最後心으로 확연히 대오하고 자각묘증으로 잘 구족을 하였으니, 경전[線經] 중에 널리 설한 것과 같다.」[17]라는 것은 불전에서 이야기하는 붓다의 성도를 붓다의 자구족을 나타내는 의미로 삼고 있음을 보여 주는 것이다. 그리고 이 율에서는 「십중백사수구」의 경과를 당초 교단 비구들의 여법한 생활과 5비구 이하 사리불 · 목건련 및 기타 「선래비구수구자」를 간단히 열거하고 있을 뿐인데, 아마도 이는 「십중백사갈마수구」까지의 과정을 간단하게 기술하려는 취지였을 것이다. 불전이 붓다의 자구족을 밝히기 위한 의미를 지니고 있는 것에 대해서는 히라카와平川의 『율장 연구』에 상세하게 기술되어 있고, "붓다의 계구족에 관해서는 단순히 성불의 사실을 설하는 『빠알리율』의 형태가 가장 오래되고, 다음은 『오분율』이고, 『사분율』은 더 진보된 형태를 가지고 있다고 해도 좋다."라고 한다.[18] 이는 『사분율』에는 성도 이전의 기사를 기술하는데, 이를 검토해보면 『오분』은 보살 출가 시에 계구족이 있었다고 하고, 『사분』은 견해가 진행되어 석가보살 출가 이야기 속에 계를 갖추었다고 보는 취지이기 때문이다. 그리고 『마하승기율』은 불전을 생략하기 때문에 앞의 세 가지보다 새롭다는 견해이다. 그리고 히라카와平川 이전으로 거슬러 올라가 와츠지和辻설에서는, 불전이 전혀 없는 『십송율』이 수계 건도로서 가장 오래되었고,[19] 또 수계에 관한 설법으로는, 『마하

17) 『마하승기율』 제23권, 대정22권, 412쪽 b.
18) 平川 彰 『율전의 연구』 540쪽.

승기율』은 처음에 네 가지 수구법을 열거하고, 이를 일일이 설명하는 방법이다. 분명하지 않지만 『십송율』 다음의 『승기율』은 원형적인 고층이 있었다고 여겨진다.[20]

이상 「수계건도」의 불전과 이에 대한 학계의 의견을 보았는데, 율장의 불전에 관한 기사는 불전의 전기, 즉 성도 후 교화 활동을 하는 체제를 갖춘 시대부터 거슬러 올라가서, 성도, 출가, 출생, 본생에 이르는 한 무리와, 입열반 전후부터 입멸 후 전승에 이르는 한 무리 등 두 가지이고, 그 중간의 전기는 존재하지 않는다. 그리고 수계에 관한 건도의 불전도 전기불전이지만 『보요경普曜經』Lalitavistara, 빠알리 꿋다카니까야小部經典의 『본생경』 인연설Nidānakathā, 『대사』Mahāvastu, 『불본행집경』 등도 이에 상당한다. 『보요경』은 붓다 탄생부터 성도를 거쳐 까삘라바스뚜(가비라위 Kapilavastu)에 귀환하기까지의 인연설은 먼 것, 멀지 않는 것, 가까운 것의 세 편으로 이루어져 있는데, 합하여 본생부터 기원정사의 봉납까지이고, 『불본행집경』과 『대사』도 인연설과 같다. 어쨌든 붓다의 전 생애에 이르는 것이 아니라, 붓다의 출현과 붓다가 불교적인 정상 생활을 할 준비가 갖춰진 상태가 어떻게 출현하였는가 하는 인연을 분명히 하는 것이다. 꿋다까니까야[小部]의 『자타카Jātaka 本生』와 율장의 건도부에 분명하듯이, 붓다와 승가에 관한 기술에는 이들 이야기가 서설적으로 첫머리에 언급되었다고 볼 수 있다. 『불본행집경』 제60권 끝에

19) 和辻哲郎 『원시불교에 있어서 실천철학』 60쪽.
20) 상동.

묻기를, "이 경의 이름을 무엇이라 합니까?"

답하기를, "「마하승기」의 스님[師]은 「대사大事」라고 하고, 「살바다」의 스님은 「대장엄」이라 하고, 「가섭유」의 스님은 「불생인연」이라 하고, 담무덕의 스님은 「석가모니본행」이라 하고, 니사색의 스님은 「비니근본」이라 한다."[21]

라고 적고 있다. 이에 따르면 대중부는 이를 「대사大事」라 이름한다고 하였는데, 현존 『대사大事』Mahāvastu에는 「중국madhyadeśa의 성대중부聖大衆部인 세출세부Āryamahāsāṃghika Lokottaravādin가 전하는 율의 『대사』Vinayasya Mahāvastu[22]라고 하므로, 현재 『마하승기율』의 생략 불전이 독립적으로 존재하는 것으로 볼 수도 있다고 생각된다. 살바다부가 이 종류의 불전을 「대장엄」이라 부른다고 하였는데, 『십송』에 결여된 불전이 이로써 보충될 수 있을지 모르겠다. 『십송율』이 「십종구족」을 설하면서,[23] 이 가운데 첫째로 붓다의 자연득自然得을 세는데, 이는 붓다의 성도에 의한 것이므로 이는 불전에 상당한다. 가섭유부가 「불생인연」이라 했다면, 이 부파에서도 현재 빠알리 꿋다까니까야의 『자타카』의 인연설처럼 보았다고 해야 할 것이다. 담무덕부는 「석가모니본생」으로 했다고 하니, 『사분율』의 불전은 본생에 이르고 있고, 미사색부는 「비니본행」으로 했다고 하니, 이는 현재 『오분율』의 불전이 되었다고 보아도

---

21) 『보요경』 8권(Lalita Vistara, Ed. Lefmann, 1908) 대정3권, 438쪽 이하, 『불본행집경』 60권, 대정3권, 655쪽 이하, 『대사』(Le Mahāvastu, E. Senart, 1882-97), 인연설(Nidānakathā) 『남전대장경』 제28권 (Jātaka With Commentary, Vol. 1.).

22) 『불본행집경』 제60권, 대정3권, 932쪽 a.

23) E. Senart, Mahāvastu, Vol. 1, p. 2, 13.

무방할 것이다. 대중부, 살파다부, 담무덕부, 가섭유부, 미사새부의 5부는 우연한 결과인지 혹은 당연한 결과인지, 이른바 5부율의 부파로서, 이 5파가 각각 『불본행집경』에 상당하는 불전을 소유하고 있었던 것이 되는데, 프라우바르너의 견해로는 이것은 분파 이전에 공통적인 원형율장인 건도부 처음 즉 「수구건도」의 처음에 있었던 것이 분열 뒤에 각 파에서 독립하여 『대사大事』라든가 「불생인연」으로 되었다는 것이다.[24] 이 프라우바르너의 결론을 어쨌든 붓다의 입멸 후, 제2결집 이전에 원형 율장의 건도부가 성립되고, 거기에 불전이 있고, 그것이 이런 종류의 불전의 정형을 이루는 것이 되고, 그 후에 『보요경』 등 독립된 것이 이에 준하여 여러 가지 의미를 짊어짐으로써 성립한 것이라고 생각해도 되는 것이 아닌가?

경율의 성립을 후기로 보는 것이 반드시 바람직하게 다가가는 방법은 아니다. 예를 들어, 와츠지和辻는 건도부의 새로 발심한 이新發意가 구족계를 받기 전의 문차법에 대해서,

> 「이 수계작법은 위대한 인격자가 현전하는 교단에서 일어났던 것이 아니다. 오히려 비교적 무력한 사람을 교화하고 많은 것을 포용하는 힘이 부족한 말류자末流者가 통솔하는 교단에서 일어났을 것이다. 그 증거는 주석자註釋者가 중히 여기는 문차법이 그것이다. 우리는 위대한 종교가가 죄인, 불구자, 관리, 미성년자 등을 그 교단에서 거부했다고는 생각할 수 없다. 이 일을 나는 석존의 명예를 위해 단언한다.」

24) Frauwallner, op. cit., p. 50.

라고 말하는데, 이는 참으로 독단적인 단언이다. 비구로 입단시키는 것과 불교의 종교적 교화를 혼동하고 있다고 본다. 출가 교단이 불교에 국한되지 않고 6사六師 등의 많은 외도교단에도 존재한 것은 이미 알려진 바이며, 출가의 대외적인 법규는 불교의 자주적이고 자유로운 설정을 허락하지 않았을 것이다. 이미 사회적으로 출가 교단의 기본 방향이 불문율적으로 정해져 있고, 불교 승가도 그 기본 방향에 준하여 설정된 것으로 출가를 허락하거나 허락해서는 안 되는가는 출가 사회의 공통의 규정에 따른 것이라고 보아야 한다. 특히 관리 · 군인 · 죄인 등 국가 또는 사회에 복역 의무를 지고 있는 자의 출가를 허용하는 것은 반사회적인 일이다. 이러한 것들은 교단 설립 전의 붓다에게도 5비구들에게도 지켜진 것으로, 불교 승가는 그렇게 출가 사회의 한 일원으로서의 출가자들로 결성된 것이다. 위대한 석존은 인도의 출가제도를 개혁한 것이 아니다. 출가의 사회로 들어선 것이다. 석존도 5비구도 출가의 법에 따랐고, 불교 승가도 이에 따른 것으로, 문차법은 출가 교단의 일반적인 상법常法이라고 여겨지는 것에 적응하는 것으로 알아야 한다. 종교가로서의 위대함은 종교적 감화의 위대함으로, 출가사회에 출가를 하는 것과 종교적 감화를 미치는 것과는 다르다. 승가는 종교적으로는 교화전문가 양성기관이다. 문차법과 같은 것은 석존 이전부터 있었고, 석존도 출가와 동시에 그것에 따랐다. 이를 석존의 입멸 후에 무력無力한 비구들이 만든 것이라 할 수 없고, 「수계건도」는 이를 중핵으로 해서 성립되었다고 보아야 한다.

다음으로 제1결집과 제2결집에 대해서인데, 제1결집 기사가 『대반열반경』과 하나의 이야기를 이루고 있었다고 보는 설은 이미 기술했다. 그러나 이를 긍정하는 것도 부정하는 것도 모두 추측으로밖에 되지 않지만, 제1결집 기사가 『대반열반경』에 이어 그 연장의 형태로 결집기사를 기록하는 것은 사실이고, 양쪽 모두 사실이라 보아도 잘못된 것은 없다. 『열반경』에는 네 가지 정통성[四大敎法] 같은 것을 기록하고 있으므로 입멸 후의 어느 기간의 상태가 기록되어 있다고 볼 수 있다. 나는 여러 율장의 제1, 제2결집 기사는 이를 『도사』나 『대사』에 비교해 보면 극히 역사적인 사실에 충실하다고 생각한다. 그것은 『대사』나 『도사』 등의 스리랑카 전기사傳記事를 보면 『도사』에서는 붓다 입멸 때 70만 명의 승자勝者가 집합했다고 하며,[25] 제4장의 제2결집 기사에서는 「7백 비구는 베살리에 모여서」라고 하지만,[26] 제5장 사승師承을 기술하는 부분에서는 모인 비구 중에서 7백명을 뽑았다고 한다.[27] 이것이 『대사』에 이르러 붓다 입열반 때 모인 자는 산수를 넘는 다수였고, 그 중 70만명이 해탈을 얻은 비구였다는 것으로 바뀌고,[28] 또 제2결집에서는 베살리에 모인 비구가 120만 명이었고, 그 중 700명을 골라 결집을 했다고 한다.[29] 이런 것들은 모두 허구라고 볼 수밖에는 없지만, 그러나 기사도 제1결집이 마하깟싸빠에 의해서 500명, 제2결집은 8장로를 위원으로 하여 700명이었다고 하는 율장의 기사가 핵심임이 알려졌다. 거기서 적어도 『도사』나 『대사』의 두 번의 결집 기사에 대해서는 율장의 결집 기사가 원본적이다. 제2결집의 의제에 대해서는 앞에

25) Dīpavaṁsa. V, 1.
26) Ibid., VI, 2.
27) Ibid., V, 27-28.
28) Mahāvaṁsa, III, 3-4.
29) Ibid., IV, 60-62.

기술했다. 결집에 상당하는 것이 없는데 결집기사를 만들 필요는 없을 것이다. 아무것도 없는데 허구적이고 있을 수 없는 기사가 대중부, 상좌부에 공통되어 있다는 것은 두 파의 분열 전에 제2결집이 있었음을 확신시킨다고 할 수 있다.

프라우바르너는 제1 건도에서 제1결집까지 건도부의 성립에 대해, 그들은 붓다 입멸이 기원전 5세기 전반이라는 설을 따르고 있으므로 [30] 이를 바탕으로 기원전 4세기에 만들어졌다고 한다. 작자는 베다문서를 모범으로 삼아 『우파니샤드奧義書』 등의 규정을 하나같이 고선古仙이 전했듯이, 율제의 하나하나가 붓다의 친설인 것처럼 설화를 붙여서 만들었다고 한다.[31] 그리고 제1건도의 처음에 성도부터 사리불·목건련의 출가 기사를 두고, 끝은 붓다 입멸부터 제1결집까지를 두고, 그 사이에 붓다의 교화 활동과 함께 각 건도에 기록하는 규정이 만들어진 것처럼 작성되어 있다고 본다.[32] 그리고 제2결집에 대해서는, 이는 직접 제1결집에도 관련하지 않으며 붓다 이후의 성자 계열과도 관계가 없다. 제1결집은 붓다 친설을 성자들이 확인하였음을 보여주는 것으로 율장 규칙의 신성성을 보증하는 의미가 있으나, 제2결집에는 전혀 그런 의미가 없다. 따라서 이 제2결집 기사를 창조하는 의미는 어디에도 없기 때문에, 그런 사실이 있어서 이를 기록하고 여러 율에 관한 것이므로 이를 건도부에 부가했다고 볼 수 있다는 것이다. 그리고 제2결집이 있었던 것은 여러 가지 점에서 제1건도부터 제10건도에

---

30) Frauwallner, op. cit., p. 67.
31) Ibid., p. 65.
32) Ibid., chap. 5, pp. 130-154.

이르는 건도부가 확정된 지 얼마 되지 않았을 때이며, 또한 대중 · 상좌의 분열 전이었다고 보고 있다. 그리고 제2결집은 붓다 입멸 100년, 혹은 110년이라는 전설에 따르면 건도부 성립은 붓다 입멸 100년 이내이고, 기원전 4세기 상반기(400-350)이다.

제2장

출가와 비구

1. 인도에서 출가 사문의 발생

인도에서 출가(梵 pravrajyā, 巴 pabbajja)와 사문(梵 śramaṇa, 巴samaṇa)의 발생에 대해서는 다음에 기술하듯이 분명하게 알려져 있지 않다. 붓다 석존의 시대는 네 개의 카스트, 즉 브라흐만바라문과 크샤트리아찰제리 · 바이샤폐사 · 슈드라수타가 성립되어 종교문화는 바라문, 그리고 정치 군사 등은 찰제리가 지배하는 것이었다. 그런데 바라문은 제1계급으로서 민족에게 자연발생적으로 성립되었던 성전 베다를 해석하여 종교와 문화 일체를 지배하는 혈통적 종교계급자이다. 혈통에 의한 종교가인 바라문에 대해, 출가 사문은 출생의 계급을 불문하고, 또한 성전 베다의 권위를 받들지 않고 자기 종교사상을 설하는 것이다. 더욱이 바라문과 가장 큰 차이는 바라문은 집에 있으면서 가업을 행하는 종교가이지만, 출가 사문은 가정을 버리고 세속적인 사회를 벗어난 이른바 독신의 출가자이다. 바라문은 걸식을 하지 않지만, 출가자는 걸식으로 생명을 유지하고, 오직 자기주장 또는 스승의 사상 실천에만 오로지 전념하는 사람들이다.

붓다 시대에 붓다 외에 6명의 유명한 반바라문적 신종교의 지도자가 있어 사문沙門이라 불렸는데, 사문은 출가자 사회의 지도자적 위치에 있는 자이다. 그리고 많은 사문들은 신사상의 주장자로서 많은 출가자를 제자로 삼아 거느리고 교단을 구성하고 있었던 것인데, 이러한 출가사문 교단이 바라문이 제1계급으로서 지배하는 사회에 어떻게 발생하게 되었는가?

인도학의 새로운 전개는 일찍이 북인도 중앙아시아 탐험을 대신하여 인도 내의 여러 가지 발굴 조사를 통해 비약적인 새로운 전개를 보여주고 있다고 해도 무방하다. 그러나 붓다 시대의 상황이나 그 시대에 대해서도 아무런 결정적인 것이 발견되지 않았다. 지금 붓다 시대의 불가사의한 존재, 즉 종교인과도 학자와도 어울리지 않는 출가사문의 발생에 대해 우리는 최근 1세기 가까이 새로운 설이 들리지 않는다. 공연히 새로운 상상을 하는 것을 삼가고, 오래된 설을 소개하면서 새로운 자료를 기다리기로 한다.

오랜 설로는, 리스 · 데이비드Rhys Davids는 불교 이전의 속인들의 문화 운동을 지적하고 있으나,[1] 기원전 6세기 중국 · 페르시아 · 이집트 · 이탈리아 · 그리스 등의 세계적인 지적문화 운동을 바라문적 아리안 사회에 비바라문적 출가가 출현하였던 것과 연결시키기는 어렵다. 또 일반적으로 신용되고 있는 것은 막스 · 뮐러Max Müller나 뷜러Bühler, 케른Kern, 야코비Jacobi 등이 바라문의 둔세기를 출가 원형으로 보는 견해이다. 야코비의 『자이나성전』의 서에서는,[2] 바라문의 4수행기āśrama 가운데 첫 번째 범행기brahmacārin와 제4 둔세기saṃnyāsin를 주목하고 있다. 그러나 출가 걸식이나 불음不淫 등의 행법이 바라문 생활의 범행기나

---

1) Rhys Davids, Buddhist India, p. 239.
2) Jainasūtrs(S. B. E.),Part I, pp. XIV-XXXII.

둔세기의 행법에서 유래한다고 한다면 그것은 야코비가 말한 것과 같고, 또 불교의 붓다나 자이나교의 마하비라의 출가가 바라문의 4기의 출가규칙을 반영하고 그것에 근거하여 출가하고 있다고 하는 것도 긍정할 수 있다. 그러나 바라문 문화인 아리안의 사회 안에 어째서 비바라문적인 출가를 존재시키기에 이르렀는가 하는 물음에 대한 대답은 되지 않는다.

올덴베르그Oldenberg는 그의 저서에 있는 「붓다의 서설」에서 『백도범서百道梵書 Śatapatha-brāhmaṇa』에 있는 화신火神 아그니의 이야기에 주의하고 있다[3] 그 이야기에 의하면, 바라문 종교를 뜻하는 베다의 화신이 찰제리를 거느리고 5하의 하나인 변천하弁天河를 출발하여 동으로 가는데, 바라문의 본거지인 서방 지역과 코살라, 비데하 등의 동쪽 지역 경계인 사다니라 강의 서안에서 진행을 멈추었다. 그것은 그 동쪽東岸은 더러워져 있었기 때문에 화신은 강을 건너지 않았던 것이다. 그러나 지금은 그 동쪽도 바라문에 의해 깨끗해져서 좋은 국토가 되었다는 것이다. 이는 아리안의 동점에 따라 갠지스 중류 이하 동방지구로 아리안이 진출해가는 모습을 말하는 것이다. 즉 바라문 종교를 의미하는 화신이 앞장섰고 찰제리가 그를 추종하면서 아리안 문화는 동점하였으나, 갠지스 중류 이하는 원주민인 이교도가 많아서 화신이 나아가지 않았던 것이다. 그래서 먼저 찰제리가 강을 건너서 개척하여 문화적으로 만들었기 때문에, 그곳을 바라문이 정화하고, 비로소 화신火神이 와서 바라문의 종교와 문화를 수립하였음을 의미하는 것이다. 즉 종교가 선두에 서서 진전되어 온 민족의 발전은 이제 사람이 먼저 나

3) Oldenberg. Buddha, pp. 10-11. 木村 · 景山譯『佛陀』 17쪽 이하.

아가고 그 뒤에 종교가 오게 되었다. 그리고 이 동방지역이야말로 불교와 자이나교에서 중앙의 국토[中國]라 주장하는 지역이고, 종교계급인 바라문을 받들기는 했지만 실력적으로는 정치 군사를 가진 찰제리 중심의 문화가 번성했던 지역이다. 이에 반해 이제 고향화된 서쪽의 5하 지방이 바라문의 중국인 것이다. 이 『백도범서』의 설은 동방지역이 찰제리가 개척한 신문화지역으로, 모든 면에서 찰제리가 실력자인 시대가 출현하였음을 상기시켜 주고, 찰제리 출신인 불교의 붓다나 자이나교의 마하비라와 같은 사상계 영웅의 출현이 가능한 시대성을 생각하게 하지만, 그렇다고 해서 그곳에 출가 사문이라는 것이 왜 발생했는지를 말해주지는 않는 것이다.

사문, 바라문이란 말은 종종 반복되는데, 사문은 출가자의 지도자 혹은 지도자급인 자이다. 바라문과 마찬가지로 사회의 존경을 받았기 때문에 사문과 바라문이 동격으로 불리는 것이다. 찰제리 중심시대라 하더라도 가장 존경받는 것은 바라문이고, 그것과 병칭되는 것은 사문의 커다란 진출을 의미하는 것이다. 그러나 바라문 문학이 출가 사문에 대해서는 호의적이지 않은 것은 당연하다고 해야 하겠지만 증오적이기까지 하다. 예를 들어, 바라문 이외의 출가자, 즉 체발자剃髮者의 출현은 불길하고 신성한 의식을 더럽힌다고 여겨졌던 것이다. 그것을 불교 경전이 전하고 있다. 즉 『숫타니파타』Suttanipāta의 『천민경』Vasala-sutta에 의하면 석존이 불을 섬기는事火 바라드바자Bhāradvāja 바라문에게 가까이 가자, 그 바라문은 「까까중muṇḍaka아, 거기 섰거라. 가짜 수행자samaṇaka야, 거기 섰거라. 천한 놈vasalaka아, 거기 섰거라[신성한 곳에 가까이 오지 마라].」라고 말했다고 한다.[4] 즉 바라문은 형상 위에서 출가의 상징인 체발

muṇḍaka을 천민이라 하여 불길하다고 여기고 있고, 이에 반해서 형식이나 혈족 등이 고귀한 것이 아니라 마음이 사악한 것이야말로 천민이라고 여기고 있는 것이 붓다의 교설이다. 이 사화事火 바라문과 같은 사상은 석존으로부터 5세기 후에도, 만다나 미슈라Maṇḍana Miśra는 출가 바라문, 즉 둔세자였던 쌍까라Saṅkara가 공양의 도량에 들어가려고 하자 "까까중아, 어디에서 왔느냐!"라고 화난 목소리로 꾸중하고 있다.[5] 이에 반해 불교 경전에서는 사문은 바라문에 대항하는 자로서, 계급을 인정하지 않고, 베다의 권위를 인정하지 않고, 바라문과 동등한 자라고 칭하고 있다.[6] 게다가 바라문은 혈통적으로 제일계급임을 과시하고 있지만, 사문파인 불교 등에서는 좋은 혈통이라는 것을 부정한다. 바라문은 혈통에 의해 바라문인 것이 아니라 행위에 의해 바라문도 되고 천민도 된다는 것이 불교의 견해이다.[7] 또한 자이나 성전에도 아라한arhat이라 불리는 자는 천민가와 마찬가지로 바라문가에도 태어나지 않는다고 하여, 혈통적으로 바라문을 깎아내리고 있다.[8] 즉 사문과 바라문은 서로 양립할 수 없다.

바라문 출가자는 제4수행기인 둔세기의 둔세자saṃnyāsin인데 이는 베다문학의 본래적인 것은 아니었다. 비바라문인 출가사문이 생기고 나

....

4) SuttanipātaHaavard Oriental Series, Vol. 37 p. 30. 남전대장경 제24권, 43쪽. 지금 인용한 남전대장경의 譯文이다.

5) Ānandagiri's Sankara-vijayaJīvānanda Vadyāsagar's ED. p. 284.

6) MadhurasuttaMN. , No. 84 남전대장경 제11권, 112쪽 이하 참조. Tevijjasutta(DN.), No. 13 남전대장경 제4권, 357쪽 이하 참조.

7) Suttanipāta, gāthā, No. 142 남전대장경 제24권, 50-60쪽(출생에 따라서 천민이 되지 않다. 출생에 따라서 바라문이 될 수 없다. 행위에 따라서 바라문이 된다 = 남전대장경 譯文.)

8) JainasūtrsS. B. E, Part 1, p. 225.

서 그 영향으로 생긴 것이다. 오래된 우파니샤드시대에는 아직 없었다. 즉 브리하다라냐까 · 우파니샤드Bṛhadāraṇyaka-upanishad나 찬도갸 · 우파니샤드Chāndogya-upanishad에는 출가를 제4기로 두고 있지 않다. 도이센Deussen에 의하면, 베다에서는 3기만을 인정하고 4기설이 있는 것은 후대의 법전Dharmasūtra시대라고 여겨진다. 그래서 출가는 바라문 종교의 본래적인 것이 아니었고, 바라문 종교에서는 출가사문이 나오지 않는다.

출가의 원형으로서 항상 문제가 되는 것은 『리그 · 베다』(Ṛg-veda, X, 136)에 있는 모니牟尼의 찬가이다. 모니란, 물들인 황색 옷을 걸친 자로 신들과 성스러운 일을 하고, 바람을 말馬로 삼고 바유Vāyu의 친구이다. 바다에 보금자리를 가진다고 하는데, 싸야나Sāyana 주석에 의해서도 이 모니의 명확한 모습은 파악하기 어렵다.[9] 아이따레야 · 브라흐마나(Aitareya-brāhmaṇa, V, 23)에는 아이따샤Aitaśa라고 이름 지어진 모니의 이야기가 있는데, 그에 따르면 미친 듯이 주문을 외우는 자신의 모습을 두려워하는 아들을 파문하여 자신의 후손들로부터 타락시켰다고 한다. 이 아이따샤가 아들을 두렵게 한 상황은 『리그 · 베다』에서는 '모니에게 미칠 수 있다(unmadita mauneya)'라고 하며, 싸야나의 주석이 '광인처럼 미칠 수 있다(unmattavadācarantaḥ)'라고 해석하는 것에 상당한다고 생각되는데, 이러한 모니는 둔세자 · 고행자 · 출가자라는 개념에 전혀 부합하지 않는 것이다. 그러나 우파니샤드에 기록되는 모니는 출가자에 가깝고, 『아파스땀바 법경』(Āpastamba Dharma-Sūtra 2. 9. 21)에서는 제4수행기, 즉 둔세자

9) Macdinell and Keith, Index to Vedic Names, under Muni; S. Dutt, Early Buddhist Monachism, pp. 52-54.

의 생활을 「불도 없이, 집도 없이, 보호도 없이 생활하며, 베다의 독송 외에는 항상 침묵을 지키고, 마을에 들어가서 음식을 빌어 겨우 몸을 지탱하며, 운운」이라고 설하면서, 이 제4기의 생활자를 모니라고 하고 있다. 또 『법구경』 제49송에는 「꿀벌이 꽃과 향기를 해치는 일 없이 단 맛만을 취해 가는 것과 같이 모니는 마을에서 걸식한다.」라고 했다.[10)]

『법구경』의 경우는 출가를 모니라는 경우이고, 모니와 출가자가 교환 · 동일화되어 있다. 그러나 이처럼 모니와 출가자가 동일시되는 것은 법경시대 이후이고, 출가 사문이 발생한 뒤에 그와 같이 된 것이다. 따라서 오래된 『리그 · 베다』에 있는 모니와는 전혀 다른 것이다. 그러므로 『리그 · 베다』에 모니라는 문자로 나타나는 것이 있다고 하는 이유로 베다문학에 출가적 모니가 오래된 것이라는 것은 큰 잘못을 저지를 수 있다. 그러므로 이옌가르Srinivas Iyengar가 『리그 · 베다』의 모니를 둔세자saṃnyāsin와 동일시한 것은 지나친 속단이다. 맥도넬과 키즈는 이 『리그 · 베다』의 모니를 현인賢人이라고 하기보다는 원시인 사이에 잘 알려진 의사醫師 이상의 신적인 힘이 있는 고행자로 보고 있다.[11)] 결국 후세의 모니가 나중에는 출가와 동일하더라도, 『리그 · 베다』의 모니가 출가의 원류를 이루는 것은 아니다.

이에 대해 지금 하나의 출가 원형으로서 문제가 되는 것으로는 『아타르바 · 베다』(Atharva-veda, XV.)의 브라띠야Vrātya이다. 이 브라띠야는 편력하는 자인데, 신성을 갖춘 초인적인 자로 기록되지만, 그 인간적인 부

---

10) 법구경Dhammapada, gāthā, No. 49 남전대장경 제23권, 24쪽. 이 계는 소위 과거7불의 「偈바라제목차」로서, 예를 들어, 『십송비구바라제목차계본』에서는 구류손불의 「게바라제목차」라고 여겨진다(대정23권, 478쪽 c). 제7장 3(495쪽).

11) Iyengar, Life in Ancient India in Age of Mantras, p. 77; Index to Vedic Names, under Muni.

분을 뽑아내면 다음과 같다.[12]

- 편력하는 브라띠야Vrātya가 있었다.(XV, 1.)
- 그는 사람들에게로 갔다. 회합과 집회와 군軍과 주연酒宴은 그를 따랐다.(XV, 9.)
- 이 지혜를 갖춘 브라띠야Vrātya는 왕의 빈객으로서, 왕으로부터 존경받았다. 그는 찰제리 왕국의 권리에 따르지 않았다.(XV. 10.)
- 이 지혜를 갖춘 브라띠야Vrātya가 빈객으로 그 사람의 집에 오면, 그 사람은 자발적으로 그를 만나야 한다. 그리고 말해야 한다.「브라띠야Vrātya여, 여기에 물이 있습니다. 그것으로 귀사貴師를 깨끗하게 하십시오. 브라띠야여, 귀사의 뜻대로 있으십시오. 브라띠야여, 귀사가 원하는대로 이루어지게 하십시오. 브라띠야여, 귀사가 원하는대로 있으십시오.」(XV, 11.)
- 불이 화로에서 꺼내져서, 화신火神의 공물이 그곳에 놓였을 때 지혜를 갖춘 브라띠야가 그 집에 빈객으로 오면 그는 자발적으로 만나야 한다. 그리고 말해야 한다.「브라띠야여, 허락해주소서. 나는 공의供儀를 드리겠습니다.」라고. 만약 브라띠야가 그에게 그것을 허락하면 좋고 허락하지 않으면 그는 공의를 할 수 없다.(XV, 12.)
- 지혜를 갖춘 브라띠야가 그 집에 한 밤을 머무르면, 그는 그 브라띠야를 위해 그 스스로 지상地上의 이 성지를 수호해야

12) Griffith, Translation of Atharva-veda, p. 199.

한다.(XV. 13.)

이에 따르면 브라띠야는 편력할 것(1), 왕이나 그 외로부터 존경을 받을 것(9), 만약 배화행자와 동숙할 때에는, 배화행자가 공양하려면 브라띠야의 허락을 얻어야 할 것(12), 또 브라띠야가 그의 집에 숙박할 때는 그는 공의供儀의 성지를 브라띠야로부터 수호해야 한다고 여겨질 것(13)이 기록되어 있다. 즉 비바라문적인 존재로서, 왕이나 사람들로부터 존경을 받고 있으나 바라문의 공의供儀에 대해서는 부정적이고, 바라문 쪽에서는 공의의 성지에 들어갈 수 없는 존재로 여겨지고 있는 것이다. 로트Roth의 사전(Sanskrit Wörterbuch, St. - Petersburg)은 브라띠야를 『아타르바 · 베다』에서 이상화된 출가자로 추론했으나, 맥도넬이나 키즈는 이를 근거 없는 것으로 보고 있다.[13]

브라띠야에 대해서는 최근 20년간의 연구가 많으며, 기무라木村日紀의 『인도민족』(岩波講座 『東洋思潮』)에 의하면, 유럽 및 인도의 여러 학자의 설을 종합해 보면 브라띠야 · 아리안은 비베다 아리안 종족인 셈이다. 즉 인도 · 아리안은 2회에 걸쳐 인도에 들어가 외부 아리안과 내부 아리안이 되고, 외부 아리안은 북쪽에서 중인도로 밀려나 그것이 비베다 아리안인 브라띠야 · 아리안이 되었다고 한다. 이들은 지극히 적극적인 종족으로, 베다 종교와 정통 바라문 사상에 반대하고, 드라비다 등의 원주민과 혼혈되어, 그 종교도 받아들였다고 한다. 그리고 이 브라띠야 · 아리안이 개척한 지방이 출가사문의 발생지이고, 동방지역이라는 것이다. 즉, 내부 아리안인 베다 아리안의 본거지인 중국은 인더

13) Index to Vedic Names, under Vrātya.

스 상류 5하河지방이지만, 이 비베다 아리안인 브라띠야의 활약지는 갠지스강 중류의 불교나 자이나교에서 말하는 중국지대를 가리키는 것이다. 그리고 이는 앞에 기술한 올덴베르그가 주목한 『백도범서』의 화신火神이 처음 진행을 멈추고 나아가지 않았던 땅이다. 즉 『백도범서』에는 화신이 멈춘 사다니라 강의 저편에 비데하 국이 있었는데 그 비데하를 포함하여 동쪽 지역이 불교나 자이나교에서 중국이라 말하는 지역이다. 『바우다야나 법전』Baudhāyana Dharma Sūtra에 의하면,[14] 아나르따Ānarta · 앙가Aṅga · 마가다Magadha · 사우라스뜨라Saurāṣṭra · 뎃짠Deccan · 아랏따Āraṭṭa 그 밖의 13개 국명을 들고 이들 주민은 혼혈종족이므로, 만약 바라문인 중국인이 이들 변경에 들어갈 때는 정제淨祭를 해야 한다고 하고 있다. 『마하바라타』에서도 아랏따Āraṭṭa 주민은 악귀의 자손으로 생주신生主神:Prajāpati에 의해 만들어진 것이 아니라고 하고 있다.[15] 혼혈로서 생주의 자손이 아니라는 것이 이 브라띠야에 대한 비난이고, 또한 브라띠야가 베다아리안으로 개종하는 의식이 브라띠야 · 스토마라고 한다. 『백도범서』가 화신이 건너지 않았던 땅이 지금은 바라문에 의해 정화되었다고 여기고 있는 것은,[16] 아마 이들 혼혈 · 부정하다고 하는 브라띠야 · 아리안의 주거지이고, 브라띠야 · 스토마Vrātya stoma의 공양으로, 즉 혼혈자에게 개종의 정화를 하여 베다아리안의 땅으로 삼은 것을 말하는 것으로 생각된다. 그리고 이런 생각을 바탕으로 다음과 같이 요약해서 말할 수 있을 것이다.[17]

14) Baudhāyana-Dharmasūtra,(1, 1, 32-33.)
15) Karṇaparṇa,(XIV.)
16) 주(3) 참조.
17) 岩波講座『東洋思潮』동양민족(木村一紀) 제3장.

그들 브라띠야 · 아리안의 문화가 사회면에 나타난 것은 기원전 7세기부터 붓다 전후에 걸친 시대이다. 쿠루 · 판챠라(바라문의 중국)에서 발달하여 성숙한 베다아리안 문화가 쇠미해지기 시작하였고, 그 중심지가 동방 코살라 · 비데하로 이동하였으며, 거기에 『백도범서』에서 말하는 것과 같은 바라문 문화와 브라띠야 문화의 융화를 통한 문화의 발전이 이루어졌다. 그리고 그것이 동으로 이동하여 코살라, 마가다 문화의 중심이 되었던 시대에 비 베다 · 아리안 문화가 사회 표면으로 드러난 것이다. 브라띠야 · 아리안 사회에서는 찰제리가 최상위이고 바라문이 다음 지위로 되어 있는 것은 바로 찰제리 중심의 문화임을 보여준다. 물론 국왕이 바라문을 보호하고 제사帝師로 삼는 형식 관례는 존재했지만, 형식 관례가 반드시 실재적인 힘을 가지고 있는 것은 아니었다. 그리고 특히 정신적인 방면에 있어서는 당시에는 브라띠야에 의해 새로운 종교문화의 사회가 성립되었는데, 그것이 출가자의 사회였고 신흥 사문단沙門團이 그것이다. 출가자의 지도자 사문의 대표자인 불교의 붓다, 자이나교의 마하비라, 비슈뉴교의 크리슈나는 어쨌든 무사武士이고, 육사외도의 푸라나캇사파, 아지타 께사캄발라 등은 일반민중 출신이다.[18] 즉 그들 사문단은 바라문과 같이 전통적인 교조 규정의 구속을 완전히 벗어나 있고, 종교 사상에 있어서 바라문만의 독점지배를 인정하지 않고, 누구나 자유롭게 출가하여 자유롭게 주장하고, 전혀 새로운 시대의 분위기 가운데 살면서 새로운 시대의 분위기를 조성했지만, 그러나 그들은 무질서하지는 않았다. 당시 일반사회의 합의제 조직을 본떠 질서 있고 민주주의적인 단체조직을 형성하

18) N. C. Banerji, Economic Life of Ancient India, p. 270.

였는데, 그 가장 전형적인 것이야말로 불교의 승가saṃgha라고 볼 수 있다.

이상과 같은 견해는 과거 리스 · 데이비드의 견해에서 한 걸음 나아간 새로운 시각인데, 이는 브라띠야Vrātya를 비 베다 아리안으로 삼아, 5하 지방의 상고 인도에 대해 마가다 중심의 고대 인도의 기초가 되는 갠지스 중류의 찰제리 문화의 발생을 이 브라띠야에게 떠넘기고자 하는 것이다. 그리고 이 브라띠야의 출가 사문단의 성립을 그 문화의 상징으로 해석하고 있다.

그러나 이에 반하여 좀 더 구체적으로 사문의 출가를 조사하고자 하는 것으로, 다소 오래되었지만, 둣트S. Dutt의 견해가 있다.[19] 그 견해의 출발점은 「인도의 인류학이나 사회학에 따라 아리안의 인도 침입 이론은 막스 · 뮐러Max Müller나 언어학자 시대에서 현저하게 수정됐다. 아리안의 침입이 한때였든 그 이상이었든 결국은 작은 외래 침입 단체였다.」라고 결론 지을 수 있다. 그리고 그들은 큰 인종적인 파란을 일으키지 않고 문화적 민족적으로 강한 감화를 주어 「드라비다」나 「문다」 같은 원주민 종족 안에서 문화 활동을 한 것이다. 소수자의 풍부하고 우수한 문화는 점차 토착의 비아리안 민중의 생활과 문화 속에 침투하여 마침내 토착에 적응하여 여러 종류의 방언으로 변화되어 갔다고 한다. 그리고 그 상황은 소박한 라틴어가 남미에서 로마어로 발효한 것과 같다고 본다. 그래서 이러한 과정은 바라문의 예를 들면, 마누법전에서 중국이라 불리는 지역에서 갠지스의 흐름을 따라 동쪽 지역으로 진전되었는데, 그 동쪽과 서쪽의 경계는, 종종 말하는 『백도범

19) S. Dutt, Early Buddhist Monadhism, pp. 64-67.

서』Śatapatha-Brāhmaṇa의 화신 아그니 · 바이슈바나라Vaiśvānara가 진행을 정지한 사다니라Sadānīrā 강이다. 이 강은 갠지스강과 야무나강의 합류점으로, 이 동쪽이 이미 말했듯이 밧차 · 비데하 · 코살라 · 카시 · 앙가 기타 불교성전에 나오는 부족이나 종족의 주거지이다.

『백도범서』는 불교 이전의 문헌이었고, 이 책이 말하는 사다니라 강은 분명 아리안 동점 과정의 단단한 장벽이었을 것으로 보인다. 5하 지방에서 동점한 아리안화는 원주민을 동화, 노예화하고, 또한 개종식 즉 브라띠야 · 스토마Vrātyastoma[20]에 의해 개종시켜서 그들에게도 아리안의 사회적 지위를 부여하며 이 장벽까지는 순조롭게 진행되어 왔으나, 이 장벽에 그 진행은 막혔던 것이다. 『아이따레야 삼림서』Aitareya-Āraṇyaka에는 방가Baṅga · 마가다Magadha · 쩨라Cera는 조류[鳥]의 종족이라 하며 경멸하고 있다. 그래서 문제는 이 『백도범서』의 시대와 불교와 자이나교의 시대 중간 시기에, 어떻게 아리안화의 진행을 위해 이 장벽이 깨졌는가를 생각해 볼 수 있어야 한다.

둣트S. Dutt에 따르면 아리안의 정신문화는 기원전 7, 8세기까지는 여러 가지 문화의 보존과 표현 기관이 있었다. 즉 전승문학 보존소로서 종교가인 바라문의 교사가 있었고, 두 번째로 씨족적인 대학, 예를 들어, 『바리하드 · 아라냐카 · 우파니샤드』Bṛhadāraṇyakopanishad[21]의 슈베따께뚜Śvetaketu가 따른 판짤라Pañcāla의 회소會所와 같은 것이 있었다. 세 번째로 가정적 학문소로서 아짜리야ācarya나 스승, 즉 화상upādhya이나 현인guru이 있는 곳이 있었다. 네 번째는 아마도 소수의 대학이라고 하여 그

---

20) Index to Vedic Names, under Vrātya.

21) Bṛhaḍāraṇyaka-upaniṣad, VI, 2, 1.

딱까씰라Takkasilā에 있었던 것은, 그 전설로 불교의 본생담이 보충되었다고 알려져 있다. 이러한 것들이 동방에 없었기 때문에 이를 대체하기 위해 브라띠야를 생각할 수 있었다고 말한다.[22]

기원전 8세기에서 7세기에 걸쳐 동방지구로의 아리안화 개척자가 찰제리였음은『백도범서』가 말하는 것으로, 더럽혀진 동쪽 지역을 앞에 두고 멈춘 화신에 앞서, 용감한 찰제리가 동쪽으로 건너가 개척했고, 그곳으로 화신을 맞아 자신은 그곳의 지배자가 된 것이다.[23] 사문은 찰제리족 출신으로, 말하자면 혼혈에서 브라띠야 · 스토마로 아리안이 되었지만 출신이었던 찰제리족 정신문화의 보유자이고 교사이다. 동쪽 지역에서 서쪽의 바라문교사를 대신하여 대학을 대신하는 것이 사문이고, 그리고 브라띠야라고 말하는 것이다. 여기서는 앞에 기술한 것처럼 브라띠야를 비베다의 아리안종족이라 여기기보다는 비베다적인 동쪽 사회를 아리안화하는 교사로 보는 것이다. 그리고『아타르바 · 베다』제15장에서는 브라띠야 그 자체는 아니지만, 이 브라띠야의 원형적인 것이 있었음을 상기하여, 동쪽 지역의 아라안화에 그것이 주역으로 등극한 것으로 보인다.

사문이 교사로서의 브라띠야라면, 사문의 성격 해석에 도움이 되는 것이다. 첫째, 사문은 개종을 요구하는 종교 교사이고, 둘째, 아리안화가 불완전한 사회에서는 정착된 학습 장소나 조직이 없다. 셋째, 그의 사색은 단편적이고 체계적이지 않다. 넷째, 그는 바라문과 마찬가지로 존경받는다. 그것은 바라문과 같은 기능을 갖기 때문이다. 다

22) S. Dutt, op. cit., p. 68.
23) 주(3)참조.

섯째, 동쪽 지역적에서는 바라문보다 중요한 지위에 있다. 여섯째, 그는 항상 새로운 학습에 열심이다. 이것이 불교와 자이나교의 발생에 도움을 주는 시대의 사문이다. 그리고 그 중요성과 생활 태도가 바라문 제도에 반영된 것이 바라문 생활의 제4주기 둔세자saṃnyāsin이다. 바라문 자신은 반드시 제4주기를 선호하지 않을 수 없음이 분명하지만, 그것은 동쪽으로 와서 필연으로 가해질 수밖에 없었던 것이다. 물론 바라문의 제4 둔세기는 옛 문헌에서는 알 수 없고 이를 기록한 것은 경서Sūtra 시대 이후의 것으로 사문 발생보다 오래되지 않은 것이다.[24)]

사문은 동쪽 지역의 것이고, 서쪽의 바라문을 대체해야 할 아리안화의 교사인데, 그러나 그들은 바라문이 아닌 사문이었고, 바라문으로 볼 때 혼혈적 개척지의 것이었고, 사문에서 볼 때 사문이야말로 동쪽 찰제리문화의 선구자였던 것이다. 그러한 양립할 수 없는 것들이 사문으로 하여금 기원전 6세기 불교와 자이나교도, 기타 새로운 사문단의 신종교 출현으로 이끈 것으로 보인다. 그러나 이는 가설이다. 자료가 없는 인도에서 동양학의 노력이 서서히 세운 가설로, 이것 이외에는 생각할 수 없다고 여겨지지만, 그러나 가설은 어디까지나 가설이며, 그것이 진실인지 아닌지에 대해서는 앞으로의 동양학에 기대해야 할 것이다.

24) 木村泰賢『印度哲學宗教史』第4編 참조.

2. 출가와 교단

불교와 자이나교의 성전은 그 성립 연대와는 별개로 그 안에 있는 사실이나 설화를 통해 기원전 5, 6세기 인도 출가자의 생활을 알려준다. 일반 사회조직 밖에서 생활하는 비바라문 출가자의 발생에 대해서는, 이미 전항에 말한 바와 같이, 역사학자들 사이에서 아직 결정적인 학설이 없으나, 6세기 중엽에 여러 가지 명칭, 즉 보행출가普行出家 paribbājaka · 비구bhikkhu · 사문samaṇa · 행자yati · 둔세자saṃnyāsin 등으로 불리던 출가자들이 종교적 수도와 출가(無家庭)와 유행(無住所)을 공통적인 생활원칙으로 삼고, 이른바 일반사회의 신시信施에 의한 음식에 따라 살았다. 이러한 생활에 들어가는 것을 불교성전에서는「집에서 집 없는 곳으로 출가한다Agārasmā anagāriyam pabbājati」라는 정해진 문구로 곳곳에 반복하고 있는데, 이러한 출가자 생활의 가장 중요한 점은 그들은 완전히 비생산적이고, 걸식하면서 일반사회인의 보시에 의한 음식으로 살았다는 것이다. 그 결과 일반사회인에게 출가한 것을 승인받아야 하기 때문에, 각자의 종교적 실천이나 교리를 떠나 출가로서의 행법 즉, 일처무주一處無住의 유행을 계속하는 것이나 우기에 한 곳에 안주하여 생활하는 것 등의 여러 가지 외면적인 행법들이 거의 공통일 수밖에 없었다.

출가자 중에서는 사문이라 불리는 사람들이 지도적 지위에 있거나, 혹은 그에 비할 만한 우위에 있는 자였다. 아직 산자야Sañjaya교단의 출가자였던 사리불에게 불제자 앗싸지Assaji는 자신의 스승에 대해서 「석종釋種에서 출가한 대사문 석자大沙門釋子가 있다. 나는 세존에 의지해 출가했다.」라고 말하는데,[1] 출가자의 사회에서 사문samaṇa은 가장 뛰어난 지위라고 여겨졌던 것이다. 디가니까야 『깟싸빠사자후경』에서는 사문에 대해,

「그가 계구족 · 심구족 · 혜구족을 노력하여 닦지 않으면 그는 실로 사문의 지위에 멀리 떨어져 있고, 바라문의 지위에서 멀리 떨어져 있다. 깟싸빠여, 비구로서 성내는 마음이 없고, 해치는 마음이 없고, 자비심을 닦으며, 또한 누진漏盡으로 무루의 심해탈 · 혜해탈을 현재에서 스스로 남김없이 증득하고 머물 때, 깟싸빠여, 그를 진실로 사문이라 하고, 바라문이라고 칭해야 할 것이다.」

라고 하고 있다.[2] 또 디가니까야 『대반열반경』에는

「어떠한 법과 율에서도 팔성도를 볼 수 없는 곳에서는 사문은 찾아볼 수 없다.」

1) Mahāvagga, 1, 23, 4. 남전대장경 제3권, 72-73쪽.
2) Kassapasīlhanāda-dutta(DN.), 15-17 남전대장경 제6권, 239쪽.

라고 하고 있다.[3] 불교성전 · 자이나교성전 · 아소카 왕 비문에는 사문 · 바라문이라 병칭하고 있으나, 인도 · 아리안 문명사의 처음부터 최고 지위를 지켜온 바라문과 병기되는 것은 사문뿐이고, 보행普行 출가나 비구나 그 밖의 출가 명칭이 바라문과 병칭되는 일은 전혀 없다.

디가니까야『범망경』은 전체가 74절로 이루어진 경인데 그중 29절 이하는 모두 불교 외의 사문 · 바라문의 형이상학설을 소개하는 것이고,[4] 또 자이나교에서는『쑤뜨라끄리땅가』Sūtrakṛtāṅga에 같은 문제가 소개되어 있다.[5] 또 앞에서 예를 든『깟싸빠사자후경』에서는 제21절에 사문 · 바라문을 계설자戒說者 Sīlavādā, 염오수행설자厭惡修行說者 Tapojigucchāvādā, 혜설자慧說者 Paññavādā, 해탈설자解脫說者 Vimuttivādā로 분류하여 이야기하고 있다. 즉 출가자 세계의 사상적 대표자는 사문이다. 이러한 것은 불교나 자이나의 경전에 많이 있으며, 출가자의 세계에서 지적인 지도자, 혹은 대표자로 보이는 것은 사문이었다. 그리고 사문이 전통의 학적 지위를 가진 바라문 학자들과 서로 나란히 하며 사상계에서 우위를 유지했음을 알 수 있다.

출가자 중 사문이 우위에 있음은 출가자의 세계 외부에서도 인정받고 있으며,『사문과경』에 의하면 일반인이 사문 · 바라문에 공양을 하면 천계에 태어나 안은한 복보를 받는다고 하며,[6] 자이나성전에서도 사문 · 바라문에게 공양하면 진정한 찰제리가 된다는 것을 설하고 있다. 또 경사스러운 날에 사문 · 바라문을 초청해 공양할 것을 말하

3) Mahāparinibbāna-suttanta(DN.), V, 27. 남전대장경 제7권, 138쪽.
4) Brahmajālasutta(DN.), 29-74. 남전대장경 제6권, 15쪽 이하.
5) Janasūtra(S. B. E.), Part II, pp. 405-409.
6) Sāmaññaphalasutta(DN.), 14. 남전대장경 제6권, 78쪽.

고 있다.[7] 또 아소카 왕의 각문刻文에도 종종 사문 · 바라문은 존중하고 공양할 만한 대상이 된다는 것을 밝히고 있다.[8] 더욱이 그들은 신적인 권위마저 얻어 인드라 등의 신과 함께 기원 받기조차 한다.[9]

사문 · 바라문들은 왕에 의해 소집된 집회에서 가르치고 신자를 얻는데,[10] 『사문과경』에 의하면 그가 비록 왕의 노복이었던 자라도, 한번 사문이 되었으면 왕은 이들에게 예배하는 것이고, 또 찰제리출신이든 수트라 출신이든 사문이 된 자는, 그 출신의 속성은 버려지고, 사문이기 때문에 예경 받는다.[11] 그리고 『사문과경』은 이처럼 국왕으로 하여금 붓다 한 사람에 대해서 뿐만 아니라, 다른 사문 · 바라문에 대해서도 경의를 표하게 하는데, 그것은 리스 · 데이비드에 따르면 다른 종파의 사문 중에는 수드라 즉, 노예계급 출신의 사문이 있었기 때문이라고 하고 있다.[12]

사문은 출가자의 사회에서 최고의 지위에 있는 것으로 보이며, 지금 불교 경전에 나오는 사문 중 유명한 자는 소위 6사師이다. 6사란 『사문과경』에 기록되는 붓다와 동시대의 사람들로, 뿌라나 깟싸빠Pūraṇa-Kassapa, 막칼리 고쌀라Makkhali-Gosāla, 아지따 께싸깜발라Ajita-Kesakambala, 빠꾸다 깟짜야나Pakudha-Kaccāyana, 싼자야 벨랏타뿟따Sañjaya-Belaṭṭhaputta, 니간타 나따뿟따Nigaṇṭha-Nātaputta 6명으로, 모두 붓다와 같은 교단주gaṇī이고, 승가주

7) Janasūtra(S. B. E.), PartII, p. 29 and p. 92.
8) Girnār Inscriptions; Shāhbāzgaṛhī Inscriptions. 남전대장경 제65권, 阿育王刻文 14장 法勅 22쪽 및 26쪽.
9) Senart, Le Mahāvastu, Vol. III, 310, 5.
10) Jainasūtra(S. B. E.), Part II, pp. 339 ff.
11) Sāmaññaphalasutta(DN.),35-36. 남전대장경 제6권, 89-91쪽.
12) Rhys Davids, Dialogues of Buddha, vol,II, p. 103.

僧伽主 saṃghī이고, 교단의 교사gaṇācariya였다고 한다.13) 이 중에서 싼자야는 『율장 마하박가』(Mahāvagga, 1, 22)에 사리불의 불교전향 전 스승으로 등장하는 사문이며, 니간타는 붓다와 함께 당시 2대 교단의 지도자였던 자이나교의 교주로 통칭 마하비라Mahāvīra 大雄라고 불렀다. 이 6사 외에도 『디가니까야』 제25경(Dīghanikāya. 25, Udumbarikasīhanād-suttanta)의 주역인 니그로다Nigrodha는 출가 사문으로 여겨지며,14) 이러한 사문들이 이외에도 수없이 생겨났고, 그 사람들이 각각 승가saṃgha라든가 가나gaṇa라는 출가자 집단을 지도하여 자기 학설을 가르치고, 그에 근거하여 종교실천을 하게 했다. 『앙굿따라니까야』에는 그러한 승가 또는 교단의 표가 있고, 거기에는 10파가 열거되어 있다. 즉 ①활명파活命派 Ājīvaka ②니건파Nigaṇṭha ③전수발剪鬚髮 제자파Muṇḍasāvaka ④나계파Jaṭilaka ⑤보행출가파Paribbājika ⑥마간디까파Māgaṇḍika ⑦집삼장파執三杖派 Tedaṇḍika ⑧아비룻다까파Aviruddhaka ⑨고따미까파구담파 Gotamika ⑩데바담미까파Devadhammika의 이름이 열거되지만, 유감스럽게도 이에 관한 상세한 설명은 아무것도 기록되어 있지 않다.15) 또한 자이나교의 문헌에서는 당시 사문의 교단을 ①니그란타Nigrantha ②싸끼야Sākya ③따빠싸Tāpasa ④가이리까Gairika ⑤아지봐까Ājīvaka의 다섯으로 나누고 있는데, 여기에도 상세한 설명은 되어 있지 않다.16) 또 북인도의 옛날 문헌에서는 불교와 자이나교와 아지봐까活命派의 이름이 보이지만, 기원전 2세기 후가 되면 아비봐까파의 이름

---

13) Sāmaññaphalasutta(DN.),1-7. 남전대장경 제6권, 73쪽 이하.

14) Udumbarikasīhanāda-sutta(DN.), No. 25. 남전대장경 제8권, 47쪽 이하. 단, 이 경에서는 출가(Paribbājaka)라고 불리고 있다.

15) Aṅguttara-nikāya(P. T. S.), Vol. III, p. 277. 남전대장경 제19권, 387쪽.

16) Jainasūtra(S. B. E.), Part I, p. 128, Foot-note 1.

은 나오지 않는다고 한다.[17] 그런데 여기에서 사문의 이름을 붙여서 부르는 승가, 또는 승가라고 부르는 집단이 몇 개 있었는가를 추구할 필요는 없고, 단지 붓다 시대에 전후하는 시대에 불교와 자이나교를 대표적인 교단으로 하고, 이런 종류의 사문을 교단주로 하는 출가 교단이 다수 있었다는 것을 알면 된다. 그리고 붓다의 입멸 후는 별도로 하고, 붓다 시대에 있어서는 이들 각 파의 상호교섭은 많았고, 또 그들 사이에 각 종宗의 차별을 나타내는 외형적인 구별은 없었다. 그들은 끊임없는 유행 중에 각 종의 출가자들이 자주 동일한 휴식처나 회당會堂 samayappavādaka-sāla에서 서로 만나 담소를 나눈 것이다.[18] 자이나교의 나형파Acelaka의 규율이 아지봐까Ājīvaka로부터의 도입임이 야코비Jacobi 등에 의해 밝혀지고 있다.[19] 또 우루빈라깟싸빠 등의 천 명의 배화교도가 불교도가 되었고(Mahāvagga, I, 15-21), 산자야의 제자들이 불교로 전환(Mahāvagga, I, 23-24)하기도 하였는데, 이러한 일은 각 파를 통해서 일반적으로 있었던 것으로 생각된다.

원시적 출가자들의 세계에서는 지도자인 사문을 찾아 집단을 이루었으나, 그 집단으로의 출입은 자유로웠다. 각 파의 출가자들이 휴식처나 회당에서 이야기를 나누던 중에 자기파로의 개종을 권하거나 각자의 행법을 서로 가르쳤을 것으로 생각된다. 불교에 있어서 계율학처와 같은 것의 원형이 다른 파에 었었는지 여부는 불분명하지만,

17) Smith, Asoka, p. 201.

18) Rhys Davids, Buddhist India, p. 142. 예를 들어, 『디가니까야』「빳타빠다경」(Paṭṭhapāda-sutta, 1-5)의 첫 부분에는 말리원 중의 대강당에서 빳타빠다 보행외도가 많은 시중과 앉아서 세간적인 20여 가지의 잡담을 하는 곳으로 붓다도 간 일이 기록되어 있다.(남전대장경 제6권, 255-256쪽)

19) JainasūtraS. B. E. . PartII, Introduction pp. XXIX-XXXII.

『디가니까야』의 계온에 있는 계학처와 같은 것은 출가자들의 일반적인 계戒라고 보아야 할 것이며, 출가사회에 공통적인 것 외에 그 파의 교리에 기초한 특수한 것은 별도로 한다면, 각 파마다 각각 다른 특별한 계율학처와 같은 것은 그다지 많지 않았다고 볼 수 있다.

석존을 도사導師로 한 불교 승가는, 위에서 말한 바와 같이 기원전 5, 6세기 인도에 수없이 존재했던 비바라문적인 출가자 집단으로 출발했다. 그리고 그 지도자인 붓다는 대사문Mahāsamaṇa이라 칭하여졌고,[20] 불교승가에 속하는 출가자는 비구Bhikkhu라고 칭하였던 것이다. 그래서 이 비구들을 포함하여 당시 각 파 출가자들의 모습을 상기시키는 기사가 『굿따카니까야小部經典 자설경』Udāna에 있다. 이에 따르면,

> 「세존은 그때 사위성의 기타림 급고독원에 계셨다. 그때 여러 외도파의 많은 사문 · 바라문 · 출가의 무리들은 걸식을 위해 사위성에 들어왔다. 그들은 여러 가지의 의견이 있는 자, 여러 가지의 신앙이 있는 자, 여러 가지의 기호가 있는 자, 여러 가지의 견처에 의거하는 자들이었다. 또는 사문 · 바라문은 다음과 같이 이야기하고, 다음과 같이 말했다. 세계는 상주한다는 이는 진실하고 다른 것은 허망하다. 운운」

라고 하고,[21] 이에 이어서 그 사문 · 바라문들이 서로 논의한 14무

---

20) 예를 들어, 빠알리율 『마하박가』(대품) 중에서 앗싸지(Assaji) 비구는 자신을 「釋種에서 나온 대사문(Mahāsamaṇa) 釋子이다. 나는 세존에 의해 출가했다.」라고 소개하고 있다. Mahāvagga, I, 23, 9. 남전대장경 3권, 74쪽.

21) Udāna(P. T. S.), pp. 66-67. 남전대장경 23권, 193-195쪽.

기無記 등 당시 출가사회의 화제에 대한 의견이 적혀있다. 그리고 이 기사에 의해 알 수 있는 것은, 가르침이나 종교상의 행법을 달리하는 각 파의 출가자들이 뒤섞여 들어와 하나의 단체가 되어 사위성에 걸식하러 들어가서, 그들은 마치 동일한 교단자인 것처럼 걸식행을 함께하고, 그 길에서 당시 출가자 사회의 논제였던 세계나 인간의 상·무상론常·無常論을 서로 논하면서 간 것이다. 아마도 길가에서 휴식하며 의견을 교환하고, 멈추어 서서 논쟁에 열중한 일도 있었을 것으로 생각된다. 그리고 그러한 양상으로 보아, 거기에 출가자의 사회가 성립되어 있어, 일반사회에서 보면 다종다양한 가르침과 행법을 이루는 출가자의 집합으로 보여지고 있었다고 생각된다. 일반사회의 사람들은 출가자들이 주장하는 교리의 구별이나 실천법의 차이에는 관심이 적었고, 아마도 대부분 잘 알지 못했을 것이고, 다만 출가자로서의 한결같은 모습에 대해 신시를 베풀었고, 그렇게 출가자는 길러지고 있었을 것이다. 당시 일반인들에게는 단지 출가자에게 음식 등의 공양을 하는 것이 내세에 행복을 받는 선행이라 믿어지며, 출가자들이 설하는 전문적인 세계관에는 일부를 제외하고는 전혀 무지했다고 여겨야 한다. 그래서 출가자는 일반사회에 대해 교리나 특별한 종교 실천보다, 그 이전에 출가자로서 사회로부터 인정받음으로써, 그에 따라 신시를 받는 것이 무엇보다 살기 위해서 우선 필요했다. 그리고 그 신시를 받을 만한 출가자로서의 행법은 한결같았다고 볼 수 있으며, 그에 상당하는 것에서 나온 것이 『디가니까야』 계온의 소·중·대小中大의 계학처이다. 물론 이 『디가니까야』 계온은 불교의 경전에 기재되어 있는 것이므로 당시 출가자의 일반적인 계학처를 불교 쪽의 입장에서 정리 집성한 것이다. 그런 의미에서 불교적인 입장에서 취사선택한 것이 없다고는 말할 수 없지만, 남전의『디가니까야』와 소속부파를 달리하는 한역 경전에도 내용이 일치하므로, 오래전부터 전해지고 있는 것이고, 그 내용도 불교의 창조가 아니라고 보아도 무방하다.

『디가니까야』 계온의 제1『범망경』Brahmajālasutta에 따르면, 붓다가 다음과 같은 소계와 중계와 대계를 구족하고 있으므로 일반인으로부터 상찬賞讚 받는다고 한다. 즉 「사문 고따마는 살아있는 생명을 죽이는 것을 버리고, 살아있는 생명을 죽이는 것을 떠나서 몽둥이를 버리고, 칼을 버리고, 부끄러워하고, 자애로운 마음으로 모든 살아있는 생명을 가엾고 불쌍히 여긴다.」라고 칭찬받고 있다는 것이다. 이 문구는 소계의 불살생에 대한 설명이며, 소계는 그 전체 학처의 하나하나에 대해서 이러한 정형구를 첫머리에 되풀이하는데, 26가지 소계小戒는 다음과 같다.

(1)살아있는 생명을 죽이는 것 (2)주지 않는 것을 빼앗는 것 (3)고결하지 못한 삶 (4)거짓말 (5)중상 · 이간 (6)욕지거리 (7)꾸며대는 말 (8)종자나 식물을 해치는 것 (9)때아닌 때 먹는 것 (10)연극 가무 등 오락 (11) 화만 · 향료 등으로 치장하고 장식하는 것 (12)높고 큰 침대 (13)금은을 받는 것 (14)날곡식을 받는 것 (15)날고기를 받는 것 (16)여인이나 여자아이를 받는 것 (17)하녀나 하인을 받는 것 (18)염소나 양을 받는 것 (19)닭이나 돼지를 받는 것 (20)코끼리나 소, 말을 받는 것 (21)경지나 황지를 받는 것 (22)중개 · 심부름을 보내거나 가는 것 (23)사고 파는 것 (24)저울을 속

이는 것 ㉕사기 · 기만 · 간계 · 부정. ㉖절단 · 살육 · 포박 · 노략 · 약탈 · 폭행하는 것.

이 26학처에 대해, 붓다는 이런 일들을 멀리하며 산다고 상찬을 받는다고 한다.

중계中戒는 「혹은 어떤 존귀한 사문 · 바라문들은 신자들이 보시한 음식을 향유하면서, 예를 들어, 뿌리를 종자로 하는 것, 줄기를 종자로 하는 것, 열매를 종자로 하는 것, 싹을 종자로 하는 것, 씨앗을 종자로 하는 것과 같은 종자와 식물을 해치면서 생활하고 있다. 그러나 사문 고따마는 종자와 식물을 해치는 것을 여의었다.」라는 말을 하나하나의 학처에 반복해서,

⑴종자수목을 벌채하는 것 ⑵음식 · 음료 · 의복 · 탈것 · 와상 · 향료 · 미식의 저장 ⑶연극 내지 열병의 오락을 관청하는 것 ⑷팔목장기八目碁 내지 주사위 놀이, 활쏘기, 글자 맞추기, 불구자 흉내내기와 같은 놀이와 나태에 빠져 생활하는 것 ⑸호화롭고 높고 큰 침상을 사용하는 것 ⑹향료 바르기, 기름맛사지, 사지안마, 화장 등으로 치장하고 장식하면서 생활하는 것 ⑺왕 · 도적 · 군사 · 전쟁 · 음식 · 의복 · 망령 등에 대한 세속적 이야기를 하는 것 ⑻가르침과 계율에 대해 논쟁을 일삼는 것 ⑼왕 · 대신 · 장자 · 젊은이들에게 심부름을 시키는 일을 하는 것 ⑽기만하고 요설하고 점괘를 보고 함정에 빠뜨려 탐욕적으로 이익을 추구하는 것.

이 10학처에 대해서 붓다는 이들을 멀리하므로 일반인들로부터 상찬 받고 있다고 한다.

대계大戒는 중계와 같은 서술방식인데, 이는 당시 출가자가 출가로서는 있을 수 없는 일, 즉 사명邪命:삿된 삶을 행하여 생활하는 것이 있다고 하며 그 사명을 열거하고, 붓다에게는 그런 일이 없음을 상찬하고 있다. 사명邪命이란,

> (1)수족에 의한 점괘 이하 30종의 점상占相 · 호마 · 예언 등의 사명생활 (2)보석의 길흉상 이하 25종의 상을 보는 사명생활 (3)왕전王戰의 승패 등을 예언하는 사명생활 (4)천문력수의 예언에 의한 사명생활 (5)수확 · 역병 등을 예언하는 사명생활 (6)택일, 주술, 신에게 물어보거나, 태양을 섬기거나, 행운의 여신을 청하는 것과 같은 사명생활 (7)신을 달래는 의례 내지 병을 치료하는 주술 등을 행하는 사명생활.

이들에 대해서 붓다는 그런 일들을 멀리하므로 일반인들로부터 상찬받는다고 한다.[22] 이 소 · 중 · 대의 세 가지 계가 각각 중점으로 여기는 부분은 다르다. 「소계」는 출가자로서 행해야 할 불살생 · 불투도 · 불음 · 악구 등의 도덕적 행위 내지 비시식 이하 출가생활자가 행해서는 안 될 오락 직업 등을 열거한 것이다. 이 소계에서 일단 출가자로서의 도덕적 생활행법은 완결되어 있다고 볼 수 있다. 「중계」는

22) Brahmajālasutta(DN.),I, 8-27. 남전대장경 제6권, 4-41쪽. 장아함『범동경』, 대정1권, 88쪽 c.『사분율』제50권, 대정22권, 962쪽 b 참조.

주로 출가자가 행해서는 안 될 물자의 저장이나 여흥 오락에 대한 것을 열거하는 것이고, 「대계」는 예언 · 예상 · 점상 등으로 이익을 얻어 생활하는 것, 즉 출가가 빠지기 쉬운 나쁜 생활, 즉 사명邪命을 열거하는 것이다. 아마 소계가 앞에 있으면서 출가계로서 행해지고 있었을 것이고, 이어서 출가자 중에 재가인과 비슷하게 오락 등에 빠지는 자가 나왔을 때 중계가, 또 출가의 모습으로 대계에 있는 것처럼 사명에 의한 생활을 행하는 자가 많았을 때 대계가 출가계로서 묶여진 것으로 생각된다. 그리고 이런 종류의 출가계 요약 방법이 이 3종에 그치지 않고 여러 종류가 있었을 것으로 생각해도 좋겠지만, 그동안 이 대 · 중 · 소가 서로 보충하여 출가계의 중심적인 것으로 여겨지기에 이르렀던 것으로 생각된다. 그리고 『디가니까야 범망경』에는 붓다가 출가자로서 이들 계를 구족하는 것을 일반인이 상찬하는 데 반하여, 붓다 자신은 이 대 · 중 · 소의 계를 「쇄세瑣細하고 비근한 계Appamattaka oramattaka sīlamattaka에 지나지 않는다」고 여겼다고 한다.[23] 아마 붓다로서는 이 소 · 중 · 대계를 구족하는 것은 출가자로서 당연하고, 불교에 한정하지 않고 출가자가 일반적으로 이를 행하는 것이 당연하지, 상찬할 가치가 있는 것은 아니라고 여기신 것으로 보인다. 그러나 중계나 대계의 서술에서 보듯이 출가자에게 당연한 이 계가 신시에 의해 살아가는 공경해야 할 사문 · 바라문에게 구족되지 않은 자가 많았고, 따라서 이를 구족한 붓다가 일반인으로부터 계를 구족한 자로서 상찬할 가치가 있었다는 것을 나타내고 있다. 이 소 · 중 · 대계는 출가일반의

23) Brahmajālasutta(DN.),I, 27. 남전대장경 제6권, 14쪽. 『梵動經』 대정1권, 88쪽 c에는 「此是小緣威儀戒行」이라고 한다.

계이지만, 거기에 기록되어 있는 것은 불교 비구계로서 비구가 당연히 지켜야 할 것으로 열거되어 있다. 그리고 이미 서술하였듯이, 이러한 계가 전제로 되어 있는 것이야말로 그들 계에 위범하는 행위를 벌칙으로 금하는 율장의 계학처가 제정된 것이 이해된다. 율장의 계학처는 율장에서 말하는 바와 같이 비구가 출가해 있으면서 해서는 안 될 행위를 하였을 때, 비구가 그 행위와 같은 행위를 다시 범하지 않도록 벌칙으로 금지된 것이다. 따라서 벌칙으로 금지한 행위가 출가자의 행동으로서는 비행임을 알 수 있는 것은, 출가사회에 공통된 학처 행법으로서 출가자가 행해야 할 행위가 성립되어 있으므로, 그것에 비춰서 행해서는 안 될 행위가 분명해진 것이다. 그러므로 출가 일반의 계학처는 불교 율장의 계학처에 앞서는 것이다. 그리고 붓다는 특별히 불교 비구로서 행해야 할 계를 제정하지 않았다. 불교 승가를 창립하기 전에 이미 출가자였던 붓다에게는 출가 일반의 계가 출가로서 행해야 할 계였다.

성도 이전의 붓다는 어느 파에 소속된 출가자가 아니었지만, 그런데도 출가자로서 사셨다. 그 시대 붓다의 걸식생활은 기록되어 있지 않지만, 일반인으로부터 보시에 의한 음식을 받아서 생활하였을 것임에는 틀림이 없을 것이다. 성도 뒤에 최초의 제자가 된 다섯 비구도 붓다의 제자가 되기 이전은 붓다와 마찬가지로 누구의 교단에도 속하지 않는 출가자였다고 생각된다. 즉 출가자는 일반사회로부터 출가자로서의 대우나 보시에 의한 음식을 받는 것에 관해서 어느 파에 속하는가 속하지 않는가는 거의 관계가 없었기 때문에, 붓다나 다섯 비구에게 소속된 파가 없었더라도 이상할 것은 없다. 즉 출가자 중에서 무슨 파에 속하는가는 교리와 종교적 실천의 차이에 의한 것이고, 출가로서는 공통의 생활형식과 행법을 가지고 있었다고 생각된다. 그리고 이 소·중·대와 같은 계가 각 파의 교리와 종교 실천과 관계없이 일반사회에 대한 출가자의 위의 행의로서 성립되어 있었음을 알 수 있다. 물론 앞에 말한 바와 같이 『디가니까야』의 계온에 있는 것과 같은 형식으로, 처음부터 성문成文으로 존재하였던 것이 아니라 관습법적으로 성립되어 있었다. 이를 출가자의 도덕적 관점에서 다 열거하면 소계는 26학처와 같이 되고, 또 재가자의 오락 향락을 멀리해야 할 측면에서 보면 중계와 같이 되고, 또 출가자가 빠지기 쉬운 삿된 생활邪命의 여러 가지를 열거하면 대계와 같이 되는 것이다. 3계는 상호 중복하는 것도 있으나 서로 보완하여 출가계 전체에 미치는 것이라 볼 수 있다.

이 계는 때에 따라서는 불교의 계로서 생각되기 쉬운 것이지만, 붓다가 제정한 것은 아닐 뿐만 아니라, 그 중계의 말에 있는 것처럼 「존경해야 할 사문·바라문이 신시의 음식에 의해 생활하면서 운운」이라 하는 것으로도 분명하듯이, 보시에 의한 음식으로 살아가는 출가자가 당연히 행해야 할 관습법으로 성립되어 있었다. 『사문과경』과 같은 경우에는 『범망경』보다도 한 걸음 더 나아가서, 이 출가일반계를 잘 구족하는 불교 비구를, 그것을 구족하고 있지 않은 다른 파의 출가에 비하여 정말로 바른 출가라고 말하려고 하는 것이다.

『디가니까야』 계온의 소·중·대의 43학처에 대해서 생각해보면, 첫 번째 주목해야 할 것은 이미 말했듯이, 이것들은 불교 특유의 계가 아니고 불교를 포함하여 당시 출가 사회 일반의 계학처로 되어 있던 것을 모은 것이다.[24] 그리고 『디가니까야』의 계온의 첫 번째 경인 『범망경』에서는 일반사회로부터 붓다는 이 세 가지 계의 43학처를 구족하고 있으므로 상찬받는다고 하지만, 붓다 자신은 이 계를 쇄세하고 비근한 계로 여겼다고 하고 있다. 이는 붓다에게 있어서 출가계를 가지는 것은 중대한 것이 아니라 당연하다고 여겨졌던 것으로 생각된다. 그러나 붓다의 말씀 여하와 관계없이, 붓다가 이들 계학처를 구족하셨다고 상찬을 받았다. 그 반면에 출가자 일반에게 이 계학처는 이상화되어서 실제로는 이를 구족하는 자가 적었음을 말하고 있다. 그리고 특별히 중계나 대계의 서술에 따르면, 출가로서 보시에 의한 음식을 받아 살아가는 사문 · 바라문 중에 재가의 향락을 받거나 부정한 방법의 생활[邪命]을 하여 이익을 얻거나 하는 것을 행하는 자가 많았다.

『디가니까야』 계온품戒蘊品에 속하는 13경은 각 경 모두 소 · 중 · 대의 43학처를 기록하고 있지만, 그 평가 방법이 경에 따라서 다르다. 제1경인 『범망경』에서는 앞에서 언급한 것과 같이 붓다의 말씀을 빌어서 이 43학처를 출가자에게 당연한 「쇄세 비근한 계」로 여기고 있지만, 제2경인 『사문과경』Sāmaññaphalasutta에서는 불교비구가 이 계를 지키는 것을 칭찬하는 것이고, 그 42절에 「붓다 아래에 출가하는 것은 바라제목차의 제어saṃvara에 의지하고, 지계에 의해 정행正行을 정근하며 작은 허물小罪에도 두려움을 보고, 학처를 받아서 배우고 수행한다. 청정한 신업과 어업을 구족하여 청정한 생활을 영위하고, 계구족하여 모든 근

24) 이 소 · 중 · 대의 戒 내용에 관한 한역 『범동경』과 『디가니까야』 『범망경』의 비교에 대해서는 宇井伯壽 『인도철학연구 제2』 40쪽 이하, 西本龍山 『사분율비구계본강찬』 4쪽 이하에 상세하게 언급되어 있다.

의 문을 수호하며 정념正念과 정지正智를 구족하여 만족한다.」라고 기술하고 있다. 그리고 다음 43절부터 제62절까지 소계 · 중계 · 대계를『범망경』에서와 같은 문장으로 기술하고 있다.[25] 그렇지만 계를 설하는 부분 각 절 마지막이『범망경』에서는 붓다가 그학처를 구족하고 있었던 것에 관해서「이처럼 범부는 여래를 찬탄한다.」라고 되어 있지만,『사문과경』에서는 그 부분이 비구가 이것들을 구족하는 것으로,「이것 또한 비구계의 일부분이다.」로 되어 있다. 그리고『범망경』에서는 붓다의 계학처 구족을 일반인이 상찬하는 데 반해, 붓다는 그런 상찬을 받기에 족하지 않은 당연한 것으로 여기고 있지만,『사문과경』에서는 붓다가 아사세왕에게 불교 비구는 계를 구족하고 있어서 다른 파의 출가보다도 수승하다고 설하고 있다. 즉 불교 비구는「계의 제어에 의해 두려움이 없고, 성스러운 계온을 구족하고 있으므로 내심으로 무구 청정한 안락을 감수하고 있다.」라는 것이다. 그리고 이것에 의하면, 앞의『범망경』에서는 이 소 · 중 · 대계의 43학처는 붓다에 의해 쇄세 비근한 계라고 여겨졌지만, 이『사문과경』에서는 그것을 구족함에 따라서 비구가 무구청정하게 되는 것이라 여겨져서 성스러운 계온ariya sīlakkhandha으로 존중받게 되고 비근한 계로는 여겨지지 않고 있다. 이『사문과경』42절부터 62절에 이르는 전후에 불교의 다른 율학처가 설해져 있지 않기 때문에, 여기에서 계로 되어 바라제목차라고 불리고 또한 성스러운 계온이라 불리고 있다. 비구가 그것을 구족하고 있으므로 뛰어난 출가자라고 여기는 계학처는, 이 소 · 중 · 대 3계의 43학처이고, 그 이외에는 없다.

25) Sāmaññaphala-sutta, 42-46. 남전대장경 제6권, 95쪽 이하.

위에서 언급한 것과 같이 『범망경』과 『사문과경』의 취급의 차이는 붓다로부터 보면 쇄세한 계와 같은 것이, 비구 쪽에서 보면 중대한 것으로 여겨지는 점에 있지만, 단지 오직 그것뿐이라고 추측해서는 안 될 것이 있다. 즉 『범망경』은 출가계 일반의 계를 열거한 것으로 보이지만, 그것이 출가일반의 계였다 하더라도 그 항목을 열거한 것은 불교자였음에 틀림이 없다. 그리고 그것은 또한 붓다의 바람직한 출가생활과 붓다 이외의 출가자 중에서 여러 가지 출가자답지 않은 생활을 하는 자를 비교하여, 붓다에게 보이는 수승한 점을 열거한 것으로 생각되기 때문에, 출가계로서 볼 때는 출가일반계이기는 하지만 계학처의 선정편집은 불교적이었다고 생각할 수 있다. 그리고 그것을 그대로 그 계학처의 입장으로 보고, 이것이 불교비구에게 가장 잘 지켜지고, 출가계를 완전하게 구족하는 것은 불교비구라는 식으로 말한 것이 『사문과경』의 취급이라고 생각된다. 즉 『범망경』에서 선택된 출가계의 불교 판화版化가 더욱 불교적으로 구체화된 것이 『사문과경』이라고 볼 수 있다.

율장 중에 경장 중의 계나 계학처에 관해 설하는 부분은 『사분율』 한 가지를 제외하고 전혀 없고, 경장 중에도 율장에서 말하는 율학처에 대해서 이야기하는 일도 전혀 없다.[26] 율장은 소소계나 아난다의 악작죄나 정법淨法 등에서 『디가니까야 열반경』과는 친연관계가 깊다고 생각되지만,[27] 『디가니까야』의 계온과 율장과는 극히 소원한 상태이다. 이 일에 대해서는 필자도 아직 논하기까지에 이르러 있지는 않

---

26) 『사분율』 제52권, 대정22권, 962쪽 a-c.

27) 제1장 · 7 「율장 건도부 성립」 참조.

다. 그리고 또 이 중에 율장의 계율 학처에 상당하는 내용의 계학처가 있어도, 경장에 있는 것은 정신적으로 반드시 행해야 한다고 요청하는 것이고, 율장의 율학처와 같이 구체적으로 그 행위를 금하고 벌죄에 의하여 범하는 것을 방지하는 것과는 취지를 달리하고 있다. 경 가운데는 『숫타니파타 담미까경Dhammika-sutta』과 같이 계를 설하는 것이 있는데, 이는 불교의 출가 · 재가에 공통하고 교리로 묶여 있는 것, 즉 후세의 계 · 정 · 혜 삼학의 계학과 통하는 것으로 여겨지는 것이다.[28] 그리고 율장에 대해, 경장의 측면에서 일반사회로부터 보시에 의한 음식으로 생활하는 의미에 중점을 둔 출가생활을 위한 계학처로서는 이 『범망경』 등의 『디가니까야』 계온의 계학처가 경장의 계의 대표이고 근본이라고 볼 수 있다. 우이宇井의 조사에 따르면, 경장 중에 이 『범망경』의 3계 43학처를 표준으로 삼고, 이를 간략하게 하거나 상세하게 설명한 계학처는 『디가니까야Dīghanikāya 長部經典』에서는 Vol I, pp. 100(3.『암밧타의 경』), 124(4.『쏘나단다의 경』), 147(5.『꾸따단따의 경』), 157(6.『마힐리의 경』), 159(7.『잘리야의 경』),171(8.『위대한 사자후의 경』), 181(『뽓따빠다의 경』), 206(『쑤바의 경』), 214(11.『께밧따의 경』), 232(『로힛짜의 경』), 249(『세 가지 베다의 경』)이고, 『맛지마니까야Majjhimanikāya 中部經典』에서는 Vol, I, pp. 179(27.『코끼리 발자취에 비유한 작은 경』), 267(38.『갈애의 부숨에 대한 큰 경』), 344(51.『깐다라까의 경』), 412(60.『논파할 수 없는 가르침에 대한 경』), 521(76.『싼다까의 경』); Vol. Ⅱ, pp. 38(79.『훌륭한 기문의 우다인에 대한 작은 경), 226(101.『데바다하의 경』); Vol. Ⅲ, p. 134(125.『길들임의 단계에 대한 경』)이어서, 합하여 17개소나 열거되고 있다.[29] 또 우이宇井는 사미 10계는 출가의 율학

28) Suttanipāta,II, 14. 남전대장경 제24권, 138-148쪽.
29) 『인도철학연구 제3』 44쪽.

처로부터 추출한 것이 아니라,『디가니까야』계온의 소계의 계학처로부터 나온 것이라 한다. 사미는 출가해 있지만, 비구가 되는 연령(20세)에 이르지 않는 자이다. 종래의 생각에서 말하면, 통속적으로 구족계라 불리는 200여 가지의 율학처에서 추출하여 사미 10계를 만들었다고 생각할 수 있으나, 10계 중에는 율학처 중에 없는 것이 많다. 한 가지 생각 할 수 있는 방법으로 우이宇井의 설과 같이, 본래 출가계인『디가니까야』계학처에서의 추출이라고도 볼 수 있다. 내용도 소계의 학처와 일치하고 또 벌칙으로 금지하는 것을 동반하고 있지 않은 것으로도 이것을 근거로 보는 것이 합리적이다. 그러므로 벌칙으로 금지하는 것으로 범계를 방지하는 율장의 계율학처에서 추출했다는 생각은 완전히 불합리하다고 할 수 있다.[30]

그리고『범망경』등에 설하는 소 · 중 · 대의 계학처는 출가일반 계戒의 불교적 편집이지만, 이것이 마침내 경장의 계학처의 근본이 되어, 사미 10계의 기초가 되었다고 볼 수 있다. 이 일은 출가 일반에 대한 계의 불교적 편집이 뒤에 기술하는 것처럼, 이윽고 불교의 출가계가 되어 행해졌음을 의미하는 것이다.

30) 사미와 사미계의 성립에 대해서 平川 彰,「원시불교의 연구」에 10계는 팔재계를 기본으로 하는 설이 기술되어 있다. 전서 442쪽「사미의 출가작법」참조.

3. 출가계와 비구계

오늘날 계율이라는 말이 하나의 술어화되어 있는데, 이는 삼장의 성전에는 없다. 『사분율』 등에서 조문을 결제結制할 때에는, 예를 들어, 제1 바라이의 결계의 말은「지금부터 이후로 비구들에게 주는 계를 맺는다」라고 하고,[1] 또 수결隨結을 할 때에는「지금부터 이후로는 마땅히 이처럼 설계說戒해야 한다.」라는 조문을 적고 있다. 『십송율』도 『오분율』도 조문을 제정하는 것을 결계結戒라 하고,[2] 『마하승기율』은 제계制戒라고 하고 있는데,[3] 이들 계는 『빠알리율』에 따르면 학처學處(범 śikṣāpada, 巴 sikkhāpada)로 되어 있다. 아마도 『사분율』 등에 있어서도 학처라 되어 있었던 바라제목차(梵 prātimokṣa, 巴 pāṭimokkha)를 계경戒經, 또는 계본戒本이라 번역한 것과 같은 의미에서, 계라고 번역한 것으로 보인다. 바라제목차는 율장의 학처, 즉 조문의 모음으로, 이 조문을 경經 sutta으로 해석한 것이 율장의 경분별이다. 그러므로 학처는 율장 중에서는「경」이라고도 하고, 중국에서는 일반적으로「계」로 번역되었다.

1) 『사분율』제1권, 대정22권, 570쪽 c.
2) 『십송율』제1권, 대정23권, 1쪽 c. 『오분율』제1권, 대정22권, 3쪽 b.
3) 『마하승기율』제1권, 대정22권, 231쪽 c.

중국에서 계 또는 율로 번역된 말의 원어는 특별한 종류인 금계禁戒 vṛtta와 같은 것은 별도로 하고, 대개 실라(梵śīla, 巴sīla), 비나야(梵巴vinaya), 식샤파다(梵 śikṣāpada, 巴 sikkhāpada)의 세 가지가 있고, 현대불교학에서는 이를 차례로 계戒 · 율律 · 학처學處라고 부르는 것이 일반 관용이다. 이 중에서 학처는 여러 부파 율장의 경분별부에서 계경으로 분별된 각 조문, 즉 하나하나의 계를 비롯하여 오계, 십계 등이라 불리는 내용을 이루는 각 조문, 더군다나 경장經藏 Suttapiṭaka 가운데 첫 번째의『디가니까야』의 처음 13경은 위에 말한 바와 같이「계온戒蘊 sīlakkhandha」이라 불리는 대 · 중 · 소계를 설하는데, 이 가운데 각 계조는 일반적으로 계라고 하거나 율이라 하지 않고 학처라 불리고 있으므로, 그들 내용을 이루는 하나하나의 계조의 항목이 학처라고 불린다는 것을 알 수 있다. 즉 오계는 다섯 가지 계학처로 성립되고,『사분율』비구분별은 250계 또는 율학처로 성립되어 있다고 할 수 있다.

다음으로 계와 율의 차이인데, 율장에서든 경장에서든 이 양자의 구별을 명기한 것은 없다. 그렇지만 가장 분명한 것은「율장의 학처」는「금율禁律」이라는 점이다. 즉 이를 범한 자는 죄를 얻고, 극중죄인 바라이는 교단에서 제명하는 것이고, 그 외에는 소정의 법에 따라서 복죄服罪하고 출죄出罪 해야 한다. 계라고 말하는 것은, 모두 글자 그대로 '익혀야 할sikkhā 것pada'이며, 벌칙이 수반되지 않는 것이다. 계의 대표적인 것은『디가니까야』의 계온이라 생각되는데, 여기에는 3계[大戒 · 中戒 · 小戒] 43개의 학처學處가 있다. 불교 이전부터 있던 출가자들이 일반적으로 익혀야 할 출가사회의 도덕상 · 생활상의 일상적인 법[常法]이고, 불교 율장의 학처는 이 출가의 상법常法을 어기는 행위를 하는 비구를, 불교 내에서 벌칙을 모아서 규정한 것이다. 출가 일반 상법인 「계온의 학처」를 범했을 때 사회적인 도덕적 비난은 받더라도 형벌이 부과되는 예는 없지만, 「율장의 학처」는 출가의 상법에 어긋나는 특수한 행을 율제에 의해 금지하고 처벌을 하는 것이다. 계라는 것에 5계 10계 등이 있지만, 모두 벌칙으로 금지하는 것을 수반하는 율제律制는 아니다.[4]

율장 중의 학처는 비구에게 출가자로서의 비행이 있을 때마다 그 재발을 방지하기 위해 제정되었다. 이는 율제에 앞서 출가자로서 행해야 할 상법인 계학처가 성립되어 있고, 그에 반하는 비행을 하는 비구가 있을 때 율학처를 율제로 두어 그 재발을 막게 되는 것이다. 즉 비구를 위한 금벌의 율제인 율학처가 성립하는 전제로서 출가 계학처가 예상되는 것이다. 불교 승가는 그 설립 초기에 율장이 없어 율학처를 만들지 않았다. 『디가니까야』 계온에 있듯이 출가 일반의 상행법에 따랐던 것이다. 불교 승가를 최초로 결성한 붓다도 다섯 비구도 이미 출가 일반의 계에 의해 사는 출가자였기 때문에, 거기에 출가자로서의 계를 제정할 필요는 없었던 것이다.

불교뿐만 아니라 출가 일반의 계를 계라 부르고, 불교 비구의 비행금벌의 율제를 율이라 한다면, 계는 출가자로서 일반사회로부터 인정받은 보시에 의한 음식을 얻는 생활 행법이고, 율은 불교 비구의 반출가자적인 비행을 금벌하는 것이다. 『디가니까야』 계온 중에 「어떤 공경할 만한 사문 · 바라문은 보시에 의한 음식에 의해 생활하면서 각종 삿된 생활을 하고 있지만, 붓다의 제자들은 계학처를 행한다.」[5]고 하

4) 계와 율에 대해서는 平川 彰 『원시불교의 연구』 107쪽 이하 참조.

며, 여러 가지 계를 말하고 있다. 이에 따라 계의 학처를 행하는 것이 출가자로서 사회의 신시에 의하여 살아가는 행법임을 알 수 있다. 그래서 이 행법을 게을리하거나, 또는 이를 어길 때 사회의 신망을 잃고, 출가자로서 살기 어려워질 것이 분명하다. 사회의 신망을 상실하는 것은 당사자뿐만 아니라, 그 출가자가 소속된 파 전체에 불이익을 초래하므로, 파로서 그 소속 출가자의 비행을 금벌하지 않으면 안 되는 것이다. 그러므로 불교 율장의 학처를 제정할 때는 반출가적인 비행을 한 비구에 대해 「아직 믿지 못하는 자에게 불신을 하게 하고, 이미 믿고 있는 어떤 자를 다른 파로 전향시키는 것」이라고 비판하고, 금벌 학처를 제정하는 이유로 「승가를 지키기 위해, 승가의 안락을 위해, 악인의 조복을 위해, 선비구의 안락주를 위해, 현세의 누漏를 끊기 위해, 내세의 누를 끊기 위해, 미신자未信者를 믿게 하기 위해, 이신자已信者로 하여금 믿음을 증장 시키기 위해, 정법구주를 위해, 율을 애중愛重하기 위하여」라는 이른바 「10리十利」를 위해서라고 했다.[6] 이 가운데 신자信者라는 말은 보시에 의한 음식을 베풀며 그 교단을 지지하는 자를 가리키는 것이고, 이 '신자의 믿음을 잃는다'는 것은 교단의 존립을 위태롭게 한다.

이상에 따라 율장 율학처의 의미와 그것이 금벌을 수반하는 이유를 거의 알 수 있을 것으로 본다. 그래서 만약 계와 율을 구별한다면, 상기와 같이 금벌을 수반하는 율제로서 성립된 「율장의 학처」가 율律

5) 『사문과경』(sāmaṅṅaphalasutta, 46-62.) 남전대장경 6권, 99쪽 이하 참조.

6) Vinayapiṭaka, Suttavibhaṅga I, 5, 11, 남전대장경 제1권, 32쪽. 『오분율』제1권, 대정22권, 3쪽 b-c, 『마하승기율』제1권, 대정22권, 228쪽 c, 『사분율』제1권, 대정22권, 570쪽 c, 『십송율』제1권, 대정23권, 1쪽 c.

이고, 그 밖의 불교도의 출가자와 재가자로서의 「도덕적인 학처」가 계戒라는 것이다. 그리고 계도 율도 모두 선정지관禪定止觀과 같은 종교적인 행법이 아니다. 나중에 계 · 정 · 혜 삼학과 같은 것이 설하여진다고 하더라도 그것은 「관념화한 계학戒學」이고, 계학처나 율학처의 구체적인 내용은 직접적인 종교 실천을 이루는 것이 아니다.

율장 가운데 비구 · 비구니의 학처는, 앞에서 언급한 『디가니까야』 계온의 출가 일반의 계학처와 구별하면 「율학처」라고 불려야겠지만, 여기에서는 앞에서 언급한 『디가니까야』 계온의 계학처는 물론 이 계학처에 의해 그 존재를 알 수 있는 출가일반의 상행법이라고 할 수 있는 것을 출가계라고 하고, 불교 비구 · 비구니의 율장에서 말하는 율학처를 비구계 · 비구니계라고 부르기로 한다. 또한 이 비구계 · 비구니계는 특별하게 구별을 필요로 하지 않는 한 비구계로써 대표하도록 한다.

따라서 비구계는 이미 말한 바와 같이 비구 · 비구니가 출가계에 반하는 비출가적 행위를 한 경우에 이를 금벌하는 것, 금율이라고도 할 수 있다. 출가계에는 금벌을 수반한 강제력은 없지만, 비구계에는 이것이 있다. 출가계는 출가 일반의 행법이지만, 비구계는 출가자 중 불교 비구만의 것이다. 따라서 비구계는 강제력이 없는 출가계를 불교 비구에게만 강제력 있는 비구계에 의해 유지하게 하려는 것이라고 할 수 있다. 이미 말했듯이 비구계는 비구로서 출가계에서 탈락하는 행위를 금벌하고 있는 것으로 생각되기 때문이다.

그런데 출가계와 비구계와의 관계를 고려할 때, 비구계가 출가로서 불교적으로 생활하기 위한 특수한 개별적 행위의 금율인데 반해, 출가계는 그에 따른 포괄적이고 원칙적인 계를 이루고 있는 것으로 보인다. 예를 들어, 비구계에는 비구는 집을 버리고 욕망을 버려야 한다는 계는 존재하지 않다. 그것은 불문율인 출가계가 요구하는 것이고, 비구도 이를 준법하고 있으므로 출가자로서 사회로부터 대접을 받는다. 그리고 비구계에서는 집을 떠나고 욕망을 버리는[捨家棄欲] 것에 반하는 각종 개별적인 행위가 금지된다. 즉 어머니의 요청으로 옛날 처[故二]와 교회한 비구의 행위가 있었는데, 이는 욕망을 버리는 것[棄欲]에 반하는 행위라고 하여 여성과 교회하는 것은 바라이죄로 규정되었다. 또 다음으로 암원숭이雌猿와 교회한 비구가 있었는데 이것도 기욕에 반하는 것이므로 축생과의 교회도 금지되었고, 이 욕망을 버리는 것을 실행하는 의지력이 없는 비구의 사건이 있어서, 계를 실행할 수 없는 자가 사계捨戒하지 않고 이성과 교회하는 것도 금지되었다. 이것들은 모두 출가계적인 사가기욕捨家棄欲의 원칙에 비추어 이루어진 것이다. 특히 사계하지 않고 교회하는 경우를 금하는 것은, 전혀 원칙적으로는 전혀 무의미한 개별사정에 근거한 것이다. 사계는 비구를 그만두게 하는 것이므로 그만둔 자에게 비구계는 적용되지 않고, 사계하지 않으면 비구이기 때문에 이성과 교회하면 당연히 바라이죄가 되는 것이다. 「사계하지 않고 교회한다.」라는 말은 자기모순으로 불필요한 것인데, 이 이론상 불필요하게 보이는 것을 추가한 것은, 의지가 약해 비구계를 견디지 못하는 자가 사계를 하지 않고 이성과 교회한 특수한 사건이 있었기 때문이다. 불교에서는 사계 환속하고 나서 다시 출가 수계하는 것을 몇 번 되풀이해도 되는 것이므로, 욕망을 버리는 의지가 약해진 비구가 있으면 「나는 계를 버린다.」라고 선언하여 사捨를 행하고, 그리고 뒤에 다시 수계하면 되는 것이다. 따라서 이 「사계하지 않고」라는 것은, 의지가 약한 비구에 대해 사계를 선언하는 일을 행하라고 명하는 것이고, 유약한 의지의 비구가 금벌에 저촉되지 않게 하기 위한 것이라 해야 할 것이니, 실질적으로는 일종의 정법淨法이다. 즉 바라이죄는 불교에서는 참회 속죄의 방법이 없는 추방죄이기 때문에, 이러한 것을 고안했겠지만, 이는 금벌의 계를 만든 불교에 특수한 것이다. 제1 바라이의 불음계 외에 성적 욕망에 근거하는 특수한 행위의 금지는 비구계 전체 중에 헤아리는 방법에 따라서는 20여 계가 된다. 이들은 모두 원칙적인 출가기욕出家棄欲의 출가계에 비추어, 비구가 그 뒤로 탈락하지 않게 하려고 금지된 비구계이다.

비구계는 비구들에게 『디가니까야』 계온의 소계 · 중계 · 대계에서 알 수 있는 출가 일반의 상행법인 출가계를 준수시키기 위해 금벌을 수반하여 만들어진 것이다. 그러나 이러한 계가 성립된 것은, 한편으로 생각해보면, 출가계가 비구에게도 지키기 어려운 면이 있었기 때문에 비구가 그것에 저촉되는 행위를 한 것이므로, 그 재범을 방지하기 위해 비구가 지킬 수 있도록 만들어졌다는 의미도 인정되어야 할 것이다. 즉, 비구가 출가계를 범한 경우, 일부 부득이한 이유가 있었음을 인정하여, 출가계를 완화시키는 방법으로 비구계를 만들고 있는 경우가 있다. 출가계의 행법을 불교적으로 또는 그 시대의 실상에 입각하여 준수할 수 있도록 하고 있는 것이다. 그리고 다음과 같이, 이 비구계는 경분별의 해석에 의해서, 한층 더 실상에 입각하여 느슨하게 해석되고, 나아가 건도부에 의해서도 더욱 그것이 실상에 맞도록 느슨해져 각종 정법淨法이라는 것이 많이 성립되기에 이른다.

위에서 언급한 바라이 제1 불음계가 「마음이 유약하면서도[戒羸] 사계하지 않고」라는 구절을 가지고 있는 것은, 틀림없이 출가계의 실상에 입각한 불교적 완화라 할 수 있다. 또한 비구계의 바라제목차 중에는 이미 몇 가지 정법淨法이 전제되어 만들어진 비구계가 있다. 이 정법淨法은 비구계에 이미 인정되고 있는 것이므로 경분별에 이르러서 만든 것은 아니다. 비구계가 출가계를 비구 생활의 실상에 맞추었거나, 아니면 출가자 일반에게 암암리에 승인되어 있던 것을 판연히 받아들여 만든 것임이 틀림없다.

사타법의 제1 「장의계長衣戒」는 장의, 즉 여분의 옷을 소지하는 것을 금하는데, 이 계는 『빠알리율』에 의하면 「10일을 한도로 여분의 옷[長衣]을 보유할 수 있다. 만약 그것을 넘기면 니살기바일제이다.」[7]라고 했고, 다른 율들도 10일 소지를 적극적으로 기술하고 있어서, 실제로는 「장의십일소지계長衣十日所持戒」로 되어 있다. 이는 장의를 금하는 출가법에 대해 비구계가 새 옷과 낡은 옷을 바꿀 때 새 옷의 재료도 장의가 되기 때문에 새 옷의 완성 기간이나 타인의 옷을 보관하는 등의 기간도 필요한 실정 때문에 성립한 것으로 생각된다. 또 이 장의계는 『사분율』에서는 「10일을 지날 때까지 정시淨施하지 않고 가질 수 있다.」라고 하고 있다. 『십송율』에는 없으나 『근본설일체유부계경』에는 「10일에 한하여 분별하지 않고 보유하게 되면」이라 하는데,[8] 이 분별은 정시淨施의 의미로 여겨진다. 정시는 다른 율에서는 경분별부가 인정

7) Suttavibhaṅga, IV(Nisaggiya-pācittiya) 2, Oldenberg, Vinayapiṭaka, Vol. III, p. 196. 남전대장경 제1권, 330쪽.

8) 『근본설일체유부계경』, 대정24권, 502쪽 c.

하는 부분이므로, 혹은「10일을 한하여」는 정시하지 않는 것은 10일에 한하여 소지를 허락하는 의미인지도 모른다. 옷의 정시는 비구계 중에 바일제법 제59「진실정불어취계眞實淨不語取戒」에 있다.

> 「어떠한 비구라 하더라도 비구 혹은 비구니 혹은 식차마나에게 스스로 옷을 정시하고vikappetvā [그로부터] 환여하지 않았는데 [이를] 착용하면 바일제이다.」

라고 하고 있다.[9] 정시는 타인에게 시여하는 형식을 취하여 자용自用으로 자신에게 제공하는 정법淨法이다. 경분별에 따르면 이에 대면정시對面淨施 sammukhā-vikappanā와 전전정시展轉淨施 paramukhā-vikappanā가 있다.『사분율』에서는 이를 진실정眞實淨 전전정展轉淨이라 번역하고,『승기율』에는 대면정對面淨 대타면정對他面淨이라 하고,『오분율』은 대인정시對人淨施 요시정시遙示淨施라고 하고,『십송율』에서는 진실정眞實淨 심념정心念淨이라 한다. 대면정對面淨은 시주가 바로 앞의 사람에게「나는 이 옷을 그대에게 정시한다.」라고 하든가, 혹은「그대에게」라는 말 대신에 그 사람의 이름을 들어서「모갑에게 정시한다.」라는 것이다.[10] 이처럼 하여 정시된 옷은, 금계에 저촉되지 않는 형식을 취하기 위해 정시된vikappita 것으로, 원칙적으로 지주持主에게 옷을 돌려주거나, 또는 맡기는 형식

9) 『빠알리율』 바일제 제59계,『사분율』제59계,『오분율』제81계,『십송율』제68계,『마하승기율』제48계.

10) 『빠알리율』 Vinayapiṭaka, vol. IV, p. 122. 남전대장경 제1권 193쪽.『사분율』제16권, 대정 22권, 676쪽 b,『오분율』9권, 대정 22권, 69쪽 b,『십송율』제16권, 대정 23권, 115쪽 a,『마하승기율』제9권, 대정 22권, 379권 상.

으로 되돌아가야 한다. 이 계는 정시를 받은 사람으로부터 아직 환의還衣되지 않았거나, 또는 시주는 정시한 것이므로 이럴 때는 돌려 달라고 요구하여 사용할 수 있는데, 그것을 행하지 않고 시주가 무단 착용하면 바일제가 된다는 것이다. 그런데 대면정시는 대인이 심술궂게 돌려주지 않는 일도 있을 수 있다. 그리고 전전정시를 생각할 수 있다. 전전정시는 대면하는 사람에게 정시淨施하면 그 대면하는 사람이 멀리 있는 시주의 지인知人 등의 이름을 들어 「나는 모갑 등에게 준다. 그대는 시주 모갑을 대신하여 그의 소유물을 착용하고, 보관하거나, 혹은 그대가 원하는 대로 하라.」라고 하고, 대인對人에서 시주施主에게로 환의還衣하는 방법이다. 이렇다면 전전정시를 받은 것은 전혀 모르고, 시주는 자유롭게 사용할 수 있다. 아마도 이른 시기부터 대면정시만이 이루어졌는데, 이 계에 보듯이 대면정시된 것이 환의還衣되지 않는 불편함이 있어 전전정시를 생각할 수 있었을 것이다. 그리고 율장 경분별 성립 전의 비구계로서는 대면정對面淨만을 알고 있었던 것을, 경분별이 전전정展轉淨을 덧붙였다고도 볼 수 있다.

사타 제10 「과한절삭의가계過限切索衣價戒」[11]는 비구가 자신에게 보시된 옷값을 시주로부터 집사인(veyyāvaccakara)이 받아서 옷을 만들게 할 때, 집사인에게 옷의 완성을 세 번까지 구두口頭로 하고, 나중에 세 번까지 무언無言으로 청구하더라도 더 이상 청구해서는 안 된다는 것이다. 이 계에 의해 비구는 금전을 받지 않지만, 비구 대신에 집사인이 받아서 옷을 구입하여 비구에게 취득하게 하는 방법이 나타나 있다. 경분별에서는 같은 사타법 제18(『오분율』만 제30) 「축전보계」蓄錢寶戒에 대해서 금전

11) 각 율장 모두 사타 측 니살기바일제 제10에 둔다.

의 정법淨法을 기록하는데, 지금의 집사인이 옷을 조달하는 것의 원형이 불교의 일종의 정법淨法이라 생각된다.

히라카와平川의 『율장의 연구』(734쪽)에는 이외에 바라제목차 중에 포함되는 정법淨法으로서 바일제 제35(『승기』는 33) 「족식계足食戒」와 그것에 이어서 「권족식계」勸足食戒에 있는 잔식법殘食法을 들고 있다. 비구는 하루 1회식이다. 「족식계」는 식사足食가 끝났다면 잔식殘食 이외의 음식을 먹어서는 안 된다는 것이고, 「권족식계」는 식사한 비구에게 잔식이 아닌 음식을 권하여 비구가 계를 파하게 해서는 안 된다는 것이다. 잔식殘食이란 비구가 먹고 남겨서, 이를 잔식殘食이라고 하여 타인에게 주는 음식이다. 비구가 청식을 받아도 항상 풍부한 음식을 받는다고는 할 수 없고, 또 비구는 1일 1회식을 정오까지 먹고 비시非時에 먹지 않는 것이므로, 히라카와平川가 말하듯이 1회식으로 만복滿腹하지 않고 자리에서 일어설 경우는 고통스럽게 된다. 이런 경우에 대한 것으로서 바일제 제34 「식과수식계食過受食戒」와 같은 것이 있고, 재가在家에서 떡餠 · 보릿가루麨 등을 비구에게 자유롭게 취하게 할 때, 그 얻은 것을 가지고 돌아와서 다른 비구에게 분배해야 한다고 설하고 있는데, 이럴 때 이 계는 재가로부터 부당하게 많이 취득하는 것을 금하는 것이다. 그리고 한 번 족식한 이가 다시 어떠한 방법으로 음식을 얻었을 때는 잔식법이 편리하다. 그 얻은 음식을 다른 비구에 의해 잔식이라 선언하고 받아서 먹는 것이다. 다른 비구는 제시된 음식을 손으로 집든가 소량을 형식적으로 먹고, 이것은 잔식이라고 선언하는 것이다. 잔식으로 선언된 음식이라면 족식자는 이를 먹을 수 있다. 그러나 이것은 경분별 해석이다.[12] 경분별 전의 비구계의 원시적 의미는 정말로 어떤 비구가 먹고 남긴 것을, 잔식임을 확인하고 다른 비구가 받아서 먹은 것으로 생각되는데, 이것이 하루 한 끼의 출가계를 실질적으로 느슨하게 하기 위해 이용된 것으로 보인다. 어쨌든 잔식법은 출가계에 대해 갖는 비구계의 정법淨法의 일종임에 틀림없다.

그런데 지금 본 바와 같은 정법淨法은 이미 출가 사회에서 암암리에 인정된 것을 불교가 받아들여 구체적으로 인정한 것으로 여기는 것이 온당한 생각이고, 불교에서 처음으로 고안한 것은 아닐 것이다. 그리고 다음에 보는 경분별의 입장은 이 비구계가 다룬 것을 불교적으로 확충한 것이라 해야 한다. 그러나 비구계가 이러한 정법淨法을 채택하여 만들어지고 있다는 점과, 위에서 언급한 제1 바라이에 사계捨戒의 한 구절이 추가되어 있는 것과 같은 등으로 미루어 비구계는 원칙적으로 엄격하게 하고, 암암리에 정법淨法적인 것을 인정하지 않으면 안 되는 출가계를 불교적으로 출가 생활의 실정에 맞도록 완화하여 실제로 행할 수 있는 것으로 하고 있음을 알 수 있다.

율장이 기록하는 불교 비구의 생활은 출가자가 행해야 할 생활보다도 느슨하게 하여 출가의 엄격함을 완화한 것이었다. 이는 뒤에 기술하듯이, 불교도 출가 생활의 원칙으로 하는 사의四依의 생활, 즉 옷은 분소의, 음식은 걸식, 주거는 나무 아래樹下, 약은 진기약陳棄藥이라는 생활을 해야 한다는 것을 입단할 즈음에 선언하고 있지만, 그것은 모두 형식적이고 실제로는 사의四依의 여득餘得으로 인정되는 시의施衣·청식請食·정사精舍·약식藥食으로 된 생활을 한 것이다.[13] 또「파승건도」

12) Vinayapiṭaka, vol. IV, p. 83. 남전대장경 제2권, 132쪽.
13) Mahāvagga, I, 30, 4. 남전대장경 제3권 102쪽 참조.

는 데바닷따의 교단 분파 독립의 이유를 데바가 제출한 출가의 원칙적인 생활 복귀 주장이 수용되지 않았기 때문이라고 한다.[14] 데바의 주장은 사의四依의 생활에 극히 가까운 것이었다. 그러나 그것은 붓다로서는 받아들일 수 없는 엄격한 것이었다. 즉 출가의 원칙은 엄격하였으나 그것이 율장의 비구계, 경분별부, 그리고 건도부에 의해 불교화되고, 또한 불교적으로 완화되었다고 볼 수 있다.

더욱이 관점을 바꿔서, 비구계가 금율이고, 붓다의 친제親制라고 여겨지는 것(율장의 규칙 모두가 그렇지만)에 대해서 보면, 한번 붓다가 제정한 것은 그 개변改變이나 폐기는 허용되지 않는다. 그리고 새로 생긴 특수한 것에 필요한 금율禁律은 붓다의 이름으로 더하거나(加上), 또 이미 제정된 계로서 불필요하게 되거나, 또는 행하기 어렵게 된 것은 사용하지 않는 채로 보존되는 것이다. 그리고 이것이 율장 중에 신 · 구新舊의 계나 규정을 병존시키고, 승가 생활의 변천을 기록적으로 반영하게 된다.

또 비구계가 금율인 것과 붓다의 친제親制로 여겨지는 것은, 출가계에 대한 비구계의 원래 의미를 바꾸어 놓았다. 즉 비구계는 원칙적인 출가계를 준수하기 위해 이에 반하는 특수한 행위를 금하는 것으로, 말하자면 출가계 호지를 목적으로 하는 수단이었는데, 그 비구계를, 예를 들어 경분별에서 취급하게 되면 그 수단이 목적화된 것이다. 출가계는 붓다의 설도 아니고 금율도 아니지만, 비구계는 붓다 친제의 금율이다. 비구로서는, 비구계의 금벌에 저촉되지 않도록 노력하는 것이, 비구로서의 전부가 되었다. 이 표면상의 원칙에서라면 비구

14) Cullavagga, VII, 3-4. 남전대장경 제4권 289쪽 이하, 본서 935쪽 이하 참조.

계야말로 목적이었고, 이전에 비구계를 있게 한 출가계는 잊혀지게 된 것이다. 위에서 언급한 바라이 제1 불음계의 「계에 미약함을 사계捨戒하지 않고」라는 구절과 같이, 이 한 구절을 덧붙인 것은, 일시적인 사계捨戒에 의해 실질적으로 금지된 행위를 그렇게 형식적으로 불범不犯이 되게 하려는 것이며, 이는 명백히 출가기욕出家棄欲이라는 출가계의 목적은 잊어버리고, 비구계의 금율에 저촉되지 않는 것이 목적화되어 있음을 부인할 수 없어 보인다. 그리고 이 형식적으로 금계에 저촉되지 않고 실질적으로 이를 행하는 방법은, 그 비구계가 만들어진 목적을 부정해 버리는 것이 되지만, 이윽고 이것이 경분별이나 건도부에서 이른바 정법淨法이라는 방법으로 수없이 발생하여, 비구계를 실질적으로는 부정하고 형식적으로 유지하는 의미가 되었다. 이미 비구계 중에 출가계에 대한 원시적인 정법淨法이 있음은 이미 기술했다. 경분별에서는 예를 들어, 금전 없이 살 수 있던 시대의 출가 행법을 지키기 위해, 「불수금전不受金錢의 비구계」(사타 제18계)가 만들어졌으나, 금전을 필요로 하는 시대가 되자 경분별은 정어정인淨語淨人에 의해 금전을 수축受蓄하는 정법淨法을 설정했다.[15] 이 정법淨法의 상세한 내용은 뒤에 기술하겠지만, 여기에서는 비구계가 붓다의 친제親制이면서 금계인 것이, 경분별이 그 호지를 목적화해서 정법淨法이 많이 발생하는 원인이 되었다.

15) 제8장 · 3項, 691쪽 참조.

4. 경분별과 비구계

바라제목차, 즉 비구계가 먼저 있고, 이를 경sutta으로서 분별 해석하여 성립한 것이 경분별부Sutta-vibhaṅga이다. 그리고 경분별부가 비구계의 의미를 밝히는 것임은 두말할 것도 없지만, 그러나 비구계와 경분별 사이에도 그것을 행해야 할 비구계와 그것을 행하는 입장의 차이가 있다.

앞에 기술한 바와 같이, 출가자 일반의 출가계에 대하여 비구계는 출가계를 수행하는 입장인 비구의 계戒라는 의미를 지니고 있었다. 출가계를 이상 또는 당위의 계라고 한다면, 비구계는 그것에 반해 구체적 또는 실제의 계라고 해야 할 것이다. 예를 들어, 출가계는 출가자에게 절대불음계絶對不婬戒를 요구한다(예를 들어, 受具羯磨를 한 직후에 說教하는 四不應作의 제1 不應作은 絶對不婬이다.)고 볼 수 있는데,[1] 이것이 비구계에서는 이미 언급한 것처럼, 일시적 사계捨戒에 의해 면할 수 있음을 인정하여, 실제로 구체화 되어 있다. 실상에 맞도록 느슨해져 있다고 해도 좋다. 이러한 관계를 비구계와 이를 분별 · 해석하는 경분별부 사이에서도 볼 수 있는 것이다. 지금 비구계 중에서 부정不定 aniyata 죄를 거론해 보

1) Mahāvagga, I, 78, 1. 남전대장경 제3권, 164쪽. 제3장 · 3항 224쪽 참조.

면, 여기에는 「병처부정」과 「노처부정」의 두 가지 계가 있는데, 전자와 후자는 단지 노처와 병처의 차이뿐이므로, 경분별도 후자의 해석을 거의 생략하고 있다.[2] 병처부정이란 그 곳에서 무엇을 하고 있어도 밖에서 보이지 않는 장소가 병처이고, 그런 곳에서 비구가 여성과 둘이서 앉아 있는 것을, 신심 있고 믿을 만한 여성신자, 즉 가신可信우바이가 발견하여 이를 고발한 경우를 말한다. 이러한 경우 그 가신우바이가 그 비구를 바라이죄를 행했다고 하거나, 혹은 승잔죄나 바일제를 행했다고 하여 고발하는 것인데, 비구가 거기에 여성과 앉아 있었음을 인정한다면, 그 비구는 가신可信우바이가 말하는 바에 따라 처분되는 것이다. 그런데 이 처분이 바라이로 되는가, 승잔이 되는가, 혹은 바일제가 되는가에 따라 처분받는 비구로서는 큰 문제가 될 수 밖에 없다. 첫째 바라이죄는 지금의 경우는 제1 음계를 범한 것이 되는데, 이는 극중죄이고, 이 죄로 인정되면 비구가 아니게 되고, 재출가도 인정되지 않게 된다. 또 둘째의 승잔죄는 「마촉여인계」摩觸女人戒(승잔 제2)나 「여여인추어계」與女人麤語戒(승잔 제3)나 혹은 「향여인탄신색공계」向女人歎身索供戒(승잔 제4)를 범하는 것이 되는데 이들을 범한 경우도 중죄重罪이고 6일간 별주別住 후에 20인 이상의 승가에서 출죄를 인정받아야 한다. 20인의 비구를 집합하여 현전승가를 결성하는 것은 평소에는 대단히 힘들므로, 처분을 받아도 출죄가 곤란한 중죄를 받게 되는 것이다. 세 번째의 바일제는 이는 「병처여여인좌계」屛處與女人坐戒(『빠알리율』바일제 제44)에 상당하는데, 이 죄라면 별중別衆, 즉 반드시 4인 이상의 승가가 아니라, 3명 또는 그 이하의 비구라도 좋으므로, 그에 대하여 참회하면 출죄할

2) Vinayapiṭaka, Vol. III, pp. 187-194. 남전대장경 제1권, 316-328쪽.

수 있다. 따라서 가신可信우바이의 고발 여하에 따라 전적으로 중대한 결과가 되는 것이며, 이에 피고비구의 발언에 어느 정도 힘을 실어주고 있는지가 실천상의 관심사이다. 지금 병처부정에 대해 계학처를 들어보면 다음과 같다.

> 믿을 만한 우바이優婆夷가 보고 세 가지 법을 낱낱이 설명하되, 바라이나 승가바시사나 바일제라 하고, 만일 비구도 그 우바이가 말한 것과 같다고 하면 그 세 가지 법 가운데 말한 법에 따라 다스려야 한다.[3]

> 믿음에 머무는 우바이가 세 가지 법 가운데서 낱낱이 법을 설명하되 바라이와 승가바시사와 바일제라 하고, 이 앉은 비구도 말하기를 내가 그 죄를 범했다 하면 세 가지 법 가운데서 바라이, 승가바시사이며, 바일제를 낱낱이 다스리되 믿음에 머무는 우바이의 말에 의하여 법대로 이 비구를 다스릴지니라.[4]

> 신심 있는 우바이가 세 가지 법 가운데 하나하나의 법을 들어서 혹은 바라이다, 승가바시사다, 바일제다라고 말한다. 비구가 스스로 말하기를 "내가 이러한 곳에 앉았다."고 하면 이 세 가지 법 가운데 하나하나 법답게 다스려야 하니, 바라이와 승

3) 『오분율』제4권, 대정22권, 22쪽-23 a. "可信優波夷見三法中一一法說. 若波羅夷若僧伽婆尸沙若波逸提. 若比丘言如優波夷所說. 應三法中隨所說法治."

4) 『사분율』제5권, 대정22권, 600쪽 c. "有住信優波私於三法中一一法說. 若波羅夷若僧伽婆尸沙若波夜提. 是坐比丘自言我犯是罪於三法中. 應一一法治. 若波羅夷若僧伽婆尸沙若波夜提. 如住信優婆私所說. 應如法治是比丘."

가바시사와 바야제이다. 마땅히 신심 있는 우바이가 말한 것을 따라 저 비구를 법답게 다스려야 한다.[5]

믿을 만한 우바이가 이 사실을 말한다면, 그 비구는 바라이나 승가바시사나 바야제 이 세 가지 법 중 하나하나에 저촉된다. 그 비구가 '나는 그런 곳에 앉아 있었다'고 자백하면 말하는 바에 따라 바라이나 승가바시사나 바야제 세 가지 중 상당되는 죄로 다스리며, 믿을 만한 우바이가 말한 바에 따라 법으로 다스린다.[6]

만약 비구가 여인과 혼자서 비밀스럽게 음행을 할 수 있는 병처에 앉았을 때 가신우바이가 이를 발견하고 세 가지 법 가운데 무엇인가를 말하기를, 혹은 바라이, 혹은 승잔, 혹은 바일제라 하고, 비구도 같이 앉은 것을 인정하면 [그 말하는 바에 따라서] 세 가지 법 가운데 어느 것에 의해 처분을 받아야 한다. 혹은 바라이, 혹은 승잔, 혹은 바일제에 의해서, 혹은 또 가신우바이의 말하는 바에 의해 그 비구는 처분받아야 한다. 이것이 부정이다.」 - 『빠알리율』, 남전대장경 제1권[7]

5) 『마하승기율』 제7권, 대정22권, 290 b. "有住信優波私於三法中一一法說. 若波羅夷若僧伽婆尸沙若波夜提. 是坐比丘自言我犯是罪於三法中. 應一一法治. 若波羅夷若僧伽婆尸沙若波夜提. 如住信優婆私所說. 應如法治是比丘.

6) 『십송율』 제4권, 대정23권, 28쪽 c. "若可信優卷夷說. 是比丘三法中一一法若波羅夷若僧伽婆尸沙若波夜提. 若是比丘自言我坐是處. 應三法中隨所說治. 若波羅夷若僧伽婆尸沙若波夜提. 若隨可信優波夷所說法治.

7) 주(2)와 동일.

한역은 그 읽어내려가는 방식도 문제가 된다고 생각하여, 한역문 그대로를 인용한 것이고, 『빠알리율』은 남전대장경의 역문을 읽은 것이다. 이렇게 열거해 보면, 『오분율』과 『사분율』과 『마하승기율』이 믿을 만한 우바이의 고발을 무겁게 보고, 비구가 이를 인정하고, 우바이의 고발에 따라서 처분하는 것으로 읽힌다. 그러나 『십송율』이 되면 마지막 문장이 비구의 고백을 따를 것인가, 아니면 믿을 만한 우바이의 말을 따를 것인가, 어느 한 가지에 따라 처분을 한다고 하여 비구의 고백에 중점을 두고 있다. 그리고 『빠알리율』도 이 『십송율』과 같이 되어 있다. 이처럼 계학처의 문장 자체에 이미 의미의 차이가 인정되는데, 아마 지금 여기 열거한 순서대로, 즉 믿을 만한 우바이의 고발을 중시하는 것이, 즉 『오분율』이 가장 원형에 가깝다고 볼 수 있다. 부정不定이라는 의미에 대해서는, 예를 들어, 중국의 정빈定賓은 『사분비구계본소』 하下에서[8] 조죄造罪의 유서처由緖處인 병처屛處와 여인과 함께 앉아 있었던 일 및 믿을 만한[住信]우바이의 거죄擧罪, 이 세 가지에 대해서 부정不定의 의미라고 해석하는데, 이는 『사분율』의 경분별에 의한 설명[立說]이다. 그래서 부정임을 결정하여 단죄 조치하게 되는데, 그것은 비구의 고백에 의한 것이 아니다. 승가로서는 쟁사가 되는 것 외에는 재판할 기관이 없으며, 비구의 고백과 믿을 만한[住信] 우바이의 고발을 종합 판단하여 판결하는 사람도 기관도 존재하지 않는 것이다. 또한 비구계는 모두 고백에 의하는 것이다. 바라제목차의 송출에는 첫머리[開口]의 서문에나 각 절의 마지막에도 드러낼[發露] 것을 요구하는데, 원래 비구계는 비구가 자신을 청정하게 하려고 자기 스스로 승가

8) 『사분비구계본소』 하, 대정40권, 475쪽 b.

든 별중이든 구하여 거기에 고백하며 자신을 청정하게 하고, 비구의 자격을 결여하지 않도록 하는 것이고, 자신이 고백하지 않고는 처분은 성립되지 않는 것이다.

그래서 먼저 『오분율』을 살펴보자. 계학처의 글만으로는 「만약 비구가 우바이가 말한 것과 같다고 하면 세 가지 법 가운데 말한 것의 법에 따라 다스려야 한다.」고 하고 있으므로, 우바이의 고발이 전적으로 지배적이다. 『사분율』은 비구가 스스로 말하면 「마땅히 하나하나의 법에 따라서 다스려야 한다.」라고 하고, 다시 이를 보충하여 「믿을 만한 우바이[住信優婆私]가 말한 것과 같이 마땅히 여법하게 이 비구를 다스려야 한다.」라고 하여, 비구의 고백이 우바이의 고발을 인정하는 고백이 되어야 함을 알리고 있다. 그러나 이 「믿을 만한 우바이가 말한 것」[住信優婆私所說] 위에 「혹은」이라는 한마디가 있으면, 의미가 크게 달라져, 『십송율』의 경우처럼 비구의 고백이나 아니면 우바이[優婆私]의 말[所說]에 따른다고 볼 수 있는데, 「만약若」이란 한 글자가 탈락했다고 보는 것은 무리인듯하다. 그리고 다음 『마하승기율』도 지금의 『사분율』과 문장 구성이 거의 바뀌지 않기 때문에 이것도 마찬가지로 해석해야 한다.

『십송율』의 경우는 위에서 언급한 것과 같이, 만약 이 비구가 이 장소에 앉아 있었다고 스스로 말하면 그것에 근거하여, 혹은 믿을 만한 우바이가 하는 말의 법에 따라서 다스려야 한다는 것이다. 즉, 위의 『사분율』에서 기술했을 때 「혹은」이라는 한마디가 있으면 의미가 크게 바뀐다고 하였는데, 『십송율』에는 그 「혹은」이라는 한 글자가 있다. 아마 시대의 경과와 함께 솔직하게 고백하지 않는 비구가 있게 되고, 고백하지 않을 경우는 우바이의 소설을 따르기로 하여「혹은」에 상당하는 한마디가 추가되었을 것으로 보아야 할 것이다. 그리고『빠알리율』은『십송율』과 같은 문장 구성과 내용이다. 그래서 이 계학처 자체의 상이함과 이를 해석하는 각 율의 경분별 기록을 맞추어 보면 피고 비구에게 엄격한 원형적인 입장에서, 피고 비구에게 전적으로 유리한 입장으로 계의 의미가 변화되어 오고 있음을 알 수 있다.

경분별부를 보면『사분율』의 경우는, 이 범죄를 피고 비구의 취향처趣向處와 소도처所到處와 좌와坐臥와 작作으로 나누고, 이 네 가지를 긍정 고백했을 경우는 비구의 자언自言에 따라 처분하고, 만약 이 중의 하나라도 부정했을 경우는「우바이優婆私의 말所說과 같이 다스려야 한다.」라고 하고 있다. 이는 전적으로 고발자에 중점을 두는 것이지만, 그러나 비구가 범죄를 인정하고 자언自言했을 때는 이에 따르는 것이므로, 고발자가 바라이라고 하더라도 비구가 승잔에 상당하는 일을 행했다고 자언自言했을 때는 승잔죄에 처해도 될 것으로 생각된다.[9] 아마도 이『사분율』의 해석은 계학처의 원의에 가장 가까운 해석이라 생각된다. 이에 반해『오분율』은 비구의 고백이 진실과 다른 예도 있었던 후의 일이던가, 혹은 그 일을 고려한 것이다. 범죄비구가 고발을 부인을 경우에는, 상좌 · 하좌의 비구는 절어切語하여「그대는 진실을 말해야 한다. 망어하지 말라. 우바이가 말하는 것과 같으냐 그렇지 않으냐」라고 다그쳐서, 만약「우바이의 말과 같다.」라고 하면 처분하도록 적고 있다.『오분율』은 계학처도 엄하지만, 경분별도 엄격하고, 우바이의 고발을 중대시하여, 이를 인정하게 하려 한다.[10] 이에 반하여『십

9)『사분율』제5권, 대정22권, 600쪽 c-601쪽 a.

송율』의 경분별 어구는 고발에 중점을 두지만, 이를 마주하는 비구도 강한 반발력을 가지고 있다. 즉 피고 비구가 고발을 부정하면 경분별은, 다른 비구는 「우바이의 말에 따라서 마땅히 잘 급문急問해야 한다.」라고 하고, 피고의 부인否認에 대해 『오분율』에 못지않게, 심한 추구를 해야 한다는 것을 적고 있다. 그러나 그 급문急問을 받고 피고 비구가 병처에 있었던 일과 그곳에서 행한 일을 어느 한 가지 또는 두 가지 모두를 인정하면 그 비구의 고백에 근거하여 처분하기로 한다. 또 이 두 가지를 부인한 경우에는, 「믿을 만한 우바이의 말에 따라서 마땅히 이 비구에게 실멱법實覓法을 행해야 한다.」라고 하였다.[11] 이는 피고가 고발을 인정하지 않는 경우는, 우바이의 고발로 단죄해야 하겠지만, 피고는 이미 부인하고 있어서, 승가로서는 처분할 방법이 없으므로, 이를 「실멱법tassapāpiyyasikādhamma갈마」에 처한다는 것이다. 승가가 아무리 죄를 판정해도 당사자가 인정하여 고백출죄를 인정하지 않는 한 승가에는 조치할 방법이 없다. 실멱법實覓法은 멱죄상법覓罪相法이라고도 하며, 7멸쟁법七滅諍法의 하나이다.[12] 피고의 고백이 사실과 일치하지 않는 경우 실어實語를 얻을 때까지, 승가의 결정에 따라 포살 등에 참가하지 못하게 하는 처치법이다. 이에 따라 비구가 고발을 전면 부인하더라도 승가는 우바이의 고발에 신뢰信를 두고, 어디까지나 비구의 고백자언을 요구하고 있는 것으로 알 수 있다. 그리고 『마하승기율』도 『십송율』과 똑같아서, 만약 비구가 「사(事:범죄사실)를 모른다. 좌(坐:그 장소

10) 『오분율』제4권, 대정22권, 23쪽 a.
11) 『십송율』제4권, 대정23권, 28쪽 c-29쪽 a.
12) 멱죄상법(실멱법)은 제5장 5항 387쪽 참조.

에 있었던 일)를 모른다.」라고 부정했을 때는 「마땅히 우바이가 말한 것과 같이해야 하고, 마땅히 멱죄상갈마를 하여 다스려야 한다.」라고 하고 있다. 물론 멱죄상갈마는 『십송율』의 실멱법에 상당한다.[13] 즉 『십송율』도 『마하승기율』도 모두 고백하지 않는 비구에게 고백하게 하는 갈마, 즉 승가의 결정을 하는 것을 적고 있지만, 이는 부정법이 생긴 초기의 것은 아니라고 생각된다. 피고로서는 자신의 부인否認이 인정되지 않을 때에는, 고발을 인정하며 복죄服罪하고 출죄出罪를 요구했다고 생각되기 때문이다. 또한 그 계가 생겼을 때는 비구들도 순신純信하여 그런 일이 가능할 것을 예상하여 이 부정법은 이루어졌다고 생각한다.

마지막으로 『빠알리율』인데, 이것은 전적으로 피고 비구의 편에 서 있다. 이 율에서는, 사건을 도처到處:장소와 좌坐와 죄罪로 나누어서, 피고 비구를 추궁하고 있다. 그때 피고가 (1)도到와 좌坐와 죄罪를 인정한 경우 (2)또는 도到와 죄罪를 인정한 경우 (3)또는 좌坐와 죄罪를 인정한 경우 (4)또는 죄罪만을 인정한 경우의 네 가지 경우는 죄에 따라 처분하고 (5)도到와 좌坐를 인정한 경우 (6)좌坐만을 인정한 경우 등 두 가지 경우는 좌坐에 따라서 처분을 (7)도到만을 인정한 경우나 (8)좌坐만을 인정한 경우나 (9)도 · 좌 · 죄到坐罪 모두를 부인한 때는 모두 처분해서는 안 된다고 하고 있다[14] 이처럼 전적으로 비구의 편을 들어, 믿을 만한 우바이의 고발을 무력화하는 데 노력하고 있다. 더구나 그 믿을 만한 우바이의 가신可信saddheyya에 대해 「증과證果에 도달하고, 정견正見을 얻고, 교법敎法을 이해하는 자」라는 조건을 붙이고 있다. 이러한 자격이 있는

13) 『마하승기율』제7권, 대정22권, 290쪽 c.
14) 주(2)와 동일, 남전대장경 제1권, 322쪽.

우바이가 드물게는 있었다고 하더라도 보통은 없었을 것이다. 이 점에서도 『빠알리율』은 신자들의 고발을 무력화하고 비구의 자언自言을 존중하고 있다.

이상 『십송율』과 『마하승기율』은 비구가 고백을 수긍하지 않는 경우를, 율장 법규에 따라 합리화하기 위해, 멱죄상법覓罪相法인 일종의 재판법에 따른 멸쟁법에 따를 것을 들고 나왔으나, 이는 관념적 합리화라고 여겨지고 실제로는 행해지고 있지 않았던 것 같다. 『사분율』과 『오분율』은 가장 원의에 가깝지만, 역사적인 경과에 따라, 예를 들어, 민주적으로, 명확한 분열을 처단하지 않는 분파라고 보는 율장 중에서, 그대로 실행되었다고는 생각되지 않다. 실제로 행하는 비구 측에서 있고, 비구의 주장을 전면적으로 지지하는 『빠알리율』이 가장 실제적이다. 이는 『빠알리율』이 실제로 행해지고 있었기 때문이라고도 생각할 수 있다.

이상 계학처 자체에 대해서도 각 율 중에 차이가 있었지만, 실행하는 측면에서도 수정이 있어서 『사분율』·『오분율』·『승기율』의 「수행해야 할」형에서, 『십송율』·『빠알리율』의 「수행하는」형으로 완화화가 있었다고 볼 수 있다. 그것이 다시 경분별에서, 수행하는 비구 측에 서서 보다 완화되어 가장 실제적으로 이루어진 것이 『빠알리율』이었다. 『사분율』·『오분율』의 두 율의 경분별은, 계학처를 비구의 고백이나 그렇지 않으면 우바이의 고백에 따른다고 하고 있으나, 이는 계학처의 내용을 그와 같이 해석하여 실제로 적용할 수 있도록 하고 있다. 이 계학처의 처음 뜻은 믿을 만한 우바이의 고발로 처분하기로 한 것인데, 비구의 고백과 자발적 복죄 없이는 승가로서 처분할 수 없는 것이 벽이 되자, 자백에 근거하여 고발된 비구를 처분을 하는 계학처의 문장이 되었는데, 이를 해석하여 고발에 긍정적인 비구의 고백과, 그렇지 않으면 고발에 의한 처분이라는 양자택일적 해석을 한 것이 『사분』·『오분』 양율의 경분별이다. 『십송』과 『승기』의 두 율은 다시 무자백無自白의 비구가 고발의 단죄에 따를 리가 없다고 생각하여, 그 비구를 멱죄상법에 거는 것을 생각해 낸 것으로 보인다. 그러나 이는 과연 부정법이 실제로 행해지고 있었는지는 의심스럽게 한다. 실제 행해지고 있는 경우에는 비구 쪽으로 느슨해져 가야 하며, 30사타의 금전金錢이나 옷의 정법淨法이 이를 잘 나타내고 있다. 부정법의 경우, 『빠알리율』의 경분별은 비구계가 엄중히 행해지고 있었기 때문에, 그것을 엄중하게 지킬 수 있도록 경분별이 분별 해석했다고 생각된다. 그리고 비구계의 계학처가 먼저 있고 경분별이 생겼다고 한다면, 경분별의 성립 의의에는 비구계를 행할 수 있도록 해석하는 일이 있었다고 생각된다.

위에서 언급한 부정법보다도 강하게 비구계와 경분별의 관계를 나타내는 것으로 사타법의 「장의계長衣戒」가 있다. 이는 경분별에 의해 비구계가 의미를 부여하고, 이를 바탕으로 이윽고 비구계를 무의미화하였다고 생각될 정도의 정법淨法을 성립시킨 것이다. 사타법 제1 「장의계長衣戒」는 이미 말한 것이지만 지금 다시 한번 보면, 이 계학처의 문장도, 그에 대한 경분별도 각 율 모두 대체로 일치하므로 지금은 『빠알리율』에 따라 보기로 한다. 계학처의 계문戒文은 남전대장경의 역문을 이용하면 다음과 같이 설해진다.

「비구 옷比丘衣이 이미 끝나고, 가치나의를 버리고 나서는 10일에 한하여 장의長衣를 보유할 수 있고, 만약 그것을 초과하면 니살기바일제이다.」[15]

이는 삼의를 갖추는 기간이 끝나고, 특별히 의시연장(衣時延長:4개월)의 특전이 있는 가치나의도 버린 비구는, 즉 평상시에 비구는 삼의 이상 여분의 옷을 10일 이상 소지하면 사타죄가 된다는 것이다. 「이 10일에 한하여」는 비구계가 출가계를 불교적으로 완화한 것으로 보인다고 앞서 기술했다. 그런데 이 계의 근본은, 비구는 삼의만 있으면 된다는 원칙이므로[16] 내의內衣antaravāsaka와 상의上衣uttarāsaṅga와 외의外衣saṅghāti를 한 벌씩 가지면 그 밖의 옷이나 의료衣料는 모두 장의長衣atirekacīvara, 즉 여분의 옷이다. 경분별 해설에서는 이 계는 처음에는 많은 옷을 가진 비구를 훈계하여 삼의 이외의 소지를 금하였는데, 여기에 「10일에 한하여」라는 조건이 붙여진 것은, 아난다가 대략 10일 뒤에 돌아올 사리불에게 줄 옷을 보관하고 있었기 때문이라고 한다.[17] 그래서 경분별이 이러한 인연담을 여기에 가지고 나오는 것이 사실에 가까운 전승 때문에 행해졌다 하더라도, 여기에서의 효과는 소지所持에는 소유와 보관 두 가지 의미가 있고, 후자는 원래 소유욕에 의한 것이 아니라, 타인을 위해 이를 보관하는 것이므로, 소유욕을 금벌하는 이 계의 대상에서 제외되는 것이 마땅함을 암시하고 있다. 그리고 이 암시는 이윽

15) 남전대장경 제1권, 330쪽의 역문에 따른다.
16) Mahāvagga, VIII, 13, 1-7. 남전대장경 제3권, 502-505쪽.
17) Vinayapiṭaka, Vol. III, p. 195. 남전대장경 제1권, 330쪽.

고 설정說淨하여 타인의 옷을 보관하는 형식으로 자기의 옷을 다수 보유하는 방식으로 전용함으로써 생기는 것이다. 앞에서 기술한 것처럼, 설정說淨하면 「대면정시」와 「전전정시」라 하는데, 전자는 옛 비구계도 이를 아는 것이지만, 이는 대인對人이 시주에게 환의還衣하지 않는 일도 있을 수 있으므로[18] 경분별은 대인對人을 사이에 세워 제3자에게 정시淨施하고, 제3자의 것을 보관한다고 하면서 자신이 소유하는 전전정시를 설정했다고 볼 수 있다. 이는 처음에 보관 형식을 역용逆用한 정법淨法의 설정으로 보아야 한다. 그러나 그것은 비구 생활의 실상이 그것을 필요로 했기 때문이다.

비구계로서의 「장의계」는 장의를 부정하고 단지 삼의만으로 출가생활을 유지시키기 위해 결계되었다. 그러나 경분별은 벌써 이 비구계 그대로는 비구생활에 실행하기 어려움을 알고, 정법淨法에 따라 장의長衣 금지를 부정하여 장의를 소유하게 된 것이다. 그러나 『사분율』과 『마하승기율』과 『빠알리율』 세 율의 경분별은 정시淨施를 게을리하여 이 계를 언급한다. 그 행법에 따라 장의를 승가에 버리고 참회한 경우에도, 그 자리에서 그 사의捨衣를 사비구捨比丘에게 환의還衣한다고 하였다.[19] 명기하지 않지만 다른 율도 마찬가지이다. 사비구捨比丘는 정시淨施하고 환의還衣를 받아 소지하는 것이고, 이렇게 되면 이미 불법 소지물을 버리고 참회 출죄하는 사타법의 의미도 사실상 상실한 셈이

18) 『빠알리율』 바일제 제59계는 정시로서 받은 옷을 정주가 돌려주지 않는데 착용해서는 안 된다고 하는 계이고, 이는 대면정시 결과 생긴 사건으로 보인다. 남전대장경 제2권 192쪽 참조.

19) 『사분율』제6권, 대정22권, 602쪽 c. 『마하승기율』제8권, 대정22권, 293쪽 c. 『빠알리율』 남전대장경 제1권, 331쪽(Vinaya-piṭaka, Vol. III, p. 197).

다. 그리고 이 경우는 「장의계」에만 한한 것이 아니라 사타법 중에서 금전과 장발長鉢의 경우에는 특별한 사법捨法을 정하고 있어 사물捨物이 반드시 사주捨主에게 돌아가지는 않지만, 그 밖의 옷 등의 사물捨物은 모두 참회가 끝나면 승가에서 버린 당사자에게 되돌려 주도록 되어 있다. 즉 사타법은 불법 소지물을 승가에 내놓으므로써, 다른 계와 달리 「사타」라 하는 금벌禁罰의 의미가 있었지만, 경분별은 그 사捨의 의미를 사타법 30계 대부분에 대해서 실질적으로 무효화하고 있는 것으로, 다른 율도 명문明文 여하에 관계없이 대략 이 세 율과 동일하게 취급하였다고 생각된다.

정법淨法에 대해서는 따로 기술하겠지만, 지금 사타법의 예에 의해서도 비구계를 해석하는 경분별은 비구계를 만든 의미를, 실정이나 비구의 요청에 따라서 변경하고 있음을 알 수 있다.

현존 한역과 빠알리의 제부 율장에 공통된 원형, 혹은 공통된 자료의 성립은 이미 기술한 바와 같이, 일단 붓다 입멸 후 100년까지로 생각되지만, 이 원형적인 것 중에 이미 위에서 언급한 바와 같은 변이變異가 있어 정법淨法이 있는 것이다. 그리고 위에서 비구계가 개별적인 특수한 행위의 금율이라는 것을 밝혔는데, 이는 불교승가에서 그와 같이 금지하지 않으면 안 되는 행위가 실제로 있었음을 의미한다. 동시에 행하는 것이 있기 때문에 금하는 행위 중에는 머지 않아 그대로 인정해야 하는 것들도 많다. 즉 금율은 이윽고 사실상 무효가 되거나, 혹은 몇몇 비구계는 실질적으로 그것을 어기는 정법淨法이 성립되어 가게 된다.

5. 건도부와 비구계

비구계는 일반적이고 원칙적인 출가계에 대해 특별한 비구의 행위를 단속함으로써 성립된 것이며, 율장 건도부의 중심적인 규칙들도 그런 의미에서 성립되었다고 볼 수 있다. 그러나 건도부의 경우 출가 일반의 생활법에서 살아가면서 점차 불교만의 독자적인 승가 생활을 이루어 나갔음을 알 수 있다. 예를 들어, 포살이나 안거도 출가사회 일반 생활법에 따랐는데, 포살의 집합은 이윽고 승가 결합의 상징으로서의 의미를 갖게 되고, 안거도 곧 특정 승가의 일정한 곳에 지주止住하는 요인이 되고,[1] 각각에 그 경향을 확충하도록 여러 가지 규정이 가산되어 가는 것이다. 따라서 건도부의 경우는, 경분별부가 비구계를 목적화하여 그 준수하는 형식을 유지하면서 실질적으로는 부정하거나 의미를 바꾸는 등으로 해석하여 의미를 부여한 것과는 달리, 출가자 사회에 불교 독자적인 승가 생활을 구축하고자 불교적 생활을 점차 쌓아간 의미가 많다고 볼 수 있다.

『쭐라박가』의 「소사건도小事犍度Khuddakavatthukkandhaka」에는, 병항아리瓶壺나 표주박瓢壺을 가지고 걸식하는 것을 금하는 것은 「마치 외도와 같

1) 제7장 · 2 · (3) 553쪽 이하 참조.

다.」라는 비난에 응하는 것이고, 해골 발우髑髏鉢를 금하는 것도 외도 필사차Pisācillika와 구별하기 위한 것이라 한다.[2] 즉 외도와는 다른 불교 독자적인 모습을 만들고자 하는 것이다. 옷에 대해서도 삼의로 한정하고 재단 방법을 5조 · 7조 · 9조 등으로 하는 것도[3] 출가자로서의 옷 모양을 잃지 않기 위함이지만, 불교 독자적인 방식의 정비이다. 그리고 「의衣건도」는 불교 비구의 의생활을 정돈하기 위해 우욕의雨浴衣 · 깔개[敷布] · 복창의覆瘡衣 · 식면건拭面巾 등을 사용하는 것을 정하고 있다.[4] 비구계에는 우욕의와 복창의의 정량定量을 정하여, 이를 초과하는 것을 금하는 계가 있는데,[5] 이와 대비하면 비구계가 특수한 것만을 규정하고, 나머지는 출가 일반의 규정에 의한다고 하는 것과는 달리, 건도부는 불교적인 규정으로 옷과 그 부속품의 형태까지 완전하게 하고자 하고 있다. 옷의 재료[衣糧]에 대해서도 외도와 같은 나체裸形를 금하고, 또 외도가 사용하는 구사초의拘赊草衣 · 인발철바라의人髮鐵婆羅衣 · 마미철바라의馬尾鐵婆羅衣 · 각치시의角鵄翅衣 · 녹피의鹿皮衣 · 아구초의阿拘草衣 · 수피의樹皮衣 등을 금하고, 더욱이 속인과 같은 진청색 · 진황색 · 진적색 · 진천색眞茜色 · 진흑색 · 진홍색 · 진낙엽색 등의 원색적인 옷을 금하고, 또 속인적인 모양이나 장식을 한 옷도 금하고 있다.[6] 이는 말할 것도 없이 비구의 옷이 분소의가 아니라, 『빠알리율』의 경우로 말하면, 추마芻麻 등 여섯 가지 의량衣糧을 사용하여,[7] 괴색으로 물들이고 재

2) Cullavagga, V, 10, 1-2. 남전대장경 제4권, 176-177쪽.
3) Mahāvagga, VIII, 12, 1-2 and 13, 1-5. 남전대장경 제3권, 501-505쪽.
4) Ibid., VIII, 15-18. 남전대장경 제3권, 506-515쪽.
5) 『빠알리율』로 말하면 바일제 87에 過量尼師壇戒, 바일제 90에 覆瘡衣過量戒, 바일제 91에 雨衣過量戒 등이 있다.
6) Mahāvagga, VIII, 28-29. 남전대장경 제3권, 531-533쪽.

단하여 만드는 시대의 비구생활을 반영하는 것인데, 여기에는 의량衣糧에서부터 염색법 · 만드는 법 · 이용법, 기타 옷에 관한 것이 모두 불교적으로 상세하게 되어 있어 불교적 출가의 의衣생활이 불교의 규정만으로 완전하게 정해져 있다. 그리고 이것은 단지 「의건도」뿐만 아니라, 자세하거나 자세하지 못한 차이는 있어도 제1 구족계를 받는 것에 관한 「대건도」 이하의 20건도 전부에 대해서도 말할 수 있다고 생각된다.

건도부의 모든 규정은 금벌을 목적으로 한 것이 아니고, 필요한 것을 정한 것으로 불교 승가의 생활이 잘 갖추어지고 또 시대 변천에 따라서 확충되어온 것이다. 예를 들어, 『마하박가』 제5 「피혁건도Cammakkhandhaka」 중에 비구가 사용하는 가죽 신발에 대한 규정이 있는데 모으면 15가지가 된다.

(1) 한 겹의 신발을 허락하지만 두 겹 또는 여러 겹의 신발은 신어서는 안 된다. (Mahāvagga, V. 1,) 30)
(2) 청, 황, 적, 천, 흑, 홍남색 테두리가 있는 신발을 신어서는 안 된다. (V. 2, 2.)
(3) 전부가 청, 적, 천, 흑, 홍남, 낙엽색인 신발을 신어서는 안 된다. (V. 2, 1.)
(4) 발꿈치까지 덮는 신발, 무릎까지 덮는 신발, 정강이까지 덮는 신발, 면으로 채운 신발, 자고새의 날개와 같은 신발, 양의 뿔로 첨단을 장식한 신발, 산양의 뿔로 첨단을 장식한 신발, 전갈

7) Ibid., 3. 1. 남전대장경 제3권, 492쪽.

의 꼬리로 꾸민 신발, 공작새 꼬리의 깃털로 엮은 신발, 알록달록한 신발 등을 신어서는 안 된다. (V. 2, 3.)

(5) 사자 가죽, 호랑이 가죽, 표범 가죽, 영양 가죽, 수달 가죽, 고양이 가죽, 다람쥐 가죽, 올빼미 가죽으로 장식한 신발을 신어서는 안 된다. (V. 2, 4.)

(6) 여러 겹으로 안창을 깐 헌 신발을 신는 것은 허용하지만, 새것은 신어서는 안 된다. (V. 3, 2.)

(7) 궤범사나 궤범사와 같은 자나 친교사나 친교사와 같은 자가 신발도 없이 경행하고 장로 수행승들도 신발 없이 경행할 때 신발을 신고 경행해서는 안 되며, 승원 안에서 신발을 신으면 안 된다. (V. 4, 3.)

(8) 발이 아프고, 발이 다치고, 발에 굳은살 병이 있는 자는 신발을 신는 것을 허용한다. (V, 5. 2.)

(9) 침상 혹은 의자에 오르고자 할 때는 신발을 신어도 된다. (V. 6, 1.)

(10) 밤에 포살당 · 집회장에 가고자 할 때는 승원 안에서 신발을 신고, 횃불 · 등불 · 지팡이를 지니는 것을 허용한다. (V. 6, 2.)

(11) 나무 신발을 신어서는 안 된다. (V. 6, 4.)

(12) 야자수나무잎(多羅葉) 신발을 신어서는 안 된다. (V. 7, 2.)

(13) 대나무잎 신을 신어서는 안 된다. (V. 7, 3.)

(14) 풀, 문자풀, 밥바자풀, 힌딸라풀, 까말라풀, 양모, 금, 은, 진주, 묘안석, 수정, 청동, 유리, 주석, 납, 구리의 신발을 신어서는 안 된다. (V. 8, 3.)

(15) 어떠한 신발도 전해 받으면 신어서는 안 된다. 고정되어 전용

할 수 없는 세 가지 신발, 대변용 신발, 소변용 신발, 세정용 신발을 허용한다. (V. 8. 3)

이는 출가자는 일반적으로 맨발이었으나 신발을 사용하기에 이른 순서를 밝힌 것인데, 「의건도」 해설에서는 존장으로서 재부財富가 풍부한 쏘나꼴리비싸Soṇa-Koḷivīsa 首樓那二十億가 비구가 되어서 경행하는데, 발이 부드러워서 발에 상처가 나니 환속할까 하고 고민한 것을 인연으로 (1)의 한 겹의 신발이 허락되었다고 한다.[8] (2)이하 (5)까지는 이 종류의 신발은 재가수욕자在家受欲者가 사용하는 것으로서 금지되어 있고, 그 밖의 것은 필요에 한해서 사용을 허락하고 있다. 이러한 방법으로 승가 생활의 실제에 입각하여 불교 입장에서 필요에 따라 더하고 확충되어 간 것이 건도부의 규정이다. 학자에 따라서는 이러한 규정의 반복은 법률학사法律學史의 입장에서 보면 인류가 금기taboo 禁忌로 규제되던 시대를 이은 시대의 원시적인 법률형태를 이루는 것으로, 율장은 그 전형이라고 할 수 있으나, 불교 승가의 성립사에서 보면 이러한 축적식 규정의 성립 경과는 그대로 출가 사회 속에 불교 독자적인 승가를 확립해 온 과정을 나타낸 것으로 보인다.

다음으로 건도부의 확충으로 비구계를 대체한 것이 있다. 즉 비구계가 금률로서 사용되지 않게 된 것인데, 그 예를 승잔법 가운데 생각할 수 있다. 승잔법은 극중죄인 바라이법 다음가는 중죄로, 바라이법은 범함과 동시에 추방되어 평생 비구로 복귀하는 것을 인정할 수 없는 것이므로, 참회하여 출죄를 인정받는 것으로는 승잔법이 최고 중

8) Ibid., V, 1, 1-30. 남전대장경 제3권, 317-328쪽.

죄重罪이다. 승잔법을 범한 자는, 죄를 범하고 복장覆藏하고 있었다면 먼저 그 복장한 일수日數 동안 별주別住 parivāsa해야 하고, 이어서 마나타 mānatha라 하는 6일간의 별주를 행한 뒤에, 20명 이상의 현전승가에 의해 출죄를 인정받는 것이다.[9] 물론 죄를 범하고 곧바로 고백하여 복장覆藏하지 않은 자는 마나타 6일간의 별주만으로 승가에 출죄를 청하게 된다. 그러나 이 승잔법의 복장에 의한 별주나 마나타의 별주도 현재 율장에서는 그 행법이 승잔법 안에 규정되어 있지 않으며, 율장에서는 건도부의『쭐라박가』제2「별주건도別住犍度 Pārivāsikakkhandhaka」에 규정되어 있는 엄중한 별주행법을 행하게 되어 있다. 또 같은『쭐라박가』제3「집건도集犍度 Samuccayakkhandhaka」에는 별주행자가 별주 중에 다시 승잔법을 범했을 경우의「본일치本日治」라는 취급법이나, 몇 가지의 승잔죄를 동시에 범했을 경우의 별주와 출죄에 관한 복잡한 세칙이 있다. 그리고 현재의 승잔법은 이 두 가지 건도의 규정이 없이는 실행할 수 없게 되어 있지만, 승잔법이 생겼을 무렵은 아마도 이 두 건도는 없었을 것으로 생각된다. 이미 기술한 바와 같이, 동서의 경전사經典史는 율장의 성립에 대해서, 비구계의 바라제목차가 처음 성립되고, 이를 계경戒經으로 하여 경분별부Suttavibhaṅga가 생기고, 또 건도부가 성립되었다고 보고 있으므로, 바라제목차에 앞서 건도부가 있었다고는 볼 수 없다. 따라서 승잔법이 성립되었을 때의 별주라는 것은 당시 일반사회나 출가 사회에 관습법으로 되어 있던 별주법을 예상하여 만들어진 것이라 생각된다. 그러나 별주 비구의 행법이 혼란스러워서, 이를 명기하고 엄격화 할 필요가 있었고, 또 별주하는 중에 거듭 승잔법을 범하는 자

9) Vinayapiṭaka, Vol. III, p. 112. 남전대장경 제1권, 188-189쪽

가 나타나서 본일치本日治와 같은 것을 규정할 필요가 있으며, 다시 장기복장죄長期覆藏罪나 몇 가지 죄를 병합한 별주 등의 문제가 있어서「별주건도」·「집건도」가 성립되었다고 생각된다. 따라서 이 두 건도는 승잔법의 시행에 따라 생긴 세칙과 같으나, 동시에 시행에 대한 복잡성은 이 승잔법 집행이 현전승가에게 있어서도 극히 불편했음을 짐작케 한다.

지금 승잔법이 다른 규칙으로 인해 바뀌었다고 여겨지는 것을 보면, 우선 승잔법 제1「고출정계故出精戒」가 있다. 이 계는 비구의 자위 사정을 금하는 것인데, 이는 습관으로 보아야 할 것이며, 이에 별주를 부과해도 별주 중에 다시 범할 수 있다. 이 같은 경우는 본일치本日治 mūlāya-paṭikassanaṁ라고 하여, 처음으로 되돌려서 새롭게 별주를 하게 하는 것이다. 그러나 이 본일치를 반복해서 하고 있으면 출죄할 때가 오지 않는다. 또 출죄해도 다시 범하면 마찬가지로 별주를 되풀이하는 것이다. 그런데『쭐라박가』제1「갈마건도」에 따르면, 세이야사까施越 Seyyasaka 비구가 우치하고 불총명하고 죄가 많아서, 승가는「세이야사까施越 비구에게 별주를 주고, 본일치를 주고, 마나타를 주고, 출죄를 주기로 했다.」라고 하니, 이 인연으로 이러한 비구를 좋은 친구에게 맡겨서 선도를 받아 생활하게 하는 의지갈마를 주기로 하고 그 방법과 행법을 규정했다고 한다.[10] 승잔죄의 별주·출죄 등의 결정에는 20명의 비구가 있는 현전승가를 필요로 한다. 뒤에 기술하듯이 20명의 비구가 집합하기는 어려워 보이는데, 그것을 종종 반복하는 것은 더군다나 지극히 어렵다고 생각된다. 이 의지갈마는 분명히 이 지극히 어려움을

10) Cullavagga, 1, 9, 1. 남전대장경 제4권, 10-11쪽, 제6장·2·(2) 439쪽 이하 참조.

수반하는 승잔법 제1「고출정계故出精戒」를 대신하는 방법으로 만들어진 것으로 보인다. 율장 경분별부의「고출정계」의 분별에도, 세이야사까 비구가 고출정故出精한 인연으로 이 계가 결계되었다고 하고, 지금 이 의지갈마도 세이야사까施越의 인연으로 만들어졌다고 하는 것은, 이 갈마가「고출정계」의 대용이라고는 물론 기술하고 있지 않지만, 그렇게 해석하는 것이 자연스러운 듯하다. 어쨌든 별주를 반복하는 자에게 주는 것이므로 승잔죄를 범하는 자를 대상으로 승잔법의 대용을 의미한다. 또 이 갈마를 사용하면 4명 이상의 승가에서 징벌과 출죄를 할 수 있어 매우 어려운 20비구의 현전을 필요하지 않는 것이다.[11] 그리고 승잔법 제2「마촉여인계」摩觸女人戒와 제3「여여인추어계」與女人麤語戒와 제4「향여탄신색공계」向女歎身索供戒의 세 가지 계戒도「고출정계」와 비슷한 것으로 이 갈마가 가능하다면 이들 범계를 우치 · 불총명의 죄로서 승잔법으로 대체하였다고 보아야 할 것이다.

승잔법 제10「파승위간계」는 승가의 화합을 깨뜨리고 분열을 일으키려는 것을 금벌하는 것으로, 그러한 일을 꾸미고 있는 비구에게 세 번까지 충고해도 그만두지 않으면 그 비구는 승잔죄가 된다고 한다. 그런데 건도부의「대건도大犍度」에 의하면, 파화합자破和合者 가운데 수구受具하지 않은 자에게는 수구受具를 주어서는 안 되고, 이미 수구受具한 자,

11) 이 의지갈마는 별주 죄를 되풀이하는 자를 대상으로 한다고 하므로 승잔죄를 범한 자에게 주는 것으로 일단 생각되지만, 승잔죄라고 정해지면 승잔회법으로 별주출죄를 해야 하고, 習癖이 있어도 범하지 않으면 所罰이나 갈마 대상은 되지 않다. 따라서 엄밀하게는 이 갈마 대상이 되는 것은 승잔법 이하 경죄로 惡癖的 범죄가 있는 자이다. 그러나 다른 불견죄 등의 갈마 所罰도 별주인데「別住를 주어라, 本日治를 주어라. 마나타를 주어라 出罪를 주어라」라는 죄상은 결국 승잔죄이다. 다른 징벌 갈마의 별주에는 마나타는 없기 때문이다. 나는 이 갈마는 승잔죄법 대용이라 생각된다.

즉 이미 비구가 된 자는 멸빈滅擯해야 한다nāsetabbo고 되어 있다.[12] 이는 승잔법보다도 더 엄격한 추방처분이라고 볼 수 있다. 이처럼 수구법受具法을 설하는 「대건도大犍度」 중에 이러한 사실이 설해져 있는 것은, 물론 비구계 성립 후이고, 아마 아소카 왕의 각문刻文에 보듯이 파승가의 죄가 엄격하게 단속되던 시대의 반영일 것이다. 수구受具할 즈음에 수자受者를 조사할 필요가 있으므로 승잔법 제10계와는 관계없이 여기에 삽입된 것으로 볼 수밖에 없다. 그런데 『쭐라박가』 「파승건도」Saṁghabhedakkhandhaka가 되면, 파승의 정신은 비난받지만, 파승 행위에 대한 제재는 완전히 무력화되어 있다. 즉 「파승건도」에서는 주역인 데바닷따Devadatta의 일을 세간을 향하여, 붓다와 관계가 없는 일이라고 하고 있어서, 이는 일단 파문이라 생각할 수 있다.[13] 그러나 데바에게는 교리상의 차이가 있었던 것이 아니라, 그 생활 태도의 차이에 지나지 않았기 때문에, 그들 일당과 함께 사방 승가 안에 현전승가를 결성하고 있었다고 볼 수 있고, 붓다 입멸 후 불교 승가가 아소카 왕의 파승 방지로 강하게 통제되었다고 하더라도 그것은 교리 중심이다. 무교주無敎主 교단이 되어, 철저하게 민주화된 붓다 입멸 후의 승가에서는 개인의 선의의 의견과 행동의 발표는 자유로워졌고, 네 명이 합의한 새로운 주장은 하나의 현전승가의 독립을 의미했다. 「파승건도」의 데바로 상징되는 그런 일은 완전히 자유화되지만, 이러한 시대가 되면 「수계건도」의 엄격한 규정은 물론, 승잔법 제10 「위간계」도 무력화되었다고 해야 할 것이다.

12) Mahāvagga, 1, 67, 1. 남전대장경 제3권, 151쪽.
13) 파승 건도, Cullavagga, VII, Vinayapiṭaka, Vol. II, pp. 189-190. 남전대장경 제4권, 289-291쪽.

또『쭐라박가』「갈마건도」중 고절갈마tajjaniyakamma가 적용되는 범죄의 표 안에 있는「쟁론을 하는 자vivādakāraka」[14]는 승잔법 제10「파승위간계」와 제11「조파승위간계」의 범죄자에 상당한다. 또 같은 고절갈마인「승가에 쟁사를 행하는 자」Saṁgha-adhikaraṇa-kāraka란[15] 승잔법 제8 무근중죄방타계」無根重罪謗他戒와 제9「가근방계」假根謗戒의 범죄자에 상당한다. 고절갈마 뿐만 아니라「갈마건도」의 징벌갈마 행법[16]은 대체적으로 승잔법의 별주別住와 다름 없는데, 위에서도 언급한 것처럼, 승잔법은 20명 비구의 현전승가에서 처리해야 하는데, 이들 갈마법은 4명 이상의 갈마(결정)로 하면 되고, 또 복죄자服罪者의 행법에서는 바로 해갈마解羯磨(해제)를 해도 되는 것이다. 다수 비구의 큰 승가도 존재했을 것으로 생각되는데, 승가로서 더욱 중요한 수구受具 즉 비구로서 입단을 허락하는 수계식이 중국에서는 10비구, 변국邊國에서는 5비구의 현전승가로 되는 것으로 보아도 20비구의 현전승가 성립이 쉽지 않음을 알 수 있다. 안거건도 중에 안거 중단을 7일 이내로 인정하는 기사가 있는데, 그중에 다른 승가로부터 승잔법의 별주나 마나타, 본일치, 출죄 등을 행하는데 부족한 수를 채우기 위해 와 주기를 부탁받았을 때는 안거중이라도 출항해도 좋다고 하고 있다.[17] 안거는 비구가 여러 곳의 유행지遊行地에서 모여서 집단생활을 하는데, 그래도 20비구의 현전이 성

14) Cullavagga, 1, 1, 1, 남전대장경 제4권, 1쪽
15) Ibid.
16) Ibid., I, 5, 1. 남전대장경 제4권, 7쪽, 이는 苦切갈마의 服事인데, 18사 있고, 전부 승잔 별주에 있다. 승잔 별주는 별주건도 94사(Cullavagga, Ⅱ, 1, 2-4. 남전대장경 제4권, 48-50쪽)로 되돌아가지만, 징벌적인 주요 복사는 전반(남전4권 48쪽)의 32사이고, 이 32사 중 중요한 것이 苦切 등의 징벌갈마 18복사에 상당한다. 제6장 · 2 · (1)「苦切갈마」432쪽 참조.
17) Mahāvagga, III, 6, 1-28. 남전대장경 제3권, 253-263쪽.

립하기 어렵다는 것을 이 기사를 통해 알 수 있다. 이런 상황에서 보면 안거 때가 아닌 평소에 20비구의 현전은 전혀 불가능에 가깝고, 만약 다행히 복죄를 하더라도 출죄불능인 경우도 있을 수 있으며, 이 점에서도 이들 승잔법이 지방분권적인 작은 승가의 독립분화 시대가 됨과 동시에 고절갈마 등으로 대체되었을 것으로 생각된다.

승잔법 제13은 「오가빈방위간계污家擯謗違諫戒」인데, 이 계는 결계의 인연에 의하면, 앗사지阿濕婆 Assaji와 뿌납바수까富那婆娑 Punabbasuka의 두 비구가 속가에 들어가서 악행을 저지르고, 그 지방의 일반인들로부터 비난을 받아 불교 승가에 불익을 초래했기 때문에, 승가는 이 두 비구에게 이 지역을 떠나게 하는 구출갈마를 주었다. 그러나 두 비구는 불평을 늘어놓고 이 갈마를 받아들이지 않았다. 그래서 이 사건을 인연으로 해서, 이러한 경우에 승가는 그 비구에게 갈마를 받아들이도록 세 번 충고[三諫]해야 하는데 세 번 충고해도 받아들이지 않을 경우에는 승잔죄로 한다는 것으로 결계되었던 것이다.[18] 그런데 현재 각 율장의 경분별은 모두 이 계는 『쭐라박가』 「갈마건도」의 구출갈마[19]을 받은 비구가 그 결정에 따르지 않을 경우의 범죄라고 하고 있다. 그러면 이 승잔 제13계가 성립하기 이전에 『쭐라박가』 「갈마건도」가 성립되어 있었던 것이 된다. 그러나 위에도 기술한 바와 같이, 경전성립사상에서는 이 승잔법을 중요 부분으로 하는 비구계의 바라제목차가 먼저 성립하고, 이를 경으로 하여 경분별부가 이루어짐과 동시에 건도부가 정비되어왔다고 볼 수 있으므로, 이 승잔법 제13 안의 「구출갈마」는 『쭐

18) 승잔법 제13, Vinayapiṭaka, Vol. III,pp. 179-184. 남전대장경 제1권, 302-309쪽.
19) 주16 및 제6장 · 2 · (1) 「苦切갈마」 432쪽 참조.

라박가』의 「갈마건도」 이전의 불문율적이고 관습적인 것으로, 계문에 「존자여, 이 주처에서 떠나라. 존자는 이 이상, 이 주처에 머물 수 없다.」라고 있는 그대로 의미하는 것이 관습법으로서의 추방갈마였다고 생각된다.[20] 그리고 『쭐라박가』 「갈마건도」의 구출갈마는 뒤에 이 관습법의 추방을 법문화法文化한 것으로 그 성립은 오히려 이 승잔 제13계로서 대체되었다고 볼 수 있다.

승잔 제13계의 인연은 경분별에서는 앗사지阿濕婆와 뿌납바수까富那婆娑의 악행으로 여겨지지만, 갈마건도의 구출갈마 인연도 이 두 비구의 악행이라 하고 있으므로, 이 건도부의 설명도 위에서 언급한 「고출정계」에 대한 의지갈마의 관계처럼, 명백히 승잔법 제13계를 예상하고 이 갈마를 규정하고 있는 것으로 보인다. 이미 승가의 민주적 방식이 철저하여, 앞에도 말했듯이, 『쭐라박가』 「파승건도」는 파승가破僧伽 saṁghabheda라고 명명하면서 내용상 파승이 아닌 분파라고 한 것으로 받아들여지는 것처럼 보이지만, 이러한 시대에 이르러 이 승잔법의 제13계 뿐만 아니라 제11계, 제12계의 세 가지 「위간계違諫戒」도 포함하여 악행비구가, 충고諫言를 해도 이에 따르지 않을 경우에는 이를 어떻게 처리하였는가, 파승이나 조파승助破僧의 위간違諫의 경우는 네 명의 도당이면 분파 독립해도 어떤 경우에도 승잔죄로 추궁당할 일이 없으며, 『마하박가』 「꼬삼비건도Kosambakkhandaka」와 같이 비법자의 분열을 비난하지 않고 조용히 하나가 될 때까지 기다리는 태도를 취하고 있다.[21] 또

20) Vinayapiṭaka, Vol. III, p. 184. 남전대장경 제1권, 309-310쪽.
「존자는 속가를 더럽히고, 악행을 행했다. 존자의 악행은 보이고 들린다. 또 존자에 의해 더럽혀진 속가도 알려지고 듣게 되었다. 존자는 이 주처에서 떠나야 한다. 존자는 이 이상 이곳에 살 필요가 없다.」(남전대장경 역문) 이 계 안에 있는 추방선고 전문이다.

명백히 악행을 행하여 본인이 인정하지 않을 경우에, 승가로서는 범죄쟁사가 되어도 승잔죄 등의 단죄는 할 수 없다. 그러나 그러한 불청정不淸淨한 비구가 있어서는 포살이든 기타 행사도 할 수 없게 되어 진퇴양난에 빠지게 된다. 이러한 경우, 「갈마건도」의 갈마가 가능하면, 승잔법 제13 같은 경우에는 먼저 구출갈마를 주고, 만약 이를 받아들이지 않는 경우에는, 그 죄를 인정할 때까지 「불견죄갈마」不見罪羯磨를 행하면 악행비구는 견죄見罪할 때까지 현전승가 행사의 인원에서 별주자別住者로 제외되어, 승가는 악행비구에게 괴롭힘을 받지 않게 되는 것이다. 승잔법 제10 내지 제12를 대신하는 고절갈마에서도 마찬가지이다. 그러나 『쭐라박가』「갈마건도」에 있는, 위에 언급한 고절갈마 이하의 징벌 갈마는 갈마건도의 규정된 부분에서는 사실, 바라이죄나 승잔죄와 같이 고백참회만으로 출죄할 수 없는 중죄로, 이를 비응회죄非應悔罪 adcsanāgāminī-āpatti라는데, 여기에 적용해서는 안 된다고 한다. 이들 갈마를 부과하는 것은, 즉 사타 이하의 응회應悔의 경죄輕罪에 적용한다는 것으로, 위에서 언급한 것에 배치되는 것이다. 그러나 이러한 갈마에 처하기는 했지만 복죄 행법은 18사事로, 승잔법의 별주행법 94사事보다는 적지만, 그러나 이 숫자의 차이보다 실질상의 차이는 작아서, 상당히 무거운 처벌법이라 볼 수 있다. 게다가 응회應悔의 경죄輕罪는 구두고회口頭告悔로 무죄가 되어 처벌법으로서의 행법이 없는 것이므로, 여기에 행법인 갈마법을 사용하는 것은 부자연스럽고, 있을 수 없는 일이다. 승가의 추이는, 중죄를 경죄적으로 느슨하게 하는 경향에 있

21) Mahāvagga, X Vinayapiṭaka, Vol. 1, pp. 337-359. 남전대장경 제3권, 587-622쪽. 여기에서는 분열한 승가 양쪽에 대해 비구들도 신자들도 평등하게 만나서 양쪽 파가 화합하기를 바라고 결국 화합이 되는 것이 기록되어 있다.

다고 보아야 하는데, 오히려 경죄를 중죄화하는 것이기 때문이다. 이는 분명히 위에 말한 바와 같이, 승잔의 중죄를 보다 가볍게 다루기 위해, 기성既成 비구계에서 단속할 수 없는 사태에 처하기 위해 만들어진 것이다. 기성 비구계에서 다룰 수 없는 사태에 대해서는, 『쭐라박가』「갈마건도」에 하의갈마下意羯磨 paṭisāraṇyakamma라는 것이 있다. 비구가 시주를 화나게 하는 비행을 저지른 경우의 징벌로, 이는 승가가 결의하여 그 비구가 강제로 시주에게 사죄하게 하여 시주의 노여움을 푸는 방법이다.[22] 시주의 행위가 나쁠 때 승가가 결의하여 보시를 받지 않기로 하는 것을 복발覆鉢 pattaṁ nikkujjata이라 하는데,[23] 「하의갈마」下意羯磨는 그 반대를 이루는 것이다. 복발갈마는 승가의 권위를 나타내는 것이지만, 그것이 거꾸로 되어서, 이처럼 비구가 시주의 노여움을 풀어야 하는 사태를 예상하지 못하고, 비구계 성립시대에 이르렀을 것이다. 이러한 갈마를 제정할 필요가 있었던 시대에는, 비구계가 가장 빨리 적용되지 않게 되었거나, 비구계 적용 외의 사태가 더욱 많이 발생하여, 이를 보충하기 위해 이들 건도부 갈마의 발생이 있었을 것으로 생각된다. 이들 징벌갈마에 대해서는 다시 별도로 기술하기로 하겠다.

22) 제6장 · 2 · ⑵ 445쪽 참조.
23) 상동.

제3장

비구의 입단入團과 의지依止

1. 선래비구수구善來比丘受具와 삼귀수구三歸受具

중국과 한국 · 일본 불교에서 계율은 『사분율』에 따르는데, 구족계는 비구의 250계이며, 새로 발심한 이新發意는 이를 수계함으로써 비구가 된다고 한다. 그리고 이 구족계에 대해서, 구족具足이란 완전구족完全具足을 의미한다고 하여, 예를 들어, 『팔종강요八宗綱要』 율종律宗의 항에는 「구족계(250계)에 받을 때는 병행하여 이처럼 무량 무변한 계를 얻나니, 양量은 허공과 같고 경계는 법계法界에 골고루 원만하게 갖추어지지 않음이 없으므로 구족계라고 한다.」고 하고 있다. 그러나 이 글은 한편으로는 250계를 구족계라는 의미를 붙이면서도, 다른 한편으로는 250계 그것만으로는 구족계가 되기 어렵다는 불신不信의 의미를 「병행하여 이처럼 무량 무변한 계를 얻는다」라는 말로 표현하고 있다고 볼 수 있다.

한역의 율장에서 수계 · 구족계 · 수구족계受具足戒 · 진구進具 · 원만圓滿 등으로 번역되어 있는 것은 우빠삼빠다upasampadā를 말하는데, 여기서는 그것을 수구受具 또는 구족계라고 부르기로 한다. 이 우빠삼빠다의 원뜻은 취득取得 · 원구圓具 등을 의미하며, 율제상의 의미로는 붓다 또는 승가로부터 인허되어 「비구 자격을 얻다」를 의미하는 것이다. 그러므로 수구受具 즉 우빠삼빠다는 본래 비구계도 비구계를 수계하는 것도 아니다. 그리고 이 일은 중국이나 한국 · 일본의 율학자도 알고 있었던 것이다. 예를 들어, 동대사東大寺 계단원戒壇院 수계식受戒式에 따르면 수구갈마의 제4갈마를 받으면 수자受者는 「자리에서 일어서지 않고 2백54만2천 계戒를 발득하여 대비구승大比丘僧을 이룬다.」라고 적고 있다.[1] 수구의 백사갈마는 형식으로서도 수계의 갈마가 아닌 것은 뒤에 기술하겠지만, 지금 수계식이라는 말의 의미는 수구에 의해 비구가 됨과 동시에 반드시 비구로서의 무량한 계의 계체戒體를 발득한 것이라고 하고 있는 것이다. 이 해석은 확실히 합당하다. 비구가 되면 비구계는 물론이고, 율장에서 설하는 지지계止持戒 · 작지계作持戒 등 비구로서 행해야 할 모든 것의 실체를 수구受具한 것이다. 즉 일체계一切戒로서의 구족계의 실체가 되는 계체戒體를 얻었다는 것이고, 계체야말로 모든 계행의 실체라고 믿고 있는 것이다.

『디가니까야』 제8 「깟싸빠사자후경」에는 범지 니그로다Nigrodha가 수구를 구한 것에 대해 4개월 별주를 하고 수구upasampadā하면 비구성比丘性 bhikkhu-bhāva을 얻는다는 것을 말하고 있다.[2] 꿋다카니까야小部經典의 『숫따니빠따』Suttanipāta 經集의 「사비야경Sabhiya-sutta」에서도 이학異學인 외도 사비야Sabhiya가 4개월의 별주를 한 뒤 수구upasampadā하고 비구성比丘性 bhikkhu-bhāva을 얻었다는 것을 기록하고 있다.[3] 계학상의 측면에서 보면, 이 비구성比丘性은 계체이고, 이를 실체로 하여 비구는 비구계의 행위를 현

1) 東大寺戒壇院受戒儀, 日本大藏經, 戒律宗章疏3, 483쪽.
2) Kassapasīhanāda-sutta(DN.), No. 824. 남전대장경 제6권, 253쪽.
3) Suttanipāta, Sabhiyasutta, p. 102. 남전대장경 제24권, 201쪽.

상現象하는 것이다. 그리고 수구는 비구에게 이 계체인 비구성을 주는 것이므로 그 의미에서 수구는 수구족계라고 해도 지장은 없다. 한역 율장은 수구의 건도를 구족법具足法(『마하승기율』), 수구족법受具足法(『십송율』), 수계법受戒法(『오분율』), 수계건도受戒犍度(『사분율』)라 번역하는데,[4] 이들 원어를 빠알리어로 추정하면 upasaṃpadā dhammā 혹은 upasaṃpadā-khandhaka이었을 것으로 생각되며, 또 새로 발심한 이新發意가 수구를 구하는 것을 「구족계upasaṃpadā를 받기를 요청하다.」라고 번역하는데, 이들 번역은 위에서 언급한 의미에서 말하더라도 적절하다고 할 수 있다.

수구를 기록하는 율장의 「수계건도」에 대해서는, 이미 히라카와平川에 의해 각 율을 분석 · 비교하면서 그 신 · 고新古 등에 대해 상세하게 논구論究되고 있지만, 「수계건도」은 결론적으로 백사갈마수구의 완성을 설하기 위한 것이라고 여겨진다. 그래서 지금 『빠알리율』 「수계건도」는 「대건도大犍度 Mahākhandhaka」라는 이름이 붙여져 있다. 이에 따르면 수구의 역사는 「선래비구수구善來比丘受具」와 「삼귀수구三歸受具」를 거쳐 「백사갈마수구白四羯磨受具」에 이른 것으로 되어 있다.

「선래비구수구」란 붓다의 초전법륜에서 먼저 교진여Koṇḍañña가 깨달음을 얻자 「세존이시여, 저는 세존께 출가하여, 구족계를 받고자 합니다.」라고 청했다. 이에 대해 붓다는 「오라, 비구여ehi bhikku! 가르침法은 잘 설해졌으니, 그대는 괴로움의 종식을 위해 청정한 삶을 살아라!」라고 대답하셨다. 「대건도大犍度」는 이 「오라, 비구여!」가 「이 장로의 수구受具였다.」(sā 'va tassa āyasmato upasaṃpadā ahosi)라는 것이다.[5] 그리고 『빠알리율』은

4) 『마하승기율』 제23권, 대정22권, 413쪽 a, 『오분율』 제16권, 대정22권, 111쪽 b, 『사분율』 제35권, 대정22권, 814쪽 c, 『십송율』 제21권, 대정23권, 155쪽 c. 남전대장경도 受具足upasaṃpadā이라고 번역하고 있다.

초전법륜의 다섯 비구, 야사耶舍와 4명의 친구, 같은 50인의 친구, 합하여 60인을 비롯하여 붓다가 스스로 비구를 만든 이는 모두 이「선래비구수구善來比丘受具」ehi-bhikkhu-upasaṃpadā였다고 한다.[6]

붓다는 60명의 비구를 얻자 비구들에게 일러, 두 사람이 함께 가는 일 없이 한 사람씩 전도傳道에 나서게 했는데,[7] 그 결과 비구들은 여러 곳에서 수구지원자受具志願者를 데리고 붓다의 처소에 오게 되어, 안내하는 비구도 수구지원자도 피로해지는 사태가 발생했다. 그래서「비구들이여, 그대들 스스로 각각의 방향, 각각의 나라에서 출가시켜 구족계를 주어라.」라는 것이 되었으며, 그 방식은 수자受者에게 삭발하여 가사의를 입게 하고「붓다에게 귀의합니다. 법에 귀의합니다. 승가에 귀의합니다.」라고 삼귀의를 세 번 외우게 하였다.[8] 이를「삼귀수구三歸受具」tīhi saraṇagamanehi upasaṃpadā라고 하는 것이다.

『빠알리율』에 의하면, 비구들에게 각국 각 지역에서「삼귀수구三歸受具」를 허락하신 후에도, 붓다 자신에게 수구를 청하는 자에게는 여전히「선래비구수구」를 행하여 우루빈나깟싸빠, 나제깟싸빠, 가야깟싸빠의 세 깟싸빠와 그들 제자 일천 명의 배화교도와 사리불 · 목건련과 250명의 도중들도 불교의 비구로 만들었다고 한다. 따라서 제자들이 지방에서 비구지원자에게 수구하는 경우는「삼귀수구」이고, 중앙의 붓

5) Mahāvagga, 1, 6, 32. 남전대장경 제3권, 22쪽.

6) Ibid., I, 1, 6, 34-10, 4. 남전대장경 제3권, 22-36쪽.『선견율비바사』제7 대정24권, 718쪽, Samantapāsādikā, Vol. V, p. 965.

7) Ibid., I, 11, 1. 남전대장경 제3권, 37쪽. 단 남전대장경은 같은 쪽 5행째 처음에 있어야 할「두 사람이 함께 같은 길을 가지 말라」에 상당하는 句가 어째서인지 탈락되어 있다. 단 역자의 注意가 있다.

8) Ibid., I, 12, 1. 남전대장경 제3권, 39쪽.

다의 처소에서 직접 수구를 구하는 자는 「선래비구수구」에 의해 이루어졌다. 「선래비구수구」는 붓다만에 의한 방식이었다.

이상 대건도의 기사가 사실인지는 확인하기 어렵고, 또한 5비구나 세 깟싸빠 등 일천 명과 사리불 · 목건련 등 250명이 수구를 구하는 기사도 미심쩍다. 즉 그들은 「세존이시여, 저는 세존께 출가하여, 구족계를 받고자 합니다.」labhcyyāham bhagavato Gotamassa santike pabbajjaṃ labheyyaṃ upasaṃpadanti라고 말하고 있다. 즉 출가수구出家受具를 구하고 있는데, 이들은 야사 등의 속인과 달리 이미 출가자出家者 pabbajita이기 때문에 불교의 비구가 되는 수구受具만을 받으면 될 것이다. 그러나 이 출가수구를 요청하는 문구는 경전 중에서 정형화 되어 있고, 수구자受具者에게는 반성 없이 한결같이 이 말을 적용한 것으로 보인다.

이 대건도의 기사는 사실史實이라기보다는, 사실은 다음에 기술할 백사갈마의 수구와, 수구자는 화상upajjhāya 즉 스승에게 의탁하여 살아야 한다는 것을 정하기 위한 전제 기사前提記事이다. 위에 언급한 선래수구는 붓다만의 것이고, 붓다가 없을 때는 불가능한 것, 「삼귀수구」로서는 통제할 수 없게 된다는 점을 분명히 밝히고 있는 것이다. 즉 「대건도」의 기사는 위에서 언급한 60비구를 각지에 전도하러 떠나보낸 후에 붓다 자신이 「선래비구수구」를 행한 세 깟싸빠와 사리불 · 목건련의 교도만 해도 1250명의 비구 대중이 있었다. 여기에 각 지방에서 비구들이 「삼귀수구」를 준 자들도 많았을 것이라 상상해 볼 수 있다. 그리고 그러한 다수의 비구 중에는 의복, 식사 등의 위의가 갖춰지지 않은 자가 많이 있었다고 기록한다.

또 세 깟싸빠나 사리불 · 목건련의 교도 등 1250명은 모두 외도에서 집단개종한 자들이어서 불교적인 교양을 부여할 필요가 있다. 그래서 이들에게 비구의 생활법, 그 밖의 것을 가르칠 교양 있는 스승의 필요성을 생각하게 되었다. 그 결과로 설정된 것이 화상 제도이다. 즉 비구가 되기를 원하는 자는 화상 즉 스승에 의탁하여 그 스승에 대하여 승가로부터 「백사갈마수구」白四羯磨受具를 받고, 그 후 5년에서 10년은 스승과 동주의지同住依止하여 지도받게 된 것이다.[9]

화상이나 백사갈마수구에 대해서는 항목을 다시 해서 설명하겠지만, 출가 수구를 구하는 자 중에는 사회의 존경과 공양을 받아서 생활하고 생산 사업을 행할 필요가 없는 출가 비구의 외면생활을 동경하여, 치열한 구도심도 사상 탐구에 대한 의욕도 없이 수구를 구하는 자가 많았다.[10] 「대건도」는 음식을 위해 수구하는 자, 안락한 생활을 구하여 수구하는 자가 있음을 기록하고 있고, 포살 등의 집회에서 적주비구賊住比丘 theyyasaṃvāsaka bhikkhu에 관한 이야기를 설하고 있는 것,[11] 그리고 뒤에 기술하듯이 백사갈마수구의 자격에 엄중한 제한을 두게 된 것도 이에 근거한다고 보여진다.[12]

마음가짐이 갖춰지지 않은 이들 불성실한 지원자를 제한하고, 출가 후의 교육을 확실히 하는 것이 화상을 구하여 출가수구하게 하는 제도의 목적이었던 것으로 보인다.

또 「대건도」의 기술은 붓다 성도 후 얼마 되지 않아 세 깟싸빠 등

9) Ibid., I, 25, 1-6. 남전대장경 제3권, 79-81쪽.
10) 예를 들어, Mahāvagga, 1, 30, 1. (남전대장경 제3권, 101쪽)이나 Mahāvagga, 1, 62, 1-3. (남전대장경 제3권, 145-146쪽)과 같다.
11) Mahāvagga, II, 36, 3. 남전대장경 제3권, 241쪽.
12) 본장 · 3 · (3) 212쪽 이하 참조.

1천 명의 배화교도를 개종시켰고, 이어 붓다의 첫 번째 왕사성Rājagaha 방문에서는 쎄니야 빔비싸라Seniya-Bimbisāra 왕으로부터 죽림竹林 Veḷuvana 동산의 봉헌을 받게 되어 불교 승가는 그 출발부터 화려했던 것처럼 기록하고 있다.[13] 그리고 사리불 · 목건련을 비롯한 마갈타국의 저명한 족성자族姓者들이 경쟁적으로 비구가 되고자 하였기 때문에 마갈타의 시민은 「사문 구담이 와서 자식을 빼앗는다. 사문 구담이 와서 남편을 빼앗는다. 사문 구담이 와서 족성을 단절시킨다. 운운」이라고 붓다를 비난했다고 기록하고 있다.[14] 즉 이 비난에 대응하기 위해서도 수구를 주는 일에 신중할 필요가 있고, 또 비구 출가자로서의 교육에도 충분한 방법이 강구되어야 할 필요가 있었던 것으로 기록되어 있다. 전자에 대해서는 백사갈마가, 후자에 대해서는 화상의지和尙依止의 제도가 정해지기에 이르렀다고 하는 것이다.

위에 언급한 『빠알리율』 이외의 율에서 말하는 「선래비구수구」에 대해서 보면, 『십송율』제21권의 수구법은 바로 백사갈마의 설명에 들어가므로 선래비구수구는 설하지 않으나, 다음에 기술하듯이, 제56권에 10종류의 수구를 설하고 있고, 그 제8에 「붓다가 선래비구라고 명하는 것으로 구족계를 얻는다.」라고 하고, 또 이에 이어서 아직 백사갈마수구를 결정하기 전에는 삼귀로도 「선수구족계善受具足戒」가 되었고, 또 백사갈마수구가 결정되기 전이나 결정된 뒤에도 붓다의 선래비구수구는 모두 「선수구족계」가 되는 것으로 하고 있다.[15]

···············

13) Mahāvagga, 1, 22, 17-18. 남전대장경 제3권, 70–71쪽.

14) Ibid., 1, 24, 5. 남전대장경 제3권, 77쪽.

15) 『십송율』제56권, 대정22권, 410쪽 a.

『사분율』은「오라, 비구여. 나의 법 안에서 기쁘게, 스스로 즐겁게 범행을 닦아서 괴로움의 근원을 없애도록 하라. 그때 존자 교진여는 즉시 출가하여 구족계를 받았다고 한다.」라고 하고 있어서『빠알리율』에 가깝다.[16]

『오분율』은「붓다가 '어서 오라, 비구여! 구족계를 받아 내가 잘 설한 법과 율에서 능히 일체 괴로움을 없애는 범행梵行을 정수淨修하라.' 고 말씀하시니, 교진여의 수염鬚髮이 저절로 떨어지고, 가사가 몸에 걸쳐지고, 발우가 손에 들려졌다. 이에 교진여가 이미 출가를 얻고 구족계를 받았다.」라고 기록하고 있다.[17] 더욱이 이러한 표현은『근본설일체유부출가사』,『디뷔야 · 아바다나』,『선견율비바사』,『비니모경』등에도 볼 수 있다고 한다.[18]

『마하승기율』은「선래출가선수구족善來出家善受具足」을 비구가 행하는 것은 무효이고, 붓다만이 행하는 것이라 하고, 이「선래비구」의 수구를 얻은 자를 득도得度의 순으로 열거하고 있다. 이에 따르면 아야교진여 등 5명, 만원자자滿願慈子 등 30명, 바라나성 선승자善勝子, 우루빈라깟싸빠의 500명, 나제깟싸빠의 300명, 가야깟싸빠의 200명, 우바사나 등 250명, 사리불 · 대목건련의 250명, 마하깟싸빠 · 천타 · 가류타이 · 우빨리, 석종자釋種子 500명, 발거마제 500명, 군적群賊 500명, 장자자長者子 선래善來라고 하고 있다.[19]『마하승기율』이 전하는 바는, 붓다가 친히 득도得度를 하게 한 선래수구에 의한 제자 비구의 전체인 셈이다.

16)『사분율』제32권, 대정22권, 788쪽 c.
17)『오분율』제15권, 대정22권, 105쪽 a.
18) 平川 彰,『율장 연구』547쪽 참조.
19)『마하승기율』제23권, 대정22권, 412쪽 c-413쪽 a.

이상에서 언급한 것으로 알 수 있는 것은, 붓다가 친히 득도得度한 수구는 「선래비구수구善來比丘受具」였다. 그리고 수구는 이윽고 백사갈마로 승가에서 수여하게 되지만, 그리고 그 후에도, 붓다 스스로 수구하는 일이 있었다면 그것은 「선래비구수구」였던 것으로 생각된다.

다음으로 『빠알리율』 이외의 율에 있어서, 「삼귀수구」에 대해서 보면, 『사분율』은 『빠알리율』에 가깝다. 붓다 최초의 제자 비구가 111명이 되었을 때, 비구들을 「두 명이 함께 가지 말라.」라고 하시며, 각 방면으로 파견한 일이 원인이 되어서, 비구가 새로 발심한 이[新發意]에게 「모갑은 부처님께 귀의합니다. 법에 귀의합니다. 승가에 귀의합니다. 지금 여래가 계신 곳에 출가합니다. 여래 · 지진 · 등정각은 제가 존경하는 바입니다.」를 세 번 외우게 하고, 각지에서 출가시키는 것을 인정하고 있다.[20]

『십송율』의 수구법受具法은, 앞에 말한 바와 같이, 백사갈마수구부터 시작하고, 삼귀수구는 설하지 않으나, 이것도 위에 말한 바와 같이, 제56권에서는 10종 구족법具足法의 제9에 이를 기록하고, 또 그것에 이어지는 설명에서는 「백사갈마수구」가 제정되기 전에는 「삼귀수구」가 유효했다고 한다.[21]

『오분율』과 『마하승기율』은 이 삼귀수구를 전혀 기록하지 않는다. 그리고 『오분율』에 이르러서는 비구는 일어一語, 이어二語, 삼어三語의 수계를 행하여서는 안 된다고 하고 있다. 「일어수계一語受戒」란, 「그대는 부처님께 귀의해야 한다.」는 것이고, 「이어수계二語受戒」는 「그대는 부처

20) 『사분율』 제32권, 대정22권, 793쪽 a.
21) 『십송율』 제56권, 대정23권, 410쪽 a.

님께 귀의하고, 법에 귀의해야 한다.」는 것이고, 「삼어수계三語受戒」란 「그대는 부처님께 귀의하고, 법에 귀의하고, 승가에 귀의해야 한다.」는 것이다. 이 「삼어수계」가 「삼귀수계三歸受戒」에 상당하므로 『오분율』은 이를 완전히 부정하고 있음[22]을 알 수 있다.

이상에 의해 『빠알리율』과 마찬가지로, 붓다의 선래비구수구와 백사갈마수구 이전의 제자 비구의 삼귀수구 두 가지를 인정하는 것은 『사분율』과 『십송율』이고, 『마하승기율』과 『오분율』은 붓다의 선래비구수구는 인정하지만, 제자 비구의 삼귀수구는 인정하지 않는 것이다.

22) 『오분율』제16권, 대정22권, 111쪽 b.

2. 10가지 수구受具

『마하승기율』은 수구를 설함에 있어, 처음에 네 가지「구족법具足法」이 있다고 한다. 자구족自具足과 선래구족善來具足과 십중구족十衆具足과 오중구족五衆具足의 네 종류이다. 이 가운데 선래구족은 위에서 언급한 붓다가 행하는 수구이고, 십중구족은 다음에 기술할, 열 명 비구의 백사갈마수구이고, 또 오중구족五衆具足은 약식略式의 백사갈마수구로 열 명의 비구를 얻기 어려운 변지에서 5비구의 백사갈마수구이다.

먼저 처음에 있는 자구족에 대해서,

> 세존은 보리수 아래에서 최후심最後心으로 확연하게 대오大悟하셨다. 자각自覺하여 선구족善具足을 묘증妙證한 것은 경전[線經] 중에 널리 설하는 것과 같다. 이를 자구족自具足이라 한다.

라고 하고 있다.[1] 즉 자구족自具足은 붓다 자신의 수구, 즉 계체발

1) 『마하승기율』제23권, 대정22권, 412쪽 b-c. 이『마하승기율』의 인용문 속의 경전[線經]에 대해서는『불본행집경』제60권 대정3권, 932쪽 a에「摩訶僧祇部」가 이『본행집경』을『大事』라고 부른 것이라 한다.『大事』Mahāvastu가 이 경전[線經]에 상당한다고 생각할 수 있을까? 제1장 · 797쪽 참조.

득戒體發得을 말하는 것이고, 붓다는 보리수 아래에서의 큰 깨달음으로 자연스럽게 수구를 얻었다고 한다. 수구, 즉 우빠삼빠다를 불교 승가의 일원인 비구가 되는 것으로 한다면, 붓다의 성도 때는 무승가無僧伽이고, 아직 승가가 없는 시대에는 수구를 생각할 수 없다. 그러나 비구승가가 성립된 후가 되어 비구다운 것(bhikkhu-bhāva 比丘性)에 방비지악防非止惡의 계체를 보는 시대가 되면, 게다가 붓다도 역시 승가의 일원이었다는 사고가 성립되면[2] 붓다에게도 수구가 있었다고 생각하게 된다. 이는 붓다의 입멸 후의 생각이라고 볼 수 있는데, 그것이 스승 없이 혼자 깨달은[無師獨悟] 붓다에게도 자구족이 있었다고 기술하게 한 것이다.

그런데『오분율』의 수계법 기사에서는 붓다가 출가를 위해 출성出城하는 모습을 설명하는 부분에서, 수마수須摩樹 아래에서 체발사에 의해 머리를 깎으니 석제환인釋提桓因이 그 머리카락을 천궁으로 가지고 갔고, 즉 보살은 체발하고 나서「나는 이제 출가를 하였으니, 자연히 구계수구具戒受具했다.」라는 생각을 했다[3]고 하고 있다. 이에 따르면『오분율』은 석존의 우빠삼빠다는 성도 이전 출가 때에 붓다의 자념自念에 의해, 후대의 자서수구自誓受具와 같은 방식으로 이루어졌다고 보고 있는 셈이다. 이는『마하승기율』의 자구족을 더욱 반성하여, 수구는 깨달음이 아니고, 비구들은 깨달음을 얻기 위한 수도修道를 하기 위해 수구하는 것이라는 생각을 바탕으로 붓다도 역시 수구하고 나서 도道를

---

2) 佛陀를 僧衆의 一員이고 하는 사상에 대해서는 友松圓諦『佛教經濟思想研究』97쪽,「佛은 僧伽의 一員이다.」이하 참조.

3)『오분율』제15권, 대정23권, 101쪽 a-102쪽 b. 이는 前註의 友松圓諦『佛教經濟思想研究』가 化地部에 僧衆有佛思想이 있음을 논증한 것과 합쳐서 생각하면 아주 흥미로운게 많다.

행하여 깨달은 것이라고 생각된다. 그리고 또 율장은 비구의 출가와 수구를 동시적인 것으로 생각하고 있다. 앞에도 말했듯이, 5비구나 세깟싸빠나 사리불 · 목건련과 같이 이미 출가자인 자가 수구하는 데도, 예를 들어, 『오분율』의 우루빈라깟싸빠의 경우로 말하면, 「원하건데, 대사문에게 출가를 하여 구족계를 받고자 합니다.」라고 하고 있다. 어떤 율에서도, 그리고 여러 명인 경우에도 이는 마찬가지이다. 이처럼 출가와 수구를 동시에 한다는 생각에서 본다면, 『오분율』이 석존의 출가 때에 자구족이 있었다고 본 것은 옳다. 『빠알리율』의 「대건도」와 『사분율』의 「수계건도」에는 자구족의 기사는 없고, 『십송율』에도 수구족법受具足法은 없으나 위에서 살펴본 것과 같이, 제56권의 10가지 구족에는 첫째로 「세존은 자연적으로 스승 없이 구족계를 얻었다.」라고 되어 있다.

(또 히라카와平川에 따르면, 각 율의 「수계건도」의 불전佛傳을 자구족 상에서 비교하여 볼 때, 자구족을 기술하지 않고 보리수 아래의 성도를 설하기 시작하는 『빠알리율』이 가장 오래된 것이고, 다음이 석존의 출가에 자구족을 설하는 『오분율』, 그리고 『사분율』이 가장 새로운 것으로 보고 있다.)[4]

『십송율』 제56권 비니송比尼誦은 율장의 제3부로서, 『빠알리율』에서 말하면 부수附隨 Parivāra에 상당하는 부분인데, 여기에 십종수구十種受具가 열거되어 있다. 이는 율장 이외의 전설도 포함되어 있는 것으로, 대체로 수구의 열 가지로 열거할 수 있는 모든 것을 나타내고 있다고 할 수 있다.

4) 平川 彰 『율장의 연구』 550쪽.

열 가지 구족계를 밝힌다. 무엇들을 열이라 하는가? (1)불세존은 자연스럽게 스승 없이 구족계를 얻는다. (2)5비구는 득도하자마자 구족계를 얻는다. (3)장로 마하깟싸빠는 자서自誓하자마자 구족계를 얻는다. (4)소타蘇陀는 수순하여 불론佛論에 대답하였으므로 구족계를 얻는다. (5)변지에는 다섯 지율자持律者로 하여 구족계를 얻는다. (6)마하바사바제 비구니는 팔중법八重法을 받자마자 구족계를 얻었다. (7)앗다까씨半迦尸비구니는 견사遣使하여 구족계를 얻었다. (8)붓다가 선래비구善來比丘라고 말하는 것으로 구족계를 얻는다. (9)삼보에 귀명하고 나서 '저는 부처님을 따라서 출가합니다.'라고 세 번 외우면 곧 구족계를 얻는다. (10)백사갈마白四羯磨로 구족계를 얻는다. 이를 열 가지 구족계具足戒라 한다.[5]

이 열 가지 가운데 (1)은 이미 언급한 자연득自然得으로, 위에서 언급한 『마하승기율』의 네 가지 구족 가운데 첫 번째 자구족自具足과 같다. 붓다가 보리수 아래에서 성도했을 때, 그 성도에 의해 자연스럽게 수구受具를 얻었다는 것이다.

(2)의 「5비구는 득도得度로 얻는다」라는 것은 초전법륜의 5비구이다. 『빠알리율』의 「대건도」나 『오분율』의 수계법受戒法, 『사분율』의 「수계건도」, 『마하승기율』의 「잡송발거법雜誦拔渠法」도 5비구는 「선래비구수구善來比丘受具」였다고 하여 「선래비구수구」의 대표로 하는데,[6] 『십송율』 「수

5) 『십송율』 제56, 대정23권, 410쪽 a.
6) 『오분율』제15권, 대정22권, 105쪽 a, 『사분율』제32권, 대정22권, 788쪽 c, Mahāvagga, 1, 6, 32. 남전대장경 제3권, 22쪽.

구족계법受具足戒法」에서는 5비구의 기사는 없고, 지금의 십종구족十種具足에서는 5비구가 견제득도見諦得道한 것으로 수구했다고 하고 있다. 그러므로 이 5비구가 득도得道를 하여 얻었다는 생각은 「수계건도」의 견해는 아니다. 붓다의 자연득自然得도 그렇지만, 「수계건도」 후의 아비달마적인 계체사상戒體思想, 즉 도공계道共戒, 정공계定共戒의 사상이 성립되고 난 이후의 사고방식이다.

(3)의 마하깟싸빠의 자서수自誓受라는 것도 남북의 여러 율의 「수계건도」에 없다. 위에서 말했듯이, 『마하승기율』은 마하깟싸빠를 「선래구족자善來受具者」로 여기고 있고, 「수계건도」로서는 선래수구에 들어가야 하는 것으로 생각된다. 마하깟싸빠가 붓다를 만나서 입문하는 전설은, 여러 경전들이나 『비니모경』 등의 율론律論에 기록되어 있는데, 율장으로서는 유일한 기사인 『설일체유부필추니비나야』에 따르면, 광엄성의 다자탑多子塔 근처에서 가섭파迦攝波, 즉 마하깟싸빠는 붓다를 만나서 「이분은 나의 위대한 스승大師이시고, 나는 그 제자이다.」라고 크게 외치며 예경했다. 이에 응하여 붓다는 그 진실을 인정하고 「깟싸빠여. 마땅히 이처럼 배워야 한다.」라고 교계教誡하셨다고 한다.[7] 다른 경전들도 거의 같은 내용을 기록하는데,[8] 지금 『십송율』 58권은, 이 이야기 가운데 깟싸빠가 붓다께 귀의하는 이야기와 붓다의 교계 · 인가 중에서, 전반의 마하깟싸빠의 「이분은 나의 위대한 스승大師이시고, 나는 그의 제자이다.」라고 말한 붓다께 귀의하는 이야기 부분을 취하여 이를 수구受具라 보고 자서수自誓受라고 이름한 것이다. 이에 대해 『선견율

7) 『근본설일체유부필추니비나야』 제1. 대정 23권, 911쪽 b.
8) 赤沼, 『固有名詞辭典』 369쪽 참조.

비바사』에서는 이 이야기 가운데 붓다의「깟싸빠여, 마땅히 이처럼 배워야 한다.」라고 교계하신 말을 취하여 마하깟싸빠는 교계수구教誡受具를 얻었다고 하고 있다.9) 이것도 역시「수구건도受具犍度」성립 이후에 각종의 수구를 나열하고자 거론한 것뿐이다.

(4)의 소타蘇陀의 문답득問答得은, 20세 미만으로 수구를 얻은 자가 있었던 것에 대한 것이다. 소타蘇陀는 소다인蘇陀夷 Sodayin이라고 생각되는데, 상당하는 이야기로는『선견율비바사』의 여덟 가지 수구의 네 번째 문답득問答得의 소빠까須波迦 Sopāka이다.10) 이는 7살의 사미인데 열 가지 부정관不淨觀에 대한 붓다의 물음에 잘 대답했기 때문에「나는 마땅히 그대에게 수구족계受具足戒를 허락한다.」라고 하셨다고 한다.『구사론』의 열 가지 수구에도 문답득이 있는데, 이에 대한『구사론기』(光記)의 주석을 보면,「붓다는 그에게 물으셨다. "그대의 집은 어디에 있느냐?" 소다인蘇陀夷은 대답했다. "삼계가 집이 없습니다. "」라고 훌륭[善巧]하게 대답을 했다고 한다.11) 그러나『광기』는 이 훌륭한 대답이「곧 수구受具」는 아니라고 적고 있다. 그리고『광기』의 설에서는 소다인蘇陀夷이 훌륭한 대답을 하였으므로 아직 20세에 이르지 않았지만,(『광기』에 7살이라는 기록은 없다.) 재능을 인정하고 승가 대중이 갈마하여 수구하게 하였다고 한다. 그러므로 이 주석에서는 문답을 인연으로 미성년이지만 붓다는 특별히 승가 대중이 백사갈마수구白四羯磨受具를 하게 한 것이 된다. 다만 십종수구의 원의原意는「문답이 즉 수구」라고 생각해도 좋다고 생각

9) 『선견율비바사』권제7, 대정24권, 718쪽 b, Samantapāsādikā, Vol, 1, pp. 241-241.
10) 前註와 동일.
11) 『俱舍論記』(光記)권제14, 대정41권, 222쪽 b-c.

된다.

(5)의 변지邊地의 지율자오수구持律者五受具는 (10)의 백사갈마수구와 함께, 다음 항목에서 기술하는 것처럼 통상적인 수구이다. 즉 변지에서 5명 승가의 백사갈마수구이다.

(6)의 팔중법八重法은 붓다의 이모인 대애도구담미Mahāpajāpatī-Gotamī의 수구이다. 『빠알리율』에 따르면 구담미가 붓다에게 출가의 허락을 구하였지만, 그것을 쉽게 인정받지 못했다. 결국은 비구니에게만 특별한 「팔중법八重法」을 만들어, 이를 수득受得하는 것으로 구담미의 출가를 인정하셨다. 이것이 비구니의 시초이다.[12] 구담미는 그 후에 비구니의 수구법을 정비하여 먼저 비구니 승가에서 열 명 비구니의 백사갈마수구를 하고 이어서 화상니和尙尼가 수자受者를 데리고 비구 승가에서 다시 백사갈마수구를 행하게 되었다. 이것이 『선견율』에서 「팔어득구八語得具 aṭṭha vācikā-upasampadā」라 하고,[13] 『살바다비니마득륵가』에서 「이부승득二部僧得」이라고 부르는 것이다.[14] 이것이 성립되고 나서 구담미가 「이부득二部得」을 하지 않았다고 하여 그 수구가 또한 문제가 되었는데, 붓다는 구담미는 팔중법八重法을 받은 것이 수구였다고 말씀하셨으므로, 이를 「팔중법八重法의 수구」라 하는 것이다.[15] 『십송율』에서는 제40권 명비구니법明比丘尼法의 초두에 붓다가 우빨리의 물음에 대답하는 형식으로

....

12) Cullavagga, X, 1, 1-6. 남전대장경 제4권, 382쪽. 『오분율』권 제29, 대정22권, 185쪽 c, 『마하승기율』권 제30, 대정22권 471쪽 a-b, 『사분율』권 제48, 대정22권, 923쪽 b, 『십송율』 제47, 대정23권, 345쪽 b-c.

13) 前註(9)와 동일.

14) 『살바다비니마득륵가』 제5, 대정23권, 594쪽 a.

15) Cullavagga, X, 2, 1-2. 남전대장경 제4권, 383-384쪽.

「마하파사파제 구담미는 팔중법을 받았으므로 그 즉시 출가하여 구족계를 받은 것이다.」라고 하고 있다.[16] 이는 『빠알리율』과 그 밖의 「비구니건도」도 마찬가지이다.

(7)의 반가시니의 견사수구도 「비구니건도」에 나오는 것이다. 먼저 『빠알리율』에 따르면 앗다까씨半迦尸 Aḍḍhakāsī는 부녀였다. 그녀가 붓다 아래에서 직접 수구하고자 하였으나, 유자遊子가 길을 막았으므로, 심부름꾼[使]을 보내서 그 뜻을 붓다에게 고했다. 그러자 붓다는 비구들에게 알려서 「수사受使로 구족계를 주는 것」을 허락하셨고, 그리고 수사受使는 총명 유능한 비구니여야 된다고 규정하셨다.[17] 이것이 「견사수구dūtena upasampadā인데, 물론 비구니의 수구는 이부승득二部僧得이기 때문에 이는 비구니승가에서 열 명의 비구니의 백사갈마를 받은 뒤에 견사하여 비구승가에서 열 명의 비구의 백사갈마를 받을 때의 일이다. 그러나 율장에 따라서 견사의 방법에 차이가 있다. 『빠알리율』은 지금 기술한 대로이지만, 『오분율』에서는 비구니승가 10비구니 백사갈마 뒤에 수자를 남겨서 화상 · 아사리가 10비구니를 데리고 비구승가에 가서 그 백사갈마를 받고 다시 본처에 되돌아와서 수자에게 그 다음을 갈마사가 설하여 들려주게 되어 있다.[18] 이는 『빠알리율』이 한 명의 비구니를 파견하는 것으로 보이는 것과는 다르다. 『사분율』 48권 「비구니건도」의 견사수구는 앗다까씨 비구니가 아니라 사이구리舍夷拘梨 비구니들의 인연으로 되어 있는데, 견사도 비구니승가에서 한 사람 또

....

16) 『십송율』권 제41, 대정23권, 290쪽 c.
17) Cullavagga, X, 22, 1-3. 남전대장경 제4권, 412-413쪽.
18) 『오분율』권제29, 대정22권, 189쪽 a-b.

는 두세 명의 비구니를 「백이갈마」로 지명하여 비구승가로 보내도록 하고 있다.[19] 『마하승기율』의 30권에서는 비구니의 수구를 비구니갈마와 비구승갈마의 「이부승득」이라 하고, 견사수구의 경우는 비구니승가 10중 백사갈마 후에, 화상 비구니가 비구승가로 출향하여 수구하는 것으로 하고 있다.[20] 그리고 이 율에서 견사수구는 법예法預 비구니가 제자를 위해 견사가 되어 수구한 인연을 설하고 있다. 마지막으로 『십송율』에서는 앗다까씨의 인연과 그 견사가 비구승가에 걸계乞戒하는 문장만 있고 견사의 자격 규정은 없이 가장 소박하고 간단하게 서술하고 있다.[21]

그리고 위에서 살펴본 바와 같이 확실한 것은 견사수구는 비구니 이부승득 중 후반 비구승득 부분을 견사수구하는 것인데, 그 견사에 대해서는 이미 기술한 바로 알 수 있듯이 『십송율』은 다만 수자의 견사로서 수자가 보낸 사使라고 읽도록 기록하고, 『빠알리율』은 견사의 자격을 총명 유능한 비구니로 정할 뿐이지만, 이것도 수자가 보낸 사라고 해석할 수 있다. 이에 반해 『사분율』에서는 비구니승가가 백이갈마白二羯磨에서 차출한 한 명 또는 두세 명의 견사이다. 『마하승기율』에서는 수자의 화상니가 견사가 된다고 한다. 그리고 『오분율』이 가장 중대하게 취급하여 화상니 · 아사리니가 수자를 남겨두고 비구니승가 갈마에 참가한 10비구니 전부를 견사로 하여 비구승가 수구를 받는다고 하고 있다. 그리고 아마도 이들 율장의 견사수구 기사는 견사수구가 특별한 수구의 일종이라 여겨지기에 이르고 나서, 견사를 합리화

19) 『사분율』권제49권, 대정22권, 926쪽 b-c.
21) 『십송율』권제31, 대정23권, 295쪽 b.

할 목적으로 지금 기술한 순서대로 점차 늘여온 것으로 볼 수 있다.

(8)의 「선래수구」와 (9)의 「삼창(삼귀)수구」는 앞에 기술한 바와 같고, (10)의 백사갈마수구는 「수계건도」의 정식 수구이고, 이에 관해서는 항을 새롭게 하여 기술하기로 한다.

이상 10종 수구는 『십송율』의 「부수」라고 보아야 할 「비니송」이 율장 내외에서 수구에 관한 10종을 열거한 것이다. 이 10종 중에서 (1)·(2)·(3) 셋은 율장 외의 소전에서, 다른 7종은 율장 내의 것을 모아서 「10종 수구」로 한 것이다. 그리고 이것이 부파시대의 유부계 전승임은 『구사론』 등에도 기록되어 있고, 다음에 나타내는 표로도 생각할 수 있는 일이다. 『십송율』의 10종 수구와 동류의 것은 이미 언급한 것도 있지만 『비니모경』의 비구 5종, 비구니 4종의 「9종 수구」[22], 『선견율비바사』의 「8종 수구」,[23] 『율이십이명료론』의 「9종 원덕圓德」,[24] 『살바다비니비바사』의 「7종 득계」,[25] 『살바다비니마득륵가』의 「10종 구족계」,[26] 『근본설일체유부비나야송』,[27] 『구사론』14권, 『순정리론』 37권[28] 등의 「10종 구족」이다. 지금 이들 중에서 먼저 처음으로 유부(살바다) 계통의

22) 『비니모경』제1, 대정24권, 801쪽 b.
23) 『선견율』권7, 대정24권, 718쪽 b-c.
24) 『율이십이명료론』, 대정24권, 668쪽 c.
25) 『살바다비니비바사』권2, 대정23권, 511쪽 a.
26) 『살바다비니마득륵가』권5, 대정23권, 594쪽 a.
27) 『근본설일체유부비나야』송』권상, 대정24권, 618쪽 b.
28) 『아비달마구사론』제14권, 대정29권, 74쪽 b-c, 『잡아비담심론』권3, 대정28권, 890쪽 c, 『아비달마순정리론』권37, 대정29권, 551쪽 a-b.
29) 『십송율』권56, 대정23권, 410상, 『근본설일체유부비나야』송 권상, 대정24권, 618쪽 b, 『구사론』 14권, 대정29권, 74쪽 b-c, 『살바다비니비바사』권2, 대정23권, 511쪽 a, 『살바다비니마득륵가』권5, 대정23권, 594쪽 a.

것을 비교 표시하면 다음과 같이 된다.[29]

十誦律	有部毘奈耶	俱舍論	毘尼毘婆娑	毘尼摩得勒迦
1 自然得	1 自覺	1 自然		1 無師
2 得道得	2 定道	2 入正性離性	1 見諦	2 見諦
3 自誓得	6 敬師	4 信受爲大師	5 自誓	5 自誓
4 問答得	7 問答	5 善巧酬答		3 問答
5 五衆得	8 充五	8 持律第五		6 五衆
6 重法得	9 八敬法	6 八尊重法	6 八法	8 八重
7 遣使得	4 遣使	7 遣使		9 遣使
8 善來得	5 善來	3 善來苾芻	2 善來	
9 三歸得	3 從歸	10 三歸	3 三語 4 三歸	4 三歸
10 白四羯磨	10 白四	9 十衆	7 白四	7 十衆
				10 二部僧得

이 표의 석존의 「자연득」과 5비구의 「득도득」은 이 계통 사고방식의 특징을 이루는 것이다. 다음 표에 보듯이 정량부正量部의 『이십이명료론』에 제불과 독각의 자연득을 기록하지만, 석존의 자연득은 아니다. 5비구의 득도득을 인정하고, 선래비구수구에서 제외하는 것도 이 계통뿐이다. 또 삼귀수구는 『빠알리율』에서도 『십송율』에서도 몇 명이 삼귀수구했다고 하고 인명을 적지 않는데, 『구사론』은 「60현부賢部가 함께 모여서 구계를 받은 것을 말한다.」라고 하고 있다.[30] 이 60명은 『빠알리율』 등의 야사와 그 친구 54명에 상당한다고 생각하지만, 수는 맞지 않다. 다음으로 『근본유부비나야송』에서는 「5명의 현부賢部 모든 정

30) 주28 참조.

심淨心은 그들 모두 귀의에 따라서 얻는다.」[31]라고 적고 있다. 이는 야사와 4명의 친구를 가리키는 것이다. 이들은 『빠알리율』이나 『사분율』에서는 모두 「선래비구수구」로 되어 있다. 『비니마득륵가』가 선래비구수구를 제외하고, 백사갈마의 일종인 비구니의 이부승득을 넣고 있는 것은 주목할 만하다. 선래비구수구는 붓다가 입멸한 후에는 전설화되어 존재하지 않았던 것이고, 마침내 나열할 수 없게 되자, 10종 수구를 갖추기 위해 「비구니건도」로부터 이부승득을 도입하여 세었다고 볼 수 있다. 이 계통은 선래비구수구의 대표라고도 볼 수 있는 5비구나 야사를 득도득, 삼귀득으로 하는 것으로 보아 선래비구수구를 경시하고, 이윽고 무시하기에 이르렀다고도 볼 수 있다. 견사득은 위에서 언급한 것처럼 『십송율』에는 앗다까씨의 인연에서 설하지만 『유부비나야송』은 법예法預라고 하고,[32] 『구사론』은 법수니法授尼 Dharmadinna라 하여,[33] 위에서 언급한 『마하승기율』의 법예 제자라는 것에 가깝다.[34] 이 인연의 변화는 어떻게 이해해야 할까? 그다지 중요한 의미는 없다고 생각할 수밖에 없다. 또한 『비니비바사』의 「삼어三語」와 「삼귀三歸」의 구별은 필자가 알 수 없어 같은 곳에 두었다.

다음으로 앞에서 언급한 「유부」 이외의 율론의 수구를 『십송율』을 기준으로 하여 기록하면 다음과 같다.[35]

31) 주29 참조.
32) 상동 참조.
33) 상동 참조.
34) 주20 참조.
35) 『선견율비바사』 제7권, 대정24권, 718쪽 b, Samantapāsādikā, Vol.1, p.241. 『비니모경』 제1, 대정24권, 801쪽 b, 『율이십이명료론』, 대정24권, 608쪽 c.

十誦律	善見律	毘尼母經		律二十二明了論	
		比丘(5)	比丘尼(5)	比丘	比丘尼
1 自然				諸佛得	
2 得道		立善法		獨覺得	
3 自誓	3 受教誡				
4 問答	4 問答	4 勅聽			
5 五衆				3 略羯磨	
6 重法	5 重法		1 資教		
7 遣使	6 遣使		3 遣使		2 遣使
8 善來	1 善來	1 善來	4 善來	1 善來	1 善來
9 三歸	2 三歸	2 三語		2 三歸	
10 白四	8 白四	3 白四	2 白四	4 應羯磨	3 應羯磨
	7 八語	5 上受具	5 上受具		

유부계有部系와의 차이점을 밝히기 위해 『십송율』의 10종 수구를 덧붙여 기록한 것인데, 이 표에서 특징적인 것은 『십송율』의 자연득과 득도득이 없다. 무엇보다 『이십이명료론』은 원덕圓德(수구)에 두 가지를 크게 구별하여 율장 중의 비구 4종, 비구니 3종은 타인으로부터 받는 것이므로 의타원덕依他圓德이라 하고, 이 외에 모든 자연득에 상당하는 것으로서 독각獨覺은 유량有量공덕으로, 제불諸佛은 무량無量공덕으로 지득至得하는 두 가지 득得이 있다고 한다.[36] 그래서 「붓다 석존」이라 하지 않지만 제불의 무량공덕바라밀로 지득至得이라 하는 것은 『십송율』 등의 자연득에 상당하고, 5비구는 성문으로 독각은 아니지만 독각의 유량공덕지득을 억지로 배당하면 『십송율』등의 득도득에 배당할 수 있게 된다. 아마 정량부는 아비달마적인 관점에서 이 두 가지를 더한 것

36) 『율이십이명료론』, 대정24권, 668쪽 c.

으로 볼 수 있다. 그리고 율장적인 수구로서는 이 논論은 승가에 의한 약갈마略羯磨(邊地五衆)수구와 광갈마廣羯磨(十衆)수구와 『빠알리율』·『사분율』·『십송율』이 십중수구 이전의 것으로서 인정하는 비구에 의한「삼귀수구」와 붓다에 의한「선래수구」를 인정하고, 비구니에게는 비구니승가 성립은 삼귀수구 폐지 이후로 보고 이것이 없으며, 또 오중수구는 이부승득하는 비구니에게 없다고 여겨,「선래」와「광갈마십중이부승득」과「비구니 특례견사수구」셋을 비구니의 수구로 한다. 율론으로서『명료론』의 본명本命은 이 비구·비구니의 7종이고, 십송율류流로 정리하여 말하면 약略갈마·견사·선래·삼귀·광廣갈마의 5종이다.

『선견율』의 8종 중에 세 번째 수교계수구受教誡受具[37]는 앞에서『십송율』의 10종 수구의「자서수구」때에 기술한 바와 같이 마하깟싸빠와 붓다와의 만남의 전설로 마하깟싸빠와 붓다가 교환한 말 중에「나는 붓다를 스승으로 삼고, 나는 제자이다.」라고 한 깟싸빠의 말을 수구로서 거론한 것인데 유부계(前表)의 자서득이고「이처럼 마땅히 익혀야 한다.」라는 붓다의 말을 수구로서 거론한 것은『선견율』의 수교계수구受教誡受具 ovādapaṭiggahaṇa-upsasmpadā이다. 다음으로『선견율』의 문답득의 사미의 이름이 다른 율과 달랐던 소빠까Sopāka였던 것은 앞에『십송율』의 십종수구 부분에서 기술했다.

그 밖에 중법·견사·선래·삼귀는 율장에서 설하는 것과 달리 변한 부분이 없고, 팔어득八語得이란 비구니수구가 비구니승가와 비구승가에서 두 번 백사수구하므로 팔어득八語得이라 명명되어 있다.

『비니모경』[38]의 비구 칙청수구勅聽受具는 소다야 사미의 문답득인데,

37) 주35의『선견율』과 동일.

그러나 이 칙청 부분은 「만약 의혹이 있으면 여래에게 마음대로 와서 물으라」라고 하고, 그에 이어 「또한 곧 계를 주어 바로 구족계를 얻게 하였다亦與戒卽得具足」라고 하여[39] 내문來問을 칙청勅聽한 것이 여계與戒에서 득수구得受具인지, 칙청勅聽한 것이 계를 주었으므로 득수구得受具인지는 불분명하다. 앞에 기술한 바와 같이 『빠알리율』은 후자였다. 이상의 이외에서는 다른 율에는 없는 것으로서 가장 높은 수구上受具가 비구나 비구니에게도 있으나, 이것은 「어떤 사람이 모든 번뇌를 다했으나 아직 만20세가 되지 않았는데 이미 구족계를 받으니, 곧 비구법 가운데서 스스로 의심을 내었다. 같이 사는 모든 비구들도 그가 의심하는 것을 알고 세존께 나아가 아뢰니, 세존께서 이 번뇌가 다한 비구에게 말씀하셨다. "너는 모태 속의 나이를 세고 나아가 윤달에 이르기까지 모두 세면 차는가, 차지 않는가?" "차지 않습니다." 부처님께서 곧 여러 비구에게 물으셨다. "이 비구는 아라한과를 증득했는가?" 여러 비구들이 부처님께 아뢰었다. "아라한과를 얻었습니다." 부처님께서 말씀하셨다. "이 아라한과를 얻은 것을 바로 가장 높은 수구라 하는 것이니라."」라고 설명하고 있다.[40] 이는 20세 미만이더라도 아라한과를 얻은 자는 가장 높은 수구上受具로 하겠지만, 그러나 이것도 이해 불가능한 부분이 있다. 번뇌가 다한 자는 20세 미만이라도 수구시킨다는 것인지, 20미만 수구는 무효이지만 누진하는 것이 곧 가장 높은 수구上受具라는 것인지는 명확하지 않다. 지금의 설명으로 보면 전자의 의

38) 주35의 『비니모경』과 동일.
39) 『비니모경』제1권, 대정24권, 803쪽 a.
40) 상동.

미를 취하고 싶지만, 비구니 수구를 설명하는 부분에서「가장 높은 수구上受具라는 것은 모든 유루有漏를 다하여 아라한이 되는 것이니, 앞의 사미와 같다. 비록 아직 만 20세가 되지 않았을지라도 아라한과를 증득했기 때문에 이름하여 가장 높은 수구라 한다. 이것은 비구니도 또한 이와 같으니, 이것을 가장 높은 수구 한다.」라고 설명하는 것에 따르면 후자의 의미라고 해야 할 것이다. 만약 후자의 의미로 하면 이는 『십송율』등의 득도득이다.

『비니모경』은 비구와 비구니의 각각 오종수구 외에 다른 데에 없는 입선법상수구立善法上受具를 설하고 있다.[41] 이것의 인연사로서는 마하깟싸빠 수구이다. 마하깟싸빠의 수구는 이미 기술한 바와 같이 붓다와 마하깟싸빠의 다자탑 아래에서의 만남에 대해서『십송율』의 유부계에서는 마하깟싸빠의 말에 중점을 두고 자서득으로 행하고,『빠알리율』계통의『선견율』은 붓다의 말에 대해서 교훈수구로 하고 있다. 지금 이 경에서는 마하깟싸빠 즉 삡팔리Pipphali 동자는 붓다의 가르침을 듣고 오법득도悟法得道하여 수다원과를 얻고 나서「세존은 나의 스승이시고, 나는 성문 제자입니다.」라고 말하였는데 그것에 대해 붓다는 사념처 이하 법을 설했다고 한다. 그리고 동자는 이를 듣고 8일째에 아라한과를 얻었는데 이에 관해서 붓다는「깊이 무생을 깨달아 아라한과를 얻었으니, 곧 이것이 구족계를 받은 것이다.」라고 하고 있다. 그리고 또 붓다는「과거의 제불도 미래의 제불도 모두 입선근상수구이다. 나는 지금도 또한 이를 입선근상수구라 이름한다.」라고 하고 있다. 따라서 이 인연을 보면 실질은 앞에서 언급한「가장 높은 수구」에

41) 상동, 803쪽 c-804쪽 c.

가깝고 『십송율』 등에서 5비구의 「득도득」과 같으며, 과거불이나 미래불도 입선근상수구라고 기술하는 점에서는 붓다의 「자연득」에 배속시켜도 좋을 것처럼 보인다.

이상의 8종 · 10종 등의 수구는 모두 『빠알리율』 · 『사분율』 · 『오분율』 · 『십송율』의 원형 율장 혹은 「수계건도」 성립 이후의 세는 방법이다. 「수계건도」는 다음에 기술할 백사갈마에 의한 10중 수구의 성립과 그 집행법을 상세하게 설명하는 것을 목적으로 하는 것이다. 「수계건도」에 기록되지 않는 수구도 열거하여 8종 · 10종인 것은 율장 완성 후의 율론에 이르러서이다. 앞에서 언급한 『구사론』 등이 「모든 비나야의 비바사사毘婆沙師 Vinaya-vaibhāṣika는 '10종 구계'를 얻는 법이 있다고 말한다.」라는 것은[42] 경에 대한 아비달마비바사론사인 비바사사가 있는 것처럼, 율에 대한 율비바사론사律毘婆沙論師가 있었음도 알 수 있다. 그리고 율에 대한 논장이 율의 부수 부분이며, 『살바다비니비바사』나 『선견율비바사』나 그 밖의 율론이라고 볼 수 있지만 10종 수구의 전형적인 것을 설하는 『십송율』의 「비니송」도 이것임에 틀림이 없다. 물론 붓다 자구족이나 5비구의 득도득이나 마하깟싸빠의 자서득과 같은 것을 생각하게 한 것은, 다음에 기술하듯이 『대반열반경』과 같다고 해도, 아비달마 논사가 수구受具를 신성시하고 불교자로 하여금 불교자가 되게 하는 것으로 실체시하는 생각이 의미를 부여한 것일 것이다. 이는 또한 계 · 정 · 혜 삼학 사상이 계의 개념을 구체적인 비구계로부터 추상화하여, 정 · 혜의 2학을 발생시키는 수도의 실체로서의 체를 이루는 것과 상응한다고 생각된다. 특히 붓다의 자구득이나 득도득이 유부계

42) 주28의 『아비달마구사론』과 동일.

의 율론에 많은데, 유부 이외의 것으로서는 정량부의 『율이십이명료론』에 제불 · 독각의 공덕득功德得이 있다. 이것도 아비달마적인 생각이고 유부로부터 영향을 받은 것으로 생각된다. 유부의 아비달마는 무표색無表色을 설하고, 그것에 의해 계의 공덕을 실체화한 것이다. 공덕의 실체를 계라는 것에서부터 그 실체의 신성시로 나아가고, 그것이 욕계의 「별해탈율의」와 색계의 「정공계」 두 가지 유루계와, 무루계인 「도공계」의 고찰로 되어, 수구에도 「자연득自然得」, 「견제득見諦得」을 생각하지 않으면 안 되게 되었다고 생각된다.

그러나 율장은 정공계나 도공계를 모른다. 비구계는 붓다 아래에 집합한 자의 생활을 출가자적으로 규제하고 있을 뿐이었다. 그러나 붓다가 입멸하신 뒤, 예를 들어, 『대반열반경』과 같이, 붓다가 법과 율을 설하였으나 승가는 붓다에게 의존한 것은 아니고, 따라서 붓다도 출가자로서는 법과 율을 따르는 한 사람이었다고 하는 생각이 생긴다면, 붓다의 「자연득」과 같은 생각은 「도구계道具戒」 등의 이전에 이 『대반열반경』의 생각에 이어 생기는 것이라고 여겨져, 발상의 기원은 오래되었다고 볼 수 있지만, 그 무표색 등에 의한 이론화는 성전사聖典史의 입장에서는 경 · 율의 2장보다 늦은 논장시대의 산물이라 보아야 한다.

이상 10종 수구와 같은 것을 기술한 것은 우파삼파다, 즉 수구는 처음에도 말했듯이, 실제상으로는 수계와 동일한 결과가 되지만 형식은 비구계 수수授受가 아님을 알기 위해서이다. 수계라는 말이 계체 발득의 의미가 되어, 정공 · 도공계와 같이 선정이나 성도聖道에 입득入得하면 그것이 즉 일종의 수구로 득계가 된다고 하는 것, 이는 붓다의 자연득과 5비구의 득도득과 같은 것이지만, 이러한 개념으로 의미가 붙여진 것은 수계가 수구와 동일시되었다는 데에 근거한다. 그리고 수구의 의미가 수계의 의미로 연결되어 있는 데서 계의 형이상학적 의미 성립이 있었던 것으로 보인다. 어쨌든 수구는 「승가의 일원이 되는 것」을 얻는 것이다.

3. 백사갈마수구白四羯磨受具

율장의 「수계건도」는 비구가 구족계를 받은[受具] 방법을 명확하게 하는 것이다. 수구는 백사갈마로 행하여지지만, 「수계건도」는 이 수구가 성립하는 과정에 불교 승가의 창립 당초부터 붓다의 선래수구가 있었고, 혹은 극히 조기에 비구에 의한 「삼귀수구」가 인정되었던 것을 전한다. 이에 대해서는 이미 말한 바와 같고 동시에 율론 등의 기타 10종수구를 말해 수구의 의미도 분명히 했다.[1]

백사갈마수구는 붓다의 선래비구수구와 달리 승가가 새로 발심한 이를 비구로 인정하여 승가의 일원으로 만드는 것이다. 『십송율』56권 「비니송」의 10종 수구 설명에서는 붓다의 선래비구수구는 붓다 재세 동안에는 백사갈마수구의 성립 전이나 후에도 유효했다고 하고 있으며,[2] 앞에 말한 율론의 각종 수구도 이를 인정하고 있다. 그러나 각종 율장의 「수계건도」는 백사갈마수구의 성립을 설명하는 것을 목적으로 하는 것으로 성립 이후에도 선래수구 등이 행하여졌는지 여부를 논하지 않으므로 불분명하다.

1) 前項 참조.
2) 『십송율』제16권, 대정23권, 410상.

그러나 디가니까야 『대반열반경』에는 붓다의 최후 제자 수밧다Subhadda의 출가에 대해서 그는 유행자였으므로 붓다는 4개월의 별주 후에 「비구들의 동의가 있으면 비구의 수행을 위해 출가시켜서 구족계를 받게 해야」함을 말하고, 덧붙여서 별주에 대해서는 개인적인 고려를 인정한다고 하고 있다. 결국 마지막에 수밧다는 별주를 면제받아서 수구를 하게 되는데, 그때 붓다는 「아난다여. 출가시켜라」라고 하고 있다.[3] 임종이 가까운 붓다가 직접 「선래비구」라고 하지는 않는다. 이런 경우야말로 선래비구라는 「일어 수구一語 受具」가 가장 적당하다고 생각하지만, 이 경에 그와 같이 기록되어 있지 않기 때문에 수밧다는 아난다를 화상으로 하여 백사갈마수구를 한 것으로 보아야 할 것이다. 이즈음에 10비구 승가가 성립하였는가를 물어야겠지만, 이는 붓다가 이 전후에 「비구들이여.」라고 부르고 있었기 때문에 다수 비구가 있어서 성립되었다고 간주한 것으로 보인다. 「대건도」의 기술 순서로 말하면 백사갈마수구는 화상법에 이어지는 것으로, 백사갈마수구 전에 화상법이 성립되어 있었던 것이 된다. 그리고 비구가 되려면 먼저 화상을 구하고, 화상으로부터 승가를 통하여 수구하게 되기 때문에 「수계건도」로서는 백사갈마수구 이후는 선래비구수구는 사용되지 않고, 이전에 붓다가 선래수구한 것과 마찬가지 경우에는 수밧다처럼 제자에게 명하여 화상이 되게 하고 백사수구를 한 것으로 보이며, 적어도 율장의 생각은 그랬다고 보아야 한다. 예를 들어, 『십송율』의 「부수」라고 해야 할 56권 「비니송」에서 선래비구수구는 백사갈마수구 후에도 유효하였다고 하여 붓다 생애를 통하여 행해진 것처럼 설하는데,[4] 그 이

3) Mahāparinibāna-suttanta, V, 28-30. 남전대장경 제7권, 140-141쪽.

유로「무엇인가 이유가 있으면 불법왕佛法王 스스로 수계受戒를 준다. 학지學地에 있어서 명종命終하는 일이 없으므로」라고 한다. 후반구의 의미는 필자에게 분명하지 않지만, 전반구는 붓다는 법왕으로 전능자全能者라는 생각에 기초하고 있다. 이에 반하여 율장은『대반열반경』과 동조同調로 붓다는 깨달은 자로서 법과 율을 설하였지만, 출가자로서는 승가의 일원으로서 살아가는 자이지 승가의 지배자는 아니었다는 법률중심주의에 서 있다.[5] 그러므로 붓다가 전능자라는 생각은 그 이후의 것으로『십송율』56권이「붓다는 전능자」라는 두드러진 이유를 붙이고 있지만, 이 부분은『십송율』성립 뒤에 더해진 것임을 의미한다. 어느 쪽이든 수구는 백사갈마수구 성립 이후에는 이를 정규로서, 앞에서 본 팔중법이나 문답에 의한 사미 수구가 설령 있었다 하더라도 그 설명에 있듯이 붓다가 특별히 인정한 한 번만의 특례이거나 백사갈마수구를 한 번 일부 변경한 것에 지나지 않는다.

그래서 지금 백사갈마수구에 대해서『빠알리율』「마하박가」의「대건도」,『마하승기율』제23권 잡송발거의 초부初部,『미사새오분율』의 수계법,『사분율』의「수계건도」,『십송율』의「수구족계법」에 있는 백사갈마의 수구 순서를 기록하는 것으로 하겠다.[6] 이 5종의 율은 그 기술에는 광·략의 차이가 있는데, 특별히 한역의 4율에 대해서는 중국·한국·일본의 고대 율학은 광략을 서로 보충하는 하나一本의 수구 제도라 여겨져 온 것이다. 그러나 본래는 따로 독립된 것으로, 그 차이가

4) 주(2)와 동일.

5) Mahāparinibānasuttanta,II, 25. 남전대장경 제7권, 67-68쪽.

6) Mahāvagga,I,28,1-5.『마하승기율』제23권, 대정22권, 412쪽 이하,『오분율』제5권, 대정22권, 101쪽 이하,『사분율』제31권, 대정22권, 779쪽 이하,『십송율』21권, 대정23권, 148쪽 이하.

소전 부파의 특상을 이루는 것이다. 그럼에도 불구하고『빠알리율』도 더하여 5종의 차이를 분명하게 밝히는 것이, 이들 5율에 공통적인 형식을 - 그것이 이 5율에 공통된 원형이라 보는 것이지만 - 분명히 하는 것이 된다고 생각된다. 지금 그러한 사고방식으로 수구 순서부터 기술하겠다.

(1) 계단戒壇

수구는 비구지원자가 있음에 따라서 수시로 행하여졌다고 생각하지만, 이 일에 대해서는 어느 율에도 기록되어 있지 않다. 다만『오분율』에는

「여러 명이 있었는데, 구족계를 받고자 원해도 여법하게 10비구를 모을 수 없어서 이 생각을 했다. '만약 세존이 나에게 포살시 · 자자시 · 승자집시僧自集時에 구족계를 받는 것을 허락하셨더라면 이러한 고생은 없을 것이다.' 이를 붓다에게 아뢰니, 붓다가 이르기를 '포살시 · 자자시 · 승자집시에 구족계 받는 것을 허락한다.'」

라는 기사가 있다.[7] 이는 수구는 필요에 따라서 수시로 행하여져

7)『오분율』제16권, 대정2권, 111쪽 c. 본 譯文은 西本龍山역『국역일체경 · 율부14』36쪽에 의한다.

야 함을 나타내고 있다. 그러나 10비구의 집합을 얻기 어려우므로 포살식 날이나 자자 날과 같이 비구가 반드시 모이는 날에 행하는 것을 인정했다는 기사이다. 이 중에서 승자집시라는 것은 포살이나 자자 이외에 비구승가가 모이는 행사가 있을 때의 의미라고 생각된다. 그리고 이 기사는 10비구 집합의 곤란함을 나타내고 있는 것이지만, 수구 본래의 형태로 보면 10승이 모였다고 해서 그것으로 수구를 할 수 있는 것은 아니다. 수구는 행할 수 있는 것은 10비구 이상의 현전승가sammukhībhūta-saṁgha 전원 출석이고, 원칙으로는 15인 비구가 있는 현전승가에서 10비구가 대표가 되어 수구해도 무효이다.

현전승가는 매 반월 포살에 집합하는 비구의 주처를 포함하는 지역을 하나의 결계로 하여 한 경계 1현전승가가 결성된다. 이에 관해서는 별도로 기술하겠다.[8] 현전승가가 성립하는 것은 계내 전 비구가 즉 계내에 사는 비구는 물론 그때 그 계내에 유행 또는 유행으로 들어온 비구도 모두가 결석 없이 집합하고, 병으로 불참한 자는 다른 비구에게 미리 여욕與欲을 해야 하며, 그 밖의 불참자가 없고 또 무자격자, 예를 들어, 유죄비구도 없음이 분명하다고 여겨졌을 때이다. 이렇게 현전승가가 성립하였을 때 비로소 포살이나 수구나 그 밖의 행사 즉 갈마를 행할 수 있다. 따라서 계내에서 단지 10비구가 모이더라도 그것이 계내의 전 비구로 확인되지 않을 때는 별중別衆이 되고, 별중갈마vaggakamma는 모두 무효이다.[9] 제2결집에서 비법非法으로 부정된 10사事 가운데 주처정은 이 별중갈마를 인정하고자 한 것이었다.[10]

8) 제4장 277쪽 참조. 平川 彰 「원시불교의 연구」311쪽 「현전승가의 의미」참조.
9) 제4부 · 3 「결의 형식」참조.

경계界 sīmā는 행정구역이나 자연 지형을 계상界相 nimitta에 따라서 지정하여 그 경계를 명확하게 하고,[11] 경계 안antosīmā을 한 현전승가 한 경계로 한 것이다. 그리고 이 계내는『오분율』의 말로 하면 공주共住 · 공포살共布薩 · 공시共施이다. 공주는 그 계내에 함께 주처를 가지는 것, 공포살은 그 계내의 한 포살장에 모여서 포살을 하는 것, 공시란 함께 그 계내에서 걸식하고 수시受施하며 살아가는 것으로, 이 셋은 한 경계 한 승가의 상징이다. 그런데 간단한 행사는 4인승가로도 결정할 수 있지만, 계내에서 그것을 행하면 별중갈마가 되어 처벌받기 때문에, 이럴 때 동지同志가 경계 밖에 나가서 새로운 승가가 되어 행하면 합법이게 된다. 이는 사실상 승가를 분열하는 것에 불과하지만, 그러나 이 방법을 선의로 이용하여 별중 수구를 승가 수구로 합법화하는 것이 계단의 결계이다.

『오분율』은 10비구가 모여서 수구할 때는, 그것이 별중갈마가 되지 않고, 유효한 현전승가의 갈마가 되기 위해 소계小界를 일시적으로 결계하고, 그 안에서 행하는 것을 기술하고 있다.[12] 일반적으로 행정구역이나 산림 등을 계상界相으로 정한 경계는 자연계이고, 계단이 없는 경계로 무장대계無場大界라고도 불리지만, 그 대계大界 안에 일정한 지역을 잘라서 소계小界, 즉 계단을 결계하고 그 소계의 주위에 공간을 둘러 에워싸게 하여 밖의 자연계와 별도의 것으로 하는 것이다. 이러한 소계를 가지는, 즉 안에 계단이 있는 자연계를 유장대계有場大界라고

---

10) 제8장 · 2「제2결집의 십사」595쪽 이하 참조.

11) Mahāvagga, II, 6, 1-2. 남전대장경 제3권, 188쪽.『오분율』제18권, 대정22권, 124쪽 a.

12)『오분율』제16권, 대정22권, 111쪽 c.

부르는데, 『오분율』은 이에 관해서 다음과 같이 기술한다.

> 「붓다가 말씀하셨다. 마땅히 경계 밖에 나가서 백이갈마白二羯磨로써 소계를 만들어 수계해야 한다. 먼저 마땅히 한 비구 A는 사방의 계상을 말하고, 한 비구 B는 말해야 한다. '대덕승가는 들으십시오. 모비구 A가 말한 계상界相과 같이 이제 승가는 계단을 결작結作하여 공주 · 공포살 · 공시를 얻게 하고자 합니다. 만약 승가가 때에 이르렀다면 승가는 승인하십시오. 이처럼 사룁니다.」[13]

이 중 경계 밖[界外]에 「나가서」라는 것은 소계小界 안에 「들어가서」라는 의미이다. 경계 안에 구절區切한 소계는 주변을 대상으로 경계界로부터 반연을 끊는 공지로 취하므로, 이 소계는 경계界와는 절연한 다른 경계別界 즉 경계 밖界外이라고 볼 수 있다. 그리고 이 계외인 소계 가운데 사방으로 계상界相을 설정하여 그것을 결한 경계 안이 계단戒壇이라고 선언하는 것이다. 계단戒壇 sīmāmaṇḍala은 경계界 또는 경계 안境內이란 의미인데, 계단이라 번역한 것은 그렇게 결계하는 것은 주로 수구에 이용하기 위해서 라고 생각하겠지만, 후에도 기술하듯이 『마하승기율』에서는 급하게 승가갈마가 필요한 때에도 사용하는 지역이었다.[14] 그리고 이 계단이라 불리는 소지역은 21명이 들어가도 좋을 듯한 넓이의 것이지만 이 지역내를 1현전승가 계의 의미가 있게 하려고

13) 상동.
14) 西本龍山譯 『국역일체경 · 율부8』 『마하승기율』 제8권 273쪽, 주77 참조.

백문白文은 계의 상징인 공주 · 공포시 · 공시를 행하는 경계로 삼아서 결정할 것을 요청하고 있다. 그리고『오분율』에서는 이 계단은 수구가 끝나면 반드시 해사解捨하여 없애야 한다고 한다.「대덕승가는 들으십시오. 이 결계의 장소를 승가는 이제 해계解界하여 버리고자 합니다. 만약 승가가 때에 이르렀다면 승인하고 허락하십시오.」라는 것이 백문白文이고, 백이갈마로 해사解捨된다고 한다.[15]

이상『오분율』과 같이 소계에 계단을 결하여 수구한다면 10비구만 모이면 언제든지 계단 내는 합법적인 경계界이고, 그곳에 있는 비구의 모임은 일시적으로 동일포살 · 동일계주 · 동일시의 현전승가를 성립하게 되어 수구는 가능하다.

『오분율』과 비슷한 소계를 결하는 것은『마하승기율』제8권 사타「장의계長衣戒」의 분별에 부당소지한 옷을 버릴 경우의 현전승가 계장界場이 기록되어 있다.[16] 사타죄의 물건을 버리는 것[捨物]은 4인승가로 된다. 그리고

> 「옷을 버리고자[捨衣] 하면 마땅히 지율 비구로서 갈마를 잘하는 사람을 구하고, 모든 지식知識 비구를 청하여 경계 밖에 나가야 하고, 만약 계장이 없을 때는 마땅히 소계를 결해야 한다.」

라고 하며 갈마법을 기술하고 있으나, 그 넓이에 대해서는「그곳에 승의 좌처 바깥 1심尋 이내에 한하여」라고 하고 있다.[17] 이 인용문

15) 주12의 연문.
16)『마하승기율』제8권, 대정22권, 293쪽 b.

중에「만약 계장이 없을 때는」이라 하여, 임시로 결계하는 것 외에 상설 계장이 있음을 나타내고 있고, 그러한 것이 있는 곳에서는 그 안에 들어가서 네 명 이상의 비구가 그 안을 1계로서 사의捨衣 등을 행하면 된다. 그리고 이 상설 계장界場에 상당하는 것을 이 율에서는 계장戒場이라고도 부르고 있다. 아마도 계단戒壇과 같은 문자의 원어라고 생각된다. 제16권 단타33 부작잔식법不作殘食法의 분별 중에서 20살 이상의 사미에게 급하게 수구하게 하여 잔식법을 행하게 하는 응급 수단을 설하는데, 그럴 때는「계장 위에 [그 사미를] 데리고 가서 수구족을 주고 가르쳐서 잔식법을 행하게 한다.」라고 기록하고 있다[18] 이에 따르면 응급으로 사용할 수 있는 상설적 계장이 있음을 알 수 있다. 또 제26권 중에서 승가바시사[僧殘]를 범한 자가 별주를 구했을 때도 동의비구를 데리고「계단 위에 이르러 구청갈마를 행한다.」[19]라고도 하고 있으므로, 앞에서도 말했듯이 계장은 수구뿐만 아니라 사타죄 출죄, 사의捨衣 등을 위해서 승가바시사의 복죄나 출죄를 위해서도, 분명 이외의 승가갈마를 하는 데도 사용하도록 상설적인 장소가 계외 용지로서 설치되어 있었음을 알 수 있다.

지금 기술한 것과 같이『오분율』의 계단과『마하승기율』의 계장은『빠알리율』등 다른 율장이 모르는 부분이다. 계내의 모든 비구가 집합이 가능하다면 계界가 계장戒場이 되므로, 특별히 계장을 필요로 하지 않는다. 물론 이른 시대에 있었다고는 여겨지지 않는다. 계界의 결

17) 전과 동일
18)『마하승기율』제8권, 대정22권, 356쪽 b.
19)『마하승기율』제26권, 대정22권, 436쪽 b.

계結界는 현전승가의 성립이 가능한 범위에서, 건널 수 없는 강 등을 배제하고 집합에 편리하도록 지역을 구분하여 계界를 맺고 있는 것이다. 비구들은 그러한 계내에서 주처를 가지고, 매 반월 포살을 함께 하고 걸식 · 수시乞食受施를 함께 하므로 특별히 별중을 합법화할 계장戒場을 필요로 하지 않고, 항상 전원 집합인 현전승가를 성립시킬 수 있었을 것이다. 1계 1현전승가는 그와 같이 되어야 할 필요성을 가지고 성립하여 그것이 행해지고 있는 것이 현전승가 번영의 상징이었다. 『대반열반경』의 7불퇴법의 첫 번째는 「자주 모이고 모이면 많아진다.」라고 하고 있다.[20] 『열반경』에 그와 같이 말하는 것은 이미 그것이 무너지고 있는 것이라고 해야 할지도 모른다. 그러므로 계장戒場 또는 계단戒壇의 생각은 적어도 각 율장에 공통적인 원형 성립 이후의 일이고, 『대반열반경』에는 이미 필요한 것으로 되어 있다. 『빠알리율장』은 계단戒壇을 모른다. 『선견율주』의 서序에서는, 아소카 왕의 왕자와 공주로 18세의 승가밀다Saṃghamitta는 출가하여 계단戒壇 sīmāmaṇḍala에서 삼학을 받았다고 기록하고 있다.[21] 또한 『청정도론』에는 선관禪觀의 대상인 지地만다라의 항에서 「비구들이 계단戒壇을 결성하는데, 가장 먼저 계표界標를 관찰한 뒤에 결성하는 것과 같다.」라고 했다.[22]

이상에 따라 수구는 처음에는 계내界內의 현전승가에 의해 수수授受되었으나 이윽고 수구에 필요한 수의 비구만이 모여서 계단戒壇이라 하는 소계小界를 맺어, 그 계내의 현전승가가 되어 수수하도록 되었음을

....

20) Mahāparinibbāna-suttanta, I, 6. 남전대장경 제7권, 34쪽.
21) Samantapāsādikā, Vol. I, p. 51. 남전대장경 제65권, 66쪽.
22) Visuddhimagga, p. 14. 남전대장경 제62권, 304쪽.

알 수 있다.

수구에 필요한 인원이란, 이는 모든 율장에 공통적으로 10비구승가이다. 이 10비구승가는 최저 10인의 승가가 아니고는 안 된다는 의미이고, 다수비구의 승가는 그 전원이 출석해야 한다. 그러나 이것도 모든 율장이 공통이지만, 벽지에서는 지율자를 다섯으로 하는 5비구승가로 수구가 허용된다. 이 경우도 정확하게는 5명 이상 9명까지 승가라도 변지에 한하여 수구를 인정한다는 의미이다. 그러나 이 원칙은 앞에서 언급한 소계인 계단을 결계하고, 그중에서 10명 또는 5명의 현전승가를 결성하여 수구하고 나서 10중수구, 5중수구라고 불리듯이 10인 또는 5인으로 수구하게 되었다고 생각된다. 중국 · 한국 · 일본에서 수구는 「삼사칠증三師七證」으로 행하여진다는 것은, 3사는 화상과 계사와 갈마사이고 7증은 7인의 증명자란 의미인데, 이는 계단에 의해 수구는 10인으로 행하여져야 한다는 고정된 관념을 계승한 것으로, 현전승가로부터 수구하는 원칙을 잊은 것이다.

「오중수구」를 허락하는 것은 대가전연Mahākaccāna의 제자인 소나꾸띠깐나Soṇa-Kuṭikaṇṇa 首樓那億耳의 청에 의해 허락된 5사事의 하나로 여기지만,[23] 그 변국邊國에 대해서는 각 율 모두 반드시 명확한 것은 아니다. 『빠알리율』에 따르면 아반띠Avanti 국과 남로南路 Dakkhiṇāpatha인데,[24] 상세하게는 다음과 같이 설명되어 있다.

23) Mahāvagga, V, 13. 12. 남전대장경 제3권, 349쪽, 『오분율』제21권, 대정22권, 144쪽 b, 『사분율』제39권, 대정22권, 845쪽 b, 『십송율』제25권, 대정23권, 181쪽 a. 『마하승기율』제23권, 대정22권, 416쪽 a.

24) 前註 Mahāvagga와 동일.

「변지邊地 paccantima janapada란 이와 같다. 동방에 까잔갈라Kajaṅgalā라는 마을이 있다. 그 밖에 마하살라Mahāsālā가 있다. 그보다 밖을 변지邊地라 하고, 그것보다 안을 중국中國 majjhima-janapada이라 한다. 동남에 살라바띠Sallavatī라는 강이 있고 그 밖을 변지라 하고, 그것보다 안을 중국이라 한다. 남방에 세따깐니까Setakaṇṇika라는 마을이 있다. 그 밖을 변지라 하고, 그 보다 안을 중국이라 한다. 서방에 투나Thūṇa라는 바라문촌이 있다. 그 밖을 변지라 하고, 그 안을 중국이라 한다. 북방으로 우시랏다자Usīraddhaja라는 산이 있다. 그 밖을 변지라 하고, 그 안을 중국이라 한다. 비구들이여. 그러한 변지에서는 지율자를 섞은 5명의 대중[五人衆]으로 구족계를 주는 것을 허락한다.」

불교의 중국이라 일컫는 지역에 대해서는 경전의 설이 다양하여 결정하기 어렵지만, 이는 유력한 중국설정의 자료이다. Bimala Churn Law의 『원시불교지지原始佛教地誌』에는 각 경전의 설을 들어 그 소재지를 고증하고 있는데, 그중에 붓다시대에 존재한 16대국 가운데 북방지대의 간다라Gandhāra와 깜보자Kamboja를 제외한 까시Kāsi · 꼬쌀라Kosala · 앙가Aṅga · 마가다Magadha · 밧지Vajjī · 말라Malla · 쩨띠야Cetiya · 밤싸Vaṁsa · 꾸루Kuru · 빤짤라Pañcāla · 맛차Maccha · 쑤라쎄나Sūrasena · 앗싸까Assaka · 아반띠Avanti의 14대국을 중국지대에 포함하고 있다. 이에 따르면, 아반띠, 즉 아반제국을 중국지대로 꼽고 있는데, 그는 주註로 앗싸까와 아반띠는 디칸지방에 있고 불교문헌에서는 중국지대에서 제외된다고 하고 있다.[25] 지금 여기에서는 불교의 중국에 대해서 논하지는 않지만,

율장에서 변지오중수구를 인정한 것은 아반띠 출신의 소나꾸띠깐나의 청걸請乞에 따라서 그가 태어난 나라를 변지로 한 것이다. 일반적으로 중국이라는 것은 붓다 시대의 불교지대인데 수구의 경우는 비구집합의 난이를 기준으로 하는 것도 포함되어 있다고 여겨져서 한결같이 결정하기는 어렵다. 단 아반띠와 남로를 변지로 보는 것이 가장 오랜 율장의 입장이라 생각된다.

(2) 화상의 청걸請乞

화상upajjhāya을 정하는 것은 율장「수계건도」의 기술 방식에서는 백사갈마수구 이전에 정해졌고, 그 후에 새로 발심한 이의 수구는 화상을 구하고 그 화상을 통하여 승가로부터 수구하게 되었다고 한다.[26] 그러나 실제로는 분명 화상 제도는 백사갈마수구를 위한 것으로, 이 수구는 화상의 제도에 의해 성립되므로 전자를 위해 우선 후자가 마련되었다고 보아야 할 것이다. 화상과 제자 및 이를 보완하는 아사리와 제자의 제도 자체에 대해서는 별도로 기술하기로 하고,[27] 지금은 단지 수구를 구하는 새로 발심한 이의 첫 번째 절차로서 화상을 구해야 함을 말하려는 것이다.

25) Bimala Churn Law, Geography of Early Buddhism, pp. 2-3; p. 3, Footnote 1.
26) Mahāvagga, I, 25, 1-6. 남전대장경 제3권, 79-81쪽.
27) 본장 · 4「화상아사리법과 제자법」246쪽 이하 참조.

화상은 출가수구하기 위한 스승일 뿐만 아니라 수구 후에도 5년 또는 10년간을 제자로 하여 동주의지하여 비구에게 필요한 교양을 지도받는 스승으로서, 그동안 화상과 제자의 상호 간에 지켜야 할 것은 화상법·제자법으로 규정되어 있다. 이에 대해서는 따로 서술하기로[28]하되, 수구를 구하는 비구는 먼저 이러한 화상 즉 스승이 되는 비구를 구하고, 이 화상의 제자로서 수구를 구하는 것이다. 화상이 될 수 있는 이는 수구한 지 10년이 넘은 비구여야 한다. 『마하승기율』은 새로 발심한 이가 화상을 구하는 방법에 대해서 다음과 같이 기록한다.

> 「구족계를 받고자 하는 사람이 처음 승단에 들어와서는 일일이 머리 숙여 스님들 발에 예배하고, 먼저 화상을 구하여 편단우견偏袒右肩하고 무릎 꿇고 발을 마주 대고 이렇게 말한다. "제가 높은 분에게 화상이 되어 주시기를 빕니다. 높은 분께서는 저를 위하여 화상이 되어 주시고, 저에게 구족계를 받게 하여 주소서." 이와 같이 세 번을 하면 화상이 마땅히 말해야 한다. "환희의 마음을 내어라." 구족계를 받으려는 자가 대답한다. "제가 받들어 지니겠습니다."」[29]

『마하승기율』의 화상和上은 화상和尙이다. 수구를 구하는 새로 발심한 이의 입장에서는 승가, 즉 앞에 말한 바와 같이 비구들이 모여서 현전승가를 성립시킨 때 이르러 한 사람의 비구 앞에 호궤접족하여 그

---

28) 전주와 동일.
29) 『마하승기율』 제23권, 대정22권, 413쪽 a.

비구에게 화상이 될 것을 청하는 것이다. 화상이 될 비구는 수구 후의 법랍 10년 이상이어야 하고, 새로 발심한 이의 수구로부터 교육 일체를 돌봐주는 사람이기 때문에, 승가 비구 대중 앞에 요청하기 이전에 제자가 되고자 허락을 얻는 것이고, 그것을 다시 승가에서 공식적으로 화상으로서 요청하는 것으로 생각된다. 따라서 이 수자에 의한 화상 청걸은 수구갈마 식전式典 의식순서의 첫 번째 것으로 보인다. 지금 인용한 바와 같이 새로 발심한 수자에 의한 화상청걸의 말은『승기율』에서는 3창으로 되어 있는데,『오분율』도 3창,『빠알리율』은 1창,『사분율』과『십송율』은 불분명하다.[30)]

화상이 되어 주길 공식적으로 요청 받은 비구는『승기율』에서는 지금 본 것처럼 말하며「환희의 마음을 내어라」라는 교계어로 허락을 하지만,『빠알리율』에서는 말로 허락을 나타내거나「혹은 몸으로 답하라. 혹은 말로써 답하라. 혹은 몸과 말로써 답하면 화상이 된다.」라고 하고 있다.[31)] 이처럼 하여 화상, 즉 스승이 되면 발심한 새로운 제자를 위해 우선 수구 준비를 해야 한다.『마하승기율』은 앞에서 든 인용문에 이어지는 글에,

> 「화상이 먼저 의발衣鉢을 구해 주고, 대중을 구해 주고, 계사戒師를 구해주고, 고요한 곳에서 가르칠 스승[教師]을 대중 스님들 가운데서 추천하여 준다.」

30) 『마하승기율』, 전출『오분율』제16권, 대정22권, 110쪽 c-111쪽 b,『사분율』제35권, 대정22권, 814쪽 c,『십송율』21권, 대정23권, 155쪽 c.

31) Mahāvagga, I, 25, 7. 남전대장경 제3권 81-82쪽.

라고 하고 있다. 즉 화상은 새로운 제자의 삼의 · 발우鐵鉢 그 밖의 자구를 준비하여 주어야 한다. 또 수구를 요청하는 것이므로 현전승가가 성립하도록 비구중의 집합을 구해야 한다. 그리고 이는 『마하승기율』만이지만 수구갈마의 계사가 될 비구를 구하고, 또 수구갈마 때는 지도를 받을 고요한 곳[空靜處]에서 가르칠 스승의 후보자를 구하여 승가가 임명하도록 추천하는 것이다. 추천한다는 것은 고요한 곳[空靜處]의 교수사는 승가가 백이갈마로 지명하게 되어 있기 때문이다.

이상과 같이 『마하승기율』에서는 청을 받고 화상이 된 사람은 제자인 수자에게 의발 등을 갖추어 승가를 향하여 수구를 받는 데 필요한 절차를 밟게 되어 있고, 그 기술도 각 율장 중에서 가장 상세하다. 그리고 이 수자가 먼저 화상을 구하고, 그리고 발우를 받는 순서는 『사분율』에서는 불분명하지만, 『빠알리율』에서는 수구갈마에 대해서 수자에게 교계하는 순서를 「먼저 화상을 선택하게 한 후에 의 · 발을 보이고 이는 그대의 발우이고, 이것은 승가리[上衣]이고, 이것은 울다라승[外衣]이고, 이것은 안타회[下衣]이다. 가서 (교계 장소에) 서라고 말해야 한다.」라고 하므로 『마하승기율』과 비슷하고,[32] 『오분율』도 앞에 화상이 되어 제자의 의발을 갖추어야 함을 말하므로 순서는 『빠알리율』과 비슷하다.[33] 『십송율』에서는 「구족을 받고자 하는 사람은 처음으로 승가에 오면 마땅히 차례로 머리 숙여 일일이 발을 잡고 승가에게 예배하는 것을 가르치고, 예가 끝나면 수의受衣를 가르쳐야 한다.」라고 기록하고, 이어서 삼의三衣의 하나하나에 대해 가르쳐서 옷을 수여하는

32) Ibid., I, 76, 3. 남전대장경 제3권, 160쪽.
33) 『오분율』 제17권, 대정22권, 119쪽 c.

것을 기록하고 이어서 「의발을 받고 나서 마땅히 화상을 구해야 한다.」라고 하여 걸화상乞和尙의 말을 적고 있다.[34] 이에 의해 볼 때 『십송율』은 수자가 승가로부터 의발을 받고 나서 화상이 될만한 비구에게 화상이 되어 줄 것을 요청하는 것으로 앞에서 언급한 『마하승기율』이나 『빠알리율』과 반대로 되어 있다.

(3) 교수사의 교계

여기에 교수사라는 것은 『사분율』과 『십송율』의 역어이고[35] 『마하승기율』의 공정처교사空靜處敎師[36] 『오분율』의 교수아사리敎授阿闍梨 또는 교사敎師[37] 『빠알리율』의 교계자敎誡者 anusāsaka이다. 이 교수사의 역할은 『오분율』에 「구족계를 줄 때 위의법威儀法을 가르치는 것을 교수아사리라 한다.」라고 되어 있듯이, 수구를 요청하는 제자를 화상으로부터 받아 수구식의 순서나 수자의 예절을 가르치는 사람이다.

교수사는 앞에서 언급한 『마하승기율』의 화상이 해야 하는 일 중에 공정처교사의 후보자를 승가에 추천하는 것이 기록되어 있다.

이 화상이 교수사 후보자를 추천한다는 것은 이 『승기율』뿐이지

34) 『십송율』 제21권, 대정23권, 155쪽 b-c.
35) 『십송율』 제21권, 대정23권, 155쪽 c.
36) 『마하승기율』 제23권, 대정22권, 413쪽 a.
37) 오종아사리 가운데 교수아사리, 『오분율』 제16권, 대정22권, 113쪽 a. 교사, 『오분율』 제17권, 대정22권, 119쪽 b.

만, 그러나 이 『승기율』이나 『빠알리율』, 『십송율』에서도 승가의 갈마사 또는 갈마를 창唱하는 자가 일단 승가 대중 가운데 「내가 하겠다.」라는 지원자를 구하여 그를 임명하게 되어 있다.[38] 아마도 『사분율』이나 『오분율』도 그 일을 기록하지는 않지만, 실제로는 『빠알리율』 등과 같았다고 생각된다. 교수사의 임명은 백이갈마로 행하여지지만, 지금 『승기율』의 백문白文을 보면 다음과 같다.

> 「대덕 승가는 들으소서. 아무가 아무 스승에게 구족계를 받으려 합니다. 대덕들이여, 만일 때가 이르렀으면 제가 아무를 화상으로 삼고 아무 아무를 고요한 곳에서 가르쳐주는 스승으로 삼겠습니다. 여러 대덕 스님들은 들으소서. 아무를 화상으로 삼고 아무 아무를 고요한 곳에서 가르쳐 주는 스승으로 하겠습니다. 스님들이 승인하여 잠자코 계시므로 이 일을 이와 같이 행하겠습니다."」[39]

이는 『빠알리』·『십송』의 두 율도 모두 동일한 내용이다.[40]

교수사는 수자의 수구식 위의 등에 대한 지도자이면서도 그 지도 중에 수자의 소지품 완비나 신체장애나 신분상 어려움을 심의하여, 이를 승가에 알려서 수구 여부에 대한 자료로 삼도록 하는 역할을 하는 자이다. 그래서 교수사로 지명된 자는 수구갈마가 시작되기 전에 지

38) Mahāvagga, I, 76, 6. 남전대장경 제3권, 161쪽, 『십송율』 등은 209쪽 註(5)와 동일.
39) 『승기율』제23권, 대정22권, 413쪽 a.
40) 『십송율』제21권, 대정23권, 155쪽 c, MahāvaggaI, 76, 5. 남전대장경 제3권 161쪽.

금 기술한 바와 같이 지도와 심사를 하는데, 그 장소에 대해서는 『빠알리율』은 아무것도 기록하지 않고, 소박하게 「선택된 비구」 즉 교수사가 된 자는 수자의 처소에 이르러 교계해야 한다고 적고 있다. 『사분율』과 『십송율』 『오분율』은 수자를 볼 수 있으나 들리지 않는 곳[眼見耳不聞處]에 대기시켜 두고 나서 교수사를 지명하고, 지명된 교수사가 그 수자의 처소에 이르러서 교계를 한다고 한다. 볼 수 있으나 들리지 않는 곳[眼見耳不聞處]은 『사분율』의 역어이고[41] 이를 『십송율』에서는 「계장戒場 내의 사문처착견처捨聞處著見處」라 하고, 『오분율』에서는 「계단 밖의 안견이불문처眼見耳不聞處」라고 하고[42] 『마하승기율』에서는 공정처空靜處라 한다.[43] 이는 앞에 기술한 수구의 계단을 눈으로는 볼 수 있지만 말은 들리지 않을 정도로 떨어진 장소이다. 만약 초기에 계단을 결계할 필요가 없는 수계가 있었다고 한다면 출석 비구들이 집합하는 식장으로부터 안견이불문처眼見耳不聞處가 될 것으로 생각된다. 또 다른 율에서는 수자가 먼저 안견불문처眼見不聞處에서 교수를 기다리고 있는데, 『마하승기율』에서는 지명되어 공정처교사가 된 자가 수자를 공정처로 데리고 가서 그곳에서 교계하는 것으로 하고 있다.

『빠알리율』에 따르면 교계자는 수자를 향하여 「지금은 그대의 진실을 말할 때이고, 사실을 말할 때이다. 후에 승가 안에서 물을 때, 있으면 있다고 말하고 없으면 없다고 말해야 한다. 곤혹스러워하지 말라. 부끄러워하지 말라. 승가는 그대에게 이처럼 물을 것이다. 그대에

41) 眼見耳不聞處, 『사분율』제35권, 대정22권, 814쪽 c.
42) 捨聞處著見處, 『십송율』제21권, 대정22권, 155쪽 c. 『오분율』제17권, 대정22권, 119쪽 b.
43) 空靜處, 『마하승기율』제23권, 대정22권, 413쪽 a.

게 병이 있느냐? 운운」이라 가르친다고 한다.[44] 이는 각 율 모두 비슷하고, 이것으로 분명하듯이 정식 수구갈마를 할 때 수자가 부끄러워하거나 곤혹스러워하여 질문에 대답을 못 하는 일이 없도록 예습적으로 교계하는 것이다. 그리고 교수사는 삼의를 입는 것부터 비구들에게 예배하는 것을 가르치고 수구갈마 때에 갈마사로부터 질문 받을 병 등의 난점에 관한 유무의 질문에 응할 대답을 미리 예습을 하는 것인데, 『오분율』에 따르면 교수사는 수자에게 삼의를 입게 할 때 「몰래」 수자의 몸에 중병이 없는지를 여법하게 살펴야 한다고 하고 있다.[45] 다른 율에는 이 일에 대한 언급은 없지만 실제로는 같은 일이 행해지고 있었음을 이 율이 기록하기에 이르렀다고 생각된다.

다음으로 교수사의 교계의 주된 것은, 수구에 대한 위의와 함께 수자가 수구갈마의 식장에서 문난하는 난처한 일을 시문하여 수자에게 대답하는 방법을 예습하게 하는 데 있다. 이는 중국 · 한국 · 일본의 율종에서는 『사분율』에 따라서 13난難 10차遮로 세고 있는 것으로, 여기에 열거된 것을 가진 자에게는 수구가 허용되지 않는 것이다. 지금 이 난차사를 가장 많이 말하는 『승기율』에 따라 적으면 다음과 같다.

> ①부모가 허락했는가? ②화상을 구했는가? ③삼의衣와 발우를 갖추었는가? ④남자인가?(비구 수구의 경우) ⑤나이는 20세가 되었는가? ⑥비인非人이 아닌가? ⑦불능남不能男이 아닌가? ⑧그대의 이름은 무엇인가? ⑨화상의 이름이 무엇인가? ⑩비구니의 깨

44) Mahāvagga, I, 76. 7. 남전대장제3권, 161쪽.
45) 『오분율』제17권, 대정22권, 117쪽 c.

끗한 행을 파괴하지는 않았는가? ⑪도적으로 사는 것[賊盜住]은 아닌가? ⑫월제越濟한 사람은 아닌가? ⑬스스로 출가한 것은 아닌가? ⑭부모를 죽인 것은 아닌가? ⑮아라한을 죽이지 않았는가? ⑯승단을 파괴하지 않았는가? ⑰악한 마음으로 부처님의 몸에 피를 내지는 않았는가? ⑱본래 일찍이 구족계를 받지 않았는가? 대답하기를 "일찍이 받았습니다"라고 하면, "네 가지의 일을 범하였는가?"라고 하여, 만일 "범하였다"고 말하면, 마땅히 "가라. 구족계를 받을 수 없다."라고 말하라. ⑲"범하지 않았다"고 말하면 다음 열세 가지의 일[十三事]에 대하여 "하나하나의 일마다 범했느냐, 안 했느냐?"고 물어서, 만일 "범했다"고 말하면, "구족계를 받고나서 여법하게 행하겠느냐?"라고 물어서, 만일 "그렇게 할 수 있다[能]"고 대답하면, "본래 (죄법의) 계는 버렸느냐?[本捨戒不]"고 묻고, 대답하기를 "버렸다"고 말하면 좋다, ⑳노예가 아닌가? 양아養兒가 아닌가? 남의 빚을 지지 않았는가? 왕의 신하가 아닌가? 모반을 꾀하지 않았는가? 그대는 남자구실을 못하지는 않는가? 그대는 2근根이 아닌가? 그대는 장부丈夫가 아닌가? 그대는 이와 같은 온갖 병, 옴과 황란黃爛과 나병癩病과 종기와 치질과 불금不禁과 황병黃病과 학질과 해소와 소진消盡과 미친 병과 열병熱病과 풍종風腫과 수종水腫과 복종腹腫 등 이와 같은 가지가지의 다른 병이 몸에 없는가?[46]

이 28질문에 대해서 부정적인 물음에 부정의 대답을, 긍적적인 질

46) 『마하승기율』 제23권, 대정22권, 413쪽 b-c.

문에는 긍정의 대답을 할 수 있으면 차난遮難없다고 여겨 수구受具갈마를 받을 자격이 있게 된다. 이 차난에 대해서는 이미 말했듯이 『마하승기율』이 가장 많은 수를 열거하고, 『사분율』에서는 13난 10차인데 13난사는 변죄 · 적심 · 괴이도 · 황문 · 살부 · 살모 · 살아라한 · 파승 · 출불신혈 · 비인 · 축생 · 이형으로 『승기율』의 18, 10, 7, 25, 14, 15, 16, 17, 6, 27의 10문問에 상당한다. 10遮事는 『승기율』의 8, 9, 3, 1, 22, 20, 23, 27, 28의 10문에 일치하지만, 28에 상당하는 『사분율』의 제 병은 문둥병癩 · 악창癰 · 백전白癲 · 소갈증乾痟 · 전광癲狂으로 되어 있다.[47] 『오분율』은 난차難遮는 수는 적고 『승기율』의 28, 22, 23, 20, 27, 4, 5, 3, 2, 8, 9, 18, 1 에 상당하는 것을 말한다.[48] 『십송율』이 되면 『승기율』의 28, 27, 5, 20, 28, 1, 18, 19, 3, 8, 9에 더하여 객작客作용인 · 파득전리破得戰利의 노예 · 매득매노買得買奴인가를 묻고 있다.[49] 『빠알리율』에선 장법障法 antarāyikā dhammā이라 부르는데 『십송율』에 가까운 것 같고, 다음과 같이 기록되어 있다.

> 「문둥병癩 kuṭṭha · 악창癰 gaṇḍa · 백전白癩 kilāsa · 소갈증乾痟 sosa · 전광癲狂 apamāra 등의 병이 있는가? 사람人 manussa인가? 남자purisa인가? 자유bhujjissa인가? 무부채無負債 anaṇa인가? 왕신rājabhaṭa이 아닌가? 부모의 허가anuññāta는 있는가? 만20세paripaṇṇavīsativasso는 되는가? 발

47) 『사분율』제35권, 대정22권, 814쪽 c-815쪽 a. 여기 受具式 순서로는 十遮의 問遮만 있고 13難은 없다. 단 814쪽 c에 별기하여 受具 前에 13難을 問難하여야 함을 적고 있다. 그러므로 13난은 뒤에 추가된 것으로 생각된다. 兩者의 問難과 問遮의 전후는 『사분율』로서는 분명하지 않다.

48) 『오분율』제17권, 대정22권, 119쪽 c.

49) 『십송율』제21권, 대정23권, 156쪽 a-b.

의鉢衣 pattacīvara는 원만한가? 명자名字 nāma은 무엇인가? 화상의 이름upajjhāya-nāma은 무엇인가.」[50)]

이상과 같이 장법障法은 각 율에 대동하지만 바르게 일치한 것이 없다. 아마도 차이가 있는 부분은 그 율 소전 부파가 각각의 지역의 실정 등으로 변화시킨 것으로 생각된다. 『십송율』과 같이, 객작客作과 파득전노破得戰奴와 매득매노買得買奴를 구별하여 열거하는 것과 같은 것은, 인도 서북부의 기원전 1세기의 전란흥망戰亂興亡과 관계하는 것인지도 모른다.

교수사에 의해 계단으로부터 안견이불문의 장소에서 수자는 수구受具에게 필요한 위의를 익히고, 또 지금 본 바와 같은 장법에 대해서 대답하는 방법을 배우는 것이지만 교수사와 승가측에서 보면 수계자의 신체 및 신분에 대한 예비 신문訊問이고 이 결과가 승가에 보고되어 가능하다고 여겨지면 수구 백사갈마가 격식대로 행해진다.

(4) 백사갈마수구

도선의 『사분율산보수기갈마』 상권에 따르면 계체를 받는 것 즉 「수구受具에 8법이 있다.」라고 하며, (1)청사법請師法 (2)안수자소재安受者所在 (3)차인문연差人問緣 (4)출중문법出衆問法 (5)백 · 소입중법白 · 召入衆法 (6)걸

50) Mahāvagga, I, 76, 1. 남전대장경 제3권, 159-160쪽.

계법乞戒法 (7)계사화상문법戒師和上問法 (8)정문正問을 열거하고 있다.[51] 이는 수구 순서를 여덟 가지로 나눈 것인데, 이 가운데 (1)의 청사법은 수자가 화상을 구하여 스승으로 삼는 것이고, (2)의 안수자소재란 수자를 교수사로부터 교계를 받는 곳 즉 계단으로부터 눈에 보이나 소리가 들리지 않는 곳에 머물게 하는 것이고, (3)의 차인문연이란 승가가 교수사를 지명하는 것이고, (4)의 출중문법은 교수사가 승가중에서 나와 눈에 보이나 소리가 들리지 않는 곳에 이르러 수자에게 위의를 가르치고, 난차의 일을 자문하는 것을 말한다. 그리고 이 네 가지는 이미 (2)화상의 청걸과 (3)교수사의 교계 2항으로 기술하였으므로 지금 여기에서는 8법의 (5)이하에 대해서 기술하기로 하겠다.

8법의 제5 백소입중법은 눈에 보이나 소리가 들리지 않는 곳에서 교수사가 교수나 자문을 마치면 수자를 그 장소에 남겨두고 계단내에 돌아와서 그 결과를 보고하고 수자에게 장법이 없으면 수자를 계단 내로 불러드려서 수구갈마하는 것을 승가에 구하는 것이다. 예를 들어, 『오분율』은 그 일을 다음과 같이 기록하고 있다.

> 「교수사는 마땅히 계단에 되돌아와서 서서 갈마사에게 알려야 한다. '나는 이미 모갑을 교수하는 것을 여법하게 마쳤습니다.' 갈마사는 다시 마땅히 승가에 말해야 한다. '대덕승이여, 들으십시오. 모갑화상은 모갑수자에게 구족계를 줄 것을 구하고, 모갑교수사는 여법하게 교수를 끝냈습니다. 마땅히 데리고 오게 해야 합니다. 만약 승가가 때 이르렀다면 승가는 허락하십

51) 『사분율산보수기갈마』상권, 대정40권, 497쪽 a-b.

시오.' 이처럼 말하고, 교수사는 마땅히 데리고 온다. 운운.」[52]

이『오분율』의 기사가 제일 명료하게 구체적으로 순서를 갖추어 기록하고 있으므로 인용한 것인데,『사분율』은 교수사가 대중 승가 안에 와서 대중 승가의 서수상급처舒手相及處에 서서 보고 한다[53]고 하고,『십송』,『승기』[54] 양 율도『오분율』과 비슷하다.『빠알리율』도 마찬가지이지만, 이 율은 특히 교계자는 수자를 데리고 함께 와서는 안 된다, 반드시 교계자가 앞에 와서 승가에 교수 결과를 보고해야 한다고 다시 주의를 시키고 있는 것이 눈에 띈다.[55]

8법의 제6 걸계법이란 전기의 교수사 보고가 끝나고 교수사가 수자를 계단내로 데리고 와서 승가에 수구를 청하게 하는 것이고, 걸계乞戒란 걸수구乞受具의 의미이다. 이것도『오분율』의 기술이 가장 확실하게 되어 있으므로 이에 따르면,

> 「교수사는 마땅히 데리고 와서 차례로 승가의 발에 예배하게 하고, 승가의 발에 예배를 마치고 갈마사 앞에서 갈마사를 향하여 오른쪽 무릎을 땅에 대고 합장하고 구족계를 받고자 청乞하게 해야 한다. 가르쳐서 말하게 한다. '저는 모갑입니다. 모갑화상에게 구족계 받을 것을 구하고, 지금 승가를 따라서 구족계를 받고자 청합니다. 원하건데, 승가시여. 저를 연민히 여

52)『오분율』제17권, 대정22권, 119쪽 c.
53)『사분율』제35권, 대정22권, 815쪽 a.
54)『마하승기율』제23권, 대정22권, 413쪽 a.『십송율』제21권, 대정23권, 156쪽 a.
55) Mahāvagga, I, 76, 8. 남전대장경 제3권, 162쪽.

겨 발제拔濟하소서.'라고 이처럼 세 번 청乞하게 한다.」[56]

라고 하고 있다. 이 문장 중에서 갈마사라는 것은 『사분율』이나 『십송율』에서 계사라는 것이고,[57] 『빠알리율』에서는 남전대장경의 역어에 따르면 총명 유능한 비구vyatta bhikkhu paṭibala이다.[58] 이 자는 승가가 갈마결정을 행할 경우에 결의문에 상당하는 백문白文 ñatti를 제창하고, 그 승인 결정을 성립하는 갈마설羯磨說 kammavācā을 창하는 사람이다. 『오분』·『사분』·『십송』·『빠알리』의 여러 율에서는 수구갈마에는 이 갈마사 또는 계사 또는 총명 유능한 비구라고 불리는 사람이 한 사람 있을 뿐이지만, 『마하승기율』에서는 갈마사 이외에 계사가 있어, 백사갈마의 백문이나 갈마설을 기술하는 자가 갈마사이고, 계사는 승가의 무리를 대표하여 수자의 청걸請乞을 받고 식을 통리統理하는 자라고 되어 있다.[59] 즉 『빠알리』, 『오분』, 『십송』 등의 상좌부계 여러 율의 갈마사 또는 계사는 『승기율』의 갈마사와 계사를 한 사람으로 하여 행하는 것이다. 그리고 중국·한국·일본의 율종의 수계에 3사7증을 세우는 중에 3사란 지금 『마하승기율』의 계사·갈마사 및 교수사공정처의 교사이고, 7증은 7명의 증명사란 의미인데, 10중 수구의 방침으로 하면 3사 이외의 7명의 비구가 7증이다.

그리고 『오분율』에서 교수사가 수자로 하여금 갈마사를 향하여 수

56) 『오분율』 제17권, 대정22권, 119쪽 c.
57) 『사분율』은 주(3)과, 『십송율』은 주(4)와 동일.
58) Mahāvagga, I, 76, 9. 남전대장경 제3권, 162쪽.
59) 『마하승기율』 제23권, 대정22권, 413쪽 a, 여기에서는 교사와 갈마사와 계사가 있고, 중심자는 계사이다.

구를 3창하여 걸하게 하고, 갈마사는 그것을 받아서 승가를 향하여

「대덕승가는 들으십시오. 이 모갑화상은 모갑수자에게 구족계를 줄 것을 청하고, 승가를 따라서 구족계를 받기를 걸하였습니다. 나는 지금 마땅히 이 난사를 묻고, 구족계 갈마를 짓겠습니다. 만약 승가가 때가 되었다면 승가는 인허하십시오. 이처럼 사룁니다.」

라고 알리는 것이다.[60] 「이 난사를 묻고」라는 것은 앞에 교수사가 예비 신문訊問한 것, 『사분율』에서 열거하는 것으로는 13난 10차에 상당한다.

상좌부계의 율은 이 『오분율』과 같은데 『마하승기율』에서는 갈마사가 먼저 승가를 향하여 공정처에서 교수사가 수자를 교수했기 때문에 수자를 계단으로 데려오겠다고 알리고, 백이갈마로 승인을 구한다.[61] 다음으로 수자가 계단 내에 들어가면 갈마사는 승가를 향하여 수자가 수구를 걸하고자 하고 있다는 것을 이야기하고, 그것을 「허락하는지 그렇지 않은지」를 백이갈마로 알려서 승인을 얻는다.[62] 이 승인이 성립되면 이번에는 계사가 수자를 데리고 승가에 수구를 3창하여 걸하게 한다.[63] 그리고 이 수자의 3창 걸수구가 끝나면 이번에는 또 갈마사가 승가를 향하여 수자의 화상은 누구이고, 공정처에 교문도 끝

60) 『오분율』 제17권, 대정22권, 120쪽 a.
61) 『마하승기율』 제23권, 대정22권, 413쪽 a.
62) 『마하승기율』 제23권, 대정22권, 413쪽 b.
63) 주62와 동일.

내고, 지금 승가에 수구를 걸한 것을 이야기하여「모갑갈마사는 승가 가운데서 차법을 묻고자 합니다.」라고 하여 승가의 인청忍聽을 구하게 되어 있다.[64] 계사와 갈마사를 적절히 나누어서 순서가 상세하게 되어 있고, 이 부분은 상좌계의 율보다도 후기의 것으로 여겨지지만 구체적인 엄중함을 생각하게 한다.

제7 계사화상문법과 제8 정문법正問法을 합하여 하나의 난차의 문법問法을 말한다. 제7 화상문법은 위에서 말한 제6 걸계법 끝에 기술한 계사 또는 갈마사가 수자를 향하여 수자에게 난차의 법을 신문訊問하는 것을 알리는 것이고, 그것에 이어서 계사 또는 갈마사가 수자를 향하여 난차의 법을 신문하고, 수구갈마를 주는 것을 제8 정문법正問法이라 한다. 정문법이라는 것은 앞에 교수사가 안견이불문처에서 이미 난차의 법을 신문하였는데 그것은 수자에게 있어서는 예비교수이고, 승가에서는 준비조사였던 것이고, 지금 계사 또는 갈마사에 의해 승가대중 안에서 행하는 것이 본격적인 정문이란 의미이다.

정문법의 방법은 각 율 모두 대동하고,『오분율』로 말하면「지금은 사실대로 말해야 할 때이다. 지금 그대에게 묻겠다. 사실이면 사실임을 말하고, 사실이 아니면 사실이 아니라고 말하라.」라는 말을 시작으로 앞에 교수사가 행한 것과 똑같은 것을 묻는 것이다.[65] 수자에게 있어서는 이미 대답하는 방법은 교수되어 있고 문자에게는 수자에게 난차가 없음을 앞에 교수사로부터 보고 받았으므로 이 정문법은 완전히 형식적으로 행하여진다. 그리고『마하승기율』이외의 율에서는 이 문

64) 상동.
65) 주60과 동일.

법이 끝나면 그 계사 또는 갈마사는 승가를 향하여 문법 결과는 수자에게는 난사가 없으므로 수구를 주고 싶다고 제안하는 것인데 그 제안이 백사갈마수구 백문에 상당한다. 『오분율』에서는 이 백문에 상당하는 부분을 빼고 바로 제1 갈마설을 설하므로 지금 『빠알리율』에 의해 기록하면

「승가는 저의 말을 들으십시오. 그곳에 모갑 수자는 구수具壽인 모갑화상으로부터 구족계를 받고자 청합니다. 장법障法을 가지지 않고 발우와 가사鉢·衣는 원만합니다. 모갑수자는 승가에 청하여 모갑을 화상으로 하여 구족계를 받고자 합니다. 만약 승가에 시기가 되었다면 승가는 모갑을 화상으로 하여 모갑에게 구족계를 주어야 합니다. 이것이 표백 백문입니다.」(남전대장경 역문 그대로이고, 괄호 안은 필자 삽입)66)

라고 되어 있다. 이는 『마하승기율』을 제외하고 상좌부계의 율은 같은 취지인데, 이 백사갈마의 갈마문으로 이 백사白四 승인을 구하는 갈마를 제1, 제2, 제3 반복해서 이에 대해 이의를 제기하는 것이 없으면,

「승가는 모갑을 화상으로 하여 모갑에게 구족계를 수여합니다. 승가가 허락하므로 침묵하신 것입니다. 나는 이처럼 알겠습니다.」

66) Mahāvagga, I. 76, 10, 남전대장경 제3권, 162-163쪽.

라고 선언하여 수구갈마는 성립이 끝난다.[67] 그리고 다음에 기술하는 수구 후의 행사인 사의四依와 사불응작四不應作의 교계를 받아서 백사갈마 수구 모두가 끝나게 된다.

『마하승기율』에서는 다른 것과 달리 사의四依를 주고 나서 수구갈마를 하게 되어 있다. 즉 갈마사가 수자에게 차법의 정문正問이 끝나면 승가 대중을 향하여 공정처의 교수 이하 모두가 성립이 되었음을 알리고,

「만약 승가가 때가 되었다면 승가여, 모갑 수자의 화상은 모갑입니다. 승가 대중에서 사의四依를 설하고자 합니다. 대덕들은 허락하십니까, 그렇지 않습니까?」[68]

라고 허락을 구한 뒤에 수자를 향하여 출가는 사의四依, 즉 분소의 · 걸식 · 수하좌 · 진기약에 의한 생활을 기본으로 한다는 것을 알리고, 이를 잘 행할 수 있는지 없는지를 묻고, 수자가 잘 지키겠다고 서언誓言하면 비로소 승가를 향하여 경과를 알리고 백사갈마수구를 하도록 백문白文을 말한다. 백사갈마의 백문이나 갈마설의 내용은 수자가 「이미 사의를 감임堪任하겠습니다.」라는 한마디가 많을 뿐, 다른 내용은 앞에서 본 『빠알리율』의 백문과 비슷하다.[69]

67) Ibid., I, 76, 11. 남전대장경 제3권, 163쪽.
68) 『마하승기율』제23권, 대정22권, 414쪽 c.
69) 『마하승기율』제23권, 대정22권, 514쪽 a.

(5) 사의사불응작四依四不應作의 교계教誡

『빠알리율』의 사의교계 인연에 따르면 한 바라문이 불교 비구가 청식을 받는 것을 보고 쉬운 생활과 좋은 음식을 바라며 수구하여 비구가 되었으나 청식이 끊어지고 걸식을 하게 되자 불평을 늘어놓았다. 이를 인연으로 수구를 구하는 자에게 비구생활의 엄격함을 알리기 위해, 처음에 비구는 사의四依의 생활을 해야 한다는 것을 교계하고, 그 뒤에 수구를 주게 되었다.[70] 그런데 먼저 사의를 교계하니 이번에는 사의 생활의 엄격함에 겁을 내어 수구를 단념하는 자가 나왔으므로, 먼저 사의를 설하는 것을 그만두고 수구 직후에 이를 교계하게 되었다고 한다.[71] 이 인연은 『오분율』에도 거의 동일하게 나오지만,[72] 다른 율에는 없다. 그렇지만 『마하승기율』을 제외하고, 상좌부계의 여러 율은 이 인연의 유무에 상관없이 한결같이 수구갈마 뒤에 출가의 사불응작과 사의를 교계하는 것으로 하고 있다.

『마하승기율』은 위에서 말했듯이[73] 수구갈마 직전에 사의를 설하고, 그 수지를 맹세한 수자에게만 수구갈마를 행하게 하고 있다. 『마하승기율』의 수구 기사를 보면 처음에는 수구 뒤에 사의를 설하게 되어 있었을 것으로 보인다. 이는 처음에 상좌부계 율과 같이 사의를 전제로 하지 않는 수구갈마를 적고 있다. 그다음으로 사의 생활을 칭찬하는 기사가 있고, 그것에 대해 사의를 수구 전에 설하기에 이른 인연

70) Mahāvagga, I, 30, 4. 남전대장경 제3권, 102쪽.
71) Ibid., I, 31, 1. 남전대장경 제3권, 102쪽.
72) 『오분율』 제16권, 대정22권, 112쪽 c.
73) 『마하승기율』 제23권, 대정22권, 414쪽 c.

을 설한다.[74] 이에 따르면 호의호식을 바라며 출가를 구한 나이 어린 바라문에게 수구를 주고 난 뒤에 사의를 설했더니, 사의의 생활이 거부당했기 때문에 이후는 수구 전에 사의를 설하는 것으로 하고 있다. 따라서 『빠알리율』 등은 수구 전에 사의를 설하고 있었는데, 그 엄격함을 늦춰서 수구 뒤에 설하게 했다고 하고 있으나, 『마하승기율』은 뒤에 설하는 편안함을 부정하고 앞에 설하는 엄격함으로 바꾸고 있으니, 대중부의 율이 상좌부보다도 엄격함이 있는 것은 주목해야 할 일이다.

『오분율』에서는 갈마사가 수구갈마가 끝났음을 알리면, 그것에 연이어서 불세존은 네 가지 타법四墮法을 설해 주셨다고 하여 이를 설하고, 이어서 사의법을 설하여 주는 것이다.[75] 『오분율』 제16권에도 「구족계를 주고 나서 다시 12법, 즉 사타법四墮法 · 사유법四喩法 · 사의법四依法을 설해야 한다.」라고 했다.[76] 이 가운데 사유법四喩法이라는 것은 사타법 · 사불응작법四墮法四不應作의 비유이기 때문에 12법이라 해도 실제로는 사타법과 사의법의 8법이 된다. 『십송율』이나 『사분율』도 마찬가지이지만,[77] 『빠알리율』에서는 앞에서 언급한 수구 백사갈마가 끝나면 「일영日影 chāyā을 계산하여 시분時分 utupamāṇa을 알리고, 일분日分 divāsabhāga을

74) 『마하승기율』제23권 중에서는 다른 율의 受具와 마찬가지로 교수사의 교수 뒤에 戒壇受具 問難遮가 있는데 그곳에서 受具羯磨를 하는 것을 이야기하면서 갑자기 四依를 설하고 그 受持를 구하는 문장이 대정22권, 413쪽 c12행부터 415쪽 a2행까지 장문으로 삽입되고, 그러고 나서 또 다른 율과 照合하면 中絕 前 問難遮에 이어지는 갈마가 시작되는 것으로 되어 있다.

75) 『오분율』제17권, 대정22권, 120쪽 a-b.

76) 『오분율』제16권, 대정22권, 112쪽 c.

77) 『사분율』제35권, 대정22권, 815쪽 b-816쪽 a (4墮法)을 4波羅夷法이라 한다. 『십송율』제21권, 대정23권, 156쪽 c-157쪽 b.

알리고, 풍송諷誦 saṃgīti을 알려야 하고, 사의四依 cattāro nissayā를 알려야 한다. (1)출가는 걸식piṇḍiyālopabhojana에 의존한다. 이를 목숨이 다할 때까지 힘써야 한다. 나머지 얻을 수 있는 것余得은 승차식saṃghabhatta 별청식uddesabhatta 청식nimantana 행주식salākabhatta 15일식pakkhika 포살식uposathika 월초일식pāṭipadika이다. (2)출가는 분소의paṃsukūlacīvara에 의존한다. 이에 있어서 내지 목숨이 다할 때까지 힘써야 한다. 여득은 아마의khoma 면의綿衣 kappāsika 야잠의野蚕衣 koseyya 갈의褐衣 kambala 마의麻衣 sāṇa 저의紵衣 bhaṅga이다. (3)출가는 수하좌樹下坐 rukkhamūlasenāsana에 의존한다. 그것에 있어서 내지 목숨이 다할 때까지 힘써야 한다. 여득은 정사精舍 vihāra 반복옥半覆屋 aḍḍhayoga 전루殿樓 pāsāda 루방樓房 hammiya 지굴地窟 guhā이다. (4)출가는 진기약陳棄藥 pūtimuttabhesajja에 의존한다. 그것에 있어서 내지 목숨이 다할 때까지 힘써야 한다. 여득은 숙소熟酥 sappi 생소生酥 navanīta 유油 tela 밀蜜 madhu 당糖 phāṇita이다.」라고 하고 있다.[78] 그리고 이 『빠알리율』에 의해 생각하면 수구갈마가 끝나면 일시나 시간 등을 알 수 있고 사의를 본분으로 하는 생활을 해야 함을 알 수 있다. 그리고 뒤에 기술하겠지만 사의 직후에 사의와 함께 비구는 4불응작(『오분율』의 사타법)을 행하여서는 안 된다는 것을 교계한다고 되어 있다. 시분과 일분을 알린다는 것은 전자는 계절시라 보이고 이는 수구 직후부터 비구로서의 년수나 안거와 출가일 기간 등을 세야 할 필요 때문이고, 일분은 시간이라 여겨지며 정중식 그 밖의 비구 생활을 위해 정확한 시를 알아야 하기 때문이다. 또 풍송은 승가의 여러 가지 창하는 것을 말하는 것이라 보이고 모두 수구와 함께 시작되는 비구 생활의 필요사이다.

78) Mahāvagga, 1, 77, 1. 남전대장경 제3권, 163-164쪽.

사의에 대해서는 율에 의해 순서가 전후하는 것이 있고, 여득 수에 다소의 차이는 있지만, 대체로는 이 『빠알리율』의 기술과 내용을 같이 한다. 그리고 각 율 모두 비구 생활에 필요한 것으로 하는데 이를 붓다의 창설이라고는 하지 않는다. 그러므로 이는 출가 일반의 생활원칙이고, 제1장에서 기술한 출가계에 들어가는 것이다. 그리고 아마도 분소의와 걸식과 수하좌와 진기약의 사의가 출가계의 원칙을 이루는 것으로 여득으로서 인정되는 예외는 불교에서 이야기한 것으로 타파와 유사한 것이 있었다고 하더라도 불교가 독자적으로 인정한 것으로 생각된다. 그리고 후장에서 기술하듯이 율장에 보이는 비구 생활은 사의의 생활이 아닌 사의의 여제餘制라고 여겨지는 것에 의한 생활이고, 원칙 즉 사의가 예외화 되고 예외 즉 여득이 생활화된 상태이였다. 따라서 수구 전후에 분소의 등 눈앞에 보는 것 같은 사의 생활이 원칙적으로 비구 생활이고 여득은 예외로 밖에 인정되지 않는다고 설하여 들려주는 것은 비구도 엄한 출가 일반의 생활을 원칙으로 해야 한다는 자각을 가지게 하는 것이 된다. 또 각 율 모두 그와 같이 생각하고 있은 듯하고, 『승기율』에서는 사의의 하나하나에 대해서 「사문의 법에 수순하면 이에 의하여 출가 수구하게 된다.」라고 하는데 「사문의 법에 수순한다.」라는 것은 원칙적으로 출가계에 따른다는 의미로 사의에 따른다는 것이다.[79] 『빠알리율』은 예를 들어, 「출가pabbajja는 분소의에 의존한다.」라고 사의의 하나하나에 「출가는」이라고 적고 있고, 비구는 출가이기 때문에 출가 생활의 원칙인 사의로 생활하는 것으로 하고 있다.[80]

79) 『마하승기율』제23권, 대정22권, 414쪽 b.

『오분율』은 『빠알리율』과 같은 것으로 볼 수 있고,[81] 『사분율』은 「비구는 이 사의에 의존하여 출가를 얻고, 구족계를 받는다.」라고 하고 있다.[82] 즉 사의를 받아서 출가가 되고, 출가이기 때문에 구족계에 의해 비구가 된다는 것이다. 『십송율』에 있어서도 「이 법사의法四依에 의존하여 비구는 출가하고 수구족하여 비구법을 이룬다.」라고 하는데[83] 이것도 같은 취의로 보인다. 그리고 각 율 모두 사의법을 비구계 이전에 출가계의 원칙으로 보고 있고, 따라서 비구가 된 자는 출가자로서 생활해야 함을 자각시키기 위해 상좌부계 여러 율은 수구 직후에 이를 수계자에게 교계한다고 생각된다. 그리고 대중부의 『마하승기율』은 더 엄하게 수구 전에 사의를 설하고, 출가자로서의 자각을 가지고 살 것을 맹세한 뒤에 수구한다고 하고 있다.

『빠알리율』에서는 수구갈마 직후에 사의를 설하고, 다음으로 사불응작을 설하게 되어 있다. 지금은 그것에 따라서 사의를 먼저 기술하였으나 『사분율』·『오분율』·『십송율』의 세 가지 율에서는 사의 전에 4불응작을 설하게 되어 있어서 『빠알리율』과 순서가 반대다. 또 위에서 언급한 것과 같이 『승기율』은 수구 전에 이미 사의를 설하므로 수구 후에는 4불응작만을 설한다.

지금 먼저 『빠알리율』에 의해 4불응작을 보면, 사의의 교계에 대한 기사에 이어서 간단한 인연을 적고 있다. 그것은 수구 뒤에 전처와 교합한 비구가 있었기 때문에 수구시에 4불응작을 설하게 했다고 한다.

80) Mahāvagga, I, 77, 1, 남전대장경 제3권, 163-164쪽, Mahāvagga, 1, 30, 4. 남전대장경 제3권, 102쪽.
81) 『오분율』제16권, 대정22권, 112쪽 c, 동제17권, 대정22권, 120쪽 b.
82) 『사분율』제35권, 대정22권, 815쪽 c-816쪽 a.
83) 『십송율』제21권, 대정23권, 156쪽 c.

이에 이어서 다음으로 인용하는 4불응작의 문이 계속되는데, 4불응작 cattāri akaraṇīyāni이란 출가로서는 해서는 안 될 음 · 도 · 대망어 · 살인의 사금사四禁事이고, 이는 비구계의 4바라이법cattāro pārājikā dhammā과 같은 것이다. 하지만 여기에서는 비구계로서 설하지 않고 4불응작으로 설하는 부분에서 무엇 때문에 설하는 것인지를 생각하게 하는 것이 있다. 지금 『빠알리율』의 4불응작을 남전대장경 역문으로 인용하면 다음과 같다.

> 「구족계를 받은 비구는 음법婬法 methuna-dhamma을 내지 축생과라도 행해서는 안 된다. 비구로서 음법을 행하는 자는 사문이 아니다. 마치 사람으로서 머리를 잘리면 그 몸胴體으로 살아갈 수 없는 것과 같이, 그와 같이 만약 비구로서 음법을 행하면 사문이 아니고 석자가 아니다. 이를 내지 목숨이 끝날 때까지 행하여서는 안 된다.」
> 「구족계를 받은 비구는 불여취 투도를 내지 풀잎草葉이라도 행하여서는 안 된다. 비구로서 오전五錢 혹은 오전五錢을 넘는 것을 불여취 투도하는 자는 사문이 아니고 석자가 아니다. 마치 낙엽黃葉으로서 줄기를 떠나면 녹색을 얻을 수 없는 것과 같이, 이처럼 비구로서 오전五錢 혹은 운운.」
> 「구족계를 받은 비구는 알면서 유정의 목숨을, 혹은 개미라도 빼앗아서는 안 된다. 비구로서 알면서 사람의 목숨을 빼앗고 내지 타태墮胎하는 자는 사문이 아니며 석자가 아니다. 마치 큰 바위가 두 개로 쪼개어지면 다시 합할 수 없는 것과 같이 이처럼 만약 비구로서 알면서 …」

「구족계를 받은 비구는 상인법을 칭하여 내지 '나는 빈집에서 쾌락을 느낀다.'라고 조차 말하여서는 안 된다. 비구로서 악욕이 있어 악에 쪼들려서 비진비실非眞非實의 상인법, 선, 해탈, 삼매, 정수, 도, 과를 칭하는 자는 사문이 아니며 석자가 아니다. 마치 다라수로서 끝尖을 잘리면 다시 생장할 수 없는 것과 같이, 이처럼 만약 비구로서 악욕이 있고 ….」[84]

이 4불응작을 보고 첫 번째로 알 수 있는 것은, 내용이 비구계의 4바라이법과 같은 것을 바라이법 형식을 피하고 출가사문의 법으로서 기록하는 것이다. 즉 범한 자는 「사문이 아니고 석자가 아니다.」라고 교계되어 「비구가 아니다.」라고는 하고 있지 않은 것이다.

지금, 이 『빠알리율』의 4불응작의 문장을 보면 형식으로는 각각의 문장의 제2구는 제1구의 해설적인 재설再說로 되어 있다. 그러나 그러한 구성임에도 불구하고 투도 · 살생 · 칭상인법의 세 가지 경우에 대해서 보면 제1구와 제2구는 내용이 동일한 범위가 아니다. 따라서 실제는 제2구는 제1구의 재설再說로 되어 있지 않은 것이다. 즉 제2 불응작의 투도는 제1구의 「불여취 투도를 내지 초엽草葉까지 해서는 안 된다.」라는 것으로, 경분별부의 바라이와 다른데, 제2구는 「5전 이상」 훔치는 것으로 하고 있다. 5전 이상 투도를 금하는 것은 경분별부의 제2 바라이 경분별에 나오는 부분이다. 제3 불응작의 경우에도, 제1구는 「유정의 목숨을 내지 개미라 하더라도」 죽이는 것을 금하여 경분별의 바라이와 다르지만 제2구에서는 「인신人身의 목숨을 빼앗되 내지 타태

84) Mahāvagga, I, 78, 1-5. 남전대장경 제3권, 164-166쪽.

墮胎하는 자」를 금하고 있어서, 이 제2구도 경분별부 제3 바라이의 경분별과 같다. 또한 제4 불응작의 제1구는 경분별부의 제4 바라이가 부득상인법을 득상인법이라 하여 설하는 것을 금하는 것과 달리, 득부득에 상관없이 「빈 집空屋에서 쾌락을 느낀다.」라는 정도라도 말해서는 안 된다고 한다. 그러나 제2구는 경분별부의 「상인법이란 선나 · 해탈 · 삼매 · 정수 · 지견 · 달도 · 증과 · 심난개 · 락정樂靜을 말한다.」라는 것에 극히 가깝게 되어 있다. 이상과 같은 견해로 보면 제1 불응작은 제1구에 이어지는 제2구가 빠져 있는 것이 되지만, 이는 제2구가 필요 없었든지 혹은 추가하고자 했던 제2구가 제1구와 같아서 생략되었든지 했을 것이다.

다음으로 4불응작의 문장 제3구는 불응작을 범한 자에 대한 비유인데, 이는 비구계의 4바라이법의 경분별 비유와 같다. 즉 경분별에서는 지금과 마찬가지로, 4바라이의 제1 불음계不婬戒에서는 단두유斷頭喩를, 제2 부도계不盜戒에서는 낙황엽유落黃葉喩를, 제3 불살계不殺戒에서는 파석유破石喩를, 제4 대망어계大妄語戒에서는 다라엽유多羅葉喩를 설하고 있다.

그래서 지금 본 바로 생각해 보면, 수구갈마 뒤에 교계하는 네 가지 불응작의 제1구의 금문禁文은, 경분별부의 바라이 즉 비구계 이전의 출가사문에 공통되는 출가계에 속하는 것으로 생각된다. 그리고 그것은 예를 들어, 도둑이나 살인이나 설상인법說上人法의 불응작不應作으로 보아도 비구계보다 훨씬 범위가 넓고 엄한 것이다. 제2구는 이 엄한 것을 비구계 내용에 제한하여 느슨하게 되어 있는데 이는 비구계의 경분별에서의 도입이고, 뒤에 추가한 것이다. 제3구의 비유는 경분별에 있는 것과 비슷하지만, 이는 아마도 오래전부터 있던 것으로 그것을 경분별부가 바라이를 해석하기 위해 도입한 것이고, 또한 경분별과 관계없이 제1구에 결부되어 원시적 네 가지 불응작을 구성하고 있었다고 생각해도 좋은 것이다. 그리고 원시적 네 가지 불응작은 율장의 경분별적인 제2구를 제거한 것이라고 생각해 보면 수구 뒤에 사의와 함께 출가 행법으로 설하여지는데도 아무 곳에도 비구계임을 기술하지 않는 이유를 이해할 수 있을 듯하다. 수구 후이기 때문에 여기에서 그 비구계를 설해야 하는데도, 그것이 설하여지지 않는 것은 무슨 이유인가 하는 의심이 당연히 일어나겠지만, 그것은 백사갈마수구 성립의 오래됨을 나타내는 것이 될 것이다. 이 수구갈마의 성립시대는 아직 출가계 시대이고, 비구계는 출가계를 기반으로 수범수제의 형태로 성립되어가고 있었다. 그리고 비구계가 일단 성립하고 아마도 멸후가 되었을 때, 수구 뒤에 비구계 4바라이와 비슷한 4불응작 수여가 문제가 되고, 비구계 전체를 수여해야 한다는 생각이 생겨났다고 보아야 한다. 그 현상이 다음에 보듯이 한역 여러 율에 보이는 4불응작과 4바라이 또는 비구계와 섞여진 기사가 되는 것이다.

이상에 있어서 『빠알리율』의 4불응작은 제2 불응작 이하 3불응작의 제2구 경분별부로부터의 도입이고, 이를 제거하면 거의 원형적 4불응작이 됨을 말했다. 이 생각을 일단 인정하여 한역 여러 율을 보면, 한역 『사분율』의 4불응작은 『빠알리율』과 인연이나 내용이 동일하지만 4불응작을 설하기 시작하는 첫 말이 「당연히 먼저 4바라이법을 설해야 한다.」라고 하여, 4불응작이라 해야 할 부분이 4바라이로 되어 있다.[85] 이는 분명히 수구를 비구계의 수계라는 생각에서 정정된 것으

85) 『사분율』제35권, 대정22권, 815쪽 b.

로 생각된다. 그러나 4불응작 다음으로 비구계의 내용인 13승잔 등의 명목은 없고, 『빠알리율』과 같은 내용으로 끝나고 있다. 『오분율』은 사타법(4불응작)과 사유로 나누어 설하는데 이 양쪽을 합하여 『빠알리율』의 4불응작에 상당된다.86) 이것도 인연이나 내용은 『빠알리율』과 일치하지만 네 가지 비유四喩만은,

> 「마치 사람이 죽으면 마지막에 이 몸으로 다시 살 수는 없는 것과 같이, 바늘귀가 부러진 것은 영원히 다시 바늘로 사용할 수 없듯이, 다라수의 핵심을 끊으면 다시 살거나 늘어나거나 넓어지지도 않듯이, 바위가 깨어진 것은 다시 합칠 수 없듯이 만약 비구가 하나하나의 타법墮法을 범하면 다시 비구법을 얻을 수 없다.」

라고 하고 있다. 즉 다른 율과는 달리 네 가지 비유四喩를 합하여 설하고, 각 타법에 네 가지 비유 모두가 통용하는 것으로 되어 있다. 네 가지 비유四喩의 내용은 『빠알리율』의 낙황엽落黃葉의 비유가 바늘귀 구멍針鼻欠으로 바뀌어져 있을 뿐이지만, 「만약 하나하나의 타법을 범하면 다시 비구법을 얻을 수 없다.」라는 것은, 『빠알리율』의 「사문이 아니며 석자가 아니다.」라는 것보다는 비구계적으로 이해하고자 했던 것으로 생각된다.

『십송율』이 되면, 사타법으로서 설하는 내용은 『빠알리율』에 가깝지만, 비유는 모두 서사序詞 중에 이들 하나하나를 범하면 다라수 단두

86) 『오분율』제17권, 대정22권, 120쪽 a-b.

와 같다고 할 뿐 다른 세 비유는 설하지 않는다.[87] 또한 각 타법 말미의 『빠알리율』에서 「사문이 아니며 석자釋子가 아니다.」라는 부분은 「이는 비구가 아니고 사문이 아니며 석자가 아니라 여겨서 비구법을 잃는다.」라고 하여, 출가계적 의미에 비구계적인 의미를 추가하고 있다. 그리고 이에 이어서,

> 「그대 모갑은 들으라. 처음 죄중罪衆은 일으켜서는 안 된다. 제2 죄중은 일으킬 수 있더라도 얼마간이든 복장하면 때 따라서 마땅히 바리바사波利婆沙를 행해야 한다. 바리바사가 끝나고 6야 마나타를 행해야 하고, 20비구대중 중에서 출죄를 준다. 이 일은 대중 중에 마땅히 부끄럽게 여겨야 한다. 다른 사람에게 경멸당한다. 이 가운데 그대는 고의로 출정出情하지 말라. 운운」

이라고 하며, 13승잔의 내용을 열거하고 있다.[88] 이는 제1죄 중, 즉 4바라이법은 절대로 범해서는 안 된다. 제2죄중罪衆, 즉 13승법僧法은 범해도 바리바사波利婆沙(別住) 6야 마나타 등을 행하고 20비구대중 중에 출죄를 얻지만, 그러한 일은 부끄러워해야 할 것이고, 다른 사람에게 경멸당하게 된다고 교계하는 것이다. 즉 『십송율』에서는 4불응작 위에 다시 비구계의 바라이법이란 의미와 승잔법의 두 가지 중죄重罪를 추가하여 비구계적인 의미를 주려고 하는 것이다.

『마하승기율』에서는 수구가 끝나면,

---

87) 『십송율』 제21권, 대정23권, 157쪽 a.
88) 상동, 157쪽 b-c.

「이미 구족을 받는 것을 마쳤다. 이는 계서戒序의 법이다. 4바라이법 · 13승가바시사 · 2부정법 · 30니살기바야제 · 92순바야제 · 4바라제제사니 · 중학법 · 7멸쟁법 · 수순법을 나는 지금 간략히 설하여 그대에게 교계하는 것은 이와 같다. 후에 화상과 아사리는 마땅히 그대를 위해 널리 설할 것이다.」

라고 교계하는 것으로 되어 있어, 출가계적인 4불응작은 완전하게 모습을 없애고 그 대신에 비구계 전체가 등상登上되어 있다.[89]

그리고 이상의 것에서, 『빠알리율』에는 다소 삽입은 있어도 순수하게 출가계적인 4불응작의 원형을 볼 수가 있고, 『사분율』과 『오분율』에는 각각 『빠알리율』적인 원형 위에 약간이기는 하지만 비구계적인 의미 첨가를 볼 수 있고, 『십송율』에서는 비구계의 초중죄 4바라이와 제2중죄 13승잔의 이름이 나타나고, 이윽고 『마하승기율』에서 4불응작은 사라지고, 비구계가 그것을 대신해 버린다.

이상과 같은 사의와 4불응작의 교계로 백사갈마 수구는 완전히 끝나게 되지만 수구가 수계로 이해되고 있다는 생각이라면 백사갈마수구는 형식과 내용 모두 수계적은 아니다. 또 수구갈마 후의 교계도 사의나 4불응작이고, 특히 후자는 비구계의 4바라이법과 동일 내용인데도 비구계적이지 않다. 이는 이미 말했듯이 백사갈마수구의 성립이 비구계의 완성 전이고 바라제목차로서 포살에 송출되기 이전이었기 때문이라고도 생각할 수 있다.

89) 『마하승기율』 제23권, 대정22권, 415쪽 a.

(6) 외도 · 사미 등의 수구자격

수구는 불교승가의 일원인 비구가 되는 것으로, 이는 출가자든 재가자든 구별은 없다. 붓다 최초의 제자 5비구나 3가섭이나 사리불 등은 모두 출가자가 비구가 된 것이므로 그들의 수구가 출가는 아닐 테지만, 이미 말한 바와 같이, 율장은 붓다 하에 출가와 수구를 받은 것처럼 기록한다. 그러나 이는 다시 붓다 밑에서 불교적인 출가 생활을 한다는 의미인지도 모른다. 다음에 기술할 외도 출가자에게 4개월 별주를 주는 것에 관해서도 『사분』·『오분』·『십송』·『승기』의 각 율은 모두 수구 전에 출가와 별주를 요청[乞]하게 하고 있다.[90] 『빠알리율』만은 외도가 수구를 구하는 것에 별주와 수구만을 기록하고 출가를 기록하지 않는다. 그러나 앞의 세 깟싸빠의 경우를 생각하면 다소 의문은 있겠지만 외도였던 자는 속인과 마찬가지로 불교로 다시 출가하게 하는 것이 율장의 사고인 듯하다.

재가에서 만20세 등 앞에서 언급한 『사분율』로 말하면 13난 10차의 출가 장애를 가지지 않은 자가 수구하면 이는 수구 출가이다. 또 이미 불교 내의 출가인 사미나 식차마나가 만20세에 달하여 수구하면 이는 출가 수구이다. 원래 수구는 이미 출가한 5비구 등에게 붓다가 「오라, 비구여!」라고 불러서 동지 · 동행한 것에 유래한 것으로 원래의 출가 수구와 재가의 출가 수구의 구별은 없었다. 그러다가 사미가 되는 출가와 수구는 별도의 것임을 명백히 하게 된 것이다.

---

90) Mahāvagga, I, 38, 1-11. 남전대장경 제3권, 115쪽-120쪽. 『사분율』제34권, 대정22권, 807쪽 a. 『오분율』제17권, 대정22권, 115쪽 a. 『마하승기율』제24권, 대정22권, 420쪽 c-421쪽 a.

사미는 아직 연령과 교양 모두 비구가 되는 데 도달하지 않은 자이지만 가정생활을 떠나 승가에서 사비구師比丘에 의지 동주하여 살기 때문에 출가이다. 따라서 출가계를 지켜야 하고, 이 출가계가 뒤에 기술할 사미 십계이다. 그러나 수구하지 않았기 때문에 범계를 금벌하는 비구계는 지키지 않는다. 따라서 불교에서 출가라는 것은 승가에 들어가서 사는 것, 수구는 비구가 되는 것이 된다. 승가에는 출가자로서 비구와 비구니 외에 사미sāmaṇeia와 사미니sāmaṇerī와 식차마나sikkhamāna가 있고, 이 중에서 만20세가 되어 수구하여 비구가 되는 것은 사미와 식차마나이다.

먼저 사미에 대해서 보면 그 출가 나이는 율에 따라 일정하지 않다. 『빠알리율』은 사미는 15세 이상이라고 하지만[91] 15세 이하의 자를 구오인驅烏人으로서 인정한다고 하고 있다.[92] 구오인이란 아난다에게 귀의한 가족이 사풍병蛇風病으로 죽고 15세 이하의 두 아이를 남겼다. 그리고 아난다가 이들을 출가시켜서 키우고자 하였으므로 붓다가 「까마귀烏를 쫓을 수 있으면 구오인kākuṭṭepaka으로 출가시켜도 좋다.」라고 하셨다 한다. 『빠알리율』은 구오인의 연령을 적지 않지만 『십송율』은 사미를 15세로 하고 구오사미는 최하 7세로 한다.[93] 또한 『사분율』은 12세이상 사미, 이하 구오인으로 한다.[94] 『오분율』에서는 7 · 8세의 구오인 어린이에게도 사미와 동일하게 식사를 주어야 함을 기술하고 있다.[95] 『빠알리율』이 「15세에 달하지 않은 동자를 구오인으로서 출가시

---

91) Mahāvagga,I,50.1. 남전대장경 제3권, 132쪽.
92) Ibid.,I,51,1. 남전대장경 제3권, 133쪽.
93) 『십송율』제21권, 대정23권, 151쪽 b-c.
94) 『사분율』제34권, 대정22권, 810쪽 c-811쪽 a.

키는 것을 허락한다.」라는 것은 장래 출가의 목적으로 승가에 생활하는 것을 속인인 정인淨人 ārāmika과 달리 출가라고 보고 있기 때문이지만,[96]『사분율』과『오분율』이 이를 출가라고 보는가는 확실하지 않다.『마하승기율』은 사미를 삼품으로 나누어 7세부터 13세까지를 구오 사미, 14세부터 19세까지가 응법 사미, 20세부터 70세까지가 명자名字 사미로 여겨 구오인을 사미의 일종으로 여긴다.[97] 명자사미는 20세가 넘어도 수구하지 않고 사미계를 지니고 있다.

사미의 발생 인연은『빠알리』·『사분』·『오분』·『승기』의 각 율에 붓다가 라훌라를 출가시킨 인연을 적고, 삼귀에 의해 출가하여 10계를 지키는 자로 여기고 있는데[98] 이 중에서『십송율』과『오분율』의 경우는 먼저 삼귀오계 우바새가 되고 이어서 삼귀십계의 사미가 된다고 하고 있다. 사미는 법령 만 10세 이상의 비구에게 의지하는 것인데 그 의지비구와 사미와의 관계는 다음 항에 기술할 화상법과 제자법에 근거하고 있다.『사미십법병위의』 1권이 있는데, 무슨 파의 소전인지 불분명하지만 이 경에는 사미가 지켜야할 72위의 14사가 있고, 상세하게 그 행의를 기록하고 있다.[99] 그러나 율장으로서 사미에 대해 중요한 것은 십학처, 즉 십계이다.『빠알리율』에는「①살생을 하지 않다. ②투도하지 않다. ③비범행하지 않다. ④망어하지 않다. ⑤음주하지 않다. ⑥비시식하지 않다. ⑦가무기악관청하지 않다. ⑧만향도식을 사용

95)『오분율』제17권, 대정22권, 117쪽 b.

96) Mahāvagga, I, 51, 1. 남전대장경 제3권, 133쪽.

97)『마하승기율』제29권, 대정22권, 461쪽 b.

98)『사분율』제34권, 대정22권, 809쪽 c-810쪽 a.『오분율』제17권, 대정22권, 116쪽 c-167쪽 a.『마하승기율』제29권, 대정22권, 460쪽 b. Mahāvagga, I, 54-55. 남전대장경 제3권, 139쪽-141쪽.

99)『사미십계병위의』 1권, 대정24권, 926쪽 b이하.

하지 않다. ⑨고광대상高廣大床을 사용하지 않다. ⑩금은을 받지 않다.」이다.[100] 이는 율장의 비구계와는 달리 십학처에 경중 차별을 하지 않고, 비구계 이전의 출가계적인 것으로 죄를 동반하고 있지 않다.『디가니까야 범망경』등이 기록하는 계 중의 소계에 비시식과 불착금전을 더한 것이라 볼 수 있다.[101] 처음 다섯은 제3 비범행을 불사음으로 바꾸면 재가 5계이고, 또한 제7과 제8을 하나로 하여 제10을 취하면 재가신자가 특별한 날에 행하는 팔재계八齋戒가 된다. 아마 출가 일반 행법에 유래하여 가장 출가행법에 실질적으로 가까운 것으로 즉 10계에 준할 정도로 가까운 것이 팔재계이고 이 중에서 재가 생활에 지장이 없는 것만으로 우바새오계가 생겨난 것이다.

사미의 여성은 사미니sāmaṇerī이다. 그러나 사미니인 상태로는 20세가 되어도 수구를 받을 수 없다. 비구니계 중에『빠알리율』로 말하면 바일제 63에[102]「도불학육법사미니계」가 있다. 그것에는「어떠한 비구니라 하더라도 2년 동안 6법을 학계하지 않은 식차마나를 수구하게 하면 바일제이다.」라고 했다. 또 바일제 64는「불걸승도학법사미니계」인데, 이는「어떠한 비구니라도 2년 동안 6법을 학계한 식차마나를 승가의 허락을 얻지 않고 수구하게 하면 바일제이다[103]」라고 했다. 이 두

....

100) Mahāvagga, I, 56, 1. 남전대장경, 제3권, 1411쪽-142쪽.『오분율』제17권, 대정22권, 116쪽 a-117쪽 c.『마하승기율』제29권, 대정22권, 460쪽 c.『사분율』제34권, 대정22권, 810쪽 b.『십송율』제21권, 대정23권, 150쪽 a. 사미급 10계에 대해서는 平川 彰「원시불교의 연구」435쪽 이하 참조.

101) Brahmajālasutta(DN.), 1, 8-10. 남전대장경 제6권, 4쪽-7쪽.

102)『빠알리율』제63계 Vinayapiṭaka, Vol, IV, p. 319. 남전대정경 제2권, 515쪽.『오분비구니계본』제113 바일제 대정22권, 211쪽 b,『오분율』제13권, 대정22권, 92쪽 a.『마하승기비구니계본』제89 바야제 대정22권, 562쪽 b.『마하승기율』제38권, 대정22권, 535쪽 a.『사분비구니계본』제123 바일제 대정22권, 1037쪽 b.『사분율』제27권, 대정22권, 756쪽 c.『십송비구니바라제목차계본』제122 바야제 대정23권, 475쪽 b,『십송율』제45권, 대정23권, 327쪽 c.

계 중에서 식차마나라는 것은 18세 이상 20세까지의 사미니를 특별히 별칭하는 것이고, 이 2년간은 비구니가 될 훈련을 위해 6법을 배우는 기간이고, 식차마나는 학계녀, 학법녀, 정학녀라고 번역되어 있다. 여성은 생리적으로든 의지적으로든 출가 생활에 지장이 없는가를 진중하게 시험할 필요가 있기 때문이다. 다음으로 6법이란 다음에 기술하듯이, 율에 따라서 내용이 다르지만 『오분율』과 『빠알리율』에서는 살생과 불여취와 비범행과 망어, 음주, 비시식이라고 한다.[104] 그리고 이 두 계 중에 제63인 「도불학육법계」의 의미는 2년간 식차마나 기간에 6법을 익히지 않은 자에게는 수구를 주어서는 안 된다고 하는 것, 제64 「불걸승도계」는 식차마나 기간에 6법을 수지해도 그 학을 채운 것을 현전승가에서 백이갈마로 승인을 받지 않고 수구를 해서는 안 된다고 하는 것이다. 그러므로 이 두 계는 식차마나로서 2년간 6법을 익혔다는 사실을 승가가 인정한 것을 비구니수계의 불가결 조건으로 하고 있다.

이 6법에 관한 두 가지 계는 『사분』에서는 제123계와 124계이고, 『오분율』에서는 제113계와 114계이고, 『십송율』에서는 제112계와 113계이고, 『마하승기율』에서는 제98계와 99계이다. 그리고 이들 중에서 『마하승기율』 이외의 율들이 식차마나 2년간에 6법을 익혀야 한다고 말하지만, 그 6법의 내용은 위에서 서술한 바와 같이 『빠알리율』과 『오분율』은 동일 내용으로, 살생과 불여취, 비범행, 망어, 음주, 비시식을

103) 『빠알리율』제64계 Vinayapiṭaka, Vol. IV, p. 321. 남전대장경 제2권, 517쪽. 『오분비구니계본』제114 바일제 대정22권, 211쪽 b. 『오분율』제13권, 대정22권, 92쪽 a. 『마하승기비구니계본』제99 바야제 대정22권, 562쪽 b. 『마하승기율』제38권, 대정22권, 535쪽 c. 『사분비구니계본』제124 바라이 대정22권, 1037쪽 c, 『사분율』제28권, 대정22권, 756쪽 c. 『십송비구바라제목차계본』제122 바야제 대정23권, 485쪽 b. 『십송율』제45권, 대정23권, 328쪽 a.

104) 『빠알리율』 Vinayapiṭaka, Vol. IV, p. 319. 남전대장경 제2권, 514-515쪽.

금하는 것이지만, 『십송율』은 바라이법 제1 불음계와 제2 불투도계, 제3 살생계, 제4 대망어계와 비구니바라이 제5 마촉계와 제6 팔사성중계八事成重戒의 6바라이 내용을 상세하게 든다.[105] 비구니의 바라이는 8법인데 이 6법은 그중에서 다른 비구니의 죄를 숨기는 것과 거죄비구를 따르는 것 두 계 이외를 열거한 것이다. 또 『빠알리율』 등과 비슷하지만 다른 율과 기록 방법이 달랐던 것이 『사분율』의 6법이다. 인용하면 다음과 같다.

(1) 음婬을 범하면 마땅히 멸빈해야 하고, 만약 염오심이 있고 염오심이 있는 남자와 신체를 서로 접촉하면 결계한다. 다시 계를 주어야 한다.
(2) 만약 5전이나 과過5전을 훔치면 마땅히 멸빈해야 한다. 만약 감오전은 결계한다. 마땅히 다시 계를 주어야 한다.
(3) 만약 인명人命을 끊으면 마땅히 멸빈해야 한다. 만약 가축의 생명을 끊으면 결계한다. 마땅히 다시 계를 주어야 한다.
(4) 만약 스스로 상인법上人法을 얻었다고 말하면 마땅히 멸빈해야 한다. 만약 대중 중에서 고망어하면 결계한다. 마땅히 다시 계를 주어야 한다.
(5) 만약 비시에 먹으면 마땅히 다시 계를 주어야 한다.
(6) 만약 음주하면 결계한다. 마땅히 다시 계를 주어야 한다.[106]

105) 『십송율』제45권, 대정23권, 327쪽 a-c.
106) 『사분율』제27권, 대정22권, 756쪽 c.

라고 하고, 이는 네 가지 바라이에 속하는 음婬과 도盜와 살殺과 망어妄語에 음주와 비시식을 더한 6법의 금지이다. 처음 4법이 네 가지 바라이법에 따르고 있는 점은 형식적으로 『십송율』과 닮았지만 내용적으로는 『오분율』, 『빠알리율』과 같다. 『빠알리율』은 6법의 하나하나에 대해서 「2년 범하지 않겠다는 맹세를 익혀 지녀야한다.」[107]하고, 『오분율』도 6법을 「2세 동안 살생하는 것을 하지 말라 … 비시식하는 것을 하지 말라.」[108]라고 할 뿐이지만, 『십송율』은 예를 들어, 제6법 팔사성중八事成重에

「만약 식차마나니가 누심漏心으로 누심漏心의 남자 근처에서 혹은 손을 잡고 혹은 옷을 잡히고, 혹은 함께 서고, 혹은 함께 이야기하고, 혹은 함께 약속해서 만나고, 혹은 병처에 들고, 혹은 남자를 기다리고, 혹은 자신을 주어 재가녀의 법과 같이 하는 이 여덟 가지八事로써 자신을 주면 이는 식차마나니가 아니고 사미니가 아니고 석녀釋女가 아니며 식차마나니법을 잃으니, 만약 범하면 다시 받아야 한다. 이 가운데 몸과 목숨이 다하도록 지어야[盡形壽作] 한다.」

라고 하고,[109] 이는 6법과도 전부가 동일한 형식이다. 단, 비구니가 범하면 바라이죄가 되어, 「비구니가 바라이를 범하면 공주해서는

107) Vinayapiṭaka, Vol. IV, p. 319. 남전대장경 제2권, 515쪽.
108) 『오분율』 제29권, 대정22권, 186쪽 b-c.
109) 『십송율』 제45권, 대정23권, 327쪽 b-c.

안 된다.」라고 해야 할 부분을,[110] 이는 「식차마나니법을 잃게 된다. 만약 범하면 다시 받아야 한다.」라고 하는데, 『빠알리율』이나 『오분율』의 경우와 달리, 범자犯者에게 다시 받기를 요구하고 있다. 그리고 이것이 『사분율』이 되면 지금 본 바와 같이 전사법前四法의 바라이에 상당하는 죄에 대해서는 멸빈추방이고, 그 이하의 정도의 경우는 「결계하고 다시 받아야 한다.」라고 하여, 『십송율』보다 엄격하다. 즉 『빠알리율』과 『오분율』은 출가계적으로 벌칙은 없고, 『십송율』은 범하면 다시 받게 하는 벌칙이었고, 『사분율』에는 바라이에 상당죄인 추방이 있다. 아마 이 엄격함은 비구니계에 비춰서 행하여진 것으로 각 율의 신 · 고新古의 순위로 엄격하게 되는 것으로 보인다.

『마하승기율』은 6법을 기록하지 않는다. 제18권 잡송발거 비구니법에 따르면 2세학계를 득한 자는 18사를 행한다고 하고,[111] 또한 비구니계 바일제법 제98「불만학수구계」 및 제99「중승불청수구계」의 경분별에는 학계를 채운다는 것은 18사를 행하는 것이라고 한다.[112] 그러므로 18사 안에 다른 율의 6법에 상당하는 것을 포함하고 있다고 보아야한다. 18사란

> (1)일체 대비구니 아래에, 일체 사미니 위에서 음식을 먹고 (2)식차마나니에게 있어서 부정不淨인 것도 대비구니에게는 정淨이고 (3)대비구니에게 있어서 부정인 것은 식차마나니에게도

---

110) 『십송율』제42권, 대정23권, 303쪽 c.
111) 『마하승기율』제30권, 대정22권, 471쪽 b-c.
112) 『마하승기율』제38권, 대정22권, 535a-c.

역시 부정不淨이고 (4)대비구니는 식차마나니와 함께 3숙宿할 수 있고 (5)식차마나니는 사미니와 함께 3숙할 수 있고 (6)식차마나니는 대비구니에게 음식을 줄 수 있고 (7)오생종을 화정火淨하는 것과 금은金銀 및 전錢을 집는 것을 제외하고 스스로 사미니로부터 음식을 받고 (8)다른 비구니를 향하여 바라이 내지 월비니죄越毘尼罪를 말할 수 없고 (9)불음不婬 · 부도不盜 · 불살不殺 · 불망어不妄語 이러한 것을 이야기할 수 있고 (10)식차마나니는 포살에 (11)자자일에 승가 대중에 들어가서 「성스러운 승가阿梨耶僧여, 저 모갑은 청정합니다. 승가는 억념하소서.」라고 3번 말하고 가고 (12)뒤에 4바라이를 범하면 다시 처음부터 익히고 (13)19승가바시사 이하로 하나하나 범하면 범하는 바에 따라서 돌길라를 짓게 되고, (14) ~ (18)만약 다섯 가지 계를 파하여 범하면 날수日數에 따라서 다시 익혀야 한다. 어떤 것이 다섯 가지 계인가? ①비시식과 ②정식식停食食과 ③착전금은捉錢金銀과 ④음주와 ⑤화향華香을 지니는 것이니, 이를 18事라 한다.113)

이에 따르면 비구니의 8바라이 가운데 앞의 4바라이는 설해지지 않지만 음婬, 도盜, 살殺, 망어妄語는 제정되어 있고, 비구니 8바라이의 뒤 4바라이를 범하면 다시 받아야 한다고 하는 점 등에서 『십송율』보다도 무거운 학법이라 볼 수 있다. 다만 앞의 4바라이를 설하지 않기 때문에 이를 범하는 자의 멸빈을 말하는 『사분율』보다는 가벼운 학법

113) 『마하승기율』 제30권, 대정22권, 471쪽 c. 및 그 문장을 읽는 방법은 西本龍山 譯 국역일체경에 의한다.(율부10, 229쪽)

이라고도 보인다. 그러나 『승기율』은 식차마나니법에 있어서도 상좌부계보다도 오히려 중계重戒를 부과하는 듯하다.

이상 식차마나의 행법은 『사분율』과 같이 추방을 설하는 것은 별도로 하고, 사미와 사미니의 십계중에 포함되는 것으로 6법은 10계보다 계의 수가 적은 것으로 되어 있다. 그러므로 10계를 엄중하게 설하면 그 밖에 다시 6법 등이 없어도 될 것처럼 보인다.

아마도 10계는 지키고, 그 중 6법 적용의 완급緩急에 따라서 사미니와의 구별을 지은 것으로 생각된다. 즉 10계는 도덕적인 요청 범위이고, 식차마나니의 학법은 강제적인 법으로서 다스렸던 것이다. 그 도덕적 요청 이상 강제적인 의미를 강조하는 것이 『사분율』이나 『십송율』, 『승기율』이 범한 자를 흠계자欠戒者로서 다시 받게 하는 방법으로 나타나 있는 것으로 생각할 수 있다. 그리고 모든 율을 통하여 이 식차마나의 학법에 권위를 주고 있는 것이 위에 인용한 바라이 중 두 계이다.

이상은 동녀 사미니가 18세로 식차마나가 되어 20세로 비구니가 되는 것이다. 20세 미만의 동녀는 어쨌든 수구는 받을 수 없다. 그러나 한번 결혼한 적이 있는 자 즉 증가녀曾嫁女는 12세로 수구할 수 있다. 이는 고대 인도의 사고방식을 나타내고 있어 매우 흥미롭다. 비구니바일제에 이 일을 나타내는 계가 세 가지이다.[114] 각 율 내용은 반드시 일치하지 않지만 증가녀 12세를 20세 동녀와 나란히 한다는 점은 일치한다. 지금 『빠알리율』로 나타내면

114) 『오분율비구니계본』, 대정22권, 211쪽 a, 『오분율』제13권, 대정22권, 91쪽 a-b. 『마하승기비구니계본』, 대정22권, 562쪽 b, 『마하승기율』제37권, 대정22권, 536쪽 a-b. 『사분비구니계본』, 대정22권, 1037쪽 c, 『사분율』제28권, 대정22권, 759쪽쪽 a-c. 『십송비구니바라제목차계본』, 대정23권, 485쪽 a, 『십송율』제45권, 대정23권, 325c-326a.

12세 미만의 증가녀를 수구하게 하면 바일제이다.

만 12세 증가녀로서 2년간 6법에서 학계하지 않은 자를 수구하게 하면 바일제이다.

만12세의 증가녀로서 2년간 6법에서 학계한 자에게 승가의 허가를 얻지 않고 수구하게 하면 바일제이다.[115]

이에 의해 확실히 동녀는 만20세가 수구 최저연령이지만 증가녀는 만12세가 최저연령이 된다.

그리고 그 수구 전 2년을 식차마나로서 각각의 율이 정하는 학법을 익혀야 한다는 것은 동녀의 경우와 다르지 않다. 증가녀는 만12세에 수구한다고 하면, 적어도 10세까지 결혼한 경험을 가지고, 2년 학법을 행한 것이 된다. 증가녀 중에 약혼 또는 형식으로만 혼례를 올리고 미망인이 된 자, 즉 사실상의 동녀가 포함되는지 어떤지는 율장만으로는 불분명하다. 그러나 여자의 결혼을 서두르는 인도 풍습의 반영임을 알 수 있다.

마지막으로 수구를 구하는 자에게 외도 출가의 경우가 있다. 이미 말했듯이 불교승가는 이미 출가한 5비구가 붓다 아래에 모여서 결성된 것으로 5비구는 불교 밖으로부터의 전향자였다. 또한 초기불교승가의 주력主力을 행한 자는 배화교도의 세 깟싸빠 제자 천 명,[116] 6사師의 한 사람인 산자야 교단으로부터 온 사리불 등 250명[117]이었던 것으

115) 『빠알리율』, 니바일제 제65, 66, 67계, Vinayapiṭaka, Vol. IV, pp. 322-324. 남전대장경 제2권, 520쪽-522쪽.

116) Mahāvagga, I, 20, 18-23. 남전대장경 제3권, 59쪽-61쪽.

117) Ibid., I, 24, 3-5. 남전대장경 제3권, 76쪽-77쪽.

로 생각해 보면 불교승가는 다른 교파他派의 출가 입단에 개방적이었다고 생각된다.

그렇지만 율장에서는 타파 즉 외도로부터의 입단수구를 요청하는 자에 대해 4개월 이상 별주別住를 부과하는 것으로 하고 있다. 일종의 견습기간 설정이다. 이 4개월 별주를 설정한 인연으로서는 『사분율』이 가장 구체적이다. 이에 따르면 나형외도가 포살이라 하는 것에 사리불과 문답하였는데, 사리불의 지혜에 놀라서 불교에 들어가고자 했고, 발난타의 제자가 되어 수구하였다. 그 후 포살의 난문難問에 발난타가 대답을 하지 못하였으므로 「사문 석자는 어리석고 아둔하여[愚闇]하여 아는 바가 없고 마땅히 휴도休道해야 한다.」라고 하며 외도로 돌아가 버렸다. 그 인연으로 외도의 수구자에게는 4개월 별주를 주고 나서 수구하게 했다고 하고 있다.[118] 『빠알리율』은 단지 옛날에 외도였던[舊外道] 비구가 화상과 논난論難하여 외도로 돌아갔다고 하고[119] 『오분율』은 발난타가 외도를 출가시킨 이야기를 들면서 자격(10법)이 없는 자는 타인에게 수구해서는 안 된다는 것을 인연으로 한다. 그러나 이에 이어서 외도 출가는 4개월 별주를 주고 「이를 시험하고」나서 수구해야 한다고 하고 있다.[120] 『십송율』과 『승기율』에는 특별한 인연이 없다.[121] 외도출가 인연으로서는 『사분율』 등 세 가지 율이 말하는 바를 합하여 하나의 인연이 되는 것으로 생각된다.

그리고 4개월 별주에 대해서, 『사분율』에서는 별주를 받는 데는 삭

118) 『사분율』 제43권, 대정22권, 807쪽 a.
119) Mahāvagga, I, 38, 1-4. 남전대장경 제3권, 115쪽-117쪽.
120) 『오분율』 제17권, 대정22권, 115쪽 a.
121) 『십송율』 제21권, 대정23권, 150쪽 b. 『마하승기율』 제24권, 대정22권, 420쪽 c.

발하고 가사를 걸치고 삼귀를 삼창하게 하고 승가는 먼저 이에게 사미 십계를 수계하고, 그러고 나서 수자에게 4개월 별주를 요청請乞하게 하고 있다.[122] 『빠알리율』에서는 삼귀 삼창하고 나서 바로 수자로 하여 4개월 별주를 요청하게 한다.[123] 그리고 다른 율은 삼귀도 기록하지 않고 4개월 별주를 요청하게 하고, 이를 주는 백이갈마를 기록하고 있다. 그리고 『사분율』만은 이 4개월 별주자를 사미로서 대우함을 분명히 하고 있으나 다른 율은 별주건도의 별주법에 따라서 거주하는 자로 보인다. 다만 『사분율』은 4개월 공주로 하고 있다. 공주는 승가 계내별주라 볼 수 있다.

4개월 별주는 수구를 구하는 외도출가자가 불교 비구로서 의욕적tibbācchanda인가? 적응적ārādhaka인가를 시험해보는 것이고, 그동안에 외도 시절에 배운 스승師satthar · 견해diṭṭhi · 인忍khanti · 희喜ruci · 집執ādāya을 헐뜯는毁呰 것은 기뻐하지 않고 불법승을 헐뜯는毁呰 것은 기뻐하는 자에게는 수구를 주지 않고, 그 반대의 경우에만 준다고 한다. 이는 상좌부계의 각 율과도 광략廣略의 차이는 있으나 거의 같다.[124] 『마하승기율』은 같은 취의의 사실을 조금 이색적인 방법으로 기술하고 있다. 이에 따르면,

> 「만약 만4월을 시험하여 마음이 움직이지 않을 때는 마땅히 출가를 주어야 한다. 만약 중간에 성법聖法을 얻으면 즉시 「시험이 끝났다.」고 한다. 만약 외도의 표치를 버리고 속인복을 입

122) 주118와 동일.
123) 주119과 동일.
124) 『십송율』제21권, 대정23권, 150쪽 c. 『오분율』제17권, 대정22권, 115쪽 a. 『사분율』제34권, 대정22권, 807쪽 a-b. 『빠알리율』 Mahāvagga, I, 38, 5-10. 남전대장경 제3권, 117쪽-119쪽.

고 올 때는 마땅히 출가를 주어야 한다. 만약 외도의 표치를 입고 왔을 때 4월을 시험하지 않고 출가 수구족하게 하면 월비니죄越毘尼罪이다.」[125)]

라고 하고 있다. 불교의 성과聖果를 깨달은 자, 외도 복장을 버린 자에게 4개월의 별주를 면제하고, 외도복으로 오는 자에게는 즉시 거절하는 것으로 하는 것은 다른 율에는 없는 부분이다.

이 4개월 별주를 받아야 할 외도로부터의 출가자로서 4개월 별주를 면제받은 자가 디가니까야『대반열반경』의 수밧다Subhadda이다. 붓다 입멸 직전에 수구를 요청하였다. 붓다가 4개월 별주를 해야 함을 말씀하신 것에 대해 아난다가 붓다에게 요청하여서 별주 없이 수구했다고 한다. 그리고 이 비구가 붓다 입멸 직후「우리들은 자유스럽게 되었다.」라는 방언했다고 한다.[126)] 그러나『빠알리율』안에는 이를 기록하지 않고 있다. 또한 외도 중에서도 배화교도aggika와 나계범지螺髻梵志 jaṭilaka와 석가족 출신자jātiyā-sākya에게만은 4개월 별주 없이 수구해도 된다고 한다. 그리고 그 이유를 붓다의 말로서「비구들이여, 그들은 업을 설하고 소작所作을 설한다. 비구들이여, 석가족으로 태어나 구외도가 되었던 자가 오면 구족계를 주어야 한다. 별주를 주어서는 안 된다. 비구들이여. 나는 친족에게 이 불공不共의 특전을 주고자 한다.」[127)]라고 적고 있다. 석가족의 경우에는 이를 단순히 붓다의 친족이라는 이유

125)『마하승기율』제24권, 대정22권, 421쪽 a.

126) Mahāparinibbāna-suttanta(DN.),V. 23-25;VI, 23-25; VI, 20. 남전대장경 제7권, 135쪽-137쪽, 155쪽.

127) Mahāvagga, I, 38, 11. 남전대장경 제3권, 120쪽.

만으로 생각된 것으로 이유가 없는 것으로 볼 수 있지만, 업을 설하는 자 즉 업설자kammavāda와 소작을 설하는 자, 즉 작업론자kiriyavāda의 두 가지는 사상상의 이유 때문이다.

나계범지는 1천명의 제자와 함께 붓다의 허락에 든 깟싸빠 3형제가 이에 속한다고 여겨지지만,[128] 그들도 배화외도라 해야 하고 붓다가 장형 우루빈라깟싸빠를 방문한 것은 그의 화사火舍였다고 하고, 그가 붓다에게 귀의하자 사화事火의 도구aggihuttamissa를 버렸다고 적고 있다. 나계는 머리카락을 말아 있었기 때문이라고 여겨지지만, 이 나계외도 이외의 바라문계 외도도 모두 배화교도로 볼 수 있다.

업론자에 대해서도 배화교도와 마찬가지로 인도사상가의 대부분이 업론자로 여겨지고, 업론자는 또 작용론자로 생각할 수 있다. 그것은 업론자의 업은 유물론자의 단순한 사물의 운동을 가리키는 것이 아니라 영혼과의 관계에 있어서 윤회하는 동안에 변화를 일으키는 작용을 일으키는 행위를 가리키는 것이기 때문이다. 그리고 이 의미의 업부정론자라고 보이는 자는 예를 들어, 육사외도 중 뿌라나Pūraṇa-Kassapa나 빠꾸다Pakudha-Kaccāyana 등 후에 짜르바까Carvakā라고 불리는 유물론자들이었다고 볼 수 있다. 금창원조金倉圓照의 『인도고대정신사』에 따르면 작용론자는 자이나교의 문헌에 있는 363견見 중에 작용론자 180파, 무작용론자 84파가 있다고 했다.[129] 야코비 교수의 해설에 따르면 작용론이란「영혼은 작용한다. 혹은 작용으로 영향을 받는다.」라는 주장이고, 자이나교, 승론, 정리파 그 밖의 설이 이에 든다. 그리고 무작용론자

128) 주116과 동일.
129) 金倉圓照 『印度古代精神史』166쪽 이하.

라는 것은「영혼은 존재하지 않는다. 작용으로 영향을 받지 않는다.」라는 주장이고, 유물론, 베단다. 상키야, 유가, 불교 등이 이에 포함된다. 이 야코비 교수의 설을 반영하듯이 율장 중에서 니건자Nigaṇṭha-Nāta-putta가 그 제자인 시하Sīha 장군에게「시하여, 그대는 작용론자kiriyavāda인데, 어찌하여 비작용론자akiriyavāda인 사문 구담을 보려고 가려 하느냐」라고 하고 있다.[130] 즉 자이나교에서는 불교를 비작용론자로 생각한다. 불교 자신은 때에 따라서 자기를 작용론자 또는 비작용론자라고도 부르고 있으나 율장에서는 이 경우에 비작용론자는 악을 행하지 않는 의미의 비작용과 무영혼이라는 의미의 비작용이 있는데 불교를 비작용론이라 하는 것은 전자라는 것이 기술되어 있다.[131] 그러나 지금 여기에서 불교로 입단하는 데 4개월 별주가 있어야 한다는 것은 후자이고, 불교는 이에 대응하는 작용론자이다.『사문과경』에서 아사세왕은 6사 방문 결과에 대해서「실로 뿌라나Pūraṇa-Kassapa는 현세에서 사문의 과보에 관한 질문을 받고 무작용akiriya을 설했다.」라고 기술하고 있다.[132] 불교는 무아론자이지만 업에 따른 윤회를 인정하므로 작용론자로 여겨야 할 것이다. 뿌라나와 빠꾸다와 아지타 등, 짜르바까의 유물론은 윤회의 업작용을 부정하고, 도덕의 인과를 전혀 인정하지 않는데, 그러한 자들이 비업론자이고 비작용론자이다. 업설과 작용설은 작용이 행위이고, 행위의 내적인 힘을 업이라 한다고 생각되지만, 그 구별은 쉽게 짓기 어렵다.

130) Mahāvagga, VI, 31, 2. 남전대장경 제3권, 409쪽.
131) Ibid., VI, 31. 6. 남전대장경 제3권, 411쪽-412쪽.
132) Sāmaññaphala-sutta(DN.), 18. 남전대장경 제6권, 81쪽.

4. 화상 · 아사리법과 제자법

(1) 화상법

비구 수구 시에는 먼저 화상upajjhāya을 요청請乞하고, 그 화상의 제자로서 승가에 수구를 요청해야 한다고 이미 기술했다.[1]

율장의 대건도(수계건도)의 기술은 화상이나 아사리ācariya 제도 성립을 앞에 기록하고 나서 백사갈마수구를 기록하므로, 이 순서에서는 화상 제도가 생기고 나서 백사갈마수구 방법을 정한 것이 된다. 혹은 그 반대로였는지도 모르겠지만, 서로 전후해도 화상법의 결정은 백사갈마수구성립의 전제적인 조건이라 볼 수 있다. 화상은 동주同住의 스승이고, 화상법 성립 전의 화상적인 존재는 예를 들어, 5비구나 야사 청년과 같이 붓다를 동주 · 의지依止의 스승 즉 화상이라는 사고방식으로 붓다의 제자가 된 자라고 생각할 수 있다. 또 세 깟싸빠의 제자들의 경우가 되면 1천 명이 도저히 붓다에게 직접 할 수 없으므로 500명은 우루빈라깟싸빠를, 300명은 나제깟싸빠를, 200명은 가야깟싸빠를 각각 직접적인 스승인 화상으로서 붓다의 허락으로 비구가 되었다고 보아

1) 본 장 · 3. 「白四羯磨受具」 200쪽 참조.

도 좋고, 250명의 산자야 교단에서 불교로 들어온 사람들도 마찬가지로 사리불을 화상으로 하는 비구들과 목건련을 화상으로 하는 비구들이 모여 있었다고 볼 수 있다. 그래서 이 1250명의 비구들은 각각 세깟싸빠나 사리불 · 목건련으로부터 직접 교계를 받아서 비구로서의 교양을 쌓게 되었다고 생각된다.

또한 『빠알리율』과 『사분율』과 『십송율』은 비구가 각지에서 비구지원자에게 삼귀에 의해 수구를 행한 일은 앞에 기술했다.[2] 그리고 이것이 이윽고 백사갈마수구로 바뀐 것도 기술하였는데 이 삼귀수구의 경우 삼귀에 의해 수구를 준 비구는 신비구에 대해 직접 교계에 상당하는 스승 즉 화상이었을 것이다.

이러한 일로 생각해 보면 화상법과 제자법이 제정되기 이전부터 이미 화상법적인 존재는 실제로 있었던 것이고, 그것이 불완전하였으므로 제도화하여 확충하고, 그 효과를 확실히 하기 위해 제정되었다고 보인다. 또 화상 즉 스승을 구하여 그 스승과 동주의지하고 교계지도를 받는 것의 원형을 거슬러 올라가 본다면 바라문의 4수행기 제1 범행기에 범행자brahmacārin가 제자śisya로서 스승guru의 처소에 가서 의지 · 동주하며 교계 · 지도를 받았었는데, 이것이 원형이 되었다고 생각된다.

그러나 범행자뿐만 아니라 고대古代에 있어서 스승과 제자의 일반적 형태라고 보는 쪽이 한층 적절하다. 뒤에 기술하듯이 화상과 제자 상호 의무로서 규정되는 부분도 거의 범행자와 스승의 관계와 서로 비슷하지만, 그것은 일반의 사제師弟의 형태로서도 특별한 것은 아니다.

2) 본 장 · 1. 「善來比丘受具와 三歸受具」 177쪽 참조.

『빠알리율 마하박가』에 따르면「비구들은 이때 화상이 없어, 교도教導·교계教誡를 받지 않는 자는 상의·하의가 가지런하지齊整 않고, 위의가 구족하지 않고, 걸식하러 가서 사람들이 먹을 때 담식噉食 위에 발우를 내고, 작식嚼食 위에 발우를 내고, 미식味食 위에 발우를 내고, 스스로 즙과 밥을 가리켜서 먹고, 고성·대성을 내며 머무는 것이 마치 바라문이 바라문식婆羅門食을 하는 것과 같」았기 때문에 비구에 대해 사회의 비난이 일었다. 그리고 이 일을 인연으로 하여 붓다는

「비구들이여. 나는 화상이 있는 것을 허가한다. 비구들이여. 화상이 제자를 보살피는 것은 마땅히 자식과 같이 생각해야 하고, 제자가 화상을 보필하는 것은 마땅히 어버이처럼 생각해야 한다. 만약 이처럼 서로 공경·외경하여 화합하여 살면 이 법과 율로 길이 광대하고 큰 이익[長益廣大]을 가져올 것이다.」

라고 정하셨다고 한다.[3] 이 기사는 상좌계의『사분율』이나『오분율』,『십송율』에도 거의『빠알리율』과 비슷하고,[4] 또한『십송율』의 수구족계법은 이 기사로부터 시작된다. 대중부의『승기율』은 화상의 존재를 기정 사실화하여 비구들이 함부로 타인을 제도하여 교계하면서도「청정구족하지 않고, 화상아사리를 승사하는 것을」모르는 상태였기 때문에 화상의 지계 등 10법을 갖춰야함과 제자가 의지를 청하는 방법을 제정하셨다고 한다.[5] 또한『빠알리율』은 우루빈라깟싸빠 등 삼

3) Mahāvagga, I, 25, 1-6. 남전대장경 제3권, 79쪽-81쪽.

4)『사분율』제33권, 대정22권, 800쪽 b-c.『오분율』제16권, 대정22권, 110쪽 c.『십송율』제21권, 대정23권, 148쪽 a-b.

형제의 제자 1천명의 귀입歸入과 사리불, 목건련과 함께 귀입한 250명 등의 기사를 적은 뒤에 이 화상법의 기사를 적고 있지만, 특별히 그사이의 인과관계를 지적하고 있지는 않다. 『사분율』과 『오분율』은 인과관계를 인정하고, 이들 귀입자가 다수여서 위의 등이 환란을 일으켰기 때문에 화상법을 제정했다고 한다. 즉 위에서 말한 1250명 외에도 다시 라열성Rājagaha의 여러 호족들의 자제가 출가수학하는 경우도 있었는데 이들 비구중에는 구습舊習을 벗지 않고, 위의가 바르지 않는 자가 있고, 또한 병자가 생겨도 책임지고 간호하는 자가 없었으므로, 붓다는 화상법을 제정하셨다고 하고 있다.[6] 이 기사는 『사분』과 『오분』 양 율에서는 거의 같은 내용이다.

그리고 화상법이 정해진 이유는 이 『사분』·『오분』 양 율이 가장 구체적이다. 초전법륜 뒤에 붓다 교단은 급속도로 커졌지만, 그 주가 되는 자는 세 깟싸빠의 무리 1천명, 사리불, 목건련의 도중 250명이었다. 이들에 대해서는 세 깟싸빠나 사리불 등이라도 모든 교계가 가능한 것은 아니다. 여기에 이상적인 형식으로서 한 사람의 스승이 한 사람의 제자를 의지·공주하여 교도教導할 필요가 생겼다고 보인다. 그리고 또한 중요한 것은 병자의 간호인데 이것이 화상과 제자 상호 관계에 중요한 부분을 차지하는 것은 말할 것도 없다.

그리고 화상법에서 제자라고 번역되는 문자는 'saddhivihārika'이고 '동주자同住者'란 의미이다. 수구하여 비구가 된 자는 비구 생활에 대해서 아무것도 모르기 때문에 스승 즉 화상 곁에 동주하며 생활을 함

5) 『마하승기율』 제28권, 대정22권, 457쪽 c.
6) 주(4) 『사분율』과 『오분율』.

께하고 교계를 받는 것이다. 화상과 제자의 동주는 이상적으로는 일대일이라고 여겨지지만, 이에 관해서는 율장은 아무것도 기록하지 않는다. 그리고 사실상 화상이 되는 것은 10년 이상의 비구라고 여겨지지만 승가 창립 10년 전 초기에는 그러한 자는 없고, 또한 10년 후라 하더라도 10년 비구가 모두 뒤에 기술하는 것과 같은 계덕 등을 갖춘 화상의 유자격자였다고는 생각할 수 없다.[7] 그리고 필연적으로 한 사람의 화상에게 여러 명의 제자가 의지·동주하게 되었다고 해야 할 것이다. 예를 들어, 뿌라나Purāṇa는 500명의 비구와 함께 남산으로 유행을 했다고 여겨지는데 이 경우 뿌라나는 500명의 화상이었다고 생각할 수 있다. 또한 사리불이나 목건련에게 의부依付하여 불교에 들어온 250명들도 여전히 사리불을 화상으로 하는 자와 목건련을 화상으로 하는 자였다고 생각된다. 붓다는 초전법륜 뒤에 제자의 수가 60명에 달하였을 때 제자들에게 「두 사람이 함께 가지 말라」라고 알리고 한 사람씩 각 방면으로 전도하러 떠나게 했다.[8]

그리고 붓다는 혼자서 우루벨라로 깟싸빠를 교화하러 떠났다고 전한다. 그러나 그 뒤에 승가의 급속한 확대는 그 한 사람의 단독 행으로 취급하지 않게 된 듯하다. 율장이나 경전도 많은 비구가 혼자서 전도활동을 하고 있음을 기록하지는 않고 있다. 한 명의 독행은 이상화되고, 현실은 안거시 이외에도 점차로 집단 생활화되어 한 사람의 화상과 여러 명의 제자가 집단이 되어 행동하게 되고 이윽고 승원 정사에 한 사람의 화상에게 다수의 제자 비구가 정착 동주同住한 승원 생활

7) Mahāvagga, I, 36, 1-17. 남전대장경 제3권, 109쪽-115쪽.

8) Mahāvagga, I, 11, 1. 남전대장경 제3권, 37쪽. 단 남전대장경에는 일구가 빠져있다.

이 되었다고 생각된다. 그리고 붓다 최초기의 제자 60명과 같이 화상의 대표적인 자가 되었다고 생각된다.

고쿠르다스는「원시불교승가의 데모크라시」라는 논문에서 불교 승가의 주처, 즉 안거를 대학大學 vihāra, residential university이라고 부르고 있는데,[9] 이는 각 주처에 화상과 동주하는 제자들의 상태를 가리키고 있다. 분명히 제자 비구는 최저 5년을 화상에게 의지하여 교계됨에 의해 의지하지 않아도 살 수 있는 한 사람의 비구가 될 수 있다. 그리고 몇 명이라도 화상을 구하지 않고 비구가 될 수는 없고, 비구가 된 자는 반드시 화상에게 의지·동주하여 교계를 받아야 한다.

그런데『빠알리율』의 화상 구하는 법에 대해서는, 앞의 백사갈마수구 중 화상을 요청하는 항에서 수구 순서의 일부로 기술했다. 수구는 화상을 구해야 받을 수 있으므로 화상의 청걸은 수구의 한 조건이다. 그러나 사실은『빠알리율』에서는 화상의 기사가 백사갈마수구 전에 있고, 그 화상의 청걸은 반드시 백사갈마 수구를 위한 청걸이 아니라, 이미 비구인 자가 의지하여 교계를 받기 위한 화상 청걸로도 해석된다.[10] 화상을 청걸하는 자는「상의를 편단으로 하고 발 아래 예배하고 꿇어 앉아 합장하고 이처럼 말唱해야 한다.

'나를 위해 화상이 되어 주소서. 나를 위해 화상이 되어 주소서. 나를 위해 화상이 되어 주소서.' 운운」이라 하고 있고,「화상이 되어 수구를 주소서」라는 문구가 들어있지 않다.

그러나『빠알리율』에서는 특히 백사갈마수구를 위해 화상의 청법

---

9) Gokuldas, Democracy in Early Buddhist Saṃgha, Chap. II, p. 20.
10) Mahāvagga, I, 25, 7. 남전대장경 제3권, 81쪽-82쪽.

을 기록하지 않기 때문에, 이 청법은 비구가 화상을 구할 경우에도 속인이 출가 수구할 때도, 화상을 구할 경우에는 모두 사용되는 것으로 해야 할 것이다. 그러나 비구의 위의를 바르게 하기 위해 화상법이 만들어졌다고 하더라도 실제로는 수구를 받는 자가 화상 없이는 수구를 할 수 없게 되었기 때문에 이를 청결했다고 생각된다. 그것은 다른 율이 모두 그와 같이 되어 있는 것으로도 알 수 있다. 『오분율』의 청법은,

> 「저 모갑은 지금 화상이 되어 주실 것을 청원합니다. 존자여. 나를 위해 화상이 되어 주소서. 저는 존자를 화상으로 의지하고, 존자를 화상으로 해서 수구족계를 득하고자 사룁니다.」[11]

라고 수구를 위한 청법으로 되어 있다. 『사분율』도 이것과 모두 같다.[12] 『십송율』에서는 붓다가 화상, 아사리에 의한 십중十衆의 현전 수구를 인정했다고 하고, 화상법을 인정한 백사갈마수구의 백문白文을 기록할 뿐 화상을 청하는 문장은 없다.[13]

또한 『마하승기율』에서는 10중 현전의 1백白3갈마 수구가 정해졌음을 기록하고, 그것에 이어서 『오분율』과 같은 의미의 화상 청걸의 말을 기록한다.[14] 그러므로 『빠알리율』 이외의 여러 율로부터 생각하면 화상법은 백사갈마수구의 조건으로 하여 동시에 제정된 것으로, 화상 청법은 완전히 수구를 위해 행하여진 것으로 되어 있다.

11) 『오분율』제16권, 대정22권, 110쪽 c-111쪽 a.
12) 『사분율』제33권, 대정22권, 799쪽 c.
13) 『십송율』제21권, 대정23권, 148쪽 c.
14) 『마하승기율』제23권, 대정22권, 413쪽 a.

(2) 화상법과 제자법

다음으로 『빠알리율』에 의해 화상과 제자와의 의지 관계 즉 상호 소작을 보면 다음과 같이 정해져 있다.

『빠알리율』에서는,

「비구들이여. 화상은 제자 보기를 마땅히 아이처럼 생각해야 한다. 제자가 화상을 보기를 마땅히 어버이처럼 생각해야 한다. 만약 이처럼 서로 공경 · 외경하여 화합하며 살면 이 법과 율의 장익광대長益廣大를 가져올 것이다.」[15]

라고 하는데, 이것도 각 율에 있는 것으로 『오분율』에서는 「화상은 자연스럽게 마음을 일으켜 제자를 아이처럼 애념愛念하고, 제자도 자연스럽게 마음을 일으켜 화상을 어버이처럼 경중敬重하고 격려하여 서로 교계하고 다시 서로 경난敬難하면 교법을 잘 증대해 구주久住할 수 있게 해야 한다.」라고 하고 있다.[16] 『사분율』도 같은 취의를 기술하고,[17] 『십송율』도 같다.[18] 이처럼 부 · 자 관계와 같은 모양이어야 한다고 여긴다. 그리고 지금 『빠알리율』에 의해 화상과 제자와의 의지 관계 규칙을 나타내면 다음과 같다.

---

15) Mahāvagga, I, 25. 6. 남전대장경 제3권, 81쪽.
16) 『오분율』제16권, 대정22권, 110쪽 c.
17) 『사분율』제33권, 대정22권, 799쪽 c.
18) 『십송율』제21권, 대정23권, 148쪽 b.

(1) 아침 일찍 제자는 화상을 위해 양지 · 양치물漱水 · 좌구를 준비하고 죽이 있으면 올리고, 화상이 일어나면 좌구를 정리한다.

(2) 화상이 마을에 갈 때는 군 · 부군 · 승가리를 주어, 수종隨從할 때는 적당히 간격을 두고 따른다.

(3) 화상의 담화를 가로막아서는 안 되지만 화상이 금계를 범할 염려가 있으면 막는다. 귀환 시에는 출발과 마찬가지로 봉사하고, 화상이 시식을 받을 때는 올린다.

(4) 화상에게 물을 묻고, 식 뒤에 발을 받아 화상이 일어선 후 좌구 · 세족수 · 족대足臺 · 목포足布 정리를 한다.

(5) 화상이 목욕할 때는 욕浴을 설치하고, 화상이 원하는 냉수 · 탕湯 · 난방暖房 · 세면細麵 · 점토粘土를 준다.

(6) 제자는 앉을 때 장로를 밀치고 신참비구를 거부해서는 안 된다. 난방에서든 수중에서든 화상에게 봉사한다.

(7) 화상이 의욕에 따라서 설교說教를 청하고, 질문을 한다. 화상의 정사를 깨끗이 하는데 먼저 발의 · 좌구 · 부구 · 욕침褥枕을 내어 한쪽에 둔다.

(8) 상床 · 상각床脚 · 단지壺 · 침판枕板 · 땅의 부구를 창이나 처마에 충돌하지 않게 낸다. 거미줄은 거미를 죽이지 않도록 하여 걷는다. 창문과 구석구석을 청소하고, 홍토색紅土色 벽 · 흑식으로 만들어진 땅을 닦고, 공작工作되지 않은 땅은 물을 뿌려서 청소하고, 정사의 쓰레기는 한곳에 모아서 버린다.

(9) 앞에 꺼낸 깔개敷具 등은 말려 깨끗하게 두들겨서 원위치에 둔다.

(10) 발우를 넣어둘 때는 한 손으로 발우를 잡고, 한 손으로 상 아래

나 작은 상 아래를 잡고서 넣는다. 상의를 간직할 때는 한 손으로 상의를 잡고, 한 손으로 횃대衣架 · 의망衣網을 털고, 끝을 외벽 안으로 하여 정리한다.

⑾ 먼지 바람塵風이 불면 그쪽의 창문을 닫고, 추울 때는 낮에는 창문을 열고 밤에는 닫고, 더울 때는 그 반대로 한다.

⑿ 방房 · 현관庫 · 근행당勤行堂 · 화당火堂 · 화장실이 더러워졌을 때는 청소를 하고, 음료 · 음식 · 씻기 위한 물옹기灑甁에 물이 없으면 준비한다.

⒀ 화상에게 불만不欣喜 · 악작 · 악견이 생기면 제자가 제거시키거나 제거시키게 하거나 그에게 가르침에 대한 이야기를 해야 한다.

⒁ 화상이 법을 범하여 별주 · 본일치 · 마나타 · 출죄를 받아야 할 때는 제자는 승가 대중이 어떻게 그것들을 행할 수 있는가를 생각하며 노력을 기울여야 한다.

⒂ 화상에게 승가가 고절 · 의지 · 구출 · 하의 · 거죄갈마를 행하고자 할 때는 제자는 그것이 거행되지 않도록 노력하고, 만약 거행되었을 때는 화상이 바르게 처신[正行]하고 순종하고 잘못을 고치면 승가가 그 갈마를 철회[解羯磨]할 수 있는지를 생각하며 노력을 기울여야 한다.

⒃ 화상이 상의를 세탁하려고 하거나 옷을 만들려고 하면 제자가 어떻게 세탁하고 만들 것인가를 생각하여 노력을 기울여야 하며, 화상을 위해 염료를 끓이거나 옷을 염색할 때는 잘 돌려가면서 염색해야 하고, 염색물방울이 떨어지지 않을 때까지 자리를 떠나서는 안 된다.

⒄ 화상에게 묻지 않고 타인에게 발우 · 상의 · 필수품資具 · 삭발剃頭髮 · 시중奉侍 · 시자수행자 · 탁발음식을 주거나 타인으로부터 받아서는 안 된다. 또한 화상에게 묻지 않고 마을에 들어가거나, 묘지塚間에 가거나, 지역을 떠나서는 안 된다. 만약 화상이 병에 걸리면 목숨이 다할 때까지 보살펴야 하고 회복될 때까지 기다려야 한다.[19]

이상이 제자가 화상에게 의지할 때 제자가 행해야 할 승사承事 즉 제자법이다. 이에 반해 화상이 제자에 대해도 행해야 할 승사承事 즉 화상법이 적혀있다. 그것은 다음과 같다.

⑴ 화상은 설시 · 질문 · 교도 · 교계에 의해 제자를 섭수 · 섭호한다. 만약 화상은 발 · 상의 · 자구를 가지고 있고, 제자가 가지고 있지 않을 때는 주어 갖추게 한다.
⑵ 제자가 병에 걸리면 일어나서 양지를 주는 등 평소 제자가 화상에게 행하듯이 제자에게 해야 한다.
⑶ 제자가 마을에 갈 때는 군裙 · 부군副裙의 허리띠를 매어주고, 돌아오면 좌구를 설치하여 세족수 · 족대 · 족포를 두고 시식이 있어서 제자가 먹을 때는 물을 준다.
⑷-⒂ 제자법의 ⑷-⒂에 대응한 것이 화상이 행해야 할 일로서 기록된다.
⒃ 제자가 상의를 빨아서 만들 때는 화상은 「이처럼 씻어라. 이처

19) Mahāvagga, I, 25, 8-24. 남전대장경 제3권, 89쪽-93쪽.

럼 만들라」라고 가르쳐서 만들게 한다. 제자가 염료를 준비할 때나 상의를 염색할 때도 마찬가지로 상의를 염색할 때는 잘 돌려가면서 염색해야 하고, 아직 물방울이 멈추지 않을 때 가서는 안 된다. 만약 제자가 병에 걸리면 목숨이 다할 때까지 보살펴야 하고 회복될 때까지 기다려야 한다.[20]

이 제자법과 화상법은 『빠알리율』이 기록하는 부분의 내용을 취의 열거한 것인데 『사분율』은 거의 동일 내용을 화상법을 앞에 제자법을 뒤에 설하고, 화상 · 제자법의 내용 순서도 빠알리와 반대로 복잡한 설명방식으로 적고 있다.[21] 『오분율』은 단문이고 『빠알리율』의 ⒃, ⒁, ⒂, ⒄에 상당하는 제자법을 기술하고, 화상법에 대해서는 「화상이 제자를 보살펴 주는 것 또한 마땅히 이처럼 해야 한다.」고 하며 생략하고 있다.[22] 『십송율』에는 서로 화상법 · 제자법을 모르는 것을 훈계하는 말은 있어도, 그 내용은 기록되어 있지 않다.[23]

『마하승기율』은 화상의 십덕十德을 기술하고 나서 「화상 · 아사리는 마땅히 공주제자, 의지제자에게 가르쳐야 한다.」라고 하여 화상법에 상당하는 것으로 (1)부정응사不淨應捨(비구의 불응작) (2)비행처非行處(들어가서는 안 될 곳) (3)피갈마被羯磨, (4)악사견자해사인해惡邪見自解使人解 (5)자출죄인출죄自出罪人出罪 (6)병자간사인간病自看使人看 (7)난기약자송약사인송難起若自送若使人送 (8)왕적王賊의 여덟 가지 항목에 대해서 『오분율』에 가까운 내용을

20) Ibid., I, 26, 1-11. 남전대장경 제3권, 89쪽-93쪽.
21) 『사분율』제33권, 대정22권, 800쪽 c-812쪽 a.
22) 『오분율』제16권, 대정22권, 111쪽 a.
23) 『십송율』제21권, 대정23권, 149쪽 a.

상세하게 설하고,[24] 다음으로 화상아사리와 같이 제자도 화상의 잘못을 간언해야 한다고 설하고 있다.

제자법에 상당하는 것,

(1) 기영起迎

(2) 보어報語

(3) 작시사作是事

(4) 자작여작自作與作

(5) 의발사衣鉢事

(6) 자체여타체自剃與他剃

(7) 도치刀治

(8) 여취與取

(9) 수경수타受經授他

(10) 여욕여취욕與欲與取欲

(11) 복약

(12) 영식여타영식迎食與他迎食

(13) 이경계離境界

(14) 대시大施

(15) 불문거不問去의 15항을 각각 상세히 말하고 있다.[25]

이상 여러 율 중에서 가장 상세한 것은『승기율』이고, 대정대장경에서 2쪽과 1단에 걸쳐있다. 다음은『사분율』과『빠알리율』인데『사분율』은 조금 혼잡하고,『빠알리율』이 가장 정연하게 되어 있다. 이는『빠

24)『마하승기율』제28권, 대정22권, 458쪽 a-459쪽 a.

25) 상동, 대정22권, 459쪽 a-460쪽 a.

알리율』이 가장 새롭기 때문이 아니라 『빠알리율』이 자주 그 승가에 실용적으로 사용되어왔기 때문이라고 보인다. 사용되지 않는 규칙은 퇴화되거나 혼란하거나 하게 된다. 한역 여러 율의 화상법 · 제자법에 조금 그러한 것이 느껴진다.

이상 제자가 화상에 대한 제자법과, 화상이 제자에 대한 화상법은 모두 평등하고 철저하게 민주적으로 만들어져있다. 승가는 모든 행사 · 재판 · 결의 그 밖에 있어서 10년 비구도 오늘 수계한 비구도 모두 평등하고, 권리와 의무에 대해서는 전혀 차별이 없으므로 화상법 · 제자법도 그것을 반영하는 것으로 생각할 수 있다. 그러나 이는 스승에 대한 존경과 제자에 대한 자애의 념을 바탕으로 하는 것으로 위에서 언급한 것과 같이, 이 법의 설정 취지로서 제자와 화상은 서로 자식이 어버이에 대하는 것과 같고, 어버이가 자식에게 대하는 것과 같이 해야 한다고 여기는 것으로 알 수 있다.

그러나 그곳에 기록되어 있는 화상법 · 제자법은 후세에 완성된 것으로 최초기에는 이것보다도 소박하고, 설정 인연으로 생각하여 규칙이 형식적 평등보다는 화상이 제자에 대한 교화적 의미가 컸던 것으로 생각할 수 있다. 그리고 이것이 이하의 장에서 기술하듯이 불교의 무교주제無教主制에 의한 민주적 형식이 철저함에 따라서 정신적 취의보다도 형식적 평등주의가 지배적으로 되어 소박한 규칙이 점차로 확충되어 지금 기록한 바와 같이 되었다고 해야 할 것이다. 그러나 형식 확충을 정신적 취지의 표현화라고 본다면, 이 형식적 평등은 불교 원래의 민주적인 형태의 현상이라고 보아도 좋을 것이다.

또 이 화상법 · 제자법에 보이는 생활이 행해지고 있던 승가는 완비된 정사에서 승원 생활의 실제를 나타내는 것이다. 화상에게나 제자 비구니에게도 개인의 방이 있고, 각종 일상용품이 완비되어 있고, 욕실 그 밖의 것도 갖춰져 있다. 이러한 승원은 불교 승가의 초기에는 없었다. 뒷장에서 기술하듯이, 예를 들어, 죽림승가람은 붓다의 성도 후 처음 왕사성 방문 때 빨라도 마갈타 왕으로부터 헌납된 것[26]이지만 그곳에는 영원히 정사 건조물은 없었다. 붓다가 죽림에 거주할 때는 붓다도 승가 비구들도 각각 승가람 내외의 동굴이나 나무구멍이나 그 밖의 적당한 장소에 와좌처를 가지고 이른 아침에는 이들 가운데에서 일어나 밖으로 나와서 경행했다.[27]

정사가 생긴 것은 뒤에 왕사성 장자의 청원에 의해 먼저 죽림에 정사 봉납을 허락된 것이 시초였다.[28] 따라서 이 화상 · 제자법에 있는 것과 같은 정사는 초기 승가의 것이 아니라 불교에 승원 생활이 시작되고 나서의 일이다. 물론 한 사람의 화상에게 다수의 비구나 사미가 의지 동주하는 사실이 승가에 정사를 필요로 하게 되어 정사가 생기고, 그것이 승원 생활을 이끈 것은 말할 것도 없다.

앞에 화상 · 제자법은 바라문 4수행기의 범행자梵行者에 상당한다고 기술하였으나 비구생활은 출가생활이고, 이 출가생활이란 의미의 면에서는 이는 바라문 4수행기의 제4기 둔세자遁世者 saṃnyāsin에 상당하는 것이다. 앞에 기술한 바와 같이 오랜 베다문헌에 나타나는 수행기는 범행 · 재가 · 출가의 3기였는데 뒤에 비바라문의 출가사문의 영향으

26) Magāvagga, I, 22, 17. 남전대장경 제3권, 70쪽-71쪽.
27) Cullavagga, VI, 1, 1. 남전대장경 제4권, 225쪽.
28) Ibid., VI, 1, 2-3. 남전대장경 제4권, 225쪽-226쪽.

로 바라문에게도 제4기 둔세기가 생겼다고 일컬어질 정도이다.[29] 그러나 문제는 화상 · 제자법의 모델이라 보이는 바라문의 범행기는 제자가 스승의 집에 이르러, 동주봉사同住奉仕하고 베다를 익히는 학생기이고, 이를 지내고 제자는 집에 돌아와 가업을 잇는 것이다. 그리고 비구 생활의 정신과 같은 바라문의 둔세기는 가업을 끝내고 다시 한 사람 또는 부처夫妻로 종교행을 행하는 출가기를 끝내고, 죽기 전에 은둔하는 고독하고 완전한 종교 행자이다. 「두 사람이 함께 가지 말라」는 것은 비구의 본의이고, 이는 둔세자적 행동이지만 화상에 의지하는 것은 스승의 집에 동주하는 학생기적 행동이다. 학생기적 행동은 출가와는 반대로 가정에 주住하기 위한 학습 수행기이고, 둔세기 생활은 완전히 세속을 부정하고, 세속을 떠난 생활이다. 이 양자는 정반대를 지향하는 자이다. 이 모순된 두 사람을 하나로 한 것이 수학하는 비구 생활이었다.

그리고 이 범행기에 상당하는 동주 수학의 측면이 승원 생활에서 행해진 것이다. 그렇지만 둔세기에 상당하는 면이 불교에서 소실된 것은 아니다. 예를 들어, 데바닷따의 분파 독립은 승원 생활을 개혁하여 둔세적 생활을 부활하고자 하는 운동이었다.[30]

또 예를 들어, 제2결집에 모인 60명의 파리波利 비구는 「모두 아련야자 · 걸식자 · 분소의자 · 삼의자 · 아라한」이었다고 여겨지는데, 이들은 완전히 둔세적인 비구 생활자였던 것이다.[31]

아련야에 거주하고 걸식하며 삼의로 살고 분소의를 이용하는 것

---

29) 제2장 · 1「인도에 있어서 출가 사문의 발생」105쪽 참조.

30) Cullavagga, VII, 3, 14. 남전대장경 제4권, 301쪽-302쪽의 데바의 주장을 참조.

은 비구의 생활원칙이고 비구인 자의 상행이어야 하지만, 정사에 모여 청식請食과 시의施衣로 사는 승원 생활에서 이것은, 뒤에 기술하듯이, 먼 이상이 된 것이다. 그렇지만 이상은 이상으로서 존경받으며 요구되고 있었고, 승원에서 재 출가한 비구도 많이 존재했을 것이지만, 일반적으로 비구에게는 승원 생활이 일상적인 모습常態이 되어 버렸다.

비구 수구는 말할 것도 없이 승가가 이를 수여하는 것이지만 앞에서도 언급한 바와 같이 화상을 구하여 수구하고, 화상에게 의지하기에 이르고 나서는, 사실은 화상으로부터 수구하는 것이 되고, 수구갈마도 이를 승인하는 것이다. 즉 수구갈마의 시작을 선언하는 말에는 모든 율이 한결같이

「모갑 수자는 구수 모갑 화상으로부터 구족계를 받고자 원합니다.」

라고 하고, 또 갈마설도

「모갑 수자는 승가에 청하여 모갑을 화상으로서 구족계를 받고자 한다. 운운」

라고 백白ñatti을 외운다.[32] 즉 형식으로는 승가로부터 수여되지만 실

31) 「60명의 波利邑 비구가 있어서, 모두 아란야자āraññaka 걸식자piṇḍapātika 분소의자paṁsukūlika 三衣者tecīvarika 아라한arahant」인 자들이었다고 생각된다. Cullavagga, XII, 1, 7. 남전대장경 제4권, 446쪽.

32) Mahāvagga, I, 76, 9-12. 남전대장경 제3권, 162쪽-163쪽.

제로는 승가나 화상, 수자 모두가 화상이 자신에게 의지하는 제자에게 수구를 주는 것으로 행하고 있었던 것 같다. 그리고 불교승가는 무교주제無教主制이고, 사방승가를 의미하는 승가라는 말이 점차로 관념화되어왔는데도 현실적으로 수구를 집행하는 현전승가는 주장이 없으므로 수행생활하는 비구에게 사제師弟로서의 인격적이고 구체적인 연결은 전적으로 화상과 제자와의 관계가 있을 뿐이었다. 여기에 화상과 제자 관계의 중요함이 있고, 교주가 없는 승가에서 그것을 보충하는 것은 화상의 존재였다고 생각할 수 있다. 율장은 이 화상인 자를 처음에는 가벼이 생각했던 것 같고, 법랍 10세에 달하면 타인에게 의지를 주어도 좋다, 즉 화상이 되어도 좋다고 했다.[33] 그렇지만 이윽고 그 중요성이 자각되면서 화상이 되는 것, 즉 제자에게 수구를 주어 의지하게 하고, 또한 사미를 받는 데에는 중요한 자격이 필요하기에 이르렀다.

『사분율』에서는 화상이 되는 자는 법랍 10세의 지혜비구로 하지만 그 화상이 제자에게 가르치는 것으로서 율학처 · 갈마 · 계 · 정 · 혜 삼학 등을 열거하므로 지혜비구란 이것들에 대해서 아는 자이어야 하고, 단지 10년 비구이는 것만으로는, 화상이 될 수 없음을 쉽게 알 수 있다.[34]

『십송율』에 따르면 화상이 되는 자는,

(1)법랍 10세 이상 (2)지계持戒

33) Ibid., I, .31. 5-32, 1. 남전대장경 제3권, 104쪽-106쪽.
34) 『사분율』제33권, 대정22권, 800쪽 c.

(3)다문多聞 (4)유력제제자우회有力除弟子憂悔

(5)유력제제자사악有力除弟子邪惡 (6)신성信成

(7)계성戒成 (8)문성聞成

(9)사성捨成 (10)혜성慧成

(11)무학계無學戒 (12)무학정無學定

(13)무학혜無學慧 (14)무학해탈無學解脫

(15)무학해탈지견無學解脫知見 (16)지범知犯

(17)지비범知非犯 (18)지죄경知罪輕

(19)지죄중知罪重 (20)지바라제목차知波羅提木叉

(21)지출가법知出家法 (22)능작교사能作敎師

(23)능작계사能作戒師 (24)능작의지사能作依止師

(25)지차도비차도知遮道非遮道 (26)능교청정계能敎淸淨戒

(27)능교아비담能敎阿毘曇 (28)능교비니能敎比尼

(29)능작치래비구能作致來比丘 (30)공급병제자供給病弟子

라는 이 모든 항목을 만족하는 자가 화상이 될 자격이 있다고 하고 있다.[35]

『빠알리율』에서는 8종의 5분分과 7종의 6분分의 합계 82항의 덕목을 갖춘 자이어야 화상이 될 수 있다고 하고,[36] 또한 『오분율』에서는 45 덕목을 들고 있다. 그러나 이 『빠알리율』과 『오분율』 덕목은 그 중복되는 것을 정리하면 대체로 위에서 본 『십송율』 30항목과 비슷해

35) 『십송율』 제21권, 대정23권, 149쪽 b-c.

36) Mahāvagga, I, 36-37. 남전대장경 제3권, 109쪽-115쪽.

진다.[37]

『승기율』에도 대체로 같은 종류의 덕목을 가르치지만, 이는 잘 정리되어 (1)지계 (2)다문아비담 (3)다문비니 (4)학계 (5)학정 (6) 학혜 (7)능출죄능사인출죄能出罪能使人出罪 (8)능간병능사인간能看病能使人看 (9)제자유난능송탈능사인송弟子有難能送脫能使人送 (10)만십세滿十歲의 10가지 항목이 요구되고 있다.[38]

이상과 같은 덕목이 화상의 구족해야 할 것으로서 각 율 전부에 기록되고 있지만 이러한 덕德과 학學과 나이를 겸비한 화상이 수구 후 10년, 즉 20세 수구자라면 30세가 될 때까지 그러한 자격자가 되는 것을 모든 비구가 완성할 수 있다고는 생각할 수 없다. 즉 사실상 비구가 의지를 구하는 유덕 비구는 소수의 지도자였다고 생각된다. 또한 의지할 비구 쪽도 유지有智 비구는 5년간을 의지하면 된다고 여겨졌지만, 그 지혜 있는 것에 대해서 『빠알리율 마하박가』에 따르면 앞에서 언급한 화상인 자의 덕목 82항목에서 38항목만을 제외한 덕을 갖춘 자가 유지有智 비구이고, 이를 갖추지 않은 자는 의지 없이 주해서는 안 된다고 여겨지고 있다.

무학의 계 · 정 · 혜 · 해탈 · 해탈지견과 같은 것은 물론 구족해야 한다고 여겨지지만,[39] 문자대로 5년으로 그와 같이 도달할 수 있는 비구는 아마 거의 없다고 해야 할 것이다. 따라서 화상이 될 인물을 얻기 어려운 것과 마찬가지로 5년 혹은 그 가까운 기간에 의지를 마칠

37) 『오분율』제17권, 대정22권, 114쪽 c.
38) 『마하승기율』제28권, 대정22권, 457쪽-c.
39) Mahāvagga, I, 53, 4-13. 남전대장경 제3권, 135쪽-138쪽.

수 있는 비구도 근소했다고 보아야 할 것이다. 이처럼 의지하게 할 유덕 화상도 적고, 의지를 벗어나 독립할 비구도 적다면 필연적으로 한 사람의 스승인 화상 아래에 다수의 비구가 의지해진다. 그러나 화상에게 의지하는 것은 동주자saddhivihārika로서 의지 · 상수依止常隨하는 것이므로, 위에서 언급한 것처럼 붓다 최초의 생각인「두 명이 함께 가지 말라.」고 하는 사상과 완전히 어긋난 현실을 전개한 것은 어쩔 수 없는 일이었다.

화상 제도에 이어서 비구가 아사리에게 의지하는 것도 정해졌다. 즉 아사리ācariya는 화상의 교도를 보충하는 자로서 정해진 것이다. 발생 인연에 따르면, 화상의 죽음 등에 의해 의지를 잃은 제자 비구를 위해 화상을 대신할 수 있는 의지자로서 제정된 것으로[40] 제자와 아사리 두 사람의 관계나 의무에 대해서는 화상과 제자 간의 관계나 의무와 같은 것이 그대로 적혀있다.[41]

화상을 친사親師로 본다면 아사리는 교수사로 번역해야 하는 것으로 보인다. 화상에 대한 제자 비구는 동주자saddhivihārika이지만 아사리에 대한 제자 비구는 근시자近侍者 antevāsika라 한다. 제자로서 보면 화상은 생애를 통하여 한 사람이고, 아사리는 일정 목적을 위해 근시近侍하여 의지 또는 수학할 때만 교수사이고, 필요에 따라서 그때마다 다른 사람이 아사리가 되는 예도 있다.

위에서 언급한 것과 같이 수구하여 비구가 된 자는 최저 5년 동안은 화상에게 의지하여 살아야 하는데, 그동안에 화상을 잃는 경우가

40) Ibid., I, 32, 1. 남전대장경 제3권, 106쪽.
41) Ibid. I, 32-33. 남전대장경 제3권, 106쪽-107쪽.

있다. (1)화상이 그 지역을 떠날 때 (2)화상이 환속할 때 (3)화상이 죽을 때 (4)화상이 외도로 전종할 때 (5)명령을 내릴 때, 비구는 화상으로부터 의지를 잃는 것이다.[42]

그리고 이 다섯 경우 중에서 첫 번째부터 네 번째까지는 원인은 다르지만 모두 화상이 없어지기 때문에 의지를 잃게 되는 것이고, 이 같은 경우에 의지를 잃은 비구는 즉시 아사리를 구하여 의지 · 근시해야 한다. 즉 이는 화상을 대신하는 아사리이다. 또한 다섯 번째 명령을 준다는 것은 예를 들어, 화상이 제자에게 경문의 읽는 법을 가르치고자 하여 경사經師의 처소에 일정 기간만 갈 것을 명할 경우와 같은 것이다. 그 같은 경우에는 교수사가 된 경사가 아사리이고, 이 제자는 의지를 화상으로부터 그 수학 기간만 아사리에게 옮겨서 이에 의지 · 근시하게 된다.

화상을 잃는 경우와 마찬가지로 제자가 아사리로부터 의지를 잃는 경우 여섯 가지를 언급하고 있다. (1)아사리가 떠나고 (2)환속하고 (3)죽고 (4)외도에 전종하고 (5)명령을 주고 (6)화상과 한곳에 있을 때이다.[43] 이 중에 (1)부터 (4)까지는 화상의 경우와 같다. (5)의 경우도 대체로 같고, 아사리가 교수 사정상 다시 다른 교수사의 처소에 보내어 배울 것을 명하든가, 혹은 교수가 끝나서 화상의 처소로 돌아갈 것을 명하는 경우이다. (6)은 화상과 아사리와 제자가 동좌同坐한 경우는 아사리에게 배우고 있을 때라도 자동적으로 의지는 화상에 있다고 하는 것이다. 이 (6)은 화상과 아사리와 제자의 관계에 친소를 나타내는 것으

---

42) Ibid., I, 36. 1. 남전대장경 제3권, 109쪽.
43) Ibid.

로, 의지하는 비구로서는 본래의 스승은 화상 한 사람이고, 몇 명의 아사리에게 제자로서 근시해도 화상과 제자의 관계는 영구적임을 나타내는 것이다.

화상에게는 특별히 종류라는 것을 생각할 수 없지만, 아사리는 이른바 필요한 것을 가르치는 스승이기 때문에 율 중에서는 종류를 나누고 있는 것도 있다. 먼저 『마하승기율』에 따르면 아사리에 4종이 있어 (1)의지사依止師 (2)수법사受法師 (3)계사戒師 (4)공정처교사空靜處敎師가 있다고 한다.[44] 이 중 첫 번째 의지사라는 것은 화상의 죽음 등으로 아직 의지해야 할 기간 중의 비구가 의지를 잃은 경우에 의지를 청하는 것으로 가장 원시적인 의미의 아사리이다.

두 번째 수법사라는 것은 하루든 이틀이든 내지 몇 개월이든 교법을 가르치는 아사리를 말하는 것이다. 네 번째 공정처교사란 앞에 수구에 관해서 기술한 것처럼 수구 때, 수구하는 의식 중의 작법 등을 교수하시는 스승을 말한다.

세 번째의 계사란 『마하승기율』에만 있는 것으로, 수구 시의 계사라고 한다. 수구 때는 율장에 의해 호칭은 달라도 이른바 3사7증의 3사로 갈마가 행해져야 하지만 『마하승기율』만은 4사師로 행하게 되어 있다. 즉 화상과 공정처교사와 계사와 갈마사를 말하므로 이는 3사7증이 아니라 4사6증이다. 계사의 역할은 3사7증의 3사와 마찬가지 역할이다. 그리고 수구에 있어서 계사가 나오는 것은 교사敎師의 작법 등 교수가 끝나고, 수구갈마가 시작되기 직전에 1회뿐이다.

44) 『마하승기율』제28권, 대정22권, 458쪽 a.

「계를 받고자 하는 사람은 응당 승가 대중에 들어가 일일이 두면으로 승족을 예배해야 한다. 이렇게 하고 계사 앞에서 호궤합장하여 의발을 수여하고, 받을 때 이렇게 말하게 하라. 『이는 나의 발다라 응량기입니다. 수용 · 걸식하는 그릇으로 지금부터 수지하겠습니다.』라고. 이처럼 세 번 말한다. 운운」

라고 하고,[45] 이에 이어서 수구갈마를 갈마사에 의해 큰 소리로 외우게 한다. 계가가 나오는 것은 단지 이 1개소 1회뿐이고, 이는 다른 모든 율장에서는 화상이 행하는 바이다.

본 율의 역어로 말하면, 화상이라 해야 할 것을 계사라고 잘못 안 것이 아닌가 생각되지만, 아사리 4종의 하나로서 말하는 점으로 보면, 본 율에서는 수구갈마 직전에 의발을 주어서 그 수지 방법을 가르치는 계사가 있었다고 해야 할 것이다. 그러나 전혀 계사라고 부를 수 있을 듯한 역할을 다하고 있지 않은 것이다. 중국에서 세 스승 중 화상을 특별히 계화상戒和尙이라 부르는 것은, 『승기율』의 화상과 계사를 한 사람으로 집약하여 계화상이라 불렀다고도 생각할 수 있다.

『오분율』에도 아사리에게 5종이 있다고 하고

(1) 출가아사리 (2) 교수아사리

(3) 갈마아사리 (4) 수경아사리

(5) 의지아사리를 꼽고 있다.[46]

이 중 (1)의 출가아사리는 사미의 출가에 즈음하여 사미계를 수여

45) 『마하승기율』제23권, 대정22권, 413쪽 a.
46) 『오분율』제16권, 대정22권, 113쪽 a.

한 자를 말하는 것이다. ⑵의 교수아사리는 수구갈마할 때 작법교사이고, 『마하승기율』의 공정처교수사에 상당하는 자이다. ⑶갈마아사리는 수구 시 백사갈마의 갈마사이고, 본 율은 이를 아사리로 언급한다. ⑷는 앞에서 언급한 『마하승기율』의 수법사에 상당하는 자로 송경誦經 등의 교수를 받은 스승이다. 마지막으로 ⑸의 의지아사리는 『마하승기율』의 의지사와 같이 화상을 잃게 된 비구의 의지가 되는 자로서 가장 원초적 의미의 아사리이다.

『오분율』이나 『승기율』의 5종 · 4종 아사리는 스승이라는 관념에 드는 것을 전부 아사리로 하여 드는 것이고, 그 의미로 말하면 아사리의 의미는 광범위하지만, 그러나 애초에 화상법과 서로 보완하는 의미로 제도화하고 제정되어 양자의 의무가 정해진 아사리는 『마하승기율』의 명칭으로 말하면 의지사와 수법사라고 해야 할 것이다. 다른 것은 아사리가 가지는 글자 뜻字義에서 오는 스승師, 교수라는 의미의 아사리를 열거한 것이고, 제도로서의 아사리에서는 벗어난 것이다. 그러나 시간이 경과함에 따라 제도로서의 그것과 글자 뜻으로서의 그것에 구별이 불분명해진 것 또한 사실이다.

제4장

승가의 조직

1. 불교승가의 조직

『디가니까야 사문과경』에 따르면 붓다와 동시대에는 많은 출가교단이 있었는데, 그중에 특히 유명하여 불교 승가와 서로 나란히 하고 있던 것으로 6사六師 교단이 있었다. 6사六師란 뿌라나깟사빠Pūraṇa-Kassapa와 막칼리고쌀라Makkhali-Gosāla와 아지따께싸깜발라Ajita-Kesakambala와 빠꾸다깟짜야나Pakudha-Kaccāyana과 싼자야벨랏티뿟다Sañjaya-belaṭṭhiputta와 니간타나따뿟따Nigaṇṭha-Nātaputta의 여섯 명으로, 이들은 각각 자신의 교단의 지도자였다. 그것을 『사문과경』은 승가의 주主 saṅghī이고, 교단의 주gaṇī이고, 교단의 사주師主 gaṇācariya라고 하고 있다.[1] 『사문과경』은 마갈타국의 아사세왕이 6사六師를 각각 방문하여 그들의 교의 주장과 그 실천 효과에 관해 듣고 일곱 번째로 붓다를 방문한 일을 설하는 경이다. 이 취급 방법으로 하면 붓다도 역시 불교승가의 주이고, 사주師主로 여겨졌음을 알 수 있다.

율장 『마하박가』에 이야기하는 바에 따르면 뒤에 붓다의 한 쌍의 제자로 일컬어지게 된 사리불Sāriputta과 목건련Moggallāna은 지금 기술한 6사 중 제5 산자야의 교단에 속해 있었는데 붓다의 제자 앗싸지Assaji로

1) Sāmaññaphala-suttaDN. 2-7. 남전대장경 제6권, 73쪽- 75쪽.

부터 붓다의 법을 듣고 불교로 전향하고자 하여 교주인 산자야에게 이 일을 여쭈었다. 그때 산자야는 사리불과 목건련에게 「멈추어라. 가지 말라. 우리 세 사람이 나란히 이 교단을 이끌어 가자.」라고, 두 번 세 번 되풀이 말하며 두 사람의 전향을 저지하려고 했다.[2] 지금 산자야가 「우리 세 사람이 나란히 이 교단을 이끌어 가자.」고 하는 것에서, 그 교단이 산자야의 소유이고, 산자야가 이 교단의 지배권자임을 알 수 있고, 또한 그것을 공동소유로 할 것을 조건으로 하여 두 사람의 전향을 저지하려고 하고 있음을 알 수 있다.

또한 율장 『마하박가』에 따르면 사리불이 앗싸지를 만났을 때 「그대는 누구에게 의지하여 출가하고, 누구를 스승으로 하여, 누구의 법을 애락愛樂하는가?」라고 묻고, 앗싸지는 이에 대답하여 「나는 세존에 의지하여 출가하고, 그 세존을 스승으로 하고, 그 세존의 법을 애락한다.」라고 대답하고 있다.[3] 이 사리불의 물음은 당시 출가자의 신분을 물을 때의 정형을 이루는 말이었다. 석존이 성도 직후에 녹야원으로 향하던 도중에서 만난 외도출가자인 우빠까Upaka로부터도 같은 말로 신분에 대해 질문을 받고 있다.[4] 이는 당시의 출가자는 반드시 붓다나 육사와 같이 교주적인 스승에 의지하여 출가하고, 출가한 뒤에 예를 들어, 사리불이나 목건련과 같이 스승을 바꿔 취하는 경우가 있더라도, 항상 몇 명인가를 스승으로 삼아서 그 교단에 소속되어 있었음을 나타내는 것이다. 그리고 지금 앗싸지는 붓다를 그러한 의미의 불교

2) Mahāvagga, I, 24, 3. 남전대장경 제3권, 76쪽.
3) Ibid., I, 23, 8-9. 남전대장경 제3권, 74쪽-75쪽.
4) Ibid., I, 6, 7. 남전대장경 제4권, 289쪽.

승가 사주師主로 생각하고 있고, 사리불의 질문에 대해「세존을 스승으로 삼고, 세존의 법을 애락한다.」라고 대답한 것이라 해야 할 것이다.

또 석존의 만년 무렵에는 유명한 데바닷따Devadatta의 파승 사건이 있었는데, 그때 데바닷따의 요구는 석존은 이미 노년에 이르셨기 때문에 자신이 석존을 대신하여「우리 비구승가를 이끌겠다.」고 말했다. 여기에「이끌겠다pariharissāmi」라는 말은 앞에서 언급한 사리불과 목건련 두 사람이 불교로 전향하고자 했을 때 산자야가 이를 저지하기 위해「우리 세 명이 나란히 이 교단을 이끌어 가자pariharissāma.」라고 말했을 때의 이끈다統御는 말과 같은 말이고, 이 말의 원뜻은 '섭취지배攝取支配'라는 의미이다. 즉 붓다의 만년에 가까운 시대에도 데바닷타를 비롯한 불교승가의 사람들은 붓다가 불교의 교주이고, 지배주라고 생각하고 있었음을 나타내는 사건이고, 데바닷타의 요구를 부정한 붓다의 말 중에도「우리 사리불 · 목건련에게조차 비구 대중을 부촉하지 않는데, 어찌 6년짜리 코흘리개涎唾 같은 그대에게 하겠느냐」라고 해서, 주권 양도를 거부하는 것으로 해석할 수 있는 것이 있다.[5]

이상, 위와 같은 기술에 의해 불교승가 창설 때부터 붓다의 만년에 이르기까지 붓다는 불교 교주이고, 독재적獨裁的 지배자로 여겨졌던 사실을 나타낸 것이지만, 그런데도 율장이 제정하는 규칙에 근거하여 불교 승가 조직은 무교주제無教主制 승가이다. 그러나 율장의 경우 그 무교주제 규칙을 독재적으로 제정하는 이도 붓다이다. 즉 독재를 엄중하게 부정하고 철저한 민주적 승가 조직 이것 또한 철저한 독재적 결정 방법으로 붓다에 의해 만들어진 것이다. 이 점은 매우 모순된 점

5) Cullavagga, VII, 3, 1. 남전대장경 제4권, 289쪽.

이 있지만, 이 모순에 대답하는 듯한 구조로 만들어진 것이 디가니까야 『대반열반경』에서 붓다가 유계遺誡 한 교주부정敎主否定의 구절이다.

디가니까야 『대반열반경』Mahāparinibbānasuttanta에 따르면 임종에 가까워진 붓다는 아난다를 향하여 말했다. 자신은 설해야 할 것을 모두 설하였으므로 더 말할 것이 아무것도 없다. 붓다에게는 아사리의 주먹[師拳] 같은 것은 존재하지 않는다. 자신이 붓다로서 법法 dharma과 율律 vinaya을 설하였고 승가의 일원으로서 승가를 지도했다 하더라도, 승가가 자신에게 소속되어 있다고 생각하지 않는다는 의미를 아난다에게 말했다. 즉 아사리의 주먹muṭṭhi 握拳이란, 바라문 사제가 스승에게서 이어받는 비의祕義인데, 그러한 것은 붓다에게는 없으므로 이를 비밀상승祕密相承할 교주가 필요도 없고, 또 붓다 자신도 붓다로서는 법과 율을 설하였지만, 승가의 일원으로서는 그 법과 율을 따르는 자였다고 한다. 그리고 『대반열반경』에 따르면 붓다 대신에 불교 승가를 통어統御해야 할 제2세 교주는 전혀 필요가 없고, 따라서 그 후보자는 지명되지 않았으며, 그것을 설치하는 사상도 부정되었다.[6]

이 『대반열반경』의 설명은 승가 규칙을 독재적으로 만들고 계학처나 징벌사항을 독단적으로 제정한 것은 붓다, 즉 깨달은 자로서이고, 그 붓다도 육체가 있는 승가의 일원인 입장에서 붓다가 제정한 규율에 따라서 살았다고 하는 것이다. 그리고 지금이야말로 이 붓다에 의해 설하여진 완전한 교법과 율제가 존재하므로 이것이 불교의 절대 불변 교주이고, 모두가 의지해야 할 근거라고 여겨지는 것이다. 그러므로 법과 율 외에 아무도 지도자라든가 지배자라든가 하는 것은 있을

6) Mahāparinibbānasuttanta, II, 25. 남전대장경 제7권, 67-68쪽.

수 없다. 법과 율을 해설하고 가르치는 교사는 있어도 그것은 화상이 제자인 새 비구에게 가르치는 의무를 지고 가르치는 것이다. 따라서 제자와 스승인 화상은 종속관계가 아니라 어버이와 자식과 같이 보살피고 받들어야 한다고 여겨지고, 법과 율 앞에 서로 평등하게 노력해야 하는 동일한 의무가 양쪽에 규정되어 있다.[7)]

경전비평의 입장에서 보면『대반열반경』의 기술은 붓다 입멸 후에, 불교의 제2대 교주를 뽑을 수 없었던 사실에 이론을 붙이기 위해 만들어진 것으로 보이지만, 그것을 설명하는 자료는 거의 없다. 붓다 입멸 후 최초로 행하여진 왕사성의 제1차 결집에서는 마하깟싸빠Mahākassapa가 상수가 되어 주관하고, 이는 불교 정통의 제1회 불교성전 회의로서 인정받고 있다. 율장 결집기사에 따르면 이 결집에 참여하지 않고, 그것이 끝났을 때 왕사성에 돌아온 뿌라나Purāṇa와 500명의 비구는 마하깟싸빠로부터 결집 결과 보고를 받았을 때 이를「벗이여. 법과 율의 결집을 한 것은 좋다. 그러나 우리는 세존의 현전에서 듣고, 현전에서 받은 것만 지키겠다.」라고 하고 거부하여 그것을 인정하지 않았다고 기록하고 있다.[8)] 즉 마하깟싸빠가 500명의 장로를 동원하여 작성한 성전을 정통이라 인정하는 것을 거부한 것이다. 아마도 이러한 일들이 더욱 많이 존재한 것은 아닐까 생각되지만, 기록에 의할 수 있는 것은 전혀 존재하지 않는다고 해도 좋겠다.

원인은 불분명하지만, 불교에 제2대 교주가 세워지지 않았던 것은 사실이라고 해야 할 것이고, 2대 교주를 뽑고자 한 일면을 나타내는

7) 제3장 · 4.「화상아사리법과 제자법」249쪽 참조.

8) Cullavagga, XI, 1, 11. 남전대장경 제4권, 433쪽. 제8장 · 5.「食의 淨法과 儉開七事」632쪽 참조.

기사도 존재하지 않다. 그리고 2대 교주를 세우지 않는 것이 당시 승가로서는 이례였다는 것도 확실하다고 생각된다. 즉 이에 대한 변명이나 이론을 붙인 것이 있다. 상기 『대반열반경』을 비롯하여 소위 교법법신론教法法身論이라 불리는 생각이나 불법승 삼보에 대한 생각에 이르기까지 이미 이에 상당하는 것으로 보인다. 『맛지마니까야 구묵목건연경』Gopakamoggallāna-sutta은 대신인 우세와 구묵목건련 바라문 두 사람이 붓다 입멸 후 불교승가 제2대 교주에 대해서 아난다에게 사정을 듣는 경이다.[9] 아난다가 붓다에게 2대 교주가 뽑지 않은 사실을 대답하자 이 두 사람은 「이와 같다면 이미 소의paṭisaraṇa 없는 화합에 무슨 이유가 있겠느냐?」라고 의문을 제기하고 있다. 즉 「만약 교주가 없다고 한다면 비구 대중은 누구에게 의지하여 통어되고, 누구를 의지해야 할 스승으로 해서 화합해 가는가?」라는 의문을 제기하고 있으므로, 당시 조합법 등에 의한 조직은 있었다고 여겨지지만, 그것을 종교 교단에 사용한 것은 아니었던 듯하다. 당시 출가 교단으로서는 무교주제의 승가라는 형태는 쉽게 이해할 수 없었던 것 같다. 아난다가 이 의문에 대답하기를, 불교승가는 법을 소의所依로 하여 화합 통일하는 것이라 말한다. 이 법에 대해서는 계구족부터 누진해탈에 이르는 십가희법十可喜法 Dasa pasādaniyā dhammā을 설하고 있다. 이는 교주로서 사람에게 의지하는 것이 아니라 법에 의지한다는 생각이고, 후에 「사람에 의지하지 않고, 법에 의지한다.」라는 사고의 근원을 이루는 것이다. 여기에서는 불교가 무교주제로 된 것이 당시 출가교단으로서는 특이한 것이고, 그 특이한 사태에 의미를 부여하기 위해 『대반열반경』이나 『구묵목건련

9) GopakamoggallānasuttaMN. ,No. 108 남전대장경 제11권 상 356쪽, 대정 1권, 653쪽.

경』이 사람의 스승에 의지하지 않고, 법에 의지해야 함을 주장한 점이 주목된다.

위에서 언급한 것처럼 붓다의 입멸과 함께 불교는 무교주 승가가 되었다. 모든 율제가 붓다의 친제라는 율장의 입장에서라면, 붓다는 붓다로서의 생애를 걸고, 무교주 승가 조직을 완성하여 육체의 입멸을 행한 것이 된다. 그리고 율장에 보이는 불교승가는 무교주제를 분명히 자각한 무교주제 교단이다. 이는 경장에도 반영되어 『법구경』Dhammapada의 「우치품」Bālavagga에는,

> 「그는 헛된 특권을 바란다. 비구 가운데 존경을, 처소에서는 권위를, 다른 사람의 가정에서는 공양을 바란다.」

라고 하고,[10] 승가 중에서의 상위나 지배의 자리를 희망하는 자는 어리석은 자로서 배척당하고 있다. 율장에서는 승가의 행사는 승가 결의갈마에 의해 뽑힌 자에 의해 주재되고 집행되지만, 그러나 그것은 어디까지나 그것을 집행하기 위해 뽑힌 대표자이고, 「사명을 받은 것을 감당하여, 말한 것과 같이 승가의 일을 처리한다. 비구 승가로부터 보내어지면 그 말한 것과 같이하여, 나를 위하는 것으로 생각하지 않다.」라고 해야 할 것이다.[11]

무교주제는 민주적인 형태를 철저하게 하여 위에도 말했듯이 사제 관계는 스승의 애정瞻視과 제자의 존경奉承으로 어버이와 자식과 같

---

10) Dhammapada, No. 73. 남전대장경 제23권, 28쪽.
11) Mahāvagga, X, 6, 3. gāthā. 남전대장경 제3권, 621쪽의 게.

아야 한다고 하지만 상호의 의무는 평등하게 규정되어 있다. 제2결집 시에 문제가 된 10사 가운데 구주정久住淨 āciṇṇakappa은 『빠알리율』에서는 화상이나 아사리가 행한 관행인 상법에 맹목적으로 따르는 것을 시인하고자 하는 것이었으나 이는 장로파에 의해 부정되고 있다.[12] 이는 분명히「사람을 의지하지 않고 법에 의지해야 한다.」라는 사상의 현상이라 보아야 할 것이다. 교주가 없는 승가에서는 장 · 유長幼의 질서 이외에 비구로서의 입장에는 전혀 상하차별은 없다. 물론「비구들이여, 축생류 조차 서로 존중, 외경, 화합하여 산다.」라고 훈계하시고, 비구인 자는 법과 율에 의해서 출가한 자이기 때문에 상호 존중, 외경, 화합하여 살아야 한다고 강조하시지만, 그러나 그것은 상하 계급을 모두 부정한다는 의미의 자주적인 형태에 있어서이다. 즉「비구들이여. 장 · 유에 따라서 경례, 영역, 합장, 화경, 제1좌, 제1수, 제1식을 해야 함을 허락한다.」라고 하시고 동시에「승가의 물건을 장유에 따라서 가로막아서는 안 된다. 가로막는 자는 악작죄가 된다.」라고 하신다.[13] 이는 장년자에게 좌석의 상좌나 음식물을 먼저 배분하는 것이 허락되지만 소년이기 때문에 평등한 주장이 거절당하는 일은 있을 수 없다고 규정하는 것이다.

불교에 있어서도, 교주적 전통을 생각나게 하는 것을 원하는 생각이 일어나지 않을 수는 없었다. 『선견율』Samantapāsādikā의 서문에 따르면 율장전지의 아사리로서 우빨리Upāli 다싸까Dāsaka 소나까Sonaka 씩가봐Siggava 목갈리뿟따 띳싸Moggaliputta-Tissa 다섯 스승師이 서로 전하여 온 것이

12) Cullavagga, XII, 1, 10. 남전대장경 제4권, 449쪽. 제8장 2.「제2 結集의 十事」 596쪽 참조.
13) Ibid., VI, 6, 4-5. 남전대장경 제4권, 247쪽-248쪽.

라 하고 있다. 이는 율장의 전지에 대해서 사자상승師資相承이 있다고 하는 것인데, 그 목적은 스리랑카 불교의 정통성을 나타내고자 꾀하여진 것이다. 즉 아소카 왕 치하에 행하여진 제3결집의 통재를 행한 이가 이 전승의 제5사師 띳싸인데, 이 띳사는 제1결집 율송출자인 우빨리의 정통 제5대 전승자라는 것이다. 그리고 스리랑카에 불교를 전한 것은 이 띳싸의 제자이고, 그 전통을 이은 이가 마힌다Mahinda라고 여겨지기 때문에 결국은 율장을 삼장 중 제1로 치는 스리랑카불교가 붓다 정통 불교를 그대로 전승하는 것이 되는 이유를 붙이고자 만들어진 것이라 해야 할 것이다. 『선견율』의 필자 붓다고싸Buddhaghosa 覺音 출세시대는 6세기 중엽이라 여겨지는데 아마도 그 무렵까지 스리랑카의 율사律師들 간에 성립된 전설이라고 보아야 할 것이다. 초기 율장으로서는 이런 전승을 생각하고 있지 않아서 사실무근의 일이다. 율장 속의 아사리는 이미 말했듯이 이런 전등사傳燈師적인 자와는 달리 단순한 교수사에 지나지 않는다. 또한 이 붓다고싸『선견율』 서문에 기록한 5사師 전승설이 중국에서는 이세5사異世五師와 동세5사同世五師라는 생각으로 발현하는데, 이것은 율을 전승한 부파에 의해 만들어진 설이다. 율장의 규칙상으로는 설령 그것이 율장의 전승으로 하더라도, 사주師主의 전등상승傳燈相承 사상은 전혀 없다. 예를 들어 자이나교의 존자의 계열sthaviralī과 같는 것은 존재하지 않았다.[14)]

불교승가 조직에는 전혀 지배권의 설정이 없고, 따라서 그 지위도 없다. 올덴베르그가 「스승이신 붓다가 살아 있는 동안에는 불교 교단도 바라문교의 범례를 본떠서 사제師弟 관계를 규정했다. 그런데 붓다

14) Jainasūtra(S. B. E) Part I, p. 288, Footnote 2.

입멸과 함께, 당시에 이미 인도 전체에 산재하고 있던 제자들은 하나의 승단으로서 남기는 하였지만, 눈에 보이는 머리頭 대신에 조사가 기술한 법과 율을 머리頭로 생각하였던 것이다.」라고 붓다승가의 교주제에서 무교주제로의 변화를 설명한다.[15]

교단의 무교주제는 완전히 불교만이다. 그렇지만 불교승가에 보이는 듯한 민주적인 공동통치방법의 원형이 되는 것은 불교가 발견한 것이 아니고 불교가 유행한 북동인도 각 종족간에 알려져 사용되고 있던 것인데, 이들 정치나 조합조직방법을 받아들여 불교류에 편성한 것이다. 당시 일반사회에는 헌법과 같은 것에 의해 입법권, 위원, 투표, 민중법정이라는 것이 친밀감 있는 제도로서 알려져 있었다.[16] 그러나 이를 종교교단에 사용한 것은 불교뿐이다. 일반적으로는 교주의 절대성을 확립하고, 그 전통을 이어받아서 교단을 통일 유지하는 것이 종교적 형태라고 생각할 수 있다. 또 세속 군주들도 고대의 제국주의 발전과 함께 혈통적, 종교적 신성성을 주장함으로써, 그 지배의 절대성을 유지하려고 하지만, 불교의 경우는 종교이면서도 그러한 것을 부정해갔던 것이다. 그리고 출가 후 30년 된 노비구도 1년 된 신학비구도 동일한 권리로 합의하는 승가가 성립된 것이다.

율장에 기록된 것과 같은 승가가 각 지역의 현전승가에서 몇 세기 동안을 실제로 존재하였는지, 또 과연 율장에 규정하는 것이 완전하게 운영되었는지는 불분명하다. 그렇지만 율장은 남전 분별상좌부의 『빠알리율』 외에 담무덕부의 『사분율』, 미사새부의 『오분율』, 대중부의

---

15) Oldenberg; Buddha, part 3.(木村譯, 472쪽)

16) Rhys Davids, Buddhist India, pp. 19, 20.

『마하승기율』, 설일체유부의 『십송율』, 근본설일체유부의 『유부율』이 완전하게 현존하고, 이들 율장에서는 운영 방법을 거의 동일하게, 철저히 민주적인 승가조직으로 상세하게 기록한다. 적어도 이들 율장을 가진 부파의 사람들은 이 율장 규정에 따라서 현전승가를 결성하고자 하고, 이 율장에 기술되는 승가를 당연한 형태로서 그 실현에 노력하였을 것이다.

데모크라시를 의미하는 민주주의의 고향은 그리스의 도시국가라고 여겨지지만, 인도 사회에는 그들보다도 먼저 민주적인 조합과 공동통치가 있었다. 그러한 민주적 형태의 일체를 불교도는 주권자가 없는 이른바 주권재민적인 불교 승가로 결집한 것이다. 오늘날 그리스 민주주의 조직의 세부적인 것을 알기는 어렵지만, 불교에는 율장이라는 거대한 문헌이 있다. 모든 인간이 자유롭게 사색하고, 그것을 발표하고, 행동할 수 있는 것을 원칙으로 하는 민주주의 형태의 장점도, 결점도 그 실례와 함께 상세하게 기록되어 있다. 그리고 별도로 기술하듯이, 예를 들어, 화합적 결합을 제1로 치는 승가에서도 개인의 주장이 진실한 마음에서라면, 분열도 어쩔 수 없게 되는 결점도 솔직하게 기록되어 있다.

2. 현전승가

율장에 기록하는 비구들의 주처는 각각의 현전승가sammukhībhūta-saṁgha를 이루고 있었다. 붓다가 초전법륜에 다섯 비구에게 수구를 인정했을 때 불교 승가 성립이 있었으나, 그 후에 불교의 비구가 되려고 하는 이는 모두 붓다의 처소에서 붓다로부터 「선래비구」라는 말씀으로 입단허가를 받아 비구가 되었다. 그러나 그 후 비구들이 여러 지방에서 비구 지원자를 데리고 와서 붓다에게 수구를 요청하다 보니, 수계자도 비구도 지치는 사태가 발생하였으므로, 붓다는 비구들이 각각 지방에서 삼귀의에 의해 출가시켜 수구하게 하는 것을 허락하셨다.[1]

이 삼귀에 의한 수구는 그 뒤에, 변지에서는 비구 5명 이상 승가에서, 그 밖의 장소에서는 10명 이상 승가에서 화상을 구하여 백사갈마에 의해 수구하게 하고, 4의依 4불응작不應作을 고시하는 형식으로 정착되었다. 석존이 각지에서 삼귀의로 비구의 출가수구를 인정한 것은 율장의 기술상으로는 초전법륜 후 또는 많은 시간이 지나지 않았을 때, 즉 붓다를 합하여 세상에 61명의 아라한 비구가 있다고 여겨졌을 시기 직후이다. 그러나 이 삼귀의에 의한 출가 허가가 사실이었다고

1) Mahāvagga, I, 12, 1-4. 남전대장경 제3권, 39쪽-40쪽.

한다면 이는 불교 출가 승가에「이념으로서 승가」즉 사방초제승cātud-disa-saṁgha과「현실의 승가」즉 현전승가 두 종류의 개념을 성립시키게 된 것이다.

삼귀의는 말할 것도 없이 불 · 법 · 승에 귀의하는 것으로 붓다가 처음으로 삼귀에 의한 출가수구를 인정하셨을 때는 불교 승가의 초기이고 아직 60여명의 비구승가에 지나지 않았지만, 그렇더라도 각지에서의 비구지원자로 보면 이는 이념으로서의 완전한 비구승가이고, 이에 대해 바로 눈앞에서 실제로 수구를 주는 비구들이 지원자에게는 현실의 승가였다. 전 불교 승가를 한 승가로 보는데 반해서 각지에 있는 개개 비구 집단을「현전승가」라 하는 것이다. 비구 지원자가 출가수구를 받는 것은 현전승가이고, 삼귀의에 의해 귀의하는 승가는 이념으로서의 전 불교 승가이다. 삼귀에 의한 출가수구 시대는 몇 명의 비구로 출가수구를 주었는지 불분명하다. 석존은 제자 비구가 60명에 달하였을 때 각지에 전도시키기에 이르러「두 명이 함께 가지 말라」라고 알리고 있으므로 비구는 각지에 한 사람씩 따로따로 갔을테지만, 각지에서 삼귀에 의해 출가 수구할 때는 지원자로 하여「비구들 발에 예배시키고bhikkhūnam pade vandāpetvā」라고 하고 있으므로, 비구는 두 사람 이상 모였음을 나타내고 있다.[2] 따라서 삼귀에 의한 출가수구는 복수의 비구로 행해지고 있었고, 아마도 그 장소에 있던 비구들이 증인으로 행하였을 것임에 틀림이 없다. 그리고 그 삼귀로 출가수구를 준 것은 현전승가의 앞장서는 사람으로서의 비구 모임의 하나인 행사승가갈마를 행한 것이 된다. 그러므로 이는 현실에 승가 행사를 집행한 가장

2) Ibid., I, 12. 3. 남전대장경 제3권, 40쪽.

원시적 의미의 개별 현전승가였다고 볼 수 있다. 그러나 이는 머지않아 포살행사를 4명으로 행하고, 이 이하의 경우는 특별하게 여겼던 것에서[3] 현전승가의 최소 인원은 4명이 되었다. 그리고 비구지원자에 대한 수구는 10명 이상의 비구승가가 되고, 다음으로 변방에 한해서 5명 이상으로도 가능하게 되고,[4] 또한 승잔법의 출죄는 20명 이상의 승가여야 한다고 했기 때문에, 현실적으로 그곳에서 승가 행사를 운영하기 위한 현전승가는 4명 비구, 5명 비구, 10명 비구, 20명 비구, 20명 이상過二十人의 비구 등 5종 승가가 되었다.[5]

붓다 시대에도 아마 승가 창설 이후 10년을 넘어서 전 승가가 한곳에 모인 일은 없었다고 생각된다. 그것은 전 비구가 집합하는 것은 안거 주처를 생각해야겠지만, 전 비구라고 한다면 세 깟싸빠의 한 계통과 사리불 · 목건련의 한 계통만으로도 1250명의 비구무리이기 때문에, 이들 비구무리만을 생각하더라도 이들을 일하一夏 90일간 한곳에 거주시켜 부양할 만큼의 지역과 경제력이 있었던 곳은 쉽게 생각할 수 없고, 또 변경지邊境地에서 꼭 매년 일정하지 않은 붓다의 안거지에 도착하는 것도 극히 곤란한 일이었다고 해야 할 것이다. 따라서 전 비구가 집합한 승가는 일찍부터 현실로는 볼 수 없게 되고, 그것은 소위 삼귀 대상으로서 승가가 되고, 이념적인 존재로 변화되어 갔다고 해야 할 것이다. 그러므로 사방초제승四方招提僧 cātuddisa-saṃgha 즉 사방승가와

3) 4명으로 포살은 성립되지만(Mahāvagga, II, 26, 1.) 3명 및 그 이하의 경우는 청정포살pārisuddhi-uposatha이라는 방법 즉 자기의 청정함을 상대에게 이야기하고, 포살 대용으로 하는 것이다. Mahāvagga, II, 26, 1-2. 남전대장경 제3권, 219쪽-220쪽.

4) Mahāvagga, V, 13, 11-12. 남전대장경 제3권, 348쪽-349쪽.

5) Ibid., IX, 4, 1. 남전대장경 제3권, 555쪽.

현전승가sammukhībhūta-saṃgha의 구분은 지극히 일찍부터 성립되어 있었다고 볼 수 있다.

비구의 주처에서 현전승가 생활은 전항에 말한 바와 같이, 수장이 없는 민주적인 운영에 의한 것이었다. 비구는 모두 장로나 새로 발심한 이나 모두 평등한 발언권을 가지고 운영에 참여하는 것이고, 그것이 또한 의무였다. 승가 행사는 정치나 인사나 종교행사나 모두 승가갈마에 의해 결정 집행된다. 승가갈마는 전원 일치한 결의, 승인, 의지를 성립시키는 것으로, 단 어쩔 수 없는 경우에만 다수결이 사용되는 것이다.

승가갈마는 반드시 전체 출석을 필요로 하고, 이것이 어느 범위의 전원출석으로 하는가에 대해서 결계結界 사상을 발생시킨다. 누군가가 출석할 수 없는 자가 있으면 그 사람은 승가의 지역경계 외에 나가서 그 현전승가에 소속되지 않는 자가 되든지, 혹은 병 등으로 출석할 수 없는 경우는 다른 비구를 대리인으로 하여 동의를 전해야 한다. 이 동의를 전하는 것을 낙욕樂欲 chanda을 전한다고 하는 것인데, 이는 뒤에 기술하는 것처럼, 포살식과 마찬가지 이유로 불참할 경우에도 자기의 청정pārisuddhi을 다른 비구를 통하여 승가에 통고해야 하는 것과 같다.[6] 완전한 출석 주장은 각 주처 현전승가의 고정화와 함께 시작되고, 그 현상으로서 포살식의 출석이 강조되어 이것이 결합의 상징으로 보이기에 이르렀던 것은 뒤에 기술하겠지만, 그러한 결합 하에 승가갈마는 행하여졌다. 불교의 무교주주의를 붓다의 말씀으로 이론을 붙인, 앞에서 언급한 『대반열반경』은 이 현전승가의 완전출석에 대해서도 그

6) Ibid., IV, 23, 1-3. 남전대장경 제3권, 215쪽- 216쪽.

게 강조한다. 즉 승가 번영의 7불퇴법 둘째에 「비구들이 함께 모이고, 함께 일어서고, 함께 승가 행사를 하는 동안은 비구들이여. 비구들에게 번영은 기대되고, 쇠망은 없을 것이다.」라고 했다.[7] 이처럼 전원출석 강조하에 행하는 승가갈마 인수와 행할 수 있는 행사와의 관계에 대해서는 각 율 모두 동일하지만 『빠알리율 마하박가』에 따르면,

> 「승가에 다섯 가지가 있으니, 이른바 4비구승가catuvagga-bhikkhusaṃgha 5비구승가pāñcavagga-bhikkhusaṃgha 10비구승가dasavagga-bhikkhusaṃgha 20비구승가vīsativagga-bhikkhusaṃgha 과過20비구승가atirekavīsativagga-bhikkhusaṃgha 이다. 비구들이여. 이 가운데 4비구승가는 수구, 자자, 출죄의 3갈마를 제외하고, 다른 일체의 여법화합갈마를 행할 수 있다. 비구들이여. 이 가운데 5비구갈마는 중국에서의 수구와 출죄 2갈마를 제외하고, 다른 일체 여법화합갈마를 행할 수 있다. 비구들이여. 이 가운데 10비구승가는 출죄의 1갈마를 제외하고 다른 일체 여법화합갈마를 행할 수 있다. 비구들이여. 20비구 승가는 … 20인 이상의 비구 승가는 일체 여법화합갈마를 행할 수 있다.」

라고 했다.[8] 즉 여기에는 4인 비구의 경우와 5인 비구의 경우, 10인 비구의 경우, 20인 비구의 경우와 20인 이상의 경우가 거론되어 있

---

7) Mahāparinibbānasuttanta, I, 6. 남전대장경 제7권, 34쪽.

8) Mahāvagga, IX, 4, 2. 남전대장경 제3권, 555쪽, 『오분율』제24권, 대정22권, 162쪽 c, 『사분율』제44권, 대정22권, 886쪽 a, 『승기율』제24권, 대정22권, 422쪽 b, 『십송율』제30권, 대정23권, 219쪽 c.

지만, 20인의 경우나 과20비구 즉 20인 이상의 경우도 동일한 기능이기 때문에 결국 4종 승가가 된다. 그리고

(1) 4인 비구 승가에서는 수구, 자자, 출죄 갈마는 할 수 없다.
(2) 5인 비구승가에서는 중국의 수구와 출죄 갈마는 할 수 없다.
(3) 10인 비구승가에서는 출죄 갈마를 할 수 없다.
(4) 20인 이상 승가에서는 모든 갈마를 할 수 있다.

라고 되어 있으나, (1)(2)(3)에서 제외되어 있는 이외의 승가갈마는 모두 행할 수 있다.

여기에서 4인 비구승가 내지 20인 이상 비구승가라는 것은 현전승가의 최소 정원을 말하는 것이다. 하나의 현전승가를 형성할 수 있는 경계 내에 세 비구밖에 없다면 누군가 지금 한 사람이 여기에 들어와서 4인 비구가 되지 않으면, 예를 들어 포살 갈마는 할 수 없다. 또 여기에 7인 비구가 있다면 5인 비구승가로 행할 수 있는 승가갈마를 행할 수 있지만, 그 경우 7인 전부가 출석해서 행하므로 한 사람이 결석하여 6명으로 행해도 무효이다. 7명 중에서 5명 위원을 내고 5인 비구가 행할 수 있는 갈마를 할 수는 없다. 위원회를 인정하는 것은 나중에 기술할 쟁론 쟁사를 처리하는 중의 한 경우로 단사인斷事人 ubbāhika을 설정하는 경우가 있을 뿐이다[9] 그러므로 여기에서 5인 비구승가의 승가갈마란 5명 이상 9명까지 승가가 전원이 행하는 승가갈마이고, 10인 승가도 마찬가지로 10명 이상 19명까지 승가가 행하는 것, 20명과

9) Cullavagga, IV, 14, 19. 남전대장경 제4권, 148쪽-149쪽.

20명이상도 합하여 20명 이상 승가가 행하는 것을 의미한다.

이상과 같은 최소 정원에는『빠알리율』에서는 24종 결격자를 포함하고 있어서는 안 된다고 여긴다. 24종 결격자라는 것은 (1)비구니 (2)식차마나 (3)사미 (4)사미니 (5)학을 버린 자 (6)극죄를 범한 자 (7)불견죄를 거론당한 자 (8)불참죄를 거론당한 자 (9)불사악견을 거론당한 자 (10)황문 (11)적주자 (12)귀외도자歸外道者 (13)축생 (14)살모자殺母者 (15)살부자殺父者 (16)살아라한자殺阿羅漢者 (17)오비구니자汚比丘尼者 (18)파화합승자破和合僧者 (19)불신출혈자佛身出血者 (20)이근자二根者 (21)이주처자異住處者 (22)이경계자異境界者 (23)재허공신통자在虛空神通者 (24)수갈마인受羯磨人이다.[10] 이는『십송율』에서는 백의白衣 사미 비비구非比丘 외도 불견빈인不見擯人 부작빈인不作擯人 악사부제빈인惡事不除擯人 불공주인不共住人 종종불공주인種種不共住人 자언범중죄인自言犯重罪人 본백의오비구니本白衣汚比丘尼 불능남인不能男人 월제인越濟人 살부모인殺父母人 살아라한殺阿羅漢 파승破僧 악심불신출혈惡心佛身出血이라 하는데,[11] 거의 비슷하다고 할 수 있다.『오분율』에서는 이에 상당하는 것으로는 포살식에 병결자病欠者가 청정을 주어서는 안 된다고 여기는 것으로 비구니 · 식차마나 · 사미 · 사미니 · 광심狂心 · 난심亂心 · 병괴심病壞心 · 멸빈인滅擯人 · 피거인被擧人 · 자설죄인自說罪人 · 이계주인異界住人이 거론되어 있다.[12] 또『사분율』에서는 비구니 · 식차마나 · 사미 · 사미니 · 언범변죄言犯邊罪 · 범비구니犯比丘尼 · 적심수계賊心受戒 · 괴이도壞二道 · 황문 · 살부모 · 살아라한 · 악심출불신혈 · 비인 · 축생 · 이근 · 피거被擧 · 멸빈 · 응멸빈應滅擯 · 소위갈마인所爲羯磨人을 들고 있

10) Mahāvagga, IX, 4, 2. 남전대장경 제3권, 555쪽- 556쪽.
11)『십송율』제30권, 대정 23권, 219쪽 a.
12)『오분율』제18권, 대정 22권, 126쪽 a.

고,[13] 『마하승기율』에서는 불생갈마사不生羯磨事로서 오비구니汚比丘尼 · 정행도주淨行盜住 · 월제인越濟人 · 오무간五無間 · 범바라이犯波羅夷 · 사미 · 악사견惡邪見을 든다.[14] 이처럼 각 율에서 지적하는 것은, 모두 비구로서 인정하기 어렵든가, 비구로서의 공권정지 처분을 받은 자를 가리키고 있고, 그러한 자를 포함하여 정수를 채운 승가갈마를 불성립이라고 한다.

그러나 상기 『빠알리율 마하박가』 24결격자 중에 (21)의 이주처자異住處者 nānāsaṃvāsaka와 (22)이경계자異境界者 nānāsīmāya가 거론되어 있는데, 이는 『십송율』의 불공주인不共住人 종종불공주인種種不共住人에, 『오분율』의 이계주인異界住人에 상당하는 것이다. 이주처異住處와 이경계異境界의 구별은 명료하지 않지만 이주처는 별도의 지역, 이경계는 서로 접하여 경계를 달리하거나 동일주처내에서 나누어서 이중二衆이 되어, 경계를 설정한 것으로 생각된다. 그리고 승가갈마에 이주처자異住處者나 이경계자異境界者를 포함해서는 안 된다고 하면 적은 인원의 현전승가에서는 수구나 출죄 갈마를 할 수 없게 된다. 『마하박가』 안거건도에 따르면 인원수 부족의 경우에는 이주처자異住處者를 맞이하여 최소정원을 채워서 이를 행하는 것으로 되어 있어서, 그것과 이는 모순되게 된다. 단지 이는 소속승가 무승인無承認의 이주처異住處 · 이경계자異境界者를 가리킨다고도 생각된다.

안거건도에 따르면 안거 중에 이주처에서 별주, 본일치, 마나타, 출죄에 상당하는 것이 있을 때 갈마 정수를 채우기 위해 와 주기를 부

13) 『사분율』제44권, 대정 22권, 886쪽 b.
14) 『마하승기율』제24권, 대정 , 422쪽 c.

탁 받은 자는 「나는 만중자滿衆者가 되겠다.gaṇapūrako vā bhavissami」라고 말하고 가야 한다고 하고 있다.[15] 이 일은 『십송율』 안거법이나 『사분율』의 안거법에도 전하고 있고,[16] 『승기율』에서는 승잔법 출죄에 대해서 「20승僧 중에 한 비구를 적게 하여 출죄하고자 할 때는 그 비구의 출죄를 할 수 없고, 비구들은 마땅히 가책되어야 한다應可訶」라고 하고 있으므로, 그 승가에 정원이 모자랐을 때는 다른 곳으로부터 만중자滿衆者를 구해야 함을 암시하고 있는 것으로 보인다.[17] 그리고 이러한 만중자滿衆者는 이주처異住處의 비구나 이경계異境界의 비구여야 하므로 이는 이주처자, 이경계자를 승가갈마의 정원으로서 결격자로 하는 것과 모순되는 것이다. 그러나 이러한 모순이 생긴 것은 불교의 완전한 승가의 현실성이 옅어지고, 각 주처의 개별 현전승가의 승가로서의 독립적인 존재성이 강해짐과 동시에 개별 승가의 배타성이 성립된 것에서부터라고 생각된다. 즉 초기 승가에서 각주처 현전승가는 전일全一승가의 일부분으로 필요한 행사에는 타주처他住處로부터 만중자滿衆者를 맞이하는 것을 당연시 하였지만, 붓다 입멸 후의 무교주제는 각지의 승가를 자주독립적인 것으로 여겨 이주처자를 배척하고 각각이 충족한 자기 통치가 된 것으로, 그와 같이 되자 각종 승가갈마도 각 주처의 승가가 스스로 무리를 채워서 행하기에 이르렀다. 그리고 승잔죄의 출죄와 같이 20명을 필요로 하는 그런 것은 피하고, 제6장의 2 · (2)에 기술하는 것과 같은 갈마로 대용하여, 자기 승가에 있는 인원수만으로 모든 것을 처리하고자 하기에 이르렀던 것으로 생각된다.

---

15) Mahāvagga, III, 6, 6-9. 남전대장경 제3권, 255쪽-256쪽.
16) 『사분율』제37권, 대정 22권, 833쪽 a, 『십송율』제24권, 대정 23권, 176쪽 b.
17) 『마하승기율』제5권, 대정 22권, 263쪽 a.

3. 결의의 형식(三種羯磨)

승가갈마samghakamma는 작법이나 변사弁事로 번역되는데, 이는 승가가 행하는 모든 일을 말한다. 결의를 해서 행하는 사법司法, 행정처리 결의부터 계절 행사나 일상 작무의 집행에 이르기까지 모두를 승가갈마라고 한다. 이에는 처리할 일의 대소에 따라 단백單白갈마 · 백이白二갈마 · 백사白四갈마의 세 가지로 나누어져 있다.

이 중에 단백갈마ñattikamma란, 예를 들어, 안거가 끝났을 때는 반드시 자자 참회식을 행하게 되어 있는데 이를 행할 경우에는 승가의 사회자와 같은 사람 즉 총명유능한 비구, 한역 율장에서는 갈마사라고 한다. 승가에 고하기를,

> 「승가여, 저의 말을 들으십시오. 오늘은 자자를 하는 날입니다. 만약 승가가 때가 되었다면, 승가는 자자를 행해야 합니다. 이렇게 고白합니다.」

라고 말한다. 이를 백白 ñatti이라 하는데, 자자는 이 백白이 제창되어진 것만으로도 성립하여 실행되는 것이다. 이처럼 백白만으로 처리되

고 성립하는 것을 「단백갈마」라 한다. 이 단백갈마는, 이른바 행사의 고지이고, 일상생활이나 당연히 행해야 할 일과 정해진 것을 행할 경우이다. 경소輕少행사의 집행시에 이용되는 것이고, 백이갈마나 백사갈마와 같이 전원의 찬부贊否에 의한 결정을 요구하는 것은 아니다.

다음으로 「백이갈마」란, 일단 승가 전체의 승인에 의해 성립되는 일을 처리할 경우에 이용되는 것으로 한 번의 백白과 한 번의 갈마설로 전원 찬 · 부를 묻고 그것으로 이의가 없으면 성립 선언이 되는 것이다. 예를 들어, 승가 비구 전체가 모여서 행할 포살당을 지정할 경우는 백이갈마ñattidutiyakamma로, 전원의 승인을 요청하여 결정된다. 그때는 먼저 첫 번째로 총명 유능한 비구갈마사는 먼저 승가에 고하고,

> 「승가여, 나의 말을 들으십시오. **만약 승가가 때가 되었다면, 승가는 아무개 정사精舍를 포살당으로 정해야 합니다.** 이것이 백입니다.」

라고 제창한다. 이를 백ñatti이라 하는데 백白은 이 경우에는 전원에게 찬 · 부를 구하는 의안議案이다. 이 백白의 문장 중에서 밑줄 친 부분이 결의문 형식으로 제안된 백 즉 의안이다. 그리고 이 의안에 대해서 두 번째로 총명 유능한 비구갈마사는,

> 「승가여, 나의 말을 들으십시오. **승가는 아무개 정사를 포살당으로 정해야 합니다.** 아무개 정사를 포살당으로 정하는 것을 허락하는 구수는 침묵하십시오. 허락하지 않는 분은 말씀하십시오.」

라고 제창한다. 이를 갈마설羯磨說 kammavācā이라 하고, 이는 백문白文에서 제안된 의안을 결의문으로 반복해서 전원의 승인을 구하는 것이다. 「허락하는 구수는 침묵하고, 허락하지 않는 분은 말하라.」라는 것은 승가의 갈마는 모든 경우 침묵이 승인이라고 여기고, 이의가 있는 경우에만 발언한다. 백이갈마의 경우, 이 갈마어가 한 번 제창됐을 때 이의 있는 자는 발언해야 하고, 만약 여기서 한 사람이라도 이의가 발언되면 이 갈마는 불성립不成立이 된다. 그 같은 경우 없이 전원 침묵에 의한 찬성이 있으면 세 번째로 총명 유능한 비구갈마사는

「승가는 아무개 정사를 포살당으로 정하였습니다. 승가는 허락하므로 침묵하였습니다. 나는 이처럼 알겠습니다.」

라고 제창하고, 백문에 의해 제안된 의안은 결의문이 되어서 바야흐로 성립되었음을 선언하고 마친다.[1]

「백사갈마白四羯磨」ñatticatutthakamma는 승가로서 그 결정에 신중을 요하는 중대한 일을 처리할 때 사용되는 방법이다. 이는 앞에서 언급한 백이갈마는 갈마설이 한 번 제창되는 데 비하여 이는 세 번 제창된다. 예를 들어, 불교의 출가가 수구하여 비구가 되는 것은 백사갈마로 하는데, 그때는 먼저 총명 유능한 비구가,

「승가여, 나의 말을 들으십시오. **여기에서 아무개 수자受者는 구수 모갑으로부터 수구하기를 원합니다. 만약 승가에 때가 이**

1) Ibid.,II, 8, 2. 남전대장경 제3권, 190쪽.

> **르렀다면, 승가는 모갑을 화상으로 하여 아무개 수자에게 수구를 주겠습니다.** 이것이 백입니다.」

라고 제창한다. 이는 백이갈마의 경우와 마찬가지 의미의 백이고, 밑줄 친 부분이 결의문 형식으로 만들어져 있는 의안이다. 그리고 이어서,

> 「승가여, 나의 말을 들으십시오. 이곳의 아무개는 구수 모갑으로부터 수구하고자 합니다. 만약 승가에 때가 되었다면, 승가는 모갑을 화상으로 하여 아무개에게 수구를 주겠습니다. 모갑을 화상으로하여 아무개에게 수구를 주는 것을 허락하는 구수는 침묵하시고, 허락하지 않는 분은 말씀하십시오.」

라고 제창하는 것이다. 그리고 이 갈마설을 한 번 제창하여 이의를 주장하는 자가 없어도,

> 「나는 다시 이 뜻을 말합니다. 승가여, 나의 말을 들으십시오. 운운」이라고 반복해서, 첫 번째와 같은 말의 두 번째 갈마를 행하고, 그래도 이의를 제기하는 자가 없었다 하더라도 「나는 세 번째 이 뜻을 설합니다. 승가여, 나의 말을 들으십시오.」라는 말로 시작하는 첫 번째와 같은 말의 세 번째 갈마를 제창하고, 그래도 이의를 제기하는 자가 없으면 비로소 결정을 보는 것으로, 「승가는 모갑을 화상으로 하여 아무개에게 수구를 주었

습니다. 승가는 허락하므로 침묵하셨습니다. 나는 이처럼 알겠습니다.」[2]

라고 선언하고 마친다. 이상과 같이하여 백이갈마는 1회, 백사갈마는 3회 갈마설을 제창하여 승가 전원의 찬부를 묻지만, 만약 그때 이의를 제기하는 자가 있으면, 설령 천 명 중의 한 사람만이라도 있으면 그 갈마는 성립되지 않다. 그것은 승가갈마는 전원의 승인에 의해서만 성립하는 것이기 때문이다. 그리고 불성립이 된 경우에 제안자 쪽에서 어떻게라도 그 성립을 요구한다면, 다음 장에 기술하는 쟁사로서 승가갈마의 절차를 행하는 것이다. 쟁사의 처리법 중에 다수결이 있는데, 이는 위원회법 등의 수단을 다한 뒤의 최후 수단으로 생각된다. 불교역사상에 유명한 제2결집 때 10사事 문제의 처리에도 700명의 비구가 모여서 다수결이 행하여진 것은 아닌가 생각되지만, 율장의 기술에서는 위원회에서 처리되어 다수결은 피하고 있다.[3]

이상과 같이 승가갈마의 기본적인 방법에 세 가지가 있는데 도선의 『사분율산보수기갈마』에 따르면 단백갈마에는 30사타의 참법 외에 출가 · 체발 · 가치나의수법受法 · 포살說戒 · 자자自恣 등과 같이 39종의 행사가 있고, 백이갈마로 처리되는 형태로는 작소방作小房 · 작대방作大房 · 승물僧物의 분배 · 제종차선諸種差選 · 결계結界 등과 같은 57종이 있고, 백사갈마에는 수구 · 충고呵諫 · 치벌治罰 · 멸쟁滅諍 · 출죄 등 38종으로 합계 134갈마를 열거하고,[4] 그리고 이에 대수對首갈마(한 명의 상대를 구하여

2) Ibid., I, 28, 4-6. 남전대장경 제3권, 98쪽-99쪽.

3) Cullavagga, XII, 2, 7. 남전대장경 제4권, 455쪽-456쪽.

참회 등을 한다) 33종과 심념법心念法 14종을 더하여 상세하게는 갈마로 총계 181종이 있다고 한다. 그러나 대수법對首法이나 심념법心念法을 승가갈마법이라 해야 할지는 의문스럽다. 『십송율』계통에서는 『살바다비니마득가』 첫 번째에 따르면 단백갈마 24종, 백이갈마 47종, 백사갈마 30종을 이야기하여 「101갈마」라고 하고, 「대사문백일갈마大沙門百一羯磨」도 같은 방법으로 언급한다.[5] 『마하승기율』 24권에는 백일갈마白一羯磨: 白二의 것 28사事, 백삼갈마白三羯磨: 白四의 것에 8사事가 있다고 하는데,[6] 이는 『승기율』 자체에서 설하는 것보다도 적고, 기술의 전후에 모순이 있다. 또 『오분율』도 기술에 정확한 것이 없다. 그러나 갈마법이란 승가가 그 운영상에 발생하는 사항을 처리하는 형식이기 때문에 처리할 일이 발생하면 모두 처리해야 하는 것이라, 반드시 수가 한정이 있는 것은 아니다. 대표를 차출差選한다 하더라도 비구니교계차출比丘尼敎誡差選 등의 예정되어 있는 경우에만 한하지 않고, 그 밖에도 여러 가지 대표를 파견해야 할 경우가 발생할 터이고, 따라서 갈마는 138종이나 101갈마로 한정되어야 하는 것은 아니다.

승가에서는 일상적인 행사를 할 때나, 무슨 일이 발생하였을 때도 전원의 찬·부를 묻고, 혹은 논의를 하지 않는 것은 단백갈마를 사용하여 승가 전체에 고지하게 하여 이를 행하고, 만약 그것이 찬·부를 묻거나, 혹은 전원의 승인이 필요한 것일 경우에는 일의 대소에 따라서 백이 또는 백사갈마로 처리하는 것이다. 다만 어떠한 일도 전원에

4) 『사분율산보수기갈마』上, 대정 40권, 492쪽 b-c.
5) 대정 23권, 569쪽 a, 489쪽 a.
6) 대정 22권, 422쪽 a-b.

게 고지 또는 승인받지 않고 행하는 일은 없었다.

앞에서 언급한 단백과 백이, 백사의 세 종류 갈마 중에서 단백갈마는 간단히 고지하는 백白 natti만 하고 갈마설kammavācā을 하지 않는 것이어서, 이를 완전한 승가갈마로 볼 수는 없다고 생각된다. 예를 들어, 자자가 시작되는 것은 단백單白인데 이는 자자의 개시를 고지하는 것이고, 결정도 집행도 아니다. 물론 어떤 일에 대해 말하는 것[辨事]이라고 해야겠지만, 갈마를 설하는 갈마는 아니다. 실질적으로 갈마라고 해야 할 것은 갈마설이 동반되는 백일白一갈마와 백사갈마라고 해야 할 것이다. 그리고 이 두 가지 갈마에 대해서 앞의 항목에서부터 서술한 것을 종합해 보면 승가의 갈마가 성립되는 필요조건은 다음과 같은 것이 된다.

(1) 승가갈마의 취급사건에 필요한 최소정원 이상의 현전승가의 전원출석. 이는 승가갈마성립의 전제조건이고, 출석하지 않는 자가 있거나, 그것에 사후승낙事後承諾 anumati하게 하는 것은 무효이다. 사후승낙은 제2결집 10사事의 제5에 후청정後聽淨 anumati-kappa으로서 제출되었는데 부결되었다.
(2) 모든 결석자欠席者는 낙욕樂欲을 해야하고, 낙욕을 가지고 온 사람에 의한 통고 제출이 있어야 한다.
(3) 백白 ñatti의 제안을 한다.
(4) 갈마설kammavāca을 1회 또는 3회 제창anussāvana한다.
(5) 전출석자의 침묵에 의한 승인으로 성립. 그리고 이의異議 발언이 있으면 이 갈마는 불성립이 되고, 쟁론 취급방법으로 처리된다.

이 다섯 조건의 어느 것이 결여되어도 성립되지 않고, 무효이다. 무효가 된 일事은 그것을 다시 고치는 것, 또는 그 처리 방법을 바꾸는 것은 좋지만, 한번 승가갈마로 결의가 성립된 것을 다시 하고자 하는 것은 바일제의 「발쟁계發諍戒」(『빠알리율』 제63)를 범하는 것이 된다.[7]

승가갈마는 크게 나누어서 포살식이나 출가 · 수구의 일반적인 행사적인 것과, 쟁론이나 징벌에 근거한 분쟁에 의한 것 두 종류로 나누어진다. 전자의 경우는 예를 들어, 출가수구의 지원자가 수구를 원하면 부탁받은 비구(화상)가 승가의 집합을 요구하고, 그리고 거기에 수구를 주는 의안白을 제출하고, 갈마설을 세 번 제창하고, 침묵의 찬성을 얻으면 수구는 성립된다. 후자는 전자의 경우에 이의가 나온 경우나 승가 중에서 쟁론이 있어서 소원訴願이 나온 경우나, 징벌할 필요가 있는 비구가 있는 경우에 소집되어 행하여진다. 그리고 이는 승가갈마이기 때문에 백白과 갈마설을 근간으로 하여 행하여지지만, 다음절에 보듯이 취급사건에 따라서 특별한 종류의 방법이 이용된다.

7) 「발쟁계」. 『빠알리율』 문으로 말하면 「어떠한 비구라 하더라도 알고 여법하게 裁決된 쟁사를 다시 갈마에 붙이고자 소란하면 바일제이다.」『사분율』제64계, 『오분율』제74계, 『십송율』제50계, 『마하승기율』제71계.

4. 무교주제無敎主制와 파문破門의 불성립不成立

불교 승가는 앞의 항에 본 것처럼 무교주의 교단이다. 모든 비구의 권리는 평등하고, 그것에 관해서는 연령이나 지위의 차이라는 것은 없고, 모든 사람이 평등한 한 표를 행사할 수 있도록 조직되어 있었다. 앞에서 살펴본 바와 같이 디가니까야 『대반열반경』은 붓다가 불교 승가의 무교주제를 분명히 하고 있음과 동시에 무교주제 아래서의 개인의 자각에 대해 「그대 자신을 섬으로 삼고, 그대 자신을 의지처로 삼지, 타인을 의지처로 하지 말라. 법을 섬으로 삼고, 법을 의지처로 삼지, 다른 것을 의지처로 삼지 말라.」라고 하고 있다.[1] '그대 자신을 의지하라'는 것은 각자 자각에 근거하는 것이고, '법에 의지하라'는 것은 불교가 가르치는 교리적 진리와 율제律制이다. 따라서 불교도가 가져야 할 원칙은 각자의 자각에 의해 법과 율을 깨달아가는 것이다. 그리고 붓다의 재세시에는 법과 율을 설한 붓다가 그곳에 있었기 때문에 실제상 유교주有敎主의 승가이었고, 법과 율의 구체적인 이해에는 붓다의 해석이 이의異議를 없애고 있었다고 볼 수 있다. 따라서 완전히 각자가 별도로 법과 율에 그 자기 자신을 의지하여 대결하는 교단이

1) Mahāparinibbānasuttanta(DN.),II, 26. 남전대장경 제7권, 68쪽.

된 것은 붓다의 입멸 이후였다.

법과 율은 불교 입장에서는 부동의 객관적인 진리이고, 또 동시에 붓다의 교법법신教法法身이었다. 각자가 이에 바로 접하여 살아가는 것이야말로 불교승가는 부동불변不動不變의 통일이 있는 교단임에 틀림이 없었다. 그렇지만 가장 객관적인 법과 율에 대한 각자의 주관적인 이해는 반드시 일정한 범주에 의해 행하는 것은 아니었다. 한 사람이 바르게 해석하는 것을 다른 사람은 부정不正이라 이해하기도 한다. 이때 법의 인격화인 교주가 법의 권위로서 시비를 결정해줄 수 있지만, 불교에는 그 교주가 존재하지 않다. 교주가 없는 불교는, 한 가지에 대해 법이라는 의견과 비법非法이라는 의견이 동등한 자격으로 주장되고, 그 주장자가 진실로 그것을 주장하고, 혹은 진실인 체 주장하는 한은 불교승가는 원칙적으로 대립하는 두 가지 주장의 한쪽을 긍정하고, 다른 쪽을 부정하기 어렵다. 뒤에 기술할 현전비니나 다수결은 이런 경우에 어느 한쪽을 시是로 하고 다른 쪽을 비非로 할지를 결정하기 위해 지극히 신중한 방법으로 결론을 얻고자 노력하는 것이다. 그리고 다수결에 의하지 않고 식자識者의 의견이나 다른 승가의 견해들을 널리 받아들여서, 공평을 기한 해결을 꾀해도, 양자가 그 재정裁定에 만족하지 않는 한은 성공을 보지 못한다.[2] 그리고 최후의 수단은 다수결인데, 이때 다수결로 한쪽의 주장이 비非로 여겨져도 다음에 기술하듯이, 그 소수자가 4명 이상이면 그 소수자는 그 비非로 여겨진 주장을 정正으로 하는 별도의 현전승가가 될 수 있다. 또 승가를 분열시키기 위해 다시 이견異見을 내세워 동지 4명 이상을 언어 열심히 주장하는

2) 제5장 · 2「쟁론쟁사의 현전비니멸」 346쪽 이하 참조.

것처럼 하여 분파하는 것도 정당하게 가능하다. 불교에는 파승 분열하는 것은 있으나 그 파승 분열한 자에 대해 그것을 파문할 수 있는 권위자도 기관도 없다. 또 교주의 결여는 전 불교승가를 결합 통일하는 것이 결여되어 있고, 교권이 존재하는 중앙본부가 없다. 따라서 각 개별 승가의 호소에 따라서 정·사正邪를 판가름하는 최고재판기관도 없다.

이미 말한 바와 같이, 불교 승가에 비구로서 입단할 때, 입단허가에 상당하는 수구upasampadā는 처음 붓다가 직접「오라, 비구여!」라고 부르는 한마디였는데, 그 후에 각지의 현전승가에서 삼귀三歸를 말하는 것으로 대신했다.[3] 이 삼귀는 말할 것도 없이 붓다와 불법과 승가인데, 이 경우 승가는 전 불교승가이다. 붓다 자신이「오라, 비구여!」라고 친밀하게 입단을 권했을 때는, 물론 승단은 완전하게 하나였다. 그렇지만 제자들이 각지에서 삼귀로 입단시키기에 이른 때부터 목전에 있는 현전승가와 관념적인 전 불교 승가와의 구별이 생겼다. 율장에서 비구승가bhikkhu-saṃgha·비구니승가bhikkhunī-saṃgha로 기록되는 것은 4인 이상으로 구성되는 구체적 실재 현전승가이고, 단지 승가saṃgha라 불리는 경우는 관념적 전 불교승가의 의미이다.

불교경전에서는 전 불교승가를「사방비구승가四方比丘僧伽」cātuddisa bhikkhusaṃgha라고 불린다. 예를 들어,『디가니까야 꾸따단따의 경』에「사람들이 사방승가를 위해 정사를 건립한다.」는 것은 공덕이 있는 일로 여긴다.[4] 이 사방승가의 이념은 이념으로서는 후세까지도 이어진다.

3) 제3장·1「선래비구수구와 삼귀수구」177쪽 이하 참조.
4) Kūṭadantasutta(DN.), 524. 남전대장경 제6권, 212쪽. 대정 권1의 92쪽에 상당하는 경이 있어도 반드시 일치한다고는 말할 수 없다.

즉 실제로 정사를 건립하여 봉납할 경우, 받는 것은 특정 현전승가이지만 봉납하는 상대는 사방승가(全一僧伽)이다. 정사는 불가분물不可分物이고, 현전승가나 비구로서 처분할 수 없는 전 불교승가의 소유이다. 즉 원칙적으로 어떤 곳에서 온 비구라도 사방에서의 객래비구客來比丘는 모두 이를 이용할 수 있고, 이 원칙을 분명히 하기 위해 불가분물은 사방승가에 봉납 되게 되어 있다. 이 사방비구승가에 헌납한다는 말은 스리랑카의 가장 오래된 사원이라 하는 단푸라 사원의 비문에도, 나시카굴 비문이나, 마투라 사자비문獅子碑文에도 기록되어 있다.[5]

나시카 각문刻文에 따르면, 봉납자는 한 굴을 사방승에 헌납하고, 100카하파나의 금전金錢을 영대永代에 기부로서 그 현전승가에 인도하고 있다. 금전은 가분물이기 때문에 그 현전승가에 넘긴 것이다. 즉 율장의 법규에 의해 불가분물은 사방승가로, 가분물은 현전승가에 건네고 있는데, 그것은 단지 관념상의 구별에 지나지 않고, 사실은 여기에 정착하는 비구들의 현전승가가 동굴과 돈을 모두 받아서 사용하고 향수하는 것이다. 실제로는 현전승가뿐이고, 그 승가의 구성원은 객래비구와 타출비구他出比丘로 자유롭게 교체하는 경우가 있더라도 현전승가 이외에는 승가가 없고, 다만 모든 현전승가를 관념적으로 총결하여 승가라 부르는 것이다. 그리고 붓다시대에는 붓다가 있는 현전승가가 이 관념적인 사방(전)승가四方(全)僧伽의 이념 중심실체적 역할을 다하고 있었다고 여겨지지만, 붓다 입멸 후는 그러한 것은 없어졌다. 단

5) Inscription at Dambulla Tempie in Ceylon, Ind. Ant., 1872, p. 139
Karle Cave Inseriptions; Ep. Ind., VII, No. 7, pp. 58, 88.
Nāsik Cave Inscription;Ep. Ind., VIII, No. 8, pp. 62, 75, 76, 82, 90, etc.
Mathurā Lion-Capital Inscription; Ep. Ind., IX, No. 17.

지 불 · 법 · 승의 삼보에 귀일歸一하는 것이 불교도라는 자각의 실체라고 여겨짐에 따라서, 이 승가라는 이념은 성화聖化되어 있는데, 이 이념을 유지하고 그것에 따라서 모든 현전승가를 엄하게 성화하도록 통제하는 교주, 혹은 중앙기관의 결여는, 현전승가의 기능을 행할 수 있는 정원定員으로 현전승가의 상징인 포살과 자자와 갈마를 행하면, 그것으로 승가의 이념을 나타내는 승가라고 말할 수 있고, 이를 방해하는 것은 아무것도 없었다. 그리고 현전승가가 법과 율에 대해서 의견이 대립되고, 한쪽이 다른 쪽을 사견邪見이라 하고 분열하여 두 승가가 되어도, 이를 비판하여 한편을 불교로 여기고, 다른 쪽을 사견으로 여겨 파문하는 자가 없고, 서로 상대를 비불교非佛教라 부르면서 같은 불교의 현전승가이고, 삼보의 하나로서 전 승가의 이념적 실체의 한 부분이라 할 수 있다.

붓다의 재세시대는 붓다가 거주하는 현전승가가 사실상 중앙현전승가였다고 보아야 할 것이다. 모든 해결 곤란한 사건은 붓다 아래에 모여서 정 · 사正邪의 분별을 구했다. 붓다는 그것에 관해서 꾸짖을 일은 꾸짖고, 부否라 해야 할 일은 부否라 하고, 규율이 모자라는 것은 보충하셨다. 경분별부와 건도부의 전 율장은 그러한 일의 기록 · 정리 · 편집된 것으로도 말할 수 있다. 파승에 대해서도 예를 들어, 『마하박가』 제10의 꼬쌈비 건도(Mahāvagga, X, 5)는 꼬쌈비Kosambī 비구가 율제상律制上의 견해 차이로 두 파로 분열되었는데, 이 두 파는 모두 사위성에 있던 붓다의 처소에 정 · 사의 판단을 구하러 왔다. 그러나 붓다 입멸 후는 모든 현전승가를 같은 것으로 여겼다. 『대반열반경』의 4대법大法은 붓다 입멸 후에 붓다의 교주적 역할을, 처음에는 붓다에게 직접

수구한 제자가, 두 번째로 장로 다문자長老多聞者가 많은 현전승가가, 세 번째로 경經과 율과 마이론摩夷論에 통한 장로들이, 다음 네 번째로 경·율·마이를 지닌 한 사람의 장로가 수행하게 되었다고 한다.[6] 이는 붓다 입멸 후도 법과 율의 해석에 대한 의견의 상위·대립에 대해서 정·사의 판단을 내리는 교주적 존재가 필요하다는 것을 무교주제를 말하는 『열반경』 자신이 인정하는 것이다. 그렇지만 붓다의 면수面授 제자였던 장로에게는 붓다에게 준하는 권위를 인정했다 치더라도, 시대가 내려와서 손제자孫弟子에 상당하는 장로에서는 이미 정·사를 판정하거나, 전원에게 그것을 인정받는 힘은 없었다고 생각된다. 그렇게 되면 민주적이고 공평을 기하는 재결裁決은 다수결 외에는 없지만, 이는 다음 장에 기술하듯이, 다수로 부결되어도 소수자가 별도로 현전승가를 세우게 되면, 그곳까지는 다수결은 미치지 못한다. 분열하여 독립하면 그대로 오늘날의 말로 하면 단위승가單位僧伽이고, 그대로 총승가總僧伽인 승보승가僧寶僧伽의 하나가 된다. 단위승가의 총연합기관이 없고, 따라서 총연합에 가입의 가부可否를 의미하는 것은 없기 때문이다. 즉 불교에서는 제도로서의 전 승가는 유명무실한 이념이고, 전 승가를 이념으로서만 받들며 자주적으로 성립한 현전승가만이 실재한다.

불교승가의 각자의 양식良識에 근거하여 법과 율에 의해 살아가는 생활은 개인의 주장과 행동을 존중하는 생활일 수밖에 없지만, 그것은 동시에 승가 안에 발생하는 이견異見·이론異論을 제지하는 것을 약하게 한다. 승잔법 제10에 「파승위간계」가 있고, 제11에 「조파승위간계」가 있으나 이는 파승을 꾀하여 법과 율에 대한 이견을 제기하거나,

6) 제8장·1 「네 가지 정통성[四大敎法]과 오쟁법칠정법」, 579쪽 이하 참조.

또 이에 편들어 승가로부터의 분열을 꾀한 자는 그 일에 대해서 승가로부터 세 번 충고 되어도 이를 버리지 않는다면 승잔죄로 여긴다. 그러나 승잔죄로 여기고 그 비구를 벌할 수 있는 것은, 그 비구가 3간諫을 받고도 버리지 않았기 때문이 아니라, 죄를 구성하고 나서 그 뒤에 자신의 잘못을 인정하고, 파승하지 않고 승가에 죄를 말하고 승잔죄의 벌인 별주別住나, 마나타나, 출죄를 청하기 때문이다. 그 비구가 승잔죄를 구성한 후에도 다시 잘못을 인정하지 않고 그 운동을 계속하고 있을 때는 쉽게 처벌하기 어렵다.[7] 또 만약 파승하면 다시 그 죄는 중대하다고 해야겠지만, 파승하면 그 승가를 나갔기 때문에 내보낸 승가에는, 그것을 처벌할 권한은 없다. 그리고 자신을 의지처로 삼고, 법을 의지처로 삼는 승가에서는 그 파승 분립分立이 그 비구들 자신의 진지한 신념에 근거한 것이라면, 누구도 그것을 나무라거나 처벌하거나 할 수는 없다. 즉 파승의 방지는 불가능에 가깝다.

비구의 주처가 있는 지역을 계界 sīmā라 한다. 계는 하나의 포살에 집합할 수 있는 일정한 지역를 경계로 한 것이고, 그 계의 경계 내에 있는 비구를 하나의 현전승가라 한다. 따라서 현전승가란 원칙적으로는 동지동인同志同人의 인적결합人的結合은 아니고, 그 한정된 주처 지역 내에 있는 자가 승가의 현재의 성원이다. 그러므로 그 지역에서 다른 지역으로 떠난 비구는 다른 지역 승가의 구성원이 된 것이고, 또 다른 지역에서 유행하다가 그 지역에 들어온 비구는 그 지역에 들어온 것으로 그 지역의 승가 구성원이 된다. 이 원칙에서 말하면, 비구는 지

7) 죄를 인정하지 않는자는 승가로부터 불견죄거죄갈마를 선언받지만 그 갈마를 받지 않고 다툴 경우를 취급하는 것이 본 항 다음에 기술할 꼬쌈비 건도(Māhāvagga, X.)이다.

역에 정착한 자가 아니고, 행운류수行雲流水와 같이 비구는 항상 출입한다. 마치 강의 흐르는 형태는 변하지 않지만 물은 항상 바뀌어 들어있는 것과 같다. 그러나 그것은 원칙이고, 실제로 비구는 걸식이나 청식이 없는 곳에 살 수 없다. 그러므로 시주가 있는 곳에 필연적으로 정주화定住化하는 것이다. 특히 안거 때는 여름 90일의 생활을 할 수 있고, 의발을 갖출 수 있는 보시가 가능한 지역을 필요로 하는 것이고, 이들의 구체적인 사정은 신자와 비구의 친교 관계도 발생하게 하고, 한 번 경험할 수 있었던 지역은 정착화된다. 예를 들어, 베살리 비구라든가 꼬삼비 비구처럼 그 지역에 고착하는 비구 집단이 그 지역 현전승가를 형성하기에 이르렀다. 그렇지만 비구의 유행 원칙에 따라서 그 지역에 온 자는 객래비구로서 그 현전승가에 포함되고, 그 승가의 환대를 받아서 일원이 될 수 있는 것은 말할 것도 없다. 그러나 그러한 객래비구는 그 주처에 정착하는 비구들에게 귀찮은 존재가 되어 온 것도 사실이다.[8)]

계界의 설정은 원래는 위에서 언급한 것처럼 그 범위 내에 있는 비구대중을 위해 동일포살同一布薩 · 동일자자同一自恣 · 동일승가갈마同一僧伽羯磨를 지장 없이 행하기 위해 그 범위를 설정한 것이라 할 수 있다. 그리고 이 포살, 자자, 갈마를 동일하게 하기 위해 지역 내의 비구가 집결하는 것이 현전승가이고, 그 주처의 지역적 집합인 것으로 치더라도 현전승가의 분열이라는 것은 도리상 일어날 수 없었다. 그러나 비구들이 그 지역에 정착하고, 정사에 상주하기에 이르자 사정은 일변하여 온 것이다. 현전승가는 동인적同人的으로 집합화集合化되어 정착하

8) Cullavagga, VI, 15, 1. 남전대장경 제4권, 260쪽.

는 비구들의 감정이나 의견대립은 일계구내一界區內에 몇 개인가의 동지적 결합을 발생시킨다. 그리고 동일포살, 동일자자, 동일승가갈마는 그 주처의 지역적 집합 행사가 아니라 그 주처에서 동지결합의, 즉 인적결합의 행사로 되었다. 동일한 경계 안의 경계 설정은 그 경계 내의 비구들이 한 승가를 결성하여 포살 등 비구로서 행해야 할 작무를 행할 수 있기 위한 것이었지만 이번에는 목적과 수단이 역으로 되어서 동일주처 내에 두 가지 이상의 동지적 결합이 각자 따로 포살, 자자, 갈마를 행함으로써 그 동지적 승가 결성의 상징으로서 하나의 주처에 두 개 이상의 현전승가 성립을 보기에 이르렀다.[9] 원래 경계 내의 경계 설정 원칙으로 말하면 그 경계의 구내에 두 승가가 있어야 하는 것은 아니고, 만약 두 승가가 있으면 한 승가가 불교이면 다른 승가는 비불교非佛教이여야 하겠지만, 사정의 변화는 일계一界의 구내區內가 두 승가가 되어도 한쪽을 불교로 하고 다른 쪽을 비불교로 하는 일은 없다. 예를 들어, 율장의 파승건도의 주역인 데바닷따Devadatta는 석존의 현전승가로부터 파승하여 떠났지만 불교 승가로부터 떠난 것은 아니고, 불교의 한 사람의 현전승가로서 상두산象頭山 아래에서 두타행을 했다고 보인다. 즉 율장 「파승건도」는 파승은 비난하면서도 이를 인정하고, 현전승가의 분립으로 여기고 있기 때문이다. 즉 불교에는 파문이라 하는 개념은 전혀 존재하지 않고, 또한 파문하는 교주적 권위도 전혀 존재하지 않는다.

『쭐라박가』의 「파승건도」에 따르면 파승가란 법과 비법, 율과 비율, 여래의 소설소언所說所言과 여래의 소설 · 소언이 아닌 것, 여래의 상

9) Ibid., VII, 5, 2-3. 남전대장경 제4권, 312쪽-313쪽.

소행常所行과 여래의 상소행이 아닌 것, 여래의 소제所制와 여래의 비소제非所制, 무죄無罪와 죄罪, 경죄輕罪와 중죄重罪, 무여죄無餘罪와 유여죄有餘罪, 추죄麤罪와 비추죄非麤罪의 9쌍雙 18사事에 대해서 예를 들어, 종래 그 승가에서 법이라 여겨 온 것을 비법이라 설하고, 동류를 구하여 승가를 따로 세우고, 불공不共의 포살과 자자와 승가갈마를 하는 것으로 하고 있다.[10] 그리고 여기에 파승사로서 이야기되고 있는 9쌍 18사의 문제는, 그 멸쟁법의 멸쟁 대상이 된 4쟁사諍事 가운데 제1 쟁론쟁사諍論諍事의 주제 18사事와 완전히 같다. 다음 장에 기술하듯이[11] 쟁론쟁사는 칠멸쟁법 중 현전비니법現前毘尼法과 다멱비니법多覓毘尼法으로 처리된다. 현전비니법은 한쪽이 법이라 주장하고, 다른 쪽이 비법이라 주장할 때 이 정·부正否를 그 승가가 판단하고, 다른 승가가 판단하고, 유식자가 판단하고, 유식자의 위원회가 판단하는 등 여러 가지로 공정을 기한 판단을 행하여 쟁론자의 승인을 얻는 데 노력하는 것으로, 어느 판단이든 쟁론자의 승인을 얻지 못한 때는, 마지막으로 다멱비니多覓毘尼 다수결로서 결정하는데, 이는 강제적으로 쟁론자에게 승인하게 하는 것이다. 이 최후의 다수결은 최종 심판자로서의 교주가 없고, 또한 그것을 대신할 최고 최종의 재판기관을 갖고 있지 않은 불교 승가의 최후 수단이다. 쟁론이 종결되지 않는 것은 파승가를 의미하므로, 이 다수결은 파승가를 방지하는 유일의 최후 수단이었다고 할 수 있다. 그러나 제2 결집은 이 다수결에도 이르지 않고 양 파로부터 공평하게 선출된 위원회에서 처리되었던 것인데, 전설에 따르면 그 처리에 만족

---

10) Ibid., VII, 5, 2. 남전대장경 제4권, 312쪽-313쪽.

11) 제5장 · 1「사쟁사와 멸쟁법」(331쪽) 이하 참조.

하지 않은 사람들이 파승별립破僧別立하여 대중부大衆部를 결성했다고도 전해진다.

법, 율 등의 9쌍 18사 문제의 최후 결정은 다수결로 행하여지지만, 이때 다수결 시에 깨어진 소수자가 한 승가의 최소정원 4명 이상이면 이는 그것으로 한 현전승가를 성립할 수 있다. 예를 들어, 5명의 동지가 다수결에 따르지 않을 때는 그 5명의 현전승가가 성립한 것이 된다. 파승건도에 있어서도 다수결로 투표投籌할 경우에 쌍방이 4명 이하인 경우와 한쪽이 4명 이상이라도 한쪽이 4명 이하인 경우는 소수로 패한 것은 별중別衆에 그쳐서 승가를 성립할 수 없다. 따라서 비구로서 승가로서의 필수조건인 포살, 자자, 승가갈마를 행할 수 없으므로 파승이 되지 않는다고 한다. 3명 이하를 중衆이라 하는데, 한 승가의 지역 내에서 별중의 포살, 자자, 갈마는 금지되어 있어서 행해도 무효이다.[12] 그리고 파승이 될 때는 이견으로 싸우는 쌍방이 4명 이상이면서 투표를 관리하는 행주인行籌人을 포함하여 총수 9명 이상인 경우이다. 즉 최소 9명 승가이면 최소 4명이 결속하여, 설령 분파 독립을 위해 고의로 이견을 조작하여 동집同執해도 분파 독립은 가능하고, 그것을 저지할 방법은 없다. 예를 들어, 악의惡意가 있어서 파승이 악인 줄 알면서도 파승하기 위해 비법을 법이라 설하고 투표하게 하거나, 혹은 파승에 의심을 가지면서도 그것에 이끌리도록 설하고 투표하게 해도 9명 이상의 승가에서 4명 이상 동지를 얻으면 파승은 완성되는 것이다.

불교의 무교주제는 파문의 기관도 파문의 개념도 성립시키지 않았다. 개인의 의견과 권리를 최대한으로 존중하는 불교승가의 민주주

12) Mahāvagga,II,11,1. 남전대장경 제3권, 192쪽, Ibid.,IV,3,4. 상동, 287쪽, Ibid., XI, 4, 1. 상동, 555쪽.

의적인 형태를 유지하는 것은 여러 번 말했듯이, 단지 선의善意와 양식良識이 있을 뿐이다. 양식은 승가는 출가의 목적을 완성하기 위해 있음을 잊지 않도록 하는 것이다. 승가에 사는 본래 의도를 잃어버리면, 예를 들어, 불교승가는「계戒가 쉽고, 행이 쉽고, 좋은 음식을 먹고, 바람이 들지 않는 와구에 눕는다.」라고 생각하고,「배를 채우기 위해 출가하는 것 같은 자」가 있어서[13] 승가를 낙욕樂欲을 채우는 곳으로 여기기에 이르는 것이다. 이는 양식良識의 문제이다. 그러나 개인의 권리를 서로 존중하는 것은, 양식에 선악의 문제가 포함되어야 한다. 자신과 법에 의지해 사는 것을 원칙으로 하는 불교의 자주적인 비구 생활은, 교리로서 무아의 체인諦忍을 구하여 실천하는 것이 목적이고, 개인의 권리가 극도로 존중되는 가운데 개인을 겸허하게 하는 삶의 방식을 하는 것이 불교 본래의 삶을 사는 비구이다.

『마하박가』「꼬쌈비 건도」Kosambakkhandhaka는 파승적인 꼬쌈비Kosambī 비구에 관해서 이야기하는 것인데, 그 속에 화합생활의 이상적인 상태를 나타내는 아누룻다Anuruddha와 난디야Nandiya 難提와 낌빌라Kimbila 金毘羅의 빠찌나방싸Pācīnavaṁsa 般那蔓闍 공원에서의 생활을 적고 있다. 이에 따르면 그곳을 방문하신 붓다의 질문에 대해,

(1) 저희들은 서로 화합하고 서로 감사하고 다투지 않고 우유와 물처럼khīrodakībhūtā 조화롭게 서로 사랑스러운 눈빛으로 대하며 지내고 있습니다.

(2) 이처럼 청정한 삶의 벗들과 함께 사는 것은 참으로 나에게 이

13) Ibid., I, 30, 1-3. 남전대장경 제3권, 101쪽-102쪽.

로우며 참으로 나에게 아주 유익한 일이라 생각했습니다. 여기 존자 구수들을 향해 여섯이 있을 때나 홀로 있을 때나 자애로운 신체적 행위를 일으키며, 자애로운 언어적 행위를 일으키며, 자애로운 정신적 행위를 일으킵니다.

(3) 저에게 이러한 생각이 생겨났습니다. '나는 자신의 마음을 버리고 이 존자들의 마음에 따라 살면 어떨까?' 그래서 저는 자신의 마음을 버리고 이 존자들의 마음에 따라 살고 있습니다. 「저희들의 몸은 여럿이지만, 마음은 하나라고 생각합니다kho no bhante kāyā ekañ ca pana maññe cittan ti.」

(4) 저희들 가운데 가장 먼저 마을에서 탁발하여 돌아오는 자가 자리를 마련하고, 음료수와 세정수를 마련하고 남은 음식을 넣을 통을 마련합니다. … 그리고 음료수 단지나 세정수 단지나 배설물통이 텅 빈 것을 보는 자는 그것을 깨끗이 씻어내고 치웁니다. 만약 그것이 너무 무거우면, 손짓으로 두 번 불러 손을 맞잡고 치웁니다. 그러나 그것 때문에 말을 하지는 않습니다. 그리고 저희들은 닷새마다 밤을 새며 법담을 나눕니다. 이와 같이 저희들은 방일하지 않고appamatta 열심히ātāpino 정진pahitattā하고 있습니다.

라고 세 명은 서로 대답하고 있다.[14] 걸식하러 가서 빨리 돌아온 자는 거처를 정리하고 뒤에 돌아오는 사람을 맞이하고, 5일마다 법담하고, 매일 열심히 방일하지 않고, 선정에 매진하는 생활을 눈에 보는

14) Ibid., X, 4, 3-5. 남전대장경 제3권, 608쪽-610쪽.

듯하다. 그리고 좋은 친구와 불도를 수행하는 것을 감사해하고, 자신의 마음을 비우고 타인의 마음에 따르며 일심동체가 되는 기쁨을 이야기하고 있다. 개인의 권리가 가장 존중되는 곳에서야말로, 개인이 자기의 마음을 비우고 타인의 마음에 따르는 것이 효과가 있고, 그것을 실행하는 것이 의의가 있다. 그렇게 해야만 서로 다른 개인의 권리를 존중할 수 있고, 자기 개인권리가 타인에게 존중받는 것이다. 이를 위해 양식良識과 선의善意가 필요한 것이다.

파승건도에 따르면 승가 화합을 깨는 자에 대해서 붓다는, 「우빨리여. 승가의 화합을 깨면 1겁을 사하는 과보를 쌓아 1겁 동안 지옥에서 시달린다.」라고 하고,

> 파승자破僧者 saṃghabhedaka는 악취 지옥에 떨어져 1겁을 살고,
> 부중部衆[승가의 분열]을 기뻐하는 자vaggarata,
> 비법非法에 머무는 자adhammaṭṭha는 안은安隱을 얻지 못하며,
> 승가의 화합saṃghaṃ samaggaṃ을 깨면 1겁 동안 지옥에서 고통 받는다.

라는 게송을 붙이고 있다.[15] 법을 의지처로 삼고, 각자가 그 법으로 살아가는 비구들이고, 그 법으로 사는 것에 관해서는, 붓다의 유계遺戒에 의지하고, 타인에게 의지하지 않고 자기 자신에게 의지하는 것이므로, 설령 많은 것에서 볼 때 이견異見이 있더라도 진실되게 열심히 믿고 주장하는 자는 저지하기 어렵다. 그리고 그것이 동지同志 4명 이상이고, 다수결로 깨어져서 분열하고, 독립승가가 되어도 그것도 저

15) Cullavagga, VII, 5, 4. 남전대장경 제4권, 313쪽.

지할 수 없다. 그리고 악의惡意만으로 분열하고자 하는 자가 진실심眞實心의 주장이라 가장하여 이를 행해도 전자와 마찬가지로 저지할 수 없다. 단 그러한 악의로 분열 파승만을 꾀하는 자에게는 지옥에 떨어지는 명벌冥罰이 기다린다고 한다. 악의비법惡意非法이라 단정하여 파문할 권리를 가지는 교주, 혹은 기관의 결여를 보충하기 위해 지옥의 명벌이 등상登上했다. 그렇지만 지옥을 설하는 것은 재가자의 일반적인 믿음을 위한 윤회사상이고, 34심의 결박을 끊은 열반을 구하고 있는 승가 비구에게 지옥에 떨어진다는 것을 설하는 것은 잘 어울리지 않다. 그러나 그러한 일을 설하지 않으면 안 되는 부분에, 종교 교단의 민주주의적 형태에 대한 큰 비판 재료가 있다고 생각할 수 있다. 그리고 인도적印度的인 불교 교단이, 즉 무교주 교단이 중국이나 일본에서 성립하지 않은 이유의 한 가지도 이 점에서 생각해야 할 것이다.

비구의 주처에서 현전승가는, 앞에 기술한 바와 같이, 발생적으로 또한 원칙적으로는 지역적인 것이고, 1주처 1승가이며, 그 이외에 승가는 없고, 있다면 비불교非佛敎의 것이었을 것이다. 게다가 1주처住處에서 동일同一 포살 · 자자 · 갈마이고, 별중의 포살 등은 금지되어 있다. 그러나 그것이 동일주처라도 4명 이상이 별립別立하여 함께하지 않는 포살과 자자와 승가갈마를 행하면 동일처소에 2승가가 있게 되는 것이다. 이를 파승건도에서는「승가가 깨졌다고 한다.」라고 하고 있다.16) 그러나 파승하여 현전승가로부터 나온 것은 불교에서 근본적인 문제인 법과 율에 대한 의견이 달라서 나오고 떠난 것인데, 이를 비불교라고는 하지 않다. 이는 파승건도의 주체인 데바닷따에 대해서도 같다.

16) Ibid., VII, 5, 2. 남전대장경 제4권, 312쪽-313쪽.

데바닷따는 붓다가 노년에 이르렀다고 여겨 붓다를 대신해서 불교승가를 통솔하겠다고 제안하였으나 거절당하였고(Mahā-Vagga, VII. 31), 그 일을 계기로 데바는 붓다를 살해하고자 여러 가지로 꾀하여, 결국에 붓다의 몸[佛身]에 피를 내었다(Mahāvagga, VII, 3. 9)고 한다. 그래서 데바는 바라이죄의 미수죄未遂罪인데도 그것에 문초당하는 일 없이, 종생걸식終生乞食 등 불교승가에 불가능한 고행주의적인 개혁안을 제출하였으나 이것도 받아들여지지 않았기 때문에, 데바 쪽에서 파승하여 일련의 새로운 승가新僧伽를 설립했다. 그리고 따로 포살을 행하여 승가갈마를 행하게 되었는데, 이때도 붓다는 「데바닷따여. 파승을 기뻐하지 말라. 데바닷따여. 파승은 중죄이다. 데바닷따여. 화합승을 깨면 1겁의 죄과를 쌓고, 1겁 동안 지옥에서 고통받게 된다. 운운」이라 했다고 한다. 즉 이곳에서도 현세적으로 데바는 불교의 하나의 현전승가를 합법적으로 설립한 것이고, 불교에서 분파된 것은 아니다. 왕사성의, 그중에 붓다도 포함된 현전승가로부터 분파되어서, 동일지역에 불공不共의 포살과 자자와 갈마를 하는 현전승가를 만든 것이다. 즉 데바도 불교비구인 것을 버린 것이 아니고, 데바의 승가도 불교 이외의 것이 된 것은 아니었다.

불교의 파승은 반드시 불교를 깨트리는 자로 여기는 것이 아니고, 그 취급은 극히 특별하다. 이 일은 첫 번째는 불교의 무교주제에서 온 것이다. 파문할 교주의 결여 때문이다. 법은 불변의 진리이지만 교주의 결여는 법 해석에 객관적인 기준을 주는 것의 결여를 의미한다. 이견의 정 · 사를 판정하는 주체도 기관도 없어서, 각자가 「자신을 섬으로 삼고」 자신이 해석하는 법으로 살지 않을 수 없기 때문이다. 그러나 각지의 현전승가에서는 실제로 간부가 있고, 간부의 의견이 그 현전승가의 정통한 의견으로 여겨졌음은 사실로 보아야 할 것이다. 붓다의 재세에는 붓다의 의견이, 그리고 입멸 후에는 붓다가 친히 전수해 준 제자가, 다시 거기에서 더 내려가면 다문 장로가 많은 승가의 의견을, 그것도 없을 때는 한 사람의 다문 장로의 의견이 자연스럽게 권위로 여겨졌던 것이다.[17] 또 다음절에 기술할 쟁론쟁사의 『빠알리율』의 현전비니멸現前毘尼滅 제3형식은 다른 승가의 재단裁斷을 받는 것인데 이는 다문 장로가 있는 승가의 의견을 듣는 것이다.[18]

다문 장로나 지율자持律者나 지마이자持摩夷者라 불리는 자를 중심으로, 어느 승가든 일단 그 현전승가의 중심적인 의견, 견해가 성립되도록 되어 있었다. 그것은 쟁론쟁사 최후의 해결 수단인 다수결이 결국에 간부파가 다수가 될 때까지 몇 번이든 다시 할 수 있는 조직이 되어 있는 것으로도 알 수 있다.[19] 그리고 파승이란 결국에 그 승가에 간부파의 의견에 대해 반대하는 자가 4명 이상 동지를 구하여 분립하는 것인데 4명 이상이 현전승가로서의 기능을 가지고, 그 결의가 승가 결의로서 합법제合法制를 가지는 이상은 그 분립을 인정하지 않을 수 없다. 그 의미로 파승破僧 saṃghabheda이라 하는데 그 파破 bheda는 분열이고 불교 밖으로 나가는 것은 아니다. 그리고 율장의 입장에서 말하면, 비구의 숫자 상으로 4명 이상의 집단이 분립하여 동일포살, 동일자자, 동일승가갈마를 행하기에 이른 것은 의미한다.

17) 제8장 · 1 · (1)참조, MahāparinibbānasuttantaDN., IV, 8-11. 남전대장경 제7권, 99쪽-102쪽.
18) 제5장 · 2 「쟁론쟁사의 현전비니멸」345쪽 이하 참조.
19) 상동 · 3 「쟁론쟁사의 다멱비니멸」368쪽 이하 참조.

율장『마하박가』의「꼬쌈비 건도」Kosambhakkhadhaka는 꼬쌈비Kosambī에서 승가의 이부분열二部分裂 분쟁을 붓다의 이름으로 처리한 형식으로, 파승의 취급 방법이나 화합의 방법을 설하는 것이다. 취급되고 있는 사건은 승가가 한 비구의 행위에 대해서 이를 유죄로 하고 불견죄거죄갈마不見罪擧罪羯磨로 행하였는데 반하여, 피거비구被擧比丘는 스스로 무죄로서 이에 따르지 않을 뿐만 아니라 동지를 구하여 서로 함께 무죄無罪를 주장한 것이다. 이 사건을 붓다가 취급한 형식으로 처리해가는 것인데, 이 경우에 피거被擧비구와 그 동지 비구들이 주처의 경계 안에서 포살을 행하고, 거죄된 비구들이 또 경계 밖로 나가 포살을 하고 갈마를 했다면, 두 현전승가는 여법如法 · 무과無過 · 응리應理로 성립한다고 하고 있다. 그러나 두 승가의 성립은 여법 · 무과 · 응리라 하더라도 그것은 승가에 바람직한 것은 아니다. 그리고 거죄한 비구들과 피거된 비구의 동지와의 대립에 대해서 붓다는 다음과 같이 처리하셨다고 한다. 즉 붓다는 먼저 그 일을 들으시자,「승가는 깨어졌다.」bhinno bhikkhusaṃgha라고 슬퍼하고,[20] 처음 거죄를 행한 비구들에 대해 그 거죄를 강행하면 피거비구들을 제외하고 포살을 행하는 것이 되는데, 그러한 일을 하면「이에 의해, 승가에 소송 · 투쟁 · 쟁론을 일으키고, 승가로 하여 찢어지게 하고, 승가로 하여 진구塵垢되게 하고, 승가로 하여 별주되게 하고, 승가로 하여 별이別異하게 한다.」

그리고 그와 같이 될 것을 안다면「비구들이여, 파승사를 중대하게 여기는 비구들은, 이 비구가 죄를 인지하지 못한다고 해서 거죄해서는 안 된다.」라고 기술한 것이다. 즉 파승과 같은 중대한 결과가 될

20) Mahāvagga, X, 1, 5. 남전대장경 제3권, 589쪽.

우려가 있는 벌죄처분을 하지 않도록 권고한 것이다. 그리고 또 다른 피거비구를 거느리고 별립하고자 하는 비구들 처소에 가서도 「파승사를 중대하게 여기는 비구는, 다른 사람을 믿고 죄를 스스로 설해야 한다.」라고 말하고 있다. 즉 파승과 같은 중대한 결과를 발생시키지 않기 위해, 자신은 무죄라고 믿고 있더라도 타인의 말을 신용하여 타인이 죄가 있다고 하면, 스스로 죄를 범했다고 믿고 참회해야 한다고 권고한 것이다. 이처럼 하여 붓다는 파승과 같은 최악의 사태에 이르지 않게 하려고, 서로 자기의 주장을 버리고 상대의 주장을 수용해야 한다고 했다.[21]

그러나 이 양자에 대한 권고에도 불구하고, 양자는 합법적으로 분열하였으나, 이윽고 이 권고가 효과가 있어서 피거비구는 견죄하고, 자기가 받은 거죄갈마를 인정하여 복죄服罪하고, 해갈마解羯磨를 청하여 양자가 하나가 되는 화합갈마和合羯磨 samaggakamma를 행했다고 한다.

화합갈마는 백사갈마로 행하여지지만, 이는 일반의 백사갈마와 같이 낙욕樂欲 chanda을 주는 것, 병자 등의 결석 위임은 인정되지 않고, 병자든 비병자非病者든 모두 출석한다는 의미의 모든 대중이 한곳에 모여서 행해지고, 화합갈마에 이르는 상세한 경과가 백白 ñatti으로 진술되고, 그것에 관해서 백사갈마 같은 형식이 있고, 그것이 성립하면 즉시 화합을 위한 포살이 있고, 화합승가가 되게 된다.[22]

이 꼬쌈비 건도에서는 다시, 파승하여 다투는 두 승가에 대한 제삼자의 승가와 재속시자在俗施者가 행해야 할 태도가 나타나 있다. 이에

21) Ibid., X, 1, 6. 남전대장경 제3권, 589쪽.

22) Mahāvagga, X, 5, 11-14. 남전대장경 제3권, 616-618쪽.

따르면 서로 다투는 꼬쌈비 비구 양쪽 파가 각각 별도로 사위성의 붓다의 처소를 방문해왔다. 그리고 사위성의 현전비구승가에서는 사리불, 목건련 등이 이 만남에 대해서 붓다에게 질문했던 바 그들 두 파의 비구가 말하는 법, 비법 등의 9쌍雙 18사事 쟁론쟁사에 대해서 여법, 불화법不和法을 분별해야겠지만, 객래비구로서의 대우는 좌와처도 의·식衣食도 둘을 평등하게 하고, 그러나 분리하여 대우해야 한다고 하고 있다. 또 비구니승가를 대표하여 마하파사파제 구담미가 같은 일을 붓다에게 질문하였던 바 양쪽 파로부터 평등하게 법을 듣고, 그리고 여법하게 설하는 쪽을 기뻐해야 한다고 했다. 또 재속시자在俗施者인 급고독給孤獨 Anāthapiṇḍika 거사에 대해서는「이부二部에게 보시를 주어라. 이부에게 보시를 주어서 이부로부터 법을 들어라. 이부로부터 법을 듣고, 그중 여법하게 설하는 비구의 견見·인忍·희喜·집執을 기뻐하는 것으로 하라.」라고 하고, 다시 재속여성시자인 비싸카 녹모Visākhā Migāramātā 毘舍佉鹿母에 대해서도 같은 방법으로 말하고 있다.[23]

이 제삼자가 행하는 방법은 주의해야 하고, 분열하여 다투는 두 파를 평등하게 취급해야 한다고 한다. 양자 모두 합법적으로 각각 현전승가로서 성립해 있기 때문이다. 그렇지만 양자는 법 또는 율에 대해서 한쪽이 시是라는 부분을 다른 쪽은 비非라고 하고 있다. 법과 율은, 불교 승가가 그것에 의해 존립하는 것이므로 만약 그 법 또는 율에 대해서 의견대립이 있다고 하면 한쪽이 불교이고, 다른 쪽은 비불교로서 구별해야 한다. 그런데 그곳에서는 그러한 구별 없이, 한결같이 불교비구로서 대우하고, 단지 상반되는 양자의 견해에 대해서는 듣는 쪽

23) Ibid., X, 5, 4-10. 남전대장경 제3권, 613-616쪽.

이 여법한 의견에 대해서 자기가 기뻐해 한다는 것이다. 그리고 여법한 의견에 대해서 비구는 법, 비법 등의 9쌍 18사에 대해서 여법한 것을 여법이라고 해야 한다는 것이므로, 결국은 듣는 자의 양식에 따라서 여법과 비여법을 식별할 수밖에 없다. 또한 비구니나 남녀 재가신자에 대해서도 대립하는 양자로부터 법을 듣고, 그 중 여법설如法說을 취하라고 하므로 이것 또한 듣는 자의 양식에 따라서 여법과 비여법이 식별해진다. 따라서 서로 대립하는 두 가지 의견을 듣는 측에도 한쪽을 여법한 것으로 듣는 자, 다른 쪽을 여법한 것으로 듣는 자가 따로 생기게 된다. 앞에 기술한 바와 같이 그대 자신과 법을 등불로 삼으라고 말한 붓다의 훈계는 불교도로 하여 법이라 불리는 불교적 진리나 제계를 각자의 양식에 따라서 각자 파악하는 방법으로 사는 자가 되게 하였으나, 법과 율에 있어서 의견이 대립하여 파승한 양쪽 견해의 시비를 분별하는데도 객관적 규준을 세우지 않고 각 개개인의 양식에 의해 주관적으로 받아들이는 것을 인정하고 있다.

붓다승가의 조직은 철저히 민주적이어서 이른바 자유주의이다. 무상이나 무아의 법은 확립되어 있으나, 그것에 대한 해석은 전적으로 자유이다. 율제에 대해서도 정해진 제계에 대한 이해는 모두 자유다. 여기에 교의의 한량없는 발전과 율제에 대한 각종 정법淨法이 성립하는 이유가 있었다고 볼 수 있다. 그러나 단적으로 말해서, 교의상이든 제도상이든 민주주의적 정신이 철저한 것은, 교단통제라는 면에서는 하나의 결함에 빠져들었다고 생각할 수 있다. 그것은 양심에 근거한 것 및 양심에 근거하고 있는 방법에서 반대되는 것을, 나쁘다고 생각되더라도 이를 제어할 권위를 잃고 있었던 것이다.

5. 집사인과 자산의 공유

(1) 집사인執事人

불교승가의 운영상 사무담당자는 여러 가지가 있다. 예를 들어, 투표를 집행하는 행주인行籌人이나, 비구의 쟁사를 재판하는 단사인斷事人 등이 있는데, 이들에 대해서는 다음 장에 기술하기로 한다. 여기에서는 비구의 일상생활에 관하여 의식주를 관리하는 자로 어떠한 소임자가 있고, 또 그들이 어떠한 일을 하는가를 봄으로써 승가의 생활을 알아보고자 한다. 그리고 또 승가에게 사유물이 존재하지 않았던 것도 아울러 관찰하고, 그것들을 통하여 불교승가의 승원적인 생활의 일면을 분명히 하고자 한다. 승가의 담당자는 뒤에 기술하듯이, 5가지 자격이 있는 자가 백이갈마로 선출된다. 지금 『빠알리율』에 대해서 다른 율을 참고로 하면서 그 주된 것을 보면 다음과 같은 것이 있다.

(1) **지와좌구인**知臥坐具人 senāsanapaññāpaka : 이는 안거 처음에 비구들에게 안거 동안에 와좌할 곳과 와좌할 침상床牀 등을 배분하는 직책으로 숙소분배인이라 할 수 있다.[1] 즉 비구들은 안거 처음과

안거가 끝났을 때 자신이 기거할 상좌床座의 분배를 이 지와좌구인知臥坐具人에게 신청하는데,[2] 이를 접수하면 적당하게 각 비구에게 거처실를 할당하고, 「이는 상床 mañca이고, 이는 소상小床 pīṭha이고, 이는 요褥 bhisī이고, 이는 베개枕 bimbohana이고, 이는 대변소vaccaṭṭhāna이고, 이는 소변소passāvaṭṭhāna이고, 이는 음용수pāniya이고, 이는 용수用水 paribhojaniya이고, 이는 지팡이杖 kattaradaṇḍa이고, 이는 이 승가의 규약saṅghassa katikasaṇṭhānaṃ으로서 이 시간에 들어와야 하고 이 시간에 나가야 한다.」라고 가르치는 것이다.[3] 이에 의해 지와좌구인이 관리하는 것은 분명하게 알 수 있다. 대체로 이 지와좌구인에 의해 비구의 주거에 관한 모든 것이 관리되었던 것이다. 따라서 승가에 정사가 없었던 시대는 이 지와좌구인이 승가주처의 설영계設營係이고, 정사精舍가 생긴 후는 정사 관리자였다고 볼 수 있다. 또한 안거가 고정되어 상주 승원생활 시대가 되면 정사의 상주관리차배자常住管理差配者가 되었을 것으로 생각된다. 율장에서 이 지와좌구인으로서 유명한 사람은 말라뿟따 답바Mallaputta Dabba이다. 승잔법 제8「무근중죄방타계」도, 제9「가근방계」도 모두 이 답바의 와좌구 분배에 불평을 가진 비구가 답바를 무근죄로 비난하였던 것을 인연으로 하고 있다. 또한 쭐라박가 멸쟁법의 억념비니도 답바의 와좌구의 분배에 불평을 가진 비구의 무근 비난을 원인으로 제정되었다고 하고

1) 와좌구배분은 전안거 시작과 후안거 시작과 안거 직후부터 다음 안거까지 분이 안거 직후에의 초 · 중 · 후 삼회에 행하여진다. Cullavagga, VI, 11, 4. 남전대장경 제4권, 256쪽.

2) Ibid., IV, 4, 4. 남전대장경 제4권, 118쪽-119쪽.

3) Ibid.

있다.[4]

(2) **의수납인**衣受納人 cīvara-patiggāhapaka : 이는 승가에 속인으로부터 옷衣과 옷감[衣糧]이 보시될 경우에 이를 받는 직책이다.[5]

(3) **분의인**分衣人 cīvara-bhājaka : 이는 의복을 비구에게 분배하는 직책이다. (2)의 의수납인衣受納人이 시주로부터 받은 옷은 창고에 들어가지만, 『마하박가』의 「의건도衣犍度」에 따르면 승가의 창고koṭṭhaka에 옷이 많아서 승가의 집회를 열어 배분했다. 그러나 다수인이 집합하여 혼란과 소란이 심했기 때문에, 그 혼란을 피하기 위해 분의인分衣人을 선출하여 분배시키기로 했다고 생각된다. 분의인은 「먼저 조사하고 그리고 평가하고, 좋고 나쁜 것을 고르고, 비구 수를 헤아려서 분배한다.」라고 하므로 비구의 수를 계산하여 공평하고 균등하게 나눈 것으로 생각된다. 그리고 이는 아마도 안거 후 1개월간의 의시衣時에 있어서의 의분배衣分配라 생각된다. 그리고 또한 이 분배에서도 분배를 받고 즉시 다른 주처로 떠날 자에게는 분배를 거부하고, 또 보상으로, 자신의 몫보다 많은 것을 주는 것을 인정하는 것이 주목된다.[6]

(4) **분욕의인**分浴衣人 sātiya-gāhāpaka : 욕의에는 우욕의雨浴衣 vassikasāṭikā와 수욕의 두 종류가 있다. 우욕의는 큰비에 비구가 벌거벗은 몸[裸形]으로 비를 맞은 적이 있었으므로 비싸카 녹모Visākha Migāramātā가 세상 사람들의 비구에 대한 비난을 없애기 위해 평생의 보시施

4) 상동 및 제5장 · 4 「교계 · 범죄양쟁사의 멸쟁」 382쪽 이하 참조.
5) Cullavagga,VI,21,2. 남전대장경 제4권, 269쪽, Mahāvagga,VIII,5,1. 남전대장경 제3권, 495쪽.
6) Ibid.,Mahāvagga,VIII,9,1. 남전대장경 제3권, 497쪽-498쪽.

入를 제안하였고, 또 수욕의水浴衣는 비구니가 나체로 아찌라바띠Aciravatī 강에서 목욕水浴을 하였으므로, 같은 비사카鹿母가 평생의 보시를 제안하였으므로 제정되었다고 한다.[7] 우욕의雨浴衣는 우기의 욕의浴衣이고, 수욕의水浴衣는 율장 중에는 비구니를 위해 제정된 인연만 있는데, 인도의 풍습에 따라 남녀 모두 사용했다고 볼 수 있다.

(5) **분발인**分鉢人 patta-gāhāpaka : 이는 비구의 식발食鉢 분배자이다. 식발은 물론 걸식에 사용하는 발우이다. 그러나 율장에 이 분발인이 나오는 것은 경분별부 사타 제21(『오분율』만 제20계) 「축장발계畜長鉢戒」와 제22(『오분율』만 제19계) 「걸발계乞鉢戒」의 두 율학처의 분별 해석에서이다. 「축장발계」는 한 개 외에 여분의 발우를 정시淨施하지 않고 10일 이상 소지한 경우에 범계가 되는 것, 「걸발계」는 5철五綴 이상 깨어진 곳이 없는 발우를 가지면서 새 발우를 구하여 얻는 경우에 범계가 되는 것이다. 이 두 가지 계를 범하여 부정不正하게 발우를 소지한 자는 그 발우를 사출捨出하여 사타죄捨墮罪를 승가에 고백참회하는 것인데, 그 경우 「장발계」의 발우는 당사자에게 되돌려 주고 정시하여 소지하게 한다. 신발계新鉢戒의 발우는 승가에 사출捨出하게 하여 전시하고 승가 안에 최하의 발우를 범비구犯比丘에게 주게 된다. 그 경우 사발捨鉢의 처리인을 분발인分鉢人이라 한다. 즉 상설 담당자가 아니라 사타죄의 사발捨鉢이 있는 경우에만 백이갈마로 선거選擧되는 사람이다. 전시분발展示分鉢의 방법은 범비구의 사발捨鉢을 들어 상좌上座

7) Mahāvagga, VIII, 15, 7. 남전대장경 제3권, 509쪽.

이하의 비구대중에 보이고, 상좌가 그것을 받으면 그것을 상좌에게 주고, 그 상좌의 구발舊鉢을 들어 제2좌第二座 이하에 보이고 제2좌가 그것을 받으면 또 제2좌의 구발을 제3좌 이하에게 보이고 원하는 자에게 주는 방법을 되풀이 한다.[8] 그러나 『쭐라박가』의 「와좌구건도」에 분욕의인分浴衣人과 나란히 나오는 부분으로 생각해보면,[9] 뒤에 상임常任하는 자가 되고, 사타의 사발捨鉢 뿐만 아니라 안거 뒤 의시衣施에 발우를 갖추고, 또 평시平時에도 비구의 발우가 5철五綴 이상으로 깨진 경우에 새 발우를 주는 역할을 수행하는 자라고 생각된다.

(6) **용품분배인**捨些細人 apamattaka-vissajjaka : 사세물些細物에 대해서는 『쭐라박가』의 「와좌구건도」에는 바늘針 · 가위鋏 · 신발覆(肩當) · 허리띠帶 · 어깨끈肩紐 · 여과낭漉水囊 · 물병여과기水甕의 용품些細物, [옷의] 솔기大壇 · 짧은 솔기小壇 · 둥근 솔기條 · 짧고 둥근 솔기葉 · 노끈竪緣 · 묶는 끈橫緣 등 옷의 용품些細物, 버터기름酥 · 기름油 · 꿀密 · 당밀糖과 같은 사세한 음식을 적고 있는데, 이들을 비구에게 분배하는 역할이다.[10]

(7) **사금전비구**捨金錢比丘 rūpiyachaddaka-bhikkhu : 이는 『빠알리율』의 사타법 제18(『사분율』·『십송율』·『승기율』제18, 『오분율』제31)의 「축전보계畜錢寶戒」에 나오는 것이고, 부정소득不正所得의 금전金錢을 승가의 결의에 따라 비구들이 보이지 않는 곳에 버리는投棄 것이다. 이는 항상 두

8) Vinaya. , Vol, IV,pp. 246-247,Suttavibhaṅga, Nissaggiya, 22, 2, 1. 남전대장경 제1권, 416쪽-417쪽. 또 「장발계」에 대해서는 제8장 · 6 「의발 정법」656쪽 참조.

9) Cullavagga,VI, 21, 3. 남전대장경 제4권, 270쪽.

10) Ibid.

는 것常置이 아니라 부정금전不正金錢이 승가에 버려졌을僧中捨 때 백이갈마로 선출하는 것이다.[11]

(8) **영사비구**營事比丘 navakammika-bhikkhu : 승가의 정사 등 공사감독비구인데 비구니바라이죄 제1에 따르면 왕사성의 우바새인 살라하sāḷha가 비구니 정사를 건축하기 위해 비구니승가에 영사비구니營事比丘尼 출장을 요구하고 있는 기사가 있으므로 비구니에게도 있었음을 알 수 있다.[12] 그리고 이 비구, 비구니는 승가 정사 등을 신자가 지을 경우에 그 공사를 감독하는 직책이다. 그러나 비구인 자는 감독만을 하고, 비구 본래의 행업을 태만하게 해서는 안 된다고 하여 제한이 붙여져 있다. 즉 단지 흙덩이를 두는 것, 벽을 바르는 것, 문을 세우는 것, 빗장을 만드는 것, 창을 만드는 것, 백색白色으로 만드는 것, 흑색黑色으로 만드는 것, 붉은 색紅土子으로 만드는 것, 지붕을 만드는 것, 접합하는 것, 횡목橫木을 붙이는 일, 파괴를 수리하는 것, 지상地床을 만드는 일 등과 같이 특히 영사營事 감독을 행할 필요는 없거나, 또 공사감독에 열중하여 한 사람의 비구가 20년, 30년 내지 일생을 영사감독만을 해서는 안 된다고 하고 있다. 아마도 이 소임에 뽑힌 비구는 그것에 열중하는 경우가 많았을 것으로 여겨져서, 이 제한이 행하여졌다고 생각된다. 영사비구를 두고 감독할 필요가 있는 것은 미작未作 또는 미완성 정사의 영사이고, 작은 정사의

11) Suttavibhaṅga, Nissaggiya, 18, 2. 축전보계, 남전대장경 제1권, 400쪽 이하. 한역 여러 율 기타에 대해서는 제8장 · 3 「금전과 정법」609쪽 참조.

12) Vinaya., Vol. IV, p. 211. Suttavibhaṅga, Bhikkhunīvibhaṅga, I, 1 비구니 제1 바라이, 남전대장경 제2권, 337쪽.

일을 감독하는 것은 길게 5, 6년, 평복옥平覆屋을 감독하는 것은 7, 8년, 큰 정사 혹은 전루殿樓를 감독하는 것은 10년 내지 12년이 한도로 되어 있다.[13]

(9) **정인관리인**使淨人者 ārāmika-pesaka : 정인淨人 ārāmika은 승원僧園의 기부자가 경내境內의 청정, 그 밖의 비구를 위한 소용을 위해 승가로 보낸 사람인데, 이를 감독하고 사용하여 승가의 소용을 행하게 하는 비구가 이 사정인자使淨人者이다.[14]

(10) **사미관리인**使沙彌人 sāmaṇera-pesaka : 사미는 15세 이상의 출가자로, 아직 비구가 되는 20세가 되지 않아서 10계를 행하는 자를 말하는데, 이 사미를 감독하여 업을 행하게 하는 자이다.[15]

(11) **동반비구**同伴比丘 anudūta-bhikkhu : 이는 속인시주에게 무례한 행동을 한 비구가 있었으므로 승가로부터 그 비구로 하여금 시주에게 참사懺謝하게 하는 갈마, 즉 하의갈마下意羯磨를 받은 비구를 동반하여 그 시주에게 사죄謝罪하게 하는 비구이다.[16] 따라서 이는 하의갈마가 행하여졌을 때 백이갈마로 선출되는 것이다.

(12) **수고인**守庫人 bhaṇḍāgārika : 『사분율』 제41권에서는 수물인守物人이라 번역된다. 승가에 대해 보시된 의료衣料를 수장收藏하는 곳이 고庫 koṭṭhaka인데, 이에는 특별한 건물이 있는 것은 아니고 정사, 평복옥平覆屋, 전루殿樓, 누방樓房, 지굴地窟 등을 지정하여 고庫라 하는 것이다. 그리고 이 고庫를 관리하는 것이 수고인守庫人이다.[17]

---

13) Cullavagga, VI,5,1-3. 남전대장경 제4권, 244쪽-245쪽. Ibid.,17,1-2. 남전대장경 제4권, 262쪽-264쪽.
14) Ibid., VI, 21, 3. 남전대장경 제4권, 270쪽.
15) 상동.
16) Cullavagga, I, 22, 1-3. 남전대장경 제4권, 28쪽-29쪽 제6장 · 2 · (2) · c 「하의갈마」445쪽 참조.

⒀ **작정인**作淨人 kappiya-kāraka : 이는 비구가 아니고 속인인데, 승가 속사俗事의 지배인이다. 『빠알리율』의 사타 제18(『사분율』·『십송율』·『승기율』제18, 『오분율』제30)의 「축전보계」의 경분별에서는 비구가 부당하게 얻은 금전을 버릴 때, 상기上記의 ⑺사금전인捨金錢人에게 처리하게 하지 않는 경우는 정인淨人 ārāmika에게 정어淨語하여 처치하게 한다. 이때 정인淨人은 승가에 일하는 속인으로, 상기 ⑼정인관리인使淨人者이 감독하는 정인淨人 ārāmika이라고 여겨진다.[18] 그러나 이 경우 정인淨人은 비구에게 부적당한 그 금전을 적당하게kapiya 처리하는 자者 kāraka로, 작정인作淨人의 활동을 하게 하는 자이다. 율에 나오는 작정인作淨人의 활동은 신자로부터 금전을 받아서 비구에게 적당한 것, 쌀米, 대두콩菽, 콩豆, 소금鹽, 설탕糖, 기름油, 제호醍醐, 그 밖의 것을 급여給與하는 것이다.[19] 또 예를 들어, 비구가 생과실 등을 먹는 것은 바일제 제11「괴생종계壞生種戒」에서 금하는 바이지만, 이를 도정刀淨 등을 하여 비구에게 주는 것이 작정인作淨人이다. 그리고 생각할 수 있는 것은 불교승가에서는 처음에는 속인인 정인이 승가원僧伽園에 활동하고 있었으나, 뒤에 그 정인 중에서 승가의 속사俗事를 지배하는 자가 선출되어 이것이 작정인作淨人이라 불리기에 이르렀다고 볼 수 있다.

⒁ **차승차식인**差僧次食人 bhattuddesaka : 이는 승차식僧次食 saṃghabhatta에 가는 자를 지명하는 직책의 비구이다. 승차식은 시주가 매일 한

17) Mahāvagga, VIII, 7, 1-2, 8,1. 남전대장경 제3권, 496쪽-497쪽.

18) 제8장 · 3「금전과 정법」참조. Suttavibhaṅga, Nissaggiya, X?, 2. 축전보계 남전대장경 제1권, 400쪽 이하. 한역 여러 율 그 외에 대해서는 제8장 · 3「금전과 정법」609쪽 이하 참조.

19) Mahāvagga. ,VI, 34, 21, 17, 8-9. 남전대장경 제3권, 428쪽, 373쪽-374쪽.

사람 혹은 여러 명의 비구를 식사에 청하는 것인데 승가 쪽에서는 이 차차식인差次食人이 비구들의 연장 순서에 따라서, 이곳에 가는 순서를 지정하는 것이다.[20]

(15) **분죽인**分粥人 yāgubhājaka

(16) **분과인**分果人 phalabhājaka

(17) **분작식인**分嚼食人 khajjakabhājaka : 이들은 모두 승가에 시주施入된 여러 가지를 분배하는 역할을 하는 자이다.[21]

이상 중에 (13)작정인作淨人인 속인을 제외하고 모두 비구 중에서 선출된 사람들이다. 이들은 모두 다섯 가지 조건을 갖춘 자로 백이갈마에 의해 선출된다. 예를 들어, (14)차승차식差僧次食에 대해서 말하면 다섯 가지 자격이란「애욕愛 chanda에 떨어지지 않고, 성냄瞋 dosa에 떨어지지 않고, 어리석음癡 moha에 떨어지지 않고, 두려움怖 bhaya에 떨어지지 않고, 차差와 불차不差 uddiṭṭhanuddiṭṭha를 알 수 있어야 한다.」라고 했다. 이 중에 처음 네 가지 즉 애욕愛 · 성냄瞋 · 어리석음癡 · 두려움怖에 떨어지지 않는다는 것은 이들 소임자에 공통적인 인격상의 자격이다. 제오의「차差 · 불차不差를 안다.」는 것은, 이 경우에는 차승차식差僧次食을 하기에 적당한 능력을 말하는 것이고, 승차식僧次食에 가야 할 비구에 대해 지정차指定差해야 할 것은 지정하고, 지정하지 않아야 할 것은 지정하지 않도록, 그 일을 실수하지 않고 처리하는 능력이다. 그리고 이 제오의 자격에 대해서는 예를 들어, 지와좌구인知臥坐具人의 경우는「지知와 부지

20) Cullavagga, VI, 21, 1-2. 남전대장경 제4권, 268쪽-269쪽.
21) 상동.

不知 paññattapaññattāni를 안다.」라고 하고, 수고인守庫人의 경우 제5 자격은「수守와 불수不守 guttāgutta를 안다.」라고 하고, 각각의 업무에 적응할 재능이 제시되어 있다. 즉 이들 소임자에 뽑힌 자는 애욕愛과 성냄瞋과 어리석음癡과 두려움怖에 떨어지지 않는 인격자이고, 여러 가지 일을 감능할 능력이 있는 자이어야 한다고 하고 있다. 위에서 언급한 소임자 외에 『번역명의집』에 12집사執事가 있는데, 위에서 언급한 것에 상당하지 않는 것으로 다음 5종 집사執事가 있다.[22)]

(1) 음료관리자飮料管理者 pānīya-vārika

(2) 기물관리인器物管理人 bhājana-vārika

(3) 집사執事 upadhivārika

(4) 삼림관리자森林管理者 parisanda-vārika

(5) 문타초와구관리자文陀草臥具管理者 mundasayanāsana-vārika

이 가운데 (1)의 음료관리자는 율에 나오지 않는데,『마하박가』「약건도藥犍度」에는 비구에게 허락된 음료로서는 암菴·파婆·과果·장漿 ambapānam·염부과장閻浮果漿 jambupāna·구라과장俱羅果漿 cocapāna·파초장芭蕉漿 mocapāna·밀장密漿 madhupāna·포도과장蒲桃果漿 muddikāpāna·사루과장舍樓果漿 sāluka-pāna·바루과장波樓果漿 phārusakapāna의 8종이 있다.[23)] 이들 음료를 비구에게 배분하는 것을 행하는 자라 생각된다. (3)의 집사執事는 장당사掌堂

22) Mahāvyutpatti, No. 274. 荻原雲來『불교사전』233쪽,『근본유부』(대정23권, 778쪽 a)도 집사를 12種人으로 하고,『십송율』(대정23권, 76쪽 a)은 14人이라 해도 사실은 12종인이라 할수 있다.(국역일체경 주 참조)

23) Mahāvagga, VI, 35, 6. 남전대장경 제3권, 431쪽.

師라고 번역되어 있다. 제오의 문타초와구관리자文陀草臥具管理者는 관포장자管鋪張者라고 한역되어 있는데, 이는 임시숙박소의 와좌구臥坐具 관리로 생각된다.

바일제 제42의 「구타출취계驅他出聚戒」의 경분별(남전대장경 제2권 149쪽)에 유수인留守人 ohiyyaka 및 수정사인守精舍人 vihārapāla의 이름이 있다. 이는 비구들이 행걸行乞 또는 외출外出한 승원僧院을 지키는 것이라 생각되지만, 비구가 아닌 속인인 것으로 생각된다.

『마하박가』 첨파건도에 가섭성 비구迦葉姓 比丘 Kassapagotto bhikkhu가 집사執事 tantibaddha가 되어 「어떻게 하면 아직 오지 않은 훌륭한 비구를 오게 할 수 있을까? 그리고 이미 온 훌륭한 비구를 평안하게 할 수 있을까? 그리고 이 처소가 성장하고 번영하고 번창할 수 있을까?」라고 생각하고, 발 씻을 물, 발받침, 발수건, 발우, 가사, 마실 물, 목욕하는 것, 죽과 단단한 음식, 방 등을 마련하는데 부지런히 노력을 기울였다.[24] 이 기사 내용을 보면 이 집사執事는 앞에서 언급한 지와좌구인知臥坐具人 이하가 행하는 바를 종합하여 혼자서 하는 것이다. 아마도 많은 인원이 없는 승가에서는 의식주 관리에 10여명의 소임자가 필요 없고, 이 집사執事가 그것들을 겸하여 행하였을 것으로 생각된다. 『십송율』의 첨파법瞻波法에 따르면 공금비구共金比丘가 마마제摩摩帝 제제타라帝帝陀羅가 되어 여러 비구들을 도왔다고 하는데,[25] 이 중의 제제타라帝帝陀羅 tantidhara=經持는 『빠알리율』의 상기 집사執事 tantibaddha에 상당하는 것으로 생각된다.[26] 그리고 또 이 『십송율』의 마마제摩摩帝 mamati(?)는 『마하승기율』의 3

---

24) Ibid., IX, 1, 1. 남전대장경 제3권, 544쪽.

25) 『십송율』제30권, 대정 23권, 218쪽 a.

권과 14권에 나오는 마마제摩摩帝와 동일하다고 생각되는데, 『승기율』에서 방사를 안행案行하고 식사食事, 방사房舍 등을 관리하는 자로 되어 있다. 따라서 『십송율』과 『승기율』의 제제타라帝帝陀羅도 마마제摩摩帝도 거의 그 직분을 구별하기 어렵다. 『십송율』에서는 같은 일을 행하면서도 다소의 관장管掌하는 구별은 있었을 것으로 여겨지지만, 그것을 식별할 자료는 없다.

승가에는 이상과 같은 여러 가지 역할이 있었는데, 이런 것이 모든 승가에 있었는가는 불분명하다. 아마 한 명의 집사로 여러 역할을 겸하였던 곳이 많이 있었을 것으로 생각된다.

그리고 상기하였듯이, 비구로부터 선출되는 소임자는 그 능력에 따라서 승가의 역에 봉사하지만 그것이 승가에 있어서 특권을 의미하거나, 또는 지위를 의미하는 것은 아니었다. 역직자로 선출된 자는 「사명使命을 받는 것을 감당하여, 말하는 바와 같이 승가의 일을 처리한다. 비구 대중으로부터 보내오면, 그 말과 같이 하고 '내가 행했다.'는 사유를하지 않고, 운운」이라는 정신에 근거하는 것이었다.[27] 그러나 비구 중에는 자기의 역무에 대해서 감사感謝를 받는 일은 적기 때문에 이를 게을리하는 자도 있었다.[28]

더욱이 비구들 중에는 소임자가 불공평하다고 여겨 불평을 하는 자도 있었다. 즉 바일제 제81[29] 「동갈마후회계同羯磨後悔戒」는 승가에 보시된 것의 분배가 끝난 뒤에 지와좌구인知臥坐具人 · 차차식인差次食人 · 분

26) 『마하승기율』제3권, 대정 22권, 251쪽 c, 동 14권, 대정 22권, 339쪽 b.
27) Mahāvagga,X, 6, 3. 1 gāthā. 남전대장경 제3권, 621쪽 게.
28) Ibid., XI, 1, 1-3, 남전대장경 제3권, 544쪽-545쪽.
29) 『사분율』제74, 『오분율』제80, 『십송율』제9, 『승기율』제9.

죽인分粥人 · 분과인分果人 · 분작인分嚼食人 · 사사세인捨些細人의 여섯 가지 소임을 맡은 비구에게 의복 · 음식 · 와구 · 병자구病資具 그 밖의 소물小物의 분배가 많이 있었다고 여겨 불평을 하는 일을 금하는 계학처戒學處이다. 이는 소임을 맡고 있으면 분배에 이득이 있다고 여겨지고 있던 것을 뒷받침하는 것이고, 승원생활의 이상과 현실의 거리를 나타내는 것으로 주목된다.

(2) 승가물僧伽物

이상과 같은 소임자에 의해 승가는 유지 운영되고 있었는데, 이는 중앙 승가의 임명은 아니고, 각지의 작게는 4명 이상, 크게는 20명 이상의 현전승가에서 백이갈마로 선출한다. 이미 말한 바와 같이 불교승가는 원칙적으로 또는 율장의 제규상制規上 모든 현전승가를 포함하여 하나가 되는 개념으로 이해해야 할 것이다. 어느 현전승가의 주처에 있는 정사든 사방승가로부터 온 자가 자유롭게 사용할 수 있어야 하는 것이다. 소위 사방승가의 승가물이다. 그리고 현실로는 각지의 현전승가가 독립되어 있어도, 그 원칙적인 이념으로서는 모두 하나의 승가로서 불교승가의 일부인 현전승가로 여겨지고 있었다.

불교승가 비구, 비구니에게는 개인 소유라는 것이 없었다. 옷이나 발우, 바늘, 실과 같이 개인 소유라 볼 수 있는 것들도 모두 개인의 자유로운 사용은 인정하였지만 개인의 소유로 여겼던 것은 아니고, 이론적으로는 전부 한 승가의 소유였다. 실질상은 현전승가 소유와 같은 것이어도 의미상으로는 그것은 그 관리나 처분을 현전승가가 행하게 하는 것이지, 현전승가 소유하는 것은 아니다.

비구가 사용하는 발우나 삼의三衣나 그 밖의 칫솔[楊子] 등은 비구 개인의 노력으로도 조달되고, 그 사용도 개인물個人物로서 인정되고 있지만, 그러나 원칙으로 그것은 개인에게 자유롭게 사용하게 하고, 그 비구가 죽었을 때는 「그 의발衣鉢의 주인은 승가」로 해야 한다. 그러나 그 경우 실제 처치로서는 죽은 비구의 병病을 간병看病한 자가 있으면 현전승가가 그것을 간병비구看病比丘에게 분배하고, 또 가벼운 기물器物 lahubhanda이나 가벼운 자구資具 lahuparikkhāra는 현전승가 비구들에게 분배한다.[30]

가벼운 기물器物 · 가벼운 자구資具는 녹수낭漉水囊이나 칫솔, 발대鉢袋 등 개인상용을 말하는 것이고, 이는 그 비구가 죽었을 때 현전승가 사람에게, 즉 함께 거주한 비구에게 분배한다고 한다. 단, 이 분배는 율律에 따라 다소의 상이相異가 있어서 『십송율』은 자생資生의 육물六物:三衣 · 鉢 · 尼師壇 · 漉水囊은 승가로부터 간병인에게, 육물六物 이외의 것은 현전승가에 분배했다고 한다.[31] 『사분율』에서는 명과비구命過比丘의 가사衣 · 발우鉢 · 좌구坐具 · 바늘針 · 통筒 · 성의盛衣 · 저기貯器는 현전승가에 분배하고, 그 승가로부터 간병비구에게 준다고 하고 있다.[32]

이상 병비구의 소용물所用物의 분배가 실제로는 율에 따라서 다소의 차이는 보였지만, 공통의 방법으로 되어 있는 것은 삼의三衣 등 경

30) Ibid., VIII,27. 5. 남전대장경 제3권, 530쪽-531쪽.
31) 『십송율』제28권, 대정 23권, 202쪽 b.
32) 『사분율』제41권, 대정 22권, 862쪽 b.

물輕物은 실제로는 현전승가의 것이라 보여진다. 그리고 그것은 현전승가에서 처분하고, 정사 등의 중물重物은 사방승가에 속하는 것으로 여겨지고, 개인에게도 현전승가에도 주어지지 않는다고 생각된다.

그리고 중기물重器物 garubhanda과 중자구重資具 garuparikkhāra는 불가분물不可分物이라고도 불려지는데, 현전승가에서 처리하지 않고, 사방승가의 사용으로 제공되어야 한다고 여긴다. 중기물重器物과 중자구重資具는 건축물을 비롯하여 비구의 상좌床座 등 방의 설비품 등이나 금속제품인데, 율장에서는 이것들을 부동산처럼 생각하고 취급하여, 그 장소에 고정하여 두고, 사방승가로부터 그 현전승가의 주처에 유행해 오는 자 전부가 자유롭게 사용하도록 공급해야 한다고 한다.

그런 것들에 대해서도 불멸佛滅 후 불교에는 중앙승가가 없었고, 중앙의 직접 관리라는 것이 없었기 때문에 실제상 현전승가가 그것을 관리하는 것이 당연하다 하더라도, 이념으로서 사방승가의 것이라 여기는 원칙은 살아있었다.

『빠알리율』에서는 동산적動産的인 승가물僧伽物, 즉 경기물輕器物·경자구輕資具의 상세한 명목을 나타낸 것은 없지만, 부동산적不動産的인 승가물인 중자구重資具와 중기물重器物에 상당하는 것을 다섯 종류五種의 중물重物로서 열거하고 있다.[33] 이에 따르면

(1) **『빠알리율 쭐라박가』**

① 승원僧園 ārāma 승원지僧園地 ārāmavatthu.

② 정사精舍 vihāra 정사지精舍地 vihāravatthu.

33) Cullavagga, IV, 15, 2; 16, 2. 남전대장경 제4권, 260쪽-262쪽.

③ 상床 mañca 소상小床 pīṭha 침욕枕褥 bhisī 침枕 bimbohana.

④ 동구銅甌 lohakumbhī 동호銅壺 lohabhāṇaka 구리단지銅甕 lohavāraka 구리항아리銅瓮 lohakaṭāha 삭도剃刀 vāsī 도끼斧 pharasu 큰도끼鉞 kuṭhārī 호미鋤 kuddāla 가래鍬 nikhādana.

⑤ 덩굴蔓 vallī 대나무竹 veḷu 문자풀們叉草 muñjababbaja 풀草 tiṇa 흙土 mattika 목구木具 dārubhaṇḍa 토구土具 mattikābhaṇḍa.

등은 사방승가, 즉 전 불교승가의 소유이고, 현전승가 불가분의 중물重物로 여긴다. 이 중물重物 및 경물輕物에 대해서는 율에 따라서 다소 차이는 있으므로, 다른 율의 표를 병기하면 다음과 같다.

(2) 『**오분율**』 **제20권**(대정22권, 139쪽 a-b)

ⓐ **나눌 수 있는 물건**可分物

승가리僧伽梨 · 울다라승鬱多羅僧 · 안타회安陀會 · 하의下衣 · 사륵舍勒 śāṭa : 內衣 · 홑이불單敷 · 속옷襯身衣 · 이불被 · 좌구坐具 · 바늘과 실 주머니針綖囊 · 물속의 벌레를 거르는 주머니漉水囊 · 발우 주머니鉢囊 · 가죽신 주머니草屣囊 · 크고 작은 발우大小鉢 · 자물쇠戶鉤

ⓑ **나눌 수 없는 물건**不可分物

수놓은 비단錦 · 무늬 있는 비단綺 · 무늬 있는 모직毛織 · 털 깔개氈 · 털의 길이가 5지指 넘는 구섭拘攝 : 요와 비슷한 깔개[過五指拘攝] · 우욕의雨浴衣 · 상처를 가리는 천覆瘡衣 · 모기장蚊蟲厨 · 거니는 곳에 까는 천經行敷 · 빈대를 막는 홑이불遮壁虱單敷 · 앉고 눕는 걸상과 평상坐臥牀踞床 · 모든 질그릇一切瓦器(크고 작은 질그릇 발우와 질그릇 대야는 제외

除大小瓦鉢瓦澡罐) · 모든 쇠 발우一切鐵器(크고 작은 쇠 발우는 제외 除大小鐵鉢 · 자물쇠戶鉤 · 손톱깎이截甲刀 · 바늘針은 제외) · 구리로 만든 건자銅犍鎡(작은 그릇) · 구리로 만든 다라銅多羅(작은 그릇) · 안약을 담는 물건(盛眼藥物)은 제외) · 일산傘蓋 · 석장錫杖.

(3) 『십송율』 제28권(대정23권, 103쪽 a-c)

ⓐ 나눌 수 있는 물건可分物

가) 쇠로 만든 집기鐵物 가운데 두 되 이하만 담을 수 있는 솥釜이나 병발우甁鉢 · 작은 발우小鉢 · 반 발우半鉢 · 건자鍵鎡 · 소건자小鍵鎡 · 면도칼剃頭刀 · 족집게鉗鑷 · 손톱깎이截爪刀 · 바늘針 · 칼刀 · 열쇠子 · 둥근열쇠戶鉤 · 면도칼집曲戶鉤 · 수세미刮汚篦 · 관비통灌鼻筒 · 다리미熨斗 · 향로香鑪熏 · 발우 말리는 걸이鉢鉤 · 옷걸이衣鉤 · 벽걸이壁上鉤 · 숟가락匕 · 발우 받침鉢枝 · 선진禪鎭

나) 구리로 만든 물건銅物 가운데 두 되 이하만 담을 수 있는 솥이나 병 · 대야水盆 · 옹기덮개瓮蓋 · 칼집刀匣 · 수세미刮汚篦 · 관비통灌鼻筒 · 다리미熨斗 · 향로香鑪熏 · 발우 말리는 걸이鉢鉤 · 옷걸이衣鉤 · 벽걸이壁上鉤 · 선진禪鎭 · 숟가락匕 · 발우 받침鉢鉤

다) 돌로 만든 물건石物 가운데 두 되 이하만 담을 수 있는 솥釜이나 병甁 · 물병水甁 · 대야水盆 · 물 뚜껑蓋水物 · 수세미刮汚篦 · 관비통灌鼻筒 · 다리미熨斗 · 향로香鑪熏 · 발우 말리는 걸이鉢鉤 · 선진禪鎭

라) 수정으로 만든 물건水精物 가운데 솥釜 · 발우 말리는 걸이鉢

鉤 · 향로香鑪熏 · 다리미熨斗

마) 자기로 만든 물건瓦物 가운데 두 되 이하만 담을 수 있는 그릇 · 물병 · 대야 · 물 뚜껑 · 발우 · 작은 발우 · 반 발우 · 건자 · 소건자 · 칼집 · 수세미 · 관비통 · 다리미 · 향로 · 선진

바) 조개로 만든 물건貝物 가운데 칼집刀匣 · 수세미 · 관비통 · 다리미 · 선진 · 향로 · 발우 말리는 걸이 · 옷걸이 · 약상자 · 숟가락 · 발우 받침

사) 상아로 만든 물건牙齒物도 역시 같다.

아) 뿔로 만든 물건角物 가운데 반 되半升 이하만 담을 수 있는 물건. 칼집 · 옷걸이 · 벽걸이 · 수세미 · 관비통 · 선진 · 약상자 · 숟가락 · 발우 받침

자) 가죽으로 만든 물건皮物 가운데 반 되 이하의 소酥와 기름을 담는 주머니盛酥油囊受半升以下 · 각반繫革屣 · 가죽신韋 · 신발 끈繫韡韋 · 사슴 가죽鹿革 · 무두질한 가죽熟革 · 발을 싸매는 가죽裏脚跟指韋

차) 나무로 만든 물건木物 가운데 두 되 이하만 담을 수 있는 물잔杆 · 물병 · 대야 · 옹기뚜껑 · 칼집 · 수세미 · 옷걸이 · 발우걸이 · 벽걸이 · 발우 받침 · 선진

카) 대나무 물건竹物 · 우산蓋 · 부채扇 · 상자箱篋 · 돗자리席 · 지팡이杖

ⓑ 나눌 수 없는 물건不可分物

일체 전지田地 · 방사房舍 · 상탑와구床榻臥具 · 녹거鹿車 · 반장거半莊車 · 보여거步輿車 · 앞에서 언급한 나눌 수 있는 물건可分物을 제외

한 일체 철물鐵物 · 동물銅物 · 석물石物 · 수정물水精物 · 와물瓦物 · 패물貝物 · 아치물牙齒物 · 각물閣物 · 피물皮物 · 목물木物 · 죽물竹物 · 자토赭土 · 끓인 것煮이건 끓이지 않은未煮 일체 염색약.

(4) 『**마하승기율**』**제3권**(대정22권, 245쪽 a)

ⓐ '따르는 물건'이라 함은 삼의三衣 · 니사단尼師檀 · 부창의覆瘡衣 · 우욕의雨浴衣 · 발鉢 · 대건자大揵鎡 · 소건자小揵鎡 · 발낭鉢囊 · 낙낭絡囊 · 녹수낭漉水囊 · 이종요대二種腰帶 · 도자刀子 · 동시銅匙 · 발지鉢支 · 침통鍼筒 · 군지軍持 · 조관澡罐 · 성유피병盛油皮瓶 · 석장錫杖 · 혁사革屣 · 산개繖蓋 · 선扇과 그 외의 여러 가지의 가져야 할 물건들.

ⓑ '중물重物'이라 함은 상牀 · 와구臥具 · 와상臥牀 · 좌상坐牀 · 소욕小褥 · 대욕大褥 · 구전拘氈 · 동기銅器 · 동병銅瓶 · 동부銅釜 · 동확銅鑊 · 동작銅杓 · 그 나머지 갖가지의 동기 · 목기木器 · 죽기竹器 · 목구木臼 · 목병木瓶 · 목완木椀 · 목작木杓 · 죽광竹筐 · 죽석竹席 · 죽거竹筥 · 그 나머지의 모든 목기와 죽기 · 와기瓦器 · 큰 옹기大甕로부터 등잔燈盞까지를 말한다.

이상 한역 3율律은 반드시 일치하지 않지만 서로 보완하여 비구가 개인적으로 사용하는 물건用物임을 알 수 있다. 그리고 이들 중에서 특히 가분물은 실제상은 각 비구의 개인 사용물이기 때문에 개인의 재물이라 볼 수 있는 것이었지만, 이들 물건은 승가에 봉납되어 비구에게 건넨 것이고, 설령 개인 비구에게 보시된 것도 형식으로는 승가를 통하여 그 비구에게 보시(施入)된 것이다.

대개 출가 비구에게는 소유재所有財가 없는 것이 원칙이었음은 위에서 서술한 바와 같다. 따라서 명과비구命過比丘가 있으면 그 개인이 사용하였던 전체는 사용이 끝나고 승가에 반환되어야 하는 것이다. 그리고 승가에 반환되었다면 나눌 수 있는 물건可分物만 현전승가에서 처리할 수 있으므로, 간병비구에게는 발우와 옷鉢·衣이, 그 밖의 나눌 수 있는 물건은 현전승가 비구들에게 나누어 주게 된다. 또 불가분물은 현전승가가 관리하고 보존하여 모든 비구, 즉 사방으로부터 오는 비구들의 필요에 따르는 것이다. 사방초제승四方招提僧, 즉 전 불교승가의 사용에 제공하는 승가물僧伽物이다.

이념으로서 모든 물질은 승가의 것이고, 비구 개인은 사용 권리는 주장할 수 있으나, 어느 것에 관해서도 소유권을 가지고 있지 않다. 그리고 사람이 있어, 옷이든 음식이든 개인 비구에게 공양하고자 할 때는 그 비구와 특별관계에 따라서 승가에 기부할 것을 부언하여, 그 현전승가에 기부한다.

예를 들어, 발나타석자跋難陀釋子 Upananda Sakyaputta에 귀의한 일가一家로부터 작식嚼食을 승가에 공양하고 「발난타에게 보인 뒤에 승가에 시여施與한다.」고 덧붙이면, 발난타가 외출 중이어도 돌아올 때까지 그것이 놓여져 발난타가 그 음식을 처분하게 했다. 바일제의 제82[34]는 승가에 보내진 기진寄進을 바꾸어 개인 비구를 향하여서는 안 된다는 금율禁律이다. 『대반열반경』 제1송품 13절에는 칠불퇴법의 제4에,

「비구들이여, 또한 비구들은 여법하고 정의롭게 얻은 것을 발

34) 『빠알리율』, 『십송율』, 『승기율』 이외는 없음.

우 안에 있는 것이라도 그렇게 얻은 것을 나눔 없이 쓰지 않고, 계행을 잘 지키는 동료 비구들과 함께 나누는 한, 비구들이여, 비구들에게는 번영만이 기대되지 퇴전은 기대되지 않는다.」

라 하고 있다.[35] 이 바일제 제82나 『대반열반경』의 제4 불퇴법의 교설은 비구 승가에서도 개인의 소유욕의 부정否定이 쉽지 않은 것, 항상 무소유 정신의 강조가 필요한 것을 나타내고 있는 것으로 해야 할 것이다.

또 예를 들어, 승잔법 제6「무주작방계」나 제7「유주방계」에 있듯이, 비구가 개인의 힘으로 노력하여 정사를 건립해도 그 소유는 사방승가의 것이고, 또 현전승가의 멤버가 정사를 건립해도 그 멤버의 소유는 아니고 사방승가의 것이고, 어떠한 곳으로부터 어떠한 비구가 와도 그 안에 상좌床·座를 가질 권리가 있다.

『쭐라박가』의 제6「와좌구건도瓦坐具犍度」Senāsanakkhandhaka에는 십칠군17群비구가 변우邊隅의 대정사大精舍 Mahāvihāra를 수리하는 것을 보고 이를 점거하고자 꾀한 육군비구의 말 중에「벗이여, 정사는 승가의 물건이 아니냐āmāvuso saṃghiko vihāro 'ti」라는 문구가 있다.[36]

이는 몇 명이 수리해도 정사는 승가의 것이므로 비구인 자는 누구라도 그것을 사용할 권리가 있음을 악용하여, 육군비구가 그것의 점령을 꾀하고자 이용하였던 것이다.

35) Mahāparinibbāna-suttanta(DN.), 16I, 13. 남전대장경 제7권, 39쪽.
36) Cullavagga, IV, 11, 1. 남전대장경 제4권, 254쪽.

제5장

승가의 쟁사諍事와 멸쟁滅諍

1. 네 가지 쟁사諍事와 멸쟁법滅諍法

승가에 쟁론이 발생했을 경우에는, 승가의 권위에 근거한 정·사正邪의 제정制定이 행하여져야 한다. 붓다의 재세시 붓다에 의해 행하여졌지만, 불멸 후는 승가의 권위에 따라서 칠멸쟁법이라 불리는 승가갈마 형식으로 이것이 행하여졌다. 이는 현대 일반사회에 있어서 고소, 소송, 재판에 상당하는 것이고, 이 재판 결과, 범죄라 결정된 것에는 별주別住나 공권정지 등 징벌을 부과해야 하고, 다시 그 재판의 결과에 따르지 않는 자에게는 강제적으로 구출[驅出·추방] 등의 승가갈마에 의해 징벌처분이 행하여져야 한다. 이러한 일련의 절차에 대해서는 한역 여러 율에는 의미가 명료하지 않는 것이 있고 서술의 혼란이 있다. 비교적으로 의미가 통하는『빠알리율』에 의해 그 내용을 분명히 하여 한역 여러 율이 기술한 것을 정리하고자 한다. 한역 여러 율의 혼란은 중앙아시아나 중국 교단에서는 이러한 승가내僧伽內의 소송재판 방식이 사실상 사용되지 않았기 때문에, 그 번역이나 전지傳持가 정확을 결한 것이라 여겨진다,

쟁론의 처치에 대해서 절차는 3단계가 된다.

제1단계는 사건 성립으로 a논란하는 자와 논란 당한 자의 반론, 혹

은 b죄의 고백, 혹은 c특종 사건에 대한 의견 대립이다.

제2단계는 재판으로, 이는 승가갈마의 a백白 natti의 제안과 b그것에 대한 갈마설 3창唱인데 이 경우 백白의 작성作成은 일곱 가지 멸쟁법滅諍法 adhikaraṇasamatha의 한 가지 또는 두 가지의 조합으로 행하여진다. 제3단계는 재판 결과의 판정이라 할 수 있는 것으로, 이는 갈마설로 이의가 없으면 백白과 같이 판정을 보는 것이다. 그리고 또 갈마설 중에 이설이 있으면 원칙적으로 그 재판은 파기되고, 새로운 재판의 법정으로 진출되게 된다. 다만 이상은 원칙적인 구별이다. 다음에 보듯이 3단은 반드시 명확하지 않지만, 이 3단은 대체적으로 쟁사사건의 종류와 멸쟁법재판법滅諍法裁判法 그 판정 결과로서의 별주別住 등 징벌로 된다고 하는데, 지금 이에 의해 기술하고자 한다.

쟁사는 그 성질에 따라서 4종으로 구별된다. (1)쟁론쟁사諍論諍事 (2)교계쟁사教誡諍事 (3)범죄쟁사 (4)사쟁사事諍事이고, 어느 것이라도 악화되면 현전승가를 분열시킬 우려가 있다.

(1) **쟁론쟁사**vivādādhikaraṇa 이 쟁사의 사례로서는 제2결집 발단이 된 금전정金錢淨 이하 10사事 문제 같은 것이 있다. 예를 들어, 금전정金錢淨의 문제는 베살리Vesālī에 살던 밧지Vajjī 跋闍 출신 비구들은 재가인을 불러서 승가에 금전金錢을 기부하게 하고, 이를 합법임을 주장하였다. 이에 관해서 장로 야사Yasa는 이를 비법 · 비율이라고 논란하여 쟁사가 된 것이다. 이처럼 불교의 법과 율에 관하여 의견이 나누어져 쟁론이 되는 사건을 쟁론쟁사라 한다. 『빠알리율』에 따르면

「여기에 비구가 있어 쟁론하며, '법dhamma이다, 비법非法이다. 율vinaya이다, 비율非律이다. 여래의 소설소언所說所言 bhaāsitaṃ lapitaṃ tathāgatena이다, 여래의 소설소언이 아니다. 여래의 상법常法 āciṇṇaṃ tathāgatena이다, 여래의 상법이 아니다. 여래의 소제所制 paññattaṃ tathāgatena이다, 여래의 소제가 아니다. 죄罪 āpatti이다, 무죄이다. 경죄輕罪 lahukā āpatti이다, 중죄重罪 garukā āpatti이다. 유여죄有餘罪 sāvasesā āpatti이다. 무여죄無餘罪 anavasesā āpatti이다. 추죄麤罪 duṭṭhulla āpatti이다, 비추죄非麤罪이다' 라고 한다. 여기에 소송訴訟하고, 투쟁鬪諍하고, 쟁론諍論하고, 담론談論하고, 이론異論하고, 별론別論하고, 반항하고, 논의하는bhaṇḍanaṃ kalaho viggaho vivādo nānāvādo aññathāvādo vipaccatāya vohāro medhakaṃ 것을 '쟁론쟁사'라 한다.」

라고 하고 있다.[1] 법과 율 이외에 여래의 소설所說이라든가 소제所制라든가 하는 것이 중죄重罪 · 경죄輕罪 등으로 세분되어 있는데, 이들은 총괄하여 교리교설敎理敎說로서의 '법'과 율제 · 법규로서의 '율' 두 가지로 귀착된다. 그리고 이런 의미의 법과 율은 무교주인 불교교단에 있어서는 교주를 대신해야 할 승가의 소의所依이고, 이에 대한 견해의 상이는 승가의 분열에 이를 수 있는 중대성重大性을 가지는 것으로 쟁사로서는 가장 중대하고, 그 처치 · 재판는 다음 항에서 기술하듯이 가장 진중하게 온갖 수단을 다하여 처리된다.

이 쟁론쟁사는 『사분율』과 『오분율』에서는 언쟁言諍, 『십송율』에 투쟁鬪諍事, 『마하승기율』에는 상언쟁사相言諍事라고 번역되어 있다. 그리고

1) Cullavagga, IV, 14, 2. 남전대장경 제4권, 136쪽-137쪽.

그 내용으로서는 『빠알리율』은 지금 기록하였듯이 법法·율律·여법如法한 소설소언所說所言·여래의 상법常法·여래 소제所制·죄罪·경죄輕罪·중죄重罪·유여죄有餘罪·추죄麤罪에 대해서 상반相反하는 의견 다툼으로 여기고 있는데, 이는 한역 모든 율에서도 대동소이하다. 즉 『마하승기율』에서는 율律·비율非律, 죄罪·비죄非罪, 경죄輕罪·중죄重罪, 가치죄可治罪·불가치죄不可治罪를 들고, 『오분율』에서는 법法·비법非法, 율律·비율非律, 범犯·비범非犯, 중重·비중非重, 유여有餘·비유여非有餘, 추죄麤罪·비추죄非麤罪, 갈마출죄羯磨出罪·비용갈마출죄非用羯磨出罪, 불소설佛所說·비불소설非佛所說, 불소제佛所制·비불소제非佛所制를 들고, 『사분율』에서는 법法·비법非法, 율律·비율非律, 범犯·비범非犯, 경輕·중重, 유잔有殘·무잔無殘, 추악麤惡·비추악非麤惡, 상소행常所行·비상소행非常所行, 제制·비제非制, 설說·비설非說을 어쟁語諍의 18사事로 말하고, 『십송율』에서는 단지 「법法·비법非法, 선善·불선不善 이 중에서 서로 다툴 뿐이다.」라고만 하고 있다.[2]

(2) **교계쟁사**教誡諍事 anuvādādhikaraṇa 이 쟁사 실례로서는 제2결집 때 상기 베살리 밧지 비구가 금전을 받는 것을 본 야사는 이를 비법비율非法非律이라 하여 재가 신자에게 알려서 금전을 시여하는 것을 그치게 하고자 했기 때문에 밧지 비구들은 「야사는 신심이 있고, 청정한 믿음이 있는 재가의 남자 신자들을 꾸짖고 모욕하고 불신을 조장하며 승가에 대한 금전 시여를 저지했다.」라고 말하며 야사를 논란한 것이다.

2) 『마하승기율』 제12권, 대정 22권, 328쪽 c, 『오분율』 제23권, 대정 22권, 154쪽 a, 『사분율』 제47권, 대정 22권, 916쪽 a, 『십송율』 제35권, 대정 23권, 251쪽 b.

그리고 이에 대해, 야사는 그런 일은 없다고 반론하여 여기에 밧지 비구들과 야사 사이에 쟁사가 발생하였는데 이는 틀림없이 교계쟁사敎誡諍事이다. 교계쟁사로서 야사에 의해 승가에 제소提訴된 것이다.[3] 『빠알리율』에 따르면 이 쟁사를 설명하여

「여기 비구가 비구들에 대해, '계행이 어긋났거나, 행실이 어긋났거나, 견해가 어긋났거나, 생활이 어긋났다'sīlavipattiyā, ācāravippattiyā, diṭṭhivipattiyā, ājīvavipattiyā라고 비난하는데, 거기서 비난하고 견책하고 힐난하고 혐책하고 언쟁하고 자극하고 선동하는 것anuvādo. anuvadanā anullapanā anubhaṇanā anusampavaṅkatā abbhussahanatā anubalappadānaṃ, 이를 '교계쟁사敎誡諍事'라고 한다.」

라고 하고 있다.[4] 이는 어떤 비구가 행한 것이 괴계壞戒 · 괴행壞行 · 괴견壞見 · 괴명壞命이라고 비난anuvāda 받고, 그 비난 받은 비구는 그것에 대해 자신이 행한 것은 괴계壞戒 내지 괴명壞命은 아니라고 반론하는 경우의 다툼이다.

그리고 이 가운데 괴계壞戒 sīlavattiyā가 언급되어 있는데, 그러나 이 교계쟁사에는 율장 계학처戒學處에 기록되어 있는 바라이죄 이하의 오품칠취五品七聚의 죄과罪過에 관한 것은 다음의 범죄쟁사犯罪諍事에 들어가는 것이고, 이 교계쟁사敎誡諍事는 범죄쟁사犯罪諍事 이외의 비행非行으로 어떤 비구가 비난 받을 때 그 비구가 이를 부인하여 생긴 다툼이므로 괴

3) Cullavagga,XII, 1, 2-3. 남전대장경 제4권, 440쪽-441쪽.
4) Ibid., IV, 14, 2. 남전대장경 제4권, 137쪽.

계壞戒는 문장에 있어도 사실은 포함되지 않는다고 생각된다. 괴계壞戒는 율학처律學處 규정 이외의 계행위戒行爲이고, 괴행壞行은 비행非行, 괴견壞見은 악견해惡見解, 괴명壞命은 나쁜 생활행위를 말하는 것이라 해야 할 것이다.

(3) **범죄쟁사**犯罪諍事 āpattādhikaraṇa 이 쟁사의 실례가 되는 것은 유명한 말라뿟따 답바Mallaputta Dabba가 자비구니慈比丘尼 Mettiyā bhikkhunī로부터 「답바가 나를 범했다.」라고 호소된 사건이다.[5] 이는 승잔법 제8「무근중죄방타계」와 제9「가근방계」의 결계 인연으로도 되었고, 답바 비구에게는 사실 무근無根이었으나, 쟁사로서는 자비구니와 한통속으로 바라이죄를 범했다고 비난하였고, 답바는 이를 부인한 것으로 생긴 범죄쟁사이다. 이 쟁사에 대해서『빠알리율』은

「다섯 가지 죄의 다발pañca āpattikkhandhā 五種犯罪蘊을 범죄쟁사犯罪諍事로 행하고, 일곱 가지 죄의 다발satta āpattikkhandhā 七種犯罪蘊을 범죄쟁사라 한다.」

라고 정의하고 있다. 여기에서 다섯 가지5種·일곱 가지7種라는 것은, 한역에서 말하는 오편칠중五篇七重의 죄罪이고, 바라이波羅夷pārājika·승잔僧殘 saṁghādisesa·바일제pācittiya·바라제제사니pāṭidesaniya·악작dukkaṭa의 오종오편五種五篇이고, 이에 투란차偸蘭遮 thullaccaya·악설惡說 dubbhāsita을 더하여 칠종칠취七種七聚라 한다. 이는 그 실례를 보아도 알 수 있듯이, 어떤 비구에 대해서 이들 율장의 계학처戒學處가 금하는 범죄를 범했다고 비난

5) Ibid.,IV,4,8-9. 남전대장경 제4권,121쪽-123쪽, 승잔법 제8, 제9 인연, 남전대장경 제1권, 266-281쪽.

하고, 그 비구가 그것을 사실무근이라고 이를 부정하는 것에서 발생하는 쟁사이다.

그리고 『빠알리율』의 쟁사분류에서는 앞에서 언급한 교계쟁사敎誡諍事는 계학처에서 금하는 범죄 이외의 비행非行에 의한 비난과 부정의 다툼이고, 이 범죄쟁사犯罪諍事는 율학처律學處에 금하는 오편칠취五篇七聚의 범죄에 의한 비난非難과 부정否定의 다툼을 말하는 것이라, 양자는 구별할 수 있지만, 한역 여러 율은 이 구별을 명확하게 할 수 없다. 다만 『빠알리율』도 교계쟁사 중에 괴계壞戒 sīlavipattiyā가 있고, 교계쟁사 중에 오편칠취五篇七聚의 범죄 비난도 포함되는 듯도 하지만, 여기에서는 위에서도 그것을 포함말했듯이 하지 않는 것이 바람직한 듯하다.

『마하승기율』에서는 교계쟁사를 비방쟁誹謗諍, 범죄쟁사犯罪諍事를 죄쟁罪諍이라 번역하는데, 비방쟁誹謗諍에 대해서는 「비구가 보이지 않고, 들리지 않고 의심되지 않는데, 비구를 바라이 · 승가바시사 · 바야제 · 바라제제사니 · 월비니를 범했다고 하여, 이 오편죄로써 비방하는 이를 비방쟁誹謗諍이라 한다.」라고 하고, 이를 멸하는 것은, 칠멸쟁七滅諍 가운데 억념비니憶念毘尼와 불치비니不痴毘尼라 하고, 그 억념비니憶念毘尼의 취급방법의 실례로서 답바와 자지慈地비구니의 이야기를 나타내고 있다. 그리고 죄쟁罪諍의 설명에는 「비구와 비구가 서로 죄과罪過를 설하고, 혹은 바라이 … 내지 월비니越毘尼가 된다고 다투는데, 이 죄쟁罪諍은 두 가지 비니를 사용하여 멸하게 되고, 이른바 자언비니自言毘尼와 멱죄상비니覓罪相毘尼가 된다.」라고 한다.[6] 그리고 자언비니自言毘尼 아래

6) 誹謗諍 = 『마하승기율』 제12권, 대정 22권, 328쪽 c, 罪諍 = 동제13권, 대정 22권, 332쪽 c, 더욱 이 이 문장의 독해는 대정 경의 독점에 의하지 않고, 『국역일체경』 西本龍山의 讀解에 의거한다.(율부9, 31쪽)

에는 악사惡事를 라훌라에게 들킨 악비구惡比丘가 자기의 악사惡事를 라훌라가 행했다고 논하고, 라훌라는 이를 부정否定하는 사건을 들고 있다. 이에 이어서 멱죄상비니覓罪相毘尼에서는 승가가 한 비구의 승잔죄를 범하는 것을 신문訊問하는데 범했다고 말하고 이어서 범하지 않았다고 말할 수 있는 사건을 들고 있다. 따라서 『승기율』에서는 비방쟁誹謗諍과 죄쟁罪諍 두 가지의 구별은, 보고 듣고 의심받지 않는 무근無根의 악사惡事를 비방하여 부정否定할 경우와 서로 논란하는 어느 한쪽이 실제 행하여서 견 · 문 · 의見聞疑를 당한 사건에 대해서 그것을 상대가 행한 듯이 서로 비난하고, 악사惡事를 행한 자가 인정하지 않아 다툼이 되는 것이다.

이 『마하승기율』에 가깝다고 보여지는 것은 『십송율』이고, 이 율에서는 교계쟁사教誡諍事를 승잔법 제8에서는 상조사相助事라 번역하고, 쟁사법諍事法에서는 무근사無根事라고 번역하고 있다. 상조사相助事란 미다라彌多羅비구니 자慈비구니가 오빠兄의 비망非望을 돕기 위해 답바 비구를 무근無根의 바라이죄로 고소하였던 일에서, 그러한 이름을 붙인 것이고, 무근사無根事와 같다. 또 범죄쟁사犯罪諍事는 승잔법 제8에서도, 쟁사법諍事法 중에서도 범죄사犯罪事라고 번역되고 있다.[7] 『십송율』과 『승기율』은 대체로 일치하고 있다고 보아도 좋다.

『오분율』의 경우도 이것과 같이 보이는 점도 있으나 다소 달리 이야기된다. 즉 교계쟁에 대해서는 「만약 비구가 비구를 교계하여 이르기를, 그대는 바라이를 범한 것을 기억하느냐 아니냐. 승가바시사, 투란차, 바일제, 바라제제사니, 돌길라, 악설을 범한 것을 기억하느냐 아

7) 『십송율』 제4권, 대정 23권, 23쪽 b, 동 제35권, 대정 23권, 251쪽 b.

니냐. 그가 기뻐하지 않고, 받아들이지 아니하고, 이것으로써 쟁諍을 행하는 것 이를 교계쟁教誡諍이라 한다.」라고 하고, 이에 반해 범죄쟁犯罪諍은「만약 비구가 바라이 … 내지 악설을 범하고, 또 만약 투쟁상매鬪諍相罵하며 신구의身口意로 악惡을 일으키면 이를 범죄쟁犯罪諍이라 한다.」라고 하고 있다.[8] 즉 교계쟁教誡諍에서는 무근無根이라고는 말하지 않지만, 죄가 있는지 없는지를 질문받고 이를 부정하는 것이고, 범죄쟁犯罪諍은 범하고 투쟁상매鬪諍相罵하거나 혹은 범한 범죄에 대해서 투쟁상매하는 것인데, 그 일에서 다시 신구의로 악을 일으키는 것이고, 이 신구의로 악을 일으킨다는 점이『승기율』이나『십송율』에는 없다. 다만 중대한 의미의 차이를 일으키는 단어는 아니다.

한역 중에서『빠알리율』에 가장 가까운 것은 이 쟁사의 점에 대해서는『사분율』이다. 교계쟁사教誡諍事는 멱쟁覓諍이라 번역되어 있는데, 이는「만약 비구가 비구와 죄를 찾되 세 가지 드러내는 일, 즉 계를 범함[破戒]·소견을 깨뜨림[破見]·위의를 깨뜨림[破威儀] 따위를 보고 듣고 의심했다[見·聞·疑] 하고, 이러한 형상으로 죄를 찾으면서 서로가 허망하지 않다고 하여 동반의 세력을 구해서 그의 마음을 위로하고, 혹은 드러내고, 혹은 기억시키고, 혹은 이 일을 편안케 하고, 혹은 이 일을 편안하지 않게 하여, 어리석지 않으나 벗어나지 못하게 하면, 운운」이라 하고 있다. 이에 대해 범죄쟁犯罪諍에 대해서는「일곱 가지 죄七種罪 – 바라이·승가바시사 내지 악설을 범했다고 하는 것을 범쟁犯諍이라 한다.」라고 하고 있다.[9] 멱쟁교계쟁사覓諍教誡諍事에 파계破戒·파견破見·파

8)『오분율』제23권, 대정 22권, 154쪽 a.
9)『사분율』제47권, 대정 22권, 916쪽 a.

위의破威儀를 들고, 범쟁범죄쟁사犯諍犯罪諍事에 칠취七聚의 죄를 드는 점에서는 『빠알리율』과 같다. 그러나 멱쟁覓諍은 파계 등 견 · 문 · 의見聞疑에 대해서, 범쟁犯諍은 범한 죄에 대해서 논하는 것으로 이 점은 『빠알리율』과 다르고 『오분율』에 가깝다.

그리고 이상의 한역과 『빠알리율』의 5율律을 종합해 보면, 교계쟁사敎誡諍事란 『빠알리』와 『사분율』은 오편칠취五篇七聚 이외의 파계 · 파견 · 파위의에 대해 비난하고 그것을 부정否定하는 쟁사이다. 범죄쟁사犯罪諍事는 계학처의 오편칠취에 대해 마찬가지로 비난과 부정否認의 쟁사로 한다. 이에 반해 『마하승기율』과 『십송율』과 『오분율』은 교계쟁사도 범죄쟁사도 공통으로 오편칠취와 그 밖의 악행에 대해 비난과 부정否定의 다툼이라고 한다. 그리고 교계敎誡와 범죄와의 차이에 대해서, 교계는 『십송율』이 무근이라 번역하고, 『마하승기율』이 비방이라 번역하고 있듯이 사실무근의 범죄나 악사惡事로 비난하고, 비난받은 자가 자기의 무근청정無根清淨을 주장하는 다툼인 것에 반해, 범죄쟁犯罪諍은 당한 범죄나 악사惡事에 대해 자신의 죄를 타인에게 덮어씌우거나, 또는 자유스럽지 않기 때문에 생기는 쟁사라고 하고 있다. 즉 양쪽의 차이는 무근가공無根架空의 범죄에 대해서 인 · 부認否를 다투는 것과, 실제 당한 자에 대해 인 · 부認否를 다투는 것의 차이라고 한다. 그렇지만 『빠알리율』이나 『사분율』도 쟁사의 기사에서 위에서 언급한 것처럼 구별하는데 멸쟁법의 기사에서 멸쟁의 실제가 되면 이 『승기율』의 그룹과 같은 취급을 하고 있다.

즉 『빠알리율』에서는 교계쟁사의 멸쟁에는 억념비니憶念毘尼 · 불치비니不癡毘尼 · 멱죄상법覓罪相法의 三法이 할당되고, 범죄쟁사에는 자언치법自言治法 · 여초부지법如草覆地法의 두 법이 할당되어 있다. 이는『마하승기율』의 비방계誹謗戒가 억념憶念과 불치不癡의 두 비니멸毘尼滅이라 하는 것을 제외하고는『빠알리』·『사분』·『오분』·『십송』·『승기』모두 같다.[10]

그리고 멸쟁법에 대해서 보면, 첫 번째로 자언치自言治는 범한 자의 자백에 의해 지쟁止諍하는 것이고, 여초부지법如草覆地法은 서로 과실過失을 인정하는 것인데, 이 두 법에 의해서 지멸되는 것은, 범죄 중 경죄輕罪의 범 · 불범에 대한 논쟁이라 해야 할 것이다. 그리고 두 번째로 억념비니는 비난받는 사람이 기억의 정확함으로 무죄무범無罪無犯을 분명히 하는 것, 불치비니不癡毘尼는 비난받은 범죄를 만약 범했다고 하더라도, 마음이 광란중狂亂中이었음을 증명하고, 정상적인 정신상태 때는 무죄無罪 · 무범無犯이었음을 분명히 하는 것이다. 그리고 세 번째 멱죄상법覓罪相法은『십송율』에서는 실멱實覓,『오분율』에서는 본언치本言治,『사분율』에서는 죄처소罪處所라고 번역하는데 이는 범죄자의 죄를 추문推問하고, 그 죄를 분명히 하여 멸쟁하는 것이다. 따라서 이들 멸쟁법에서 역으로 그것에 의해 멸쟁되는 쟁사의 내용을 규정하면, 교계쟁사는 중죄중악행重罪重惡行에 대한 비난반박의 논쟁이고, 범죄쟁사犯罪諍事는 자백참회自白懺悔로 청정하게 되는 소죄小罪 등의 논쟁이 된다. 이처럼 보면『빠알리율』등의 네 가지 쟁사의 분류와 그것을 멸하는 방법인 멸쟁법이 취급할 쟁사의 내용이 반드시 일치하지 않고, 후자부터 말하면『마하승기율』등의 쟁사의 분류가 보다 타당하겠지만, 그것

10) Cullavagga, IV, 14, 27-33.『사분율』제48권, 대정 22권, 920쪽 a,『오분율』제23권, 대정 22권, 155쪽 a,『마하승기율』제12권, 제13권, 대정 22권, 328쪽 c, 332쪽 c,『십송율』제35권, 대정 22권, 252쪽 b. 남전대장경 제4권 154쪽-160쪽.

도 반드시 일치하지 않는다. 그것은 교계쟁사는 무근죄無根罪에 대해서 논쟁만이라 여겨지지 않기 때문이다. 즉 억념비니憶念毘尼나 불치비니不癡毘尼는 무근無根 또는 무죄를 유죄라고 비난하는 것에서 발생하는 다툼을 지쟁止諍하여 무죄자無罪者의 무죄를 밝히는 것이다. 그러나 멱죄상법覓罪相法은 유죄자有罪者에 대해서 그것을 밝히는 방법이기 때문에 이 세 방법으로 지쟁止諍되는 교계쟁사教誡諍事는 유죄무죄有罪無罪를 통하여 악사중죄惡事重罪의 쟁사라고 여겨야 할 것이다. 이에 대해 지언치自言治와 여초부지법如草覆地法으로 지쟁止諍되는 범죄쟁사犯罪諍事는 자백참회自白懺悔로 청정하게 되는 정도의 경죄輕罪에 대한 다툼이라 해야 한다.

이상의 일로 생각할 수 있는 것은, 이러한 차이는 그동안에 변화가 있었기 때문에 생긴 것으로 생각된다. 즉 쟁사를 사쟁四諍으로 분류하는 입장에서는, 『빠알리율』이 전형적이라 할 수 있다. 이에 반하여 지쟁법止諍法으로서의 칠멸쟁법 입장에서는 교계쟁사와 범죄쟁사의 무거운 것은 억념憶念 · 불치不癡 · 멱죄覓罪의 세 가지 법三法으로 처리하고, 두 쟁사의 경죄輕罪는 자언自言과 여초부如草覆로 처리되었는데, 이것의 구별이 언젠가 이윽고 교계중죄教誡重罪, 범죄소죄犯罪小罪로 하게 되었다고 볼 수 있다. 그리고 이 『빠알리율』의 쟁사분류의 입장과 칠멸쟁법의 억념憶念 · 불치不癡 · 멱죄覓罪의 중죄重罪와, 자언自言 · 여초如草의 소죄小罪 취급 방법의 중간상태로 약간 혼란한 것이 『마하승기』 · 『오분』 · 『십송』의 서술이라고 보인다.

예를 들어, 『빠알리율』의 쟁사의 구별부터 말하면 앞에서 언급한 범죄쟁사의 실례로 든 답바 비구가 무실무죄無實無罪였는데, 자비구니慈比丘尼로부터 바라이죄를 범했다고 비난받은 사건은 이는 범죄쟁사이지만, 멸쟁법으로서는 억념비니憶念毘尼로 처리되는 것이다. 그리고 억념비니는 교계쟁사의 멸쟁법으로 규정되어 있고 범죄쟁사의 멸쟁법이라고는 여겨지지 않는다. 이 일에서 답바의 쟁론이 억념비니로 처리되기 위해 범죄쟁사가 아니라 교계쟁사로서 취급되고, 교계와 범죄의 구별을 애매하게 하고 있다. 원래는 『빠알리율』의 쟁사 구별이 바르기 위해서는 교계쟁사와 범죄쟁사 양쪽이 공통되고, 중죄에 대해서는 무죄가 되는 자는 억념, 불치의 두 가지 비니, 유죄인 자는 멱죄상법覓罪相法으로 멸쟁하고, 경죄輕罪에 대해서는 자언치自言治와 초부지법草覆地法을 사용하여 멸쟁한다고 해야 했다고 여겨지지만, 공통 지쟁법止諍法을 인정하지 않고, 각 쟁사에 특유의 멸쟁법이 있었던 것이 위에서 언급한 것처럼 혼란을 초래한 것으로 생각된다.

(4) **사쟁사**事諍事 kiccādhikaraṇa : 이 쟁사의 실례가 되는 것은 이것도 제2결집의 10사 문제 때, 재가신자로부터 금전을 받았던 일을 비난한 야사에 대해, 밧지 출신의 비구들이 하의갈마下意羯磨를 행한 사건이다. 하의갈마는 재가에 폐를 끼친 비구로 하여 재가에 회과悔過하게 하는 갈마이고, 즉 야사로 하여 재가신자에게 회과하게 하기로 했다. 그러나 이는 야사 입장에서 말하면 승가의 징벌갈마(다음 장 참조)로서 정식으로 성립되어 있지 않다. 즉 당사자가 출석하지 않고, 또 당사자의 죄의 시인도 없이 행하여진 징벌갈마이고, 합법이 아니다. 그리고 야사는 그 절차의 불합법을 말하며 이에 따르지 않았던 것이다. 이처럼 절차의 합법, 비합법의 문제는 사쟁사事諍事에 속하는 쟁사이다. 『빠알리율』에 따르면,

「여기에서 무엇을 의무로 인한 쟁사란 어떠한 것인가? 승가의 의무인 것saṃghassa kiccayatā 僧伽所作 · 해야 할 일인 것karaṇīyatā 所辨-義務 · 허락에 대한 청원갈마apalokanakamma 求聽羯磨 · 單白羯磨 ñattikamma, 白二羯磨 ñattidutiyakamma · 白四羯磨 ñatticatutthakamma가 있다. 이러한 것을 '의무로 인한 쟁사'라고 한다.」

라고 하고 있다.[11] 이는 승가의 소작所作 · 소판所辦 각종 갈마 그것이 사쟁사事諍事라는 의미는 아니고, 이들에 대해서 그 절차, 조건들이 구비되어 있는가 불비不備인가, 따라서 그 갈마는 유효인가 무효인가의 다툼을 말하는 것이다.

이 사쟁사는 『오분율』과 『십송율』에서는 상소행사常所行事, 『마하승기율』에서는 상소행사쟁常所行事諍, 『사분율』은 사쟁事諍이라 번역하고 있다. 그리고 『오분율』과 『십송율』은 승가의 일체 소작所作 및 각종 갈마에 대해서의 쟁론諍論으로 삼고 있지만,[12] 『승기율』에서는 「상소행常所行이란 만약 승소작僧所作의 사事, 여법如法하게 판별辨別하고, 여법하게 결집結集하고, 여법하게 나타내고, 여법하게 버리고, 여법하게 주는 등 이러한, 세존의 제자 비구 대중의 소행所行의 무량사無量事는 모두 칠멸쟁七滅諍으로 하나하나의 사事를 지止하여 멸滅해진다.」라고 하고, 『오분율』이나 『십송율』과 설명 내용을 하고, 쟁사의 지멸법止滅法인 칠멸쟁의 적용 방법에 관한 것으로 하고 있다.[13] 그리고 이것과 같은 입장이라 보

---

11) Cullavagga,IV, 14, 2. 남전대장경 제4권, 137쪽.

12) 『십송율』제34권, 대정 23권, 251쪽 b, 『오분율』제23권, 대정 22권, 154쪽 a.

13) 『마하승기율』제13권, 대정 22권, 335쪽 b, 본문 독해도 『국역일체경』 西本龍山의 國譯文에 의한다.(율부9, 41쪽)

여지는 것은 『사분율』이고, 이에 따르면 「어떤 것이 일로 다툼[事諍]인가? 말로 다툼에서 일이 생기고, 죄를 찾는 다툼에서 일이 생기고, 범한 다툼에서 일이 생기나니, 이것이 일로 다툼이다.」라고 하고 있다.[14] 이 『사분율』의 설명은 『승기율』보다도 한층 구체적으로 범위가 좁게 한정되고, 언쟁쟁론쟁사言諍諍論諍事와 멱쟁교계쟁사覓諍教誡諍事의 멸쟁을 행할 때의 절차에 대해서의 논쟁이라고 한다. 그리고 한·파漢巴의 여러 율의 정의를 종합하면 『빠알리』와 『오분』과 『십송』 세 율은 승가에 있어서 일체의 작사作事·작무作務의 절차에 대한 논쟁이라 하는 것에 반하여, 『승기율』과 『사분율』 두 율은 사쟁사四諍事 중의 쟁론·교계教誡·범죄犯罪의 삼쟁사三諍事, 혹은 앞의 두 가지 쟁사의 멸쟁법 절차의 합법合法·비합법非合法의 쟁론이라 하는 것이고, 크게 두 가지 해석으로 나누어지게 된다. 그러나 이는 『빠알리율』 등의 기술이 본래의 것으로 생각된다.

그것은 사쟁사四諍事의 하나로서 다른 삼쟁사三諍事와 마찬가지로 열거되고 있고, 다른 삼쟁사三諍事에 부수附隨되어 있는 것이 아닌 것으로도 알 수 있다. 그러나 실제로는 사쟁사事諍事가 문제가 된 것은 쟁사諍事를 멸하기 위한 법정法延이고, 일반 수구나 포살 등 승가의 상소행사常所行事가 아니었을 것으로 생각된다. 상소행사라는 이름은 이 쟁론이 승가의 상소행常所行에 대한 절차 등의 비備·불비不備의 쟁론도 포함되는 것이었음을 의미하고 있으나, 실제로 절차의 합법을 다투는 일은 다른 경우에 거의 없고, 다만 서로 자기의 주장을 승리로 이끌고자 하는 칠멸쟁법의 법정法廷 절차에 대해서 발생했다고 보여지고, 그것이

14) 『사분율』제47권, 대정 22권, 916쪽 a.

처음의『빠알리』·『오분』·『십송』의 세 율의 정의定義로부터『마하승기율』이나『사분율』의 정의로 변화시켰다고 생각된다.

이상 본 바와 같이 승가에 발생하는 쟁론은 쟁론쟁사와 교계쟁사와 범죄쟁사, 사쟁사事諍事의 네 종류로 나눌 수 있고, 네 가지 쟁사四諍事라고 불린다. 이미 본 바와 같이『빠알리율』과 한역 4대 광율의 각각에 교계教誡 · 범죄犯罪 · 사事의 세 가지 쟁사의 정의가 다른 것이 있었지만, 그 대강에서 즉 네 가지 쟁사로 나누는 것 및 이 네 가지 중에 승가의 일체 쟁론을 넣는 것은 일치하고 있다. 그리고 이러한 쟁사를 어떤 식으로 처리하는가에 대한 방법을 나타내는 것이 칠멸쟁법이다. 중국, 일본의 율종에서는 오래전부터 네 가지 쟁사는 병病으로, 멸쟁법滅諍法은 이를 치료하는 약藥으로 비유되고 있다.

칠멸쟁법은 쟁사를 처리하는 승가갈마인데, 일반 승가갈마는 이미 말한 바와 같이 결의문 형식으로 만들어진 의안議案 즉 백白과 그것에의 찬성을 구하는 갈마가 있는데, 멸쟁법의 경우는 백白을 하기 위한 사실의 심리審理를 필요로 하고, 그것이 주요 부분으로 된 백白과 갈마설은 그 심리 결과의 확정을 위한 형식으로 된다. 그런데 멸쟁법은 7종이다.

(1) 현전비니現前毘尼 sammukha-vinaya

(2) 억념비니憶念毘尼 sati-vinaya

(3) 자언치법自言治法 patinnakaraṇa

(4) 불치비니不癡毘尼 amūḷha-vinaya

(5) 다멱비니多覓毘尼 yebhuyyasika

(6) 멱죄상법覓罪相法 tassapāpiyasika

(7) 초부지법草覆地法 tinavitthāraka

이다. 이 일곱 가지 방법으로 앞에서 언급한 네 가지 쟁사四種諍事를 처리하는 것인데 『빠알리율』에 의해 쟁사와 이를 처리하는 칠멸쟁법과의 관계를 나타내면,

1) 쟁론쟁사	(1) 현전비니
	(2) 현전비니와 다멱비니
2) 교계쟁사	(1) 현전비니와 억념비니
	(2) 현전비니와 불치비니
	(3) 현전비니와 멱죄상법
3) 범죄쟁사	(1) 현전비니와 자언치
	(2) 현전비니와 초부지법
4) 사쟁사	(1) 현전비니

라고 생각된다.[15] 이는 1)의 쟁론쟁사는 ①현전비니만으로 해결되는 경우와 ②현전비니법과 다멱비니법의 두 법이 조합되어 해결되는 경우 두 가지 경우가 있다고 하는 것이다. 이하 2)교계쟁사에는 세 가지 경우 3)범죄쟁사에는 두 가지 경우 4)사쟁사事諍事는 현전비니로 해결되는 한 가지 경우뿐이라는 것이다. 그리고 이 네 가지 쟁사와 멸쟁법의 조합은 한역의 『오분율』·『십송율』·『사분율』과도 같다.[16] 다만

15) Cullavagga,IV, 14, 16-34.

『마하승기율』에서는 1)상언쟁쟁론쟁사相言諍諍論諍事는 ①현전비니멸現前毘尼滅과 ②다멱비니멸多覓毘尼滅과 ③포초비니멸초부지법布草毘尼滅草覆地法의 세 가지 경우가 있다고 하고, 2)비방쟁교계쟁사誹謗諍教誡諍事에는 ①억념비니멸과 ②불치비니멸의 두 가지 경우만을 언급하고, 3)죄쟁범죄쟁사罪諍犯罪諍事에는 ①자언비니와 ②멱죄비니의 두 가지 경우로 되어서 다른 율과는 쟁사와 멸쟁법의 배당을 달리하고 있다.[17] 이는 주로 위에서 언급한 교계쟁사와 범죄쟁사의 해석 차이에 기인하는 것이라 여겨지는데, 이는 뒤에 음미하기로 하겠다.

칠멸쟁법의 제1 현전비니現前毘尼 sammukhā-vinaya라는 것은 두 가지 의미로 된다. 하나는 법정의 의미이고, 다른 하나는 멸쟁법재판의 의미이다. 즉 현전비니現前毘尼란 승가현전과 법현전法現前과 율현전律現前과 인현전人現前의 네 가지 법의 현전전四法現前으로 재판을 행하는데 필요한 조건을 정리하는 것法廷을 성립시키는 것을 의미하는 것이다. 먼저 첫 번째로 승가현전saṃghasammukhatā이란 승가 전원의 완전 출석을 말하는 것이고, 갈마를 행하는데 필요한 4명 이상의 비구가 있고, 낙욕樂欲을 주어야 할 결석자缺席者는 낙욕樂欲 위임을 주고 나서, 출석한 자는 모두 청정한, 가책 당하는 일 없는 비구뿐인 경우이다. 두 번째 법현전法現前 dhammasammukhātā은 교법과 스승의 가르침의 현전, 세 번째 율현전律現前 vinayasammukhatā은 율과 스승의 가르침의 현전으로 이 두 가지는 그 사건을 처리하는데 필요한 법과 율과 스승인 붓다의 가르침이 있는 것, 즉

16) 『십송율』제35권, 대정 23권, 252쪽 b, 『오분율』제23권, 대정당22권, 154a-c, 『사분율』제47권, 48권, 대정 22권, 917쪽 a-920쪽 a.

17) 『마하승기율』제12권, 13권, 대정 22권, 327쪽 b, 328쪽 c, 332쪽 c.

법정은 법과 율과 스승의 가르침으로 쟁사를 멸하게 하는 것이다. 네 번째로 인현전人現前 puggalammukhatā이란, 지금 멸쟁재판처리해야 할 쟁사諍事의 쟁론자諍論者와 대쟁론자對諍論者 쌍방이 출석하는 것이다. 즉 승가와 법과 율과 사람의 사법현전四法現前함에 따라서 심의審議의 법정法廷이 성립하는 것이고, 이는 칠멸쟁법七滅諍法 중의 현전비니現前毘尼 이외의 억념비니 · 불치비니 · 다멱비니 · 다멱상법 · 초부지법 어느 하나를 사용할 경우에도 필요한 법정 성립 조건이기 때문에, 그것들이 사용되는 경우는 반드시 이 사법현전四法現前의 현전비니는 필요하다고 여겨지는 것이다. 바꿔 말하면 모두 멸쟁법에 현전비니는 법정 성립 조건으로서 필요한 것이다.

다음으로 예를 들어, 쟁론쟁사의 일부나 사쟁사事諍事는 이 현전비니만으로, 다른 멸쟁법을 병행하여 사용하는 일 없이 처치재판 된다. 이것이 두 번째 독립된 멸쟁법으로서의 현전비니의 의미이다.

2. 쟁론쟁사의 현전비니멸現前毘尼滅

(1) 『빠알리율』의 현전비니

멸쟁법으로서의 현전비니는 칠멸쟁법 중에서는 가장 복잡하고 중요한 것으로 보이고, 멸쟁법의 성질을 유감없이 나타내고 있다. 그것은 쟁사 중 최대의 것, 즉 법과 율에 관한 쟁론을 멸하기 위한 것이기 때문이다. 입멸 후의 승가는 무교주 교단이었지만, 법과 율은 교단에 있어서 절대적인 의지였다. 법과 율이야말로 절대 불변의 진리였지만, 그것에 대한 통일적인 해석을 내리는 교주가 없어서, 그 절대불변의 진리이어야 할 법과 율에 견해의 차이가 발생하여 쟁론쟁사가 되는 것이다. 이는 승가 통일 화합의 의지처인 법과 율에 대한 견해 차이이기 때문에, 따라서 그 다툼은 이윽고 승가 분열을 예상하게 하는 것이다. 그러므로 이 쟁론쟁사의 취급은 가장 신중을 요하는 것이다. 이 쟁사가 현전비니로 해결되지 않을 경우는 다멱비니 즉 다수결로 처리되어야 하겠지만, 그것은 최악의 경우이다. 불교 역사에서 최대 위기로서 다수결을 예상하게 한 제2결집에서는, 다음에 기술하는 것처럼, 현전비니법 중의 위원회 제도로 해결하고 있다. 아마 불교의 역사를 통해 제2결집 이외에 이에 비교할 만한 쟁론도 없었던 것 같다. 또한 쟁론에 다수결을 사용한 것은 『대비바사론』 제99권(대정27권 511쪽c)에 아소카왕 도하都下의 계원사鷄園寺에서 마하데바摩訶提婆와 상좌장로上座長老들과의 교의논쟁教義論諍으로, 데바提婆의 제언으로 다수결을 행하였다. 그때 데바提婆 편이 많아서 이때부터 대중大衆 · 상좌上座의 분열을 일으켰다고 하는데, 이 이외에는 다수결의를 사용하는 일은 없었던 것은 아닌가 생각된다.

쟁론쟁사의 현전비니 멸쟁 방법은 단순하지 않다. 특히 한역의 『오분』 · 『십송』 · 『사분』의 각 율을 대비하면 출입 · 혼란이 심하다. 이는 이제부터 기술하듯이, 원형적인 『빠알리율』의 형식이 바르다고 생각된다. 다른 율에서는 그 제도의 실제를 모르는 한역자와 전지자傳持者에 의해 혼돈된 것으로 생각된다. 예를 들어, 『십송율』과 같은 현전비니의 글 도중에, 다멱비니의 기록이 일부 혼입되어 전해지는 것처럼 혼란이 심한 방법이다.[1]

쟁론쟁사를 처리하는 방법 중의 기본형식이라 여겨지는 현전비니를 혼란 없이 전하는 것은 『빠알리율』이라고 인정되기 때문에, 이를 기준으로 하여 한역의 네 가지 대율大律의 기술을 정리해보기로 하겠다. 여기에서 『빠알리율』의 현전비니멸쟁은 네 가지 형식으로 성립되어 있다. 첫 번째로 성공하지 않았다면 제2, 제3, 제4의 순서로 시험해 보도록 하고 있다.

먼저 첫 번째 형식은 쟁사가 발생하면 이를 멸쟁하기 위해 사법현전四法現前의 현전비니를 가질 수 있다. 사법四法은 위에 말한 바와 같이

1) 『인도학불교학연구』 제2권 · 2호, 졸저 「『십송율』의 訂正에 대해서」.

승가僧伽와 법과 율과 사람이고, 이는 현전승가가 쟁론을 하는 쌍방의 출석을 요구하고, 교리教理와 불소언佛所言과 율제律制에 근거하여 그 다툼에 정 · 부正否의 판단을 내리고, 그것을 다투는 양자에게 인정하게 하여 다툼을 멸하고자 하는 것이다.

현전비니 사법현전四法現前의 사법四法 내용은 상좌부계의『사분』·『오분』·『십송』세 율은 모두 앞에서 언급한『빠알리율』사법현전四法現前과 비슷하다. 즉『오분』과『십송』두 율은 승가僧와 사람人과 비니毘尼의 삼법현전三法現前이라 한다. 그 중 비니毘尼는 법과 율이라고 주석되어 있으므로, 내용상은 사법현전四法現前이 되지만『사분율』은 사법四法 외에 계界를 더하여 오법현전五法現前이라 한다. 계界는 현전승現前僧의 결계結界이기 때문에 이는 특별히 말하지 않더라도 당연한 것이고, 다른 율의 사법현전四法現前도 당연히 계현전界現前을 포함하는 것이다.[2] 대중부계의『마하승기율』에는 사법四法을 명확하게 이야기한 것이 없지만, 이 점에 관하여 상좌부계와 다른 것이 있을 것으로는 생각되지 않는다.

그리고 사법현전四法現前하는 현전비니의 법정에서 사회자가 되는 것은『빠알리율』에서 '총명 유능한 비구'라고 불려지고, 한역에서 '갈마사'라고 칭해지는 사람이다. 상례적常例的으로 승가갈마에 백白이나 갈마설羯磨說을 하며 사회를 보는 사람이다. 이 사회자 아래에서 쟁인諍人의 쌍방 주장을 법과 율에 서로 비춰서 승가의 비구들에 의해 심판받고 판단이 내려진다. 그리고 판단이 났을 때 다투는 쌍방이 그 판단을 승인하면 그 판단을 내용으로 하는 백白이 행해지고, 백사白四의 승

2)『오분율』제23권, 대정 22권, 154쪽 b,『십송율』제35권, 대정23권, 252쪽 c,『사분율』제47권, 대정 22권, 918쪽 b.

가갈마가 되어 결정決定, 즉 단사斷事를 보는 것이다.[3] 그러나 이 현전비니의 판단은 재판의 판결도 결정도 아니고, 완전히 현대의 조정재판 방식이다. 쟁론의 쌍방, 또는 일방에 승인되지 않았을 경우는, 예를 들어, 자기의 주장이 부좀라고 판단된 자가, 그것에 승복하지 않으면 첫 번째 형식의 현전비니는 불성공不成功으로 끝난 것이다. 그리고 같은 현전비니를 같은 구성원으로 같은 곳에서 다시 한번 하는 예는 없고, 두 번째 현전비니 형식으로 옮겨진다. 그러나 쌍방이 승인하고 갈마하고, 결정했을 경우는 이에 승복해야 하고, 결정한 것을 쟁인諍人이나 여욕자與欲者가 재발쟁再發諍하면 이는 바일제법 제79[4]의 「여욕후회계與欲後悔戒」와 제63[5]의 「발쟁계發諍戒」를 범하는 것이 된다.[6]

현전비니의 제2형식은 실제 제1형식이 불성공不成功으로 끝났기 때문에 제3형식으로 옮기고자 할 때 제1형식과 제3형식의 중간에서 일어날 수 있는 경우의 형식이다. 쟁론의 판단 해결을 『사분율』의 용어는 단사斷事라는 것인데, 단사가 제1 형식에서 불성공不成功으로 끝났을 때는 근주처近住處에 있는 다른 현전승가에 현전비니에 의한 단사를 의뢰하는 것을 원칙으로 하는데, 이것이 제3 형식이 된다. 처음에 현전비니가 성공하지 않았던 승가를 제1 승가라 하고, 다음으로 단사를 의뢰하는 것을 제2 승가라고 부르면, 제1 승가에서 제2 승가로 단사를 의뢰하러가는 도중道中에, 쟁사를 가지고 가는 사람들 즉, 전사인傳事人

3) 『빠알리율』에서는 이 갈마를 白이라고도 白四라고도 하고 있지 않지만, 憶念毘尼나 不癡毘尼가 白四이기 때문에 당연히 現前毘尼의 경우도 白四羯磨라 해도 된다.

4) 『빠알리율』·『오분율』제79계, 『사분율』 제76계, 『십송율』 제53계, 『승기율』 제43계.

5) 『빠알리율』 제63계, 『사분율』 제66계, 『오분율』 제5계, 『십송율』·『승기율』 제4계.

6) Cullavagga, IV, 14, 16. 남전대장경 제4권, 146쪽.

(『십송율』의 용어)만으로 의견이 일치하여 단사斷事되는 경우가 제2형식이다.[7] 물론 이 도중에 멸滅이 되는 경우도 승가僧伽와 법과 율과 사람의 현전을 필요로 하는 현전비니이기 때문에, 전사인傳事人은 현전승가를 구성할 수 있는 인원수인 4명 이상이고, 이에 쟁론諍論 쌍방의 사람人이 함께 있어야 한다. 그리고 이 도중단사道中斷事도 그것이 백白이 되어 갈마가 설해지면 물론 제1 형식으로 성립된 것과 같은 효과가 된다.

제3 형식은 제1 승가의 근주처近住處의 제2 승가가, 제1 승가로부터의 전사인傳事人의 의뢰를 받고, 의뢰받은 쟁사의 단사를 위해 행한다. 사법현전四法現前의 현전비니이고, 그 방법은 제1 형식과 같다.[8] 이 제3 형식으로 잘 단사하여 쟁사諍事가 멸하면 좋겠지만, 그것도 성공하지 못하고 끝나면 전사인傳事人은 쟁사를 제1 승가에로 가지고 돌아오게 되는데, 가지고 돌아가는 도중에서 제2 형식과 같은 도중단사道中斷事가 있으면 이는 '제2차 제2형식'으로도 부를 수 있는 것이지만, 물론 이것도 유효한 단사가 된다.

제4 형식은 위원회형식이다. 제3 형식으로도 단사되지 않고, 또한 제2차 제2 형식도 성립하지 않았을 경우는, 다시 제1 승가에서 현전비니를 열지만 「무변無邊한 언설言說이 생겨서 그 말하는 것의 의미를 알기 어려운」 상황이 되었을 때는, 즉 이견이 수습되지 않았을 때는 단사인斷事人 ubbāhika이라 하는 위원을 뽑아서, 그 위원회에 위탁하여 단사해야 한다고 한다. 물론 제2, 제3 형식을 거치고, 최초의 제1 형식으로 빨리 「무변한 언설을 일으키고, 그 말하는 것의 의미를 알기 어려운」

7) Ibid., IV, 14, 17. 남전대장경 제4권, 146쪽-147쪽.
8) Ibid., IV, 14, 18. 남전대장경 제4권, 147쪽-148쪽.

상황에 이르면 즉시 이 단사인에 의해 위원회를 가져도 좋다.[9] 제2결집 때의 쟁사는 금은정金銀淨 등의 10사였는데, 이때 처음부터 무변한 언설을 일으키고 그 말하는 것의 뜻義을 알기 어려움에 이르렀기 때문에 위원회를 가지게 되었고, 위원회에서 단사된 것이 전원에게 보고하고 승인되어 끝났던 것이다.

제2결집 때 10사 문제로 양쪽 파의 비구가 사방에서 집합하였는데 단사를 위한 베살리Vesālī 현전승가는 700명이었다. 율장의 제2결집 기사에 따르면 10사에 대한 단사를 위한 현전비니는, 물론 제1 형식으로 열려졌지만, 「이 쟁사를 결정하고자 하는데, 무변한 언설을 일으키고, 한 가지 소설所說의 의미조차 알지 못하는」 혼란한 상황이었기 때문에, 구수 레바따Revata의 발언으로 단사인을 뽑아서 단사하게 된다.[10] 단사인위원회가 있었던 것으로 불교사상에 전해지는 것은 이 제2결집 한 번뿐이므로, 이에 의해 보면 이때 위원은 10사를 주장하는 빠찌나까파派 Pācīnaka-bhikkhū에서는 쌉바까미Sabbakāmi 一切去 이하 4명을, 이에 반대하는 빠테이야파派 Pāṭheyya-bhikkhū에서는 레바따Revata 이하 4명을 뽑아서, 이 8명을 레바따의 고지告로 백이갈마하여 단사위원斷事委員으로 임명했다.

멸쟁건도의 규정에 따르면 단사인이 되는 자는 10가지 자격資格 dasa-aṅgā을 가진 자여야 한다고 하고 있다. 즉,

① 계행을 갖추고, 바라제목차를 수호하고 지켜서, 행동범주를 완성하고ācārasampanna, 사소한 잘못에서 두려움을 보고, 학처를 받아

9) Ibid., IV, 14, 19. 남전대장경 제4권, 148쪽-149쪽.
10) Ibid., XII, 2, 7. 남전대장경 제4권, 455쪽.

배우고, 많이 배우고 배운 것을 기억하고 배운 것을 모으고,

② 처음도 훌륭하고 중간도 훌륭하고 마지막도 훌륭한, 내용을 갖추고 형식이 완성되고, 지극히 원만하고 오로지 청정한 거룩한 삶을 선언하는, 그러한 가르침을 자주 배우고 기억해서 언어로 숙달하고 정신으로 관찰하고 견해로 꿰뚫고,

③ 양부비구 · 비구니의 바라제목차를 상세히 이해하여 경과 구절에 대해 잘 분별하고 잘 해석하고 잘 결정하고,

④ 계율이 확립되어 흔들림이 없고,

⑤ 논쟁자와 대론자 자타를 알게 하고, 사유하게 하고, 고찰하게 하고, 청정한 믿음을 지니게 하고, 청정한 기쁨을 지니게 하는 데 유능하고,

⑥ 쟁사가 발생한 것을 그치게 하는 데 밝고,

⑦ 쟁사를 알고,

⑧ 쟁사의 원인을 알고,

⑨ 쟁사의 소멸을 알고,

⑩ 쟁사의 소멸에 이르는 길을 아는 것이다.

이러한 열 가지 고리를 갖춘 비구를 단사인으로 선정할 수 있다고 한다.[11]

제2결집에서는 8명의 단사인을 뽑는 것과 함께 지좌와구인知坐臥具人 senāsana-paññapaka로서 아지따 비구Ajitabhikkhu가 백이갈마로 임명되었다. 설영인設營人 혹은 위원회 돌보미委員會世話係라고도 할 수 있는데, 이 아

11) Ibid.,IV, 14, 19. 남전대장경 제4권, 148쪽-149쪽.

지따 비구가 현전승가와는 별도로 정처靜處인 발리까 원園 Valikārāma에 회의의 자리를 준비하여 단사인 위원회를 열었다. 개최된 위원회에서는 빠테이야파派의 레바따가 위원회를 향하여 「승가여, 내 말을 들으십시오. 만약 승가에 기회가 무르익으면 나는 삽바까미一切去 장로에게 율律을 묻겠습니다.」라고 하자, 구수 삽바까미一切去 장로도 위원회를 향하여 「승가여. 내 말을 들으십시오. 만약 승가에 기회가 무르익으면 나는 레바따가 율을 묻는 것에 답하겠습니다.」라고 하고 있다. 여기에서 「승가여」라는 것은 위원회에서 결계結界하여 승가를 형성하고, 현전비니를 이루기 때문이라 생각된다. 그리고 이처럼 구수 두 사람의 제안의 말이 있고 나서, 레바따가 삽바까미一切去에 대해 10사의 하나하나를 이야기하고, 그것에 관한 율제나 그 율제가 제정된 인연이나, 그 율제律制의 소재所在나 율제에 의한 하나하나의 일에 대한 옳고 그름正·邪의 판단을 묻고, 삽바까미一切去는 그것에 하나하나 대답하고, 결국 10사 모두를 사법·사율邪法邪律이라는 판단을 내렸다. 그리고 이 일이 끝나고 아마도 다른 위원으로부터 이론이 없었기 때문에 위원회에서 단사성립斷事成立이 되었으므로, 삽바까미一切去가 「벗이여, 이 쟁사는 이미 제거되고, 진압鎭壓되고, 적정寂靜이 되고, 잘 적정寂靜이 되었습니다. 벗이여, 그러나 그대는 다시 승가 안에서 나에게 이 10사를 묻고, 그 비구들로 하여 이해시켜야 합니다.」라고 기술하고 있다. 이 삽바까미一切去의 말은 위원회에서는 10사가 단사되었기 때문에, 이 위원회에서와 마찬가지로 700명의 현전승가에서 다시 한번 레바따가 10사의 하나하나를 제안 설명하고, 가부可否를 묻고, 삽바까미一切去는 그것에 대해 율제에 의해 옳고 그름正·邪의 판단斷을 대답하고, 모든 비구에게 이 일을 이해시키도록 말하는 것이다. 즉 단사는 위원회에서 확정되었으나 그 확정을 충분하게 이해시키기 위해 700명의 현전승가에서 그와 같이 행하는 것이다. 다음에 기술하듯이, 이는 총회의 승인을 얻었다고 해서 위원회의 단사가 성립되는 것은 아니다. 700명 현전승가에서 위원회에서와 마찬가지로 10사의 하나하나에 대해서, 묻고 답한 것은 위원회의 보고라고 해석해야 할 것이고, 700현전승가의 갈마는 행해지고 있지 않았던 것이다.[12] 즉 위원회는 단사斷事를 완전하게 위임받고 있었다.

이상은 제2결집의 10사 문제 처리의 실제 기사인데, 멸쟁건도의 기술에서는 단사인에 의한 현전비니의 단사에 법현전法現前과 율현전律現前과 인현전人現前 세 가지 현전現前은 말하지만, 승가현전僧伽現前은 말하고 있지 않다.[13] 제2결집의 위원회에서는 레바따나 삽바까미一切去도 「승가여!」라고 부르고 있는데, 이는 8명의 위원회이기 때문에 결계結界만 하면 현전승가라고 볼 수 있으므로, 아마 결계結界하여 승가라고 부른 것으로 생각된다. 단사인은 인원수人數의 제한이 없으므로, 반드시 4명 이상이라고는 할 수 없다. 2명 내지 3명일 때도 있을 수 있으므로, 승현전僧現前을 따로 말하지 않는 것으로 생각된다. 그리고 사람人과 법과 율의 삼법현전三法現前에서 단사인의 단사를 인정하는 『빠알리율』의 이 기사에 따르면, 단사인의 위원회에서 단사하여, 쟁인諍人이 그것을 승인하면 총회를 기다리지 않고 그곳에서 결료結了하고, 총회는 단순 보고에 지나지 않게 된다. 따라서 제2결집의 종결은 위에서 언급한 것

12) Ibid., XII, 2, 7-8. 남전대장경 제4권, 455쪽-459쪽.
13) Ibid.,IV, 14,22. 남전대장경 제4권, 150쪽.

처럼 해석되어야 한다.

다시 제2결집 기사는 『빠알리율 쭐라박가』와 『오분율』, 『십송율』, 『사분율』과는 거의 일치하고 있어서, 분명히 현전비니의 단사인 위원회에서 단사된 것을 알 수 있다.[14] 그러나 멸쟁건도의 현전비니 단사인위원회 규정은 『빠알리율』만이 제2결집 기사와 일치하고, 한역 여러 율은 일치하지 않는다. 이는 주의해야 할 부분인데, 한역 여러 율의 현전비니 기술이 혼란되어 있음과 아울러 생각해보면, 여러 율이 전래되어 한역될 때 현전비니의 쟁사멸쟁諍事滅諍이 행해지고 있지 않았고, 그 때문에 제2결집기사는 정확하게 번역되었으나 현전비니의 단사인 규정은 잘 이해할 수 없었으므로 부정확하게 번역되었거나, 또는 부정확하게 전래되었다고 생각된다. 그러나 이들 율에 제2결집 기사가 편집됐을 때는, 현전비니의 단사인위원회법에서 10사가 단사斷事된 것은 알려져 있으므로, 이 위원회법에 근거하여 그와 같이 기사를 편집한 것으로 생각된다.

다음으로 제5 형식으로서 현전비니가 행해지고 있을 동안에, 심의 진행에 방해가 되는 비구를 제외하고 행하는 방법이 적혀있다. 현전비니는 선출된 단사인위원회는 별도로 하고, 그 밖은 사법현전四法現前이기 때문에 승가는 전원출석이어야 한다. 그러나 현전비니가 행해지고 있을 동안에 설법비구說法比丘의 바라제목차와 경분별을 모르는 자나 바라제목차는 이해해도 경분별을 이해하지 못하는 자가 있거나, 말을 해도 의미를 결여하는 자가 있으면, 진행에 방해가 되기 때문에 승

14) Ibid.,XII, 2, 7. 남전대장경 제4권, 455쪽, 『오분율』제30권, 대정 22권, 194쪽 a-c. 『사분율』제54권, 대정 22권, 971쪽 b. 『십송율』제61권, 대정 23권, 455쪽 c-456쪽 a.

가僧는 백이갈마로 이를 제외하고, 멸쟁단사滅諍斷事를 행해야 한다고 하는 것이다. 그리고 이는 제4 형식의 진행 중이라 보는 것이 『빠알리』의 서술 순서로 봐서 지극히 당연하겠지만, 제1, 제2, 제3 형식의 진행 중에도 일어날 수 있는 일이라 생각된다. 이것이 제4 형식 진행 중의 일이라 보는 이유는 법과 율과 사람의 삼법현전三法現前에서 행하여진다고 하는 점[15]에 있다. 그러나 다른 형식 중에도 있다고 생각한다면, 승현전僧現前을 말하지 않는 것은 방해치는 자를 제외하면 승수僧數가 모자라게 되는 일이 있기 때문이라고도 생각할 수 있다.

이상, 현전비니에 의한 쟁론쟁사를 멸하는 방법에는 제1 형식부터 제5 형식까지 있었으나, 이 다섯 가지 형식을 사용해도 오히려 단사에 성공하지 못할 때는 최후 수단으로서 다수결에 의한 법, 즉 다멱비니법多覓毘尼法을 사용하게 된다.

(2) 한역 율律들의 현전비니現前毘尼

이상 다섯 형식에 의한 현전비니는 『빠알리율』에 의한 것이지만, 한역 여러 율은 서술이 정확하지 않고 광·략廣略의 출입이 많으므로, 이 『빠알리』의 다섯 형식으로 판단하면 그것에 가까운 것으로 정리할 수 있다.

『오분율』의 투쟁鬪諍에 대한 현전비니는 그 자료와 배열 순서는 완

15) Ibid., IV, 14, 22. 남전대장경 제4권, 150쪽.

전히 『빠알리율』과 비슷하지만, 구성형식은 『오분율』의 제1형식이 『빠알리율』의 제1형식과 일치할 뿐, 『빠알리율』의 제3 · 제4 · 제오의 세 형식에 상당하는 것을 『오분율』에서는 제2형식의 하나로 여긴다. 즉 『오분율』에서는 제1형식은 『빠알리율』의 제1형식과 완전히 똑같다. 제1 승가, 즉 쟁사가 일어난 승가의 승僧과 인人과 비니毘尼(법과 율)가 현전한 법정으로 단사된다.[16] 다음으로 『오분율』의 제2형식은 제2승가의 현전비니이고, 다른 주처의 지혜가 있고 바라제목차를 잘 이해하는[有智慧解波羅提木叉] 대중인 승가가 행하는 것이다. 그리고 이 제2형식은 이를 세세하게 분석하면 삼단三段으로 나누어 볼 수 있는데, 그 제1단계는[17] 『빠알리율』의 제3형식에 상당하고, 다만 다른 점은 단사를 의뢰하는 자들인 전사인傳事人이 제2승가에 대해 오늘 내일 후 3일 이내에 단사하도록 기한을 정하여, 그 승낙約諾을 얻어 의뢰하는 점뿐이다.

다음으로 『오분율』 제2형식의 제2단계는[18] 단사 의뢰를 받은 제2승가의 현전비니에 있어서, 의견이 대립되어 결단하기 어렵게 된 경우에 『빠알리율』의 제4형식과 마찬가지로 양쪽 파에서 두 가지의 오덕五德[19]이 있는 비구를 4명씩 뽑아서 단사인으로서 이를 판단하게 한다. 세 번째로 같은 제2형식의 제3단계는[20] 『빠알리율』의 제5형식과 같은 것이다. 즉 단사인의 단사 중에, 이는 단사인으로서 선명選命되지 않는 1명 또는 두 · 세 명이 좌중坐中에 있어서 심의를 어지럽힌다면 그

16) 『오분율』제23권, 대정 22권, 154쪽 b.
17) 대정 22권, 154쪽 b, 8행 2자-19행 4자.
18) 대정 22권, 154쪽 b, 19행 5자-c 5행 5자.
19) 受他語不瞋 · 受他語不失 · 善察語意 · 問語不問不語 · 語時不笑 · 不隨欲 · 恚 · 癡 · 畏 · 不竊語.(대정 22권, 154쪽 c)
20) 대정 22권, 154쪽 c 5행 6字 - c 9행 13字.

자가 설령 총명지혜자라도 승가는 이를 구출驅出해야 하고, 더욱이 비구가 다송습자多誦習者라도 의미義를 이해하지 않고, 단사를 어지럽히면 단사인은 이 비구에게 경의經義가 그렇지 않음을 알려야 한다고 한다.

이상으로 본 것처럼 『오분율』의 제2형식은 3단으로 나누어질 수 있고, 그 각 단은 이것이 전부 제2승가에 있어서 방법이라는 점을 제외하면, 『빠알리율』의 제3, 제4, 제오의 세 형식의 순서, 내용도 대체로 일치하고 있다. 따라서 이 3단계를 각각 떼어내어 독립시켜서 독해하면, 『빠알리율』의 세 형식과 일치하게 되는데, 현재의 『오분율』은 독해하기 어려운 점도 많지만, 3단계를 제2형식의 3단계로 번역된 것으로 판독하는 것이 바람직한 듯하다.

『국역일체경』에서 니시모토西本龍山가 번역한 상당 부분도 그와 같이 읽고 있다. 그렇지만 『오분율』의 「칠백집법비니」의 기사는 『빠알리율』과 일치한다. 만약 『오분율』의 역자인 불타집佛陀什이 「칠백집법비니」의 10사가 전형적인 언쟁言諍 · 사쟁事諍 · 논쟁論諍의 사事인 것과, 이것이 단사인위원회의 현전비니에 의해 단사된 것을 알고 있었다면, 이 멸쟁법을 번역할 경우에는 적어도 제2형식의 제2단계는 독립된 제1승가의 단사인에 의한 현전비니로서 번역했다고 생각할 수 있다. 즉 『오분율』 제30권의 칠백집법비니의 기술과 제23권 멸쟁법의 기술을 반영하면, 『오분율』의 제2형식의 제2단계는 『빠알리율』의 제4형식과 같은 독립된 하나의 형식이라 보아야 할 것이고, 그러면 필연적으로 제3단계도 그 내용으로 봐서 『빠알리율』의 제5형식으로 독립시켜야 하는 것이 된다. 만약 이처럼 해석할 수 있다면 『오분율』의 언쟁을 단사하는 현전비니의 기사는[21] 『빠알리율』의 제2형식을 제외한 제1, 제3, 제4, 제오의 네 형식[22]이 바른 원형이었다고 해야 할 것이다. 그리고 그것이 전래, 번역되는 동안에 혼란되었는데, 역자가 현재의 번역과 같이 생각하여 번역했기 때문에 무너진 것으로 생각해야 할 것이다. 그리고 생각건데 『오분율』에도 『빠알리율』의 제2형식인 도중단사道中斷事가 있었지만, 이해를 못했기 때문에 잃어버린 것은 아닌가 하고 상상된다.

『사분율』의 언쟁 · 쟁론 · 쟁사의 단사멸쟁斷事滅諍은 세 가지 형식으로 행해진다고 했다.[23] 먼저 제1형식인데, 이것이 또한 3단계로 되어 있다. 제1단계는 한 비구 내지 승가가, 한 비구 내지 승가의 언쟁하는 비구에게 법과 율의 붓다 교설을 이야기하여 멸쟁하는 사현전비니似現前毘尼이고, 제2단계는 마찬가지로 조합하여 법과 율의 붓다 교설을 현전하게 하고 승인시켜서 멸쟁하는 현전비니이다. 그리고 제3단계가 『빠알리율』이나 『오분율』의 제1형식에 상당하는 것으로, 『사분율』의 어투로 말하면 승가와 계界와 사람과 법과 율의 5법현전의 현전비니이다. 이 중 계界는 아마도 단사하는 자가 결계結界하여 현전승가를 성립시키는 것을 말하는 것으로 생각된다. 이 3단 중에 제3단이 바른 현전비니라고 해야 하는 것이고, 제1, 제2단의 것은 이전의 충고와 같다고 볼 수 있지만, 『사분율』로서는 제1단계의 것도 제2단계의 것도 승현전僧現前이 없는 것인데, 멸쟁한 뒤 재발하면 바일제波逸提가 된다고 하고 있으므로 정식 승가의 현전비니라고 생각해야 할 것이다.

『사분율』의 제2형식[24]은 『빠알리율』의 제2형식과 마찬가지의 것으

---

21) 대정 22권, 154쪽 a 27행-c 9행.

22) Cullavagga, Ⅳ, 14, 16-22. 남전대장경 제4권, 146-150쪽.

23) 『사분율』제47권, 대정 22권, 917쪽 a.

로 제1승가에서의 제1형식이 성공하지 않고 끝났을 때 다른 주처의 호중승好衆僧 · 호상좌好上座 · 지혜인智慧人이 있는 제2승가로 단사를 의뢰하러 가는 도중에 전사인傳事人에 의한 도중상道中上의 단사이다.

이어서 『사분율』의 제3형식은 『오분율』의 제2형식과 같은 것으로, 『빠알리율』의 제3, 제4, 제오의 형식이 『오분율』보다도 한층 흐트러진 형태로 하나로 되어 있다. 그리고 『오분율』과 같이 이를 3단으로 나누어 보면, 제1단계는[25] 『빠알리율』의 제3형식에 상당하는 제2승가의 현전비니인데, 이는 『빠알리율』이나 『오분율』과 달리 제2승가가 의뢰자(傳事人)와 따로 모여서 단사斷事하는 것으로 한다. 즉 의뢰자가 하좌下座라면 소거少去시키고, 의뢰자가 상좌上座라면 제2승가가 스스로 피하고, 별집단사別集斷事하는 것이다. 『빠알리율』, 『오분율』, 『십송율』에서는 의뢰자와 별집別集하여 제2승가만으로 제1승가로부터의 단사의뢰斷事依賴를 인수引受해야 할지 부否할지를 상담하는 것은 있지만, 별집단사別集斷事하는 것은 『사분율』에만 기록하는 것이다. 그러나 의뢰자[傳事人]중에는 쟁인諍人도 있을 터인데, 이 쟁인諍人의 출석이 없으면 인현전人現前이 없고, 현전비니現前毘尼가 되지 않기 때문에, 그 점은 명확하지는 않지만, 제2승가의 별집別集에 쟁인諍人은 출석시키는 것이라 생각해야 할 것이다.

다음으로 제2단계[26]는, 이 제2단계의 별집단사別集斷事의 성상席上에서 선악善惡의 발언이 요해하기 어렵고 혼란을 초래했을 때는 「우리가

24) 대정 22권, 917쪽 b 22행-27행.
25) 대정 22권, 917쪽 b27행-c 21행.
26) 대정 22권, 917쪽 c 21행 -918쪽 상5행.

차라리 모든 지혜 있는 사람과 함께 한 곳에 별도로 모여서 함께 평가」하여 10덕이 있는 자를, 인수人數는 기록하지 않지만 백이갈마로 선임하여 공평단사하는 것이다. 이 모든 지혜인智慧人의 열 가지 덕[十德]은 ①지계구족持戒具足 ②다문多聞 ③이부의 율을 잘 외우는 것[若誦二部毘尼極利] ④그 뜻을 널리 잘 이해하는 것[若廣解其義] ⑤말을 명료하게 잘해서 문답을 감당하여 기쁘게 하는 것[若善巧言語辭辯了了堪任問答令歡喜] ⑥쟁사가 생기면 지멸할 수 있는 것[若諍事起能滅] ⑦편애하지 않는 것[不愛] ⑧화내지 않는 것[不恚] ⑨두려움이 없는 것[不怖] ⑩어리석음이 없는 것[不痴]이다. 이는『빠알리율』의 단사인의 자격과 대체로 일치하는 것이다. 제2단계의 원형은『빠알리율』의 제4형식의 단사인위원회일 것으로 생각되지만,「공평단사公評斷事」라 하므로, 제2단계 별집단사別集斷事를 실패한 사람이 지혜인들과 공동합의하여 단사를 행하는 것이라 여겨지고, 현재의 기사대로는 단사인위원회와는 전혀 다른 것으로 보인다.

세 번째로, 제3형식의 제3단계[27]는 제2단계의 도중에서, 즉 지혜인들과과 공평단사 중에 불송계不誦戒 · 부지계비니자不知戒毘尼者 · 송계불공계비니자誦戒不誦戒毘尼者 · 사정법의법사捨正法義法師가 있으면 이는 백이갈마로 사라지게 하고, 송계송비니誦戒誦毘尼로 순정의여법설順正義如法說하는 것을 도와서 행할 때를 말하는 것이다. 이것도 지금은『오분율』의 제2형식 중의 제3단에 비교해야 할 것으로, 이것도 역시『빠알리율』의 제5형식에서 변형된 것으로 생각된다.

이『사분율』도 역시 제54권의 칠백집법비니의 기사는『오분율』과 마찬가지로『빠알리율』과 비슷하게 8명의 단사인에 의해 현전비니의

27) 대정 22권, 918쪽 a 5행-24행.

단사인위원회 방식으로 멸쟁된다고 하고 있다. 따라서 『사분율』에 대해서도 『오분율』에서 본 것과 마찬가지로 이 칠백집법비니의 기사를 편집했을 때는 『빠알리율』의 제4형식 단사인위원회법을 알고 있었다고 보아야 할 것이고, 따라서 『사분율』이 현재의 형태로 만들어졌을 때도 제47권의 언쟁言諍의 현전비니멸 기사에는 『빠알리율』의 제4형식과 같은 단사인위원회가 있었을 것이다. 아마도 『사분율』을 중국에서 번역할 때 송출자誦出者도 번역자譯者도 멸쟁법에 대한 이해가 부족하여 독립된 3형식을 제3형식 중의 삼단계인 것 같이 송출하였던 것으로 생각된다. 『사분율』의 제3형식의 선조적先祖的인 원형은 『빠알리율』의 제3, 제4, 제오의 세 가지 형식이었다고 보아야 할 것이다.

『사분율』의 제4형식은, 위에서 말한 제2승가에서 단사멸쟁斷事滅諍하지 않았을 때 제3승가에 단사를 의뢰하는 것이지만[28] 그 제3승가에 단사를 의뢰하는 도중의 도중멸道中滅이고, 『빠알리율』의 제2형식에 준하는 것이다. 그리고 그것에 이어서 제5형식은[29] 제3승가의 중다비구衆多比丘의 지법持法 · 지율持律 · 지마이持摩夷한 이들의 단사멸쟁이다. 『사분율』에서는 제2승가가 단사를 행할 경우는 제1승가가 시정한 단사를 음미하여, 그것이 여법하면 의래자쟁인依來者諍人에게 그것을 승인해야 한다고 판단하고, 그렇지 않으면 제2승가가 신단新斷을 내린다. 이 의미에서는 「평단評斷」이지만, 이 제5형식의 제3승가의 단斷도 마찬가지로 제1 승가 및 제2 승가의 단斷을 음미하여 평단評斷을 하는 것이다. 그러나 제3 승가는 제2형식 제2승가의 단의 제1단계에 상당하는 방법

28) 대정 22권, 918쪽 b.

29) 상동.

만으로 단사하는 것이다. 또 이 제3승가는 반드시 중다비구가 아니고 1비구, 2비구이어도 좋다고 하는 것은, 이 『사분율』의 제1형식의 제1, 제2단계 형식과 함께 이 율에 특종特種이다.

『십송율』의 투쟁사鬪諍事 쟁론쟁사의 현전비니 멸쟁법은 『빠알리율』·『사분율』·『오분율』·『승기율』에 나오는 모든 명목과 방법을 종합한 것으로 여겨지는 구성을 하고 있다.[30] 먼저 그 제1형식은 『사분율』의 제1형식의 제2단계에 상당하는 것으로 쟁인諍人인 명상相言비구가 다툼을 승가 중에 있는 단사인인 달뢰둔闥賴吨 비구에게 붙여서 그 단斷을 구하는 것이다. 달뢰둔은 후에도 논하겠지만, 승가 중에 있는 단사 전문가라고 볼 수 있는 자로, 이에 의해 쟁사가 멸하면, 승현전을 말하지 않는다면, 사람과 비니(법과 율)의 현전승가에서 행해지는 현전비니멸이 되는 것이다.

다음으로 『십송율』의 제2형식은 『빠알리율』이나 『오분율』의 제1형식에 상당하는 것인데 이는 승僧과 인人과 비니毘尼가 현전하는 현전비니멸이다. 세 번째로 『십송율』의 제3형식은 제2형식으로 멸쟁되지 않았을 경우에 이용하는 소위원회 방식으로 이 제3형식과 다음 제4형식과 병행하여 『빠알리율』의 제4형식에 상당하는 것이다. 즉 제3형식에서는 오회구라烏廻鳩羅를 두 사람 선출하여 이를 소위원小委員이라 하고 이에 단사하게 하는 것이다. 오회구라는 이른바 단사인ubbāhika인데, 『십송율』에서는 불수애不隨愛 · 불수진不隨瞋 · 불수포不隨怖 · 불수치不隨癡 · 지단부단知斷不斷의 5덕五德을 구비한 자를 백이갈마로 임명하는 것이다. 이 오회구라는 지명추천이 아니라, 승가 대중을 향하여 「누가 능히 오

30) 『십송율』 제35권, 대정 23권, 252쪽 b.

회구라를 만들어 여법如法 · 여비니如比尼 · 여불교如佛教하게 이 일을 판단하겠습니까?」라고 알려서, 이에 응하여 「내가 할 수 있다.」라고 말하는 자를 구하고, 그 자에 대해서 5덕을 구비한 것을 확인하여 임명하는 것이다. 그리고 이 두 사람이 오회구라의 단으로 멸쟁해도 이를 승僧과 인人과 비니比尼의 3법현전 현전비니멸이라 하므로, 이 오회구라는 별집위원회別集委員會를 행하는 것이 아니라, 승현전僧現前 중에서 단사하는 것임을 알 수 있다.[31)]

그리고 『십송율』의 제4형식은 제3형식이 성공하지 않은 경우에, 새로운 두 오회구라를 임명하여 이 신新 오회구라로 제3형식과 마찬가지로 단사한다. 그리고 제4형식도 성공하지 못했을 때는, 제5형식으로서 구舊(제3형식) 오회구라烏廻鳩羅로 제3형식과 같은 것을 되풀이하고, 이것도 성공하지 못하면 제6형식으로 처음 제2형식과 마찬가지인 승가의 단사를 행하고 그것으로도 성공하지 못하면 제7형식으로 제2승가의 단사로 옮겨진다.

그렇지만 『십송율』의 제60권 및 61권 칠백비구집멸악법품七百比丘集滅惡法品 즉 제2결집의 기사는 『빠알리율』이나 『오분율』 등과 마찬가지로 8오회구라烏廻鳩羅에 의한 단사멸쟁이었다고 한다.[32)] 그러므로 『십송율』은 그 제3, 제4의 2오회구라에 의한 단사방식 외에, 이 제2결집을 취급한 8오회구라법烏廻鳩羅法을 인정했다고 해야 할 것으로 생각된다. 그리고 제2결집에 사용된 방식이 원조적元祖的인 원형인데 제35권 멸쟁법의 기술이 승가의 실상에 따르면서 전승의 실수가 있어, 현재와 같

....

31) 상동, 대정 23권, 252쪽 c.

32) 『십송율』제61권, 七百比丘集滅惡法品第二之餘, 대정 23권, 453쪽 c.

이 원형이 흐트러진 것이 되고, 원형을 이야기하는 제2결집 기사와 다른 형식으로 되어버렸던 것으로 생각된다.

『십송율』의 투쟁사鬪諍事 멸쟁법은 다시 15형식까지 열거된다. 그중에 제7형식부터 제11형식까지의 5형식은 제1승가의 의뢰를 받은 제2승가가, 제1승가가 행한 제2형식부터 제6형식까지 5형식과 같은 방법을 되풀이하는 것이다.[33] 단 제2승가가 단사를 수락했을 경우에, 만약 안거 중이면 안거를 일시 중지하는 칠야거七夜去, 삼십구야거갈마39夜去羯磨[34]를 행하고, 그래도 끝나지 않을 때는 파안거破安居를 행하여 단사해야 한다고 한다.[35] 이는 수락자受諾者의 입장에서 안거 중에 자기를 희생해서라도 멸쟁에 도움이 되기 위함이라 여겨지고, 후의 제13형식이 의뢰자依賴者 입장에서 안거 전에 단사하는 것을 조건으로 하는 것과 대조된다. 제12형식은 제2승가부터 제3승가로의 전사인傳事人의 도중멸道中滅이다. 앞에 제6형식 다음에 당연히 제1승가로부터 제2승가에로 전사인의뢰자傳事人依賴者의 도중멸道中滅이 있어야겠지만, 그곳에는 단지「승가는 마땅히 근주처近住處의 승가에 보내어 말하게 한다.」[36]라 하면서, 전사인의 도중멸道中滅은 말하지 않는다. 어쩌면 탈락한 것이 아닌가 생각된다. 그것이 지금 제12형식에 이르러서「이 가까운 주처의 승가는 마땅히 이 승사僧事로써 그 어떤 주처의 큰 승가에 먼저 전사인을 파견해야 한다.」[37]라고 하며 처음으로 전사인이란 말을 나타내

33) 대정 23권, 254쪽 a.
34) 大沙門白一羯磨, 대정 23권, 493쪽 a,『십송율』제24권, 대정 23권, 174쪽 c 참조.
35) 대정 23권, 253쪽 b.
36) 대정 23권, 253쪽 b2행. '僧應遣使往近住處僧所作言.'
37) 대정 23권, 254쪽 a. '是近住處僧應以此事遣使至某處大僧中應先立傳事人'

고, 그에 관한 설명을 하고 있다. 또 그곳에서 말하는 근주승近住僧은 제2승가이고, 이 제2승가가 모처某處 대승大僧인 제3승가로 전사인을 보내는 것이다. 이 전사인은 앞에서 언급한 오회구라烏廻鳩羅의 임명과 동일한 방법으로 임명하는 것으로 불수애不隨愛 · 불수진不隨瞋 · 불수포不隨怖 · 불수치不隨癡 · 지멸불멸知滅不滅의[38] 다섯 가지 덕이 있는 자가 임명된다. 전사인의 인원수는 한정되어 있지 않지만, 도중멸道中滅을 인정하기 때문에 승수僧數 (4명) 이상이어야 하고, 그리고 당연히 거사인擧事人(諍人)과 수거사인隨擧事人이 이에 포함되어야 한다고 생각된다. 그리고 이 도중멸道中滅이 성립하면 이는 승僧 · 인人 · 비니(법과 율)의 3법현전의 현전비니멸이 되는 것이다.

그러나 무릇 전사인은 다른 율에서는 이미 보았듯이 쟁사가 발생한 제1승가의 것이고, 제2승가의 단사불성공斷事不成功일 때는 이 전사인에게로 단사가 되돌아가고, 전사인은 제1승가로 가지고 가서 다시 제1승가로부터 제3승가로 전사인을 선출하는 것이다. 제1승가로부터 단사를 수락한 제2승가가 제2승가의 전사인을 준비하여 제3승가, 제4승가에 단사의뢰斷事依賴한다는 이 『십송율』의 기술은 제1승가가 전사인을 선출하고 있지 않은 것과 함께, 기술에 무슨 착오가 있는 것은 아닌가 생각된다.

제13형식은 제12형식이 없었을 경우 제3승가의 현전비니멸이다. 이 제3승가에 단사멸쟁을 의뢰할 경우는 전사인은 단사의 기한을 정하여 의뢰하는 데, 즉 안거에 이르렀을 때 최장 9개월(안거와 안거 사이의 기간은 9개월)에 단사가 끝나도록 의뢰하는 것이다. 그리고 이 제3승가의 단

38) 대정 23권, 254쪽 a.

사에는 제1승가나 제2승가에 있어서와 같이 오회구라烏廻鳩羅의 단사는 없고, 제1형식과 같이 승僧 · 인人 · 비니比尼現前의 현전비니뿐이다. 제13형식이 성공하지 않으면 쟁사는 전사인에게 반환된다. 이어서 전사인은 제4승가로 가게 되는데 제14형식으로서 도중에 전사인에 의한 도중멸이 있다. 만약 그 도중멸도 없이 제4승가에 이르면 제15형식으로서 승가 가운데 세 비구 내지 한 비구인 지수다라持修多羅 · 비니마다라가比尼摩多羅伽인 자로 단사를 구하게 된다. 이는 세 명 혹은 두 명 혹은 한 사람의 단이기 때문에 제4승가라고 하기보다는 식자識者 최후의 조정이라고도 할 수 있다. 그러므로 조정 방법도 「두 사람이 서로 이야기하여 이길 수 있는 경우는 없다.」라고 설하는 여법설如法說로 한다고 하고 있다. 즉 다툼의 양자 누가 이겼다고 하는 경우 없이 결말적 조정을 성립시키는 것이 기대되고 있다. 그리고 이것이 성립되면 이는 인 · 법 · 비니현전의 현전비니가 되는 것이고, 이것도 성공하지 못하면 다수결의 방법에 이른다.

『십송율』의 기술은 아마도 번역譯出 및 전지傳持하는 동안에, 내용을 이해하지 못함에 의한 혼란과 중복이 있어서 15형식으로도 읽을 수 있는 것으로 된 듯하다. 그리고 현전비니의 기술 중에 다멱비니 문장을 혼입시키고 있다. 대정대장경 제23권의 『십송율』에 대해서 말하면, 같은 권254쪽 중단中段 3행째 둘째자의 「사유오종事有五種」부터 하단下段 18행 「비구설비법고. 시명일체승취주比丘說非法故. 是名一切僧取籌」에 이르는 45행[39]은 현전비니의 제14형식 기술 중간에 혼입되어 있으나, 이는 다음의 다멱비니법多覓毘尼法의 후반기사인, 같은 23권 255쪽 18행째 「약단가

39) 『국역일체경 · 율부 六』 342쪽 제16행부터 344쪽 제8행째까지.

책돌길라. 유십종여若但訶責突吉羅. 有十種如」라는 문장 중간의 '라羅'와 '유有'의 중간[40]에 넣어야 할 것이다. 이처럼 현전비니의 말미에 다른 기사의 일부가 혼입되어 있는 상태이다. 다만 이는 번역문의 혼란이고, 중국의 전승자傳承者들이 이 멸쟁에 어두웠던 것이 오늘날까지 불분명한 채로 전해졌다고 할 수 있다. 아마도 『십송율』 역출자에게 멸쟁법의 지식이 없고, 중앙아시아로부터 중국을 걸쳐 멸쟁법과 같은 것은 실상에 어두워 전승에 혼란을 초래한 것으로 생각된다. 따라서 『십송율』이 설하는 복잡한 15형식도 본래는 『빠알리율』 만큼 정비되어 있었던 것으로 생각된다.

『마하승기율』의 멸쟁법은 본 율의 바일제 제4「발쟁계」의 경분별 안에 설한다. 이 율에서 쟁론쟁사諍論諍事는 상언쟁사相言諍事로 번역되는데, 그 멸쟁법의 설명이 꼭 분명하지는 않지만, 쟁사는「한 사람 혹은 중다衆多 혹은 승僧 세 곳에서 일어나고, 이를 멸하는 데는 한 사람 혹은 중다衆多 혹은 승僧 세 곳에서 버리고, 세 곳에서 취하고, 세 곳에서 멸을 취한다.」라고 하고 있다.[41] 이에 의하여 보면, 세 곳三處의 중다衆多는 승僧이 되지 않는 인원수人數이기 때문에, 2명 혹은 3명이라 보여지고, 따라서 멸쟁에는 혼자서 멸하는 것과 두 사람 혹은 셋이서 멸하는 것과 승僧(4인 이상)으로 멸하는 것 세 형식이 있게 된다. 그리고 한 사람 및 두 사람, 세 사람의 경우는 『십송율』의 제1형식에 상당한다고 보인다. 『십송율』의 제1형식은 위에서 언급한 것처럼 쟁사가 생기면, 이를 승가의 상설적 단사인인 달뢰둔에 맡겨서 단사지멸斷事止滅하는 방

40) 『국역일체경 · 율부 六』 345쪽 제10행과 제11행 중간
41) 『승기율』제12권, 대정 22권, 327쪽 c.

법이다. 이는 인현전人現前과 비니현전毘尼現前만 말하고 승현전僧現前을 말하지 않기 때문에 단사하는 자는 한 사람 혹은 두 명, 세 명이어야 한다. 그리고 이 『십송율』과 『마하승기율』만이 달뢰둔 비구인 전문적, 상임적 집사인執事人을 인정하고 있다. 그리고 제1형식의 혼자서 단사할 때 한 사람이란 달뢰둔 비구이고, 제2형식의 두 사람 또는 세 사람 중의 한 사람이 달뢰둔이라 생각된다.

그리고 제3형식이 승가 · 인 · 법 · 율의 사법현전四法現前의 현전비니가 되는데, 이는 『십송율』의 제2형식에 준하는 것이라 해석된다. 즉 이 제3형식에서도 달뢰둔 비구인 단사인이 여법 · 여율로 단사를 맡게 되는데, 그 단斷은 쟁인諍人에 대해 절대라고는 하지 않지만 강제적으로 승복을 강요하는 것이다. 즉 쟁사를 행하는 쟁인諍人에 대해서는, 쟁의탄압적諍議彈壓的이다. 즉 상언비구相言比丘가 승가의 말에 따르지 않을 때는 - 승가의 말이란 달뢰둔 비구의 단사 이야기인데 - 달뢰둔 비구는 상언비구相言比丘를 향하여 「그대가 만약 승교僧敎를 받지 않으면 나는 마땅히 승중僧衆으로부터 산가지籌를 빼서(제명하여) 그대를 내쫓아 무리를 떠나게 하겠다.」라고 강박强迫하고, 또한 그래도 받지 않을 때는 우바새를 이용하여 「그대는 마땅히 승교僧敎에 따르겠느냐, 따르지 않겠느냐? 만약 따르지 않으면 나는 마땅히 그대에게 백의법白衣法을 주고, 그대를 구출驅出하여 마을 · 성읍에서 내보내야 한다.」라고 강박强迫한다.[42] 이는 다른 상좌부 모든 율諸律이 서로 다투는 쌍방 비구가 납득할 단斷을 얻기 위해, 그야말로 민주적인 여러 형식諸形式을 여러 가지로 반복해서 노력하는데도 불구하고, 이 대중부계大衆部系의 『마하

42) 대정 22권, 328쪽 b.

승기율』만이 승가의 단斷을 쟁인諍人에게 강제적으로 지멸止滅시키는 방식을 취하는 것은, 대중부야말로 민주적이고 진보적이라고 여기는 불교 일반의 생각을 역행하고 있다고 말할 수 있다.

『승기율』은 단사인인 달뢰둔 비구의 전형원조典型元祖를 붓다의 명命에 따라서 꼬쌈비 쟁사를 멸하러 갔던 우빨리Upāli로 삼고 있다.[43] 그리고 단사인인 자는 예를 들어,『십송율』에서는 애愛와 진瞋 등을 멀리한 다섯 가지 덕五德을 갖춘 덕자德者로 하고 있고, 다른 여러 율도 마찬가지인데, 이『마하승기율』에서는 상언비구相言比丘에게 자기의 단斷을 강제할 수 있는 권위를 갖춘 자이어야 한다고 하고 있다. 즉 상언비구相言比丘를 누를 신력身力 · 복력福力 · 덕력德力 · 변재력弁才力 · 무외력無畏力을 갖춘 자이어야 하고, 살펴보고 이를 결여한 자가 있을 경우는, 권위를 돋우기 위해 대덕비구大德比丘 · 아란야비구 · 대세력大勢力우바새 · 왕 · 대신 등을 순서로 구하여, 그 사람을 단사하는 자리에 동석同席시키고, 그 덕풍德風 호세豪勢를 빌어 상언비구相言比丘에게 외경畏敬 · 외포畏怖의 생각이 일게 하여 단사지멸斷事止滅을 쉽게 해야 한다고 한다. 혹은 우바새가 오면 화합승和合僧의 공덕을 찬탄하여 상언비구相言比丘에게 화합지쟁和合止諍의 생각을 일게 하는 효과를 기대하는 것도 행하도록 적고 있다.『마하승기율』도 단사를 즉시 끝내기 어려울 때는 다멱비니로 행하지만, 그러나 단사인의 단斷을 강제하기 위해 여러 가지 공작을 시험해 보고 있는 것이 대중부의 율에 있어서는 행해지고 있다. 이것과 대조되게 상좌부계의 여러 율이 민주적으로 온갖 수단을 강구하여 쌍방의 만족을 얻는 해결에 노력하는 것은 크게 주목해야 할 것이다. 교

43) 상동, 328쪽 a.

단통제에 대해서 대중부가 권력적이고 강압주의인데 반해, 상좌부가 민주적이고 평등주의인 것이 선명하게 보이기 때문이다.

이미 말한 바와 같이, 『승기율』과 『십송율』에는 달뢰둔을 설하는데, 그 성질에 대해서는 상세하게 알 수 없지만, 승가에 있어서 단사 전문의 역할을 행하는 자로 생각된다. 그러나 『승기율』에서는 그 제3형식의 현전비니의 기사 중에는 달뢰둔 비구가 나오는 것은 단지 1회뿐으로 즉 달뢰둔에게 없는 것이 그 상相을 행할 때는 이를 절복해야 함을 설할 뿐이고, 이 전후는 모두 달뢰둔이라 하지 않고 단사인이란 말을 사용하고 있다.[44] 그러나 『승기율』의 제3형식에는 단사인의 임명이 없으므로, 이는 상임 단사인인 달뢰둔이라 생각된다. 『십송율』에서는 달뢰둔 외에 임시로 뽑힌 단사위원회로서 단사인에게 웁바히까 ubbāhika 烏迴鳩羅 : 斷事가 있고, 이는 『사분율』·『오분율』·『빠알리율』의 단사인과 같다. 즉 달뢰둔은 웁바히까ubbāhika : 斷事의 일시적 임명인 데 반해, 상임 전문 단사인이다. 그리고 『승기율』의 제3형식의 단사인을 달뢰둔이라 하면 『승기율』에는 다른 율과 달리 제2결집에 10사 문제를 처리한 듯한 현전비니의 위원회적 단사인 제도가 없었던 것이 된다. 그리고 이를 따르듯이 『마하승기율』의 칠백집법의 기사에서는 10사처리의 단사인위원회를 설하지 않는다.

『승기율』의 기사에 따르면, 제2결집 무렵 승가의 상좌인 야수타耶輸陀가 승집僧集에 자문하여 14법 성취의 타사바라陀娑婆羅 장로를 지명하고, 이 장로에게 제1결집의 우빨리 역할을 하게 한다. 단사에 관한 율제를 송출하게 하여, 금전수지金錢受持를 부즘라고 판정하고, 대중이 이

44) 『십송율』 제34권, 대정 23권, 252쪽 b, 『마하승기율』 제12권, 대정 22권, 328쪽 a.

를 승인하면서 끝이 난다.[45] 이미 말한 바와 같이『빠알리』·『사분』·『오분』·『십송율』 등 제2결집기사는, 8명의 단사인 위원을 뽑아서 10사의 부否를 판단한 것이고, 이들 율에서는, 이 기사에 따르는 바와 같이, 현전비니 중에 단사인위원회의 단사 형식은 그 형식에 혼란스러운 것이 있더라도 정해져 있는 것이고, 본래는 그 율에 그 제도가 있었기 때문에 제2결집기사를 그와 같이 편집한 것으로 생각된다.『마하승기율』의 제2결집 기사를 보면, 14법 성취의 타사바라陀娑婆羅 1명이 금전수지부정金錢受持不淨을 행하였는데, 14법 성취는 지율자의 자격에 이른 최상의 자이며, 전설상의 지율자 원조元祖는 우빨리이다. 또『승기율』이 붓다에 의해 임명된 단사인의 원조로 하는 것도 우빨리였다.[46] 이러한 점을 종합해 보면, 우빨리는 지율자로 달뢰타 단사인이고, 칠백집법의 타사바라陀娑婆羅도 우빨리에 비할 수 있는 지율자이고, 단사인이 된다. 지율자는 상임 율제해석자律制解釋者이고, 따라서 지율자가 단사인인 것이 달뢰둔이라고 하면 달뢰둔이 상임 단사인이라 볼 수 있다. 그리고『십송율』,『사분율』,『오분율』,『빠알리율』의 칠백집법비니에서는 단사인위원회가 승가와 별처에 모여서 10사를 끊지만,『마하승기율』은 700의 승가현전 중에서, 홀로 금전수지부정金錢受持不淨을 끊은 것이다. 따라서『마하승기율』의 현전비니는 한 사람의 달뢰둔 단사인이, 제3형식의 경우는 승중僧中, 제1, 제2형식에서는 한 명 또는 중다衆多(두 명, 세 명) 중에서 혼자 단사하는 자라 여겨지는데, 다른 상좌부계의 여러 율과 크게 취지를 달리한다.

45)『승기율』제33권, 대정 22권, 493쪽 a-c.

46)『승기율』제25권, 대정 22권, 429쪽 a, 동 · 제12권, 대정 22권, 327쪽 c.

3. 쟁론쟁사의 다멱비니멸多覓毘尼滅

쟁론쟁사가 현전비니의 각 형식을 행해도, 단사멸쟁에 이르지 않을 때는 최악의 경우인데, 현전비니와 다멱비니yebhuyyasikā 두 비니에 의한 멸쟁법이 채용된다. 그리고 이 경우 현전비니는 승·인·법·율의 출석의 의미이고, 법정의 성립을 의미하는 것이다. 그리고 먼저 이 다멱비니는 투표에 의한 다수결인데, 그 투표를 행주行籌 salākagāha라 한다. 주籌 salāka는 죽제竹製의 장방형長方形인 것으로 인원수를 셀 때 사용하는 것이다. 『빠알리율』에서는 어떠한 경우에 이 행주에 의한 다수결법을 이용하는가에 대해 여법如法 dhammika과 비법非法 adhammika의 10가지 행주를 하는 법을 들고 있는데, 그 여법의 경우에 행주의 10조라고도 할 수 있는 것에 따르면,

(1) 쟁사가 적어지지 않는 경우
(2) 사事의 근본을 알릴 경우
(3) 자타가 함께 억념할 경우
(4) 여법설자가 많다고 알 경우
(5) 여법설자를 늘리고자 할 경우

(6) 승가가 깨어져서는 안 된다고 느낄 경우

(7) 승가를 파하지 않고자 인식할 경우

(8) 여법하게 하여 산가지籌를 잡는 경우

(9) 화합으로 잡는 경우

(10) 보는 것과 같이 잡는 경우

의 열 가지 경우를 들고 있다.[1] 이는『오분율』에 들고 있는 열 가지 불여법不如法 즉, ①사소한 일로 산가지를 돌려서 잡게 하거나, ②일의 근본을 모르면서 산가지를 돌려서 잡게 하거나, ③일의 근본을 찾을 것이 아닌데도 산가지를 돌려서 잡게 하거나, ④그릇된 법으로 산가지를 돌려서 잡게 하거나, ⑤다수를 차지하려고 산가지를 돌려서 잡게 하거나, ⑥많은 것이 법에 맞지 않는 것을 알면서 산가지를 돌려서 잡게 하거나, ⑦승가를 파괴하려고 산가지를 돌려서 잡게 하거나, ⑧반드시 승가가 파괴될 것을 알면서 산가지를 돌려서 잡게 하거나, ⑨선지식을 따르지 않고 산가지를 돌려서 잡게 하거나, ⑩승가의 화합이 깨졌는데 산가지를 돌려서 잡게 하는 것이니, 위와 반대이면 법에 맞는 것이라 하는 것과 대체로 일치한다. 또『십송율』에서는 열 가지 법다운 표결[行籌]로서 ①사소한 사건을 표결하는 것이고, ②아직 지나가지 않은 승사를 표결하는 것이고, ③장로에게 문의하여 표결하는 것이고, ④법답게 표결하는 것이고, ⑤화합대중이 표결하는 것이고, ⑥법답게 화합대중이 표결하는 것이고, ⑦그 표결을 이용하여 법다운 이들을 많게 하려는 것이고, ⑧그 표결을 이용하여 법다운 이들을 많아

1) Cullavagga, IV, 10, 1. 남전대장경 제4권, 131쪽.

지게 하는 것이고, ⑨그 표결을 이용하여 승가를 화합시키려는 것이고, ⑩그 표결을 이용하여 승가를 화합시키는 것을 들고 있다. 이『십송율』의 제1 사소한 사건[以小事]은『빠알리율』등에 비하여 이해하기 어렵지만 혹은 반대로 크다고 할 수는 없었다고 생각된다. 후반은『빠알리율』이나『오분율』과 같다.

『사분율』은 열 가지 불여법不如法이라 하여 ①알지 못하면서 제비를 잡고, ②좋은 벗과 제비를 잡지 않고, ③법답지 않은 이가 많아지도록 제비를 잡고, ④법답지 않은 비구가 많은 것을 알면서도 제비를 잡고, ⑤대중을 파괴시키기 위해 제비를 잡고, ⑥대중이 장차 파괴할 것을 알면서도 제비를 잡고, ⑦법답지 않게 제비를 잡고, ⑧대중을 따로 하여 제비를 잡고, ⑨조금 범했는데 제비를 잡고, ⑩본 바와 같지 않은데 제비를 잡는 것을 들고, 이에 반대되는 것을 열 가지 여법如法으로 한다.[2] 그리고 이들 소설所說에서 알 수 있는 것은 이 행주行籌에 의한 다수결법은 최악의 결과로 여기고, 승가의 중대사重大事인 분열 즉 파승가에 이르는 것을 한결같이 두려워하는 것이다. 그리고 또 각 율 모두 여법자如法者라든가 선자善者, 장로長老 등에 찬동하여 투주投籌해야 한다는 것을 말하는데, 쟁론의 양자 모두 자기의 입장을 선善, 여법如法이라 생각하고 있으므로 객관적인 선善이라든가 여법如法이라든가 하는 것은 정할 수 없다. 이는 무의미한 것처럼 보이지만, 이는 뒤에 행주 방법을 논할 때 분명해지는 것처럼 실은 이 행주를 집행하는 행주인의 입장이 정당하고 선善이라 보여지고 있다. 형식상은 객관적으로 공평한 행주라도 이를 사용하는 입장에, 현대의 다수당적인 운영의지가

2)『오분율』제23권, 대정 22권, 154쪽 c,『사분율』제 47권, 대정 22권, 919쪽 b–c,『십송율』제35권, 대정 23권, 255쪽 b.

있음을 알리는 것이다. 『빠알리율』과 『오분율』은 모두 (1)에 말하는 바와 같이 이 행주는 소사小事 aramattakaṃ adhikaraṇaṃ를 위해 하지 않는다고 하고, 중대사重大事에만 사용되는 것이다. 그러나 『십송율』은 소사小事를 위해 한다고 하고, 소사小事를 위해 하지 않는 것을 '불여법행주'라 한다. 이를 해석하기를, 「참회해야 하는 일이기 때문에 행주하는 것을 바르다고 하고, 그렇게 하지 않는 것을 바르지 않다고 하고 있다.」[3] 이는 전혀 이치와 통하지 않는 것이고, 행주는 율학처의 경죄輕罪를 취급하는 것이 아니기 때문에, 이는 아마도 중국으로 전지한 송출자의 착오에 기인한 것이라 여겨야 할 것이다. 『사분율』은 (9)에 작은 범죄를 범하는 것을 불여법이라 하는데, 『십송율』의 소사小事는 소범小犯으로, 이를 여법의 경우와 불여법의 경우를 잘못하여 반대로 한 것이 아닌가 생각되지만, 그러나 이를 증명할 것이 없으므로 단정하기는 어렵다.

이상 각 율을 통하여 말할 수 있는 것은, 행주에 의한 다수결은 파승을 예상케 하는 중대사건을 결정할 때 행하는 것이고, 고의로 반당을 이루어 승가를 깨는 일이 없도록 행주해야 함을, 여러 경우를 상정하여, 경고를 결행해야 함을 분명히 하고 있다.

행주, 즉 투표 방법은 세 가지이다. 각 율 모두 공통되고, 투표 집행자인 행주인行籌人 salākagāhāpaka을 뽑아서, 그 집행 전권을 위임하여 결행하는 것이다. 행주인의 자격은 『빠알리율』에 애愛 chanda · 진瞋 dosa · 치痴 moha · 포怖 bhaya에 빠지지 않고, 행주의 행 · 불행行 · 不行을 분별할 수 있는 다섯 가지 덕을 갖추는 것이다. 이는 모든 집행인을 뽑을 때의 공통 자격이고, 『십송율』 · 『사분율』 · 『마하승기율』과도 동일하고, 『오

3) 대정 23권, 255쪽 a.

분율』은 제5 행주의 행 · 불행行, 不行을 판단할 수 있는 경우 대신에, 위에서 말한 행주 불여법十如法을 더한 14법인 자로 하므로 내용적으로는 이것과 동일하다고 할 수 있다. 이러한 자를 뽑아서 백이갈마로 행주인이라 하는 것이다.[4)]

『빠알리율』에 따르면 투표의 세 가지는 비밀행주秘密行籌 gūḷhaka-salākagāha · 이어행주耳語行籌 sakaṇṇajappaka-salākagāha · 현로행주顯露行籌 vivaṭaka-salākagāha 세 가지이다. 비밀행주는 행주인이 유색有色과 무색無色 두 종류의 산가지籌를 만들어서 일일이 비구 처소에 이르러서「이것은 이와 같이 말하는 자의 산가지이고, 이것은 이와 같이 말하는 자의 산가지이다. 원하는 데 따라서 잡아라.」라고 하고, 잡으면「아무에게도 보이지 말라.」라고 한다. 그리고 행주인이 보고, 만약 비법설자非法說者의 산가지를 잡는 자가 많으면「잡는 것이 좋지 않다.」duggaho 'ti라고 하며 행주를 파기破棄하고 불성립不成立이라 해야 한다paccukkaḍḍhitabba고 하고, 혹 여법설자如法說者의 쪽이 많은 것을 알 수 있다면「잡은 것이 좋다.」suggaho 'ti라고 하며 성립시켜야 한다sāvetabba고 하고 있다. 성립된 경우는 분명 투표를 공개하여 결정을 알린 것으로 생각된다. 행주인은 위에서 언급했듯이, 5덕을 갖춘 자를 뽑은 것이고, 반드시 쟁론하는 양자의 중립이어야 할 테지만, 이 비밀행주는 행주인만이 투표 내용을 알 수 있고, 행주인이 여법설자라고 생각하는 쪽의 투표가 많을 때만 그 투표를 성립시키고, 그렇지 않을 때는 이를 폐기하게 되어 있다.

다음으로 '이어행주耳語行籌'는 반공개투표라고도 할 수 있는 것으로,

---

4) 『사분율』 제 47권, 대정 22권, 918쪽 c, 『마하승기율』 제13권, 대정 22권, 334쪽 b, 『오분율』 제23권, 대정 22권, 154쪽 c, 『십송율』 제35권, 대정 23권, 254쪽 b.

이는 행주인이 투표자의 처소에 가서 유색과 무색의 산가지를 보이고 「이것은 여시설자如是說者의 산가지, 이것은 불여시설자不如是說者의 산가지이다. 원하는 데 따라서 잡아라.」라고 귀속말로 산가지를 잡게 하고 「아무에게도 이야기하지 말라.」라는데, 「아무에게도 보이지 말라.」라고는 말하지 않는 것이 반공개적이다. 따라서 타인에게 그 비구가 어느 설자說者의 산가지를 잡았는지 보이도록 하여 「잡아라」라는 것이다. 이것도 확실하게 어느 쪽 득표가 많았는지를 알 수 있는 것은 행주인 뿐인데, 이 경우도 위의 비밀행주와 마찬가지로 행주인이 여시설자가 많을 때만 「잡는 것을 좋다.」고 하여 성립시키고, 그렇지 않을 때는 「잡는 것이 좋지 않다.」라고 하여 불성립파기를 선언한다고 한다.

세 번째로 '현로행주顯露行籌'라는 것은 공개투표인데 이는 행주인이 여법설자가 다수라고 느꼈을 때 행하는 것으로 생각된다. 이것도 아마도 유색과 무색의 산가지를 두고 그 어느 것을 잡게 하여, 어느 것을 많이 잡았는지에 따라서 다수를 결정하는 것으로 생각된다.5)

한역 『오분율』은 분명 『빠알리율』과 같은 것이었다고 여겨지지만, 지금은 기술記述이 너무 간단하여 그것을 확인하기 어렵다. 『오분율』에서는 승가는 우선 첫 번째로 여법주如法籌와 불여법주不如法籌의 두 종류의 산가지를 만들어서 「여법이라 할 수 있는 것은 여법주如法籌를 잡고, 만약 불여법이라 할 수 있는 것은 불여법을 잡아라.」라고 말하고, 승중僧衆에게 두 종류 중 어느 것을 잡게 하는 것이다. 그러나 이 여법, 불여법의 두 산가지는 그 쟁사의 주장을 여법이라 생각하는 것과 불여법이라 생각하는 것의 구별을 나타내는 것이 아니라, 승가가 여법

5) Cullavagga, IV, 14, 26. 남전대장경 제4권, 153쪽.

이라 생각하는 입장과 불여법이라 생각하는 입장을 나타내는 두 가지이다. 그리고 승가 대중이 산가지를 잡기를 다 끝냈다면, 행주인은 그것을 수취하여 다른 이가 보이지 않는 병처屛處에서 세어보고, 만약 불여법주不如法籌가 많으면 두 번째로 비구중比丘衆을 세워서 서로 멀리하고, 행주인은 하나 하나 비구 앞에 앉아서 귀속말(耳語)로 「이것이 법어法語 · 율어律語 · 불소교佛所教이다. 대덕은 마땅히 비법非法 · 비율非律 · 비불교非佛教를 버려야 한다.」라고 알리고, 여법주를 잡을 것을 권유하고, 또한 다시 산가지를 행하는 것이다.

『오분율』에는 명기하지 않지만, 첫 번째 행주는 불여법주가 많을 때는 그 파기를 선언하는 것이라 볼 수 있다. 그리고 귀속말을 하는 두 번째로 옮겨지는데, 이는 『빠알리』의 이어행주耳語行籌에 상당한다고 볼 수 있으나, 이것도 불여법주가 많을 때는 「승僧은 아직 이 일을 판단하지 않았으니, 능히 뜻에 따라서 흩어져야 하고 뒤에 마땅히 판단해야 한다.」라고 제창하고, 「비법非法으로 판단해서는 안 된다.」라고 하고 있다. 즉 오늘은 단사하지 않는다고 하여 해산을 선언하는 것이다. 그리고 첫 번째의 경우든 두 번째 경우든 여법인 여법주如法人如法籌가 많을 때는 백이갈마로 단사의 성립을 결정하는 것이다.[6] 『오분율』은 이 두 가지 형식만을 설한다. 첫 번째 형식은 분명 『빠알리』의 현로행주顯露行籌에 상당하는 것인데 행주인이 병처에서 수를 세는 점은 비밀행주를 겸하고 있는 것이고, 제2형식은 물론 『빠알리율』의 이어행주耳語行籌에 상당하는 것이라 보아야 할 것이다. 아마도 『오분율』은 『빠알리』와 마찬가지로 비밀祕密 · 이어耳語 · 현로顯露의 세 가지 행주가 있었

6) 『오분율』 제23권, 대정 22권, 154쪽 c-155쪽 a.

지만, 비밀이 탈락된 것이 아닌가 생각된다.

『사분율』은 『오분율』과 『빠알리율』을 종합한 것과 같이 구성되어 있다. 행사라인行舍羅人(行籌人)을 뽑아서 이를 집행하는 것인데, 행주行籌는 『빠알리율』과 마찬가지로 현로顯露 · 복장覆藏 · 취이어就耳語의 세 가지이다.[7] 이 중에 현로행주顯露行籌가 행하여질 경우는 (1)대중 속에 비법衆中非法의 사람이 많아도 화상 · 아사리가 모두 여법할 될 때, (2)대중 속에 비법非法의 사람이 많아도 상좌上座의 지인智人이 지법持法 · 지마이持摩夷 · 지비니持毘尼로 모두 여법하게 이야기할 경우, (3)여법한 자와 비여법非如法한 자의 수가 다소 불분명하지만 화상 · 아사리가 모두 여법할 때, (4)법어자法語者와 비법어자非法語者 수의 다소가 불분명해도, 상좌의 지인智人이 지법持法 · 지마이持摩夷 · 지비니持毘尼로 모두 여법하게 이야기할 경우, (5)법어法語의 사람이 많을 경우이다. 행주하는 방법은 먼저 산가지에 파破와 완完의 두 종류를 만들어서 『빠알리율』과 같이 각자의 설에 따라서, 어느 것을 잡게 하는데, 그 결과를 세는 것은 『오분율』과 같이 행사라인行舍羅人이 병처에서 수를 점검하는 것이다. 그리고 여법어자如法語者의 산가지가 많을 때는 이를 발표하여 「이처럼 말하는 쟁사를 멸했다.」고 선언해진다. 그러나 비법어非法語의 산가지가 많을 경우에는 행사라인行舍羅人은 「혼란亂을 만들고 나서 곧 일어나 가되, 믿을 수 있는 사람[信使]을 보내어 근주처近住處의 비구 주처에 가서 승중僧中에 말하기를, '저곳 행사라行舍羅를 할 주처에 비법非法 비구가 많다. 선재善哉 장로여, 능히 저곳에 가라. 여법어如法語의 비구가 많으면 쟁사를 멸하는 공덕이 많을 것이다.'라고 해야 한다.」라고 하고 있다. 즉 다른

7) 『사분율』 제 47권, 대정 22권, 919쪽 a-b.

주처에 여법설자의 래원來援을 구하여 인원수를 늘려서 여법어자의 산가지가 많게 하고자 하는 것이다. 「혼란을 행한다.」라는 것은 다음에 기술하듯이, 『마하승기율』에는 행사라인行舍羅人이 정인淨人에게 명하여 화재를 일으키게 하고, 행주를 해산하고 무효가 되게 하는 방법이 기록되어 있다. 또 「믿을 수 있는 사람을 보내서 비구의 주처에 가게 한다.」는 이것도 『마하승기율』에 근주처의 여법어자의 래원來援을 구하는 것을 기록하는 것이다. 이에 의해서 지금은 「믿을 수 있는 이[信]를 보내서 비구의 주처에 가게 한다.」에서 비구의 주처는 근주처의 비구 주처라고, 이처럼 해석할 수 있다. 그리고 이처럼 하여 래원來援을 요청 받은 근주처 비구는 「이 비구는 들으면 마땅히 가야한다.」라고 하고 있어서, 『승기율』에서는 래원來援을 요청받고도 가지 않았다면 월비니죄越毘尼罪가 된다고 하고 있다. 그것은 「만약 가지 않으면 여법하게 다스린다若不往如法治」는 것이고, 만약 응원応援에 가지 않으면 다수결은 그 원칙에 따라서 여법으로 다수의 비법어자非法語者의 승리로 단사되는 것이므로, 내원來援을 요청 받은 여법어자如法語者는 반드시 가야 한다고 하고 있는 것이다.[8]

『사분율』의 복장행사라覆藏行舍羅는 여법과 비여법의 양쪽 세력이, 앞에서 언급한 현로행사라顯露行舍羅가 행하는 경우와 반대의 상황일 때 채용된다. 예를 들어, 여법 비구가 많지만, 화상이나 아사리가 불여법자일 때는 화상아사리가 산가지를 잡는 것을 보고, 일반 비구도 그것에 따라 하는 것을 염려하여, 누가 무슨 산가지를 잡았는지 알지 못하는 방법으로 행주를 집행하는 것이고, 구체적인 방법은 설해져 있지

8) 『마하승기율』제13권, 대정 22권, 334쪽 c참조.

않다. 그러나 그 행주의 결과를 처리하는 방법에 대해서는, 「두 가지를 따라서 내지 여법하게 멸쟁한 이후에 다시 쟁사를 일으키면 바일제가 되고 위와 같이 현로행사라를 한다.」라고 하고 있다. '종이종從二種'은 여법의 산가지가 많은 경우와 불여법 산가지의 수가 많은 경우의 두 가지라고 이해해야 할 것이고, 멸쟁이 끝나고 다시 쟁사를 일으키는 것은 모두 멸쟁법을 통하여 바일제죄가 되는 것이므로 행주 결과의 처리는 앞에서 언급한 현로행사라顯露行舍羅와 비슷하다는 것이다.

세 번째로 『사분율』의 이어행사라耳語行舍羅는 여법과 비여법 양쪽의 세력이 복장행사라覆藏行舍羅와 같은 상황이 있을 때 행하여진다. 행주 방법에 대해서는 현로행사라의 경우와 마찬가지로 파破와 완完의 두 종류 산가지를 만들어 「이처럼 말하는 자는 완完의 사라舍羅(籌)를 잡고, 이처럼 말하는 자는 파破의 사라舍羅를 잡아라」라고 알린다. 그리고 비구들의 좌간坐間에 한 사람(반드시 行舍羅人의 腹心인 者일 것이다)을 받아들여, 몸을 작게 하여 보이지 않게 장예障翳하여 있게 하고, 비구들에게 귓속말로 화상이나 아사리들이 사라를 잡았음을 알리고, 「그대도 마땅히 사라를 잡아야 한다. 자민慈愍하기 때문에」라고 하며 잡게 한다. 아마도 이때 여법어자如法語者 측의 사라를 잡도록 권유하여 잡게 하는 것이라고 생각된다. 그리고 이것이 끝났을 때 행사라인의 처치법은 앞에서 언급한 현로복장법과 똑같다.

『빠알리율』의 경우는 현로행주 때 행주인이 특히 여법설자 측의 득표 여하에 따라서 이면공작을 하는 일은 없었지만, 『사분율』의 경우는 세 가지 행사라법 모두 마찬가지로 득표 발표전에 이면공작을 행하는 것을 인정하고 있다. 이는 『빠알리율』의 현로행주는 여법설자가 다수라고 느꼈을 경우이고, 『사분율』의 경우는 화상이나 아사리의 여법설자가 많은 경우에, 비여법설자가 이에 따르는 것을 예상한 경우가 포함되어 있으므로 득표발표전 이면공작에 의해, 때로는 그 투표회를 무효로 끝내는 일도 필요하다고 여기는 것이라 볼 수 있다.

『십송율』은 먼저 행주인을 백이갈마에 의해 인정하는 경우를 기록하고 있고, 이어서 「승중의 다소에 따라서 마땅히 두 가지 산가지를 만들어야 한다. 하나는 길고 하나는 짧다. 하나는 백白, 하나는 흑黑이다. 여법을 설하는 자를 위해 긴 산가지를 만들고, 비법非法을 설하는 자를 위해 짧은 산가지를 만든다. 여법을 설하는 자를 위해 백주白籌를 만들고, 비법을 설하는 자를 위해 흑주黑籌를 만든다. 여법을 설하는 산가지籌는 오른손으로 잡고, 비법을 설하는 산가지籌는 왼손으로 잡는다. 여법을 설하는 산가지는 느리게 잡고, 비법을 설하는 산가지는 급하게 잡는다. 앞에 여법을 설하는 산가지를 행하고, 뒤에 비법을 설하는 산가지를 행한다. 행주인은 마땅히 '이것은 이 여법을 설하는 자의 산가지이고, 이것은 이 비법을 설하는 자의 산가지이다.'라고 말해야 한다. 만약 산가지를 모두 행하고, 여법을 설하는 자의 주가 하나만 많아도 이 일을 결정하는 데, 두 비니를 사용한다고 이름 붙인다. 이른바 현전비니와 다멱비니多覓毘尼가 된다.」라고 적고 있다. 이처럼 하여 여법설자가 많을 때는 단사지쟁이 되지만, 『십송율』에서는 「만약 비법을 설하는 자의 주가 하나가 많아도 이 일을 역시 결정하는 데 두 비니를 사용할 수 있다고 한다.」라고 하고 있다. 투표 결과가 비법자가 많을 때도 『빠알리율』의 비밀이어법秘密耳語法이나, 『사분율』·『오분율』의 현로법顯露法에 있어서와 같이는 행하지 않고, 사전事前은 별도로 하

고 투표 결과에 대해서, 설령 비법설자의 산가지가 많더라도 다수결의 원칙에 따르는 것으로 하고 있다.[9]

또한 『십송율』은 행주에 네 가지가 있다고 하며, ①장행주藏行籌 ②전도행주顚倒行籌 ③기행주期行籌 ④일체행주一切行籌를 들고 있다. 이 중 장행주藏行籌가 『빠알리율』등의 비밀행주祕密行籌와 유사한 것으로 보인다. 「만약 사람이 있어서, 암중闇中에 산가지를 행하든지 혹은 벽장壁障이 있는 곳에서 산가지를 행한다.」라고 하는데, 반드시 그와 같이 이해하지 않고 특별한 때와 장소의 행주를 들고 있는 것으로 보인다. 전도행주顚倒行籌란 여법설자의 산가지와 비여법설자의 산가지를 반대로 잡은 경우이다. 기행주期行籌란 비구들이 화상이나 아사리와 의논하여 행한 경우이고, 일체행주一切行籌란 「그때 일체의 승가가 한 곳에서 화합하여 욕欲을 취하지 않았다. 왜냐하면, 많은 비구들이 비법을 말하고 있었기 때문이니, 이를 일체승취주一切僧取籌라 한다.」라 하고 있다. 이것은 의미를 이해하기 어려운데, 아마도 별도로 착주捉籌하면 비법非法비구가 많을 것을 염려하여 승가가 통일행동을 취하도록 서로 이야기하여 전원이 동일한 산가지를 잡을 것을 말하는 것으로 생각된다. 그러나 『십송율』은 이상 네 가지 경우를 비법非法이라고도 합법合法이라고도 말하지 않고, 또 그 처치법도 설하고 있지 않다. 그리고 이 『십송율』의 경우는 확실한 행주로서는 앞에서 언급한 현로법顯露法 하나가 있을 뿐이라고 여겨야 할 것이다.

『승기율』의 경우도 『십송율』과 마찬가지로 현로법, 즉 공개투표법의 하나만을 설하고 있다.[10] 행주인이 뽑히면, 흑·백黑白 두 가지 산가

9) 『십송율』제35권, 대정 22권, 334쪽 b.

지를 만드는데, 이 『승기율』은 『십송율』과 달리, 「마땅히 제창하여 "비법자는 흑주를 잡고, 여법자는 백주를 잡아라."라고 해서는 안 되고, 마땅히 제창하여 "이와 같이 말하는 자는 흑주를 잡고, 이와 같이 말하는 자는 백주를 잡아라."라고 해야 한다.」라고 하고 있다. 이는 각 율 중에서 가장 바람직한 발언으로 보이지만, 행주의 집행인인 행주인은 「마땅히 불여법의 반伴을 행하여서는 안 되고, 마땅히 여법의 반伴을 행해야 한다.」라고 하고, 소위 여법설자라고 불리는 쪽의 편을 든 취급을 해야 한다고 한다. 즉 행주가 끝났을 때 득표를 세는 방법으로 해도 여법설자의 산가지 수가 많으면 그대로 발표하여 단사의 성립이 되지만, 만약 「행주가 끝나고 세는데, 만약 비법주非法籌가 내지 한 산가지만 많아도 마땅히 발표해서는 안 된다.」라고 하고, 방편으로 해좌解坐 즉, 그 행주의 모임을 해산하고 불성립으로 해야 한다고 하고 있다. 그 방편의 방법에 대해서 (1)전식前食 또는 후식後食의 시각이면 「전 · 후식前後食의 시간이다.」라고 알려서 해산시키고, 마찬가지로 세욕시洗浴時라면 「세욕시이다.」라고 말唱하고, 설법시說法時 · 설비니시說毘尼時라면 각각 그와 같이 말唱하여 해산하고 무효가 되도록 해야 한다고 했다. 이러한 점은 『사분율』 · 『십송율』과 동공이곡同工異曲이다. 그러나 만약 비법자가 그러한 행주인의 방편작의方便作意를 깨달아서 「우리들 승리를 얻으면 우리를 위하므로 해좌解坐 할 것이다. 우리들로 하여금 일어나게 하지 말라. 요컨대 이 자리에서 바로 이 일을 판단하라」라고 외치는 일이 있으면, 행주인은 정인淨人에게 시켜서, 가까이 벌레가 없는 빈집에 불을 붙이고 "불이 났다!"라고 외치게 하여 해산을 꾀할 수 있음을 적고 있

10) 『마하승기율』 제13권, 대정 22권, 334쪽 b.

다. 벌레가 없는 곳을 선택하는 것은 「살생명계殺生命戒」를 걱정하는 것인데, 방화는 개의치 않는다. 그리고 해산시켜두고, 만약 근주처近住處에 여법자가 있는 것을 알면 그곳에 가서 「장로여, 적합하게 행주가 끝났는데, 비법인이 많고 여법인이 적었습니다. 장로여, 마땅히 법을 위해 그곳에 가서 여법자의 산가지가 많게 하십시오. 운운」이라고 말하며, 와서 힘이 되어 줄 것을 요청하는 것이다. 『사분율』의 방법도, 이것과 마찬가지로 이해되는 것은, 조금 전 이야기 했지만, 이러한 요청을 받은 근처의 주처에 있는 비구는 반드시 응해 주어야 하고, 「만약 그가 이 말을 듣고 오지 않을 때는 월비니죄를 얻는다.」라고 하고 있다. 그리고 여법자의 내원來援을 받고 다시 행주를 행하여서 그 결과 여법설자가 많으면 「이처럼 말하는 사람이 많고 이처럼 말하는 사람이 적다.」라고 발표하여, 많은 쪽에 단사를 결정하는 것이다.

이상 한 · 파漢巴의 여러 율 중에서 『십송율』과 『마하승기율』 두 율만은 공개투표 한 가지 방법만을 가지지만, 다른 『빠알리율』과 『사분율』은 공개와 반공개半公開 귓속말(耳語)과 비밀의 세 가지 투표 방식을 가지고 있고, 『오분율』은 혹시 세 가지 방법을 갖추고 있었던 것이 아닌가 생각되는데, 불완전한 형식으로 공개와 반공개의 두 형식을 가지고 있게 된다.

그런데 이 다섯 가지 율에 공통으로 말할 수 있는 것은 여법설어자라고 불리는 자의 승리로 돌아가도록 계획되어 있고, 그와 같이 운영하는 것이 행주사라인의 사명이다. 행사라인은 『빠알리율』에 따르면 투표결과가 여시설자에 불리하다고 보이면 「잡는 것은 좋지 않다.」라고 투표파기를 할 수 있고, 다른 율에서는 이미 말했듯이, 여러 가지

공작을 하여 심하게는 『승기율』처럼 화재를 발생시켜서까지 불리한 결과는 불성립 · 해산으로 마치게 하도록 고안되어 있다. 그리고 다수결이란 것은 민주적인 조직에서는 양쪽의 주장 어느 것으로 결정해야 할 것인가를 다수결에 의해 결정하는 것이고, 다수결의 결과로 얻어진 것은 여법설로서 승인되어야 한다. 그러나 지금 이 다멱비니의 방법에서는 처음부터 여법설과 비법설이 대립하고 있고, 그 비법설을 다수로 부결하는 방법처럼 계획되어 있다. 그러나 쟁론은 예를 들어, 제2결집 금은정金銀淨의 문제로 하더라도 베살리주의 비구는 금은을 받는 것은, 그 방법에 따라서는 여법한 것이라고 주장하는 데 반해, 야사 장로와 그 지지자들은 어떠한 방법으로도 금은을 받는 것은 비법이라 하여, 각자의 주장은 각각의 입장에서 바르다고 믿어지고 있다. 그리고 어느 것을 바르다고 결정하기 어려워서 다수결로 그것을 결정하고자 하는 것이다. 그것을 결정하기 전부터 여법과 비법이 확실하게 판단되어 있을 리가 없다. 그런데 이 다멱비니에 있어서 여법설자란 행주인과 그것을 지지하는 입장이라는 것이 된다. 그리고 쟁론에 승리를 얻기 위해서는 자파自派에서 행주인을 내어야 하는 것으로 되어 있다.

그렇게 하더라도 가장 합리적이어야 할 다멱비니가 위에서 언급한 것처럼 조직되어 있는 것은, 교주가 없는 승가가 필연적으로 장로간부파와 반대파로 나뉘고, 의견이 나누어지는 경우가 종종 있었기 때문이라고 생각된다. 이럴 때 최악의 상황에 반대를 납득 시키기에는 다수결로 끌고 가게 될 수밖에 없었을 것으로 여겨지고, 간부파의 손에 의해 채용된 것이, 형식적으로는 합법이고 내용적으로는 비합법인 이 다멱비니였을 것으로 생각된다. 앞에 현전비니법의 단사위원에서 보았듯이 제2결집과 같이 양쪽으로 서로 자기편을 모았을 때도, 결국에 다수결로 참가하지 않고 양쪽이 4명씩 8명의 위원회로 단사되었다. 교주가 없는 불교 승가에서 제일 두려워한 것은 파승 · 분열이었을 것으로 생각된다. 다수결로 끌고 가는 것은 분열의 첫걸음이고, 앞에 본 바와 같이, 여법 행주의 열 가지 중에 각 율이 모두 파승이 되지 않게 하도록 산가지를 잡는 일이 거론되어 있다. 따라서 이 다멱비니는 실질적으로 간부파幹部派 또는 행주인을 낸 파가 다수결 형식으로 반대파를 납득시키는 방식이라 할 수 있다.

불교사에서 다멱비니를 행했다고 전해지는 사건이 하나 있다. 『대비바사론』 99권(대정 27권 511쪽 b-c)에 전하는 대중 · 상좌의 분파 사건이다. 마하데바 즉, 대천大天은 「그 다른 유혹을 받음[餘所誘]과 앎이 없음[無知]과 망설임[猶豫]과 다른 이로 하여 깨쳐 듦[他令入]과 도道가 소리로 인하여 일어남[道因聲故起]이니 이를 참된 부처님의 가르침이라 한다.」라는 5사事를 주장했다. 이 게송의 결귀結句를 「시명비불교是名非佛教」라고 하여, 이를 부정否定하는 자와의 다툼이, 밤이 다하도록 분연히 싸우고 내지 아침이 끝날 때까지 붕당전성朋黨轉盛하는 상태였다. 그리고 왕이 마하데바[大天]의 계원사鷄園寺에 이르러 어떻게 해야 할 것인가를 물었더니, 다수결을 행하도록 마하데바가 대답하였으므로 왕은 산가지를 행하기로 했다. 행주의 결과 마하데바의 지지가 다수이고, 반대하는 쪽인 기년耆年한 승가의 수가 적었다. 그것에 의해 마하데바파가 대중부大衆部가 되고 소수로 깨어진 파가 상좌부上座部가 되어서 상좌부는 계원사雞園寺를 버리고 서북의 가습미라에 갔다고 한다. 이 기사는 다수결은 결국 파화합이 되는 실례를 보여 주고 있다. 단 이 마하데바의 전송傳

誦을 전하는 문헌 어디에도 그 행주의 방법을 명확하게 밝히는 것은 없고, 그것이 공개법公開法인지 비밀秘密인지, 어느 것으로 행하여졌는지는 불분명하다.

이 다멱비니에 대해서는 한역자의 다멱비니에 관한 실용적인 주석은 없지만 『빠알리율』의 주註에서 붓다고싸Buddhaghosa 佛音의 해설에[11] 따르면, 제1 비밀행주秘密行籌는 집회가 비법증상非法增上 alajjusanna 시에, 제2 이어행주耳語行籌는 우치증상愚癡增上 bālusanna 시에, 제3 현로행주顯露行籌는 여법증상如法增上 lajjusanna 시에 이용된다고 하고, 행주인에게 자유로운 처치를 허락하는 것은 폐해로부터 행주를 지키기 위해서라고 하고 있다. 그리고 행주인은 산가지가 비법으로 잡혔을 때는 「산가지를 잡는 것은 좋지 않다duggaho 'ti」라고 하며 세 번까지 다시 하지만, 그래도 비법자의 산가지가 많을 때는 「오늘은 좋은 때吉時가 아니라고 나는 안다ajja akālo sve jānissāmi」라고 말하고, 다음날 여법설자의 수가 늘어난 것을 보고, 행주해야 한다고 한다. 또 이어행주耳語行籌를 할 때도 행주인은 비법설자 측의 산가지를 잡은 자에게는 「장로여, 그대는 어른이고 구수具壽인데, 이 산가지는 마땅하지 않습니다etaṃ na yuttaṃ. 이것이 여법설자의 산가지籌 dammmvādi-salākā입니다.」라고 말하고, 이 일은 다른 이에게 말해서는 안 된다고 가르쳐야 한다고 했다. 아마도 이는 여법이라 믿고 있는 자들이 여법한 것을 지키는 것에 관해서 합법적인 다수결 형식을 취한 것으로, 현대의 다수당 정치의 흑막과 같은 형식이어도, 그 정신 내용은 순수한 것이다.

---

11) Oldenberg; The Vinaya Piṭakaṃ (P. T. S.) Vol. II, pp. 314-315. 漢譯 『선견율비바사』 제18권 (『국역일체경 · 율부』 제18, 376쪽, 長井真琴 訳).

4. 교계教誡 · 범죄犯罪 두 쟁사의 멸쟁

교계쟁사教誡諍事와 범죄쟁사犯罪諍事는 성질도 취급 방법도 서로 비슷하고, 율장서술에도 혼란이 있다는 것은 앞에 서술했다. 이미 말했듯이 쟁사의 성질로부터 구별하면, 교계쟁사는 사실무근의 악행을 행했다고 하는 것처럼 비난받고, 그 무근을 주장하는 부분에서 생기는 다툼인데, 그 다툼이 되는 악행이 비구계에서 금하는 범계의 악행인 경우는 범죄쟁사犯罪諍事 āpattādhikaraṇa이고, 그렇지 않은 경우가 교계쟁사 教誡諍事 anuvādaādhikaraṇa이다. 그러나 이를 멸쟁법의 면에서 보면 또 다르게 된다. 즉 앞에 지시하였듯이, 칠멸쟁법 중 억념비니憶念毘尼 Sativnaya와 불치비니不癡毘尼 amūḷhavinaya와 멱죄상법覓罪相法 tassapāpiyyasikāmma의 셋 중 어느 하나로 멸쟁하는 중죄가 교계쟁사였다. 그리고 현전비니나 여초부지법tiṇavatthāraka이나 자언치법paṭiññātakaraṇa의 어느 하나로 멸하는 경죄輕罪가 범죄쟁사가 되고, 이로부터 양자의 구별이 혼잡하게 되었다.

아마도 율장의 생각으로서는 양 쟁사는 같은 성질의 것이고, 취급법 즉 멸쟁법에 의해 나눈 것으로 보이지만, 그러나 양 쟁사는 범계적인지 아닌지에 상관없이 악행으로 비난을 받았을 경우에 피해자가 그 무실無實을 호소하며, 이를 객관적으로 증명하는 방법이다. 따라서 그 무게는 교계쟁사로 하든, 범죄쟁사로 하든, 억념 · 불치 · 멱죄에 따라야 한다고 해야 할 것이다. 그래서 지금은 교계쟁사와 범죄쟁사를 공통으로 하고, 취급하는 멸쟁법으로서 억념 · 불치 그 밖의 멸쟁법을 설명하기로 하겠다.

(1) 억념비니憶念毘尼

억념비니의 대상이 되는 교계쟁사는, 예를 들어, 앞에도 말했듯이 제2결집 시에 야사와 밧지 비구의 쟁사에서 볼 수 있다. 밧지 비구들은 야사가 신자의 헌금을 방해하여 그 믿음에 누를 끼쳤다고 여겨 하의갈마下意羯磨에 처하여 신자에게 회과하게 하고자 하였으나, 야사는 신자들에게 비구의 금전수납은 비법임을 알리고 헌금을 중지시키고자 한 것이므로 신자의 믿음을 깨트리는 일을 한 것은 아니라고 주장했다. 이 사건은 쟁점의 주제인 금전 문제로 옮겨져서, 야사가 한 행위에 대한 비난은 쟁론화되지 않았으나, 다투면 교계쟁사이다. 또 범죄쟁사는 이것도 앞에 언급한 말라뿟따 답바Mallaputta Dabba가 자慈 Mettiyā비구니로부터 「나를 답바가 욕보였다.」라고 호소한 사건이다.[1] 이는 무근無根의 비난으로 일찍이 답바가 바라이를 범했다는 것이고, 전형적인 범죄쟁사이다. 율장은 억념비니의 범례에 이 이야기를 들고 있다.

1) Cullavagga, IV, 4, 1-11. 남전대장경 제4권, 117쪽-124쪽. 『마하승기율』제12권, 대정 22권, 328쪽 c, 『십송율』제35권, 대정 23권, 255쪽 c.

이 억념비니의 절차로서는 먼저, 예를 들어, 답바 비구에 대한 자비구니와, 그 오빠인 지비구地比丘 및 그 일통一統으로부터 답바를 벌하도록 소원訴願이 승가에 제출되었고, 그것에 대해 승가는 답바를 불러서 그 호소의 사실에 대해서 유무를 물었다. 그리고 신문訊問에서, 답바가 의심받은 사건이 사실무근임을 구술口述하는 것으로, 오늘날로 말하면 알리바이 증명 같은 것이 승가에 인정된다면, 이것으로 사전의 취조가 완성되어 지금과 같은 경우에서는 답바의 억념(기억)은 바르다고 하여 답바에게 억념비니의 백사갈마가 주어질 것이다. 즉 사법현전四法現前의 현전비니인 법정을 향하여 답바는,

「여기에 자慈비구니 · 지地비구의 무리Mettyabhummajakā bhikkhū는 무근의 괴계壞戒로서 나를 비방합니다. 나는 억념을 광대하게 하여 승가에 억념비니憶念毘尼를 청합니다.」

라고 세 번 되풀이 하여 청한다. 이에 대해 갈마설을 하는 비구는

「승가여, 나의 말을 들으십시오. 여기에 자비구니 · 지비구의 무리는 무근의 괴계로서 구수 말라뿟따 답바를 비방합니다. 구수 말라뿟따 답바는 억념을 광대하게 하여 승가에 억념비니를 청합니다. 승가에 시기가 무르익으면 승가는 억념을 광대하게 하며, 구수 말라뿟따 답바에게 억념비니를 주어야 합니다. 이것이 백白입니다.」

라고 백을 제창하고, 이 백을 제안으로 하여 이에 찬·부를 묻는 갈마설을 세 번 말하고, 모두가 침묵·찬성하면,

「승가는 억념이 광대한 말라뿟따 답바에게 억념비니를 주었습니다. 승가는 허락하므로 침묵하였습니다. 나는 이처럼 알겠습니다.」

라고 선언하면, 억념비니는 성립된다[2] 그렇지만 이 억념비니는 다섯 가지 조건이 갖춰지지 않으면 성립되지 않는다고 한다. 즉 ①억념비니를 받는 비구가 청정 무죄일 것 ②그 비구가 무실無實의 죄인데, 악행으로 비방 받을 경우 ③그 비구가 억념비니를 줄 것을 청하는 경우 ④승가가 그에게 억념비니를 주는 경우 ⑤여법화합인 경우라고 생각된다. 그리고 여기에서 중요한 것은 억념비니를 받는 비구는 원래 청정한데 무실無實의 죄로 비방 받는 것이다. 그리고 이 억념비니는 무실의 죄로 비방당한 비구의 승가에 의한 무실증명선언無實證明宣言이라고 할 수 있다. 그리고 이러한 비방자, 즉 답바 비구를 비방한 자비구니·지비구 등과 같은 행위는 계학처의 승잔죄 제8「무근방계」를 범하는 것이므로 이는 당연히 승잔죄로 문책받아야 한다고 할 수 있다.

2) Ibid., IV,4, 9-11. 남전대장경 제4권, 122쪽-124쪽.

(2) 불치비니不癡毘尼

앞에서 언급한 억념비니는 전혀 범하지 않은 죄를 범했다고 비난받았을 경우이지만, 이는 정신착란 중에 죄를 범하여 그것을 자각하지 못하는데, 타인으로부터 비난받았을 경우 그것이 정신착란 중의 일로 정상적인 정신상태로 범한 것은 아닌 것, 정상적인 정신상태로는 하지 않을 어리석은 짓임을 주장할 경우이고, 절차 등의 모든 것은 억념비니와 비슷하다.

불치비니의 제정 인연으로는 『빠알리율』에 따르면 각가Gagga 비구가 발광發狂 ummattaka하여 마음이 전도顚倒 cittavipariyāsakata되어 비사문적非沙門的인 행위가 있었으므로, 그 점에 대해서 다른 비구로부터 비난받았는데 각가는 그 행위를 전혀 기억하지 못하고 「그것은 우치로서mūḷhena 행할 수 있다.」라고 한 것이다. 불교는 발광, 마음이 전도되었을 때는 행위의 책임을 추급하지 않는 것을 원칙으로 하고 있다. 예를 들어, 바라이죄 첫 번째에, 죄를 범해도 부지자不知者 ajānantā · 불각자不覺者 asādiyanta · 발광자發狂者 ummattaka · 상심자喪心者 khittacitta · 통뇌자痛惱者 vedanaṭṭa와 제계制戒 전의 초범初犯 ādikammika은 무죄無罪 anāpatti라고 한다.[3] 그리고 이는 모든 범계에 대해 같고, 또한 모든 율장에서 공통이다. 그리고 『빠알리율』의 불치비니의 인연담으로는 붓다가 이 일을 알고, 각가 비구에게 불치비니를 주어야 한다고 하셨다고 하지만, 일반적인 경우로는 그러한 경우에는 각가 비구가 승가에 불치비니를 요구한다. 이 인연담은 『십송율』에서 시월施越 비구, 『마하승기율』에서는 난제難提와 차난제

3) Vinaya., Vol. III, Suttavibhaṅga 1 p. 33. 남전대장경 제1권 52쪽.

遮難提에 대해서 같은 것을 기술하고,[4] 또 『사분율』과 『오분율』은 인명을 나타내지 않지만 같은 내용의 인연을 들고 있다. 따라서 불치비니는 각 율 모두, 『빠알리율』의 각가 비구와 같은 경우에, 그 비구의 청정 · 불치不癡을 승가가 정식으로 선언할 것을 요청하는 것으로 하고 있다. 그리고 이 불치비니의 절차 형식은 모두 억념비니의 경우과 비슷하다.

승가가 불치비니의 갈마를 행하여 합법적인 경우는 (1)범행을 행한 것은 그 비구가 발광發狂 중의 일로, 신문問訊하였을 때 전혀 기억하지 못하여 그와 같이 대답하였을 때, (2)마찬가지 경우에서, 신문하였을 때 기억은 하고 있으나 꿈속인 것 같다고 대답한 경우, (3)신문했을 때도 현재 발광發狂 중인 경우로, 이 이외의 경우는 정상적인 정신상태이다. 범하고 기억하기도 하고 기억하지 못하기도 하는 것 같은 경우는, 그 비구가 불치비니를 청구할 수 없는 것은 물론 불치비니를 행해도 그 갈마는 성립되지 않는다.

이상 억념비니와 불치비니의 두 비니는 이를 승가에 요구하고 그 선고를 받는 측에서부터 말하면, 전자는 사실무근의 비방을 받았을 경우, 후자는 정신착란 중의 범죄를 정상적인 정신상태로 범한 것과 같이 비방 받는 경우에 이를 행하는 것이고, 모두 본인이 무죄인데 유죄자有罪者와 같이 비방 받았을 경우에, 그 무죄의 확인을 승가에 요구하는 방법이라 할 수 있다.

4) 『십송율』제20권, 대정 23권, 143쪽 a, 『마하승기율』제13권, 대정 22권, 332쪽 a.

(3) 멱죄상법覓罪相法 tassapāpiyasika

『빠알리율』에 따르면 교계쟁사는 억념비니 · 불치비니 · 멱죄상법의 세 가지 쟁사 멸쟁법이 있다고 한다.[5] 이 일은 이미 위에서 언급한 바와 같이 『마하승기율』을 제외하고 『사분』 · 『오분』 · 『십송』의 상좌부계 한역 여러 율도 같다. 『마하승기율』에서는 비방교계쟁사는 억념비니와 불치비니의 2멸이고, 멱죄상은 범쟁만의 지멸법이라고 한다. 그러나 이것도 교계 · 범죄의 두 쟁사에 공통으로 적용하는 것이 된다는 것은 이미 기술했다.

멱죄상법은 다른 비니와 마찬가지로 승가 · 인 · 법 · 율이 현전하는 현전비니의 법정으로 행하여진다. 즉 현전비니와 멱죄상법을 합일하여 행하는 것이다. 그러나 이 멱죄상법은 처음부터 그 사건을 위해 열리는 것은 아니고, 하나의 법정으로 신문 중에 쟁사가 발생하여 그 법정이 그 발생한 쟁사를 멸하는 것이 이 멱죄상법이다. 어떤 비구가 범죄를 범했다고 고소당했을 경우에, 승가는 현전비니 법정을 열고, 고소당한 범죄에 대해서 피고에게 신문을 행하는 것인데, 이는 앞에서 언급한 억념비니 · 불치비니와 같다. 그리고 이 신문의 부분에서 (1) 이 고소가 무근의 비방임이 밝혀지면 피고의 요구로 억념비니의 갈마가, 또는 (2)이 고소가 피고의 발광 중의 일로 무죄가 밝혀지면 이것도 피고의 요구로 불치비니가 주어지게 되지만, (3)이 신문에 대해 피고가 범했다고 하고, 또는 범하지 않았다고 하고, 죄를 보았다고 하고, 죄를 보지 않았다고 하고, 또는 기억하지 못한다고 하고, 죄의 고백을

5) Cullavagga, IV, 14, 29. 남전대장경 제4권, 156쪽-157쪽.

확실하게 하지 않을 경우에 이번에는 승가가 이 비구에게 멱죄상갈마覓罪相羯磨 tassapāpiyasikākamma를 주게 된다. 즉 멱죄상갈마는 일종의 징벌갈마이고, 비구의 입장에서 말하면 공권을 정지당하는 징벌처분이다.

『빠알리율』에 따르면 우빠발라Upavāla, Uvāḷa가 「승가 안에 있으면서 죄를 검문당할 때, 처음에는 '범하지 않았다'고 하고 뒤에는 '범했다'고 하고, 처음에는 '범했다'고 하고 나중에는 '범하지 않았다'고 이어異語를 하여 피하기 위해 망어를 한 것」이므로 멱죄상법이 제정된 것이라 하고, 이때 백사갈마로 이를 주어야 한다고 한다.[6] 그리고 이 갈마가 주어진 것은 갈마건도에 있는 고절갈마苦切羯磨 tajjaniyakamma가 주어졌을 때와 마찬가지로,

> (1)타인에게 구족계를 주어서는 안 되고 (2)타인에게 의지를 주어서는 안 되고 (3)사미를 받아서는 안 되고 (4)비구니 교계의 선택을 받아서는 안 되고 (5)뽑혀도 비구니를 교계해서는 안 되고 (6)승가로부터 갈마당하는 죄를 범해서는 안 되고 (7)서로 비슷한 다른 죄를 짓거나 (8)그것보다 나쁜 죄를 범해서는 안 되고 (9)갈마를 욕해서는 안 되고 (10)갈마로 주어지는 것을 욕해서는 안 되고 (11)청정비구의 포살을 방해해서는 안 되고 (12)자자를 방해해서는 안 되고 (13)서로 함께 이야기해서는 안 되고 (14)교계를 주어서는 안 되고 (15)허가를 얻어서는 안 되고 (16)어렵게 여겨서는 안 되고 (17)억념하게 해서는 안 되고 (18)비구들과 교제해서는 안 된다.

6) Ibid., IV, 11, 1-2. 남전대장경 제4권, 132쪽-133쪽.

라고 하는 18사事에 복사服事해야 한다고 한다.[7] 그리고 이 멱죄상갈마는 복사服事 상으로는 고절갈마와 동일하지만, 쟁사의 양상으로 말하면 불견죄갈마와 똑같다.[8] 단, 미미하게 다른 점이라면 불견죄갈마는 재판 전에 불견죄 사실이 있고 그 때문에 재판하여 이를 부과하는 것인데, 멱죄상갈마는 재판 중에 발생한 불견죄에 대해서 그 법정이 이를 부과한다는 점뿐이다.

그렇지만 고절갈마나 불견죄갈마에는 복사를 행하면 그 갈마의 해법解法 즉, 해제解除가 있는데, 멱죄상갈마에는 『빠알리율』의 기사 생략으로도 여겨지지만, 기록되어 있지 않다. 그러나 꼭 기사생략이라고 생각하기 어려운 것은, 다음에 기술되는 『오분율』·『십송율』·『마하승기율』의 기사에 종생무해제終生無解除라는 말이 있기 때문이다. 그러나 기사생략으로 여기고, 고절갈마의 기사로 이를 보충하면 18사의 복사를 여법하게 행하면 해제가 된다. 복사 18사 중에는 그것 때문에 갈마를 부과 된 행위나 죄에 대해서 이를 견죄見罪하고 복죄服罪해야 한다고 하는 항목은 없으므로, 비유하자면 승잔죄를 범한 자가 신문 받아도 견죄하지 않고 갈마당하여 18사를 여법하게 행하면, 승잔죄를 견죄하지 않은 채 해제·무죄가 된다고 하는 불합리가 생긴다. 이 일에 대해서는 어느 율도 해답을 얻을 수 있는 기사가 보이지 않는다. 일반적으로는 이 갈마는 죄상을 자백하지 않는 비구에게 자백할 때까지 이를 부과하고, 비구의 특권 대부분을 정지하여 최후에는 자백을 기대하는 법으로 여겨지기 때문에[9] 자백에 의해 해제되어야 할 것이라 생각되

7) Ibid., IV, 12, 4 남전대장경 제4권, 132쪽-133쪽.
8) Ibid., I, 25-27. 남전대장경 제4권, 30쪽 이하.

는데, 각 율 모두 그 점에 대한 기사가 확실한 것이 없어서 불명확하다. 이는 다음 장에서 볼 불견죄갈마不見罪羯磨도 마찬가지이지만, 불견죄에 죄를 부과하는 것은 견죄見罪시키기 위해서인데 그 복사 중에 견죄 항도 없고, 복사를 여법하게 하면 해갈마를 인정하게 되어 앞의 목적을 잃게 되는 것, 즉 수단이 목적으로 바뀌는 것이 종종 있기 때문에 반드시 일반적이고 합리적인 생각으로 딱 잘라 말할 수 없는 예도 있다.

『빠알리율』에서는 이 멱죄상법 규정의 원인으로, 우빠발라 비구가 신문 중에 말을 이랬다저랬다 하여 견죄하지 않았다고 하는데, 이 비구가 무슨 이유로 신문당하였는가에 대해서는 「실제로 범죄하여」라고도 「의심받아서」라고도 적혀있지 않는다. 또 교계쟁사의 멱죄상멸 부분에도 승가 안에서 비구가 중죄로서 책망당할 때의 다툼이라고 할 뿐이다.[10) 『십송율』의 인연에서는 상수象首 비구가 실제로 범죄하고 견·문·의를 받으면서 승중 안에서 고망어故妄語했다고 되어 있다. 『빠알리』의 경우는 피고가 범했다고는 단정할 수 없지만, 다른 말을 하고 신문자를 뇌란시키는 죄에 중점이 있다고 할 수 있다. 『십송율』의 경우는 범하고 있으면서 그것을 인정하지 않는 죄에 중점이 있게 된다. 그리고 『십송율』에서 멱죄상갈마를 받은 자는, 무릇 위에서 본 『빠알리율』 18복사와 동등하게 18사를 행해야 한다고 하는데, 이에 부가하여 「만약 이처럼 행법을 행하지 않으면 진형수盡形壽토록 이 갈마를 벗어날 수 없다.」라고 하고 있다. 여기에서도 범한 죄의 고백 요구를 포

9) 예를 들어, 西本龍山 『사분율비구계본강찬』 303쪽.

10) Cullavagga, IV, 11, 1. and IV, 14, 29. 남전대장경 제4권, 132쪽, 156-157쪽.

함하지 않는 18사의 복사를 요구하고, 이를 복사하면 해갈마를 얻을 수 있는 것으로 기술되어 있다.[11] 따라서 『십송율』도 역시 갈마를 부과한 목적을 확실히 하는 것은 없고, 그 수단인 갈마의 복사에 중점을 두고 있다고 볼 수 있다.

이에 반해 『오분율』은 멱죄상법覓罪相法을 본언치비니本言治毘尼라고 번역하고 있다. 이 기사 처음에는 인명人名을 들지 않지만, 『빠알리율』의 멱죄상 제정 인연과 대충 비슷하다. 이 갈마를 주는데 본언本言에 가회可悔와 불가회不可悔 두 가지가 있다고 한다. 아마도 본언치란 실제로 범한 죄를 자백하는 것에 따라서 멸쟁하는 의미로 생각되기 때문에, 본언이란 그 비구가 실제로 범한 죄이고, 멱죄상법覓罪相法의 목적은 범비구犯比丘의 죄를 추궁하는 것이다. 그러나 기술한 것처럼 『빠알리율』이나 『십송율』도 이 일은 명료하지 않지만, 『오분율』은 본인의 말을 이랬다저랬다 하여 자백하지 않는 것을 벌하는 갈마로 본언의, 즉 그 비구가 범하는 죄의 구별에 따라서 가회와 불가회 두 종류의 갈마를 구별하여 주는 것이라 한다. 그러므로 『오분율』에서는 승가가 그 비구의 범죄 사실을 알고 있으므로, 그에 상당하는 벌갈마罰羯磨를 주는 것이다. 가회이란 참회의 여지가 있는 것이므로, 그 비구가 승잔죄 이하의 죄를 범하고 있을 경우로 이 자에게는 본언치가회갈마本言治可悔羯磨(단, 이 이름은 기록되어 있지 않아서 추정이지만)를 주게 되는 것이다. 그리고 불가회는 바라이일 수밖에 없으므로, 『오분율』은 바라이죄를 범한 것을 추급해도 말을 이랬다저랬다하여 그것을 인정하지 않는 자에게는 '본언치진수불가회갈마本言治盡壽不可悔羯磨'를 주는 것이라 한다.[12] 이는 바라

11) 『십송율』 제20권, 대정 23권, 144쪽 a.

이죄를 선언하는 것과 동일한 것이 된다. 단, 『오분율』에서는 이 본언치갈마의 복사服事를 설하지 않지만, 제24권의 가책갈마呵責羯磨를 받은 자의 해법을 참조하면, 『빠알리율』의 18사에서 자자, 포살, 다른 비구와의 교제 · 교계 · 허가 등을 제외하고, 그 대신에 행주인이 되는 것, 왕의 세력이나 친척의 세력을 빌리는 것 등을 금하는 항목을 넣은 16사事를 적고 있다.[13] 그리고 진수불가회盡壽不可悔는 평생 이를 지킬 것인가, 교단을 나갈 것인가의 문제이지만, 가회갈마可悔羯磨는 이 16사를 행하고 여법하게 해갈마할 때 본언, 즉 그 때문에 이 갈마를 부과당했다고 죄를 자백하고, 그 죄에 상당하는 회법悔法을 행하여 청정출죄清淨出罪를 예상하는 것이다. 실은 『오분율』에는 그와 같이 설하는 것은 없지만, 가회라는 말은 죄의 회법을 행한다는 의미이기 때문에, 그와 같이 풀 수밖에 없다. 만약 그렇다고 한다면, 이 율만은 수단(羯磨)과 목적(自白)이 잘못 바뀌지 않고, 목적을 잊지 않고 있다고 할 수 있다.

『사분율』은 이 멱죄상법을 죄처소비니罪處所毘尼라고 번역하고 있다. 이것도 『오분율』과 마찬가지로 해설기사가 적어 확실한 의미를 얻기 어렵지만, 이 갈마가 불여법으로 행하여진 경우를 열거하는 중에, 「또한 세 가지가 있다. 무범과 불가참죄不可懺罪를 범하는 것과 만약 범죄하고 나서 뉘우치는 것이다.」라는 일구一句가 있다.[14] 이는 무범인 자에게는 갈마를 행할 필요는 없고, 다음으로 불가참죄인 바라이죄를 범한 자에게도 이 갈마를 행할 필요는 없으며, 또 죄를 범하고 이미 참

12) 『오분율』제23권, 대정 22권, 155쪽 c.
13) 『오분율』제 24권, 대정 22권, 163쪽 a.
14) 『사분율』제 48권, 대정 22권, 921쪽 a.

회하여 청정해진 자에게도 이 갈마는 필요 없다는 것을 기술하는 것이다. 그리고 이 중에서 바라이를 범한 자에게는 이 갈마가 필요가 없다고 하는 것은, 이 율에서는 범바라이죄犯波羅夷罪는 행하여짐과 동시에 승가로부터 추방되는 데 반하여, 죄처소갈마는 죄를 범하고 자백하지 않는 자에게 자백 참회하여 청정하게 할 목적으로 하고 있기 때문이라 생각된다. 즉 이 갈마는 죄의 자백을 하지 않는 비구에게 자백을 구하기 위해 자백할 때까지 부과해두는 것인데, 그것은 그 비구가 자백참회하면 청정하게 될 수 있기 때문이다. 『사분율』은 「云何罪處所, 彼比丘此罪與作擧作憶念者是」라고 적고 있다. 이 기사의 의미는 판독하기 어려운 것이지만, 이를 「그 비구의 죄에 대해서 거擧갈마를 행하고, 범한 죄를 억념하게 하고, 자백하게 하는 것이 죄처소罪處所이다.」라는 의미로 해설할 수 있다면, 『사분율』쪽이 『오분율』보다도 한층 확실하다. 이 갈마는 승잔죄 이하의 범죄자가 고망어故妄語하고 자백하지 않을 경우에 적용하는 것이다. 그리고 자백시킬 목적으로 그 자백하는 데 이르게 하는 처치로서 이를 부과하는 것으로 생각된다.

『마하승기율』은 앞에 기술한 바와 같이, 멱죄상비니는 죄쟁罪諍만의 멸쟁법이라고 한다. 본 율에는 멱죄상비니의 인연으로서 시리야파尸利耶婆 비구가 여러 가지 승가바시사를 범하였으므로, 중승衆僧이 모여서 그 범죄를 추급하였는데, 말을 이랬다저랬다 하여 자백하지 않았던 일을 들고 있다. 여기에서 주의해야 할 것으로는, 이 비구가 중승으로부터 승잔죄에 대해서 그 범함을 질문받고, 말을 이랬다저랬다 하며 자백하지 않았기 때문에 멸죄상비니가 제정되었다고 하면서, 바라이죄를 말하지 않는 것이다.[15] 『빠알리율』에서는 비구에게 죄의 추급을 하는데 교계쟁사 하下의 멱죄상법에서는「바라이, 혹은 바라이와 비슷한 죄를 범한 것을 억념하느냐?」라고 하고,『십송율』과『사분율』에서는, 단지 죄를 범하고 질문받았다고 하는데,『오분율』에서는 본언치진수불가회本言治盡壽不可悔의 경우이지만, 바라이죄에 대해서 비구에게 추급하고 있다. 이는 앞에서 언급한『사분율』이 불가회죄바라이에는 죄처소비니罪處所毘尼를 부과하는 것을, 불여법이라 하는 것과 같은 것이다. 그러나 이 율에서는 멱죄상비니갈마를 받은 자는 진형수盡形壽로 8법을 행해야 한다고 하고,

> ⑴타인을 제도할 수 없고 ⑵타인에게 구족계를 줄 수 없고 ⑶타인의 의지를 받을 수 없고 ⑷승차청僧次請을 받을 수 없고 ⑸승僧의 사행使行을 할 수 없고 ⑹승에게 설법인이 되어 줄 수 없고 ⑺승을 위해 비니를 설하는 사람이 될 수 없고 ⑻승을 위해 갈마인이 될 수 없다. 승가가 갈마를 하고 나면 이 비구는 수명이 다하도록盡形壽 이를 버릴 수 없다.」

라고 하고 있다. 이에 따르면 멱죄비니갈마는 평생 이를 벗어날 수 없는 벌죄罰罪이게 된다. 이는『오분율』에서 바이라죄를 자백하지 않는 자에게 주는, 본언치진수불가회갈마本言治盡壽不可悔羯磨이고,『사분율』이 이에 죄처소갈마罪處所羯磨해도 무효라고 하고 이에 부과하는 것을 불여법이라 하는 것에 상당한다. 그리고『승기율』은 그 일을 이미 예상하고 있고, 최초의 제정 인연부터 승잔죄로 시작하고 있다. 이는 이미 본

15) 『마하승기율』제13권, 대정 22권, 333쪽 b-c.

바와 같이『승기율』의 멱죄상비니는 승잔죄 이하의 범죄한 자에게 자백시키기 위한 갈마라고 할 수 있다. 즉 자백하면, 참회하고 청정하게 될 수 있다. 가능성이 있는 자에게만 주어지는 것으로,『오분율』의 본언치가회갈마本言治可悔羯磨와 비슷한 것임이 틀림이 없다고 이해하지 않을 수 없다. 따라서 이 8행법의 전후 두 곳에 있는 '응진형수행팔법應盡形壽行八法'과 '시비구진형수불청사是比丘盡形壽不聽捨'라는 두 구절은 극히 해석하기 어렵다. 이를「평생 이 갈마를 해제解除하는 일은 없다.」는 의미로 이해하면, 인연에서 바라이를 제외하고, 승잔으로 이 갈마법을 제정할 이유가 없게 된다. 이는 아마도 앞에서 본『십송율』의 경우와 같이, 이 8법을 여법하게 행하지 않을 때는 진형수盡形壽로 8법을 행해야 한다는 의미로 이해해야 할 것이다. 만약 그와 같이 이해한다면, 이『마하승기율』은 지극히 합리적이라고 할 수 있다.

이상『빠알리율』과『사분』·『오분』·『십송』·『승기』의 네 율을 종합하여 생각해보면, 어느 율에도 출입이 있고, 완전하게 일치하는 것이 없지만, 공통된 것으로 생각할 수 있는 것은 승잔죄 이하의 죄를 범한 자의 고백 참회를 구하고, 바라이죄를 범한 자는 고백하면 추방하고, 고백하지 않으면 평생 갈마의 행법에 따르게 하는 것으로 생각할 수 있다.

멱죄상법의 갈마를 부과받는 자는, 설령 백白하는 모양을 하지 않더라도 실제상 범죄자로 여겨야 할 사람들이다. 범죄의 의심이 있어서 고소 신문 당했을 때 사실무근인 자는 억념비니이고, 범행이 있어도 발광發狂 중이어서 무죄가 되는 자는 불치비니로, 어떻게든 무죄갈마를 받는 것이므로, 그 이외의 자는 범죄자라 할 수 있다. 그 범죄자가 말을 이랬다저랬다 하고 범했다고 하지 않을 때 부과하는 것이 멱죄상법이다. 그러므로 바라이를 의심받아서 억념비니로도 불치비니로도 되지 않고, 죄를 긍정하지도 부정하지도 않으며 말을 이랬다저랬다 하는 자는 바라이로서 단죄 가능성은 충분하다. 『마하승기율』과 『사분율』은 이를 어떻게 하였는지 불분명하지만, 다른 율은 백상白狀 자백할 때까지 멱죄상행법을 부과하고, 백상자백하면 추방하는 것으로 보인다. 그러나 멱죄상법의 실제 주목적은 승잔죄 이하의 고백참회를 구해야 하는 죄에 대해서 고백을 재촉하여 출죄하게 하기 위한 것이라 보아야 할 것이다.

(4) 자언치법自言治法

『빠알리율』에 따르면 「범죄쟁사는 세 가지 멸쟁법으로 멸한다. 현전비니와 자언치와 여초부지법이다.」라고 하고 있다. 이 중 현전비니는 다른 쟁사의 경우와 마찬가지로 승가 · 인 · 법 · 율이 현전하는 것으로, 사법현전四法現前의 법정이기 때문에, 구체적으로는 현전비니의 자언치와 현전비니의 여초부지법의 두 가지 멸쟁방법이 있게 된다.

그래서 먼저 자언치自言治 paṭiññātakaraṇa인데, 『빠알리율』의 인연에 따르면 육군비구가 아직 죄를 자백하지 않은 비구에게 고절갈마苦切羯磨 tajjaniya-kamma · 의지갈마依止羯磨 nissaya-k. · 구출갈마驅出羯磨 pabbājaniya-k. · 하의갈마下意羯磨 paṭisāraṇiya-k. · 거죄갈마擧罪羯磨 ukkhepaniya-k.를 행했기 때문에, 이후

자백 즉 자언自言을 구하고 나서 행해야 한다고 했다. 그 자언의 여법한 방법으로는, 예를 들어, 비구가 바라이죄를 범하여 승가가 그에게 바라이죄로써 책망하니 그 비구가 그것에 대답하며, 바라이죄를 범했다고 자언했다. 승가가 그를 판단하기를, 바라이가 된다고 판단하면 여법한 자언이라고 한다. 그리고 오편칠취의 하나하나에 대해서 범죄犯罪 · 문죄問罪 · 답죄答罪 · 단죄斷罪 네 가지가 전부 일치하는 것을 여법이라 한다.[16] 그렇지만 범죄쟁사의 자언치가 되면 경죄輕罪 즉, 자언참회만으로 청정 출죄할 수 있는 죄의 자언참회출죄의 법이라 여겨지고 있다. 이에 따르면, 경죄를 범한 자가 한 비구를 향하여 대수참회對首懺悔하고 자기의 죄를 설하여 「그대는 죄를 보았느냐?」 · 「그렇다. 보았다.」 · 「지금 이후로 잘 섭수하라.」라는 문답이 오가며 멸쟁하는데, 이는 법 · 율 · 인이 현전하는 자언치라고 했다. 또 한 비구가 아니라 중인衆人(3명 이하)으로 할 경우와 승가(4명이상)로 대할 경우는 백을 제창하는 자가 그 비구의 자언참회를 받는 것을 중衆, 또는 승가에 알리고 나서, 그 백을 제창하는 사람이 자언하는 비구와 중인衆人 또는 승가 앞에서 위와 같은 문답을 왕복하며 출죄하는 것이고, 이 경우 중인일 때는 법 · 율 · 인이 현전하는 자언치이고, 승가에서 할 때는 법 · 율 · 인 · 승가가 현전하는 자언치라고 생각된다.[17]

그런데 앞에서 언급한 『빠알리율』의 자언치에 대해서는 전후 두 가지 부분의 서술이 상위되어 있음을 알 수 있다. 즉 앞 부분인 칠멸쟁법의 제정 인연을 설하는 곳에서, 자언치의 제정과 그 형태를 규정할

16) Cullavagga, IV, 7-8. 남전대장경 제4권, 128쪽-129쪽.
17) Ibid., IV, 14, 30-32. 상동, 157쪽-159쪽.

때(Cullavagga, IV. 7-8)는 무죄자가 부당하게 처벌된 사실이 있었기 때문에, 승가는 징벌 갈마 등을 행할 때는 반드시 본인의 자백을 얻은 뒤에 행하는 것이라 한다. 이는 분명히 앞에서 언급한 멱죄상법과 역인 경우를 말하고 있다. 그런데 뒷 부분 즉, 지금 범죄쟁사를 이 자언치로 멸쟁하는 부분(Cullavagga, IV. 14. 30-32)에서는 자언치는 자언참회만으로 출죄할 수 있는 경죄의 자백참회법으로 되어 있다. 경죄輕罪는 특히 멸쟁법을 필요로 하지 않는 것으로, 한 사람이든 중인衆人이든 승가에 참회하면 출죄하는 것이고, 또 타인으로부터 자기의 죄를 비난받지 않고, 자발적으로 자언참회하면 쟁사라고 할 수 없다. 아마도 이 부분은 앞의 부분을 잘못 사용한 것으로 생각된다. 자언치自言治 paṭiññāta-karaṇa는 자인自認하는 소작所作을 의미하는 문자인데, 이 문자만을 보고 경죄의 자언참회법이라 오해한 것으로 생각된다.

이 『빠알리율』과 마찬가지로 모순되는 두 가지 의미를 두 곳에 설하고 있는 것이 『십송율』과 『사분율』이다. 『십송율』에서는 제20권 칠멸쟁법의 자언멸쟁법 중에서 육군비구가 객비구를 불견죄거죄갈마에 처한 사건을 들고, 『빠알리』의 전반과 동일한 경우를 기술하고 있다.[18] 다음으로 『사분율』의 47권 칠멸쟁법에 인연을 설하는 장소에서는 이 자언치의 인연을 다음과 같이 설한다. 포살 · 설계를 할 때 좌중에 불청정不淸淨한 자가 있어서 붓다가 설계를 시작하시지 않았기 때문에, 목건련은 신통력으로 그것을 알고 그 비구를 자리에서 추방했다고 하는데, 그 일에 대해서 붓다는 죄의 자언을 얻지 않고 처벌해서는 안 된다고 하고, 자언치를 제정하셨다고 한다.[19] 이 인연으로 분명하듯이

18) 『십송율』 제20권, 대정 23권, 141쪽 b-c.

『사분율』·『십송율』과 함께 『빠알리율』과 마찬가지로 자언치제정의 목적은 비구의 자백을 기대하지 않고 죄가 있다고 하여 처단하는 것을 금하는 것, 이른바 부당한 처분으로부터 비구의 인권을 지킨다는 의미이다. 그렇지만 『십송율』제35권 범죄멸쟁 부분에서는 자언치란, 승잔죄 이하의 죄에 대해서 비구가 죄를 묻거나, 또는 묻지 않는데 자기의 범죄를 자언하고, 죄에 상응하는 행법을 하여 출죄[20]하는 것으로 하고 있다. 다음으로 『사분율』의 48권에 쟁사를 멸하기 위해 사용되는 자언치의 설명은 『빠알리율』의 후반과 비슷하게 경죄의 자언치참회출죄법으로 되어 있다.[21]

『빠알리율』·『십송율』·『사분율』의 전후 두 부분의 전반에 상당하는 것이 『마하승기율』이다. 이 율에서는 자언치의 인연으로 라훌라 Rāhula가 악비구로부터 버라이 제1에 상당하는 부정행을 행했다고 하여 고소당한 사건을 든다. 이는 라훌라의 자언이 인정되어 청정은 인정되었지만, 이때 붓다는 「미래세에도 혹 악행비구가 있어, 청정비구를 비방하고 자언치를 얻지 않고 구출하므로」라고 하며 자언치법을 제정하셨다고 한다.[22] 이는 『빠알리율』이나 『사분율』보다도 한층 강하게 자언치의 제정 목적을 나타내고, 비구의 인권을 지키기 위해 자언에 의해 죄의 소재를 명확히 해야 한다는 취의가 분명하게 되어 있다. 물론 자언에 의해 죄를 진술했을 때는 죄의 경중에 따라서 벌이 가해져야 할 것은 벌을 가하고, 참회출죄하게 할 수 있는 것은 그와 같이 하는

---

19) 『사분율』제47권, 대정 22권, 915쪽 a.
20) 『십송율』제35권, 대정 23권, 256쪽 a.
21) 『사분율』제48권, 대정 22권, 921쪽 b-c.
22) 『마하승기율』제13권, 대정 22권, 332쪽 c-333쪽 b.

데, 자언치 본래의 취의는 인권 옹호라고 볼 수 있다. 통상 범계는 비구가 나아가서 자기참회하는 것이고, 이를 위해 자언치를 행할 필요는 없다. 앞에서 언급한 『마하승기율』은 『빠알리율』이나 『십송율』·『사분율』의 전반에 상당하는 부분만 설하지만 『오분율』은 그 후반에 속하는 부분만을 설한다. 그러나 이는 대정대장경에서 겨우 9행으로 『빠알리율』의 후반의 것과 똑같은 것을 간략하게 설할 뿐이다.[23)]

이상에 의해 보면 멸쟁법으로서의 자언치법은 원래는 『빠알리』·『사분』·『십송』 등 여러 율의 기사 전반에 있는 것 및 『마하승기율』에 설하는 것이 본래의 것으로 생각된다. 단순한 자언참회는 쟁사가 되지 않기 때문에 멸쟁법을 사용할 필요는 없다. 타인으로부터 비난 또는 승가의 부당한 처분에 대해 본인의 주장이 다르기 때문에 쟁사이고, 그 경우에 본인의 자언에 따라서 멸쟁하는 것이 행해야 할 자언치법이다. 그런데 이 일이 잊혀지고, 자언치이기 때문에 범죄자가 자언참회하여 출죄할 수 있는 경죄를 범했을 경우의 출죄법과 같이 이해한 것이 『빠알리』·『사분』·『십송』 각 율의 전반 및 『오분율』인데, 이는 아마도 시대의 경과와 함께 적용을 잘못한 것으로 생각된다. 그리고 이 일이 앞에 기술한 쟁사의 분류에도 반영되어 율학처 이외에 대해서 교계쟁사와 오편칠취의 학처에 대해서 범죄쟁사의 본래 분류방식에 이변을 초래하여, 억념과 불치와 멱죄의 세 가지 멸쟁법에 의한 교계쟁사는 중죄에 관한 고소처리이고, 자언치와 다음에 기술할 여초부지법에 의해 멸쟁하는 범죄쟁사는 경죄처리하는 변화를 생기게 했다고 생각된다.

23) 『오분율』제 23권, 대정 22권, 156쪽 a.

(5) 여초부지법如草覆地法

한파漢·巴의 각 율 모두 범죄쟁사 중에서 자언치에 의하지 않는 것은 여초부지법tiṇavatthāraka에 의한다고 하는데, 이는 재판 진행 중에 다시 여러 가지 죄를 일으켜 분란에 이르렀을 때, 그것을 다스리기 위해 서로 이야기하여 화해치는 법이다. 오늘날의 재판법 조정과 같이 갈마사가 조정을 재촉하여 쌍방이 받는 형태로 행하여진다. 즉 승가가 권고하여 조정을 시도하는 것인데, 권고에 응한 경우에만 한쪽이 상대에게 제안하고 쟁인의 양쪽이 합의하여 행하는 것이다. 『빠알리율』에 따르면 비구들이 양쪽으로 나누어 소송을 일으키고 쟁론을 일으켜서 서로 구설口舌의 검劍으로 공격하며 살고, 그리고 여러 종류의 죄를 수반하여 일으키고, 그 죄를 서로 간하여 단사하고자 하면, 이윽고 조폭粗暴 kakkhaḷatta 분우紛擾 vālatta 파승破僧 bheda에 이를 것이 예상되는 경우에 행하여진다.[24] 다투는 양쪽이 서로 화해하여, 다투는 동안에 양쪽이 범한 죄는 중죄(바라이·승잔)와 재가상응죄在家相應罪[25]의 경우를 제외한 이외의 죄를 서로 불문에 부치고 화해하는 것이다.

갈마 방법은 승가·쟁인 모두가 모인 곳에서, 먼저 (1)승가의 갈마사가 「다툼 때문에 서로 비사문非沙門의 법을 행하고, 언어 등에도 비법이 있어서 여러 종류의 죄를 일으킨 것, 또 그것의 단사를 충고諫하면 수사收捨가 어렵게 되기 때문에 여초부지법에 의해 서로 화해하도록 해

24) Cullavagga, IV, 14, 33. 남전대장경 제4권, 159쪽-160쪽.

25) 재가를 더럽혔기 때문에 구출되는, 『빠알리율』 제13승잔(汚家惡行擯謗違諫戒)(『사분율』·『십송율』제13, 『오분율』·『승기율』제12)을 범한 자나 재가신자에게 가는 것을 금하는 遮至白衣羯磨를 받는 죄.

야 한다.」라고 알린다. ⑵다음으로 다투는 한쪽 대표 비구는 자기파의 비구들을 향하여 마찬가지 취지를 이야기하고, 「우리는 구수 등의 죄와 우리의 죄를, 구수 등의 이익과 우리 이익을 위해, 승가 안에서 여초부지법에 의해 설시說示해야 한다.(분명 여기에서 구체적으로 범죄를 설하여 나타낼 것으로 여겨진다.) 단, 추중麤重의 죄(바라이와 승잔)와 재가상응의 죄를 제외한다.」라고 알린다. ⑶다투는 다른 쪽 대표자도 같은 일을 자기파의 비구들에게 알린다. ⑷그와 같이 행하고 나서, 한쪽 대표는 전 승가를 향하여 자파에게 알렸다고 같은 일을 이야기하고, 「이들 죄를 승가 안에서 여초부지법에 의해 설시해야 하고, 단 추중의 과過와 재가상응의 죄를 제외한다. 이것이 백白이다.」라고 갈마의 백을 말하고, 이 백에 대해서 찬반을 묻는 갈마설을 한 번 말하고, 승가가 묵연하여 찬성하면, 이 파의 여초부지법의 백이갈마는 성립된다. ⑸다른 파 쪽도 또한 동일하게 행하면, 마찬가지로 타파의 여초부지법이 성립하여 양 파의 쟁론에 의해 생긴 죄는 바라이죄와 승잔죄와 재가에 관한 죄 이외는 지멸해진다.[26]

이상으로 분명하듯이 이 여초부지법을 이용하는 것은, 쟁론 사이에 생긴 죄라는 특이성이 있다. 그리고 바라이와 승잔의 죄와 재가상응죄를 제외한다고 하는 것은 바라이는 불가회죄이고, 승잔은 복사출죄服事出罪의 규정이 있으므로 이는 출죄가 있을 수 없는 것이고, 재가상응죄는 재가인이 비구의 뉘우침을 인정하지 않는 한 출죄 혹은 해갈마를 할 수 없으므로 이를 이 법으로부터 제외된 것으로 생각된다.

『오분율』은 이 멸쟁법을 초포지草布地라고 번역하고, 이를 행하는 것

26) Ibid., IV, 13, 1-3. 상동, 134쪽-136쪽.

을 초포지회과草布地悔過를 한다고 하고 있다. 『오분율』에서는 투쟁비구가 「우리가 함께 싸우고, 서로 욕하고, 신구의로 악업을 행했다. 지금 차라리 적당히 승중에서 제죄除罪하고 초포지회과를 행하자.」라고 하며 승가에 청하고, 승가는 백이갈마로 이를 주고자 하는데 『빠알리율』과 같이 중죄와 재가상응죄를 제외하고 있지 않다.[27] 그러나 바라이는 어떠한 경우에도 멸죄되지 않고, 승잔은 복사출죄의 특별한 규정에 따라야 하고, 재가상응죄는 재가의 허가를 요하므로 당연히 제외로 보이고, 대체로 『오분율』과 『빠알리율』은 일치하는 듯하다. 다음으로 『사분율』도 『오분율』과 거의 차이는 없지만, 이는 「이제 이 모든 쟁사와 이미 범한 죄를, 중죄와 차부지백의가갈마遮不至白衣家羯磨를 제외하고 … 초부지참草覆地懺을 행하자.」라고 하고 있다.[28] 『십송율』은 이 멸쟁법을 여초포지비니라고 번역하지만, 내용은 거의 『사분율』과 같다.[29] 그러나 『사분율』이 소치所治의 죄로부터 중죄와 차부지백의가갈마를 제외한다고 하는 데 대해, 본 율은 투란차와 백의상응죄를 제외한다는 점이 다르다. 어째서 투란차죄偸蘭遮罪 thullaccaya라 하는지 그 의미를 이해하기 어렵지만, 『비니모론』도 같이 투란차로 한다.[30] 이 죄는 바라이나 승잔 중죄의 미수죄나 예비죄이기 때문에 투란차 이상의 중죄를 제외한다는 의미인가 생각되지만, 이는 『십송율』만 있는 특유한 것이다.

초부지의 인연으로서는 『십송율』에 구사미俱舍彌 비구의 투쟁상언鬪諍相言을 말하는데, 『마하승기율』에서는 여초포지비니멸상언쟁如草布地毘

27) 『오분율』 제23권, 대정 22권,156쪽 a.
28) 『사분율』 제38권, 대정 22권, 921쪽 c-922쪽 a.
29) 『십송율』 제20권, 대정 23권, 147쪽 a, 상동 제35권, 대정 23권, 256쪽 a.
30) 『살바다비니마득륵가』 제9권, 대정 23권, 564쪽 c.

尼滅相言諍이라 하여 꼬쌈비 비구의 다툼을 들고, 붓다가 이 꼬쌈비 비구에게 아버지의 원수와 화합한 「장생왕 본생담長生王 本生譚」을 교시하시는 것을 기록하고 있다. 그리고 이 포초비니布草毘尼의 방법에 대해서는 (1)붓다는 쟁사를 멸하기 위해 꼬쌈비에 파견할 우빨리에게 쟁사가 정淨이면 우바새와 함께 판단을 내려 알리라고 하셨는데, 이 정淨의 의미는 재가인에게 보여도 좋은 경우의 의미라서 이는 포초지법布草地法을 행하지 않아도 좋은 경우이기 때문에, 재가인이 입회하는 의논이나 상담에 지나지 않는 듯하다. (2)만약 쟁사가 부정이면 우바새를 내보내서 포초비니를 해야 한다고 알리고 있는데, 포초비니는 재가인에게 비구승가의 추악한 면을 보이지 않기 위한 것임을 잘 알 수 있다. 또 (3)이는 두 사람이 서로 다툴 경우라고 여겨지는데, 하좌에게 과실이 있을 때는 상좌의 처소로, 상좌가 과실이 있으면 하좌의 처소에 가서 참회한다. 받는 쪽 역시 자신도 허물過이 있었다고 여겨 참회하고, 서로 참회하여 다툼을 멸하는 것을 설한다. 그러나 이 (1), (2), (3)은 정식의 포초비니에는 아직 이르지 않은 것이라 볼 수 있다. (4)이에 이어서 「이른바 포초란 … 쟁사가 일어나서 함께 멈추지도 화합하지도 않고, 이 부중이 인정하지 않고, 악심을 일으켜서 서로 각각 불수순법不隨順法을 설하여 인정하지 않는 일을 일으키고자 할 때」 그때 승가를 모으고 법과 같이 율과 같이 한다고 하고 있다. 그리고 이 방법은 제1부중部衆 안의 숙덕총명자宿德聰明者가 제2부중을 향하여 다툼의 경과를 말하고, 이어서 「일체 모두 이 불선사유不善思惟에 이르러서 현세에는 고통스럽게 살고 후세에 악도에 떨어질 것이다. 대덕들이 마땅히 각각 이 쟁사를 버리기를 초포지와 같이 하겠다. 나는 지금 장로들을 향하여 참회한다. 각각 뜻을 낮추어서 화합 · 공주합시다.」라고 참회하는 것이다. 이에 대해 제2부중인 자가 묵연히 찬성하면 제2부중 속의 숙덕총명자가 서서 제1부중의 숙덕과 같이 참회한다고 한다. 이상과 같이 이부중이 서로 참회하고 쟁사 및 그것에 부수해서 생긴 죄 가운데 상타相打(바야제 제58) · 상박相搏(바야제 제59) · 색출방索出房(바야제 제2) · 종류種類(바야제 제2) · 양설兩舌(바야제 제3) · 무근방無根謗(승잔죄 제8)의 각 죄는 모두 지멸된다고 한다.[31] 다른 여러 율에서는 중죄와 재가 관계를 제외한 각 죄를 멸한다고 하지만, 이 율은 초포지비니가 지멸하는 죄를 구체적으로 여섯 가지 열거하는 점이 특징적이다.

여초부지법은 각 율의 서술에 간략함略과 넓음廣의 차는 있어도 대체로 일치한다. 이 법은 풀로써 땅을 덮고, 그 위를 통과해도 더럽혀지지 않는 것처럼, 다툼을 참회에 의해 덮고 비구를 청정하게 하는 것인데, 이는 양편으로 나누어 다투는 자가 서로 참회하고 다툼 및 그것에 수반하여 일어난 죄의 일체를 화해로 해소하고자 하는 일종의 화해법이라 할 수 있다.

31) 『마하승기율』 제13권, 대정22권, 335쪽 a-b(西本龍山 訳 『国訳一切経 · 율부9』 402-403쪽 譯文과 註에 의한다.)

5. 사쟁사事諍事의 멸쟁법

사쟁사事諍事 kicchādhikaraṇa는 이미 기술한 바와 같이 승가가 행하는 것 kicca에 대해서의 쟁론이기 때문에, 승가의 갈마 그 밖의 행사 절차의 불비不備 · 무효無效 등에 대해서의 쟁론이라고 보아야 하고, 『빠알리율』과 『십송율』의 상제행사常諸行事란 현전비니법만으로 이를 멸하는 것으로 하고 있다.[1] 그렇지만 『오분율』과 『사분율』과 『마하승기율』은 칠멸쟁법으로 멸한다고 하고 있다.

『사분율』은 사쟁事諍을 언쟁言諍 중의 사작事作, 멱쟁 중의 일事作이라 하지만,[2] 이는 아마도 언쟁과 멱쟁의 절차 등에 대한 쟁사의 의미라 생각된다. 『사분율』에서는 언쟁은 현전비니와 다멱비니로, 멸쟁은 현전비니와 억념비니와 불치비니와 죄처소비니로 멸쟁될 수 있는 것이 었기 때문에, 이 현전 · 다멱 · 억념 · 불치 · 죄처소 다섯 가지 멸쟁법의 소작所作 절차에 대한 쟁사가 사쟁이 되는 것이고, 이를 다스리는데, 「"사쟁事諍은 몇 가지 멸로써 멸합니까?" 붓다가 이르기를, "일체의 멸로써 멸하는데, 범한 것에 따른다."」라고 하여 칠멸쟁법 전부를 이

1) Cullavagga, IV,14,11-12,33 남전대장경 제4권, 142쪽, 160쪽. 『십송율』제35권, 대정23권, 256쪽 b.
2) 『사분율』 제47권, 대정 22권, 916쪽 a.

용한다고 하고 있다.[3] 그러나 이에 이어지는 문장에서는 자언치법의 바른 형태와 몽중夢中에 행한 부정행의 무죄를 기록할 뿐, 확실한 처치가 분명하지 않다. 송출자의 소전所傳에 혼란이 있었던 것이 아닌가 생각된다. 『오분율』은 사쟁을 규정하여 「승의 상소행常所行 일체갈마 및 제유소작諸有所作으로 하고, 이것으로 다툼諍을 다스린다.」라고 하고 있다. 이 점은 『빠알리율』등과 같은 것이지만, 그 멸쟁 방법 부분에서는 「사쟁에 따라서 칠사七事를 사용하여 멸한다.」라고 하고, 이 설명도 다만 「한 비구가 한 비구의 처소에 이르거나, 만약 두 비구, 세 비구 내지 승가의 처소에 이르러서 여법 · 여율 · 여불교如佛教로 멸한다.」라고 하여 「법是法 · 율是律 · 불교是佛教」면 여법멸이라고 하고 있다. 그리고 칠멸쟁을 어떻게 이용하는가는 알기 어렵다.[4] 마지막으로 『마하승기율』은 상소행 사쟁常所行事諍에 대해서 「승소작의 일은 여법하게 말하고, 여법하게 결집하여, 여법하게 나타내고, 여법하게 버리고, 여법하게 준다. 이처럼 세존의 제자인 비구들이 행하는 무량한 일事은 모두 칠멸쟁으로 하나하나의 일을 그치게 하여 멸한다. 이를 상소행사쟁常所行事諍이라 한다.」라고 하고 있다. 이에 따르면 승가의 소작所作 일을 여법하게 처리하는 것이 사쟁이라 생각된다. 이는 여법을 판단하기 위해 여법인지 아닌지를 다투는 것이 사쟁事諍이라고 생각되는데, 『마하승기율』은 지금 여기에 기록된 것 밖에 기록이 없어서, 구체적인 멸쟁 방법을 어떻게 행하였는지는 알기 어렵다.

3) 『사분율』 제48권, 대정22권, 920쪽 a.
4) 『오분율』 제23권, 대정 22권, 154쪽 a, 156쪽 b.

6. 판단 · 결정

네 가지 쟁사에 대해 칠멸쟁법은 그 재판 절차에 상당하는 것으로, 이미 말한 바와 같이, 이 재판의 재판결정은 현전승가에 의하든 단사인에 의하든 다른 주처의 승가 혹은 심판자에 의하든 혹은 다수결에 의하든 어느 것에 의해 내려진다. 칠멸쟁법에 대해서 말하면, 현전비니에만 의하는 것과 현전비니와 다멱비니에 의하는 것의 두 가지 경우를 제외하고 모두 현전승가에 의해 판결된다. 현전비니에만 의하는 것 중에

(1) 현전승가 판결과

(2) 다른 주처 승가나 심판자에 위탁판결을 받는 것과

(3) 단사인에 위탁하여 판결을 받는 것의 세 종류가 있는데, 각 율 모두 절차 방법에 차이는 있지만 공통되는 것은 (1), (2), (3)의 순서로 판결을 시도해 가는 것이다. 물론 이 판결이 있었을 때 쟁인의 쌍방이 승인하면 멸쟁이 성립되지만, 그것이 모두 불성립될 때,

(4) 다멱비니로 진행되는 것이다. 다멱비니는 이미 본 바와 같이 작은 사건의 쟁사에는 사용할 수 없고, 또 이 사용을 가능하면 피했다고 생각되는 것은, 제2결집과 같은 경우에도 이를 사용하지 않았던 것으

로 알 수 있고, 유일한 사용이라 보이는 마하데바 5사事의 찬 · 부贊否를 결정하는 때는 위에서 서술한 바와 같이, 대중大衆과 상좌上座로 분열했다. 그리고 본래의 이치로서는 쟁론쟁사 뿐만 아니라, 교계 · 범죄 · 사쟁사事諍事 등에도 다멱비니에 이르는 경우가 있겠지만, 이를 사용하는 것은 하지 않는다고 생각된다. 그리고 또 다멱비니의 행주인이 절대권을 소유하는 것은 승가의 정의正義를 호지하는 것은 간부파幹部派라고 여겨지고 있었던 것, 조직으로서는 완전한 민주화를 꾀하고 있었던 승가에도 간부파는 존재하였음을 의미하는 것이다.

이미 멸쟁법 각각에 기록한 것이지만, 판결(단사)이 있고, 다투는 양쪽의 파(즉 4법현전 중 인현전)가 이를 받아들였다면, 그 판결이 승가갈마의 백白 ñatti으로 행해지고 공포, 즉 갈마가 설해지게 된다. 이것도 이미 말한 바와 같이, 억념비니와 불치비니와 자언치법은 비난 또는 고소당한 피고측을 석방무죄라 하는 백白의 문장이고, 여초부지법에서는 다투는 양쪽이 그대로 방면무죄멸쟁이 되는 백白의 문장이 만들어지는 것이다. 그러나 멱죄상법의 경우, 이는 이미 말한 바와 같이 비구로서의 대부분의 특권을 정지하는 징벌의 백白이 된다. 또 비난의 무실을 호소하여 억념비니와 그 밖의 주장에도 역으로 죄가 있다고 여겨서 그것을 승인한 비구는, 각각 승인한 죄에 복종한다. 또 자언치법 같은 것은 앞에 말한 바와 같이, 율장에서는 죄를 범한 자가 스스로 구하여 고백출죄하도록 받아들일 수 있는 기사로 하고 있으나, 이는 뒤에 설정 당초의 의미를 잊고 실수한 것으로, 멸쟁법은 쟁사를 멸하는 법이고, 쟁사는 예를 들어, 죄의 경우는, 범죄자의 의지에 반하여 고발당했기 때문에 쟁사가 되는 것이고, 고발당하지 않고 스스로 고백하는 것은 쟁사가 아니고, 멸쟁법을 필요로 하지 않는다.

이는 S · 둣트가 설정한 예를 다소 개조한 것인데,[1] 이에 근거하여 쟁론쟁사 이외의 개인의 범죄에 대한 고발쟁사의 멸쟁 형태를 보면, 우선 지금 어떤 주처의 A비구가 여인에게 접촉한 행위를 신자의 부인에게 발견, 고발되었다.(不定法 제1) 이를 인정하면 그 비구는 승잔법 제2 「마촉여인계摩觸女人戒」「만약 비구가 정욕에 몰려서 저속한 마음으로 여인의 몸에 손을 대거나, 손을 잡거나, 혹은 여인의 머리카락을 잡거나, 혹은 몸의 여러 곳에 만지기를 하면 승잔이다.」를 범한 것이 된다. 이를 부인하면 범죄쟁사인데, 이미 기술한 멸쟁법의 방법에 따르면, 승잔은 중죄이기 때문에 자언치법의 멸쟁법으로는 처리될 수 없다.

그리고 먼저 현전비니(僧伽와 법과 율과 人)의 법정에서 C비구로부터 취조를 받는데, 그때 피고의 답변은 대충 다음의 여섯 경우를 생각할 수 있다.

① 나는 죄를 범했다고 일컬어질 때의 일은 전혀 기억하고 있지 않다. 정신착란 중이었다.

② 나는 죄를 범한 일이 없고, 죄를 범했다고 일컬어질 때는 선정에 들어있었다.

③ 나는 어떠한 고백도 하지 않겠다. 고발당한 사실도 인정하지 않는다.

④ 나는 분명히 그 죄를 범했다.

⑤ 나는 범했다. 범하지 않았다. 죄를 보았다. 보지 않았다고

1) Sukumar Dutt; Early Buddhist Monachism, 1924, p. 165.

하여 인정하기도 하고, 부인하기도 하기를 되풀이한다.

⑥ 나는 부인에게 손대지 않았다. 단지 그녀와 가려진 곳에 앉았을 뿐이다.(바일제 제45)

(1) 이상과 같은 여섯 종류의 경우 중, 먼저 첫째 답변이 행하여졌을 경우에, 현전비니가 C비구의 보고로 이 대답을 승인하면 교계쟁사가 되고, 피고가 승가에 불치비니를 요구한다. 피고의 불치비니를 요구하는 백의 문장이 제출되고, 이어서 갈마가 설하여지고, 승가가 침묵승인하면 교계쟁사의 불치비니멸로서 피고는 무죄방면이 된다. 그러나 승가에 이의자異議者가 있어서 피고의 답변을 인정하지 않을 경우는, 다음 두 가지 경우가 발생한다.

가) 피고가 자기의 죄를 인정하지 않을 경우는 불견죄거죄갈마(다음장 · 2 · (3)참조)에 처하든지,

나) 피고가 불견죄거죄갈마가 되는 것이 싫어서 승잔죄에 복종한다고 하면 바라제목차의 규정에 의해 바로 별주마나타가 백사갈마로 결정된다.

(2) 둘째 답변이 행하여진 경우에는, 이 비구의 기억이 현대의 알리바이처럼 승가에 인정받으면, 이는 교계쟁사의 억념비니멸의 경우가 된다. 피고가 억념비니를 요구하는 이하는 위의 불치비니와 똑 같은 방법이고, 또 이 답변이 인정받지 못한 경우

도 역시 전과 같다.

(3) 셋째의 경우는 피고가 고백을 거부하는 경우인데, 이는 앞에서 언급한 첫째, 둘째 경우의 답변이, 승가에 인정받지 못한 경우와 마찬가지로, 피고가 자기의 죄를 인정하지 않는 것이므로 불견죄거죄갈마에 처해지든지, 혹은 피고가 그것이 싫어서 승잔에 복종할 경우, 또는 승가가 죄상이 분명하다고 여겨 승잔 제2를 범했다고 했을 경우는 별주別住인지 마나타摩那埵인지를 결정 선고해진다.

(4) 피고가 나는 고발당한 승잔죄를 범했다고 하면, 승잔죄 행법에 따라서 범죄 이후 며칠을 경과하였으면 그 일수 만큼의 마나타에 앞서 별주로, 범행 직후라면 별주 없이 바로 6일간 마나타에 처해지게 된다. 어느 경우든 범행자가 별주 혹은 마나타를 청원하는 형식의 백이 제창되어지고, 백사갈마로 결정된다.[2]

(5) 피고가 고발당한 죄를 인정하기도 하고, 부인하기도 하기를 반복해서 죄를 확인하지 않는 경우 이는 교계쟁사이고, 범죄쟁사이지만, 이에는 멱죄상법이 이용되어야 한다. 사실을 진술하고 멱죄상갈마를 부과해야 한다는 백白이 제창되고, 백사갈마로 결정된다.

---

2) Cullavagga, III, 1, 3, and III, 13, 1. 남전대장경 제4권, 59쪽, 75쪽.

(6) 피고가 여섯째 답변을 했다고 한다. 즉 자신은 승잔죄와 같은 중죄를 범하지 않고, 단지 부인과 가려진 곳[屛處]에 같이 앉은 것뿐이고, 바일제의 경죄를 범했다고 주장하는 것이다. 그러나 이런 경우는 피고가 진술한 죄가 아니라, 이를 보고 고발한 부인이 고소한 죄를 중점으로 한 경분별의 판단 방법에 따라서 선고처단을 받게 된다. 같은 모양은 아니지만, 이 경우는 부인의 고발이 중시되어, 승잔을 범했다고 여겨 넷째의 경우와 같은 예가 된다.[3)]

이상 쟁론쟁사 이외의 개인이 범죄로 고발당했을 경우의 유죄와 무죄의 처리를 보았는데, 이 여섯 종류의 답변에 의한 여섯 가지 처리법은 모두 여러 한역 율도 같다.

3) 제2장 · 4 「경분별과 비구계」146쪽 이하 참조.

제6장

승가에서 징벌갈마

1. 승잔죄의 복죄服罪와 출죄出罪

(1) 별주別住, 마나타와 복사服事

고발당하여 멸쟁법의 재판에 의해 승잔죄로 결정된 경우든, 승잔죄를 범하고 자수하여 된 경우든, 승잔죄는 별주別住와 마나타摩那埵의 갈마를 부과 받게 되며, 그 명하는 바의 행법을 닦은 뒤에 20명 이상의 승가에서 출죄 갈마를 받아 출죄하게 되는 것이다. 그리고 이 별주, 마나타를 부과하는 것과 20비구승가에 의해 출죄하는 것은, 바라제목차에 기록되어 있는 것이지만, 그 갈마 및 갈마에 의한 행법은 바라제목차에도, 또한 그 주석인 율장의 경분별에도 기록되어 있지 않다. 건도부의 『쭐라박가』 제2(Cullavagga.II)의 별주건도別住犍度 Pārivāsikakkhandhaka에 상세하게 정해져 있어서, 그것에 따라 행하는 것이다. 『오분율』은 제23권 제4분의 2「갈마건도」에서, 『사분율』은 제45권「인건도人犍度」제12의 1에서, 『십송율』은 제32권「회법悔法」제5에서 기록하는데, 『마하승기율』만은 승잔법 제1 경분별에서 그 행법을 분명하게 하고 있다.[1)]

1) Cullavagga, II.「第2 別住犍度」 남전대장경 제4권, 47쪽 이하, 『오분율』제23권「第四分之二羯磨法」, 대정 22권, 156쪽 b 이하, 『십송율』제32권, 대정 23권, 228쪽 b, 『마하승기율』제5권, 대정 22권, 262쪽 c.

승잔법의 별주와 마나타는 범계자의 처벌 방법인데, 이처럼 특수한 처벌 방법을 가지는 것은 비구·비구니의 전체 계를 통틀어 이 승잔법 뿐이다. 왜냐하면 극중죄인 바라이죄는 이를 범한 자가 승가에 머물 수 없으므로, 이는 참회하여 부활할 수 없는 것이고, 물론 승가 내에서 부과되는 속죄贖罪 의미의 벌법도 존재하지 않는다. 또한 승잔죄의 다음인 30사타捨墮는 금전·재물의 부당소지不當所持를 금하는 것이다. 이에는 부당소지품에 대한 사법捨法은 있어도, 죄로서는 고백참회하면 멸죄·청정하게 되므로, 복죄服罪라고 할 만한 것은 존재하지 않는다. 그 밖의 92단타 즉 바일제법도, 그에 이어지는 75중학법도 모두 대수對首 또는 심념心念의 참회로 멸죄 청정하게 되는 것이라서, 바라제목차의 계학처로서는, 단지 승잔죄를 범한 자만이 승가 안에서 유기有期의 징벌을 받게 되는 것이다. 단 교단 내에서 받는 징벌은 이 외에, 즉 계학처 이외에 이미 기술한 멱죄상의 갈마를 선언 받은 자와 다음 편에 기술할 징벌의 일곱 가지 갈마를 선언 받은 자를 벌하는 징벌사懲罰事가 있다.

『빠알리율』의 바라제목차는 13승잔법에 대해서, 「비구로서 이것들 가운데 하나라도 범하면, 그 죄를 알면서 감춘 날만큼, 그만큼의 날을 그의 의사意思에 반反하더라도akāmā 별주別住 처벌격리생활을 받아야 한다. 별주가 끝나면, 비구는 다시 6일 동안 마나타 참회 처벌을 받아야 한다. 마나타가 끝난 비구는, 거기에 20명의 비구 승가가 있을 때는 복귀를 허락해야 하고, 만약에 20명의 비구 승가에서 한 사람이라도 모자라는데 그 비구를 출죄 복귀시키려고 하면, 그 비구는 출죄 복귀가 되지 않으며, 비구 승가들은 견책을 받아야 한다. 이것이 이 점에 관하여 원칙에 입각한 조치이다.」[2]라고 하고 있다.

승잔saṃghādisesa은 바라이죄 다음의 중죄重罪이다. 바라이죄는 이른바 단두죄斷頭罪이고, 범하면 함께 승가에서 추방되며, 다시 비구가 될 수 없다. 승잔죄는 별주別住 parivāsa, 마나타摩那埵 mānatha의 행법을 부과 받아서, 그동안을 승가 내에서 별주하고, 비구로서의 특권은 대부분 금지당한다. 이를 여법하게 행하면 20인 이상의 비구 대중의 승가에서 만장일치로 인정받았을 때만 다시 비구로서 승가로의 복귀abbhāna가 허락된다.

그래서 먼저 『빠알리율』에 대해서 보면, 승잔죄를 범한 자가 범하고 즉시로 승가에 고백하면 곧바로 마나타를 갈마하도록 명령이 내려지는데, 이는 실질적으로는 6일간의 유효한 별주이다. 그러나 범행 후 수일간을 알면서 복장覆藏하고 있다가 고발당하거나, 혹은 자발적으로 죄를 자백하면, 먼저 그 복장하고 있던 일수만큼 별주를 주는데, 이는 별주갈마에 의해 선언된다. 즉 별주는 승잔죄를 범하여 그 일을 스스로 자각하고 있으면서 그것을 복장하고 있던 자에게 그 복장 기간만큼을 부과하는 것이다. 승잔을 범한 자가 바로 그 자리에서 발견되어 고발당하거나, 또는 신고하면 마나타만으로 족하다. 별주로 하든 마타나로 하든 이 종류의 형벌은 모두 범한 자가 승가에 청구하여 그것에 따라 벌을 주는 형식으로 되어 있다. 별주는 승잔죄를 범한 비구가, 예를 들어, 「고출정계」를 범하고 5일간 복장하고 있던 비구라면 승가를 향하여,

2) Vinayapiṭaka Suttavibhaṅga, Vol. III, p. 186. 남전대장경 제1권, 313-314쪽.

「나는 한 가지 죄를 범하고, 즉 고의로 부정을 내고 5일간 복장하였습니다. 그러므로 나는 승가에 청하여 한 가지 죄를 범하고 즉 고의로 부정을 내고 5일간 복장했기 때문에 5일 별주를 행하고자 합니다.」

라고 진술하고 세 번 청한다. 이 청을 받은 승가는 갈마를 제창하는 사람(『빠알리율』의 표현으로는 총명유능한 사람)이 승가를 향하여,

「승가여, 내 말을 들으십시오. 여기 모 비구는 한 가지 죄를 범하고 즉 고의로 부정을 내고 5일간 복장하였습니다. 그는 승가에 청하여 한 가지 죄를 범한 것에 대해, … 5일의 별주를 행하고자 합니다. 만약 승가에 시기가 성숙했다면 승가는, 하나의 죄를 범하고 … 그러므로 모갑 비구에게 5일간 별주를 부여해야 합니다. 이렇게 사룁니다.」

라고, 백白 ñatti을 제창하고, 갈마설을 세 번 제창하는데, 즉 이는 백사갈마로 5일간 별주를 주는 것이다.[3]

별주를 받은 비구가 뒤에 기술하는 것과 같은 행법으로 부과된 일수를 끝내면, 이번에는 마나타를 승가에 청한다. 그 비구는 승가의 처소에 가서 승가를 향하여 자신이 죄를 범하여 5일간 복장하고, 청하여 5일 별주를 행하고자 한 사실, 승가가 그것에 의거하여 5일간 별주를 주는 별주갈마를 행하였던 사실, 또 그것에 의거하여 자신은 이미 5일

---

3) Cullavagga,III, 3, 1-3. 「集犍度」 남전대장경 제4권, 62쪽- 63쪽.

간 별주를 행했다는 사실을 상세하게 진술하고,

「나는 별주를 하고 나서, 승가에 청하여 한 가지 죄를 범하고 즉 고의로 부정을 내어 5일간 복장했기 때문에 6야의 마나타를 행하고자 합니다.」

라고 세 번 청한다. 이를 받은 승가에서는 별주갈마와 마찬가지로 백사갈마로 6야의 마나타갈마를 준다.[4] 마나타mānatta는 6일간으로 한정된 유기별주有期別住이고, 이를 다 행하면 승가로 복귀하기 위한 출죄갈마를 받게 되는 것이다. 별주나 마나타 갈마는 4명 이상의 현전승가가 아니면 행할 수 없고, 이 출죄 갈마는 20명 이상의 현전승가에서 행할 수 있다. 만약 수가 부족할 경우에는 다른 곳에서 온 비구로 수를 채워서 이를 행한다.[5] 이 20명 비구 중에 별주나 징벌적 갈마를 현재 받아서 복사 중인 비구나 비구니나 사미가 들어 있으면 물론 성립되지 않으며, 청정비구가 20명 또는 그 이상 모인 현전승가여야 한다.

별주는 앞서 서술한 바와 같이 승잔죄를 범하고 고백하지 않고 복장하고 있던 자가 마나타에 앞서 그 복장한 일수만큼 행하는 것이고, 범죄 직후에 스스로 고백한다든가, 혹은 범죄와 동시에 고발당하여 고백하는 자는 별주를 행하지 않고 바로 6일간 마나타를 행한다. 별주든 마나타든 행법은 동일하고, 『빠알리율』에 따르면 94별주사別住事 catunavutipārivāsikavatta의 행법이 있다고 한다.[6] 94사事 중 전반 29사가 복사의 중

4) Ibid., III,4. 1-3. 상동, 63쪽-65쪽.

5) Mahāvaffa, III, 6, 9. 「入雨安居犍度」 남전대장경 제3권, 255쪽-256쪽.

요한 부분인데, 이 부분은 다음 장에 기술할 불견죄거죄갈마를 받은 자의 복무와 비슷한 것으로[7] 그 중요한 부분은 다음과 같다.

「청정비구로부터 인사를 받고, 일어나 맞이함을 받고, 합장을 받고, 공경을 받고, 좌구를 대접받고, 와구를 대접받고, 세족수를 대접받고, 족대와 발수건을 대접받고, 발우와 가사의 영접을 받고, 목욕시에 맛사지를 받아서는 안 된다.」(별주건도 Cullavagga. Ⅱ, 1. 1. 남전대장경 제4권, 47쪽)

「⑴구족계를 주어서는 안 된다. ⑵의지를 주어서는 안 된다. ⑶사미를 두어서는 안 된다. ⑷비구니들의 교계에 선정을 받아서는 안 된다. ⑸선정되더라도 비구니들을 교계해서는 안 된다. ⑹승가로부터 견책조치의 갈마를 받은 그 죄를 지어서는 안 된다. ⑺다른 그와 유사한 죄를 지어서도 안 된다. ⑻그보다 악한 죄를 지어서는 안 된다. ⑼갈마를 매도해서는 안 된다. ⑽갈마를 주는 자를 매도해서도 안 된다. ⑾청정비구의 포살을 차단해서는 안 된다.[8] ⑿자자를 차단해서는 안 된다.[9] ⒀명령을 내려서는 안 된다. ⒁권위를 세워서는 안 된다. ⒂타인을 비난하는 허락을 구해서는 안 된다.[10] ⒃ 다른 비구를 질책해서는 안 된다.[11] ⒄(호소하여 자신을) 기억하게 해서는 안 된

6) Cullavagga, II, 1, 2-4. 「別住犍度」 남전대장경 제4권, 48쪽-50쪽.
7) Cf. Cullavagga, I, 27, 1. 「羯磨犍度」 남전대장경 제4권, 32쪽 참조.
8) Ibid., K,2, 1 「遮說戒犍度」 남전대장경 제4권, 359쪽 참조.
9) Cf. Mahāvagga, II, 16, 1. 「自恣犍度」 남전대장경 제3권, 300쪽-301쪽 참조.
10) Ibid., II,16, 1. 상동, 참조.

다. ⒅비구들과 다투어서는 안 된다.」[12)]

이상은 불견죄 등의 징죄갈마를 받은 자와 같은 복사인데, 별주자 특유의 복사로서는,

「청정비구보다 앞으로 가서도 안 되고, 앞에 앉아서도 안 된다. 승가의 끝좌석, 끝침상, 끝처소가 주어지면, 그것을 받아야 한다. 청정비구의 앞을 걷는 시자비구나 뒤를 따르는 시자비구로서 가정을 방문해서는 안 된다. 숲속수행두타행을 행해서는 안 되고, 탁발수행을 행해서도 안 되고, 그러한 이유에서 '나에 대해서 알지 말라.'라고 생각하고, 탁발식을 가져와서도 안 된다. 손님으로서 알려야 하고, 손님에게 알려야 하고, 포살에서 알려야 하고, 자자에서 알려야 하고, 병들었다면 사자(dūtenapi. 반드시 비구이어야 한다.)를 통해서라도 알려야 한다.」상동

라고 하며, 이 위에 다시「별주비구는 비구가 있는 처소로부터 비구가 없는 처소로 가서는 안 된다.」등 이동에 대한 복사服事[13)]와, 별주비구와 청정비구의 주住 · 행行 등에 관한 복사服事[14)]를 더하여 별주비구의 행법은 94사라고 언급되어 있다. 그리고 이 94사는 한역『승기율』을 제외하고『사분율』·『십송율』·『오분율』에서는 간단하지만 대체로

11) Cf. Cullavagga, K, 5, 1.「遮說戒犍度」남전대장경 제4권, 369쪽-370쪽 참조.
12) 별주건도 Cullavagga. II, 1. 2. 남전대장경 제4권, 48쪽
13) Cullavagga,II, 1, 3. 남전대장경 제4권, 49-50쪽.
14) Cullavagga,II, 1. 4. 상동, 50쪽.

같은 취지로 같은 형태로 규정하고 있다.[15)]

한파漢·巴 각 율 모두 별주비구는 비구 중 최하위에 놓여지고, 『빠알리율』에서는 승가의 끝좌석, 끝침상, 끝처소정사에 있게 되고, 그 행동에 대해서도 청정비구보다 「앞에 가서는 안 되고, 앞에 앉아서는 안 된다.」등으로 하고 있는데, 특별히 규정하여

> 「비구들이여, 별주비구들은 서로 법랍의 순서에 따라 인사를 하고, 일어나 맞이하고, 합장하고, 공경하고, 좌구를 대접하고, 와구를 대접하고, 세족수를 대접하고, 족대와 발수건을 대접하고, 발우와 가사를 영접하고, 목욕시에 맛사지하는 것을 허용한다. 비구들이여, 별주비구들에게 법랍의 순서에 따라 다섯 가지를 허용한다. 포살, 자자, 우기옷, 보시물, 식사이다.」[16)]

라고 하고 있다. 이는 별주하는 비구들은 서로 법령에 따라서 나이가 위인 자는 하위자로부터 인사 등의 예를 받는 것을 허락하지만, 청정비구 중에서는 별주비구는 아무리 법령이 높아도 비구 중 최하위 순위여야 한다고 하는 것으로, 단지 포살과 자자와 우욕의, 보시물, 음식의 분배를 받을 때는 법령에 의한 순위에 따를 수 있다고 한다.

이러한 것은 조금 다르지만 『오분율』과 『십송율』에도 기록된다. 『오분율』에서는

15) 『사분율』 제46권 「覆藏犍度」, 대정 22권, 904쪽 a 이하, 『십송율』 제32권 「僧殘悔法」, 대정 23권, 237쪽 a 이하, 『오분율』 제28권 「別住法」, 대정 22권, 181쪽 b 이하.

16) Cullvagga, II, 1, 1. 「別住犍度」 남전대장경 제4권, 47쪽.

「별주비구에게 세 가지 최하가 있다. 대비구의 최하에 있으면서 가는 것, 최하의 와구와, 최하의 방사를 부여받게 된다. 별주비구에게 삼사에 있어 본차本次:본래의 순위에 따르게 된다. 승득시물시僧得施物時와 자자시自恣時와 행발시行鉢時이다.」[17]

라고 하고 있다. 이 글의 앞부분은 『빠알리율』과 마찬가지로 별주비구는 최하의 와구와 방사를 받아서 최하의 순위에 있어야 한다고 한다. 그리고 뒷부분은 자자와 시물분배시와 발시鉢時만은 본래 순위에 따라도 된다고 한다. 발시란 30사타중 「걸발계」[18]를 범한 자 즉, 5철綴에 이르지 않은 발우를 소지하면서 새 발우를 구하여 얻은 비구가 그 새 발우를 승가에 내 놓고, 승가에서는 승가 안의 최하발을 그 범비구에게 줄 때이다. 여기에서는 이 내놓은 발우[捨鉢]를 받는 데, 별주비구도 본차본래의 순위에 따라도 좋다는 것이다. 『십송율』도 대체로 동일하여서 최하의 방사, 하와구, 낮은卑下의 좌처를 부여받게 되는 것이지만, 자리 순서에 대해서는

「별주비구는 아래에서 행좌行坐해야 한다. 만약 승가가 순서대로 지시[差會]하면 상좌의 순서에 따라서 받아야 한다. 상좌의 순서에 따라서 발우에 물을 가득 채워야[滿鉢水] 한다. 응당 상좌의 순서대로 우욕의를 받아야 한다. 응당 상좌의 순서대로 앉아서 자자해야 한다.」[19]

---

17) 『오분율』제28권, 대정 22권, 181쪽 c.

18) 『빠알리』·『사분』·『십송』·『승기』는 제22계, 『오분』은 제19계.

라고 기록되어 있다. 이 중 상좌의 순서라는 것은『오분율』의 본차와 마찬가지로 법랍에 근거한 승가에 있어서 본래의 순위라고 볼 수 있다. 이 기사에서는 그것이 별주하는 동안은 원칙적으로 비구의 최하위에 자리하지만, 승가가 특별히 지시[差會]한 경우에는, 아마 시물시施物時일 것으로 생각되는데, 그때는 상좌 순서로 받아도 좋다. 또한 만발수를 행할 때[20]와 우욕의를 받을 때와 자자시도 상좌의 순서에 따라도 된다는 것이다. 즉『오분율』도『십송율』도 대체로 같은 내용이고, 포살에서 법랍의 순위를 인정하지 않는 점을 제외하고는『빠알리율』과 대체로 같다.

별주자 및 마나타자는 앞서 서술한 것과 같은 행법을, 별주의 자는 복장의 일수만을 복사하고 나서 마나타를, 마나타를 하는 자는 6일간 복사를 행해야 하는데, 이는 행하는 동안에도 그 복사의 무효가 선언되는 경우가 있다. 이를 야단夜斷 ratticcheda이라 한다. 이는 다음 항에 기술할 본일치本日治와 달리 행법을 잃은 일수만, 그날의 행수行修가 무효가 되는 것이다. 행법을 잃은 날만을 일수로 계산해서, 그만큼을 새로 행하지 않으면 안 된다는 것이다.『빠알리율』에서는 별주에 대해서 (1)동주同住 sahavāsa (2)독주獨住 vippavāsa (3)불고不告 anārocanā의 세 경우, 마나타에 대해서는 (1)동주同住 (2)독주獨住 (3)불고不告 (4)소중중少衆中 ūnagaṇa의 네 경우에 야단夜斷이 된다고 한다.[21] 이 중에 동주라는 것은 별주나 마나

19) 『십송율』제33권, 대정 23권, 237쪽 b.

20) 『십송율』이 30사타「乞鉢戒」의 捨鉢을 처분할 때는 行滿水鉢人이 捨鉢에 물을 채워 보이면서 상좌부터 순서대로 비구들에게 그 須·不須를 묻는 것이다.『십송율』제8권, 대정23권, 54쪽 b-c.

21) Cullavagga, II, 2, 1. andII, 7, 1.「別住犍度」남전대장경 제4권, 51쪽.

타를 행하는 자가, 별주의 원칙에 반하여 청정비구와 함께 거주한 경우이고, 이는 「별주비구는 청정비구와 같은 실내 주처에 거주해서는 안 된다. 운운」 등의 행법에 저촉되기 때문에 그와 함께 거주했을 때의 별주는 무효가 된다.[22] 다음으로 독주라는 것은 별주비구는 무비구의 처소에 독주해서는 안 되고, 유비구의 처소에 동주처 비구가 있는 곳에서 끝좌석, 끝침상, 끝처소에 거하면서 별주를 행해야 하므로, 이는 「별주비구는 유비구 주처에서 무비구 주처로 가서는 안 된다. 운운」 등의 행법에 저촉되어, 무효가 되는 것이다.[23] 셋째 불고不告는 자기가 별주비구인 것을 고告하여 알리는 것을 소홀히 한 것이다. 즉 별주비구는 모든 경우에 타인이 불렀을 때도, 손님이 왔을 때, 자자나 포살의 경우에 자신이 별주갈마 혹은 마나타 갈마를 받은 자이고, 현재 그 행법을 행하는 자임을 고하여 알려야 하는데, 그것에 태만한 것을 불고라 하고, 그 경우 별주를 무효, 즉 야단夜斷이라 하는 것이다.[24] 이상 동주와 불고는 별주와 마나타에 똑같이 야단인데, 넷째로 마나타를 행하는 자는 소중少衆의 주처에서 행해도 야단이 된다고 하고 있다. 소중少衆 ūnagaṇa은 보통 4명 승가에 미치지 않는 2명, 3명을 말하지만 『선견율』에는 「소중이란 4명 또는 이 이상이다ūne gaṇa ti cattāro vā atirekā」[25]라고 하고 있기 때문에, 20인 미만의 승중을 소중이라 하는 것이라 볼 수 있다. 그리고 이는 다음에 기술하는 것처럼 『오분율』에는 20명 미만 승중僧衆 중의 마나타를, 마나타를 잃는 8사로 헤아려지는 것으로도 지지

22) Ibid., III, 1, 4. and II, 6, 1. 상동. 남전대장경 제4권, 50쪽, 53-54쪽.
23) Ibid., III, 1, 3, and II, 6, 1. 상동, 49쪽, 53-54쪽.
24) Ibid., III, 2. 2, and II, 6, 1. 상동, 48쪽, 53-54쪽.
25) Vinayapiṭaka, part II(S. B. E.), Vol. XVII, p. 395. Footnote 4.

된다. 즉 마나타를 마치면 20명 또는 그 이상의 승가에서 출죄 갈마를 받는 것이므로 마나타는 20명이상 승가에서 행해야 한다고 하는 것이 『빠알리율』 및 『오분율』의 견해이다. 다만 독주에 대해서는 『선견율비바사』 권 제18에 따르면 「만약 별주마나타 행법을 할 때 비구가 떠나 버리고 도무지 사람이 없으면, 단지 뜻으로만 말하되, '만약 비구가 오면 나는 마땅히 백할 것이다.'라고 하였으나, 6일 동안 모두 비구가 없어서 백을 할 수 없어도 또한 출죄를 할 수 있다.」(대정24권, 796쪽 b)라는데, 이는 별주비구의 의지가 아니라 자연스레 무인無人이 된 경우를 말하는 것으로 생각된다.

이상은 『빠알리율』의 별주 및 마나타의 야단이라 불리는 무효중단인데, 이에 관해서 『오분율』과 『사분율』에는 8사가 있어, 별주 등을 잃는다고 하고 있다. 먼저 『오분율』에는 별주에 대해서,

> (1)다른 곳에서 백白하지 않는다. (2)외래비구에게 백하지 않는다. (3)스스로 나가서 백하지 않는다. (4)다른 곳에 나가서 백하지 않는다. (5)독일처에 주하고, 별주 중에 다시 악행을 범하고, (6)여법비구와 함께 숙宿하고, (7)별주를 버리지 않고 원행遠行하고, (8)노상에서 비구를 보고 백하지 않는다.

라고 하고 있다.[26] 이 중 (1), (2), (3), (4), (8)은 『빠알리율』의 불고不告에 상당하고, (5)는 독주에, (6)은 동주에 상당하고, (7)의 별주를 버리지 않고 원행하는 것만이 『오분율』 특유의 것인데, 이는 다음에 기술

26) 『오분율』 제 28권, 대정 22권, 181쪽 c-182쪽 a. 往地處不白을 往他處不白이라 읽는다.

할『빠알리율』에서 별주의 일시 연기 절차를 게을리한 경우이기 때문에 별주를 잃은 것에 관해서는『빠알리율』과『오분율』이 똑같다고 할 수 있다. 그리고 또『오분율』의 마나타 행법은 별주행법 중 제(5) 독일주 대신에「20승이 차지 않는 무리에서 이를 행한다.」라는 것을 넣고 있다. 이는『빠알리율』이 별주의 동주 · 독주 · 불고에 소중을 추가하여 마나타의 야단夜斷이라 하는 것과 다르지만, 그러나 소중이면 안 된다고 하고, 20명 이상의 승가에서 행하는 것이라면, 당연히 독주는 있을 수 없는 것이므로,『빠알리율』보다는『오분율』이 합리적이다. 그리고 또『오분율』의 20승이 있음으로 인해『빠알리율』의 소중이 20인 미만을 의미하는 것이 분명한 것이다.

『사분율』도『오분율』과 마찬가지로 8사의 실야失夜가 있다고 하고 있다. 실야는 분명『빠알리율』의 야단夜斷 ratticcheda과 같은 의미라 여겨지는데, 이에 따르면,

> (1)다른 사원에 가서 백할 수 없다. (2)객비구가 와 있으면 백할 수 없다. (3)연사緣事가 있어 스스로 밖으로 나가서 백할 수 없다. (4)사원 안에서 천천히 가는 자에게 백할 수 없다. (5)병에 걸렸다 하더라도 사使를 보내서 백할 수 없다. (6)2, 3명이 1옥屋에 함께 거주한다. (7)무비구의 처소에 거주한다. (8)반월설계시에 백할 수 없다. 이를 8사의 실야失夜라고 한다.

라고 하고 있다.[27] 이 중 (1), (2), (3), (4), (5), (8)의 6사는 모두『빠알

27)『사분율』제 46권, 대정 23권, 905쪽 c.

리율』의 불고不告에 상당하는 것의 세분細分임이 틀림없다. (6)은 『빠알리율』의 동주에, (7)도 마찬가지 독주에 상당하는 것으로 이것도 『빠알리율』과 같고, 따라서 『오분율』과도 동일한 것임을 알 수 있다. 그러나 이 『사분율』에서는 별주와 다른 마나타의 경우, 즉 마나타는 20명 또는 그 이상의 승가에서 행하여진다는 것을 말하고 있지 않다. 분명 출죄는 20인 승가이겠지만, 마나타는 반드시 20인 승가라고는 하지 않는다고 생각된다.

『십송율』의 경우는 특별히 야단의 경우를 언급하는 것은 없다. 행법으로서는 동주 · 별주 · 불고가 위반임은 물론이겠지만, 이를 들어서 야단실야夜斷失夜라고는 하지 않는다.[28] 그러나 「만일 별주를 받은 사람이 별주를 행하고자 할 때 먼저 '내가 오늘 유행하면 오늘 내로 앞쪽에 있는 비구의 주처에 당도할 수 있을까?'하고 생각해보아야 한다. 만약 당도할 수 있다고 생각되면 바로 떠나야 한다. 만약 떠나지 않으면 곧 그날 밤은 별주갈마를 작지 받은 기간에서 제외된다.」라고 한다. 이는 분명 별주를 행하지 말고 자기소속의 주처住處(前比丘住處?)에 이르러서 행하라 하고, 그럼에도 불구하고 가지 않고 하는 일 없이 하루를 무익하게 하는 것을 말하는 것이고, 위에 서술한 『빠알리율』, 『오분율』, 『사분율』과는 다른 의미의 것으로 생각된다.

『빠알리율』에 따르면, 예를 들어, 별주인이 있는 승가의 주처에 큰 비구 대중들이 집합했을 때는, 별주자는 별주를 행할 수 없게 되는데, 이런 경우에는, 별주자는 별주를 일시정지하고, 그 사정이 호전되기

28) 『십송율』제33권, 대정23권, 237쪽 a-c. 若別住人欲行時, 先思惟, 我今日行, 當到前比丘住處不, 若知能到便去, 若不去者卽失是一夜.

를 기다려서, 다시 별주에 들어가는 것이라 한다.[29] 이 일시 정지하는 것이, 별주를 중단하다(멈추다)nikkhipati parivāsam라는 것인데, 이 중단하는 것 nikkhitto은 앞의 야단夜斷과 달리, 무효로 하여 다시 하는 것은 아니고, 별주가 가능한 상태가 오기를 기다리는 일시적 중단이다. 이 중단은, 별주자가 마음대로 하는 것이 아니라, 별주를 계속하기 어려운 상태가 되었다면, 별주비구가 한 비구僧伽가 아니라도 된다의 처소에 가서 「나는 별주를 중단한다parivāsaṃ nikkhipāmīti」라고 고하는 것이다. 그리고 다시 별주를 행할 수 있는 상태가 되면 또 한 비구의 처소에 가서 「나는 별주를 행한다parivāsaṃ samādiyāmi」라고 고하고, 별주를 다시 시작하는 것이다. 앞에서 언급한 별주야단에 대해서 『오분율』 8사의 제(7)에 별주를 버리지 않고 원행하면 별주를 잃는 것으로 여겼는데, 이 경우의 「버린다」라는 것은, 아마 지금의 별주 중단을 의미하는 것으로 생각된다. 『빠알리율』에는 원행의 경우에 「별주를 중단한다」는 것은 기술되어 있지 않지만, 『오분율』에는 별주의 행법 중에 별주비구가 원행遠行하고자 할 때는, 한 여법비구의 처소에 가서 「대덕은 들으소서. 나는 지금 별주법을 버리겠습니다. 뒤에 다시 이를 행하겠습니다.」라고 말하고 가야 한다고 하는 것에 근거한 것이다.[30]

『사분율』의 경우는, 중단에 대해서는 모두 언급하고 있지 않지만 『십송율』에서는 앞서 서술한 야단의 마지막에 인용한 것의 이어지는 문장에,

29) Cullavagga, II, 3, 1-2. 「별주건도」, 남전대장경 제4권, 51쪽-52쪽, 『선견율비바사』제18권, 대정24권, 796쪽 b.

30) 『오분율』제28권, 대정 22권, 181쪽 c.

「만약 이 법을 미처 실행하지 못했다면 '내가 이 법을 미처 행하지 못하였구나.'라고 생각해야 하고, '제가 별주와 마나타법을 실행해야 마땅하나 잠시 유보하고 제가 미처 작지하지 않았습니다.'라고 승가에 신고해야 한다.」

라고 했다. 분명 이는 앞의 문장과 관계가 있는 것으로 생각되지만 그 의미를 확실하게 파악하기 힘들다. 그러나 별주와 마나타를 행하는 것이 어려울不及行 때는 잠시 정지한다는 의미라 볼 수 있다. 그리고 이 글의 이어지는 글에 우빨리가 붓다에게 질문으로서,

「별주를 행하는 사람과 마나타를 행하는 사람이 혹 인연이 있어 이 법을 미처 실행할 수 없었다면, 그 실행을 며칠 밤까지 유보할 수 있도록 허락해야 합니까?」

라는 것이 있는데, 이는 사고(인연)가 있어서 별주나 마나타를 행하는 자가, 할 수 없게 된 경우에 며칠간까지 중절정지中絶停止를 허락할 수 있는가 라는 질문이다. 그리고 이에 대한 붓다의 대답으로,

「부처님께서 말씀하셨다. "스무닷새 밤까지 유보할 수 있도록 허락해야 한다."」

라고 하고 있다. 즉 25일간은 중절中絶할 수 있지만, 이 25일간이라는 것은 『십송율』에만 기록되어 있는 부분이다.(『십송율』제33권, 대정23권, 237쪽c.)

(2) 별주의 반복과 본일치本日治

① 본일치本日治

별주이든 마나타이든 이를 행하는 동안에 다시 승잔죄를 범하여 복장하지 않고 고백한 자에게는, 그때까지 행한 별주나 마나타를 무효로 하고 처음부터 다시 하게 하는 것이 본일치本日治 mūlāya paṭikassana라는 것이다. 앞에 기술한 야단의 경우는 행법을 잃었기 때문에 그 잃은 행법 일수만을 무효로 하고 새로 바르게 행하도록 하는 것이지만, 이는 예를 들어 5일간의 별주를 이미 4일까지 행법을 바르게 행하고 있었다 하더라도, 그 4일간 행한 것을 전부 무효로 하고 근본根本 mūla으로 복원復元 paṭikassana하여 다시 5일간 행하게 하는 것이다. 본일치라는 것은 처음부터 다시 행하는 것을 말한다. 『빠알리율』의 「집건도」集犍度에 따르면, (1)예를 들어, 처음으로 승잔죄를 범하고 5일간 복장하고 있었기 때문에 5일간 별주를 부과받은 비구가 그 별주 중간에 다시 새로운 승잔죄를 범하면, 그 비구가 그 일을 밝히고, 승가에 본일치를 행할 것을 세 번 반복해서 청하고, 승가는 이에 백사갈마로 본일치를 부과하는[31]것이다. (2)그리고 본일치를 받은 비구는 5일의 별주를 마치고 마나타를 받고자 할 때 다시 승잔죄를 범하고 복장하지 않았다고 한다면, 이때도 위와 마찬가지로 본일치가 주어지고 다시 한번 5일간의 별주를 하는 것이다.[32] (3)그와 같이하여 별주를 마치면 승가를 향하여

31) Cullavagga, III, 7, 1-3. 「第三 集犍度」, 남전대장경 제4권, 67쪽-68쪽.
32) Ibid., III,8, 1-3. 상동, 69쪽-70쪽.

세 가지 죄[33]의 마나타를 청하는 것인데, 세 가지 죄의 마나타라도 이는 보통과 마찬가지 6일간이지만 승가는 그 의미로 이를 주는 것이다.[34] (4)그러나 세 가지 죄에 의한 6야 마나타 중에 다시 승잔죄를 범했을 경우에, 또 본일치 갈마를 행하고 지금까지의 마나타를 폐기하고 연이어 6야 마나타를 주는 갈마를 행하고, 마나타를 처음부터 다시 시작하게 한다. (5)또 마나타를 모두 행하고 출죄를 청할 때까지, 그동안에 또 승잔죄를 범하고 복장하지 않았다면 이 경우도 또한 본일치 갈마를 행하여 그때까지 행한 마나타를 무효로 하고 새로이 마나타 갈마를 받아서 6야를 행하는 것이다.[35] (6)그리고 그 마나타를 무사히 마치면 그 비구는 승가를 향하여 앞에서 언급한 (1)부터 (5)에 이르는 경과를 정확하게 말하고 완전히 6야 마나타가 끝났음을 고하고 출죄를 청하고, 승가는 이에 대해 출죄갈마를 행하는 것이다.[36] 그리고 이는 한 사람이 그 전부를 행한 경우로 기술하였는데, 어느 한 가지를 범하였을 때도 대개 (1)별주 중에와 (2)별주가 끝났을 때와 (4)마나타 중과 (5)마나타가 끝났을 때의 네 가지 경우에 승잔을 범하면, 범자는 본일치갈마를 청하고, 승가는 그것을 주어야 한다고 하는 것이다.

② 합일별주合一別住

본일치는 앞서 서술한 것과 같이 네 가지 경우에 승잔죄를 범하고

---

33) 처음 5일간 별주를 받은 죄와 별주 중에 범한 죄와 별주 뒤에 범한 죄.

34) Ibid., III,9, 1-3. 상동, 70쪽-71쪽.

35) Ibid., III,11, 1. 상동, 72쪽-73쪽.

36) Ibid., III,12, 1-3. 상동, 73쪽-74쪽.

복장하지 않았을 경우인데, 만약 예를 들어 보름간의 별주를 부과받고, 복사服事 중에 새로운 승잔죄를 범하여 5일간 그것을 복장하고 있었다고 한다면, 이 경우는 본일치를 주고 합일별주合一別住 samodhānaparivāsa를 부과하는 것이다. 그렇지만 합일별주라 하더라도 두 가지 기간을 합산하여 하는 것은 아니다. 즉 지금의 경우는 근본 15일의 별주 중간에 범한 죄의 복장 5일간을 더하여 20일간 별주를 하는 것은 아니다. 장단의 두 가지 기간의 합일이란 장기를 취하여 그중에 단기를 포함시키는 것이다. 지금의 경우는 15일에 5일을 포함시켜서 15일 합일별주를 행하는 것이고, 그 한도는 위의 본일치와 다름이 없다.[37]

다음으로 (1)별주 중에 죄를 범하고 복장한다면 근본 별주기別住期보다 반드시 단기이기 때문에 별주 중간에 범하여진 죄의 복장으로 발생하는 합일별주는 모든 경우에 앞에서 언급한 무복장의 본일치 별주와 사실상은 다른 것은 없게 되는 것이다. 그렇지만 (2)별주를 끝내고 마나타를 받는 중간에 승잔죄를 범하여 복장한 경우의 본일치에 의한 합일별주는, 근본의 별주와 별주 후의 복장과 비교하여 장기 기간인 쪽으로 합일된 별주가 행하여진다.[38]

그리고 (3)마나타 중간이나, (4)마나타를 마치고 출죄를 받는 중간에 승잔을 범하고 복장한 경우는, 앞에 무복장의 본일치와 같이 마나타의 처음부터 행하게 하는 것이 아니라, 마나타 전의 별주와 지금의 복장 기간에서 장기를 취하여 합일별주를 주고, 그것에 대해 6일 마나타가 주어지게 된다.[39]

37) Ibid., III,14, 1-3. 「집건도」, 남전대장경 제4권, 77쪽-78쪽.
38) Ibid., III,15, 1. 상동, 77쪽-78쪽

③ 각종 별주

(a) 최장합일별주最長合一別住. 이는 한 비구가 수많은 승잔죄를 범하고, 한 가지 죄는 1일 복장하고, 한 가지 죄는 2일 복장하고, 내지 한 가지 죄는 10일 복장하고 있었던 경우, 그 중 최장기인 것, 즉 지금의 경우에서 10일 복장한 죄에 한해서 최장합일별주最長合一別住 agghena samodhānaparivāsa를 주어 10일간을 별주시키게 된다.[40]

(b) 예를 들어, 두 가지 승잔죄를 범하고 2개월 복장하고 있으면서, 한 가지 죄를 2개월 복장했다고 하여 2개월 별주갈마를 받아서 별주하고 있던 자가, 그 별주 중에 참괴심이 생겨서 두 번째 죄를 복장한 취지를 승가에 이야기한 경우인데, 그러한 경우는 일종의 변칙 합일별주라고 보아야 할 것을 준다. 이는 그때까지의 별주를 무효로 하고 두 번째 죄의 2개월 복장에 대해서 그 때부터tadupādāya, 2개월 별주를 주게 되는 것이다.[41] 또 (1)마찬가지로, 두 가지 승잔을 범하고 2개월 복장하고 있었다 하더라도 하나의 죄를 알고, 하나의 죄를 몰랐기 때문에 하나의 죄에 대해서 별주를 받아서 별주하고, 그 별주 중에 다른 한 죄를 알게 된 경우, (2)마찬가지로 두 죄 중에서 한 죄만을 억념하여 별주를 받고, 그 별주 중에 다른 한 죄를 억념하여 고백한 경우, (3) 마찬가지로, 두 죄 중에서 한 죄만을 의심 없이 별주를 받고,

39) Ibid., III, 17-18. 상동, 78쪽-79쪽.
40) Ibid., III,20-21. 상동, 80쪽-82쪽.
41) Ibid., 22, 1-4. 상동, 83쪽-85쪽.

그 별주 중에 다른 한 죄의 의심을 떠나서 고백한 경우도 앞의 경우와 마찬가지로 장기인 두 번째 죄의 2개월 복장에 따라서 그때부터 2개월 별주를 부과한다.[42] 그렇지만 위의 (1), (2), (3)은 첫 번째 죄에서 별주하고, 별주 중에 두 번째 죄를 알고, 또는 억념하여, 또는 의심을 떠나 참괴를 일으켜서 승가에 두 번째 죄를 위해 별주를 청하는 경우이다. 두 가지 승잔죄를 범해도 범한 사실을 혹은 모르고, 혹은 억념하지 않고, 혹은 의심한 채로 복장하는 자에 대해서는 무죄여서 별주를 줄 수는 없다.[43] 여기에는 의심은 벌할 수 없다는 근대적인 생각 같은 것을 엿볼 수 있다. 아마도 별주는 범죄자가 자기 스스로 범죄 복장을 진술하고 청하는 것이다. 만약 범죄가 분명한데 본인이 복장을 청하지 않는 것은, 멱죄상에 의해 추급하여 고백하지 않는 자에게는 멱죄상갈마를, 또는 도저히 견죄하지 않는 자에게는 불견죄거죄갈마不見罪擧罪羯磨를 부과한다.

(c) 예를 들어, 두 가지 승잔죄를 범하고, 알고, 2개월 복장하면서 거짓으로 1개월 복장했다고 하여 1개월 별주를 받은 경우에, 그 별주 중에 참괴심에 의해 그 거짓을 승가에 이야기한 경우인데, 이는 이미 행한 별주를 더하여purimaṃ upādāya 2개월 별주가 부과되는 것이다. 그리고 이는 앞에서 언급한 b의 경우와 다른 것은 b의 경우는 이제부터tadupādāya라 하여 두 번째 별주일別住日부터 새롭게 2개월인데 반해, 이는 전부터purimaṃ upādāya라 하여 첫

42) Ibid., III,23,1-4. 상동, 85쪽-86쪽.
43) Ibid., 23,5. 상동. 86쪽-87쪽.

째 별주를 더하여 2개월인 것이다. 지금의 경우도 또한 앞에서 언급한 b의 (1), (2), (3)의 경우와 마찬가지로, 2개월 복장하면서 1개월을 알고, 1개월을 모르는 경우, 1개월을 억념하고, 1개월을 억념하지 않는 경우, 1개월은 의심하지 않고, 1개월은 의심하는 경우 세 가지 경우가 있고, 1개월의 별주 중에 2개월의 복장을 알고 억념하고, 이의離疑하여 승가에 말한 경우는 첫째 별주를 더한 2개월 별주가 주어지지만, 그러나 모르고, 억념하지 않고, 의심하는 것에 별주를 부과하는 것은 비법非法이라는 것은 위 b합일별주合一別住의 경우와 같다.

(d) 많은 승잔죄를 범하고 복장하고, 그 죄의 수도, 일수도 모르고, 억념하지 않고, 혹은 의심함이 있는 경우나 죄수罪數나 일수日數의 어느 것에 혹은 각각 일부에 대해서 모르고 억념하지 않고, 의심이 있는 경우는 청정변별주清淨邊別住 suddanta parivasa를 준다고 한다.[44] 이는 『선견율』Samantapāsādikā에 따르면, 출가수구하고 나서 그 별주를 받을 때까지의 일수의 별주를 말하는 것이다.[45]

이상 『빠알리율』이 정하는 것과 온전히 같은 것은 『사분율』이다.[46] 먼저 첫째로, 승잔죄를 복장하여 복장일갈마覆藏日羯磨에 의해 별주가 주어지지만, 그 별주 중에 또 승잔을 범하여 복장하지 않은 자에게는 복장본일치覆藏本日治의 백사갈마를 하고 별주를 다시 처음부터 행하게

44) Ibid., III, 26, 1-3. 상동, 92쪽-93쪽.
45) (S. B. E.), Vol. XVII, p. 417, Note 1.
46) 『사분율』 제45권, 대정 22권, 896쪽 b-899쪽 c.

하고나서 마나타를 청하고, 출죄를 청하게 하고, 또 마나타 중에 승잔을 범하고 복장하지 않았던 자에게는 마나타의 본일치갈마를 행하고 다시 6야 마나타를 행하고 나서 출죄를 청하게 하는 것이다. 그리고 별주 중에나 마나타 중에 범한 경우는 그때마다 각각 본일치를 행하게 하는 것이고, 이들은 모두 『빠알리율』과 비슷하다.[47] 다음으로 많은 승잔죄를 범하고 복장 1야夜 내지 10야인 경우는 범중다승잔죄복장갈마犯衆多僧殘罪覆藏羯磨를 행한다고 하므로, 이는 『빠알리율』의 최장합일별주最長合一別住 agghena samodhānaparivāsa이다. 따라서 이 합일별주의 기초이념은 『빠알리율』의 합일별주와 같기 때문에, 『사분율』도 합일별주를 인정하고 있는 것이 된다. 셋째로 예를 들어, 두 승잔죄를 범하고 한 죄를 기억하고 한 죄를 기억하지 못하는 경우는, 기억하는 바의 죄에 따라서 수복장일(별주)갈마隨覆藏日(別住)羯磨를 준다고 하고, 또 별주 중에 두 번째 죄를 인식한 경우는 소환식제2죄복장일所還識第二罪覆藏日에 따라서 별주 갈마를 준다고 하여, 이것도 『빠알리율』과 같다. 또 두 가지 승잔죄를 범하여 복장하고, 한 죄를 기억하고 한 죄를 기억하지 못할 때는, 기억하지 못하는 것에 복장갈마하여 별주를 부과하는 것은 불법不法이라 하고, 억념하지 못하고, 인식하지 못하고, 의심이 있는 것은 모두 죄를 묻지 않는다는 것도 『빠알리율』과 비슷하다.[48]

『십송율』에서는 승잔을 범하고 복장하지 않고 6야 마나타를 행하는 중간에 두 번째 승잔을 범한 경우는 본일치를 행하는데, 이는 『빠알리율』이나 『사분율』과 마찬가지로 마나타를 다시 행한다.[49] 그렇지

47) 『사분율』 제45권, 대정 21권, 896쪽 b-899쪽 a.
48) 『사분율』 제45권, 대정 22권, 899쪽 a-900쪽 b.

만 승잔죄를 범하고 복장하여 이 복장일에 따라서 별주를 부과받고 이를 마치고 마나타를 행하는 중간에 승잔죄를 범하여 본일치를 받았을 때는, 「(1)앞선 죄의 별주를 모두 행하고, (2)승중에 6야 마나타를 모두 행하고」 출죄를 청한다고 한다.[50] 이는 『빠알리율』에서는 마나타 중에 승잔을 범하여 복장하지 않은 경우의 마나타본일치는, 위에서 언급한 것처럼 마나타를 새로 행하게 하는 것인데,[51] 지금의 『십송율』은, 본일치는 마나타 전의 별주(첫째 죄의 별주)의 처음으로 되돌아가서 새로이 별주, 마나타로 행해야 한다고 하는 것이다. 이는 『빠알리율』로 말하면, 마나타 중간에 승잔을 범하고 복장한 경우에, 마나타 前의 별주의 복장일수와의 합일별주를 부과 받는 것[52]에 상당하는 것이다. 생각컨데 『십송율』에서는 마나타 중의 범죄 부견의 경우는 기록하지 않지만, 이 복장의 경우와 불복장의 경우를 하나로 하는 것은 아닌가 생각된다. 또 『십송율』에는 『빠알리율』의 합일별주合一別住나 청정변별주淸淨邊別住에 대해서 설하는 부분은 없지만, 『빠알리율』의 최장합일별주最長合一別住에 상당하는 것으로서, 예를 들어, 첫째 「고출정계」를 범하고 1일 복장하고, 두 번째로 「마촉여인계」를 범하고 2야 복장하고, 내지 열세 번째에 「여어계戾語戒」를 범하고 13일을 복장했다면, 13일 별주를 받고 그것을 끝내고 나서 6야 마나타를 주어 출죄갈마를 준다고 한다.[53]

『사분율』은 본일치에 대해서 특별한 종류의 방식을 설하고 있다.

49) 『십송율』제32권, 대정 23권, 230쪽 c-231쪽 c.
50) 『십송율』제32권, 대정 23권, 235쪽 c-236쪽 a-b.
51) Cullavagga, Ⅲ, 10. 1. 남전대장경 제4권, 72쪽.
52) Cullavagga, Ⅲ, 17-18. 상동 78-79쪽.
53) 『십송율』제32권, 대정 23권, 236쪽 b-c.

먼저 처음에, 첫째 죄의 마나타를 행하는 도중에 두 번째 죄를 범하여 복장하지 않았을 경우인데, 이때는 지금까지의 마나타를 무효로 하여 승가에 청하여 두 번째 죄를 위해 6야 마나타를 행하고, 이어서 또 청하여 첫 번째 죄를 위해 원래의 마나타를 다시 행하는 것으로 첫 번째 죄를 위한 원래의 마나타를 본마나타本摩那埵라고 부른다. 다른 율처럼 본일치本日治(根本復元)란 말은 사용되지 않지만, 이 본마나타를 행하는 것이 본일치가 되는 것으로 생각된다. 다음으로 『오분율』은 첫째 죄의 1야 별주 중에 두 번째 죄를 1야 복장한 경우에 대해서도 위와 마찬가지로 두 번째 죄에 따라서 1야 별주를 청하고, 모두 행하고 나서 본일야별주本一夜別住를 청하고 그것을 끝내고 마나타를 청해야 함을 기록하고 있다.[54] 이는 위의 『빠알리율』, 『사분율』, 『십송율』과 크게 다르지 않은 점이다. 또 최장합일별주最長合一別住에 대해서는 「만약 비구 1승가바시사 내지 중다衆多를 범하고 복장하는 것이 2야 내지 중다야衆多夜일 때, 승가가 만약 별주를 주고자 할 때는 복장한 것이 가장 오랜 것을 승인하여 일수에 따라서 별주를 준다, 운운」이라 하고 있고, 이는 『빠알리율』과 같다. 또 두 가지 죄를 범하고 같이 1야 복장하고 한 가지 죄에 대해서만 1야 별주를 행하고, 그 별주 중에 다른 한 가지 죄를 고백할 때는 다시 두 번째 죄에 대해서 하룻밤 별주를 준다는 것도 『빠알리율』과 같은 방식이다.[55]

54) 『오분율』제23권, 대정 23권, 157쪽 a.
55) 『오분율』제23권, 대정 23권, 157쪽 c.

2. 징벌갈마懲罰羯磨

(1) 고절갈마苦切羯磨

① 고절갈마의 인연과 대상

이는 『사분율』과 『오분율』에는 가책갈마呵責羯磨라고 번역되고, 『마하승기율』에는 절복갈마折伏羯磨로 번역되며, 『십송율』에 고절갈마苦切羯磨로 번역되는 것인데, 남전대장경에도 고절갈마苦切羯磨 tajjaniyakamma라고 번역하는 것이다. 내용은 승잔법 제10 「파승위간계」와 제11 「조파승위간계」는 모두 파승을 꾀하거나, 또한 그것을 돕는 행위를 행하고 이에 대해 승가가 세 번 간언해도 그것을 그만두지 않으면 승잔죄가 된다고 하는 것인데, 이것과 같은 사건, 즉 도당을 행하여 다투는 듯한 사건의 발생 조장을 꾀하는 자를, 승가의 결의로 징벌하여 일정한 복사에 따르게 하고, 그 반성을 재촉하는 것이다. 『빠알리율』에 대해서 보면 이 고절갈마의 인연은 빤두까Paṇḍuka 盤那와 로히따까Lohitaka 盧醯두 사람이 스스로도 소송 · 투쟁 · 쟁론爭論 · 쟁론諍論 · 쟁사를 행하고, 또 승가에서 쟁사를 행하는 사람들의 쌍방 처소에 가서 「구수들이여. 이것이 그대들을 패하게 하지 마십시오. 소리 높여 힘껏 싸우십시오. 그대들은 그보다 훨씬 현명하고 훨씬 총명하고 훨씬 박식하고, 훨씬 유능하므로 두려워하지 마십시오. 우리가 그대들의 편이 되겠습니다.」라고 하고, 일어나지 않는 소송은 일어나게 하고, 이미 생겨난 소송은 확대시켰기 때문에 이러한 행위를 방지하기 위해 이 갈마가 제정된 것이다. 그리고 이 인연은 한역에서도 같다. 『십송율』은 반도般荼와 로가盧伽가 다툼을 즐겨 조장했다고 하고, 『오분율』도 반나盤那와 로혜盧醯 두 사람의 이름을 거론하고 있다. 『사분율』은 두 사람의 이름을 지혜智慧와 로혜盧醯로 하는데, 이 지혜는 반나盤那 Paṇḍuka를 지자智者 Paṇḍita라고 읽고, 지혜라고 번역하였을 것으로 생각되어, 이것도 『빠알리율』의 인연과 비슷하다.1)

이 고절갈마의 대상은 서두에 기록한 바와 같이 승단의 파승을 꾀하는 자에게 한결같이 볼 수 있는데, 이에 이어서 기술할 제 갈마도 마찬가지이지만, 징벌갈마는 바라이죄나 승잔죄에 상당하는 불응회죄不應悔罪를 내용으로 하는 것에는 부과할 수 없어서, 응회죄應悔罪라고 불리는 것, 즉 고백 참회하는 것에 의해 출죄할 수 있을 정도의 죄이고, 게다가 그것을 고백 참회하지 않는 자에게 부과하는 것이다. 예를 들어, 승잔법 제10 「파승위간계」나 제11 「조파승위간계」는 도당徒黨하여, 또는 도당을 돕는 자가 3간을 받고도, 그 충고에 따르지 않을 경우에 승잔죄가 되는 것인데, 1간, 2간 때 승가가 이에 고절갈마를 주면 줄 수는 있지만 세 번 간諫하여 거절당했을 때는 승잔죄를 구성하여 고절갈마로는 처리할 수 없게 된다. 『빠알리율』에서는 고절갈마는 다음과

1) Cullvagga, Ⅰ, 1, 1-3. 『십송율』제31권, 대정 23권, 221쪽 a, 『오분율』제24권, 대정 22권, 162쪽 a, 『사분율』제44권, 대정 22권, 889쪽 a.

같은 경우에 「승가가 만약 원하면ākaṅkhamāno saṃgho」 즉 승가 쪽에서 필요로 하면, 이를 부과하는 것이라 한다. 즉 이를 부과하는 대상은

> 「비구가 다투고 싸우고 언쟁하고 분쟁하며 승가에 쟁사를 일으키고, 어리석어 총명하지 못하고 죄가 많고 충고를 받아들이지 않고, 재가자와 부적절한 관계 속에서 재가자와 함께 지내는 것이다. 훌륭한 계행을 두고 계행을 어기고, 훌륭한 행동을 두고 사행에 빠지고, 훌륭한 견해를 두고 사견에 떨어지는 것이다. 부처님을 비방하고, 가르침을 비방하고, 승가를 비방하는 것이다.」

라고 하고[2] 이는 『오분율』이나 『십송율』과도 대체로 같다. 『오분율』에서는

> 「스스로 투쟁하는 것과, 타인을 투란시키는 것과, 전후발언하는 것이 한결같지 않은 것 … 악지식을 친근하는 것, 악인과 더불어 일행이 되는 것, 스스로 즐겨 악을 행하는 것 … 증상계增上戒를 파하는 것, 증상견增上見을 파하는 것, 백의와 친근하며 수순하는 것이다.」

라고 기록하고, 『십송율』에서는

---

2) Ibid., Ⅰ, 1, 4. 「갈마건도」 남전대장경 제4권, 6쪽-7쪽.

「만약 계를 파하고, 혹은 정견을 파하고, 혹은 위의를 파하고, … 싸움을 즐기고, 다투는 것을 즐기고, 서로 말하는 것을 즐긴다.」

라고 하고 있다. 『사분율』에는 특히 이 점에 관해서는 기록하고 있지 않다.[3)]

그리고 이 갈마는 투쟁을 하거나 또 투쟁을 증대시키는 것을 즐기고, 그 때문에 이곳에 열거되는 것과 같은 행위가 있었을 경우에, 그것이 승잔죄로 발전하지 않도록 응회죄應悔罪의 범위를 초과하지 않는 가운데, 승가는 고절갈마를 하여 그 투쟁이나 죄의 발전을 방지하는 것이다.

『마하승기율』은 고절갈마를 절복갈마라고 적고 있는데, 이 율도 인연으로는 「첨파비구가 다투고 송사하여 서로 말을 하면서 화합주和合住하지 않은」 이유로 제정 되었다고 하는데, 이 복절갈마를 사용하는 경우로는 (1)8사를 익혀 가까이하는 것 (2)빈번하게 죄를 범하는 것 (3)너무 일찍 들어오거나 너무 어두울 때 나가서 악한 벗과 악한 짝과 마땅히 가서는 안 될 곳에 가는 것 (4)다투고 송사하여 서로 말하는 것 (5)나이 어린 이들을 공경하는 것으로 하고 있다.[4)] 이 중 첫째 여덟 가지 일을 익혀 가까이하는 것이란, 몸으로 익혀 가까이하여 사는 것에 여섯 가지, 입으로 익혀 가까이하여 사는 것에 한 가지, 몸과 입으로 익혀 가까이하여 사는 것에 한 가지를 언급한다. 이는 예를 들어, 비구

3) 『십송율』제31권, 대정23권, 221쪽 b. 『오분율』제24권, 대정22권, 163쪽 a.
4) 『마하승기율』제24권, 대정 22권, 423쪽 a-424쪽 c.

가 비구니와 가까이 앉고, 음식을 함께 먹고, 같은 옷을 서로 바꿔 입는 것과 같은 일을 행하는 것이 몸으로 익혀 가까이하여 사는 것[身習近住]이고, 염오심으로 이야기하는 것이 구습근주口習近住이고, 이 모두를 행하는 것이 신구습근주身口習近住라고 한다. 8사 모두 비구가 여성에게 염오심으로 다가가는 신구업身口業이고, 확실히 승잔법을 범하기에 이른 상태라 해야 할 것이다. 이러한 자에게는 신습근주身習近住 내지 신구습근주절복갈마身口習近住折伏羯磨를 준다는 것이다. 두 번째의 빈번하게 죄를 범하는 것은 오중(칠취)五衆(七聚) 죄 가운데서(바라이와 승잔을 제외한 것) 하나하나의 죄를 빈번하게 범하는 것으로 이런 경우에는 빈번한 범죄절복갈마犯罪折伏羯磨를 준다. 셋째 너무 일찍 들어가거나 늦게 나오는 것은 『사분율』의 가책갈마의 행법 중에 있는 「일찍 마을에 들어갈 수 없다. 너무 늦어서 돌아올 수 없다.」라는 것과 동일한 것으로 새벽[未明]에 마을에 들어가 어두워져서 나오는 것으로, 그동안에 코끼리나 말을 다루는 이와 도둑질을 하는 자와 강도와 노름하는 자 등 나쁜 이들과 서로 친하게 지내고, 과부의 집과 대동녀의 집과 음녀의 집과 남자 구실을 못하는 남자의 집 등이 있는 곳, 가서는 안 될 곳에 가서 악행을 행하는 것이다. 이러한 자도 머지않아 승잔죄를 범하기에 이르는 행위인데, 이에는 대조입절복갈마大早入折伏羯磨를 한다. 제4의 서로 다투고 시비하는 것[訴訟相言]은 ①스스로 잘난 체하는 것 ②거칠고 폐단이 많은 흉악한 성품 ③의미 없는 말[無義語] ④때 알맞지 않은 말[非時語] ⑤착한 사람을 따르지 않음의 다섯 가지 법의 성취 때문에 무리들이 서로 다투는 것으로 그러한 자에게 자고절복갈마自高折伏羯磨를 행한다. 제오의 나이 어린 이를 공경하는 것[恭敬年少]은, 연소비구를 애념공급愛念供給하는 것으로 이에는 애념공급년소절복갈마愛念供給年少折伏羯磨를 행한다고 한다. 이처럼 『마하승기율』이 절복갈마를 다섯 가지로 나누고 있는 것, 빈번한 범죄갈마는 다음에 기술할 의지갈마에 상당한다고 생각되고, 다른 율과는 전체적으로 내용을 달리하고 있다고 해야 할 것이다.

② 고절갈마의 행법[服事]

고절갈마는 백사갈마로 부여받는데, 이를 부여받은 자는 『빠알리율』에서는 18사의 금기를 지켜야 하는데, 이는 칠멸쟁법 중 멱죄상법의 행법[5]과 같고, 별주자의 행법에도 모두 포함되어 있다. 즉

「(1)다른 이에게 구족계를 주어서는 안 된다. (2)의지依止를 주어서는 안 된다. (3)사미를 두어서는 안 된다. (4)비구니교계의 선정選定을 받아서는 안 된다. (5)선출된다고 하더라도 비구니를 교계해서는 안 된다. (6)승가로부터 고절갈마를 받은 죄를 범하여서는 안 된다. (7)다른 그와 유사한 죄를 범하여서는 안 된다. (8)그보다 악한 죄를 범하여서도 안 된다. (9)갈마를 매도해서는 안 된다. (10)갈마를 주는 자를 매도해서도 안 된다. (11)청정비구의 포살을 방해해서는 안 된다. (12)자자를 방해해서는 안 된다. (13)명령을 내려서는 안 된다. (14)권위를 세워서는 안 된다. (15)허가를 구해서는 안 된다. (16)질책해서는 안 된다. (17)기억을 확인해서는 안 된다. (18)비구와 다투어서는 안 된다.」[6]

5) Cullavagga, Ⅳ, 12, 4. 제5장 · 4 · (3)참조.

라는 것이다.[7] 그리고 이 갈마에는 기한이 없다. 따라서 이는 복사자가 스스로 해갈마를 청하는 것으로, 즉 이 18사를 행한 비구가 승가를 향하여 「우리들은 승가로부터 고절갈마를 받아 바르게 행하고, 수순하여 멸죄를 원하고, 고절갈마를 해제하기를 청한다.」라고 세 번 청하면 아마도 그 복사 상태를 확인하고 나서 주는데, 승가는 이에 대해 백사갈마에 따라서 고절갈마를 해제하는paṭippassaddha 것이다.

고절갈마 행법은 『십송율』에서는 16사를 언급하고 있으나 그 중 (1)부터 (10)까지는 내용과 순서도 『빠알리율』과 동일하고, 이 외에도 『빠알리율』의 (11), (12), (15), (16)과 비슷한 것을 언급하고, 이에 「청정비구의 과죄過罪를 나타내서는 안 된다. 청정비구에게 어기거나 거역해서는 안 된다.」라는 항목을 추가할 뿐이기 때문에 『빠알리율』과 거의 동일하다고 보아야 할 것이다.[8] 『오분율』도 16사의 행법을 언급하는데, 그 중 처음 4사는 『빠알리율』의 (1), (2), (3), (4)와 비슷하고, 그 밖에 『빠알리율』 (4)와 (5)가 있고, 그 밖은 「마땅히 행주인이 되어서는 안 된다. 만약 승가가 임명[僧差]했어도 받아들여서는 안 되고, 비구니를 훈계해서는 안 되고, 승가가 파견해도 받아들여서는 안 되고, 승가가 임명하는 모든 것을 다 받아들여서는 안 되고, 승가가 행사를 할 때 말을 해서는 안 되고, 다른 비구를 욕해서는 안 되고, 왕의 세력에 의지해서는 안 되고, 자신의 힘에 의지해서도 안 되고, 친족의 힘에 의지해서도 안 되고, 오직 불법승의 힘에만 의지해야 하고, 참회하고 스스로 질책하

6) 이 행법의 의미에 대해서는 전절 · (1) 「별주, 마나타와 복사」참조.
7) Cullavagga, Ⅰ, 5, 1. 「갈마건도」 남전대장경 제4권, 7쪽-8쪽.
8) 『십송율』 제31권, 대정23권, 221쪽 c.

면서 승가의 뜻을 거역하지 않고 갈마를 해제해 주기를 요구해야 한다.」이다.[9] 이 『오분율』의 국왕의 세력에 의지해서는 안 된다는 것은 왕이나 친족, 자기 출신의 지위를 이용하여 갈마의 부정否定을 꾀하는 자가 있었으므로 그것에 대한 대응으로 보이지만, 이는 『오분율』에만 있는 특별한 항목이다. 승가의 외적外的이고 세속적인 권위에서의 완전한 독립성이 점점 약해지는 경향이 있었음을 생각하게 하는 것이다. 『사분율』은 일곱 가지 5사가 있어서, 합계 35사의 행법을 언급하고 있다.

(1) 남에게 구족계를 주지 못하고, 남의 의지사가 되지 못하고, 사미를 기르지 못하고, 대중이 뽑아서 비구니를 교수하라는 청을 받지 못하고, 대중이 뽑아도 교수하지 못한다.
(2) 계를 설하지 못하고, 대중에서 계율의 이치를 물어도 대답하지 못하고, 대중이 뽑아서 갈마를 하게 해도 하지 말아야 하고, 대중이 지혜로운 사람을 뽑아서 여러 가지 일을 토론할 적에 참석하지 못하고, 대중이 뽑아서 믿음직한 사명을 맡기더라도 하지 말아야 한다.
(3) 이른 아침에 마을에 들어가지 못하고, 저물어서 돌아오지 못하고, 비구를 친해 가까이 할지언정 외도를 친해 가까이 하지 못하고, 비구들의 가르침에 잘 따르고, 다른 말[異語]을 하지 못한다.
(4) 대중이 그가 범한 데 따라 꾸짖는 갈마를 주었거든 다시는 그 죄를 범하지 말아야 하며, 다른 죄도 범하지 말아야 하며, 비슷한 죄나 거기서 생긴 죄도 범하지 말아야 하며, 그보다 무거운

9) 『오분율』 제24권, 대정 22권, 163쪽 a.

죄도 범하지 말아야 하며, 갈마의 법과 갈마를 한 사람을 미워하지 말아야 한다.

(5) 좋은 비구가 자리를 펴서 공양하는 것을 받지 못하고, 그가 발 씻어 주는 것을 받지 못하고, 그가 발 씻을 물 떠다 주는 것을 받지 못하고, 그가 가죽신 닦아 주는 것을 받지 못하고, 그가 안마해 주는 것을 받지 못한다.

(6) 좋은 비구가 예배하고, 합장하고, 문안하고, 마중하고, 옷과 발우를 들어 주는 것을 받지 못한다.

(7) 좋은 비구를 드러내어 기억시키거나, 자백시키거나, 혹은 남의 일에 증인이 되거나, 남의 포살과 자자를 막거나, 좋은 비구와 싸우지 못한다.

이것이 35사인데,[10] 이 중에 다른 율과 공통적인 것 이외로는, 예를 들어 (5), (6), (7)의 각 5사는 갈마를 받은 사람에게는 당연한 것이므로, 다른 율은 이를 기록하지 않아도 당연히 행하는 것으로 생각되지, 다른 율과 다른 『사분율』만의 것으로는 생각되지 않다.

③ 고절갈마의 여법한 조건[法亂用의 억제]

이미 말한 바와 같이 고절갈마는 바라이죄나 승잔죄 이하의 응회죄應悔罪에 대해서, 그것을 자백하고 참회하지 않는 자에게 주어진다. 『빠알리율』은 이 갈마의 남용을 방지하는 억제규칙으로서

10) 『사분율』 제44권, 대정22권, 889쪽 c.

「가책을 받는 사람이 ①현전에 입각하지 않고 행하는 것 ②질문에 근거하지 않고 행하는 것 ③자인에 입각하지 않고 행하는 것 ④죄가 없는데 행하는 것 ⑤죄가 참회로 이끌어지지 않는데 행하는 것 ⑥죄가 이미 참회 되었는데 행하는 것 ⑦질책하지 않고 행하는 것 ⑧기억을 확인하지 않고 행하는 것 ⑨죄를 거론하지 않고 행하는 것 ⑩원칙에 맞지 않게[非法] 행하는 것 ⑪모임이 불완전하게[別衆] 행하는 것.」

을 들고, 이처럼 하여 행한 갈마는 불여법으로 무효로 하고 있다. 『빠알리율』의 기술에서는 이 열한 가지 내용을 서로 세 개씩 한 조로 하여 비법갈마 12사라 하는데, 내용을 정리하면 이 11항이 된다. 이에 의해 분명하듯이, 이를 부과한 본인에게 자기의 죄상을 완전하게 알게 하고, 그것을 힐난할 죄임을 알게 하고, 회과할 수 없는 것에 부과하는 것이고, 온전히 승가로서는 멈출 수 없는 경우에만 사용하도록 억제 규정이 만들어져있다. 그리고 이 규정과 반대인 경우의 갈마만이 여법갈마라고 하고 있다.[11] 한역 율에서는 『사분율』이 『빠알리율』에 가장 가깝고, 9종 3법으로서 열거하는데, 중복되는 것을 제외하면

「드러내[擧罪] 주지 않고, 기억시키지 않고, 죄를 자백시키지 않고, 범한 것이 없고, 참회할 것이 없는 죄를 범했거나, 범한 뒤에 참회한 것이거나, 법답지 않거나, 따로 하거나, 눈앞에서 율법을 보이지 않는 것」

11) Cullavagga, Ⅰ, 2-3. 「갈마건도」 남전대장경 제4권, 3쪽-6쪽.

의 경우에는 가책갈마, 고절갈마를 행하면 비법이라는 것이다.[12] 『십송율』도

「사람이 현전하지 않고, 먼저 이 일죄를 말하지 않고, 억념시키지 않고, 비법非法으로 별중別衆에서, 불범인不犯人에게 불가회과죄不可悔過罪에, 이미 회과悔過한 자에게」

이 갈마를 행하는 것을 비법이라 한다.[13] 『오분율』에서는 이 일에 대해서는 기록하지 않는다.

(2) 의지 · 구출 · 하의갈마

① 의지갈마依止羯磨

(a) 의지갈마의 인연

쎄이야싸까Seyyasaka 施越라는 비구(『사분율』은 僧錫 비구로 번역)가 우치불총명하여 교계를 받지 않고, 불수순하는 재가와 함께하여 빈번히 승잔 범죄를 범하므로 비구들은 별주를 주고, 본일치를 주고, 마나타를 주기를 되풀이해야 했는데,[14] 이런 경우에는 의지갈마依止羯磨 nissayakamma를 준

12) 『사분율』제44권, 대정22권, 890쪽 a.
13) 『십송율』제31권, 대정23권, 222쪽 b-c.

다. 예를 들어, 쎄이야싸까로 하여 한 비구에게 의지하여 그 감독하에 생활하고, 악성벽 교정에 힘쓰게 하는 것을 말한다. 그리고 이 의지갈마는 한역에 『십송율』과 『사분율』에는 있으나 『승기율』과 『오분율』에는 설해져 있지 않다. 그렇지만 『오분율』에서는 가책갈마(즉 앞에서 언급한 고절갈마)를 주어야 할 대상 중에

「나쁜 벗과 가까이 지내고, 나쁜 사람과 어울리고, 스스로 즐거이 악을 짓는 것이니, 그에게도 역시 가책갈마를 주어야 한다.」

라고 하므로[15] 이는 『빠알리율』의 인연으로 보아도 의지갈마를 주어야할 자에 상당한다고 여겨지므로, 『오분율』에서는 의지갈마를 분리시키지 않고 가책갈마 안에 포함시키고 있는 것으로 보인다. 또 『마하승기율』에도 의지갈마에 상당하는 것이 독립되어 설해져 있지 않지만, 이것도 이미 기술한 바와 같이, 절복갈마 안에 빈번히 죄를 범하는 자에게 빈번한 범죄절복갈마를, 또 태조입태명출악우악반비처행太早入太冥出惡友惡伴非處行인 자에게 태조입절복갈마太早入折伏羯磨를 한다고 한다. 이 빈번히 죄를 범한다는 것은, 아마도 이 때문에 승가는 별주, 본일치, 마나타를 되풀이해야 하고, 새벽에 악처악우가 있는 곳에 가서 밤늦게 그기에서 나오는 것은 빈번하게 죄를 범하는 원인이고, 이것도 의지갈마의 대상이기 때문에, 『승기율』도 또한 의지갈마에 상당하는 것을 절복갈마 즉 고절갈마 안에 넣었다고 보인다.

14) cullavagga, Ⅰ, 9, 1. 남전대장경 제4권, 10쪽-11쪽.
15) 『오분율』제24권, 대정22권, 163쪽 a.

(b) **의지갈마의 대상**

이 갈마 대상은 위에서 언급한 부분으로도 알 수 있지만, 『빠알리율』도 고절갈마 부분에서, 고절갈마를 주어야 할 자에게 말한 조건을 그대로 언급하고 있고, 고절갈마를 주는 자와 의지갈마를 주는 자의 구별을 분명히 하고 있지 않다. 그러나 고절갈마를 주어야 할 자로 언급된 것 중 「재가와 있고, 불수순不隨順하는 재가자들과 함께 거주한다.」라는 것은 이는 고절갈마 대상은 아니고 의지갈마 대상이라 보아야 할 것이다.[16] 『십송율』도 또한 마찬가지로 의지갈마를 주어야 할 대상에 고절갈마를 주어야 할 자를 그대로 기록하고 있어서 이것도 『빠알리율』과 같다고 생각할 수 있다. 이러한 일로 생각하면, 원래가 이 의지갈마는 고절갈마의 일부였으나, 고절갈마는 쟁론을 좋아하는 자에게, 의지갈마는 재가인 유자遊子와 교제하여 다수 범죄를 범하는 악벽惡癖에 떨어진 자에게 나뉜 것으로 생각된다.

(c) **행법**

행법에 대해서는 『빠알리율』도 『십송율』, 『사분율』도 위의 고절갈마에 있어서와 동일하다. 다만 『빠알리율』은 이 갈마 해법 부분에서 승가가 비구 시월施越에게 의지갈마를 주고 「그대는 의지갈마를 받아 지내야 한다.」라고 명한 부분에, 그 비구는 「승가로부터 의지갈마를 받아 좋은 친구와 사귀고, 친하고, 섬기면서, 송출을 듣고, 질의하고, 많이 배우고, 전통을 수용하고, 가르침에 밝고, 계율에 밝고, 논의의 주제에 밝고, 현명하고, 총명하고, 슬기롭고, 부끄러움을 알고, 후회를

16) Cullavagga, I, 10, 1 and I, 4, 1. 「갈마건도」 남전대장경 제4권, 10쪽, 6쪽-7쪽.

알고, 배움을 추구하고, 올바로 처신하고, 근신하고, 속죄했다. 그리고 비구들을 찾아가서 이와 같이 말했다. "벗들이여, 나는 승가로부터 의지갈마를 받고 올바로 처신하고, 근신하고, 속죄했습니다. 이제 저는 어떻게 해야 합니까?"」라고 하고 있다.[17] 이에 의해 이 갈마를 받은 자는 아마도 승가가 인정한 선우善友 또는 장로 비구에게 의지하여 이러한 의지생활을 할 것을 요구 받았음을 알 수 있다. 그리고 이 의지생활에 있는 동안은 고절갈마를 받은 자와 마찬가지로 「타인에게 구족계를 주어서는 안 된다.」는 등의 『빠알리율』로 말하면 18사의 비구 공권이 정지되었다고 보아야 할 것이다. 이 점에 대해 고절갈마에 있는 18사의 행법은 비구의 공권정지이고, 특히 자기가 범한 죄나 쟁사를 좋아하는 것으로 반성 또는 징벌에 빠져 있는 감이 있지만, 이 의지생활은 선우善友 kalyāṇamitta에 의부依附하여 그 버릇[性癖] 교정에 힘쓰는 행법이라는 것이 분명하다. 특히 이 의지갈마의 인연인 시월施越 비구는 승잔법 제1 「고출정계」의 인연 비구로 여겨지는데, 이 의지갈마의 대상이 다분히 고출정故出精의 나쁜 버릇[惡癖]을 예상한다면, 이러한 것은 특히 선우를 의지하는 생활을 필요로 한 것으로 생각된다. 의지 방법에 대해서는, 제자가 화상에 의지하는 방법[18] 이 표준으로 된다고 여겨지지만, 『사분율』은 승추僧芻 비구가 다문으로 지혜가 있고, 좋은 말을 하는 친후 비구에게 의지하여 법과 비니를 배우고, 안거 중에 지혜를 얻었다고 하고 있다.[19]

17) Ibid., I, 11, 1. 「갈마건도」 남전대장경 제4권, 12쪽-13쪽.
18) Mahāvagga, I, 25, 6.
19) 『사분율』제44권, 대정22권, 892쪽 a.

『십송율』에 따르면 시월 비구는 「많은 죄를 범하고, 많은 회과를 하여 제한이 없다.」라고 했기 때문에 의지갈마를 부과했다고 하는데, 행법은 고절갈마와 동일한 것 이외에는 아무것도 기록하지 않다. 단지 의지갈마에 대해서 「첫째는, '그대 모갑에게 의지하여 살라.'라고 가르쳐야 한다. 둘째는, 의지갈마법을 설해야 한다.」고 하고 있다. 이는 두 가지 의지갈마가 있는 것처럼 이해되지만, 반드시 그렇지는 않고 의지갈마 절차가 두 단계로 나누어져 있음을 말하는 것이다. 승가는 먼저 의지해야 할 사람을 지정하여 「그대 모갑에게 의지해야 한다.」라고 알리고, 다음으로 의지갈마를 주는 백사갈마를 행하는 것을 두 종류 있다고 여긴 것으로 생각된다.[20] 그리고 『십송율』은 해갈마 부분에서는 「갈마를 얻었기 때문에 심회절복心悔折伏하고, 유연하고, 승가에 따라서 의지갈마를 풀어주기를 청한다.」라고 한다.

(d) 갈마의 여법

이 갈마의 여법과 불여법에 대해서 고절갈마와 같다.

② 구출갈마

(a) 구출갈마의 인연

『빠알리율』에서는 이 구출갈마pabbājaniyakamma에 대한 전문(Cullavagga, I, 13-16)이 경분별의 승잔법 제13「오가빈방위간계」의 제정 인연으로 되어

20) 『십송율』제31권, 대정23권, 222쪽 c.

기록되어 있다. 즉 승잔법 제13은 지금 이곳에 기술할 구출갈마를 받고도 그것에 따르지 않고, 그리고 비구들이 그것에 따르도록 세 번 충고해도 그것에 따르지 않을 때는 승잔죄가 된다는 것이다. 인연은 앗싸지와 뿌납바쑤Assaji Punabbasu를 추종하는 무리들이 끼따기리Kiṭāgiri 마을의 처소에 거주했다. 그들은 스스로 꽃나무를 심어 꽃다발도 만들고 꽃화살 등을 만들고, 부녀자와 교유하여[21] 많은 오락유희를 행하Ibid., I, 13.2여서, 스스로도 타락하고, 재가의 청신淸信들도 타락시켜 버렸다. 우연히 그곳에 온 선善비구가 걸식을 해도 타락한 신자는 그것에 대해 빈축을 하며 「우리들 존자인 앗싸지 · 뿌납바쑤의 무리는 유연하고 온화하며, 이야기할 때 웃음을 머금고, 운운」이라 하며 선善비구에게 공양하는 자가 없었다. 겨우 바른 한 신자가 있어서 이 비구를 보고 그 주처의 사정을 알리고 비구에게 공양했다. 이 일이 이윽고 붓다에게 알려지고, 사리불, 목건련 등이 붓다의 명을 받아서 「앗싸지 · 뿌납바쑤 무리들의 비구들은 끼따기리에 살아서는 안 된다.」라는 백을 가지고 있는 백사갈마로 구출갈마가 행하여졌다고 한다.[22]

『사분율』은 구출갈마를 빈출갈마擯出羯磨라고 번역하고, 악행을 행하는 아습비阿濕卑와 부나바사富那婆娑 두 비구가 기리나국輢離那國에서 했다 하므로 『빠알리율』과 동일하고, 인연의 내용도 일치하고 있다. 『십송율』에서는 구출갈마라고 번역한다. 인연은 흑산국토黑山國土에 마숙馬宿, 만숙滿宿이라는 두 비구가 타가他家를 욕보이고 악행을 행했기 때문이라고 하고, 이것도 대체로 『빠알리율』과 동일 인연을 설하고 있다.

21) Cullavagga, I, 13. 1.
22) Cullavagga, I, 13, 1-7. 「갈마건도」 남전대장경 제4권, 15쪽-19쪽.

『오분율』에는 위의 의지갈마와 함께, 제24권 갈마법 중에 이 구출갈마를 간단하게 적는다. 제3권 경분별부 승잔 제13「오가악행빈방계」의 분별에서는 끼따기리吉羅邑 Kitāgiri에 살고 있던 앗싸지頞鞞 Assaji와 뿌납바쑤Punabbasu가 악가악행惡家惡行하여 구출갈마를 받고도 가지 않았기 때문에, 이런 경우에 세 번 충고해도 따르지 않으면 승잔죄가 된다는 것을 기록하고 있다.[23] 『승기율』도 제24권의 갈마, 갈마사羯磨事 중에는 이 갈마를 나타내는데, 제7권 승잔죄 제1삼의 경분별에서는 육군비구가 가시국迦尸國의 흑산黑山마을에서 오가악행을 한 것에 관해서, 아난다가 붓다의 명命에 의해, 육군비구의 구출갈마를 하게 했다고 한다. 그래서 이 육군비구의 대부분은 도망가거나 참회하였으므로 두, 셋 남은 자에게 구출갈마를 했다고 한다. 그리고 이 두세 비구가 갈마를 거부하였으므로 3간해도 따르지 않으면 승잔이 된다고 정하여졌다고 한다.

(b) **구출갈마의 대상**

구체적으로는 앗싸지 · 뿌납바쑤와 같이 오가汚家(재속자의 淸信을 타락시키는 것)와 악행을 말하는 것인데, 『빠알리율』에서는 고절갈마의 대상과 공통적인 세 가지 3악행惡行인 "①다투고 싸우고 언쟁하고 분쟁하며 승가에 쟁사를 일으키고, 어리석어 총명하지 못하고, 죄가 많고 충고를 받아들이지 않고, 재가자와 부적절한 관계 속에서 재가자와 함께 지내는 것. ②계행을 어기고, 사행에 빠지고, 사견에 떨어지는 것. ③부처님을 비방하고, 가르침을 비방하고, 승가를 비방하는 것"(Cullavagga, I, 4. 1)에 더하여,

23) 『오분율』제4권, 대정22권, 21쪽 c-22쪽 a.

「신체적인 유희dava를 일삼는 것, 언어적인 유희를 일삼는 것, 신체 · 언어적인 유희를 일삼는 것. 신체적인 비행anācāra을 일삼는 것, 언어적인 비행을 일삼는 것, 신체 · 언어적인 비행을 일삼는 것. 신체적인 폭력upaghātika을 일삼는 것, 언어적인 폭력을 일삼는 것, 신체 · 언어적인 폭력을 일삼는 것. 신체적인 잘못된 생활micchājīva 邪命을 일삼는 것, 언어적인 잘못된 생활을 일삼는 것, 신체 · 언어적인 잘못된 생활을 일삼는 것이다.」

라고 하여, 신身과 어語와 신 · 어身語의 유희戲樂 · 비행非行 · 폭력 · 사명邪命을 열거하고, 이를 일삼는 자에게「만약 승가가 원하면 구출갈마를 행해도 좋다.」라고 한다.[24]

앞에서 언급한 고절 · 의지 양 갈마와 이 구출갈마에 대해서는 그 갈마를 주는 대상은 반드시 명확한 구별이 있다고는 말할 수 없지만, 붓다고싸는 고절갈마는 쟁론쟁사를 행하는 자에 대해, 의지갈마는 우치불총명愚痴不聰明한 자에 대해, 그리고 구출갈마는 사회와 관련한 추문을 행한 자에 대해 부과한다고 하고 있다.[25] 이는 인연으로서 설하여지고 있는 사건으로도 타당한 듯하다. 즉 반나 · 로혜盤那 · 盧醯 두 비구의 쟁론을 조장하는 행위를 인연으로 하여 고절갈마가, 시월施越 비구가 우치하여 많은 죄를 범하여 별주, 본일치, 마나타를 되풀이하는 것으로 인해 의지갈마가, 그리고 셋째로 앗싸지와 뿌납바쑤가 그 중간의 재속자와 악행하여 자타 모두 타락시키는 것으로 인해 구출갈마

24) Cullavagga, Ⅰ, 14, 1-2.「갈마건도」남전대장경 제4권, 19쪽-20쪽.
25) See Vinaya Text, Part Ⅱ (S. B. E.), Vol, ⅩⅦ, p. 353, note 2.

가 제정되었다고 한다. 따라서 이 세 갈마 첫머리에 공통되게

> 「비구들이여. 세 가지 고리[三分]를 갖춘 비구에게 있어서는 승가는 혹 원한다면 고절갈마 · 의지갈마 · 구출갈마를 행해야 한다. 즉 소송하고, 투쟁하고, 쟁론하고, 승가에서 쟁사를 행하는 것, 우치불총명하여 죄가 많고 교계를 받지 않는 것, 재가와 있고, 불수순하는 재가와 함께 거주하는 것이다.」

라고 하고 있다.[26] 사실은 이 공통적인 글 중 처음의 「소송하고, 투쟁하고 운운」은 고절갈마를 주어야 할 대상이고, 두 번째 부분의 「우치불총명 운운」은 의지갈마를 행해야 할 대상이고, 그리고 세 번째 부분의 「재가와 있고, 운운」이 구출갈마 대상이 되어야 한다고 해석해야 할 것이다.

(c) **구출갈마 행법**

이 갈마에 대해서의 행법은, 이를 기록한 『빠알리율』 · 『사분율』 · 『십송율』 모두 고절갈마와 마찬가지라고 한다. 단 『사분율』에는 고절갈마의 행법 중에 설계說戒해서는 안 된다는 한 항이 있으나, 이 항은 구출갈마에서는 제외하고 있다.[27] 그러나 구출갈마는 오가악행汚家惡行한 지역에서 구출되기 때문에, 그 주처의 경계 밖에 살아야 한다. 어느 율에든 구출된 자가 거주하는 장소에 대해서는 구체적으로 기술하

26) Cullavagga, I, 4, 1 and I, 10. 1; and I, 14, 1. 「갈마건도」, 남전대장경 제4권, 6쪽-7쪽, 12쪽, 19쪽.

27) 『사분율』제44권, 대정22권, 891쪽 a. 「除余衆說戒」라고하고, 他地僧伽의 포살 참가라고 생각할 수 있다.

지 않고, 있어야 할 장소 지정도 되어 있지 않다. 이는 분명 이들 율의 부파에서는 실제로 구출갈마가 행해지고 있지 않았기 때문이라 생각된다. 이들에 대해 『사분율』에 따르면 피빈비구被擯比丘, 구출당한 비구가 행법을 여법하게 행해도, 부르지 않았는데 스스로 경계 안에 와서는 안 되고, 만약 해갈마를 구하면 「호신好信을 보내서 승가에 와서 백한다.」는 것처럼 해야 한다고 한다. 『사분율』의 법장부에서 실제로 구출갈마가 있었다고 할 수 있을지는 의심스럽지만, 이러한 것을 생각해보면 구출갈마를 받은 자는 그 승가 주처의 경계 밖에서 생활하게 하고, 여법하게 행법을 수행하고 해갈마를 요구할 경우에는 승가에 사使를 보내서 그 취지를 요구하게 되어 있다.[28)]

(d) **구출갈마의 여법如法**

이 갈마의 여법 · 불여법의 음미는 고절갈마와 동일하고, 또 해갈마에 관해서도 이 율에 특별히 있는 것은 상기와 같이 『사분율』에 호신好信을 보내서 요구한다는 것 이외에 각 율 모두 기록하고 있지 않다.

③ 하의下意갈마

(a) **하의갈마의 인연**

이 하의갈마下意羯磨 pāṭisāraṇiyakamma는 재가신자에게 폐를 끼치고 이를 화나게 한 비구에게 부과되는 것으로, 승가의 결의갈마로서 재가인에

28) 상동.

대해 강제로 회과悔過하게 하는 것이다. 율장의 승가로서는 재가인에 대해 비구는 항상 우위에 있지만, 이 갈마는 비구의 비행은 비행으로서 재가인에게 참회 사죄해야 한다는 것이고, 앞에서 언급한 구출갈마가 재가인을 타락시킨 비구를 그 지역에서 추방하는 것과 함께 승가의 대사회적인 의미로 제정된 것이다.

이 하의갈마의 인연은 각 율 모두 같은 사건을 취급하는데, 먼저 『빠알리율』에 대해서 보면 맛치까싼다Macchikāsaṇḍa 지방에 쑤담마Sudhamma 善法 비구가 있었는데, 찟따Citta 거사로부터 상항식常恒食 dhuvabhatta을 받고 있었다. 즉 매일 정해진 음식의 초청을 받고 있었다. 그리고 이 찟따 거사는 쑤담마 비구에게 먼저 이야기하는 일 없이는, 승가든 별중이든 사람이든 식食에 청하는 일은 없었다. 사리불, 목건련 이하 11명의 장로가 이 지방에 왔을 때만은 쑤담마에게 말하지 않고 이 장로들로부터 설법을 듣고 장로들을 식食에 초청할 것을 약속했다. 그리고 장로들의 승락을 얻고 나서 이를 쑤담마에게 이야기하고, 쑤담마도 초대하였던 것인데, 쑤담마는 「바야흐로 거사 찟따는 타락했고, 나를 무시하고, 배려하지 않는다.」라고 생각하고, 「거사여, 나는 허락하지 않겠다.」라고 대답했다. 거사도 「쑤담마 비구가 허락하건 허락하지 않건, 나를 위해 무엇을 할 수 있겠는가?」라고 생각하기에 이르렀다. 그러나 쑤담마는 장로들을 위해 준비된 食을 보고자, 당일 찟따 거사의 집에 가서 찟따의 식食은 잘 갖추어져 있으나 오직 한 가지 참깨떡tilasaṃgulika 胡麻餠이 빠져 있다고 비난했다. 그리고 거사는 화가 나서 「쑤담마 비구는 부처님 말씀을 말해야 하는데, 그가 말하는 것은 참깨떡이다. 마치 암탉과 수까마귀 사이에 태어난 새가 새소리를 내고자 하면 닭 울음이 나고, 닭소리를 내고자 하면 까마귀 소리를 내는 것과 같다.」라고 비난했다. 이 새소리 비유의 의미는 비구로서 말해야 할 것은 말하지 않고, 말하지 않아야 할 것을 말한 것이라는 비난이라 생각된다. 이 찟따의 새소리 비유 비난을 듣고, 쑤담마 비구는 화가 나서 그 지방을 떠나 붓다가 계시는 곳에 이르렀다. 붓다는 쑤담마 비구의 잘못을 견책하시고, 승가는 쑤담마 비구에게 하의갈마를 주고, 찟따 거사에게 회과하게 해야 한다고 했다.[29]

『빠알리율』이 기록하는 인연은 『사분율』·『오분율』·『십송율』과 같다. 즉 『오분율』에서는 사위舍衛에서 멀지 않는 곳에 암마륵 숲이 있고, 그 숲에 장자 질다라質多羅가 있었다고 하고, 비구 선법善法이 그 지방의 마마제摩摩帝 즉 승가의 집사였을 때, 사리불과 목건련이 500비구와 함께 그곳을 방문하였을 때의 사건으로 하고 있다.[30] 『사분율』에서는 이 갈마는 차부지백의가갈마遮不至白衣家羯磨라고 이름 붙여지지만, 인연은 다른 율과 마찬가지로 사리불, 목건련이 500비구와 함께 가시국伽尸國에서 유행하여 아마리원阿摩利園 중에 이르렀을 때로 하고, 거사의 이름도 질다라質多羅이고, 그것을 비난한 비구도 선법善法으로 하고 있다. 또 새소리 비유도 암탉과 까마귀의 새끼가 「닭의 울음도 내지 못하고, 까마귀의 소리도 못하므로 까마귀닭[鷄鳴]이라 한다.」라고 하고 있다.[31] 『십송율』에서는 가시국의 마지타摩止陀라는 마을에 질다라質多羅라는 부호 거사가 있었다고 하고, 비구 울다라鬱多羅는 질다라 거사가 시주한

29) Cullavagga, I, 18, 1-6. 「갈마건도」 남전대장경 제4권, 22쪽-26쪽.
30) 『오분율』제24권, 대정22권, 163쪽 b-c.
31) 『사분율』제44권, 대정22권, 892쪽 b-c.

승방의 마마제摩摩帝, 마마타라帝帝陀羅, 승방주僧房主였다고 한다. 그곳에 우빠쎄나Upasena와 방간따뿟따Vaṅgantaputta가 500명의 비구와 방문해왔을 때의 사건으로서 사건의 경과도 질다라 거사가 계조성鷄鳥聲 비유로 울다라鬱多羅 비구를 비난한 것으로 마찬가지로 기록하고 있다.[32)]

이 하의갈마의 인연에 대해서『마하승기율』은 다른 것과 다르고, 또 갈마의 이름을 발희갈마發喜羯磨, 또는 속인발희갈마俗人發喜羯磨라고 번역하고 있다. 그리고 이 발희갈마發喜羯磨에 대해서 (1)희우바이喜優婆夷 (2)사나계舍那階 (3)유오어자油熬魚子 (4)가로迦露 (5)마하남摩訶南 (6)육군비구의 6가지 인연을 적고 있다. (1)그 중 희喜우바이란, 난타 비구가 희喜우바이에게 내일 아침 전식공양前食供養을 요구해두고 아침에 가지 않아서, 우바이의 노력을 소용없게 하여 화나게 하였으므로, 붓다는 난타 비구에게 속인발희갈마俗人發喜羯磨를 행해야 한다는 것을 제정하셨다고 한다. (2)다음으로 사나계舍那階란, 육군비구가 거사의 질제례質帝隷에 사나계舍那階라는, 왕고王庫에도 없는 귀중약을 요구했다. 거사가 구린제국拘隣提國 상취락象聚落에 사람을 보내어 구해왔는데 비구들이 냉소하며 수취하지 않아서 거사를 진노하게 한 사건이다. (3)유오어자油熬魚子란 육군비구가 질제례質帝隷 거사의 청식을 받았는데, 비구들이 식사가 끝나고 돌아오는 도중에 세속적인 논의로 얘기를 나누고 있었다. 거사가 오늘 식사에 대한 의견을 묻자, 식사는 좋았으나 단 한 종류가 빠진 것이 있는데, 그것은 유오어자였다고 책망했다. 이를 듣고 거사가 진노하여 까마귀와 닭의 비유를 하며 육군비구를 비난했다는 것이다. (4)가로迦露라는 것은, 한 걸식 비구가 거사가居士家에 걸식을 하러

32)『십송율』제31권, 대정23권, 224쪽 b-c.

갔는데, 거사가의 부인은 「존자 가로迦露조차 범행梵行을 수행할 수 없는데 하물며 그대가 능히 범행을 수행하는가」라고 비난했기 때문에, 그 비구는 걸식을 하지 못한 사건이 있었다. 그래서 「가로는 속인들 간에 불희不喜를 발하게 하지 않다.」라고 하여 가로迦露 비구에게 속인 발희갈마俗人發喜羯磨를 해야 한다고 했다는 것이다. 그러나 가로 비구가 어떠한 행위를 하였는가에 대해서는 기록되어 있지 않다. (5)마하남摩訶南이란, 마하남석종摩訶南釋種이 승가에 약을 보시하고자 했다. 난타, 우바난타가 마하남의 처소에 가서 「한 항아리의 소락과 한 항아리의 기름(꿀, 석밀, 뿌리약, 잎약, 꽃약, 열매약)이 필요하다.」라고 전하였던 사건이다. 마하남은 그것들을 구할 때까지 기다려달라고 하였으나, 난타, 우바난타는 "단월께서는 먼저 약을 준비해 놓지 않고 비구들을 청했습니까? 한 비구가 복용하는 약은 설산의 한 마리의 큰 용이나 코끼리가 먹는 것과 같습니다. 그대는 약을 베풀려는 것이 아니라 다만 명예만 구하려는 것입니까?"라고 하며 힐난했다. 그래서 마하남이 노력하여 이를 준비했더니, 난타와 우바난타는 냉소하며 받지 않고, 마하남석종을 화나게 했기 때문에 난타들에게 속인발희갈마俗人發喜羯磨를 주어야 한다고 하게 되었다. (6)마지막으로 육군비구란, 육군비구가 가시읍迦尸邑에 있었는데, 신행 · 구행 · 신구행에 위의가 없었고, 해롭고, 삿된 생활을 하여 세속 사람들을 기쁘지 않게 했기 때문에, 육군비구에게 속인발희갈마를 행해야 한다고 한 것이다.[33]

이상과 같이 『승기율』은 특이한 인연을 설하지만 (2)와 (3)은 아마 다른 율에서 하나의 인연으로 하는 것을 두 개로 나누어 전한 것이고,

33) 『마하승기율』제24권, 대정22권, 425쪽 a-426쪽 b.

제6은 『승기율』입장에서는 빈출, 발희發喜의 두 가지 갈마에 공통되는 비행인데, 『빠알리율』에서는 구출갈마를 주어야 할 악행에 상당하는 것이다.

(b) **하의갈마 대상**

하의갈마가 어떠한 악행 때문에 그 일을 받는가는 인연에 의해 분명하지만 『빠알리율』에서는 다음과 같은 자에게 「승가가 만약 원하면」 하의갈마를 주어도 좋다고 하고 있다.

> 「재가자들의 무소득을 도모하고, 재가자들의 불이익을 도모하고, 재가자들의 무주처를 도모하고, 재가자들을 매도하고 모욕하고, 재가자들을 재가자들과 이간시키는 것이다. 재가자들에게 부처님을 비방하고, 재가자들에게 가르침을 비방하고, 재가자들에게 승가를 비방하고, 재가자들을 사소한 것으로 매도하고, 재가자들을 사소한 것으로 모욕하는 것이다.」[34)]

이에 반하여 한역 율의 『사분율』, 『오분율』, 『마하승기율』은 인연과 하의갈마의 실행 방법을 논하지만, 그 대상 규정은 하고 있지 않다. 『십송율』에는 이 『빠알리율』의 규정에 상당하는 것으로서, 두 가지 3사事와 네 가지 5사를 설하는데, 그 중 이 갈마에 특별한 것으로서는

> 「①비구가 부처님을 비방하는 것이고, 법을 비방하는 것이고,

34) Cullavagga, Ⅰ, 20, 1 「갈마건도」 남전대장경 제4권, 26쪽-27쪽.

스님들을 비방하는 것이고, 파계하는 것이고, 위의를 깨뜨리는 것이다. ②속인에게 나쁜 말을 하는 것이고, 혹은 속인을 욕하는 것이고, 혹은 속인의 집안을 모욕하는 것이고, 혹은 속인의 집안을 서로 헤어지게 만드는 것이고, 혹은 손해를 입고 고뇌하게 하려는 속셈으로 방편을 써서 속인을 몰아내는 것이다. ③비구를 비방하는 것이고, 비구를 욕하는 것이고, 비구를 모욕하는 것이고, 비구가 얻는 이익과 공양을 방해치는 것이고, 손해를 입고 고뇌하게 하려는 속셈으로 방편을 써서 비구를 몰아내는 것이다. ④속인에게 속인과 다투도록 가르치는 것이고, 속인에게 비구와 다투도록 가르치는 것이고, 비구에게 비구와 다투도록 가르치는 것이고, 비구에게 속인과 다투도록 가르치는 것이고, 속인들이 기뻐하지 않는 일을 말하는 것이다.」

라는 네 가지 5사이다.[35]

『사분율』에서는 이 갈마를 속인의 집에 가지 못하도록 막는 갈마[遮不至白衣家羯磨]라는데, 백의가 즉 거사가가 「부모를 공경하지 않고, 사문, 바라문을 공경하지 않고, 가져야 할 것을 굳게 갖지 않는」 자이면, 선법善法비구와 같더라도 이 갈마를 해야 하는 것은 아니고, 백의가白衣家가 이것과 반대의 가문이었을 경우에 비구에게 갈마를 행한다고 하고 있다. 덧붙여 비구로서는

「나쁜 말로 속인을 꾸짖고, 방편으로 속인의 집에 손해를 주

35) 『십송율』제31권, 대정23권, 224쪽 c-225쪽 a.

고, 이익 없는 짓을 하고, 살 곳이 없게 하고, 속인과 싸우고, 속인들 앞에서 부처님과 법과 승가를 비방하고, 속인들 앞에서 하천한 욕을 하고, 법답게 속인들에게 허락했으나 실제가 없는 것[不實]이다.」

라고 10법이 있는 자에게는 이 갈마를 준다고 한다. 이 중 백의가 가 부모를 공경하지 않는 등의 경우는 비구를 갈마하지 않는다고 하는 것은 어떤 경우에도 공리적인 생각이지만, 이 일은 『사분율』에만 있고, 다른 율에 전혀 보이지 않는 부분이다.[36]

(c) **하의 갈마 회과법**

『빠알리율』에 따르면 하의갈마 교단내에 있어 행법은, 고절갈마를 받은 자와 마찬가지인데,[37] 이 갈마에는 다른 갈마와 달리 속인에게 회과하는 경우가 있다. 즉 예를 들어, 선법비구에 대한 백사갈마 하의갈마의 백白은

「이 비구 쑤담마는 신심있고 청정한 믿음을 지니고 자비롭고 유능하고 승가의 후원자인 장자 찟따를 사소한 것으로 꾸짖고, 사소한 것으로 모욕했습니다. 승가에 옳은 일이라면, 승가는 비구 쑤담마에 대해 '그대는 장자 찟따에게 용서를 구해야 한다.'라고 하겠습니다.」

36) 『사분율』제44권, 대정22권, 892쪽 c-893쪽 a.
37) Cullavagga, Ⅰ, 21, 1.「갈마건도」남전대장경 제4권, 27쪽-28쪽.

라고 되어 있고, 하의갈마는 승가에서 행법보다도 먼저 하의갈마를 받은 비구의 악행 때문에 진노한 거사에 대해 그 비구가 회과하고, 그 거사의 진노를 푸는 것을 행해야 한다. 즉 비구의 악행위로 승가로부터 멀어진 거사의 마음을 가라앉히고 다시 승가의 외호자를 달래야만 한다.

그래서 하의갈마를 받은 비구는 상대 거사에게 회과하는 것인데, 먼저 첫째로 그 비구가 진노한 거사의 집에 가서 직접 회과해야 하지만, 비구가 부끄러워하여 그것을 행할 수 없을 때는, 둘째로 승가는 그 비구에게 동반자를 붙여서 거사에게 가서 회과하게 한다. 동반자는 그 비구가 청한 비구를 승가가 백이갈마로, 예를 들어, 「비구모갑을 비구선법의 동반자로 붙여 거사 질다라에게 회과하게 하는 것을 허락한다.」라고 결정하는 것이다.

이처럼 하여 결정된 동반자가 선법과 함께 거사 질다라의 집에 가서 선법으로서, 「거사여. 회과를 받으시오. 우리는 아무쪼록 용서를 구한다.」라고 말하게 하는 것이다. 그리고 거사가 이 회과를 받으면 그것으로 되고, 만약 받지 않을 경우는 셋째로 동반비구가 거사에게 「거사여. 이 비구의 회과를 받아라. 그는 용서를 구한다.」라고 한다. 만약 거사가 그래도 받지 않으면 넷째로 동반비구는 그 비구를 거사의 견경見境 dassanūpacāra을 멀리하지 않고, 문경聞境 savanūpacāra을 벗어날 수 없는 곳견문 가능한 거리 내에서 옷을 편단으로 하여 꿇어앉아 합장하고, 그 죄를 스스로 설하게 한다.[38] 이처럼 하여 최악의 경우 넷째까지 행하여 회과하고 나서 고절갈마를 받은 자와 같은 행법을 행하고 여법하

38) Ibid., Ⅰ, 22, 1-3. 남전대장경 제4권, 28쪽-29쪽.

게 행하여 해갈마를 승가에 청하는 것이다.

『오분율』에서는 『빠알리율』의 첫째 비구 단독으로 사죄하는 것은 아니고, 하의갈마를 준 승가는 바로 백이갈마로 동반비구를 선발하여 먼저 동반비구와 함께 거사네 집에 가서 백의거사의 손을 잡고, "제가 전에 낮고 천한 말로 모욕을 했는데, 저는 이제 참회하니 저의 참회를 받아주십시오."라고 말하고, 만약 거사가 그것을 받지 않을 때는 두 번째로 동반비구는 그 비구를 거사의 눈으로는 보이나 귀로 들을 수 없는 곳[眼見不聞處]에 데리고 가서 그곳에서 거사에게가 아니라 동반비구에게 거사에게 추악어를 행하였던 것을 세 번 말하여 회과시키고, 동반비구가 거사의 처소에 가서 「승가에서 이미 그 비구를 처벌했고, 저도 조금 전에 다시 그를 처벌했으니, 그의 참회를 받아주십시오.」라고 말하고, 이어서 회과비구도 거사의 처소에 가서 백의에게 회과하는 것이라 한다.[39)]

『십송율』은 또 앞의 두 경우와 달리 하의갈마를 마치면 먼저 첫 번째로 뛰어난 비구 1명이(『십송율』에서는 이 뛰어난 비구를 선발하는 것은 기록하고 있지 않지만) 갈마를 받은 비구를 데리고, 거사네에 가서 "이 비구는 현전에서 그대를 악구가매惡口呵罵했다. 승가는 이미 다스렸다. 그대는 지금 이 비구의 참회를 들어라."라는 것이다. 만약 거사가 이를 받지 않으면, 두 번째로 이번에는 두 명의 뛰어난 비구가 동반하여 거사네 가서 같은 일을 되풀이한다. 그래도 거사가 받지 않는다면 거사로부터 눈으로는 보이나 귀로 들을 수 없는 곳에서 그 비구로 하여 동반 두 비구에게 참회를 행하게 한다. 아마도 『오분율』의 두 번째 경우와 같은 방식으

39) 『오분율』 제24권, 대정22권, 163쪽 c-164쪽 a.

로 행할 것이다. 그리고 그래도 거사가 받지 않았다면 세 번째로 혹은 셋, 혹은 네 명의 뛰어난 비구가 첫 번째와 같은 방법을 행하고, 만약 그래도 성공하지 않았다면 넷째로 두 번째와 같은 일을 되풀이한다. 그리고 응회應悔의 비구 및 승가가 할 수 있는 수단은 이것뿐이다. 그리고 만약 거사가 결국 받지 않고, 게다가 그 거사가 「많은 지식을 가지고, 큰 세력이 있으며, 관력, 재력이 있고, 스스로 능히 악사惡事를 행하고 중승衆僧을 혼란시키고, 혹은 사람들에게 혼란시키는 자」라면, 승가는 이 갈마를 받은 비구에게, 「그대는 이 주처를 떠나라.」라고 권고한다. 그렇지만 이 비구가 그 주처에 살아도 승가에는 죄가 없다고 했다. 이 의미는 매우 흥미롭다. 게다가 다양한 의미로 해석될 수 있는데, 아마 거사가 힘 있는 자이고, 승가는 모든 수단을 다해 비구를 데리고 회과시켰어도, 이를 수용하지 않는 경우 승가는 그 거사의 면목을 세워 비구에게 이곳을 떠날 것을 권고는 하지만, 만약 그 비구가 굳이 떠나지 않아도 거사에 대해 승가는 일단 손을 썼기 때문에 승가가 행할 수 있는 것은 이 이상 아무것도 없다는 의미라고 생각된다.[40]

『사분율』에서는 하의갈마를 받은 자를 위한 승가의 사비구使比丘를 백이갈마로 뽑는다고 하는데, 그 뽑힌 비구는 8법을 갖춘 자이어야 한다고 하고,

> 「첫째는 잘 듣고, 둘째는 잘 말하고, 셋째는 이미 자기가 이해했고, 넷째는 남의 뜻을 이해하고, 다섯째는 남의 말을 받아들이고, 여섯째는 잘 기억하고, 일곱째는 잊음이 없고, 여덟째는

40) 『십송율』 제31권, 대정23권, 225쪽 a-b.

좋고 나쁜 말의 이치를 아는 것.」

의 8법을 설하고, 다시 게송을 설하면서, 「여러 지혜로운 사람 앞에서 말이 잘못됨이 없고, 더하고 덜함도 없고, 말 속의 이치도 잃지 않으며, 그의 말을 파괴할 이도 없고, 남의 말에 쏠리지도 않으면, 이러한 비구는 능히 대표가 될 수 있네.」라고 하고 있고, 이 비구의 사명을 중대시하고, 따라서 자격에 대해서도 중대함을 인정하고 있다. 그리고 『사분율』의 거사에 대한 회법은 특별한 종류이다. 먼저 첫째로 승가가 백이갈마로 뽑은 사비구使比丘가 피갈마비구被羯磨比丘를 동반하여 거사 집에 가서 "거사여, 참회합니다. 승가가 이미 선법 비구에게 벌을 주었습니다."라고 알리고 회과를 한다. 이를 거사가 받으면 좋지만, 만약 거사가 이를 받지 않을 때는 둘째로 거사로부터 눈으로 보이고 귀로는 들리지 않는 곳에 가서 갈마를 받은 비구를 눈으로 보이고 귀로는 들리지 않게 세워 놓고 법답게 참회하게 한다. 거사가 그것을 보고 만족하면 좋지만, 만약 그것으로도 만족하지 않았다면 셋째로 "죄를 범한 비구가 몸소 가서 참회하라."라고 하므로 이는 『빠알리율』의 경우 첫 번째와 같고, 피갈마비구가 단독으로 스스로 거사가 있는 곳에 가서, 참회하는 것이다. 이 셋째가 마지막 절차인데 『사분율』은 아난다가 승가로부터 스승으로 뽑혀서 피갈마 선법비구를 데리고 질다라 거사 집에 가서 "참회합니다, 거사여. 승가는 이미 선법비구에게 벌을 주었습니다."라고 알렸다. 「질다라 거사도 선법 비구와 함께 참회했다.」라고 하므로 사비구使比丘가 피갈마비구被羯磨比丘와 함께 와서 참사懺謝한 경우에 그것을 받은 거사도 함께 서로 참회하는 것이 상례

로서 예상되어 있었음을 알 수 있다.[41]

(d) 하의갈마의 여법如法

하의갈마의 여법·불여법의 음미에 대해서는『빠알리율』에서는 고절갈마의 경우(Cullavagga, I, 2-3)와 비슷하게 여겨지고, 또한 해갈마도 고절갈마의 경우(Cullavagga, I, 8, 1)와 비슷하다고 생각된다. 한역의 경우는 앞에서 언급한 단월에 대한 회법悔法에 갈마의 여법·불여법의 상세한 음미는 거의 없다. 예를 들어,『사분율』의 경우도「3법이 있고, 5법이 있고, 차지백의가갈마遮至白衣家羯磨를 행하면 비법비비니非法非毘尼이므로 갈마는 성취되지 않다. 위와 같이.」라고 하고 있다. 위와 같다는 것은 고절갈마와 같다는 의미라 생각된다.

(3) 복발갈마覆鉢羯磨

하의갈마는 비구가 재가에 회과하는 것이지만, 이것과 반대로 재가인 즉 신자를 승가가 징벌하는 것이 복발覆鉢 pattaṃ-nikkujjita갈마이다. 이는

> 「(1)비구들에게 소득이 없기를 도모하고 (2)비구들에게 이익이 없기를 도모하고 (3)비구들에게 처소가 없기를 도모하고 (4)비구들을 욕하고 매도하고 (5)비구들과 비구들을 이간시키고 (6)

41)『사분율』제44권, 대정22권, 893쪽 a-c.

부처님을 헐뜯고 (7)가르침을 헐뜯고 (8)승가를 헐뜯는 것이다.」

여덟 가지를 갖춘 거사들의 재가인들에게 이를 부과하는 것인데,[42] 이는 위의 하의갈마 b에 기술한 하의갈마를 받아야 할 비구의 여덟 악행에 상대되는 것이다. 즉 앞에 말한 바와 같이, 비구가 재가인에게 이 「소득이 없기를 도모한다.」는 등의 8사事를 행하면, 그 비구는 하의갈마를 받고, 재가인이 비구에 대해 이들 8사를 행하면 승가로부터 복발갈마를 받게 된다.

이 복발갈마의 인연은 이차자離車子 밧다Vaddha가 답바 비구를 계략에 빠지게 하고자, 답바 비구는 나의 처를 범했다고 호소했다. 그 의도가 비구를 불리하게 계략에 빠뜨리고자 한 것이 밝혀지게 되고, 이에 복발갈마를 부과하게 되었다고 여겨진다. 그리고 이 복발갈마는 비구에 대해 행하는 갈마와는 달리, 본인의 현전을 구하지 않고 승가만으로 백사갈마로 결정하는 것이다. 갈마가 결정되면 승가의 사使가, 예를 들어, 밧다네 집에 가서 「벗, 밧다여. 승가는 그대에게 복발을 행하고, 그대와 승가는 서로 왕래하지 않는다.」라고 승가의 결의를 전한다.

한역 여러 율 중에서 『빠알리율』에 가까운 것은 『사분율』과 『오분율』인데 『오분율』은 인연을 극히 간단하게 자慈비구로부터 「타파陀婆비구는 그대의 부인과 통했다.」라고 알게 된 로이盧夷 장자가 타파 비구를 책망하기 어려웠기 때문에 승가는 장자를 복발갈마로 행했다고 할 뿐이다. 그리고 복발갈마를 행한 재가에게는 일체 사중四衆(비구, 비구니, 사미, 사미니)는 왕래하거나 이야기하지 않는다고 하고 있다. 또 복발갈마

42) Cullavagga, V, 20, 3 -6. 「소사건도」 남전대장경 제4권, 191쪽-193쪽.

를 주어야 하는 자는, 만약 우바새로서,

「비구들 앞에서 3보를 헐뜯거나, 계를 헐뜯거나, 비구들을 이롭게 하지 않거나, 비구들에 대한 나쁜 소문을 퍼뜨리거나, 비구의 거처를 빼앗으려 하거나, 비구니를 범하는」 자로 하고, 다시 「우바새는 사소한 일로 비구를 공경하지도 믿지도 않아서는 안 된다. 만일 비구에게 여덟 가지 일이 있으면 공경하지도 믿지도 않아야 한다. 3보와 계를 헐뜯거나, 우바새를 이롭지 않게 하려거나, 우바새에 대한 나쁜 소문을 퍼뜨리거나, 우바새의 거처를 빼앗으려 하거나, 그릇된 법을 바른 것이라고 하여 우바새를 속이는 것이다. 만일 우바새가 비구에게 성을 내면 비구는 그의 집에 가지 말아야 하고, 온 마을이 비구들에게 성을 내면 비구들은 그 마을에는 가지 말아야 한다.」

라고 한다. 그러나 복발갈마를 주는 방법도 해갈마에 대해서도 『빠알리율』과 다른 부분이 없다.[43]

『사분율』에서는 자慈비구의 속이는 말詐言에 의해 대리사大離奢우바새가 「답파마라자 비구는 나의 부인을 침범했다.」라고 근거 없는 비방을 행하였는데, 그 사정을 상세하게 적고 있다. 그러나 인연사의 내용으로서는 『빠알리율』과 다른 부분이 없다. 이 율에서는 차지백의가갈마遮至白衣家羯磨 부분에서는 비구가 부모, 사문, 바라문을 공경하지 않고, 지켜야 할 것(오계)을 지키지 않는 우바새를 진노하게 했을 때는 그

43) 『오분율』제26권, 대정22권, 174쪽 c-175쪽 a.

비구를 갈마하지 않아도 된다고 하지만, 이번은 그 반대로 「아버지에게 효순하지 않고, 어머니에게 효순하지 않고, 사문을 공경하지 않고, 바라문을 공경하지 않고, 비구에게 공사供事하지 않는」 우바새에게 복발갈마를 해도 좋고, 그 반대로 부모, 사문, 바라문을 공경하고, 비구를 공양하는 우바새에게는 이 갈마를 행하여서는 안 된다고 한다. 또 승가가 복발갈마를 행하였을 경우를 우바새에게 알리는 사자使者도 차지백의가갈마遮至白衣家羯磨 때, 피갈마被羯磨비구를 데리고 백의가에 가는 사자使者와 마찬가지로 「들을 줄 알고, 할 줄 알고, 스스로가 이해하고, 남을 이해시킬 수 있고, 받아들일 수 있고, 기억할 수 있고, 잊지 않고, 좋고 나쁜 뜻을 분별하는」 자로 하고 있고, 이에 「수많은 대중 앞에서도 마음에 겁냄이 없고, 말할 때 불리지 않고, 들은 것을 줄이지도 않으며, 말하는 것이 조리가 있고, 물을 때 왔다갔다 않으면, 이러한 비구는 대중의 심부름을 할 수 있네.」라는 게송도 갖추고 있고, 이 복발갈마가 차지백의갈마遮至白衣羯磨와 완전히 표리상응하여 전자는 백의의 비구에 대한 비언비행非言非行을, 후자는 비구의 백의에 대한 비언비행을 벌하는 것임을 나타내고 있다.[44] 그리고 이 일은 다른 율에서도 사정은 마찬가지로 하고 있다.

『십송율』에서는 『빠알리』의 자비구를 가류라제사加留羅提舍라 하고, 장자를 대명리창大名利昌이라 한다. 이 장자로부터 무근의 비방을 받은 것은 타표력사자陀驃力士子 비구라는데, 인연의 사정은 앞에서 언급한 각 율과 비슷하다. 이 율에서는 대명리창大名利昌에 복발갈마를 주고, 비구, 비구니, 식차마나, 사미, 사미니의 5중 『오분율』은 4衆이라 했다은 그

44) 『사분율』 제53권, 대정22권, 958쪽 c-960쪽 a.

에게 가서 「스스로 식을 받을 수 없다.」라고 하고 있다. 복발覆鉢은 발우를 아래로 향하게 한다는 의미로, 식시食施를 받지 않는 것인데, 이 경우를 다른 율에서는 복발갈마를 행한 적이 있는 집에 비구들은 왕래해서는 안 된다고 하는 것이었으나, 본 율은 명료하게 「음식을 받지 않는다」는 것이 복발갈마의 실체임을 분명히 하는 것이다. 그리고 다른 율에서는 피갈마의 백의白衣 참회에 의해 복발갈마를 푼다고 하지만, 이 율에서는 대명大名이 이 갈마를 받고 마음 아파할 때, 대명의 부인의 권유에 의해 대명은 승가에 가서 참회하고 앙발법仰鉢法을 청했다고 하고 있다. 앙발법은 다른 계율의 복발갈마의 해갈마과 같은 것인데, 백사갈마로 이를 준다고 한다. 앙발은 물론 복발의 반대 의미로 비구가 식시食施를 받는 것인데, 이 앙발법이라는 이름은 다른 곳에 없고 특히 본 율에만 있다.[45]

또 이상의 『빠알리』·『사분』·『오분』·『십송』의 네 율은 모두 복발갈마를 피갈마의 백의에 통달하였을 때 최초의 사람으로서 아난다의 이름을 나타내고 있다. 특별한 의미는 없지만, 다음 『마하승기율』의 인연사가 전혀 다른 경우를 기술하고 있는 것과 함께 주목되는 것이다.

『마하승기율』의 인연은 위의 상좌부계의 각 율과는 전혀 다르다. 즉 법예法預 우바새라는 자가 있었는데, 비구를 차례로 식사에 청하고, 비구에게 어려운 문제를 내어 그 뜻을 해설한 자에게는 여러 가지 음식을 손수 주고, 대답을 못하는 자에게는 하인으로 하여 거친 음식麤食을 주게 했기 때문에, 비구들은 경원敬遠하여 상좌 비구는 가야 하는데 모두 가지 않고 「아랫사람이 가시오.」[下過하라](연소비구에게 양보하는 것?)라

45) 『십송율』제37권, 대정23권, 270쪽 c-271쪽 c.

고 하고, 연소비구는 갈 수 없는 사태가 발생했다. 그리고 「법예 우바새가 여러 비구들을 가볍게 여기고 오만하니, 마땅히 복발갈마를 행해야 한다.」라고 하고, 이 갈마가 제정되었다고 한다. 그리고 우바새가,

「(1)직접 앞에서 비구를 비방하거나 (2)직접 앞에서 비구를 꾸짖어서 말하기를 "그대는 악한 행동을 한다"라고 말하거나 (3)현전에서 비구에게 성내서 가볍게 여기고 매도하거나 (4)비구가 이득을 도모한다고 단정하거나 (5)비구와 더불어 일하기를 좋아하지 아니하거나 (6)부처님을 비난하거나 (7)부처님의 법을 비난하거나 (8)부처님의 제자를 비난하는 것.」

이 8사 중 어느 하나를 행하면 복발갈마를 준다고 한다. 그리고 이 율에서는 피被우바새에게 승가에서 사使를 보내서 갈마를 통달하지 않고, 피우바새가 비구의 처소에 가서 자신이 복발갈마를 받은 것을 고하게 되고, 또 쓸데없는 어려운 질문을 비구에게 하는 어리석음도 아는 것이다. 그리고 이 율에서는 피갈마인 우바새가 목욕하고, 정의淨衣를 입고, 권속을 데리고 승가에 가서, 사복발갈마捨覆鉢羯磨를 세 번 말하며 요청하고, 승가는 백사갈마에 의해 이를 준다고 한다.[46]

46) 『마하승기율』 제31권, 대정22권, 483쪽 c-484쪽 b.

3. 세 가지 거죄갈마와 현시顯示 · 범단법梵壇法

세 가지 거죄갈마라는 것은 불견죄거죄갈마不見罪擧罪羯磨 āpattiyā adassane ukkhepaniyakamma와 불참죄거죄갈마不懺罪擧罪羯磨 āpattiyā appaṭikamme ukkhepaniyakamma와 불사악견거죄갈마不捨惡見擧罪羯磨 pāpikāya diṭṭhiyā appaṭinissagge ukkhepaniyakamma 셋을 말하는 것이다. 어느 것이든 모두 비구가 죄를 범하고, 혹은 악견을 말하고, 그것을 타인으로부터 복죄服罪 · 참죄懺罪 · 사견捨見을 권고 받고도 응하지 않는 경우에 이를 부과하여 그 비구에게 승가와 불공주하게 하는 갈마이다. 앞에 기술한 승잔죄에 의한 별주는 범죄비구가 출죄를 위해 스스로 청하여 행하는 별주이지만, 지금의 경우는 승가의 결의에 의해 승가쪽에서 강제적으로 그 비구를 불공주, 즉 별주하게 하는 것으로 그 행법도 뒤에 보듯이 별주마나타의 행법과 거의 비슷한 것으로 되어 있다.

(1) 불견죄거죄갈마不見罪擧罪羯磨의 인연

먼저 불견죄거죄갈마인데 이는 『빠알리율』에 따르면 구수 찬나

Channa가 죄를 범하고도 죄를 보지 않았기 때문이라는데,[47] 이는 경분별부의 승잔법 제12「악성거승위간계惡性拒僧違諫戒」의 인연을 예상하여 이야기되고 있다. 이에 따르면 찬나는 불선행不善行 anācāra을 행하고, 비구들로부터 그것이 비행非行임을 충고 받았으나, 자신이 석가족 출신임을 과시하면서 충고를 한 비구들이 석가족 이외 출신임을 경멸하고, 이처럼 경멸해야 할 자들이 우리 석가족 출신의 대성大聖이 계신 곳에 모인 것은, 마치 태풍이나 강물에 의해 모인 낙엽, 목편木片과 같은 것이라 경멸하고, 그러한 자가 석종출신인 자에게 충고 따위를 할 자격이 없다고 했다. 이처럼 하여 찬나 비구는 자기의 죄를 보지 않고, 비구들의 충고를 거부했기 때문에, 이 인연에 의해 이런 경우에 제 비구들로부터 세 번까지 충고 당해도 이에 응하지 않았다면 승잔죄가 된다고 하고 있다.[48] 이는 승잔죄 제12 인연인데, 지금 불견죄거죄갈마도 이 찬나의 충고를 거부한 사건을 예상하여「찬나는 죄를 범하고도 죄를 보지 않고자 했다.」라고 하고 있다. 그리고 붓다는 이처럼「죄를 보지 않는다」는 것은「미신자未信者에게 믿음을 일으키게 하고, 이신자已信者에게는 신심을 증장시키는 행위가 아니다. 어리석은 이여, 이는 진실로 미신자에게 불신不信을 일으키게 하고, 또 이신자已信者의 어떤 자를 다른 쪽으로 전향시키는 것이다.」라고 하고, 찬나에게 이 갈마를 부과해야 한다고 했다. 그리고 이「이는 미신자로 하여 운운」은 경분별부의 바라이죄 이하 각 계학처의 결계 인연으로, 반드시 학처 제정의 목적의의로서 기술되고 있는 것이지만, 건도부에서는 이 불견죄 등

47) Cullavagga, I, 25. 1.「갈마건도」 남전대장경 제4권, 30쪽-31쪽.
48) Vinayapiṭaka, Vol, III, p, 177. Suttavibhaṅga, Saṅghādisesa, 12, 1. 남전대장경 제1권, 298쪽.

세 가지 거죄갈마의 인연에만 이것이 있다. 이는 경분별부의 인연을 그대로 사용했기 때문에, 이 말도 도입된 것인가 생각되지만, 그러나 이는 이 갈마가 결국은 승잔죄 제12나 바일제 제68 등과 밀접한 관계가 있음을 말하는 것이다.

(2) 불참죄거죄갈마의 인연

앞에서 언급한 불견죄거갈마의 인연은 그대로 불참죄거죄갈마의 인연으로 되어 있고, 후자에 특별한 인연은 설정되어 있지 않다. 셋째의 불사악견거죄갈마의 인연은, 이는 경분별의 바일제 제68「악견위간계」의 인연과 같은 내용, 같은 문장으로 사용되고 있다.[49]

불견죄不見罪 āpattiyā adassane와 불참죄不懺罪 āpattiyā appṭikamme의 두 종류 갈마는 인연도 같고 복죄 방법도 같아서 전혀 구별이 없다.『빠알리율』의 원전도 불참죄에 대해서는 불견죄와 같다고 하고, 설명문을 생략하고 있다. 그리고 생각할 수 있는 것은 불견죄라는 경우는, 승잔죄가 될 듯한, 불응회죄不應悔罪인 행동을 하면서도 이를 보지 않는 자를 말하는 것이고, 불참죄不懺罪라는 것은 응회죄應悔罪를 참회하지 않는 것을 말하는 것으로 생각된다. 바라이와 승잔의 2대二大 중죄重罪가 불응회죄不應悔罪이고, 참회만 하는 것이고 출죄할 수 없는 죄이다. 이 중에서 바

49) Cullavagga, I, 3, 32, 1-3 and Vinayapiṭaka, Vol. II, p. 134. Suttavibhaṅga, II, pācittiyā, 68, 1. 남전대장경 제4권, 36쪽-38쪽, 상동 제2권, 211쪽-213쪽.

라이죄는 승가를 나와서 비구의 자격을 잃는 것이고, 승잔죄는 죄를 인정한다면 원칙적으로 별주마나타를 복服하고 출죄하는 것이다. 따라서 이는 참회를 구하기 보다는 범죄자에게 죄를 인정하게 하여 여법하게 퇴단退團 또는 복죄服罪를 구하는 성질이다. 응회죄應悔罪 desanāgāminī-āpatti는 바라이와 승잔 이외의 범죄로, 이는 참회만 하면 그것만으로 출죄하는 것으로, 이는 승가로서는 범죄자에게 참회를 요구하는 것이다. 승가로서는 불견죄不見罪나 불참죄不懺罪라는 것이 있어서는, 예를 들어, 포살행사든 수구행사든 완전하게 하기가 어렵다. 그러한 불청정不淸淨한 비구가 있어서는 현전승가가 성립하지 않기 때문이다. 따라서 분명하게 죄가 있고, 죄에 복服하지 않는 자를 승가와 불공주하게 해야 하고, 그 필요로부터 이 거죄갈마가 성립한 것이다.

(3) 불사악견거죄갈마의 인연

불사악견不捨惡見의 거죄갈마는, 이는 분명히 바일제 제68「악견위간계惡見違諫戒」와 인연도 같은 문장, 같은 내용이어서 분명히 이에 근거하는 것이다. 이 계에서는 아리둔阿利吒 비구가,

> 「내가 세존이 설시하시는 법을 이해치는 것과 같다면, 세존께서 장애의 법antarāyikā dhammā이라고 설하여진 것은 장애의 법이 아니다.」

라고 한 것을 원인으로 하여 제정되었다고 한다. 즉 이런 악견을 말하는 자가 있을 경우, 세 번 간고해도 이를 버리지 않으면 바일제이다. 그리고 이 불사악견 갈마에서는 세 번 간언한다는 제한은 없고, 다만 이처럼 악견을 일으킨 자pāpakaṃ diṭṭhigataṃ uppannam가 그 시각을 버리고자 하지 않을 때, 이 갈마를 부과하는 것이다. 또한 바일제는 경죄輕罪이고, 여러 사람들[衆人] 즉 3인 이하의 비구 중에서 범죄를 참회하면 출죄하지만, 그것을 행하지 않는 자에게 이 갈마를 부과하는 것이다.

그리고 이 악견은 「붓다가 장애법이라 하신 것은, 그것을 행해도 장애가 되지 않는다.」라는 것이다. 율장에 나오는 장애법antarāyika dhamma으로서는 『마하박가』 포살건도에 「고망어는 세존이 장애의 법이라 설하셨다sampajānamusāvādo…antarāgiko dhammo vutto bhagavatā」라 하고,[50] 그리고 그 고망어가 무슨 장애가 되는가에 대해서는 「초정려증득初靜慮證得의 장애pathammassa jhānassa adhigamāya antarāyiko이고, 제2 정려 … 내지 제4 정려증득靜慮證得의 장애이다. 정려靜慮 · 해탈 · 삼매 · 삼발저三鉢底 · 출出 · 출리出離 · 리離 · 선법善法의 장애이다.」라고 한다.[51] 이처럼 장애법障礙法 antarāyika dhamma은 율장에서는 고망어라는데 이것이 본래 의미이라고 생각할 수 있지만 바일제 제68 경분별에서도 지금의 불사악견不捨惡見 인연 중의 설명에서도 이 장애법을 제욕諸欲 kāmā이라 생각하는 것 같다. 장애법에 대해서는 『법구경』Dhammapada 제186게를 인용하여 「참으로 금화의 비가 내려도 감각적 쾌락의 욕망에 만족은 없다. 욕망에는 쾌락은 적고 고통뿐이라. 현명한 님은 이와 같이 안다.」라고 하고 있다. 이에 의해 보

50) Mahāvagga, II, 3, 3. 「포살건도」, 남전대장경 제3권, 183쪽.
51) Ibid., II, 3, 7. 상동, 184쪽-185쪽.

면 이 불사악견 및 바일제에서는 장애법은 행음行婬의 욕행欲行으로 여겨지고 있다.52) 그리고 한역 여러 율 계본의「악견거간계惡見拒諫戒」를 보면 악견에 대해서,

『오분율』 = 我如是知佛法義行婬欲不能障道.

『마하승기율』 = 世尊說障道法習此法不能障道.

『사분율』 = 行婬欲法非障道法.

『십송율』 = 我如是知佛法義行障道法不能障道.

라고 하고53)『오분율』과『사분율』은 계본에 모두 장도障道를 행음법行婬法이라 규정하고 있는데,『마하승기율』과『십송율』은 반드시 음욕이라 이해하기 어려운 표현을 하고 있다. 그리고 이 한역도 고려에 넣어서 장애법을 고망어라고 이해치는 것과 음욕행이라 하는 것 두 가지 생각이 있게 된다. 이 두 가지 중에 어느 것이 바른가는 불분명하지만, 아마도 장도법을 고망어라는 설은 오래되고, 음욕법이라 하는 것은 새로운 것으로 생각된다.

특히 장도법을 고망어라 해석하고, 초선 내지 해탈 등이라 하는『빠알리율』의 포살건도 기사는 율장에 선재先在한 바라제목차의 첫 문장이 그곳에 해석되어 있다고 이야기할 수 있는 것으로,54) 그 점으로라도 장도법의 원의原意는 고망어故妄語이고, 뒤에 그것이 음욕법으로 변

52) Vinayapiṭaka, Ibid., IV,ol. IV, p. 135; Cullavagga, I, 32, 2. 남전대장경 제2권, 213쪽, 제4권, 36쪽-37쪽.

53)『미사새오분계본』대정22권, 203쪽 c,『마하승기율대비구계본』, 대정22권, 553쪽 a,『사분율비구계본』, 대정22권, 1019쪽 c,『십송비구계본』, 대정23권, 475쪽 b.

54) Vinayapiṭaka, Part, IIISacred Books of the East. Vol. XIIIIntroduction pp. XVII-XXII.

해 해석된 것으로 생각된다. 즉 승가에서는 처음 고망어가 중시되었지만, 이윽고 음욕법을 중시하며 단속되게 되었다고 보인다.

『마하승기율』의 바일제 제45「악견거간계」에서는 아리둔 비구의 인연사를 기술하는데, 장도법에 대해서는 안 · 이 · 비 · 설 · 신에 의한 오욕법五欲法이라 하고, 장도障道라는 것은 초선 내지 아라한과를 얻는 것을 가로막는 것이라 하며 오욕이라 설하는데, 반드시 행음에 한한 것이 아니라 오근五根의 생욕자生欲者가 초선 등으로의 안온을 방해하는 것이라 하고 있다.[55] 그리고『마하승기율』의 인연에 따르면 불견죄와 범죄불긍여법작불참죄犯罪不肯如法作不懺罪의 두 가지 거죄갈마는 모두 천타 비구를 인연으로 하여 기술하고 있다. 오중죄五衆罪 즉 바라제목차 학처의 바라이죄 이하의 범죄를 하고 죄를 보지 않고, 또 여법하게 복죄응회服罪應悔를 하지 않는 자에게 부과한다고 한다.[56]

그리고 불사악견에 상당하는 방계경불사거갈마謗契經不捨拒羯磨는 인연이 된 아리둔 비구의「장도법을 행해도 장도가 되지 않다.」라는 것은, 장도의 내용을 이야기하지 않고 계경契經을 비방하는 죄라 하고, 계경이 설하는 것을 비난 비방하는 자에게 부과하게 되어 있다. 또 다음에 보는 바와 같이, 본 율은 이 외에 불사사견과 불사변견不捨邊見의 두 가지 거죄갈마를 설정하고 있다.

거죄갈마에 대해서는 한역 여러 율의 출입을 보면, 먼저『오분율』은 다섯 가지 갈마로서 가책갈마, 구출갈마, 의지갈마, 거죄갈마. 하의갈마가 있음을 기술하고 거죄갈마의 이름은 거론하지만, 그것에 관

55)『마하승기율』제17권, 대정22권, 367쪽 b-c.
56) 상동, 제24권, 대정22권, 426쪽 b-427쪽 a.

해서는 겨우,

「세 가지 사람은 마땅히 갈마를 해제해서는 안 된다. 만약 해재했어도 해제 될 수 없다고 한다. 무엇을 셋이라 하는가? 혹은 비구가 죄를 범하고도 견죄見罪하지 않고, 혹은 비구가 마땅히 회과해야 하는 데도 회과를 하지 않고, 혹은 비구가 마땅히 악사견惡邪見을 버려야 하는데도 악사견을 버리는 것을 응하지 않는 것을 셋이라 한다. 만약 아직 (거죄갈마를) 행하지 않았을 때는 마땅히 행해야 한다. 만약 이미 갈마를 행하였을 때는 이를 선작갈마善作羯磨라 한다.」

라는 것이[57] 이에 상당한다고 보일 뿐이고, 특히 불견죄 등 세 가지에 대해서 각각 인연과 그 밖의 것을 분별하는 것이 없다.

『사분율』은 『빠알리율』과 마찬가지로 천타Channa의 인연으로 불견죄와 불참회죄의 거죄갈마를 설하고, 아리둔Ariṭṭha 비구가 「음욕을 범해도 장도법이 아니다.」라고 하고, 악견을 버리지 않았으므로 악견불사거죄갈마를 제정하게 되었다고 한다.[58]

『십송율』도 마찬가지로 차익車匿 Channa 비구의 인연에 의하여 불견빈不見擯(不見罪擧)갈마와 부작빈不作擯(不懺罪擧)갈마를 설하고, 아리둔 비구의 「붓다가 장법행障法行이라 설하신 바인 이 장법은 장도障道하는 것이라 할 수 없다.」라는 악견을 버리지 않는 것을 인연으로 하여, 악사불

57) 『오분율』 제24권, 대정22권, 162쪽 c-163쪽 a.
58) 『사분율』 제45권, 대정22권, 894쪽 a-896쪽 b.

제빈惡邪不除擯(不捨惡見擧)갈마를 제정하게 되었다고 한다.[59]

『마하승기율』은 천타 비구의 인연으로 불견죄거죄갈마不見罪擧罪羯磨와 범죄불긍작여법작거犯罪不肯作如法作擧(不懺罪擧)갈마羯磨를 설하는 것은 위에서 본 여러 율과 비슷하다. 그리고 (1)아리타Ariṭṭha 비구의 「장도법은 장도가 되지 않다.」라는 악견에 대해서 방계경불사거갈마謗契經不捨擧羯磨(不捨惡見擧罪羯磨)를 제정하는 것도 다른 율과 같다. 이 외에 (2)시리야파尸利耶婆 비구가 「살생하는데 스스로 죽이는 것도, 다른 사람에게 죽이게 하는 것도 내지 악을 행해도 재앙이 없고, 선을 행해도 복이 없고, 금세 · 후세 · 선악과보도 없다.」라는 인과발무因果撥無의 악사견惡邪見을 행하였으므로, 불사악사견거갈마不捨惡邪見擧羯磨를 제정하고, 다시 (3)마루가자摩樓伽子 비구가 「세상은 유변有邊이다. 세상은 무변無邊이다.」라는 변견邊見을 행하고, 비구들로부터 삼간三諫을 받아도 이를 버리지 않았기 때문에, 이에 의해 불사변견거죄不捨邊見擧罪갈마를 제정하게 되었다는 것이다.

이상과 같이 거죄갈마는 불견죄와 불참죄와 불사악견의 세 가지 거죄갈마임은 『빠알리』 · 『사분』 · 『오분』 · 『십송』 · 『마하승기율』의 각 율이 모두 같다고 할 수 있는데, 『오분율』에는 적극적인 설명은 없고, 『마하승기율』은 그 반대로 적극적이고, 불사악견不捨惡見에 상당하는 방계경불사거謗契經不捨擧갈마 외에 불사악사견不捨惡邪見과 불사변견不捨邊見도 별도로 첨가하고 있다.

59) 『십송율』 제31권, 대정22권, 225쪽 b-228쪽 b.

(4) 거죄갈마의 대상

거죄갈마에서 불견죄는 승잔법 제12(『오분율』, 『십송율』은 제13)에, 불사악견은 『빠알리율』의 바일제 제68[60]에 있는 것과 동일한 죄이다. 이 두 학처에서는 3간三諫해도 그것을 버리지 않을 경우는 범죄가 되지만, 이 갈마는 『마하승기율』을 제외하고는 3간불사三諫不捨라고는 하지 않는다.

이는 3간하여 승잔죄, 또는 바일제에 떨어져도 복죄服罪하지 않는 자, 혹은 3간에 이르지 않지만 버리지 않는 자의 처분이라 생각된다. 그리고 바일제 제69(『오분율』제49, 『십송율』제56, 『승기율』제46)의 수거계隨擧戒는 불견죄 등 거죄갈마를 받은 피거인과 공주하면 바일제가 된다고 하고, 이는 거죄갈마를 측면에서 보강하는 것이다. 불견죄不見罪와 불참죄不懺罪의 두 갈마는 인연도 갈마도 동일하므로, 양자의 적용 대상이 분명하지 않다.

그래서 불견죄와 불참죄의 명칭에 차이가 난다는 것밖에 생각할 수 없다. 앞에도 언급하였지만, 불견죄는 승가로서는 그 비구에게, 예를 들어, 천타 비구에게 승잔죄가 있는 것은 분명하지만, 그것을 인정하지 않기 때문에 인정하게 하기 위한 갈마이다.

만약 그것을 인정하면 해갈마가 되는데, 갈마는 해제하면 즉시 본인은 본죄本罪에 복服해야 한다. 이에 대해 불참죄의 갈마는 바일제와 같이 참회출죄가 가능한 죄를 참회하지 않는 것으로 이는 참회함에 따라서 해갈마가 되는 것이다. 그러나 거죄갈마는 불응회죄不應悔罪에 적용되지 않는다고 하고, 다시 불견죄의 갈마도 해갈마가 되어 본죄에

60) 『사분율』제18, 『오분율』제58, 『십송율』제 55, 『승기율』제45.

복하도록은 기록되어 있지 않고, 반드시 지금 서술한 것처럼 되어 있지 않다. 그러나 이에 관해서는 다음에 논하기로 하겠다.

(5) 거죄갈마의 행법

예를 들어, 『빠알리』의 불견죄갈마는 이 갈마의 성립에 의해 승잔법 제12는 소용없게 된 것은 아닌가 생각된다. 그것은 승잔의 마나타나 출죄는 20명 비구가 필요하고, 쉽게 20승을 얻기 어려운 곳에서는 아직 승잔을 구성하기 전에 이 갈마를 부과하고, 견죄했을 때는 해갈마하여 무죄가 되게 할 수 있기 때문이다. 그러나 그러한 경우를 상기시키는 사실은 존재하지 않지만, 단 이 거죄갈마행법은 승잔의 별주를 받은 자의 행법과 비슷하다. 즉 『빠알리율』은 거죄갈마 행법으로서 43사를 들고 있다.

> 「(1)다른 이에게 구족계를 주어서는 안 된다. (2)다른 이에게 의지를 주어서는 안 된다. (3)사미를 두어서는 안 된다. (4)비구니의 교계에 선정을 받아서는 안 된다. (5)선정되더라도 비구니를 교계 해서는 안 된다. (6)승가로부터 죄를 인지하지 못하는 것에 대한 거죄갈마를 받은 그 죄를 지어서는 안 된다. (7)다른 그와 유사한 죄를 지어서도 안 된다. (8)그보다 나쁜 죄를 지어서도 안 된다. (9)갈마를 매도해서는 안 된다. (10)갈마를 주는 자

를 매도해서는 안 된다. ⑾청정비구로부터 인사를 받아서는 안 된다. ⑿일어나 맞이함을 받아서는 안 된다. ⒀합장을 받아서는 안 된다. ⒁공경을 받아서는 안 된다. ⒂좌구를 대접받아서는 안 된다. ⒃와구를 대접받아서는 안 된다. ⒄세족수를 대접받아서는 안 된다. ⒅족대와 발수건을 대접받아서는 안 된다. ⒆발우와 가사의 영접을 받아서는 안 된다. ⒇목욕시에 맛사지를 받아서는 안 된다. (21)청정비구를 계행이 어긋났다고 비방해서는 안 된다. (22)덕행이 어긋났다고 비방해서는 안 된다. (23)견해가 어긋났다고 비방해서는 안 된다. (24)생활이 어긋났다고 비방해서는 안 된다. (25)비구를 비구와 이간시켜서는 안 된다. (26)재가자의 상징을 착용해서는 안 된다. (27)이교도의 상징을 착용해서는 안 된다. (28)이교도를 섬겨서는 안 된다. (29)비구를 섬겨야 한다. (30)비구의 학처를 배워야 한다. (31)청정비구와 함께 동일한 처소가 아닌 곳에 지내서는 안 된다. (32)동일한 지붕아래 처소가 아닌 곳에 지내서는 안 된다. (33)동일한 지붕아래 처소 혹은 처소가 아닌 곳에 지내서는 안 된다. (34)청정비구를 보면 자리에서 일어나야 한다. (35)청정비구를 안팎으로 비방해서는 안 된다. (36)청정비구의 포살을 차단시켜서는 안 된다. (37)자자를 차단시켜서는 안 된다. (38)명령을 내려서는 안 된다. (39)권위를 세워서는 안 된다. (40)허락을 구해서는 안 된다. (41)질책해서는 안 된다. (42)기억을 확인해서는 안 된다. (43)비구들과 다투어서는 안 된다.」[61]

61) Cullavagga, Ⅰ, 27, 1.「갈마건도」, 남전대장경 제4권, 32쪽-33쪽.

이들 사항이 나타내는 것은 비구의 공권을 정지한 별주의 죄라고 할 수 있다. 『사분율』은, 행법으로서는 이 43사의 (1), (2), (3), (4), (5)를 5사 행법이라 하는데, 그것은 가책, 의지, 하의下意의 각 갈마에 공통되는 행법을 드는 데 지나지 않는다.[62] 『십송율』은 『빠알리율』에 가장 가깝고, 『빠알리율』의 (1)~(3) 및 (7)~(31)의 25항목과 「비구를 비난하지 않았고, 비구에게 나쁜 말을 하지 않았고, 비구를 헐뜯지 않았고, 승가로 하여금 그 주처를 잃거나 그 공양이 끊어지게 하는 방편을 쓰지 않았고, 그 경계의 안이나 그 경계의 바깥에 머무르는 비구를 굴복시키려 하지 않았고, 송사를 일으켜 서로 고발하는 것을 좋아하지도 않았고, 마음속 깊이 참회하고 절복하여 공경하고 유순해졌다.」라는 이 8항목을 더한 것이 언급되어 있다. 그러나 『십송율』은 거죄갈마를 행할 때는, 갈마 할 비구는, 마음으로 빈갈마 당하는 비구와는 「함께 포살, 자자를 할 수 없고, 함께 제 갈마를 행할 수 없고, 함께 중식中食을 할 수 없고, 함께 항발나怛鉢那(piṇḍapāta 걸식)를 할 수 없다.」라고 생각해야 하므로 피갈마인被羯磨人은 이것들을 할 수 없음을 알 수 있다.[63]

(6) 거죄갈마의 여법 · 불여법

『빠알리율』에 따르면 이 거죄갈마에 있어서도 고절갈마에서와 마

62) 『사분율』제45권, 대정22권, 894쪽 c.
63) 『십송율』제31권, 대정23권, 225쪽 b, 225쪽 c-226쪽 a.

찬가지로 (1)현전에 입각하지 않고 행하고 (2)질문에 근거하지 않고 행하고 (3)자인에 입각하지 않고 행하고 (4)죄가 없는데 행하고 (5)죄가 참회로 이끌어지지 않는데 행하고 (6)죄가 이미 참회되었는데 행하고 (7)질책하지 않고 행하고 (8)기억을 확인하지 않고 행하고 (9)죄를 거론하지 않고 행하면 불여법不如法으로 갈마가 성립하지 않는다고 한다.[64] 그렇지만 이 여법의 조건은 실제는 불가능한 것 같다. 왜냐하면, 이미 말한 바와 같이 세 가지 거죄갈마 중에서 적어도 공불견죄거죄共不見罪擧罪갈마는 그 인연으로 봐서 실질적으로 승잔법에도 관계하고 있고, 실질적으로는 취급대상이 되는 것은 비응회죄非應悔罪에 한정해야 하고, 또 세 가지 거죄갈마 전체에 대해서 말할 수 있는 것인데, 자설하게 한다고 해도 불견죄 등을 갈마해야 할 상대에게 자기의 죄를 자설하게 할 수 있는 것도 어렵고, 마찬가지로 억념하게 하는 것도 불가능하기 때문이다. 이러한 여법한 조건을 충족시켜서는, 아마도 대부분의 경우에 거죄갈마는 성립 불가능해진다고 생각된다. 그러나 이런 경우는 고절갈마에 정한 여법한 조건을 한결같이 이 갈마에도 적용시키는 것에 의한 실수라고 생각되지만, 혹은 율장이 대단히 진보적이고 개인의 불리한 갈마는 거의 성립되기 어려울 정도로 억제규칙을 붙이고 있는지도 모른다.

그리고 또 『빠알리율』에서는 한역 각 율도 마찬가지이지만, 앞에서 언급한 43항의 행을 행한 자는, 이것도 고절갈마에 있어서와 마찬가지로 해갈마를 한다고 하고 있다. 그리고 예를 들어, 불견죄갈마를 해갈마로 했을 경우, 자기는 승잔죄를 범했다고 인정하여서 승잔죄에

64) Cullavagga, I, 26, 1; 33, and I, 2-5. 「갈마건도」, 남전대장경 제4권, 31쪽, 29쪽, 3쪽- 8쪽 참조.

복服하는 것을 마땅하다고 여겨야 하겠지만, 그것은 설해져 있지 않다. 불견죄갈마는 불견죄가 있는 자에게 견죄 시켜야 할 것으로 생각되지만, 율장의 생각으로는 불견죄 그 자체를 벌주는 것으로 만족하고, 불견죄를 위한 벌로서 거죄갈마를 받으면 그 이상은 추급하지 않은 듯하다. 그러나 이 일은 다시 생각해야겠지만, 율장은 한 가지 죄를 벌하면 된다는 관대한 입장에 있는 듯하다.

(7) 거죄갈마와 학처

이미 갈마 인연에서 보았듯이 불견죄와 불참죄의 두 가지 거갈마는 승잔법제12「악성거간계」의 인연을 기초로 하여 설해지고 있고, 불사악견갈마는 바일제 제68의「악견위간계」와 동일한 인연을 사용하고 있다. 그리고 이들 계는 다른 비구들로부터 3간을 받아도 다시 자기의 죄를 보지 않거나, 또는 악견을 버리지 않을 때는 승잔죄, 혹은 삼간 중에 이에 따르면 구출갈마의 행법을 하면 된다. 뒤의 것은 간고諫告받는 것을 3간으로 멈추면 죄가 되지 않는 경죄輕罪이다. 그렇지만 아마 승잔죄를 구성해도, 이를 인정하지 않고 바로 마나타를 요구하지 않는 자가 있었다고 생각된다. 그것은 승잔죄 행법으로서의 별주마나타는 범죄자가 자기를 출죄시키기 위해 승가에 이를 청하는 것이고, 승가가 죄인을 견출見出하여 주는 것은 아니다.『쭐라박가』「집건도」集犍度(Cullavagga. III)는 별주마나타를 주는 방법을 기록하는 것인데, 거기에는 승가가 범죄자를 검거檢擧하여 별주마나타를 부과하는 것은 기록되어 있지 않다. 범한 자가 스스로 죄를 고백하지 않는 한 이에 벌죄를 부과하는 것을 하지 않는 것이 원칙이다.

(8) 거죄갈마의 특종적인 의의

불견죄와 불참죄와 불사악견의 세 가지 거죄갈마의 특징은 경분별부의 계학처, 즉 금계와 밀접하게 관계되어 있다. 세 가지 갈마의 인연에서 말한 바와 같이, 불견죄와 불참죄는 승잔 제12 「악성거간계」의 인연에 근거하고 있고, 불사악견은 바일제 제68 「악견위간계」의 인연이 그대로 이용되고 있다. 그리고 바일제 제69는 「수거계隨擧戒」라고 불리는데 이는 불사악견의 거擧를 받고, 그 법에 따르지 않는 자와 행을 함께하는 것을 비법非法이라 하여 금하는 것이다.

성립 상으로 말하면, 아마 「악성거간계」나 「악견위간계」가 강제력이 약했을 때 그 대신에 교체되는 것으로서 이 거죄갈마가 떠올랐다고 생각된다. 그러나 이 거죄갈마가 성립함과 동시에 승잔 등은 이것으로 교체한 것으로 생각되는 것이다. 승잔법 중에 악행 비구가 그 악행에 대해서 3간을 받아도 그것을 멈추지 않으면 승잔죄로 여겨지는 4가지가 있다. 즉 제10 「파승위간계」와 제11 「조파승위간계」와 제12 「악성거승위간계」 및 제13 「오가빈방위간계」의 네 가지 계이다. 그리고 이들은 3간을 받아도 그것을 멈추지 않으면 승잔죄가 되는 것이므로 승잔죄의 복사服事인 별주마나타의 갈마를 받고 출죄를 구해야 한다. 그렇지만 이 별주나 마나타는 범죄비구가 자기를 청정 출죄 시키고자 하여 이를 승가에 요구하는 것이고, 승가가 범인을 찾아서 이 처분으로서 내리는 것은 아니다. 이는 바일제의 경우에도 말할 수 있는데 바일제 제68도, 붓다가 장법障法이라 하신 것을 장법이 아니라는 그러한 악견에 대해 삼간 당해도 멈추지 않으면 바일제 죄가 되지만, 이것도 본인이 대인對人, 혹은 승가에 청하여 참회하면 출죄되지만, 본인이 청하지 않는 한 강제로 참회를 명하는 방법은 존재하지 않다. 승가에도 비구에게도 거죄하여 범인의 죄를 결정하고 강제처분할 권위력權威力은 존재하지 않았다. 바라제목차학처波羅提木叉學處 즉 비구계는 하지 말아야 할 비행非行과 그 비행의 죄는 정하여져 있다고 할 수 있지만, 이는 비구가 자신의 비구성比丘性을 가지고 있는 비구이기 때문에 자신을 지키는 것이고, 비구를 벌할 목적은 아니다. 비구의 관점에서 말하면, 금계는 범했을 때 비구의 자격 즉 비구성계체比丘性戒體를 잃는 것이므로 비구의 자격을 가지기 위해서는 범죄를 저질렀다는 것을 알면 바로 승가 혹은 개인에게 청하여 참회 출죄하고, 비구의 자격을 확보하는 것에 힘쓰는 것이다. 그리고 비구가 자신을 위해 적극적으로 나서서 참회를 구하는 것이고, 참회법도 극히 간단하다. 승잔법에는 별주마나타 행법은 있으나, 30사타는 재물의 부정소지죄이기 때문에 그 재물처분의 관계도 있고, 4명 승가에 참회하면 되고, 90바일제는 3명 이하 내에서 참회하면 되고, 4바라제제사니는 한 비구에게 참회하면 되고, 중학법은 고의죄故意罪는 한 사람 앞에서 참회하고, 불고의죄不故意罪인 경우에는 자신의 마음속으로 진심으로 참회하면 되는 것이어서 금계를 범한 책벌責罰이라는 것에는 상당되지 않을 정도로 쉬운 방법으로 출죄할 수 있다. 이는 비구가 범죄를 저질러도 바로 자발적으로 출죄할 수 있도록 구성되어 있기 때문이라고 할 수밖에 없다. 그래서 승가 쪽에서 강제로 복죄시키는 방법은 바라제목차학처에는 없다.

이상과 같이 범죄비구는 자신을 위해 자신이 승가 또는 개인에게 청하여 출죄를 구하는 것이지만, 그러나 승가의 행사는 범죄비구를 포함해서는 성립되지 않다. 예를 들어, 반월마다 반드시 해야 하는 포살설계에는 불청정不淸淨비구가 포함되어 있어서는 안 되고,[65] 승가로서는 유죄有罪비구의 존재는 승가의 행사집행에 방해가 된다.

비구가 죄를 범하고 자발적으로 복죄 혹은 출죄하지 않을 경우에 대한 처벌을 행하는 방법은 두 가지 있다. 하나는 멱죄상법갈마이고, 다른 하나는 거죄갈마이다. 멱죄상법갈마覓罪相法羯磨 tassapāpiyyasikākamma는 앞에 말한 바와 같이, 교계쟁사教誡諍事 anuvādādhikaraṇa 지쟁법止靜法의 하나이다. 이는 다른 비구가 어떤 비구에게 범죄가 있다고 비난하고, 비난을 받은 비구가 이를 부정하여 일어난 쟁사를 승가로 가지고 들어간 것이다. 그 경우에 죄를 범하고도 분명하게 죄를 긍정하지 않는 비구에게 대체로 승잔법의 별주에 가까운 처분을 하고, 그 견죄見罪를 기다리는 방법이다. 따라서 이는 범죄자를 비난하는 것에 의한, 혹은 다른 비구의 고발에 의한 쟁사 처치로서 행하는 것이다. 그렇지만 예를 들어, 승잔법 제12나 바일제 제68은 그 악행악견惡行惡見이 세 번 간고를 받고, 그것을 받아들이지 않으면 승잔죄나 바일제를 확실하게 구성하는 것이다. 그러나 그 경우에 승가가 그때 「승잔죄이다.」라든가 「바일

65) mahāvagga, II, 27. 남전대장경 제3권, 223쪽-227쪽. 주62 참조.

제이다.」라고 단정해도 본인이 그것을 인정하고, 별주마나타를 청하여 참회를 구하여 청정출죄를 구하지 않을 때는 이를 출죄 시킬 수가 없다. 왜냐하면 『쭐라박가』「집건도」에 정해진 별주마나타에 의한 출죄는 모두 범죄비구의 요청에 응하여 승가가 이를 주는 갈마를 하도록 정해져 있는 것이고, 바일제 죄도 범죄자가 자기를 위해 대인對人에게 참회를 받기를 청하는 것이다. 그리고 승잔죄나 바일제 뿐만 아니라 바라제목차학처에서 금하는 오편칠취라 불리는 범죄 전부에 있어서 범죄자가 스스로 구하여 참회출죄를 청하지 않는 한 멱죄상법갈마인 경우를 제외하고 이를 처분할 방법은 없다. 또한 그러한 범죄 비구를 일원一員으로 하여서는 승가의 행사를 집행할 수 없게 된다. 아마도 이런 경우에 대처하기 위해 찾아낸 것이 이 거죄갈마였다고 생각된다. 즉 이 갈마 제정의 인연에 근거하여 생각해 보면 불사악견도 불참죄도 불견죄도 이것으로 질문 받는 자는 모두 3간하여 복종하지 않았다면, 승잔죄 혹은 바일제를 구성하고 있음은 명료한 것이다. 따라서 승가로서는 이를 처치하지 않고서는 승가는 불청정不淸淨이 되는 것이다.[66] 그리고 이때 범죄 비구가 자발적으로 출죄를 구하지 않으면 승가는, 이를 범죄로 하고 있으나 자발적으로 견죄見罪하지 않는 자라고 선언하고, 승가와 공주하게 하지 않는 처분이 행해진다. 그리고 특히 이 갈마가 바라제목차 중의 3간 거부 범죄와 관계하는 것은, 3간 거부의 경우는 완전히 범죄가 되고, 승가로서는 이미 방치할 수 없는 상태에 이르렀기 때문인데, 오늘날 사회로 말하면 현행범은 그대로 방치하기 어려운 것과 같다. 그러나 예를 들어, 불사악견갈마는 바일제의

66) cullauagga, IX, 2, 1. 「차설계건도」, 남전대장경 제4권, 359쪽.

대인참회보다는 중벌重罰이지만 불견죄갈마는 승잔죄의 별주보다는 경죄輕罪라고 생각된다. 승잔의 별주법의 복무는 94사가 언급되어 있는데,[67] 거죄갈마의 복사는 43사라고 되어 있다.[68] 승잔죄는 범하고 바로 고백하면 마나타(6일간의 별주)뿐이지만, 거죄갈마는 부정기不定期이다. 그리고 다시 중요한 것은 승잔죄는 마나타를 끝내고 출죄갈마를 청하는 것은 20명이나 그 이상의 비구 승가라야 행할 수 있고, 수계와 같은 중대사重大事조차도 변방에서는 5명의 비구라도 된다고 하는데, 20명 이상을 모으는 승가의 성립은 쉽게 성립 가능한 것은 아니다. 이에 반해 거죄갈마의 해갈마에는 인원수 제한을 규정하고 있지 않기 때문에 4인 비구라면 승가를 형성할 수 있으므로 그 승가의 갈마로 해갈마할 수 있다.[69] 이 4명 승가에서 출죄를 할 수 있는 것은, 20인 승가 출죄가 쉽지 않음을 생각할 때는 범죄비구의 출죄를 위한 큰 특징적인 장점이라 생각된다. 그리고 적어도 불견죄갈마는 실제상 승잔법 제12로 교체되었다고 생각되고, 다른 승잔법에도 이것이 연장 해석되었다고 생각된다. 그렇지만 이를 실증할만한 기록이 율장 중에는 없다.

불견죄갈마의 『빠알리율』 기술에 따르면 찬나 비구는 이 갈마를 받아서 승가와 불공주 시켰지만, 그 갈마에 따르려 하지 않고 이리저리 다른 주처 승가로 전전하여 자신이 피갈마인임을 숨기고 생활하였는데, 어느 승가를 방문해도 일반적으로 객래비구를 맞는 예로서 맞아주지 않았기 때문에, 결국 갈마를 받은 자신의 승가에 되돌아와서 갈

67) Ibid., II, 1, 2-3. 「별주건도」, 남전대장경 제4권, 48쪽-50쪽.
68) Ibid., I, 27, 1. 상동, 32쪽-33쪽.
69) Mahāvagga, IX, 4, 1. 「첨파건도」, 남전대장경 제3권, 555쪽.

마 행법을 여법하게 행하여 해갈마를 청했다고 한다.

어느 승가에서도 찬나를 객래비구를 맞이하는 예로 맞이하지 않은 것은 어떤 승가에서 찬나가 불견죄갈마를 받았다는 사실이 각 승가로 알려져 있었던 것과, 한 현전승가에서 행한 불견죄갈마는 모든 현전승가에서 유효로 승인하고 있음을 의미하는 것이다. 분명 갈마를 행함과 동시에 특별한 방법으로 다른 승가로 통고되는 예도 있었을 것으로 생각되지만, 그것보다도 이 찬나의 이야기는 한 현전승가의 처분이 어디에서도 유효한 점을 나타내고자 하고 있다.

불견죄뿐만 아니라 거죄갈마는 모두, 예를 들어,「승가는 비구 찬나에게 죄를 보지 않음으로 인해 거죄갈마를 하고, 승가와 불공주不共住 asambhogaṃ saṃghena하게 했다.」라는 것처럼 선고되는 것인데, 앞에서 언급한 찬나가 갈마를 받은 자신의 승가에 되돌아와서 갈마 행법을 행하였던 것을 생각하면, 이 불공주는 바라이불공주 등과는 달리, 승가의 주처에서 불공주하는 것이고, 승잔행법의 별주parivāsa와 같은 의미의 것으로, 불공주는 승가 인원수에 넣지 않는 의미로 해석해야 할 것이다.

또 갈마의 행법 43사도 모두 승잔의 별주행법 중에 있는 것으로 대체로 같은 행법이다.

(9) 현시갈마顯示羯磨 pakāsaniyakamma

이 갈마는 단 한 번『빠알리율장』의「파승건도」에 나온다. 즉 데바닷따Devadatta에 대해서 한번 행하여졌다고 할 뿐, 한역 여러 율에는 그 이름을 기록하고 있지 않다. 데바닷따가 석존 대신 불교승가를 지배하고자 제안한 것에 대해, 석존이 이 제안을 거부함과 동시에 왕사성에서 이 갈마가 행하여졌던 것이다.

현시갈마의 목적은 지금의 경우에 대해서 말하면, 데바닷따의 언동은 붓다의 교시에 관계가 없는 것이 되었음을 널리 알리는 것이다. 즉 데바닷따의 성품pakati 본성은 예전과는 달리 불교승가의 비구가 아닌 것, 데바닷따의 언동은 붓다의 교시에 관계가 없는 것, 데바닷따의 지위地位·언동言動 모두는 데바닷따만의 것이라 보아야 한다devadatto 'va tena daṭṭhabbo라는 사실을 사회적으로 현시하기 위해서이다.[70] 데바닷따의 경우는 승가가 먼저 왕사성에서 현시갈마를, 이어서 이를 현시하는 자로서 사리불舍利弗을 각각 백이갈마로 결정하고 있다. 그리고 「데바닷따의 성품이 예전과 지금이 다르다. 데바닷따가 신체적으로나 언어적으로 행한 것은 부처님이나 가르침이나 승가의 것으로 보아서는 안 된다. 오로지 데바닷따의 것으로 보아야 한다.」[71]라는 것이 현시갈마의 백白의 주문主文이고, 또 「구수 사리불을 뽑아서 왕사성에서 데바닷따를 현시하게 하고, '데바닷따의 성품이 예전과 … 운운'이라 말하게 해야 한다.」라는 것이 사리불을 선출하는 갈마의 백白의 주문主文이다.

『빠알리율』에 따르면, 사리불은 중다衆多 비구와 함께 왕사성에 들어가서 데바닷따를 갈마시킨 것처럼 현시하였으므로, 왕사성의 시민에게도 반향이 있고, 데바를 지지한 아사세 왕궁에서도 이 일을 의제

70) Cullavagga, VII, 3, 2. 「파승건도」, 상동 제4권, 290쪽.
71) Ibid.

로 하여 대책을 강구했다고 하므로 이 현시는 극히 효과적인 방법으로 일시적으로 주지시킬 수 있도록 한 것으로 보이는데, 구체적인 방법은 알 수 없다. 이 현시갈마에는 해갈마는 설해져 있지 않다. 『빠알리율』의 데바닷따에 대한 현시갈마는 아직 데바닷따가 불교승가로부터 분열되지 않았을 때의 일이고, 따라서 데바닷따의 행동이 불교와 관계가 없다고 선언하는 것도 데바가 반성하면 당연히 해갈마는 있었을 것이다. 그러나 결국 분열되어 갔기 때문에 해갈마 방법의 기사가 없다. 단 데바의 분열은 별중을 형성한 것이고, 불교가 아닌 것도 아니고, 또 사계捨戒하여 불교 비구가 아닌 것도 아니다. 그러나 이 일은 뒤에 별로로 논하기로 하겠다.

⑽ 범단법

범단법梵壇法 brahmadaṇḍa이라는 것은 『빠알리율』과 『오분율』의 오백집법비니五百集法毘尼와 디가니까야 『대반열반경』의 제6송품에 있는 것으로[72] 앞에서 언급한 현시갈마도 마찬가지이지만, 『빠알리율』의 갈마건도도 그것에 상당하는 한역 여러 율의 갈마법에는 기록되어 있지 않은 것이다. 『열반경』 제6송품의 설에 따르면, 석존은 입멸 직전에, 입멸 후에 법과 율을 스승으로 삼아야 한다는 것, 비구들은 젊은 비구는 장

72) Ibid., XI, 1. 12-15. 「오백결집건도」, 남전대장경 제4권, 434쪽, 『오분율』 제30권, 대정22권, 192쪽 a. Mahāparinibbānasuttana(DN.), No. 16VI, 4. 남전대장경 제7권, 142쪽.

로를 '구수 존자'로 부르고 장로는 젊은 비구를 이름으로, 혹은 '벗이여'라고 불러야 한다는 것, 또 소소계小小戒는 이를 폐지하고자 한다면 폐지해도 좋다고 말씀하시고, 그것에 이어서 석존은「아난다여, 내가 가고 난 뒤에 찬나Channa 비구에게 범단법梵壇法 brahmadaṇḍa이 주어져야 한다.」라고 하셨다. 그리고 그 범단법에 대한 아난다의 물음에 석존은「아난다여. 찬나 비구가 비구들에게 원하는 것을 이야기하더라도, 비구들은 그에게 이야기하거나 충고하거나 가르침을 줄 수 없다.」라고 설명되어 있다. 즉 범단법을 준 자에 대해 일반 비구들은 이야기를 걸어서는 안 된다는 말이다. 앞에 기술한 별주 및 고절苦切 등의 갈마를 받은 비구는 일반비구에게 이야기하고, 훈계하고, 교수해서는 안 된다고 하였지만, 지금은 그 반대로 범단법으로 처벌을 받은 비구가 무엇을 이야기하게 해도 되지만, 일반 비구 쪽에서 먼저 이야기하거나 또는 교수 등을 해서는 안 된다는 것이다.『빠알리율』이나『오분율』의「오백집법비니」의 기사에 따르면 제1결집이 끝나고 소소계의 문제와 아난다의 과실 문제와 뿌라나의 문제도 끝났을 때, 아난다가 명을 받아서 오백 비구와 함께 꼬쌈비국에 가서 찬나 비구에게 이 법을 부과하게 되었는데, 찬나는 부끄러워하며 오래지 않아서 아라한과를 얻었으므로 결국 이 죄는 주어지지 않고 끝났다.

이 범단법은 일종의 불공어법不共語法인데,『오분율』의 수계법에는 제자가 화상 · 아사리를 공경하지 않을 때는 이에 불공어법을 부과하고, 비구들은 (1)「나와 함께 이야기 하지 말라」, (2)「그대에게 해야 할 일이 있어도 나에게 백白하지 말라」, (3)「나의 방에 들어가지 말라」, (4)「의발을 잡는 등 나의 중사衆事를 돕지 말라」, (5)「와서 나에게 보이지 말라」라고 알리는 것이라 한다.[73] 또 『마하승기율』 제7권에는 6작사법作捨法으로서 절복갈마折伏羯磨 · 불어갈마不語羯磨 · 발희갈마發喜羯磨 · 빈출갈마擯出羯磨 · 거갈마擧羯磨 · 별주갈마別住羯磨를 들고 있고, 비구의 치벌갈마治罰羯磨의 하나로서 불어갈마不語羯磨를 언급하고,[74] 제24권에는 이 여섯 가지에 마나타와 아부가나(出罪)의 두 갈마를 포함하여 백 · 삼갈마白三羯磨의 여덟 가지로 되어 있다.[75] 그 불어갈마에 대해서는 절복(苦切)갈마를 받더라도 그것에 수순하여 행하지 않는 자에게는 승가는 이에 불공어갈마를 주어야 한다고 한다.[76] 따라서 『승기율』에서는 거죄갈마 등과 같은 징벌갈마의 일종으로 언급되어 있었음을 알 수 있고, 불공어不共語는 벌법罰法으로서는 중요한 방법으로서 여겨지고 있었음을 알 수 있다.

73) 『오분율』제16권, 대정22권, 113쪽 c.
74) 『마하승기율』제7권, 대정22권, 283쪽 a.
75) 상동 제24권, 대정22권, 422쪽 a-c.
76) 상동 제20권, 대정22권, 424쪽 c.

佛法僧寶

제7장

계경戒經과 안거安居 · 포살布薩

1. 바라제목차와 포살

(1) 비구와 바라제목차(戒經)

바라제목차prātimokṣa;pāṭimokkha는 매월 보름 포살일에 현전승가에서 송출되는데, 비구는 반드시 포살에 참가해야 한다.[1] 바라제목차의 내용은 『사분율』로 말하면 비구 250계와 비구니 348계이고, 『빠알리율』로 말하면 227비구계와 311비구니계인데, 각 율의 계조戒條 수의 차이에 대해서는 이미 서설序說로 율장의 내용 해설 부분에서 살펴보았다. 포살은 비구와 비구니 양 승가에서 별도로 행해지고, 각각 바라제목차가 송출된다.

비구가 비구일 수 있는 것은 제3장에 기술한 수구upasampadā를 얻었기 때문인데,[2] 수구는 비구계를 수지하는 비구성比丘性 bhikkhu-bhāva 즉 계체戒體를 얻는 것이기 때문이다. 구체적으로 말하면 비구계에 대해서 비구가 청정한가 그렇지 않은가, 비구성을 잃지 않고 있는가 그렇지 않은가를 나타내는 것이 된다. 포살의식에서 갈마사가 바라제목차를

---

1) Mahāvagga, II, 1-4. 「포살건도」, 남전대장경 제3권, 182쪽.
2) 제3장 · 1 「선래비구수구와 삼귀수구」항 (177쪽) 참조.

송출할 때 비로소 죄가 있는 자는 참회출죄해야 함을 말하고, 그리고 바라이나 승잔 등의 죄취罪聚를 마칠 때마다 「나는 지금 대덕들에게 묻겠습니다. 이 점에 대해서 청정합니까?」를 세 번 되풀이되고, 계속 이어서 「지금 대덕들은 이 점에 대해서 청정합니다. 그렇기 때문에 침묵하였습니다. 나는 이처럼 이를 이해하겠습니다.」라고 선언한다.[3] 이 다음은 각 비구들이 자신에게 계청정戒淸淨임을 확인하고, 다시 그것을 현전승가에 의해 확인받는 형식으로 되어 있다. 즉 포살식에 참가하는 것이 비구로서 있는 것을 보증하게 되는 것이다.

비구계를 내용으로 하는 바라제목차는 발생적으로는 인도의 일반적인 출가로부터 불교비구를 구별하기 위한 것이었다.[4] 물론 비구계는 앞에도 말했듯이, 불교비구에게 마땅하지 않은 행위가 있을 때마다 제정된 것으로 그것이 200여 개가 되고, 바라이 · 승잔 · 사타 · 단타 그 밖의로 분류되는 것은 승가 창설 이후 상당한 기간을 지나서라고 해야 할 것이다. 따라서 불교에 포살제도가 채용되었어도 그 초기에 비구계의 바라제목차가 송출되었다고는 생각되지 않는다.

불교승가는 기원전 5세기 인도 출가 사회의 한 출가집단으로서 출발하였던 것이고, 불교만이 출가자 모임은 아니었다.[5] 따라서 불교 비구는 출가 사회의 출가자이고, 출가 일반의 상행법常行法에 따른 것이다. 또한 이미 기술한 것처럼 불교승가의 시작은 5비구의 붓다에게로

3) 각 계본 모두 동일한 형식. 『미사색오분계본』, 대정22권, 194쪽 이하, 『마하승기율대비구계본』, 대정22권, 549쪽 이하, 『사분율비구계본』, 대정22권, 1015쪽 이하, 『십송율비구바라제목차계본』, 대정23권, 470쪽 이하, 『근본설일체유부계경』, 대정24권, 500쪽 이하, 각 계본에는 반드시 「비구니계본」이 있고, 동일한 형식이다.

4) 제2장 · 3 「출가계와 비구계」134쪽 이하 참조.

5) 제2장 · 2 「출가와 교단」항 105쪽 이하 참조.

개종으로 시작된다면 이는 이미 출가한 자의 모임이고, 그 결합의 유대는 그때 아직 비구계는 없었기 때문에, 계가 아니라 사제四諦 등의 교법이었다. 또한 이것도 앞에 말한 바와 같이, 그 후 불교 승가의 주 세력은 세 깟싸빠를 중심으로 한 1천 명과 사리불 · 목건련을 중심으로 한 250명이었다면, 이들도 이미 출가자들이었다.[6] 이 사람들은 물론 비구계 성립 전의 참가라고 여겨지지만, 그들의 출가로서 의식주 일상생활은 출가 일반의 상행법에 따르고 있었다고 볼 수밖에 없다. 또 그것은『디가니까야』「계온품戒蘊品」의 경전들에 되풀이하듯이,「공경해야 할 사문 · 바라문으로서 보시에 의한 음식에 의해 생활하는 자」이었다.[7] 또한 출가 일반의 상행법에 의하여 생활하므로 사회의 보시에 의한 음식에 의해 생활할 수 있었다.『디가니까야』「계온품」에는 제2장에 말했듯이, 출가 일반이 지켜야 할 소계小戒 · 중계中戒 · 대계大戒가 기술되고, 그것을 언급하는 방법에 의하면 43계학처가 있다.[8] 이는 물론 불교적 편집이기는 하지만, 출가 일반의 행법임에 틀림이 없다. 따라서『사문과경』에 말하듯이, 이 계학처를 실천하여 사회로부터 칭찬을 받아도,[9] 그것으로 불교적 자각을 새로이 하고, 불교 비구의 결속을 다지는 유대가 되는 것은 아니었다. 그것은 머지않아 성립하는 비구계와도 전혀 성질을 달리한 출가계出家戒였다.

5비구나 세 깟싸빠 등의 1,000명이나 사리불 등의 250명이 불교 승

6) 174쪽 참조.

7) Brahmajāla-sutta(DN.), No. 1. 1, 11-27.「중계」, 남전대장경 제6권, 7쪽 이하에 되풀이 되어 있는 말.

8) 제2장 · 3「출가계와 비구계」항 148쪽 참조.

9) Sāmaññaphalasutta(DN.), No. 242. 남전대장경 제6권, 95쪽.

가에 들어온 것은 종교적 실천의 원리인 교법에 의해서였다. 모든 이가 붓다의 교법을 자각하였는지는 의문이지만, 세 깟싸빠 · 사리불 · 목건련이라는 지도자는 붓다가 설하는 교의에 의해 개종한 자이고, 그 밖의 1250명도 그들 지도자의 생각에 동의하여 개종한 것이다. 외형적인 생활 행법을 구하러 들어온 것은 아니다.[10]

당시 출가자가 개인자격으로 자기 소속의 교단을 자각하고, 타인에게 자신을 나타내기에는「스승」과「의지」와「법」의 세 가지를 분명히 했다. 빠알리율의『마하박가』「대건도」에 따르면 아직 6사師의 한 사람인 산자야Sañjaya의 교단에 속해있던 사리불이 길에서 붓다의 제자인 앗싸지Assaji를 만났다. 그때 사리불은 앗싸지에게 무슨 파의 출가자인가를 묻는데, 그 묻는 방법을 보면「그대의 감관은 청결하다. 그대의 피부색은 맑고 깨끗하다. 그대는 누구에 의지하여 출가하였는가?Kam 'si tvaṃ āvuso uddissa pabbajito 그대의 스승은 누구인가?ko vā te satthā 누구의 가르침을 좋아하는가?kassa vā tvaṃ dhammaṃ rocesi」라고 하는데, 이에 대한 앗싸지의 대답을 보면 다음과 같이 기록된다.

> 「석가족 출신의 싸끼야의 아들 위대한 수행자가 있습니다. 나는 그 세존께 의지해서 출가했고aham bhagavantaṃ uddissa pabbajito 그 세존께서 나의 스승이고so ca mebhagavā satthā 나는 세존의 가르침을 좋아합니다.tassa cāhaṃ bhagavato dhammaṃ rocemi」[11]

10) 세 깟싸빠와 일천명의 개종에 대해서는 Mahāvagga, I, 15, 1.「대건도」, 남전대장경 제3권, 44쪽 이하, 사리불 · 목건련과 이백오십명의 개종에 대해서는 Mahāvagga, I, 23, 1.「대건도」, 남전대장경 제3권, 71쪽 이하.

11) Mahāvagga, I, 23, 3-4.「대건도」, 남전대장경 제3권, 74쪽-75쪽.

이 문답은『사분율』과『오분율』에도 있는데,[12] 양쪽 모두 스승과 법에 대해서만 문답하고 있고,『빠알리율』과 형식은 동일하다고 할 수 없으나, 지금『빠알리율』에 대해서 말하면, 이 대답이 당시 출가사회에서 미지의 출가동지를 만났을 경우에 상대의 신분을 묻고, 자신의 신분을 밝히는 경우의 정형을 이루고 있다. 석존이 성도 후에 초전법륜을 위해 가야에서 녹야원을 향하여 여행을 떠났는데, 그 도중에서 사명외도인 우빠까Upaka를 만났다. 그때 우빠까는 붓다의 신분을 알고 싶어서 먼저 붓다에게 질문을 던졌는데, 그때도

> 「그대의 감관은 청결하다. 그대의 피부색은 맑고 깨끗하다. 그대는 누구에 의지하여 출가하였는가? 그대의 스승은 누구인가? 누구의 가르침을 좋아하는가?」

라고 질문을 던져서, 사리불이 앗싸지에게 질문하였던 것과 마찬가지로 기록되어 있다. 단 이때의 붓다는 게송으로,「나는 일체를 극복한 자, 일체를 아는 자이다. … 스스로 곧바로 알았으니, 누구를 스승으로 삼으랴?」라고 대답하고, 우빠까는 이에 대해「혹 그럴지도 모르겠지요.」라고 말하고 머리를 흔들며 샛길로 사라졌다고 하고 있다.[13] 이 문답에서「누구를 의지하여」라고 묻고 있는 것은 출가를 구한 스승일 것이고,「누구를 스승으로 삼는가」는 현재 직접 스승이 된 자를 묻는 것인데, 그것이 불교의 화상적 존재인지 아니면 최초의 스승을 떠

....

12)『오분율』제16권, 대정22권, 110쪽 b,『사분율』제58권, 대정22권, 798쪽 c.

13) Mahāvagga, I, 6, 7.「대건도」. 남전대장경 제3권, 14쪽.

나 다음에 얻은 스승과 같은 것을 말하는지는 분명하지 않다. 그러나 이러한 질문이 있다는 것은 당시 출가 사회에서는 처음에 목표로 하여 출가한 스승과 현재 지도를 받는 스승이 반드시 일치하지 않는다는 것을 나타내는 것이라 볼 수 있다.

붓다시대에는 붓다 외에 많는 출가교단의 지도자들이 있었다고 짐작되는데, 불교 경전 상에서 유명한 것은『사문과경』의 6師이다. 뿌라나 깟싸빠Pūraṇa-Kassapa 막칼리 고쌀라Makkhali-Gosāla 아지따 께싸깜발라Ajita-kesakambala 빠꾸다 깟짜야나Pakudha-Kaccāyana 산자야 벨랏티뿟따Sañjaya-Belaṭṭhiputta 니간타 나따뿟따Nigaṇṭha-Nātaputta의 6명인데, 이들은 모두 승가주僧伽主 saṁghī이고, 교단주教團主 gaṇī이고, 교단교수사教團教授師 gaṇācariya이었다고 생각된다.[14] 그리고 출가하는 자가 출가할 때「의지하여」출가하는 것은, 이러한 사람들을 목표로 하여서이고, 남전대장경에「목표로 하여uddissa」를「의지하여」라고 적절한 번역이 되어 있듯이, 그러한 교단주인 사문에 의해 출가가 주어졌다고 볼 수 있다. 그리고 출가자는 그 사문의 주장을 목표로 하여 스승satthā으로 삼아 그의 법을 애락하기愛樂 roceti 위해 출가한 것이라 볼 수 있다. 그러나 예를 들어, 사리불 · 목건련과 250명의 출가자가 산자야의 교단으로부터 붓다의 교단으로 옮긴 사실이나, 그때 산자야가 사리불과 목건련에게 교단 지배권을 분여分與하는 조건으로 이를 만류하고자 한 것을 사실이라 생각할 수 있다면, 하나의 교단으로부터 타 교단으로 옮기는 것도 자유이고, 또한 그것에 의하여 한번 출가한 출가 자격은 실격되지 않음을 알 수 있다. 즉, 몇 명을 따라서 출가해도 한번 출가한 자격은 잃게 되지 않고, 또한 당시

14) Sāmaññaphalasutta(DN.), No. 22-7.『사문과경』, 남전대장경 제6권, 73쪽-75쪽.

로서는 한 파에서 다른 파로 옮기는 것도 자유였다고 보인다. 따라서 교단을 결속하는 것은 출가를 줄 때의 사제師弟 관계가 아니라 현재 누구를 스승으로 하는가, 누구의 법을 애락하는가 라는 것이었다. 그리고 이 경우 스승은 현재 스승으로서 그 스승의 법을 애락하고 있는 것이 된다고 생각된다. 혹은 사리불 등을 따르고 있던 250명 비구는 붓다의 법을 애락하고, 사리불을 직접 스승으로 삼는다고 할 수 있는데 지금은 위에서 언급한 것처럼 생각하는 것이 당연한 듯하다. 그러나 사리불을 스승으로 삼아 붓다의 법을 애락할 경우도 고려하고 있다면, 그 교단의 출가자를 결속하는 것은 법 즉, 교법이게 되고, 불교에서 말하면 사성제 등의 법과 다를 바 없게 된다.

또한 당시 인도의 출가자 사회에 있어 파별派別은 예를 들어, 기독교와 불교와 같은 것은 아니고 마치 불교 안의 다른 파와 같은 것이었다고 생각된다. 일반사회에서 본 경우는 출가자사회는 형식적으로 하나이고, 출가자에게 보시한 음식의 경우, 그 음식을 공양하는 사람들은 출가자의 교의에 상관없이 출가사문을 공양함으로 인해 내세를 기대하였던 것이다. 그 좋은 내세를 기대하는 종교 감정도 신시信施의 상대인 출가 사문들의 사상이나 실천과는 아무런 상관도 없고, 일반세속의 종교 감정에 근거하는 것이고, 보시를 받는 출가도 보시를 하는 재가와의 사이에 종교적인 공감이나 동일한 종교 목적이 있어서인 것은 아니었다. 물론 이는 일반론이고, 3귀의를 받드는 다수의 우바새 우바이의 존재는 이를 부정할 수는 없다. 그러나 사회 일반적으로 불교라든가 자이나교의 구별은 특별히 붓다의 교법을 믿거나, 혹은 마하비라의 법을 믿는 소수의 재가인을 제외하고, 일반적으로는 관심이 없는 일이었다고 보인다. 따라서 이러한 출가사회에서 6사와 같은 교단이 각각 자파의 출가자를 늘리는 것은 일반사회의 신용을 얻어 신시인信施人을 늘리는 것에 있었다고 보인다. 그리고 사회의 신용을 얻는 것에 관해서는 율장이나 경전이 나타내는 한에서는, 출가일반으로서 비행非行을 행하지 않는 것밖에 없다.[15] 이러한 출가자사회 안에서 각각의 교단 또는 승가가 자파의 결속과 단원의 증대를 꾀했다고 볼 수 있는데, 이를 위한 결속의 유대가 되고 입단의 목표가 되는 것이 교법이고, 이제부터 기술하듯이 이 교법이 초기의, 그리고 본래 의미의 바라제목차였다고 볼 수 있다.

(2) 바라제목차戒經

바라제목차prātimokṣa;pāṭimokkha는 별해탈別解脫 · 해탈계경解脫戒經 · 계경戒經 · 계본戒本 등으로 번역되는데,[16] 이는 현재 있는 바라제목차의 내용을 알고 나서 번역된 말이라고 생각된다. 계경이라는 역어는 정말로 적절하지만, 이는 현재의 바라제목차가 율장의 경분별經分別 Suttavib-

15) 비구계는 출가자로서 행하여서는 안 될 행위를 금한 것이다. 제2장 · 3「출가계와 비구계」135쪽 참조.

16) 『해탈계경』(대정24권, 659쪽 이하)은 가섭유부의 계본이라 여겨지는데, 般若流支의 역이다. 義淨은 예를 들어, 『근본설일체유부계경』(대정24권, 508쪽)이라 번역했다. 『미사새오분계본』(대정22권, 194쪽), 『마하승기율대비구계본』(상동, 549쪽), 『사분율비구계본』(상동, 1050쪽)은 모두 戒本이라 번역하고 있다. 『십송율비구바라제목차계본』(대정23권, 470쪽)의 戒本은 譯者의 첨부라 생각된다.

haṅga에서 분별되는 경經 sutta인 것과 일치한 역어이다. 한역에 별해탈別解脫이라 번역한 것은 범어의 prātimokṣa를 각별各別 prati 해탈解脫 mokṣa이라고 보았기 때문이고, 이는 바라제목차의 내용인 '비구계의 하나하나를 지키는 것으로 하나하나의 악으로부터 해탈하는 것'이란 의미에서 붙여진 것이다. 『빠알리율장』『마하박가』의 「포살건도」에는,

> 「바라제목차란 모든 착하고 건전한 것들의 시초이자, 얼굴이고, 선두[上首]이다. 그래서 '바라제목차'라 한다. pātimokkhanti ādiṃ etaṃ mukhaṃ etaṃ, pamikhaṃ etaṃ kusalānaṃ dhammānaṃ. tena vuccati pātimollhan ti」

라고 설명되어 있다.[17] 그러나 이는 pātimokkha라는 문자에 모든 착하고 건전한 것의 선두kusalānaṃ dhammānaṃ pamukha라는 의미가 있는 것은 아니고, pātimokkha라는 문자에는 있는 pā와 mokkha의 음에 대해서 pāmokkha(上首의, 第一의, 東向의, 頭首) 즉, 상수上首라는 문자를 떼어서 교의학적 문자해석으로 하여 의미를 붙이고자 하는 데 지나지 않다. 이런 종류의 의미 붙이기는 『오분율』에는

> 「바라제목차란, 이 계로써 모든 감각기관을 보호하고, 건전한 법을 더욱 자라게 하고, 여러 건전한 법 가운데 맨 첫 문이기 때문에 바라제목차라 한다. 그리고 이 계법을 헤아리고 글로 분별한 구절까지도 통틀어서 바라제목차라 한다.」[18]

17) Mahāvagga, II, 3, 4. 「포살건도」, 남전대장경 제3권, 183쪽.
18) 『오분율』제18권, 대정22권, 122쪽 a.

라고 하고 있다. 이 중에서 처음「모든 선법에서 첫 문ādi 初門을 이룬다.」는『빠알리율』과 비슷한 의미를 부여하고, 마지막 한 구의 의미는 율장의 경분별부에서 분별되는 경에 있고, 그 각 구문句文:문장자구이 하나하나 구별되는 것이 바라제목차라고 설명하는 것으로 보인다.『사분율』은,

> 「바라제목차는 계이니, 스스로가 위의를 거두어 지녀, 사는 곳[行處]·행 감관[行根]·얼굴·머리에 온갖 착한 법을 모아 삼매를 성취합니다. 내가 이제 설명하고 맺고 일으키고 연설하고 펴고 드러내고 반복해서 분별하겠습니다. 그러므로 여러 대덕들이여, 내가 이제 계를 설하겠습니다.」

라는데,[19] 이는 의미를 매우 이해하기 어렵다. 여기에 나타낸 번역문은 국역일체경의 역문[境野黃洋의 譯]에 따랐다.[20] 이는 대정대장경의 반점에 의하고 있다. 이 의미를 추측하면 바라제목차는 위의를 지키는 것으로 삼매 성취 등의 여러 가지 선법을 모으는 주처住處·행근行根·면수面首라고 여기는 것으로 생각된다. 그리고 면수面首라는 것은『빠알리율』의「모든 선법의 시작이고, 얼굴mukha 面이고, 상수上首 pamukha이다.」라는 것에 가까운 것으로 보인다. 만약 그렇다고 한다면『오분율』도『사분율』도 의미를 부여하는 방법은 같은 경향의 것으로 보인다.

바라제목차에 대해서는『파·영巴英사전』에서 치더스Chiders는 여러

19)『사분율』제35권, 대정22권, 817쪽 c.
20) 境野黃洋 譯『국역일체경·율부 三』의 75쪽.

가지를 인용을 한 뒤에 빠알리어 pātimokkha는 범어 prātimokṣa가 아니라고 하고, prātimokṣya이고, … That which should be made binding(그것은 구속되어야 한다.)라는 의미가 된다고 하고 있다.[21] 즉 불교 비구가 불교 비구답게 하는 유대라고 보는 것이다. 이 생각에 동조하는 사람에 둣트S. Dutt가 있다.[22]

이 말을 논할 때 항상 권위라고 여겨지는 것은 올덴베르그Oldenberg와 리스 · 데이비드Rhys Davids이고, 이 두 사람의 생각으로는 pātimokkha는 pratimuñcati에서 온 prātimokṣa라고 하고, '부담을 없애다', '자유롭게 되다'를 의미한다는 것이다.[23] 이에 반하여 수보리須菩提의 주석이라 여겨지는 "yo taṃ pāti, rokkhati taṃ mokkheti moceti apāyikādidukkhehi tasmā pātimokkhan ti vuccati"(그를 지키고 보호하고, 그를 惡處 등의 고통으로부터 자유롭게 하여 해탈시키기 때문에 바라제목차라 한다.)를 주목하는 사람은 예를 들어, 미나에프와 같은 사람들이다.[24] 이 계통의 생각을 지지하는 자에게 『앙굿따라니까야』제4집 제12의 첫 구에 「비구들이여, 계행을 갖추고, 바라제목차를 실천하고 바라제목차를 통한 제어를 수호하라 pātimokkha-saṁvara-saṁvuta.」라는 가운데 「바라제목차율의방호波羅提木叉律儀防護」를[25] 「바라제목차율의에 방호되어」라고 해석하고, 바라제목차를 비구를 악행으로부터 방호하는 갑옷의 의미로 이해치는 것이다. 단, 남전대장경은 이 부분을 「바라제목차율의를 보호하여 살다.」라고 번역하

---

21) R. C. Chiders, Dictionary of Pāil Language, p. 363.
22) S. Dutt, Early Buddhist Monachism. Londan 1924, pp. 88-89.
23) Vinaya TextS. B. E. XIII, Part I, Introduction XXVIII.
24) Chikder's Dictionary, under pāṭimokkha; Kern, Manual of Indian Buddism, 1896, p. 47, Footnote 5.
24) Aṅguttara Nikāya, IV, 12, 1Vol, II, p. 14. 남전대장경 제18권, 25쪽.

고, 이 의미로는 읽고 있지 않다. saṁvuta라는 과거수동분사를 '보호하여'라고 번역할지 '보호받아서'라고 번역할지의 미묘한 차이이다.

이상의 여러 가지 해설은 모두 널리 알려진 부분이지만, 개인적인 의견으로는 그 해석은 각각 바라제목차의 각각의 장에 의미를 표현하고자 하는 것으로, 그 단어가 놓인 곳에 바라제목차의 내용과 의미의 차이가 그대로 해석의 차이로 된 것이다. 예를 들어, 다음에 기술할 『디가니까야』「대본경」에 설하는 과거불의 바라제목차는, 출가사회의 유일한 집단이던 시대의 불교 승가 단결의 상징인 교법을 나타내는 것으로, 이것이 불교 비구가 구속력이 있어야 한다should be binding는 원시적 의미의 바라제목차였다고 생각된다.[25] 후에 비구계를 내용으로 하는 것으로 되면 별해탈의 계취戒聚이고, 방비지악防非止惡의 갑옷이 된다고 보아야 할 것이다. 그리고 후자의 바라제목차의 성립 전에는 전자의 의미가 각 교단에 있고, 그것이 그 교단을 결속시키는 것이 되었다고 생각된다.

바라제목차, 즉 계경은 매월 보름에 현전승가마다 행하는 포살회에 송출되는 것이다. 뒤에 기술하듯이, 포살회의 초기에는 현재의 비구계·비구니계를 내용으로 하는 바라제목차는 없었고, 법이 설하여졌다고 한다.[26] 그 법이란 후에 게바라제목차偈波羅提木叉나 게계경偈戒經이라 불리는 것이었다고 생각된다. 물론 바라제목차는 포살회에 송출되는 것뿐만 아니라, 이미 기술한 바와 같이, 불교에 있어서는 모든 비구가 그것에 의해 불교적 자각을 가지는 유대를 이루는 것이고, 또 그

25) Mahāpadānasuttanta(DN.), No, 1428. 남전대장경 제6권, 421쪽-447쪽.

26) Mahāvagga, II, 2, 1.「포살건도」, 남전대장경 제3권, 182쪽.

『디가니까야』「계온품」의 소 · 중 · 대의 출가계出家戒도 『사문과경』 이하의 12경에서는 바라제목차라고 부르면서,

> 「이와 같이 출가해서 바라제목차를 수호하고 지켜서 행동범주를 완성하고, 사소한 잘못에서 두려움을 보고 학처를 받아 배운다. 착하고 건전한 신체적 행위와 언어적 행위를 갖추고, 청정한 삶을 추구하고 계행을 구족하고 감관의 문을 수호하고 식사의 알맞은 분량을 알고 새김을 확립하고 올바로 알아차림을 갖추어 만족하게 지낸다.」

라고 하고 있는데,[27] 이는 포살회에 송출하는 것은 아니고, 이에 의해 비구가 출가자로서 살아가는 계를 모은 것이다.

(3) 과거 7불의 게계경

『디가니까야』 제14「대본경」Mahāpadānasuttanta에 비바시불의 바라제목차, 즉 계경이 있음을 앞에도 언급했다. 본 경은 석가 세존을 마지막으로 하는 과거 7불이 순서대로 출세出世하여 교화에 힘썼다고 하며, 그 붓다의 족성族姓 · 수명壽命 · 성도처成道處 · 성도수成道樹 · 계경戒經 등을 설하고자 하는 것이지만, 실제로는 그 제1불인 비바시불Vipassī佛에

27) Sāmaññaphalasutta(DN.), No. 242. 남전대장경 제6권, 95쪽.

대해서는 상세하게 기록하고 있다.

이에 따르면 비바시불은 680만의 대비구중을 각지의 전도에 파견하고, 「두 명이 함께 가지 말라」라고 하여 한 사람씩 길을 가게하고, 또 6년째마다 이 비바시불의 도성인 반두마띠Bandhumatī에 돌아와서 바라제목차를 송출하도록 명했다고 하고 있다.[28] 물론 이는 석가 세존이 성도 후 60명의 제자가 생겼을 때 「두 명이 함께 가지 말라」라고 하며, 붓다 자신도 제자들처럼 혼자서 각 방면으로 전도하러 떠났던 사실을 반영 확대해 기록하는 것이다.[29] 그리고 그 6년째마다 송출되는 바라제목차는 다음과 같이 설하여지고 있다.

> 「참고 인내하는 것이 최상의 고행이며, 열반은 궁극이다. 깨달은 님들은 말한다. 출가자는 남을 해치지 않는 님이고, 수행자는 남을 괴롭히지 않는 님이다.
> 모든 죄악을 짓지 않고, 모든 착하고 건전한 것들을 성취하며, 자신의 마음을 깨끗이 하는 것, 이것이 모든 깨달은 님들의 가르침이다.
> 비방을 삼가고 해치지 않고, 계행의 덕목을 지키고, 식사에서 알맞은 분량을 알고, 홀로 떨어져 앉거나 눕고, 보다 높은 마음에 전념하는 것, 이것이 깨달은 님들의 가르침이다.」[30]

28) Mahāpadānasuttanta(DN.), No. 14. III, 22, 「대본경」, 남전대장경 제6권, 416쪽.
29) Mahāvagga, I, 11, 1. 남전대장경 제3권, 37쪽. 단, 남전대장경에서는 「두 사람이 함께 같은 길을 가지 말라」라는 一句가 인쇄 탈락되어 있다.
30) Mahāpadānasuttanta(DN.), No. 14, III, 28. 남전대장경 제6권, 421쪽-422쪽. DN. 14. 99. p. 632.

이 『대본경』의 상당 경전인 한역 『장아함』 제1권 「대본경」에서도 내용은 대체로 『디가니까야』 「대본경」에 가깝다. 그러나 비구중을 전도에 보내는 부분을 한역에서는,

> 「그때 비바시 여래는 잠자코 속으로 생각했다. '지금 이 성안에는 16만 8천의 큰 비구들이 있다. 나는 마땅히 저들을 유행하도록 해야겠다. 저들을 각각 두 사람씩 짝을 지어 6년 동안 여러 곳으로 돌아다니게 한 뒤, 다시 이 성으로 돌아와 구족계를 연설하게 하리라.'」

라고 하고[31] 『디가니까야』 「대본경」의 「한 길을 두 명이 함께 가지 말라」고 하는 것이 여기에서는 「各二人俱在在處處」라 하여 의미가 달리되어 있는데, 이는 남전이 바람직하고, 한역의 오해이거나 범본이 전해지는 동안에 잘못된 것으로 보아야 할 것이다. 그것은 과거 7불의 원형인 석가 세존의 전기에서는 60명의 제자에게 「두 사람이 함께 가지 말라」라고 하여 각 방면으로 파견한 것으로 되어 있기 때문이다. 불타야사의 오역이라 단정할 수 있는 것은 아니지만, 범문의 소전所傳 중에 잘못된 것이라 볼 수 있다. 그리고 각지로 보낼 제자의 숫자도 남전의 680만에 대해 이는 16만 8천 명으로 되어 있다.[32] 그러나 각지에 파견된 비구가 6년째에 돌아와서 구족계를 설한다고 하는 점은 남전

31) 『장아함경』 제1권, 「대본경」, 대정1권, 9쪽 c-10쪽 a.

32) 『십송비구바라제목차계본』 말미 7불 계경 부분에서는 毘鉢施佛은 十萬 비구에게, 구류손불은 千萬 비구에게, 구나함불은 三萬 비구에게, 가섭불은 二萬 비구에게, 우리 석가모니불은 1,250(未曾有惡) 비구에게 설했다고 한다. 대정23권, 478쪽 b-c 참조.

『디가니까야』와 비슷하고, 그 구족계 즉, 바라제목차의 내용은 『디가니까야』의 제1게에 상당한다. 즉

> 「그때 여래는 대중 앞에서 허공으로 상승하여 결가부좌하고 계경을 강설하셨다. '인욕을 제일로 한다.' 붓다는 열반을 제일이라 설하신다. 수발鬚髮을 제거하고서도 타인을 해치는 것은 사문이 아니다.」

라고 하고 있다.[33] 『디가니까야』「대본경」의 비바시불의 바라제목차와 같은 것을 250계 등의 비구계를 내용으로 하는 바라제목차에 대해 게계경偈戒經이라 부르기로 하면, 『디가니까야』「대본경」의 게계경은 3게로 이루어져 있고, 그 출전을 구하면 『꿋다까니까야小部經典 법구경』의 제184구와 제183구와 제185구에 상당한다.[34] 또한 한역 『장아함』「대본경」이 남전 『디가니까야』「대본경」의 제1게 만을 비바시불의 게계경이라 하는 것은 다음에 기술할 제 본의 7불七佛 게계경에서 대체로 비바시불에 이 제1게만을 배당하는 것에 일치하는 것이다.

그리고 「대본경」은 과거에 7불이 순서대로 출세하여 법을 설하는 것으로, 모두 제7 석가 세존과 같이 출세 · 성도 · 설법 등이 있었다고 하는 것이고, 과거 6불의 전기는 말할 것도 없이 석가 세존의 전기를 반영한 것임에 틀림이 없다. 그리고 이 「대본경」은 비바시불의 바라제목차만을 설하고 있는데, 율장에서는 『마하승기율』제27권, 『설일체유

33) 『장아함경』 제1권, 「대본경」, 대정1권, 10쪽 a.
34) Dhannapada, No. 183-185. 남전대장경 제23권, 45쪽.

필추비나야』 제50권, 『설일체유부필추니비나야』 제20권, 『오분율비구계본』, 『사분율비구계본』, 『사분율승계본』, 『사분율비구니계본』, 『십송율비구바라제목차계본』, 『마하승기율대비구계본』, 『동 비구니계본』, 『설일체유부계경』, 『동 필추니계경』에는 7불 각각의 바라제목차, 즉 게계경을 기록하는 것이고,[35] 뒤에 기술하듯이 이들 중에 유부비나야에 속하는 4본四本에 있어 게송偈과 부처님佛과의 배당에 대해서 다른 계통과 차이를 보이지만, 바라제목차라 여겨지는 게송은 역문과 차이는 있어도 20본의 내용은 공통되어 동일하다고 생각된다. 지금 『마하승기율대비구계본』의 게계경의 글에서 보면 다음과 같이 되어 있다.

비바시불毘婆尸佛 : 욕됨을 참는 것이 으뜸가는 도이며, 열반이 최상이라고 부처님 말씀하셨으니, 출가한 사람으로서 남을 괴롭히면 사문이라고 이름하지 않느니라.[36]

시기불尸棄佛 : 비유컨대 눈 밝은 사람은 험한 길을 피해 갈 수 있는 것과 같이 세상의 총명한 사람은 모든 악을 멀리 여읠 수 있느니라.

비바시불毘鉢施佛 : 남을 괴롭히지도 남의 허물 말하지도 않으며, 계율에 설해진 대로 행하며, 음식을 먹더라도 알맞게 먹을 줄

35) 『오분율비구계본』 대정22권, 199쪽 c-200쪽 b. 『사분율비구계본』, 대정22권, 1022쪽 b-c. 『사분승계본』, 동상, 1030쪽 a-b. 『사분비구니계본』, 상동, 1040쪽 b-c. 『십송비구바라제목차계본』, 대정23권, 478쪽 b-479쪽 a. 『마하승기율대비구계본』, 대정22권, 555쪽 b-c. 동 『비구니계본』, 상동, 564쪽 c-565쪽 a. 『근본설일체유부계경』, 대정24권, 507쪽 b-508쪽 a. 『근본설일체유부필추니계경』, 상동, 517쪽 a-b. 『근본설일체유부필추니비나야』제50권, 대정23권, 904쪽 b-c. 『근본설일체유부필추니비나야』제20권, 대정23권, 1019쪽 c-1010쪽 b.

36) Dhammapada, No. 184. 남전대장경 제23권, 45쪽에 상당한다.

알며, 언제나 고요한 곳에 있기를 즐거워하며, 마음을 청정하게 하여 정진하기를 즐기니, 이를 모든 부처님의 가르침이라고 하느니라.[37]

구류손불拘留孫佛 : 비유컨대 벌이 꽃에서 꿀을 딸 때 꽃의 향기와 색깔은 상하게 하지 않고 다만 그 단맛만을 가져가듯이, 비구가 마을에 들어가는 것도 이와 같아서, 다른 일을 무너뜨리지 아니하고 다른 사람의 행실을 보지 아니하며, 스스로의 잘잘못을 잘 살피느니라.[38]

구나함모니불拘那含牟尼佛 : 좋은 마음을 얻고자 하거든 방일하지 말고 성인의 훌륭한 법을 부지런히 배워야 하니, 지혜가 있어 마음을 고요하게 한결같이 하는 사람은 곧 다른 근심 걱정이 없어지느니라.

가섭불迦葉佛 : 모든 나쁜 행위를 하지 말고 마땅히 좋은 법을 구족하여 스스로 그 뜻을 깨끗하게 할 것이니 이것이 바로 모든 부처님 가르침이니라.[39]

석가모니불釋迦牟尼佛 : 몸을 잘 지켜 보호하는 것도 착한 일이며, 입을 잘 지켜 보호하는 것도 착한 일이며, 뜻을 잘 지켜 보호하는 것도 착한 일이며, 모든 것을 잘 지켜 보호하는 것도 착한 일이로다. 비구가 모든 것을 잘 지켜 보호하면 많은 괴로움을 여의리니, 비구가 입과 마음을 잘 지키고, 몸으로 모든 악

37) Ibid..,No. 185. 상동, 45쪽에 상당한다.
38) Ibid..,No. 49-50. 상동, 24쪽에 상당한다.
39) Ibid.,No. 183. 상동, 45쪽에 상당한다.

을 범하지 않아서, 이 세 가지 업의 도가 깨끗해지면, 성인이 얻은 도를 얻는다.」[40]

이 7불의 게계경을 앞에서 언급한 『디가니까야』「대본경」의 비바시불의 3게 바라제목차에 비하면 여기에서는 앞에서 언급한 한역 『장아함』「대본경」과 같은 제1게만이 비바시불의 것이 되고, 제2게는 깟싸빠불, 제3게는 비발시불의 것으로 배당되어 있다. 또한 위에서 언급한 것처럼 「대본경」에 나오는 3게는 법구경 제183~185구였는데, 지금이 7불 중 구류손불의 2게는 법구경 제49구와 제50구에 상당한다.

또한 이 7불의 게계경을 기록하는 위에서 말한 12본 중에서 근본설일체유부계의 3본이 게송과 부처님의 배당에 대해서 다소 다른 것이 있다. 이에 관해서는 뒤에 기술하겠지만, 그런데도 게의 수와 게의 내용에 대해서는 전부가 동일 내용의 원본에 의한 번역이라 보아도 된다. 그리고 또 범문 『근본유부계경』에도 게문은 일치한다.[41]

그리고 과거 7불에 각각 게계경이 있다고 여겨지는 것을 보았는데, 이것과 또 다른 게계경이 『선견율비바사』 제5권에 나오고 있다. 『선견율비바사』 제5권에 따르면 제불이 설하는 게계경을 교수바라제목차教授波羅提木叉 ovādapātimokkha라 전하고, 이에 대해 250계 등의 비구계를 내용으로 한 계경을 위덕바라제목차威德波羅提木叉 āṇāpātimokkha라 하고 있다.[42]

그리고 전자는 제불이 설하는 것이고, 후자는 성문제자가 송하는

40) 『마하승기율대비구계본』, 대정22권, 555쪽 b-c.

41) Anukul Chandra Banerjee, Prātimokṣa-sūtramMūlasarvāstivāda, pp. 36-38.

42) 『선견율비바사』권 제5 「사리불품」, 대정24권, 707쪽 c-708쪽 a.

것이라 한다. 지금 비바시불은 반월반월에 계를 설하지 않는 것이 6년에 이르고, 6년이 지나서 교계바라제목차를 설했다고 하는 것을 보면 『디가니까야』「대본경」의 비바시불의 것과 비슷하다. 즉

「참고 인내하는 것이 최상의 도이며, 열반을 부처님은 가장 수승하다고 한다. 출가자는 남을 해치지 않는 님이고, 사문은 남을 괴롭히지 않는 님이다. 모든 죄악을 짓지 않고, 모든 착하고 건전한 것들을 성취하고, 자신의 마음을 깨끗이 하는 것, 이것이 모든 깨달은 님의 가르침이다. 비방을 삼가고 해치지 않고 계행의 덕목을 지키고, 식사에서 알맞은 분량을 알고, 홀로 떨어져 앉거나 눕고 보다 높은 마음에 전념하는 것, 이것이 깨달은 님들의 가르침이다.

라고 한다. 그리고 이에 이어서 「이러한 방편으로 일체 과거 제불은 이 게송으로써 바라제목차를 교수한다.」라고 기록하고 있으므로 이는 비바시불뿐만 아니라 석가 세존도 포함하여, 과거 제불에 공통된 교수바라제목차인 것이 된다. 그리고 『빠알리율』과 이 『선견율』을 함께 읽으면 비바시불과 식(시기)불과 수섭불 세 부처님은 한 게송의 교수바라제목차만을 설하고, 학처를 제정하지 않고 위덕바라제목차를 결계結하지 않았기 때문에 입멸하신 후에 법은 구주久住하지 않았다. 이에 반하여 다른 세 붓다는 학처를 제정하고 위덕바라제목차를 결계하였으므로 정법은 구주하였던 것인데, 석가 세존도 성도 20년간은 이 교수바라제목차만을 설하였지만, 그 후(21년째?)에 뿝바라마Pubbārāma 富婆

僧伽藍의 미가라모전母殿 Migāramāthupāsāda에서 「여래는 청정하지 않은 대중의 포살로 바라제목차를 설할 수 없다.」라고 하여 「성문제자는 위덕바라제목차를 설해야 한다.」라고 하여 정법구주를 위해 이를 결계結하셨다고 한다. 즉 석가 세존은 이 3게로 된 제불공통의 교수바라제목차를 과거불에 준하여 생각하면 성도하신 뒤 제7년부터 시작된 포살회에서,[43] 스스로 비구들에게 설하신 것이다. 그것이 제20년까지 계속되어 21년째부터는 비구들이 위덕바라제목차를 설하는 포살로 바뀌었다는 것이다. 그리고 이 『선견율』의 생각에서라면 앞에서 언급한 『디가니까야』 「대본경」에서 비바시불이 이것과 같은 내용의 게계경을 설한 것은 제불에 공통된 교수바라제목차로서 설했기 때문에 비바시불 특유의 것은 아니었던 것이 된다. 그리고 한역의 『장아함』 「대본경」이 3게 중 제1게송만을 기록하는 것은 7불에 각각 게계경이 있다고 하고, 비바시불에 최초의 한 게송만을 배당했기 때문에 한 게송만을 기록하기에 이른 것으로 이해된다. 범문 『유부계경』은 7불의 이름을 일괄하여 거론하고, 그것에 이어서 공통된 것으로서 앞의 게계경을 적고 있다.[44] 이것이 원형이었다고 보아야 할 것인지 모르겠다. 이에 의해 생각하면, 본래는 이 『선견율』이나 『디가니까야』 「대본경」의 3게 게계경이 과거 · 현재 제불의 공통 교수바라제목차였다. 그것이 과거 6불과 현재의 석가모니불에게도 각각의 게계경이 있다고 여기고, 비바시불의 것을 셋으로 나누고, 동류의 불게佛偈를 모으고 보충하여 7불에 배당한

43) 이 문장은(대정24권, 707쪽 제1행 이하) 해석하기 어렵고, 6년째부터 시작되었다고도 해석된다.

44) 주14와 동일. 여기에서 37쪽의 제10절에 7불명을 일괄해서 열거하고, 제11절부터 38쪽에서 제18절까지가 7불의 게계경으로 되어 있다.

것으로 보인다. 7불에 각각의 게계경이라면 비바시불毘婆尸佛이나 비발시불毘鉢施佛이나 가섭불迦葉佛의 1불게佛偈의 말미에 「제불의 가르침Buddhānāṃ sāsanaṃ이다.」라는 구절이 있는 것은 불합리하다고 해야 할 것이다. 또 『디가니까야』「대본경」에서 비바시불이 설한 것이 과거불 공통된 것이었다고 볼 때, 그 게가 「이것이 제불의 가르침이다.」라고 결어結語되어 있는 것은 극히 합리적이다.

다음으로 7불에 각각의 게계경을 배당하는 중에, 앞에도 말했듯이 근본유부계통 4본의 7불 교수바라제목차, 즉 게계경의 내용은 모두 의정義淨의 역문으로 4본이 모두 동일한데, 단 7불에 대해 게의 배당이 다르다. 5언4구를 1게로 하면 전체 10게반이 있는데, 『근본설일체유부필추니계경』은 처음부터 순서대로 1게를 비발시毘鉢尸 여래에게, 1게를 시기尸棄 여래에게, 1게반을 비사부毘舍浮 여래에게, 2게를 구류손俱留孫 여래에게, 3게를 가낙가羯諾迦 여래에게, 1게를 가섭파迦葉波 여래에게, 3게를 석가釋迦 여래에게 배당하여 각 여래의 각각 게계경이라고 한다.[45] 이는 유부계有部系 이외의 앞에서 본 『승기율』 제27권의 게포살偈布薩이나, 한역 제부諸部 계본의 것과 일치하는 배당 방법이다. 그러나 이에 대해 『근본설일체유부계경』·『근본설일체유부비나야』·『동 유부필추니비나야』에서는 이것과 다르다. 이에 따르면 처음의 게부터 순서대로 비발시 여래의 제1게와 시기 여래 제2게, 비사부 여래의 1게 반은 전자와 동일하지만, 그 다음 2게가 구류손 여래에게, 또 그다음 2게가 가낙가羯諾迦 여래에게, 다음 1게가 가섭파迦葉波 여래에게, 그리고 마지막 4게가 석가여래에게 배당되어 있다. 이 중 가장 눈에 띄는 것은 통

45) 『근본설일체유부필추니계경』, 대정24권, 517쪽 a-b.

상「칠불통계게七佛通誡偈」라고 불리는「일체악막작一切惡莫作」의 게가 전자의『필추니계경』및 유부계 이외의 제본은 모두 가섭파迦葉波(迦葉) 여래의 것으로 하지만, 지금은 그것이 석가여래의 4게 중의 초게初偈로 되어 있다.[46] 그리고 근본설일체유부 계통 이외의 8본까지가 7불의 게송偈 배당에 일치하고, 유부계 중에서는『필추니계경』이 그것과 동일하므로, 일단은『필추니계경』이 바르다고 생각된다. 그리고 다른 3본 중 하나가 역문 정리 때 불명확한 위치에 넣은 실수를 이본이 그대로 답습한 것이라 본다면 가장 알맞을 것이다. 왜냐하면 역문은 4본 모두 불명佛名의 배당 위치가 다른 것을 제외하면 전문이 동일하므로 앞에 역문을 지으면 그대로를 다른 곳에서 이용할 수 있기 때문이다. 그러나 다른 것은 제외하고 근설일체유부 계통系의 4본에 대해서만 생각하면, 사정은 일변하여『필추니계경』이 틀리고, 다른 3본이 바르다고 볼 수 있다. 그것은『유부비나야』제1에는 다음과 같이 기록되기 때문이다.

「이때 박가범薄伽梵: 세존께서 처음 깨달음[覺]을 증득하신 지 12년이 되기까지는 모든 성문 제자들이 과실이 없었고, 종기[瘡]와 포진[疱]이 생기지 않았다. 세존께서 여러 제자들을 위해 별해탈계경을 간략하게 설하여 말씀하셨다. "일체의 악을 짓지도 말고, 일체의 선을 마땅히 닦아, 스스로 마음 두루 조복하라. 이것이 바로 제불諸佛의 가르침일세. 신업을 잘 지키는 것은 좋은 일이고, 구업을 잘 지키는 것도 좋은 일이며, 의업을 잘 지키는 것 또한 좋은 일이나, 이 세 가지 업을 잘 지키는 것이 가

46) 주36 참조.

장 좋은 일이네. 필추는 일체를 보호해야 여러 가지 고통에서 해탈할 수 있나니, 구업을 잘 지키고, 의업을 또한 잘 지키며, 몸으로는 모든 악을 짓지 않으니, 언제나 세 종류의 업을 깨끗이 하네. 이것이 곧 위대한 선인[大仙]께서 행하신 도에 수순하는 것이라네."」[47]

이는 『선견율』의 역어에서는 위덕바라제목차의 시작을 설하는 문장인데, 이에 따르면 바라이의 제1 음계婬戒는 불성도佛成道 하신 지 13년에 이르러[至13年]에 시작된다고 하고 있다. 그리고 그때까지는 이 교수 바라제목차가 설해져 있다고 한다. 그리고 지금 이 석가 세존의 교수바라제목차를 보면 이는 '일체악막작一切惡莫作'의 게송부터 시작되는 4게四偈로 성립되어 있고, 이는 『유부계경』 등 3본의 7불 게계경 중의 석가 여래이다. 따라서 이 4게의 석가 여래 게계경이 단독으로 여기에 나오는 것은 석가 세존의 소위 교수바라제목차는 「일체악막작」부터 시작되는 4게라 보고 전해지고 있고, 그것이 오히려 근본설일체유부의 정전正傳이었다고 보아야 한다. 그렇다면 앞에 바람직하다고 본 『필추니계경』의 경우가 실수이고, 『유부계경』 등의 3본의 게 배당이 바르고, 「일체악막작」을 깟싸빠 여래의 것으로 여기는 『필추니계경』의 배당 방법은 유부 이외의 소전과 동일하지만, 근본설일체유부로서는 바람직하지 않음을 알 수 있다.

그렇지만 근본설일체유부계 4본 중에 다른 제부의 계본 등과 비슷한 것도 있다는 것, 예를 들어, 일체악막작(諸惡莫作)의 게가 『필추계경』

47) 『근본설일체유부비나야』 제1권, 대정23권, 628쪽 a.

에서 깟싸빠 여래에 귀속하고, 다른 3본에서는 석가 여래에 귀속되어 있다는 것은 게의 배당이 일정불변하지 않은 것이고, 이 경우는 주목해야 한다. 이것과 함께 생각해야 할 것은 앞에 거론한 『디가니까야』 「대본경」의 비바시불의 게계경과 『선견율』의 제불 교수바라제목차 제2 게가 이 제악막작諸惡莫作에 상당되는 게인 것이다. 그리고 또 이 「대본경」의 비바시불의 제3 게가 7불 중의 비발시불에 배당되어 있다. 또한 앞에서도 말했듯이, 이 3게에는 「이것이 제불의 가르침이다.」라는 결구가 붙어있다. 이들로부터 「대본경」의 3게 및 이를 포함하여 7불에 배당된 11게반은 일군一群의 교수바라제목차적인 게이고, 특히 「대본경」의 3게는 오래전부터 그러한 의미로 사용되는 것이었다고 생각할 수 있다. 다만 이 「대본경」의 3게와 비슷한 것이 『숫타니파타』Suttanipāta에는 다수가 있는데, 불교 교법은 종교적인 것보다도 이런 종류의 윤리적인 것이 주였다는 생각을 가지게 한다. 그 중에서도 「계행이란 무엇인가의 경」kiṁsīla-sutta 何戒經은 겨우 7게의 경經이고, 「무엇이 계인가kiṁ sīlo」라는 구로 시작되기 때문에 그와 같이 불리는 경인데,[48] 그 중간에 '손위의 사람을 공경하고 시기하지 말며, 바른 시간에 스승을 만나 잘 설해지고 명료하게 발음된 법문을 바른 순간에 지성으로 들어라. 고집을 버리고 겸허한 태도로 때를 맞추어 스승을 찾아, 목표와 가르침과 자제와 청정한 삶에 새김을 확립하고 또한 실천하라.'는 것 등을 설하고 있고, 또 「바라문 삶의 경」Brāhmaṇadhammika-sutta에는

「청정한 삶[범행]과 계행을 지키는 것, 정직하고, 친절하고, 절제

48) Suttanipāta, No. 324-330. 남전대장경 제24권, 120쪽, 122쪽.

하고, 온화하고, 남을 해치지 않는 것, 그리고 또한 인내하는 것을 저들 바라문은 칭찬하고 있다.」[49]

라는데, 이는「대본경」의 바라제목차의 원형을 생각하게 할 정도로 많이 닮아있다. 그리고 7불에 배당되는 게송의 바라제목차나 이들 『숫타니파타』의 계戒로 여겨지는 것에 의해 그 내용은 제금制禁되지 않고, 비구의 논리적인 의미로의 있어야 할 정신을 얻는 것으로 비구의 구체적 행위를 지키는 것이고, 불교의 비구가 출가 사회를 향하여 그 결속의 의미강령으로 삼은 것이었음을 엿볼 수 있다.

그러나 한편으로는 구체적인 계항목도 바라제목차라고 불렸다. 『디가니까야』「계온품」의 13경에 설하여지는 소계 · 중계 · 대계는 앞에서 언급한 바와 같이 비구계에 앞선 출가계인데,[50] 제1의 『범망경』에서는 붓다가 이들을 갖추고 있음을 세간 사람이 상찬한다는 것을 기록한 것이고, 이를 바라제목차라고는 부르지 않는다. 그러나 제2『사문과경』 이후의 경들은 비구들이 흔히 이 소 · 중 · 대 43계를 수지해야 함을 설하는 것인데, 여기서는 이를「바라제목차」라 부르고 있다. 즉 비구들이 이들 계를 갖추어 생활하는 것을

「이와 같이 출가해서 의무계율을 수호하고 지켜서 행동범주를 완성하고, 사소한 잘못에서 두려움을 보고 학습계율을 받아 배운다.」

49) Ibid., No, 292. 남전대장경 제24권, 109쪽.

50) 제2장 · 2「출가와 교단」125쪽 참조.

라고 기술하고 있다.[51]

이는 『범망경』에서는 붓다가 이들 43계를 갖추고 있어도 그것은 출가자로서 당연한 것으로 취할 거리가 못되는 비근한 것으로 여겨지고 있던 것이었지만,[52] 이것이 『사문과경』 이하가 되면 출가자에 일반적으로 계구족하는 자가 적어지고, 불교의 비구가 이들 계를 구족하는 것이 상찬받고, 또한 바야흐로 이들 출가계는 비구계의 일부idaṃ pi assa hoti sīlasmim가 되어서, 이윽고 이를 지키는 것이 불교 비구의 특징화가 되어[53] 불교 비구의 유대화로 여겨지고 있다. 단 여기에서는 「계를 구족하면sīla-saṃpadā 계에 의해 제어되고 있으므로 어느 곳에서도 두려움을 느끼지 않는다.」라고 하여, 방호의 의미로 바라제목차라고 불리고 있다.[54]

바라제목차가 「본생경」 안에서 구속의 의미로 사용되고 있는 경우가 고쿨다스에 의해 보고되어 있다.[55] 이에 따르면 쿳다까니까야Khud-dakanikāya 小部經典 『본생경』Jātaka의 제513경에 「복적伏敵본생경」Jayaddissa-jātaka이 있다. 이 경에서 야차(사실은 兄)에게 몸을 주기로 약속한 왕이 그 약속 때문에 속박되는 것을 「그 선고宣告한 계약taṃ saṅgaraṃ pātimokkham으로부터 나는 해탈하고 있지 않다.na muttam」라고 기록되어 있다. 이는 바라제목차pāṭimokkham가 계약 · 구속의 의미로 사용되고 있는 것인데, 위에서 언급한 각종 바라제목차도 비구가 구속되는 법dhamma이고, 『디가니까야』 「계온품」의 43학처도 『사문과경』 등에서는 출가자인 비구를 구속하는

51) Sāmaññaphalasutta(DN.), No. 242-62. 남전대장경 제6권, 95쪽-104쪽.
52) Brahmajālasutta, I, 7. (DN.), No. 1, 남전대장경 제6권, 4쪽.
53) Sāmaññaphalasutta(DN.), No. 2. 43-62 남전대장경 제6권, 95쪽-104쪽.
54) Ibid., 63. 남전대장경 제6권, 104쪽.
55) Gokuldas, Democracy in Early Buddhist Saṃgha, p. 60.

것으로 되어 있다.

바라제목차의 의미를 논하는데 이르러서는 바라제목차라는 단어가 먼저 있고, 그 개념에 적합한 학처를 나중에 만든 것으로 생각해서는 안 된다. 비구로서 지켜야 할 논리적인 법이나 학처가 있고, 그것이 학처나 계로 불리고, 이윽고 이들이 비구를 구속하고, 혹은 비구를 악에 타락하는 것으로부터 지킨다는 의미에서 바라제목차라 부른 것이다. 단지 바라제목차의 자의字義나 언어구성만으로 보아야 하는 것이 아니라, 그 이름으로 불리는 상태에 대해서 보아야 할 것으로 생각된다.

『마하승기율』·『사분율』·『오분율』·『빠알리율』에 따르면 제불 세존의 멸도 후에 그 법이 구주하지 않았던 것은 제불 세존이 성문을 위해 계를 제정하지 않고, 바라제목차를 설하지 않았기 때문이라 여기고, 바라제목차를 화만의 꽃을 연결하는 선線에 비유하고 있다. 즉 지금 『마하승기율』 제1권에서 인용하면

> 「예를 들어, 마치 요술쟁이[鬘師]들과 그의 제자들이 가지가지 색깔의 꽃을 책상 위에 두지만 실로 이어주지 않았을 적에는 사방에서 바람이 불면 그 꽃들이 바람 부는 곳으로 흩어지는 것과 같다. 어찌하여 그런가? 그 꽃들은 실로 이어주지 않았기 때문이다. 사리불이여, 여래께서 제자들을 위해 아홉 부[九部]의 법에 대해 자세히 말씀하시지 않거나 성문을 위해 계를 제정하지 않거나, 현지에서 바라제목차의 법을 말씀하시지 않았으면, 이 때문에 여래께서 열반에 드신 뒤에는 법이 오래 머물러

있지 못한다.」

라고 하고 있어서,56) 바라제목차를 화만의 꽃을 연결하는 선線으로, 성문 비구를 단결하는 유대로 보고 있음을 알 수 있다. 그리고 이는 『사분』· 『오분』· 『빠알리』의 각 율에서도 모두 동일한 취의이다.57)

(4) 비구계바라제목차

게의 계경이 석가 세존을 포함한 7불에 공통적인 것으로서, 혹은 각각의 붓다에 별도의 것이 있다고 여겼던 것을 기술하였는데, 바라제목차라는 이름에 구체적으로 상당시킬 수 있는 것은 비구계의 바라제목차라고 해야 할 것이다.

현재의 비구계를 내용으로 하는 바라제목차의 경전 사상이 오래됨에 대해서는 이미 서설序說 중에서 기술했다. 그 성립은 제1결집에서 이미 근간이 성립되고, 제2결집까지는 대부분 성립되었다고 생각하는 것이다.58)

바라제목차의 내용을 이루는 비구 · 비구니계는 비행을 금하고, 본래는 비구가 비구로서 행해야 할 계가 아니라, 해서는 안 될 것을 행

56) 『마하승기율』제1권, 대정22권, 227쪽 b.

57) 『사분율』제1권, 대정22권, 569쪽 c. 『오분율』제1권, 대정22권, 1쪽 c. 『빠알리율』 Vinayapiṭaka, Vol. III, p. 9 Suttavibhaṅga, pārājika, 3, 3. 남전대장경 제1권, 13쪽-14쪽.

55) 제1장 · 4「양도결집과 율장」참조.

하지 않게 하기 위한 규칙이다. 이 점으로 말하면 앞에 기술한 『디가니까야』「계온품」의 소계 · 중계 · 대계의 43학처 출가계도 이를 갖추는 비구측에서 바라제목차라고 불렸는데, 이것이 그 이름에 가까운 내용이라고 할 수 있다.[59] 그렇지만 출가계는 출가일반 계로부터 편집된 것으로 불교 비구에 한하지 않고 출가자로서의 사회적인 지위를 보호하기 위해 행하거나, 또는 행하지 않으면 안 되는 것을 규정하는 것이다. 이에 대해 이미 말한 바와 같이, 비구계는 비구가 그 출가계에 저촉되는 비행을 행하였을 경우에 행하는 금벌이다. 따라서 이는 불교 비구에게만 특별한 것으로 불교 비구를 구속하는 것이다. 출가계도 바라제목차라고 불려지지만 완전하게 비구를 구속하는 것은 아니고, 포살회에 설법 또는 송출되는 경우는 없다.

『사분율』제1에 따르면 비바시불Vipaśyin과 식불Śikhin과 구류손불Krakucchanda과 가섭불Kāśyapa의 법이 구주하고, 수섭불隨葉佛 Viśvabhuk과 구나함모니불Kanakamuni 두 붓다의 법이 구주하지 않았었기 때문에 사리불은 그 이유를 붓다에게 여쭈었다. 이에 대해 붓다는 수섭불과 구나함모니불 두 붓다는 널리 모든 제자를 위해 설법을 하지 않고 계경契經 등의 12부경을 설하지 않고「결계結戒하지 않고, 설계說戒하지 않았다.」라고 하며, 그 때문에 제자들이 피로했기 때문에 법이 구주하지 않았다는 취지로 대답했다고 한다.[60] 이는 비구계바라제목차의 제1 음계를 결계結하기 위한 서序이다. 사리불이 법의 구주를 위해 설계說戒를 요구하지만, 붓다는 비구에게 유루법을 범하는 자가 있으면 뒤에 그것을 끊기

59) 제2장 · 3「출가계와 비구계」참조.
60)『사분율』제1권, 대정22권, 569쪽 b-c.

위해 결계한다는 취지로 대답하고 있는데, 이윽고 가란타촌 출신의 수제나 비구의 인연으로 결계가 실현됨을 기술하고 있다. 여기에서 지금 과거의 제불 중에서 수섭불隨葉佛과 구나함모니불 두 붓다에게 결계설계가 없었다고 하는데 『사분율』 비구계도 『사분승계본』도 말미에 석존을 포함하여 7불마다 계바라제목차 즉 『선견율비바사』의 말로 말하면 「교수바라제목차」라는 것이 있기 때문에,[61] 이 결계설계는 비구계바라제목차 즉 『선견율비바사』의 말로 전하면 「위덕바라제목차」를 가리키는 것이라 해야 할 것이다.[62] 그리고 이 두 계본에 따르면 「12년 동안은 무사無事했기 때문에 승가는 이 계경을 설하였지만, 이 이후는 널리 분별하여 설한다.」라고 기록하고 있으므로,[63] 이에 따르면 석존도 성도 12년간은 결계설계하지 아니하고, 승가는 여기에 기록하는 한게사偈事의 계경교수바라제목차을 설한 것이 된다.[64] 그 이후 「광분별설」이라 하는 것은 아마도 율장 경분별 중에 광설되는 「비구계바라제목차」를 설한 것으로 여기고 있는 것으로 보인다. 또 앞에도 말했듯이 『근본설일체유부비나야』도 처음 깨달음을 증득하신 후부터 12년은 약설별해탈계경(4게의 偈戒經)을 설하셨으나 12년에 이르러서 제1바라이가 결계되었다고 한다.[65] 이는 결계結戒의 서序이고, 제1바라이의 결계가 13년이었다고 여길 뿐, 13년부터 비구계바라제목차를 설계했다고는 하고 있지 않다.

---

61) 『사분율비구계본』, 대정22권, 1022쪽 b-c. 『사분율승계본』, 대정22권, 1030쪽 a-b.

62) 『선견율비바사』 제5권, 대정24권, 708쪽 a 참조.

63) 주(4)와 동일.

64) 『사분율비구계본』, 대정22권, 1022쪽 c, 『사분율승계본』, 대정22권, 1030쪽 c.

65) 『근본설일체유부비나야』 제1권, 대정23권, 628쪽 a.

『빠알리율』과 『오분율』은 지금 기술한 『사분율』의 결계서와 같은 취의인데, 7불 가운데 법구주法久住와 법불구주法不久住의 붓다가 달리 되어 있다. 『빠알리율』·『오분율』에서는 구루손불과 구나함모니불과 깟싸빠불 세 붓다가, 『오분율』의 표현으로는 「제자를 위해 피염疲厭 없이」 12분경(『빠알리율』은 9분경)을 설하여 계를 결하고 바라제목차를 설했기 때문에 그 법이 구주하고, 유위불維衛佛 비바시불과 시기불식불과 수섭불隨葉佛의 법은 구주하지 않았다고 한다.[66] 또 『사분율』에서는 비바시불등이 설계했기 때문에 제자들이 피염하지 않고 법구주했다고 하지만, 『오분율』과 『빠알리율』에서는 구나함불 등이 피염하지 않고 설법하여 바라제목차를 제정했기 때문에 법구주했다고 하고 있다.[67]

『마하승기율』에서도 사리불의 결계요청을 내용으로 하는 결계서를 가지고 있는데, 여기에서는 7불에 '법구주法久住의 불佛'과 '법불구주法不久住의 불佛'을 나누지 않고, 붓다가 9분교를 설하지 않고, 계를 제정하지 않고 바라제목차를 설하지 않은 제불의 법은 구주하지 않았고, 그와 반대로 9분교를 설하고 제계하여 바라제목차를 입설入說하는 제불의 법은 구주했다고 한다. 물론 『승기율』제27권에 과거 7불 각각의 계계경을 기록하므로 여기에서 말하는 바라제목차는 비구계바라제목차이다. 이 율에서는 비구계바라제목차 중의 4바라이법 뿐이지만 그 결계 년차를 적고 있다. 『마하승기율』 제2권의 음계 말미에

「세존께서 베살리성에서 성불 5년 동분 5반월 12일에 중식 후

66) 『오분율』제1권, 대정22권, 1쪽 b-2쪽 a.

67) 『빠알리율』 Vinayapiṭaka, Vol. IIISuttavibhaṅga, Pārājika,I, 3, 1-4. 남전대장경 제1권, 12쪽 이하, 『사분율』제1권, 대정22권, 569쪽 c.

동쪽을 향하여 앉으셨는데, 한 사람 반半의 그림자가 드리울 때이다. 장로 야사가란타자를 위해 이 계를 제정하시었다. 이미 제정하였으니, 마땅히 수순하여 행해야 한다. 이를 법에 수순한다고 한다.」

라고 기록하는 것이 그것이다.68) 그리고 제2 도계盜戒에 대해서도 같은 문장으로「왕사성에서 성불 6년 동분 제2 반월 10일에 동쪽을 향하여 앉으셨으니, 두 사람 반의 그림자[兩人半影]가 드리울 때이다. 와사瓦師의 아들 장로 달이가를 위해」,69) 제3「인살계人殺戒」는「베살리성에서 성불 6년 동분 제3 반월 9일에 식전食前 북쪽을 향하여 앉으셨으니, 1인반영一人半影이 드리울 때이다. 중다衆多의 간병 비구를 위해」,70) 제4 대망어계는「사위성에서 성불 6년 동분 제4 반월 13일에 식후 동쪽을 향하여 앉으셨으니, 3인반영三人半影이 드리울 때, 마을 중의 중다衆多 비구를 위해」71) 각각 제정하셨다고 한다. 이에 따르면 붓다는 성도 5년과 6년 사이에 4바라이를 제계하셨던 것이 된다.

이상 중에『사분율』의 계본에 따르면 붓다의 성도 이래 12년간은 석가 세존의 4게 계경을 승가에서 설했다고 여겨지고, 13년째부터 비구계바라제목차가 설하여졌다고 생각된다. 그리고 지금『마하승기율』은 비구계 중의 극중죄인 4바라이법을 붓다 성도 5년과 6년간 사이에 성립되었다고 한다. 어느 쪽이든 이를 사실로써 확인할 수는 없지만,

68)『마하승기율』제2권, 대정22권, 238쪽 a.
69) 상동, 253쪽 b.
70) 상동, 257쪽 b.
71) 상동, 262쪽 a.

그러한 해에 생겼다 치더라도 불합리하다고는 여길 수 없다. 『선견율비바사』에 따르면 더 늦은 설을 나타내고 있다. 앞에도 일부 말했듯이 이 『선견율』의 생각으로는 석가 세존을 포함하여 일체 과거 제불에게 공통된 계계경을 인정하고, 이를 교수바라제목차라고 한다. 또 이 『선견율』의 생각으로는 포살은 곧 설계說戒이고, 「과거 제불은 어찌하여 성문을 위해 계를 결하지 않았는가」에 대한 대답으로, 「모든 성문제자가 죄를 범하지 않았기 때문에 또한 위덕바라제목차를 결하지 않다. 또 반월반월계를 설하지 않은 지 6년에 이르렀는데, 6년으로 끝내고 교수바라제목차를 설했다. 이 설은 여래의 자설이고, 성문으로 인해서 설한 것이 아니다.」라고 하고 있다.[72] 즉 제불은 6년간 설계 포살 없이 교수바라제목차를 설하지 않았다는 것이다. 그리고 『선견율』의 생각으로는 『빠알리율』의 생각을 주석할 수밖에 없겠지만 그 붓다의 입멸 후 정법이 구주하지 않았던 비바시 · 식 · 수섭 세 붓다는 중생의 심교수心教授가 쉽게 1게의 뜻으로 사성제에 들어갈 수 있었으므로 9분교도 설하지 않고 위덕바라제목차도 결하지 않았다고 한다.[73] 이에 대해 구류손불 등 다른 3붓다는 위덕바라제목차를 설한 것이 되지만 석가 세존은 성도 20년까지 교수바라제목차를 설하고, 후(21년?)부터 성문 제자에게 위덕바라제목차를 설했다고 한다.[74] 그리고 여기에서는 비구 성문들이 청정한 동안은 붓다 스스로 교수바라제목차를 설하지만, 비구가 청정하지 않게 되면 비구에게 위덕바라제목차를 설하게 한다고 하

72) 『선견율비바사』제5권, 대정24권, 707쪽 c.
73) 상동.
74) 상동, 708쪽 a.

고, 두 계경을 붓다가 자설하는 것과 비구가 송설하는 것으로 구별하고 있다.

제1결집 기사에 따르면, 붓다의 입멸을 보자마자 수발타Subhadda라는 노년 출가 비구가 「벗이여. 근심하지 말라. 걱정하지 말라. 우리들은 그 대사문으로부터 벗어날 수 있어서 좋다. 붓다는 '이것은 응당 해야 하고, 이것은 응당 해서는 안 된다'고 우리들을 괴롭혔다. 비로소 우리들은 만약 원하면 하고, 원하지 않으면 하지 않을 수 있게 되었다.」라고 방언했다고 한다.[75] 붓다의 입멸을 방일한 생활을 행하기 위해 오히려 기뻐하는 듯한 방언이다. 이러한 사태를 보고 마하깟싸빠 등이 비법비율非法非律이 번성하게 되는 것을 염려하여 500장로 비구를 모아서 제1결집을 결행했다고 한다. 이에 따르면 비구계의 결집이 첫 번째 목적인 것이다. 결집에 있어서는 비율파非律派라고 해야 할까? 아난다의 「소소계khuddānukhuddaka 폐기설」도 나왔지만, 이것도 극복하고 「승가는 미제를 제정하지 않고, 제도에 따라서 학처를 지키고 주住한다.」는 것으로 결집은 마쳤다고 한다.[76] 물론 이 기사는 현존 율장의 성립을 의미하는 것은 아니지만, 사실은 이때 성립된 것은 현재의 비구·비구니계 바라제목차의 주요부였다고 보아야 하지 않을까? 다시 비구계에 대해서 말한다면 현재 각종 율장에 거의 공통되는 바라이·승잔·사타·단타의 개수 500계였다고 보는 것이 현재로서는 가장 타당한 견해라고 생각된다.

75) Cullavagga, XI, 1, 2. 남전대장경 제4권, 427쪽.
76) Ibid., XI, 1, 9. 남전대장경 제4권, 430쪽-431쪽.

(5) 바라제목차와 포살

불교의 포살이 비구만의 집회가 되자, 바라제목차는 포살의식으로 사용되어, 그 본래의 의미인 불교 비구의 유대로서의 의미가 강조된 것이다. 그것은 또한 불교 비구의 승원적 집단생활의 발생과 함께 포살이 현전승가의 결속의 상징이 된 것과도 관계되는 것이었다.

포살uposatha은 불교가 창설한 것은 아니다. 율장 『마하박가』의 「포살건도」에 따르면 붓다는 마갈타 국왕인 세니야 빔비싸라Seniya-Bimbisāra의 건의를 받아들여서 당시 외도범지들이 인도류의 15일을 1개월로 여기는 매월 15일, 14일, 8일에 모여서 법담을 행하고 있었던 포살을 모방하여 불교에도 같은 포살을 행하게 되었던 것이다.[77] 이 포살은 처음에는 외도와 같은 형태로 행하여졌다가[78] 이윽고 비구만의 것이 되자 매월 15일에만 행하는 것으로 개정되기에 이르렀다. 처음 포살은 비구가 집합하여 법담을 하고, 재가신자도 이를 듣고 신심을 증진할 수 있는 것이었다고 생각된다.[79] 『빠알리율』이나 『십송율』에서는 이 포살의 법담 내용을 기록하고 있지 않지만, 『사분율』에서는 「下至一偈」라 하여 '諸惡莫作 諸善奉行 云云'의 1게 계경을 설했다고 하고 있다.[80] 또 『오분율』에서는 이때 「마땅히 삼보 · 념처 · 정근 · 신족 · 근 · 력 · 각 · 도를 찬탄하고, 모든 시주를 위해 제천을 찬탄해야 한다.」라고 하고 있다.[81] 또 『마하승기율』은 게계경으로서 과거 7불 각 붓다의 게계

77) Mahāvagga, II, 1, 1-4. 「포살건도」, 남전대장경 제3권, 180쪽-181쪽.
78) Ibid., III, 2, 1. 「포살건도」, 남전대장경 제3권, 181쪽-182쪽.
79) 주47과 동일.
80) 『사분율』 제33권, 대정22권, 817쪽 b.

경을 각 붓다의 바라제목차로서 기록하고 있고,[82) 『설일체유부비나야』는 4게의 게계경을 석가 세존이 12년 설했다고 하고 있다. 이에 관해서는 앞에[83) 기술했다.

이처럼 포살은 먼저 당시 출가사회의 공통적인 행사에 따랐던 것이다. 포살upavasatha, uposatha은 포살타파 · 포쇄타 · 포사타 등으로 음역되고, 의역으로는 장양長養 · 선숙善宿 · 정주淨住 · 장주長住 · 근주近住 · 공주共住 · 단재斷齋 · 사舍 · 설계說戒 등이 있는데, 이 의역 중에서 근주近住가 가장 문자 의미에 가깝고, 설계說戒는 뒤에 계학처를 설하기에 이르렀을 때 포살 내용에 대해서 구체적으로 명명한 것이다. 인도의 종교적 행사로서의 포살 발생은 고대 베다의 신만월新滿月 공양에서 유래한 것이다. 베다에서는 신만월 날은 공희供犧의 성일聖日로 여겨지고 있어서[84) 많은 찬가가 이날에 불리고 있었다. 그리고 『백도범서』百道梵書 Śatapatha-Brāhmaṇa에 따르면, 공희를 행할 때 행자는 신만월 전날에 준비를 위해 공희를 위한 화사火舍 agnyāgāra에 들어가서 단식 또는 절식하며 자신을 청정히 한다. 이날에는 신이 와서 이 공희자와 공주하므로 신과 함께 주하기 위해 금계varta를 지키는 재일齋日인데, 이에서 신과 「근주하다upavasatha=포살」라는 의미로 불리는 것이다.[85)

포살은 위에서 언급한 것처럼 바라문의 종교의례로 시작되었는데 예를 들어, 비의례주의자인 자이나교도에게도 포살의례는 행하여졌

81) 『오분율』제18권, 대정22권, 121쪽 b.
82) 『마하승기율』제27권, 대정22권, 446쪽 c-447쪽 a.
83) 『근본설일체유부비나야』제1권, 대정23권, 628쪽 a.
84) Atharvaveda, VII, 79, 80.
85) Śatapatha Brāhmaṇa, 1, 1, 7-9.

다. 물론 화사火舍에 들어가는 일은 없지만 포살사布薩舍 posadha-sālā에 들어가서 음식āhāra과 사치śarīrasatkāra와 부정행abrahma과 일상속사日常俗事 vyāpāra로부터 멀어지는 4금禁 upavāsa을 지키는 것이고,86) 불교 우바새·우바이가 재일齋日에 오계를 지키는 것과 비슷하다. 그러나 이 자이나교의 경우는 출가자의 행법이지, 불교의 우바새·우바이 같은 재속자의 재계齋戒는 아니다.

불교 재속자의 팔재계의 포살에 대해서는『앙굿따라니까야』「천사품」에

> 「반월마다 제8일과 제14과 제15과 특별한 날에 여덟 가지 고리를 모두 갖추고 나와 동등하게 되기를 바라는 자라면, 열심히 포살을 지켜야 하리.」

라는 게송이 있다.87) 그리고 이 게송에 대해서 경은 반월의 8일에는 4대왕cattāro Mahārājā의 종속이, 14일에는 4대왕의 왕자가, 15일에는 4대왕 자신이 세간을 순시하면서, 일반인이「어머니에게 효도하고, 아버지에게 효도하고, 사문을 공경하고, 바라문을 공경하고, 가장을 우러르고, 재계를 지키는지, 정직하게 지켜 복업을 행하는지」를 조사하여 33천에 보고한다는 전설을 적고 있다.88) 즉, 이 전설은 불교의 우바새·우바이가 재가자의 포살로서 8재계를 지니는 이유를 기술하는 것

86) Hoernle, UvāsagadasāoBibliotheca IndicaNote 87.

87) Aṅguttara-nikāya, III, 37. Vol. 1, p. 144 남전대장경 제17권, 233쪽,『잡아함』제41권, 대정2권, 389쪽.

88) Ibid., III, 36. Vol. I, pp. 142-143 남전대장경 제17권, 230쪽-233쪽,『증일아함경』제24권, 대정2권, 624쪽.

이고, 이 8일, 14일, 15일은 제천이 그 행위를 순시한다고 여기고 있고, 적어도 그날은 내세의 행복을 위해 부모를 공경하고 봉양하는 등의 선행을 쌓아야 한다고 하고 있다.

이상과 같이 보면 원래 출가자에게 출가자의 포살이 있고, 재가자에게는 재가자의 포살이 있어서 서로 각각의 행법으로 이 성일聖日을 지냈다고 볼 수 있지만, 이들 두 가지 형식에 대해서 처음 불교가 세니야 빔비싸라 왕의 충고에 따라서 수용되었던 포살은 제3형식이라고도 할 수 있는 것이고, 출가자가 재가자에게 법을 설하는 설법포살이라고도 할 수 있는 것이었다. 『아루니카 · 우파니샤드』에 따르면 「둔세자saṃnyāsin는 베다 가운데 『삼림서』를 읽어야 한다. 『오의서』를 읽어야 한다.」라 하고 있다.[89] 그 때문에 공양을 행하지 않는 바라문행자는 성일인 포살일에 『오의서』나 『삼림서』를 읽고 지내는 것이라 생각할 수 있다. 또 율장의 『마하박가』「포살건도」의 첫머리에 따르면 「그때 외도범지들은 반월마다 제14일, 제15일, 제8일에 집합하여 법을 설했다.」라고 하고 있다.[90] 그렇지만 이들 『삼림서』 등을 읽고, 법을 이야기하는 것은 바라문들이 자신들을 위해 행하는 것이고, 속인에 대해 행하는 것은 아니었다. 그러나 이처럼 종교 전문가에 의해 종교서가 읽혀지고 법담이 행해지고 있는 것을 일반인은 견문하고, 이에 의해 애심신심愛心信心을 얻는 것이다. 「사람들은 법을 듣기 위해 그들의 곁에 이르렀다. 사람들은 외도 범지들에게 애념pema을 얻고, 신심pasāda을 얻었다. 외도범지들은 종도宗徒 pakkha를 얻었다.」라고 하고 있다.[91]

89) Āruṇika-upaniṣad 2.

90) Mahāvagga, II, 1. 1. 「포살건도」, 남전대장경 제3권, 180쪽.

원칙적으로 출가 종교와 재가 종교는 별도이고, 법은 출가자 내의 특권이었다. 예를 들어, 『사분율』에 따르면 비구가 가영조歌詠調로 법을 말한 적이 있었는데 그러한 일을 행하면 속인들이 그 음성을 좋아하고 탐착하거나 교만한 생각을 일으켜 공경하지 않을 염려가 있다고 여겨 금하고 있고, 가영조의 설법을 법담오과실法談五過失의 하나로 언급하고 있다. 즉 출가의 법담은 속인에게 법에 대한 신심이 생기게 해야지 법에 대해 교만한 생각을 일으키게 해서는 안 된다고 하고 있는 것이다.[92] 신자가 모이는 곳에서는 신자가 이해할 수 있도록 법을 설해야 한다. 그리고 『오분율』에서는 출가자가 속인에게 설하는 설법포살이 있었다고 한다. 즉 앞에도 말한 바와 같이 포살 모임에서는 「마땅히 삼보 · 념처 · 정근 · 신족 · 근 · 력 · 각 · 도를 찬탄하고, 모든 시주를 위해 제천을 찬탄한다.」라고 하고 있다. 이는 모인 비구들이 자신들을 위해 제일의第一義인 삼보 내지 정도正道를 칭찬하고, 청문하러 온 속인들에게는 세속제世俗諦인 「제천을 찬탄」한 것이다.[93] 즉 속인을 위해서는 출가도가 아닌 소위 시론施論 · 계론戒論 · 생천론生天論의 일반적인 믿음俗信을 설했다고 볼 수 있다. 그러나 여기에서도 재가의 불교에로의 믿음을 설해도, 출가의 법은 속가에 알려서는 안 되는 것이다. 출세간법은 출가인 비구만의 것이었다. 속신俗信인 생천론 등은 속인의 것으로 여겨지는 것이고, 출가 · 재가의 일미一味의 법은 아니다.

포살의 법담이 일반인이 모여서 신심을 일으키는 기회가 된다는 것은 그것이 머지않아 설법전도의 포살로 발전해야 함이 당연하다고

91) 상동.
92) 『사분율』제35권, 대정22권, 817쪽 a.
93) 『오분율』제18권, 대정22권, 121쪽 b.

생각된다. 그러나 이 일은 인도에서는 일반인이 지식욕이 적기 때문에 발전하지 않았다. 또 출세간 제일의 가르침은 세속의 욕망을 버린 출가자의 특권이었다. 종교는 여기에서 폐쇄적인 것이고, 종교라 하더라도 특권은 타인에게 주어서는 안 되는 것이었다. 지금의 경우로 말하면 출가의 포살은 출가자만의 것이 되고, 포살은 출가자의 비행非行을 금하는 비구 · 비구니계를 법으로 송출하는 것으로 되어, 재속인에게 전혀 관계가 없는 것으로 되어버렸다. 그리고 그와 같이 된 원인을 묻는다면 인도의 종교가 원래 출가자와 속인은 그 종교 목적을 달리하기 때문이다. 출가자는 완전히 내세를 부정한 경지를 추구하여 현세를 초극하는 제일의제의 수행을 하지만, 속인은 그 출가자에게 공양함으로 인해 세속제의 행복한 현세적 내세를 구한다. 출가는 출세간을 추급하고 있고, 재가는 세간의 행복을 구하고 있어서 완전히 목적을 달리한다. 즉 예나 지금이나 인도에서는 출가는 재가에게 제일의제의 종교 내용을 말할 필요는 없고, 다만 재가에게 세속제인 재가인의 종교적 행법을 가르치면 된다.

포살은 바라제목차를 송출하는 행사이지만, 그러나 발생적으로는 포살과 바라제목차는 별개의 것이었다. 포살은 위에 말했듯이 종교에 별로 관계없이 베다의 종교 이래 성일이라 여긴 날을 각각의 방법으로 성일답게 지내는 것이었다. 이에 반하여 바라제목차는 몇 명이든 그것을 받드는 일에 의해 불교의 비구임을 자각시키는 것이다. 즉 불교비구가 불교비구로서의 자각을 가지기 때문에 유대가 되는 것이었다. 이를 지키는 것으로 불교비구가 되는 것이 바라제목차였다. 이미 말한 바와 같이 그 구체적인 내용은 때로는 교법 즉 게계경이 그것이었고, 때로는 출가계가 그와 같이 불렸던 경우도 있고, 그것이 최후에는 비구 · 비구니계가 그 내용으로 정해졌던 것이다. 그것은 즉 바라제목차는 불교비구에 대해서 말하면 불교비구에게 특수하고, 불교비구 전체의 유대를 이루는 것이어야 했다. 처음에 각 종교의 출가자가 거의 똑같은 생활을 하고 있을 때는 불교만의 것은 교법이었기 때문에, 비바시불 등의 7불이 설한 게의 바라제목차에 보이듯이 교법을 내용으로 하고 있었다. 또한 다음으로 계행을 구족하는 것이 출가 사회에서 볼 때 불교비구에게 특징적이었던 시대에는 디가니까야 「계온품」 『사문과경』 등의 출가계가 바라제목차라 불렸었다. 그리고 마지막으로 붓다가 비구의 비행을 금한 비구 · 비구니계를 지키는 것이 불교비구를 특징짓는 시대가 되면 이 비구 · 비구니계가 바라제목차의 내용으로 여겨지기에 이르렀다. 그리고 이 마지막의 바라제목차는 반세기에 걸친 붓다의 비구들에 대한 훈계의 집적으로서, 제1결집에서 최후의 내용이 결정되었다고 보이는데, 이 비구계를 바라제목차라고 한 것은 이미 붓다 시대부터였다고 볼 수 있다. 그러나 그것은 아마도 이른 시대는 아니라고 생각된다. 이미 말했듯이 율학처가 생긴 것은 불교승가가 생기고 나서 상당히 후의 일이어야 하고, 또 율장 『마하박가』에는 노비구인데 포살을 행해야 하는 것도, 포살에 바라제목차를 송출하는 것도 모르는 자가 있었다고 하고,[94] 또한 바라제목차의 내용으로 되어 있는 비구 · 비구니계 안에 있는 학처를 지금까지 몰랐다는 자도 있음을 바일제 제73에 기술하고 있다.[95] 이들에 의해 보면 현재 바라제목차 중 계학처 안에는 상당히 새로운 것도 있고, 더욱이 그 어떤

94) Mahāvagga, II, 21, 2. 「포살건도」, 남전대장경 제3권, 211쪽-212쪽.

것은 붓다 입멸 후에도 상당히 덧붙여 쓰여진 것도 있을 것으로 생각된다. 그러나 반세기에 걸친 붓다의 교화이기 때문에 계학처의 대부분은 붓다가 설한 것이라 보아도 좋다.

율장의 「포살건도」의 기술에 따르면 포살과 바라제목차와는 별도로 발생한 것이다. 불교에 포살이 성립된 초기에는 비구들은 단지 막연히 침묵하며 모여있을 뿐이었다. 그리고 비구들이 서로 법을 설하는 모습을 보고 듣고자 모인 속인의 비난이 있어서 붓다는 포살 집회에 법을 설해야 함을 정하신 것이다.[96] 이때 설하여진 법에 대해서는 앞에서 살펴본 『오분율』과 같은 것을 생각할 수 있다. 즉 비구를 위해서는 삼보 내지 정도正道를 설하고, 시주를 위해서는 제천을 찬탄했다고 불리는 것과 같은 것이라 보인다.[97] 즉 속인도 그것을 듣고 믿음을 일으키는 설법적 포살이었다. 이것이 그 뒤에 붓다의 생각에 의해 비구의 비행을 금한 비구 · 비구니계가 바라제목차가 되어서, 이 바라제목차를 송출하는 것으로써 포살 행사uposatha-kamma로 정했다고 생각된다.[98] 즉 비구 · 비구니계를 편집한 것을 바라제목차라 하고, 이를 송

---

95) 「恐譽先言戒」 『빠알리율』 · 『사분율』바일제 제73계 · 『오분율』제64계 · 『십송율』 · 『근본유부율』제83계 · 『마하승기율』제92계 「어떠한 비구라 하더라도 반월마다 바라제목차가 설시될 때 이렇게 말하기를, "나는 지금 비로소 이 법이 계경 중에 포함되고, 계경 중에 수록되어 반월마다 설시되는 것을 알았다."라고 할 때, 만약 다른 여러 비구들이 이 비구가 이전에 두세 번, 그 이상은 물론 바라제목차가 설시되는 데 참석한 것을 알 때는, 이 비구가 알지 못했다는 것을 이유로 면제되지 않는다. 그 경우 그 범한 바 죄를 법에 따라서 처분해야 하고, 또한 그 무지를 가책해야 하나니, "벗이여. 그대는 바라제목차가 설시될 때 일심전념하지 않았기 때문에 그대는 이득을 잃게 된다."라고 해야 하며, 이 (비구는) 무지 때문에 바일제이다.」 남전대장경 제2권, 229쪽 譯文.

96) Mahāvagga, II, 2, 1. 「포살건도」, 남전대장경 제3권, 181쪽-182쪽.

97) 주93과 동일.

출하는 것으로 포살행사로 삼은 것이다. 이때 바라제목차가 포살에 결부된 것이지만, 그 결과는 비구 · 비구니의 포살은 속인의 것과 분리되어 속인에게 법을 듣게 하는 경우가 없는 즉, 비구만의 모임이 되어 회수도 그때까지 매 반월 8일과 14일과 15일의 3회로 행하여졌던 것이 매 반월 14일이나 15일 하루만 행하여지게 되었다.[99] 그러나 이와 같이 된 것은 앞에서 살펴보았듯이, 붓다시대라도 상당히 후년이어야 된다. 이미 명확하듯이, 비구 · 비구니계는 불교의 승가 창설시대에는 없던 것이 승가 창립의 의기를 침체시키고, 부덕한 입단자가 있어서[100] 그 결과 비구 중에 출가자로서 해서는 안 될 비행非行을 저지르는 자가 나오기 시작하여 그 재범을 방지하기 위해 그것을 금하신 것이다. 이미 말한 바와 같이『마하승기율』의 전설에서는 붓다의 성도 제5년째에, 또『근본설일체유부비나야』에서는 동 제13년째가 되어 비로소 음행을 행하는 자가 있어서 제1 바라이법이 제정되었다고 한다.[101] 또『선견율비바사』는 성도 20년까지는 게바라제목차가 설하여졌다고 하므로 비구계의 시작은 21년부터라고 본다고 생각할 수 있다.[102] 어쨌든 그 전설의 진위는 별도로 하더라도 그러한 율학처가 많아지고 바라제목차의 내용으로서 편집될 정도의 수가 된 것은 승가창립 후 대단히 오랜 년수가 지난 후라고 보아야 한다는 것도 사실이라 생각된다.

현재 바라제목차의 내용으로, 비구 · 비구니계는 바라제목차에 편

---

98) Mahāvagga, II, 3, 1-2.「포살건도」, 남전대장경 제3권, 182쪽.

99) Ibid., II, 4, 2. 상동, 185쪽-186쪽.

100) 예를 들어, 호의 호식을 얻을 수 있다고 여겨 비구가 되는 것이다. Mahāvagga, I, 30, 1-2「대건도」, 남전대장경 제3권, 101쪽.

101)『마하승기율』제2권, 대정22권, 238쪽 a.『근본설일체유부비나야』제1권, 대정23권, 628쪽 a.

102)『선견율비바사』제5권, 대정24권, 708쪽 a.

집될 때 바라이pārājika · 승잔saṃghādisesa · 부정aniyata · 사타nissaggiya-pācittiya · 단타pācittiya · 제사니pāṭidesaniya · 중학sekhiya · 칠멸쟁satta adhikaraṇasamathā dhammā의 중죄부터 경죄에 이르기까지 여덟 항목으로 정리되었고, 이처럼 정리된 것의 전후에 인연因緣 · 문분問分 · 후서後序를 붙여서 포살에 사용할 바라제목차 형식으로 갖추어진 것이다. 현재의 『빠알리율』의 바라제목차에 대해서 이를 보면, 먼저 처음에 인연이 있고, 이는 개구開口의 서序라고 해야 할 것이다. 그 내용은 (1)오늘은 15일이고, 포살일이기 때문에 바라제목차를 송출해야 한다는 것 (2)비구들은 자기 자신이 계학처에 대해서 죄가 없이 청정함을 고해야 한다는 것 (3)죄가 있는 자는 발로 · 참회해야 하는데, 다음의 문분問分에서 세 번까지 죄가 있는가 없는가를 묻기 때문에 그 질문에 대답하여 발로 · 참회해야 하고, 만약 죄가 있는데도 발로 · 참회하지 않는 자는 붓다가 훈계한 고망어죄故妄語罪를 범한 것이 된다는 것, 이상의 세 가지가 기술되어 있다. 인연 다음에는 죄가 있는가를 묻는 문분問分이 있고, 이는 (1)먼저 비구들에게 비구계에 대해서 죄가 있고, 아직 참회하지 않는 자가 있는가를 세 번 다시 질문하는 것과 (2)이어서 세 번 죄를 물어도 발언하는 자가 없다면 「전원이 침묵하고 있으므로」 전원이 무죄청정無罪清淨이라 인정하는 것을 선언하는 두 경우가 기록되어 있다. 이 인연과 문분의 다음이 본문인데 이는 바라이 · 승잔 · 부정 · 사타 · 제사니 · 중학 · 멸쟁법의 순서로 8항목 227학처(『빠알리율』)를 송출할 수 있다. 그러나 이 본문에도 각 항목마다 예를 들어, 4바라이법에 대해서 말하면, 먼저 (1)4바라이법을 송출한다는 모두冒頭의 구절이 있고, 그것에 이어서 (2)네 가지 학처를 읽고, 또 그것에 이어서 (3)이제 송출한 4학처에 대해서 비구들은 무죄인가를 세 번 묻고, (4)전원이 침묵하는 것을 보고 전원이 이 학처에 대해서 무죄임을 선언하는 말이 첨부되어 있다. 이처럼 8항목이 끝나면 후서가 설하여진다. 이는 (1)본문에 기술된 8항목을 열거하며 이상이 송출되었다고 하고, (2)그것에 이어서 「세존의 바라제목차에서 유래하고 바라제목차에 포함된 것을 반월마다 송출합니다. 그것에 관하여 모두가 화합하여 함께 기뻐하면서 다툼이 없이 배우겠습니다.」라는 종결 문구로 전체가 끝이 나 있다.[103] 또한 한역 여러 율 중에서 번역된 계본 즉 『사분승계본』, 『동 비구계본』, 『동 비구니계본』, 『미사새오분계본』, 『오분계본』, 『마하승기율 대비구계본』, 『마하승기율 대비구니계본』, 『십송바라제목차계본』, 『근본설일체유부계경』, 『근본설일체필추니계경』의 말미[104]는 모두 석가 세존의 것도 포함하여 과거 7불의 게계경을 열기하고, 7불이 세간을 능히 구하고 보호하기 위해 설계하신 이 계경을 공경하고, 각자 서로 공경해야함을 게로 설하고, 「여러 대덕이여, 이미 바라제목차를 설하였습니다. 승가는 일심으로 포살을 얻었습니다.」(『오분계본』)라고 맺고 있다. 『해탈계경』의 말미는 7불의 게계경을 생략하고 있으나 7불이 해탈계경을 설했다고 여겨 존중해야 함을 설하는 게송을 적고 있다.[105]

현재의 율장은, 이를 근대의 불교성전성립사에서 말하면 지금 기

103) 남전대장경 제5에 첨부된 日譯, 바라제목차에 의한다.

104) 『사분승계본』, 대정22권, 1030쪽 a-c. 『사분비구계본』, 상동, 1022쪽 b-1023쪽 a. 『사분비구니계본』, 상동, 1040쪽 b-1041쪽 a. 『미사새오분계본』, 상동, 199쪽 c-200쪽 b. 『오분비구니계본』, 상동, 206쪽 a-b. 『마하승기율대비구계본』, 상동, 555쪽 c-556쪽 a. 『마하승기비구니계본』, 상동, 564쪽 c-565쪽 a. 『십송비구바라제목차계본』, 대정23권, 478쪽 b-479쪽 a. 『근본설일체유부계경』, 대정24권, 507쪽 b-508쪽 a. 『근본설일체유부필추니계경』, 상동 517쪽 a-517쪽 b.

105) 『해탈계경』, 대정24권, 665쪽 a-b.

술한 「바라제목차」가 선재하고 있고, 그것을 경sutta으로서 「율장경분별주」가 성립하였고, 그것에 교단생활상 필요한 규칙이 더해져 「건도」가 되고, 그 말미에 「제1결집」과 「제2결집」 두 기사가 결부된 것으로 생각된다. 이 설은 불교경전성립사적인 연구에 몇 명에 의해서도 언급되고 있다. 먼저 올덴베르그가 1882년에 『Vinayapiṭaka』를 교정출판을 했을 때 서문에 제기하고 난 이래 학계의 통설로 되었고, 지금에 와서도 변경되는 일은 없다.[106] 그러나 율장의 「경분별」에서 분별되고 있는 것은 앞에서 언급한 바라제목차의 본문 중 비구계뿐이고, 인연이나 문분 등은 전부 경분별에 나오지 않는다. 그리고 바라제목차의 인연과 문분에 상당하는 부분만은 『마하박가』의 「포살건도」 안에 인용하여 분별해석이 행해지고 있다.[107] 이 일에 대해서 올덴베르그는 이 인연과 문분도 경분별부에서 분별 해석 되어야 할 것이 실수로 「포살건도」로 섞여 들어간 것이라 하는데, 이는 무리한 생각인 듯하다.

바라제목차의 본문 비구계 부분이 바라제목차로 되기 위해 정리되었다 하더라도 이는 금율의 법전이고, 이 법전을 경sutta으로서 분별해석하는 것이 「율장 경분별부Sutta-vibhaṅga」이다. 이에 반해 이 법전을 읽기 위해 서문인 인연담을 붙이고 포살에 사용하는 의식용 바라제목차로 삼고 있는 것이 「포살건도」의 생각이다. 즉, 227비구계에는 금율집으로서의 법전의 의미와 물론 이 법전의 의미를 자각시킬 목적은 있다 하더라도 이 법전에 인연이나 후서 등을 붙여서 포살의식 의전으로서 사용한다는 의미를 구별하여 생각해야 할 것이다. 즉 「율장 경분

106) Vinayapiṭakaṁ, Vol, 1,MahāvaggaIntroduction p. XXI and Footnote 1.

107) Mahāvagga, II, 3, 3-8. 「포살건도」, 남전대장경 제3권, 193쪽-184쪽.

별부」는 법전으로서의 비구계를 분별하는 것이고, 「포살건도」는 의전으로서 바라제목차를 취급하는 것이다. 올덴베르그의 생각에는 이 두 가지를 구별하는 것이 결여되어 있는 듯하다. 그렇지만 포살의 역사에서 말하면 이 법전으로서의 계학처가 포살 의전으로써 채택됨에 따라서 포살의 의의는 일변하게 되었다고 볼 수 있다.

포살은 이미 말한 바와 같이, 처음에는 출가자의 법담 모임으로 속인도 그것을 듣고 신심을 일으키는 것이었으나, 비구계 바라제목차 송출을 주요행사로 하는 포살이 되기에 이르면 이것이 일변하여 비구의 모임이 되고, 참회식으로 밖에 되지 않게 되어서, 반월 15일간에 3회 모임은 1회로 좋다고 여겨지기에 이른 것이다. 그리고 포살의 새로운 목적 의미는 바라제목차에 붙여진 서문인 인연으로 규정되었다. 이 인연의 내용에 대해서는 위에 말하였듯이, 오늘은 15일로 포살일이라고 선언한 직후에 「무엇을 승가가 처음으로 행해야 할 행사라 여기는가? 존자들은 자기의 청정함을 알려야 합니다.」라는 말이 있다. 이는 포살의 모임은 비구계에 금지되어 있는 범죄에 대해서 청정한 자의 모임이어야 함을 말하는 것이다. 포살에는 모든 비구가 반드시 출석해야 하지만 범죄비구는 비구로서 출석할 자격이 없고, 포살 당일도 좋으니까 참회출죄하여 청정하게 되어 참가해야 한다고 여긴다.[108] 이처럼 포살은 비구가 청정하게 되어 출석할 것을 요구하고, 게다가 또 바라제목차가 송출되고 있을 동안에 비구계를 듣고 자기의 범죄를 알아차린 자에게 발로참회를 구하도록 인연의, 본문 각 항목마다에 「이 점에 대해서 청정한가?」라는 질문 문구가 세 번씩 되풀이되고 있다. 그것에

---

108) Ibid.,II, 27, 1-2. 상동, 222쪽-223쪽.

이어서 「제 대덕은 이 점에 대해서 청정합니다. 그러므로 침묵한 것입니다.」라고 다짐하고 있다. 즉 비구계집比丘戒集을 의전바라제목차로 만드는 인연이나 문분에 의해 포살은 단지 법담의 모임이 아니라, 비구로 하여금 비구계가 금하고 있는 범죄로부터 청정하게 하고, 그것에 의해 승가의 청정을 지키기 위한 의식이라 여겼다. 그리고 특히 이 일에 의미를 더하기 위해 인연 안에는 「죄가 있음을 기억하여 발로하지 않으면 고망어sampajānamusāvāda가 됩니다. 고망어는 세존에 의해 장애의 법antarāyika dhamma이라 설하여졌습니다.」라고 기술하고 있다.[109] 즉 포살에서, 죄가 있는데도 고백하지 않고 침묵하고 있으면 고망어죄를 범하게 되는데 고망어는 붓다에 의해 불도의 장애가 된다고 하셨다는 것이다. 이처럼 포살은 처음에 성일을 법담으로 지내는 모임에서 일변하여, 비구에게 있어 죄가 있는 자가 죄를 발로하여 청정해지기 위한 의식으로 변했다.

불교승가에는 비구니도 마찬가지이지만 비구에 대해서 말하면, 비구의 비행을 금하고, 범한 자의 벌죄를 규정하는 비구계는 있으나, 죄가 있는 자를 검거하여 강제적으로 죄를 검문하고 이를 벌하는 제도는 없다. 비구계에 금하는 것을 범한 비구는 그것에 의해 자동적으로 비구의 자격을 상실해진다. 따라서 자신의 비구자격을 지키기 위해 죄가 있는 자는 스스로 승가에 이야기하고, 참회하고, 복죄행사가 있는 자는 그 행사를 부과받도록 청원해야 한다. 즉 죄를 고백하여 복죄하는 것은 승가의 안녕과 질서를 지키기 위해서가 아니라 비구자신을 위해서이다. 예를 들어, 승잔법 제1은 고출정계인데 이는 범죄 성질상

109) Ibid.,II, 3, 3. 상동, 182쪽-183쪽.

타인에게 알려지지 않는 자기 혼자만 아는 것이지만, 이를 범한 자는 자기를 청정하게 하기 위해 승가에 알리고, 죄를 복장한 날수의 별주를 부과받을 것을 청하고, 다시 그것을 마쳤을 때 그 취지를 말하고 6일간 「마나타」라는 복장을 청하고, 그것을 마치고 나서 또 출죄를 청하고, 그것이 주어지고 난 뒤 비로소 청정하게 되는 것이다.[110] 승잔죄는 중죄이지만 예를 들어, 3衣 이외의 의복을 소지하여 10일을 넘긴 것은 경죄이다. 이러한 경우에도 스스로 승가인 비구대중에게 알리고, 자기의 청정을 위해 그 소집을 요구하여 복죄를 진술하고 참회출죄를 청하는 것이다. 이처럼 비구가 참회 복죄하는 것을 구할 때는 승가는 의무적으로 이에 응해야 한다. 즉 원칙적으로는 비구 자신이 자기의 청정을 위해 청하여 발로참회를 구하는 것이다. 그렇지만 후기의 승가나 붓다 입멸 후의 승가가 되면 범죄비구의 복죄는 승가의 이익을 위해 필요해진다. 즉 분명하게 죄를 범하고 그것이 승가에도 분명히 알려져 있는데 자기의 무죄를 주장하고, 복죄를 청하지 않는 자가 있으면 이에 대해 승가는 그 비구에게 불견죄거죄갈마를 선언해야 하는 상태가 된다.[111] 이 갈마는 범죄로 불청정한 비구가 있어서는 모든 승가의 행사kamma 갈마는 성립되지 않기 때문에 죄가 있으면서 죄를 인정하지 않는 비구는 일단 승가로부터 일시적으로 인원수 외로 제외하는 조치이다. 이러한 조치가 필요해짐에 따라서 비구가 자발적으로 죄를 참회하고 청정해지는 것은 승가에서도 필요했다고 생각할 수 있다. 그것이 비구의 자발적 고백 복죄가 잘 행해지고 있던 때는 생각할 수

---

110) Cullavagga,III, 1-5. 「집건도」, 남전대장경 제4권, 62쪽-63쪽.

111) Ibid., I, 25. 1-2. 「갈마건도」, 남전대장경 제4권, 30쪽-31쪽. 제6장 제2절 (3) 참조.

없었지만 자발적 고백 비구가 적어지자 강제조치가 필요해졌다. 그러나 붓다 입멸 후 무교주교단이 된 불교승가는 민주적인 개인 자유를 극한에 가깝게 인정하였고,[112] 그 결과 타인의 죄 고백을 요구하는 것은 더욱 곤란하게 되었을 것으로 보인다. 그러한 사태가 되자 현전승가가 어떻게 해서든 반드시 행해야 할 포살이 중요시되고, 참회를 구하는 포살을 강조하게 되었다. 그리고 포살 최대의 의의를 비구로 하여금 청정하게 하는 것에 중점을 두고, 비구계를 송출하고, 그것에 관해서 비구가 청정한가를 몇 번이고 반복해서 묻고 고백을 구하는 것이 되었다.[113]

(6) 포살과 바라제목차

위에 말한 바와 같이 바라제목차는 비구계를 내용으로 한 것으로 이른바 법전이었다. 이 법전에 고백참회를 구하는 인연서문을 덧붙여서 포살의식으로서의 바라제목차가 된 것이다. 그리고 그와 같이 함으로써 포살 그 자체도 성일을 유의의한 범담으로 보내는 의미에서 일

112) 제 4장 · 4 「無教主制와 破門의 不成立」 291쪽 이하 참조.

113) 포살은 청정한 비구만으로 행해지고 죄 있는 자는 차단되고 있다.(Cullavagga Ⅸ, 2, 1.) 그러므로 포살이 참회식이 되어도 실제 참회자를 예상하지 않는다. 그리고 만약 실제로 포살 의식 중에 죄를 기억해낸 비구가 고백 참회하고자 해도 그것은 포살 방해가 된다. 그때는 우선 인근 비구에게 죄의 억념을 고하여 두고, 포살 뒤에 여법참회해야 한다고 한다.(Mahāvagga II, 27, 4.) 그러므로 이 포살의 懺悔式化는 처음부터 式이 있었지만, 실제에는 동반하지 않는 것이었다고 볼 수 있다.

전하여 비구가 비구계에 대해서 반성하고, 만약 자기에게 범죄가 있으면 발로참회하여 청정하게 되기 위한 의식으로 된 것이다. 그렇지만 바라제목차에 기록된 인연은 발로참회하면 청정해진다고 알리고, 그것을 비구에게 요구하는데 바라제목차의 내용을 이루는 비구계의 실제는 바일제단타나 중학은 그것으로 되지만 다른 것은 반드시 발로참회한 것만으로는 청정 출죄는 되지 않다. 그러자 이는 이윽고 또 2전二轉하여, 포살은 발로참회를 위한 의식이란 것에서 의미를 바꾸어서 현전승가 화합결속의 상징적 의식이 되게 하여, 바라제목차는 단순히 그 의식을 갖추기 위한 의전으로 된 것이다. 그래서 지금은 먼저 바라제목차의 인연과 그 내용을 이루는 비구계의 모순을 보고, 포살이 바라제목차를 엄숙하게 읽고 승가화합의 상징적 의식이 되었음을 언급하고자 한다.

바라제목차의 인연이 요구하는 고백참회는 문자대로 이해하면 그 장소에서 고백참회하면 그 자리에 출죄하고, 청정visuddha하게 되어 안락phāsu을 얻는다고 여긴다. 그러나 그러한 인연서문을 가지는 바라제목차의 내용을 이루고 있는 비구계에는 중죄 · 경죄 각각 벌죄 방법이 있고, 반드시 고백참회만으로 죄가 없어지는 것은 아니다. 중죄인 바라이죄와 승잔죄 이외는 응회죄應悔罪라 일컬어지고 있으므로 고백참회로 청정출죄를 원칙으로 한다고 볼 수 있으나 바라이죄와 승잔죄에는 학처와 함께 죄벌이 설해져 있고, 고백참회로 청정하게 출죄할 수 없다. 학처가 분명히 고백참회해야 한다고 요구하는 것은 4바라제제사니pātidesanīya뿐이다. 이는 식사에 대해서 비구가 무관계인 비구니로부터 특별한 호의적인 처우를 받거나 병이 아닌데 환자와 같은 상황의 식사를 받는 것을 금하는 것인데 이를 범한 자에 대한 벌죄로서, 그 비구는 「'존자들이여, 저는 비난받을 만하고 적절하지 못한 고백죄를 범했는데 그것을 고백합니다.'라고 고백해야 한다.」paṭidesetabbaṃ tena bhikkhu nā gārayhaṃ āvuso dhammaṃ apajjiṃ asappāyam pāṭidesaiyaṃ taṃpaṭidesemīti라고 네 가지 학처마다 계상 끝 문장에 기록되어 있다.[114] 그러나 이 밖의 어느 학처에도 이러한 문장은 기록되어 있지 않다. 즉 학처 자신이 참회를 요구하는 것은 4바라제제사니 뿐이다.

계학처의 처음 네 가지 바라이법pārājika은 이를 범한 자에 대해서는 「바라이로서 공주해서는 안 된다.」pārājiko hoti asaṃvāso라 하고,[115] 이는 고백의 여지도 없이 범함과 동시에 승가에서 제명이 되고, 다시 비구가 될 수 없는 극형이다. 그러나 이것도 구체적으로 어떻게 해서 추방하는지는 기록되어 있지 않고 경분별에도 없다. 13승잔법saṁghādisesa은 앞에 언급한 것과 같이 이를 범한 자는 범하고 나서 고백할 때까지 복장하고 있던 일수만큼 별주(승가의 정족수 이외의 생활)와 그것에 이어서 「6일간 별주」(이를 마나타라 한다.) 를 행하고, 그리고 나서 출죄를 청하는 것이다.[116] 그리고 특히 제13 승잔과 같은 경우는 비구가 속인의 가정을 타락시킨 경우인데, 이때 승가는 이 지역[結界]에서의 추방을 명한다. 만약 추방을 명령받고도 따르지 않아서 그것을 따르도록 세 번까지 간고를 받고도 그 추방에 따르지 않으면 승잔죄를 범하는 것이 된다는 것이므로, 고백참회라는 생각과는 서로 맞지 않는 것이다. 바라이죄나 승잔

114) VinayapiṭakaSuttavibhaṅga, PāṭidesaniyaVol. IV, pp. 175-184. 「제사니」, 남전대장경 제2권, 285쪽-300쪽.

115) Ibid.,Suttavibhaṅga, PārājikaVol. III, p. 23. 「바라이」, 남전대장경 제1권, 36쪽.

116) Ibid.,Suttavibhaṅga, SaṁghādisesaVol. III, p. 186. 「승잔」, 남전대장경 제1권, 313쪽-314쪽.

죄에 따르는 두 가지 부정不定 aniyata은 부정행 혐의를 받았을 경우로, 이는 이를 본 여성 신자의 판단으로 죄를 결정하는 것이다. 또 그 다음으로 30사타법nissaggiya pācittiya은 의복 금전 등의 부정소지이기 때문에 그 부정소지품을 사법捨法에 따라서 버리고 참회해야 한다.

92바일제pācittiya와 75중학sekhiya은 학처에 특별히 나타내지 않기 때문에 바라제목차의 인연이 지시하는 대로 발로참회로 출죄하는 것이라 하고 있다. 학처의 마지막 7멸쟁법adhikaraṇasamathā은 단지 쟁론의 취급 방법의 이름을 열거한 것에 지나지 않는 것으로 이는 고백참회와 전혀 관계가 없다. 이는 『쭐라박가』제2 멸쟁건도Samathakkhandhaka 규칙에 따라서 처리되는 것이다.[117] 이는 불교에 있어서 소송재판법이라 볼 수 있는 것으로 서로 논의를 다하고 합의하여 결론을 내리는 것이다.

이상 본 바와 같이 바라제목차의 본문인 비구계는 그 서문인 인연이 말하는 바와는 다른 것이다. 즉 바라제목차의 서문으로서의 인연은 참회하면 청정해진다고 하고 있으나, 법전法典으로서는 단지 참회로는 안 된다고 한다. 인연은 법전 내용에 상관없이 이 법전을 참회식전懺悔式典인 포살의 의전儀典으로서 사용하기 위해 만들어진 것으로 볼 수밖에 없다.

『마하박가』「포살건도」는 포살 당일 의식式 직전에 죄를 범하거나 또는 범죄임을 기억한 경우의 15가지 사례를 들고 있는데, 바로 그 자리에서 대인對人 참회할 수 있는 것은 청정 비구를 구하여 참회하고, 승가에서 참회해야 하는 것은 결계하여 승가를 이룬 자에게서 참회하고 난 뒤, 청정하게 되어서 포살에 참가해야 함을 설하고 있다.[118] 그러나

117) Cullavagga, IV, 「멸쟁건도」, 남전대장경 제4권, 115쪽-160쪽.

이는 비구계로 말하면 사타와 단타와 중학에 관한 것으로 중죄重罪에는 미치지 않는 것이다. 포살 자체로서는 참회하면 그것만으로 그 자리에서 청정하게 되는 것이 원칙이다. 또 비구계를 바라제목차로서 받아들였을 때는 사실 승잔죄 등을 범한 자가 바로 그 자리에 복죄하고 포살에 참가하는 경우는 전혀 없어서, 바라제목차의 인연과 본문의 학처와의 모순은 생기지 않았다고 생각된다. 포살이 참회 출죄주의인 것에 반하여 비구계는 징벌주의이다. 이 모순이 생기지 않는 동안은 좋았지만, 그러나 승잔죄를 범하는 자가 많이 있고, 다시 승잔죄를 범하고 견죄하지 않는 자가 나오는 때가 되면, 포살의 참회주의는 비구계의 징벌주의에 압박당한다. 율장『쭐라박가』의「갈마건도」는 승잔죄 등의 중죄에 관계하지 않는다고 하면서, 사실은 승잔죄를 취급하고 율학처의 승잔법을 무효가 되게 하고 있지만,[119] 이는 사실상 승잔죄에 상당하는 파승위간과 같은 사건이 많아지는 반면 승잔죄 처리법인 20명이상 비구승가의 성립이 곤란한 등의 일로 범죄 처리를 때 맞춰 할 수 없게 되어서, 간단하고 쉽게 처리할 수 있는 갈마법이 성립되어왔다고 볼 수 있다. 그리고 이러한 사실은 포살에 있어 참회주의를 점차로 약하게 만드는 요인이 되었다.

다시 불교승가의 생활은 한곳에 머물지 않는 출가주의 생활에서 승원의 집단생활로 변화되어 갔다. 그와 같이 되면 당시 사회에 발달된 상업조직이나 정치조직 방법을 받아들여서 모두 민주적인 개인 주장과 행동을 존중하는 방법으로 처리되게 된다. 그와 같이 되면 자기

118) Mahāvagga,II, 27, 1-15.「포살건도」, 남전대장경 제3권, 222쪽-227쪽.
119) 제6장 · 2 · ⑵「의지 · 구출 · 하의갈마」참조.

의 죄에 대한 비난을 유리한 쪽으로 이끌도록 노력하게 되고, 점점 포살에 있어 고백주의는 증발되지 않을 수 없게 된다. 예를 들어, 승잔죄로 비난받는 비구가 승가의 징문懲問이나 재판소에서 그때의 일을 완전히 기억이 없다고 주장하면 승가로부터 불치비니를 선언 받아 청정결백을 보증받게 된다. 그러나 이 경우 그 비구가 진실로 청정하고 타인으로부터 비난받을 범죄는 저질렀지만, 정신을 잃는 중이었기 때문에 기억이 없는지 혹은 죄를 범하고 기억하는데 기억이 없다고 한 것인지를 확실하게 밝혀낼 수가 없다.[120] 그래서 본인의 고백에 따를 수밖에 없게 된다. 즉 개인을 존중하고 개인의 주장을 인정하는 것과 스스로 구하여 참회 고백하는 것과는 서로 일치하는 것 같으면서 사실을 상반된 결과로 되었다고 볼 수 있다. 참회 하나만으로 청정화하고자 하는 포살의 바라제목차 사상과 죄의 경중에 따라서 이를 복죄시키고자 하는 법전으로서의 비구계 생각과는 원래 상반되는 것이다. 비구계를 포살바라제목차로 했을 때는 참회사상이 우선되어 있었다고 생각하지만, 교단이 법률적으로 조직화하여 사건을 재판하는 데는 관계자와 관계법율 등을 현전하게 하여[현전비니] 법에 근거하여 음미하는 시대가 되면,[121] 법전으로서의 율학처 사상이 전면에 나오는 것은 어쩔 수 없었다. 뿐만 아니라 그러한 조직이 되면 죄를 범하고 견죄하지 않는 자가 있고, 승가는 그들을 처리하기 위해 불견죄不見罪 등의 거죄갈마 등을 만들어야 하는 사태가 된 것이다.[122] 그리고 민주적인 원칙

120) 제5장 · 6「판단결정」항 참조.
121) 제5장 · 2「쟁론쟁사 현전비니멸」항 참조.
122) 제9장 · 2 · (3)「삼종 거죄갈마와 현시 · 범단법」항 참조.

에 따라서 모든 처분이 본인의 고백에 근거하여 행하여지게 되고, 고백은 참회를 위해서가 아니라 죄의 취조에 응하여 행하는 것이 되었다.

분명 바라제목차의 인연이 만들어졌을 때는 포살식에서 발로참회하면 모두 죄가 청정해진다는 사상이 지배하고 있었다고 생각된다. 그러나 위에서 언급한 것처럼 이 참회청정 사상이 증발해 버리면 반대로 바라제목차의 송출 중에 죄를 고백하는 것이 부정否定되게 된다. 율장『쭐라박가』의「차설계건도」Pātimokkhaṭha-panakkhandhaka에서는 죄가 있는 자에게는 바라제목차를 들려주지 않을 것을 규정한다.[123] 포살은 청정한 자의 모임이어야 함은 포살건도에 포살 직전에 참회하고 청정하게 되는 방법인 15종의 사례가 있는 것으로도 확실하지만,[124] 그러나 이는 바라제목차 인연에 먼저 비구가 청정을 묻는 것에 상응相應하는 것이다. 비구계에 첨부한 바라제목차의 인연이나 문분問分의 말은 바라제목차 송출 중에도 발로참회를 반복해서 구하고 있고, 바라제목차 중에는 죄가 있는 자의 참가를 거부하는 말은 하나도 없으며, 오히려 죄가 있는 자야말로 참회하여 발로참회할 수 있도록 이루어져 있다. 그러나「차설계건도」에서는 죄가 있는 자는 바라제목차를 들어서는 안 된다고 하고 있어서,[125] 포살은 발로참회할 필요가 없는 자가 모이는 것이 된다. 이렇게 되면 포살에서 바라제목차 중에 읽은 말 즉,「죄가 있는 자는 발로참회해야 한다.」라고 재촉하는 말도, 읽은 학처에 대해서 청정한가를 묻는 것도,「존자들께서는 완전히 청정한 까닭에 침묵

123) Cullavagga, Ⅸ, 2, 1.「차설계건도」, 남전대장경 제4권, 359쪽.
124) 주(117)과 동일.
125) 주(123)과 동일.

했으므로 저는 그와 같이 알겠습니다.」라고 인정하는 말도 모두 단지 포살계의전의 형식으로서 무의미하게 송출되고 듣고 흘려버리게 되었다. 즉 그곳에 모여 있는 현전승가에는 참회가 필요 없는 자만 있기 때문이다. 그리고 앞에 포살은 출가 · 재가의 성일적聖日的인 의미를 없애고, 그 대신에 비구만이 바라제목차를 송출하여 고백 참회하는 의미를 가졌는데, 바야흐로 3전轉하여 이 의미도 증발시켜 버리고, 포살은 단지 청정한 비구가 집합하는 것으로 의미를 인정하고, 현전승가의 단결 표시 혹은 상징이 된 것이다.

포살의 종교적 실천성이었던 참회의 의미가 증발된 것은 승가가 그 민주적 조직을 철저히 해 가는 과정 진행에 정비례해서였다. 그것은 개인의 사상과 행동 자유의 존중 결과이고, 일찍이 파승가saṁghabheda는 승잔죄에서 강하게 부정否定되는 중죄였음에도 불구하고,[126] 이를 파승으로서 벌할 수 없고 합법적인 승가의 분파로 여기게 된 것이다. 4명 이상이 이견을 행하고 결집하여 포살을 행하고 자자를 행하면 그것은 합법적으로 하나의 현전승가의 성립을 보게 되는 것이다. 모든 현전승가가 사방승가로 불려지고 삼보의 하나로서 불교승가가 되는 것이므로, 어느 정도 새로운 현전승가가 이루어져도 불교승가의 현전승가인 것이다. 그것은 무교주제無教主制인 불교에는 이설을 주장해도 파문하는 일은 없음을 의미한다. 사상적으로 불교 각파로부터 비난받는 일은 있어도, 불교라 이름을 대는 것을 부정하는 경우는 없다. 『쭐라박가』「파승건도」Saṁghabhedakkhandhaka는 데바의 파승을 설하는 것이 파승가 한 데바를 파문도 하지 않고, 벌죄도 하고 있지 않고, 단지 파승

126) 승잔법 중 「파승위간계」제10, 「조파승위간계」제11.

자는 타지옥이라고 일컬어질 뿐이다.[127)]

분립한 자가 스스로 불교를 벗어난다고 선언하지 않는 한 예를 들어, 어떤 의견으로서 독립해도 4명 이상이 모여서 포살을 행하면 그곳에서 불교승가의 현전승가가 성립되는 것이다. 이처럼 하여 포살은 분파 독립할 때든, 합일화합할 때든 한 승가 성립의 상징적 의식으로 여겨지기에 이르렀다.

포살은 현전승가의 표시가 되고, 포살은 불완전한 집합에서는 성립되지 않는다고 여겨지고, 바라제목차의 송출보다도 그 집합에 대해서 여법如法 · 불여법不如法의 음미가 중요시되게 되었다.[128)] 여법포살의 중요한 점은 전원이 출석하는 것인데, 원래 승가의 주처āvāsa란 예를 들어, 서울이든지 부산이든지, 전원출석의 완전한 의미는 포살일에 그 지역 내 즉 계界sīmā 내의 비구는 전부 그 지역 즉 계界의 포살당에 모여서 현전승가를 결성하여 포살을 행하는 것에 있다. 동일한 경계 안에는 몇 개의 비구 주처āvasa가 있는데 동일한 경계 한 포살이고, 저 제2결집의 「주처정」住處淨 āvasakappa은 이 규칙을 완화시켜 동일한 경계 안의 둘 또는 셋의 주처에서 둘 또는 셋의 포살을 해도 된다는 주장이었는데, 이는 부정되고 있다. 동일한 경계 안에서 두 포살을 행한다는 것은 동일한 경계 한 현전승가여야 하는데 분열하여 2현전승가를 생기게 함을 의미하는 것이다. 이 일은 제2결집에서는 부정되었으나 『마하박가』「꼬쌈비 건도」Kosambakkhandhaka에서는 이를 인정하고 있다. 즉 이 건도에 따르면 동일한 경계 안의 비구가 두 파로 나뉘어서 하나의 사건

---

127) Cullavagga, VII, 5, 4. 「파승건도」, 남전대장경 제4권, 313쪽.

128) Mahāvagga, II, 14, 2-3. 「포살건도」, 남전대장경 제3권, 198쪽.

에 대해서 죄, 무죄를 다투었다. 그리고 한쪽 비구들은 계내에서 포살을 하고, 승가갈마를 행하였으므로 다른 쪽 비구들은 동일한 경계에 두 포살이 있어서는 안 되기 때문에 경계 밖으로 나가서 포살과 승가갈마를 행했다고 한다. 그리고 그 양쪽 파의 비구는 실제는 같은 경계 내의 주처에 살고 있지만, 동일한 경계 한 포살의 규칙을 기피하여 한쪽이 계내에서 포살하면 다른 쪽은 경계 밖으로 나가서 포살을 행하도로 하고 있다. 그리고 또 이를 이 건도는 동주同住로 간주한다고 하고 있는데, 그러나 이는 실제상 동일한 경계 안의 2승가 2포살이 될 수밖에 없다.[129]

『쭐라박가』「파승건도」에서는 승가의 분파독립이란 독립된 포살 āveṇi-uposatha과 독립된 자자ācenipavāraṇā와 독립된 승가갈마āveṇisaṃghakamma를 행함으로 성립하는 것인데,[130] 두 승가가 합체하여 하나의 승가가 된 경우는 포살일이 아닌 날이어도 특별하게 화합포살sāmaggi-uposatha을 행하고 바라제목차를 송출하여 1승가의 성립의 증명한다고 하고 있다.[131] 즉 이에 의해 분명하듯이 포살은 승가 독립의 상징이고, 그곳으로 모인자의 단결의 표시이다. 특히 분열한 자가 화합한 경우는 포살일에 관계없이 단결을 표시하기 위해 포살을 행하는 것이다. 그 경우도 포살 형식으로 바라제목차를 송출하는 것이지만, 그곳에서는 바라제목차의 내용은 무엇이든지 좋고, 다만 포살을 행하는 것이 현전승가의 단결 표시로서 필요했던 것이다. 즉 바라제목차는 바야흐로 다만 형식을 갖추는 의전으로서만 효용되는 것으로 되었다.

129) Ibid.,X,1,9-10. 「꼬쌈비 건도」, 남전대장경 제3권, 591쪽-592쪽.
130) Cullavagga, VII, 5, 2. 「파승건도」, 남전대장경 제4권, 313쪽.
131) Mahāvagga, X, 5, 14. 「꼬쌈비 건도」, 남전대장경 제3권, 618쪽.

2. 불교승가의 승원화

(1) 비구생활의 변화

『빠알리율』의 『쭐라박가』 「파승건도」Saṁghabhedakkhandhaka에 기록하는 데바닷따Devadatta의 파승기사에 따르면 붓다의 만년에 이르러 데바닷따는 붓다대신에 불교승가를 지배하고자 생각하고, 그 취지를 제안하였으나 붓다로부터 거부당했다. 그리고 데바닷따는 미리부터 생각하고 있던 불교개혁안을 붓다에게 제시하여 그 실행을 요구했다.

「세존이시여, 세존께서는 무수한 방편으로 욕망의 여윔, 만족, 버리고 없애는 삶, 두타행, 청정한 믿음, 쌓아 모으지 않음, 용맹정진을 칭찬하였는데, 세존이시여, 이러한 다섯 가지 사항은 무수한 방편으로 욕망의 여윔, 만족, 버리고 없애는 삶, 두타행, 청정한 믿음, 쌓아 모으지 않음, 용맹전지에 도움이 됩니다. 세존이시여, 수행승들은

(1) 목숨이 붙어 있는 한, 숲속에 거주해야 합니다. 마을에 들어가면 죄를 범하는 것입니다.

⑵ 목숨이 붙어 있는 한, 탁발식을 해야 합니다. 초대에 응한다면, 죄를 범하는 것입니다.
⑶ 목숨이 붙어 있는 한, 분소의를 착용해야 합니다. 재가자가 제공하는 옷을 착용한다면, 죄를 범하는 것입니다.
⑷ 목숨이 붙어 있는 한, 나무 밑에서 지내야 합니다. 지붕 밑으로 간다면, 죄를 범하는 것입니다.
⑸ 목숨이 붙어 있는 한, 물고기나 육고기를 먹지 말아야 합니다. 물고기나 육고기를 먹는다면, 죄를 범하는 것입니다.」

라는 것이, 그때의 데바닷따의 제안 내용이다. 이는 출가생활 원칙으로 되돌아가고자 하는 개혁안이라 볼 수 있지만, 붓다는 이 제안도 거부하고,

「데바닷따여, 그만두어라. ⑴원한다면, 숲속에 거주해도 되고, 원한다면, 마을에서 거주해도 된다. ⑵원한다면, 탁발식을 해도 되고, 원한다면, 초대에 응해도 된다. ⑶원한다면, 분소의를 입어도 되고, 원한다면, 재가자 제공하는 옷을 입어도 된다. ⑷데바닷따여, 나는 8개월 동안 나무 밑의 거처를 허용한다. ⑸보지 못했고, 듣지 못했고, 의혹이 없는 그러한 세 가지 청정을 지닌 물고기나 육고기라면 허용한다.」

라고 대답하셨다. 그리고 데바닷따는 자기의 주장이 받아들여지지 않은 것을 알고 붓다의 승가로부터 분파하여 붓다의 승가 생활을

「사분 고따마瞿曇은 사치하고 호사스러운 것만을 생각한다.」라고 비난했다.[1] 이 일은 붓다 만년의 일이고, 데바닷따의 말에 「세존께서는 늙고 연로하고 나이가 들고 만년에 이르러 노령에 달했습니다. 세존이시여, 이제 평안하게 지금 여기의 행복한 삶을 영위하십시오. 저에게 수행승들의 승가를 부촉하여 주시면, 제가 수행승들의 승가를 이끌겠습니다.」라고 한 말이 있으므로 확실하다.[2]

이 데바닷따의 5사 제안은 여러 율에 따라 다소 상이하다. 『십송율』에는

「(1)진형수착납의盡形壽著納衣 (2)진형수수걸식법盡形壽受乞食法
(3)진형수수일식법盡形壽受一食法 (4)진형수로지작법盡形壽露地作法
(5)진형수로지좌법盡形壽露地坐法.」

이라 하고,[3] 『사분율』에서는

「(1)진형수걸식盡形壽乞食 (2)착분소의著糞掃衣 (3)노좌露坐
(4)불식소염不食酥鹽 (5)불식어육不食魚肉」

이라 한다.[4] 또 『오분율』에서는

1) Cullavagga, VII, 3, 13-16. 「파승건도」, 남전대장경 제4권, 301쪽-303쪽.
2) Ibid., VII, 3, 1. 상동, 289쪽.
3) 『십송율』제36권, 대정22권, 259쪽 c a-b.
4) 『사분율』제5권 「승잔법」제11, 대정22권, 575쪽 c.

「(1)불식염不食鹽 (2)불식소유不食酥乳 (3)불식어육약식선법불생不食魚肉若食善法不生 (4)걸식약타청선법불생乞食若他請善法不生 (5)춘하팔월일로좌동사월어초암 약인옥사선법불생春夏八月日露坐冬四月於草庵 若人屋舍善法不生」

이라 한다.[5] 이 내용의 불일치에 대해서는 따로 생각해야겠지만 지금은 그것을 별도로 하고, 그 주장하는 바는 일치하여 출가자의 근본적인 생활행위를 말하는 것으로 당시 생활에 대해서 엄격파인 자이나교 등에서는 그 무렵도 변함없이 데바가 주장하는 듯한 출가생활을 지키고 있었다고 생각된다. 이러한 5사의 개혁을 주장한 데바의 의도가 경율에 한결같이 전하듯이 단지 파승의 구실이었는가는 가볍게 믿기 어렵고, 강하게 자이나교 등의 엄중한 출가생활에 마음이 끌리고, 불교승가의 생활개선을 꾀한 것으로도 생각되고, 그것이 자유주의적이었던 붓다가 받아들이지 않는 바가 되었다고도 생각된다. 또 더욱이 이 일로 붓다 만년의 불교승가의 실상은 엄격파쪽에서 보면 개혁을 필요로 하는 자유주의적 생활이었고, 데바닷따가 볼 때는 「사치하고 호사스러운 것만을 생각한다.」bāhulliko bāhullāya ceti라는 것으로 불리는 것이었음을 알 수 있다.

『마하박가』의 대건도에 따르면 한 바라문이 불교승가를 보고 「이 사문석자는 계행이 쉽고, 삶이 평안하고 좋은 음식을 먹고 바람이 들이치지 않는 침상에서 잔다.」ime kho samaṇā Sakyaputtiyā sukhasīla sukhasamācārā, subhojanāni bhuñjitvā nivātesu sayanesu sayanti라고 하고, 이 평안한 생활에 들어가고자 하여

5) 『오분율』제25권, 대정22권, 164쪽 a.

불교승가에 입단했다고 전해진다. 그리고 이 바라문은 비구가 되어서도 걸식을 하지 않고 있었기 때문에 이를 기연으로 하여 붓다는 금후 입단하는 자에게는 불교 생활은 원래 평안하지 않다는 것을 알리기 위해 입단시에 반드시 4의依를 설하여 주는 것으로 정하셨다고 한다.[6] 4의依 cattāro nissayā란

(1) 출가는 걸식에 의지한다. 그것에 의지하여 목숨이 다할 때까지 노력을 기울여야 한다. 별도로 얻을 수 있는 것으로는 승차식, 별청식, 청식, 행주식, 십오일식, 포살식, 월초식이 있다.
(2) 출가는 분소의에 의지한다. 그것에 의지하여 목숨이 다할 때까지 노력을 기울여야 한다. 별도로 얻을 수 있는 것으로는 아마옷, 비단옷, 모직옷, 모시옷, 삼베옷이 있다.
(3) 출가는 나무밑처소[수하좌]에 의지한다. 그것에 의지하여 목숨이 다할 때까지 노력을 기울여야 한다. 별도로 얻을 수 있는 것으로는 정사, 평부옥, 전당, 누옥, 동굴이 있다.
(4) 출가는 진기약에 의지해야 한다. 그것에 의지하여 목숨이 다할 때까지 노력을 기울여야 한다. 별도로 얻을 수 있는 것으로는 버터기름[숙소], 신선한 버터[생소], 기름, 당밀이 있다.

라는 것으로, 이는 한역의 『사분율』·『오분율』·『십송율』·『마하승기율』도 내용은 거의 같고, 순서에 있어서 한역 쪽은 걸식을 두 번째로 분소의를 첫 번째로 하는 것이 다른 정도이다.[7] 이 4의법은 그대로

6) Mahāvagga, I, 30, 1-4. 「대건도」, 남전대장경 제3권, 101쪽-102쪽.

행하면 데바닷따의 개혁 제안 이상으로 엄격한 비구 생활이 되지만, 이는 앞에 기술한『디가니까야』계학처와 마찬가지로 불교 비구 특유의 행법은 아니고, 출가자의 일반적인 행법으로 불교비구도 원칙적으로 그 행법에 따라야 함을 분명히 한 것이다. 앞에서 언급한 안락을 구하여 불교에 입단한 바라문이 본 불교교단은, 이 4의의 생활과 거리가 먼 것이었다고 볼 수 있다. 앞에 말한 바와 같이 불교비구는 처음 출가 일반의 계학처를 엄중하게 구족하고 계구족이 불교비구 특징이라 여겨졌을 정도였으나, 이것이 특히 4의법을 기술하고 원칙으로서의 출가 형태를 반드시 나타내어야 하는 것으로 변화한 것이라 볼 수 있다.

4의법의 첫째는 걸식인데, 비구들이 외호자인 왕이나 부호가 만든 정사에서 승원생활을 하는 시대가 되면 매일매일의 걸식은 신자의 청식으로 대신하게 되었다.『쭐라박가』의「멸쟁건도」Samathakkhandhaka에는 미식을 공양하는 거사(kalyāṇabhattika gahapati 선반거사)가 상항식常恒食 niccabhatikā을 설정하여 매일 4명의 비구를 초대해 처자妻子와 함께 접대공양을 하였는데 비구들 사이에서 이 집에 가는 순서를 다툰 기사가 있다.[8] 또 같은『쭐라박가』「소사건도」Khuddakavatthukkhandhaka에는 베살리Vesālī에서 수묘殊妙한 음식 공양paṇītānaṃ bhattānaṃ bhattapaṭipāṭī이 서로 이어져 행하여졌기 때문에 비구들이 신체에 체액體液이 많아져서 병이 많아졌다고 한다.[9] 또『쭐라박가』「와좌구건도」Senāsanakkhandhaka에는 사명파邪命派의 성문ājīvakasā-

7) Ibid., I,30,4. 남전대장경 제3권, 102쪽,『오분율』제17권, 대정22권, 120쪽 b,『사분율』제35권, 대정22권, 815쪽 c,『십송율』제21권, 대정23권, 156쪽 c,『마하승기율』제23권, 대정22권, 414쪽 c.

8) Cullavagga, VI, 4, 6-7.「멸쟁건도」, 남전대장경 제4권, 120쪽-121쪽.

9) Ibid., V,14, 1.「소사건도」, 남전대장경 제4권, 182쪽-183쪽.

vaka이었던 대신이 비구를 위해 승차식saṃghabhatta을 행한 사실이 기록되어 있다.[10]

또 승원이 존재하게 되고 나서 승원이 신자로부터 시물을 받고 있음은 금석문으로부터 알려지고 있는 바이고,[11] 불교 신자인 왕이 승원에 음식 등의 수당을 헌납하였음은 그리스 문헌에도 기록하는 바이다.[12] 이처럼 비구들은 승원에 거주하면서 음식 공양을 받고 살았다. 왕사성의 기근시에도 사람들은 승차식을 행할 수 없었지만 별청식, 청식, 십오일식, 포살식, 초일식은 행했다. 또한 승원내에서는 특히 내숙내자內宿內煮를 인정받아 비구들이 보다 좋은 감미식甘美食을 내는 집의 청식에 가고자 다투었다고도 한다. 승차식인僧次食人 bhattuddesaka이란 그러한 감미 청식가에 가고자 하는 다툼을 없애기 위해 청식가에 가는 비구에게 순서를 정하여 할당을 하도록 만들어진 직책이다. 그리고 승원에도 식량물자는 있고, 분죽인分粥人 yāgubhājaka 분과인分果人 phalabhājaka 분작식인分嚼食人 khajjakabhājaka이라는 자가 필요한 상황을 이루고 있었다.[13]

음식에 대해서뿐만 아니라 옷에 대해서도 승가에의 옷 시여가 있고, 승가에는 수고인守庫人 bhaṇḍāgārika이 있고, 분의인分衣人 cīvarabhājaka이 있어서,[14] 이전에 총간塚間에 들어가서 분소의를 취하려고 다툰 비구들의 생활이[15] 이제는 없다. 4의법 제2에 강조되는 분소의를 입는 자가 상

10) Ibid., VI, 10, 1. 「와좌구건도」, 남전대장경 제4권, 252쪽-253쪽.
11) The Nasik and Larle Cave Inscription in Epigraphica indica, vols. VII,VIII.
12) M'Crindle; Ancient India, as described by Classical Literature, p. 70. London, 1901.
13) Cullavagga, VI, 21, 1-2; Mahāvagga, VI, 17, 1-9. 남전대장경 제4권, 268쪽-269쪽, 상동, 제3권, 371쪽-374쪽.
14) Ibid., VI, 21, 2. ;Ibid., VIII,32, 1. 상동, 제4권, 269쪽, 상동, 제3권, 538쪽-539쪽.
15) Mahāvagga, VIII, 4, 1-5. 「의건도」, 남전대장경 제3권, 492쪽-494쪽.

찬 받는 대신에 특수한 경우이지만 「사용해서는 안 된다.」라고 조차 여겼다. 즉 분소의를 입은 비구의 모습은 한 부녀를 놀라게 했다는 이유로 「비구들이여, 평상시에 분소의를 이용해서는 안 된다. 이용하는 자는 악작죄에 떨어진다.」라고 여겼다.[16] 이는 4의를 출가 원칙으로 삼는 불교에서는 있을 수 없는 일이지만 그것을 율장은 기록하고 있다.

4의법 제3 수하좌는 분소의와 같이 부정되는 일은 없었지만, 그러나 승원 생활이 비구의 상습이 되어 있어서 이는 행하여지지 않게 되었다고 보아야할 것이다. 마지막으로 4의법 제4 진기약도 『마하박가』 「약건도」Bhesajjakkhandhaka에는 전혀 기재하지 않고, 4의지법의 별도로 얻을 수 있는 것으로 7일약, 진형수약으로 고급음료나 자양식이 언급되어 있다.[17]

비구의 불교승가에로 입단식인 우빠삼빠다의 갈마가 끝나면 반드시 4의법을 설하여 들려주고, 비구생활은 일생 걸식 내지 일생 진기약의 생활임이 전달되지만,[18] 그것은 형식화된 것이 되고, 승원 생활의 현실은 그러한 원칙적 이상과는 어느 정도 먼 것이 되어 있었다고 보인다. 즉 앞에서 살펴본 것 같이 포살에서는 의식의 형식으로서 바라제목차가 단지 읽혀지는 것이 됨과 동시에 4의법도 단지 출가생활의 원칙임이 전달될 뿐 사실상은 무의미한 것이 되었다.

불교승가의 창설 시에는 두 사람이 함께 가는 일은 없고, 1처 부주不住의 전도생활이었으나, 율장에 여러 가지로 규정되어 있는 승가

16) Cullavagga, V, 10, 2. 「소사건도」, 남전대장경 제4권, 176쪽-177쪽.

17) Mahāvagga, VI. 「약건도」, 남전대장경 제3권, 353쪽-443쪽.

18) Ibid., 1, 77, 1. 「대건도」, 남전대장경 제3권, 163쪽- 164쪽.

는 승원에 정주하며 집단생활을 하는 비구들이다. 정주淨廚에 미염米鹽이 있고, 고庫에는 의료衣料가 있고, 정인淨人이 경리經理를 담당하는 것으로 되어 있다.

그렇지만 불교승가가 출발한 때의 본래 비구생활은 고적한 출가생활을 구하는 것이었다. 『숫타니파타』Suttanipāta의 「성자의 경」Munisutta에는

> 「친밀한 데서 두려움이 생기고, 거처에서 더러운 먼지가 생겨난다. 거처도 두지 않고 친밀함도 두지 않으니, 이것이 바로 성자의 통찰이다.」[19)]

라고 하고, 『숫타니파타』의 「무소의 뿔의 경」Khaggavisāṇa-sutta에는

> 「모든 존재에 대해서 폭력을 쓰지 말고, 그들 가운데 그 누구에게도 상처주지 말며, 자녀조차 원하지 말라. 하물며 동료들이랴. 무소의 뿔처럼 혼자서 가라.」

라는 게송으로 시작되어 41게 모두 말미에 「무소의 뿔과 같이 홀로 유행해야 한다」(eko care khagga-visāṇakappo.)라고 되풀이하며 비구의 이상적 모습을 분명히 하고 있다.[20)] 또한 『법구경』Dhammapada에는

> 「집에 사는 자나 집이 없는 자나 그 양자와의 교제를 여의고,

19) Suttanipāta, No. 207. 남전대장경 제24권, 76쪽.
20) Ibid., No. 35-75. 상동, 13쪽-24쪽.

집 없이 유행하며 욕망을 떠난 님, 그를 나는 존귀한 님[바라문]이라고 부른다. 세상의 감각적 욕망을 버리고 집 없이 유행하는 님, 감각적 욕망과 존재가 부수어진 님, 그를 나는 존귀한 님[바라문]이라고 부른다.」

라고 하고 있다. 그곳에서는 바라문이란 번뇌를 여의고 죄업을 멸한 비구를 말하는 것이다.[21] 이들 오랜 경전의 단어에서 불교 승가의 원시적인 비구생활이 고독과 비사회적인 생활을 이상으로 삼고, 집단적인 승원생활을 예상할 수 있는 것이 전혀 없음을 알 수 있다. 붓다가 최초 60명의 비구들이 전도를 떠날 때「두 사람이 함께 가지 말라.」라고 명하였는데, 여기에는 한 사람씩 더욱 널리 법을 넓힌다는 생각과 함께 혼자서 수행에 힘쓰게 하기 위한 교훈이 있었다는 것도 명료하게 생각할 수 있다.

율장『쭐라박가』의「의법건도」Vatta-kkhandhaka에는 중다衆多 비구가 설비 없이 아란야에 살고 있었으므로 아란야 비구가 주의해야 할 의법을 규정하고 있다.[22] 이는 집단생활 시대에도 스스로 구하여 아란야주를 시험해보는 자가 있었음을 나타내는 것이다. 붓다 입멸 후의 생각으로 편집되어 있다고 볼 수 있는 디가니까야『대반열반경』에도「비구들이 아란야에 머물기를 희망하는 동안은 비구들이여, 비구들에게 번영은 기대할 수 있고, 쇠망은 없을 것이다.」라고 하고 있다.[23] 이는 7

21) Dhammapada, No. 404, 415. 남전대장경 제23권, 80쪽-82쪽.
22) Cullavagga, VIII, 6, 1-3.「의법건도」, 남전대장경 제4권, 332쪽.
23) Mahāparinibbāna-suttanta(DN.), No. 161, 6. 남전대장경 제7권, 35쪽.

불퇴법의 하나로서 언급되는 것이지만 그 7불퇴법 중에는 승가의 모임이나 행사 등의 준수를 설하는 것도 있고, 후기 집단생활화된 승가의 번영 · 불퇴를 언급하는 것이므로 그러한 후기 승가에서도 또한 아란야주[蘭若住]는 있어야 할 이상으로서 기대되고 있었음을 알 수 있다. 처음에 기술한 데바닷따의 파승은, 초기 시대의 생활상이었다가 지금은 있어야 할 이상이 되어 있는 것을 후기 승가에 다시 실현화하고자 했다가 실패했다고도 할 수 있다.

그러나 초기 이상적 출가주의 사실이 후기 승가에는 전혀 없었다는 것은 아니고, 행해야 할 생활을 하는 자가 칭찬받을 정도로 드물어진 것이다. 예를 들어, 『마하박가』「가치나의 건도」Kaṭhinakkhandhaka에는 안거를 마치고 자자를 행한 뒤에, 비가 내리고 물이 범람하고 진흙탕이 만들어지자 젖은 옷을 들고 붓다를 방문한 비구들을 「모두 숲 속의 거주자[阿蘭若住者]이고, 모두 탁발행자[乞食者]이고, 모두 분소의를 입은 자[糞掃衣者]이고, 모두 세 벌 옷만을 가지는 자[單三衣者]였다sabbe āraññakā sabbe piṇḍapātikā sabbe paṃsukūlikā, sabbe tecīvarikā」라고 하고 있다.[24] 물론 불교승가 출발 시에는 붓다도 비구도 모두 아란야주자 내지 단삼의자單三衣者였을 것이지만 지금은 일반 비구는 그렇지는 않다. 따라서 지금이라도 아란야주자 내지 단삼의자인 자는 칭찬해야 할 자로 여겨지고 있다. 『쭐라박가』 제2결집 시에 모인 위원회의 위원이 된 사람들은 모두 아란야주자 내지 단삼의자였다고 할 수 있다.[25] 여기에 후기 불교승가는 승원적인 집단화된 생활을 하는 자가 되었지만 순연純然한 출가주의의 이

24) Mahāvagga, VII, 1, 1. 남전대장경 제3권, 444쪽.
25) Cullavagga, XII, 1, 8. 남전대장경 제4권, 446쪽.

상도 남아있고, 실제로 그것을 실행하는 자도 있어서, 아예 고갈되어 버리지는 않았음도 알 수 있다.

(2) 비구주처의 변화

불교비구의 승원적인 생활은 예를 들어, 죽림원과 같은 승원 안에 정사가 헌납되고 난 후라고 생각된다. 죽림원은 왕사성에 있고 마갈타국왕 세니야 빔비살라Seniya-Bimbisāla가 붓다 성도후 처음으로 왕사성 방문시에 헌납한 것인데[26)] 『쭐라박가』의 「와좌처건도」에 따르면 그곳에는 정사라는 것은 없고, 비구들은 이 동산 안이나 그 근처에서 아란야arañña 수하樹下 rukkhamūla 산중山中 pabbata 동굴kandara 산동山洞 giriguhā 총간塚間 susāna 산림山林 vanapattha 노지ajjhokāsa 짚더미藁積 palālapuñja에 머물고, 아침 일찍 이들 장소에서 나와서 경행을 하고 있었다고 한다.[27)] 같은 「멸쟁건도」에 지와좌구인知臥坐具人 senāsanapaññāpaka인 답바비구Dabba-bhikkhu를 향하여 비구들이 각자의 좌와臥坐할 장소의 할당을 요구하고 있었다. 이에 따르면 예를 들어, 「우리들에게 기사굴산耆闍崛山 Gijjhakūṭa에 처소[床坐]를 배정해달라.」라는 신청을 하고, 마찬가지로 쪼라빠빠따corapapāta · 이시길리빳사 깔라실라Isigilipassa-Kālasilā흑요석 바위 · 베바라빳사 삿따빤니구하Vebhārapassa-Sattapaṇṇiguhā베바라산록의 칠엽굴 · 시따바나 삽빠손디까빱바라

26) Mahāvagga, I, 22, 17-18. 남전대장경 제3권, 70쪽-71쪽.
27) Cullavagga, VI, 1, 1. 「와좌구건도」, 남전대장경 제4권, 225쪽.

Sītavana-Sappasoṇḍikapabbhāra씨따바나 숲의 쌉빠손디까 동굴 · 고따마깐다라Goṭamakandarā 午摩馱窟 · 띤두까깐다라Tindukakandarā 丁土迦窟 · 따뽀다까다라Tapo-dakadarā온천굴 · 따빠다라마Tapadārāma온천원 · 지바깜바바나Jīvakamabavana · 맛다꿋치Maddakucchi 등에 처소[床坐]를 배당해 줄 것을 신청하고 있다.[28] 이는 안거에 모인 비구들이 붓다가 주하는 왕사성의 죽림원 근처인 이들 장소에 주하고, 아마도 왕사성의 도시를 걸식지로서 안거하고자 한 것으로 생각된다.

이러한 상황에서 각지에서 해마다 안거가 계속된 뒤에 붓다는 왕사성 죽림원에 비로소 방사를 짓는 것을 인정하셨으므로 왕사성의 장자는 하룻밤에 60채의 정사를 만들었다고 한다. 이때 붓다가 허락하신 방사는 정사vihāra · 반복옥aḍḍhayoga · 전루pāsāda · 루방hammiya · 지굴guhā의 다섯 종류 방사pañcakenāni였다고 생각된다.

하룻밤에 60채나 만들었다고 하므로 아마도 이들 다섯 종류 중 「정사」라는 것이 먼저 죽림 승가원 안에 생긴 것으로 생각할 수 있다.[29] 그리고 이 「와좌구건도」가 설하는 부분에서는 사위성의 급고독Anāthapiṇḍika장자는 이를 흉내 내어 사위Sāvatthī의 기타림Jetavana에 정사를 세웠는데, 이곳에는 정사vihāra · 방pativeṇa · 곳집koṭṭhaka庫 · 근행당upaṭṭhānasāla · 화당aggisāla · 부엌kappiyakuṭi 食廚 · 측방vaccakuṭi 廁房 · 경행처caṅkama · 경행당caṅkamanasāla · 우물udapāna 井 · 정당udāpānasāla 井堂 · 난방Jantāghara 暖房 · 난방당Jan-tāgharasāla 暖房堂 · 소지pokkharaṇiya 小池 · 연당maṇḍapa 延堂이 만들어졌다고 하고, 별도로 정사가 몇십 개나 만들어졌는지는 기록되어 있지 않다.[30] 단

28) Ibid., IV, 4, 4. 남전대장경 제4권, 119쪽. 통합본 958쪽

29) Ibid., IV, 1, 2-3. 「와좌구건도」, 상동, 225쪽-226쪽.

『십송율』에는 16중각重閣이라 하고 있다.[31] 분명 방房이라는 것이 정사 안에 다수 꾸며져 있지 않았을까 생각된다. 이 『쭐라박가』의 기록에는 정사의 건립은 「죽림」이 최초이고, 이 「기타림」이 두 번째라고 하고 있다. 이 「기타림」의 구조에는 식주kappiyakuṭi 食厨가 조성되어 있었다고 하는데, 이는 상당한 후기이다. 즉 「식잔숙계」(바일제 제38학처)에서, 와좌구처가 있는 승원 내에서 음식을 자자自煮 · 내자內煮 · 저장貯藏하는 것이 금지되어 있었으나, 후에는 정사 근처에 결계하여 그것을 승원 밖으로 여겨 그곳에서 내자內煮 등을 해도 율학처에 저촉되지 않는 것으로 여겼다는 것이 식주食厨이다.[32] 식주食厨라고 번역되는 kappiyakuṭi는 적당한kappiya 작은 집kuṭi이라는 뜻인데, '적당하다'는 것은 계율 학처의 규정에 저촉되지 않기에 적당하다는 의미이다. 따라서 이러한 식주食厨까지 시설에 언급되어 있다면 「기타림」에 정사가 생긴 것은 오래되었다 하더라도 그곳에 기록되어 있는 건조물 종류는 초기 정사의 것은 아니고 상당히 후세 혹은 붓다 입멸 후의 승원 구성을 반영한 기록이 아닐까 라고 생각된다.

이상에 의해서 예를 들어, 죽림 승가원 내외에서 동굴이나 수하樹下에 좌와한 비구는 그곳에 정사가 건립되어서 그 안에 좌와하기에 이르렀고, 그것이 다시 발전하여 시대가 흐르면서 기타림의 정사로서 기록될 만한 설비가 갖춰지고, 그곳에 다수의 비구가 정주하여 승원생활을 계속하는 상태가 되었을 것이다.

30) Ibid., VI, 4, 9-10. 상동, 243쪽-244쪽.
31) 『십송율』제34권, 대정23권, 244쪽 b-c.
32) 제8장 · 5 「食의 淨法과 儉開七事」항을 참조.

엠 크린들M'crindle의 『고대인도』Ancient India에 따르면 마케도니아인과 그리스인의 인도 사문에 관한 기술은 기원전 2세기초 발데사네스Bardêsanes에 이를 때까지는 없다고 여겨지는데, 그 발데사네스는 사문Samanaens에 대해서 「바라문에 반하여 넓은 민중으로부터 들어온 집단으로, 누구라도 입회할 수 있다. … 그들의 집houses 家이나 사원temples 寺은 왕에 의해 건립되고, 그들 집사는 쌀이나 그 밖의 밥 · 빵 · 과일 · 냄비 요리의 것으로 된 음식 수당을 받는다.」라고 적고 있다. 그러나 이 기록의 기초가 된 것은 기원전 2세기의 마케도니아인의 견문이고, 그 의미에서는 붓다 입멸 후 1세기 전후 상황을 전하는 듯하다. 다음에 메가스테네즈Meghasthenes의 기록에 근거한다고 보여지는 클레멘스 · 알렉산드리네스Clemens Alexandeinus의 나형외도Gymnêtai에 대한 기록 중에 있는 것으로 불교비구에 관한 것이라 보이는 것에는 「붓다Boutta의 가르침에 따르는 철학자이고, 그 아래에 신성한 뼈가 묻혀있는 피라미드의 일종을 믿는다.」라고 하고 있을 뿐이다. 또 스트라보Strabo에 인용된 클레이타르초Kleitarchos : Clitarchus의 바라문Brachmānes과 사문Pramnai의 설명에서는 「사문은 바라문에 반대되는 철학자로 논의를 좋아해서 문답을 즐긴다. 그들은 생리학이나 천문학을 연구하는 바라문을 우치인愚痴人이라 불렀다. 그들의 어떤 자는 '산의 사문'이고, 그 밖은 '나형자'이고, 또한 다른 자는 '마을 사문'이고, 어떤 자는 '전사田舍 사문'이라 불렸다.」라고 하고 있다. 이 사문이라 불리는 것에는 '자이나교'도 '나형파'도 들어있는데 '불교사문'도 들어있다고 생각된다. 그리고 '산의 사문'은 사슴가죽 옷deer-skin 鹿皮衣을 입고, 두타대頭陀袋에 나무뿌리나 약을 넣어서 주술을 행하여 병을 고치고, '마을 사문'은 모슬린 옷Moslin robes를 입고 있고,

'전사田舍 사문'은 사슴fawns 또는 영양antelops의 옷을 입고 있다고 한다.[33] 그리고 이들 기록을 보면 붓다 입멸 후 인도에 온 마케도니아인이나 그리스인에게는 불교는 그다지 주의를 끌지 못한 듯하고, 따라서 그들의 견문으로는 당시 불교비구의 생활상태를 상세하게 알 수는 없다.

불교의 정사에 대해서 의견을 기술하는 것은 1세기말이나 2세기 초의 미란타왕Menandros 때이고, 그는 그의 질문 상대인 나가세나Nāgasena 那先 비구에게 붓다는 한편으로는 고독한 출가주의를 칭양하면서(Sutta-nipāta, No. 207) 다른 한편으로는 정사의 건립을 위한 시주를 상찬하는 (Cullavagga, VI, 1, 5) 것은 모순이 아닌가고 묻고 있다. 나가세나의 대답은 그다지 분명하지는 않지만, 정사는 비구의 거점으로서 필요하다고 하고 있다.[34] 미란타왕이 인용하는 정사 건립 상찬의 말은 위에 언급한 율장의 「와좌구건도」에서 붓다가 죽림정사를 헌납한 왕사성의 장자에게 한 것이다.[35] 미란타왕은 목전에 보는 불교비구의 승원생활에 대해서 이 질문을 제출한 것으로 생각된다. 그러나 이 시대에도 비구의 이상으로 삼아야 할 것은 정사 안의 승원풍의 생활이 아니라 「유가행자瑜伽行者는 멀리 여의는[遠離] 것 즉, 아란야 · 수하樹下 · 동굴 · 산굴 · 총간임수塚間林藪 · 노지 · 짚더미의 소리도 없고 시끄러움도 없어서 사람의 인기척이 없고, 숨어서 살 수 있어서 고요함을 즐기는 데[宴黙] 어울리는 장소를 수용해야 한다.」라고 하고, 적어도 선정 · 사유를 닦는 데는

....

33) M'Crindle, Ancient India, as described in Classical Literature, pp. 170, 67, 76; S. Dutt, Early Buddhit Monachism, p. 119, 단 불교에서는 鹿皮衣는 금하고 있다. Mahāvagga, VIII, 28, 2, 남전대장경 제3권, 531쪽.

34) Milindapanhā, VI, 5. P. T. S. p. 262. 남전대장경 제59권 상, 389쪽-393쪽.

35) Cullavagga, VI, 1, 5. 남전대장경 제4권, 227쪽.

이러한 장소가 추천되고 있다.[36] 그리고 이 아란야 · 수하樹下 등은 율장에서 정사精舍 이전의 비구 와좌구처를 기록할 때의 정형 문구이고, 『쭐라박가』 제6의 「와좌구건도」에도 죽림정사 건립 전 원시적인 비구의 와좌구처에 대한 서술에 이 정형문구가 사용되어 있다.[37] 그러나 이 시대에는 이 정형문구로 나타내는 것과 같은 장소가 실제 와좌구처가 아니라 그것은 선정禪定을 닦을 때만 정사를 나와서 이용하는 이상의 장소로서 추정되고 있었음을 알 수 있다.

『쭐라박가』의 「와좌구건도」에서는 정사를 그 안에 가지는 승가원ārāma은 와장iṭṭhakāsanthāra 瓦墻과 석장silāsanthāra 石墻과 목장dārusanthāra 木墻의 세 종류 가운데 어느 하나로 담을 둘러싸고, 입욕지candanikā 入浴池가 있고, 배수구udakaniddhamana 排水溝가 있었다.[38] 그리고 승가원 안에 산재하는 정사의 주옥인 정사라 불리는 것 중에는 각 비구의 개인실로서의 방pariveṇa이 있다. 그 방에는 창이 있고, 홍토색紅土色의 벽gerukaparikammakatā bhitti이 있고, 땅은 흑색으로 칠해져kālavaṇṇā bhūmi있고, 그 벽과 땅도 먼지로 더럽혀지면 걸레를 적셔 짜서 깨끗이 닦을 수 있다. 창이 동서남북에 있어 통풍과 습도 조절에 도움이 된다고 생각된다.[39] 또한 창에는 난간창vedikāvātapāna과 망창jālavātapāna과 책창salākavātapāna 柵窓의 세 종류가 있었다고 한다.[40]

방의 내부 시설로는 흑색의 지상地床 위에는 깔개敷具 bhummattharaṇa가

36) Milindapanhā, IX, 남전대장경 제59권 하, 263쪽.
37) Cullavagga, VI, 1, 1. 「와좌구건도」, 남전대장경 제4권, 225쪽.
38) Ibid., V, 17, 1. 「소사건도」, 상동, 187쪽-188쪽.
39) Mahāvagga, I, 25, 15-18. 「대건도」, 남전대장경 제3권, 85쪽-86쪽.
40) Cullavagga, VI, 2, 2. 「와좌구건도」, 남전대장경 제4권, 228쪽. 남전대장경 제4권, 276쪽 주(26) 참조.

깔려있고, 이는 매일 말려서 깨끗이 한다. 각상mañca-paṭipādakā이 있고, 발판용이지만 그 위에 깔리는 상mañca 床은 아침에 정리되고 밤에 깔린다. 상 즉, 침대에는 매트는 없고, 회전욕pīṭha · 베개bhisibimbohana 枕 · 좌구 · 깔개敷具 nisīdanapaccattharaṇa · 타호kheḷamallaka 唾壺 : 침뱉는 그릇 · 기대는 침판apassenaphalaka 枕板 등의 가구가 갖추어져 있다. 이 외에도 옷걸이cīvaravaṃsa인지 의망cīvararajju 衣網이라는 것이 있었다.[41]

「승잔법」 제6은 「무주승불처분과량방계」인데 이 학처는 시주 없이 자기 자신을 위해 방kuti을 만들 때는 양을 초과해서는 안 되고, 또한 방을 만들 때는 승가가 그 방의 장소가 「무난처유행처」임을 인정한 후 그곳에 만들어야 한다고 한다. 유난처sārambha란 개미[蟻子] · 백아白蛾 · 쥐 · 뱀 · 지네[百足] · 코끼리 · 말馬 · 호랑이 · 표범 · 곰 · 개 등의 주처이고, 또 곡물 · 야채가 사는 곳, 형장刑場 · 묘장墓場 · 도살장 내지 집합소 등의 시설물이 있는 곳을 말하고, 무행처aparīkammana란 우차牛車 등의 회전이 가능하지 않고, 사주四周를 사다리[梯子]를 가지고 회전할 수 없는 불편한 좁은 곳인데 이 유난, 무행이 아닌 곳이 무난처, 유행처이고, 방사를 만들어도 좋다고 여겨 승가로부터 지정받는 것이다. 그리고 그곳에 만들어지는 방의 정량은 길이 12불걸수佛桀手 넓이 7불걸수이다. 불걸수는 주척周尺으로 12척 4촌이 통례이기 때문에 이에 따르면 약 11평의 방이다. 사실 단지 좌와坐臥와 좌선만의 작은 방[小屋]이라 불리는 곳으로서는 상당한 넓이다.[42] 승잔법의 제7 「유주승불처분대방계」 학처의 대방은 대정사Mahāllaka-vihāra라는데 실제로는 비구 한 사람을

41) Mahāvagga, I, 25, 16-17. 남전대장경 제4권, 상동, 85쪽-86쪽.

42) Suttavibhaṅga, Vol.III, Saṃghādisesa VI, 2, 2p. 151. 남전대장경 제1권, 251쪽-254쪽.

위해 시주를 구하여 만든 것이므로 대정사라고는 하더라도 많은 인원수가 있는 대정사와 비슷하다고는 생각되지 않지만, 이에는 크기 지정이 없다.[43) 『빠알리율』 등에는 상세하게 기록하는 바는 없지만 『십송율』에는 「온실 · 량실凉室 · 전당殿堂 · 일주사一柱舍 · 중사重舍 내지 4위의의 행립좌와처行立坐臥處를 갖춘 것」으로 되어 있다.[44) 이 『십송율』에는 온실욕실 등을 갖춘 것이지만 「행립좌와를 갖춘 것」이라 하므로 그렇게 큰 것으로는 생각되지 않다. 이 방과 정사에 「내부를 칠하고, 외부를 칠한 것」이라는데, 앞에 기술한 『쭐라박가』 「와좌구건도」에 자세하게 기록하고 있는 것보다는 보다 원시적인 일인용 방의 크기인 듯하다.

헤르구슨의 『인도 암굴사원』Rock-cut Temples에 따르면, 가장 오래된 정사는 단 1실로 한 사람의 수행자가 거주하기 위한 암실庵室이었다. 그 다음은 1실을 갖춘 긴 베란다로 확장되었다. 이는 밖에 열리는 몇 개인가의 문짝이 있으므로 다시 몇 개로 칸이 지어졌다고도 생각할 수 있다. 그리고 세 번째로 중앙에 기둥이 있는 홀이 있고, 이를 둘러싸고 몇 개인가 수행자의 방이 늘어서고, 승원장 또는 부승원장은 베란다의 각각 끝을 차지하고 있었다고 한다.[45) 이는 암굴Rock-cut 사원의 경우이지만, 이러한 세 가지 변화의 단계는 불교의 경우는 그대로 비구 개인만의 수행 생활상태에서 시작되어 마지막으로 완전한 집합의 사원 생활에 이르는 발달과정을 나타내는 것으로 보인다. 그리고 이 암굴 사원의 경우 첫째 암실庵室에 상당하는 것이 앞에서 언급한 승잔법

---

43) Ibid., p. 156, 상동, 263쪽.
44) 『십송율』 제4권, 대정22권, 21쪽 b-c.
45) J. Fergusson, The Rock-cut Temples of India, 1864, Intro. , pp. XV-XVI.

제6 방kuti에서 볼 수 있고, 또 같은 승잔법 제6의 한 사람을 위한 대정사大精舍 mahallaka-vihāra는 이 방의 설비가 완비된 것으로 보인다. 다음으로 암굴 사원의 둘째 공통 베란다가 있는 것에 상당하는 것은 앞에서 언급한 「와좌구건도」의 몇 개의 개인실로서의 방으로 칸막이 쳐진 정사vihāra라 생각된다. 셋째에 상당하는 것으로 『마하박가』의 약건도에 붓다를 방문해온 사람이 「정사에서 정사로vihāreṇa vihāraṃ 방에서 방으로pariveṇena pariveṇaṃ」 찾기를 요구했다고 기록하는 것이 있다.[46] 헤르구슨의 세 번째 형태에 견줄 수 있는 것은 기원정사나 죽림정사였는지 어떤지는 불분명하지만, 정사의 발달이란 점에서는 세 번째 것이라 보인다. 암굴사원은 중앙에 큰 홀을 가졌지만 그것에 상당하는 것은 포살당과 포살 전면이었다.

포살은 처음에는 순서대로 방사pariveṇa를 돌아 행하여졌지만, 전원 출석의 강조와 엄중함은 큰 홀이 필요하기에 이르고, 한 정사의 전체를 포살당으로 지정되게 되었다.[47] 그러나 한 주처에 두 곳의 포살은 허락되지 않기 때문에 그 지역주처의 비구가 다수인 경우는 정하여진 포살당 안에 다 들어가지 않고 포살당 앞마당을 결계로 하여 포살전면uposatha-pamukha으로 지정하고, 그곳에 있으면 당내에 있는 것과 같이 출석으로 인정되었다.[48]

이상은 율장에 기록되어 있는 불교 비구의 정사에 대해서 살펴보았는데, 이에 의해 비구 생활이 개인적인 출가주의에서 승원적인 집

46) Mahāvagga, VI, 36, 4. 남전대장경 제3권, 433쪽-434쪽. Childers's Dictionary of the Pali Language.
47) Ibid., II, 8, 1-2. 「포살건도」, 남전대장경 제3권, 198쪽-190쪽.
48) Ibid., II, 9, 1-2. 상동, 191쪽-192쪽.

단생활로 전화했음을 알 수 있다. 대강당에 상당하는 포살당과 포살 전면을 중심으로 하여 완전한 승원 생활이 행해지고 있었다. 그리고 이러한 개인적인 수행으로부터 집단적인 수행도량적인 승원생활로 궤도 회전을 한 것은 하나는 전항에서 본 포살의 집합적인 행사화이고, 또 하나는 다음에 기술할 안거 주처의 고정 상주화였다.

(3) 안거주처의 고정

불교승가는 출세간적인 출가 본래의 개인적인 생활을 하는 것에서 출발한 것이지만 그것을 아마 당초에 전혀 예상하지 못했고, 또한 그때까지 인도에 없었던 승원생활을 성립하기에 이른 것이다. 그리고 율장은 그 승원생활을 승가생활의 완성상으로 삼고 있지만, 불교비구의 출가주의 생활에서 승원적 생활로의 큰 변화의 추진 주축이 된 것은 우기안거의 실천이었다. 물론 왕이나 부호의 정사 봉납이 있고, 큰 주처에 대정사를 만드는 재부를 쌓을 수 있는 사회기구의 발전을 배경으로 삼는 것은 물론이다.

안거vassa는 불교만의 것이 아니라, 포살과 마찬가지로 인도의 모든 출가자가 행하는 관습이고, 불교도 일반 출가자로서 그것에 따른 것에 지나지 않았다. 바라문의 출가자parivrājaka에 있어서는 「우기가 되어 견고하게 도덕을 지키며 살고, 8월을 홀로 회행자回行者로서 유행해야 한다.」고 하므로 바라문의 출가자도 나머지 4개월 즉, 우기동안은 고정된 주처에서 수양에 힘썼고, 그 기간은 4개월로 되어 있다.[49] 자이나교에서도 우기의 지주止住 pajjusan를 지키는 것에 관해서는 엄중한 규칙을 정하고 있다.[50] 이는 우기 1개월과 20야夜를 넘겼을 때 시작되는 것인데 이를 일찍 시작하는 것은 허락되지만 늦게 시작하는 것은 허락되지 않다. 우기의 지주止住를 일찍 시작하는 것에 관해서는 불교에서도 율장에 따라서는 4월 15일부터 들어가는 전안거前安居가 상양賞揚되고 이에 대한 상여賞與로서 가치나의를 주지만, 5월 15일부터 들어가는 후안거後安居에는 이것이 없다고 한다.[51]

불교비구는 이미 앞 장에 언급한 바와 같이 출가자로서의 계戒도 포살도 모두 일반출가자의 행법에 따랐던 것이고, 그것은 안거에 대해서도 또한 같다. 단『마하박가』「안거건도」는 포살 채용과 마찬가지로 불교에서는 처음에는 안거를 하지 않았는데, 불교비구가 우기에도 유행하여 작은 벌레[小有命]들을 해친다고 비난받았기 때문에 안거를 채용하게 되었다고 한다.[52] 안거에 대해서는 두 가지 기간을 정하는데 전우안거前雨安居 purmika-vassāvāda와 후우안거後雨安居 pacchimaka-vassāvāsa이다. 전우안거는 알사다월頞沙荼月 āsāḷhī의 만월 다음날부터 시작되는 것이고, 후안거는 그것보다 1개월 늦게 시작되는 것인데 각각의 기간은 90일이다.[53] 태양력으로 2개월 늦지만 인도의 4월15일부터 7월 15일까지가 전우안거이고, 5월 15일부터 8월15일까지가 후우안거가 된다.

49) Āruṇika-upaniṣad, II.
50) Jainasūtra(S. B. E.), Part I, pp. 296-311.
51)『선견율비바사』제18, 대정24권, 795쪽 c.
52) Mahāvagga, III, 1, 1-3.「안거건도」, 남전대장경 제3권, 245쪽.
53) Ibid., III, 2, 1. 상동, 246쪽. 단『사분율』제 58권, 대정22권, 998쪽 b에는 전 · 중 · 후 3안거가 있다고 한다.

안거 습관이 성립된 것은 중인도의 우기는 유행자가 전도하는 데는 환경적으로도 생리적으로도 불가능했기 때문이다. 불교의 안거 방법은 예를 들어, 『디가니까야』「대반열반경」에 따르면 그때 세존이 전도傳道를 하면서 죽림촌竹林村에 도착하셨는데 마침 그때 안거가 시작되는 시기를 맞이했기 때문에 제자들에게 다음과 같이 안거를 지시하셨다.[54] 이에 따르면 석존은「가라, 비구들이여. 베살리 근처에 우인友人을 의지하고, 지인을 의지하고, 친우를 의지하여 우안거에 들어야한다. 나도 또한 이곳 죽림에서 우안거에 들 것이다.」라고 지시하고 있다. 즉 다수인이 함께하는 안거는 그 기간동안 음식 등의 보시를 받는 것이 쉽지 않기 때문에 석존은 자신은 죽림촌에서 안거를 하므로 비구들은 그 근처에 각각 우기 동안의 공양을 얻을 수 있는 지인 · 친구가 있는 유연처에서 안거해야 한다고 지시한 것이다. 90일간 우기를 이처럼 따로따로 안거를 하고, 그것이 끝나면 석존의 처소에 모여서 그 상황을 보고하는 것이다.「자자건도」에 따르면「관습적으로 우안거를 마친 비구들은 세존을 뵙기 위해 가게 된다. 어느때 그 비구들은 우안거에서 나와서 3개월 만에 와구 · 상좌를 반납하고, 의발衣鉢을 가지고 사위성에 … 세존이 있는 곳에 이르렀다. 운운」이라고 적고 있다. 그리고 그곳에서 세존으로부터 안거 동안의 안부에 대한 질문을 받고 있다.[55] 이런 형식의 안거는 아마도 오래 계속된 것으로 생각되지만 이는 가장 원시적인 우기안주雨期安住의 의미를 중점으로한 첫째 안거 형식이라 생각된다.

54) Mahāparinibbāna-suttanta(DN.), No. 16. II, 2. 남전대장경 제7권, 66쪽.

55) Mahāvagga, VI, 1, 8-9. 남전대장경 제3권, 282쪽-283쪽.

비구들에게는 미리 안거할 장소가 정해져 있는 것은 아니고, 아마 유행처에서 우기를 맞이했을 때는 그곳에서 안거하는 것이 원칙적인 방법이었던 것 같다. 그러나 안거를 한다고 하면 90일간 그 현지에서 걸식하든가 신자가 가지고 온[施入] 음식을 받든가 하여 안주하며 선정을 닦는 등의 수행을 하는 것이고, 공양을 얻을 수 없는 빈한처貧寒處에서는 다수인은 물론 한 사람도 쉽게 안거를 할 수 없다. 「안거건도」에는 발난타 비구가 처음 바사익 왕Pasenadi이 있는 곳에서 안거를 할 것을 약속하고 난 뒤에 더욱 유리한 안거처를 발견했기 때문에 그 약속을 파하고 두 곳에서 안거를 하였음이 기록되어 있다.[56] 이는 왕과의 약속을 파한 것과 두 곳에서 전안거와 후안거를 겹쳐서 함으로 해서 옷의 보시[衣施]를 이중으로 얻고자 하였음이 비난받고 있다. 이 이야기에서 보듯이, 미리 시주를 구하여 안거를 하겠다고 계약을 하고, 안거 동안에 음식과 옷을 얻는 것도 하고 있었다. 안거는 3개월 동안 머물고, 사자師資가 서로 의지하여 의문을 묻고, 잘못을 정정하는 생활이 희망되기 때문에 한 곳에 머무는 것이 이상적인 것으로 생각된다. 그렇지만 안거는 우기 3개월 동안의 음식은 물론이고, 지금의 발난타 이야기에 보이듯이 안거가 끝난 뒤에 안거 이후의 9개월 동안의 유행을 떠나기 위한 의발자구 등의 준비를 위한 보시를 받아서 그것을 갖추는 것도 필요하므로 그것들을 신자들의 시주에 의해 얻을 수 있는 곳이어야 한다. 다수인이 머물면서 그러한 조건을 채울 수 있는 곳이 따로 있는 것이 아니고, 대도시나 재벌이 있는 곳 예를 들어, 왕사성이나 베살리나 왕사성과 같은 곳이나, 그와 같은 곳을 보시지布施地로 할 수 있

56) Ibid.,III, 14,1. 「안거건도」, 남전대장경 제3권, 274쪽-275쪽.

는 부근이 선택되는 것이다. 안거 두 번째 형식으로 보아야 할 것은 이러한 대도시에서 왕이나 재벌의 외호 아래 행하여진 것이다.

이 두 번째 형식의 상황에 대해서 보면『쭐라박가』「멸쟁건도」에 따르면 안거 처음에 비구들에게 안거중의 와좌처를 할당하는 직책인 지와좌구인知臥坐具人 senāsana-pāññāpaka이 된 말라뿟따 답바Mallaputta-Dabba에 대해 비구들은 왕사성을 중심으로 한 지역 중 산동山洞이나 산굴山窟 등을 할당하도록 신청하고 있다.[57] 그리고 또「와좌구건도」에 따르면 석존은 왕사성 정사가 건축되어 있지 않은 죽림원에 있고, 비구들은 그 부근의 산동이나 산굴에 좌와하고 있었다. 그들은 이른 아침에 그곳을 나와서「나아가거나 물러서거나 앞을 보거나 뒤를 보거나 구부리거나 펴거나 단정하게 눈을 아래로 하고 위의를 갖추고 떠났다.」고 기록되어 있다.[58] 이는 안거중의 상황인데 석존의 거소居所를 중심으로 하여 그 부근의 산동山洞 등에 각 비구가 흩어져서 거주하고 있고, 매일 석존과 상견할 수 있는 생활을 행하고 있다. 그리고 이 석존을 중심으로 하는 각 비구의 거소 즉, 주처āvāsa를 포함하는 지역이 석존을 포함하는 비구들의 현전승가의 결계[界 sīmā]라고 여겨지고, 그 하나의 결계界 안에 있는 이들이 동일포살同一布薩과 동일자자同一自恣를 하는「현전승가」를 형성하고 있었다고 생각된다. 하나의 계의 경계를 정하는 것은 동일포살에 참가하는 범위 지역을 결정하는 것인데 그 지역경계 설정은 아직 승원에 정사가 없어서 이 제2 형식의 안거주처를 기본으로 하여 결정된 듯하다.

57) Cullavagga, IV, 4, 4. 남전대장경 제4권, 118쪽-119쪽.
58) Ibid., IV, 1, 1. 상동, 225쪽.

불교비구의 생활에는 이미 몇 번이나 말한 바와 같이 처음에 정사는 존재하지 않았다. 「안거건도」 기술 부분에 따르면 상기와 같이 왕사성부근의 산동山洞 등을 와좌처로서 제2형식의 안거를 하고 있던 승가에 대해 한 신자가 정사를 건립하여 비구들을 그곳으로 초대해 설법할 것을 청하였지만, 붓다는 이에 대해 「7일 안의 할 수 있는 일을 위해 사자가 파견되면 가야 하고, 그렇지 않으면 가서는 안 된다는 것을 허용한다. 7일 안에 돌아와야 한다.」라고 제정했다고 한다.[59] 이는 법을 설하기 위해 초청의 사자를 받았다면 7일까지는 그 정사에 가도 좋다는 것이고, 이에 근거하여 안거는 7일 이상 중단하면 안거로 인정받지 못하게 되는 「파안거破安居」라는 규칙이 성립된다. 그러나 이 경우에 의해 시주에게는 정사 기부의 의지는 있었으나 붓다에게는 아직 정사를 받아서 그것을 사용하여 주하는 것이 허락되지 않았음을 알 수 있다. 그것이 전항에 본 바와 같이 불교에 정사가 허락되고[60] 왕사성에 죽림정사, 사위성에 기타림정사가 생기고, 그 밖에도 더욱 많은 정사가 생기게 되었다. 그리고 안거 제3형식으로서 정사에서 안거가 행하여지게 되었다.

『쭐라박가』「와좌구건도」에 따르면 안거 때 비구들은 좋은 정사에 자신의 와좌처를 얻고자 하여 다퉜기 때문에 와좌처의 할당은 결계의 밖에 있는 자[境外者 nissīma]에게는 주어지지 않게 되었다고 생각된다.[61] 그러나 본래는 안거를 행하러 오는 자에게는 결계의 밖에 있는 자는

59) Mahāvagga, III, 5, 5-6. 「입우안거건도」, 남전대장경 제3권, 249쪽-250쪽.

60) Cullavagga, VI, 1, 2. 「와좌구건도」, 남전대장경 제4권, 225쪽-226쪽.

61) Ibid., IV, 11, 1-3. 상동, 256쪽.

있을 수 없다. 비구는 한 곳에 머물지 않고[一處不住], 또한 주처의 경계는 그 지방의 포살당으로 지정한 곳을 중심으로하여 그 포살에 모여야 할 지역을 말하는 것이고, 그때 그 지역내에 있는 자는 모두 결계 안에 있는 자[境內者]이다. 특히 정사는 사방승가 공유의 중물이기도 하다.[62] 또 비구에게는 본래 본적지는 없다. 상식적으로 보아도 사방승물인 정사에 안거를 하러 오는 자는 각지를 유행하고 있던 자가 안거를 하러 오는 것이고, 거의 경계 밖에서 모여 드는 것이라 생각해야 할 것이다. 그 모여드는 이들 중에서 특정인에게만 결계 밖에 있는 자라는 개념은 성립하지 않을 터인데 그곳에 결계 밖에 있는 자를 배제하고 있는 것은, 이미 정사가 이를테면 등록된 특정 비구에게 점유화되어 있음을 의미한다. 그 특정 비구는 그 정사에 안거 이외에도 거주하는 자이거나 혹은 그 정사를 근거로하여 근처의 지역을 유행하는 자들로 고정된 현전승가를 형성하고 있다고 보여지는 비구들이다. 그리고 이 기사에 따르면 그러한 비구들만으로 그 정사를 독점하고 해마다 안거하고, 타인을 배제하는 것이 율제로서도 인정해진다.

주처의 경계를 정하는 것은 포살에 모이는 동일승가를 결성할 수 있는 지역이 한정적이고, 이는 앞에서 언급한 제2 안거형식 시대에 정하여진 듯하다. 「포살건도」의 기록 부분에서는 산상山相 pabbatanimitta 석상石相 pāsāṇanimitta 임상林相 vananimitta 수상樹相 rukkhanimitta 도상道相 magganimitta 의질상蟻垤相 vammikanimitta 하상河相 nadīnimitta 수상水相 udakanimitta 등을 경계의 표치로 그 범위를 정하고, 그 경계내가 「동일계同一界」의 주처이다.[63] 이 경

62) Ibid., IV,11,1. 상동 254쪽, 主張者의 선악에 관계없이 「精舍는 僧伽의 것에 다름없다.」라는 주장은 부정되지 않았다.

계내의 범위를 3유순이라 불리는데 유순은 율에 따라 달라서 한 가지로 정하기 어렵지만 하루만에 포살을 위해 포살 식장인 포살당布薩堂 uposathagga에 왔다갈 수 있는 곳으로 3유순은 거리의 이수里程로 16리里 24정丁이라 할 수 있다. 이는 아마 포살당지점uposathagga에서 결계의 경선까지 최대한 거리를 말하는 것인 듯하고, 또 그 거리 내에서도 건널 수 없는 강을 끼고 경계를 해서는 안 된다고 하고 있다.[64] 또한 위와 같은 표식을 얻을 수 없는 곳에서는 마을村里 gama · 취락nigama의 경계를 그대로 다른 지계地界와의 경계로 삼아도 된다고 하고 있다.[65]

정사의 성립은 안거 3개월뿐만 아니라 그 후에도 비구로 하여금 그곳에 정주시키게 되는 결과가 되었고, 이윽고 1년간을 유행하는 생활은 일변하여 불교승가는 완전히 1년을 통틀어 승원 생활화된 것이다. 정사에의 정주定住는 먼저 안거의 연장이 되어 나타났다. 즉 안거의 종식인 자자 의식을 2개월 연장하는 것이다.[66] 『빠알리율』의 「자자건도」에서는 쟁사를 즐기는 비구의 방해를 피하기 위해 연장한다고 하고 있으나, 『오분율』에서는 안거생활에서 오증悟證을 서로 이야기하며 낙주樂住하는 생활을 다시 1개월 연장하여, 3개월의 안거를 4개월 안거로 하는 것으로 하고 있다.[67] 그리고 자자 후에는 의시衣時 1개월이기 때문에 다음에 기술할 「가치나의」의 수여를 받지 않더라도 4개월 안거는 실질적으로 5개월 안거가 된다.

63) Mahāvagga, II, 6, 1. 「포살건도」, 남전대장경 제3권, 188쪽.
64) Ibid., II, 7, 1-2. 상동, 188쪽- 189쪽.
65) Ibid., II,12, 7. 상동, 196쪽.
66) Ibid., IV,17, 4-6. 「자자건도」, 남전대장경 제3권, 309쪽-310쪽.
67) 『오분율』제19권, 대정22권, 233쪽 b.

안거 후의 옷의 분배식[衣分配式]의 일종인 「가치나의법」도 실질적으로는 안거지에서 안거후를 12월 15일까지, 옷을 마련하는 기간으로 지주止住하게 된다. 즉 이를 받는 것은 보통은 안거 후 1개월이 옷을 마련하는 의시衣時인데, 이를 4개월 또는 5개월로 연장이 된다. 「가치나의」kaṭhina는 원래 지율파의持律破衣의 비구가 삼의를 조정調整하는 동안의 응급의應急衣인데[68] 후에는 그 의미가 「가치나의식」의 형식으로 남을 뿐 실질적으로는 완전히 증발해버리고, 안거정근安居精勤에 대해 보상을 주는 의식[賞與式化]으로 되었다. 그리고 그 식에서는 실제로 가치나의를 받지 않아도 그 식에 참여하는 것만으로 12월 15일까지 5개월 혹은 4개월을 그 주처에서 「장의계」長衣戒나 「이삼의숙계」離三衣宿戒나 별중식別衆食 등 그 밖의 다섯 가지 금율학처禁律學處가 제외되는 특전을 얻어 머물 수 있다.[69] 즉 가치나의보다 그 특전을 받는 것이 실제 내용으로 되어 있다. 「가치나의」의 수여식은 안거 종식인 자자 직후에 안거정근에 대한 보상으로서 주어지는 것이고, 실제로 제작되어 수여되는 옷과 비구는 하나 혹은 둘, 셋이고, 다른 대부분은 참여하여 형식적으로 받은 것이 되고, 실질적으로는 특전만을 받는 것이다. 그리고 그 「가차나의」의 수지나 특권은 그것을 받은 주처의 경계내에 있는 한 12월 15일까지 유효한 것이다. 따라서 이것의 결과로는 안거 후 12월 15일까지 그 주처에 다섯 가지 율학처의 금지를 제외하는 특권을 주어 머물게 하는 것이 된다.[70] 즉 이는 안거지에 지주止住한다는 의미상에서 말하면

---

68) 본서 855쪽 이하 참조.

69) 迦絺那衣의 허가는 인연담과는 관계가 전혀 동떨어져 갑자기 「비구들이여. 우안거를 지낸 비구는 가치나의를 받는 것을 허락한다. 그대들이 迦絺那衣를 받으면 五事에 淨이 된다.」라고 하고 있다. Mahāvagga,VII,1,1-3. 남대장경 제3권, 444-445쪽.

이 가치나의식을 행함에 따라서 안거 기간을 더하여 「전안거」를 하는 자는 8개월, 「후안거」를 하는 자는 7개월을 지주止住하게 되는 것이다.

비구는 본래라면 3개월을 안거하고, 9개월을 유행하는 것이 원칙이었으나 지금 기술한 것처럼 여러 가지 이유를 붙이는 것에 의해서 8개월을 정사에 머물러 있게 되었다면 유행하는 기간은 겨우 4개월이 된다. 즉 한 곳에 머물지 않는[一所不止]의 출가생활이 정주생활화 되었다고 할 수 있고, 비구에게 있어서는 승원지주의 생활이 상태화常態化되었다고 할 수 있다. 그리고 그러한 승원지주 생활의 경향이 진행되어 결국에 그것이 고정되어 버렸음을 율장은 인정하고 있다. 즉 『쭐라박가』 「와좌구건도」에는 와좌처 배분에 세 종류가 있다고 하는데, 처음 배분은 전안거가 시작될 때의 배분, 두 번째의 배분은 후안거가 시작될 때의 배분이고, 세 번째의 중간 배분antarāmuttaka gāha은 안거가 끝난 날부터 다음 안거가 시작되기 전날까지 9개월간의 배분이다.[71] 즉 원래는 안거를 마치면 유행을 떠나는 것이어서 비구 개인의 침실을 의미하는 와좌구 분배를 받을 필요가 없을 터이지만, 안거후 9개월 배분을 받는 것은 그 9개월간을 정사에 머물든지 혹은 근처를 유행하고 종종 그곳에 돌아와 머물기 때문이라고 해야 할 것이다. 즉 유행한다고 하더라도 그 주처내든가 하루 이틀 내에 돌아오는 범위밖에 다니지 않음을 의미하는 것이다. 「중간 배분」이 정해졌다는 것은 이미 정사에 상주하고 승원적인 생활이 행해지고 있음을 말하는 것이라 해야 할 것이다.

---

70) 가치나의에 대해서는 제9장 · 2 · (1) 「長衣戒와 衣의 淨施」 669쪽 이하 참조.

71) Cullavagga, VI, 11, 4. 남전대장경 제4권, 256쪽.

불교에 있어서 정사의 건립은 불교승가의 지지층이 왕이나 재벌이었음을 나타내는 것이다. 최초로 정사를 건립했다는 왕사성의 장자는 죽림원 안에 하룻밤에 60채의 정사를 건립했다고 하고[72] 사위성의 급고독장자는 거만巨萬의 재산을 투자해서 기타림을 매수하여 정사를 건립했다고 한다. 앞에 언급된 그리스인의 기록에서도 「그들은 집을 가지고, 왕이 설립한 사원을 가지고, 그들에게 집사가 있어서 음식 준비를 시킨다.」고 하여서, 왕이나 재벌의 지지에 의해 청식으로 살고 있었다고 할 수 있다.[73] 물론 정사에 속하지 않는 비구도 있었다. 예를 들어, 「경분별」 제1 바라이에 등장하는 수제나Sudinna-Kalandakaputta는 두타행자이고 아란야주자 · 걸식자 · 분소의자 그리고 걸식자가 되었다고 하고 있고, 또 사타 제15에서 우빠세나 방간따뿟따Upasena-Vaṅgantaputta 비구는 그의 제자로 들어오기를 청하는 자에게 「나는 아란야주자阿蘭若住者 · 걸식자乞食者 · 분소의자糞掃衣者이다. 만약 그대도 또한 아란야주자 · 걸식자 · 분소의자가 된다면 나는 그대를 출가시키겠다.」라고 말하고 있다.[74] 특수한 존재라는 것은, 일부러 걸식자乞食者라고 칭하는 것으로 확실하지만 그러한 비구는 있었다. 그러나 그것은 일반적인 비구의 상태는 아니었다. 데바닷따Devadatta가 붓다에게 제출한 개혁의견은 비구는 일생동안 걸식자 · 분소의자 · 임주자林住者 · 수하주자樹下住者 · 불식어육자不食魚肉者여야 한다는 것이었다.[75] 데바닷따가 그와 같이 말한 것은 붓다 만년의 비구들에게 임주 · 걸식林住乞食이 정상적인 상

72) Ibid., IV,1, 1-4. 남전대장경 제4권, 225쪽-226쪽.

73) M'Crindle's Ancient India, Section IX, p. 170.

74) Vinayapiṭaka, Vol. IIISuttavibhaṅgap. 15; p. 230 남전대장경 제1권, 22쪽, 390쪽.

75) Cullavagga, VII, 3, 14. 「파승건도」, 남전대장경 제4권, 301쪽-302쪽.

태로 되어 있지 않았기 때문이라 보아야 할 것이다. 아란야주와 걸식과 분소의에 진기약陳棄藥을 더한 것이 출가 「사의」四依이고, 비구가 될 때는 일생동안 그것으로 살도록 가르침을 받고 불교에 입단한다.[76] 그렇지만 그것은 이미 단지 식전적式典的 의미가 되어 전혀 행하여지지 않았고, 이들 기사는 특히 걸식 등으로 살아가는 것을 비구 중에 특별한 종류의 수행자로 하고 있다. 즉 일반 비구는 임주자가 아니라 정사에 살고, 분소의가 아니라 시의施衣를 입고, 걸식이 아니라 청식請食 등을 받아서 생활하였던 것이고, 외호자外護者의 보호 아래 안거생활이 그대로 상태화되어 있는 것이다. 그리고 그러한 생활을 좋아하지 않거나, 또 외호자가 없는 비구들이 걸식자 등으로서 존경받으면서 특수한 취급을 받고 있었음을 알 수 있다.

안거는 비구들이 수행에 전념할 수 있는 때이다. 안거가 시작될 때 비구들에게 와좌할 상좌床座의 장소를 할당하는 것인데 이때는 「동분비구들에게 동일처의 상좌를 맡긴다. 즉 송경비구들에게 동일처 상좌를 맡겨 서로 경을 송출하게 하고, 지율비구들에게 동일처의 상좌를 맡겨서 서로 율을 결택하게 하고, 설법비구들에게 동일처 상좌를 맡겨서 서로 법을 대담하게 하는」 등의 조치를 취하는 것이 좋은 분배방법이라고 여겨지고 있다.[77] 또한 안거중에 비구들은 그와 같이 하여 상좌를 배분 받아서 「한 주처에서 설법비구는 법을 설하고, 경사經師는 경을 결집하고, 지율자持律者는 율을 결정하고 운운」이라 기록되는 생활을 하였던 것이다.[78] 리스데이비드Rhys Davids의 『불교인도』에 따르면

76) Mahāvagga,I, 77, 1. 남전대장경 제3권, 163쪽-164쪽.
77) Cullavagga, VI, 4, 4. 「멸쟁건도」, 남전대장경 제4권, 118쪽-119쪽.

법설자法說者 dhammakathika · 경유자經有者 peṭakin · 경사經師 suttantika · 경니사經尼師 suttantikinī · 오부사五部師 pancanikāyika의 이름이 3세기 유적에까지도 통상화되어 사용되고 있었다고 한다.[79] 그러나 율장의 기술은 3세기보다는 이른 시대의 것인데 이러한 자들이 각자의 부문에서 안거 중 동주同住 비구의 의문에 대답하여 전설傳說을 수정하여 이야기했다고 한다. 그리고 안거공주하는 동안에 그 안거지를 본적지로 삼는 부파의 특유한 사상도 형성되었다고 보아야 할 것이다. 즉 안거는 부파형성의 온상이기도 했던 것이다.

안거 주처 생활의 처음은 예를 들어, 「동산주부東山住部」나 「서산주부西山住部」로 비구가 고정되기 전에는 우기 이외의 유행에서 얻은 지식의 집적集積이 이야기되는 곳이었다. 즉 비구들은 9개월의 유행 중에 공회당이나 휴식소에서 각 주처의 비구와 만나 회담하고, 또 외교外教 출가자와도 사상적인 교환을 하였는데 그것이 안거 주처에서 수집되는 것이다.[80] 그 무렵 『마하박가』에 나오는 장생왕長生王 Dīghāvu의 무원無怨이야기나 『쭐라박가』에 있는 참새鷄 tittira와 원숭이獼猴 makkaṭa와 코끼리象 hatthināga의 화합주和合住 이야기와 같은 것이 생기고,[81] 또한 『법구경』 Dhammapada이나 『장로게』Theragāthā · 『장로니게』Therīgāthā 등이 되는 자료가 모여졌다고 보는 것이 리스 · 데이비드의 생각이다. 붓다에 관한 여러 가지도 9개월간 유행중에 불교비구의 공유문화재가 되어 서로 교환하여 전하고, 안거주처에서 각 비구가 들어서 얻은 바가 통합되어 그것이

78) Mahāvagga, IV, 15, 4. 「자자건도」, 남전대장경 제3권, 298쪽.
79) Buddhist India, p. 167-168.
80) Ibid., IV, p. 142.
81) Mahāvagga, X, 2-20; Cullavagga, VI, 6-3. 남전대장경 제3권, 594쪽-605쪽, 상동 제4권, 246쪽-247쪽.

또 다음 유행기에서 다른 안거주처에서 묶여진 것과 서로 이야기되어 점차로 공통적인 것의 고정이 보이기에 이르렀다고 생각된다.

그렇지만 안거지의 주처에 비구들이 정착하여 승원 생활이 고정화되어가면 사정은 일변하여 공통재에 대해서 각지 주처에서 각각 특유한 수정증보를 가질 수 있게 된다. 우리는 경장經藏이나 율장律藏의 대부분이 불교의 제 부파에 공통되는 것을 본다. 예를 들어, 제부전승의 율장에 대해서도 경분별부든 건도부든 거의 동일한 내용이다. 상좌부계와 심한 차이를 상상되게 하는 『마하승기율』에서도 내용자료상에 그다지 큰 차이를 보이지 않다. 이러한 것은 부파의 주처에 고정된 부파적 승가 이전의 상태가 오래 계속되고, 안거의 수획收獲이 모두 불교 공통재로 되어 있었음을 알리는 것이다. 그러나 그것은 분명 아소카 왕의 인도통치가 무너질 무렵까지로 그 무렵부터 그것이 붕괴되어가는 도정道程이 시작되고 있었음은 아소카 왕이 승가의 분열을 훈계하는 것으로도 알 수 있다.

(4) 자자自恣와 가치나의식

초기불교승가에서는 우기 90일간의 안거생활이 승원적인 집합지주 생활이었다. 『마하박가』「자자건도」에 따르면 안거중인 비구들은 아침일찍 일어나서 마을로 걸식을 떠나는데 「먼저 마을의 걸식에서 돌아오는 자는 상좌床座를 설치하고, 세족수 · 족대 · 족포를 준비하고, 여식餘食을 담을 식기를 씻어 준비하고, 음식을 준비한다.」고 한다. 뒤에 마을의 걸식에서 돌아온 자는「만약 여식餘食이 있어 원하면 먹고, 원하지 않으면 생초生草가 없는 곳에 버리고, 혹은 충류蟲類가 없는 물에 담근다. 그는 상좌床座를 치우고 세족수 · 족대 · 족포를 반납하고, 여식을 담는 식기를 씻어서 반납하고, 음식을 반납하고, 식당을 깨끗이 한다.」고 하는 생활상태를 되풀이한다. 그리고 누구라도「물항아리, 음식항아리, 헹구는 항아리澡甁가 비어있는 것을 본 사람은 이를 준비」하도록 유의하며,「화합 · 환희하여 다툼없이 우안거를 지내며 서로 곤란한困憊 일이 없이」 머문다고 한다.[82)]「자자건도」에서는 이러한 안거생활 동안에 비구들은 타인에게 충고하는 것을 즐겨하지 않고, 근심 없이 편안[安易]하게 화합을 구하며 서로 책임을 따지고 물으며 과실을 훈계하지 않았던 경우가 있어서, 그 결과 붓다는 자자pavāraṇā를 행할 것을 정하셨다고 한다.[83)]

안거에서는 지금 기술한 것과 같은 화합생활을 하고「비구들은 법을 설하고, 경사經師는 경을 결집하고, 지율자는 율을 결정하고, 선법자宣法者는 법을 대담하고, 비구들은 쟁론하며 밤이 매우 이슥해질」 때까지 계속되었는데, 이런 것이 안거 마치는 날인 자자날까지도 이르렀다고 한다.[84)] 이 안거의 화합생활은 이윽고 승가생활이 승원 생활화하면서 이것이 승원의 일상 생활이 되어 온 것이다. 즉 앞에서 언급한「자자건도」의 안거 중 화합생활을 이야기하는 말은 그대로 정형문구

82) Mahāvagga, IV,1, 2-4.「자자건도」, 남전대장경 제3권, 281쪽-282쪽.
83) Ibid., IV,1, 13. 남전대장경 제3권, 284쪽-285쪽.
84) Ibid., IV,15, 4. 남전대장경 제3권, 298쪽.

화되어 승원의 화합생활을 표현하는 문구가 되었다. 예를 들어, 『쭐라박가』「의법儀法건도」에는 승원생활의 의법儀法을 이것과 같은 생활을 표현하는 문장으로 즉 정형 문구로 표현하고 있다.[85] 또 『마하박가』「꼬쌈비건도」에는 빠찌나밤사다야pācīnavaṁsadāya에서 아누룻다Anuruddha 등의 화합생활을 화합의 규범으로 기록하고 있는데, 이 생활도 이 정형문구로 표현되어 있고, 아누룻다 등은 이러한 생활을 하면서 안거에서 법대담과 같이 5일마다 법의 연구를 되풀이하고 있었다고 하고 있다.[86] 즉 승원적인 생활은 안거생활의 고정화이고, 또한 안거생활을 본보기로 하였음을 알 수 있다.

안거에 대해서는 이미 앞에 기술하였지만 이 안거의 끝은 두 가지 의식에 의해 마친다. 말할 것도 없이 안거의 끝은 어느 시대든 새로운 전도傳道 생활의 시작이기 때문에 안거를 끝내는 두 가지 의식은 다음 안거까지 1년의 활동 준비를 의미하는 것이다. 두 가지 의식이란 자자pāvāraṇā와 가치나kāṭhina의 두 가지이다. 즉 「전안거」라면 7월 14일에, 「후안거」라면 8월 14일에 포살이 있고, 15일은 자자로 안거를 끝내고, 16일에 가치나의의 식式을 한다.

자자는 앞에 말했듯이 안거 생활 중에 서로 훈계하는 대신에 안거 중 90일간을 함께 생활하며 서로 알았던 각자의 결점을 서로 이야기하여 각자의 마음가짐에 도움이 되는 것이다. 출가자인 비구의 수행을 위한 안거 생활이어도 서로 상대의 과실을 묻고 따지는 것은 화합생활상의 장애라고 느끼는 경우가 있었던 것 같다. 서로 상대의 결점

85) Cullavagga, VIII, 5, 3. 「의법건도」, 남전대장경 제4권, 331쪽.
86) Mahāvagga, X, 4, 5. 「꼬쌈비 건도」, 남전대장경 제3권, 609쪽-610쪽.

을 이야기하지 않는 것이 가장 평화로운 수단이라 생각한 비구들에 대해 붓다는 「비구들이여, 어찌하여 어리석은 이들[愚人]은 외도外道가 지니는 벙어리 맹세啞戒 mūgabbata를 지니느냐.」라고 가책하였는데, 그런 일이 없도록 붓다는 안거 마지막에 서로 결점을 이야기하여 각자 반성을 할 기회를 설정하신 것이다.87) 자자는 다섯 비구 이상 승가에서 행하여진다.

자자pavāraṇā는 안거 마지막 날에 행하는 것으로 각 비구가 한 사람씩 승가가 집회하는 곳으로 나아가서 꿇어앉아 승가에 청하기를, 안거 90일간에 자신의 행적에 대해서 대중이 보았거나 들었거나 의심 나는[見 · 聞 · 疑] 범죄 등에 대해서 자유롭게 지적해 줄 것을 청하는 것이다. 물론 이에 의해 각 비구는 참회해야 할 것은 참회하고, 청정한 입장에서 새로운 해 다음 활동에 들어가는 것이다. 자자 의식은 승가가 선택한 자자인으로 부터 자자 선언이 있으면 비로소 장로 비구가 승가 대중을 향하여 옷을 편단우견하고 꿇어앉아서 「나는 견 · 문 · 의에 있어서 승가에 자자를 행한다. 벗들이여, 나를 애민히 여겨 이야기해 주소서. 나는 죄를 보면 없애겠다.」라고 세 번 반복해서 청한다.88) 이처럼 하여 청을 받은 승가 대중은 이에 대해 그 장로長老가 범한 죄에 대해서 견 · 죄 · 의하는 것이 있으면 이야기한다. 이처럼 하여 장로의 자자가 끝나면 순서대로 법랍에 따라서 자자를 하는데 『오분율』에 따르면, 많은 사람이 순서대로 자자하여 시간을 소요하고, 청법에 모인 신자를 기다리게 했기 때문에 신자들에게서 불평이 나와서 그러한 경

87) Ibid.,IV,1,5-12. 「자자건도」, 남전대장경 제3권, 282쪽-284쪽.

88) Ibid.,IV,1,14. 상동, 285쪽. 단 자자인을 선출하는 것은 『빠알리율』에는 없고 『오분율』 제19권, 대정22권, 131쪽 c에 말하는 바이다.

우에 간략화되는 것이 인정되었다고 한다. 이에 따르면 상좌上座 8명은 한명씩 자자를 청하고, 그 이하는 동년의 비구들이 일시에 자자를 청하게 되었다고 한다.[89] 다만 이는 큰 승가에서의 일이고, 승가의 자자는 5명이상의 현전승가에서 행할 수 있는 것이며, 그 이하는 정식이 아니지만 4인 승가의 경우는 네 명이 상호간에 행한다고 한다.[90]

자자에 참가할 수 있는 것은 포살식에 참가하는 것과 마찬가지로 청정비구인 것이 원칙이다. 결석은 인정되지 않고, 병비구는 청정을 전하여 완전한 출석이어야만 한다는 것도 포살식에서와 같다.[91] 즉 『마하박가』 「포살건도」의 포살에 대한 기사(Mahāvagga, II, 22, 2-4)와 이 자자에 대한 기사(Ibid.,IV, 3, 3-5)는 단어單語 「포살」과 「자자」가 바뀌 들어갈 뿐 완전하게 같은 문장이다. 그리고 포살에서와 마찬가지로 범죄비구는 참가할 수 없지만 자자는 대중으로부터 자기가 깨닫지 못하는 죄를 지적받는 것이므로 스스로 청정하다고 믿고 출석해도 타인으로부터 자신의 죄를 지적받을 경우가 있다. 타인의 죄를 지적할 경우에는 자자의 방식에 따라서 행하여진다. 즉 갑비구가 을비구의 범죄를 알고 있었던 경우에는 갑은 먼저 을비구에 대해서 그 죄를 비난하는 허락를 받아야 한다. 이 허가를 얻는 것은 지극히 중요한 것이고, 징벌 갈마나 별주 복사服事를 명받고 있는 비구가 청정비구를 상대로하여 상대의 죄를 비난하는 허락를 청하는 것은 금지되어 있다.[92] 그리고 을비구의 허가를 얻으면 갑비구는 을비구의 죄에 대해서 견 · 문 · 의 어느

89) 『오분율』제19권, 대정22권, 131쪽 b-c.

90) Mahāvagga, IV, 5, 1-2. 「자자건도」, 남전대장경 제3권, 289쪽.

91) Ibid.,IV,3, 3-5. 상동, 287쪽-288쪽.

92) 別住의 服事(Cullavagga, Ⅰ, 5, 1. 남전대장경 제4권, 7쪽-8쪽) 참조.

하나에 의해 알게 된 사정을 이야기하고, 을비구는 그것을 받는 형식으로 자자에 참가할 수 있지만, 만약 을비구가 갑비구에게 허가를 얻지 않을 때는 승가는 결의하여 을비구에게 자자를 금하고, 제외한다.[93] 자자에서 죄를 지적당하여 그 일에 대해서 범죄 비구가 범죄를 고백한다면 그것은 일곱 가지 죄 즉, 바라이 · 승잔 · 투란차 · 바일제 · 바라제제사니 · 악작 · 악설의 경우는 승가는 즉각 비구계가 명령하는 방법으로 그 비구를 복죄하게 하고 나서 자자를 계속해야 한다. 그러나 그 경우에 범죄를 지적하는 쪽에서 경죄輕罪라 보는 것과 중죄重罪라고 보는 두 가지 의견으로 나누어지는 경우에는 경죄라고 보는 의견에 따라서 처분된다.[94] 분명히 죄를 범했다고 여겨지는 비구는 지적하여 자자를 금할 수 있다. 그렇지만 타인의 죄를 비난하거나 또는 비행불청정非行不淸淨으로 타인의 자자에 참가하는 것을 금하는 것은 극히 신중을 요하는 것이다. 즉 이를 행하는 데는 극히 엄중한 제한이 가해져 있다. 「신행身行청정 · 어행語行청정 · 명命청정 · 현명賢明 · 총명聰明하여 질문을 받으면 잘 대답할」 수 있는 사람 즉, 자신의 소행에 대해서 무엇을 물어도 명백하게 대답하고, 자신의 청정을 증명할 수 있는 사람만이 타인의 자자를 금하는 것을 제안할 수 있다. 타인의 죄를 주장하여 그 사람의 자자 참가를 거부하는 제안자가 된 비구는 그 금하는 근거 이유에 대해서 그것이 본 것[見]에 의하는지, 들은 것[聞]에 의하는지, 의심나는 것[疑]에 의하는지를 질문받고 그 견 · 문 · 의에 대한 정확함이 여러모로 질문 · 음미되어야 한다. 그리고 만약 그 제안이 허위 힐

---

93) Mahāvagga, IV, 16, 1-2. 「자자건도」, 남전대장경 제3권, 300쪽.

94) Ibid., IV, 16, 18-20. 상동, 305쪽-306쪽.

난임이 밝혀지든지, 혹은 근거가 명료하지 않아서 「징문懲問에 의해 유지有知의 동범행자同梵行者의 마음에 들지 않는」것이 있어서는 안 된다. 만약 그 죄를 주장하는데 그 주장에 유지자有知者가 의심스러워하는 것이 있다면 소행所行이 부정不淨으로 여겨져 자자를 금지당하려 했던 비구는 승가로부터 「비난 받은 비구는 허물이 없다.」고 여겨져 자자에 참가할 수 있게 된다. 그리고 반대로 불확실한 비난으로 타인의 자자를 금하고자 제안한 비구는 허언 또는 실수를 제출한 이유로 그것이 예를 들어, 「무근방계」의 학처를 범하는 것이면 그것을 고백하게 하여 처분해야 한다.[95)]

자자를 행하기 전에 비행非行의 일[事]와 인(人:비구)를 본 자는 승가에 그 일을 진술하고 그 일과 사람을 제외하고 자자를 행해야 하지만, 자자 전에 일과 사람을 보고 자자를 행한 뒤에 그 일을 이야기해서는 안 된다. 이는 여법하게 재결된 쟁사를 재발하는 것으로 여겨 바일제 제63[96)]의 「발쟁계」를 범하게 된다. 이 일에 의해 자자를 행한 비구는 그 이전의 범죄가 혹시 있었더라도 자자에 의해 청정을 승가로부터 보증받은 것이 된다.[97)] 따라서 자자는 비구에게 있어서 지극히 중대한 범죄 소멸의식이라고도 할 수 있다.

자자를 청하는 것은 자신의 행업에 대해서 상대가 견 · 문 · 의한 비행을 상대로부터 자유롭게 지적을 받고 청정 · 출죄를 기약하는 것이었으나 이것도 또 앞에 본 포살 등과 같이 의식화되어 그 내용의 의

95) Ibid.,IV,16, 10- 17. 상동, 303쪽-305쪽.
96) 『사분율』제66, 『오분율』제5, 『십송율』 · 『승기율』제4.
97) Ibid.,IV,16, 26. 상동, 308쪽.

미가 증발되었다고 볼 수 있다. 자자일에 다른 만족蠻族의 포외怖畏가 일어나거나, 속인으로부터 보시를 받는데 밤이 늦어지거나, 또는 법담法談 이외의 일로 자자의 시간이 없어지면 자자를 청하는 말을 3창三唱해야 하는 것을 1창으로 하거나, 혹은 전원이 1창하여 그것으로 자자를 마치는 것으로 한다.[98] 즉 자자는 그 자자에 죄의 충고를 받는 의미보다도 자자의 말을 함에 따라서 그 사람이 안거를 마친 표시가 되었다. 그것보다 중대한 것은 그것에 의해 자자를 마치고 그 이전의 죄는 모두 소멸되어 청정해진 것이 된다. 즉 전원 1창의 자자는 일체의 범죄를 소멸하는 주술呪術과 같은 효과를 가지고 있다.

안거하는 근처의 승가에 투쟁에 의한 도당이 생겼을 경우에 투쟁을 즐기는 일당에게 방해받지 않기 위해 그 전에 안거를 마치고 해산하고 싶은 사람은 정해진 날보다 2~3일 일찍 포살을 하고 자자를 행해도 된다고 하고 있다.[99] 또한 같은 이유로 자자를 연기하고 싶을 때는 포살만을 행하고 자자를 1개월 연기해도 된다고 하지만 이는 앞의 항에서 말했듯이 안거를 1개월 연장한다고 볼 수 있다.[100] 『오분율』에 따르면 안거에 있어서 동지同志가 모두 증득한 바 있어서 심락心樂을 하나로 한 자가 안거가 끝나 헤어지는 것을 안타까워하여 그 즐거움을 다시 1개월 연장하고자 할 경우는 자자일에 모두 한곳에 모여서 제창하기를,

98) Ibid., IV, 15, 1-7. 상동, 297쪽-300쪽.

99) Ibid., IV. 17, 2. 동상, 309쪽. 『십송율』 제23권, 대정23권, 170쪽 b, Vinaya Text (S. B. E.) Part II, p. 350, Footnote 1.

100) Ibid., IV, 17, 3-6. 남전대장경 제3권, 309쪽-310쪽.

「우리가 여기에서 안거하여 심락心樂을 하나로 할 수 있었는데 만약 자자하여 떠난다면 이 즐거움[樂]을 잃을 것입니다. 다시 함께 여기에 머물러 8월까지 채워서 8월에 자자를 행하고자 합니다. 이와 같이 백白을 합니다.」

라고 결의하고 자자를 1개월 연장함에 따라서 3개월 안거를 4개월로 하고 머물 수 있다고 하고 있다. 물론 이때 유행하기로 예정된 비구는 정규대로 자자하고 떠나는 것은 상관없다.[101] 즉 자자를 연기하는 것으로 안거의 마무리를 연기해진다는 것이다. 자자가 그 내용의 의미를 잃고 다만 그것을 행하는 것이 안거의 종식으로 무죄청정을 얻는 의식으로 되어 있음을 볼 수 있다.

『빠알리율』이나 『사분』·『오분』·『십송』·『승기』 등의 각 율도 자자를 청하고 있는 비구에게 죄를 징문懲問하는 방법을 설하는데, 이 경우에 징문 받은 쪽이 그 징문 받은 죄를 인정하면 자자를 금지당한다. 그 죄를 인정한 자가 자자를 청하는 동안에 고백참회하여 출죄하는 것은 기록하지 않는다. 자자를 청하는 데는 형식으로 자자를 청하여 자기의 비행에 대해서 상대에게 징문을 요청하는 것이지만 실제로 징문을 받는 것은 자자로부터 제외당하고자 하는 경우도 되고, 또한 자자를 청하는 자에게 청을 받는 대로 징문을 발하는 것은 그 비구를 자자로부터 제외하는 경우도 된다. 이러한 일이 위에서 말했듯이 징문을 발하는 것에 관해서 그 징문이 진실하므로 엄중한 조건이 붙여지고, 실제는 하지 않게 된 것이지만 그것과 동시에 자자를 형식화하고 자자

101) 『오분율』 제19권, 대정23권, 133쪽 b.

를 청하는 자가 있어도 징문하는 자가 없어서, 위에서 살펴본 바와 같이 경우에 따라서는 자자를 청하는 말을 전원이 1창한 것으로 자자를 마치고, 더구나 자자를 마쳤기 때문에 청정하게 되기에 이른 것이다. 즉 형식화되고 이윽고 그 형식이 비구의 죄를 청정화하는 효과만을 가지기에 이른 것이다.

안거가 15일에 자자에 의해 끝나게 되면 바로 옷[衣]의 분배인데 그때 가치나의식이 행하여진다. 각각의 현전승가에는 원칙적으로는 사방승가의 것이지만 실질적으로 비구들의 각 주처āvāsa에서 처분할 수 있는 의재衣材가 비축되어 있다. 이를 나누어 주는 것인데 옷 재료[衣料]의 천에 대해서는 각 율 모두 명기하고 있지 않다. 『빠알리율』의 부수Parivāra에는 가치나의의 의재는 마포 · 면포 · 견포 · 모포 · 조마포 · 대마포 등 여섯 종류라는데, 리스 · 데이비드는 cotton cloth(면직물)라 한다.[102] 『선견율비바사』제18에 따르면 「몇 명이 가치나의를 받는가? 최하로 5명의 전안거인에 이르기까지 받을 수 있다. 파破안거인과 후後안거인은 받을 수 없다. 다른 주처는 받을 수 없다. 만약 주처에 5명이 되지 않을 때는 다른 사찰의 승려를 불러서 수를 채워서 받을 수 있다. 수를 채울 수 있는 객비구는 받을 수 없다.」라고 하고 있다.[103] 이에 의해 보면 가치나의는 전안거를 정근한 자에게 상여賞與되는 것이다. 그리고 이를 받는데 5명 비구부터라는 것은 이를 받는 승갈마는 자자와 함께 5인승가에서 행하여짐을 말한다. 다만 각 율 모두 「가차나의건도」에는 전안거를 행하는 자에게만 준다고는 되어 있지 않지만

102) Vinaya-piṭaka, Vol. 5, Parivāra 14; Vinaya Text S. B. EPart II. p. 148. Footnote 1.
103) 『선견율비바사』제18권, 대정24권, 795쪽 c.

『오분율』이나 『마하승기율』『십송율』 모두 7월 16일이후 8월 15일까지 기간에 얻는다는 것을 기록하고 있다.[104] 따라서 전안거든 후안거든 이를 얻을 수 있다. 단 역일曆日은 모두 인도력印度曆이다.

가치나의kaṭhina-cīvara의 가치나kaṭhina가 견고를 의미하는 것과 이 옷의 원시적 의미에 대해서는 제9장에서 『중아함』「가치나경」에 대해서 기술하였는데[105] 그곳에서는 안거를 끝낸 비구가 가치나의식kaṭhinatthāra을 행하고, 가치나의를 버리는 12월 15일까지 그 주처에서 다음에 기술하는 다섯 가지 특전을 가지며 살게 된 점이 주목된다.[106]

가치나의식은 자자의 익일에 신자의 시입施入을 받거나 또는 위에서 언급한 것처럼 승가의 의료로 행하여진다. 가치나의는 당일 오는 것으로 신자가 아침 일찍 시입施入하고, 보시를 받은 승가에서는 당일 완성한다. 그리고 시입施入이 있으면 파의破衣의 비구를 작의作衣의 비구로 뽑아서 백이갈마로 그에게 이 의료가 주어진다. 받은 비구는 그날 내에 이를 씻고 염색하고 손질하여[浣染打縫] 내의든 외의든 하의든 재단을 끝내야 하는데, 그러기 위해서는 다른 비구도 거들고, 시간을 맞출 수 없을 때는 장로비구도 참가하여 완성한다. 옷을 다 마치면 가치나의식(kaṭhinatthāra = 가치나의 展示)를 행하는데 이때는 먼저 작의作衣의 비구가 자기의 파의破衣를 옆에 두고, 작의作衣 하나를 들어서 「이 상의上衣(下衣 · 外衣)에 의해 나는 가치나를 전시한다.」imāya saṁghācīyā kaṭhinam atthārāmi라고 말하고, 나머지 옷을 가리키며 「이는 장로에게 적당하다.」라고 하고, 장

104) 『오분율』제22권, 대정22권, 153쪽 c, 『승기율』제28권, 대정22권, 452쪽 a, 『십송율』제29권, 대정23권, 260쪽 c.

105) 제9장 · 2 · (1) 「장의계와 의 정시」項을 참조.

106) Mahāvagga,VII,1,3. 「가치나의건도」, 남전대장경 제3권, 445쪽.

로비구와 신비구를 지시하는 것만으로 전비구의 묵인을 구하는 것이다. 즉 옷도 옷의 지정도 모두 의식으로서 행하는 것이고, 실제로 옷이 가치나의를 받아야할 전 비구에게 보급되는 것은 아니다. 단 가치나의와 함께 주어지는 특권은 그 식에 참여한 자에게는 전부 주어지고, 이 특권을 얻은 사람들은 이 의식 후 신자가 가치나의 의료를 시입施入하면 당일에 작의作衣하여 낡은 옷을 버리고 그것을 입을 수 있다.

가치나의를 받은 자는 의시衣時와 마찬가지로 다섯가지 특권이 주어진다.[107] (1)에 식전 · 식후에 비구에게 부탁하지 않고 마을에 들어갈 수 있다. 이는 바일제 중「부촉입취락계」[108]의 제외이다. 이 계는 시주로부터 청식을 받고 있을 때 시주 이외의 곳에 식전이든 식후든 가지 않도록 하고, 만약 어쩔 수 없이 시주 이외의 처소에 갈 때는 다른 비구에게 식사 이외의 용건으로 가는 것을 알리고 가야 한다는 것이다. 그러나 시의시施衣時는 바늘이나 실을 구하러 가는 경우도 있으므로 이 계는 제외된다. (2)에 삼의三衣를 떠나서 잔다. 이는 사타 제2계「이의숙계」즉 비구는 하루라도 삼의를 멀리해서는 안 된다고 여기는 계의 제외이다. 낡은 옷을 뜯어서 새 옷을 만드는 동안 삼의가 없는 것도 인정하고자 하는 것이다. (3)은 바일제중「별중계」[109]의 제외이다. 이는 승가 전부가 아니라 별중을 행하여 식사를 하는 것을 금하는 것인데 의시衣時에 함께 작의作衣 등을 할 때는 제외하는 것이다. (4)는 사타 제1「장의계」의 제외이다. 이 계는 삼의이외는 일정 크기 이상 의료衣料

107) Ibid.

108)『빠알리율』제46계,『사분율』제42계,『오분율』제82계,『십송율』·『승기율』제81계.

109)『빠알리』·『오분』은 제32계,『사분』은 제33계,『십송』은 제36계, 승잔은 제40계.

의 소지를 금하는 것인데 작의作衣 등의 때時는 필요한 의량衣量의 소지를 인정하는 것이다. (5)는 사타 제3「월망의계」의 제외이다. 이 계는 1개월 이내에 옷이 될 가망이 있는 의량衣糧은 받아도 좋지만 그렇지 않으면 수납해서는 안 된다는 것이다. 이것도 의시衣時에는 제외되고, 의재는 받을 수 있는 것은 수납해야 한다라고 한다. 가치나의가 부여된 자에게도 이 다섯 계의 제외는 인정된다. 원래 가치나의는 삼의가 파손된 자가 그것을 새로 만드는 동안의 응급의應急衣이다. 급하므로 당일에 완성하고, 이를 입고 있는 동안 삼의는 없으므로「이의숙계」는 제외하고, 아울러 작의와 마찬가지로 작의의 편리를 위해 다른 네 가지 계의 제외를 인정하는 것이다. 가치나의를 안거를 행한 자의 상賞으로 된 것은 그 상賞에 상당하는 것은 다섯 가지 계의 제외임이 틀림없다. 안거 뒤에 1개월 의시衣時가 있고, 이 다섯 계의 제외가 주어져 있으므로 그것에 다시 가치나의를 인정하는 것은 그 제외의 연장이라 볼 수밖에 없다. 가치나의 수여는 지금 본 바와 같이 안거부터 이후 12월 15일까지 사실상의 의시 연장이 된다. 그러나 가치나의의 특권은 그 주처에서만 통용되는 것이다. 그 주처의 경계 밖으로 나가면 가치나의를 버리는(특권을 잃음) 것이 된다.[110] 즉 가치나의를 받아 머무는 것은 안거 후 7월 15일에 자자를 한 자는 그 후 5개월, 8월 15일에 자자한 자는 그 후 4개월을 그 동일 주처에「이의숙」등의 특권을 가지고 즉, 옷과 음식의 금지를 완화시켜 머물게 되므로, 만약 안거 이래를 통산하면 전안거는 8개월, 후안거는 7개월을 일정한 주처에서 공양을 받아 걸식하여 머물게 된다. 앞에 안거 지역이 고정화되고, 불교

110) Ibid.,VII, 2,1-2. 동상, 449쪽-450쪽.

비구의 주처가 성립하고, 거기에 고정된 승원생활의 성립이 있었다고 하였는데, 그 승원화가 가치나의를 특권을 받기 위한 형식화하기에 이르렀던 것으로 생각된다. 한곳에 머물지 않는[一所不住] 출가주의의 비구생활에서는 안거를 포함하여 8개월이나 한곳에 머물 수 있게 되는 가치의법의 성립은 생각하기 어렵다. 앞에서 언급한 자자법에도 1개월 자자를 연기하고 안거에 머무는 것을 연장하는 것을 인정하는 것이 있었는데 가치나의법은 다시 그 머무는 것을 연장하는 의미로 통하게 되었다.

제8장

율제律制와 정법淨法

1. 네 가지 정통성[四大敎法]과 오정법五淨法 · 칠정법七淨法

(1) 네 가지 정통성[四大敎法]

이미 말한 바와 같이 현재 여러 부파 율장에 공통적인 부분 즉 일반적으로 「원형율장」이라 여겨지는 부분에서도[1] 경분별부의 비구계나 건도부의 제 규정의 해석적용에 시대 변천에 따른 변화가 인정된다. 그리고 앞에 이러한 변천에 참가한 자에게 지율자인 법규해석의 전문가가 존재하였음을 언급하였는데[2] 그때도 말했듯이 이러한 지율자의 시대적 의미 부여를 가능하게 한 것으로 보이는 것이 지금 언급하고자 하는 『디가니까야』「대반열반경」의 제4송품에 나오는 「네 가지 정통성」 cattāro mahāpadesā 四大敎法이다.[3]

「네 가지 정통성」四大敎法은 「사대처」四大處라고도 번역되는 것으로 『사분율』제58권에는 사종광설四種廣說, 『십송율』 제56권에는 사대인四大印

1) 제1장 · 7참조.

2) 본서 695쪽-696쪽 참조.

3) Mahāparinibbānasuttanta(DN.), No. 16IV, 7-11. 남전대장경 제7권, 99쪽-102쪽.

으로 번역되어 있다.[4] 이는『열반경』자체로는 법률중심주의를 주장하지만 그 실제는 교법이나 율제에 대해서 의문이 생긴 경우에 이에 해석을 주고, 또 새로운 규칙을 발포하는 권위를 말하는 것이다. 붓다 입멸 후 붓다 대신 법원法源을 행하는 권위를 역사적 순서에 따라서 가리키는 것이라 생각할 수 있다. 이에 관해서『대반열반경』은 먼저 제1 정통성[大教法]에 대해서 다음과 같이 기술하고 있다.

「비구들이여, 세상에 수행승이 '벗들이여, 나는 이를 세존 앞에서 듣고 세존 앞에서 받았습니다. 이것이 가르침이고 이것이 계율이고 이것이 스승의 교시입니다.'라고 말한다면, 수행승들이여, 그 수행승의 말에 동의하지도 말고 배척하지도 말아야 한다. 동의하지도 말고 배척하지도 말고, 그 말마디와 맥락을 잘 파악하여 법문과 대조해보고 계율에 비추어 보아야 한다. 그의 말을 법문과 대조해보고 계율에 비추어 보아 법문에 들어맞고 계율에 적합하면, '이는 세상의 존귀한 님, 거룩한 님, 올바로 원만히 깨달은 님의 말이다. 이 수행승은 올바로 파악한 것이다.'라는 결론에 도달해야 한다. 수행승들이여, 이것이 첫 번째 탁월한 논증이라고 새겨야 한다.」(DN. 16. 98. 1. p. 768)

이 설은 표면적인 주장은 결집된 법 · 률 2장藏 제일주의이지만 실질적으로는 붓다 입멸 후는 붓다에게 가르침을 직접 받은 장로의 발언이 제일 권위가 있음을 말하는 것이다.『빠알리율』과『사분율』과『오

4)『사분율』제58권, 대정22권, 998-999쪽,『십송율』제56권, 대정23권, 414쪽 a.

분율』의 세 가지 율장은 제1결집기사에 뿌라나Purāṇa가 마하깟싸빠 등이 결집한 법 · 률의 2장藏을 승인하지 않고 그 자신이 붓다에게 직접 받은 것을 따르겠다고 하였는데,5) 붓다 입멸 뒤에 붓다에게 직접 받은 장로의 해석이 최고권위라고 여긴 것은 당연하다고 생각된다. 『대반열반경』에는 뿌라나의 기사는 없으나 직접 받은 장로의 말이라도 법 · 률의 2장藏에 비춰서 정正과 부否를 인정한다고 하는 것은 법장法藏에 소속하는 이 경의 입장에서 당연한 것이지만, 어쩌면 뿌라나와 같은 존재가 있었고 그들을 향하여 결집파가 결집한 법 · 률 제일주의를 이야기하고 있다고도 생각된다.

「네 가지 정통성」의 제2는 제1과 같은 형식으로 기록되는데 다만 「세존으로부터 직접」 받았다고 하는 대신에 「참으로 이러이러한 곳에 장로를 소유하고, 다문의 기숙耆宿을 가진 집단이 있고, 그 집단으로부터 나는 그것을 앞에서」 들었다고 되어 있다. 즉 제1의 붓다의 직설을 듣고 나오는 장로가 없어진 후는, 이것 대신에 장로를 소유하고 다문의 기숙을 소유하는 중앙승가 혹은 대승가大僧伽의 결정이 권위로 여겨지고 그러한 승가의 결정선포가 새로운 규칙의 성립을 이루었다고 볼 수 있다. 우이宇井는 붓다 친수親受의 제자가 붓다 입멸 후 생존한 기간을 붓다 입멸 후 30년으로 여기는데,6) 이를 적용하면 제2 정통성[大教法]에는 붓다 입멸 후 30년을 지난 시대가 상정되게 된다.

제3 정통성[大教法]은 제2와 동일한 곳이 「참으로 아무개 거처에 많

5) Cullavagga, XI, 1, 11. 「오백결집건도」, 남전대장경 제4권, 433쪽-434쪽, 『사분율』제54권, 대정22권, 968쪽 b하, 『오분율』제30권, 대정22권, 191쪽 c.

6) 宇井伯寿, 『인도철학연구 제1』 · 「원시불교자료론」 項 참조.

이 배우고 전승[阿含]에 밝고 가르침[法]을 수지하고 계율[律]을 수지하고 논의의 주제[摩夷 mātikā : 論母]를 수지하고 있는 많은 장로들이 있는데, 나는 이를 장로들 앞에서 듣고 장로들 앞에서 직접 들었다.」라고 되어 있다. 여기에서 「전승[阿含]에 밝고 가르침[法]을 수지하고 계율[律]을 수지하고 논의의 주제[摩夷 mātikā : 論母]를 수지하고 있는 많은 장로들」이라는 것은 경 · 율 · 론 삼장에 능통한 장로비구들이거나 혹은 이미 지경사[經師] · 지론사[法師] · 지율사[律師]로 전문적이고 분화한 각각의 장로들을 가리키는 것이라 볼 수 있는데, 다음 제4에 대조해 볼 때는 뒤에 기술하듯이 제2결집에 집합한 장로들에 비교하여 생각하는 것이 지당한 듯하다. 또 「경 · 마이 · 율에 능통한」장로들로부터 직접 받았다는 발언이라도 「이를 경에 대조해 보고 율에 비추어 보아야 한다.」라고 하여, 대조해 보는 것 중에는 「론」論이라고도 「마이」mātikā 論母라고도 하고 있지 않다.

제4는 제3과 동일한 곳에 「참으로 아무개 거처에 많이 배우고 전승[阿含]에 밝고 가르침[法]을 수지하고 계율[律]을 수지하고 논의의 주제[摩夷 mātikā : 論母]를 수지하고 있는 한 분의 장로가 있는데,」라고 하고 있다. 제3과 같은 장로이지만 제삼의 경우는 「장로비구들」이라고 복수인데, 제4의 경우는 한 장로비구라는 점이 다를 뿐이다.

그리고 이 『대반열반경』의 설은 물론 몇 명의 설이라도 그것이 결집된 경과 율에 일치한 경우에만 바르다고 인정한다고 하는[7] 「결집경전제일주의」인데 그 점을 일단 차치하면 「네 가지 정통성」[大敎法]은 면

7) 이 經律에 「일치한 경우」의 일치는 Kappiya이고 淨法의 淨이다. 따라서 經律로 봐서 그래도 좋다(淨)고 여기는 것은 인정한다는 의미로 받아들여야 한다. 이 점에서 앞으로 淨法을 기술하는 것이므로 더욱 주의를 요한다.

수제자 설과 장로 · 기숙이 있는 큰 승가와 아함을 알고 법 · 율 · 마이를 지니는 장로들이나 한 장로 네 가지 권위를 가리키는 것이 된다. 이 배열을 보면 이는 분명히 붓다 입멸 후의 법과 율에 관한 권위의 역사적 추이를 이야기하는 것이라 할 수 있다. 붓다 입멸 직후는 붓다 친수 제자의 견해가 유력한 것은 당연하고, 그 후가 되면 장로가 많은 권위 있는 거대 승가의 결정이고, 이윽고 중앙승가라는 것의 붕괴시대가 되면 비교적 경 · 율에 능통한 장로들의 일치된 견해가 권위가 되고, 더우기 그것도 얻을 수 없는 시대가 되면 한 장로의 견해가 권위로 여겨지게 되었다.

「네 가지 정통성」[大教法]의 제1의 경우에 상당하는 것을 구하면 앞에서 서술한 제1결집시가 끝났을 때 뿌라나가 마하깟싸빠 등의 결집결과를 부정한 사건이 있다.[8] 제2에 상당하는 것으로서는 적절하다고는 말할 수 없지만 『마하박가』의 「입우안거건도」vassupanāyikakkhandhaka의 사위성Sāvatthī 승가의 신규칙선포가 있다.[9] 즉 사위성의 승가에서는 안거 동안은 신비구의 출가를 허락하지 않는다고 결정했기 때문에 비사거Visākhā-Migāramātar의 자손이 출가를 청해도 허락을 받지 못했던 일이 기록되어 있다. 분명 사위성의 승가는 상당히 유력하였던 것 같다. 제3 「장로비구들」의 실례가 되는 것은 제2결집의 「십사十事 문제」이다.[10] 각지로부터 장로들이 모였고 그 중에서 뽑힌 8명의 장로위원이 문제가 된 「십사」를 비법非法이라고 결정하였는데, 그것이 바른 결정이라는 것을

---

8) 주(5)와 동일.
9) Mahāvagga,III, 13, 1-2. 「입우안거건도」 남전대장경 제3권, 274쪽.
10) 본장 · 2 「제2결집의 십사」 참조.

율장의 규정을 인용하여 증거를 주장하고 있다. 마지막으로 제4의「한장로」는 율장의 경우는 지율자가 이에 비교될 수 있을 듯하다.『마하박가』의「자자건도」Pavāraṇakkhandhaka에는「자자날에 비구들은 법을 듣고, 경사suttantika는 경을 결집하고, 지율자vinayadhara는 율을 결정하고, 설법자dhammakathika는 법을 대담하고, 비구들은 쟁론을 행하여 밤이 깊어진다.」라고 하고 있고, 또『쭐라박가』「멸쟁건도」Samathakkhandhaka에는 비구에게 와좌처를 분배함에 있어「송경비구suttantika-bhikkhu들에게는 동일처에 상좌床座를 맡겨서 서로 경을 송출하게 하고, 지율 비구vinayadhara-bhikkhu에게는 동일처의 상좌를 맡겨 서로 율을 결정하게 하고, 설법비구dhammakathika-bhikkhu에게는 동일처의 상좌를 맡겨 법을 대담하게 했다.」고 기록하고 있다.[11] 또 그러한 지율자가 각각의 현전승가에 한 명은 있었을 것이다. 즉 비구가 적은 벽촌의 수구는 5명이라도 된다고 하지만 그 경우에도「이러한 변지에서는 지율자를 섞은 5명으로 구족계를 주는 것을 허락한다.」라고 되어 있어서, 지율자를 가진 현전승가임을 지정하고 있다.[12] 자자는 안거의 끝이고, 여러 방면에서 모여서 하는 안거 90일 동안의 공동생활은 율의 새로운 문제를 결정하는 가장 좋은 기회였을 것이다. 그리고「멸쟁건도」의 상좌床座 분배는 안거가 시작될 때라 생각된다.[13] 또 변방 지역에서의 수구에도 지율자를 포함하고 있는 것은, 많은 비구들이 반드시 비구계나 법규에 정통하고 있지 않기 때문에 지율자의 존재를 필요로 하고, 또 계戒든 법규든 경우에 따라

11) Mahāgga,IV, 15.4「자자건도」, 남전대장경 제3권, 298쪽. Cullavagga.IV, 4.4「멸쟁건도」, 남전대장경 제4권, 118쪽.

12) Mahāvagga, V, 13, 12.「피혁건도」, 남전대장경 제3권, 349쪽.

13) Cullavagga, VI, 11, 3.「와좌구건도」, 남전대장경 제4권, 256쪽.(床坐의 분배는 초중후가 있다고 한다.) 참조.

서 단순하게 행하기 어렵기 때문에 사태에 즉각 대응할 해석자로서도 이를 필요로 하였을 것으로 본다. 그리고 이미 지율자가 네 가지 정통성[四大教法] 가운데 제4 권위에 상당하는 자였다고는 말할 수 없겠지만 이 지율자 중 유력한 장로의 의견이 그것이었을 것으로 생각된다.

그리고 이 네 가지 정통성[四大教法]은 형식상으로는 직접 받은[面受] 제자의 발언이든 「한 장로 지율자」의 발언이든 경과 율에 일치하는 것을 바람직한 것으로 여기는 것인데 예를 들어, 다음에 기술하듯이 『마하승기율』에 「5정법淨法」을 세우는데 그것은 네 가지 정통성에 의해 적법[淨]한 것으로 인정 받는다고 한다.[14] 즉 『열반경』의 네 가지 정통성은 경 · 율에 따라서 옳음을 보증받는다고 하지만 「5정법」은 네 가지 정통성에 의해 적법성을 보증받는다는 것이다. 이에 의해 생각해도 이른 시대에는 장로들도 율제律制에 비춰 정 · 부正否를 인정하는 것에 힘썼지만, 이는 제2결집에서는 일단 형식적으로 되어 있는데 실질적으로는 시대의 추이에 응하여 「면수 제자」, 「유력승가」, 「다수의 장로」, 「유력한 장로」가 신해석이나 신규칙의 결정을 행했다고 할 수 있다.

『대반열반경』에서는 네 가지 정통성 즉 네 가지 권위자의 말이라도 이것이 경과 율에 일치하면 즉 상응하면 그것은 바르다고 해도 좋다고 하고 있는 것이고, 이는 율제律制의 새로운 제정이 아니라 여러 가지 사건으로 율장의 계나 규칙에 명확하지 않은 사건이나 주장에 대해서이다. 또 율에 규정이 있어도 그 정도나 방법에 따라서는 합법이라 인정해도 좋다고 주장하는 경우이다. 제2결집의 「십사」와 같은 것이 대표적인 것이라 할 수 있다. 『대반열반경』의 네 가지 정통성의 경

14) 『마하승기율』제32권, 대정22권, 492쪽 a.

우는 그 새로운 주장이 그들 장로들에 의해 행하여진 경우이고, 제2결집의 「십사」는 비구들에 의해 행하여진 것이다. 그런데 이런 경우에 『대반열반경』은 경 · 율에 맞으면 이라 하고 있는데, 이는 적합 즉 정淨 kappiya이라면 이라는 의미이고 율장도 역시 그와 같이 말하고 있다. 『빠알리율』「마하박가」의 「약건도」에는,

> 그때 수행승들에게 어떤 각각의 경우에 대해서 의구심이 생겨났다. "세존께서 허용한 일일까, 세존게서 허용하지 않은 일일까?" 세존께 그 사실을 알렸다. "수행승들이여, 내가 '이는 옳지 않다.'라고 금지하지 않았더라도, 만약 옳지 않은 일을 따르고 옳은 일을 어긴다면, 그것은 그대에게 옳은 일이 아니다. … 수행승들이여, 내가 '이는 옳다.'라고 허용하지 않았더라도, 만약 옳은 일을 따르고 옳지 않은 일을 어긴다면, 그것은 그대에게 옳은 일이다."

라고 하여, 이하 시약時藥 · 시분약時分藥 등의 상응과 비상응을 논하는데 문자상으로는 여기의 상응相應 : kappiya은 정법淨法의 정淨이다. 즉 상응은 정법淨法 kappiyadhamma이고, 상응사相應事 kappiyavattihu는 정법으로서 성립되어 있는 사정일 수밖에 없다. 즉 율장의 계나 규칙은 물론 근본이지만 나날이 변하는 생활상의 모든 사실에 대해서 구체적인 계나 규칙이 정해져 있는 것은 아니다. 단지 상응인지 어떤지 즉 그 정도나 그 방법이라면 적합하다고 인정해도 좋은지 어떤지의 문제이고, 또한 이미 상응 즉 합법이라 인정되어 있는 것에 따를지 아닐지가 중요한 일

로 여겨졌다. 이처럼 하여 어느 정도를 정淨 즉 합법이라 해도 좋을지 또 어떠한 일이 정淨으로서의 문제로 등상登上할 것인가? 이것이 문제가 되고 있었을 때 제2결집의 「십사」와 같은 일이 일어났다고 보인다.

제2결집과의 전후는 구별되지 않지만, 그 주변 혹은 환경을 이루는 것에 『마하승기율』의 「5정법淨法」과 그 밖의 것이 있다.

(2) 오정법五淨法과 칠정법七淨法

『마하승기율』의 제1결집 기사五百集法藏나 제2결집 기사七百集法藏 모두 율장의 결집은 「5정법淨法」을 근본방침으로 결집했다고 한다. 이에 따르면 제1결집 때는 우빨리가 결집하였는데, 그때

> 「우팔리 존자가 생각했다. '내가 이제 어떻게 율장을 결집할 것인가?' 다섯 가지의 청정한 법을 법답게 계율답게 하면 수희할 것이요, 법답지 않게 계율답지 않게 하면 마땅히 막을 것이다. 어떠한 것들을 다섯 가지라 하는가? 첫째는 제한정制限淨이요, 둘째는 방법정方法淨이요, 셋째는 계행정戒行淨이요, 넷째는 장로정長老淨이요, 다섯째는 풍속정風俗淨이다.」[15]

라고 선언하고 결집을 행했다고 한다. 제2결집의 경우도 존자 타

15) 상동.

사바라가 우빨리와 함께 이 「5정법」의 취급 방침으로 율장을 결집했다고 적고 있다. 그런데 우빨리와 타사바라의 방침은, 「5정법」의 문제는 경 · 율에 비춰보고 이것과 일치하는 것은 바르게 여긴다고 하고 있는데, 이 「5정법」의 하나하나에 대해서는 예를 들어, 제1 「제한정」에 대해서 설명할 때 「비구들이 주처의 제한을 행할 때 네 가지 정통성과 상응하면 사용하고, 상응하지 않는 것은 버린다. 이를 제한정이라 한다.」고 하고 있다. 그리고 이 「상응」의 원어는 「정淨 kappiya」임에 틀림없는 듯하다. 단 「풍속정」에 대해서만은 이 「상응」이라는 말이 없는데 이는 없는 것이 당연하다. 「풍속정」는 출가에 금지된 풍속적인 행위로 이는 완전히 정淨 즉, 합법을 인정하지 않는 것이기 때문이다.

「5정법」의 제1 「제한정」은 위에서 언급한 것처럼 「비구들의 주처에 제한을 행할 때 운운」으로, 이 말에서 보면 제2결집의 『빠알리율』의 비법십사의 제4 주처정āvāsakappa을 연상시킨다.[16] 「주처정」이란 동일계내samanasima는 1포살인데 사정에 따라서 결계 내의 주처마다 별중포살gaṇe uposatha 또는 별중갈마vagga-kamma를 해도 좋다는 주장이다. 이 주처정은 『오분율』에는 없고, 『사분율』은 제3에 「득사내得寺內」라고 하고,[17] 『십송율』은 제5에 「여시정如是淨」이라고 하고 있는데,[18] 모두 「포살건도」(『빠알리』 · 『사분』) 혹은 「점파건도」(『십송』)의 규칙에 비춰서 부정不淨으로 결정되어 있다. 또 『마하승기율』에는 「십사」는 설하지 않지만 제26권에 같은 하나의 결계[共一界] 중에 별중포살, 별자자, 별승사別僧事:別衆羯磨를 행하

16) Cullavagga, XII, 1, 10. 「칠백결집건도」, 남전대장경 제4권, 449쪽.
17) 『사분율』제54권, 대정22권, 969쪽 c.
18) 『십송율』제60권, 대정23권, 451쪽 c.

는 것을 파승破僧으로 단정 짓고, 충고해도 멈추지 않을 때는 이런 자는「사라주舍羅籌를 뽑아서 구출驅出해야 한다.」고 하고 있다.[19] 그러므로 『승기율』도 한 결계 내 2갈마를 정淨으로 여기지 않고 있다. 그러므로 지금의 『마하승기율』의 「제한정」은 「주처정」을 인정하는 것은 아니다. 따라서 이 「제한정」은 아마도 『마하승기율』제8권(대정22권 295쪽 a) 갈마계의 결계 방법에 광廣 · 약略 · 마을聚落 · 칭명稱名 · 표치標幟 · 수곡隨曲 · 피난避難 · 제방諸方 등의 방법을 지형이나 그 밖의 상황에 대해서 정定하는 것을 가리키는 것이라 해야 할 것이다. 그리고 이는 또한 다른 율장들도 당연히 같다.

제2 「방법정」에 대해서는 「방법정方法淨이란 국토의 방각方角으로서 네 가지 정통성에 상응할 때는 이용하고, 상응하지 않을 때는 버려라.」라는 것이다. 이는 지역의 사정에 즉응하여 인정하는 것으로 여기에서는 제23권에 나오는 억이億耳 Soṇakuṭikaṇṇa의 요청에 따라서 수나변국輸那邊國에만 인정된 5조條[20]로서 이는 수계 등의 건도부에 이미 제정된 규칙의 정법적淨法的인 변경인데,

(1) 수나변국의 땅이 정결淨潔해서 스스로 기뻐하니, 날마다 씻는 것을 허락한다. 하지만 여기서[中國]는 반달마다 한다.

(2) 수나변국의 땅은 굳세어 돌과 흙덩이와 가시나무가 많기에 두 겹의 가죽신 신는 것을 허락하지만, 여기서의 신은 한 겹이다.

(3) 수나변국의 땅에는 까는 도구가 적고 가죽이 많으니, 그곳에서

19) 『마하승기율』제26권, 대정22권, 441쪽 a.
20) 『마하승기율』제22권, 대정22권, 416쪽 a.

는 가죽으로 까는 도구를 만드는 것을 허락한다. 다만 여기서는 가죽으로 만드는 것을 허락하지 않다.

(4) 수나변국의 땅에는 옷이 적고 죽은 사람의 옷이 많다. 그곳에서는 죽은 사람의 옷을 입는 것을 허락하고, 여기서도 그것을 허락한다.

(5) 수나변국의 땅은 비구의 수가 적다. 그런 까닭에 그곳에서는 다섯 사람만 있어도 구족계를 받도록[五衆受具] 허락하지만, 여기서는 열 사람[十衆受具]이 있어야 한다.

라는 것이 「방법정」의 예가 되는 것 같다. 그리고 이 「5비구수구」 등의 「5사事」는 또 내용에 다소 차이가 있으나 각 율장이 한결같이 기록하고 있는 바이다[21]

제3과 제4는 같은 성질의 것인 듯한데 제삼의 「계행정」이란 혹 비구가 비행非行을 행하고 「나는 아무개가 지계비구로서 이 법을 행하는 것을 보았다.」라고 할 때 네 가지 정통성에 의해 정 · 부正否를 결정한다고 한다. 제4 「장로정」이라는 것도 취지는 같고 다만 「아무개 지계비구」라는 것이 「장로비구 · 존자사리불 · 목건련」으로 되어 있을 뿐이다. 이러한 주장은 많은 듯하고, 제2결집의 「십사」에도 같은 것이 있고, 『빠알리율』의 제4 「구주정」久住淨 āciṇṇakappa과 『사분율』의 「득상법得常法」이 이에 상당한다고 볼 수 있다.[22] 『사분율』의 설명은 「이를 행하고

21) 『오분율』제21권, 대정22권, 144쪽 b-c. 『사분율』제39권, 대정22권, 845쪽 b. 『십송율』제25권, 대정23권, 181쪽 c, Mahāvagga, V, 13, 13. 「피혁건도」, 남전대장경 제3권, 349쪽-350쪽.

22) Cullavagga, XII, 1, 10. 「칠백결집건도」, 남전대장경 제4권, 449쪽.

나서 이는 본래 하는 것[所作]이라 말한다.」라고 하여서 의미가 조금 불명료하지만 『빠알리율』은 「이는 우리 화상의 상법常法이다, 이는 우리 아사리의 상법이다, 하고 행한다.」라고 하고, 이 「계행정」과 「장로정」의 주장에 거의 같은 것이 있다. 또 비구계의 『승기율』 바일제 제75 「거권학계」도 동일하지는 않지만 거의 비슷한 것이 있다.[23] 비구들로부터 범죄를 충고받았을 때 「나는 지금 그대들의 말에 따르지 않겠다. 만약 다른 장로가 감관이 고요하고 다문多聞이어서 법을 가지고 깊이 아는 이를 보면 내가 마땅히 물어서 그가 말하는 것이 있으면 내가 마땅히 받아 행하겠다.」라고 반항하면 바일제가 된다고 하는 것인데, 이런 경우는 붓다 입멸 후 상당히 이른 시대부터 있었다고 생각된다. 「십사」의 경우는 『빠알리율』 「구주정」의 판정도 1분정分淨 1분부정分不淨으로 장로의 소작所作이 있어도 율에 맞는 행위만 인정하고자 하는 것이다. 그러나 그에 합당하는kappiya 범위에 문제가 있다고 할 수 있다. 이 판정과 대조하여 생각하면 「5정법」은 네 가지 정통성을 권위로 하는 것이므로 이 「계행정」도 「장로정」도 문자대로 경·율을 후퇴시켜서 네 가지 정통성과 상응하는 것 즉, 가르침을 직접 받은[면수] 장로 내지 다문 지율자가 바르다고한 것을 정淨으로 하고, 그렇지 않는 것을 부정不淨이라 여기는 것으로 생각된다.

제5 「풍속정」은 「원래 세속법俗法과 같은 것을 할 수 없다. 비시식·음주·행음行婬과 같은 일체는 원래 이런 속정俗淨으로 여겨 출가정出家淨이 아니다.」라고 적혀 있다. 이는 물론 율제상 전혀 허락되지 않는 정淨을 말하고 있다. 「풍속정」은 재가의 행위를 정淨으로 한다는 의미

23) 『빠알리』·『사분율』 제71계, 『오분율』 제63계, 『승기』·『유부』·『십송율』 제75계.

이다. 『오분율』은 제2결집의 「십사」의 제8에 「습선소습정習先所習淨」이라 하여 이를 출가전 재가시의 소작所作을 배우는 것으로 하고 있다.[24] 또 『십송율』과 마찬가지로 「십사」의 제8은 「행법정」行法淨이라 불려지고 있는데, 이 설명에는 재속시대의 소습所習인 살 · 도 · 음 · 망어 · 양설 · 악구 · 기어 · 간탐 · 진에 · 사견을 법부정法不淨 · 행부정行不淨으로 하고 있다.[25] 『근본유부율』도 같은 「십사」의 제3에 「구사정법舊事淨法이라하여 필추들이 스스로 땅을 파거나 혹은 타인으로 하여 행하게 하였는데 대중은 이를 「구사정법」舊事淨法이라 했다고 한다.[26] 굴지 즉, 땅을 파는 것은 비구계의 바일제로 금하는 행위이다.[27] 이들에 의해 보면 『십송율』의 십악 등은 논외이지만 출가 뒤에 재가시대의 습관이나 소득을 행하며 정淨이라 주장하는 자가 상당히 있었음을 알 수 있고, 이들에 비춰보면 제2결집의 「십사」도 우연한 주장은 아니었음을 알 수 있다.

제2결집의 「십사」 중에서 『빠알리율』의 제4 「구주정」āciṇṇakappa은 『사분율』의 제5 「득상법」, 『십송율』의 제8 「행법정」, 『오분율』의 제8 「습선소습정」에 상당하는데 위에서 언급한 것으로 알 수 있듯이 『빠알리율』의 「구주정」과 『사분』의 「득상법」(이는 약간 애매하지만)은 『승기율』의 「5법정法淨」의 「계행정」과 「장로정」에 상당하고, 『오분율』의 「선습소습정」先習所習淨과 『십송율』의 「행법정」行法淨(이것도 약간 애매)과는 같은 「5법정法淨」의 「풍속정」에 상당하는 것이다. 이는 비구들 간에 이 「장로정」과 「풍속정」 두 가지 정淨에 상당하는 비행이 많고, 또 행동의 시비를 판정할 경우

24) 『오분율』 제30권, 대정22권, 194쪽 a.
25) 『십송율』 제60권, 대정23권, 452쪽 a.
26) 『근본설일체유부비나야잡사』 제40권, 대정24권, 412쪽 b.
27) 「굴지계」(바일제), 『빠알리』 · 『사분율』 제10계, 『오분율』 제59계, 『십송』 · 『유부율』 제73계.

에 많게는 이 두 가지 정淨의 어느 것으로 표현되었음을 나타내는 것이다.

제2결집 「십사」의 주장과 『승기율』의 「5법정」과는 위에서 언급한 것처럼 동일 내용이라 볼 수 있는 것도 있지만, 그러나 내용에 같은 것이 있어도 양자는 별도이다. 즉 「십사」는 『율장』에 대해 새로운 「정법십사」淨法十事를 설정하고자 하는 것이고, 「5정법」은 이미 『율장』 중에 인정되어 있는 것을 가리키고 있다. 즉 「5정법」은 『율장』의 「주처결계」 등에 대해서는 지역의 상황을 고려하여 정淨하도록 되어 있고, 변지 등의 사태에 대해서는 「5비구수구」 등의 특례가 있는 것, 붓다 입멸후의 「계행정」이나 「장로정」은 네 가지 정통성에 의해 정淨과 부否를 결정하고 있고, 마지막으로 「풍속정」은 엄하게 배척하고 완성되어 있음을 분명히 하고자 하는 것이다. 그리고 특히 「장로정」이나 「계행정」은 붓다 입멸후에 주장되는 것인데 그것을 판정하는 것이 네 가지 정통성이라는 것은 현재의 『승기율』 내용이 그러한 사고방식으로 원형에서 재편집되어온 것으로 생각할 수 있다.

『십송율』에도 칠정법이 있다. 율장 구성으로 말하면 제3부에 속하는 비구송比丘誦 속에서 칠법을 열거하는 가운데 칠법의 일종으로 드는 것이다. 따라서 이는 『십송율』의 제1 경분별부와 제2 건도부에 있는 것을 그러한 관점에서 언급하고, 양쪽의 의미 경향을 요약하는 것이라 해야 할 것이다. 칠정법七淨法이란 (1)승방정법僧坊淨法 (2)임정법林淨法 (3)방사정법房舍淨法 (4)시정법時淨法 (5)방정법方淨法 (6)국토정법國土淨法 (7)의정법衣淨法이다.[28]

28) 『십송율』 제56권, 대정23권, 414쪽 b-c.

이 가운데 첫째의 승방정법이란 본 율의 바일제 제56 착보계[29]에「만약 비구로서 혹은 보물 혹은 보석 비슷한 것을 스스로 취하고, 사람을 시켜 취하게 하면 바일제이다. 단 인연 있는 것을 제외한다. 인연이란 혹은 보물 혹은 보석과 비슷한 것이 승방내 혹은 주처내에 있으면 이러한 마음으로 집어라. '주인이 오면 당연히 돌려주어야지.' 이렇게 하는 것은 마땅히 옳다.」라는 것 중의 인연부분이다. 즉 승가의 주처내에서 귀부인들의 분실물인 보석 등을 당사자를 위해 주워두어 타인에게 도둑맞지 않도록 해 둘 경우의「착보捉寶」는 무죄라 한다.[30]

제2의 임정법의「임林이란 나무가 많은 한 곳을 말한다. 이 중 마땅히 상좌에 따라서 취해야 한다.」라고 설명되는 것이다.『십송율』제34권 와구법에 따르면 붓다가 대비구승가와 제 국토를 유행하여 무승방 숲속에 투숙하였을 때 육군비구가 서로 도모하여 좋은 곳을 차지하고 사리불 · 목건련 등이 외부의 수하樹下에 머물게 되었다. 그리고 이를 인연으로 하여「지금부터 제 비구에게 상좌의 순서에 따라서 수하에 주하는 것을 허락한다.」라고 하였음을 말한다. 아마도 도착순서대로 좋은 곳을 취하는 것이 원칙이었으나 이러한 인연과 같은 경우도 발생하므로 이처럼 된 것으로 생각된다.[31]

제삼의 방사정법은「승방중에 많은 별개의 방사가 있다. 이 중 마땅히 상좌에 따라서 취하고, 순서대로 마땅히 머물러야 하고, 이 가운데 단월의 분처에 따라서 공양을 받아야 한다.」라고 한다. 이것도 와

---

29) 『빠알리율』제84계, 『사분율』제82계, 『오분율』제69계, 『유부율』제59계. 『승기율』제49계.

30) 『십송율』제15권, 대정23권, 108쪽 c.

31) 『십송율』제34권, 대정23권, 247쪽 b.

구법 중에 있는 것으로 이 가운데 전반부는 위의 임정법과 같고, 육군 비구가 제자들을 이용하여 급고독 장자가 만든 승방 가운데 좋은 방을 먼저 차지하고 사리불 · 목건련 등의 장로가 변방에 머물게 되었기 때문에 「상좌에 따라서 취한다.」라는 정법淨法이 인정되었다.[32] 그리고 후반은 지분와구인(승방차배당인)은 방사 배분에 즈음하여 상좌에게 방사 하나하나에 대해서 「아무 별방 중에는 이러한 공양 있다.」라고 설명하고, 그것에 따라서 제1상좌부터 순서대로 이를 차지하도록 한다.[33]

제4 시정법은 「기아시饑餓時 · 노병시老病時 · 인연시因緣時에 부처님이 허락하신 바 있다.」라고 설명된다. 이 시정법은 의약에 관한 것 같다. 「기아시 정법」이란 『십송율』에서는 기아시 즉, 음식을 얻기 어려울 때는 잔식법을 행하지 않고 소식小食 · 소지잔식所持殘食 · 목과木果 · 지물池物 등을 먹는 것을 허락하고 있다.[34] 또 병비구 즉 불소화자不消化者는 수 · 유 · 밀 · 석밀을 받는 것, 눈병에 라산선羅散禪을 바르는 것, 옴에는 고약을 사용하는 것, 광병狂病에는 생육生肉, 풍병風病에는 소제라장, 열병에는 수노장을 각각 사용하는 것을 허락했다.[35] 마지막 인연시에 대해서는 확실하게 알기 어렵지만 『십송율』에서는 붓다가 비야난성에 있었을 때 이창배利昌輩離車族가 붓다께 공양할 음식을 노지에 놓아두었는데 갑자기 비가 내린 일이 있었다. 이때 붓다는 한 방사를 정지갈마淨地羯磨하여 주방廚房의 정지로 하는 것을 인정하였는데, 외도의 질시를 받았기 때문에 승방밖에서 만들게 했다. 그러나 승방 밖 노지의 주방

32) 상동, 244쪽 c-244쪽 c-245쪽 c.
33) 상동, 244쪽 c-244쪽 c-245쪽 c.
34) 『십송율』 제26권, 대정23권, 190쪽 b-191쪽 a.
35) 『십송율』 제26권, 대정23권, 184쪽 c-185쪽 a.

은 음식을 찾는 자가 모여서 비구의 음식을 축냈기 때문에 3전三轉하여 정지갈마를 금하게 되었다고 하고 있다. 3전轉하여 금하는 것은 예를 들어,『빠알리율』등이 주방지廚房地를 오래 인정하기로 하는 것과 달리『십송율』뿐이다.[36] 인연이란 인연에 의해 정지를 인정하고 인연이 없어져서 폐하는 것을 말하는 듯하다.

제5 방정법은「비구가 염부제에 사는 구야니에 이르러 염부제의 시간을 대신하여 식사하는 것과 같다.」라는데 이는 바일제 제37비시식계에 관한 것으로 식사를 해서는 안 되는 비시非時는「일중(정오)을 지나서부터 지미료地未了:未明에 이르기까지」이고, 따라서 시時라는 것은 미명부터 정오까지이다. 그리고 구야니Aparagoyāna는 인사주人四洲 가운데 서쪽 주洲인데 지금의 인도땅인 염부제Jambudīpa 즉 남주南洲와는 시차가 4분의 1일6시간이고, 남주南洲의 정오는 서주西洲의 오전 6시이기 때문에 이런 경우는 남주 시간을 기산起算으로 하여 서주 시간에 상관없이 시時와 비시非時를 계산한다고 한다. 물론 서주에 갔을 경우 뿐만 아니라 동주Pubbavideha와 북주Uttarakuru에 갔을 경우에도 동과 서와 북 3주에서 남주로 온 경우에도 마찬가지로 시간을 계산한다고 한다. 단 이 사주설四洲說은 현실적인 것은 아니고 따라서 이 시정법은 관념적으로 여겨진 것이며, 물론『십송율』중에도 실제 경우의 예도 나와 있지 않다.

제6 국토정법은 의미상으로 앞에서 언급한『마하승기율』의 방법정과 비슷한 것이지만 내용은 조금 다르다.

36)『십송율』제26권, 대정23권, 190쪽 a. 또『십송율』제 13권의 바일제 제38「식잔식계」분별 마지막에 細註로「淨地法은 佛在時中에 이미 버렸다.」라고 한다.

(1) 붓다가 이르기를, 오늘부터 오예국惡穢國에 이르러서 음식을 버려 땅에 닿으면 스스로 집어서 먹을 수 있다. 국토의 법에 따르기 때문이다.

(2) 변지에서는 지율持律 제5로써 수구계受具戒를 할 수 있다.

(3) 아섭파阿葉波 아반제국阿槃提國에서는 한 겹의 가죽신을 신을 수 있다.

(4) 항상 목욕하고, 피욕복皮褥覆을 허락하심과 같이

(5) 한설국토寒雪國土에서는 속인의 가죽신韡具을 비축하는 것을 허락하는 것과 같다.

라고 설명되어 있다. 이 5개 조항 가운데 (2)(3)(4) 3조는 『승기율』의 방법정 안에 나오는 것과 같고, 또 『십송율』 피혁법 가운데 억이비구에게 허락된 변방[邊土]의 5정淨[37] (1)지율제오수구持律第五受具를 인정하고, (2) 한 겹 가죽신[一重革屣]을 만드는 것을 허락하고, (3)상세욕常洗浴을 허락하고, (4)가죽으로 만든 욕복褥覆을 허락하고, (5)견사遣使가 가진 옷은 받아야 한다는 것의 (1)(2)(4)와 같은 것이다. (1)의 오예국의 기지식棄地食을 잡는 것은 바야제 제39의 불수식계(타인으로부터 받지 않은 식은 입에 대지 않는다.)의 특례이다. (5)의 화구韡具는 가죽이라고 여겨지는데 이 (1)이나 (2)도 의약법과 피혁법 안에 상당 기사가 보이지 않지만 모두 지역의 사정이 어쩔 수 없음을 인정한 것이다.

제7의 의정법衣淨法은 「붓다께서 십종의十種衣를 입는 것을 허락하셨다. 무엇이 십종인가? 백마의白麻衣 · 적마의赤麻衣 · 구마의芻麻衣 · 교시야

37) 주21과 동일.

의憍施耶衣 · 시이라의翅夷羅衣 · 음발라의欽跋羅衣 · 겁패의劫貝衣 · 발도로의鉢兜路衣 · 두두라의頭頭羅衣 · 구차라의俱遮羅衣이다.」라고 설명되어 있다. 『십송율』로 말하면 의법 첫머리에 비구는 반수의般藪衣 paṁsukūla 즉, 분소의를 입기로 정해져 있는데[38] 뒤에 시의施衣가 허락되고, 지금 열거한 십종의량十種衣糧으로 옷을 만드는 것을 허락했다고 한다. 이 십종의는 경분별부 사타 제2 월망의계의 분별 중에도 나오는 것인데,[39] 제27권에는 추마의 · 교시야의 · 사니의沙尼衣 · 야마의野麻衣 · 기유라흠바라羇由羅欽婆羅 · 시미루흠바라翅彌樓欽婆羅가 허락되고 있으나[40] 십종의라고는 하지 않는다.

이상 『십송율』의 칠정법과 앞에서 언급한 『마하승기율』 5정법의 풍속정을 제외한 4정법이라는 것은 모두 이를 율장 경분별부와 건도부에 있어서 붓다가 원칙을 느슨하게 한 것은 사정에 따라서 예외를 허락한 것으로 계금과 일치하지 않지만 정淨이라고 여긴 것, 이른바 정법의 시작을 이루는 것은 7종 또는 5종으로 분류한 것이라 해야 할 것이다. 그리고 이 7정법이나 5정법에 거론되어 있는 것은 『십송』 · 『승기』의 두 율 이외의 여러 율에도 거의 같이 존재하는 것이다. 그리고 붓다께서 친히 제정했다는 견해로부터 벗어나서 생각하면 이들 정법은 율장의 원칙적인 율제律制의 의미 변화이다. 경분별부에서는 비구계는 중심원칙을 이룰 것이고, 건도부에서도 각 건도에서 최초로 확립되어 있는 것은 원칙적이다. 이들 성립은 출가 생활 일반으로부터

38) 『십송율』 제27권, 대정23권, 194쪽 b.
39) 『십송율』 제5권, 대정23권, 33쪽 b.
40) 『십송율』 제27권, 대정23권, 197쪽 c.

구별하여 비구 생활을 완성한 원칙의 확립이고, 율장은 이를 분명하게 하여 실천화實踐化하기 위해 만들어졌다고 보아야 할 것이다. 그리고 시간 경과에 따라서 실천화하는 것이 특수한 구체적인 사실에 의한 원칙 완화나 예외적 특례 허가가 되어 나타났다고 볼 수 있다. 그리고 이것이 정법淨法이다.

『마하승기율』의 5정법도 『십송율』의 7정법도 그 설해져 있는 장소가 결집기사나 율장 제3부에 상당하는 부분이기 때문에 모두 이 율의 경분별부와 건도부의 완성 뒤에 이 2부를 정리하여 5정법, 7정법을 열거한 것이라 해야 할 것이다. 따라서 이는 율장 제3부가 본 제1부와 제2부의 원칙적인 율제律制와 그 구체화에 대한 견해라는 것이 된다. 그러나 동시에 그것은 이제부터 보이는 여러 형태의 정법, 정법의 원류와 의의를 율장에 구하여 확실히 한 것이라 할 수 있다. 따라서 율장 중에 5정법이나 7정법을 말할 때는 이미 많은 정법淨法이라 하는 것이 있었고, 그것이 정당한 근거를 찾고 있던 때라고 해야 할 것이다. 그러한 사고방식으로 보면 정법은 어쩌면 금율 제정과 함께 있었다고까지도 생각할 수 있다.

2. 제2결집의 10사事

제2결집은 금전수납 문제를 주제로 소집되었다. 그 시기에 대해서는 앞서 논했다. 십사에 대해 논쟁이 되었다고 여겨지지만, 주제가 된 것은 금전 수납의 문제였다는 것도 앞에 언급한 바이다.[1] 금전 수납에 관해서는 그 항에서 언급하듯이 수납금전의 사법捨法이 반대로 금전수납 정법淨法의 발생으로 적극화되었다고 생각된다. 그리고 지금 제2결집 발단인 금전수납에 대해서는 율장 자신이 이야기하는 바로는 이는 붓다 입멸 100년의 일이다. 『마하승기율』에 따르면 베살리의 사퇴승가람沙堆僧伽藍의 비구들은 병甁을 쥐고 단월에게 호소하여

> 「장수하소서. 세존께서 계실 때는 전식 · 후식 · 의복 공양을 얻었는데 세존께서 열반[泥洹]하신 후 우리들은 고아로 누군가로부터 마땅히 받아야 하나니, 그대들이 마땅히 승가에 금전[錢物]을 공양해야 합니다.」

라고 말하며, 병甁 안에 금전을 던지게 하고 이를 비구들에게 분배

1) 제1장 · 4 · (2) (74쪽) 이하 참조.

하여 「의약값」[醫藥直]이라 칭하였던 것이다.[2)]

이는 붓다 입멸 뒤에 음식이나 옷 공양이 적어졌음을 호소하고 금전 공양을 요구하는 것인데, 현물을 요구하지 않고 금전을 요구하는 것으로, 비구 생활에 있어서 금전을 얻는 것이 선결문제인 사태를 나타내고 있다고 할 수 있다. 이 『마하승기율』에서는 베살리 비구가 병瓶을 들고 그 안에 시주로 금전을 투입하게 하는 방법을 정법淨法이라 주장하고 있지는 않지만 「약값[藥直]을 얻었다.」라고 설명하고 있으므로 약값으로 얻으면 정법淨法이라 여기고 있었던 것인지도 모른다. 그러나 다른 상좌부계의 율에서는 이 금전을 받는 방법, 예를 들어, 『빠알리율』에 따르면 발동鉢銅에 물을 채우고 그 안에 시주로서 금전을 던지게 하는데 이 금전을 받는 방법을 포함하여 정법淨法 kappa이라고 주장했기 때문에[3)] 제2결집의 금은정金銀淨은 그 받는 방법이 정법淨法이라고 여기는 주장이라 생각된다. 『빠알리율』에서는 금은정金銀淨의 주장은 사타 제18 축전보계에 비춰서 부정不淨으로 부결되었다고 하므로, 단지 「금전을 받는 것」이라고도 생각할 수 있지만 적어도 비구인 자가 출가일반의 행법이라고도 생각할 수 있는 「금전불수계」가 있는데 이를 무시하고 단순하게 수납을 정법淨法이라고는 주장하지 않을 것이고, 정淨 kappa이라 하고 있으므로 받지 않는[不受] 금율禁律을 지키면서 수납하는 방법임을 주장하는 것이라 해야 할 것이다.

『마하승기율』 이외의 제부 율장의 제2결집 기사는 금은 문제를 계기로 베살리 비구들은 「십사」를 정법淨法이라 주장하였는데, 심의하여

2) 『마하승기율』제33권, 대정22권, 493쪽 a-b.

3) Cullavagga, XII, 1, 1. 「칠백결집건도」, 남전대장경 제4권, 439쪽-440쪽.

모두 정법淨法은 되지 않는다고 부결했다고 기록하고 있다.[4] 그리고「십사」의 명목과 내용설명에 대해서는 율에 따라 다소 차이는 있으나 지금『빠알리율장』의 명목을『선견율비바사』의 역어에 따라 거론하면 다음과 같다.[5]

(1) 염정鹽淨 siṅgiloṇa-kappa

(2) 이지정二指淨 dvaṅgula-k

(3) 취락간정聚落間淨 gāmantara-k

(4) 주처정住處淨 āvāsa-k

(5) 수의정隨意淨 anumati-k

(6) 구주정久住淨 āciṇṇa-k

(7) 생화합정生和合淨 amathita-k

(8) 수정水淨 kappati jalogi pātum

(9) 불익누니사단정不益縷尼師壇淨 kappati adasakanisīdana

(10) 금은정金銀淨 kappati jātarūparajataṁ

4) 제2결집기사(十事를 포함)의 소재.
Cullavagga,XII,「칠백결집건도」, 남전대장경 제4권, 439-460쪽.
『오분율』제30권「칠백결집」, 대정22권, 192쪽 a-194쪽 b.
『마하승기율』제33권「칠백집법장」, 대정22권, 492쪽 a-c.
『사분율』제54권「칠백집법비니」, 대정22권, 968쪽 c-971쪽 c.
『십송율』제61권「칠백비구집멸악법품」, 대정23권, 453쪽 b-456쪽 b.
『근본설일체유부비나야잡사』제40권 중,「칠백결집사」, 대정24권, 411쪽 c-414쪽 b.
『비니모경』제4권「칠백비구집법」, 대정24권, 819쪽 b-c.
『선견율비바사』「발사자품제2결집법장」, 대정24권, 677쪽 c-678쪽 a.
『살바다비니마득륵가론』 제5권, 대정23권, 597쪽 b-c.

5)『선견율비바사』, 대정24권, 677쪽 c.

(1)『빠알리율』의 염정siṅgiloṇa-kappa은『오분율』제1 염강합공숙정鹽薑合共宿淨에[6]『사분율』제7 득여염공숙得與塩共宿에[7]『십송율』제1의 염정鹽淨에[8]『근본유부비나야잡사』제4 염사정법塩事淨法[9]에 상당하는 것이다.『빠알리율』의 염정의 염塩 siṅgiloṇa은 각염角鹽이라는 의미인데『오분율』은 이 각角 siṅgi을 강薑 siṅgī이라고 부르는 듯하고,『빠알리』와 동일내용으로 보인다. 각염은 각角에 식용염을 보존하는 것이다. 다른 율에는 각角이라고는 하지 않지만 공통적으로 염塩을 하루밤 이상 보관하는 것이고, 이 경우를 합법 즉 정淨이라 주장하는 것이다. 그러나 염약鹽藥으로서의 염塩은 진형수약盡形壽藥 yāva-jīvika-bhesajja으로서 이를 상시 소지할 수 있으나 이는 병에 걸렸을 때 사용하는 정淨 kappiya인데 병 이외에는 사용해서는 안 된다.[10] 지금 염정鹽淨이라 주장하는 것은 일상식日常食에 섞어서 먹는 식용염이기 때문에 이를 비축하는 것은『빠알리율』에서는 바일제 제38 식잔식계를 범해진다고 여겨 부정하고 있다.[11]『오분율』이나『근본유부율』도 마찬가지인데[12]『십송율』이나『사분율』도 약건도의 위범으로 여기고 있으므로[13] 염정鹽淨 또는 득여염공숙得與塩共宿은 병에 걸렸을 때의 약인 염塩을 병 이외에도 사용하여 정淨 kappiya이라 여기는 주장이라 보고 있다.

....

6) 『오분율』제30권, 대정22권, 192쪽 a.
7) 『사분율』제54권, 대정22권, 968쪽 c.
8) 『십송율』제61권, 대정23권, 450쪽 b.
9) 『근본설일체유부비나야잡사』제40권, 대정 24권, 411쪽 c.
10) Mahāvagga, VI, 8, 1.「약건도」, 남전대장경 제3권, 357쪽-358쪽.
11) 「식잔식계」(바일제)『빠알리율』·『사분율』·『십송율』·『유부율』제38계·『오분율』제39계·『승기율』제37계.
12) 『오분율』제30권, 대정22권, 194쪽 a.『근본설일체유부비나야잡사』제40권, 대정24권, 412쪽 b.
13) 『십송율』제60권, 대정23권, 451쪽 c.『사분율』제54권, 대정22권, 192쪽 a.

(2)『빠알리율』의 이지정二指淨 dvaṅgula-kappa은『오분율』제2 양지초식식정兩指抄食食淨[14)]『사분율』제1 득양지초식得兩指抄食[15)]『십송율』제2 지정指淨[16)]『근본유부율』제6 이지정법二指淨法[17)]에 상당하는데, 이는『빠알리율』에서는 햇빛이 정오부터 이지二指만큼 동쪽으로 기울어도 식사해도 된다는 주장으로[18)] 이는 정오까지 식사를 끝내야 한다는 바일제 제37 비식계非食戒를 완화하는 주장이다.[19)] 이에 반해『오분율』이나『사분율』도 두 손가락으로 음식을 떠서 먹는 것이라 하고 있는데[20)] 이는『십송율』이나『근본유부율』도 포함하여[21)] 모두가 족식한 비구가 잔식법殘食法 atiritta-bhojana을 행하지 않고 두 손가락으로 떠서 먹는 것이라 하고 있다. 두 손가락으로 떠먹으면 잔식법[22)]을 행하지 않아도 된다는 주장이라 볼 수 있다. 이는 바일제 제35 족식계足食戒 즉「만족하게 먹은[足食] 자는 잔식이 아닌 것을 먹어서는 안 된다.」[23)]에 대해 주장되는 것이다.

(3)『빠알리율』의 취락간정聚落間淨 gāmantara-kappa은『오분율』제4 월취락

14)『오분율』제30권, 대정22권, 192쪽 a.
15)『사분율』제54권, 대정22권, 968쪽 c.
16)『십송율』제60권, 대정23권, 450쪽 b.
17)『근본설일체유부비나야잡사』제40권, 450쪽 b.
18) Cullavagga, XII, 1, 10. 남전대장경 제4권, 449쪽.
19)「비시식계」(바일제),『빠알리율』·『사분율』·『십송율』·『유부율』제37계,『오분율』제38계,『승기율』제36계.
20)『사분율』제54권, 대정22권, 968쪽 c,『오분율』제30권, 대정22권, 194쪽 a.
21)『십송율』제60권, 대정23권, 451쪽 b,『근본설일체유부비나야잡사』제40권, 대정24권, 412쪽 c.
22) 잔식법(atiritta-bhojana Vinayapiṭaka, Vol. IV, d. 82. 남전대장경 제2권, 131쪽),『마하승기율』제16권, 대정22권, 356쪽 a,『십송율』제13권, 대정23권, 92쪽 a,『근본설일체유부비나야』제36권, 대정23권, 823쪽 b,『사분율』제14권, 대정22권, 660쪽 c,『오분율』제7권, 대정22권, 52쪽 c.
23)「족식계」(바일제),『빠알리율』·『사분율』·『오분율』제35계,『십송율』·『유부율』제34계,『승기율』제33계.

식정越聚落食淨[24]에 『사분율』 제2 득촌간得村間[25]에 『십송율』 제3 근취락정近聚落淨[26]에 『근본유부율』의 제5 도행정법道行淨法에 상당한다.[27] 각 율의 설명에 다소 차이는 있으나 공통으로 알 수 있는 것은, 족식이 끝나고 다른 촌락에 가고자 할 때(『빠알리율』)[28] 혹은 촌락의 중간에 가서(『사분율』)[29] 또는 한 촌락에서 다른 촌락으로 나갔을 때(『오분율』 월취락)[30] 잔식법을 행하지 않고 먹어도 좋다는 주장으로, 이는 앞의 한역 여러 율의 이지정二指淨과 비슷하고, 「족식한 자는 잔식 이외는 먹어서는 안 된다.」라는 족식계足食戒[31]에 대한 주장이다.

(4) 『빠알리율』의 주처정住處淨 āvāsa-kappa은 『사분율』제3 득사내得寺內에[32] 『십송율』제5 여시정如是淨[33]에 『근본설일체유부율』의 제1 고성공허정법高聲共許淨法[34]에 상당하고, 『오분율』에는 제3 복좌정復坐淨이 있는데[35] 이는 상당되지 않는 듯하다. 그리고 『오분율』 이외의 것은 동일계 내에서 별중갈마를 행하는 것을 정법淨法으로서 주장하는 것이다. 불교에서는 지형이나 행정구역 등에 따라서 경계界 sīmā를 결정하고, 그 경계

24) 『오분율』, 주20과 동일.
25) 『사분율』, 주20과 동일.
26) 『십송율』제60권, 대정23권, 451쪽 a.
27) 『근본설일체유부비나야잡사』제40권, 대정24권, 412쪽 c.
28) Cullavagga, XII, 1, 10. 「칠백결집건도」, 남전대장경 제4권, 449쪽.
29) 『사분율』제54권, 대정22권, 968쪽 c.
30) 『오분율』제30권, 대정22권, 194쪽 a.
31) 주23과 동일.
32) 『사분율』, 주20과 동일.
33) 『십송율』, 주26과 동일.
34) 『근본설일체유부비나야잡사』제40권, 대정24권, 412쪽 a-c.
35) 『오분율』주20과 동일.

안(界內 samānasīmā)의 모든 주처(『사분』의 寺內)에 있는 비구가 전원 현전승가 sammukhībhūta를 성립하는 것인데 이 현전승가가 화합하여 포살이나 수구 등의 행사 즉, 갈마를 행하는 것이다. 이에 대해 계내의 각 주처에서 각각 주처인住處人만으로 갈마를 행하면 별중갈마가 되고 파승破僧이 되는데,[36] 지금의 주처정은 이 별중갈마를 정법淨法으로 주장하는 것이다.[37] 이 동일계 · 동일포살同一界同一布薩을 설하는 것은 포살건도이므로 『빠알리율』은 포살상응uposatha-saṁyutta에 반한다고 여기는데 『사분율』이나 『오분율』도 이것과 같다.[38] 또 「첨파瞻波건도」는 첨파 비구들의 불화합 별중갈마를 설하는 것인데 『십송율』과 『근본유부율』은 이 「첨파건도」와 반대로 하고 있다.[39]

(5) 『빠알리율』의 수의정隨意淨 anumati-kappa[40]은 『오분율』 제9의 구청정求聽淨[41]에, 『사분율』 제4의 득후청가得後聽可[42]에, 『십송율』 제6의 증지정證知淨[43]에, 『근본유부율』의 수희정법隨喜淨法에 상당한다.[44] 이는 『빠알리율』에 따르면 「별중으로 갈마를 행하고, 비구들이 오면 허가를 구하고

36) 계내일포살 Mahāvagga.II.11,1.「포살건도」, 남전대장경 제3권, 192쪽. 別衆羯磨 Mahāvagga, IX,3,1-8.「瞻波犍度」, 남전대장경 제3권, 550쪽-554쪽.

37) Cullavagga,XII,1,10.「칠백결집건도」, 남전대장경 제4권, 449쪽. 『사분율』 대정22권, 969쪽 c. 『십송율』제60권 대정23권, 451쪽 c. 『근본설일체유부비나야잡사』, 제40권 대정24권, 412쪽 a.

38) 주36의 界內一布薩에 상당. Cullavagga,XII,2,8. 남전대장경 제4권, 458쪽. 『사분율』, 『오분율』은 전주 참조.

39) 주36의 별주갈마에 상당. 『십송율』 등은 주37과 동일.

40) Cullavagga,XII,1,10.「칠백결집건도」, 남전대장경 제4권, 449쪽.

41) 『오분율』제30권, 대정22권, 194쪽 b.

42) 『사분율』제54권, 대정22권, 970쪽 a.

43) 주37 『십송』과 동일.

44) 『근본설일체유부비나야잡사』제40권, 대정24권, 412쪽 b.

자 하는 것은 정淨」이라 주장하는 것으로[45] 일부의 사람이 결정한 것을 후에 전체의 승인承認을 구하는 것으로 이는 위에서 말한 주처정住處淨과 같은 별중갈마 금지에 대한 정법淨法 주장이다. 여기에서는 『빠알리율』은 첨파율사律事Campeyyakavinayavatthu에 반하는 것이고,[46] 『십송율』·『유부율』·『오분율』도 이것과 마찬가지로 『사분율』은 「포살건도」에 반한다고 여겨 부정하고 있다.[47]

(6) 『빠알리율』의 구주정久住淨 āciṇṇa-kappa은 『오분율』 제5에 습선소습정習先所習淨이라 하고,[48] 『사분율』의 제5에 득상법得常法이라 하고,[49] 『십송율』의 제8에 행법정行法淨이라 하고,[50] 『근본유부율』의 제3 구사정법舊事淨法이라는 것에 상당된다.[51] 구주久住 āciṇṇa는 행하다ācarati에서 온 「행하여진」이라는 의미의 문자로 한역의 여러 율이 관행慣行을 의미하는 역어로 쓰고 있으므로 본래 뜻은 동일언어로 해석된다. 그러나 그 구체적 내용의 설명은 율에 따라서 다르다. 『빠알리율』은 「이는 우리화상이 행하는 것, 이는 우리 아사리가 행하는 것으로서 행하는 것은 정淨」이라는 주장이고,[52] 이는 「일분정(一分淨律에 일치할 경우) 일분부정(一分不淨율에 반할 경우)」으로 결정하고 있다.[53] 이에 반하여 『사분율』은 「이를 행하

---

45) 주(4)과 동일.

46) Cullavagga, XII, 2, 8. 남전대장경 제4권, 458쪽.

47) 『사분율』제54권, 대정22권, 970쪽 a, 『오분율』제30권, 대정22권, 194쪽 b, 『십송율』제60권, 대정23권, 451쪽 c, 『근본설일체유부비나야잡사』제40권, 대정24권, 412쪽 b.

48) 『오분율』제30권, 대정22권, 194쪽 a-b.

49) 『사분율』제54권, 대정22권, 970쪽 a.

50) 『십송율』제60권, 대정23권, 451쪽 a.

51) 주44와 동일.

52) 주46과 동일.

고 나서, 이는 본래 소작所作이라 한다.」라 하는데 이는 본래는 출가전의 소습所習인 듯하다. 이는 『오분율』이 「백의白衣 시時의 소작所作을 배우고 있다.」라고 하기 때문이다.[54] 『십송율』은 살·도殺盜 등 십악을 들어 행법부정行法不淨으로 여기는데 이는 백의白衣 시의 소습所習을 정淨이라 여기면 십악十惡도 정淨이라 해야 하므로 부정이라 하는 것인지[55] 『살바다비니목득가』에게 「살생을 수습하고, 살생을 수습하지 않다. 살생에 죄 없다.」라는 것도 그 의미일까?[56] 『비니모경』에서는 「전인前人의 작법을 후인後人도 역시 행하는 것은 모두 선善이다.」[57]이라 여기고 있어서 또 차이를 보이고 있다. 『근본유부율』에서는 「이 모든 필추가 스스로 땅을 파거나 혹은 사람을 시켜서 파고는 구사정법舊事淨法이라 하는데 또 대중도 따라 행한다.」라고 하고 있어서,[58] 백의시白衣時에 익힌 것이라 하여 땅을 파는 것으로 하고 있다. 『근본유부율』은 따라서 바일제의 굴지계掘地戒에 반하므로 부정이라 하는데, 다른 율의 판정은 이 것만은 『빠알리율』과 같은 취의로 「일분정일분부정」이라 하고 있다.

(7) 『빠알리율』의 생화합정生和合淨 amathita-kappa은 『오분율』에서는 제5에 수유밀석밀화락정酥油蜜石蜜和酪淨이라 하고,[59] 『사분율』에서는 제6에 득화得和[60]라고 하고, 『십송율』에서는 제4에 생화합정生和合淨[61]이라 하

53) 주46과 동일.
54) 『오분율』 제30권, 대정22권, 194쪽 a.
55) 『십송율』 제60권, 대정23권, 452쪽 a.
56) 『살바다비니마득륵가』 제5권, 대정23권, 597쪽 c.
57) 『비니모경』 제4권, 대정24권, 819쪽 b.
58) 주44와 동일.
59) 『오분율』 제30권, 대정22권, 194쪽 a.

고, 『근본유부율』에는 제8에 낙장정법酪漿淨法이라는 것에 상당한다.[62] 『빠알리율』에 따르면 식사를 마치고 잔식이 아닌 비유비락非乳非酪의 유乳를 마시는 것이라 하고 있다. 다른 율도 식후 비잔식 음식을 말하는 점에서는 일치하고 있으나 그 내용에 대해서는『십송율』은 생유 · 락 · 수를 섞은 것이라 하고,[63] 『사분율』에서는 수 · 유 · 밀 · 생소 · 석밀을 섞은 것이라 하고,[64] 『오분율』도 수 · 유 · 밀 · 석밀을 락에 섞는것이고,[65] 『근본유부율』에는 유락 한되를 물과 섞어 이를 혼합하여 비시에 마시는 것이라 한다.[66] 『빠알리율』은 우유가 아직 가공되지 않은 것으로 이를 음식이라 보지 않고 비상시에 잔식법을 행하지 않고 마시는 것을 정이라 주장하는데 반하여 판정은 음식이라 보고 잔식법을 행해야 하는 것이라 하고 있다.[67] 다른 율은 즉 『사분』 · 『오분』 · 『십송』 · 『근본유부율』은 모두 수酥 · 유乳 · 밀蜜 · 석밀石蜜을 네 종류 약 또는 그것에 속하는 것을 들고 있는데 이는 사타법 가운데 식장약계食長藥戒에 나오는 7일약이다.[68] 이를 섞은 것을 비상시에 마셔도 정淨이라 주장하는 것인데 7일약으로서 이외는 단독이든 혼합하든 음식이기 때문에

60) 『사분율』제54권, 대정22권, 968쪽 c.
61) 『십송율』제60권, 대정23권, 451쪽 c.
62) 『근본설일체유부비나야잡사』제40권, 대정24권, 412쪽 c.
63) 주61과 동일.
64) 『사분율』제60권, 대정22권, 970쪽 a.
65) 주59와 동일.
66) 주62와 동일.
67) Cullavagga, XII, 2, 8. 남전대장경 제4권, 458쪽. 「잔식계」에 대해서는 주11 참조.
68) 「장약계」(사타) 『빠알리율』 · 『승기율』제23계, 『사분율』제26계, 『오분율』제15계, 『십송율』 · 『유부율』제30계. 이 계는 칠일약인 熟酥 · 生酥 · 油, 石蜜(『빠알리율』)이고, 이것은 병자가 칠일을 한계로 소지하는 것(Vinayapiṭaka, Vol. III, p. 251. 남전대장경 제1권, 425쪽)이라 한다.

이는 잔식법을 행해야 한다고 여겨 부정否定되고 있다.[69)]

(8) 『빠알리율』의 수정水淨 kappati jalogi pātum은 『오분율』의 제6 음사루가주정飮闍樓伽酒淨[70)]에, 『사분율』의 제8 득음사루라주得飮闍樓羅酒[71)]에, 『십송율』의 제7 빈주처정貧住處淨[72)]에, 『근본유부율』의 제7 치병정법治病淨法에 상당한다.[73)] 『빠알리율』의 물은 「자로기를 마시다jalogi pātuṃ」이기 때문에 『오분율』, 『사분율』은 동일한 것으로 생각된다.[74)] 자로기는 미발효주이고, 수정水淨은 이를 술이라 보지 않아 마셔도 된다는 주장이다. 이에 반하여 『빠알리율』은 이를 술이라 여겨 바일제 제51의 「음수계」飮水戒를 범하는 것으로서 부정이라 하고 있다.[75)] 『십송율』의 빈주처정은 글자의 의미는 불분명하지만 내용은 주처에 술을 조금 빚어 마시는 것이라 하고,[76)] 또 『살바다비니마득가』가 「생주정」으로서 「곡주가 미숙未熟한 것을 마신다.」라는 것으로 보아 동일 내용인 듯하다.[77)] 『유부비나야잡사』는 「물을 술에 혼합하여 마신다.」[78)]라고 하여 이를 치병정이라 하는데 치병법이었는지, 어쨌든 음주계를 범한다고 여겨 부정되고 있다.

---

69) 『사분율』제54권, 대정22권, 970쪽 a, 『오분율』제30권, 대정22권, 194쪽 a, 『십송율』제60권, 대정23권, 451쪽 c, 『근본설일체유부비나야잡사』제40권, 대정24권, 413쪽 a.
70) 주69 『오분율』과 동일.
71) 주60과 동일.
72) 『십송율』제60권, 대정23권, 451쪽 a.
73) 주62와 동일.
74) 『사분율』제54권, 대정22권, 970쪽 a.
75) Cullavagga,XII,2,8. 남전대장경 제4권, 458쪽-459쪽.
76) 『십송율』제60권, 대정23권, 451쪽 c-452쪽 a.
77) 『살바다비니마득륵가』제5권, 대정23권, 597쪽 c.
78) 주60과 동일.

(9)『빠알리율』의 불익누니사단정不益縷尼師檀淨 kappati adasakanisīdana은『오분율』의 제7 작좌구수의대소정作坐具隨意大小淨,[79]『사분율』제9 득축불할절좌구得畜不割截坐具,[80]『십송율』제9 루변불익니사단정,[81]『근본유부율』제9 좌구정법[82]에 상당한다. 이는『빠알리』·『사분』·『오분』·『십송』모두 설명은 없으나『빠알리』의 adasaka-nisīdana라는 것은 테두리가 없는 좌구란 의미이다.『빠알리율』·『십송율』의 바일제 제89계『사분』·『오분』·『유부율』은 제87계는 과한좌구계過限坐具戒이고,『빠알리율』에서는 좌구의 촌법寸法을 불수佛手로 재어서 길이 2수척手尺, 폭 1수척반手尺半, 가장자리 1수척手尺으로 재단하여 만들 것을 적고 있다. 지금『빠알리율』의 경우는 규정의 가장자리가 없는 것을 만들어도 정淨이라는 주장으로 볼 수 있다.『오분율』은 이 규정의 량을 지키지 않으면 정淨이라 주장하는 것,[83]『사분율』은 이 규정이 있는데도 불구하고 절단하지 않은 좌구를 만들어 정淨이라 하는 것,[84]『십송율』[85]은『빠알리율』과 비슷하다.『근본유부율』은「신좌구新坐具를 만드는데 낡은 것을 붓다의 1장수張手를 중첩하지 않고 스스로 수용한다.」하고 있기[86] 때문에 이는 사타법 제1오의 불첩좌구계不貼坐具戒[87]에, 비구가 와좌구를 만들 경우에는 낡은 와좌구의 가장자리에서 붓다의 1장수張手를 떼어내

79) 주59와 동일.
80) 주60과 동일.
81) 주72와 동일.
82)『근본설일체유부비나야잡사』제40권, 대정24권, 413쪽 a.
83) 주59와 동일.
84) 주74와 동일.
85)『십송율』제60권, 대정23권, 452쪽 a.
86) 주82와 동일.
87)「불첩좌구계」(사타)『오분율』만 제25계, 외의 율은 모두 제15계.

어 괴색하기 위해 신품新品에 붙여야한다. 이를 하지 않으면 사타로 여겨지고 있는 것에 대한 주장이다.[88] 『유부율』은 이는 바일저가를 범하는 것이라 부정하고 있으나 이는 이 율로 말하면 니살기바일저가법의 제15 신작부구불위괴색학처新作敷具不爲壞色學處에 의해 부정이 행해지는 것이다. 단 『잡사』에서는 이 계를 육군비구에 대해 제정하였다고 하는데 『근본유부비나야』 사타에서는 그와 같이 되어 있지 않다.[89]

⑽ 금은정金銀淨 kappati jātarūparajataṁ 이는 모든 율이 제10에 두고 있고, 그 내용 설명은 하지 않고, 사타법 축전보계畜錢寶戒와 착보계捉寶戒에 저촉된다고 하고 있다.[90] 이는 앞에도 언급한 것과 같이 제2결집의 주제이고, 다른 9사事는 이에 부수하여 주장된 것이다. 이미 언급한 바와 같이 금전 정법이 이미 성립되어 있었으나 다시 일보 적극화하여 승가든 비구 개인이든 금전의 직접수납을 요구할 수 있었으므로 그것이 필요시된 만큼 중대한 문제가 되었던 것 같다.

10사로서 불분명한 것으로 『오분율』의 제3사에 복좌식정復坐食淨이 있었는데 이는 『오분율』을 보면,

> 「復坐食淨, 越聚落食淨亦如是, 下第三第四籌」
>
> (먹고 나서 다시 앉아서 먹어도 된다는 것과 다른 마을에 가서 다시 먹어도 된다는 것도 이와 같이 하여 세 번째와 네 번째 산가지를 내려놓았다.)

88) Vinayapiṭaka, Vol. III, pp. 322-323. 「사타십육」, 남전대장경 제1권, 393쪽-394쪽 참조.

89) 『근본설일체유부비나야』제2권, 대정23권, 737쪽 a-738쪽 a.

90) Cullavagga, XII, 2, 8. 「칠백결집건도」, 남전대장경 제4권, 459쪽. 『근본설일체유부비나야잡사』제40권, 대정24권, 413쪽 a. 『십송율』제60권, 대정23권, 452쪽 a. 『사분율』제54권, 대정22권, 970쪽 a-b. 『오분율』제30권, 대정22권, 194쪽 b. 『마하승기율』제33권, 대정22권, 493쪽 c 참조.

라고 하여[91] 월취락정越聚落淨과 일괄 심의되어 있는 '역여시亦如是'는 여법한 것이 아니라는 의미이다. 다른 문제는 전부 각각 심의되어 있는데 이 두 개만 일괄 심의되어 있는 것은 같은 종류의 문제라 보인다. 여기에서 월취락越聚落은 『빠알리율』의 제3 취락간정과 상응된 것인데 『빠알리율』의 취락간은 족식足食한 자가 「다른 촌락에 가고자 하여 비잔식非殘食을 먹는다.」라는 것이라고 앞에 말했듯이 이는 마을과 마을의 중간에 한 촌락의 중간, 한 촌락을 나온 곳 등 장소는 꼭 결정하기 어렵다. 그리고 『오분율』의 경우 복좌식정復坐食淨은 족식足食하고 다른 촌에 가고자할 때 재차 앉아서 비잔식을 먹는 것이고, 월취락정은 족식한 마을을 나온 곳에서 비잔식을 먹는 것으로 볼 수 있다. 그러므로 이 2사事는 『빠알리율』의 취락간정 1사事에 상당하는 것으로 『오분율』은 실질적으로는 9사事를 취급하고 있다고 볼 수 있다.

이상 제2결집을 할 때의 10사事[92]는 이미 말했듯이 사회 변화에 따라서 승가의 수동적인 변화에 의해 생긴 것이 많은 듯하다. 인도의 출가생활은 금전에 관계 없는 생활에서 시작되었다고 보아야 할 것이고, 불교도 그 출가법에 따랐던 것으로 볼 수 있으나 시대 추세의 변화로 금전이 없이 살아갈 수 없게 되었고 축전계畜錢戒의 결계 인연이 나타내듯이 단월에게 있어서도 물건보다도 돈으로 음식을 보시하는 쪽이 편리한 시대가 되어 있었다.

91) 『오분율』 제30권, 대정23권, 194쪽 a.

92) 이에 관하여 최근에는 平川 외에 M. Hofinger; Étude sur le Concile de Vaiśālī, Lonvain 1946. 金倉圓照의 「十事非法에 대한 諸部派解釋의 異同 - 특히 여러 律에서 十事 各項의 이해 비교」 『中野教授古稀記念論文集』 1쪽-30쪽이 있다.

3. 금전金錢과 정법淨法

제1결집에서는 비구계의 개폐改廢에 대해서 두 가지 문제가 기록되어 있다. 하나는 아난다Ānanda가 제출한 소소khuddānukhuddaka계 폐기 문제이고, 또 하나는 뿌라나富蘭那의 검개팔사문제儉開八事問題이다. 아난다가 제출한 문제는 이미 언급하였는데, 이는 붓다 생전의 유언에 따르면 승가는 원하면 소소계는 폐기해도 좋다는 제안이다.[1] 소소계라 하므로 바라이나 승잔과 같이 중죄계重罪戒는 아닌 듯하지만 아난다의 제안에서는 그 구체적인 내용이 분명하지 않고, 회의 결과는 이 아난다의 제안을 부정하고, 붓다가 제정한 모든 계는 대 · 소大小를 막론하고 이를 준법遵法하기로 정했다. 그러나 아난다의 제안은 두 가지를 의미하고 있다. 하나는 붓다의 승가 창설 이래 약 반세기에 걸친 경과는 많은 계를 생기게 하고, 그중에는 이미 필요없게 된 것과 특히 계로서 제정하기에 미치지 못하는 것이 많았다는 것이다. 다른 하나는 제1결집 즉 붓다 입멸 후 승가는 소소계라 하더라도 붓다가 제정한 것은 모두 이를 지킨다는 방침으로 출발한 것이다. 다음으로 뿌라나Purāṇa의 문제는 『빠알리율』에서는 제1결집이 끝났을 때 남국의 유행에서 돌아온

1) Cullavagga, XI, 1, 9. 「오백결집건도」, 남전대장경 제4권, 430쪽-431쪽. 본서 89쪽 참조.

뿌라나에 대해 결집을 주재한 마하깟싸빠Mahākassapa는 결집 경과를 알리고, 결집된 법과 율을 승인할 것을 요청하였는데 뿌라나는「벗이여, 법과 율을 결집한 것은 좋다. 그러나 나는 세존의 현전에서 받은 것과 같이 수지하고자 한다.」라고 대답하고, 마하깟싸빠의 제안을 거부하였던 사건이다.[2]『빠알리율』은 이것으로 끝나 있으므로 어떤 문제로 뿌라나가 제1결집의 결과에 동의하지 않았는지 불분명하지만『사분율』[3]과『오분율』[4]에 따르면 이는 음식을 승방에서 요리하는 것 즉 내자內煮나 음식을 승방내에 비축하는 내숙內宿 등에 대한 7사事『오분율』 또는 8사事『사분율』의 문제이고, 뿌라나는 이들 경우는 붓다는 처음에 금하였으나 나중에 해금하셨다고 하고, 마하깟싸빠 등은 한때는 기근 등 특수한 사정으로 해금解禁儉開하셨으나 기근이 없어지면서 재금再禁하신 것으로 여겨 율을 결집하였으므로 여기에 의견 차이가 있었다고 생각된다.[5] 이 경우도 붓다 입멸하실 때인지 그 뒤인지, 승가에게 있어서 식량 저장이나 요리가 문제가 되고, 마하깟싸빠 등의 입장에 선다고 하더라도 정주淨廚나 정고淨庫를 설치하는 방법으로 해결해야 하는 것으로, 바꿔 말하면 뿌라나는 식사에 관한 소소계를 폐지하는 입장을 취했다고도 할 수 있다.

이상 제1결집의 기사는 주의主義로서 붓다가 제정한 계戒나 규정은

2) Ibid., XI, 1, 11. 상동, 433쪽. 본서 90쪽 참조.

3)『사분율』제54권,「집법비니오백인」, 대정22권, 968쪽 c.

4)『오분율』제30권,「오백집법」, 대정22권, 191쪽 c-192쪽 a.

5) 붓다는 왕사성에서 기근 때 屋內에 음식을 익히는 것 등을 일시적으로 開禁하고(Mahāvagga, VI, 17, 7. 남전대장경 제3권, 373쪽), 뒤에 베살리에서 기근이 있을 때 開禁을 再禁하고 있다(Mahāvagga, VI, 32, 2. 남전대장경 제3권, 418쪽).『오분율』제22권「약법」, 대정제22권, 148쪽 a-b,『사분율』제43권「약건도」, 대정 제22권, 876쪽 a-b 참조.

대 · 소업이 모두 이를 지킨다는 원칙과 함께 그러한 주의를 특히 주장하여 원칙으로 여겨야만 하는 실정은 이미 소소계적인 폐기를 필요로하는 계가 많아졌음을 나타내는 것이고, 주의원칙과 실정實情에 입각한 형태는 모순되어 있음을 나타내는 것이었다. 그리고 정법淨法이란 형식적으로 주의원칙을 지키면서 실질적으로 실정實情의 요구에 응하는 방법을 말하는 것이고, 틀림없이 모순이 낳은 수단이다.

정법淨法 kappa이란 경 · 율經律에 상응한다고 할 때 상응kappiya에 상당하는 문자이고, 적당able이란 의미이다. 「이 정도는 허락해도 좋다.」에서 「이처럼 행하면 범계는 되지 않는다.」까지 사이의 의미로 사용되어 「이처럼 하면 좋다.」라는 수단 방법의 의미이다. 예를 들어, 비구가 정인淨人에게 「이 금전을 모아 두도록」 명하는 것은 할 수 없으므로 그 대신에 「이를 보아라」라는 것이 정법淨法으로, 이는 말이기 때문에 정어淨語라고도 한다. 비구는 금전을 입에 올리는 것도, 손으로 잡는 것도 할 수 없으나 정어淨語를 이용하여 승가에 고용되어 있는 정작인淨作人 kappa-kāraka에게 처리하게 하여 목적을 이루는 것이다.[6]

『빠알리율』로 말하면 30사타 제18계는 축전보계畜錢寶戒[7]이고, 비구는 금은을 받거나 금은목전金銀木錢 등을 자신의 손으로는 물론이고 자신의 손이 닿지 않는 방법으로도 취득해서는 안 된다고 하고 있다. 또

6) 『빠알리율』로 말하면 경분별 바일제 제10계 「굴지계」는 비구가 땅을 파면 범계로 여기지만 淨人으로 하여 이를 행하게 할 때 「이를 알라」, 「이를 주어라」, 「이를 옮겨라」, 「이를 원한다.」, 「이를 淨作하라」라고 淨語하면 不犯이라 한다. 마찬가지로 바일제 제11계 「벌초목계」에도 같은 淨語를 나타내고 있다. Vinayapiṭaka, Vol. IV, pp. 32-35. 남전대장경 제2권, 52쪽, 55쪽.

7) 「축전보계」(사타) 『빠알리율』 · 『사분율』 · 『십송율』 · 『유부율』 · 『승기율』은 제18계, 『오분율』은 제30계.

제19의 무보계貿寶戒[8]는 금은 등을 매매하고 또 금은전 등을 사용하여 물품을 매매하여 이익을 얻어서는 안 된다는 것이다. 또 다시 제20계는 판매계販賣戒[9]로 이는 물건과 물건을 매매하여 이익을 얻어서는 안 된다는 것이다. 이 3계戒에 첨부된 결계 인연을 보면 반드시 동일하지 않지만 서로 보완하여 생각하면, 축전보계畜錢寶戒는 비구가 신자로부터 고기의 식시食施 대신에 그 대금을 받아서 고기를 산 일로 인해 제계되었다.[10] 제2 무보계貿寶戒는 율에 따라서 인연이 다르지만 『빠알리율』에서는 비구가 금전으로 금은을 매매한 일로 인해,[11] 『사분율』에서는 비구가 전錢을 전錢으로 교환했다고 하고,[12] 『오분율』에서는 난타·발난타가 금은전·잡전雜錢을 사용하여 물건을 사고,[13] 다시 물건을 팔아서 이를 취했다고 하고, 『승기율』에서는 육군 비구가 밀·유·락·어·육과 여러 가지 육류肉類를 산 일이라고 하고 있다.[14] 『승기율』은 금으로 샀다고만 할 뿐이지만 다른 모든 비구가 이익을 얻었다고 한다. 그리고 제삼의 판매계販賣戒는 『빠알리율』·『오분율』·『십송율』에서는[15] 비구가 외도의 고가의 옷과 비구의 싼 옷을 교환했다고 하고, 『사

8) 「貿寶戒」(사타) 『오분율』은 제29계, 외는 모두 제19계.

9) 「販賣戒」(사타) 『오분율』는 제28계, 외는 모두 제20계.

10) Vinayapiṭaka, Vol. III, pp. 236-237. 남전대장경 제1권, 400쪽-402쪽, 『오분율』제5권, 대정22권, 37쪽 a-c (여기에서는 難陀跋難陀手自捉金銀及錢, 教人捉人施亦受라고 하고 있다), 『사분율』제8권, 대정22권, 618쪽 c-619쪽 a, 『마하승기율』제10권, 대정22권, 310쪽 c-311쪽 b(因緣은 명확하지 않다.), 『십송율』제7권, 대정23권, 51쪽 a-b(단지 六群比丘自手取寶라 한다.)

11) Ibid., p. 39. 남전대장경, 상동, 404쪽-405쪽.

12) 『사분율』제8권, 대정22권, 619쪽 c-620쪽 a.

13) 『오분율』제5권 「사타제19」 대정22권, 36쪽 c-37쪽 a.

14) 『마하승기율』제10권, 대정22권, 312쪽 c.

15) Ibid., p. 240-241. 남전대장경, 상동, 407쪽-408쪽. 『오분율』제5권 「사타제28」, 대정22권, 36쪽 b-c. 『십송율』제7권, 대정23권, 52쪽 a-c.

분율』[16]에도 마찬가지 이야기 및 생강으로 음식을 샀던 이야기를 기록하고, 또 『승기율』에서는 난타 · 우바난타가 왕가로부터 금을 사서 왕가의 금은사金銀師에게 세공을 하게 하여 이를 귀승가貴勝家의 부녀자에게 팔았던 이야기를 기록하고 있다.[17] 이처럼 같은 종류의 인연이 나타내는 바는 이미 금융경제 시대에 들어 매매를 위해 금전을 생기게 할 정도로 상업이 행해지는 시대에 들었음을 나타내고 있다. 이 일은 예를 들어, 금력金力을 행사하여 붓다에게 기원정사Anāthapiṇḍikassaārāma를 봉납한 수닷따Sudatta장자에게서 볼 수 있듯이 불교가 금융자본가에게 의존하는 경우도 많았다.[18] 따라서 사타법 제8 권증의가계勸增衣價戒,[19] 제9 권이가증의가계勸二家增衣價戒[20]나 제10 과한홀절색의가계過限忽切索衣價戒[21]가 나타내듯이 금전을 준비하여 비구에게 옷을 보시하고자 하는 시주도 많았다. 그리고 제10계는 옷값이 비구의 집사인執事人 veyyāvacca-kara에게 전달되어 집사의 차배差配에 의해 옷이 되는 것과 관계있는 것이고, 비구쪽에서도 금전 보시의 수용태세가 갖춰져 있었다. 이 일로도 축전보계畜錢寶戒 등으로 금전의 수납수익을 금하면서 다른 한편으로 옷값에 관한 3계가 옷값에 의한 보시를 인정하고 있음을 알 수 있다. 사타 제10의 옷값 수납은 지사인으로 행하여지지만 이는 정법淨法으로 보면 정작인淨作人임에 틀림이 없다. 또 정인淨人이라는 자에게 아라미까ārāmika라는 아랫사람[下僕]이 있는데, 그 중에는 바라이죄를 범하

16) 『사분율』제8권, 대정22권, 620쪽 b-621쪽 a.
17) 『마하승기율』 제10권, 대정22권, 313쪽 c-314쪽 a.
18) 祇園精舍奉納. Cullavagga, VI, 4, 1-10. 「와좌구건도」, 남전대장경 제4권, 237쪽-244쪽.
19) 「勸增衣價戒」, 각 율 모두 사타법 제8계.
20) 「勸二家增衣價戒」, 각 율 모두 사타 제9계.
21) 「過限忽切索衣戒」, 각 율 모두 사타 제10계.

여 비구 자격이 정지된 사람이 자칭하여 된 것으로도 보이는 자도 있는 승가의 아랫사람[下僕]이다.[22]

그래서 먼저 금전의 정법淨法인데 이는 앞에 언급한 축전보계畜錢寶戒에 의해 금지되어 있는 금전을 부당하게 소득한 경우 그 부당하게 소득한 금전의 처치법에서 생긴 듯하다. 제2결집도 베살리 비구들이 재가인으로 하여 물병에 던지게 한 금은은 수납해도 된다는, 즉 정법淨法이라고 주장한 것에서 시작되는데 이에 관해서는 이미 언급했다. 출전보계 등을 범하고 금전을 수득한 자는 사타nissaggiya-pācittiya 즉 니살기바일제이기 때문에 먼저 부당하게 얻은 금전을 승가에 내어놓고[捨] 바일제 참회를 행하는데 사捨를 받은 승가에서는 이 금전을 어떻게 처분하는가가 문제이다. 다른 사타계를 범했을 경우에는 예를 들어, 의복을 여분으로 소지한 경우는 그 옷을 승가 안에 내어놓고 참회하면 그 옷은 내어놓은 당사자에게 반환되고, 당사자가 타인에게 주든지 정법淨法을 사용하여 다시 소유하든가 하는 처분을 하게 되지만 금전의 경우는 그것이 허락되지 않다.

『오분율』과 『빠알리율』은 승중사僧衆捨라 불리는 사법捨法을 행한다.[23] 그것에 의해 범죄비구가 부정하게 얻은 금전을 승가 앞에 내놓고, 소득의 경과를 진술하고 참회하게 되는데 이것이 행하여지면 승가는 기사금전인棄捨金錢人 rūpiyachaḍḍaka 비구를 백이갈마로 선정하여 이 비

22) 『빠알리율』 경분별 바라이법 제1 사계 해석에 「계 약한」 者가 「비구가 되는 것을 苦로 여겨 羞恥하고, 嫌惡하고, 在家가 되기를 즐기고, 우바새 되기를 즐기고, 淨人(ārāmika)이 되기를 즐기고 운운」이라 한다. Vinayapiṭaka, Vol. III, p. 24. 남전대장경 제1권, 402쪽-404쪽. 『오분율』 제5권, 대정22권, 37쪽 a-b.

23) Vinayapiṭaka, Vol. III, p. 238. Suttavibbaṅga, Nissaggiya-pācittiya, X VIII, 2. 남전대장경 제1권, 402쪽-404쪽. 『오분율』제5권, 대정22권, 37쪽 a-b.

구로 하여금 내어놓도록 한다. 선출된 비구는 애진치포愛瞋癡怖를 행하지 않고 사 · 불사捨不捨를 아는 비구여야 한다고 한다. 그리고 이 선출된 비구는 그 금전을 금전으로 생각하지 않고 처리해야 한다. 『빠알리율』에서는 무상無相 animitta으로 던져야 된다고 하는데, 무상無相이란 눈을 감고 강 혹은 물가 혹은 총림 등 떨어질 장소를 의식하지 않고 버리는 것이라 풀이된다.[24] 그리고 버릴 곳도 강이나 낭떠러지斷崖나 총림 등에 다시 얻을 수 없도록 버린다는 것을 알 수 있다. 『오분율』에서는 '구덩이 안, 불 속, 흐르는 물속, 광야에 버린다.'고 하여 「마땅히 장소를 기록해서는 안 되고, 만약 집어서 다른 곳에 두고자 하더라도 다시 집어서는 안 된다.」라고 하고 있다.[25] 이 말 가운데 후반은 약간 의미가 불명확하지만 취의는 분명하다.

또 『오분율』은 「기사금전인」이 된 비구는 「이 물건을 마땅히 어떻게 해야 한다.」라고 들어도 행하지 않고, 승가도 대답하지 않고, 다만 승가는 기사금전인에게 「작시作是, 작시作是」라고 할 뿐이라고 한다.[26] 작시作是는 서본용산西本龍山에 따르면 「여기에 행하라.」라고 훈독되는데,[27] 이것이 이른바 금전의 정어淨語이다. 이 말로 명령받은 자는 상황에 따라서 명령의 의미를 이해하여 행하는 것이다.

이 승중사僧中捨는 『오분율』에서는 최초에 행하는 것이지만 『빠알리율』에서는 사실 이 승중사 전에 속중사俗中捨를 실험해 보는 것으로 되어 있다. 즉 범비구가 승가 앞에 버렸을 때 정인淨人 ārāmika 또는 우바새

24) 남전대장경 제1권, 404쪽 및 410쪽 주4 참조.
25) 『오분율』 제5권, 대정22권, 37쪽 a.
26) 상동.
27) 『국역일체경 율부13』, 151쪽.

upāsaka를 마침 그 장소에서 만났을 때는「현자여, 이를 알라.」라고 정어淨語하여 그 금전의 처분을 기탁한다고 한다. 이때 정인淨人 등이 어떤 물건을 원하는가 하고 물어도 승가 비구들은「이런 이런 물건을 가져오라.」라고 해서는 안 된다고 하고 있다. 그러나 정인들에게 수 · 유 · 밀 · 석밀酥油蜜石蜜 등의 정물淨物을 가리키는 것은 할 수 있다고 한다. 그 뒤 정인淨人 등이 사전捨錢을 정물淨物로 바꿔오면 범죄비구를 제외한 비구들이 이를 수용하고, 정인들이 이를 행할 수 없을 때 승가는 정인을 향하여「현자여, 이를 버려라.」라고 하고, 만약 정인이 버려주지 않았을 때는 앞에서 언급한 승중사僧中捨를 행한다고 하고 있다.[28] 그러나『오분율』의 경우는 기사금전인으로 뽑힌 비구가 버리지 않고 승가에도 의논하지 않고, 정인淨人으로 하여 승가가 먹고 입을 수 있는 물건으로 바꿔오게 하면 승가는 받을 수 있고, 분배 때는 범죄인과 비구 이외에게는 분배해 주지 않는다고 하고 있다.[29] 이『빠알리율』과『오분율』의 기사는 동일한 내용을 서로 전후하여 기록하지만『오분율』의 기사에서 원시적인 자연스러움을 볼 수 있다.

『십송율』의 처분법은『빠알리율』 등과 달리, 금액이 작은 경우는 범죄비구가 스스로 기사棄捨하게 하고 많은 금액의 경우는 속중사俗中捨가 한다.[30] 즉 정인淨人이 있으면 정인淨人에게 버리고, 정물과 교환하게 한다. 만약 정인을 얻지 못할 때는 범죄비구가 사방승가가 사용할 와구를 만들어 승가에 희사하고, 죄를 범한 것과 금전을 버려서 외구로

28) 주25와 동일.
29) 주27과 동일.
30)『십송율』제7권, 대정23권, 51쪽 b.

한 것을 이야기하고 참회 출죄하는 것으로 되어 있다.

『사분율』의 경우는 속중사俗中捨 뿐이다.[31] 신락信樂이 있는 수원인守園人 또는 우바새에게 정어淨語하여 주고, 정의淨衣·발우·침통·니사단 등의 정물淨物로 교환하게 하지만 이 율에서 주의해야 할 것은 정인淨人이 된 수원인守園人이나 우바새가 그 금액을 착복하여 정물淨物로 가져오지 않을 경우의 처치이다. 정인淨人이 착복한 경우에는 그 정인淨人에 대해 이 금전은 정법淨法을 위해 그대 정인에게 기탁한 것이다. 실질적으로는 승가의 것이므로 승가·탑·화상·아사리·구지식舊知識에게 주든지 혹은 본래의 시주[本施主]에게 환원해야 한다고 충고하기로 되어 있다.[32]

그리고 다른 율에 없는 「본시주本施主」란 말이 있고, 정인淨人이 착복하면 「그(본시주)의 신시를 잃게 되는」 것이므로 환원하게 한다고 하고 있다.[33] 이 일은 어떻게 이해해야 할까? 이 일은 범비구가 부당하게 얻은 돈이란 실제는 승가나 탑 등에 봉납한 돈이고, 그 수취 방법이 적법適法 즉 정법淨法이 아니었음을 나타내고 있는 듯하다. 그리고 승가에서는 오히려 속중사俗中捨를 이용하여 금전을 수납하는 것이 된다. 정인淨人에게 반환을 재촉하는 말에 「붓다의 가르침으로 정淨 때문에 주었다. 마땅히 그 비구의 물物:금전을 반환해야 한다.」[34]라는데, 정법淨法은 붓다의 가르침이기 때문에 정시淨施는 시여施與가 아니기 때문에 반환하라는 것이니, 이 경우에서도 그 의미를 엿볼 수 있다.

---

31) 『사분율』제8권, 대정22권, 619쪽 b-c.
32) 상동, 619쪽 c.
33) 상동, 「若敎使與本施主 不欲令失彼信故.」
34) 상동, 「佛有敎爲淨故 與汝應還彼比丘物.」

앞에서 언급한 『빠알리율』·『오분율』·『십송율』·『사분율』의 범죄 비구의 사금전捨金錢의 처분 방법을 비교해 보면, 승중사僧中捨가 되면 금전의 효과적인 이용을 생각하여 처분하고, 『십송율』의 기술에서 『사분율』의 기술로 옮기면 범죄금전犯罪金錢의 의미는 점차 엷어지고 속중사俗中捨 방법의 형식을 적극적으로 이용하여 이를 수단으로 시주로부터 금전을 받아들이고 있었다고도 생각할 수 있다. 바야흐로 그 수단인 정인에게 횡령당하는 사태가 생기고, 『사분율』에 그 대책이 나타나게 된다.

『마하승기율』은 속중사俗中捨인데 『사분율』등 보다는 더 적극적으로 수납의 금전 이용을 행하고 있다.[35] 즉 「만약 많을 때는 마땅히 무진물無盡物 안에 넣어야 하고, 이 무진물 안에서 만약 식리息利가 생겼을 때는 방사를 만들고 옷에 찰 수는 있어도 식용할 수 없다.」라고 한다. 「만약 많을 때는」라는 것은 소액의 경우를 기록하지 않기 때문에 모든 경우에 이것이 적용된다고 볼 수 있다.

무진물은 말할 것도 없이 타인에게 빌려주고 이자를 모으는 자금이다. 그리고 얻은 이자로 방사나 옷의 자금으로는 하지만 음식으로는 안 된다고 하는 점은 『오분율』 등과 달리 『사분율』에 가까운 사고라고 할 수 있다. 이 『승기율』의 설명은 모두 금융경제시대의 승가임을 생각하게 한다. 그리고 『마하승기율』은 이 설명에 이어서 「비구가 무릇 전錢을 얻었을 때는」이라는 모두冒頭로 금전의 수납 방법을 언급한다.[36] 축전보계는 금전의 수납을 금하는 계인데 그 경분별은 수납을

35) 『마하승기율』 제10권, 대정22권, 311쪽 b-312쪽 b.
36) 상동, 대정22권, 311쪽 이하.

위한 정법 해설로 되어 있는 관점이 있다. 이 율에서는 병비구는 정인淨人을 이용하여 약값[藥直]을 비축하는 것이 허락되고, 또 병비구는 금전을 병상에 두고 어둠 속에서 찾아서 자신의 손으로 잡아도 축전보계에는 저촉되지 않는 정淨이라고 하고 있다.[37]

금전을 받는 것에 관해서는 비구는 손으로 금전을 잡아서는 안 되지만 소유를 부정하지 않는다. 예를 들어, 신자가 금전을 공양으로 지참했을 때 정인淨人이 없을 때는 직접 신자에게 정어淨語「이를 알라」를 이용하여 땅에 두게 하고, 풀을 덮어서 정인淨人을 기다리는 처치법을 기록하고 있다.[38] 그리고 비구가 금전이나 금은(금은제 불상도 포함해서)에 손을 닿지 않는 것과 금전金錢 · 금은金銀이란 말을 입에 올리지 않는 것을 엄중하게 설하는데 정인淨人과 정어淨語에 의해 금전을 수축受蓄 · 수납하는 것은 교묘하게 발달하고 있음을 볼 수 있다. 즉 신자로부터 시주하는 것을 받고, 승가는 대법회 등의 사업事業을 하여 수익을 얻는다.[39] 그리고 비구 개인적으로 금전을 저축하는 장소로서는 총림, 구덩이 속, 두건 속, 말뚝 위橛上 시렁 위架上 상자箱篋 등이 있고, 비구가 유행 중일 때는 정인으로 하여 담당하게 한다. 이는 이미 비구가 유행할 때마다 금전이 필요한 사회적인 상황에 도달했음을 나타내는 것이라 볼 수 있다.

또 도난에 대비하여 정인에게 금전을 취급하게 할 경우에 저장 장소를 불분명하게 하기 위해 눈가리개를 사용하는 경우까지 기록되어

37) 상동, 대정22권, 312쪽 a.
38) 상동, 대정22권, 312쪽 b.
39) 상동, 대정22권, 311쪽 c,「若比丘知事佛事僧事, 多有金銀錢當擧時 云云」.

있다.[40] 금전 처치에 관해서는『마하승기율』이 가장 후기라 여겨지는데 구체적이고 상세한 기술을 하고 있고, 4월 8일 및 대회大會 공양시供養時의 금은기金銀器·승족궤承足机·탑·보살상菩薩像·번개幡蓋·공양구 그 밖의 불구佛具 등의 금은제품이나 도금물에 대한 취급, 보시를 받는 취급도 기록하고 있다.[41] 따라서 이 율에서 이 계의 경분별은 이미 계戒의 해석이 아니라 금전금은 등의 수입·취급에 대한 정법淨法의 해설로 되어 있다.

이상 각 율의 축전보계의 경분별 해석은 금전을 필요로 한 사실을 반영하여 구체적이고, 각파마다 달라서 분명하게 각지 각파에서 생활하는 동안에 국지적인 방법의 변경이나 더한 것이 있어서 각별해진 것으로 된 것으로 생각할 수 있다. 동시에 금은의 수납·취급 방법의 발달에 대한 적극화의 순서도 위에서 말한『오분』·『빠알리』양 율의 단계부터『십송』·『사분』의 양 율의 단계로 발전하고, 이윽고『마하승기율』과 같이 수축금전을 금하는 계의 경분별이 금계에 대한 설명을 잊은 것 같은 상태에서 수축의 정법淨法을 주로 설하는 단계에 도달했다고 볼 수 있다. 이는 출가가 온전히 불수금전不受金錢으로 살던 시대에 설립된 불교승가가 이윽고 금전에 의해 금융을 배경으로 한 경제력에 의해 그 존립이 기초基礎되는 시대로 들어갔음을 나타내는 것이다.

『승기율』은 위에서 서술한 바와 같이 사타죄의 사금捨金을 무진물無盡物 안에 넣어 이자息利가 발생하게 하여 승가가 사용하는 것으로 충당하였는데, 이 율은 이미 비구 생활이 금전에 의해 이루어지고 있는

40) 상동, 대정22권, 311쪽 c-312쪽 a.
41) 상동, 대정22권, 312쪽 b.

모양을 적고 있다. 예를 들어, 비구가 점포[店肆]에서 금전으로 물건을 요구할 경우에 그 물가를 아는 방법과 매입 정어淨語와 불정어不淨語를 상세하게 분별하여, 「이처럼 가격을 알라」라는 것이 정어분별가淨語分別價 즉, 가격을 아는 말이고, 「이처럼 알면 집어라」라는 것이 정어취淨語取 즉, 바른 매입의 말이라고 한다.[42]

또 비구가 직월直月 즉 월당번月當番이 되어서 수유酥油를 사고 미·두米豆 등을 사들일 때는 부정어不淨語를 행하여서는 안 된다고 하므로 이는 승가가 정지淨地 즉 식료창고에 저장할 물자를 돈으로 사들이는 것이고,[43] 그 때문에 상점에서 가격을 아는 것과 매입을 행하는 정어淨語가 분별된다. 물자를 매입하는 것은 단월의 보시를 받는 것도 금전으로 이루어지기에 이르렀기 때문이고, 착보계의 분별에서는 「비구가 금전을 얻거나, 안거가 끝나 옷값[衣直]을 얻었을 때 스스로 잡을 수 없고 정인淨人에게 잡게 해야 한다.」라고 하고 있다.

의치는 이미 사타법 제8, 제9의 의가계衣價戒로 알 수 있는데 위에서 언급한 것처럼 약값[藥直]도 인정되고, 또 잡송 제12발거의 「화법華法」에서는 승가람에 꽃밭을 만들어 분화인分花人 비구를 뽑아서 처리시킨다고 말한다. 「불화佛花는 마땅히 붓다佛陀에 의거해야 하고, 만약 승화는 수의隨意 공양하여 전역轉易하라」라고 한다.[44]

전역轉易의 의미는 불분명하지만, 그 이어지는 문장은, 꽃이 많으면 이를 화만가華鬘家에 주어 값을 받아 별방의別房衣 혹은 전식前食 후식

42) 상동, 대정22권, 313쪽 c.
43) 상동, 대정22권, 313쪽 b.
44) 『마하승기율』제33권 「화법」 대정22권, 496쪽 a-b.

後食으로 하고, 또 많으면 무진재無盡財로 넣도록 하므로 이는 분명 승가가 꽃을 만들어서 금전을 얻고 있는 상태라고 해야 할 것이다.

『십송율』의 제48권부터 61권까지는 그 안에 제1, 제2의 두 번 결집 기사를 제외한 것은 빠알리율장으로 말하면 『부수』Parivāra에 상당하는 것인데 금전에 관한 기사가 많다. 창고에 음식과 돈을 저장한 비구,[45] 병비구의 돈을 가로챈 간병비구,[46] 사후死後 자기의 돈이 대중 승가에 분배되는 것을 싫어하여 국[羹] 속에 돈[錢]을 넣어서 먹은 비구,[47] 전지田地를 소유하여 간병비구로부터 노림의 대상이 된 비구[48] 등이 기록되어 비구에게 재산이 있는 시대가 왔음을 나타내고 있다.

또 제56권에 『승기율』과 같이 탑물무진塔物無盡이 있다. 이는 비야리Vesālī의 고객估客이 탑물 즉, 불탑공물佛塔供物로 바칠 물건을 번전翻轉임대?하여 얻은 이익으로 탑을 공양하고 있었는데 이 사람이 멀리 장사를 떠나므로 비구에게 이 물건을 주어 「그대는 마땅히 식息을 내고 이익을 얻게 하여 탑을 공양해야 한다.」라고 말했다고 하고 있다.[49] 출식出息한다는 것은 같은 61권 마지막에 석자釋子 발난타가 죽었는데 의발값 30만냥금萬兩金이 있었는데 이 발난타는 의발衣鉢을 출식(出息:賃貸?)하여 물건을 저당하고 있었다. 그가 죽자 죽은 장소와 다른 곳에 저당물이 있고, 또 다른 곳에 취전인(取錢人:금전을 징수하는 정인?)이 있어서 그 처분을 둘러싸고 비구들의 주장이 있었음을 기록한다.[50]

45) 『십송율』제58권, 대정23권, 431쪽 a.
46) 상동, 대정23권, 431쪽 c.
47) 상동, 대정23권, 432쪽 a.
48) 상동.
49) 『십송율』제56권, 대정23권, 415쪽 c.
50) 『십송율』제60권, 대정23권, 470쪽 a.

또 발난타는 「의발 재물을 타인에게 주고(빌려준다는 의미?) 권券:証文을 만들어 출식出息하고 있었」는데, 이에 관해서도 작권인作券人 · 취전인取錢者 · 수집권자手執券者가 각각 다른 곳에 있고, 각각 처소의 비구들이 소유권을 주장했다고 한다.[51) 『승기율』이나 『십송율』의 각각 특유한 주장은 후세 「대중부」나 「설일체유부」에 있던 특종의 상태를 반영한 것이라 인정되는데 그것들에는 공통으로 승가 생활이 점차로 경제생활을 동반하게 된 실태가 잘 표현되어 있다.

51) 『십송율』제61권, 대정23권, 469쪽 c-470쪽 a.

4. 식사와 음식

붓다 시대부터 이미 법률은 있었던 것 같다. 그것은 불교에서도 원칙적 출가생활로 인정하고 있는 사의법四依法 즉 걸식 · 분소의 · 수하좌 · 진기약의 생활이 붓다 시대에 이미 있던 생활방식이 되고, 여득餘得인 청식 · 시의 · 정사 · 오종약 등에 의한 생활이 상태화 되어 있었다고 생각되기 때문이다.[1] 여득餘得 atireka-lābha은 문자대로 여분으로 얻은 것으로, 일상적인 상태에서 시식 · 시의가 있으면 받아도 좋다는 특례의 경우인데, 붓다의 경우는 승가의 봉납이나 의 · 식의 보시를 받는 것도 승가 창립 후 이른 시대부터 있었고, 그 여득이 거의 일상적인 상태가 되어 있었다고 보면 된다. 또 『디가니까야』Dīgha-nikāya의 「범망경」Brahmajāla-sutta이나 「사문과경」Sāmaññaphala-sutta 등에 있는 소 · 중 · 대계의 기사를 보면,[2] 출가자 사회의 일반이 이미 그와 같이 되어 있고, 특히 불교는 국왕이나 부호 장자들의 지지에 의해, 보시를 받는 것이 풍부한 점에서 의식주의 낙주樂住를 구하고자 입단하려는 자도 있었을 것이다.[3]

1) 불교에 출가하여 受具할 때는 반드시 四依法이 敎誡된다. Mahāvagga, I, 177, 1. 「대건도」, 남전대장경 제3권, 163쪽.

2) 제2장 · 2 「출가와 비구」125쪽 이하 참조.

그러나 불교 비구에 대해서 본래 행해야 할 출가 생활을 정진하도록 자각시키야 하는 것은 당연하고, 이 목적을 위해 비구로서 승가에 수구입단을 허락할 때는 사의四依를 교수한 것으로도 그것은 알 수 있다. 그러나 실제로는 사의四依의 생활을 강행하지 않고, 그것은 행해야 할 이상으로서만 주지되었음도 인정된다. 그것은 구족계를 받는 입단허가 전에 사의四依를 설함으로써 수구자受具者가 출가 생활에 공포를 느껴 입단을 단념하는 경우가 있었으므로 그 후는 구족계를 받는 입단을 마치고 나서 이를 설교했다고 한다.[4] 또 붓다 만년의 일로 여겨지는데 데바가 붓다의 곁을 떠나 독립승가를 가졌는데, 율장이 기록하고 있는 데바의 주장은 사의四依 생활을 포함하여 보다 엄격한 출가 생활이다.[5] 붓다가 그것을 거부했기 때문에 데바Devadatta는 떠났다고 기록하는데 이 율장의 기사는 진실에 가까운 것이 아닌가 생각된다. 출가 생활의 규칙을 적은 율장으로 치면 불교 입장이 엄숙주의였다고 주장하고 싶은 부분을 데바의 무리들이 엄숙주의였다고 본 것이고, 데바 측에서 「사문 구담은 사치하여 사치를 생각한다.」라고 이야기되고 있다.[6] 시대에 즉응하여 붓다 측에서는 사치는 하지 않았다 하더라도 승가 실제 생활은 변화되어 있었던 것은 사실이라 해야 할 것이다. 그러나 출가의 이 원칙은 부정되었던 것은 아니다. 그것은 데바의 교단도 번영한 듯 보이기 때문이고, 『서역기』에 따르면 현장이 인도를 방문했을 때도 동인도의 갈라나소벌자나국의 조항條에서 「참으로 이도異

3) Mahāvaga, I, 30, 1-3. 남전대장경 제3권, 101쪽-102쪽.
4) Ibid., I, 31. 1. 남전대장경 제3권, 101쪽-102쪽.
5) Cullavagga, VII, 3, 14. 「파승건도」, 남전대장경 제4권, 301쪽-302쪽.
6) Ibid., VII, 3, 16. 남전대장경 제4권, 303쪽.

道가 많다. 별도로 상가람이 있고, 유락을 먹지 않는다. 데바닷따의 유훈에 따르기 때문이다.」라고 기록하며 데바의 교단이 존속되고 있음을 보고하고 있다.[7] 또 이것보다 앞서 법현도 구살라국을 방문하여 사위성에서 「데바닷따에게도 대중이 있고, 항상 과거 삼불을 공양하고, 오직 석가문불釋迦文佛만을 공양하지 않는다.」라고 기록하며 데바의 교단이 현존하는 상황을 보고하고 있다.[8] 이에 의해 출가 본래의 생활에 충실한 엄숙주의도 여전히 사회적인 지지는 있었고, 이 데바의 교단은 불교와 사상을 같이 하지만 석존을 예배하지 않는 자로서, 그럼에도 불구하고 붓다 시대부터 법현 · 현장이 방문했던 기원후 제5세기와 제7세기에 이르러서도 여전히 현장의 기록과 같이 「유락을 먹지 않는」 엄숙주의 교단으로서 존속하고 있었던 것과 이를 존속시킨 일반사회의 지지를 알 수 있다.

비구계는 본래 행해야 할 출가 생활에서 탈락하는 비구를 금벌하는 것이지만 이미 데바의 독립사건으로 추지 되듯이, 불교 비구는 행해야 할 출가 생활에서 한발 물러나 출가로서 인정되는 범위 내에서의 생활 즉, 청식 · 시의 등이 있으면 여득餘得으로서 받아도 된다고 여기는데, 그 받아도 되는 생활을 일상적인 상태로 하고 있었다고 볼 수 있다. 이는 즉 정법淨法을 상법화常法化하고 있었다고 해도 좋지 않을까 생각된다. 따라서 예를 들어, 비구가 출가자로서 행해야 할 생활을 행하는 데는 삼의로 충분하다고 여기고 단지 삼의三衣만을 인정하고, 불리삼의不離三衣의 생활을 규정했다. 그러나 그것은 어겨서는 안 될 원칙

7) 『대당서역기』 제10권, 대정51권, 928쪽 a.
8) 『고승법현전』, 대정51권, 861쪽 a.

으로 여기고 있더라도 원칙적인 출가의出家衣인 분소의를 사용하는 자가 분소의자로서 특수화되는 시대가 되면[9] 의료衣料는 보시를 받는 물건이 되고, 또 삼의三衣만으로는 쉽게 생활할 수 없게 되어 의衣의 정법淨法이 생긴 것이다. 이러한 일은 붓다 입멸 뒤에 갑자기 생겨난 것은 아니고 붓다 시대에 이미 있었고 그것이 붓다 입멸 뒤에 확대된 것으로 생각된다. 그리고 비구계에 따라 생활하는 불교 승가 생활의 진상을 명확히 하는 것의 하나는 계에 대해서의 정법淨法이라 여겨지지만 금전에 대해서는 이미 언급하였으므로 옷과 음식의 정법에 대해서 언급해야 하겠으나 옷에 대해서는 앞에서도 언급하였고 뒤에 의제衣制에 대해서 언급하는 부분에서 논하기로 하고, 여기에서는 음식에 대해서 언급하겠다.

바일제 안에 비시식계非時食戒[10]가 있어서 비구는 비시非時에 작식嚼食 또는 담식噉食으로 먹으면 바일제가 된다. 즉 정오 이후는 식사를 해서는 안 된다는 것이다. 이는 서본西本龍山이 생각하듯이 「비시식으로 된 것은 제계를 기다려 비로소 행해진 것이 아니라 세존의 성도 이전부터 이미 존재하고 있는 것」[11]이라 해야 하고, 붓다의 제계가 없더라도 모든 출가자에게 공통인 상법常法이었던 것을, 종종 그것을 범한 비구가 있었으므로 이 계의 제정에 이르렀다고 생각된다. 그러나 제계를

9) 예를 들어, 제2결집을 주재한 장로 삼부따싸나바씬Sambhūta-Sāṇavāsin 등을 칭양하면서 「모두 阿蘭若者āraññaka · 乞食者piṇḍapātika였고, 모두 분소의자paṁsukūlika · 三衣者ticīvarika · 아라한arahant이었다.」라고 기록하고 있고, 출가의 원칙으로 살아가는 것이 특별한 칭찬의 대상이 되고 있다. Cullavagga, XII, 1, 8. 남전대장경 제4권, 446쪽.

10) 바일제, 『빠알리』·『사분율』·『십송』·『유부』 각 율 제37계, 『오분율』제38계, 『승기율』제36계. 「어떤 비구라도 비시에 嚼食 혹은 噉食을 먹으면 바일제이다.」 남전대장경 제2권, 136쪽.

11) 西本龍山 『四分律比丘戒本講讚』 261쪽.

해야만 했던 점에는 생리적으로도 지키기 어려운 것이 있었다고 생각하지만, 그러나 이에 관해서는 나중에 언급할 잔식법 이외에는 결국에 정법淨法은 발생하지 않고 행해졌다. 제2결집을 할 때의 십사十事 중 이지정二指淨은 『빠알리율』에서는 햇빛이 이지二指만큼 오후로 기울 때까지는 식사를 해도 된다고 하여, 정오보다 약간 시간 연장을 인정하고자 하는 제안이었으나[12] 이는 허용되지 않았다. 제2결집의 주장을 보더라도 비시식계는 정법淨法이 생길 수 있는 가능성을 가지지만, 이는 인도의 모든 출가의 원칙이었고, 어떤 파든 이를 따르고 있었다. 불교에서도 이를 완화하는 정법淨法의 발생을 허락하지 않았으리라 생각된다.

바일제 중 여러 가지 식계食戒는[13] 비구가 일식一食인데도 불구하고 몇 번이나 식사를 하는 것은 금하는 것이고, 또 족식계는[14] 식사를 행하고 식사를 마쳤다는 표시를 했다면 그 이후 잔식殘食 atiritta 이외의 것을 먹어서는 안 된다는 것이다. 게다가 권족식계[15]는 족식한 비구를 파계에 빠트리고자 잔식이 아닌anatiritta 작식嚼食이나 담식噉食을 권고한 경우라도 그것을 먹은 비구가 범죄가 되기 때문에 먹어서는 안 된다

12) Cullavagga, XII, 1, 10. 「오분결집건도」, 남전대장경 제4권, 449쪽.

13) 「數數食戒」(바일제), 『빠알리율』제33계, 『오분율』·『십송율』·『유부율』제31계, 『사분율』·『승기율』제3계, 「數數食하는 것은 인연을 제외하고 바일제이다. 이에 그 인연이란 病時, 施衣時, 이것이 여기 말하는 인연이다.」, 남전대장경 제2권, 123쪽.

14) 「足食戒」(바일제), 『빠알리』·『사분』·『오분율』제35계, 『십송』·『유부율』제34계, 『승기율』제33계, 「어떠한 비구라 하더라도 足食하고 나서 殘食이 아닌 嚼食 혹은 噉食을 받으면 바일제이다.」, 남전대장경 제2권, 131쪽.

15) 「勸足食戒」(바일제), 『빠알리』·『사분』·『오분율』제36계, 『십송』·『유부율』제35계, 『승기율』제34계, 「어떠한 비구라 하더라도 足食한 비구에게 殘食이 아닌 嚼食 혹은 噉食을 주어 맡기며 '자 비구여, 맛보아라. 먹어라' 라고 하고, 알고서 죄를 범하게 하고자 하는 자는 [그 비구가] 먹을 때 바일제이다.」, 남전대장경 제2권, 134쪽.

고 하는 것이다. 그리고 이 세 가지 계戒에서 정오 이전이라도 한번 족식하면 재차 식사를 하는 것은 허락되지 않는 것을 원칙으로 정하고 있음을 알 수 있다. 그러나 족식한 자라도 잔식이면 이를 먹어도 된다고 하고, 이 경우는 잔식이 족식에 대한 정법淨法으로 되어 있다. 이미 계에는「잔식법을 행하지 아니하고 작식嚼食 khādaniya 혹은 담식噉食 bhojaniya을 먹으면 바일제」라 하고 있으므로 잔식법을 정법으로 이용하여 먹으면 된다는 의미임에 틀림이 없다. 또『빠알리율』에서는 잔식을 하지 않은 음식을 부작정不作淨 akappiyakata, 잔식법을 행한것을「작정作淨한kappiyakata 식食」[16]이라 한다. 그런데 잔식법에 대해서는 모든 율의 족식계 경분별에 설하여진 것을 비교하면 대체로 일치하므로[17]『빠알리율』에 의해 이를 이야기하겠다. 잔식이란 한번 족식한 자가 아직 족식하지 않은 사람에게「남겨진 음식이고, 필요하지 않다.」라고 공포한 식이다. 그리고 잔식을 받을 사람의 조건은 족식하지 않은 것인데, 족식이란 다섯 가지 담식噉食인 밥 · 죽 · 초麨 · 생선 · 고기의 어느 것을 먹는 것인데[18] 족식이 객관적으로 성립하는 조건이란 것이 있다. (1)비구가 식좌食座에 앉고 (2)오종 담식 중 하나가 옮겨지고 (3) 급사인 사람이 가까이에 서서 (4)충분하게 식食이 급사給仕되고 (5)비구가 족식한 몸짓 또는 말을 하여 이 다섯 가지를 타인에게도 인정받은 경우이다.[19] 이 조건

16) Vinayapiṭaka, Vol. III, p. 82.「바일제 제35」, 남전대장경 제2권, 132쪽. 남전은 이를 淸淨食kappiyakata이라 한다.

17)「잔식법」, Vinayapiṭaka, Vol. III, p. 82. 남전대장경 제2권, 131쪽-132쪽,『오분율』제7권, 대정22권, 52쪽 c,『사분율』제14권, 대정22권, 660쪽 c,『마하승기율』제16권, 대정22권, 356쪽 a,『십송율』제13권, 대정23권, 92쪽 a,『근본설일체유부비나야』제36권, 대정23권, 823쪽 b.

18) 足食 =「食事」란 五種正食 중 一食을 草葉 정도라도 먹는 것이다. 남전대장경 제2권, 131쪽, 五種正食은 五種噉食인데 오종담식은 五種軟食bhojaniya으로 밥odāna, 粥kummāsa, 麨mantha, 魚maccha, 肉maṁsa이다. 남전대장경 제2권, 132쪽 참조.

을 갖춘 족식자는 병자의 잔식 혹은 잔식법을 행한 잔식을 먹을 수 있게 된다. 물론 진실한 의미의 잔식 즉, 비구가 먹다 남긴 음식을 족식하지 않은 다른 비구에게 잔식임을 알리고 주는 것이 잔식법이 행해야 할 방법이라 생각된다. 그러나 잔식법은 실제상으로는 족식자가 다시 음식을 얻어서 이를 먹고자 할 때 사용하는 정법으로 족식자는 미족식자를 향하여 자신이 얻은 음식을 보이고 잔식법을 청하는 것이다. 청을 받은 비구는 그 음식을 손에 들거나 또는 형식적으로 소량을 먹고 「이는 나의 잔식으로 그대에게 주겠다.」(『오분율』)라고 말하고 청한 비구에게 되돌려 준다.[20] 위에 말했듯이 잔식법을 거치지 않은 음식은 불작정不作淨 akappiyakata이라 불리고, 잔식법을 행한 음식은 작정된kappiyakata 것인데 그 작정이 객관적으로 성립하는 데 또 다섯 가지 조건이 있다. (1)청을 받은 비구가 음식을 손으로 들고, (2)음식을 집거나 또는 그 소량을 먹고, (3)비구들과 청을 받은 비구는 신수伸手二肘半 이내의 거리에서 (4)청하는 비구는 족식자이고 청을 받은 비구는 아직 족식하지 않은 비구이며, (5)그 비구가 「이 음식은 모두 필요하지 않다.」라고 할 때 성립한다.[21] 즉 잔식이란 환자[病人]의 잔식과 이 잔식법을 거친 것의 두 종류를 말하는 것이다. 또 미족식자가 타인에게 청을 받아 잔식법을 행해도 설령 몇 번 계속해서 행해도 행한 것으로 인해 자신이 족식한 것은 되지 않다. 그것은 앞에 기록한 족식자의 다섯 족식 조건에 맞지 않기 때문이다. 뒤에 의제衣制 부분에서 옷의 정법淨法을 언급하겠지만,

19) Vinayapiṭaka, Vol. III, p. 82. 남전대장경 제2권, 131쪽. 상동 279쪽. 주 24참조.
20) 『오분율』제7권, 대정22권, 52쪽.
21) Ibid., p. 82. 남전대장경 제2권, 132쪽.

타인을 위해 정법淨法의 형식적으로 옷의 보시衣施를 받으면 「장의계」長衣戒를 범하게 되는 것이 아닌 것과 동일하고, 이 점에서 정법淨法이란 계의 완전한 금지를 면하기 위해 작위作爲하는 형식적 수단임을 알 수 있다.

또 음식에 대해서 족식의 경우 담식에 대해서는 논해졌고, 족식후 잔식법 대상이 되는 음식에 대해서는 족식계에 작식과 담식이 나와 있었는데, 담식은 잔식이 성립하지 않는다고 한다. 다른 율에는 적극적으로 단언하지 않지만 『유부율』은 이를 말하고 있다.[22] 그리고 『빠알리율』에서는 담식噉食에는 밥odana · 죽kummāsa · 초sattu · 생선maccha · 고기maṁsa를 들고, 그 내용을 확실히 하고 있으나, 작식에 대해서는 다섯 가지 담식, 비시약, 칠일약, 진형수약을 제외한 잔여의 경식硬食 khādaniya이라 하고, 구체적으로 그 내용을 나타내지 않다. 그리고 그곳에 나온 명목의 배열을 보면 식食과 약藥이 동일한 의미로 되어 있어 구별이 없다. 즉 율장에서는 식食은 곧 약藥이다.

그리고 지금 나온 명목을 크게 나누면 식食 즉 약藥에는 시약時藥과 비시약非時藥이 있고, 전자는 오전 중에만 먹을 수 있는 것, 후자는 밤 혹은 오전 · 오후 모든 비시에 먹을 수 있는 것으로 넓게 말하면 전자의 시약이 통상의 음식에 상당하고, 후자인 비시약이 약에 상당한다고 볼 수 있다. 지금 『사분율』과 『사분율소식종의기四分律疏飾宗義記』에 따랐다고 여겨지는 서본西本龍山의 분류 방법에 따르면 시약時藥에 포도니蒲闍尼 bhojaniya=噉食와 거도니佉闍尼khādaniya=嚼食와 시장時漿이 있다고 하고,

22) 『설일체유부비나야』제36권, 대정23권, 821쪽 b, 「오분가단니식khādaniya는 족식을 이루지 않는다.」

(1) 포도니蒲闍尼 – 正食 – 柔食 – 飯 · 麨 · 乾飯 · 魚 · 肉 · 여러 종류의 雜飯.

(2) 거도니佉闍尼 – 非正食 – 堅食 – 根 · 枝 · 葉 · 花 · 果 · 油 · 胡麻 · 蜜 · 細末磨.

(3) 시장時漿 – 乳 · 酪 · 漿 · 羹 · 米汁 · 粉汁 등 아직 마르지 않은 漿汁.

이라 기록하고 있다.[23] 이 가운데 다섯 가지 포도니 즉, 담식噉食은 『빠알리율』에서는 위에서 언급한 것과 같고, 『십송율』에도 반飯 · 초麨 · 비糒 · 어魚 · 육肉의 다섯 가지로 하고 있으며[24] 각 율에 큰 차이는 없다. 다음으로 거도니 즉 작식嚼食은 『빠알리율』은 다른 식食에 지정되지 않는 것 모두가 이에 상당한다고 하고, 『사분율』은 이 표 그대로인데, 『근본유부율』은 근根 · 엽葉 · 화花 · 과果라 하고,[25] 『십송율』은 근根 · 경莖 · 엽葉 · 마磨 · 과果라 하고 있다.[25] 두 번째로 시장時漿이라 하는 것은 율장상에 요약된 표현으로는 확실히 하기 어렵다. 『오분율』의 족식계에 시음時飮이라는 것에 상당한다 해도[26] 그곳에는 구체적인 명목이 없다. 그러나 비시약 안에 야분약 또는 비시장이라 불리는 것이 있는데 그중에서 예를 들어, 『빠알리율』에서는 비시장이라 하여, 모든 과즙을 허락하지만 곡과즙穀果汁 dhaññaphalarasa은 제외하고, 또 마찬가지로 엽즙葉

23) 西本龍山 『사분율비구계본강찬』 237쪽.
24) 『십송율』제27권 「의약법」, 대정23권, 194쪽 a.
25) 『근본설일체유부비나야』제36권, 대정23권, 821쪽 b.
25) 『십송율』제27권, 대정23권, 193쪽 c.
26) 『오분율』제7권, 대정22권, 52쪽 c.

汁 중에서 채즙菜汁 ḍākarasa을 제외하고, 또 마찬가지로 밀화즙蜜花汁 madhukap-pharasa을 제외한다고 하고 있으며, 이 제외된 곡즙과 채즙과 밀화즙 세 종류는 비시장이 아니기 때문에 시장時漿이라 해야 할 것이다.[27] 『십송율』에서는 여덟 가지 과즙 부분에서 「물로 작정作淨하여 응당 마셔야 한다.」라고 하고 있어, 물을 넣는 것이 작정作淨임을 말하고 있다. 특히 미녹장즙未漉漿汁을 시약時藥이라 하고 있다.[28] 그러므로 『십송율』의 생각으로는 서본西本이 지적하는 물을 섞어도 걸러지지 않은 앙금이 있는 것은 시약時藥 즉 시장時漿이라 보고 있는 것이 된다. 또 시약時藥의 표表 중에서 첫 번째 오정식五正食 아래에 「여러 가지 잡반雜飯」이라는 것은 『십송율』로 말하면 오사식五似食으로 사라기穈 · 조粟 · 덜익은 보리 · 유자莠子 · 가사迦師가 거론되어 있는데[29] 이를 가리키는 것이 아닌가 생각된다.

다음으로 「비시약」非時藥인데 이에는 (1)비시장夜分藥 (2)칠일약七日藥 (3)진형수약盡形壽藥이 있다. 이 중에서 먼저 (1)비시장은 『십송율』이나 『마하승기율』에 야분약夜分藥이라 하는 것으로 『마하승기율』은 이에 14종의 과즙을 들어 「이 제장諸漿을 초야에 받아서 초야에 마시고, 중야에 받아서 중야에 마시고, 후야에 받아서 후야에 마시고, 식전에 받아서 초야에 이를 때까지 마신다. 그러므로 야분약夜分藥이라 이름한다.」라고 하고 있으므로[30] 초야부터 후야에 이르는 동안에 마시는 것으로 생각된다. 『십송율』은 앞에 시장時漿 부분에서 말했듯이 여덟 가지의 장

27) Mahāvagga, VI, 35, 6. 「약건도」, 남전대장경 제3권, 431쪽.
28) 『십송율』제26권 「의약법」, 대정23권, 193쪽 a-194쪽 a.
29) 『십송율』제26권, 상동, 대정23권, 194쪽 a. 서본용산 『사분율비구계본강찬』 238쪽.
30) 『마하승기율』제3권, 대정22권, 244쪽 c.

漿을 물로써 작정作淨하고 마셔야 한다고 하고 있는데, 또한「아직 거르지 않는 장즙漿汁은 시약時藥이라 한다. '시분약(야분약)'이란 정녹淨漉을 이루게 하는 장즙漿汁으로서 이를 시분약이라 한다.」라고 하고 있기 때문에[31] 반드시 정녹淨漉한 것이어야 하고, 이 정녹淨漉의 정淨도 작정作淨의 정淨 kappiya이란 의미라 생각된다. 여덟 가지 장漿 aṭṭha pānāni은『마하승기율』에는 14종을 드는 것이 특종이고, 다른 모든 율은 모두 여덟 가지를 들고 있다.[32]『빠알리율』에서는 암바과장ambapāna · 염부과장jambupāna · 구라과장cocapāna · 파초장mocapāna · 밀장madhupāna · 포도과장muddikāpāna · 사루가장sālukapāna · 바루과장phārusakapāna으로 되어 있다.[33] 단 이『빠알리율』에서는『십송율』등과 달리 이 여덟 가지 장漿에 연이어 위에 말했듯이 곡즙穀汁을 제외한 일체의 과즙phalarasa과 채즙ḍākarasa을 제외한 일체의 엽즙pottarasa과 밀화즙을 제외한 일체의 화즙花汁 puppharasa 및 감서장甘庶漿 ucchurasa은 모두 비시장非時漿이 된다. 그리고『십송율』과 같이 정녹淨漉의 장漿은 기록되어 있지 않다. 서본西本 교수는 시장時漿에 대해서『십송율』은 이 여덟 가지를 물로 작정作淨하여 마셔야 한다고 하고, 포도 공양을 받으면 눌러서 즙을 만들어 걸러 마셔야 하는데 이때 포도는 화정火淨하고, 즙汁은 수정水淨하여 마셔야 하고, 편작遍作하여 한 쪽이 부족할 때는 부정장不淨漿이 되어 마셔서는 안 된다고 한다. 이 화정火淨은 종자를 무너뜨리는 것을 면하고, 수정水淨은 좋은 맛을 파괴하는 데 있다. 요즈음에 있는 여러 가지 음료 즉 밀감수蜜柑水 · 자소수紫蘇水 · 박하

31)『십송율』제26권, 상동, 대정23권, 193쪽 a, 194쪽 a.
32) 夜分藥十四漿,『마하승기율』제3권, 대정22권, 244쪽 c.
33) Mahāvagga, VI, 35, 6.「약건도」, 남전대장경 제3권, 431쪽.

수薄荷水 · 빙수氷水 · 사이다 · 차 등이 이에 상당한다. 물은 네 가지 약 이외이다. 가루차[挽茶]는 걸러야 하는 것이 아니면 시장時漿으로서 오전 중에 한해야 하고, 보리차 · 보리숭늉[麥湯]은 시장」이라고 한다.[34]

칠일약은 가장 호감이 가는 음료이고 강장약强壯藥인데 이에 관해서는 30사타의 「축칠일과한계」畜七日過限戒가 있다.[35] 즉 병비구가 먹어야 할 것으로서 숙소熟酥 sappi · 생소生酥 navanīta · 유油 tela · 밀蜜 madhu · 석밀石蜜 phāṇita(『빠알리율』)이 거론되고, 이들 약은 칠일간은 잔숙식을 허락하지만 그 이상 공숙共宿 즉, 소지하면 사타가 된다는 것이다. 즉 환자가 칠일은 소지하여 시 · 비시時非時로 음용할 수 있지만 그 이상은 허락하지 않는다는 것인데, 이것이 또 칠일약七日藥 sattāhakālika이라 불리는 이유이기도 하다. 이 칠일약을 다섯 가지로 하는 것은 『사분율』과 『빠알리율』이고, 『오분율』과 『십송율』 및 『근본유부율』은 석밀을 제외하고 네 가지 약이라 하고, 『승기율』은 다섯 가지 약에 지脂를 더하여 여섯 가지 약으로 되어 있다.[36]

마지막으로 진형수약盡形壽藥 yāvajīvika인데, 이는 종신공숙終身共宿 즉 소지가 허락되는 약품으로 종류가 율에 따라 다양하다.[37] 『빠알리율』

34) 西本龍山 『사분율비구계본강찬』238쪽. 단 이 인용문 중 細註는 제외했다.

35) 「축칠일약과한계」(사타), 『빠알리율』제23계, 『사분율』제26계, 『오분율』제15계, 『십송율』 · 『유부율』제30계, 『승기율』제23계. 「병비구가 食味해야 할 약이다. 즉 숙소, 생소, 유, 밀, 석밀이다. 이것들을 입수하면 칠일을 한도로 보관하고 식용할 수 있다. 이를 넘기면 니살기바일제이다.」(사타), 남전대장경 제1권, 424쪽.

36) 七日藥.
『사분율』제10권 – 수 · 생수 · 유 · 밀 · 석밀 – 대정22권, 628쪽 a.
『오분율』제5권 – 수 · 유 · 밀 · 석밀 – 대정22권, 31쪽 c.
『십송율』제8권 – 사함소약 「수 · 유 · 밀 · 석밀」 – 대정23권, 61쪽 a.
『승기율』제10권 – 육약 「수 · 유 · 밀 · 석밀 · 생소 · 지」 – 대정22권, 316쪽 c.
『설일체유부비나야』제24권 – 수 · 유 · 당 · 밀 – 대정23권, 759쪽 b.

에 따르면 작식嚼食도 되지 않고, 담식噉食도 되지 않는 것으로 하여 다음과 같은 것을 들고 있다. 근약根藥 mūlabhesajja로서는 강황 · 생강 · 창포 · 백창포 · 맥동 · 신호련辛胡蓮 · 올시라嗢尸羅 · 소자蘇子 등이 언급되고, 삽약澁藥 kasāvabhcsajja의 여러 가지, 엽약葉藥 paṇṇabhesajja의 여러 가지, 과약果藥 phalabhesajja의 여러 가지, 수지약樹脂藥 jatubhesajja의 여러 가지, 염약塩藥 loṇabhesajja의 여러 가지, 분약粉藥 cuṇṇabhesajja의 여러 가지, 도약塗藥 añjana의 여러 가지가 각각 언급되어 있다.[38] 서본西本 교수에 따르면「약체藥體로서는 가리륵呵梨勒[39] · 비혜륵毘醯勒[40] · 호초胡椒 · 강薑 · 염塩 · 회灰 · 부란약腐爛藥[41] 등으로서 뱀에 물렸을 때 네 가지 오물汚物大便 · 小便 · 灰 · 泥을 사용하고[42] 독을 삼켰을 때는 분糞을 사용하고, 변비祕結일 때는 소미燒米 재灰를 사용하고, 황달병에는 암소의 대변을 사용하고, 풍병일 때는 땀을 내는데 적백赤白의 여러 가지 소금을 마시든지 혹은 소변小便 · 유油 · 회灰 · 고주苦酒酢를 섞어서 몸에 문질러야 한다.」고 한다.『회정기』會正記[43]에는 "屎尿糞倉中, 積年得汁, 甚黑而苦名爲黃龍湯療溫病."이라 하고 있다. 혹은 안백맹眼白盲을 앓는 자는 인골의 재를 사용하고, 세연발細輭髮을 태운 재燒粉末를 눈 안에 바르고, 감기에는 연근을 먹고, 토하

37) 『마하승기율』제3권「도계」, 대정22권, 244쪽 c-245쪽 a.『오분율』제22권「약법」, 대정22권, 147쪽 b-c.『십송율』제26권「의약법」, 대정23권, 184쪽 c.『사분율』제45권「약건도」, 대정22권, 866쪽 c-867쪽 b.

38) Mahāvagga, VI, 3-11. 남전대장경 제3권, 355쪽-359쪽.

39) 『선견율』17에, 크기는 대추와 같고, 이것의 맛은 시고 써서酢苦 마시면 便을 잘 보게 한다고 한다.

40) 『선견율』에 크기는 복숭아桃子와 같고, 이는 맛은 달고甛 마시면 癩을 치료한다.

41) 소변을 끓여 마시면 風藥이 된다. 또 瘡을 씻는 데 사용한다.

42) Ibid., VI, 14, 6. 남전대장경 제3권, 363쪽-364쪽 참조.

43) 筆者註『四分律鈔會正記』

는 데는 세연발의 분말을 물에 타 걸러서 마시고 운운」이라는 용법이 설해져 있다.[44] 또 이 진형수약에 소금이 언급되어 있고 공숙共宿이 인정되어 있는데, 제2결집에서 소금을 공숙하여 소지하는 주장을 부정不淨이라 여겨 부정否定되었던 것은 이 경우는 약으로서가 아니라 식사에 섞어서 사용하는 음식으로서의 소금이었기 때문이다.[45]

이상 시장과 칠일약과 진형수약이 약으로써 인정된 것이지만 이것도 다시 생각해보면 비시장은 오후는 식사를 하지 않는 비구의 야분夜分 음료로 보아도 좋고, 칠일약도 피로회복을 위한 강력 영양식으로 볼 수 있는 것이고, 일반적으로 약품으로 보이는 것은 어떠한 의미라도 담식噉食도 작식嚼食도 되지 않는 진형수약이라고 생각된다. 그리고 이미 야분약夜分藥은 정중식正中食의 비구에게 있어서 일종의 음료정법飮料淨法이었음은 앞에서 언급한 곡즙穀汁이라도 정녹淨漉하면 된다고 하는 점에서 확실하다고 생각된다.

44) 西本龍山 『사분율비구계본강찬』 239쪽.
45) 본장 · 2 「제2결집 十事」 596쪽 참조.

5. 음식食의 정법淨法과 검개칠사儉開七事

(1) 정지淨地와 정주淨廚

앞에 말한 바와 같이 제1결집에 포함되지 못했던 뿌라나Purāṇa가 마하깟싸빠Mahākassapa가 행한 결집을 승인하지 않았던 것은 『오분율』이나 『사분율』의 설명에서는 식사食事에 관한 의견 차이에 근거한 것이었다고 생각된다.[1] 지금 먼저 『오분율』에 의해 보면 뿌라나富蘭那의 의견에서는 다음의 칠사七事는 붓다에 의해 해금解禁되었는데, 마하깟싸빠 등은 그것을 붓다가 재금再禁하셨다고 여기고 있어, 그 점이 승인하기 어렵다는 것이다. 뿌라나가 주장하는 것은 다음과 같다.

(1) 내숙內宿해도 된다. 즉 식량을 비구의 주처에 저장해도 된다.

(2) 내숙內熟해도 된다. 즉 정사 안에서 음식을 요리해도 된다.

(3) 자숙自熟해도 된다. 즉 비구가 스스로 음식을 요리해도 된다.

(4) 시주나 정인淨人이 없을 때는 스스로 음식을 받고, 정인을 구하

1) 『사분율』제54권 「집법비니오백인」, 대정22권, 968쪽 c, 『오분율』제30권 「오백집법」, 대정22권, 191쪽 c-192쪽 a.

여 그 사람으로 하여 받게 한다.

(5) 스스로 과일을 따서 나무라고 생각木想하든지 정인을 구하여 그 사람으로부터 받는 것으로 한다.

(6) 물속에 있는 연근蓮根과 같은 식食은 지수池水를 정인淨人이라 생각하고 물에서 딴다.

(7) 과실 등은 정인이 없으면 씨를 제거하고 먹어도 좋다.[2]

현재는 뿌라나가 편집한 율은 존재하지 않고, 아마도 그러한 것은 존재하지 않았던 것이겠지만, 현재 율은 모두 이 칠사七事를 부정하고 있다. 예를 들어, 『빠알리율』은 제1 주장인 내숙內宿과 제2 주장인 내숙內熟에 대해서는 왕서성에서 식량기근이 있었을 때 일시적으로 해금되었으나[3] 기근이 끝나고 베살리에서 환제還制 즉, 재금지되었다.[4] 뒤의 (3)(4)(5)(6)(7)의 오사五事도 뒤에 기술하듯이 모두 허락되지 않는 문제로, 이들은 일시적으로도 해금되지 않는다. 이 문제를 율학상 검개칠사儉開七事의 문제라는 것인데, 『오분율』에 따르면, 이 칠사의 해금 · 비해금의 논論에 대해서 뿌라나는 이 칠사를 검개儉開: 승인되었다고 주장하는데 반하여 마하깟싸빠는 이 칠사는 왕사성에서 일시적으로 해금되었으나 그 뒤에 앞의 네 가지는 베살리에게 재금再禁되고, 뒤의 세 가지도 사위성에서 재금再禁되었다고 대답하고 있다. 이 마하깟싸빠의 대답에 대해 뿌라나의 주장은 「세존은 제정制定하신 뒤 다시 허락하시

---

2) 동상 『오분율』 「오백집법」 및 『오분율』제22권 「약건도」, 대정22권, 148쪽 a 참조.

3) Mahāvagga, VI, 17, 6. 「약건도」, 남전대장경 제3권, 373쪽.

4) Ibid., VI, 32, 2. 남전대장경 제3권, 418쪽.

거나, 허락하신 뒤에 다시 제정하시는 일은 없다.」는 것이었다.[5] 마하깟싸빠는 또 이 주장에 대해「부처님은 법주法主로서 법에 대해서 자재하시니, 제정하신 뒤 다시 허락하시고, 허락하신 뒤 다시 제정하시더라도 무슨 허물이 있겠는가.」라고 응수하고 있다.

출가의 원칙은 내일의 음식을 걱정하지 않는 데 있고, 출가에 음식 저장은 있을 수 없다. 바일제의「숙잔식계」는 이를 범하고 자기의 잔식을 내일을 위해 보존했기 때문에 제정된 것이다.[6] 음식을 남겼을 경우는 잔식으로서 부모탑작인父母塔作人, 방사작인房舍作人 등에게 주든지 그렇지 않으면 기사棄捨해야 하고, 탐착하여 저장해서는 안 된다.[7] 한번 얻은 것은 정오를 넘기면 잔식殘食이 되고, 일야一夜를 넘기면 숙식宿食이된다. 음식을 정사 안에 저장하는 내숙內宿 anta-vuttha도, 식품을 정사 안에서 만드는作食 내숙內熟 anta-pakka도, 비구가 식품食品을 스스로 만드는 자숙自熟 sāma-pakka도 한결같이 율장은 금하고 있다.[8]

뿌라나의 발언은 아마도 제1결집 이전 무렵이든가 어쨌든 이른 시대에 이미 일부 비구 사이에 내숙內宿 · 내숙內熟이 행해지고 있었음을 말하는 것이라 해야 할 것이다. 그리고 이 일은 뿌라나의 발언을 받아들이지 않는 율장에서도 그것을 사실로서 행하는 상태에 있었다. 즉 정지淨地나 정주淨廚가 인정되고, 사실상은 뿌라나의 주장이 행해지고

5) 『오분율』제30권「오백집법」, 대정22권, 191쪽 c-192쪽 a.

6) 「식숙잔식계」(바일제), 『빠알리』·『사분』·『십송』·『유부율』제38계, 『오분율』제39계, 『승기율』제37계, 「어떠한 비구라 하더라도 저장하여 噉食 혹은 嚼食을 먹으면 바일제이다.」「바일제」, 남전대장경 제2권, 138쪽.

7) 『사분율』제14권「잔숙식계」, 대정22권, 663쪽 b.

8) Mahāvagga, VI, 17, 11-6.「약건도」, 남전대장경 제3권, 371쪽-373쪽. 『오분율』제22권「약법」, 대정22권, 148쪽 b. 『사분율』제43권「약건도」, 대정22권, 875쪽 c. 『마하승기율』제29권「粥法」, 대정22권, 463쪽 a. 『십송율』제26권「의건도」, 대정23권, 187쪽 a.

있는 것과 같은 상태가 되는 것이었다. 혹은 이미 정지 · 정주를 인정하는 것이 당시 즉, 붓다 시대에 있었고 이를 정지淨地나 정주淨廚로서 인정하는 절차를 부정하려는 것이 뿌라나의 주장이고, 형식적으로든 출가의 원칙과 불교의 제 규칙에 준하여 정사 내에서는 인정하지 않고, 정주 · 정지를 결하여 그곳에서 내숙內宿이나 내숙內熟을 행하도록 주장한 것이 마하깟싸빠 등의 설이었다고도 생각할 수 있다. 그리고 현재의 모든 율은 정지 · 정주를 두는 것이다.

정지淨地란 사실상은 정사 근처 또는 지역 내이지만, 그것을 지역 내가 아닌 곳이라 선언한 지역土地이다. 이를 인정한 인연을 『빠알리율』에 의하여 보면, 그때 지방의 사람들이 붓다에게 공양하고자 염 · 유 · 미米 · 작식嚼食을 수레로 실어 옮겨 승원의 경외境外에 수레들이 진을 치고 멈추었다. 그리고 사람들은 음식을 조리하여 승가에 보시 공양할 순서를 기다렸다. 그러나 때마침 폭풍 전조의 큰 구름이 피어오르자 사람들은 아난다에게 그 처치법을 물었고, 붓다의 지시에 따라서 승가에서 상태가 괜찮은 적당한 정지淨地를 선정하여 그곳에 있게 하기로 했다.[9] 그 장소는 정사精舍 vihāra·반복옥半覆屋 aḍḍhayoga·전루殿樓 pāsāda · 누방樓房 hammiya · 땅굴地堀 guhā에 선택되는 것이었는데[10] 그곳에서 사람들은「죽을 끓이고, 음식을 익히고, 즙을 갖추어, 고기를 자르고, 땔감을 꺾었다.」고 하므로 이는 주방廚房임에 틀림이 없다. 이 정지淨地 kappiyabhūmi는 승가에서 백이갈마로 결정된다. 『빠알리율』의 인연에 따르면, 이 정사 등을 지정한 곳에서 야분夜分이나 이른 아침晨早에 작식作食

9) Mahāvagga, VI, 33, 1-4. 「약건도」, 남전대장경 제3권, 419쪽-420쪽.
10) Ibid., VI, 33, 2. 남전대장경 제3권, 419쪽.

을 위해 고성, 대성, 까마귀가 우는 것처럼 했다고 한다. 아마도 정사 원내의 일부였을 테지만, 이를 인연으로 정지淨地는 (1)포고布告에 의한 것ussvanāantika (2)우사牛舍 gonisādika (3)재가인在家人의 것gahapati의 세 종류로 지정하게 되었다고 한다.[11] 이는 승가 비구들의 선정 등을 방해하지 않을 장소를 선택하게 되었을 것으로 보인다. (1)포고布告에 의한 것이란 승원의 정사 등 건축을 이루는 처음부터 그 일부를 구별하여 이를 승원 외라 보는 정주용淨廚用 정지 또는 정주 건물임을 세간 일반에게 고지하여 만들어졌던 곳이다.[12] 즉 승원 외에 포고布告하고 결계된 정지이기 때문에 음식을 만들고 식량食糧이 저장되어도 범계가 되지않는 것이다. (2)우사牛舍란 소를 키우는 곳이 아니라, 정주淨廚로 삼는 건물이 우사와 같은 형식으로 사방으로 완전한 울타리가 없는 것을 말한다. (3)재가인의 것이란 이는 재가인의 집을 이용하는 것이므로 승원 밖에 본래 자유로운 정지이다. 『빠알리율』에 따르면 약을 저장하기 위해서는 지금 언급한 세 가지 이외에 일시적으로 가설된 정지淨地 sammuti를 포함한 네 가지 정지가 있다고 한다.[13] 이미 언급한 부분으로도 생각할 수 있듯이 시약時藥이든 비시약非時藥이든 음식이라 할 수 있는 것이므로 약을 위한 네 가지 정지는 네 가지 식품창고 역할도 하고 있다.

정지淨地는 정주淨廚이고 정고淨庫였는데 이를 관리하고 조달하여 음식을 만드는 자는 속인이고, 아마 수원인守園人 ārāmika이라 불리는 속인 사용인이 이에 상당했다고 볼 수 있고, 따라서 이것이 작정인作淨人 kap-

11) Ibid., VI, 33. 4-5. 남전대장경 제3권, 420쪽 b.
12) 『선견율비바사』 제17권, 대정24권, 795쪽 b. Vinaya Text(S. B. E.), Vol. XVII. Part II, p.120, Footnote.
13) Mahāvagga, VI, 33, 5. 「약건도」, 남전대장경 제3권, 420쪽.

piya-kāraka이기도 했었다고 생각할 수 있다. 즉『빠알리율』이 기록하는 바에서는 과일 등 생물의 종자나 과실 등을 도정刀淨 · 화정火淨하여 비구에게 주는 사람이 작정인作淨人이지만, 신심 있는 시주는 이 작정인에게 금전을 주고 유 · 락 · 생소乳酪生酥 내지 미 · 두 · 유米豆油 등으로 만들어서 공양한다고 하므로 이 작정인이 승가 식량 관리 지배인이었다고 볼 수 있다.[14] 그리고 이상에 의해 승가는 정사 내부 또는 정사에 편리한 곳에 식량 창고와 조리하는 주방을 정지淨地로 하여 가지고, 속인俗人 수원인을 작정인作淨人이라 하여 관리지배를 시키기에 이르렀다. 이 일은 음식의 내숙內宿, 내숙內熟을 제금制禁하는 규칙을 범하는 것은 아니고, 그 사실을 행하는 것에 틀림이 없다. 이는 뿌라나의 칠사七事 제1과 제2가 사실상 행하여고 있음을 나타내지만 제삼의 자숙自熟 즉, 비구가 스스로 음식을 요리하는 것은 허락되지 않지만 이것도 작정인에 시켜서 비구가 원하는 대로 요리시킬 수 있다고 볼 수 있으므로, 이 3사三事에 관한 한은 정법淨法을 사용하는 형식만이 뿌라나의 주장과 상이하고, 사실상은 동일함을 인정하는 것이 된다.

『빠알리율』의 정지淨地 설정은 위에서 언급한 것과 같지만 한역『십송』『사분』『오분』등의 각 율에는 한층 구체적인 것이 있다. 그러나 그 구체적인 점이 율에 의한 차이를 두드러지게 하여 승원지僧院地不淨地와 정지淨地의 구계區界 등에 대해서 여러 가지 문제를 일으킨다. 율종에서 말하는 이른바 섭식계攝食界의 문제이다.「섭식계」란 그 안에서 식량 의 저장이나 요리를 해도 율제에 저촉되지 않는 정지淨地의 범위이다.

『오분율』은 대체로『빠알리율』과 비슷하다. 붓다가 베살리에 머물

14) Ibid.,VI, 17, 19. and 34, 21. 남전대장경 제3권, 374쪽, 428쪽.

고 있었을 때 마갈나국 이하 일곱 나라 사람들이 붓다 및 승가에 시식時食·비시식非時食·칠일식七日食·종신식終身食을 공양하려고 가지고 오고, 승가 안 마당에 커다란 집적集積을 이루었으므로 흙먼지에 더렵혀지고, 새와 짐승들이 모여서 먹으려 하고 있었다. 그래서 붓다는 중방中房을 갈마하여 안식정처安食淨處로 제정하셨다고 한다.「안식정처」라고 하므로 식량저장용 창고라고 보아할 것이다.[15] 이는 정사 안의 중방中房을 정지淨地로서 결계한 것이 된다. 그리고 안식처가 생겼기 때문에 비구가 그 안식처에서 갱죽을 끓이고, 탕약을 조합할 때 도마刀机·남녀男女·개狗犬 짖는 소리가 요란스럽게 들렸을 것이다. 도궤刀机·남녀男女·구견狗犬이 요란스럽게 했다고 하므로 이 안식처는 또 속인 남녀가 붓다나 비구에게 공양할 음식을 요리하였음을 의미하고 있는 듯하다. 그래서 이번에는 안식처에서 음식을 만드는作食 것을 금하고, 작식作食은 승원에 가까운 속가俗家를 정옥淨屋으로 삼아 그곳에서 음식을 만들게 되었다고 한다.[16] 이『오분율』에서는『빠알리율』의 안식처安食處·작식처作食處로서의 우가牛家 등의 네 종류는 설해져있지 않다.

『십송율』의 인연[17]은 가장『빠알리율』에 가까운 것을 언급하는데도 불구하고 이 율은 결론으로는 일단 허락聽許한 식량의 저장이든 작식作食이든 그것을 위해 정지淨地를 만드는 것도, 모든 것을 전혀 뜻밖에 금하고 있고, 다른 율과는 그 점에서 전연 동조하고 있지 않다. 즉『십송율』 26권에 따르면 처음 부분은『빠알리율』과 완전 같다. 즉 제국諸國의

15)『오분율』제22권「약법」, 대정22권, 149쪽 c-150쪽 a.
16)『오분율』제22권「약법」, 대정22권, 150쪽 a.
17)『십송율』제26권「의약법」, 대정23권, 190쪽 a.

사람들이 비야리Vesālī국에 계시는 붓다 및 승가에 음식을 공양하고자 모였으나 그때 하늘에서 비가 내려 노지에 음식을 두기 어렵게 된 인연으로 승가의 한 방사를 정갈마淨羯磨하여 음식의 저장과 작식作食의 정지淨地로 정하기로 했다. 그러나 그 일이 외도가 질시하는 바가 되었기 때문에 작식처를 승방 외로 옮겨서 작식하는 것을 행하였으나 그 승방 외의 작식作食에는 적난賊難 등이 있었기 때문에 결국「오늘부터는 정갈마淨羯磨하는 것을 허락하지 않는다. 만약 행하면 돌길라가 된다. 앞에 만든 것은 마땅히 버려야한다.」라고 하고,[18] 식食에 대해서 정지淨地를 결하는 것을 전면적으로 금했다.

『승기율』의 경우는 제16권에 새로운 승가람을 만들 때는 주옥廚屋은 승가의 동상東廂 · 북상北廂에 만들어서는 안 되고 남상南廂 · 서상西廂에 두어야 한다고 하고 있고, 통풍을 열고 수도水道를 통하게 하여 탕盪 · 척滌 · 반수潘水가 나오도록 하여 주옥廚屋을 만들어야 한다고 한다.[19] 그리고 제31권에는 반즙潘汁 · 탕기盪器 · 오수惡水가 거리로 유출되었기 때문에 그러한 유출을 하는 주옥을 만드는 자는 죄가 된다고 여겼다고 한다.[20] 아마도『승기율』은 불교승가의 후기 상황을 기록하는 것으로 주옥廚屋을 만드는 것을 당연하다고 하고, 오랜 경험을 거쳐 창을 내는 위치나 배수방법에도 방식을 정하고 있음을 알 수 있다.

『사분율』은 42권에 따르면, "어느 때 기근이 들어 6백 대의 수레乘車에 반식을 싣고 붓다를 따라隨逐 베살리에 이르렀으나 식사食事의 정

18) 상동, 190쪽 a-b.
19)『마하승기율』제16권, 대정22권, 358쪽 a.
20)『마하승기율』제31권, 대정22권, 477쪽 a.

인淨人들의 고성高聲 등이 세찼기 때문에 경계 안界內에 숙식해서는 안 된다고 했다."고 한다.[21] 그때 비구들의 반식飯食을 노지에 두었기 때문에 이번에는 목동이나 도적에게 그것을 도둑맞았으므로 이 인연으로 변방邊房 정처 즉, 승가람 안에 한쪽으로 정주淨廚를 결작結作하는 것을 허락했다 한다. 이 변방邊房의 정처靜處는 『빠알리율』이 정사의 근처近處 vihāra-paccanta에 정지를 결하게 했다는 것에 상당하는 것으로 생각된다. 그리고 제50권에는 「비에 옷이 젖은 정인이 반식기물을 더럽히고 있었기 때문에 정식淨食의 주옥廚屋을 만들었다.」고 한다.[22] 이는 온수옥溫水屋 즉 욕탕이나 측옥廁屋 등의 설치와 병열하여 기록하는데 지나지 않지만, 「비를 만나 의복이 젖었다. 마을 간에 별도로 승가람처에 쉬게 한다.」라고 부기하고 있으므로 이것도 『빠알리율』에 정사 근처에 정지淨地를 만든다고 하는 것과 비슷하다고 볼 수 있다. 『빠알리율』의 정사 vihāra는 승가람saṃghārāma 안에 있다. 예를 들어, 죽림승가람에는 60정사가 세워졌다고 한다.[23] 따라서 『빠알리율』의 「정사 근처」는 승가람 안에서 정사 근처라고 해석할 수 있다. 그리고 『사분율』의 승가람의 한쪽一方은 승가람 영역 내의 한쪽으로 정사 근처라고 볼 수 있다.

따라서 속지俗地가 아니기 때문에 정지淨地를 결계하고 비로소 만들 수 있다. 또 『빠알리율』·『오분율』·『십송율』에서는 위에서 언급한 것처럼, 처음에는 이 승가람 내의 정지에서 저장과 작식作食을 행하였으나 작식의 소음을 피하려고 승가람 밖으로 작식처作食處를 지정하기에

21) 『사분율』제42권 「약건도」, 대정22권, 871쪽 a-b.
22) 『사분율』제50권 「방사건도」, 대정22권, 942쪽 b.
23) Cullavagga, VI, 1, 3. 「와좌구건도」, 남전대장경 제4권, 226쪽.

이르렀다. 이에 대해『사분율』은 작식처를 별도로 설치하는 것을 정하고 있지 않다.『사분율』제43권에는 승가람 내에 정지가 없었을 때 병비구病比丘(吐下 比丘)에게 죽을 먹이고자 하였으나 사위성 시내에서 죽을 끓였기 때문에 시간을 맞추지 못하여 병비구가 죽었다고 하며, 이 인연으로 승가람 내의 방사房舍·온실溫室·경행처經行處 등에 백이갈마로 정지淨地라고 정할 것을 제정했다고 기술하고 있다.[24] 여기에서도 승가람 내에 두는 것을 언급하고 식저장소食貯藏所와 별도의 작식처作食處를 설치한다고 판단할 수 있는 것은 전혀 언급하고 있지 않다. 또 지금 말했듯이『사분율』은 제42권에 변방정처邊房靜處(이것도 승가람 내의 방 가까운 靜處로 볼 수 있다.)에 정주옥淨廚屋을 짓는다고 하고, 제42권에 비 내리는 노지를 피하고자 승가람처에 정식주옥淨食廚屋을 만드는 것을 허락했다고 하고, 제43권에서는 병비구의 죽을 승가람 외 시내에서 만들었다고 기술하는데, 이는 아마도 이러한 필요에서 정주옥淨廚屋을 만들기에 이르렀다는 것으로, 그것을「방사건도」房舍犍度와「약건도」에서 정주설립 이유에 따라 나누어 사용하는 것으로 보인다.

『사분율』의「약건도」에 따르면 승가람 내에 정지淨地를 만드는 데는 네 가지 방법이 있다.

> 「네 가지 정지淨地가 있다. 첫 번째로는 단월 혹은 경영인이 승가람을 만들 때는 처분을 하여 이처럼 말한다. '그곳에 승가를 위해 정지淨地를 만들겠다.'라고. 두 번째로는 만약 승가를 위해 승가람을 만들어서 아직 승가에 보시하지 않고 있는 곳,

24)『사분율』제43권「약건도」, 대정22권, 874쪽 c.

세 번째로는 혹은 중간에 울타리가 있거나 혹은 울타리 없는 곳. 혹은 담장 혹은 구덩이도 역시 이와 같다. 네 번째로는 승가가 백이갈마를 행하여 결結한 곳.」[25]

라는 것이 그것으로, 이 가운데 첫째는 처분處分의 정주옥淨廚屋이다. 이는 재가의 시주가 승가람을 만들고자 하여 그 공사를 지시하고 차별하는 경영비구經營比丘 navakammika-bhikkbu가 승가람을 공사할 때 단월 앞에서 미리 일정한 처소를 구분하여 정주옥淨廚屋의 정지로 정하여 선언해둔다. 따라서 이는 승가람이 되기 전에 미리 구분하여 분리되어 있으므로 승가람지가 되지 않고, 결계갈마를 하지 않아도 승가람 내에 정주지淨廚地가 있게 된다. 이 처분의 정지는『승기율』제31권에도 있다.[26] 이에 따르면 앙구다라국의 지니야支尼耶 나발범지螺髮梵志가 승방과 정주를 헌납하였으므로 붓다는 우빨리에게 명하여 이를 받기 전에 승방과 정주淨廚를 구분하여 처분하고 나서 이를 받았다고 한다. 이것도 승방을 승가람에, 정주淨廚는 그 밖으로서 처분한 것이라 볼 수 있다. 또 같은『승기율』제31권에도 영사營事비구는「마땅히 승繩으로 양을 헤아려서 분제分齊를 하고, 이곳은 승가의 정옥淨屋이 되고, 이곳은 승가의 주처가 되어야 한다.」라고 하고 있다.[27] 이『사분율』과『승기율』두 율의 처분의 정지淨地는 승가람을 짓기 전에 분할해 두는 처치로 실제는 승가의 땅地 내에 있어도 그곳만큼은 처음부터 자유로운 정지淨地이

25)『마하승기율』제31권, 대정 22권, 477上.

26)『마하승기율』제31권, 대정22권, 477쪽 c.

27) 주13 참조.

다.『사분율』이 단월 앞에서 이러한 처분을 했다고 하고 있는 것은 타인이 볼 때 승가 내 혹은 승방의 일부로 보이는 장소이기 때문에 그와 같이 보여도 사실은 정지임을 단월에게 알려두고, 그곳에서 음식의 저장이나 작식作食을 해도 세간 사람들에게 내자內煮, 내숙內熟의 의심을 일으키지 않게 하기 위한 대비이다. 또 앞에 언급한『빠알리율』의 네 가지 정지淨地 가운데 (1)포고布告에 의한 것ussāvanantika도 역시 이 처분 정지의 일종으로 보인다.[28] 이는『선견율』의 설명에 따르면 승방을 지을 때 기둥의 토대가 되는 말뚝을 만들고 첫째 기둥을 세울 때 기둥을 말뚝 가까이 붙여 기둥을 들어 비구들이 둘러싸고「승가를 위해 정옥淨屋으로 하겠다.」라고 세 번 말한다. 그리고 두 번째 기둥, 세 번째 기둥, 네 번째 기둥도 그와 같이하여 세운다. 즉 기둥을 세울 때마다 이 건조물은 비구들의 정옥淨屋이 된다고 세간에 포고하여 알리는 것이다. 그리고 이처럼 하여 포고한 건물이 완성되면 이 가옥의 시주를 불러와서「이 집은 아직 작정作淨되지 않았다. 그대는 승가 대중을 위해 작정作淨을 행해야 한다.」라고 하고, 시주는 그것에 따라서「이 정옥淨屋은 승가 대중에 보시하였습니다. 뜻에 따라서 애용하십시오.」라고 말한다. 이처럼 하여 비로소 승가가 사용할 수 있는 물건이 된다.[29] 따라서『빠알리율』의 이 정옥淨屋도 역시 이미 승가 안으로 되어 있는 것을 백이갈마로 구분 결계하는 것이 아님을 알 수 있다. 그리고 각 율이 정지淨地·정옥淨屋임을 타인에게 알리는 데 노력하는 부분에서 걸식하여 사는 출가자에게 있어서 내숙內宿, 내자內煮라는 것이 특히 재가단월에 대

28)『선견율비바사』제17권, 대정24권, 795쪽 b. 주(12) 참조.
29)『마하승기율』제31권, 대정22권, 477쪽 c.

해 쉽지 않은 행위였음을 알 수 있다.

두 번째 방법인 정지淨地 즉, 「승가를 위해 승가람을 만들었으나 아직 승가에 보시하지 않은 것」이라는 것은, 이는 단월이 승가람을 만들어 아직 승가에 보시하지 않고 있으므로 현재는 재가인의 집屋舍임에 틀림이 없다. 즉 아직 승가의 것이 아니라고 여겨 승용으로 제공하는 정지淨地이다. 따라서 이 안에서 음식을 저장하거나 작식作食해도 이는 내숙內宿, 내자內煮가 되지 않는 자유로운 정지淨地이다. 『마하승기율』도 위에 언급한 것에 이어지는 문장으로 승가의 신주처新住處의 경영에 대해서 정옥淨屋 · 주처住處 · 온실溫室 · 강당講堂 · 문옥門屋 · 욕실浴室 · 신옥薪屋 · 정옥井屋이 정해지면 단월이 「미리 분처分處하지 말라. 모름지기 이루어지기를 기다려서 반飯을 만들어 승가에 시주하고 나서는 승가는 뜻에 따라서 분처分處해야 한다.」라고 말하였을 때 승가가 이를 받아들임에 이르러서는 정옥이 되어야 하는 곳을 「정옥으로서 받겠다.」라고 선언하고 받아야 한다고 기록하고 있다.[30] 이 경우 단월로부터 승가가 그 집屋舍을 받게 되면 이는 상술 첫째 처분 정지인데 받기 전에 단월이 반飯을 만드는 동안은 지금 여기에 기술하는 「아직 승에 보시하지 않아 승용으로 제공하고 있」는 정지이다. 『빠알리율』에는 앞에 말했듯이 삼종 작식처가 있었는데 그 중에 「재가인의 것」gahapati이라 한 것이 이에 상당한다고 생각된다.[31]

셋째 방법의 정지, 즉 「울타리 있고, 울타리 없는」이라 하는 것은 『빠알리율』의 삼종정지에 있던 우사牛舍 gonisādika에 상당하는 것으로 보

30) Mahāvagga, VI, 33, 4. 「약건도」, 남전대장경 제3권, 420쪽.
31) 상동.

인다.[32] 서본西本龍山 교수도 「아마도 우사와 같이 부주벽不周壁일 것이다.」라고 했다.[33] 『승기율』은 뒷간과 같이 정주는 서상남상이라 하는데[34] 소위 완상불주상인 건물이라 볼 수 있다. 『빠알리율』이든 『승기율』·『오분율』이든 이들의 땅은 갈마하지 않은 처음부터 정지였지만, 사분율도 물론 그렇게 생각하고 있다고 보인다. 여러 율을 종합하여 생각하면 주벽이 불완전한 일면 혹은 이면 이상 노출된 구조의 집屋舍은 노지에 비해야 한다고 하여 승원 경내·경외를 불문하고 정지라 보는 듯하다.

넷째 방법의 정지 즉 갈마 결계한 정지이다. 앞에서 언급한 세 가지 경우는 엄밀하게 말해서 정지가 아니다. 정지란 율제상 부적당한 지地를 결계갈마하여 적당지淨地로 한 것을 말하는데 처음부터 승가람 밖의 땅은 자유지이고 무엇을 해도 좋은 땅이다. 한번 승가람지가 되면 내숙, 내자를 행할 수 없는 부적당지가 되고, 그 부적당한 곳에서 즉 금지되어 있는 곳에서 이 금지되어 있는 것을 행하는데 적당지화한 것을 정지라 한다.

첫째 처분정지는 당연히 부정지[부적지]가 되어야 할 곳을 미리 처분하는 것이므로 나중에는 행해야 할 정지 결계를 먼저 행한다는 의미로 정지라 할 수 있지만 둘째, 셋째는 정지를 논할 것까지도 없는 부분이다. 그리고 정지 발생적 의미이고 엄밀하게 정지라고 할 수 있는 것은 넷째 갈마결계의 정지라고 할 수 있다. 이는 이미 승원 내로 되어 있

32) 西本龍山 『사분율비구계본강찬』 187쪽.
33) 『마하승기율』 제16권, 대정22권, 358a.
34) 『사분율』 제42권 「약건도」, 대정22권, 871b.

고, 정주를 두는 것은 율제상 부정지[부적지]인 것을 그 일부를 결계하여 그 계 내에 백이갈마에 의해 정지로 하는 것이다. 앞에 기술한 『사분율』의 승가람 내에 정지를 결계하여 음식을 비축하여 작식하는 곳이나 『오분율』이 승원의 중방을 안식처로 하는 것 등이 이에 상당한다.

갈마에 의해 결계하여 정지 또는 정옥으로 하는 것은 그 결계 내를 별도로 세운 계라 모방하는 것이고, 따라서 승원 내와 다른 경계이기 때문에 그곳에서 음식의 저장貯藏·작식作食을 해도 내숙, 내자는 되지 않는 것이다. 그리고 『사분율』제42권에서는 승가람 내의 변방정처를 정지라고 결하는데[35] 이는 별립 건물 또는 장소에서 승원 정사 건축과는 분리된 것으로 생각된다. 그러나 『오분율』제22권에서는 일방장내一房牆內, 일방재옥류처一房齋屋溜處, 일방일각一房一角 등도 갈마결계하여 정지로 한다.[36] 이는 아무리 생각해도 승방의 일부를 정지로 하는 것이라 보지 않을 수 없는 것으로 생각된다. 『승기율』제31권에도 일복동일지붕과 별격別隔(다른 방) 구조의 4구四句를 이루어 4구라고도 정지할 수 있고, 길 양쪽에 정지가 있을 때는 길 중앙은 부정이라고 하고 있다.[37]

정지 문제는 세밀한 부분까지 보면 복잡해진다. 예를 들어, 과일나무가 부정지에 있고, 가지와 잎이 정지에 떨어졌을 경우는 과일나무가 떨어뜨린 과실은 먹어도 좋지만, 부정지에 떨어진 경우는 일야一夜를 지나서 먹으면 내숙죄가 되기 때문에 먹어서는 안 된다는 등[38] 복잡한 일이 발생한다.

35) 『오분율』제22권 「약법」, 대정22권, 150쪽 b.
36) 『마하승기율』제30권, 대정22권, 477쪽 a-b.
37) 『사분율』제43권, 대정22권, 875쪽 참조.
38) 주(2) 참조.

(2) 검개칠사儉開七事

전항에서 뿌라나가 주장한 검개칠사의 첫 번째인 내숙과 내자와 자숙에 관련하여 뿌라나의 설을 부정하는 제부의 율장, 정지음식 저장처와 정주(作食處)를 보았다. 그런데 앞에 뿌라나가 주장하는 칠조는 『오분율』 따르고 있으나[39] 뿌라나의 주장에 상당하는 약건도의 기근 시의 일시해금 내용 중에서 위의 내숙 · 내숙 · 자숙은 각 율장에 공통되는 것이지만 이 세 가지 이외는 율장에 따라서 차이가 있다. 지금 그것을 표시하면 다음과 같다.[40]

No.	『오분율』 제22권	『빠알리율 대품』제6	『사분율』 제43권	『십송율』 제26권
1	1 共食一處宿	1 藏屋內	1 共食宿	
2	2 在住處作食	2 煮屋內	2 內煮	
3	3 自作食	3 自煮	3 自煮	
4	4 自作自持食	4 果嚼食置地取食	4 自手置地取食	
5	5 木果木想取食	7 林中所生		3 木果食
6	6 就池水受	8 池中所生	8 得水中可食物	4 池物食
7	7 去核食果	9 無種子	7 果食	
8		5 食後受食家來食	6 食處自來自食	2 食家殘餘食自來自食
9		6 前受後食	5 早起得食後食	1 前受小食後食食

이 표 중에서 『십송율』에 내숙 등이 없는 것은 위에도 언급한 바와 같이 이 율이 정지갈마를 금하는 관계로[41] 기근 중일 때만 일시적 조

39) 『오분율』제22권 「약법」, 대정22권, 148쪽 a, 『사분율』제43권 「약건도」, 대정22권, 876쪽 a-c, 『십송율』제26권 「의약법」, 대정23권, 190쪽 c-191쪽 a, Mahāvagga, VI, 17-21. 「약건도」, 남전대장경 제3권, 371쪽-379쪽.

40) 『십송율』제26권 「의약법」, 대정23권, 190쪽 a-c.

치로 하여 이를 인정하지 않는 방침에 따른 것인 듯하다. 다음으로 각 율을 통하여 내숙 등 셋을 제외한 (4)이하의 처치는 해금시 이외는 바일제 「숙잔식계」42)에, 4 · 5 · 6 · 7의 과실지중물果實池中物은 바일제 「괴생종계」43)에 또 이들을 자신의 손으로 따 먹을 때는 바일제 「불수식계」44)에 의해 금지되어 있다. 그리고 지금 이 내용을 보면 4의 『오분율』 자작식지식은 자신이 만든 것을 자신이 먹는 것으로, 자작식은 자자 해금이 필요하고 그것을 스스로 먹는 데도 불수식계 해금이 있어야 하는 방침이다. 불수식계는 『오분율』의 계문을 나타내면, 「만약 비구가 음식을 받지 않고 입속에 넣을 때는 바일제가 된다.」라고 하므로 이 계의 개開가 없는 한은 자자의 개開에 의한 자작식이라도 정인의 손에서 받아야 한다고 하는 생각이다. 그러나 다른 율은 자작식에 대해서는 이에 저촉되지 않다. 『빠알리율』 4는 과실이나 담식이 있는데 급여자 즉 시자 또는 정인이 없을 때는 땅에 떨어뜨려 땅을 급여자로 하여 받아먹어도 좋다는 의미라고 하고 있다.45) 『사분율』의 경우는 곡귀[기근]시는 땅에 과일이 있으면 집는 것을 인정하고, 정인을 본 경우는 땅에 두고 세수洗手하고 수식해야 함을 말한다.46) 다음으로 『오분율』의 5 목과목상, 6취지수수, 7거핵식과와 이에 상당하는 『빠알리율』의 4과실, 7임중소생, 8지중소생, 9무종자, 『사분율』의 8수중가식물, 7과식,

41) 주(6) 참조.
42) 「불수종계」(바일제)제11계 「초목을 베면 바일제이다.」 남전대장경 제2권, 54쪽.
43) 「불수식계」(바일제) 『빠알리율』제40계, 『사분』 · 『십송』 · 『유부율』제39계, 『오분율』 제27계, 『승기율』제35계, 「어떠한 비구라 하더라도 주지 않는 음식을 입에 대면 물과 楊子를 제외하고 바일제이다.」 남전대장경 제2권, 142쪽-143쪽.
44) Mahāvagga, VI,17, 9. 「약건도」, 남전대장경 제3권, 374쪽.
45) 『사분율』제43권 「약건도」, 대정22권, 876쪽 a.
46) 『오분율』제6권, 대정22권, 41쪽 c.

『십송율』의 3목과식, 4지물식은 「괴생종계」를 열어 생이 있는 과를 목상木想하는 등의 방법으로 먹는 것으로 생각된다. 「괴생종계」는 『오분율』로 말하면

「만약 비구가 스스로 생초목을 죽이거나 혹은 사람으로 하여 죽이게 할 때는 바일제이다.」[47]

라는 것으로 이는 출가로서 초목이라도 죽여서는 안되므로 초목의 참벌을 금하는 것이다. 『오분율』에서는 초목에 대해서 사종 종자를 기술한다.[48] 근종자 · 경종자 · 절종자 · 실종자인데 다른 율은 오중으로 예를 들어, 『빠알리율』에서는 「오종 종자가 있으니, 즉 근종mūlabīja · 경종khandhabīja · 절종phalubīja · 지종aggabīja · 종자종bījabīja이다.」라고 했다.[49] 경분별에서는 종자에 비종자상으로서 베면 불범이라 하고, 또 정인에게 풀 뽑기나 참벌 등을 행하게 하는 정어 「그대 이를 알라」 「이를 옮겨, 이를 원한다. 이를 정작하라」등을 기록하고 있다.[50] 그러므로 실제는 정법에 따라 필요한 참벌 등은 허락되어 있고, 단 무익하게 초목을 죽이는 것을 금하고 있다. 지금 문제의 과실도 물론 이 생종 중에 포함되는 것이다. 그리고 『오분율』의 5목과목상식木果木想食의 목상木想이란 재목이 되는 생나무라 여기는 것이 아닌가 생각된다. 『오분율』의 괴생종계에서는 생초에 생초상으로 베면 바일제라고 해석하고 있으므로[51]

47) 『오분율』제6권, 대정22권, 42쪽 a.
48) Vinayapiṭaka, ol. IV, pp. 34-35. 「바일제」, 남전대장경 제2권, 54쪽.
49) Ibid. 남전대장경 제2권, 55쪽.
50) 『오분율』제6권, 대정22권, 42쪽 a.

반대로 생초라도 건초상으로 행하면 불범이라 상상되겠지만 이는 적혀 있지 않다. 또「괴생종계」에 과실적 의미가 분명하지 않으므로 목상하게 하여 자유롭게 한 것인 듯하다.『빠알리』의 7임중소생은 목과라 보아야 한다고 생각하였으나 이는 목상이라고는 하지 않고 단순하게 금계를 자유롭게 한 것이다.[52]『십송율』도 이것과 마찬가지로 호·도·율·비파·기타 목과를 이것도 목상 등을 말하지 않고 먹는 것을 자유롭게 하는 것이다.[53] 과식은『오분율』에 7거핵식이 있고, 이는 핵을 없애고 먹으라는 것,[54]『사분율』도 마찬가지로 생각하는데 과·호도·비도鞞桃·파타·암바라아파리 등의 목과를「이처럼 과를 얻어 여식법을 행하지 않고 먹는다.」라고 하고 있다.[55] 원래 과는 생종이지만 이는 다음에 기술할 지중물과 함께 통상은 정법에 의해 먹는다. 오종율 제26에는 과를 먹을 때 사문법오종정이라 칭하는 오정법이 있고, 화정·도정·조정·복정·미성정이다.[56] 지중물의 연근 등을 포함하여 근根에 대해서도 마찬가지 오종정법이 있고, 박정·절정·파정·세정·화정이라고 하고[57], 또한 경엽을 먹을 때는 도정·화정·세정해야 한다고 하고 있다.[58] 또『마하승기율』의 괴생종계의 분별에는 생초목을 종자와 괴촌으로 구분하여 종자를 근종·경종·심종·절종·자종을 크게 나누고, 이들을 다시 세분하여 각각 화정·도정·절정을

51) Mahāvagga, VI, 20,4.「약건도」, 남전대장경 제3권, 378쪽-379쪽.
52)『십송율』제26권「의약법」, 대정23권, 190쪽 c.
53)『오분율』제22권, 대정22권, 148쪽 a.
54)『사분율』제43권, 대정22권, 876쪽 b.
55)『오분율』제26권「雜法」, 대정22권, 171쪽 a.
56) 상동.
57) 상동.
58)『마하승기율』제14권, 대정22권, 339쪽 a-b.

배치하고 있다.[59] 이들 정법은 정인에 의해 굽는 화정, 상처내는 도정 등을 하고, 또는 조수에 의해 상하게 되든지 또는 미성숙하여 생종이 돋아나지 않는 것을 정이라 하고 있다. 근경 등도 정인에 의해 글자의 뜻대로 베든지 부수든지 한 것을 정이라 하고 있다. 이는 통상의 경우 과일이나 지중물의 먹는 방법이지만 이는 설령 자취식이나 잔식법이 허락되어 있다 하더라도 정인이 없는 경우에는 조정 등이 행하여 있지 않은 과일 이외는 먹을 수 없으므로 지금 이 점을 일시적으로 해금한 것이다. 『사분율』의 (7)과식, (8)수중가식물의 허락聽許은 바로 이 의미의 개開다. 또 『빠알리율』의 (7)임중소생도 (8)지중소생도 괴생종의 면에서 이 의미의 개開를 붙이고 있다. 그러나 『빠알리율』이 무종자는 종자가 없는 과실로 이는 먹어도 괴생종이 되지 않고,[60] 『오분율』의 씨를 빼낸 과실도 마찬가지로 여기에서 일시적인 개開가 된다고 하는 것은 잔식법은 물론이지만 주로 「불수식계」의 개開라고 볼 수 있다. 이 일은 『빠알리율』이 급여자 즉 정인이 없어도 먹어도 된다고 하는 점에서도 분명하다.

『빠알리율』의 5식후수식가래식이란 청식을 받아서 지주가에서 족식하고 승방에 되돌아온 뒤에 시주가 시여하는 것을 잊은 음식을 승방으로 보낸 경우, 이미 족식하였지만 또 그 식은 잔식은 아니지만, 그것을 먹어도 좋다는 것이다.[61] 이에 상당하는 『사분율』의 6식처자래자식은 조금 다르다. 이는 마을에서 걸식하여 얻은 음식을 한곳에서 먹

59) Mahāvagga, VI, 21, 1. 남전대장경 제3권, 379쪽.
60) Ibid., VI, 18, 4. 남전대장경 제3권, 376쪽.
61) 『사분율』 제43권 「약건도」, 대정22권, 876쪽 b.

고 나서 그 여식을 승가람 안에 가지고 와서 여비구간에 여식(잔식)법을 행하지 않고 먹는 것이다.[62] 이에 반하여 『십송율』의 (2)식가자래식은 시주의 제식諸食을 받아서 먹고 남은 음식을 가지고 와서 잔식법을 행하지 않고 또 그 음식을 먹는 것이다.[63] 삼자 모두 내용을 달리하고 있지만 모두 잔식법을 행하지 않고 다시 음식을 먹어도 좋다는 것이다. 마지막으로 『빠알리율』의 전수후식은 식시 전에 받은 식을 족식뒤에 잔식법 없이 먹는 것이고[64] 『사분율』의 5조기득식후식은 조조에 걸식하고 청식을 받아서(足食) 하고 되돌아와서 앞서 걸식하여 얻은 것을 여식법을 행하지 않고 먹는 것이다.[65]

또 『십송율』의 1전수소식후식은 앞에 정사내에서 받은 소식(朝食)을 족식 뒤에 잔식법을 행하지 않고 먹는 것으로 소식에 대해서는 「제 비구가 일찍 일어나서 먹지 않은 것이다.」라고 하므로 본래는 『사분율』과 동일한 것인 듯하다. 이것도 잔식법의 일시적인 개開 즉 해금이다.

이상 모든 검개칠사에 대해서 기술하면서 과실이나 지중물을 먹는 정법도 병행하여 확실하게 하고자 한 것이었다. 검개칠사(『사분율』과 『빠알리율』은 八事)의 설명에 서로 다른 점이 있는 것은 부파의 소전해석 차이라고 생각되지만, 앞에서 언급한 설명에서 분명하듯이 이에 따르면 잔식법등을 행하는 것에 가능한 경우의 개開도 많다. 이 일로 하면 잔식법등의 정법조차도 승가에서는 상당히 일찍부터 불편한 것으로 되어 있었던 것 같다. 특히 그 경우는 「괴생종계」와 잔식법에 보이는 듯하다.

62) 『십송율』제26권 「의약법」, 대정23권, 190쪽 c.
63) Mahāvagga, VI, 19, 2. 「약건도」, 남전대장경 제3권, 377쪽.
64) 『사분율』제43권 「약건도」, 대정22권, 876쪽 a-b.
65) 『십송율』제26권 「의약법」, 대정23권,190쪽 c.

6. 의발 정법

음식의 정법淨法 외에는 의衣와 발우의 정법이 있다. 발우에 대해서는 30사타 중에 「장발계」가 있다. 예를 들어, 『빠알리율』로 말하면 「십일에 한해서 장발을 저장할 수 있다. 이를 넘기면 니살기바일제이다.」라는 것이다.[1] 즉 발우는 걸식용 발우이지만 원칙으로 1발一鉢이고, 파손오철할 때까지 새 발을 바꿔서는 안 된다고 되어 있다.[2] 또한 비구가 소지할 수 있는 옷은 각 법 모두 의건도 중에 삼의로 한정되어 있다. 장의계는 이 규정에 따라 삼의 이상 여분의 옷 즉 장의의 소지를 십일 이상 지니는 것을 금하는 것으로[3] 그 취지도 기한도 장발과 같다. 그러나 실제 생활 때는 이른바 삼의三衣 일발一鉢로는 곤란하여, 장

1) 「장발계」(사타), 『빠알리』·『사분』·『십송』·유부·『승기율』제21계, 『오분율』제19계. 「10일을 한계로 장발을 보유할 수 있다. 이를 넘기면 니살기바일제이다.」 남전대장경 제1권, 412쪽.

2) 「걸발계」(사타), 『빠알리』·『사분』·『십송』·유부·『승기율』제22계, 『오분율』제19계. 「어떠한 비구라 하더라도 鉢五綴에 이르지 않고 다른 새 발우를 구하면 니살기바일제이다. 그 비구는 이 발우를 비구 중에 버려야 하고, 비구 대중 가운데 최하발이 그 비구에게 주어져야 하는데, '비구여, 이것이 그대의 발우이니 破壞될 때까지 수지해야 한다.' 라고 해야 하나니, 이것이 이 경우에 바른 방법이다.」 남전대장경 제1권, 416쪽.

3) 「장의계」(사타) 제1계 「비구가 [三]衣가 이미 끝나고 가치나의를 버리고나서는 10일을 한계로 장의를 보유할 수 있다. 만약 그것을 넘기면 니살기바일제이다.」 남전대장경 제1권, 330쪽.

의長衣 장발長鉢이 필요하게 되었다. 결계는 장의 장발을 금하는 목적임이 분명하지만 이미 장의계 경분별에는 장長이란 설정해야 할 의衣라 하고[4] 또 의건도에는 그 설정해야 할 양을 지정하고 붓다(善逝)의 손가락으로 길이 8지指, 폭 4지指로 하여[5] 이 이상 옷은 설정하여 소지해야 한다고 하고 있으므로 정법에 따라 장의를 저장하는 것이 일반화되어 있음을 나타내고 있다. 장발계에도 장발이란 불설정不說淨 āvikappana의 발우이기 때문에[6] 이 경우에도 비구들이 설정한 장발을 수지하는 것이 통상화되어 있다. 따라서 이 양계는 모두 작정vikappita하여 장의 · 장발을 소유하든지 장발에 대해서는 혹은 10일째마다「옛것을 버리고 새 것을 받아, 10일에 한 번 바꾸어서」소유해야 한다는 의미의 계로 되어 있다. 그리고 그 정법은『빠알리율』에서는 대면정시對面淨施 sammukhā-vikappanā와 전전정시展轉淨施 parammukhā-vikappanā라 한다.[7] 대면정對面淨이란 눈앞의 사람에게 장의를 정시淨施의 의미로「나는 이를 그대(또는 상대의 이름)에게 준다.」라고 하고 건넨다. 받은 사람은 정시 되었으므로 사실상 보관에 지나지 않기 때문에 시주의 필요에 따라서 환의한다. 그러나 이 경우 시주는 보시한 상대의 허락을 얻어야 하고, 그것 없이 착용하면

....

4)「衣란 六種衣 중 어느 한 옷으로 설정해야 할 최하량을 말한다.」Vinayapiṭaka, Vol. III, p. 196. 남전대장경 제1권, 331쪽.

5) Mahāvagga, VIII, 21, 1.「의건도」, 남전대장경 제3권, 517쪽,『승기율』제8권, 대정22권, 293쪽 a은 量을 넓이 1주 길이 2주로 하고 있다.

6)「長鉢이란 수지하고 있는 것이 아니다. 또 說淨되어 있지 않는 것이다.」Vinayapiṭaka, Vol. III, 243. 남전대장경 제1권, 412쪽.

7) Vinayapiṭaka, Vol. III, p. 122. 남전대장경 제2권, 193쪽.『사분율』제16권 및 제41권, 대정22권, 676쪽 a 및 866쪽 a에는 眞實淨施 · 對面淨施라 설명하고 있다.『오분율』제9권, 대정22권, 69쪽 a중에는 遙示 · 獨(함께 施某比丘라고 心念口言한다) · 對人 · 展轉淨施,『십송율』제60권, 대정23권, 115쪽 a에는 진실정시를 나타내고 있다. 또『마하승기율』제19권, 대정22권, 379쪽 a에는 對面淨施, 對他面淨施로서 설명한다.

바일제의 진실정불어수계를 범한다.[8] 다음으로 전전정시는 시주로부터 대면자에게 「나는 이 옷의 정시를 위해 그대에게 준다.」라고 하고 장의를 주면 대면자는 그곳에 없는 제삼자인 시주의 지인 이름을 시주로부터 듣고, 시주를 향하여 「나는 그(시주의 지인명, 단수 또는 복수)에게 준다. 그대(시주)는 그(지인) 소유물을[그를 위해] 착용 또는 보관하여 그대가 원하는 바와 같이 해야 한다.」라고 하고 시주에게 준다.[9] 사실은 시주가 대면자에게 주고, 대면자가 제삼자 대리로서의 시주에게 환여하는 것이다. 이 방법으로 장의는 얼마든지 합법적으로 가지고 있을 수 있고, 이는 장발의 경우도 마찬가지인 듯하다. 장의나 장발을 소지하여 범계해도 이를 승가에 버리고 참회하면 그 사의捨衣나 사발捨鉢 모두 이를 사비구捨比丘에게 돌려준다. 이것이 금전과 걸발계의 발 이외는 사타법의 원칙이다.[10] 그리고 돌려받은 비구는 다시 장의 · 장발을 소유하게 되기 때문에 정시 정법으로서 합법적으로 수지하게 된다. 계가 맺어졌을 때는 출가법으로 삼의 일발을 비구에게 강하게 실행하게 하고자 하였을 것이지만 그것을 해설하는 경분별이 되면 반대로 부정한 장의 장발은 정식으로 범계 본인에게 주어지고, 본인은 정법에 의해 소지할 수 있게 된다. 결국은 정법을 게을리한 것이 범계의 원인이 되어 반대로 그것을 벌 받는 것 같은 상태가 되었다. 예를 들어, 장발계에

8) 「진실정불어수계」(바일제), 『빠알리』 · 『사분율』제59계, 『오분율』제81계, 『십송율』제68계, 『유부율』제41계, 『승기율』제63계 「어떤 비구라 하더라도 비구 혹은 비구니 혹은 식차마나 혹은 사미 혹은 사미니에게 스스로 옷을 淨施하여 그로부터 還與하지 않고 이를 착용하면 바일제이다.」 남전대장경 제1권, 193쪽.

9) Vinayapiṭaka, Vol. III, p. 122. 「바일제 59」, 남전대장경 제1권, 193쪽.

10) 예를 들면, 「長鉢戒」의 경분별에 육군 비구가 범비구의 捨鉢을 환여하지 않았기 때문에 붓다는 「捨鉢을 환여해야 한다. 환여하지 않으면 돌길라이다.」라고 하셨다고 한다. Vinayapiṭaka, Vol. III, p. 244. 「사타21」, 남전대장경 제1권, 413쪽.

서 장발이란 「설정되지 않는 물건」이라 하여 설정하지 않았음을 꾸짖는 것 같이 말하고 있다.[11] 30사타는 의발이나 그 재료 등의 부정소득을 금하고, 부정소득품을 승가에 희사하도록 하므로 사타nissaggiya-pācittiya라 불리지만 경분별은 금전과 신발에 관한 사법을 정한 것 이외는 원칙적으로 버려진 부정소지품은 사주捨主에 돌려주기로 하고, 돌려주지 않은 자는 돌길라dukkaṭa죄가 된다고 여긴다.[12] 이처럼 하면 30사타의 경분별은 소지가 금지된 것을 금한다고 하기보다는 금지된 것을 정법에 따라 합법 소지하는 것을 원칙으로 인정하는 것임이 틀림이 없다.

출가법에 대한 정법은 분명 붓다 시대에 많은 출가 사회에 있었고, 그것이 붓다에게도 반영되어 일찍부터 붓다 시대에도 일부가 불교 내에 받아들여져 존재하고 있었을 것이다. 「가치나의건도」에는

> 「비구들이여, 우안거를 지낸 비구는 가치나의를 받는 것을 허락한다. 비구들이여. 그대들 가치나의를 받으면 오사 상응한다.pāñca kappissanti (1)[식전 · 식후 비구에게] 부탁하지 않고 마을에 들어간다. (2)의를 멀리하여 머문다. (3)별중식한다. (4)사용할 수 있을 만큼 옷을 받는다. (5)옷을 받으면 소지한다.」

로 하고 있다.[13] 이는 남전대장경의 역문에 의한 것인데 「오사五事 상응한다」의 상응하는kappissanti 것은 5사五事 kappa가 된다는 의미이다. 즉

11) Vinayapiṭaka, Vol. III, p. 243. 「사타21」, 남전대장경 제1권, 412쪽.
12) 주⑽과 동일.
13) Mahāvagga, VII, 1, 3. 「가치나의건도」, 남전대장경 제3권, 445쪽.

가치나의는 이 오사 금계 정법이 된다. 그리고 열거된 오사는 모두 비구계에서 금지되어 있지만, 가치나의을 받은 비구들은 그 기간 동안 이 다섯 금계가 해금된다는 것이다. 이는『사분율』·『오분율』·『승기율』·『십송율』도 마찬가지여서,[14] 정기적인 정법淨法이다. 단『십송율』은 9리九利라고 한다. 가치나의 기원 등에 대해서는 나중에 의법 부분에서 기술하기로 한다. 오사의 내용에 대해서는 한역 여러 율과『빠알리율』과는 다르지만, 그것은 다음 장에서 언급하기로 하고, 여기서는『빠알리율』에 맞춰 기술하기로 하고, 다섯 가지 금계을『오분율』에 의해 적으면 다음과 같다.

(1) 만약 비구가 타청을 받고 식전 · 식후에 행하고 다른 집에 가면서 다른 비구에게 이야기하지 않으면 인연을 제외하고 바일제이다. 인연이란 의시이다. 이를 인연이라 한다.바일제제82, 식전식후지여가계[15]

(2) 만약 비구가 삼의가 끝나고 가치나의를 버리고 나서 삼의 중 하나하나의 옷을 멀리하여 일야一夜를 넘기면 니살기바일제이다.(30사타 제2 이의숙계)[16]

(3) 만약 비구가 별청식을 받았을 때는 인연을 제외하고 바일제이다. 인연이란 병시 · 의시 · 시의시 · 작의식 · 행로시 · 강상행

14) 제7장 · 2 · (4)「자자와 가치나의식」참조.『사분율』제43권「가치나의건도」(대정22권, 878쪽 a).『오분율』제22권「가치나의법」(대정22권, 153쪽 b).『마하승기율』제28권(대정22권, 452쪽 a).『십송율』제54권(대정23권, 401쪽 b).

15)『오분율』제9권(대정22권, 69쪽 c). (바일제)『빠알리율』제46계,『사분율』제42계,『십송』·『유부』·『승기율』제81계.

16)『오분율』제4권, 대정22권, 24쪽 a. (사타) 각 율 모두 제2계.

시 · 대회시 · 사문회시이다.(바일제 제32 별청중식계)17)

(4) 만약 비구가 삼의가 끝나고 가치나의를 버렸을 때 장의를 10일을 넘기면 니살기바일제이다.(사타 제1 장의계)18)

(5) 만약 비구가 삼의가 끝나고 가치나의를 버리고 비시의를 얻으면 만약 사용할 때는 응당 받아서 조속히 만들어 수지해야 한다. 만약 족할 때는 괜찮다. 만약 부족하면 기대할 수 있는 곳에서 구족하도록 하여 이루어야 한다. 내지 한 달을 넘기면 니살기바일제이다.(사타 제3 월망의계)19)

이들 계는 안거 후 1개월, 삼의를 갖추는 기간으로 허락되는 것인데, 옷에 관한 세 가지 계는 옷을 조정중調整中의 의미로, 식에 관한 두 가지 계는 분명 안거민로安居愍勞의 의미로 정기적으로 해금되었으나 안거정근 상여의로서 가치나의를 받으면 12월 15일에 갈마하여 이를 버릴 때까지 이 해금 기간이 늘어난다. 전안거는 7월 15일, 후안거는 8월 15일로 끝나지만 가치나의법에 의해 대부분의 비구는 5개월 내지 4개월간 이들 오계는 해금된다. 또 별중식이란 4명 이상 비구가 모여서 청식을 받는 경우로 그곳에 4명이상 승가가 별립을 보는 것이 되지만, 여기에는 여덟 가지 인연이 붙어 있고, 이에 가치나의를 더하면 9인연이 된다. 이 9인연이 있을 때는 이 금지가 자유로워진다고 한다.

17) 『오분율』제7권, 대정22권, 50쪽 c. (바일제) 『빠알리율』제32계, 『사분율』제33계, 『십송』·『유부율』제36계, 『승기율』제40계.

18) 『오분율』제4권, 대정22권, 23쪽 c. (사타) 각 율 모두 제1계.

19) 『오분율』제4권, 대정22권, 23쪽 c, (사타) 각 율 모두 제3계. 한역 여러 율은 이 「월망의계」 대신에 바일제 제32(『오분율』) 계의 「삭삭식계」를 넣는다. 다음 장 · 2 · (1) 「장의계와 옷의 정시」참조.

동일한 계에 바일제 중에 삭삭식계[20]가 있는데 이것도 병시 · 시의시를 인연으로 제외하고 있다. 이들 인연을 제외하면 그 인연을 정이라 한다. 이 경우는 일찍부터 비구들에게 이 계가 지키기에 곤란한 계였으므로 여러 가지 인연을 결합하였음에 틀림없다. 의시에 청식 외의 집에 가는 것은 옷을 지을 바늘이나 실을 얻기 위해서지만(식전식후지여가계) 별중식이나 삭작식은 옷 조정調整에 관계는 없는 것 같다. 그것이 의시 등에 허락되는 것은 상여적 의미이다. 만약 해금이 상여적 의미라 한다면 이미 이 금계는 때가 되면 느슨해질 것으로 여겨지고 있었던 것임이 분명하다. 그리고 그것을 해제하는 것이 상여에 상당할 정도로 바람직한 것이 되어 있었음을 알 수 있다.

일반적인 사고로는 율장의 금계는 붓다 입멸 후 결집에서 장로파의 주장에 근거하여 엄격하고 번잡하게 되었다고 생각되고 있다. 번잡하게 되었다는 것은 계를 느슨하게 하는 정법이 여러 가지 겹쳐서 해석이 번잡해진 것으로 보아야 하는 점이 많다. 그렇지만 멸후 붓다의 이름을 빙자해서 붓다 시대보다 엄중한 계를 제정할 수 있을까? 오히려 붓다시대 초기야말로 많은 계가 만들어졌다는 생각은 할 수 없을까? 각 파의 사문 안에 살아있던 불교 교단은 처음에는 엄숙한 생활을 하였으나 외교도外教徒들을 집단개종시켰기 때문에 행의行儀의 일반은 문란하였을 것이다. 개종 입단을 한 다수의 사람, 그 대부분은 붓다 친교를 맡지 않는 도집徒集이었기 때문에 비행과 그 금지가 붓다가

20) 「數數食戒」(바일제), 『빠알리율』 33계, 『사분』 · 『승기율』 제32계, 『오분』 · 『십송』 · 『유부율』제31계 「만약 비구가 여러 번 食하면 인연을 제외하고 바일제이다. 인연이란 病時 · 衣時 · 施衣時를 이를 인연이라 한다.」『오분율』제7권, 대정22권, 50쪽 a.

직접 또는 장로 등을 통하여 간접적으로 생겼다고 할 수 있다. 그것은 아무래도 필요했었다. 백사갈마의 수구를 하고, 4의법四依法을 설수說受하고, 화상에게 의지하도록 하여 새로운 비구를 만드는 시대 이후보다도 그 이전이야말로 다수의 금계 발생 인연이 있었을 것이다. 율장 성립을 문학적 성립관에만 의해야 하는 것은 아니다.

붓다 시대부터 입멸 뒤에 상당한 금계가 일반 비구 생활에 곤란한 것이 되어, 정법도 상당히 발생했다고 보아야 할 것이다. 멸후는 관대해져도 강해질 리는 없다. 아마도 그것은 모든 종교에 있어서 교조의 멸후에 엄숙하게 전화轉化되는 예는 없을 것이다.

삼보의 표지 / 산치 제1탑 동문. 스와트 박물관 소장

제9장

불교의 의제衣制

1. 비구의 삼의三衣와 비구니의 오의五衣

(1) 분소의糞掃衣와 시의施衣

일반사회 생활에서도 의장은 그 사회생활의 형태를 상징적으로 나타내고 있다. 불교 비구도 분소의를 입고 수하석상을 본래 행처로 삼아 숲속의 동굴에 침상을 구하였던 시대는 그 분소의야말로 가장 적합한 의장衣裝이었다. 붓다 입멸 후에도 아란야자āraññaka, 걸식자piṇḍapātika라 불리는 출가 본래의 생활 행법을 하는 사람들은 분소의자paṁsukūlika였을 것이다.[1] 그렇지만 죽림정사와 같이 정사精舍에[2] 비품을 갖춘 방에[3] 제자에게 시중받으며 생활하는 비구의 복장은 분소의일 수 없었다.[4] 출가 상징인 분소의를 의미하기 위한 괴색을 행하여 가사라 칭하

1) 제2결집에서 耶舍派를 지지한 60명 파리읍비구Pāṭheyyaka-bhikkhū는「모두 아란야자āraññaka, 모두 걸식자piṇḍpātika, 모두 분소의자paṁsukūlika, 모두 삼의자tecīvarika, 모두 아라한arahant」이었다고 칭송받고 있다. Cullavagga, XII, 1, 4.「칠백결집건도」, 남전대장경 제4권, 446쪽, Mahāvagga, VII, 1, 1.「가치나의건도」 남전대장경 제3권, 444쪽의 30명 波利邑 비구도 糞掃衣者였다.

2) 죽림정사Veḷuvana-kalandakanivāpa-vihāra의 봉납, Cullavagga, VI, 1, 1-3.「와좌구건도」, 남전대장경 제4권, 225쪽-226쪽.

3) 房室의 설비. Cullavagga, VI, 2, 1-5.「상동」, 남전대장경 제4권, 228쪽-232쪽 및 다음 註(4)참조.

4) 제자의 和尙給仕, Mahāvagga, I, 25-8-24.「대건도」, 남전대장경 제3권, 82쪽-89쪽.

지만, 그것은 아름다운 옷을 괴색하는 것이다. 본래 분소의는 진애소塵埃所에 버려진 것[5]으로 실색失色한 것이었다. 뒤에 시의 즉 부호나 대신이나 왕후가 기부하는 옷을 재단하고 괴색하여 일반인의 욕망의 대상이 되지 않도록 하였는데, 분소의는 일반속인이 버린 것으로 욕망의 대상이 되지 않는 것이었다. 시의는 이제부터 명확히 하고자 하는데, 쓰레기장이나 묘지의 사의捨衣에서 비구에게 줍게 하기 위해 새 옷을 사의捨衣하는 것을 매개로하여 호의好衣를 비구에게 시입施入하는 것으로 바뀐 것이다. 이 변화는 불교 승가가 비구들의 고독을 요구하는 일처부주의 생활에서 집단으로 서로 도우면서 선관 · 수행하는 생활로 이윽고 불탑을 중심으로 한 완전한 승원 생활이 되는 변천에 대응하는 것이다.

불교 비구의 의제는 처음에는 분소의paṁsukūla뿐이었을 것으로 생각되고, 그것은 또한 분소의를 사용할 수 있는 것은 불교 비구도 포함한 당시 출가자 사회의 상법常法 sīla였다고 볼 수 있다.[6] 분소의가 출가의 상법이고, 또한 불교 비구가 출가인 이상 분소의를 입어야 하는 것은, 뒤에 석자 사문은 영요榮耀를 행한다고 비난받을 정도의 시대가 되어도[7] 즉 공양받은 삼의를 사용하기에 이른 시대가 되었을 때도 분소의자는 존경받았고,[8] 또 출가 수구 시는 반드시 생애4의生涯四依 cattāro nissayā로 살아가기를 맹세하게 하는 것으로 분명히 알 수 있다.[9] 사의란 출

5) 「里巷 중에 버려진 弊故衣를 받아서 淨浣補染하여 수지한다.」(『마하승기율』제16권, 대정22권, 357쪽 a.)

6) 붓다도 최초기에는 분소의를 얻고 있다. Mahāvagga, I, 20, 1-5. 남전대장경 제3권 「대건도」51-53쪽.

7) Cullavagga, VII, 3, 16. 「파승건도」, 남전대장경 제4권, 303쪽, 「데바닷따 무리의 말」.

8) 주(1)참조.

9) Mahāvagga, VII, 3, 16. 「파승건도」, 남전대장경 제4권, 303쪽, 「데바닷따 무리의 말」

가는 첫째 음식은 생애를 걸식piṇḍiyālpopabhojana에 의지하여 살 것, 둘째 옷은 생애를 분소의paṁsukūla에 의지할 것, 셋째 주住는 수하좌rukkhamūlasenāsana에 의지할 것, 그리고 넷째 약은 진기약pūtimutta-bhesajja를 이용하는 것이고, 그리고 이 네 가지四種 이외에 시식이나 시의 · 정사 · 의약 등을 받는 것을 허락은 하지만 그것은 주가 아니고, 여득餘得 atireka-lābha인 것이다.[10] 여득이란 『십송율』이 영장盈長이라 번역하고 있는 것으로, 예외로서 인정되는 것, 원칙적인 것이 아니라 앞 장에 언급한 정법적淨法的인 것이다. 그래도 적당히 얻는것이었다. 그러나 붓다시대 중기 이후의 불교 비구 대부분은 그 여득에 의지하는 것이 주된 삶이 되었다. 그리고 이 사의의 취지로 말하면 분소의 생활이야말로 다수가 이를 행하고 당연히 주된 삶의 방식이어야 하지만 아란야에 사는 비구를 특히 일반 비구보다 특수한 비구로서 아란야주자āraññavāsa라 하고, 분소의를 입는 비구를 마찬가지로 특별히 분소의자paṁsukūlika라 부르고,[11] 일반 비구로부터 특별히 칭찬 받아야 할 다른 생활을 하는 자, 특수한 자가 되어 원래는 특수 소수자의 생활방식이어야 할 여득의 삶의 방식이 당연한 일반적 삶의 방식으로 바뀌어버렸다. 그러나 그러한 시대가 되

10) 전주(9) 참조. 四依는 『빠알리율』에서는 다음과 같다.
'出家는 乞食에 의지한다. 이것으로 내지 命終까지 힘써야 한다. 餘得은 僧次食 · 別請食 · 請食 · 行籌食 · 15日食 · 布薩食 · 月初日食이다.'
출가는 糞掃衣에 의지한다. 이것으로 내지 명종까지 힘써야 한다. 餘得은 亞麻衣 · 綿衣 · 野蠶衣 · 褐衣 · 麻衣 · 紵衣이다.
출가는 樹下坐에 의지한다. 이것으로 내지 명종까지 힘써야 한다. 餘得은 精舍 · 平覆屋 · 殿樓 · 樓房 · 地窟이다.
출가는 陳棄藥에 의지한다. 이것으로 내지 명종까지 힘써야 한다. 餘得은 熟酥 · 生酥 · 油 · 蜜 · 糖이다. 남전대장경 제3권, 163쪽-164쪽.

11) 주(1)참조.

어도 출가수구 시에는 반드시 사의법을 원칙으로 삼아 출가 생활을 할 것을 맹세하도록 하고 있다.[12] 분명 사의는 출가자의 이상을 표현하는 것이 되었다. 이일로도 출가로서는 원래가 분소의가 상법이고, 불교 비구도 우선 출가이고, 출가 안의 불교 비구로서 살았기 때문에 교단의 시작은 분소의로 살았음은 사실이었을 것이고, 또 그 일이 나중이 되어도 사의를 형식적으로든 수지해야 한다고 여긴 까닭이라고 생각된다.

분소의paṁsukūla는 그 문자에 대해서 말하면 진애塵埃의 집적소에 버려진 옷의 재료이다. 버려진 천 조각을 씻어서 옷으로 만든 것으로 최초 비구의 옷은 문자 그대로였을 것이다.[13] 한역 율장에는 분소의 중에도 다음에 말하듯이 여러 가지 있음을 구체적으로 열거하는데 빠알리 율장에서는 단지 분소의라고 할 뿐이다. 그러나 율장의 「의건도」Cīcvarakkhandhaka에는 비구가 총간에 들어가 분소의를 취득하거나 그 취득 · 분배에 대해서 기록하고 있다. 이것으로 생각해보면 율장의 의건도가 취급하는 분소의는 주로 총간의chavadussa, 즉 사체를 감싸서 총간에 버린 옷이 된다.[14] 또 상점 앞 문밖 등에 버려진 의재pāpanika가 분소의와 병기하여 「분소와 시장에 떨어진 천은 원하는 만큼 노력하여 얻어라」paṁsukūla yāvadatthaṃ pāpaṇike ussaho karaṇiyo라고 기록하고 있기[15] 때문에, 이것도 분소의와 마찬가지로 생각하고 있다고 보이나 분소의와 병기되어 있으므로 분소의 그 자체는 아님을 알 수 있다.[16]

12) 주(9)참조.
13) 주(6)참조.
14) Mahāvagga, VIII, 4, 1-5. 「의건도」, 남전대장경 제3권, 492쪽-494쪽.
15) Ibid., VIII, 14, 2. 「의건도」, 남전대장경 제3권, 506쪽.

맛지마니까야中部經典『무예경』無穢經 Anaṅgaṇa-sutta에는 분소의자paṁsukūlika라 기술하고 조복의자lūlhacīvaradhāra가 기록되어 있고,17) 또 마찬가지로 『사자후대경』Mahāsīhanāda-sutta에는 총간의chavadussa가 분소의paṁsukūla라 병기되어 있다.18) 이 중 조복자lūkhacīvara는 율장 경분별부의 사타법 제29학처「유난란야난의계」의 분별 부분에「부서지고 타고 쥐가 물어뜯어 제 비구는 악의조복惡衣粗服이 되었다.」라고 기록하는 것으로 판단하여19) 이는 비구가 사용하는 파손된 의복 즉 이른바 납의를 말하는 것으로도 해석되지만, 총간의는 분명히 처음에는 분소의와 구별한 옷이었음을 알 수 있다. 그리고『빠알리』의 경과 율에서는 분소의 · 총간의 · 상점 문 앞에 버려진 옷 등이 기록되어 있고, 이들은 처음에는 별도의 것이었지만 모두 출가 의로써 이용되고 있었을 것으로 생각되고, 뒤에 이것들이 총괄總括되어 광의의 분소의라 불리기에 이르렀음을 알 수 있다. 그리고 이는 아마도 처음에는 좁은 의미의 분소의가 사용되고, 다음으로 양가 자제들의 출가가 있어서 친리親里들이 작위作爲하여 상점 등에서 문전에 천 조각을 버리는 형태로 공양하는 자가 있었다. 그리고 또 다음에 기술할 한역 등의 경우와 함께 생각해보면 총간의 등도 다수는 새 옷이고, 분소의 형식을 취하여 실은 신信의 시여가 행하여졌다고 볼 수 있다. 따라서 사실 분소의에서 변하여 분소의 형식의 새 옷 시의가 대단히 일찍 행하여졌다고 보인다. 그리고 이들이 모두 넓은 의미의 분소의라 여겨졌을 것으로 생각된다.

16) Ibid. 남전대장경 제3권, 505쪽-506쪽.

17) Anaṅgaṇa-suttaMN., 1. 5. p. 30. 남전대장경 제9권, 45쪽.

18) Mahāsīhana-suttaMN., 1. 11. p. 78. 남전대장경 제9권, 128쪽.

19) Vinayapiṭaka, Vol. III, p. 263.「사타29」, 남전대장경 제1권, 444쪽.

한역 율장에서는 또 분소의에 각종 내용종별이 있음을 알 수 있다. 먼저 『십송율』에는 총간의와 낙주와 무주의와 토의 네 종류가 분소의라 하고 있다.[20] 총간의는 사체를 말아서 총간에 버린 의[21]이고, 출래의는 마찬가지로 사체를 말아 온 것인데 비구에게 보시하기 위해 새옷으로 만들어진 것[22], 무주의는 촌락 공지에 소유자가 없는 것[23], 토의는 항간[巷陌] 중이나 총간 · 진애塵埃 · 집적소 등에 버려진 본래의 분소의이다. 그리고 분소의는 이미 형식화가 시작되어 있었고, 예를 들어, 출래의出來衣와 같은 것이다. 즉 사인死人의 공양과 같은 형식으로 비구에게 고급 옷을 시의한 것으로 추측되고, 형식은 분소의이어도 내용이 사실적으로 고급 새 옷으로 변화되어 있음을 알 수 있다. 그리고 『사분율』이나 『오분율』에 따르면 분소의 내용이 열 가지나 언급되어 있다. 『오분율』 권제21에는 「분소의에 열 가지가 있다」라고 하여 (1)왕수위시소기고의王受位時所棄故衣 (2)총간의塚間衣 (3)복총의覆塚衣 (4)항중의巷中衣 (5)신가녀소기고의新嫁女所棄故衣 (6)여가시현절조의女嫁時顯節操衣 (7)산부의産婦衣 (8)우작의牛嚼衣 (9)서교의鼠咬衣 ⑽화소의火燒衣의 열 가지가 기록되어 있고,[25] 또 『사분율』 제39에도 「분소의유십종」으로서 (1)우작의牛嚼衣 (2)서교의鼠嚙衣 (3)소의燒衣 (4)월수의月水衣 (5)산부의産婦衣 (6)신묘중의新廟中衣(若鳥銜風吹處者) (7)총간의塚間衣 (8)구원의求願衣 (9)수왕직의受王職衣 ⑽왕환의往還衣를 들고 있다.[26] 『오분율』의 왕수위소기고의란 관사의 관위

---

20) 『십송율』 제27권 「衣法」, 대정23권, 195쪽 a.
21) 상동.
22) 상동, 195쪽 a-b
23) 상동, 195쪽 b.
25) 『오분율』 제21권 「衣法」, 대정22권, 143쪽 b.

에 상당하는 옷으로, 승진하여 새 관복을 받으면 구 관복을 버리는 것이다. 복총의란 조상을 위해 묘를 덮은 옷이고, 제6의 여가시현절조의는 『사분율』의 월수의에 상당하는 것으로 보인다. 그 밖은 문자대로이다. 『사분율』에는 신묘의에 「혹은 새가 쪼고, 바람이 불어서 멀리 날아간 것」이라 기록되어 있는데 이는 『오분율』에서는 비구가 신묘에 들어가 번개幡蓋를 훔쳐서 분소의로 한 사건이 있었다고 하고, 이를 분소의로 인정하기 어렵다고 한다.[28] 그러나 『사분율』은 신묘 경내에 있는 것이라도 새나 바람이 옮긴 것은 주워서 분소의로 여겨도 좋다는 생각이다.[29] 왕환의는 아마도 사체를 덮어 총간에 와서 재차 가지고 돌아와서 비구에게 보시하는 것으로 일본에서도 사자의 관에 명주絹를 덮고, 식 뒤에 이를 절에 헌납하는 경우가 있는데 이것과 같은 성질이다. 구원의에 대해서는 신에 제사 지내 구원하고 버린 옷이라 여겨지는데 『사분율』의 의건도에는 다음과 같은 설화가 있다. 고귀한 가문에서 출가한 비구가 시중 항간의 분소 안에서 폐고의幣故衣를 주워서 옷으로 삼고 있는 것을 본 파사익 왕 부인이 자비스런 마음에서 고가의를 찢어서 이에 부정을 묻혀서 그 비구에게 줍게 하기 위해 기사했다고 한다.[30] 이는 앞에서 언급한 출래의와 같은 취향의 것이고, 귀족, 부자에서 출가한 사람들의 친리가 이런 류의 일을 하였음은 상상하기 어렵지 않지만 이러한 것도 구원의에 가까운 옷이다. 남북 여러 율장

26) 『사분율』제39권 「의건도」, 대정22권, 850쪽 a.

28) 『오분율』제21권 「의법」, 대정22권, 142쪽 c.

29) 『사분율』제39권에서는 모든 거사가 祖父母, 父母가 죽어서 幡蓋衣物로서 그 祖父母, 父母의 탑을 싼 것을 비구는 받아서는 안 되고, 바람이 불어서 새가 옮겨 다른 곳에 삶은 것은 받아도 된다고 한다. 『사분율』제39권 「의건도」, 대정22권, 850쪽 c.

30) 『사분율』제39권 「衣犍度」, 대정22권, 849쪽 b.

의「의건도」에는 한결같이 분소의를 얻기 위해 비구들에게 다툼이 있었던 것,[31] 거사가 완의를 담 위에 두었는데 비구가 분소의로 여겨 훔쳐 간[32] 사건, 비구가 전장의 사인死人의 옷을 입고 분소의로 취한 사건,[33] 단사처斷事處(刑場)에서 사인의 옷을 취한 사건,[34] 총간에 금문錦文의 와구전욕침臥具氈褥枕을 뺏은 사건[35] 등을 기록하는데 이들에 의해 생각하면 비구들이 구하는 분소의는 주로 총간의를 목표로 하고 있고, 특히 출래의이고, 고가의 것을 서로 다투어 가져서 사인의 시주 등에게도 폐를 끼칠 정도로 그것이 노골화되어 행하여진 듯하다.[36] 따라서 본래의 분소의를 구하는 무욕의 의미에서 벗어나, 고가 혹은 양질의 것을 구하게 되고, 동시에 그 취득에 광분하므로 수요는 공급을 상회하여 비구간에 다툼이 빈발하였음을 알 수 있다. 그리고 이미『사분율』의 구원의 등은 지금 기술한 바와 같이 실질적으로는 일종의 시의施衣이고, 또『십송율』의 출래의는『사분율』의 왕환의에 가까운 것으로 보이지만, 이것도 실질적으로 시의이고, 형식적으로는 분소의라 할 수 있으나 사실은 친리나 신자가 올린 고가의 옷으로 행하여진 듯하다.

『빠알리율』의 파승건도에 따르면 데바닷따Devadatta가 파승시에 붓다에게 제안한 조건인 5사라 불리는 것은 비구는 생애를 (1)임주林住해야 하고 (2)걸식해야 하고 (3)분소의를 걸쳐야 하고 (4)나무 밑에 앉아야 하

31) Mahāvagga,VIII, 4, 1-5.「의건도」, 남전대장경 제3권, 492쪽-494쪽.
32)『사분율』제39권「의건도」, 대정22권, 849쪽 c.
33)『오분율』제21권「의법」, 대정22권, 142쪽 c.
34)『사분율』제39권「의건도」, 대정22권, 849쪽 c.
35)『사분율』제39권, 대정22권, 850쪽 a.
36)『사분율』제39권에 화장터를 보고 비구들이 그곳에 가서 한 貴價의 옷을 받아서 그 처분을 문제로 삼는 사건이 있다. 대정22권, 850쪽 b.

고 (5)물고기와 고기를 먹지 않아야 한다고 하지만, 이는 마지막 한 조건를 제외하고 앞에서 언급한 사의와 비슷한 것이고, 모든 비구가 출가 수구 시에 원칙으로서 그 실행을 인정한 것이다.[37] 데바의 제안이 무리인 이유는 순수하게 이 원칙만으로 살고자 하고, 예외의 여득을 인정하지 않는 것에 있는데 석존은 예를 들어, 시의가 있으면 여득으로서 이를 수용해도 된다고 하는 입장이어서 이 제언을 거부했다.[38] 그러나 분명 이 사건이 있었던 붓다 만년에는 불교 비구의 생활은 원칙적인 삶의 방식을 행하는 자는 분소의자 등으로 여겨 특별 취급을 당하고, 여득의 생활자가 비구의 상태를 이루고 있었다고 생각된다. 그 일이 사람들로 하여 「이 사문석자들(데바의 무리)은 두타를 행하고 점손漸損으로 주한다. 사문 구담은 사치하여 사치를 생각念한다.」[39]라는 비난을 받게 되었다.[40] 그리고 데바의 주장과 같다면 그들은 걸식자, 아란야자, 분소의자로서 두타행을 행한 것이 된다. 그의 교단이 현장 시대에도 존재하였음은 다음에 언급하겠다.[41]

석존이 비구의 의량을 삼의로 정한 것과 여러 가지 여득 시의를 인정한 것과 무엇이 먼저인가를 결정할 수 있는 자료는 전혀 없다. 그러나 이미 구원의나 출래의와 같이 시의화되어 있었기 때문에 이른 시대에 시의 수납이 허락되었다고 보인다. 불교 비구 출신은 거의 바라문이나 크샤트리아[찰제리]의 귀족이고, 시의施衣의 수납을 허락한 것이,

37) Cullavagga, VII, 3, 14. 「파승건도」, 남전대장경 제4권, 302쪽.
38) Ibid., VII, 3, 15. 남전대장경 제4권, 302쪽.
39) ime kho samaṇanā Sakyaputtiyā dhitā sallekhavuttino samaṇo pana Gotamo bāhulliko bāhullāya ceteti.
40) Ibid., VII, 3, 16. 남전대장경 제4권, 303쪽.
41) 본서 950쪽 참조.

불교 비구에게 친척 등이 다수의 시의를 주게 된 결과라고 생각된다. 그리고 그 일로 인해 의량을 삼의로 한정하고, 다시 장의계와 같은 것을 제정하게 되었다고 볼 수 있다.

불교 비구에게 시의 즉 신자가 보시하는 거사의居士衣 gahapaticīvara가 인정된 인연으로는 왕사성의 궁중 의사인 지바jīva가 붓다에게 고가의 옷의 봉납을 원하였던 일이 기록된다.[42] 이 인연담은 붓다가 시의수납을 인정하신 것을 이야기하고자 작위해 묶은 것으로 생각되고, 길게 지바의 전생이야기와 시의의 수납과의 조합은 완전히 어색한 방법으로 결합되어 있다. 진실은 이 이야기와 같은 일은 없고, 위에 언급한 것처럼 분소의 그 자체가 시의화되고 또 귀족 출신이나 장자 출신의 많은 불교 비구에게는 시의가 분소의보다 얻기 쉽고, 그것을 인정하지 않을 수 없는 사실이 많이 생겨서 그와 같이 되었다고 생각해야 할 것이다.

『빠알리율』에 따르면 시의로서 받는 것을 허락한 의료衣料는 육종으로 (1)추마芻麻 khoma (2)고패kappāsika (3)교사야koseyya (4)흠바라kambala (5)사니sāṇa (6)마포bhaṅga라고 말하고 이를 6의cha civarāni로 칭하고 있다.[43] 『사분율』은 이에 대해 (1)구사의 (2)겁패의 (3)흠바라의 (4)추마의 (5)차마의 (6)사토의 (7)마의 (8)시이라의 (9)구섭라의 ⑽친라발니의 십의十衣를 이야

42) Mahāvagga, VIII, 1, 35, 「의건도」, 남전대장경 제3권, 490쪽-491쪽. 의사 지바가 貴價의 옷을 봉납한 인연에 의해 居士衣gahapaticīvagga를 聽許한다. 『사분율』제39권 「의건도」, 대정22권, 849쪽 b, 5비구에 분소의와 십종의(施衣)를 聽許한다. 『오분율』제20권 「의법」, 대정22권 134쪽 b, 『빠알리율』과 같이 비구가 이 施를 받는 것을 허락한다. 『십송율』제27권 「의법」, 대정23권, 194쪽 c, 「만약 비구로서 般藪衣paṁsukūla를 입고 싶을 때는 입는 것을 허락하고, 만약 居士施衣를 입고자 원할 때는 입는 것을 허락한다.」.

43) Mahāvagga, VIII, 3, 1. 「의건도」, 남전대장경 제3권, 492쪽.

기하고 있는데,[44] 『사분율』의 (1)(2)(3)(4)(5)(7)의 여섯 가지는 『빠알리』의 (3)(2)(4)(1)(5)(6)에 상당하는 것으로 보인다. 그리고 이 가운데 코마芻麻 khoma는 린넨linen 아마 섬유이고, 삼베麻에 상당하는 것으로 보이고, 고패kappāsika는 면포, 교사야koseyya는 명주絹로 야천견野蚕絹에 상당하는 것으로 볼 수 있다. 흠바라kambala는 양모지羊毛地이고, 사니sāṇa와 마포bhaṅga는 모두 삼베麻인데, 전자는 야마野麻, 후자는 일반적인 삼베麻로 구별할 수 있다. 이 여섯 가지 외에 『사분율』에만 있는 네 가지 옷 가운데 사토는 사나수 나무껍질에서, 시이라翅夷羅는 새털鳥毛로 만든 제품이고, 구섭라[拘夷羅]는 진홍색絳色 양모이고, 친라발니嚫羅鉢尼는 방색尨色양모라고 한다. 『오분율』에서는 제4권에 겁패의kappāsika · 흠바라의kambala · 야저면의koseyya · 모시옷紵衣 sāṇa · 삼베옷麻衣 bhaṅga의 다섯 가지 옷五衣을 들고 있고,[45] 제29권에는 비구니의 옷으로 겁패의 · 흠바라의 · 구사나의 · 추마의 · 추미의 · 바사나의 · 아가나의 · 구차가의 · 삼베옷麻衣의 9종을 들고 있다.[46] 이 가운데 제5 추마의는 『빠알리』나 『사분율』의 추마khoma가 아니라 『빠알리』의 사나sāṇa, 『사분율』의 차마인데, 위에 든 『오분율』 제4권 「비구 오의衣」의 제4 모시옷紵衣이라면, 이 비구니 9의 가운데 1, 2, 3, 4, 9의 다섯 가지는 제4권에 말하는 비구의 오의이고, 그 밖의 제5부터 제8의 네 가지는 비구니에게만 있는 옷衣布으로 생각된다. 그러나 원어도 추정하기 어려워 확실하게 판단하기는 어렵다. 『십

44) 『사분율』제6권, 대정22권, 602쪽 a, 동 제29권, 대정22권, 849쪽 b. 6권 사타 「장의계」에서는 「시의 · 겁패의 · 흠바라의 · 추마의 · 참마의 · 선나의 · 마의 · 시이라의 · 구이라의 · 참라반니의」라고도 하는데 지금은 39권의 것을 적었다. 대정22권, 849쪽 b.

45) 『오분율』제4권 「사타장의계」, 대정22권, 23쪽 b.

46) 『오분율』제29권 「비구니법」, 대정22권, 189쪽 a.

송율』제6권 사타법 제3 경분별에서는 청의 · 황의 · 적의 · 백의 · 마의 · 야마의 · 추마의 · 교사야의 · 시이라의 · 흠바라의 · 겁패의 이름을 들고 있는데[47] 청 · 황 · 적 · 백은 원재료의 색채로 청포 · 황포 등의 의미인지, 즉 옷은 앞으로 서술하는 바와 같이 괴색하게 되는데,[48] 괴색하기 이전의 재료인지, 같은 사타법 제4에서는 옷으로 마의 · 적마의 · 백마의 · 추마의 · 시이라의 · 겁패의의 6의를 언급하고 있다.[49] 그리고 이 『십송율』의 명목에 마의bhaṅga · 야마의sāṇa · 추마의khoma · 교사야의koseyya · 흠바라의kambala · 겁패의kappāsika와 같이 원어를 충당할 수 있다면 이 6의는 상래 제율에 공통적인 6의가 되는 것이다. 원어의 충당에도 혹은 출입이 있을 것으로 보이지만, 이 여섯 가지가 본래의 즉 제율에 공통된 원시 의료衣料로서, 각 율에 독특한 것은 그 율이 행해진 승가가 그 지방의 특수성에 따라서 인정한 것으로 보인다.

불교비구는 처음에는 분소의였으나, 이윽고 분소의는 있어야 할 이상의 의체衣體가 되어 지금까지 본 것과 같은 6의 내지 10의로 이루어진 시의施衣로 살게 되었다고 생각되는데, 이윽고 이 시의施衣에 대해서도 그 양에 제한을 두지 않을 수 없게 되었다. 비구계의 30사타 가운데 옷에 관한 학처는 와구 등에 관한 것도 포함하면 30계 중 23계에 미치지만 이는 대부분 이 시의施衣의 소유에 부가된 제한이다. 즉 『빠알리율』로 말하면 30사타 중에서 제18「축전보계」, 제19「무보계」, 제20「판매계」, 제21「축장발계」, 제21「걸발계」, 제23「칠일약과한계」, 제

47) 『십송율』제6권「사타법, 월망의계」, 대정23권, 33쪽 b.

48) 『십송율』제27권「의법」, 대정23권, 198쪽 a에서는 진청 · 진황 · 진적 · 진백 옷은 금지되어 있다.

49) 『십송율』제6권「사타법제4」, 대정23권, 42쪽 c.

30「회승물입기계」의 7계 이외는 의衣와 의재衣材와 의가衣價, 옷의 착용과 소용에 관한 것들이고, 옷에 대해서는 분소의를 착용하는 것에 관한 사상은 전혀 볼 수 없다.

비구의 옷은 이제부터 기술하는 것과 같이 양은 삼의로 한정하고, 다시 가사색으로 괴색하도록 정하고, 다시 이를 작은 조각으로 절단하여 사용도록 정했다. 이렇게 정한 이유는 외도출가자와 구별하고[50] 또 재가자의 옷과 구별하기 위한 것이기도 했다. 그래서 지금 언급한 시의施衣 6종 내지 10종은 사용이 허가된 것이지만, 이에 반해 외도의 옷으로서 착용이 금지된 것이 있다. 『빠알리율』에 따르면 외도와 같이 나형이어서는 안 되고, 또 외도가 입는 것을 사용해서는 안 된다고 하여, (1)구사초의kusacīra (2)발구초의vākacīra (3)판의phalakacīra (4)인발흠바라kesakambala (5)마미흠바라vālakambala (6)각치시의ulūkapakkha (7)녹피의ajinakkhipa를 열거하고,[51] 다시 세상 사람들에게 믿음을 얻게하는 행위가 아니라고 하여, (8)아구초의akkanāla (9)수피의potthaka를 들어 금지[52]하고 있다. 이에 상당하는 것으로 『마하승기율』에도 양양모흠바라 · 발흠바라 · 마미흠바라의 · 초의 · 수피의 · 다룸가죽옷韋衣의 6종,[53] 『사분율』에서는 초의 · 바바초의 · 수피의 · 수엽의 · 주영락의 · 취모의 · 인발흠바라의 · 마모흠바라의 · 이犛우미흠바라의 9종이 거론되고 있는데, 모두 외도의로서 금지하고 있다.[54] 『오분율』도 거의 같고 인발의 · 녹피의 · 양피

50) 『십송율』제27권「의법」, 대정23권, 194쪽 c에서는 왕사성에서 洴沙王 요구로 외도출가와 비구의 삼의를 구별하기 위해 비구 삼의를 정했다고 하고 있다.

51) Mahāvagga, VIII, 28, 1-2「의건도」, 남전대장경 제3권, 531쪽-532쪽.

52) Ibid., VIII, 28, 3. 남전대장경 제3권, 532쪽.

53) 『마하승기율』제28권, 대정22권, 454쪽 c.

54) 『사분율』제40권「의건도」, 대정22권, 858쪽 b.

의 · 조모의 · 말갈기의馬鬣衣 · 이우미의犛牛尾衣 · 초수피의를 들며 일체 외도의법은 행할 수 없다고 했다.[55] 『십송율』도 대체로 동일하여 발흠바라 · 각치시의 · 추모의 · 피의 · 아구초의 · 발구초의 · 구사초의 · 문야초의 · 파파초의 · 고초의를 들고 있다.[56] 그러나 이 『십송율』에서는 나형과 발흠바라와 각치시의에 대해서만 외도의 모습相으로 금하고, 다른 것은 외도라 하지 않고 금하고 있는 것이 다른 율과 다른 부분이다. 그래서 각 율에 금하고 있는 것을 정리하면, 초의草衣와 수피의樹皮衣와 발모의髮毛衣와 수피의獸皮衣의 네 가지이고, 『빠알리율』의 백의柏衣는 다른 곳에는 없는데 이는 수피의樹皮衣의 일종일 것으로 생각된다. 그 가운데 각 율에 특수한 초의가 많은데, 이는 지역土地에 따라 이름도 종류도 다르기 때문이라고 해야 한다. 그리고 이 금지된 것을 앞에 인정된 옷과 비교해 보면, 전자는 아마도 통상적으로 일반인에게 의재衣材로 여겨지는 것, 후자는 특이한 의료衣料였다고 생각된다.

(2) 비구의 삼의와 작정법

① 삼의와 도천刀賤

불교 비구의 옷은 삼의이다. 삼의란 승가리saṃghāṭī와 울다라승uttarāsaṅga과 안타회antaravāsaka이고, 이는 겉옷 · 상의上衣 · 하의下衣를 말한

55) 『오분율』제20권 「의법」, 대정22권, 138쪽 a.
56) 『십송율』제27권 「의법」, 대정23권, 197쪽 c-198쪽 a.

다.[57] 이 세 가지는 석존이 따로 창작한 것이 아니라, 당시 출가자의 의복이고, 다만 석존은 비구에 대해 삼의 한 벌이 있으면 여분의 옷은 필요없다고 했을 뿐이다. 그러나 이 삼의를 5조, 7조 등으로 만드는 것, 소위 할절割截의 삼의로 한 것은 석존의 창작이다.[58]

옷의 양을 삼의로 정한 것과 그 만드는 방법이 5조, 7조로 정해진 전후나 인과관계는 전혀 알기 어렵다. 『빠알리』·『십송율』은 5조 등이 먼저이고, 삼의로 한정한 것을 뒤에 기록하는데, 『사분』·『오분율』은 그 반대 순서로 적고 있다. 삼의로 한정된 것은 비구가 거사나 친리親里로부터 시입의施入衣를 받게 되었고, 다른 곳에서 말했듯이 총간의塚間衣가 실질적으로 분소의라기 보다는 새옷의 시의施衣에 가까운 것이 되었으며, 특히 분소의자나 두타행자라 불리는 자 이외에 일반 비구들은 많은 좋은 옷을 소유하여, 속인과 다르지 않거나 혹은 속인에게 비난받기에 이르렀기 때문이다. 『빠알리율』의 의건도에 기록하는 바로는, 왕사성에서 베살리성으로의 여정에 비구들이 많은 옷을 메고 가는 것을 보고, 세존은 「이 어리석은 이들이 너무나도 지나치게 사치에 빠져있어서, 나는 마땅히 비구들의 옷에 경계를 지어 제한을 설해야 겠다.」[59]라고 하시며 삼의가 제정되었다고 하는데,[60] 이는 『사분율』 제

57) Mahāvagga, VIII, 13, 5. 「의건도」, 남전대장경 제3권, 503쪽-504쪽. 『오분율』제20권 「의법」, 대정22권, 136쪽 a-b, 『사분율』제40권 「의건도」, 대정22권, 856쪽 c-857쪽 a, 『십송율』제27권 「의법」, 대정23권, 195쪽 a. 『마하승기율』제8권 「니살기바일제」, 대정22권, 291쪽 b.

58) Mahāvagga, VIII, 12, 1-2. 「의건도」, 남전대장경 제3권, 501쪽. 『사분율』제40권 「의건도」, 대정22권, 855쪽 a-b, 『오분율』제20권 「의법」, 대정22권,137쪽 a-b, 『십송율』제27권 「의법」, 대정23권, 194쪽 c.

59) atilahuṃ kho ime moghapurisā cīvare bahullāya āvattā. yaṃ nūnāhaṃ bhikkhūnaṃ cīvare sīmaṃ bandheyyaṃ mariyādaṃ ṭhapeyyan.

60) Mahāvagga, VIII, 13, 4. 「의건도」, 남전대장경 제3권, 502쪽.

40권, 『오분율』 제20권, 『십송율』 제27권에서 각각 설하고 있는 것이 모두 같다. 다만 『빠알리율』에서 붓다가 탄식하는 말은 『빠알리율』에만 있는 것이지만, 각 율 모두 비구가 많은 옷을 가져 일반인으로부터 비난받게 되었기 때문에 붓다 자신이 추운 겨울밤에 시험해 보시고는 삼의로 한정하려 하시었다.

삼의 제정은 삼의로 한정하고, 비구의 생활은 삼의로 족하다는 것을 말한다. 석존은 겨울밤 눈 속에 스스로 시험 삼아 노천에 앉아서 4의로 충분했기 때문에 한겹의 하의下衣와 한겹의 상의上衣, 두 겹의 겉옷의 삼의衣 4중重으로 충분하다고 여겨 삼의를 제정한 것이다. 그런데 비구 중에는 외출용 삼의, 승원용 삼의, 세욕용 삼의 등으로 많은 삼의를 소유하는 자가 있었으므로, 그것이 분소의든 시의施衣든 비구인 자는 한 벌 삼의 이외 여분의 옷, 즉 장의長衣를 가지는 것을 금하셨다. 즉 비구의 옷은 확실하게 삼의로 한정되었다.[61] 설령 타인의 옷을 맡아 보관한다고 하더라도 10일 이상은 안 된다고 정하였는데, 이것도 『사분』·『오분』·『십송』 각 율에 공통으로 같다.[62] 바른 의미의 분소의가 출가인 비구 본래의 의제衣制이지만 개인적 소유욕을 끊겠다고 서약하였을 비구사회에 시의施衣의 인가는 이윽고 비구의 옷에 대한 소유욕을 키우게 되는 격이 되었다. 이어서 기술하는 도천刀賤 · 색천色賤도 한편으로는 속인들의 승복에 대한 욕망을 막기 위한 것이라 하는데, 그 주목적은 비구들이 의복에 대한 욕망의 발전을 억제하는 측면

61) Mahāvagga, VIII, 13, 2-7. 「의건도」, 남전대장경 제3권, 502쪽-505쪽.

62) 비구계 중 「장의계」 사타제1 (各 律共)은 長衣 즉 삼의 이상의 옷을 10일 이상 소유하고 있어서는 안 된다는 것인데 의건도에서는 정시 등은 모른다. 「長衣戒」에 대해서는 본장 · 2 · (1) 「長衣戒와 衣의 淨施」를 참조.

이 컸다고 생각된다.

도천이란 삼의를 만들 때, 의재衣材인 천을 조각으로 잘라서[割截] 이른바 5조, 7조, 9조 등으로 불리는 삼의로 만드는 것이다. 도천의 목적은 『십송율』은 외도와 차별된 복장을 만들기 위해서라고 하고 있다.[63] 이는 『오분율』 제20권에 「할절불공의割截不共衣로서 외도와 구별하고, 원가도천怨家盜賤 역시 취하지 않는 것이다.」라고 하듯이[64] 외도의 복장과 다르게 하고, 조각으로 절단함으로 일반인의 의재衣材로서는 무가치하게 만들려는 의도임을 알 수 있다. 그리고 그 절단 방법에 대해서는 석존이 왕사성 남쪽 논밭이 가지런한 것[齊整]을 보고 아난다에게 고안하게 하셨다고 한다.[65] 인도의 고대 논밭이 우리가 근대에 보는 것과 같은 것은 아니었다고 생각하지만, 의제衣制의 일장일단一長一短의 디자인은 근대에 구획정리가 잘 된 논밭과 같은 모양을 하고 있다. 밭의 경계 등이 고대부터 그러한 것이었는지 확실한 것을 찾기는 어렵다. 다만 간단하게 후세의 생각을 연결시켰을 것이라 생각하는 것은 위험하다.

그런데 아난다가 불교 독특한 것이 되도록 디자인했다고 하는, 삼의를 5조 등으로 절단하여 꿰매는 것에 관해서, 옛날 중국 등 동아시아에서는 하의는 5조, 상의는 7조, 겉옷은 9조 내지 25조라 하였으나 이에 관해서는 율장에는 명확한 글이 없다. 남북 제율에서 옷을 만드는 법[衣作法]은 동일하게 보인다. 예를 들어, 『오분율』에 따르면 「혹은 1

63) 『십송율』제27권 「의법」, 대정23권, 194쪽 c.

64) 『오분율』제20권 「의법」, 대정22권, 137쪽 b.

65) Mahāvagga,VIII, 12, 1. 남전대장경 제3권, 501쪽권, 『사분율』제40권 「의건도」 대정22권, 855쪽 a, 『십송율』제27권 「의법」, 대정23권, 194쪽 c, 『오분율』제20권 「의법」, 대정22권, 137쪽 a, 『마하승기율』제28권, 대정22권, 455쪽 a.

장1단, 혹은 2장1단, 혹은 3장1단으로 하여 좌도엽左條葉은 좌로 쏠리게 하고, 우조엽右條葉은 우로 쏠리게 하고, 중조엽中條葉은 양쪽으로 쏠리게 하여 만든다. 운운」이라는데,[66] 예를 들어, 5조 하의를 만들 경우에 장 · 단의 천조각을 연결하여 1조하로 하므로 이 조는 1장1단이다. 이 1조를 옆으로 5조 나열하여 꿰매고, 5조를 서로 늘여놓았을 때 중앙이 중조, 오른쪽으로 제1 우조右條 제2 우조라 하고, 마찬가지로 좌측으로 제1 좌조 제2 좌조라 한다. 그리고 5조를 나열하여 서로 꿰매는 방법은 중조의 우변의 아래에 제1 우조의 좌변을, 제1 우조의 우변 아래에 제이우변의 좌변을 겹치고, 마찬가지로 중조의 좌변 아래에 제일좌변의 우변을 제1 좌조의 좌변 아래에 제2 좌조의 우변을 겹치게 한다. 이 방법을『오분율』이「좌조엽이 좌로 쏠리고, 우조엽은 우로 쏠리고, 중조엽은 양쪽으로 쏠린다.」라는 것이다. 지금은 5조의 경우이지만 7조 등의 경우에는 각조가 2장(장포이편) 1단(단포일편)이나 3장1단의 조를 만들 수 있다. 구체적으로 삼의 구조나 세부점이나 크기, 바느질법에 대해서는 각 율이 반드시 일정하지 않은 점도 있다. 그들 점에 대해서는「육물도채적六物圖採摘」등에서 볼 수 있겠지만,[67] 이상은 각 광율에서 공통으로 알려진 부분이다. 그리고 고대 중국 등 동아시아에서 삼의에 대해 하의는 5조, 상의는 7조, 9조 이상 25조까지는 겉옷이라 여기지만, 그러한 경우는 율장 안에는 정해져 있지 않다. 하의는 오늘날 바지 또는 치마에 상당하고, 상의는 윗옷, 겉옷은 코트에 상당한다고 볼

66) 『오분율』제20권「의법」대정22권, 137쪽 a.

67) 『日本大藏經 · 戒律宗章疏』2, 1쪽-431쪽(『六物圖採摘』3권, 『佛制比丘六物圖纂記』4권, 『佛制比丘六物圖依釋』4권, 『三衣辨惑篇贊釋』1권, 『六物綱要』1권, 『佛門衣服正儀編』2권, 同上圖卷, 方服圖儀 2권 등)을 참조.

수 있다. 그리고 또 하의든 상의든 겉옷이든 각각에 5조, 7조, 9조 이상의 것이 있었다고 생각되는 것도 당연하겠지만, 그러나 5조와 같은 것은 아무래도 하의라고 생각하는 편이 당연할 듯하다.

이 할절 조수에 대해서『사분율』은「5조로 하고 6조로 해서는 안 된다. 7조로 해야 하고 8조로 해서는 안 된다. 9조로 해야 하고 10조로 해서는 안 된다. 내지 19조로 해야 하고 20조로 해서는 안 된다. 만약 이 조수를 넘으면 보유할 수 없다.」[68]라는데,『빠알리율』은 조수에 저촉되는 일은 없고, 다만 가치나의kaṭhina를 만드는 개소에 가치나의 의재는 당일에 5조 또는 과오조過五條 pañcakena vā atirekapañcakena로 재단해야 한다고 하므로『빠알리율』에서는 옷은 오조 이하의 것으로 해서는 안 된다는 것을 알 수 있다.[69]『사분율』의 최고 19조에 대해,『승기율』에서는 조수와 엽수에 대해서「5조는 1장1단으로 해야 하고, 7조 내지 13조는 2장1단으로 해야 하고, 15조는 3장1단으로 해야 한다.」라고 하고 있지만, 5조가 하의, 7조 내지 13조가 상의, 15조가 겉옷이라고는 하고 있지 않다.[70] 중국에서 5조가 하의, 7조가 상의, 그 이상이 겉옷이라 여기게 된 것은 분명『살바다비니비바사』제4의 설이다.[71] 여기에도 오조가 하의라고도 7조가 상의라고도 하고 있지 않지만, 승가리 즉 겉옷에 상 · 중 · 하 3품이 있고, 그 셋의 하나하나에도 역시 3품으로 나누어져 하하품부터 상상품의 9품이 있다고 하고 있다. 그 9품에 9조, 11조, 13조, 15조, 17조, 19조, 21조, 23조, 25조를 두고, 하하품부

68)『사분율』제40권「衣犍度」, 대정22권, 855쪽 b.

69) Mahāvagga, VII, 1, 5.「가치나의건도」, 남전대장경 제3권, 447쪽.

70)『마하승기율』제28권, 대정22권, 455쪽 a.

71)『살바다비니비바사』제4권, 대정23권, 527쪽 b.

터 상상품에 이른다고 하고 있다. 이것이 오늘날까지 가사에 최고 25조까지 있다고 하고, 9조 이상이 겉옷 승가리라 생각하게 한 것이다. 그러나 여기에도 하의나 상의에도 7조, 9조, 11조 등이 있음을 막지 않은 것이지, 반드시 중국 등 동아시아에서 생각한 것은 아니라고 생각된다. 그리고 조수는 각 율 모두 홀수인 것에 관해서는 아무런 설명이 없다.

또 조수의 최고를 『십송율』은 15조이고, 『사분율』은 19조이고, 『살바다비니비바사』는 25조에 그치고 있는 것이 중국 율학자들을 괴롭혔을 것으로 생각된다.

원조元照 율사의 『사분율행사초자지기』권하1에는 『업소』業疏를 인용하여 『사분율』에서 「應十九條, 不應二十條, 若能過是條數不應蓄」이라는 마지막의 「불응축不應蓄」은 바르게는 「응축應蓄」이며, 「불不」이란 글자는 후세 사람이 잘못한 것으로 삭제되어야 한다고 자기의 설에 맞추도록 회통會通하고, 조수는, 홀수라면 25조 이상 27조 등으로 얼마든지 늘려도 된다고 하고 있다.[72] 그러나 이 『사분율』의 본문을 마음대로 변경까지 하는 원조元照의 생각은 하등의 근거가 없는 설이다.

② 삼의의 색천色賤

비구계의 바일제에 착신의계著新衣戒가 있다.[73] 『빠알리율』 58계에는

72) 『사분율행사초자지기』권하1, 대정40권, 362쪽 c-363쪽 a.

73) 『著新衣戒』(바일제), 『빠알리』·『유부율』제58계, 『사분율』제60계, 『오분율』제77계, 『십송율』제59계, 『마하승기율』제48계.

「새옷新衣을 얻은 비구는 3종 괴색 중 한 가지 괴색을 취해야 하나니, 청색靑色 혹은 니색泥色 혹은 흑갈색黑褐色이다. 만약 비구가 3종 괴색 가운데 한 가지 괴색을 취하지 않고 새옷을 착용하면 바일제이다.」

라는데, 여기에 괴색壞色 dubbaṇṇakaraṇa 즉 「나쁜 색으로 만든다」라는 것이 색천色賤이고, 이 계의 경분별에 새옷新衣의 신新이란 「정법淨法 kappiya을 하지 않은 옷」이라고 되어 있다.74) 즉 「나쁜 색으로 한다」는 색천은 작정作淨 kappiya-karaṇa하는 것과 다름없다. 즉 새옷新衣을 입을 수 있도록 나쁜 색으로 염색하는 것이다.

그래서 『빠알리율』에서는 그 '나쁜 색으로 한다'는 것은 파랑과 진흙泥과 흑갈색이 있는데 청색이란 동청銅靑, 남청藍靑의 두 종류 청색, 진흙泥色은 [泥] 물색, 흑갈색은 흑갈색이 된다고 한다. 이는 모두 원색의 선명함을 지우는 것과 다름 없다.

일본에서는 삼의를 '가사'라고 부르는데, 가사는 범어의 kaṣāya이고, 『빠알리율』의 괴색壞色된 것에 상당한다. 즉 탁적색濁赤色 등 삼의의 괴색된 색이다. 즉 수행승의 옷의 색깔[僧衣色]인데, 이를 일본에서는 수행승의 옷[僧衣:3衣]의 의미로도 사용하고 있다. 그리고 삼의는 가사색으로 괴색된 것이다.

「착신의계」著新衣戒는 『사분율』에서는 제60계인데, 『사분율』 제16권의 이 계분별에 「만약 비구가 새옷新衣을 얻으면 3종으로 괴색해야 한다. 하나하나 색 가운데 임의隨意로 괴색하라. 혹은 청색, 혹은 흑색, 혹

74) Vinayapiṭaka, Vol. III, pp. 120-121. 「바일제 58」, 남전대장경 제2권, 190쪽-191쪽.

은 목란이다.」라고 하여,[75] 삼의를 새로 만든 경우에는 파랑과 검정과 목란으로 괴색해야 한다고 하고 있다. 『오분율』도 이것과 같이 혹은 파랑, 혹은 검정, 혹은 목란으로 하고 있다.[76] 『십송율』 제15에는 파랑, 진흙泥, 꼭두서니茜의 3색으로 되어 있는데, 이는 역어의 차이라고 생각된다.[77] 이는 『마하승기율』에 파랑, 검정, 목란의 3종 괴색을 들고, 그 내용을 설명하는 중에 검정黑이란 명자니名字泥와 불명자니不名字泥라고 하고 있으므로 검정黑은 진흙泥이라고 한다.[78]

그런데 『십송율』에 따르면, 만약 비구가 청의靑衣를 얻었을 때는 진흙泥 또는 꼭두서니茜로 물들이고, 니의泥衣를 얻었을 때는 파랑靑 또는 꼭두서니茜로, 천의茜衣를 얻었을 때는 파랑靑 또는 진흙泥으로 정淨해야 한다고 하니,[79] 새옷은 반드시 이 세 가지 색 중 하나로 괴색해야 하는데, 그러나 처음부터 파랑, 진흙, 꼭두서니의 세 가지 색인 새옷도 그것으로 되는 것이 아니라, 새옷의 색깔이 무엇이든 이를 세 가지 색으로 「염색染穢」을 해야 하는 것이다. 즉 새옷 그대로는 적법[淨]이 아니기 때문에 이 세 가지 색 중 하나를 사용하여 예를 들어, 청색 새옷에는 니색, 천색 중 하나로 물들여 적당한 것으로 작정作淨해야 한다는 것이다.

『마하승기율』의 제48 단타 신의계新衣戒 경분별에 괴색에 사용하는 세 가지 색의 내용 및 점정법이 기록되어 있다.[80] 이에 따르면 파랑,

75) 『사분율』 제16권, 대정22권, 676쪽 c.
76) 『오분율』 제9권, 대정22권, 68쪽 a.
77) 『십송율』 제15권, 대정23권, 109쪽 b.
78) 『마하승기율』 제18권, 대정22권, 369쪽 b.
79) 『십송율』 제15권, 대정23권, 109쪽 b.
80) 주78와 동일.

검정, 목란 중 먼저 첫째 파랑에는 동청銅青과 장양청長養青과 석청石青이 있다. 동청이란 동기銅器로서 식초단지苦酒瓮 위에 묻힐 때 그릇에 묻는 것이므로 인조녹청人造綠青이라 볼 수 있고, 둘째 장양청이란 남전청藍澱青이라 할 수 있으므로, 이는 남즙藍汁을 만들 때 아래에 침전한 침전물이고, 또 셋째 석청이란 공청空青으로 되어 있는데, 서본西本龍山의 추정에 따르면 「구리銅 화합물인 광물로 안료가 된다. 흔히 암감청이라 하며, 이 감청 중에서 복중공腹中空인 것이 있다. 즉 내부가 비어 있는 것을 공청空青이라 하는 듯하다.」라고 있다.[81] 다음으로 『승기율』은 흑색에 대해서는 명자니名字泥와 불명자니不名字泥 두 종류 있다고 하는데,[82] 첫째 명자니란 가리륵呵梨勒, 취혜륵醉醯勒, 아마륵阿摩勒을 철그릇에 합하여 만드는 것이라 하며, 이것도 서본西本龍山의 해석에 따르면 「가리륵 등의 탄닌성분과 철분의 화합에 의해 탄닌철을 만드는 것」[83]이라고 한다. 둘째 불명자니不名字泥란 이는 문자 그대로의 진흙泥으로, 「실니實泥 혹은 연못진흙池泥, 우물진흙井泥의 이러한 일체 진흙泥」이라고 여겨지는 것이다.

마지막으로 목란에 대해서는 「혹은 가리륵, 취혜륵, 아마륵과 같은 것을 생철生鐵 위에 연마하여」 만드는 것이다.

그런데 위에서 언급한 괴색은 새옷에 작정作淨하는 것이다. 즉 새옷은 비록 어떤 괴색적인 색이어도 그대로 입어서는 안 되는 것이므로, 반드시 괴색해야 한다. 괴색하여 이를 입어도 좋도록 하는 것을 작

81) 西本龍山역 『국역일체경 · 율부9』 172쪽 주37 참조.
82) 주78와 동일.
83) 西本龍山역 『국역일체경 · 율부9』 172쪽 주38 참조.

괴색作壞色 dubbaṇṇakaraṇa 또는 작정作淨한다고 하는데, 그 작정이 이 파랑青 · 검정(泥) · 천(茜;木蘭)의 세 가지로 괴색하는 것이다. 그리고 그 작정 방법은 염정染淨과 점정點淨이라고 한다. 염정이란 세 가지 색 중 어느 하나로 전체를 물들이는 것이고, 점정이란 천조각마다 1점 혹은 3점의 홀수로, 예를 들어 『십송율』로 말하면 청색의 삼의에는 진흙泥이나 꼭두서니茜로 반점을 붙이는 것이다. 『십송율』의 규정에 따르면, 천 조각의 바느질이 각자봉却刺縫 : 반박음질이면 한 장의 것으로서 1점으로, 직봉입直縫入 : 보통의 시접법으로 연결되어 있는 것에는 각각의 천 조각에 작정해야 한다.[84] 『마하승기율』에 따르면 더욱 구체적으로 기록하고 있다.[85] 즉 『마하승기율』에서 의재로서 인정된 것은 앞서 언급한 바와 같이 흠바라의, 첩의氎衣(겁패의) · 추마의 · 교사야의 · 사나의 · 마의 · 구모제의駈牟提衣였는데, 이들 새옷을 얻었을 때 앞에서 서술한 청색 · 흑색 · 목란의 세 가지 색으로 작정하는 것이다.

그래서 먼저 첩의와 추마의 · 사나의 · 마의 · 구모제의의 새옷은 세 가지로 정淨해야 한다. 세 가지 정淨이란 절루정截縷淨과 염정染淨과 청점정青點淨인데, 절루정은 의재를 조각내는 것으로 앞에 말한 도천刀賤이고, 천 조각을 장 · 단으로 하여 5조, 7조 등 삼의로 하는 것이다. 염정은 파랑 · 검정 · 목란의 세 가지 색 중에 검정 혹은 목란으로 전체를 염색하는 것이고, 점정이란 그 염정된 것에 다시 청색으로 점정하는 것이다. 다음으로 흠바라의와 교사야의의 두 가지는 절루정과 청점정의 2정을 해야 한다고 한다. 점정에 대해서는

84) 『십송율』제15권, 대정23권, 109쪽 b.
85) 『마하승기율』제18권, 대정22권, 369쪽 b-c.

「작정할 때 너무 크거나 작지 않아야 하고, 큰 것極大은 4지指를 한정하고 작은 것極小는 완두콩豌豆과 같다. 만약 가리륵, 취혜륵, 아마륵을 가지고 쇠鐵 위에 갈아서 즙을 내어 점정을 할 때 나란히 병작竝作해서는 안 되고, 혹 하나, 혹은 셋, 혹은 다섯, 혹은 일곱, 혹은 아홉으로 하더라도, 꽃모양華形과 같이 해서는 안 된다.」[86]

라고 적고 있다. 즉 점정할 점의 크기가 무지拇指의 폭 4배가 최대형이고, 최소는 완두 크기라고 한다. 「나란히竝作할 수 없다」[87]라고 하므로 2, 4, 6 등의 짝수가 아니라 홀수로 하라는 것이고, 분명 짝수로 늘어놓는 것을 미적美的으로 느끼는 것으로 생각된다. 그러나 여기에서 「가리륵 등을 쇠 위에 갈아서 즙을 내어 점정을 할 때」라고 하였으니, 이는 파랑靑점정이 아니라 진흙泥점정인데 파랑점정으로 할 경우도 같다. 또 앞에서 말한 일곱 가지 염정 위에 청점정한다는 것도 사실은 청색으로 점정한다는 의미이고, 청색으로 염정된 것으로는 니점정 혹은 목란점정이 이루어져야 할 것으로 생각된다. 또 첩의(겹패의)를 씻을 때 그 위에 진흙泥이 떨어지든지 새가 흙발泥足로 찍었다 하더라도 이를 점정으로 인정하고, 또 낡은 삼의를 새 조각으로 수선하는 경우에도 그 부분은 작정해야 한다고 한다.[88]

그런데 이 『마하승기율』에 따라 괴색으로 적정하기 위해서는 의재에 따라서는 염정과 점정의 2정淨을 필요로 하는 것이 있고, 또는 점정

86) 상동, 369쪽 c.
87) 상동.
88) 상동.

만으로 좋은 것이 있다고 했지만, 사실 율에 따라 그것은 반드시 일정하지는 않다. 『사분율』도 『십송율』도 점정이라는 것을 말하지 않았다.[89)]

따라서 청색의 순색 옷을 얻으면 여기에 진흙 혹은 꼭두서니茜를 뿌려 괴색(染淨)하여 입어야 한다. 이에 대해 『오분율』의 착신의계著新衣戒(바일제 제77계)는 「혹은 파란색, 혹은 검은색, 혹은 목란이다. 만약 세 가지 색으로 표치幟 nimitta를 만들지 않을 때는 바일제이다.」[90)]라고 한다. 그리고 이 「표치幟를 만드는 것」은 점정이라고 한다.[91)] 이 『오분율』과 같은 주장을 하는 것은 『빠알리율』 바일제 제58 착신의계著新衣戒에 대한 붓다고싸의 주註에서, 세 가지 괴색dubbaṇṇakaraṇa을 전체적으로 염정하는 것이 아니라, 네 각 또는 한 각을 점정하는 것으로 했다.[92)] 『선견율비바사』 제16에는 「청색이란 동청, 혹은 남청, 혹은 목란색이다. 목란이란 니묵泥墨이다. 이 세 가지 색으로 점정한다. 아래는 마자대麻子大와 같다.」[93)]라고 했다.

이상과 같이 염정설, 점정설, 양자병용설이 있어 율에 따라서 각각 차이가 있는 것은 물론 부파적인 주장의 차이이지만, 그러나 그것은 지방적 풍조에 가깝다고 하는 것도 고려해야 한다. 그러나 앞에서 언급했듯이, 출가자의 원칙적인 옷이었던 분소의도 많이 형식화하여 총간의塚間衣라는 이름 아래 실질적으로는 새옷인 것이 많았듯이, 시의施衣로서 인정된 것에도 점차로 염정이라는 이름으로 점정點淨 등이 장

89) 『사분율』제16권, 대정22권, 676쪽 c, 『십송율』제15권, 대정23권, 109쪽 b, 참조.
90) 『오분율』제9권, 대정22권, 68쪽 a.
91) 西本龍山역 『국역일체경 · 율부13』262쪽 註61.
92) 남전대장경 제2권, 282쪽의 역자 주 46에 따른다.
93) 『선견율비바사』제16권, 대정24권, 785쪽 c.

식화되기에 이르렀을 것으로 생각된다. 『승기율』에는 상색上色의 삼의를 금하고 있는데, 상색上色이란 구가염丘佉染 · 가미차염 · 구비라염 · 륵차염 · 여타라염 · 진비울염 · 홍람염 · 청염 · 급색皀色 · 화색華色을 말한다. 상색이란 괴색 즉 혼탁한 색과는 다른 순색 혹은 선명한 색으로 해석되는데, 이들 색을 금지하고, 삼의는 근염根染 · 엽염葉染 · 화염華染 · 수피염樹皮染부터 이하 거마계염巨摩計染에 이르는 것을 사용하도록 정해져 있다.[94] 아마도 시의施衣가 인정되었을 때는 당연히 특별히 괴색을 필요로 하는 것을 보시하는 자도 없고, 그러한 것을 소유하는 비구도 없었다고 생각되는데, 이윽고 『오분율』에 따르면 비구이면서 미간을 그리고 반지를 끼는 등 속인들白衣의 의법衣法을 하거나, 고가의 옷이나 순색의 청 · 황 · 적 · 백 · 흑색 옷을 입는 자가 있었으므로 붓다가 이를 제정했다[95]고 한다. 『십송율』에서는 비구가 여러 가지 초의草衣나 진청의眞青衣 등을 입으려 하였으므로 붓다는 이들 및 진황眞黃 · 진적眞赤 · 진백眞白 · 일체모피의一切毛皮衣 · 편수의偏袖衣 · 복의複衣 · 일체첩의一切氎衣 · 일체관두의一切貫頭衣 · 양수의兩袖衣 · 일체수의一切繡衣 · 일체삼一切衫 · 일체고一切袴 · 일체저의一切貯衣 · 일체단一切襌 · 일체바라미리의一切波羅彌利衣 · 일체사륵의一切舍勒衣 · 일체백의一切白衣 등을 금지했다고 하고 있다.[96] 또 『사분율』에서는 비구가 여러 가지 속인들白衣의 복장법이나 초의 · 사바초의 · 수피의 · 수엽의 · 영락겁의 및 구취모의 등을 입었기 때문에 붓다가 이를 금지하셨다고 한다.[97] 물론 이러한

94) 『마하승기율』제28권「잡송중의법」, 대정22권, 454쪽 c. 皀은 흑색.
95) 『오분율』제20권「의법」, 대정22권, 138쪽 b.
96) 『십송율』제27권「衣法」, 대정23권, 198쪽 a.
97) 『사분율』제40권,「衣犍度」, 대정22권, 858쪽 b.

극단적인 사태가 붓다 시대에 발생했다고는 생각할 수 없지만, 그러나 석가족 출가자 중에는 '불교'를 「신석가국新釋迦國」이라 생각하고 출가한 자도 있어서, 오로지 구도만이 아니라 세상의 화려한 옷을 입는 경향이 있는 자도 있었다고도 볼 수 있다. 그러한 경향이 있어서 먼저 옷 재료衣料에 대해 앞서 말한 6의衣 내지 10의衣라는 한정이 있고, 이어서 괴색할 필요가 있기에 이른 것으로 해야 한다.

괴색하는 것, 즉 색천色賤도 앞서 말한 도천刀賤 즉 할절割截하는 것과 함께 외도와 구분하기 위한 것이라 할 수 있으나, 앞에서 살펴본 것으로 미루어 볼 때 비구들이 선명한 순색 등을 사용하는 자가 있어서 괴색이 고안되었다고 해야 할 것이다. 따라서 괴색은 파랑靑·검정泥·꼭두서니茜:木蘭으로 되어 있는데, 모두 순청純靑 등이 아니라, 혼탁한 파랑·검정·붉은 색이다. 그리고 이는 『사분율』이나 『십송율』이 말하듯이 염정 즉 전체를 괴색으로 염색하는 것이다. 그리고 괴색 염정은 붓다가 제정한 것으로 인정할 수 있으나 점정은 아마도 나중의 것일 것이다. 다른 곳에서도 말했듯이, 율장의 특색은 붓다가 제정한 것은 교조教祖의 친정으로서, 시대에 따른 개변改變은 허용하지 않는다. 선명한 색에 가까운 것이 비구 삼의의 통상이 되는 시대에도 개변할 수 없다. 그래서 점정을 하되, 세 가지 괴색 가운데 하나로 하고, 정淨kappa이 되는 것으로 하기에 이르렀던 것이다. 그리고 이 점정을 이용하여 더욱 삼의를 디자인하게 되었고, 마침내 『승기율』에 말하듯이 꽃의 형태華形로 점정해서는 안 된다고 말하는 것까지 이른 것이다.[98] 현대 일본에서의 삼의는 꽃모양華形을 금은으로 점정한 것을 사용하고 있는데,

98) 『마하승기율』 제18권, 대정22권, 369쪽 c.

이처럼 이른 경로를 보면, 인도에서 비구의 시의施衣가 염정이 점정이 되고, 점정이 문양화되어 가는 경과도 같은 과정이었을 것으로 생각된다.

위에서도 말했듯이 90단타 중에 착신의계著新衣戒(『빠알리율』제 58계, 『사분율』제 60계, 『오분율』제 70계, 『십송율』제60계, 『승기율』제 48계)가 있는데, 그 계문에 따르면 비구가 새 옷을 얻으면 파랑 · 검정 · 목란nīla, kappama. kālasāma 삼종 괴색 tiṇṇaṃ dubbaṇṇakaraṇāṃ의 세 가지 괴색 중 하나를 취해야 한다고 하는데, 이 제계가 있었던 원뜻은 염정이었다고 보아야 하며, 이것이 인도 불교 비구 삼의의 색이 되었다고 생각된다. 『사리불문경』에 따르면, 대중부는 황의黃衣, 가섭유부는 목란의木蘭衣, 담무덕부는 적의赤衣, 살바다부는 급의皀衣, 미사새부는 청의靑衣를 입고 있다고 하는데,[99] 이는 부파 분화와 함께 불교 내의 무리 중에도 의색衣色의 차이를 필요로 했기 때문이라고 볼 수 있는데, 이들은 모두 3색 괴색 중에서의 변이색變異色으로 보아야 하며, 동시에 모두 옷색이라고 하고 있으므로 염정染淨임을 상상할 수 있는 것이다.

(3) 비구니의 오의五衣

비구의 상시 필수는 삼의인데, 비구니의 경우는 오의이다. 이는 각 율 모두 동일하지만, 그러나 그 오의의 내용에 대해서는 일치하지 않

99) 『사리불문경』, 대정24권, 900쪽 c.

는 것이 있다. 비구니의 오의 중 삼의는 비구와 공통인 외의 · 상의 · 하의의 삼의로 이에는 문제가 없으나, 삼의 이외에 두 가지에 대해 설이 다른 것이다. 즉 『빠알리율』은 부견의覆肩衣 saṁkacchika와 목욕의水浴衣 udakasāṭikā로,[100] 『오분율』은 이와 같다.[101] 『승기율』은 부견의와 우욕의雨浴衣,[102] 『사분율』은 승갈지僧竭支와 부견의覆肩衣[103] 『십송율』에서는 부견의와 궐수라厥修羅이다.[104] 역어 문자로 말하면, 부견의覆肩衣만은 공통인 것 같지만, 그러나 그것도 역어만의 것이고, 원어상에서는 반드시 하나라고 할 수 없는 것이 있다.

먼저 완전한 일치를 나타내는 것은 『빠알리율』과 『오분율』이며, 아마도 이 양자와 같다고 추정되는 것은 『승기율』이다. 『빠알리』의 부견의는 saṁkhacchika(빠알리어)의 역어이고, saṁkakṣikā(범어)에 상당하는 것으로 뒤에 서술한 바와 같이 『번역명의대집』이나 『남해기귀전』 등에 엄액의掩腋衣라고 번역되어 있는 것이다.[105] 『오분율』은 율장 전체적으로 『빠알리율』에 가장 가까운 것으로, 이곳의 부견의도 『빠알리율』의 그것과 동일하다고 보는 것이 지당해 보이며, 대정대장경에도 『오분율』의 부견의覆肩衣 해석에 saṁkhacchika라고 원어를 주註하고 있다.[106] 이 『오분율』의 부견의의 제정 인연은 『십송율』의 부협의覆脇衣의 제정

---

100) Cullavagga, X, 17, 2. 「비구니건도」, 남전대장경 제4권, 404쪽.

101) 『오분율』제29권 「비구니법」, 대정22권, 187쪽 c.

102) 『마하승기율』제30권 「비구니법」, 대정22권, 472쪽 b.

103) 『사분율』제48권 「비구니건도」, 대정22권, 924쪽 c.

104) 『십송갈마비구요용』 「대비구니단문제6」, 대정23권, 498쪽 b.

105) 荻原雲來著 『범한대역불교사전』(번역명의대집) 231쪽. 『남전기귀내법전』제22, 대정54권, 212쪽 b. (『국역일체경 · 和漢部史傳部』 16, 323쪽 참조)

106) 대정22권, 187쪽주. 단 대정장경 인쇄에서 aṃkacchika라고 하는 것도 saṁkacchika의 誤植이라 생각된다.

인연과 같은데, 석가족釋種에서 출가한 귀족녀의 비구니가 어깨肩臂를 드러내고 걸식하려 다녀 세상 사람들의 주목을 받았기 때문에 제정된 것으로 되어 있다.[107] 이에 따르면 이 부협의覆脇衣가 『십송율』 비구니의 부견의覆肩衣이다. 그리고 이 『십송율』의 부견의覆肩衣의 원어는 『근본일체유부필추니비나야』 권제7에는 승각기僧脚崎 saṁkakṣikā라 음역되어 있다.[108] 따라서 이것과 동일하다고 볼 수 있는 『오분율』 부견의覆肩衣 원어를 saṁkhacchika(巴)로 추정하는 것은 옳다고 생각된다. 또 이 『오분』·『빠알리』·『십송』의 부견의에서 생각하면, 다음에 기술할 『사분율』과 같은 특수한 경우를 제외하고, 부견의라 번역되는 것은 한결같이 saṁkhacchika(巴) saṁkakṣikā(梵)의 역어인 것으로 보인다. 이 부견의는 앞에서 말한 것과 같이 엄액의掩腋衣라고도 번역되어, 『번역명의집』[109]이나 『유부백일갈마』[110] 등의 비구 13자구資具로 꼽히는데, 율장 본문에서는 어느 율장이나 비구니에 관해서만 제정되어 있기 때문에, 아마도 처음에는 비구니의 흉부나 겨드랑이의 노출을 방지하는 옷으로 허락된 것으로 생각된다. 그것이 나중에 상의上衣 등이 땀으로 더러워지는 것을 방지하기 위해 비구의 친의襯衣로도 사용하기에 이르렀다고 해야 한다. 그러나 율장에는 이 일에 대해서는 아무것도 기록되어 있지 않다.

『빠알리율』과 『오분율』은 지금 말한 부견의나 수욕의udakasāṭikā를 비구니의 삼의 이외의 옷으로 하는 반면, 『승기율』은 수욕의를 말하지

107) 『십송율』 제40권 「명잡법」. 대정23권, 293쪽 b, 『오분율』 제29권, 대정22권, 187쪽 c.
108) 『근본설일체유부필추니비나야』 제7, 대정23권, 944쪽 b.
109) 주105 참조.
110) 『근본설일체유부백일갈마』 제10권, 대정24권, 498쪽 a.

않고 우욕의를 들고 있다. 그러나 우욕의varṣāśaṭī-cīvara(梵):vassikasāṭikā(巴)는 인도력 4월부터 6월에 이르는 3개월의 우기장마철에만 사용이 허용되는 것으로, 이는 항상 지니는 옷常持衣이 아니다.

상지의常持衣가 아닌 것이 상지불리의常持不離衣라 여겨지는 일은 있을 수없으므로, 따라서 『승기율』의 우욕의는 전역傳譯의 실수라야 된다. 그러나 수욕의는 앞에서 설명한 부견의와 함께 율장 본문에서는 비구니에허락된 것으로, 이는 상지의常持衣이다. 인도에서는 나체로 수욕하는 일은 없다고 하며, 현재 스리랑카의 승가에는 비구니가 없으나 비구에 대해서 보면 삼의가 낡아 사용할 수 없게 된 것을 이용하여 수욕의로 하고, 허리 부분 아래를 가리고 물을 뒤집어쓰고, 끝나면 바로 삼의의 하의下衣를 착용하는 것이다. 그러나 수욕의가 율에 나오는 것은 비구니가 나체로 수욕목욕하여 세상 사람들에게 주목받았던 것, 우바이인 비사거毘舍佉가 비구니에게 수욕의를 공양하겠다는 것을 붓다에게 말씀드리고, 붓다로부터 그것을 허락받은 것뿐이다.[111] 이는 「의건도衣犍度」에 기록되어 있는 것이고, 반드시 수욕의 창설의 인연은 아니다. 아마도 출가자의 수욕의가 있는데 그것을 이용하지 않는 비구 · 비구니가 있었으므로 비구니에게만 여성 신자 입장에서 비사거가 공양施入을 했다고 보아야 할 것이다. 그래서 『승기율』의 우욕의라는 것은 중국에서 역어 전승의 오류로 보이며, 이 수욕의가 마땅하다고 생각된다. 양자 모두 현재 스리랑카에서는 삼의를 입어 낡은 것을 전용하고 있다고 한다. 역어상으로도 오인되기 쉬운 어형語形을 하고 있기 때문이라고[112] 생각할 수 있다면, 『빠알리율』과 『오분율』, 『승기율』의 3

111) Mahāvagga, VIII, 15, 3. 「의건도」, 남전대장경 제3권, 507쪽.

율장에서는 엄액의掩腋衣가 부견의의 뜻이므로 부견의覆肩衣와 거기에 수욕의를 합친 두 가지 옷이 비구니 삼의 외에 2의로 있는 셈이다.

다음으로 『사분율』의 2의衣는 이해하기 어렵고, 여러 가지 문제를 제공하는 것이다. 즉 『사분율』에서는 삼의 외에 2의를 승갈지와 부견의로한다.[113] 앞에서 언급한 『빠알리율』, 『오분율』, 『승기율』 및 『십송율』에서 말하는 부견의는 지금 『사분율』에서 승갈지로 음역된 인도어의 상깍쉬까僧竭支 saṃkakṣikā를 번역한 것이다. 그런데 『사분율』은 그 승갈지와 부견의를 병기하여 2의라 하므로 이를 별개로 해야 하고, 별개로 하면 부견의의 원어가 불분명해진다.

일반적으로 부견의는 엄액의라고도 번역되는 saṁkakṣikā(梵) saṁkacchika(巴)로 이는 승갈지僧竭支, 승기지僧祇支, 기지祇支, 승각기僧却崎, 승각기가僧却崎迦 등으로 음역되며, 『오분율』·『십송율』·『승기율』은 지금 보았듯이 부견의라 하고, 『번역명의집』[114]이나 『남해기귀전』[115]에는 엄액의라고 기록되어 있는 것이다. 그래서 일반적으로 승갈지가 부견의라고 번역되어 있는데, 『사분율』과 같이 승갈지와 부견의로 병기하여 두 가지를 달리하면 부견의의 원어는 불분명해진다. 혹은 『십송율』에 있는 궐수라厥修羅 kusūlaka[116]를 앞으로 가게 해야 할지도 모르지만, 또 그 궐수라kusūlaka에 부유의覆乳衣라 해석할 수 있는 의미가 있기는 하나,[117] 이것을 실제로 본 의정 삼장은 이것을 하반신에 걸치는 천의篇衣 즉 하

---

112) 井上義宏『原始僧衣의 研究』75쪽.
113) 『사분율』제48권「비구니건도」, 대정22권, 924쪽 c.
114) 전출『범한대역불교사전』, 231쪽.
115) 『남해기귀내법전』제2권, 대정54권, 212쪽 b「僧脚崎」의 細註.
116) 『십송갈마비구요용』, 대정23권, 498쪽 b.
117) 『범한대조범화대사전』"kusūlaka"항 참조.

군下裙이라 하므로118) 상반신에 걸치는 부견의라고는 말하기 어려운 일이 된다. 그러나 스리랑카에서 비구 생활을 하면서 승의僧衣를 연구했다는 이노우에井上衣宏의 『원시승의연구原始僧衣研究』에 따르면 엄액의(승갈지)와 부견의는 별개이다. 이노우에井上는 송본松本文三郎의 「엄액의란 왼쪽을 열리고 오른쪽은 합하며 길이는 허리를 지나는 것인데, 이것이 후의 편삼偏衫의 기초가 되는 것이다. 엄액의는 어깨를 덮는 것이지만, 부견覆肩(뒤에 橫披라 한다)과는 전혀 별개이다. 운운」이라는 의견을 소개하고, 다시 이노우에井上의 의견으로 「부견의는 오른쪽 어깨에서 왼쪽 겨드랑이에 걸친, 승기지119)와 반대로 가슴을 덮고, 승기지와 함께 사용하여 양쪽 가슴을 감싼다.」라고 말하고, 다시 이 엄액과 부견의 두 옷이 편삼이 되어, 그것에 군裙을 결합시켜 현재의 직철直裰:長衫이 되었다고 한다.120) 이는 『사분율』의 이해를 위해 유리한 해석이 되지만, 부견의의 원어가 불분명하다. 이노우에井上의 「가슴 덮개乳覆」는 앞에서 언급한 『범화대사전』 오기와라荻原雲來의 설로,121) 궐수라厥修羅 kusūlaka에 그 의미가 있지만, 앞에서 말한 것과 같이 의정 삼장은 하군下裙(篇)이라 하고 있는 것이다. 내 생각에는 『사분』의 부견의覆肩衣도 승갈지僧竭支이고, 여기에 본래 비구니만 사용하는 것과, 뒤에 비구도 사용하여 비구 · 비구니 공동으로 사용하기에 이른 것이라는 두 종류가 있는데, 그 둘을 『사분율』이 승갈지僧竭支, 부견의覆肩衣라 하여 비구니의 2의衣로 하지 않았을까 생각된다.

118) 『남해기귀내법전』제2권 「니의상제」, 대정54권, 216쪽 a.
119) 엄액의로 이는 오른쪽 겨드랑이에서 왼쪽 어깨에 걸친다. - 筆者 註
120) 井上義宏 『原始僧衣의 研究』 75쪽.
121) 주117 참조.

옛날부터 엄액의(승갈지)와 부견의가 동일하게 보이거나 다른 것으로 보여 혼교混交된 것이 있었던 것은 의정이 『남해기귀전』에서 「범본에 준거해 보니 부견의란 이름이 없다. 이는 승각기의僧却崎衣 saṁkakṣikā이다. 이것이 즉 기지祇支 saṁkakṣikā의 본래 이름이다. 이미 군裙이라 하지 않았다. 아마도 이는 전역傳譯 참차參差이리라.」[122]라고 말한 것으로 알려졌다. 이때 의정은 하나의 승각기僧却崎라는 말에 대해 엄액掩腋과 부견覆肩의 두 가지 번역을 하고, 이를 두 가지로 하는 중국의 사고방식을 바로잡아 승각기 하나의 물건이라 주장하고 있는 것이다. 그리고 또 「이미 군裙이라 하지 않았다.」라는 것은 유부계有部系(『십송』, 『유부비나야』)[123]에서는 비구니의 삼의 외에 2의를 부견의(掩腋衣를 말하는 것)와 궐수라(裙)라고 하는데, 그 궐수라라고 해야 할 곳을 『사분율』이 엄액의가 아닌 부견의라 하기도 하고[124] 『오분율』이 수욕의[125]라고 하기도 해서 어렵게 하고 있다. 그러나 의정은 또 그 승각기僧却崎도 곳에 따라 비구니 전용으로 불렸다는 사실을 기록하고 있다.

> 「남해 여러 나라 비구니들尼衆은 별도로 1의衣를 입고 있다. 또 제制는 서방이 아니라 하더라도 모두 승각기복僧却崎服이라 한다. 길이는 2주肘, 넓이寬는 2주肘이다. … 겨드랑이腋와 가슴乳을 가리는 것으로 아래下齊는 무릎을 지난다.」[126]

---

122) 『남해기귀내법전』 제2권 「尼衣喪制」, 대정54권, 216쪽 제2행-제3행 細註.
123) 주116 및 (9) 참조.
124) 주103 참조.
125) 주102 참조.
126) 『남해기귀내법전』 제2권 「尼衣喪制」, 대정54권, 216쪽 a.

라고 한다. 그렇지만 남해의 비구니들이라도 이를 원하지 않는 자는 비구와 마찬가지로 승각기를 입는다고 한다.[127] 그리고 또 이 옷은 모양이 추한 것을 가릴 수 있는 것으로도 생각된다. 아마 붓다 스스로 제정한 것은 삼의뿐이고, 그 이외의 옷은 필수적인 요구에서 사용되기에 이른 것으로 붓다가 정한 제법製法이 있는 것은 아니다. 따라서 결정적인 규제가 없으므로 어느 때부터인가 양쪽 가슴 등의 노출을 가릴 목적의 것인 비구니의 것과, 비구가 상의上衣 등의 삼의에 땀을 막기 위해 속옷으로 사용해진 것 사이에 목적의 차이에서 형태의 차이가 생기고, 또 그 토지 풍토 풍습에도 영향을 받아 생긴 것이 한 종류에 그치지 않았던 것은 당연하다고 생각된다. 이 사실이 중국에 전래되기에 이르러 두 종류로 보이며, 『사분율』의 역자가 그것을 음역인 승갈지로 설명한 것과 의역인 부견의로 부르는 것 사이에 차이를 두어 두 종류로 보기에 이른 것으로 생각된다.

이미 말한 바와 같이 『사분율』이 비구니의 삼의 외에 2의를 승갈지(엄액의)와 부견의라 하는데 반해, 『십송율』은 『십송율비구요용』에 따르면 부견의와 궐수라라고 한다.[128] 『십송율』의 같은 계열 부파인 「근본설일체유부」의 율인 『설일체부필추니비나야』 권제7에 따르면,[129] 오의를 승가지僧伽胝·올저라승가嗢呾羅僧伽·안저바사安呾婆娑·구소락가俱蘇洛迦·승각기僧却崎라 하였으니, 『십송』의 부견의는 『빠알리율』·『오분율』·『승기율』등과 같이 승각기僧却崎 saṁkakṣikā로 알려졌으며, 구역舊譯인

127) 상동, 대정54권, 216쪽 a-b.

128) 주116과 동일.

129) 『근본설일체유부필추니비나야』 제7권, 대정23권, 944쪽 b, 『근본설일체유부백일갈마』 제2, 대정24권, 461쪽 b.

궐수라厥修羅는 신역新譯으로 구소락가俱蘇洛迦이다. 의정에 따르면 구역인 『십송율』 부견의의 승각기는 엄액의이고,130) 이는 비구 · 비구니에게 공통적인 것이고, 때로는 위에서 말한 남해의 비구니들이 사용한 비구니에게 특수한 것도 있지만, 원칙적으로는 공통이다. 구역 궐수라의 신역 구소락가는 군裙이다. 그러나 이는 필추가 사용하는 것131)의 군裙 즉 신역 니벌산나泥伐散娜의 구역 열반승涅槃僧 nivāsana은 아니고, 열반승涅槃僧 속에 입는 하군下裙으로 천의莤衣라고 한다. 천의莤衣라고 해도 이해하기 어렵지만, 일본 봉담鳳潭 『불문의복정의』佛門衣服正儀에서132) 『남해기귀전』 등에 따라 도안한 것을 보면 4주肘에 2주肘의 천으로 둘레 4주 높이 2주의 양쪽 바지 형식의 통 모양兩袴形筒狀의 부인용 치마 바지와 같은 것이다. 이를 치마를 입듯이 하여 허리 부분에 걸치면, 의정의 말에 따르면「위는 배꼽을 가리고 아래下齊는 복사뼈 위 4지指에 이른다.」133)라고 하고 있다. 『유부백일갈마』에는「厥蘇洛迦正譯名箭意取形狀立目郞是尼之下裙」이라 적고있다.134) 그러나 『번역명의집』에는 kusulakaṁ은 복유復乳라고 하고 있으며, 오기하라荻原 『범화대사전梵和大辭典』은 이를 kusūlaka라고 추정하여, 복유複乳에 복유방의覆乳房衣의 의미가 성립함을 암시하고 있다.134) 또 의정이 남해에서 본 비구니들의 특수한 승각기僧脚崎도 역시 크기는 4주에 2주로 이 구소락가俱蘇洛迦에 가까운 것 같아,135) 이것이 『사분율』의 부견의가 되지 않을까 하는 생

130) 주115과 동일.
131) 『근본설일체유부백일갈마』제10권, 대정24권, 498쪽 a.
132) 『佛門衣服正儀』, 『日本大藏經 · 戒律宗章疏』 2의 370쪽.
133) 『남해기귀내법전』제2, 대정54권, 216쪽 a.
134) 『근본설일체유부백일갈마』 제2권, 대정24권, 461쪽 b.
134) 주117 참조.

각을 하게 하는데, 앞에서도 말했듯이 지금은 실제로 본 자인 의정의 의견에 따를 수밖에 없는 듯하다.

이상 여러 가지 논하였지만, 결국은 위에서 서술한 『십송율』이든 『근본유부비나야』든 이 유부 계통에서는 비구니의 삼의 외에 2의를 『빠알리율』 등과 비슷한 의미인 부견의覆肩衣, 즉 엄액의인 부견의僧却崎 saṁkakṣikā와 궐수라의 신역인 구소락가俱蘇洛迦 kusūlaka 2의衣라고 하는 것이다.

그래서 위에서 서술한 바를 종합하면, 비구니의 오의는 비구와 공통된 삼의에 부견의saṁkakṣikā와 수욕의udakasāṭikā라는 2의衣를 더한 것으로 하는 『빠알리율』 즉 분별상좌부, 『오분율』의 화지부, 『마하승기율』의 대중부 등의 부파 계통이 있고, 또 부견의와 궐수라kusūlaka라는 2의衣를 더한 것으로 하는 『십송율』·『유부율』인 설일체유부 계통이 있고, 또 세 번째 계통으로서 승갈지掩腋衣 saṁkakṣikā와 이것과 구별되는 의미의 부견의(원어불명)의 2의衣라는 『사분율』의 담무덕부 계통이 있게 되는 것이다. 필자는 『사분율』의 부견의와 『십송』의 궐수라가 극히 가까운 것으로 생각하지만, 그것을 확정할 자료는 아직 나오지 않았다. 식자의 교시를 얻으면 다행이다.

일본의 율종은 나라奈良의 당초제사唐招提寺를 본산으로 하는 것으로, 감진鑑眞 화상이 전한 계통이다. 당나라 도선의 남산종 계통이다. 그런데 중국에서 사분율종은 상부종相部宗·동탑종東塔宗·남산종南山宗의 3종宗으로 나뉘었다고 하나, 비구니 오의衣의 내용에 대해서는 이견이 없었던 것으로 보인다. 상부종의 설은 알 수 없으나 동탑의 회소懷素도 남산의 도선도 함께 「사분율종」이면서도 『십송율』에 따라 비구니

135) 주125과 동일.

의 삼의 외에 2의를 궐수라의厥修羅衣와 부견의覆肩衣로 해석하고 있다. 그리고 이 경우에 앞에서 서술한 필자의 생각과는 달리 『사분율』의 승갈지를 궐수라의厥修羅衣라 하고, 부견의覆肩衣는 『십송율』의 부견의로 하고 있다.

도선은 『사분율산번보궐행사초』 하1에서 『십송율』에 따라 궐수라厥修羅를 길이長4주 넓이廣 2주로 하고, 거기에 세주細註로 「準似祇支國語不同」이라 하고 있다.[136] 즉 기지祇支 즉 승갈지와 궐수라는 인도어로는 다르지만 물건의 생김새는 서로 비슷하다는 것이다. 「준사準似」의 뜻은 같다는 것은 아니지만 대체로 동일하다는 것은 아닐까? 도선도 해석에 어려움을 겪었던 모양이다. 단지 이 글에 이어서 『승기율』에 부견의와 수욕의(사실은 우욕의)와 삼의를 비구니의 오의로 함을 들고 있고, 「準此部別不同, 四分令有祇支覆肩等」이라고 세주細註하고 있다.[137] 『니갈마』 3권은 동탑종의 회소懷素가 『사분율』에서 발췌하여 모은 것인데, 수의법受衣法과 사의법捨衣法은 「십송율에 의거하여 말하면依十誦云」이라 하며 삼의 다음에 부견의와 궐수라의를 받는(또는 버리는) 갈마의 말을 적고 있다.[138] 그리고 이것이 송나라 원조의 『행사초자지기』에 이르면 궐수라가 곧 기지(즉 승갈지)이고, 그래서 도선이 「국어부동國語不同」이라 한 것이며, 또 이 궐수라가 『일체경음의』에 엄액의라 번역된 것으로, 왼쪽 어깨를 덮고 오른쪽 겨드랑이 아래로 띠를 매고(길이 7척 2, 넓이 4척 5이고) 이어서 복견하여 입는 것이라 했다.[139] 이 글만으로는 필자에게 그 입는

136) 『사분율산번보궐행사초』 하권1, 대정40권, 107쪽 a. 주139 참조.
137) 상동.
138) 『니갈마』 상권, 대정40권, 546쪽 b.
139) 『四分律行持鈔資持記』권하 1, 대정40권, 364쪽 c.

방법이 불분명한데, 이는 앞에서 말한 이노우에井上의 엄액, 부견의 입는 방법과 같은 것으로 생각된다. 즉 이노우에의 착의법은 원조元照의 착의법에 따른 것으로 생각된다. 여기에서 원조元照는 이노우에 저서와 마찬가지로[140] 아난다가 용모가 수승容貿殊好했기 때문에 부인의 염착染着을 피하기 위해 남자이지만 비구니옷을 입는 것이 허락되었고, 그로부터 비구도 입기에 이르렀음을 기록하고 있다. 그리고 나아가 편삼褊衫이 이 기지祇支와 부견覆肩의 결합이며, 우변右邊이 부견의覆肩衣에 상당한다고 하여 편삼의 작법 논의를 하고 있다.[141] 필자는 위에서 설명한 바와 같이『십송』의 궐수라와『사분』의 부견覆肩이 아닌가 생각하였는데, 중국의 사분율종의 사람들은 필자와 달리, 당 도선은 먼저 승갈지僧竭支에 비교하고, 결국에 송의 원조元照에 이르러 이를 승갈지僧竭支로 삼아 버린 것이다. 이 생각도 버려서는 안 되며 크게 연구해야 하는데, 그러나 이 경우에도 문제는『십송율』의 궐수라, 즉 앞에서 언급한 의정의 구소락가俱蘇洛迦가 그에 의해 군裙(下裙)으로 여겨지는 것을 어떻게 처리해야 할지, 원조(1048-1116)는 의정(635-713)의 설을 보지 않았던 것일까. 혹은 사분율종이 생각하는 궐수라厥修羅는 지극히 이른바 엄액의掩腋衣에 가까운 것인가. 다만 율종은 원래 감정적으로 의정을 용인하지 않는 경향인 것 같다. 그리고 문제는 여전히 해결되지 않는 것 같다.

140) 주119 참조.
141)『四分律行持鈔資持記』권하 1, 대정40권, 364쪽 c-365쪽 a.

2. 옷에 관한 비구계

(1) 「장의계」와 옷의 정시淨施

비구의 생활자구 중 주된 것은 삼의1발이며, 그 발우에 대해서는 앞에 언급했다. 맹세코 세상의 욕심을 끊고 나아가 내세의 낙욕樂欲생활도 부정하고, 오로지 입열반을 기약하는 비구들에게 분소의는 가장 적합한 것이었다. 그러나 출가사회도 사회생활적인 것, 자기를 타인에게 보다 잘 보이고자 하는 의식은 면할 수 없다. 또한 출가사회는 일반사회의 지지로 이루어져 있으며, 한편으로는 사회적 영향이 가장 크다. 그런 출가집단 거기에서도 만약 겉으로 아름답게 꾸미려는 인간적인 본능이 나타난다면 우선 의생활이다. 불교 비구에게도 출가사회 나름대로 의생활에 관심이 높아진 것은 어쩔 수 없는 일이다. 어쩌면 비구에게도 인간성은 없어지지 않았다고 말할 수 있는지도 모른다. 정해진 생활은 단 삼의이지만, 그러나 앞으로 보듯이 정법淨法에 의해 어쩔 수 없이 여분의 옷을 인정하게 되는 경우, 그것을 이용하여 여러 옷多衣을 소유하기에 이른다. 괴색하여 새옷을 소유하게 되면 괴색이 디자인이되어 미화되는 것이다. 출가는 항상 삼의를 지녀야 한다고 하면, 어느 범위까지 가벼운 옷차림을 인정하는가가 문제가 되어 특례를 만들려고 한다. 또 평상床이나 가림용幕用의 깔개 원단이 있으면 그것을 의재衣材로 삼아 호화로운 삼의를 만들어 사회인을 경탄驚嘆하게 한다. 중국 남산율종 사람들이 와구에 관한 금계禁戒를 돌려 주석轉釋하면서 비구에게 명주옷絹衣을 금지하려 한 것은, 이 역시 뒤에 서술하듯이 율장 문장의 이해에는 문제가 있지만, 그러나 한편 금욕적인 사고방식에서는 수긍할 수 있다.

지금 말한 것과 같은 생각으로 비구계를 보면, 특히 옷에 관한 계가 많다. 30사타 중에 20계, 90바일제 중에 30계, 중학법 중에 2계가 있다. 30사타는 주로 비구가 부당하게 소유한 물건不正所持物을 규제하는데 그 절반에 가까운 수의 계가 옷에 관한 것이다. 지금 이 사타 가운데 옷에 대한 계를 봄으로써 지금 말한 점에 주의하고, 그것을 통해 불교비구 승가생활 변화의 실상을 살펴보기로 한다. 단 삼의의 제정은 앞에서 말했다. 지금 그렇게 정해진 의제衣制가 어떻게 지켜지고, 또 어떻게 사실상의 변화가 있었는지 보기로 하는 것이다.

「장의계」長衣戒 - 30사타 제1계에 「만약 비구가 삼의(를 만드는 것이) 끝나고, 가치나의를 버리고는 10일에 한해 장의長衣를 보유할 수 있다. 만약 그것을 넘기면 니살기바일제이다.」라고 되어 있는데[1] 이 학처는 『사분율』[2] 『오분율』[3] 『십송율』[4] 『승기율』[5] 모두 대체로 같은 문장이고 내

1) Vinayapiṭaka, Vol. III, p. 196. 「捨墮 一」, 남전대장경 제1권, 330쪽.
2) 『사분율』제6권, 대정22권, 602쪽 a.
3) 『오분율』제4권, 대정22권, 23쪽 b.
4) 『십송율』제5권, 대정24권, 30쪽 a.
5) 『마하승기율』제8권, 대정22권, 292쪽 a.

용이 같다. 니살기바일제nissaggiya-pācittiya를 통상적 번역으로 사타捨墮라는데, 이 사타에 30계가 있어서, 모두 옷이나 발우 등의 소지물에 관한 것이다. 이 계에 위배되는 소지물은 이를 승가에 버리고(捨:供出) 죄를 4명 이상 승가에 참회해야 한다. 이 범물犯物을 일단 승가에 버리는 점을 들어서 사타라 하는 것이다. 지금의 장의계는 그 제1계로서, 삼의 이상의 여분의 옷 또는 의재衣材를 10일 이상 소유하는 것을 금지한 것이다. 그런데 이 계문 중의「옷 끝나고」라는 것은 통상은 하안거 후 30일간이 의시衣時이다. 비구는 이 기간 동안 시의施衣 등에 의해 삼의를 수선하거나 또는 새로 만들어 갖추는 것으로, 그 사이에는 삼의의 보수 등을 위한 여분의 의료衣料가 있음은 인정되는 것이다.[6] 또 다음으로「가치나의를 버리고 나서」라는 것은 가치나의를 사용하는 것이 그 기간이 지나서라는 뜻이다.

가치나의kaṭhina란 공덕의功德衣라고도 번역되며,『선견율비바사』제18권에 따르면, 전안거前安居에 수행한 자精勤者에게 상여되는 것인데, 율장에서는 단순히 안거정근의 상으로 주어지는 것으로, 하루에 완성하는 5조 7조 등의 옷이다. 전안거가 끝난 7월 16일부터 12월 15일까지 이를 수지, 즉 그것을 사용하는 것이 인정되는 것이다. 그리고 이 옷 수지를 인정받은 자는『빠알리율』에 따르면「(1) 식전식후에 비구에게 부탁하지 않고(알리지 않고) 마을에 들어갈 수 있다. (2) 옷을 떠나서(삼의를 지니지 않고) 머물宿 수 있다. (3) 별중식 할 수 있다. (4) 사용할 수 있는 만큼의 옷을 받아도 된다. (5) 옷을 얻으면 소지할 수 있다.」라고 하여[7]

6) 제8장 · 6「衣鉢의 淨法」(650쪽) 참조.
7)『선견율비바사』제18권, 대정24권, 795쪽 및 전주 참조.

이 다섯 가지 특전이 허용되어 있다. 이 다섯 가지는 일반 비구에게는 금지되어 있는 것으로, (1)은 바일제(單墮) 제46계 학처(不囑同利入聚落戒)에서 금지되어 있는 것, (2)는 사타의 제2계(離三衣宿戒)에서 금지되어 있는 것, (3)은 단타 제32계(別衆食戒)에서 금지되어 있는 것, (4)는 사타의 제1계 즉 지금 말한 장의계에서 금지되어 있는 것, (5)는 사타 제3계(月望衣戒)에 금지되어 있는 것인데, 가치나의를 수지한 자에게는 이 다섯 가지五事가 특별히 허락되고, 이를 행해도 범계가 되지 않는다는 것이다.

한역의 제율에도 『빠알리율』과 같은 다섯 가지가 인정되고 있으나, 다섯 가지 중 마지막 하나는 『빠알리율』과 다르다. 『사분율』의 「가치나의건도」[8]나 『오분율』「가치나의법」,[9] 『마하승기율』「가치나의법」[10] 모두 다섯 가지五事의 해금을 설하는데, 지금 『사분율』의 역어로 나타내면 해금되는 다섯 가지는

(1) 축장의(사타 제1 장의계 해금)

(2) 불실의不失衣(사타 제2 리의숙계 해금)

(3) 별중식(바일제 별중식계, 『사분율』제33계, 『오분율』제32계, 『십송』·『유부율』제36계, 『승기율』제40계의 해금)

(4) 전전식(바일제전전식계, 『사분』·『승기율』제32계, 『오분』·『십송』·『유부율』제31계 해금)

(5) 식전식후불촉비구입취락(바일제식전식후지여가계, 『사분율』제42계, 『오분율』제 82계, 『십송』·유부·『승기율』제81계 해금)

8) 『사분율』제43권 「가치나의건도」, 대정22권, 877쪽 c-878쪽 a. 「五事功德」有長衣·不失衣·別衆食·展轉食·食前食後不囑比丘入聚語.

9) 『오분율』제22권 「가치나의법」, 대정22권 153쪽 b. 「不犯五事」別衆食·數數食·不白餘比丘行入聚落·畜長衣·離衣宿.

10) 『마하승기율』제28권 「가치나의법」, 대정22권, 452쪽 a. 「五事判」別衆食·處處食·食前食後行不白·畜長衣·離衣宿.

인데, 이 제4는 『빠알리율』에서는 동율同律의 사타 제3 월망의계 해금으로 되어 있다. 단 각 율장을 통하여 이 월망의계에는 첫머리에 「삼의가 끝나고 가치나의를 버리고 나서」라고 하고 있으므로 한역 제율에서는 실제상은 다섯 가지 공덕은 여섯 가지로 묶어야 한다. 단 『십송율』의 가치의법迦絺衣法에는 다섯 가지 해금을 기록하지 않으나,[11] 경분별부 및 결계문을 보면, (1) 장의계 사타 제1, (2) 이의숙계 사타 제삼의 개해開解는 계 자체에서 해금이 명료하고, (3) 별중식(『십송율』바일제법 제30계)과 (4)전전식(『십송율』 바일제 제31계)은 작의시作衣時의 해금을 기록하지만, 가치나의수여는 임시작의시 수여이므로 이것도 개금開禁으로 볼 수 있으나, (5)의 식전식후불촉입취락(『십송율』 바일제 제81계)은 계 중에도 『사분율』 등과 같은 인연시를 제외하는 말도 없고[12] 또한 경분별에도 하등의 보충해석이 없으므로,[13] 이는 『십송율』에서는 「작의시불해금作衣時否解禁의 계」로 보아야 한다. 이에 반해 『빠알리율』의 다섯 가지 중에 있던 사타 제3 월망의계는 『십송율』에도 다른 율과 마찬가지로 계의 처음에 「若比丘衣竟已捨迦絺那衣」라고 되어 있으므로, 이를 해금계解禁戒로 따지면 『십송율』에서는 『빠알리율』이나 한역 다른 율과는 다르게 다섯 가지를 이루는 것이다.

위에서 언급한 것처럼 가치나의 공덕 다섯 가지에는 제율장 사이에 약간의 출입은 있으나, 이를 받은 자에게는 다섯 가지 또는 여섯 가지 공덕이 있다. 가치나란 의미는 위에 말했듯이 「견고堅固」의 의미

11) 『십송율』제29권, 대정23권, 206쪽 c이하.
12) 『십송비구바라제목차계본』, 대정23권, 476쪽 a.
13) 『십송율』제18권 「바일제 81」, 대정23권, 123쪽 c-124쪽 c.

로, 이는 뒤에 서술하듯이 이 옷을 받은 비구의 「지율견고持律堅固」의 의미임에 틀림이 없지만, 이 옷을 「공덕의」라고 칭하는 것은 지금 말한 다섯 가지의 한역율에서는 실제상 여섯 가지六事의 공덕이 있기 때문이다.

율제律制의 일시적 해금은 수행의 일시적 정지이기도 하여, 이를 공덕으로 기록하는 것은 지극히 「반출가주의」이나 율장 중에는 그러한 반성이 전혀 없으며, 이는 안거에 정근한 자에게 주는 상으로 여겨짐은 자주 언급한 바와 같다.

「가치나의건도」에는 남북의 제율이 모두 이 규칙에 어긋나는 인연담이 붙어 있다. 『빠알리율』의 「가치나의건도」에 따르면, 파리읍波利邑Pātheyya 비구 30명이 사위성의 붓다 곁에서 안거에 들어가려고 사위성으로 갔는데, 날짜를 맞추지 못하고 사갈타Sāketa에서 4월 15일이 되었으므로 거기에서 우안거를 끝내고, 비가 내리는 흙탕물에 의복이 젖고 피로한 속에 사위성 붓다의 처소에 가까스로 닿아서 후안거를 하게 되었는데, 이 인연으로 우안거를 지낸 비구에게 가치나의를 받게 했다.[14] 그러나 이 인연의 이야기에 관계없이, 가치나의는 우안거를 지낸 자에게 주는 것이지, 인연은 연결되어 있지 않다. 그리고 이 일은 『사분율』, 『오분율』, 『십송율』도 마찬가지이다.[15] 또 여기에서는 앞에서 말한 『선견율』제18권과 같이 전안거를 지낸 자에게 가치나의를 준다고 하고 있지 않고, 또 파리읍 비구들도 결국 사위국에서 전안거

14) Mahāvagga, VII, 1. 1-3. 「가치나의건도」, 남전대장경 제3권, 444쪽-445쪽.
15) 『사분율』제43권 「가치나의건도」, 대정22권, 877쪽 a. 『오분율』제22권 「가치나의법」, 대정22권, 153쪽 a-b. 『십송율』제29권 「가치나의법」, 대정23권, 206쪽 c.

를 하지 않고 사갈타에서 기간을 보냈으니, 전안거를 지낸 자에게 상여하는 것으로 한다면 인연설화로서의 효용을 이루지 못하고 있다. 그런데 『오분율』에는 파리읍 비구 이야기에 앞서 아나율의 이야기를 기록하고 있다.[16] 즉 그가 찢어진 삼의를 가지고 있었는데, 그는 지계 견고한 비구였다. 승가에서 의재衣材를 구해 새옷을 갖추고자 해도 새옷을 만드는 것은 혼자서는 단시일에 불가능하고, 따라서 10일 이내에 만들지 않으면 「장의계」를 범하고, 또 새옷을 만들기 전에 낡은 옷을 버리면 삼의를 하루라도 떨어져 있어서는 안 된다는 「이삼의숙계」를 범하게 된다고 여겨서, 죄를 범하는 것을 염려하여 새옷을 만들지 않았다고 하는 이야기를 병기하고 있다. 그래서 예를 들어, 서본西本龍山은 사분계본의 해석에 이를 인용하여 「아나율을 위해 가치나의를 받는 것을 허락하신 것으로서, 파리읍 비구에게는 주어서는 안 된다. … 오직 아나율의 사연과 함께 나란히 기술하고 있는 것이다.」[17]라고 한다. 그러나 이 아나율의 설화는 『오분율』에만 있는 것이고, 파리읍 비구 이야기는 각 율에 공통된 이야기이다. 그러므로 각 율이 한결같이 이 파리읍 30명 비구의 인연을 기록하고 있는 것은, 가치나의란 원래는 이 파리읍 마을 비구들과 같은 사람에게 주는 것이므로, 의복이 찢어져서 쓸모없게 된 객래비구에게 승가가 전 비구의 도움으로 삼의가 아닌 이의二衣라도 급히 시간에 맞추어 만들어 주어 삼의의 일시 대용으로 하고, 그 사이에 삼의를 만들게 하려고 앞에서 언급한 다섯 가지 공덕과 같이, 작의시作衣時와 같은 편의를 허용했다고 볼 수 있다. 즉

16) 『오분율』제22권, 대정22권, 153쪽 a.
17) 西本龍山 『사분율비구계본강찬』 222쪽 細註.

가치나의는「응급의應急衣」이고 급하게 일의一衣로 삼의를 대신하는 의미였을 것으로 생각된다. 이는 가치나의가 당일에 온 자로 알려져, 전승가 비구가 도와 하루 안에 만들어 내야 한다는 데서도 수긍할 수 있다. 즉 단월(施主)은 정사에 아침 일찍 가지고 가서 이를 당일에 완, 염색, 타, 꿰매어 반드시 하루 안에 완성해야 하며, 또한 이를 위해 정사 비구들의 협력을 받아 만드는 것으로 보아 응급으로 급하게 만들어야 함을 알 수 있다.[18] 따라서 이는 비구가 곤란해하며 정사에 가까스로 도착하여 옷이 찢어져서 입을 수 없는 경우에 승가 비구들이 응급의를 만드는 것이고, 그동안 삼의를 갖출 때까지 삼의의 미비나 재료를 모으기 위해「이의숙」이나「장의계」불범의 특례를 인정해야 하는 것, 다시 피로곤비하니「입취락」이나「별중식」,「전전식」을 허용하여 체력 회복을 도모해야 하는 것이다. 그리고 그것이 의시衣時 제한의 완화를 필요로 한 것도 당연한 일이라 할 수 있다. 그러나 이 응급조치가 처음부터 가치나의라 불렸던 것인지는 의문이다.

『오분율』의 아나율 이야기는 아마도『중아함』제19권「가치나경」의 아나율타의 이야기[19]를 인용한 것인데, 이 경에서 말하는 것이 본래의 가치나의라고 생각된다. 본 경은「빠알리문」에는 상당하는 경이 없는데, 그 내용은 존자 아나율타Anuruddha가 사라바엄산 속에서 수행하다가 종종 사위성에 들어와 걸식하였던 것이다. 그의 삼의는 거칠고 낡았기麤素壞盡 때문에 이를 본 아난다가 기원정사에 돌아와 비구들에게 권유하고 붓다에게도 말씀 드려서 마침내 붓다 이하 800비구가 사라바

18) Mahāvagga, VII, 1, 5.「가치나의건도」, 남전대장경 제3권, 446쪽-447쪽.
19)『중아함경』(제80경)「장수왕품 가치나경」제9, 대정1권, 551쪽 c.

엄산 속에 가서 아나율타를 위해 「옷을 펼쳐 자르고割截 연철連綴하여 이를 서로 꿰매었다」고 한다. 이때 붓다께서도 친히 「옷을 펼쳐 재단」하시고, 비구들도 함께 할절하고 봉합하여 하루만에 아나율을 위한 삼의를 완성했다고 한다. 아나율타는 분명 삼의를 하루에 갖추기 어렵고, 따라서 「장의계」 또는 「이의숙계」를 어길까봐 하지 않았던 것으로 생각된다. 그래서 붓다는 아나율타를 향하여 비구들에게 자치나의법을 설하라고 말씀하시고, 아나율타는 계를 사다리 삼아 위 없는無上 혜당정법慧堂正法 의 누각에 올라 육신통을 이루었음을 설하였고, 붓다는 이에 이어서 비구들에게 가치나법을 수습할 것을 말하고, 이 법은 범행梵行의 근본本이 되어 신神을 초래하고 깨달음覺을 초래하고 열반을 초래한다고 되어 있다.[20] 여기에서 생각할 수 있는 것은 계행의 호지가 가치나법kaṭhina이다. 그 계행이 높은 자, 즉 가치나법을 성취한 자의 삼의가 찢어졌을 때는 승가가 총력을 기울여, 그가 「이의숙」 등으로 계행을 파하는 일이 없도록 하기 위해, 즉 계행 호지를 도와주기 위해 전원이 협력하여 하루에 삼의를 만드는 것이 「가치나의」라고 해야 할 것이다. 그리고 이 경의 가치나의는 삼의이며, 또 전안거 등에 대해 아무런 언급이 없다. 그러므로 이 『가치나경』의 가치나의가 가장 원시적인 것이고, 이 때는 안거와는 관계가 없는 것이었다. 그러나 비구들이 계행에 전념하는 것은 전안거중이라는 점, 그리고 아마 언제부터인가 안거(4월 15일~7월 15일)에 늦는 자를 위해 후안거(5월 15일~8월 15일)가 마련되었는데, 그 전안거를 완전히 행하는 것이 칭찬받고, 다시 후안거도 포함하여, 안거정근이 사실상 위의 가치나법이 되게 되었다. 그리고 이것

20) 상동, 대정1권, 554쪽 b.

이 앞에 기술한 율장「가치나의건도」파리읍 30명 비구의 이야기, 즉 승가가 삼의가 찢어진 객래비구에게 응급으로 옷을 만들어 준 것이 그 비구가 삼의를 갖추는 동안 허용된 제계불범 조치와 결부하여 전안거 정근자의 상여로 보기에 이른 것으로 보인다. 파리읍 비구는『빠알리율』에「모두 숲속에 살고, 걸식piṇḍi을 먹고, 분소의paṁsukūla를 입고, 단지 삼의ticīvara만을 가진다.」라고 기록되어 있어, 앞에서 언급한 아나율타에 견줄 수 있는 행지行持 바른 비구생활자였음을 강조하고 있다. 이 점을 중시하면, 지율이 견고자에게 지범持犯이 되지 않게 하는 것이 가치나의법의 원뜻이고, 이 의미를 확대해 안거 중에 정근 노력한 비구가 자자自恣 후 1개월 동안의 의의衣時에 삼의의 조제調制衣를 완료하지 못하는 자가 있다는 점 등에 따라서 안거 정근자의 상여가 되었다고 생각된다.

그런데「장의계」는 위에서 언급한 것처럼 보통 비구는 안거를 마치고 1개월의 의시衣時를 보내고, 다시 전안거에 정진하여 가치나의를 받은 자는 안거 후 5개월 후에 가치나의를 버리게 되는데 그 사시捨時를 넘겨 10일 이상을 삼의 이상의 여분의 옷을 갖지 말아야 한다는 것이다. 또「장의」의 옷에 대해 경분별에「설정說淨해야 할 제한량vikappanu-pagapacchimaṃ의 물건」이라고 하지만,[21] 정시淨施를 하지 않은 삼의 이외의 옷 또는 의재衣材로서,『사분율』에는 길이는 여래의 8지指, 넓이는 4지指부터라고한다.[22]「여래의 지指」는 보통 사람의 배이고, 주척周尺의 2척尺이므로 8지指는 1척6촌이다. 그런데 문제는「정시를 하지 않은」장의長

....

21) Vinayapiṭaka, Vol. III, p. 196.「捨墮 一」, 남전대장경 제1권, 331쪽.

22)『사분율』제6권, 대정22권, 602쪽 a.

衣의 「정시淨施 vikappana」의 의미인데, 이는 옷에 관한 정법淨法이다. 삼의 이외의 옷을 얻었을 때는 이를 타인에게 주는 형식을 취하여 사실은 자신이 소유권을 가지는 것이다. 이 대표적 방법에는 두 가지가 있는데, 『사분율』의 역어로 말하면 진실정시眞實淨施 sammukhā-vikappanā와 전전정시展轉淨施 parammukhā-vikappanā이다.[23] 진실정시는 대면정시對面淨施이다. 이 경우의 진실이란 형식상 진실다운 것을 말하는 것이다. 즉 말로는 그 옷을 남對人에게 준다고 하고, 실제로는 자신의 것으로 상대對人에게 맡기는 방법이다. 『담무덕잡갈마』의 진실정시[24]하는 방법으로는 정시할 상대를 향하여 「나 모갑에게 장의가 있어 아직 작정作淨하지 않았고, 지금 정시淨施를 위해 장로에게 시여施與하여 진실정시로 한다.」라고 말하는 것이다. 장로에게 시여한다고 해도 상대에게 정말로 주는 것은 아니고 「정시淨施를 위해」라고 미리 단언하고 시여한다는 것이다. 이는 그러나 상대에게 맡겨두고 자신의 필요에 따라서 상대로부터 받아 사용한다. 그러나 이 경우에도 베푼 상대에게 무단으로 착용하거나 반환하려 하지 않는데도 거론하여 빼앗으면 바일제의 「진실정불어취계眞實淨不語取戒」를 범하게 된다. 두 번째의 전전정시는 상대를 통하여 제3자에게 정시했다는 말을 교환하였을 뿐[25] 자신의 처소에 두고 임의로 사

23) 二種淨施.
對面淨施sammukhā vikappanā, 展轉淨施parammukhā vikappanā, Vinayapiṭaka, Vol. III, p. 122. 남전대장경 제2권, 193쪽.
眞實淨施 · 對面淨施=『사분율』 제16권 및 제41권, 대정22권, 676a, 866a.
對人淨施 · 遙示淨施 · 獨淨施 · 展轉淨施=『오분율』 제9권, 대정 22권, 69a-b.
眞實淨施=『십송율』 제16권, 대정23권, 115a.
對面淨施 · 對他面淨施=『마하승기율』제19권, 대정22권, 379a.
24) 담무덕율부잡갈마 「眞實淨施文」, 대정22권, 1047쪽 a.
25) 상동, 1047쪽 a-c.

용하는 것이다.[26] 정시淨施하는 것을 「작정作淨」 또는 「설정說淨」이라 하고 하는데, 이 형식만 밟으면 「장의」는 형식상 자기의 것이 아니지만, 실질적으로는 공인公認하여 자기 것이 되고, 실제로는 얼마든지 소유해도 된다.

「장의」도 작정作淨한 것은 「장의」로 셀 수 없게 되는데, 작정를 잊거나 혹은 작정을 하지 않고 10일 이상 이를 소지하면, 이를 승가에 내어놓고[捨] 참회하는 것인데, 이를 「사타의捨墮衣」라 하는 것이다. 『사분율』 등은 모두 「사타의」는 승가에 내어놓는다고 하고 있으나,[27] 『빠알리율』은 승가(4인 이상) · 별중(4인 이하 2인 이상) · 인[一人] 중 어느 하나에 버리면 된다고 한다. 이는 「장의계」에 대해서 뿐만 아니라 금전 · 발우 이외의 사타捨墮의 사捨는 그렇게 되어 있다.[28] 사타는 부정不正하게 소지하거나 또는 소득한 물건이므로 승중僧衆이나 중중衆中에 버리는데, 그러나 이 사타의捨墮衣는 승가의 소장물所藏物이 되지 않고, 『빠알리율』 · 『사분율』 · 『승기율』은 모두 참회한 비구에게 환의還衣한다. 돌려받은 비구는 새로 보시 받은 것과 마찬가지로 이번에는 정시淨施하여 소유하면 된다. 또 만일 별중別衆에서 사捨를 받고 환의還衣하지 않는 이들이 있으면 그들은 돌길라죄가 된다고 되어 있다. 그러므로 「장의長衣」의 사타의捨墮衣는 반드시 버린 비구에게 되돌아가게 된다고 보아야 한다.[29]

26) 二種淨施에 대해서는 제8장 · 6 「衣鉢의 淨法」중 「長鉢戒의 淨法」(650쪽)을 참조.

27) 『사분율』에서는 이 捨墮衣應捨與僧. 若衆多人若一人不得別衆이라 한다. 『사분율』제6권 「捨墮 一」, 대정22권, 602쪽 c. 『오분율』도 應捨比丘僧若與一二三比丘不得捨라고 한다. 『오분율』제4권 「捨墮法」, 대정22권, 23쪽 c. 단 『십송율』은 「是衣應捨, 波夜提罪應悔過」라고만 기록한다. 『십송율』 「사타」제5권, 대정23권, 30쪽 b. 『마하승기율』제8권, 대정22권, 293쪽 b에는 「僧中捨」라고 한다.

28) Vinayapiṭaka, Vol. III, pp. 196-197. 「사타일」, 남전대장경 제1권, 331쪽-332쪽.

「장의계」는 그 제계 인연에 따르면, 비구가 많은 삼의를 소유하고, 마을에 들어가든 원園에 들어가든, 목욕을 하든 다른 삼의로 대체하는 경우가 있었으므로, 비구는 한 벌의 삼의로 생활해야 한다고 여겨지며, 한 벌의 삼의 이상은 「장의」로서 그 소지를 금지한 것이다. 이는 비구의 옷은 삼의로 충분하다고 하여 삼의를 제정하신 원시 의미를 재확인시킨 계이다. 그리고 그것이 사타죄로 된 것은, 규칙에 저촉된 삼의는 완전히 승가로 몰수하기 위함이었을 것이다. 이는 같은 사타죄 중에 「걸발계」의 경우에는 다소 그 원초적인 엄격함을 볼 수 있다.[30] 그러나 「장의계」에 상당하는 「장발계」는 「장의계」와 같은 취급으로 「장발」은 되돌려 받고 있다.[31] 이 금계는 소위 삼의1발의 생활을 지키게 하기 위한 것이었지만, 그 제정 의의는 우선 정시淨施로 느슨해져, 정시淨施를 잊어버리더라도 승가에 사참捨懺하면 실질적으로는 반환되어 소지할 수 있게 되어 전혀 의미가 없게 된 것 같다. 아마 아마도 비구의 사치라기보다는 사회상태나 위생적 견지에서 보아도 겨우 삼의 한 벌과 1발만으로 사는 것은 불가능하게 되어, 이러한 정법淨法이나 사타의 조치가 생겼다고 생각된다.

29) Vinayapiṭaka, Vol. III, p. 197. 남전대장경 제1권, 332쪽. 『사분율』제6권, 대정22권, 603쪽 a. 『오분율』은 還衣에 대해 기록하지 않는다. 『마하승기율』은 갈마로서 당일 또는 다음날에 知識比丘가 옷을 가지고 還衣하더라도 「不得停久過年月還」이라고도 附記한다. 『마하승기율』제8권 「사타」, 대정22권, 293쪽 c.

30) 「乞鉢戒」, 사타법 제22계, 『오분』만 제19계. 얻은 新鉢은 供出시키고 승가 중에서 最下鉢을 가지게 된다.

31) 「長鉢戒」, 사타법 제21계, 『오분』만 제20계, Vinayapiṭaka, Vol. III, p. 244. 남전대장경 제2권412쪽-413쪽 참조.

(2) 이의숙離衣宿 등의 계

「이의숙계」란 비구가 삼의 또는 그 가운데 1의衣라도 떠나서 하룻밤을 지내서는 안 된다는 것이다. 이것은 각 율에도 공통적으로 사타(니살기발일제) 제2계에 둔다.[1] 계의 내용도 각 율에 공통적인데, 지금 『빠알리율』의 계를 남전대장경 번역문으로 나타내면,

「비구가 삼의가 이미 끝나고, 가치나의를 버리고 나서, 1야夜라 하더라도 삼의를 떠나면 비구들[僧]의 인가認可가 있는 것을 제외하고 니살기바일제이다.」

라고 한다. 이 중에서 승僧의 「인가認可가 있는 것을 제외하고」라는 것은 『빠알리율』의 인연에 따르면 붓다가 왕사성에 있을 때 교상미국에서 병든 비구가 삼의를 들고 돌아가려고 해도 무게를 못 이겨 돌아가지 못한 일이 있었다. 그래서 그런 경우에 한해서 승가의 백이갈마로 삼의의 일부가 없더라도 불실의不失衣로 「이의숙」이 되지 않는다는 결의, 즉 인가를 하면 그 비구는 삼의를 소지하지 않더라도 불실의不失衣가 된다는 것이다.[2] 『사분율』도 건소병乾痟病 비구가 분소糞掃한 승가리의 무게로 곤란했던 인연에서 『빠알리율』과 같은 내용의 불실의법不失衣法 갈마를 정했다고 한다.[3] 『오분율』도 한 분소 비구의 옷이 무거운

1) 『빠알리율』 Vinayapitāka, Vol. III, p.199. 남전대장경 제1권, 336쪽, 『오분율』 제4권, 대정22권, 24쪽a. 『마하승기율』 제8권, 대정22권, 295쪽a. 『사분율』 제6권, 대정22권 603쪽c. 『십송율』 제5권, 대정23권, 31쪽b-c.

2) Ibid., pp. 198-199. 남전대장경 제1권, 335쪽-336쪽.

인연을 들고 있는데, 불실의不失衣 갈마를 악용하여 상갈마리의숙常羯磨離衣宿(일상에 삼의를 떠나는 것) · 갈마진리삼의羯磨盡離三衣(삼의 전부를 떠나는 것)를 행하는 자가 있다고 여겨 이를 비법非法으로 금하고 있다.[4]『승기율』에는 다음 항 (3)섭의계攝衣戒에 상당하는 것만으로, 개인적인 불실의不失衣 갈마는 기록하지 않는다.[5] 이상 제율에 반해『십송율』은 조금 다르다. 사리불이 여러 나라를 유행하는데 병이 들어서 승가리를 너무 무거워하였던 인연을 들어 그 기한을 1개월로 하는「불리승가리숙갈마不離僧伽梨宿羯磨」가 정해졌다고 한다.[6]『빠알리율』이외의 여러 율에서는 삼의 중 어느 하나를 떠나는 것을 인정하는가에 관해서는 정해져 있지 않다.『오분율』이나『승기율』의 인연으로는 무게가 있는 것은 두겹으로 된 승가리이고, 특히 분소의임을 상상할 수 있지만 그 이상은 불분명하다.『십송율』은 이들과 달리 이의離衣의 허가 대상을 승가리에 한정하였던 것이다. 또 하나는「이의숙」의 기한을 1개월로 허가하기로 한 것이다. 병에 걸린 사리불에게 1개월 허락되었는데, 일반용 갈마문에도「1월불리승가리숙갈마」라고 하므로 1개월이 정해진 기간이라고 보인다.[7] 일반적으로 불실의법을「1월불실의숙백이갈마」로 하는 것은, 이『십송율』의 불실의법에 준거하는 것이다.[8]

「불리의숙」이란 이상과 같은 질병에 대해 승가의 인가(不失衣 또는 이의

....

3)『사분율』제6권, 대정22권, 603쪽 b-c.

4)『오분율』제4권, 대정22권, 24쪽 a.

5)『마하승기율』제6권, 대정22권, 294쪽 a-c, 본서 851쪽 참조.

6)『십송율』제5권, 대정23권, 31쪽 c-32쪽 a. 지역적 不失衣도 인정하는데, 그것은 본서 850쪽 참조.

7) 상동. 32쪽 a.

8) 西本龍山『比丘律比丘戒本講讚』227쪽.

숙갈마)가 있은 경우를 제외하고, 비구는 삼의를, 비구니는 오의五衣를,[9] 그 중에 한 벌이라도 떠나서는 안 된다는 것이다. 이는 지금『오분율』에서 본 바와 같이,「상갈마리의숙」이나「진삼의리의숙」과 같은 비법非法갈마가 생긴 것으로 보아, 또 특히 분소의 승가리는 상당한 무게가 있었을 것으로 여겨지며,「상지삼의」는 쉽지 않은 일이었던 것 같다. 그래서 이를 어기는 이도 많아서 엄하게 해야만 했던 것으로 생각된다.

그러나 이는 하나의 정사精舍 vihāra 안에서 일을 하고 있을 경우라도 항상 삼의를 입으라는 것은 아니다. 승가리 즉 겉옷은 외출용인 것으로 보아도 되고, 청소 등의 경우는 친의襯衣와 하의下衣로 일하므로 상식적으로 사내에 있을 때는 입고 있지 않아도 언제라도 입을 수 있는 곳에 있으면「불리불실삼의」라 할 수 있다. 그러나 그러한「불실의」범위에 대해 엄밀하게 규정하게 되면 여러 가지 문제가 생기게 된다. 이것이 이른바「섭의계」의 논의이다. 예를 들어『사분율』에서는 승가람 · 수樹 · 장場 · 수레車 · 배船 · 마을村 · 사舍 · 당堂 · 고장庫藏 · 창倉 · 아란야阿蘭若 등의 장내를「불실의계不失衣界」로 하고 있다.[10] 이러한 장내로서도 거기에도 문제는 있지만, 이는 나중에 말하기로 한다.「사분율종」에서는 이에 다른 율의 설을 더해 15계界가 된다고 한다.[11]『빠알리율』도 뒤에 언급하듯이, 15계界를 헤아리고 있다.[12] 그래서 이「이의숙계」는 유행을 하든 머물러 있든, 비구는 반드시 삼의를 지녀야 한다는 것인데, 먼저 언급한「장의계」가 원칙적으로 삼의 이상 여분의 옷 소지

9) 본장 · 1 · (3)「비구니의 五衣」681쪽 참조.
10)『사분율』제6권, 대정22권, 603쪽 c-604쪽 참조.
11) 西本龍山『比丘律比丘戒本講讃』153쪽 이하「僧寶의 根基로서의 攝衣界」참조.
12) Vinayapiṭaka, Vol. III, p. 200. 남전대장경 제1권, 337쪽.

를 금하는 것으로, 이른바「단삼의」를 설하는 것이었다. 이에 대해 이는「상지삼의」를 설하는 것이라 할수 있다.

옷에 관한 것으로 다음「월망의계月望衣戒」가 있다. 사타 제3계에서 다음과 같이 설하고 있다.

「만약 비구가, 삼의가 이미 끝나고, 가치나의를 버리고 나서 만약 비구가 비시의非時衣를 얻었을 때 희망하는 비구는 받을 수 있다. 받으면 신속하게 만들어야 한다. 만약 만족스럽지 못할 때에는 1개월에 한정하여 그 이내에 만족할 희망이 있다면 그 비구는 그 옷을 보관할 수 있다. 만약 이를 넘겨 보관하면 희망이 있다고 하더라도 니살기바일제이다」[13]

이는 각 율이 모두 내용은 똑같다.[14] 이 중에서 옷이란 의재衣材를 말하는 것이고,「비시」란 의시衣時 이외의 때이다. 위의「장의계」에서 말한 바와 같이,「의시」는 안거가 끝난(7월 16일 또는 8월 16일)이후 1개월의 작의시이다. 여기에 가치나의를 받은 자는 12월 15일까지 3개월 또는 4개월의 의시 연장이 있는데 이 연장의시가 이른바 가치나의시이다. 이 의시衣時와 가치나의시迦絺那衣時 기간은 여분의 의재를 소지해도 되었다. 지금 이「망월의계」는 이 기간 이외에 의재를 시주로부터 받을 경우이다. 계戒 가운데「만족스럽지 않다」는 것은 완전한 옷에 부족한 의재衣材를 말한다. 그러나 수납하는 쪽에서 불완전한 의재라도 1개월

13) 「월망의계」, 사타 제3계, 남전대장경 제1권, 343쪽 (Vinayapiṭaka, Vol. III, p. 204.)

14) 『십송율』제5권, 대정23권, 33쪽 b-c. 『사분율』제6권, 대정22권, 604쪽 a, 『오분율』제4권, 대정22권, 24쪽 a. 『마하승기율』제8권, 대정22권, 298쪽 c.

내에 다른 곳에서도 수납될 전망이 있고, 그것과 합해서 완전한 옷이 될 수 있는 가망이 있으면 그것을 수납해도 된다고 하는 것이다. 그렇기 때문에 「장의계」에서 삼의 이외 여분의 의재 소지는 10일 이내로 한정되었지만, 이 계에 따라 1개월 이내에 완전한 옷을 지을 가망이 있는 것은 그 옷을 짓는 기간, 즉 1개월은 소지를 완화받게 된다.

다음으로 또 사타 중에 비구니와 관련된 옷에 관한 두 계가 있다. 첫째는 『빠알리율』에서 사타 제4계로 되어 있는 「사비친니완고의계使非親尼浣故衣戒」[15]이다.

「어떠한 비구라 하더라도 비친리非親里 비구니에게 고의故衣를 세탁하거나 염색하거나 손을 쓰게 한다면 니살기바일제이다.」

다른 여러 율도 동일 내용이다.[16] 「친리親里」란 혈족 관계가 있는 것으로 친족이란 의미이다. 따라서 비친리는 그러한 관계가 없는 사람이다. 그리고 이 계는 비구가 입어서 더러워진 옷을 친연관계가 아닌 비구니에게 완 · 염 · 타浣染打, 즉 세탁 · 염색 · 수선하게 하는 것이다. 물론, 예의 · 풍습風儀 단속상取締上의 규칙이라고 보아할 것이지만, 이 계에 완 · 염 · 타라고 하므로 고의故衣는 씻을 때 괴색[17]이 씻겨 떨어지는 경우가 있어서, 그것을 그때마다 괴색으로 물들이는 것임을 알 수

15) 「使非親尼浣故衣戒」, 사타, 『빠알리』 · 『유부율』제4계, 『사분』 · 『오분』 · 『십송』 · 『승기율』제5계

16) Vinayapiṭaka, Vol. III, p. 206 남전대장경 제1권, 348쪽. 『사분율』제6권, 대정22권, 607쪽 b, 『오분율』제4권, 대정22권, 27쪽 a, 『마하승기율』 제9권, 대정22권, 301쪽 c. 『십송율』제6권, 대정23권, 43쪽 b.

17) 본장 · 1 · (2) 「비구 삼의와 작정법」 중 (B) 「三衣의 色賤」 (674쪽) 참조.

있다.

다음으로 비슷한 계에 「취비친니의계取非親尼衣戒」가 있다.[18)]

「어떠한 비구라도 비친리비구니非親里離比丘尼의 손으로 옷을 받으면 교역을 제외하고 니살기바일제이다.」[19)]

라는 것으로, 한역 여러 율도 대체로 같은 내용이다.[20)] 이 계의 인연은 연화색비구니Uppalavaṇṇā-bhikkhunī의 안타회antaravāsaka 즉, 하의下衣를 우다인비구Udāyin-bhikkhu가 강력히 요청하여 받은 일로 결계되었다고 한다. 이 인연에 따르면, 연화색비구니는 우다인의 요구에 대해 처음에는 「이는 자신의 마지막 다섯 번째 옷이다.」라고 거절했다고 한다.[21)] 이로 미루어 보면 비구 · 비구니의 생활이 단삼의가 아니라 제오의를 「마지막」이라 하듯이 여러 장의 의류 정법淨法에 의한 소유가 보통이었음을 알 수 있다. 그리고 계에는 「교역을 제외하고」와 같이, 비구와 비구, 비구니와 비구, 비구니와 비구니 사이에 교역에 의해 옷이 교환되고 있었음을 알 수 있다. 그리고 이것이 비구 사이가 아니라 재가 · 외도 등으로 발전될 때 사타 제19의 「판매계」[22)]가 생겨서 재가나 외도출가자와의 교역이 금지되게 되는데, 그 분별에 따르면, 교역되는 여러 가지 물건種種物이란 의복cīvara · 단식団食 piṇḍapāta · 와구santhata · 질병에 연관

18) 「取非親已衣戒」(사타), 『빠알리율』 제5계, 『사분』 · 『오분』 · 『십송』 · 『승기율』 제4계.
19) Vinayapiṭaka, Vol. III, p. 209. 남전대장경 제1권, 353쪽.
20) 『오분율』 제4권, 대정22권, 26쪽 c. 『사분율』 제6권, 대정22권, 606쪽 c. 『마하승기율』 제8권, 대정22권, 300쪽 c. 『십송율』 제6권, 대정23권, 43쪽 a.
21) Vinayapiṭaka, Vol. III, p. 206. 남전대장경 제1권, 351쪽.
22) 「販賣戒」(사타), 『빠알리』 · 『사분』 · 유부 · 『승기율』 제20계, 『오분율』 제29계.

된[病緣] 좌구gilānapaccayabhesajja-parikkhāra 내지 단자団子 cuṇṇa-piṇḍa · 양자楊子 dan-tapoṇa · 미직未織의 실sutta이라 한다.[23] 즉 이들 물건은 불교 비구들[比丘同志]과는 괜찮지만, 외부의 다른 이와 교역하면 사타가 된다.[24] 그래서 지금 「취비친의계取非親衣戒」는 금하고 있는 것 그 자체보다 승가 내 비구 · 비구니의 교역이 허용되고 있음을 알리는 데 중요함이 있다. 또 같은 사타 중에 「종비친속인걸의계從非親俗人乞衣戒」가 있다.[25] 이는 다음과 같이 설해지고 있다.

> 「어떠한 비구라도 친리가 아닌非親里 거사 혹은 거사 부인에게 옷을 구乞하면 조건을 제외하고 니살기바일제이다. 여기에 그 조건이란 비구가 옷을 빼앗겼을[奪衣] 때, 혹은 옷을 잃었을[失衣] 때, 이것이 그 조건이다.」[26]

이 계는 한역 여러 율도 같은 내용이다.[27] 이는 비구가 일반인에게 옷을 구걸해도 되는 특별한 경우를 말하는 것으로 평상시에는 비구가 옷을 구걸해서는 안 된다는 것을 정하고 있다. 이 계의 인연은, 비구 우바난타 석자upnanda-sakyaputta가 현재 장자의 아들이 입고 있는 겉옷을 시의施衣로 요구하여 취한 데 따른 것으로 생각된다.[28] 계에서 「조건」

23) Vinayapiṭaka, Vol. III, p. 241. 남전대장경 제1권, 408쪽.
24) 西本龍山 『比丘律比丘戒本講讃』234쪽 「종종판매계」 참조.
25) (사타) 제6계.
26) Vinayapiṭaka, Vol. III, p. 212. 남전대장경 제1권, 358쪽.
27) 『오분율』제4권, 대정22권, 27쪽 c, 『사분율』제7권, 대정22권, 609쪽 b. 『마하승기율』제9권, 대정22권, 302쪽 b, 『십송율』제6권, 대정23권, 45쪽 a.
28) Vinayapiṭaka, Vol. III, pp. 210-211. 남전대장경 제1권, 355쪽-356쪽.

즉「제외한다」고 하는 것 가운데,「탈의奪衣」란 비구가 왕래하는 도중에서 도적에게 빼앗겨서 맨몸이 됐을 때이고, 또「실의失衣」란 화재 · 수재로 잃어버리거나 혹은 쥐나 개미가 쏠아서 사용할 수 없게 된 때이다.[29] 이럴 때는 일반 재가인에게 급하게 옷을 청할 수 있다. 그러나 이런 경우라도 과분하게 받아서는 안 된다. 즉 사타중에는「과분취의계過分取衣戒」[30]가 있다.

> 「만약 비구에게 친리가 아닌 거사 · 거사 부인이 많은 옷을 올리며 마음대로 선택하게 할 때, 그 비구는 많아도 속옷과 겉옷만 받아야한다. 만약 이를 지나게 받으면 니살기바일제이다.」[31]

라는 것인데, 이것도 한역 여러 율의 내용은 비슷하다.[32] 이는 앞에서 말한 탈의 · 실의한 비구가 일반 재가인으로부터 옷을 받는 경우의 계이다. 이 계의「많아도 내의 · 외의만」이라 하는 것을「경분별」은 해설하기를,「만약 삼의를 잃으면 2의를 받아야 하고, 2의를 잃으면 1의를 받아야한다. 1의를 잃으면 아무것도 받아서는 안 된다.」라고 하고 있다. 그리고 지금 이 두 계에 의해 일반 재가인은 출가자에게 옷을 바치는 데 적극적이거나, 그렇지 않으면 출가자가 요구하면 그에 따라 시의施衣한 것을 알 수 있고, 그로 인해 비구가 많은 옷 · 좋은 옷

29) Ibid., p. 212. 남전대장경 제1권, 356쪽-357쪽, 주27참조.
30) (사타) 제7계.
31) Vinayapiṭaka, Vol. III, p. 214. 남전대장경 제1권, 361쪽.
32) 『십송율』제6권, 대정23권, 45쪽 b,『마하승기율』제9권, 대정22권, 303쪽 b,『오분율』제4권, 대정22권, 28쪽 a.『사분율』제7권, 대정22권, 610쪽 a.

을 소유했기 때문에 그 일을 제한하고 있음을 알 수 있다. 그리고 이 두 계는 비친리非親里 즉, 비구의 친연이 아닌 재가에게 걸의乞衣를 금하고 있는 것이다. 따라서 비구는 그의 친족자에게는 시의를 요구할 수 있는 것으로 보아, 찰제리 · 바라문의 귀족 출신이 많았던 불교 비구들이 분소의를 구하지 않고 친연자로부터 시의를 시입施入하게 하였고, 그 결과 좋은 옷 · 많은 옷好衣多衣을 소유하는 생활을 하였음을 짐작할 수 있다. 물론 이 계는 비구 쪽에서 시의施衣를 요청하는 것에 대한 것이지, 친척이 아닌 일반인이라도 자발적으로 자기가 원하는 비구를 지명하여 행하거나, 승가에 시의施衣하는 것에는 제한이 없다. 지금 계는 비구쪽에서 시의施衣를 요구하는 경우의 제한이다.

다음으로 옷衣의 시입施入을 금전으로 하는 경우가 있었는데, 이 일에 대해서도 사타 중에 세 가지 계가 있다. 먼저 「권증의가계勸增衣價戒」가 있다.[33]

> 「만약 비구를 위해 친리親里가 아닌 거사 혹은 거사 부인에게 의료衣料가 준비되어, 이 의료衣料로 옷을 구하여 모갑 비구에게 옷을 입히려고 했다. 그때 만약 비구가 이 일을 알고 청하지 않는데 먼저 가서 옷에 대해 지도하기를, "훌륭합니다, 현자여. 이 의료衣料로 이러이러한 옷을 구하여 내가 입게 하시오."라고 하면, 좋은 옷을 원하는 것이므로 [행하면] 니살기바일제이다.」[34]

33) 사타 제8계.
34) Vinayapiṭaka, Vol. III, p. 216. 남전대장경 제1권, 364쪽.

라고 하고 있고, 한역도 같은 내용이다.[35] 이는 시주가 자신[비구]에게 시의施衣하려고 계속 옷을 조달하고 있음을 알았을 때, 그 비구가 청을 받지 않았는데도 그 시주의 처소에 가서 보다 비싼高價 옷을 시입施入하도록 하는 것을 금하고 있다. 이것과 같은 취지의 계에 또 「권이가증의가계勸二家增衣價戒」가 있다.[36]

> 「만약 비구를 위해 두 거사 혹은 거사 부인에게 각각 의료衣料가 준비되어, "우리들은 이 각자의 의료衣料로 각자 옷을 구하여 모갑 비구에게 입게 하겠다."라고 했다. 그때 만약 비구가 청을 받지 않았는데 미리 가서 옷에 대해서 지도하기를, "훌륭합니다, 현자여. 이 각자의 의료衣料로 이러이러한 옷을 두 사람 공동으로 구하여 내가 입게 하시오."라고 하면, 좋은 옷를 원하는 것이므로 [행하면] 니살기바일제이다.」[37]

라는 것으로 한역 여러 율이 비슷한 내용으로 되어 있다.[38] 이 역시 계에서 알 수 있듯이, 두 사람의 시주가 자신을 위해 각자 별도로 옷을 만들어 시의하고자 하는 것을 이를 안 비구가 두 사람이 합하여 좋은 옷을 해 주기를 요구하는 운동을 하는 것을 금하고 있는 것이다. 취지는 설명할 것까지도 없이 계에 분명하게 나타나 있다. 그 다음에

35) 『십송율』제6권, 대정23권, 45쪽-46쪽. 『오분율』제4권, 대정22권 28쪽 b, 『사분율』제7권, 대정22권, 611쪽 a. 『마하승기율』제9권, 대정22권, 304쪽 c-305쪽 a.

36) 사타 제9계.

37) Vinayapiṭaka, Vol. III. 남전대장경 제1권, 368쪽.

38) 『마하승기율』제9권, 대정22권, 305쪽 b, 『오분율』제4권, 대정22권, 28쪽 c, 『사분율』제7권, 대정22권, 612쪽 a. 『십송율』제6권, 대정22권, 46쪽 b.

또 이와 관련해서 「과한홀색의가계過限忽索衣價戒」가 있다.[39]

「만약 비구를 위해 혹 왕이나, 대신, 바라문, 거사가 사자使를 통해서 의료衣料를 보내면서, 『이 의료衣料로 옷을 구하여 모갑 비구에게 옷을 입게 하라』라고 할 때, 사자使者가 그 비구[의 처소]에 이르러 이렇게 말한다. "대덕 장로를 위해 이 의료衣料를 가지고 왔습니다. 장로는 의료를 수령해 주십시오."라고. 그 비구는 이 사자에게 이렇게 전한다. "현자여. 우리들은 의료衣料를 받지 않습니다. 우리들은 때가 오면 정의淨衣를 받습니다." 이에 사자는 그 비구에게 이렇게 말한다. "장로에게 집사인veyyāvaccadakara이 있습니까?" 비구들 가운데 옷을 희망하는 비구는 집사인 혹은 정인淨人 혹은 우바새를 지시하며, "현자여, 어떤 사람이 비구들의 집사이다."라고 말해야 한다. 그 사자는 그 집사인에게 승낙을 받고, 그 비구의 곁에 이르러 이렇게 말한다. "대덕이 지시한 집사인은 나에게 승낙하였습니다. 장로여. 마땅히 그럴 때가 오면 그는 존사에게 옷을 입게 할 것입니다."라고. 비구들 가운데 옷을 희망하는 비구는 집사인의 처소에 가서 두세 번 재촉하기를, 『현자여. 나는 옷을 원한다. 』라고 말하고, 두세 번 재촉하여 그 옷을 얻으면 된다. 만약 얻지 못하면 네 번, 다섯 번, 여섯 번까지는 침묵으로 서 있어야 한다. 네 번, 다섯 번, 여섯 번까지 침묵으로 서 있으면서 옷을 얻으면 된다. 이를 넘겨 힘을 다하여 옷을 얻으면 니살기바일제이

39) 사타 제10계.

다. 만약 얻지 못할 때는 의료衣料를 보내준 시주에게 스스로 가거나 혹은 사자를 보내어 말하기를, "현자들이여, 비구를 위해 의료衣料를 보내었지만, 그것은 그 비구에게 아무런 이익을 주지 않았습니다. 그대들은 자신의 물건을 환취還取하여 자신의 물건을 잃지 마십시오."라고 해야 한다. 이것이 이 경우의 바른 처치이다.」[40)]

한역 여러 율도 이것과 같은 내용의 긴 계문을 기록하고 있다.[41)] 이는 많은 설명을 할 것도 없이, 계 자체에 의가衣價의 시입施入이 옷이 되어 비구가 착용하기에 이르는 절차와 그 경과가 상세하게 명시되어 있다. 이 계는 의시입衣施入의 실상을 명확히 밝히고 있는 동시에, 비구의 의가衣價를 횡령하는 집사인이 있다는 점과, 그것에 대해 출가자인 비구가 취해야 할 조치를 정하고 있는 점 등이 흥미롭게 설명되고 있다.

이상의 것 이외에 사타 중에는 「권직사증의루계勸織師增衣縷戒」[42)]와 같이 거사들이 자기를 위해 옷을 짜게 하고 있음을 알게 된 비구가 그 직사에게 가서 더 좋게 짜도록 말하고, 직사에게 '무엇인가를 보내되 겨우 탁발식piṇḍapāta[43)]이라 하더라도 니살기바일제'가 된다고 여기는 것이다. 또 「자걸루사직계自乞縷使織戒」[44)]는 비구가 스스로 실을 구하여 직

40) Vinayapiṭaka, Vol. III, p. 218. 남전대장경 제1권, 373쪽-374쪽.

41) 『십송율』제7권, 대정23계, 47쪽 a, 『오분율』제4권, 대정22권, 29쪽 a. 『마하승기율』제9권, 대정22권, 305쪽 c-306쪽 a, 『사분율』제7권, 대정22권, 613쪽 a-b.

42) 「勸織師增衣縷戒」(사타) 『사분』·『십송』·『유부율』제24계, 『오분율』제12계, 『빠알리』·『마하승기율』제27계.

43) 托鉢食 Vinayapiṭaka, Vol. III, pp. 259-260. 남전대장경 제1권, 438쪽, 『오분율』제4권, 대정22권, 29쪽 c, 『마하승기율』제11권, 대정22권, 321쪽 c, 『사분율』제9권, 대정22권, 625쪽 b, 『십송율』제8권, 대정23권, 56쪽 a.

사에게 옷을 짜게 하는 것을 금하는 것이다.[45)]

비구들은 안거가 끝난 후 1개월을 의시衣時라 하여 옷을 만들고, 또 가치나의를 수여 받은 자는 12월 15일까지 의시衣時가 연장된다고 했다.[46)] 재가의 시주도 이때 의료衣料를 시입하는데, 의시衣時에 유행遊行 등을 하는 자는 안거 동안에 비구에게 사전에 시의해 두는 것을 급시의急施衣라 한다. 이를 받은 비구는 안거 후 의시衣時의 의료衣料로서 의시衣時까지 보존해야 하는데, 의시衣時에 사용하지 않고 의시 후까지 그대로 보존해서는 안 된다는 것으로 「과전수축급시의과후축계過前受畜急施衣過後畜戒」가 있다.

또 우계의雨季衣 vassikasāṭika-cīvara 즉 우욕의雨浴衣는 우기용 겉옷인데 이는 우기 전 1개월이 되는 3월 15일쯤에 구하여 4월 1일쯤에 만들어 입는 것인데, 그 이전에 구하여 착용하는 것을 금하는 것으로 「과전구우의과전용계過前求雨衣過前用戒」가 있다.[47)] 이 외에 사타 중에는 정시淨施가 아니라 다른 비구에게 준 옷을 탈취하는 것을 금하는 계나, 나아가 옷의 재료가 되는 양모나 깔개敷具 등에 관한 몇 가지 계數戒가 있다.

『마하박가』의 「사리불 · 목건련의 출가사」(mahāvagga I, 24, 5. 남전 제3권, 77쪽)에 따르면

……………

44) 「日乞縷使織戒」(사타), 『빠알리』 · 『마하승기율』제26계, 『사분』 · 『십송』 · 『유부율』제23계, 『오분율』제11계.

45) Vinayapiṭaka, Vol. III, p. 256. 남전대장경 제1권, 433쪽, 『십송율』제8권, 대정23권, 55쪽 a, 『오분율』제4권, 대정22권, 29쪽 b, 『마하승기율』제11권, 대정22권, 320쪽 b, 『사분율』제9권, 대정22권, 624쪽 b.

46) 본장 · 2 · (1) 「장의계와 옷 정시」(691쪽) 참조.

47) 「過前受急施衣戒」(사타), 『빠알리』 · 『사분』 · 『마하승기율』제28계, 『오분율』제18계, 『십송』 · 『유부율』제26계. 「過前求雨衣戒」(사타), 『빠알리』제24계, 『사분율』27계, 『오분율』제17계, 『십송』 · 『유부』제28계, 『승기』제25계.

「그때 마가타국의 여러 저명한 족성자族姓子들은 세존 곁에서 범행梵行을 닦고 있었다. abhiññātā-abhiññatā Māgadhikā kulaputtā bhagavati brahmacariyaṃ caranti」

라고 기록되어 있어, 붓다의 교단은 초기부터 귀족 명문의 자제들이 참집하고 있었다. 붓다는 자식을 빼앗아 족성을 끊는다고 비난받았다고 기록되지만, 사실 양가의 자제가 많은 교단으로 보면 된다. 그러한 점과 위에서 살펴본 바와 같이, 비구는 일반 재가에게 옷을 청하는 것을 허락되지 않지만 친리親里 ñatika 즉 친연자에게는 걸의乞衣를 해도 좋다고 되어 있음을 감안해 보면, 다분히 풍족한 승가생활에는 비구 친연자의 큰 지지력이 더해졌을 것으로 상상된다.

(3) 섭의계攝衣界

사타 제2「불리의숙계」에 대해서는 이미 현항에서 언급한 바 있으나,[1] 지금 그 인연에 대해서『빠알리율』에 따르면, 비구들이 삼의 중 겉옷즉 승가리saṃghāṭī를 다른 비구에게 맡겨두고 상의 · 하의만으로 여러 나라를 유행했다. 그런데 비구들이 맡겨 놓았던 겉옷은 오래 착용하지 않아서 오손汚損이 되었다. 그래서 이를 맡은 비구가 이를 햇볕에 말렸는데, 이 일로 붓다가 비구들이 상 · 하 2의만으로 유행하는 사실

1) 전항, ⑵「離衣宿 等의 戒」(702쪽) 참조.

을 알고,

「비구가 삼의가 이미 끝나고 가치나의를 버리고 나서 하룻밤一夜이라도 삼의를 떠나면 니살기바일제이다.」

라고 결계하셨다.[2] 그런데 그 후 교상미의 병비구가 친척집에 요양하러 가고자 하였으나 삼의를 가지고 갈 체력이 없었다. 붓다는 이러한 연유로 인하여 그 경우는 승가가 삼의가 없어도 「불실의」로 간주하는 갈마를 하면 「실의」 즉 「이의숙」으로 여기지 않는다고 하시고 앞에서 언급한 계에 「승가의 인하認下를 제외하고」를 부가하여 수결隨結하시게 되었다고 한다.[3] 「승가의 인가」는 지금 기술한 「승가불실의갈마」이다.

한역 네 가지 율도 대체로 이것과 같고, 첫째 인연은 『사분』과 『십송』 두 율은 상 · 하의로 유행을 떠난 것을 육군비구라하고, 『오분율』에서는 17군비구로 하고, 둘째 인연에서는 『사분율』은 건소병 비구가 분소 승가리를 무거워서 없앴다고 하고, 『오분율』은 분소비구의의 무게를 근심했다고 하고, 『십송율』도 이것과 같다고 보인다.[4] 그러나 『승기율』에서는 왕사성에 도착한 석존에게 비구가 상 · 하의만으로 만났던 것을 첫째 인연으로 하고, 둘째 인연에 상당하는 것을 설하지 않고, 다음에 언급하듯이 다른 율로 말하면 셋째 인연에 상당하는 것만

2) Vinayapiṭaka, Vol. III, p. 198. 남전대장경 제1권, 333쪽-334쪽.
3) Ibid., Vol. III, pp. 198-199. 남전대장경 제1권, 334쪽-336쪽.
4) 『오분율』 제4권, 대정22권, 23쪽-24쪽. 『사분율』 제6권, 대정22권, 603쪽-606쪽, 『십송율』 제5권, 대정23권, 31쪽-33쪽.

을 설한다.[5]

병비구가 승가 갈마에 의해 일정 기간을 - 『십송율』은 「일월불리승가리숙갈마」라 하고 있다 - 그 비구가 삼의 중 1의를 떠나도 「불실의」라고 여기는 것은 개인의 사정에 따라 그 개인에게만 인정되는 것이다.[6]

그런데 이 계의 경분별에는 셋째 인연이 설해져 있고, 이번에는 일정 지역이 지정되어, 그 지역 내에서는 삼의 중 1의와 떨어져도 「불실의」로 생각된다. 이 셋째 인연은 포살과 관계되어 있으므로 율에 따라서는 포살법 중에 있는 것이 많다.

먼저 그 셋째 인연을 보면 『빠알리율』에서는 사타법의 경분별에는 이것이 없고, 포살건도 중에 마하깟싸빠Mahākassapa가 아나가빈두산Andhakavinda에서 석존이 계시는 왕사성Rājagaha으로 포살에 다니던 도중 무거운 옷 때문에 어려움을 겪으므로 석존은 동일주처 · 동일포살인 지역을 삼의가 없더라도 「불실의계不失衣界」로 지정하는 백이갈마를 인가하셨다고 한다. 이 지역은 마하깟싸빠가 포살에 왕사성으로 다니는 것에서 명백하듯이 이미 동일주처 · 동일설계 지반대로 갈마되어 있는 것이었다. 그러므로 이는 동일주처 · 동일설계 지역을 하나의 불실의계不失衣界로 하게 되는 것이다. 그리고 이 셋째 인연 뒤에 다소 폐해가 있었으므로 그 「불실의 계」 내에서 마을gāma과 마을 경계gāmaupacāra를 제외하기로 한 것이다.[7]

『십송율』은 사타법 제2 경분별 중에 아나가빈두산을 기사굴산이라

5) 『마하승기율』 제8권, 대정22권, 293쪽-294쪽.
6) 失衣와 一月不失衣羯磨에 대해서는 전항 「離衣宿 等의 戒」(702쪽) 참조.
7) Mahāvagga,II, 12, 1-5. 남전대장경 제3권, 193쪽-195쪽.

할 뿐 같은 인연을 설하고,[8] 『오분율』은 이것도 『빠알리율』과 마찬가지 포살법 중에서 아야교진여가 능구라산에서 붓다가 계신 곳에 이르는데 분소의가 무거워서 피곤하였던 것을 인연으로, 공주공포살共住共布薩에서 공득시共得施(人 · 法 · 食共同)의 마을 및 마을 경계에 불실의계不失衣界를 갈마 결계하는 것이 허락되었다.[9] 단 이 『오분율』의 「마을과 마을 경계를 불실의계로 한다.」라는 기사는 다른 율이 「마을과 마을 경계를 제외하고 불실계로 한다.」라는 것과 다른 것을 주의해야 하고, 이에 대해서는 나중에 서술하겠다.

또 『사분율』에서는 이것도 포살건도 즉 설계건도에 염리厭離 비구가 좋은 굴에 거주하고자 하는 인연으로 동일설계 · 동일주처(人法共同) 지역에 촌村 gāma = 취락과 촌외계村外界 gāma = upacāra = 마을 경계를 제외하고 「불실의계」를 허락하고 있다.[10] 『승기율』에서는 다른 율의 둘째 인연담에 상당하는 부분에 이들과 같은 성질의 것을 설한다. 그에 따르면 나라那羅 마을의 사리불이 왕사성에 계시는 석존께 다니기에, 체력이 허약하고 무거운 옷 때문에 힘들어 하였으므로, 그 인연으로 이 두 지역을 「불실의계」로 하게 되었다고 하는 것이다.[11] 이 『승기율』의 인연은 『빠알리율』의 마하깟싸빠를 사리불 대체했을 뿐으로, 모두 처음에 두 지역을 동일주처 · 동일설계지로 갈마하고, 그 뒤에 「불실의계」로 된 것처럼 만들어져 있다.

『승기율』에서는 계문 마지막 「승가의 인하認下를 제외하고」라는 것

8) 『십송율』제5권, 대정22권, 31쪽 이하.
9) 『오분율』제18권, 대정22권, 31쪽 이하.
10) 『사분율』제35권 「설계건도」, 대정22권, 819쪽-820쪽.
11) 『마하승기율』제8권, 대정22권, 294쪽 a-c.

은, 이 동일설계 · 동일주처의 지역을 승가갈마로 결정하는 지역적「불실의」인 것 같이 보이지만, 여러 율의 인연 구성 위에서 볼 때 이 제계의 원초적 의미에서는 병 비구 등에 대한 일정기간「불실의」를 인정하는 것이었다고 생각된다. 그리고 지역적「불실의」를 인정하기에 이른 것은, 포살법의 관계에 의한 것이다.『빠알리』·『사분』·『오분』의 각 율도 이 지역적인「불실의」를 이 계의 경분별 부분에 기록하고 있지 않기 때문에, 이는 적어도 이 세 율의 바라제목차도, 그것의 경분별도 그러한「불실의」의 지역을 인정하는 것을 모르는 시대의 것이라 해야 할 것이다. 지역적「불실의」는 뒤에 포살법이 승가 동지결속의 상징으로서 집합하는 것이 강조되었던 시대에, 또한 비구의 삼의 호지가 점차 흐트러진 시대에 집합에 편리한 것과 삼의 호지의 제계를 느슨하게 하는 것을 목적으로, 특히 위와 같은 인연을 조성하여,「불실의계」를 설정하였을 것으로 해야 할 것이다.

넓은 범위의「불실의계」를 설정하는 것은「이의숙계」를 부정하는 정법淨法 설정이고, 이 학처가 생겼을 때 만들어졌을 리가 없다. 이 학처를 비구들이 실제 지키지 못하게 되었을 때, 비구에게 파계의 죄를 없애기 위해 만들어진 것이므로, 초기에 설정되는 것은 전혀 있을 수 없다. 따라서 이는『빠알리』·『사분』·『오분』여러 율의 사타 경분별이 오래된 의미를 가지고 있는 것으로, 사람에 의한「불실의」의 특례가 인정되더라도, 그것은 질병 등 특별한 사정이 있는 자에게 일정 기간의「불실의」를 인정하는 것이고, 이것이 본래의 것이다. 포살 참가를 위해 일정 지역의 모든 비구에게「불실의」를 인정하는 것은, 포살 제도상에서 추후에 부가된 의미의 확대에 근거한 것으로 보인다. 따라서 사타법 자체로는 『십송율』이나 『승기율』의 이 사타 부분은 원시적 의미가 확대되고, 경분별이 확대 해석된 이후의 것으로, 특히 『승기율』의 경분별과 같은 것은 원시적인 의미를 잃고 제2차적인 의미로 해석된 후의 것으로 보아야 한다.

이러한 정법淨法으로서의 지역적 「불실의계」는 각 율 모두 백이갈마로 일정 지역의 경계界를 그 갈마가 해제될 때까지 삼의 중 어느 하나라고 해도 주로 겉옷이지만, 그것을 소지하지 않더라도 「불실의」가 되는 「불실의계不失衣界」라는 것이다.

그리고 지역에 대해서는 다섯 가지 율 중에서 『오분율』만은 위에서 주의한 바와 같이, 공주 · 공포살 · 공득시인 마을 혹은 마을 경계가 「불실의」 지역이 된다고 한다. 이 가운데 「공주」는 승가 비구의 주처가 공통 지역인 계내인 것으로 이를 인동人同이라 하고, 「공포살」이란 포살을 함께하는 지반대로 이는 법동法同이라 하고, 「공득시」는 음식을 얻는 곳(걸식하고, 청식을 받는 지역)을 하나로 하는 것으로, 이를 식동食同이라 한다. 그래서 문제는 『승기』 · 『빠알리』 · 『사분』 · 『십송』 등의 여러 율은 이 인人과 법法이 동일인 것, 즉 동일계내 주처 · 동일포살이라고 갈마된 지역에서 마을과 마을 경계를 제외한 것이 「불실의계」로 갈마되는데, 『오분율』만이 인 · 법 · 식의 셋이 동일지반대로, 그것이 마을gāma과 마을 경계gāma-upacāra라고 하고 있다. 그래서 『오분율』의 마을에 대해서 보면, 제2 바라이죄 분별 부분에 「혹은 웅덩이成塹 혹은 울타리籬柵 주위를 빙 둘러 3유순에서 집 한 채一屋에 이르기까지를 '마을聚落'이라고 하고, 마을 바깥聚落界이면서 마을로 다니는 곳聚落所行處 gāma-upacāra을 '빈터'라고 한다. 또 마을 바깥으로 한 화살의 힘이 다한 데까지의 길을, 혹 어떤 부끄러워하는 사람이 용변便利을 보는 곳까지를 '마을로 다니는 곳'이라 한다.」라고 하고 있다.[12] 즉「마을聚落」이란 웅덩이 또는 울타리籬 등으로 둘러싸인 주변 3유순 크기가, 큰 것부터 안에 집 한 채밖에 없는 작은 것까지를 말하고, 마을 바깥 마을 경계聚落界라는 것은 그 밖의 주변에서 화살이 날아가는 거리까지, 혹은 부끄러움慚愧이 있는 사람은 멀리 가서 용변便利을 보는데, 그 용변을 보러 다니는 정도까지의 넓은 주변이다. 이는『사분율』이나『빠알리율』에서 마을 경계는 마을의 외곽, 투석소급처投石所及處까지라는 것에 상당한다.『오분율』은 이러한 마을촌읍 및 마을 경계(마을 주변)를「불실의계」라 하는데, 다른 율에서는 이러한 촌읍과 주변을 비구가 삼의 없이 행보하면 비구의 신용信用을 잃는다고 하고,「불실의계」에서 제외하고 있다. 그것을『오분율』이 거꾸로 인정하고 있는데, 이는 한역할 때 잘못된 것이 아닌가 생각된다. 그것은『오분율』30사타 제2 경분별 중에, 특별히 갈마하지 않아도 당연히 자연적으로「불실의계」인 것을 11가지 언급하는 중에, 제4에 마을이 있다. 마을이나 그 마을에 부수된 세분勢分 upacāra 즉 마을 경계gāma-upacāra는 이는 자연의「불실의계」의 전형적인 것으로, 각 율 공통으로「불실의계」로 하고 있다. 그러므로『오분율』에서는 특히 마을과 마을 경계를「불실의계」라 할 필요없이 처음부터「자연불실의계」이다. 다른 율에서는「자연불실의계」이지만, 이때는 특히 이를 제외할 필요가 있다고 여겨 제외한 것이고,『오분율』도 아마도 그 의미로 이를 기록한 것을 한역할 때나 전승되는 동안에 잘못된 것으로 보인다. 또 이 율이 말하는 능구라산의 장소를 알기 어렵지만, 왕사성 밖

12)『오분율』제2「바라법 제3」대정22권, 6쪽 a.

의 죽림정사와는 상당한 거리가 있었기 때문에 교진여가 도로에 피로했던 것으로 생각되며, 그 연유로 극한 것이라 생각되고, 그 연유로 먼저 능구라산과 왕사성을 연결하는 지역이 공주 · 공포살 · 공득시의 지반대로 갈마되고, 결국 「불실의계」로 갈마된 것이고, 마을村落과 그 주변의 세분勢分인 마을 경계가 갈마된 것이 아니라고 해야 한다. 율장의 인연은 그 일의 사실성이 문제가 아니라 그 인연에 의해 제정된 규칙 등의 실질적인 내용을 구체적으로 설명하고 있는 데 중요성이 있다. 그런 의미에서 이 교진여의 인연으로 볼 때 그 중에 여러 개의 마을 등을 포함하여 공지도 많이 있는 광대한 지역이 「불실의계」로서 갈마되고 있으므로, 그 『오분율』의 역문 「於聚落中若聚落界白二羯磨結作不失衣界」는 그 사이에 문자가 결여되어 있는 것으로 여겨져, 다른 율과 같이 되는 것이 옳다고 생각된다. 또 다른 율에서는, 예를 들어 『빠알리율』에서는 「불실의계」가 결정되었으므로 비구들이 옷을 방에 두어 오손污損되어 결국은 입지 못하게 되었기 때문에 「불실의계」 중에서 마을과 마을 경계를 제외하게 되었다고 하는 데에 비해, 이 『오분율』은 같은 인연으로 먼저 맺었던 「불실의계」를 푸는 갈마를 명했다고 한다. 즉 『빠알리율』의 「제취락除聚落」 인연을 『오분율』은 「불실의계」를 풀 경우의 절차 방법을 가르치는 인연으로 사용하고 있는 것이다. 이 일은 『빠알리율』과 『오분율』은 같은 자료가 다른 뜻으로 구성되어 있음을 나타내는 것인데, 여러 율중에서 『오분율』과 『빠알리율』이 모두 스리랑카에서 행해지고 있던 관계도 있어서 가장 비슷하다. 따라서 이 점에서 생각해도 동일 인연은 동일한 경우를 나타낸다고 생각되는 것이므로, 전역傳譯 혹은 전승에 있어서 어떤 착오가 있었던 것은 아닐까 하는 생각은, 일단 지지해도 좋을 것으로 보인다.

그러나 『승기율』의 사타 제2 경분별에는, 비구들이 왕사성 안에 옷을 두고 아란야처에 있을 때, 왕사성에 불이 나서 비구들이 옷을 가지러 성안으로 향하자, 여러 사람의 비난을 받았다고 하여, 아란야와 마을을 통결通結해서는 안되며, 마을은 마을과, 아란야는 아란야와 통결해야 한다고 말하고 있다.[13] 「통결」이란 양쪽 지역을 묶어서 「동일불실의계」로서 갈마 결계하는 것으로 생각할 수 있다. 아마도 이는 다른 『빠알리율』 등에서 「불실의계」 중에서 마을과 마을 경계를 제외하는 인연에 상당할 것인데, 『승기율』은 처음부터 이 둘을 제외하고 있으므로 「불실의계」의 구체적인 분별에 사용했을 것으로 보인다. 『승기율』은 율 전체로서도 상당히 후기의 수정을 포함한다고 생각되지만, 이 사타법에서도 상당히 구체적이고 복잡하다. 즉 두 곳을 통결하여 「불실의계」로 한 도로의 양변 25주肘를 도로의 계upacāra라고 한다고도 적고 있다.[14] 『승기율』에서는 건도부에 상당하는 것이 극히 간단하고, 포살건도의 「설계 · 결계」說界 · 結界 방법의 대부분이 이 사타법의 경분별부에서 언급되어 있음도 고려해야 한다.

앞에서 언급한 갈마에 따라 일정 지역을 「불실의계」라고 하는 것이 「작법불실의계」作法不失衣界 또는 「작법섭의계」作法攝衣界라는 것이다. 「작법」이란 백이갈마이고, 승가의 결의를 말한다. 이는 당연히 삼의를 소지해야 하는 점을, 예를 들어 겉옷을 소지하지 않더라도 실의失衣가 되지 않는다는 것으로, 지금 『오분율』의 생각을 별도로 하고, 특히 세

13) 『마하승기율』 제8권 「사타」, 대정22권, 294쪽 c.
14) 『마하승기율』 제8권, 대정22권, 294쪽 b.

간에 대해 위의威儀를 잃어서는 안 되는 마을과 마을 경계를 제외하고 결의決議한다는 점에서 볼 때, 그 지역을 승원僧苑에 준하여 승원 내부와 동일하게 보는 것으로 생각된다. 이에 반해 승원 내부라든가, 비구가 방문하거나 또는 숙박하는 집이나 장소 내에서는, 예를 들어, 상·하의만으로 경행을 하고, 친의襯衣와 하의下衣만으로 선사禪思한다고 해도 가까운 곳에 다른 1의 혹은 2의가 있다면 당연히 「불실의」이다. 원래 제계의 목적은 삼의를 소유하지 않고 2의로 멀리 유행 등의 행위를 하면 보기 좋지 않은 상황이 발생하므로, 그러한 경우를 방지하기 위한 것이다. 필요한 경우에는 언제든지 사용할 수 있도록 삼의를 가까이 둘 것, 또 삼의를 항상 가까이 두고, 그 오손을 방지하고, 수선을 태만이 하지 않고 유지하도록 하고자 하는 것이다. 그러나 제계制戒 후 그 계戒를 해석하여, 어느 정도 범위에 어떤 상태로 두면 「불실의」가 되는가를 논하는 시대가 되면, 단지 몸 가까이 하는 것만으로는 법적 한계가 명료하지 않고, 여기에 심각한 예로서 물속에서는 「불실의계」가 성립하지 않지만, 한쪽 발이 물가에 닿으면 물가에서 일정한 거리에 있는 옷과 불리不離의 관계가 성립된다고 생각하는, 경계界의 목적이나 의미보다도 그 한계限界를 목적화하기 위해 해석하려는 노력이 행하여지게 된 것이다.

그래서 먼저 어떤 장소 내부에서는 「불실의」가 되는가에 대해 살펴보면, 각 율에 말하는 바는 대체로 일치하는데 또 다른 것도 있다.

『빠알리율』

①취락聚落 ②주처住處 ③오두막小屋 ④감시탑見張塔 ⑤천막天幕 ⑥

중옥重屋 ⑦별방別房 ⑧배船 ⑨대상隊商 ⑩밭田 ⑪타곡장打穀場 ⑫원園 ⑬정사精舍 ⑭수하樹下 ⑮노지露地[15]

『사분율』

①승가람僧伽藍 ②나무樹 ③장場 ④수레車 ⑤배船 ⑥마을村 ⑦사舍 ⑧당堂 ⑨고장庫藏 ⑩창倉 ⑪아란야阿蘭若[16]

『오분율』

①원園 ②옥屋 ③비구니정사比丘尼精舍 ④취락聚落 ⑤중옥重屋 ⑥수레乘 ⑦배船 ⑧장場 ⑨수하樹下 ⑩노지露地 ⑪행도行道[17]

『십송율』

①취락聚落 ②일가一家 ③동족同族 ④가家 ⑤중각重閣 ⑥외도인사外道人舍 ⑦윤행인처輪行人處 ⑧장소場所 ⑨장사場舍 ⑩원園 ⑪원사園舍 ⑫거행車行 ⑬단선單船 ⑭방선舫船 ⑮수樹 도중행道中行[18]

『승기율』

①60가취락계六十家聚落界 ②격장계隔障界 ③누각계樓閣界 ④우도계雨道界 ⑤정계井界 ⑥수계樹界 ⑦원계園界 ⑧연만계連蔓界 ⑨잠숙계暫宿界 ⑩선계船界 ⑪사내계舍內界 ⑫병계並界[19]

15) Vinayapiṭaka, Vol. III, pp. 222-202. 「사타2」, 남전대장경 제1권, 337쪽-340쪽.
16) 『사분율』제6권, 대정22권, 603쪽 c-604쪽 a.
17) 『오분율』제4권, 대정22권, 24쪽 b.
18) 『십송율』제5권, 32쪽-33쪽 a.

이러한 것들을 「자연불실의계」 또는 「자연섭의계의 표식nimitta」이라는데, 이러한 것들은 원래 무수히 있는 것이다. 각 율이 대체로 일치하는 것은, 인도에서 기원전 1세기경까지 비구가 출입하거나, 숙박 등을 하는 곳이 대체로 그러한 곳이 많았기 때문이며, 다른 것은 그 지역의 풍토 등의 관계에서 갑을甲乙 사정을 달리하는 경우가 있기 때문이라고 생각된다.

지금 여기서 거론되고 있는 표치는 원칙적으로 각각이 「불실의」의 동일한 경계界를 성립하는 것으로, 그 경계 안界內과 계세분界勢分 upacāra 내에 몸과 옷이 있으면 「삼의불리」라 할 수 있다. 「세분」이라는 것은 계 주변의 일정한 거리 내를 계의 세분으로서 경계 안界內이라고 본다. 그 거리는 『빠알리율』로 말하면, 사람中人이 돌을 던져投石 미치는 곳majjhimassa purisassa leḍḍupāto이라 한다.[20]

그러나 예를 들어, 한 채의 집은 대체로 「불실의」의 동일한 경계인데, 그것은 그곳의 거주자가 1가구인 경우이며, 두 가구가 산다면 2계가 되는 것이다. 『마하승기율』은 1가구 중 형제라도 서로 생계가 독립되어 있으면 다른 경계別界가 된다고 하는 것과 같고[21] 또 건물이 두 동 이상 있고 울타리도 없는 집에서는 동일한 경계가 되지 않고 다른 경계別界가 되는 것이다.

....

19) 『마하승기율』 제8권, 대정22권, 296쪽 b.

20) 勢分upacāra의 표현은 『사분율』에는 中人 즉 보통 사람이 돌이나 塼(흙 덩어리)을 던져서 미치는 곳으로 하고(대정22 · 604쪽), 『십송율』에는 鷄飛所及處, 有慙愧人大便所(대정23 · 32쪽 b), 『마하승기율』은 25肘內(대정22 · 296쪽 b-c), 『오분율』은 7弓(대정22 · 24쪽 b)이라 하고, 『선견율』에서는 14肘와 15肘(대정24 · 773쪽 b)라 하고, 『빠알리율』은 『사분율』과 같은 中投石의 所及處leḍḍupāta라고 한다.

21) 『마하승기율』 제8권, 대정22권, 297쪽c, 『사분율산번보궐행사초』 해석참조(대정40권, 66쪽 b).

지금 『빠알리율』에 대해서 그 15개의 표치에 대해 일반적인 개념을 보면, 이들이 「불실의」의 동일한 경계一界 eka-upacāra가 되는 것은, 일족 eka-kula 즉 한 세대가 지배하는 것으로, 장소가 울타리 등으로 주변이 둘러싸여 한정되어 있는 것, 즉 울타리가 있는 것의 내부이다.[22] 그래서 「일족一族」이란 『선견율비바사』제14에 의하면, 일족은 음식을 공동으로 하고 있으므로 세속적으로는 생계를 함께 하는 한 세대가 일족이고, 승가로 말하면 이는 동일주처 · 동일설계의 승가가 「일족」이다. 그러한 「일족」이 몇 개가 있으면 그것을 「다족多族」이라 하는 것이다.[23] 그래서 이 15개의 표치가 나타내는 장소에 대해서 말하면, 이것들에 공통적으로 첫째 일족의 것이고, 울타리가 있는 것有籬, 둘째 일족이고 울타리가 없는 것無籬, 셋째 다족多族이고 울타리가 있는 것, 넷째 다족이고 울타리가 없는 것 네 종류로 나눌 수 있다.[24]

그래서 첫째, 일족이고 울타리가 있는 경우는 마을, 주처, 소옥, 견장탑, 천막, 중각, 별방, 전, 타곡장, 원, 정사, 선은 일계이고, 이 계와 그 세분 안에 몸과 옷이 있으면 「불리의(不離衣:不失衣)」이다. 단 수중선水中船에는 세분勢分은 없다. 대상隊商은 그 대상과 그 전후 좌우를 각각 7압반따라abbhantara 율의 주석에는 14주 즉 25. 2척범위를 세분으로 하는 일계이고, 수하樹下는 하루종일 그늘이 되는 부분이, 또 노지는 마을이 없는 공처空處인데 이는 옷의 주위 7압반따라가 세분적 일계이다. 마을에 대해서는 이미 말했듯이 바라이죄 제2 도계의 분별 부분에서 1옥一屋 내지 4

······················

22) Vinayapiṭaka, Vol. III, p. 200. 남전대장경 제1권, 338쪽(사타 2-3-4)
23) 『선견율비바사』제14권, 대정24권, 773쪽 b.
24) Vinayapiṭaka, Vol. III, pp. 201-202. 남전대장경 제1권, 338쪽(사타2의 5-15).

옥四屋의 것이 있고, 그 주변의 세분 즉 투석소급처까지를 마을 경계로 한다고 기록되어 있다.

다음으로 둘째, 일족이고 울타리가 없는 경우는, 마을 중 1옥 주처의 1실, 정사 안의 1정사, 소옥의 1실에 옷을 두면 그 실내와 옷으로부터 돌을 던져 미치는 곳投石所及處까지의 거리에 있으면 「불실의」이다. 또 울타리가 없는 밭, 탈곡하는 곳打穀處, 원園은 옷이 있는 곳에서 돌을 던져 미치는 곳까지가 「불실의」이고, 다른 것은 그 성질상 둘째 경우에 말한 것과 다르지 않다.

셋째, 다족의 울타리가 있는 경우에는, 마을에서는 옷이 특정한 집에 있으면 그 집과 마을공유 집회소, 마을문과 옷에서 투석소급처投石所及處까지가 「불실의」의 동일한 경계界이고, 또 옷이 집회소, 마을문, 투석소급처 세곳 중 어느 한 곳에 있으면 다른 두 곳이 「불실의」의 동일한 경계界를 이룬다. 또 주거지 · 오두막小屋 · 감시탑見張塔 · 천막에서는 옷이 있는 방과 문과 투석소급처가, 대상 · 전 · 타곡장 · 원 · 정사에서는 옷이 있는 정사 등과 투석소급처가, 수하樹下는 투석소급처가 「불실의계」가 된다.

넷째, 다족의 울타리가 없는 것이라면, 마을에서는 옷이 있는 집과 투석소급처가, 주거지住處 · 오두막小屋 · 감시탑見張塔 · 천막에서는 옷이 있는 방과 투석소급처가, 대상 · 전 · 타곡장 · 정원 · 정사에서는 그 주변의 투석소급처까지가 「불실의계」이다.

이상은 『빠알리율』에서 말하는 것인데, 한역 『사분』 · 『오분』 · 『십송』 · 『승기』의 네 율도 이에 준하여 알 수 있다. 즉 앞에서 말한 표에서 『사분율』에 마을이 있고, 『오분』 · 『십송』에 마을이 있는 것은 『빠알리율』의 마을에 준하여 알 수 있고, 원과 승가람은 동일하다고 보아야 하며, 『십송율』에 1가구家라 하는 것은 마을을 형성하는 1가이고, 동족은 『빠알리율』의 일족에 상당하여 모두 마을 내의 것이다. 『사분』·『오분』·『십송』의 각 율이 기록하는 장·장소·장사는 『빠알리율』의 타곡장과 함께 곡물을 처리하는 곳과 그 집屋舍, 또 『사분율』의 사·당·고장(상품 창고), 창(곡물 창고), 『오분율』의 비구니정사·중옥重屋·외도인사外道人舍, 『승기율』의 누각계·격장계·사내계舍內界 등은 『빠알리율』이 소주처·소옥 등에 준하여 일계, 다계를 알 수 있고, 그 밖에 윤행인처(연예인의 行營)이나 『승기율』의 잠숙계는 『빠알리율』의 천막 등에 준할 수 있다.

이상의 것들은 한역도 『빠알리율』도 공통적으로 그 소속이 한 세대적인 것이 하나의 「불실의계」를 형성하고, 또 마을이나 아파트 같은 경우는 한 세대적인 1실과 그 마을 등 공동 사용의 문이나 세면장, 응접실 등과 같은 종류의 것이 한 「불실의계」를 형성한다. 그래서 이를 생각하기 위해서는 구조·거리 등으로부터 다른 것과 불공不共의 한 단위를 이루는 것이 첫째이고, 두 번째로 그 소속이 한 세대적인지 아닌지가 생각되고 있다. 즉 구조가 한 단위이고, 그 안의 소속이 한 세대적인 범위가 「불실의」가 되는 것이다.

다음은 율종의 「자연섭의계」인데, 이는 위에서 말한 『빠알리율』의 「불실의계」에서 대체적인 것을 알 수 있고, 더욱이 율종으로서는 특이한 해석이 성립되어 있다. 한역의 『사분』·『오분』·『십송』·『승기』의 네 율에 설명하는 부분은 위에서 말한 표에 의해서도 유무출입이 있어 일치하기 어렵지만, 사분율종에서는 도선 율사의 『사분율행사초』 권중2에 따르면 이들을 종합 분류하여, ①승가람계僧伽藍界 ②촌계村界

③수계樹界 ④장계場界 ⑤거계車界 ⑥선계船界 ⑦사계舍界 ⑧당계堂界 ⑨고계庫界 ⑩창계倉界 ⑪아란야계阿蘭若界 ⑫도행계道行界 ⑬주계洲界 ⑭수계水界 ⑮정계井界의 15종을 말한다.[25] 그러나 두 번째의 촌계村界 안에도 사옥舍屋, 니사尼寺, 마을聚落, 중옥重屋, 거승장車乘場, 노지露地, 도행계道行界의 7가지를 첨가하므로 22종이 되고, 또 세 번째의 수계樹界에도 『승기율』의 포도만가葡萄蔓架 등을 넣기 때문에 한역 네 율을 거의 종합한다고 할 수 있다. 이 『행사초』에 유래하여 송宋 원조元照가 저술한 것으로 전승되고 있는 『불제비구육물도』에 대해서 기술한 일본의 『육물도채적六物圖採摘』권하[26]에 이 『사분율』의 「자연섭의계」 15종을 「15종의 구조」라고 한다. 이에 의하면,

① 승가람계僧伽藍界 『사분율』에는 승가람의 구체적인 상의 설명이 없다. 『행사초』에 따르면 그 상에 대해서는 다음의 마을과 함께 논하고 있는데, 『육물도채적』에 의하면, 장墻 · 원垣 · 붕棚 · 이籬 또는 옥屋으로 둘러싸인 것이 가람원伽藍院의 상相이다. 예를 들어 장墻이라면 담墻의 일종으로 둘러싸인 것을 주周라 하고, 두 가지 이상으로 둘러싸인 것을 부주不周라 하는데 그 주 · 부주周不周를 막론하고 사면으로 둘러싸여 다른 것과 한계지어져 있는 것을 승가람이라 하고, 이는 내부 및 그 밖의 13보步 세분勢分을 더해 한 의계衣界라고 한다. 그러나 이 13보는 율종의 규정이지, 율에 있는 것이 아니다.

『사분율』 제6에 따르면, 이 13보에 상당하는 경계界의 세분은 승가

25) 『사분율산번보궐행사초』권중2, 대정40권, 65쪽-66쪽.
26) 『六物圖採摘』 권하, 『日本大藏經 · 戒律宗章疏』 2권, 63쪽.

람의 바깥쪽 투석소급처까지로 되어 있다. 그리고 『사분율』에서는 승가람뿐만 아니라 「고장계까지 역시 이와 같다乃至庫藏界亦如是」라고 하므로 그 11중의 수·장·차·선·촌·사·당·고장까지 그 자체의 범위 외측에서 투석소급처까지의 넓이를 경계界 즉 세분으로서 「불실의계」를 인정한다고 볼 수 있다. 그러나 「乃至庫藏」이라 하므로 그 다음의 창倉과 아란야에는 세분이 인정되지 않는 것으로 읽히는 것 같기도 해서, 읽는 방식에 문제가 있다.[27] 율종에서 13보라는 것은 『사분율』의 투석소급처를 말하는, 율종에서는 15개의 구조물이라 불리는 15개의 섭의계 전부에 이 세분을 인정하는데, 지금 말하는 바와 같이 『사분율』에서도 창과 아란야는 문제이고, 다른 율에서는 마을에는 이를 인정하지만, 다른 의계衣界에 반드시 네 가지로 세분이 있는 것은 아니다.

② 촌계村界 율종에서는[28] 촌락 안에 (a)촌村 (b)마을聚落 (c)가구家 (d)부족族 (e)외도의 집外道舍 (f)중사重舍 (g)유행영처遊行營處를 언급한다. 이 중에서 『사분율』에 있는 것은 마을村뿐이고, 뒤는 『오분율』·『십송율』에 있는 것을 모은 것이다.

그 가운데 『사분율』의 (a)마을村은 『오분』·『십송』·『승기』각 율의 마을이고, 『빠알리율』의 gāma聚落인 것으로 보이지만, 율종은 별도의 것으로 여겨 열거하고 있다. 그리고 마을村이나 취락 위에서 본 승가람과 마찬가지로 담장 그 밖의 주·부주周不周 어느 쪽이든 사변四邊에 둘러싸인 것이라 한다. (a)마을村은 남녀 주거의 족사族舍로, 이는 동일

---

27) 『사분율』제6권, 대정22권 604쪽 a. (27') 상동 제3행-4행에 倉字는 없음.

28) 『사분율산번보궐행사초』권중2, 대정40권, 66쪽 a 21행 이하.

한 경계界를 이룬다고 할 수 있는데, 마치 앞에서 언급한 『빠알리율』의 마을 네 가지 중 첫째, 일족의 울타리가 있는 마을에 견줄 수 있다. 그리고 (b)마을은 안에 한 집 이상 여러 세대가 있다고 하고, 『십송율』에 따라 옷이 있는 집에서 닭이 날아갈 수 있는 곳鷄飛所及處 내지 화살이 날아갈 수 있는 곳箭射所及處을 1경계界로 하는데, 이는 『빠알리율』의 다족多族의 울타리가 있는 마을에 비할 수 있다. 그리고 이것도 『십송율』에 근거하여 이 마을의 동일한 경계와 동일한 경계가 접하고 있는 경우는 옷이 있는 집 밖에서 12사다리梯梯 또는 재량거載粱車가 회전할 수 있는 범위가 「불실의」의 1경계界가 된다.[29] 또 계와 계의 경계에서는 아무리 가까워도 몸과 옷이 다른 경계別界라면 「이의離衣」라 한다.

또 「이의숙계離衣宿戒」의 「이의숙」은 즉 실의失衣하여 일숙하는 것인데 『사분율』·『오분율』·『십송율』 및 『빠알리율』에서는 동이 틀 때明相出時에 그 범죄가 결정되기 때문에[30] 일몰까지 떨어져 있더라도 해가 뜰 때 의계衣界에 있든지 옷을 잡고 있으면 「불실의」로 간주되는 것이다. 『승기율』의 경우는 율종에서는 이에 의한 것이지만, 통야호의通夜護衣로서, 일몰시부터 동이 틀 때에 이르는 동안에 한번 옷을 만지면 된다고 한다. 그 이유가 되는 것은 『승기율』의 병계並界, 즉 둘 이상의 의계가 서로 접촉하는 경계의 곳에서 동일한 경계에 몸이 있고, 다른 계에 옷이 있을 때 『승기율』은 밤중에 잠시라도 손이나 발이 옷에 닿으면 그것만으로 불범이 된다고 하기 때문이다.[31]

29) 『십송율』 제5권, 대정23권, 32쪽 b 참조.

30) 『사분율』 제6권, 대정22권, 604쪽 a-b, 『오분율』 제4권, 대정22권, 24쪽 b, 『십송율』 제5권, 대정23권, 31쪽 c.

31) 『마하승기율』 제8권, 대정22권, 297쪽 c 참조.

(c)의 가구家와 (d)의 부족族은 모두 앞의 표에 열거한 『십송율』 16계 중의 제3 동족同族과 제4 가구家의 경우이다. 이 가와 족에 대해서는[32] 『살바다론』에 「만약 부모 · 형제 · 자식이 함께 식사하고 함께 일하면서 달리 행동하지 않는 것」이 가구家이고, 또 「만약 부모 · 형제 · 자식이 식사도 따로 하고 일도 따로 해서 모두 별개인 경우에 비록 한 처소에 동거하더라도 일이 각각 같지 않은 것」이 부족族이다. 결국 한 혈족이 일을 같이하고 같이 식사를 하고 같이 거주하는同業 · 同食 · 同居 곳이 가구家이고, 한 혈족이 함께 생활하더라도 따로 일하고 따로 식사를 하는異業異食 경우는 부족族이라 하는 것이다.

그리고 이업이식異業異食마다 족계族界의 1의계衣界를 이룬다. 그래서 가구家안의 경우는 가구 안이 동일한 경계이고, 호처戶處 · 식처食處 · 중정中庭 · 측처廁處 · 취수처取水處는 각각 다른 경계로 여겨지며, 옷이 1가에 있고 몸이 다른 집家에 있을 때, 옷이 다른 경계 한 곳에 있고 몸이 다른 경계 한 곳에 있으면 「이의離衣」로 여긴다. 부족族일 때도 옷이 1족에 있고, 몸은 다른 부족에 있거나, 옷이 다른 경계의 한 곳에 있고 몸이 다른 곳에 있으면 「이의」이고, 그대로 동이 트면明相出 죄를 범한 것이 된다. (e)외도의 집外道舍도 『십송율』에 의한 것으로 한 사상이 동일한 경계에서 다수견자多數見者의 집합일 때는 1견見마다 경계界를 형성하고, 또 문간門屋 · 식당 · 중정 · 측처 · 취수처는 다른 경계別界라 하여 위의 족계族界에 준하여 해석된다. 또 『십송율』의 경우, 원사園舍라 하더라도 일주동견一主同見 · 이주이견異主異見에 대해서도 마찬가지이다.

32) 家界와 族界의 구별에 대해서는 『십송율』제5권, 대정23권, 32쪽 b, 『살바다비니비바사』 제4권, 대정23권, 530쪽 b, 『사분율산번보궐행사초』권중2, 대정40권, 66쪽 b, 『六物圖採摘』권하, 『일본대장경』「戒律宗章疏」2의 66쪽 등 참조.

(f)중사重舍는 『오분율』의 중옥重屋, 『승기율』의 누각계樓閣界도 여기에 포함시켜야 한다고 생각하는데, 그 해석은 『십송율』과 『살바다다비니비바사론』에 의하고 있다. 『십송율』은 3층에 대해서 논하고 있다. 예를 들어 1, 2, 3층이 한 호주戶主에 속할 때는 모두가 동일한 경계, 3층(上重)에 1호一戶가 있으면 1, 2층으로 동일한 경계로 하는 것과 같은 방식으로 말하고 있다.[33] 『선견율』은 중각重閣에 5중重 내지 7중重이 있다고 해도 경계界를 세우는 방법은 『십송율』과 비슷하다.[34] (g)윤행처輪行處도 『십송율』에는 윤행인처輪行人處로 되어 있는 것으로 예인藝人의 행영을 말하는데, 이것 역시 외도의 집에 준하는 것으로 외도는 사상의 별개였으나 가무, 곡예 등 예능별藝能別로 보면 된다.

이상 촌계 중의 가구 · 부족 · 외도의 집 · 중사 · 유행계는 『십송율』에 있는 것을 인용하여 촌계의 일부분이라 하고 있는데[35] 이를 앞에 기술한 『빠알리율』에 견주면, 그 주처 · 소옥 · 견장탑 · 천막 · 대상 등에 견줄 수 있다. 그리고 그 계를 세우는 방식에 있어서도 한 세대적이고 동거 · 동식에 속하는 범위를 동일한 경계로 삼고, 그 경계 내에 몸과 옷이 있는 것을 「불실의」라 하는 점도 일치하고 있다. 그렇지만 예를 들어, 『십송율』이 「가家에 1계가 있고, 또 다른 경계가 있다. 이 중 다른 경계란 호처, 식처, 중정, 측처, 취수처이다.」라는 점이 『팔리율』과 반대되는 의미를 나타내고 있다.[36] 『빠알리율』에서는 예를 들어, 한 감시탑見張塔 중에 다족이 있으면 다계가 되는데 그 경우에 일실(一界)에

33) 『십송율』제5권, 대정23권, 32쪽 b-c 「重閣舍」 참조.
34) 『선견율비바사』제14권, 대정24권, 773쪽 b.
35) 『십송율』제5권, 대정23권, 32쪽 b-c.
36) 상동, 대정23권, 32쪽 b.

옷을 두면 몸은 그 방이나 문에 있으면 된다고 한다.[37] 즉 옷이 있는 방과 그 다수족이 공유하는 문을 「불실의계」라는 것이다.

『빠알리』의 이 의미의 가장 분명한 것은 울타리가 있는 마을 내의 다가옥에 여러 부족多族 · 여러 경계多界가 있을 때는 같은 가구에 옷을 두면, 몸은 그 가구家, 공동 집회소, 촌문 또는 투석소급처에 있으면 된다고 한다.[38] 즉 마을 내지 중각 등에서 다족이 다계를 이룬 경우는 그 하나하나의 계에 각계 공통의 집회처 등을 결합하여 「불실의계」를 이루는 것이다. 따라서 이 생각에서 보면 『십송율』의 집家 등이 다족 · 다계가 되었을 때는 그 옷이 있는 일계와 그 다족의 공유 호처 · 식처 · 중정 · 측처 · 취수처를 합하여 하나의 「불실의계」를 이루어야 하는 것이다. 이에 대해서는 그러나 『십송율』의 한역에 혹 오류가 있는 것이 아닌가 생각되므로, 그것에 관해서는 별도로 논하기로 한다.

③ 수계樹界 수계는 『빠알리율』의 수하樹下에 상당하는 것인데, 율종에서는 『사분율』의 수樹, 『오분율』의 수하樹下, 『십송율』의 수樹, 『승기율』의 수계樹界와 연만계連蔓界에 대해서 『행사초』에 따라 다섯 가지로 나누어 논하고 있다.[39]

(a)나무樹에 대해서는 『사분율』은 단지 「나무라는 것은 사람들과 함께 그늘에 가부좌로 앉을 수 있는 곳樹者與人等足蔭覆跏趺坐」이라 할 뿐이며,[40] 이는 앉을 만한 그늘이란 의미라 해석되는데, 『빠알리율』의 한낮

37) Vinayapiṭaka, Vol. III, p. 201. 남전대장경 제1권, 338쪽.

38) Ibid., p. 200. 남전대장경 제1권, 337쪽.

39) 『사분율산번보궐행사초』 권중2, 대정40권, 65쪽-66쪽.

40) 『사분율』 제6권, 대정22권, 603쪽 c.

日中의 그늘에 상당하는 것으로 볼 수 있다. 그리고 이는 『오분율』이나 『십송율』에서도 마찬가지이다.[41]

(b)노지露地. 『오분율』에서는 이 수하계에 이어서 노지에 대해서 동계 · 이계同界異界를 말하고, 결가부좌하여, 몸身面에서 7척尺까지를 한 계로 하여 그 밖이 다른 경계가 된다고 하고 있으나,[42] 다른 율에는 이는 없다.

(c)상접수계相接樹界. 이는 『십송율』이 수계 안에서 나무가 서로 맞닿아 있고, 따라서 수계가 서로 접한 경우를 이처럼 명명하고 있는 것을 거론한 것인데, 이러한 상접수계 안에서는 옷에서 1구로사拘盧舍 사이가 「불실의계」이지만,[43] 그 계 안을 사람이 왕래하면 동일한 경계가 안 된다고 한다. 단 『승기율』에서는 일체의 지엽枝葉 밖에서 25주肘(45周尺)까지를 수계로 하고 있다.[44]

(d)사수상연四樹相連. 이는 『선견율』에 「임계林界라 함은 만약 옷이 숲 속에 있되 옷이 14주肘 안에 있으면 옷을 잃지 아니한다.」라는 것에 의해[45] 옷에서 14주肘(25. 2주척)를 하나의 의계로 하는 것인데, 이는 도선이 『십송율』이 기록하는 상접수계相接樹界를 대총림이라 생각하고,[46] 『선견율』의 임계林界[47]를 소림小林으로 보고, 별개의 것으로 한 것이라 보인다.

41) 『십송율』 제5권, 대정23권, 33쪽 a. 『오분율』 제4권, 대정22권, 24쪽 b, Vinayapiṭaka, Vol. III, p. 202. 남전대장경 제1권, 340쪽.

42) 『오분율』 제4권, 대정22권, 24쪽 b.

43) 『십송율』 제5권, 대정23권, 33쪽 a. 구로사Krośa는 소 또는 북 소리가 들리는 최대거리로 오백궁 또는 5리로 여겨진다.(上田天瑞 譯「국역일체경 · 律部」5 『십송율』 114쪽 주46.)

44) 『마하승기율』 제8권, 대정22권, 297쪽 a.

45) 『선견율비바사』 제14권, 대정22권, 297쪽 a.

46) 『십송율』 제5권, 대정23권, 33쪽 a.

47) 주45와 동일.

(e)포도만가계葡萄蔓架界. 이는 『승기율』에 앞에서 언급한 수계樹界와 함께 나오는 것인데[48] 이것도 가외架外에서 25주肘(십오주45주척)를 경계界로 하고 있다. 단 누등만가樓藤蔓架 즉 이중선반二重棚으로 된 등나무藤 등의 넝쿨횃대蔓架에 대해서는 『승기율』은 위와 아래는 다른 경계別界이고, 횃대架 아래에 머물 경우는 횃대 밖에서 15주肘까지가 「불실의계」를 이룬다고 하고 있다.[49]

④ 장계場界. 이 장계는 『사분율』에는 「거기에서 오곡을 손질한다於中治五穀」라고 하므로[50] 앞의 『빠알리율』 「타곡장打穀場」[51]에 가깝고, 『오분율』의 장場의 천곡맥처踐穀麥處[52]라는 것에 상당하지만, 『십송율』의 장처場處[53]도 마찬가지라고 생각되지만, 『십송율』에는 단지 동일한 경계 · 다른 경계一界別界를 말할 뿐, 곡처穀處임은 분명하지 않으며, 또 『승기율』에는 장계場界는 언급되어 있지 않다. 이 「불실의계」는 가계家界 등에 준하여 해석된다.

⑤ 차계車界. 『사분율』은 '차계車界란 수레가 회전하는 곳(駐車場)'이라 하고 있으므로[54] 정차 중인 차계車界에 수레를 중심으로 하여 수레가 회전가능한 범위를 「불실의계」로 보는 것인데, 『오분율』의 승乘,[55] 『십

48) 『마하승기율』제8권, 대정22권, 297쪽 a.
49) 동상 대정22권, 297쪽 b. 또 『사분율산번보궐행사초』권중2, 대정40권, 66쪽은 여기에서 『명료론』을 인용하고 있다.
50) 『사분율』제6권, 대정22권, 603쪽 c.
51) Vinayapiṭaka, Vol. III, p. 201. 남전대장경 제1권, 339쪽.
52) 『오분율』제4권, 대정22권, 24쪽 b.
53) 『십송율』제5권, 대정23권, 32쪽 c.
54) 『사분율』제6권, 대정22권, 603쪽 c.

송율』의 거행車行,[56] 『승기율』의 보도 · 차도步道車道 두 가지 도계兩道界[57]는 차행 중의 「불실의계」를 말하는 것이다. 『오분율』은 차내車內를 집屋舍과 마찬가지로 취급하는 것으로 보이며, 『십송율』은 옷이 있는 차에서 우차牛車를 부리는 지팡이가 미치는 범위, 또 연차連車의 경우는 지팡이가 닿는 전 · 후 차안을 「불실의계」로 한다. 『승기율』은 차도에 대해서 말하는데 옷을 차위에 두었을 때 길 밖에서道外 25주肘:45주척까지를 「불실의계」로한다. 이는 다른 계에 대해서도 마찬가지이나, 『승기율』은 모든 일어날 수 있는 경우를 구체적으로 논하는 점에서는 광율 중 제일이다. 『선견율비바사』는 차에 옷이 있으면 차 밖에서 14주肘:9주척을 「불실의계」로 한다.[58]

⑥ 선계船界. 이는 위의 차에 준하여, 『사분율』에는 선회전처船廻轉處로 하므로[59] 배가 회전할 수 있는 범위를 「불실의계」로 하는데, 『오분율』은 차와 같다고 하고,[60] 『십송율』은 단선 · 선내單船船內를 외도의 집外道舍 등에 준하여 동일한 경계 · 다른 경계一界別界를 말하며, 배가 여러 척多船일 때는 다른 배를 다른 경계別界로 한다.[61] 『승기율』에서는 『십송율』과 같은 생각인데, 배가 착안着岸 중에는 배 바깥船外 25주肘(각 율 모두 물 위는 계가 없고, 물이 들어가면 완전히 끝난다.)까지를 「불실의계」로 한다.[62]

55) 『오분율』제4권, 대정22권, 24쪽 b.
56) 『십송율』제5권, 대정23권, 33쪽 a.
57) 『마하승기율』제8권, 대정22권, 296쪽 c.
58) 『선견율비바사』제14권, 대정24권, 773쪽 b.
59) 주54와 동일.
60) 주52과 동일.
61) 주56과 동일.
62) 『마하승기율』제8권, 대정22권, 297쪽 c.

⑦ 사계舍界. 『사분율』에는 명목뿐이고 설명하지 않고,[63] 『빠알리율』의 오두막小屋[64]에 견줄 수 있을 것으로 생각된다. 『행사초』에 의하면 마을 밖村外의 별사別舍라 하는데 공야空野에 있는 독립된 집屋舍이 상상된다. 『행사초』는[65] 『승기율』의 누각계에 대해 「누각도樓閣道 밖 각 25주肘를 경계界로 한다[66]」라는 것을 이곳으로 끌고 와서 사외舍外 25주肘까지를 「불실의」로 하고, 또 『자지기資持記』[67]는 창고 등에 준하여 4주周인 사舍는 그 4주周 안쪽이 「불실의계」가 된다고 한다. 『승기율』에 사내계舍內界 또는 가내계家內界가 있는 것은 백의가白衣家를 말하는 것이므로[68] 『사분율』의 사舍가 마을 밖村外 별사別舍이면 별개의 것이고, 앞에서 말한 촌계村界 중의 가구경계家界에 속한다.

⑧ 당계堂界 ⑨고계庫界 ⑩창계倉界. 『사분율』은 당堂을 다폐로多敞露라 하는데[69] 『육물도채적』에 따르면 사당辻堂이고 「사당辻堂은 한쪽만 막고 세 면은 울타리도 벽도 없기」 때문에 다폐로라고 한다.[70] 고庫는 『사분율』에 「모든 수레, 탈 것, 손수레와 판매하는 물건諸車乘輦與販賣之物」을 적재하는 곳이라 하고,[71] 창倉은 마찬가지 미곡을 적재하는[72] 곳인데 모

……………

63) 주54와 동일.
64) Vinayapiṭaka, Vol. III, pp. 200-201. 남전대장경 제1권, 338쪽.
65) 『사분율산번보궐행사초』권중2, 대정40권, 66쪽 a.
66) 『마하승기율』제8권, 대정22권, 296쪽 b.
67) 『사분율행사초자지기』권중, 대정40권, 293쪽 c.
68) 『마하승기율』제8권, 대정22권, 296쪽 b, 동 297쪽 c.
69) 『사분율』제6권, 대정22권, 604쪽 a.
70) 『六物圖採摘』권하, 『日本大藏經 · 戒律宗章疏』 2의 69쪽 c.
71) 주69와 동일.
72) 주69와 동일.

두 『사분율』에 말하는 것이며, 그 내부가 앞에서 언급한 장계場界 등에 준하여 생각할 수 있는 방법으로 하나의 「불실의계」이다.

⑪ 아란야계阿蘭若界. 이는 『사분율』에 아란야처는 경계가 없으므로 阿蘭若處無界 팔수중간八樹中間을 한계로 하여 「돌을 던져 미치는 곳까지 이르지 못하고 동이 트면 니살기바일제이다不至擲石所及處明相出尼薩耆波逸提」라고 하므로[73] 팔수중간과 그 밖의 투석소급처가 「불실의계」가 된다. 이 팔수중간은 여덟 그루 가로수의 일곱 칸이다. 나무 사이의 한 칸은 『사분율』에 4주(1.8×4=7.2척)를 1궁弓으로 하여 7궁弓(7.2×7=50.4척)이고, 이것이 일곱 칸(352. 8척)과 이에 투석소급처를 13보步(78척)를 세면 430.8척이 된다. 또 이에 관련하여 『승기율』에는 아란야라는 이름은 없지만 성읍취락계城邑聚落界의 분별 중에서 불가지처不可知處를 기록하고, 이 중에서 다른 중승異衆僧을 서로 보여 별중이 되지 않게 하도록 선갈마善羯磨할 때는 5주를 1궁으로 하여 7궁(63척)마다 암바라수를 심은 7수(즉 6칸=378척)을 정하여 갈마해야 한다고 기록하고 있다.[74] 이는 사타의 「이의숙계離衣宿戒」의 경분별 중에 있으므로 의계衣界라 해야 할 것도 문면文面의 실질은 섭승계攝僧界, 즉 포살경계布薩界 구역의 한정이라고 생각된다.

⑫ 도행계道行界. 이는 『사분율』에 없고, 『십송율』의 도중생道中行[75] 『오분율』의 행도行道[76] 『승기율』의 양도계兩道界[77]에 의하고 있는 것이다.

---

73) 주69와 동일.
74) 『마하승기율』제8권, 대정22권, 298쪽 b.
75) 주56과 동일.
76) 주55와 동일.

그래서 먼저 『십송율』은 예를 들어, 길道中을 여행하는 비구의 몸과 옷을 짊어지고 따르는 자와의 거리와 같은 것인데, 이는 49길尋(8×49=392주척)이 「불실의계」라고 한다. 『오분율』은 「면面해서 몸을 떠나는 것의 7궁을 불실의계」라는데 『사분』의 4주 1궁으로 하면 50.4척이다. 『승기율』은 위의 차계車界와 함께 양도계兩道界라 불리는 것으로 25주(45주척)가 「불실의계」이다.

⑬ 주계洲界 ⑭수계水界 ⑮정계井界. 주洲는 『선견율비바사』[78]에 해주海洲라고 있는 것, 임계林界에 준하여 옷에서 14주肘(25.2주척) 범위를 「불실의계」로 한다는 것인데, 해주란 해변의 섬인 듯하다. 『승기율』은 포살경계의 갈마에 섬洲上을 거론하고 있는데, 이것도 주洲 안에 넣어야 한다고 생각된다.[79] 또 『선견율』은 이 해주에서 밤중에 수욕을 하고, 옷은 물가에 있고 몸은 연못 속에 있으면서 동이 트면日出 「불실의」가 된다고 하므로, 즉 제14 수계水界에 대해서 물속은 무계無界이다. 제15 정계井界는 『승기율』에 있는 것으로[80] 이는 우물井欄에서 15주(27주척) 이내가 「불실의계」이다.

앞에 언급한 한역의 「자연섭의계」 표식nimitta 중에서 율종의 15개 표식 분류에 들지 않는 것으로 『오분율』의 노지露地[81] 『십송율』의 원사園舍[82] 『십송』·『승기』 두 율의 원園[83]과 같은 것이 있는데, 노지는 수계水

77) 주68과 동일.
78) 『선견율비바사』제14권, 대정24권, 773쪽 b.
79) 『마하승기율』제8권, 대정22권, 295쪽 b.
80) 『마하승기율』제8권, 대정22권, 296쪽 b, 상동, 297쪽 a.
81) 주55와 동일.
82) 주56과 동일.

界에서 언급한 것과 같고, 원園은 수계 중 서로 접한 수계 등이고, 원사園舍는 사계舍界에 준하여 알 수 있다. 그리고 위에서 설명한 바와 같이 중국의 율종은 사분율종이라 하는데, 인도의 율생활을 보다 바람직하게 알려고 『오분』·『십송』·『승기』 네 율을 한결같이 존중하고, 그 설명의 차이를 회통하여 모두 행지行持하려 하고 있다. 그 결과 경계界의 주량 등 이설을 병기하여 그 회통에 어려움을 느끼고 있는 것이 많다. 『행사초자지기』의 불실의계를 논하는 곳은 그 전형적인 것이라 할 수 있다.

『육물도채적』에 의하면, 자연섭의계에 15가지 있음을 설명하고, 「이에 세분하여 15가지 있다. 아래 열거하는 바와 같다. 율가에 15종의 구조물로서 6개 부사敷事로 한다. 이 경계界에는 모두 13보步의 세분이 있다」[84]라고 기록되어 있는데, 여기에 세분이라는 것은 이미 기술한 것이지만 예를 들어 『사분율』에 「승가람계란 승가람 주변에서 보통 사람中人이 돌을 사용하여, 혹은 벽돌甎을 던져서 미치는 곳을 경계界라 하고, 고장계庫藏界도 역시 이와 같다」[85]라는 경계界 upacāra에 상당하는 것이다.

이 척석소급처의 거리를 율종에서는 13보로 계산하고 있는데 이른바 승가람의 외변에서 척석소급처까지를 승가람의 부속지로 인정하고, 승가람에 포함하여 그만큼 「불실의계」로 삼는 것이라 한다. 그리고 채적採摘이라는 율종의 생각으로는 예를 들어, 수계樹界에서는 하

83) 『십송율』 제5권, 대정22권, 32쪽 c, 『마하승기율』 제8권, 대정22권, 296쪽 b.
84) 『六物圖採摘』 권하, 『日本大藏經 · 戒律宗章疏』 2의 63쪽.
85) 『사분율』 제6권, 대정22권, 604쪽 a.

루 중 그늘日陰이 되는 범위가 본계本界로서의 「불실의계」이지만, 율종에서는 이 수계樹界 외측에 다시 13보(78척)의 세분勢分을 더하여 확대한 범위가 「불실의계」가 된다고 한다. 그리고 15종의 자연섭의계는 모두 이 본계에 13보의 세분을 포함하여 「불실의계」로 한다고 한다. 『사분율』이 설하는 바 11종의 섭의계에 대해서 세분을 인정하고 있던 것은 사실이다. 즉 위에서 언급한 것 중에서 승가람계 뿐만 아니라 고장계庫藏界에 이르기까지 세분에 상당하는 계를 인정하고 있고, 또 아란야계 부분에서 섭의계를 8수樹 중간(2469.6주척)이라 하면서도, 범죄犯罪를 논할 때는 「혹은 척석소급처에 이르지 않을 때 동이 트면明相出 니살기바일제이다」라고 하고,[86] 옷과 떨어져 있던 사람이 동이 틀 때까지 8수 중간 범위 내에 있지 않더라도 그 밖의 척석소급처까지 도달하면 「불실의」로 하고 있다. 즉 척석소급처까지를 8수 중간 외에 경계界 즉 세분으로서 인정하고 있다.

그리고 『사분율』에서는 자연섭의계로서 승가람僧伽藍 · 나무樹 · 마당場 · 수레車 · 배船 · 마을村 · 당우堂 · 창고庫藏 · 곳집倉 · 아란야阿蘭若의 11가지에 대해 세분 즉 경계를 수반하는 「불실의계」를 이루게 되는데, 율종에서는 여기에 다른 4종을 더하여 모두 이를 적용하고 있는 것이다. 그런데 율종에서는 『행사초』 등에 따라[87] 이 세분을 13종이라 한다. 즉 『사분율』에서는 예를 들어, 마을 경계村界에서는 마을 주변의 울타리 밖에서 보통 사람中人의 힘으로 돌을 던져 이른 곳을 경계로 하는데, 그 척석소급의 거리를 율종에서 13보(78주척)로 환산한다. 13보로 하

86) 주85와 동일.
87) 『사분율산번보궐행사초』 권중2, 대정40권, 66쪽 c, 『사분율행사초자지기』, 대정40권, 294쪽 b.

는 것은 무엇을 기준으로 하는가는 불분명하지만 『육물도채적』권하에 따르면 「고제高齊 때 천하에 10명의 소사疏師를 세웠다. 10명의 율사를 두고 불법에서의 주량을 평할 때 의계衣界의 세분을 결정하면서 불건불리不健不羸한 보통 사람이 돌을 던지게 하였는데, 그 양이 13보 정도였다. 그래서 의계衣界의 세분을 13보로 정했다.」[88]라고 한다.

이에 따르면 남북조의 제齊 479~501시대에 율사 10명이 불약불강不弱不强의 보통 사람中庸人에게 돌을 던지게 하여 척석소급처를 13보로 정했다는 것이다. 정말로 그러한 일이 있었는가에 의할 것은 아니지만, 그러나 율종에서는 그 사실의 진위를 떠나 13보로 정하고 있다.

그래서 사분율종에서는 『사분율』의 11가지 「자연의계」 뿐만 아니라 15가지 구조물 전부에 이 13보의 세분이 있다고 하고, 『육물도채적』도 「15가지 호의계護衣界는 본계本界에 있지 않더라도 세분 안에 들어있으면 회의會衣이다.」(의역)[89]라고 하고 있다. 그러나 『사분율』은 본계本界의 주위나 연장에 세분을 말해도[90] 다른 율에서는 반드시 섭의계(不失衣界)에 세분을 인정하고 있다고 할 수는 없다.

『빠알리율』도 바라이죄 제2 도계 중에 「마을」을 분별하여, 「마을聚落 gāma이란 한 집一屋의 촌락이 있고 … 또 대상隊商이 4개 이상 머무는 곳은 촌락이다. 촌락계gāma-upacāra = 취락세분란 울타리가 있는 마을에서는 마을 입구村門에 서서 보통 사람이 흙덩어리를 던져서 미치는 곳까지, 울타리가 없는 마을에서는 집 처마에 서서 보통 사람이 돌을 던져서

88) 『六物圖採摘』권하, 『日本大藏經 · 戒律宗章疏』 2의 72쪽.
89) 주88과 동일.
90) 주86 참조.

미치는 곳까지이다」[91]라고 하고 있다. 이에 따라 마을 바깥쪽에는 마을의 소행처인 마을 경계가 있어 마을의 세분으로 여겨지며, 그 범위가 투석소급처까지인 것으로 알려지는데, 그러나 이는 그러한 마을 경계를 포함한 마을으로 물건을 훔쳐서는 안 된다는 것이다.

『빠알리율』의 사타 제2의 「불실의」인 곳에서는 예를 들어, 지금의 마을에 대해서도 「마을 동계聚落同界란 동일한 부족一族의 마을이 있고 울타리가 있다. 마을 내에 옷을 두면 몸은 마을 내에 있어야 하고, 운운」[92] 등이라 하여, 울타리 밖의 세분을 아울러 마을동계라 하는 것을 전혀 생각하지 않는 것이다. 그리고 울타리가 없는 곳은 한계를 정한다는 의미로 몸에서 투석소급처로 하는 것으로[93] 이에 따라 보면 『빠알리율』의 경계界 upacāra는 본계本界 자체만을 말하는 것으로 생각된다.

『십송율』제5에서는 서로 붙지 않은 마을에 대해 「닭이 날아가는 한계, 대소변을 버리는 한계, 부끄러움慚愧을 아는 사람이 대소변을 보는 곳의 한계, 화살을 쏘아 미치는 거리」라고 되어 있는데,[94] 이것도 서로 붙지 않은 마을 경계에 대한 의계衣界를 나타낸 것이다.

그리고 마을의 의계衣界는 마을에 마을 경계聚落界를 합한 것을 말하고, 그 마을이 담장 · 벽 · 울타리牆壁籬에 둘러싸였을 때는 밖의 작사처作事處(대변소?) 범위까지가 경계로서 포함되어 불실의가 되는 의계衣界이고, 그 마을을 둘러싸는 것이 웅덩이塹일 때는 척분소처까지가 계로 포함하여 불실의계가 되는 계라고 한다.[95] 그리고 이는 외도의 집이나

91) Vinayapiṭaka, Vol. III, p. 46. 남전대장경 제1권, 74쪽-75쪽.

92) Ibid., Vol. III, p. 200. 남전대장경 제1권, 337쪽.

93) Ibid.

94) 『십송율』제5권, 대정23권, 32쪽 b.

마당 · 집場舍 등의 문과 취수처, 측처厠處가 그 마당 · 집 등의 경계라는 것과 같은 의미의 것이고, 『사분율』의 세분과 달리 본계本界에 상당하는 것이다.

『오분율』도 바라이 제2 도계에 마을과 마을 밖에 '마을로 다니는 곳'聚落所行處 gāma-upacāra 즉 세분(界)을 인정하고, 그 범위를 「마을 바깥으로 한 화살의 힘이 다한 데까지의 길, 어떤 부끄러워하는 사람慚愧人이 용변便利을 보는 곳을 '마을로 다니는 곳'이라 한다.」[96]라 하고 있는데, 이것도 앞에서 언급한 『빠알리율』의 바라이에 있어서와 마찬가지로[97] 도계의 마을 범위 규정이다. 사타 제2 불실의계不失衣戒 설명은 간단하지만 마을에 그 세분으로서의 마을을 포함한 것과 다른 집屋舍 등에 세분을 인정하지도 않고, 『오분율』은 『빠알리율』에 가까운 것이므로 『빠알리』에 준하여 해석되어야 할 것으로 생각된다.

『승기율』은 예를 들어, 누각계에 대해서는 「만약 제각梯閣의 길 밖에서 각 25주肘를 경계界로 한다」라고 하여, 일견 경계(勢分)를 인정한다.[98] 그러므로 『승기율』의 경우는 누각을 중심으로 그 바깥의 25주肘까지가 본계의 의계이다. 그러나 정사 등의 외부에 세분勢分된 계를 인정하지 않고, 비구가 마을에 상 · 하의로 외출을 하고 외의겉옷가 있는 정사에 돌아와도 문이 닫혀서 열리지 않을 때는, 그 문구멍門孔, 하수구 구멍水瀆孔에 손가락을 넣어도 「불실의계」 안으로 몸을 통하게 되는 것이고, 또 울타리 · 담장 위에 널린 세탁물浣衣이 밤중에 바람 때문

---

95) 상동.
96) 『오분율』제1권, 대정22권, 6쪽 a.
97) 주91과 동일.
98) 『마하승기율』제8권, 대정22권, 296쪽 b.

에 담장 밖으로 떨어진 채 있으면 범죄가 된다고 하여,[99] 이들에는 의계衣界로서의 본계本界 외에 세분을 인정하는 일은 없다.

『십송율』의 가구 경계家界와 부족 경계族界란 앞에서 언급한 바와 같이 매우 혼란스럽고 구별하기 어렵다.[100] 『빠알리율』과 같은 유로 말하면, 가구家는 부족族이고, 이에 동일한 경계一界가 있고, 여러 경계多界가 있다고 할 수 있다. 즉 부모 · 형제 · 자식이 동거 · 동업 · 동식이면 그 가구家는 동일한 경계를 이루고, 동거해도 이업 · 이식이면 여러 부족多族이 되고, 그 사람들의 방室이든 주거지居所 하나하나가 다른 경계別界가 되어야 할 것으로 생각되는데, 『십송율』의 설은 『살바다론』의 해석 등에 따르면 이것과 다르고, 동일한 경계일 경우를 가구家로 하고, 다른(여러) 경계의 경우를 부족族으로 한다.[101]

그러나 『십송율』에서는 가구家와 부족族을 병립하여 두 개로서, 부족族에도 가구家에도 동일한 경계도 있고 다른(여러) 경계도 있다고 하는 것이다. 그래서 『십송율』에 의하면, 반드시 『살바다론』과 같이 가구家를 동일한 경계, 부족族을 여러 경계라고도 할 수 없다고 생각하는 것이다. 그러나 『십송율』은 예를 들어, 가구家에 대해서 가구家는 동일한 경계이고 그 문門 등을 다른 경계로 한다. 왜 다른 경계를 문 · 집門屋 등으로 하였을까? 이러한 점에서 『십송율』과 『살바다론』을 둘러싸고 해석이 혼란스러워지고, 율종의 해석도 복잡하게 되어 있다. 그리고 지금 조금 생각해보면 먼저 『십송율』은 다음과 같이 기록한다.

99) 『마하승기율』 제8권, 대정22권, 298쪽 a.
100) 『십송율』 제5권, 대정23권, 32쪽 b.
101) 『살바다비니비바사』 제4권, 대정23권, 530쪽 b.

> 동족同族 사이에도 동일한 경계가 있고 다른 경계가 있다. 이 중 동족 간의 다른 경계란 대문 · 방 · 식당 · 뜰 · 변소 · 우물 등을 말한다. 만약 비구가 이런 한 동족 속에 있는데 옷은 다른 동족에게 있다면 비구는 마땅히 옷을 가져오거나 옷이 있는 곳으로 가거나 다른 옷을 받아야 한다. 운운
> 집에도 동일한 경계가 있고 다른 경계가 있다. 이 중 다른 경계란 사립문 · 식당 · 뜰 · 변소 · 우물 등을 말한다. 만약 비구가 이런 한 집에 있는데 옷은 다른 집에 있다면 비구는 마땅히 옷을 가져오거나 옷이 있는 곳으로 가거나 다른 옷을 받아야 한다. 운운[102)]

이를 해석하는데 『살바다론』에 따라서 한 혈족이 동거하면서 따로 일을 하고 따로 먹는 것異業異食이 부족族이라 하면(『십송율』에는 그러한 해석을 행할 수 있는 부분은 없다.) 부족族은 원래 다른(여러) 경계로 되고, 『십송율』의 「동일한 경계 · 다른 경계가 있다有一界別界」란 글과 모순되게 된다.

또 『십송율』의 문장 자체에 대해서 보면, 경계를 정하는 것은 부족이라든가 가구라는 거처居所에 대해서 일계 · 별계를 말해야 하는데 가구家도 부족族도 구별 없이, 그 거처가 동일한 경계一界이고, 문 · 옥 내지 취수처를 다른 경계別界라는데, 이것도 불합리한 원래의 동일한 경계이다. 동일한 가구一家의 식처食處 등이 그 가구家와 다른 경계別界라면 『살바다론』의 가구家와 부족族의 구별은 전혀 무의미해진다. 이는 분명 『살바다론』의 오류이고, 가구家와 부족族은 일본어의 한 집一家과 한 가

102) 주100과 동일.

족一族 정도의 차이가 있고, 기구機構도 전자(家)에 문처門處가 없고, 후자에 문처門處가 있고, 전자에 식처食處라는 곳이 후자(族)에 식당이라 불리는 정도의 대 · 소 차이가 있음을 가리킨다고 해야 할 것이다. 그리고 부족族이든 가구家이든 동업 · 동식 · 동거와 이업 · 이식 · 이거의 구별로 「유일계유별계」가 되는 것으로 보아야 한다.

『십송율』이 지금 인용한 글 중에 「同族有一界亦別界. 是中同族別界者. 謂門屋食堂中庭厠處取水處」 및 「家有一界亦別界. 是中別界者. 謂戶處食處中庭厠處取水處」[103]라는 가운데 앞 문장 「別界者, 謂門屋」의 別字와 뒷 문장의 「別界者, 謂戶處」의 별자別字는 삭제해야 하지 않을까 생각된다. 그것은 이 가구家나 부족族과 같은 의미, 같은 형식으로 동일한 경계 · 다른 경계를 논하는 장소에서는 모두 이 '別' 자가 없다. 이 문처門處 등에 대해서는 『십송율』은 지금의 경우를 제외한 모든 경우에 즉 외도인의 집, 윤행인처, 장소, 동사同舍, 원, 원사 등에 대해서는 모두 같은 문장으로,[104] 예를 들어 윤행인처輪行人處에는 '遊行諸國營輪住宿. 是中界者. 謂門處 · 食處 · 中庭 · 厠處 · 取水處.'[105]라고 하여 문門處 등은 경계界라고 한다. 다른 경계別界가 아니라 옷이 있는 곳과 함께 동일한 경계一界가 되는 경계界 upacāra라 한다.

지금 예로 든 윤행인처輪行人處에 대해서 말하자면, 광대藝人 등의 숙영宿營 안에서 한 집단일 때와 여러 집단일 때로, 예藝 중심의 집단별로

103) 대정22권, 32쪽 b단의
17행째부터= 同族有一界亦別界. 是中同族別界者. 謂門屋食堂中庭厠處取水處
22행째부터= 家有一界亦別界. 是中別界者. 謂戶處食處中庭厠處取水處.

104) 『십송율』제5권, 대정23권, 32쪽 c-33쪽 a.

105) 『십송율』제5권, 대정23권, 32쪽 c.

동일한 경계一界가 되어 각각 다른 경계別界가 발생하는데, 문처門處 등은 예를 들어 광대나 씨름꾼 등이 각각 다른 경계를 이룰 때, 옷이 광대 처소에 있든 씨름꾼 처소에 있든 몸이 그 옷이 있는 곳이나 혹은 경계인 문門處 등에 있으면 「불실의」가 된다. 「界者謂門處云云」의 계界는 이른바 세분勢分 upacāra이란 의미의 계界 upacāra이다. 이처럼 『십송율』은 문처 등을 문제의 부족族과 가구家의 경우에만 다른 경계로 하는 것을 제외하고 다른 모든 곳에서는 같은 조건인 계界로 하고 있다. 그러므로 지금 가구家와 부족族 부분에서 별계別界라는 곳을 계界라고 읽으면 완전히 다른 모든 것과 같은 의미가 된다.

그리고 그 불필요하다고 생각되는 '別'이라는 한 글자가 있으므로 『살바다비니비바사』의 특별한 종류의 가구家와 부족族의 해석이 생기고, 문처 등 하나하나를 다른 경계別界로 본다고 하는 색다른 해설이 생겼고, 이것이 『행사초』에도 인용되어 『육물도채적』 등에 「이업異業(다른 직업)일지라도 부엌이나 우물이나 대소변소는 하나로 사용하므로 중처衆處(공동 사용처?)라 한다. 다른 일[異業]을 하는 자가 통용하는 곳이므로 여기에 옷을 두면 이의離衣가 된다.」라는 색다른 해설[106]을 하게 하고, 다시 외도인의 집 이하, 『십송율』에 분명하게 동일한 경계界라는 부분도 율종에서는 다른 경계別界란 의미로 해석하는 결과가 된 것이다.[107]

106) 『六物圖採摘』 권하, 『日本大藏經 · 戒律宗章疏』 二 66쪽 c.
107) 예를 들어, 상동, 66쪽 a.

(4) 화구臥具와 견의絹衣

30사타 중에 와구臥具 santhāra에 관한 계가 7가지 계戒가 있다. 예로부터 율종에서는 이러한 계를 이용하여 명주옷絹衣의 부정否定을 주장하는데, 그것은 굴려서 읽고 해석轉讀轉釋하는 중국의 일이기도 하므로 도선 율사의 실천상 특별한 사고방식이 이에 의해 나타난 것으로 보인다. 지금은 그러한 것을 말하는 것이 아니라, 승가 생활에 삼의와 함께 필요한 것으로 여겨졌던 와구를 알기 위해 그에 관한 금계를 밝힌다. 그것이 와구를 통해 승가의 생활을 알려진다고 생각하기 때문이며, 아울러 각종 의재도 알 수 있다고 생각하기 때문이다.

그래서 먼저 30사타 중에서 깔개敷具에 대한 계를 구하면, 『빠알리율』에서는 제11 잡야잠면작와구계, 제12 흑모와구계, 제13 백모와구계, 제14 감6년작와구계, 제15 불점좌부계, 제16 지양모과한계, 제17 사비친비구니완염모계의 7계이고, 『사분율』과 『십송율』은 『빠알리율』과 같이 제11계부터 순서도 같으나, 『오분율』은 제21계부터 제27계에 있고, 『승기율』은 제13, 제11, 제12, 제14, 제15, 제16, 제17의 순으로 되어 있는데 모두 계 자체는 내용이 일치하고 있다. 그러나 계의 인연분별에 대해서는 나중에 보듯이, 『승기율』에서 다른 곳에서 볼 수 없는 해석이 있고, 그 때문인지 중국에서 삼의에 대한 명주옷 부정론絹衣否定論이 생기고, 율제 해석상 큰 문제가 발생했다고 생각된다.

먼저 첫째, 사타 제11 잡야천면작와구계[1]는 교시야kosiya 즉 『사분

1) 「雜野蠶綿作臥具戒」, 사타, 『빠알리』·『사분』·『십송』·『유부율』제11계, 『오분율』제21계, 『마하승기율』제13계. 「若比丘雜蠶綿作臥具者尼薩耆波逸提」『사분율』.

율』의 야잠면野蠶綿 즉 명주絹를 섞어kosiyamissaka 와구santhata를 만들면 사타가 된다고 한다. 와구는 깔개敷具라고도 번역되는데 깔개敷具 paccattharaṇa와의 구별은 분명하지 않다. 이는 『빠알리율』에 의하면, 비구가 양잠가 kosiykāraka를 찾아가 견사絹絲 또는 견면絹綿을 강요하듯이 요청을 한 데서 제계된 것이라 하나,[2] 『십송율』에서는 명주絹의 고가와 누에를 죽이는 것을 제계의 이유로 삼고 있다.[3] 깔개敷具란 펴서 만들 수 있는 것santhar-itvā katam으로 직물織物 avāyimaṃ이 아니라고 여겨지는데,[4] 『선견율비바사』에서도 「교사야 부구란, 평지에 천을 두고 초장酢漿을 뿌린다.」[5]라고 되어 있기 때문에 재료가 되는 견사 등을 평평한 곳에 펼쳐서 초장의 약품을 뿌리고 위에서 압축하여 단단하게 굳히는 것으로 보인다. 『오분율』에서는 「세 번 흔들어도 찢어지지 않을 때 이름하여 와구라 한다.」라고 되어 있다.[6] 『선견율』은 「이 깔개敷具는 이 담요氈로 만들고 직물이 아니다.」[7]라 하므로 융단류獸炭類임에 틀림없다. 『오분율』 · 『사분율』은 와구라 번역하고, 『승기율』 · 『십송율』은 깔개敷具라 번역하지만 santhata는 펴다는 의미에서 모포絨毯, 깔개류敷物類를 말한다. 이를 『승기율』은 담요氈이라 하고,[8] 『오분율』은 「와구란 와욕臥褥이다.」[9]라고 하므로 다음에 기술하듯이, 이를 삼의의 옷으로 해석하는 것은 무리인 듯하다.

---

2) Vinayapiṭaka, Vol. III. p. 224. 남전대장경 제1권, 380쪽.
3) 『십송율』제7권, 대정23권, 47쪽 c 「此國綿貴縷貴衣貴繭貴, 多殺蠶故」.
4) 주(2), 남전대장경 제1권, 381쪽.
5) 『선견율비바사』제15권, 대정24권, 776쪽 c.
6) 『오분율』제5권, 대정22권, 35쪽 a.
7) 주(5)와 동일.
8) 『마하승기율』제9권, 대정22권, 307쪽 c.
9) 주(6)과 동일.

또 계는, 『빠알리율』에서는 명주絹를 섞은 깔개敷具를 금했다고 하나, 『사분율』도 야잠면을 섞은 새 와구雜野蠶綿新臥具를 금했다고 하고, 『승기율』에서는 순흑양모에 교사야kosiya를 섞어서 만드는 것을 금하는 것으로 되어 있고,[10] 『빠알리율』과 동일하지만 『십송율』[11]과 『오분율』[12]에서는 교시야(憍施耶 : 憍賒耶)로 깔개[敷具(臥具)]를 만드는 것을 금하는 것으로 되어 있고, 섞어서 만드는 것을 대상으로 하고 있는 것은 아니다.

그런데 이 규칙을 범한 자는 사타죄가 되는데, 그 사법捨法에 대해서는 『빠알리율』에는 특별한 것이 없고, 특별히 기록하는 바가 없으므로, 사타의 일반적 사법捨法에 따라서 별중 또는 타인에게 버리면 당사자에게 환여되는 것으로 볼 수 있다. 그리고 특별한 정법淨法도 없다. 그러나 부당한 작품이기 때문에 소지도 부적당하다고 여겨져, 특별한 사법捨法도 정법淨法도 없이 사비구捨比丘에게 그대로 환여해서 사용하게 하는 것은 있을 수 없다고 생각되는데, 아무래도 이상하지만, 그것에 대해서는 아무것도 기록되어 있지 않다. 또 『십송율』도 「이 깔개敷具는 마땅히 버려야 하고, 바야제 죄는 마땅히 참회해야 한다」[13]라고 되어 있을 뿐이므로, 이 「버려야 한다.」는 것도 사타법 일반의 환의를 받기 전의 일단 사捨인지, 혹은 특별 사법이 있는 사捨인지는 불분명하다. 『근본설일체유부비나야』에도 사법捨法이 없다.[14] 그러나 『사분율』에서는 환의還衣를 인정하지 않고 따라서 승가 중에 버리지 않고, 특수한

---

10) 『마하승기율』 제9권, 대정22권, 308쪽 a.
11) 주(3)과 동일.
12) 『오분율』 제5권, 대정22권, 34쪽 c-35쪽 a.
13) 주(3)과 동일.
14) 『근본설일체유부비나야』 제20권, 대정23권, 735쪽 c.

처리를 한다. 즉 도끼斧나 낫斤으로 잘게 베어서 벽이나 토방埵에 바른다고 하고 있다.[15] 이에 반하여 『오분율』에서는 그 와구는 승가에 버리고, 특별한 개인에게 버려서는 안 된다고 하고 있다. 승가는 이를 땅에 깔거나 승상繩床 및 와구 위에 깔아서 사욕捨褥한 비구를 제외하고 다른 비구들이 법랍에 따라서 좌 · 와坐臥한다고 하고 있다.[16] 나아가 『승기율』에 이르면, 본계에 앞서 순흑모 신부구를 금하는 부분에서 사법捨法을 말하는데, 그에 따르면 깔개敷具를 승가 중에 버린다고 하고 있다. 승가는 이를 사捨 비구에게 환의해서는 안 되며, 달리 사용할 수 없고, 땅 위에 까는 것과 차일 · 주렴 · 휘장 · 천막遮向簾帳幔으로 할 수 있다는 것은[17] 『오분율』에 가깝다고 할 수 있다.

다음으로 사타 제12 흑모와구계[18]는 『빠알리율』에서는 순흑양모suddhakāḷaka eḷakaloma 와구santhata를 만들어서는 안 된다는 것이다.[19] 『오분율』[20]과 『십송율』[21]에서 순흑 · 누양羺羊?이라는 것이 『빠알리율』과 동일하다고 여겨지며, 『승기율』은 순흑양모, 『사분율』은 신순흑양모로 되어 있다. 이 중에서 『승기율』은 이 계가 앞에서 말한 제13계 잡야잠면와구계 앞 제11계이고, 그런데 그 잡야잠雜野蠶은 이 순흑양모에 교사나를 섞게 되어 있다. 앞에 말한 바와 같이 와구란, 재료로는 융단류絨毯類로, 원래 양모를 응고하여 깔개용 원단으로 만든 것으로 생각된다.

15) 『사분율』 제7권, 대정22권, 614쪽 a.
16) 『오분율』 제5권, 대정22권, 35쪽 a.
17) 『마하승기율』 제9권, 대정22권, 308쪽 b.
18) 「흑모와구계」, 사타, 『빠알리』 · 『사분』 · 『십송』 · 『유부율』 제12계, 『오분율』 제22계, 『승기율』 제11계. 「若比丘, 新純黑羺羊毛作臥具者尼薩耆波逸提」『사분율』.
19) Vinayapiṭaka, Vol. III, pp. 225-226. 남전대장경 제1권, 382쪽-383쪽.
20) 『오분율』 제5권, 대정22권, 35쪽 a.
21) 『십송율』 제7권, 대정23권, 48쪽 a.

『빠알리율』에서는 흑모에는 생흑生黑(원래 흑색인 것)과 염흑染黑(염색한 것)이 있다고 되어 있는데,[22] 『사분율』이나 『오분율』도 이것과 같다.[23] 『십송율』은 생흑·남염흑·니염흑·목피흑의 네 가지 흑이라 하는데[24] 『유부비나야』가 되면 이를 성흑색性黑色·성청흑性青黑·니색泥色·방색牻色의 네 가지 흑색이라 하고[25] 『십송율』의 남염색을 성청색으로 바꾸고 있다. 그러나 색 이외에는 이상의 『빠알리』·『사분』·『오분』·『십송』의 네 율은 언급하고 있지 않지만, 『승기율』이 되면 털을 얻는 양羊에 대해 상속양相續羊(種羊)·고양羖羊(黑羊)·불구색양不具色羊·산양山羊·유행양遊行羊·누양羺羊·등양等羊·명양鳴羊·중다이양衆多耳羊·목련양木蓮羊의 10가지를 헤아리고 있는데,[26] 과연 양에 이러한 10가지가 있었는지, 또 여러 가지 구별은 어디에 있는 것인지 전혀 확정할 수 없다. 또 색에 대해서는 상속양相續羊에 여섯 가지 털이 있으니, 생청生青·염청染青·생흑生黑·염흑染黑·생청흑生青黑·염청흑染青黑이 있다고 한다.[27]

또 본계의 사법捨法에 대해서 보면 앞에서 본 것과 동일하지만, 유일하게 『사분율』은 위 계에서는 도끼나 낫으로 잘게 잘라서 진흙에 버무려 벽이나 토방에 바른다고 되어 있는데, 이 계에서는 승가에 버리고 사捨 비구에게 환의還衣하도록 되어 있어, 이를 위한 백이갈마의 사법捨法을 적고 있다[28] 단 『승기율』은 위에서 말한 제13계와 마찬가지로

22) Vinayapiṭaka, Vol, III. p. 225. 남전대장경 제1권, 383쪽.
23) 주20과 동일, 『사분율』 제7권, 대정22권, 614쪽 b.
24) 주21과 동일.
25) 『근본설일체유부비나야』 제20권, 대정23권, 736쪽 a.
26) 『마하승기율』 제9권, 대정22권, 307쪽 b.
27) 상동.
28) 『사분율』 제7권, 대정22권, 614쪽 c.

땅에 깔거나 또는 차일 · 주렴 · 휘장 · 천막遮向簾帳幔으로 한다고 한다.[29] 또한 비구가 이 와구로 만의幔衣를 만든 일은 뒤에 언급하겠다.

다음으로 사타 제13「백모와구계」[30]는『빠알리율』에서는 신와구를 만들 때는 양모 비율을 4분하여 2분이 순흑양모suddhakāḷaka eḷakaloma, 제3분이 백색odāta 양모, 제4분이 갈색gocariya 양모인 비율의 것이어야 한다는 것이다.[31] 이는 위의 순흑양모와구 금지에 첨가되는 것으로 고가의 흑양모의 비율을 최대한 제한하고 백색 등의 비율은 그 이상은 지장이 없는 최소한을 나타내는 것으로 보인다. 각 율의 사법捨法은 모두 앞의 순흑모계와 비슷하다.[32]

다음으로 사타 제14「감육년작와구계」減六年作臥具戒[33]는 각 율 모두 와구를 만들었다면 승가의 갈마로 허락하는 이외는 6년 이내에 신와구를 만들어서는 안 된다고 한다.『빠알리율』의 인연에 따르면 비구들이 해마다 와구를 만들기 위해 신자들에게 양모를 구했다가 그 사치를 비난받았던 일에 따른 것으로 보인다.[34] 그리고 승가의 허가를 얻는 특별한 경우가 인정된 인연으로는,『빠알리율』에서는 교상미 비구가 유행지에서 병의 요양차 돌아오는데 와구가 무거워서 가지고 돌아

29) 주26과 동일.

30)「白毛臥具戒」(사타),『빠알리』·『사분』·『십송』·『유부율』제13계,『오분율』제23계,『승기율』제12계.「若比丘, 作新臥具應用二分純黑羊毛, 三分白, 四分牻. 若比丘作新臥具, 不用二分紙黑羊毛, 三分白, 四分牻, 作新臥具者, 尼薩耆波逸提」『사분율』.

31) Vinayapiṭaka, Vol, III, p. 226. 남전대장경 제1권, 384쪽.

32)『마하승기율』제9권, 대정22권, 307쪽 b-c,『오분율』제5권, 대정22권, 35쪽 a-b,『사분율』제8권, 대정22권, 615쪽 a-c,『십송율』제7권, 대정23권, 48권a-b.

33)「減六年作敷具戒」(사타)『빠알리』·『사분』·『십송』·『유부』·『승기율』제14계,『오분율』제24계,「若比丘作新臥具持至六年. 若減六年不捨故, 更作新者, 除僧羯磨, 尼薩耆波逸提.」『사분율』

34) Vinayapiṭaka, Vol.III, p.229. 남전대장경 제1권,388쪽.『십송율』제7권, 대정23권,48쪽 c.

올 수 없는 이유를 들고 있다.[35] 『사분율』[36]도 『승기율』[37]도 병비구의 휴대 불능을 들고 있다. 『오분율』[38]은 유행에 와구가 무거운 일은 말하고 있고 병은 말하지 않다. 와구는 지참하고 가는 것이므로 지참 불능이 큰 이유가 된다. 『십송율』[39]은 「만약 비구의 예전의 깔개故敷具가 너무 두텁거나太厚 혹은 너무 얇거나太薄 혹은 너무 가볍거나太輕 혹은 너무 무겁거나太重 혹은 너무 크거나太大 혹은 너무 작거나太小 혹은 구멍이 뚫렸거나穿壞 혹은 뜯어져緣破」 있기 때문에 승가에 새로 만드는 것을 요청하면 그것을 허락해야 하는 것과 그렇지 않는 경우가 있다고 하고, 승가는 수리해야 할 것은 수리를 명하고, 수리 불가능해 보이면 갈마하여 6년 안에 새로 만드는 것을 허가한다고 하고 있으나, 운반에 관한 것은 말하고 있지 않다.

그러나 『승기율』에서는 이 『십송율』과 같은 이유의 너무 크거나 너무 작거나 하는 등으로 와구를 싫어하고 좋은 것을 원하여 새로 만들면 니살기바야제가 된다고 하여, 전혀 이 종류의 신작을 인정하고 있지 않다.[40] 또한 범계하여 사捨를 행한 경우 사의捨衣는 『승기율』을 제외하고 다른 율은 사捨 비구에게 환의한다고 한다. 그러나 『승기율』에서는 「승가衆僧 중에 버렸을 때 승가僧는 바로 되돌려 주지 않는다. 승가가 사용할 수 있어도 속옷襯身으로는 할 수 없다.」라고 하므로 버린 것은 다른 비구가 이용하게 되지만, 몸에 걸칠 수는 없다고 한 것이라 보

35) Ibid., pp. 228-229. 남전대장경 제1권, 386쪽-387쪽.
36) 『사분율』제8권, 대정22권, 616쪽 a.
37) 『마하승기율』제9권, 대정22권, 308쪽 b-c.
38) 『오분율』제5권, 대정22권, 35쪽 b-c.
39) 『십송율』제7권, 대정23권, 48쪽 c.
40) 『마하승기율』제9권, 대정22권, 308쪽 c.

인다.41) 이는 깔개敷具로써 옷을 만드는 자가 있었기 때문이라 보인다.

사타 제15「불첩좌구계」不貼坐具戒42)는『빠알리율』에서는 좌와구坐臥具 nisīdana-santhata를 새로 만들 때는 반드시 구와구舊臥具 purāṇa-santhata의 테두리 sāmantā를 1불책수佛磔手 sugatavidatthi를 떼어 신 와좌구에 괴색하기 위해 붙여야 한다고 하는 것이다.43)『빠알리율』에는 좌구nisīdana는 테두리가 있는 깔개敷物 sadasa라고 한다.44) 또 구와구의 테두리를 붙이는 크기를『빠알리율』은 단지 계문에 불책수佛磔手라고 하여 길이만 나타내고 넓이를 말하지 않는데,『오분율』은 분별문에「一修伽陀磔手란 方二尺」이라고 설명하고 있고,45)『마하승기율』은 계문에「故敷具氈方一修伽陀搩手」라고 하고,『사분율』도 계문에「구舊 와구의 세로 길이 1걸수故者縱廣一搩手」46)라고 하고,『십송율』은 계문에「주잡일수가타걸수」라고 하기 때문에47) 각 율 공통으로 사방 일불걸수(2척4척주척)사방의 것을 떼어 붙이는 것을 말하는 것이라 보인다. 단『승기율』은 고전故氈 즉 구 깔개敷具를 떼어 내는데「방일걸수장이척사촌」이라고는 하나, 그 형태에 대해서 결각缺角 · 맥형麥形 · 저형杵形 · 차형車形 · 수垂 · 난亂 · 거擧 · 하下 형태의 종류가 있다고 하고, 또 그 붙이는 방법에도 방원方圓으로 하여 둘레를 바르게 한다고 하므로「방이척사촌」으로 잘라낸 것을 다시 작은 조각

41) 상동, 대정22권, 309쪽 a.
42)「不貼座具戒」, 사타,『빠알리』·『사분』·『십송』· 유부 ·『승기율』제15계,『오분율』제25계.「若比丘, 新作座具當取故者縱廣一搩手貼新者上爲壞色故, 若比丘新作座具不取故者縱廣一搩手貼新者上壞色者, 尼薩耆波逸提」『사분율』.
43) Vinayapiṭaka. Vol. III, pp. 230-232. 남전대장경 제1권, 389쪽-393쪽.
44) Ibid. 남전대장경 제1권, 393쪽.
45)『오분율』제5권, 대정22권, 35쪽 c.
46)『사분율』제8권, 대정22권, 616쪽 c.
47)『십송율』제7권, 대정23권, 49쪽 c.

으로 나누어 지금 말한 것과 같은 형태로 하여 방원에 또는 주정周正으로 배열하여 모양이 되게 한 것은 아닐까 생각된다.48)

이 오래된舊 와구의 한 조각을 붙이지 않은 것은 사타죄가 되는데, 이때의 사법을 『빠알리율』은 별중(人) 또는 승가에게 버리고 환의를 받으나, 환의를 받았을 때 오래된故 깔개敷具를 붙여야 한다는 것을 말하지 않는다. 그리하여 이는 덧붙이는 것으로 여겨진다. 『사분율』도 마찬가지인데, 그러나 이는 별중에 버리지 않고 승가에만 버리고 환의를 받는다. 『오분율』과 『십송율』도 마찬가지로 특별한 사법捨法을 설하지 않기 때문에 『사분율』 또는 『빠알리율』과 마찬가지로 사捨 비구에게 환여되는 것으로 보인다. 『승기율』만은 앞의 계와 마찬가지로 사捨 비구에게 환여하지 않고, 승가가 수용하는 것으로 되어 있다.49)

사타 제16 「지양모과한계」持羊毛過限戒는50) 『빠알리율』에 의하면, 만약 비구가 외출지에서 승가 · 별중 · 친척 · 친구로부터 혹은 분소糞掃로서, 혹은 자기 재물로 와구를 만들 재료인 羊毛를 얻었다 하더라도 원칙적으로 시자侍者(淨人 等 비구 이외의 在家人)에게 맡겨야 하고, 시자가 없어 스스로 옮길 때는 3유순까지는 좋으나 3유순 이상을 직접 운반해서는 안 된다는 것이다.51)

이는 비구인 자가 양모의 짐을 옮기며 세상의 비웃음을 받았기 때문에 제계制戒된 것이다. 그리고 이는 다른 『사분율』52) · 『오분율』53) · 『십

48) 『마하승기율』 제9권, 대정22권, 309쪽 b.

49) 상동.

50) 「持羊毛過限戒」, 사타, 『빠알리』 · 『사분』 · 『십송』 · 『승기율』 제16계, 『오분율』 제26계. 「若比丘行道中得羊毛, 比丘須者應取, 若無人持得自持行至三由旬, 若無人持自持過者, 尼薩耆波逸提.」『사분율』.

51) Vinayapiṭaka, Vol. III, p. 233. 남전대장경 제1권, 394쪽-395쪽.

송율』[54]·『승기율』[55]도 대체로 같다. 3유순의 거리에 대해서는『승기율』에는 계산 방법이 기록되어 있어, 5주궁肘弓의 2000궁을 1구로사拘盧舍로 하여 4구로사(8000궁)를 1유순(1.8척×4×8000=57,600척)이라 하므로,[56] 3유순은 일본식으로는 36정町 1리里로서 16리 25정이 된다. 그러나『서역기』에 8구로사를 1유순으로 하는데,[57] 이는 4주肘를 1궁弓, 1구로사를 500궁으로 하기 때문에, 1구로사는 3,600척(10町)이고 1유순은 2리里 8정町이 된다.『유부율』도 이렇게 계산한다.[58]『승기율』은 특수하여, 후자의 계산으로도 3유순은 26.184km이고, 금계라 하기에는 상당히 먼 거리라 할 수 있다. 또 이 3유순도『빠알리』와『오분』에서는 불분명한데,『십송율』에서는「만약 3비구가 되면 9유연由延이다. 만약 4비구면 12유연由延이다. 만약 5비구면 15유연에 이를 수 있다.」라고 하며, 사람의 많고 적음에 따라 재는 것으로 1인 3유순이므로, 한 사람이 3유순을 가지고 가서 그곳에서 다른 비구에게 인계하면 된다고 하고 있다.[59]

또『마하승기율』은「전역轉易함에 각각 재차 3유연由延을 얻고, … 중다인衆多人일 때는 사람에 따라서 한도를 정한다.」라고 하여 3명이면 3유연, 4명이면 12유연을 가질 수 있다고 하고 있다.[60] 그러나『사분율』은 남에게 가지게 하는 것을 말하는데, 비구가 1인당 3유순에서 인계

52)『사분율』제8권, 대정22권, 617쪽 b-c.
53)『오분율』제5권, 대정22권, 35쪽 c-36쪽 a.
54)『십송율』제7권, 대정23권, 49쪽 c-50쪽 a.
55)『마하승기율』제9권, 대정22권, 309쪽 b-c.
56) 상동.
57)『望月佛教辭典』「由旬」항 참조,『국역일체경 · 律部 八』331쪽 참조.
58)『근본설일체유부비나야』제21권, 대정23권, 739쪽 a.
59)『십송율』제7권, 대정23권, 50쪽 a.
60)『마하승기율』제9권, 대정22권, 310쪽 a.

해 가지는 것을 기록하고 있지 않으나 아마도 인정하지 않는 것이 아닐까 생각된다. 본 계는 비구의 양모을 가지고 3유순 이상 가는 것을 금하는 것이지만, 그러나 소량의 경우는 그러하지 않다. 이 점에 대해 『빠알리율』은 기록하지 않으나, 『오분율』에서는 허리띠腰繩나 모자帽綖 등을 만들기 위해 5~6빨라pala를 소지하는 것은 무범으로 한다.[61]

1빨라의 양은 정확하게 알기 어렵지만, 일본식의 량으로 건조미乾燥米 1홉合에 필적한다. 즉 『율이십이명료론』에 12빨라pala의 쌀을 쩌서, 밥으로 높이 나오는 것이 거북등龜背과 같이 되는 것을 첫째 발鉢(小鉢)이라 한다고 하는데, 소발小鉢은 『사분율』에 한 말斗이라 하고, 일본 관영에서 정한 완쑤에서는 1되升 5홉合정도에 상당한다고 하니,[62] 1빨라波羅는 한되 5홉의 12분의 1로, 건조미 1홉合 정도로 볼 수 있다.

『사분율』은 취상毳相 · 모승�繩 · 두모頭毛 · 정상모頂上毛 · 각모脚毛를 짊어지는 것은 된다고 하나,[63] 머리털頭毛 등이 제품인지 양모를 말하는 것인지 불분명하다. 또 모帽 · 섭열건攝熱巾 · 이혁사裏革屣를 만드는 정도의 것도 가져도 좋다고 한다.[64] 『십송율』은 양모를 이상耳上 · 이중耳中 · 인하咽下에 붙이거나, 또는 담요氈로 만들어 바느질 주머니針線囊에 붙여서 지참하는 것은 금율禁律 이외의 것으로 여기고 있는데, 아마도 귀 위耳上 등은 보온용 귀마개인듯하다.[65] 『승기율』에서는 양탄자氈 · 베개枕 · 요褥 등의 제품이 될 수 있는 것은 좋다고 하지만 양모는 발우주

61) 『오분율』제5권, 대정22권, 36쪽 a.
62) 西本龍山역 『국역일체경 · 律部 八』 351쪽 주104, 「律部 11」 240쪽 주121 참조.
63) 『사분율』제8권, 대정22권, 618쪽 a.
64) 상동.
65) 『십송율』제7권, 대정23권, 50쪽 a-b.

머니鉢囊 안에 들어가는 정도도 불가하다고 했다.[66] 사捨는 각 율 모두 장의계 등과 같으며, 범죄 비구는 승가 또는 별중別衆에 버리고 환여를 받는다.

사타 제17「비치니완염모계」非親尼浣染毛戒는[67] 비구가 와구를 만들기 위해 비친리의 비구니에게 양모를 씻게 하거나 혹은 물들이게 해서는 안 된다는 금계로, 이는 각 율 모두 차이가 없다.[68] 이는『빠알리율』의 사타 제4(『사분』·『오분』·『십송』·『승기』각 율은 제5)에 있는「사비친비구니완고의계」使非親比丘尼浣故衣戒(비구는 비친리 비구니에게 고의를 세탁하게 해서는 안 된다)라는 것과 같은 의미로,[69] 비구(남성)와 비구니(여성)간에 정사情事가 일어나는 것을 피함과, 비구니 수행을 방해하게 되기 때문에 제정된 것이나, 앞의 계와 마찬가지로 범죄 비구는 승가 또는 별중에 버리고 환여 받아서 수용한다.

이상 깔개敷具에 관한 7계 중 처음 4계를 중국의 도선 율사는『행사초』에서「걸잠면작가사계」,[70]「흑모와구계」,[71]「백모삼의계」,[72]「감육년삼의계」[73]라고 이름하고 있다.『사분율』은 다른 율에 깔개敷具 santhata라 번역하는 것을 와구라 하고 있는데, 도선 율사는 그 와구라고 해야 할

66) 주60과 동일.
67)「使非親尼浣染毛戒」,『빠알리』·『사분』·『십송』·유부·『승기율』제17계,『오분율』제27계「若比丘使非親里比丘尼, 浣染擘羊毛者, 尼薩耆波逸提」『사분율』
68) Vinayapiṭaka, Vol. III. pp. 235-236. 남전대장경 제1권, 397쪽-400쪽.『마하승기율』제9권, 대정22권, 310쪽 a-b,『오분율』제5권, 대정22권, 36쪽 a-b,『사분율』제8권, 대정22권, 618쪽 a-c,『십송율』제7권, 대정23권, 50쪽 b-51쪽 a.
69) 본 장 본 절 (2)「離衣宿等의 戒」702쪽 참조.
70)『사분율산번보궐행사초』권중2, 대정40권, 68쪽 c.
71) 상동, 대정40권, 69쪽 a.
72) 상동, 대정40권, 69쪽 b.
73) 상동, 대정40권, 69쪽 b.

곳을 4계 중 3계까지 '가사' 또는 '삼의'라 번역하고 있다. 아마도 무슨 목적이 있어서 인듯하다. 특히 처음 걸잠면가사계 중에서 「言臥具者是三衣也」[74]라 하고, 다시 이에 세밀하게 해석을 달아 「卽三衣總名臥具猶如此方被之相故取通號」라고 적고 있다. 이 중의 「此方被之相」의 엄격한 의미는 알기 어렵지만, 와구를 삼의라고 함으로서, 불교에서는 명주옷絹衣의 삼의를 금하는 것으로, 이해하기 어려운 엄격한 실천상의 설을 주장하려 한 것으로 보인다. 그러나 문자 그대로 율을 이해함에 있어서는 이는 중대한 문제가 된다.

이미 삼의에 대해서 언급한 바와 같이[75] 삼의의 의재衣材로는 교시야 즉 견포絹布가 인정되고 있는 것이다. 예를 들어, 『사분율』에서는 30사타 제1 「장의계」에서 10가지 옷을 들며, 시의絁衣 · 겁패의 · 흠바라의 · 추마의 · 식마의 · 선나의 · 마의 · 시이라의 · 구이라의 · 식라의 · 반니의를 적고 있다.[76] 시의絁衣는 견의 · 흠바라의는 모직옷이고, 선나는 백양모의 · 시이라의는 새털옷鳥毛衣 등이라고 한다. 『사분율』 뿐만 아니라, 각 율 모두 견지絹地의 삼의 제작을 허용하고 있음은 이미 언급한 바 있다.

앞에도 말했듯이 원칙적으로는 불교 비구뿐만 아니라 출가자 일반 옷은 분소의였음은 의심할 여지가 없지만 머지않아 분소의 주된 것이 총간의塚間衣가 되고, 그것이 진전하여 비구로 하여 취하게 하기 위해 총간에 완성된 옷 등 신의와 비슷한 것을 시사施捨되고, 혹은 고의로 상

74) 상동, 대정40권, 69쪽 a.
75) 본장 · 1 · (3) 「비구니의 五衣」 681쪽 참조.
76) 『사분율』 제6권, 대정22권, 602쪽 a.

점 앞에 신의재를 비구에게 줍게 하는 일이 있어 분소의 본래 의의를 잃게 되고, 귀족이나 부자로부터 출가한 비구가 친리 즉 친족으로부터 명주옷絹衣 등을 그러한 방법으로 받았던 것도 생각할 수 있다.77)

아마도 이러한 상태가 되었으므로 붓다는 비구가 시의를 받는 것을 허락하고, 그 수량을 삼의로 한정하신 것이지만, 그 한정도 형식뿐이 된 것은 이미 「장의계」에 대해서 살펴본 것과 같다.78)

다시 또 와구는 옷이 아님은 지금 본 항에 제계를 설명하여 확실하게했다. 따라서 도선 율사의 「걸야잠면가사계」는 「야잠면와구계」로 삼의에 관한 것은 아니다. 와구santhata는 빠알리 사전에서 "spread. strewn with"의미이고 rug(깔개) 또는 mat(자리)로 번역되어 있다. 율장의 중국역은 와구 또는 깔개敷具인데 이는 와상 깔개敷具만은 아닌듯하다.

먼저 옷을 짓는 방법製法부터 말하면 『빠알리율』에 따르면 직물vāy-ima이 아니라, 펼쳐서santharitvā 만들 수 있는 것으로 알려져 있고,79) 『선견율비바사』제15권에 의하면, 평지에 천을 펴두고 초장酢漿을 뿌린다고 하기 때문에,80) 재료가 되는 양모 · 견면 또는 견사 등을 평평한 곳에 펼쳐서 초장酢漿을 뿌려 응고하는 약품처리를 하여 압축하여 만드는 것으로 보인다. 『오분율』에서는 「세 번 흔들어도 찢어지지 않는 것에 이름 붙여 와구라 한다.」81)라고 되어 있기 때문에, 그렇게 굳혀서 흔들어도 흐트러지지 않도록 한 것을 말하는 것이라고 볼 수 있다. 완성된

77) 주75와 동일.
78) 본장 · 2 · (1) 「長衣戒와 衣의 淨施」 691쪽 참조.
79) 주(2) 참조.
80) 주(5)와 동일.
81) 주(6)과 동일.

것은 물론 직물과 달리 두꺼운 것이다.

『오분율』이 와욕臥褥이라 하니[82] 침구 · 와구에 가장 많이 이용된다고 보아야 하나, 사타를 범하여 승가에 버려진 와구는 승상繩牀 · 와상臥床 위에 깐다고 하니[83] 와상을 비롯한 깔개敷具로 일반적으로 사용되는 것으로 보인다. 또 『마하승기율』에는 승가에 버려진 깔개敷具는 땅에 깔거나 차양遮向 · 주렴簾 · 휘장帳 · 천막幔으로 만든다고[84] 하니, 창문의 차양이나 불상의 주렴 · 휘장이나 번幡에도 사용한 것으로 보인다. 따라서 이는 원단生地으로는 이른바 융단이고, 사용 방법으로는 깔개敷具 · 와상 · 차양 · 번 등에 사용하며, 우리나라의 융단과 두꺼운厚地 금란金蘭이 가지는 용도와 같이 적용된 것으로 해석할 수 있다.

도선 율사가 이 와구(敷具)를 삼의라고 해석한 것은 아마도 『승기율』에 이 와구로 삼의 등의 옷을 만든 것이 있고, 그것이 금지되었음을 기록하고 있는 점에서 영향을 받은 것으로 보인다. 『승기율』은 「흑모부구계」가 사타 제11계로서 일련의 「부구敷具」 관계 계의 선두에 있는데, 그 인연으로 「이때 비구들은 일체 전의氈衣의 승가리 · 울다라승 · 안타회 · 니사단을 만들고, 오직 녹수낭漉水囊 및 낙낭絡囊을 제외하고 모두 전氈로 만들었다.」[85]라고 한다. 이 계의 자구 분별에서 「부구란 첩氎이다」라고도 「부구란 전氈이다」라고도 하므로[86] 첩의氎衣란 깔개敷具를 말한다.

82) 주(6)과 동일.
83) 주16과 동일.
84) 주17과 동일.
85) 『마하승기율』 제9권, 대정22권, 306쪽 c.
86) 상동, 대정22권, 307쪽 b.

따라서 이 『승기율』의 문장은 비구 중에 삼의 · 좌구 그 밖의 녹수낭과 낙낭 이외 의류 제품을 모두 부구[깔개santhata] 즉 와구로 만드는 자가 있었다는 것이 된다. 그리고 『승기율』에서는 이 이야기에 이어 비구가, 양털이 있는 자의 처소에 양털羊毛을 강하게 걸구하여 양털을 가지고 있던 자가 곤란해 했기 때문에 「흑모부구계」가 제정되었다고 한다.[87]

그러므로 『마하승기율』의 이 문장 배열로 해석하면 비구가 깔개敷具 · 삼의 등을 만들기 위해 양털을 구한 것이고, 따라서 「흑양모계」는 삼의 등의 재료로 하기 위해 순흑모 와구(부구)를 만드는 것을 금지한 것으로 해석된다. 그러나 「만약 비구가 순흑모로 신부구를 만들고자 할 때는 니살기바야제이다.」라고 하고, 다른 율과 다른 곳 없이 전氈의 삼의 등을 금지한 것은 아니며, 단지 흑양모만으로 깔개敷具를 만드는 것을 금한 것이고, 물론 깔개敷具 즉 전氈을 만드는 것을 금한 것으로 되어 있지 않다. 그러나 깔개敷具 즉 와구를 의복의 원단이라고 보면 이는 역시 의미가 달라진다. 다음 제12 「잡백모계」의 인연을 보면, 붓다가 아직 제계하시지 않았을 때는 비구들은 전의氈衣를 입고 노지에 암만菴幔과 같이(幕을 친 菴과 같이) 안온하게 살고 있었는데, 제계되었기 때문에 전의氈衣를 입을 수 없어서 많은 비구가 병으로 안온하게 머물 수 없게 되었다 한다.

그래서 붓다는 검은 털[黑毛]에 흰 털[白毛]과 아랫 털[下毛]을 섞은 것으로 만드는 것을 허용하고, 그 비율을 검은 털 4분의 2, 흰 털 4분의 1, 아랫 털[下毛] 4분의 1의 비율로 정했다고 한다.[88] 이는 분명 와구를

87) 주85와 동일.
88) 『마하승기율』제9권, 대정22권, 307쪽 b.

의재로서 비구에게 허용하고 와구 원단으로 삼의를 만들 수 있게 한 것이 된다. 『오분율』의 「순흑양모계」의 인연 중에 밧지족跋耆族이 순흑양모의 광택이 좋은 것을 이용하여 복식服飾 · 와구臥具로 삼은 것을 보고, 밧지의 비구도 그 유행(?)을 따랐는데, 승방에 들어가서 이를 본 거사들이 이것이 호족 · 귀인들의 승마복과 같다고 했기 때문에, 그래서 이 계가 제정되었다고 한다.[89] 지금 검은 색黑色 삼의를 사용하는 것은 국왕, 대신처럼 호족과 같다고 하므로, 귀인의 옷은 이것으로 만들었을 수도 있고, 또 승마복이라고도 하므로, 승마할 때도 두꺼운 천의 옷으로 와구용 원단을 사용했을 수도 있다.

또한 이에 대해서 비구는 할절의割截衣를 입어야 한다고 말하므로, 비구의 삼의는 원래 할절의割截衣인데 이 경우는 제정한 비구의 전의氈衣는 할절의割截衣가 아니었다고도 볼 수 있다. 이러한 인연에 의하면 위의 「흑모계」에서 담요氈의 삼의 등을 만드는 것이 금지되어, 지금의 「잡백모계」에서는 흰 것이 섞인 양털雜白羊毛의 전의氈衣 삼의 등을 만드는 것이 허용되었음을 의미한다. 그러나 계문은 「만약 비구가 신와구를 만들고자 하면 마땅히 2분은 순흑누양모, 3분은 백白, 4분은 하下를 사용해야 한다. 만약 비구가 2분 순흑누양모, 3분 백, 4분 하를 사용하지 않고 신부구를 만들 때는 니살기바야제이다」[90]라고 하여, 삼의 등과 아무런 관계도 인정되지 않다.

단 사법捨法 부분에서는 위범違犯을 하여 승가에 버려진 와구의 재료(10가지 양모)에 대해, 네 가지 양모는 사捨 비구에게 돌려주지還與 않고

89) 『오분율』제5권, 대정22권, 35쪽 a.
90) 『마하승기율』제9권, 대정22권, 307쪽 b.

땅에 깔거나 또는 차양遮向 · 주렴簾 · 휘장帳 · 천막幔으로 해야 하고, 여섯 가지 양모도 사捨 비구에게 환여하지 않고 승가가 사용해도 「속옷으로 입는 것襯身著」으로 사용할 수 없다고 하는데 이 「속옷으로 입는 것襯身著」은 국역일체경의 역자 서본西本龍山의 역주에 의하면 「친신착襯身著이 속옷, 내의라 해도 삼의도 포함해야 한다.」[91]라고 하듯이 삼의 등에 사용해서는 안 된다는 의미이다. 따라서 사용하면 사용할 수 있고, 특히 사용하는 것을 금하고 있기 때문에 이미 이를 사용한 것이 있었음을 분명히 해야 한다.

이상과 같이 『승기율』은 깔개敷具 즉 담요氈로 삼의 그 밖의 의류제품을 만드는 것이 비구 사이에 행해졌음을 나타낸다. 그리고 지금 본 바와 같이 이와 가까운 것에 『오분율』이 있는데, 다른 율 즉 『빠알리율』 · 『사분율』 · 『십송율』 등에는 이 이야기는 전혀 발견되지 않는다. 그러나 『사분율』에는 「흑양모계」의 인연으로 리차자족이 밤놀이를 할 때 잠적을 위해 순흑양모 담요氈을 몸에 둘러쓰고 야행하는 것을 보고 육군비구가 이를 모방하여 순흑양모 담요氈 와구를 만들었다고 한다.[92]

그러나 이는 어두운 밤에 잠적을 위해 흑색으로 몸을 덮은 것이기 때문에 옷을 입은 것이 아닌 것으로 보인다. 그러나 이 설 다음에 앞에서 언급한 『오분율』의 설을 두고, 셋째로 『승기율』의 설을 보면, 와구로 옷을 만드는 것이 불교 교단에 발생해 온 경로를 나타내는 것 같다. 『승기율』은 법현 삼장이 마갈타국의 파련불읍인 아소카 왕탑 남천왕사에서 얻은 것으로 알려져 있지만, 혹시 북인도의 추운 지역寒地에

91) 西本龍山역 『국역일체경 · 율부 8』 324쪽 주163참조.

92) 『사분율』제7권, 대정22권, 614쪽 a-b.

서 행해진 것은 아닐까? 담요㲮는 그 제작 방법에서 보여 주는 것처럼 양모 등을 평평하게 압축한 것이라도 오늘날 우리가 페르시아 카펫에서 보이는 것과 같은 것이라 할 수 있다. 아무리 얇게 만들어도 짠 옷織衣에 비할 수 없는 두터운 것이라 해야 할 것이다.

아마도 이 특종의 인연은 『승기율』이 행하여진 지방에 실제로 있었던 일으로 생각되며, 그 지방에서는 방한防寒의 삼의로써 이를 이용한 것으로 보인다. 휘장安幔과 같이 안온하게 산다라는 것은 현재 일본 승려의 정장 의복과도 비슷하다고 해야 할까? 그러한 삼의를 사용하는 것과 율제와의 조화를 꾀하여 『승기율』의 이 부분이 만들어졌을 것으로 생각된다. 그러나 『승기율』의 인연과 제계制戒와는 딱 들어맞는 결합이라고는 볼 수 없고, 「무리하게 붙인 인연」이란 것이 매우 확실하게 느껴지는 것이다.

도선 율사가 깔개敷具 즉 전氈을 삼의라고 여긴 것은 이 『승기율』의 전氈 삼의가 주된 것이 아닐까 생각된다. 도선의 설을 잘못이라고 부정한 것은 의정義淨 삼장이다. 앞서 비구니의 오의 부분에서 언급하였지만, 율종은 의정義淨을 감정적으로 좋아하지 않는 원인이 여기에 있다. 『남해기귀내법전』은 의정 삼장이 건너갈 당시의 인도에서 직접 본 당시 인도 불교 승가에 대해서 그 실제 의궤 등을 적은 것인데, 이 중에서 도선의 생각을 강하게 부정하고, 깔개敷具는 삼의가 아님을 기술하고, 비구의 삼의에 명주 옷絹衣이 허락되지 않는다는 등은 율을 오해한 것이라 했다.

『남해기귀전』제2 「의식 소수 항」에서 「무릇 시견絁絹:비단을 논해보면, 이는 즉 성인께서 허용하신 것이다. … 만약 시주가 청정한 뜻淨意

으로 가지고 오면 모름지기 수희隨喜하며 받아야 한다. … 계산해보면 비단 한 필로 7조 · 5조를 만들 수 있다. 운운」[93]이라 하고 있다.

그리고 『사분율』의 와구 즉 깔개敷具의 삼의가 아니라는 것에 관해서는 「어떤 사람(도선)이 말하기를, 율장 가운데 와구라 한 것은 그것이 곧 삼의라고 말하는가 하면, 야잠을 규제한 것을 보고 곧 이의異意를 제기하며 더욱이나 법의法衣는 견직물絹이 아니라고 하고, 결국 무명[布]을 간절히 찾는다. 어찌하여 본문은 원래 이를 요褥라고 한 해석에 맡기지 않는가?」[94]라고 하고 있다. 즉 의정에 의하면 도선이 야잠을 사용해서는 안 된다고 한 것을 잘못 알고, 비단을 사용해서는 안 된다는 의미로 해석한 것이 원인이 되어, 와구를 삼의라 하고, 삼의의 의재로는 면포綿布를 진중하게 하고 있는데, 와구는 요褥라는 것이다.

그러나 의정은 그 와구 만드는 법에 두 종류가 있다고 하여 「혹은 이를 꿰매어 주머니를 만들어 털을 모아 안에 넣는 경우가 있고, 혹은 실을 짜서 만들어도 된다. 이것이 곧 담요나 모포 등이다. 그 요의 형태는 너비가 2주肘, 길이가 4주이며 시기에 따라 두텁고 얇게 만든다.」[95]라고 하고 있다. 이 제법은 앞에 언급한 『빠알리율』의 직물이 아니라는 제법과도 다르다. 의정 삼장이 가지고 온 『근본설일체유부』에 깔개敷具란 저욕貯褥과 우성衦成이라[96]고 하는 것 가운데 저욕貯褥은 『기귀전』의 「주머니를 만들어 털을 모아 안에 넣고」에 상당하는 것으로 보이며, 우성衦成은 『기귀전』의 「실을 사용하여 짜서 만든다.」라는 것으로

93) 『남해기귀내법전』제2 「衣食所須」, 대정54권, 212쪽 c-213쪽 a.
94) 상동, 대정54권, 213쪽 a.
95) 상동.
96) 敷具者有二種, 謂貯褥及衦成. 『근본설일체유부비나야』제21권, 대정23권, 736쪽 a.

보인다.

그러나 우성紆成의 우紆는 마전의摩展衣라고 자서字書에 있다고 하기 때문에 짠다기보다 펼쳐서 압축한 전氈이 아닐까 생각된다. 구모전氍毛氈은 자서字書에 모포 · 모전류가 있으므로 양털 양탄 즉 와구로 보아야 한다. 따라서 의정義淨 시대에도 『빠알리율』이나 『오분율』과 같이 단지 그냥 펼쳐서 압축하지 않고, 혹은 짜는 방법도 사용하여 전氈을 만든 것으로 보인다.

의정이 『사분율』의 좌구 즉 『오분율』등의 깔개敷具를 삼의가 아니라고 한 것은 율제律制 상으로 보아도 바르다고 생각할 수 있으나 도선계통 사람들은 이 의정의 설을 긍정하지 않고 예를 들어, 『불제육물도』에서는[97] 『남해기귀전』의 앞의 설을 비난하고, 의정은 계를 남산(道宣)에게 받고 뒤에 인도로 건너가는 모습渡天狀을 보였음에도 불구하고 남산의 뜻을 이해하지 않고 비난하는 그 점을 경고하는 의미로 보인다. 남산율종의 취지는 『지도론』에 여래는 거친 베옷麤布 승가리를 입으셨다고 하고, 남악산중南嶽山衆과 예로부터 도道가 있는 고승은 무명 베옷布衣이었고, 천태, 남산, 형계荊溪 등도 모든 누에 입蠶口에서 나온 것을 입지 않았다고 주장함에 따라[98] 비구 본래의 옷에 명주 옷絹衣 등은 사용해서는 안 된다는 데에 있다고 볼 수 있다.

그러나 남산의 「와구삼의설」은 율장의 문장을 이용했더라도 교리 실천상 목적을 떠나 율장의 문장 자체에 대해 말하면 문장을 곡해한 것이기는 하나, 일본 장천원長泉院 보적普寂은 『육물강요』 중에서 남산의

97) 『六物圖纂註』 卷2의 所出에 의한다. 『日本大藏經 · 戒律宗章疏』 二의 127쪽 c.
98) 상동, 上同書 123쪽 및 128쪽.

이 부분에 대해, 「일자참제비리지실一者僣制非利之失 이자섭기불보지실二者攝機不普之失 삼자이관편소지실三者離過偏小之失 사자비타비비지실四者非他非非之失」의 4실四失을 들어 이를 꾸짖고 있다.[99)]

첫째는 여래의 금구소제金口所制에 없는 것을 금하는 것은 실失이라는 것, 둘째는 세상 사람도 지율자持律者는 과보로서 상급의上級衣 · 중급의中級衣 · 하급의下級衣를 받는 것은 당연한데 그것을 규제하는 것은 실失이라는 것, 셋째는 비단을 금하는 것은 자慈를 행하기 위해서인데, 좋은 옷[上衣]을 금함은 이로움은 있는 것 같아도 그 이익이 작다[偏小]고 하여 체질상으로 명주옷絹衣를 필요로 하거나, 또 사원의 주지가 초청에 응하거나 손님을 맞이 할[応請接賓] 때 필요하기도 하다. 넷째는 율제가 아닌 금지를 만들어 다른 잘못이 아닌 것을 잘못이라 하기에 이르는 과실이 있다는 것이다.

이상과 같이 남산도선이 와구臥具를 삼의三衣로 한 것에 잘못은 있었지만, 그러나 그 취지는 보아야 할 것이 있었다고도 생각된다. 그러나 도선이 와구를 삼의의 총칭으로 한 이유의 일부분은 와구(부구)는 전氈이고, 주로 깔개 재료敷物였으나, 그것으로 삼의 등을 만드는 일이 있었고, 혹은 전의氈衣를 입은 천축 스님[竺僧]이 중국으로 오기도 하여, 그런 것들이 와구를 삼의로 생각하도록 하기에 이르렀다고 생각된다. 다만 남산도선의 의도는 중국 · 한국 · 일본에 무명옷布衣을 입고 생활하는 율승들을 존경하게 한 효과는 크다고 보아야 한다.

99) 道光普寂撰「六物綱要」『日本大藏經 · 戒律宗章疏』二의 272쪽-273쪽.

제10장

데바의 파승과 제1결집

1. 데바의 파승

(1) 승가의 현실적 모순

인도 출가생활 사상으로서의 바람직한 상태와 그 출가생활을 이루는 비구들의 승가생활의 실제와의 접합점에서 발생한 것이 비구계였다. 비구계 결계의 열 가지 이익十利은 역어의 차이 등을 고려하면 각 율에 공통된 것이라 할 수 있다. 예를 들어, 『사분율』의 제1 바라이 결계구結戒句에

「첫째는 승가를 거두어 주고, 둘째는 승가를 기쁘게 하고, 셋째는 승가를 안락하게 하고, 넷째는 믿음이 없는 이를 믿게 하고, 다섯째는 믿음이 있는 이를 더 늘게 하고, 여섯째는 길들이기 어려운 이를 길들게 하고, 일곱째는 걱정하는 이를 안락하게 하고, 여덟째는 현재의 유루를 끊고, 아홉째는 미래의 유루를 끊고, 열째는 법이 오래도록 머무르게 하려는 것이다.」[1]

1) 『사분율』 제1권, 대정22권, 570쪽 c.

라 하고 있다. 이 구절은 비구계에 대해서 말하면 마지막 중학법을 제외하고 바라이죄 이하 150 혹은 152 각 계에 결계구로서 일일이 반복적으로 기술되어 있으며, 이 구절에 이어서 결계문이 기술된다. 이 구절이 없는 중학법은 자책하는 것만으로 되는 위의에 대한 경계輕戒인데, 그 밖의 계는 모두 이 열 가지 이익十利을 위해 제정되어 있다. 그리고 이 열 가지 이익十利을 보면 결계는 승가를 안락하게 하고, 믿음이 없는 자를 믿음을 얻게 하고 믿음이 있는 자를 더 늘게 하고, 이를 위해 승가를 청정하게 보존하는 것을 목적으로 한 것이다. 그래서 결계된 비구계를 수지함으로써 비구승가를 청정하게 하고 사회로부터 신용을 얻어, 승가의 안락을 기약하게 되는데, 승가를 청정하게 한다는 것은 무엇인지, 계를 지킴으로써 달성하고자 하는 청정이란 무엇인지는 거기에 나타나 있지 않다. 그러나 그것은 특별히 제시하지 않아도 분명했다. 그것은 불교도 포함한 출가자 일반의 바람직한 행위였다. 그리고 그것은 이미 주어져 있었고, 그에 부합하는 것이 비구로서도 승가로서도 바람직한 청정행이었다.

출가의 발생에 대해서는 앞서 살펴보았듯이,[2] 명확하지는 않지만 출가자가 행해야 할 행위는 자연 발생적으로 그와 같이 된 것이지, 처음에 일정한 규칙이 있었던 것은 아니다. 그러나 그 비사회적인 생활방식은 출가자들이 자주적으로 정한 것이지만, 생활 유지는 사회의 지지와 공양에 의해 살게 되므로, 필연적으로 일반 사회인이 출가자는 이래야 한다고 생각하는 것, 더욱이 이래야 한다고 생각하는 것에 대응하여 살아야 하는 것이다. 출가적인 행위란 무엇인가에 대해서, 불

2) 제2장 · 1「인도에서 출가 사문의 발생」115쪽 참조.

교로서는 이 열 가지 이익十利을 위해 제정되는 계 이외에는 없는데, 이 계가 그것을 올바른 출가자 생활이자 출가자적 행위로 하는 것은 이를 지지하고 공양하는 일반사회가 출가자에 대해 갖고 있는 출가자 사상과 다르지 않다. 즉 계를 만드는 목적은 불교승가를 포함하는 출가자사회 일반에 확립되어 있는 출가행, 그것은 또한 사회 일반으로부터 바람직한 출가생활로서 요구되는 출가생활이며, 그에 따른 생활을 비구로 하게 하는 것이고, 이것이 열 가지 이익十利이 되는 것이다.[3] 반면 비구계는 불교를 포함한 출가자 사회의 바람직한 생활에서 불교 승가를 몰락시키지 않기 위해 제정되었음을 알 수 있다. 이는 이미 이 책의 처음에 몇 번인가 언급한 것이기도 하다.[4]

또 앞서 여러 차례 데바의 파승가도 또한 그 동기와는 별개로 그들의 파승사로 불리는 5사五事는 출가의 본래 있어야 할 생활을 주장하는 것이라고 했다.[5] 생활적으로 풍요로운 불교승가의 비구생활에 대한 두 가지 입장, 즉 출가자로서의 생활 범위 내에서 인정되는 한 풍요로운 생활을 할 것인가, 혹은 풍족한 가운데서도 최소한의 생활을 견지할 것인가 하는 두 가지 생활 방식의 쟁점에서 붓다는 전자에, 데바와 그 무리一統는 후자였을 것으로 생각된다. 이는 데바를 지지하는 뜻은 아니더라도 율장에 기록하는 불교승가가 의 · 식 · 주에서 혜택을 받았고, 적어도 율장에 알려진 승가의 주류파는 그 혜택을 다 누리며 살았음을 이해치는 데 도움이 된다. 그리고 시대의 요구는 여러

3) 제2장 · 3「出家戒와 比丘戒」142쪽 참조.
4) 상동 136쪽.
5) 예를 들어, 536쪽, 561쪽, 624쪽 등 참조.

가지 의미에서 인도에 출가가 발생한 시대의 생활을 시대가 변천함에 따라 개변시키는 것은 인정할 수 있지만, 그러나 율장의 승가 생활은 주어진 모든 것을 출가 생활 법이나 비구계의 한도까지 누리는 경향이었다는 점, 즉 불교의 주류는 결코 엄숙주의자, 통속적인 의미에서의 고행자苦行者라든가 행자行者라든가 하는 말이 아니었음을 보여 준다. 앞서 본 정법淨法의 발달은 이 경향 위에 서 있다고 생각해도 무방할 것이다.[6] 현대 동남아시아의 비구승가에도 그렇게 생각되는 것이 있지 않을까 싶지만, 불교승가의 생활은 일반 민중의 생활보다 훨씬 고도로 풍요로운 것이었다고 생각된다. 그것이 현재와 당래 두 세상의 인간적 향락을 포기한 출가자이기 때문에 주어진 생활임은 아이러니하다.[7] 그리고 불교승가의 경우는 일종의 국토가 없는「석가왕국」을 이루고 있었던 것으로 보인다.

불교 교단이 석가왕국을 이루고 있었다는 것은 가볍게 논단해서는 안 되며, 논증하기 위한 확실한 자료도 현재로서는 어디에도 존재한다고 할 수 없다. 그러나 석가세존이 출가하지 않았다면 석가족을 재흥해야 할 사람이었다는 점, 석가족의 현실은 이미 시작되는 대국시대에 이미 독립성을 유지하지 못한 나라였다는 점, 석존의 만년에 부왕의 죽음과 함께 마침내 일족이 망하는 것은 일반 불교사에서 설하는 바이다. 붓다가 첫 번째 귀국했을 때 많은 석가족 청년들은 출가[8]하고, 나중에는 이모 구담미가 출가하여 비구니 교단이 성립되는데,[9] 자세한 인명록은 얻을 수 없으나 석존의 출가 전 부인 이하 많은 석가

6) 제8장「율제와 정법」579쪽 이하 참조.

7) 화상법이나 제자법의 생활은 당시든 지금이든 서민이 미치지 못하는 생활이라 생각된다. 제3장 · 4「화상 · 아사리법과 제자법」249쪽 참조.

족 여성들의 출가가 있었음은 상상해도 무리는 아닐 것으로 생각된다. 그렇게 해서 석가족은 실질적으로 불교에 흡수되고 있었다. 그리고 일체의 불교출가는 「석자釋子」를 자처하는 것으로 알려진 이러한 교단에서는 석존 일족의 지위가 그 재속적在俗的인 것에 따라 높았을 것이다. 『빠알리율』의 순으로 승잔 제12 「악성거간계」의 인연은 찬나Channa 비구가 일찍이 석존출가 때 출성出城 백마의 마부로 일한 석가족이었던 것을 근거로 석가족 이외의 자를 「태풍에 의해 모아진 풀잎이나 나뭇가지草葉樹片의 예물穢物」에 비교한 방언을 한 데서 비롯된다고 하며[10] 다시 바일제 제12 「이어뇌승계」[11] 제19 「복옥과삼중계」[12] 제53 「경모불수간계」[13] 제71 「거권학계」[14]도 그의 교만함이 인연이 되고 있다. 일개의 마부로서도 그렇다. 이 찬나Channa 비구는 물론 자신의 마음을 억제하

---

8) Mahāvagga, I, 54, 1-5. 남전대장경 제3권, 138쪽-141쪽. 『오분율』제3권, 승잔법 「爾時貴族諸釋子多於佛所出家學道 云云」(대정22권, 16쪽 c-17쪽 b), 『사분율』 제4권, 승잔 제10 「時諸豪族釋子執信牢固 云云」(대정22권, 590쪽 b-591쪽 b) 등 참조.

9) Cullavagga, X. 「비구니건도」, 남전대장경 제4권, 378쪽 이하. 『오분율』제29권 「비구니법」, 대정22권, 185쪽 b 이하. 『마하승기율』제36권 「명팔바라이법」, 대정22권, 514쪽 a 이하, 『사분율』제48권 「비구니건도」, 대정22권, 922쪽 c 이하 등 참조.

10) Vinayapiṭaka, Vol. III, pp. 177-178. 남전대장경 제1권, 298쪽-299쪽, 『십송율』제4권, 대정23권, 27쪽 c, 『오분율』제3권, 대정22권, 21쪽 b, 『마하승기율』제7권, 대정22권, 284쪽 c-285쪽 a, 『사분율』제5권, 대정22권, 599쪽 a-b.

11) Vinayapiṭaka, Vol. IV, pp. 34-35. 남전대장경 제2권, 55쪽-56쪽, 『사분율』제12권(대정22권, 642쪽 a-b). 『오분율』은 육군비구로 되어 있다(대정22권, 42쪽 a-c), 『마하승기율』제14권(대정22권, 340쪽 a-c), 『십송율』제10권(대정23권, 76쪽 b-c).

12) Ibid., p. 47. 남전대장경 제2권, 74쪽-75쪽, 『사분율』제12권(대정22권,647쪽 a-b), 『오분율』제6권(대정22권, 44쪽 c), 『마하승기율』제15권(대정22권, 345쪽 a-c), 『십송율』제11권(대정23권, 80쪽 a).

13) Ibid., p. 113. 남전대장경 제2권, 179쪽, 『사분율』제16권(대정22권, 673쪽 a-b), 『오분율』은 육군비구(대정22권, 60쪽 b-c), 『마하승기율』제20권(대정22권, 387쪽 b-388쪽 a), 『십송율』제17권(대정23권, 120쪽 a-b).

14) Ibid., p. 141. 남전대장경 제2권, 223쪽-224쪽, 『사분율』제18권(대정22권, 685쪽 b-c), 『오분율』은 육군비구로 되어 있다.(대정22권, 62쪽 b하) 『마하승기율』제20권(대정22권, 386쪽 a-c). 『십송율』은 찬나Channa 비구의 이름을 나타내지 않는다(대정23권, 118쪽 b-119쪽 a).

지 못하고 이런 일을 했기 때문에 결계의 인연으로 되었다 하더라도, 이로써 생각하면 붓다 일족인 사람들이나 라훌라를 비롯한 데바 · 아난다 · 난다 등의 은연한 지위도 알 수 있을 만큼, 승가의 귀족적인 경향은 부정하기 어려운 것으로 보인다. 그리고 그러한 것에 대한 반동이 붓다가 입멸하실 때 두타제일의 마하깟싸빠를 전면에 내세워 석가족 일족의 큰 후퇴를 보는 것이라고도 할 수 있다. 그 중에서 붓다의 사촌 동생이라고 전해지는 데바닷따가 이 귀족적인 감정에 지배되고 있음을 깨닫고, 출가자가 허용되는 한도까지의 풍요로운 향유를 이루는 생활에 강한 반성을 더해 엄숙주의 실천을 제안한 것이라면, 붓다 입멸 전에 벌써 귀족주의적인 승가의 모습에 반성을 더해 그 개혁을 꾀한 것으로 보아도 되지 않을까?

『사분율』 제4권 승잔법 제10 「파승위간계」에 따르면 데바닷따Devadatta는 5법의 파승사를 주장하여 당을 만들었다고 한다.

> 「목숨이 다하도록 걸식하고, 목숨이 다하도록 분소의를 입고, 목숨이 다하도록 맨 땅에 앉고, 목숨이 다하도록 우유와 소금을 먹지 않고, 목숨이 다하도록 생선과 고기를 먹지 않는다.」

라는 것이다. 이에 대해 붓다는 이처럼 말하고 있다.

> 「내가 항상 무수한 방편으로 말하기를 '의복을 얻으면 곧 만족함을 알라' 하였고, 또 말하기를 '의복을 얻고 곧 만족함을 아는 이를 칭찬한다' 하였으며, 나는 또 무수한 방편으로 말하기

를 '음식, 평상, 침구, 약품 등을 얻으면 곧 만족함을 알라' 하였고, 또 말하기를 '음식, 평상, 침구, 약품을 얻고 곧 만족함을 아는 이를 찬탄한다' 하였느니라. 비구들이여, 마땅히 알라. 데바닷따는 오늘 「네 가지 거룩한 종자」四聖種를 끊으려 하느니라.」

대정22권, 594쪽 b

이 경우에 후자인 붓다의 말씀만 놓고 보면 데바닷따Devadatta가 의복 등의 욕망을 가진 것 같다. 이 가운데 데바닷따가 네 가지 거룩한 종자四聖種를 근절하려고 하는 듯하지만, 4성종四聖種은 「의복희족성종衣服喜族聖種」과 「음식희족성종飮食喜足聖種」과 「와구희족성종臥具喜足聖種」과 「악단악수성종樂斷樂修聖種」이고, 앞의 세 가지는 어떤 의복 · 음식 · 와구이든 실제로 주어진 것에 만족하고 찬탄하는 것으로서, 이른바 의 · 식 · 주에 소욕지족하는 것일 것이고, 넷째는 오로지 욕심을 끊고 도를 수행하는 것에 만족과 기쁨을 갖는 것을 말하므로,[15] 데바닷따가 이를 근절한다는 것은 의복 · 와구 등의 욕망을 갖는 것으로 해석해야 하는데, 위에서 본 데바닷따의 5법이 오히려 네 가지 성스러운 종자四聖種적인 것은 아이러니하다. 아마도 석존의 생각으로는 데바닷따의 주장은, 주어지는 것에 만족하지 않고, 특히 거친 옷粗衣 · 조식粗食을 구해 이의를 제기하는 생활로서 비난하는데, 이 『사분율』에서 데바의 5법 가운데 앞의 네 가지는 출가 수구할 때 교계敎誡 받는 4의법四依法과 일치하는 것이다.[16] 그리고 데바닷따가 이 5법을 말하는 첫머리에 「세존

15) 『대비바사론』제181권, 대정27권, 907쪽 a 참조.
16) 제3장 · 3 · (5) 「四依四不應作의 敎誡」 225쪽 이하 참조.

께서는 무수한 방편으로 두타행을 하고, 욕심이 적고, 만족함을 알고, 벗어나기를 좋아하는 이를 칭찬하셨다.」라고 하여 그 5법을 말하는것으로, 데바닷따의 주장을 솔직히 보면 그야말로 붓다에 주장에 따랐다고 해야 할 출가생활을 주장하는 것이다. 그러나 이에 반해 붓다는 그 처한 현실에서 소욕지족이므로, 항상 의복 · 와구 · 음식 · 의약에서는「항상 얻으면」즉 받는 것으로 만족할 각오로 생할하고, 무엇을 주어도 '얻어서' 즉 실제로 얻은 것에 만족하는 생활을 찬탄하고 있는 것이다. 그리고 데바의 주장은 그 현실 속에서 현실을 부정하고 이상을 수립하려는 것이다. 즉 여기서 붓다는 현실주의의 입장이고, 데바는 이상주의에 서 있다고 할 수 있다.

『대지도론』에 따르면 공양을 받는 것도 사회의 요청에 응답하는 것의 하나였다. 즉 붓다가 청식請食을 받지 않고, 사리불도 부정식不淨食을 두려워하여 받지 않게 되었으므로 파사닉 왕이나 장자 수달다 등이 붓다에게 붓다나 사리불이 사람의 청을 받지 않는다면,「우리는 무엇으로 마음에 대신大信을 얻겠습니까.」라고 호소하고 있다.[17] 즉 일반인의 종교는 붓다나 사리불 등 유덕한 출가에게 공양하여 그 업과業果에 따라 생천生天을 기대하는 것이지, 출가자처럼 내세의 욕망도 거절하고 생사해탈의 열반으로 가는 것은 아니다. 여기서 그들의「마음에 대신大信을 얻는다.」라는 것은 효과 있는 출가에게 공양하고, 내세 생천의 업을 쌓았다는 확신을 갖는 것으로, 따라서 붓다나 사리불이 사람들의 청을 거절하여 받지 않는 것은 그들에게 그 업을 방해치는 것이 된다. 이『대지도론』의 서술이 붓다 시대의 진짜 모습眞相인지는 물론 의

17)『대지도론』제2권, 대정25권, 71쪽 a.

문이지만, 붓다 시대의 왕이나 장자는 붓다로부터 시론施論·계론戒論·생천론生天論을 듣고 공양에 힘썼던 것도 사실이다. 따라서 붓다가 이들의 공양을 받는 것도 당시로서는 의무였다. 그래서 이 현실에 서 있는 붓다와, 데바닷따와 같이 이상적인 소욕지족인 것의 양자 간에 큰 단층이 있었던 것이 붓다와 데바의 주장의 모순을 해석하는 열쇠가 된다고 생각된다. 붓다와 같은 입장에 서면 시물을 받는 것도 승가생활이 보시를 하는 자를 지지자로 하는 한 일찍이부터 의무이다. 출가자의 생활은 출가적이기 때문에 비출가적인 것을 요청 받는 현실을 가지고 있었던 것이다.

(2) 데바의 파승사

데바닷따의 파승이나 그 전후의 기술은 어느 율장이나 파승건도를 가지고 있으며, 승잔법 제10「파승거간계」와 제11「조파승거간계」의 인연에 데바의 파승을 설하고 있다.[18] 또한 불전 중에는 데바에 관

18) 『오분율』「파승법」, 대정22권, 164쪽 a 이하, 『오분율』제3권「破僧擧諫戒·助破僧擧諫戒」, 대정22권, 16쪽 c-21쪽 b, 『사분율』제46권「파승건도」, 대정22권, 909쪽 b 이하, 『사분율』제4권「破僧擧諫戒·助破僧擧諫戒」, 대정22권, 590쪽-599쪽 a, 『십송율』제36·37권「調達事」, 대정23권, 257쪽 a 이하, 『십송율』제4권「破僧擧諫戒·助破僧擧諫戒」, 대정23권, 24쪽 b-26쪽 b, 『근본설일체유부비나야파승사』 제10권, 대정24권, 147쪽 c 이하, 『근본설일체유부필추니비나야』제6권「破僧伽學處·助伴破僧伽學處」, 대정23권, 939쪽 b-940쪽 c, 『마하승기율』제7권「破僧擧諫戒·助破僧擧諫戒」, 대정22권, 281쪽 c-284쪽 c. 『빠알리율』 Vinayapiṭaka, Vol. III, pp. 171-177. 남전대장경 제1권, 287쪽-289쪽, Cullavagga, VII. 남전대장경 제4권, 278쪽 이하.

한 기사가 많다. 『망월불교사전』에는 데바에 관한 출처 95개를 올렸고,[19] 적소赤沼의 『인도고유명사사전』에도 52항목으로 나누어 거의 같은 수의 출처를 지시하고 있다.[20]

데바닷따가 태자 아사세와 친교하거나 붓다에 대해 승가의 지배권을 강요하여 받아들여지지 않았던 일이나, 여러 가지 악행을 꾸며 오역죄에 상당하는 죄를 거듭하는 전설 등에 대한 언급은 당분간 중단하기로 하겠다. 다만 데바닷따에게도 많은 제자 추종자가 있었던 것이다. 그것을 증명하듯이 『빠알리율』·『사분율』·『오분율』·『십송율』·『근본설일체유부비나야파승사』에도 나쁜 스승惡教師인데 추종하는 제자에 5종이 있다고 하여, 데바의 추종자들은 이 악교사의 제자들과 같다고 하고 있다.[21] 다섯 가지 악교사란, 『오분율』에 의해 나타내면

(1) 계가 청정하지 못하면서도戒不清淨 스스로 계가 청정하다고 말하는데, 그 여러 제자들은 실제로는 그것을 알면서도 그의 허물을 감추고 존중하는 것이다.

(2) 그릇된 생활을 하면서 아첨하고 마음이 비뚤면서도邪命諂曲 스스로 정직하다고 말하는데, 그의 여러 제자들 역시 그것을 감추는 것이다.

(3) 말하는 것이 착하지 못하면서도所說不善 스스로 착한 말이라 하

---

19) 望月信亨編 『불교대사전』 제4권 「데바닷다」항 참조.

20) 赤沼智善著 『불교고유명사사전』 Devadatta, 참조, Malalasekera, Dectionary of Pāli Proper Names, "Deva-datta" 참조.

21) Cullavagga, VII, 2, 3. 「파승건도」, 남전대장경 제4권, 286쪽, 『오분율』 제3권, 대정22권, 18쪽 a, 『사분율』 제4권, 대정22권, 593쪽 a, 『십송율』 제36권, 대정23권, 258쪽 b, 『근본설일체유부비나야잡사』, 제14권, 대정24권, 169쪽 c-170쪽 b.

고, 그 제자들도 찬탄하면서 그것을 착하다고 하는 것이다.

(4) 견해가 청정하지 못하면서도見不淸淨 스스로 청정하다고 말하고, 그 제자들도 견해가 청정하다고 찬양하는 것이다.

(5) 그릇된 법률을 말하면서도說非法律 옳은 법률이라 말하고, 그의 제자들도 역시 옳은 법률이라고 말하는 것이니, 지혜 있는 이가 믿고 받아들일 수 없다.

라고 하여, 이양에 의해 제자를 얻고, 제자도 그에 따라 스승을 감싸고 있는 것이다. 이에 대해「여래는 계가 청정하고 첨곡하는 일이 없으며, 언행에 착하지 못한 것이 없고, 지견이 청정하여 올바른 법을 말하여 지혜 있는 이가 믿고 받아들이며, 제자와 함께 서로 칭찬하고 덮어주는 일을 하지 말라.」라고 하고[22] 있다. 이『오분율』의 문장은 간략하지만『십송율』에서는, 제자는 스승의 지계 등의 불청정을 알아도「우리가 스승의 진실을 말하면 마땅히 기뻐하지 않을 것이고 … 우리들도 스승에게 은혜를 입어 의복 · 와구 · 탕약을 얻게 되었으니, 스승이 우리를 좋게 말하면 우리도 알아서 처신해야 마땅하리라.」[23]라고 하여 제자가 자기의 이익을 위해 스승을 덮어 주고, 스승은 그것을 제자에게 요구하는 것이라 한다.『빠알리율』도 악교사가 의복 · 음식 · 와구 · 병약 · 자구를 급여함에 따라서 제자를 귀의시키고, 계행 등이 부정한데 청정하다고 자칭하고, 그 계 등에 대해서 제자가 덮어주기를 요구한다고 하고 있다.[24] 이는『사분율』도『근본설일체유부비나야

22)『오분율』제3권, 대정22권, 18쪽 a.
23)『십송율』제36권, 대정23권, 258쪽 b-c.

파승사』도 광략廣略의 차이는 있으나 동일한 내용이다. 단『근본유부파승사』는『십송율』과 같은 내용이지만 보다 구체적으로, 예를 들어 제4 교사의 경우는「거짓으로 수기를 하고」이를 제자에 대해 주었다고 하며, 제자는 이를「거짓으로 받았다.」라고 알고 있으면서 그 밖에 대해 덮어 주는 것을 적고 있다. 그래서 이 기사들은 데바가 붓다에 이심異心 있는 행동을 취하는 데 500명이라 불리는 다수의 추종자가 있음을 이러한 악교사와 우치한 제자와의 상호부조 관계에서 해석하려는 것이다. 그러나 실제로는 데바의 이상 주장에 찬성하여 추종하는 자가 있었기 때문에 승잔법 제10「파승거간계」및 제11계「조파승거간계」의 인연으로 거론될 정도로 강력한 사제 관계가 되었던 것으로 생각된다. 그래서 데바닷따의 5법인데, 여기에는 각 율 모두 대체로 같지만 작은 차이가 있다.『사분율』의 5법은 이미 기술하였으므로 다른 율의 것을 열거하면 다음과 같이 된다.

『빠알리율』=

(1)비구들은 진형수盡形壽yāvajīvaṃ로 임주자林住者 āraññakā여야 하고, 마을村邑에 들어가면 죄vajjaṃ가 된다. (2)진형수로 걸식자piṇḍapātikā여야 하고, 청식請食 nimantanaṃ을 받으면 죄가 된다. (3)진형수로 분소의자糞掃衣者 paṃsukūlikā여야 하고, 거사의居士衣 gahapaticīvaraṃ를 받으면 죄가 된다. (4)진형수로 수하좌자樹下坐者 rukkhamūlikā여야 하고 집 안屋內 channaṃ에 들어가면 죄가 된다. (5)진형수로 물고기

24) Cullavagga, VII, 2, 3.「파승건도」, 남전대장경 제4권, 286쪽.

와 고기魚肉 maccha-maṃsaṃ를 먹지 않아야 하고, 물고기와 고기를 먹으면 죄가 된다.[25)]

『오분율』=

첫째, 소금鹽을 먹지 않고 둘째, 수유酥乳를 먹지 않고, 셋째, 물고기와 고기를 먹지 않는다. 만약 먹으면 선법善法이 생겨나지 않는다. 넷째, 걸식하라. 만약 다른 이의 청을 받을 때는 선법이 생겨나지 않는다. 다섯째, 봄 · 여름春夏 8개월은 노좌露坐하고, 겨울冬 4개월은 초암에 살아라. 만약 다른 사람의 집屋舍을 받으면 선법이 생겨나지 않는다. 이 마갈타와 앙카鴦伽 두 나라 사람들은 모두 고행苦行을 믿고 즐기므로 우리가 이 5법을 행하면 따르는 자가 반드시 많아져서 저(붓다의 승가)를 깨뜨릴 만도 할 것이다.[26)]

『십송율』=

(1)그대는 진형수盡形壽로 납의納衣를 받아 입어라. (2)진형수로 걸식법을 받아라. (3)진형수로 일식법一食法을 받아라. (4)진형수로 노좌지법露坐地法을 받아라. (5)진형수로 단육법斷肉法을 받아라. 만약 비구가 이 5법을 받으면 빨리 열반을 얻는다.[27)]

25) Vinayapiṭaka, Vol. III, pp. 171-172 남전대정경 제1권, 287쪽-288쪽, Cullavagga, VII, 2, 14. 남전대장경 제4권, 301쪽-302쪽.

26) 『오분율』제25권, 대정22권, 164쪽 a-b.

27) 『십송율』제25권, 대정22권, 164쪽 a-b.

『근본설일체유부비나야파승사』 =

그대들은 마땅히 알아야 한다. (1)사문 교답마喬答摩 및 그의 무리들은 모두 유락乳酪을 먹어도 우리들은 지금부터 먹어서는 안 된다. 무슨 연유로 그러한가? 이는 송아지를 배고프게 하여 괴롭히기 때문이다. (2)또 사문 교답마는 물고기와 고기魚肉를 먹는 것을 허락하지만, 우리들은 이제부터 먹어서는 안 된다. 무슨 연유로서 그러한가? 그것은 중생들의 목숨을 끊는 일斷命事이기 때문이다. (3) 또 사문 교답마는 이 소금을 먹는 것을 허락해도 우리들은 지금부터 먹어서는 안 된다. 무슨 연유로 그러한가? 그것은 이 소금 속에 흙먼지塵土가 많기 때문이다. (4) 또 사문 교답마는 옷을 받아 입을 때 그 천縷績을 잘라내지만, 우리들은 지금부터 수용할 때 자투리를 길게 남겨두어야 한다. 무슨 연유로 그러한가? 그것은 그 천을 짠 직공들의 공로를 훼손시키지 않기 위해서이다. (5)또 사문 교답마는 아란야처에 머물지만, 우리들은 지금부터 마을村舍 내에 거주한다. 무슨 연유로 그러한가? 그것은 시주가 주는 시주물을 저버리는 것이기 때문이다.[28]

아래와 같이 각 율이 반드시 하나는 아니지만 표시하면 다음과 같이 된다.

28) 『근본설일체유부비나야파승사』 제10권, 대정24권, 149쪽 b.

巴利律	四分律	五分律	十誦律	有部律
1 林住				
2 乞食	1 乞食	4 乞食	2 乞食	
3 糞掃衣	2 糞掃衣		1 著納衣	
4 樹下坐	3 露坐	5 春夏八月露坐	4 露地坐	
5 斷魚肉	5 斷魚肉	3 斷魚肉	5 斷肉	2 斷魚肉
	4A 斷酥	2 斷酥乳		1 斷乳酪
	4B 斷鹽	1 斷鹽		3 斷鹽
			3 一食	
				4 用長縷績
				5 住屋舍

이 가운데 모든 것에 공통적인 것은 물고기와 고기의 불식不食이다. 이는 『빠알리율』에 macchamaṃsa라는 것인데, 아마도 생선의 고기가 아니라 물고기魚 maccha와 고기肉 maṃsa로 수육獸肉도 포함된다고 생각되나, 모든 한역이 물고기와 고기라고 하므로 판정하기 어렵다. 이에 대해서 붓다는 보지 않고 듣지 않고 의문 나지 않은 것不見·不聞·不疑의 삼사청정三事淸淨의 물고기와 고기(tikoṭiparisuddhaṃ macchamaṃsaṃ adiṭṭhaṃ asutaṃ aparisaṅkitaṃ)는 먹어도 좋다는 것이 그 의견이다.[29] 『빠알리율』의 임주林住에 대해서 붓다는 만약 원하면 임주林住할 수 있고yo icchati āraññako hotu, 혹은 원하면 마을村邑內 gāmante에 살아도 좋다고 한다.[30] 그러나 『빠알리율』에서 데바가 임주林住를 긍정하고 있으나 『근본유부율』은 반대로 임주를 부정하고 집屋舍에 거주할 것을 주장하고, 집屋舍를 기부한 「시주가

29) Cullvagga, VII, 3, 15. 「파승건도」, 남전대장경 제4권, 302쪽.
30) 상동.

시주한 것을 버리는 일」이 없게 하기 위해서라고 한다.[31] 이 주장은 『빠알리율』에서는 그대로 붓다 측 주장의 의미에 일치한다. 또 장누적長縷績이란 긴 천長布으로 짠 천인데 그것을 붓다처럼 특정 크기로 잘라내는 것은 직공織師의 노고를 훼손시키므로 그대로 사용한다는 것이다. 그래서 『유부율』에서는 이 긴 천長布을 인정하고 분소의에 손대지 않는다고 하여 다른 것과는 다르다. 아마도 『서역기』나 『법현전』 등에 보는 바와 같이 데바의 추종자末徒들이 그런 생활을 한 것을 『근본유부율』이 적었을 것이라고도 생각된다. 『법현전』은 데바닷따의 무리가 항상 과거 삼불을 공양하고 석가문불[석가모니불]을 공양하지 않는다고 할 뿐인데,[32] 『서역기』의 「갈라나소벌랄나국Karnasuvarna」의 조에서는 「이교도들이 매우 많이 살고 있고, 별도로 세 가람이 있는데, 유락을 먹지 않으며, 데바닷따의 유훈을 따르고 있다.」라고 적고 있다.[33] 아마도 이 자들은 『근본유부율』이 말하는 데바의 주장에 가까운 말도末徒인지도 모른다. 다음으로 『사분율』에 수酥를, 『오분율』에 수유酥乳를, 『근본유부율』에 유락乳酪을 끊기를 주장하고 있는데 이는 붓다 측에서도 각 율 모두 7일약이고, 일반식으로 허락하는 것은 아니지만,[34] 이들 율에 보는 데바의 주장은 이를 약으로 인정하는 것도 부인해야 한다. 또 같은 『사분』·『오분』·『근본유부』의 세 율에서 데바는 소금도 사용하는 것을 부정하고 있다. 일반적인 율에서도 소금을 먹는 것은 금하고 있고,

31) 주28과 동일.

32) 『高僧法顯傳』, 대정51권, 861쪽 a.

33) 『大唐西域記』 제10권, 대정51권, 928쪽 a.

34) 『빠알리율』(사타) 제23계 『사분율』제26계, 『오분율』제15계, 『십송율』제30계, 『마하승기율』제23계는 숙소·생소·유·밀·석밀의 7일약을 7일 이상 보관해서는 안 된다고 한다. Vinayapiṭaka. Vol. . III, p. 251. 남전대장경 제1권, 424쪽 참조.

이를 숙식宿食하는 것이 제2결집 십사十事의 첫째 일事이 되어 부결된 것으로도 분명하다.[35] 그러나 이는 「진형수약」으로 인정되고 있으나,[36] 데바의 주장은 그보다 높은 「부정否定」이라고 한다면 이것도 「진형수약」으로도 인정하지 않는다는 것이 된다. 걸식과 분소의와 수하좌는 출가자가 해야 할 생활법을 말하는데, 『근본유부율』에 이 세 가지가 없는 것이 눈에 띈다. 『십송율』에서 「한 끼一食」의 주장이 있지만, 물론 오전 중 한 끼一食만 먹고, 그 밖에는 먹지 않음으로써 전식前食으로서의 아침 소식小食도 인정하지 않는 주장이라 보이지만, 잔식법殘食法[37]에 의한 잔식을 부정하는 것이 주된 목적이 아닐까 하는 생각도 든다.

그래서 이 표에 따라 생각하면 『근본유부율』을 제외하고는 데바의 주장은 각 율장보다는 한결같이 엄격하며, 생활도 걸식으로 물고기와 고기를 먹는 것을 금하고, 약으로서의 유제품이나 소금도 금하고 있다. 그러나 『유부율』에 따르면 물고기와 고기 · 유락 · 소금魚肉乳酪鹽을 금하므로 채식주의 생활로 여겨지지만, 옷와 거주에서는 걸식 · 분소의 · 임주 · 노좌등은 주장하지 않고 반대로 집屋舍의 시주를 받아서 거주하고 장포長布를 입는 것을 허용하고 있어, 시물존중주의에서 반드시 엄격한 것은 아니다. 『마하승기율』의 설은 다른 모든 율과 달리 다음과 같이 기록된다.

「그때 데바닷따提婆達多가 화합 승단을 파괴하고자 하여 부지런

35) 제8장 · 2 「제2결집의 십사」 596쪽 이하 참조.
36) 『빠알리율』로 말하면 Mahāvagga,VII,8,1. 남전대장경 제3권, 357쪽-358쪽.
37) 제8장 · 4항, 620쪽 참조. 잔식법에 대해서는 『빠알리율』 바일제 제35 「食非殘食戒」 Vinayapiṭaka, Vol. IV, pp. 82-83. 남전대장경 제2권, 131쪽-132쪽 참조.

히 방편을 써서 승단을 파괴하는 일을 집지執持했다. 그래서 12 수다라修多羅의 계서戒序와 4바라이와 13승가바시사와 2부정법不定法과 30니살기바야제尼薩耆波夜提와 92바야제波夜提와 4바라제제사니彼羅提提舍尼와 중학법衆學法과 7멸쟁법滅諍法과 수순법隨順法에서 제정하지 않은 것을 제정하고, 이미 제정한 것은 개방開放하였으며, 그리고 세속의 집에 있는 이와 출가한 자가 행하는 법이 같았다. 이른바 9부 경전, 즉 수다라修多羅와 기야祇夜와 수기授記와 가타伽陀와 우타나優陀那와 여시어경如是語經과 본생경本生經과 방광方廣과 미증유법未曾有法의 9부 경전에서 다시 다른 글귀와 다른 글자와 다른 맛과 다른 뜻을 지어서, 각각 글과 말文·辭·說을 다르게 하여 스스로 외우고 익혀 가지며 또한 남에게도 외우고 가지도록 했다.」[38]

라고 하고 있다. 이는 계율적인 행법의 문제가 아니라 경전·교의의 문제이다. 그리고 이는 마치 남전 『도사島史』에서 대중부 분파에 대해 행하고 있는 비난을 상기시킨다.[39] 그리고 앞에서 언급한 5명의 악교사에 대해 설일체유부에서 설명하는 악교사惡教師가 거짓으로 제자에게 수기하는 것을 설하는 것은 북전 대중부의 「박주대천舶主大天」을 비난하는 것을 연상시킨다.[40] 또 『오분율』이 사리불·목건련 등이 없는 포살회에 데바調達가 5사의 주장을 제안하고, 행주를 하자[投籌] 다만

38) 『마하승기율』제7권, 대정22권, 281쪽 c.

39) Dīpavaṁsa, V, 33-38. 남전대장경 제60권, 34쪽.

40) 『대비바사론』 제99권, 대정27권, 510쪽 c이하.

아난다와 한 비구만이 주籌를 받지 않고, 500 비구들 대다수가 데바에게 찬성하였음을 기록하는 것은[41] 북전이 「대천大天」이 포살일에 5사를 설하고, 「대천의 파派」가 아육왕이 행한 투주投籌로 다수를 얻고, 상좌들이 북방으로 떠나는 기사를 상기시킨다.[42] 또 상좌부 계율의 파승건도가 데바에게 오역죄를 열거하는 기사를 행하는 것도, 상좌부가 박주대천舶主大天의 오역죄 기사[43]를 생각하게 한다. 즉 이들을 종합해 보면 현재 율장의 데바 교단의 주장과 독립에 대한 붓다 즉 율장의 비난은 논장적 상좌부의 대중부에 대한 비난과 상응하는 바가 있는 것처럼 생각하게 하는 것이다. 그리고 지금 여기에서 직접적인 문제가 되는 『마하승기율』의 데바에 대한 시각인데, 데바를 경장 · 율장을 변경한 것으로 비난하고, 마치 상좌부가 대중부에 대립하는 것 같이 되어 있다. 그러나 현재는 여러 가지 추론이 성립된다고 해도, 이러한 관계를 밝힐 수 있는 것은 없다. 다만 말할 수 있는 것은, 분파한 것에 대한 비난의 방법이 서로 비슷하다는 것이다. 그러나 굳이 말하자면 『마하승기율』의 경우에는 율전승자에게 데바의 5사가 분명하지는 않았는가, 혹은 왜 5사가 파승사로 되는가 하는 것, 즉 붓다가 현실주의에 서고 데바가 이상주의에 섰기 때문에, 붓다 즉 율장측에서 데바의 이상주의적 주장이 어긋남을 이해할 수 없었던 것이다. 그러나 율장으로서는 데바를 부정해야 하므로, 이해하지 못하는 것을 멈추고 상좌가 대중에 사용하는 비난 방법을 여기에 도입한 것으로 보인다. 즉 대중

41) 『오분율』 제25권, 대정22권, 164쪽 b.
42) 『대비바사론』 제99권, 대정27권, 511쪽 c.
43) 상동, 대정27권, 510쪽 c-511쪽 a.

부가 상좌부로부터 받는 비난을 데바 교단으로 전향시킨 셈인데, 그러나 이렇게 논하기에는 더욱 불확실한 것도 앞에서 말한 바와 같다.

그래서 지금은 붓다 현실주의에 대해 이상파라 생각할 수 있는 데바의 파승 5사를 말한 것인데, 이 다섯 가지는 제부 율장과 일치하지 않는 부분도 있으나, 『근본유부율』이나 『마하승기율』은 비교적 새로운 시대로 수정되어 있다고 볼 수 있다면, 데바가 출가생활에 대해 이상주의적 주장을 했다고 보는 것만은 확실하다. 그리고 이 일은 중요하다. 물론 데바의 개혁론 진의가 붓다를 대신해 불교를 지배하려는 야망에 있었는지도 모른다. 그리고 그 때문에 특별히 그러한 주장을 했다 하더라도 그가 그 주장과 같이 행하였으므로 추종자가 있었다고 보아야 한다. 거기에 현실주의가 이상주의로부터 강한 비판을 받는 상태에 이르렀음을 상기시켜 주는 것이다.

이미 말했듯이 석가족의 승가 내에 귀족적 계급의식은 은연한 것으로 여겨지는데, 이는 붓다의 입열반과 함께 무너진 것으로 보인다. 입열반부터 제1결집에 걸쳐 마하깟싸빠가 주재자가 되고, 아난다가 제1결집에서 오백명째 지위를 점차 얻음으로써도 이는 생각할 수 있다. 그리고 붓다의 측근파와 귀족적 존재에게는 붓다가 제정한 계가 중압으로 작용하였던 것이다. 그것이 상좌계 율의 제1결집 기사로 기록되는 아난다의 「소소계폐지론」으로 상징된다고 생각된다. 현재 계경戒經의 계를 붓다 이후에 증보된 것이라 보는 것은 잘못이다. 반세기에 가까운 붓다의 승가생활에, 많은 비구들의 비행非行을 훈계한 계는 수 없이 많아서, 200여 가지만이 아니었을 것이다. 이미 언급한 바와 같이 초기에는 배화교도 1천명이 집단개종하고, 또 사리불 · 목건련을 따라서 250명이 집단개종했다. 이들은 붓다의 말씀과 인격을 흠모하여 붓다에게 친밀하게 접근하여 입단한 비구가 아니다. 위에서 설명한 다섯 악교사의 제자처럼, 스승을 잃고는 생활할 수 없는 자들이 그 스승인 세 깟싸빠나 사리불 · 목건련의 개종에 행동을 함께한 것은 분명하다. 그들의 비출가적 행위를 훈계하는 경우는 무수히 많았다고 할 수 있다. 그 중 특히 강하게 훈계한 것이 계경으로 되었다고 보아야 한다. 그리고 내 생각에는 마하깟싸빠가 아마도 붓다의 혈족적 · 귀족적 현실파가 아니라 「두타제일」이라 전하는 정도로 「실천제일주의」의 대표자였을 것이지만, 그러나 「소소계폐지론」에 맞서 오백비구의 지지로 어렵사리 비구계 현상유지에 노력할 수 있을 뿐이었다고 생각된다. 붓다의 입멸 후 승가에서 새롭게 엄한 결계가 있었다는 것은 생각할 수 없다. 만약 그런 어려운 입장을 주장한다면 데바와 같은 운명이다. 엄격주의자에게는 추종자도 존경자도 있지만, 그리고 특수한 존재로서 경원敬遠될 수는 있었으나 주력이 될 수 없는 운명이었던 것이다.

데바는 지옥에 떨어졌다고 기록되지만, 사실은 위에서 설명한 바와 같이 법현이나 현장의 인도 방문 시대까지 이어지고 있었으므로, 사회에서는 붓다의 한 이도異道로서 특수하게 계속된 것이다.[44] 이러한 사고방식에서 보면 비구계는 건도부의 위의법을 포함하여 그 계의 권위를 인정 받은 것은 제1결집이 최고 정점이었고, 그 이후는 정법淨法 등으로 느슨해지거나 어떤 것은 유명무실화하든가 했다고 보아야 한다.

---

44) 주32와 주33과 동일.

2. 제1결집

(1) 결집 준비

제1결집기사는 『빠알리율』에서는 『쭐라박가』Cullavagga 小品 제11 오백건도五百犍度 Pañcasatikakkhandhaka에[1] 『오분율』에서는 제30권 오백집법五百集法[2] 『사분율』에서는 제54권 집법비니오백인集法毘尼丘五百人[3] 『마하승기율』에서는 제32권 오백비구집법장五百比丘集法藏[4] 『십송율』에서는 제60권 오백비구결집삼장법품五百比丘結集三藏法品[5] 『근본설일체유부비나야잡사』제39권 제8문 제10 자섭송 열반지여차명오백결집사子攝頌 涅槃之餘次明五百結集事[6] 등에 각각 기록된다.

제1결집을 부정하는 설은 붓다 입멸의 기록인 『대반열반경』에 하등 관련된 설이 없다는 것이 중대한 이유가 되었으며, 또 이에 대해 원래 입멸과 결집의 기사가 하나였는데, 양분되어 입멸에 관한 것이

1) Cullavagga, XI. 「오백결집건도」, 남전대장경 제4권, 426쪽-437쪽.
2) 『오분율』제30권 「오백집법」, 대정22권, 190쪽 b-192쪽 a.
3) 『사분율』제54권 「집법비니오백팔」, 대정22권, 966쪽 a-967쪽 c.
4) 『마하승기율』제32권 「오백비구법장」, 대정22권, 489쪽 c-493쪽 a.
5) 『십송율』제60권 「오백비구결집삼장품」, 대정23권, 445쪽 c-450쪽 a.
6) 『근본설일체유부비나야잡사』제39권 「오백결집사」, 대정24권, 402쪽 c-407쪽 c.

경장의 『대반열반경』이 되고, 결집에 관한 것이 율장의 제1결집기사가 되었다고 한다. 이 양자 설에 대해서는 앞(제1장 4)에서 언급했다.

지금은 앞서 여러 차례 제1결집에 관해 살펴보았으므로 율장 자신이 거기서 율장이 편집되었다고 주장하는 제1결집이 어떻게 이루어졌는지, 또 율장이 자기의 성립을 어떻게 기록하여 전하고 있는지를 보려는 것이다.

각 율의 제1결집 기사를 통관해 보면 마하깟싸빠Mahākassapa가 주창자이고 또한 주재자가 되어 결집 인원 500명과 장소를 왕사성으로 정돈한 것, 그에 이어 결집은 마하깟싸빠의 사회로 율장을 우빨리Upāli에게, 경과 비담은 아난다Ānanda에게 송출하게 하고, 500명이 그것을 승인하는 형식으로 이루어진 것이 주체이다. 이 두 가지 일이 기사의 핵을 이루는 것인데, 이에 부수적으로 아난다를 결집 500명에 포함하는 것에 관해서 그가 아라한과를 증득하지 못한 문제가 있었고, 또 아난다에 의해 소소계폐지 제안이 있었고, 다시 장로들 혹은 마하깟싸빠에 의해 아난다의 붓다 입열반 전후의 상시常侍 방식에 대한 과실이 5 내지 7가지 언급되고, 그 문책이 있었다. 이 세 가지 문제 외에도 모든 율장은 아니지만 뿌라나Purāṇa의 결집 부정 문제와 붓다 유명遺命에 따라 찬나Channa 비구에게 범단梵壇의 죄를 주는 문제 등이 있었다. 그리고 나중의 두 문제는 『빠알리율』 이외에는 없으므로 이를 떠나 서술의 순서는 율에 따라 다르다하더라도, 나머지 다섯 문제는 모든 율이 이에 관해 설하고 있는 데서 결집 기사 구성의 기둥을 이루고 있는 것이다. 그래서 지금 이들을 셋으로 나누어 (1)마하깟싸빠에 의한 결집 준비와 그에 이어서 아난다의 미증未證 문제를 논하고 그 다음 (2)우빨리와 아난다를 중심으로 하는 결집 문제를 밝히고, 이어서 (3)소소계폐지론과 아난다의 과실회과를, 마지막으로 (4)뿌라나의 결집부정과 범단죄에 대해 살펴보기로 한다.

『빠알리율』에서는 결집 준비를 하는 자리에서 마하깟싸빠Mahākassapa가 발언했다. 자신이 먼저 500비구를 이끌고 빠바Pāvā에서 붓다 입멸지인 꾸시나라Kusinārā를 향해 걷고 있을 때였다. 한 사명외도ājīvaka가 도중에서 붓다의 입멸을 알렸고, 비구들이 비탄하는 모습과 함께 노년 출가자인 쑤밧다Subhadda 비구가 스승의 입멸에 의해 그 엄격한 교계로부터 자유를 얻었다며 방일을 기뻐하는 말을 함부로 하고 있음을 말했다. 그래서 이러한 방언放言이 있었던 것에 대해, 「우리는 적절하게 법과 율을 결집하여, 비법非法과 비율非律의 흥으로 법과 율의 쇠락에 앞장서야 한다.」라고 한 것이다.[7]

지금 이 마하깟싸빠가 발언한 「그가 먼저, 도중에서 붓다의 입멸과 비구들의 슬픔과 쑤밧다의 방일한 방언을 들었다」는 한 문장은 『대반열반경』의 구절을 그대로 발췌하여 여기에 인용하는 것이고,[8] 『대반열반경』에서는 이 구절에 이어서 마하깟싸빠가 꾸시나라의 천관사天冠寺 Makuṭabandhana에 붓다의 유체遺體를 경배하고, 500비구와 함께 말라족Malla의 봉사로 다비火葬한 일, 그에 이어서 인연 있는 종족에게 사리를 8분하고, 다시 병甁과 재灰를 합하여 10종족에게 배분하여 10탑이 세워져 공양되는 것을 기록하고 있다.[9]

7) Cullavagga, XI, 1, 1. 남전대장경 제4권, 426쪽-427쪽.
8) Mahāparinibbānasuttanta(DN.), No. 176VI, 19. 남전대장경 제7권, 154쪽 이하.
9) Ibid., VI, 20-27. 남전대장경 제7권, 155쪽-162쪽.

『대반열반경』은 10탑 공양으로 끝나는데, 지금 이 결집기사는 이 10탑 공양에 이어져야 할 기록이다. 여기서는 마하깟싸빠가 위의 꾸시나라성에 오는 도중에 알게 된 쑤밧다의 방언을 상기하고, 그것을 이유로 결집을 행해야 한다는 것을 말하는 것에서 비롯된다. 기사는 간단하고, 곧바로 장로들의 발언으로 마하깟싸빠가 결집을 행할 비구 499명을 뽑고, 장로들의 추천으로 아난다가 붓다를 따라서 많은 법·률을 익혔다는 이유로 500명째로 포함되는 사실이 기록되는데, 이것이 미미하게 몇 줄로 기록되어 있다.[10] 그리고 이어서 결집 장소 선정은 상세하게 기록되어 있다. 즉 「왕사성Rājagaha은 음식이 많고 평상과 침구臥坐處가 풍족하다.」라는 이유로 여기에 결집을 위해 선정된 500명이 우안거를 하게 되었으며, 그 동안은 다른 비구들은 왕사성에 들어오는 것이 거부되었다.[11] 이 500명 이외의 비구가 왕사성에 오는 것이 거부되었다는 것은 분명치 않은 율도 있으나, 상좌부계의 율은 동일한 것으로 보인다. 이에 반해 대중부의 율인 『마하승기율』이 나중에 보듯이 결집의 장외에 결집 중에도 1000명의 비구가 있었다고 생각되는 기술을 하는[12] 것과 대조적이다. 또 결집에 대해서는 우기 3개월에서 처음 1개월을 회장 수리 등으로, 2개월째부터 결집을 행하[13]기로 하였는데, 이것도 『오분율』 이외는 각부 모두 동일하다. 또 왕사성의 결집 장소에 대해 율장에서는 칠엽굴 등의 이름은 기술되어 있지 않지만, 결집이 막 끝났을 때 부루나가 내방했다는 기사에서는 죽림가

10) Cullavagga, XI, 1, 2. 남전대장경 제4권, 427쪽 이하.
11) Ibid., XI, 1, 3. 남전대정경 제4권, 427쪽-428쪽.
12) 『마하승기율』 제32권 「如是集毘尼藏竟, 喚外千比丘入」 대정22권, 492쪽 c.
13) Cullavagga, XI, 1, 5. 남전대장경 제4권, 428쪽 첫째 달이라 해야겠지만 첫째 날이라 誤植되어 있다.

란타가원Veḷuvana-Kalandakanivāpa이었다.[14] 그리고 이 결집을 위한 준비의 1개월 동안 아난다는 열심히 수행하여 집회 전날 아라한無學의 깨달음을 얻었다.[15] 그는 그때까지 오백명 중 오직 혼자 유학有學이었던 것이다. 이상은 『빠알리율』의 기사 내용이다.

다음으로 『오분율』도 이 『빠알리율』과 대체로 비슷한 기록을 하고 있다. 다만 붓다의 열반에 즈음하여 방일을 기뻐하는 방언을 한 비구의 이름이 쑤밧다가 아니라 발난타跋難陀로 되어 있다.[16] 이는 다음에 기술할 『사분율』도 마찬가지이다.[17] 또 결집하기 위해 499명의 무학을 뽑고 거기에 아난다를 추가하여 500명으로 하는 것은 『빠알리율』과 같지만, 그러나 이 기사는 『빠알리율』보다는 상세하다.[18] 이에 따르면 아난다가 500명째 비구로 추천받자 마하깟싸빠는 이르기를, 「아난다는 아직 배우는 자리에 있어서 애욕과 성냄과 어리석음과 두려움에 이끌릴 수 있으니 받아들일 수 없다.」라고 했다. 그때 아난다는 비사리에서 늘 4부대중을 위해 밤낮으로 설법하고 있었다. 밧지족跋耆族의 한 비구가 그의 누각에서 좌선하고 있었는데, 그 때문에 시끄럽고 어지러워서 여러 가지 해탈삼매에 들 수가 없어서 생각하기를, '아난다는 지금 배우는 자리에 있어서 해야 할 일이 있는데도 하지 않고 항상 시끄러운 데서 설법만 하고 있구나. 나는 그에게 세상을 싫어하여 떠나는 법을 말하여 그것으로 깨닫게 해야겠다.'라고 하고서 아난다에게 가서

14) Ibid. XI, 1, 11. 남전대장경 제4권, 433쪽.
15) Ibid. XI, 1, 13. 남전대장경 제4권, 428쪽-429쪽.
16) 『오분율』 제30권, 대정22권, 190쪽 b.
17) 『사분율』 제54권, 대정22권, 966쪽 c.
18) 『오분율』 제30권, 대정22권, 190쪽 b-191쪽 a.

게송으로 말했다.「고요한 나무 아래에 앉아 마음이 열반에 가야 하나니, 그대는 선정에 들어 방일하지 말라. 말을 많이 한들 무엇하겠는가.」라고 했다.[19] 아난다는 이 밧지족 비구가 말한 게송을 들었고, 또 마하깟싸빠가 율을 결집하는 사람의 수에 자기가 들어가는 것을 허락하지 않는다는 말을 듣고 수행하여 아난다는 결집 전야에 무학을 얻고 500명째에 포함되었다고 한다.[20] 또 왕사성의 기사에서는 여름의 첫 달에는 방과 침구와구를 보수했고, 둘째 달에는 여러 선정과 해탈에 유희遊戲했고,「셋째 달이 되어서야 모두 한 곳에 모였다.」라고 하고 있고, 이점 다소 다른 율과 달리 안거 3개월 가운데 1개월에 결집이 이루어진 것으로 되어 있다.[21]

셋째로『사분율』에서는 마하깟싸빠가 붓다의 열반을 들은 곳에서 기술을 시작하고 있다. 붓다가 입멸하고 말라자末羅子 사람들이 불사리佛舍利 즉 유체를 씻어 깨끗한 겁패의劫貝衣로 감싸서 오백 장 담요㲲로 묶어서 철관鐵棺에 넣고, 목곽을 만들어 철관을 안치하였음을 상세하게 기록한다.[22] 그리고 이처럼 안치한 철관에 향 장작香薪을 아래에 쌓고 불을 붙였으나 불이 꺼졌다. 말라자들이 이상한 생각을 품자 아나율은 하늘天神이 불을 껐다고 말하는데, 이는 마하깟싸빠가 500 비구와 함께 빠바와 꾸시나라 성 중간에 있고, 붓다의 유체를 다비하기 전[未燒]에 사리[遺體]를 볼 수 있을지를 염려하기 때문에 하늘이 그것을 알고

19) 상동, 대정22권, 190쪽 c.

20) 상동.

21)「五百阿羅漢至王舍城. 於夏初月補治房舍臥具. 二月遊戲諸禪解脫. 三月然後共集一處」라 하고, 그것에 이어서 결집을 행하는 羯磨說을 적는다.『오분율』제32권, 대정22권, 190쪽 c.

22)『사분율』제54권, 대정22권, 966쪽 a.

불을 끈 것으로 설명된다.[23] 따라서 이 율에서 마하깟싸빠는 이때 이미 붓다의 열반을 알고 있어 꾸시나라 성으로 서두르고 있는 셈이다. 그래서 마하깟싸빠가 이처럼 걱정하는데 꾸시나라 성에서 온 니건자가 지나갔으므로 꾸시나라 성의 상황을 듣고, 붓다 입멸 7일인 것과 비구들이 슬퍼하고 있는 것과 발난타가 방일 · 방언을 하고 있었음을 듣게 된다. 그리고 마하깟싸빠는 꾸시나라 성을 흐르는 히란냐바띠 Hiraññavatī 강을 건너서 붓다의 유체가 있는 천관사에 이르러서 붓다의 유체를 경배하게 되는데, 이 기사도 또한 극적으로 기록되어 있어, 이미 철관 속에 있어서 아난다는 볼 수 없다고 하는데, 마하깟싸빠가 철관 앞에 나아가자 관곽棺槨이 스스로 열려 이를 보게 되었다고 한다.[24] 또한 그때 붓다의 용안容顏이 단정하고, 몸은 금색이었으나 발바닥의 윤상輪相만이 더렵혀져 있었으므로 아난다에게 물으니, 이는 아난다가 여인에게 유체를 보여 주었더니 그 눈물로 얼룩진 것이라고 설명된다.[25] 이 이후로는 간단하게 마하깟싸빠가 불사리佛舍利를 다비火葬하고, 이어서 앞서 들은 방일의 방언을 이유로 법 · 률을 결집해야 함을 말하고, 499명을 뽑는 것, 마하깟싸빠는 아난다를 애욕과 성냄과 두려움과 어리석음愛恚怖痴가 있다고 하여 제외하지만, 비구들의 추천으로 이에 포함하기로 했다는 것을 기록하고, 왕사성을 결집지로 하는 것에 백일갈마白一羯磨(『빠알리율』은 白二羯磨)하는 것도 『빠알리율』과 비슷하다.[26] 다만 승가가 왕사성에 오는 도중에 아난다를 500명째로 포함하기 위

23) 『사분율』 제54권, 대정22권, 966쪽 b.
24) 상동, 대정22권, 966쪽 b-c.
25) 상동, 대정22권, 966쪽 c.
26) 상동, 대정22권, 966쪽 c-967쪽 a.

해 베살리에 들르는데, 「아난다는 베살리에서 큰 신통력과 천안통 · 타심통을 얻은 발사자跋闍子 비구의 게송을 듣고 곧 조용한 곳에 홀로 앉아서 정진하기를 게을리 하지 않아 고요하여 어지러움이 없이 되었으며, 다시 한 데에서 밤이 새도록 많이 거닐었는데[경행] 밤이 지나서 먼동이 틀 무렵에는 몸이 몹시 피로해지므로 생각하되, '나는 지금 매우 피로하니, 잠시 앉으리라'했다. 그렇게 생각하고는 앉았고, 앉았다가는 잠시 누우려 하는데, 머리가 땅에 닿기 전에 마음으로 무루의 해탈을 얻었다. 이는 아난다에게 일찍이 없었던 법이었다.」라고 기록하고 있다.[27]

다음에 결집과 관련해서는 왕사성에서 비구들은 먼저 방사와 침구를 손질하고 나서 법 · 비니를 논하게 되는데, 여기에서는 앞에서 언급한『빠알리율』·『오분율』에 없는 장로들의 순위를 언급하고 있다. 즉 타혜라깟싸빠 제1상좌, 장로 파파나 제2상좌, 마하깟싸빠 제3상좌, 장로 대주나 제4상좌라는 것이다.[28]『빠알리율』등은 여기에서 바로 결집에 들어가는데,『사분율』에서는 그 전에 다음 항에 서술하는 아난다의 소소계 문제를 과실過失로 문책하고 참회하는 기사가 있다.[29]

다음으로『십송율』의 이 부분의 기술은 위에서 본 각 율에 비해 극히 특이한 것이 있다. 즉 붓다이신 바가바佛婆伽婆께서 꾸시나라拘尸城에서 반열반하시자 모든 역사力士 즉 말라인Malla들이 붓다의 보체寶體에 공양하였던 일, 마하깟싸빠가 500비구와 빠바波婆城에서 구시성에 이르는

27) 상동, 대정22권, 967쪽 a.
28) 상동, 대정22권, 967쪽 b.
29) 상동.

동안에 범지梵志로부터 붓다가 입열반하여 7일이 된 것을 들었던 일을 기록하는 것은 각 율과 같다.[30] 또한 그곳에서 비구들이 슬퍼하고, 또 노비구[31]의 방일한 방언이 있음을 알게 되는데, 이 방언은 다른 율과는 달리 마하깟싸빠만이 듣고, 다른 사람은 천신天들이 은폐하는 바가 되어 듣지 않았다고 한다.[32] 그리고 또 『십송율』의 현재 문장에서는 이 비구의 슬픔도 방언도 일단은 마하깟싸빠가 이끌고 있는 500비구를 말하는 것으로 읽히는데, 『십송율』의 한역은 난해하다. 이러한 일은 구시성의 입열반 장소이고, 그것을 깟싸빠가 천안 · 천이로 들었다고 해야 하는 것을 『십송율』의 기술 쪽이 다소 문자가 부족한 것으로도 해석된다.[33]

또 『십송율』에 의하면, 이때 염부제에서는 장로 아야교진여가 제1상좌, 장로 균타가 제2상좌, 장로 십력깟싸빠가 아난다의 화상으로 제3상좌, 장로 마하깟싸빠가 제4장좌였다고 한다.[34] 그러나 사부대중은 모두 마하깟싸빠를 공경하고 믿고 따랐다 하고 있고, 사부대중이 그를 맞이하여 불관佛棺이 있는 곳으로 가자 천신들은 금관을 열고 깟싸빠에게 붓다의 몸에 예배하게 했다고 한다. 그리고 마하깟싸빠가 지

30) 『십송율』제60권, 대정23권, 445쪽 c.

31) 『십송율』에서는 처음 「爾時有一愚痴不善不及老比丘, 發此惡言」이라 하고, 나중에는 「爾時有一頑愚不善及老比丘」라고 한다. 『십송율』제60권, 대정23권, 445쪽 c, 동, 대정23권, 447쪽 a.

32) 「如是麤言, 唯迦葉獨聞. 餘無知者. 是諸天神力隱蔽故」라한다. 『십송율』제60권, 대정23권, 446쪽 a.

33) 이 一節 첫머리는 마하깟싸빠의 일행이 한 梵志로부터 붓다 입멸을 듣자 「摩訶迦葉不樂. 諸弟中有大憂愁者……爾是有一愚痴不善不及老比丘 云云」이라 하고, 유행 도중 깟싸빠 일행의 상태와 梵志가 전하는 구시성 入涅槃場의 狀景이 섞여 있어서 판독하기 어려운 부분이 있다. 『십송율』제60권, 대정23권, 445쪽 c-446쪽 a.

34) 『십송율』제60권, 대정23권, 446쪽 a.

휘하여 불체佛體를 다비火葬하고 사리를 8등분했다고 한다.[35] 붓다의 최초 탑에 대해서는『장아함 유행경』에「여래의 탑은 8탑으로 세웠다. 제9에는 병탑瓶塔, 제10에는 탄탑炭塔, 제11에는 생시발탑生時髮塔이다.」라는 제11탑설이 있다.[36] 또『대반열반경』은 사리舍利 8탑과 병탑瓶塔, 회탑灰塔의 10탑설이다.[37] 즉 이『십송율』은「이때 염부제 중에 8사리탑, 제9 병탑, 제10 회탑이 있어서, 붓다 반열반하신 뒤에 10탑이 있다. 이것보다 이후는 무량한 탑을 세웠다.」라고 하고,[38] 후자와 일치하는 10탑설이다.

『십송율』은 또 그때 마하깟싸빠가 붓다의 사리가 시방으로 유포되어 백의白衣가 탑을 세울 수 있음을 알고, 즉 붓다의 장송葬送과 공양을 마쳤으므로, 이 인연으로 비구를 모았다고 한다. 그리고 집합한 대중에게 붓다의 입멸 뒤에 방일한 방언을 하는 노비구가 있었고, 그것을 자신만이 알고 있었음을 알리고 결집을 제의했다고 한다. 여기서 마하깟싸빠는 499명의 무학비구를 뽑고, 나머지 한 명을 다문제일이고 호선학인好善學人인 아난다로 할 것에 승인을 구하는데,[40] 이곳에서는 다른 율 모두 전하고 있는 아난다의 미증未證 문제 즉 아난다가 500명 중에 추천되고 나서 급속히 수행하여 무학을 증득한 것은 기록하고 있지 않다.

또『마하승기율』이 되면 붓다가 입열반에 이른 것에 관해서는『대

35) 상동, 대정23권, 446쪽 a-447쪽 a.

36)『장아함』(遊行經) 제4권, 대정1권, 29쪽 b-30쪽 a.

37) Mahāparinibbānasuttanta(DN.), No. 16. VI, 27. 남전대장경 제7권, 162쪽.『대반열반경』하 대정1권 207쪽 c.『장아함 불반니항경』하, 대정1권 174쪽 c-175쪽 a.

38)『십송율』제60권, 대정23권, 447쪽 a.

40)『십송율』제60권, 대정23권, 447쪽 b.

니원경』에 널리 설하는 것과 같다고 하고,[41] 『대반열반경』이 입열반 전의 행화를 서술하는 것을 예상하고 있음을 분명히 말한다. 그리고 붓다는 희련선하熈連禪河 물가의 역사생지力士生地인 견고림堅固林 속의 쌍수雙樹 사이에 반열반般泥洹에 드시고, 천관탑 주변에서 다비闍維하고자 하였는데, 여러 천신들이 기사굴산 빈발라산賓鉢羅山 중의 동굴에서 좌선을 하고 있는 마하깟싸빠를 기다려서 불이 붙지 않게 했다. 또 마하깟싸빠는 정수삼매正受三昧에 가서 천안으로 이 일을 알고 꾸시나라를 향하다가 도중의 마을에서 한 마하라摩訶羅 비구가 방일한 방언하는 것을 듣고 비참하고 불쾌해 하며 오른쪽 손가락을 탄지하여 불을 내고 오른발로 땅에서 뛰어오르니, 마하라는 크게 두려워해서 달아나버렸다. 마하깟싸빠가 붓다의 처소에 이르니, 세존께서 관속에서 두 발을 내미시는 것을 보고서 마하깟싸빠는 붓다의 발에 예배했다 한다.[42] 그리고 또 붓다의 유체遺體를 다비火葬하였는데, 불을 붙이면서 마하깟싸빠는 「나는 이 세존의 장자이다.」[我是世尊長子][43]라고 하고 불을 붙였다고 한다. 이어서 마하깟싸빠가 앞에서 말한 마하라 비구의 말을 이유로 결집을 제의하고 장소도 왕사성으로 정하고, 마하깟싸빠는 1000비구와 함께 왕사성으로 향하는데, 존자 아나율은 붓다께서 생전에 '여래가 열반에 들면 그대들이 마땅히 사리를 잘 지켜서 여러 천신들이 가져가지 못하게 하여라.'라고 하신 말씀을 따라 붓다의 사리를 지키기 위해, 그리고 아난다는 붓다의 사리를 다시 공양할 일 때문에 왕사성

41) 『마하승기율』제32권, 대정22권, 489쪽 c.
42) 상동, 대정22권, 490쪽 a-b.
43) 상동, 대정22권, 490쪽 b.

에 가지 못하고 꾸시나라 성에 남아 있었다고 한다.[44] 또 왕사성에서는 결집을 위해 걸상과 요를 깔아서 세존의 자리를 장엄하게 꾸미고, 세존의 왼쪽에 사리불, 오른쪽에 대목건련의 자리를 장만하였으며, 그 다음에 마하깟싸빠의 자리를 장만했다고 한다. 아마도 생존자로서는 마하깟싸빠가 제1 상좌임을 나타내기 위한 것으로 보인다.[45] 다음으로 결집할 비구 498명을 선정하고 여기에 아나율이 참가하여 499명이 되었다고 한다. 마하깟싸빠가 제1상좌, 나두로那頭盧가 제2상좌, 우바나두로優波那頭盧가 제3상좌가 되었는데, 지금 한 명 즉 500번째를 구하여 각지로 은서隱棲하고 있는 장로에게 신통력 있는 사자를 보내어 참가하기를 요청했다. 그러나 모두 붓다의 열반을 듣고 자신도 입열반하면서 참가하지 않았음을 기록하고 있다. 마지막으로 장로들이 아난다를 추천하게 되는데 이는『대지도론』제2권에서 설하고 있는 것과 비슷하다. 아난다에 대해서는 마하깟싸빠는 만약 아난다를 500비구 안에 넣는다면「이처럼 유학有學의 단계에 있는 사람을 무학 단계의 덕의 힘이 자재한 무리 가운데 들어오게 하는 것은 마치 옴이 있는 여우를 사자의 무리에 들어오게 하는 것과 같다.」라고 하며 엄하게 나무라는데, 아난다는 붓다의 사리 공양을 마치고 왕사성으로 오는 도중에 이 마하깟싸빠의 꾸짖는 말罵言을 듣고 발분發奮하여 무학無學이 되었기 때문에 500명에 포함되게 되었다고 한다.[46]

마지막으로『근본설일체유부비나야잡사』인데 이는 잡사 40권 중

44) 상동, 대정22권, 490쪽 c.
45) 상동.
46) 상동, 대정22권, 491쪽 a-b.

제35권부터 『대반열반경』에 상당하는 열반 유행 행화사가 있고,[47] 제39권에 이르러서 사리8분하여 병탑 · 탄탑과 아울러서 10탑을 세워서 공양하였음을 기록한 뒤에 500결집 기사가 이어지고 있다.[48]

결집기사는 사리불이 대비구苾芻 8만 명과 대목건련이 7만명과 세존은 1만8천명과 함께 반열반圓寂에 들었다고 서두序頭를 시작하고, 마하깟싸빠의 정법구주를 위한 결집 발기와 499명의 대아라한의 선출을 설하고[49] 그리고 나서 또 한 명을 구하기 위해 원만圓滿 비구를 사자로서 시리사궁尸利沙宮에 있는 우주(牛主 Gavampati 교범바제) 존자具壽에게 '승가에 일이 있으니 속히 오라.[僧伽有事宜當速來]'는 것을 전하였지만, 우주는 붓다의 입멸을 듣고 스스로 열반에 들게 된다.[50]

이는 『대지도론』[51] 및 위에서 본 『마하승기율』의 기사와[52] 비슷하다. 다음으로 아난다에 대해서는 아직 학인學人이지만 이를 방편으로 행수인行水人, 즉 식사 때 물을 나누어주는 담당자로서 가입시키기로 하고, 왕사성으로 들어갔다.[53] 결집하기 위해, 이를 다른 율과 비슷하게 하안거 첫 한 달을 방사 · 와구의 수리에, 2개월째부터 결집을 하기로 했다. 왕사성에서 아난다는 마하깟싸빠로부터 종종 힐난을 당하는데, 다른 율에서는 결집 중 또는 그 뒤에 설하는 아난다의 7과실을 여기서는 마하깟싸빠으로부터 힐난을 받고 있다.[54] 그리고 아난다는 그 때

47) 『근본설일체유부비나야잡사』제35권, 대정24권, 377쪽 c 이하.
48) 상동, 제39권, 대정24권, 402쪽 c.
49) 상동, 제39권, 대정24권, 402쪽 c.
50) 상동, 제39권, 대정24권, 403쪽 a-b.
51) 『대지도론』제2권 「교범파법」, 대정25권, 68쪽 b 이하.
52) 『마하승기율』제32권, 대정22권, 491쪽 a.
53) 『근본설일체유부비나야잡사』제39권, 대정24권, 404쪽 a.

문에 슬퍼하며 마을의 동자에게 법을 설하였는데, 그 중 한 동자가 「스승님이 이제 근신하고 힘써 닦으면, 오래잖아 반드시 원적의 길에 돌아가리다.」師今謹愼務勤修, 不久必歸圓寂路.라고 말하는 것을 듣고, 그 밤중에 해탈을 얻어 대아라한이 되어 500명에 들어갔다고 한다.[55]

이상 각 율의 기사 중에서 『빠알리율』은 『대반열반경』에 후속되는 기사를 적고 있고, 『오분율』이 거의 이것과 동일한 것으로 보이나, 『사분율』이 되면 구시성에서의 붓다 입멸 직후 상황부터 시작하고 있다. 『빠알리율』과 『오분율』에서는 결집을 하고자 하여 마하깟싸빠가 먼저 들었던 쑤밧다 또는 발난타의 방언을 장로들에게 이야기하고, 그것을 이유로 하여 결집에 들어간 부분부터 기사를 시작하는데, 다른 율은 마하깟싸빠가 이 방언을 듣는 장면을 현실적으로 기술하기 위해 방언을 행한 장면부터 기술을 시작하지 않을 수 없게 되었다고 볼 수 있다.

또 이 방일 비구의 방언이 결집 첫째 원인이 되므로 마하깟싸빠가 붓다의 다비[葬送] 전에 이를 듣고 다비를 마친 뒤에 이를 꺼내 결집을 제의하게 되는데, 이 표현에서 각 율의 기술자들이 문학적으로 고심한 흔적이 보이며, 특히 위에서 살펴 본 바와 같이 『십송율』에서는 이 방언을 천신들의 작용으로 마하깟싸빠만이 듣고 알고 있었다고 한다. 이는 마하깟싸빠가 결집 의지를 품고, 먼저 붓다의 다비[葬送]를 먼저 했음을 말하고자 하는 것으로 생각된다.

『근본유부비나야잡사』는 제1결집기사에 전행하여 『대반열반경』의

54) 아난다의 七過問責. 상동, 대정24권, 404쪽 c-405쪽 c.

55) 상동, 대정24권, 405쪽 c-406쪽 a.

전부가 기록되어 있는데, 『마하승기율』은 이를 『대니원경』에 널리 설하는 것과 같다고 하고, 이미 말했듯이 『십송율』과 함께 모두 『대반열반경』과 제1결집 기사의 관련성이 깊음을 나타내고 있다.

또 『마하승기율』은 율장 위에서는 상좌부의 시조라고도 볼 수 있는 마하깟싸빠를 존중하는 대우를 하고 있고, 현실적으로 제1 상좌임을 역설하고, 또 붓다 입열반의 경우에도 천신들은 기사굴산에 좌선하고 있는 마하깟싸빠의 도착을 기다리고 있었다고 하고, 마하깟싸빠는 정수삼매에서 붓다의 입멸을 알았다고 하며, 또 마하깟싸빠로 하여금 「나는 세존의 장자이다.」라고 말하게 하고 있다. 이 일은 『마하승기율』이 율제상의 자유주의자로 보이거나, 또는 소소계부정의 아난다설에 가깝다고 생각되기 쉽다는 점에 반성을 촉구하는 것으로, 이러한 점은 특히 주의해야 하며, 이 율은 마하깟싸빠의 정통正統을 계승한다는 것을 주장하는 것과 같다.

(2) 삼장三藏의 결집

결집 상황에 대해서 『빠알리율』에서는 장로들에 대한 좌차 등의 기사가 없고, 우빨리나 아난다가 송출에 적당하다는 서술도 없으며, 즉시 마하깟싸빠가 우빨리Upāli에게 율을 묻겠다고 선언하고, 「벗이여, 우빨리여. 제1 바라이는 어느 곳에서 제정되었는가.」라고 묻고 있다.[1] 그

1) Cullavagga, XI, 1, 7. 남전대장경 제4권, 429쪽.

래서 우빨리는 마하깟싸빠의 물음에 따라 제1 바라이paṭhama-pārājika가 베살리Vesāli에서 수제나가란타자Sudinna-kalandakaputta를 인연으로 하여 부정법不淨法 methunadhamma의 일로 제정되었음을 대답하였는데, 이에 대해 마하깟싸빠는 다시 제1 바라이의 일과 인연과 사람과 결계結戒와 수결隨結·범犯·불범不犯을 묻고 우빨리는 역시 일일이 응답했다.

그리고 제2 바라이에서도 왕사성Rājagaha에 서 단니가도사자Dhaniya-Kumbhakāraputta를 원인으로 불여취不與取 adinnādāna에 대해 제정된 것 및 위와 마찬가지로 일·인연·결계·수결·범·불범을, 마찬가지로 제3 바라이가 베살리에서 많은 비구를 원인으로 인신人身 manussaviggaha에 있어서 그 일·인연 등을, 제4 바라이에 대해서도 베살리에서 박구무다婆裘河 vaggumudā 근처에 사는 비구를 원인으로 상인법上人法 uttarimanussadhamma으로 제정되었다고 하고 이하 그 일·인연 등을 대답했다. 그리고 이런 식으로 우빨리는 마하깟싸빠의 물음에 따라 비구·비구니의 율을 대답했다고 한다.[2)]

경의 송출은 율과 같은 형식으로, 아난다가 마하깟싸빠의 물음에 응하여 먼저 『범망경』Brahmajālasutta이 왕사성과 나란다Nālandā 중간 암발랏티까mbalaṭṭhikā에서 유행자[普行出家]인 쑵삐야須卑 Suppiya와 바라문의 아들 브라흐마닷따梵摩達多 Brahmadatta를 원인으로 설해진 것과 그 인연과 사람에 대해서, 다음으로 『사문과경』Sāmaññaphalasutta이 왕사성 지바깜바와나Jīvakam-bavana에서 아자따쌋뚜阿闍世韋提希子 Ajātasattu-Vedehīputta와 함께 있으면서 설하여진 일과 그 인연과 사람에 대해서 대답하고, 그렇게 해서 마하깟싸빠가 5부를 묻고 아난다가 대답했다고 하고 있다.[3)]

2) Ibid., 남전대장경 제4권, 429쪽-430쪽.

다음으로 『오분율』에서도 『빠알리율』과 같은 내용인데, 제1 바라이가 베살리에서 수제나가란자가 「본이本二와 음행婬을 했다.」는 인연으로 제1제가 있었다고 하는데, 다시 제2제 즉 수결隨結에 대해서도 「비구가 미후獼猴와 행했다면」이라 하는 것이 『빠알리율』보다는 상세하다.[4]

제2계 이하는 『빠알리율』과 동일하고, 제2계는 왕사성에서 달이타達膩吒를 원인으로 병사왕甁沙王:빔비싸라의 나무를 훔친 것에 대해서, 제3계는 베살리에서 중다衆多 비구가 스스로 서로의 목숨을 해한 일에 대해서, 제4계는 베살리에서 바구마하婆裘摩河의 비구들이 허위로 과인법過人法을 얻었다고 칭찬한 일에 대해서 제정되었다고 한다. 그리고 「깟싸빠는 이처럼 하며 일체의 비니를 묻고 나서 승가 가운데서 주창하여 이르기를, 이는 '비구비니', 이는 '비구니비니'이다. 합하여 이르기를 '비니장毘尼藏'이라 한다고 하고 있다.」[5]라고 맺고 있다.

경장의 송출은 『빠알리율』과 마찬가지로 아난다이지만, 여기에서는 먼저 마하깟사빠가 『장아함』에 대해서, 어느 곳에서 「증일경」·「증십경」·「대인연경」·「승기타경」·「사문과경」이 설하여졌는지, 또 무슨 경이 비구·비구니·우바새·우바이·제천자에 관련하여 설하셨는지 상세한 질문에 대해, 대답·기술은 간단하게 「아난다는 모두 부처님이 설하신 것에 따라서 대답했다.」라고만 적고 있다.[6] 지금 『장아함』의 내용이 거론되고 있는데, 깟싸빠의 말로 경장의 편집에 대해서는 "이는 긴 경[長經]이니, 이제 모아서 1부部로 하고 『장아함』이라 하겠습

3) Ibid., XI. 1, 8. 남전대장경 제4권, 430쪽.
4) 『오분율』제30권, 대정22권, 190쪽 c-191쪽 a.
5) 상동, 대정22권, 191쪽 a.
6) 상동.

니다. 이는 길지도 않고 짧지도 않은 경들이니, 이제 모아서 1부로 하고 『중아함』이라 하겠습니다. 이는 갖가지 말씀[雜說]으로 비구 · 비구니 · 우바새 · 우바이 · 천자 · 천녀를 위해 말씀하셨으니, 이제 모아서 1부로 하여 『잡아함』이라 하겠습니다. 이는 1법에서 숫자를 증가하여 11법에 이르렀으니, 이제 모아서 1부로 하고 『증일아함』이라 하겠습니다. 그 밖의 갖가지 말씀을 이제 모아서 1부로 하고 이름하여 『잡장雜藏』이라 하겠습니다. 이것들을 다 합하여 『수다라장(經藏)』이라 하겠습니다."라고 하고 있다.[7]

그리고 이상 비나야와 수다라 2장의 결론으로 "우리들은 이미 법을 결집하는 일을 마쳤습니다. 지금부터 부처님께서 제정하지 않으신 것은 헛되이 제정하지 말아야 하고, 이미 제정하신 것은 어겨서는 안 됩니다. 부처님께서 가르치신 대로 삼가 배워야 합니다."라고 하고 있다.[8]

셋째, 『사분율』에서는 서술의 순서가 다르고, 결집에 들어가기 전에 다음 항에서 기술하는 아난다 제안의 잡쇄계 문제와 아난다 과실의 책임과 회과의 일이 있고 나서 결집에 들어갔다.

지금 『사분율』의 결집도 우빨리가 율의 송출자가 되는 것은 위에서 본 다른 율과 같다.[9] 다만 『사분율』에서는 율장의 전체 목록을 올리고 있다. 즉 4바라이波羅夷에 대해서는 첫째가 베살리에서 수제나가란타자의 초범, 둘째는 왕사성에서 단니가 비구 도사陶師의 초범, 셋째는 베살리에서 바구 강변 비구의 초범, 넷째도 베살리에서 바구 강변

....

7) 상동.

8) 상동, 대정22권, 191쪽 b.

9) 『사분율』 제54권, 대정22권, 968쪽 a.

비구의 초범이었다고 하고, 다음으로 13승잔僧殘에 대해서는, 첫째가 사위국에서 가류타이의 초범이었다고 하며 각각을, 두 가지 부정[二不定]에 대해서는 첫째가 사위국에서 가류타이의 초범, 둘째도 마찬가지이고, 30니살기[捨墮]의 첫째는 사위국에서 육군 비구가 초범이라고 하고 이하 각각을, 90바일제[單墮]의 첫째 바일제는 석시수상력자釋翅搜象力子 비구를 초범이라고 하고 이하 각각을, 바라제제사니[提舍尼]는 사위국에서 연화색 비구니가 원인으로 일어났다고 하고 이하 세 가지를, 중학법衆學法의 첫째는 육군 비구가 초범이라고 하고 이하 각각을, 또 비구니의 비구와 다른 별계[不共戒]도 율에서 설하는 바와 같이 송출되었다고 하고 있다.[10]

다음으로 본 『사분율』의 특이한 부분인데 건도부 규제에 대해서는 최초의 「수대계受大戒」가 바라나波羅捺의 5비구이고, 최초의 설계(포살)은 왕사성의 소년비구들 때문이고, 처음 안거를 허락한 것은 왕사성에서 육군 비구 때문이며, 최초의 자자도 마찬가지라 하여, 이 율장의 마지막 부분인 「비니증일」까지를 언급하며 송출되었다고 한다. 그리고 편집된 율장 목록에 대해서는 비구율, 비구니율, 「수계건도」·「포살건도」·「안거건도」·「자자건도」·「피혁건도」·「의건도」·「약건도」·「가치나의건도」로 명목을 들고, 이후는 '2율二律 및 일체 건도 · 조부 · 비니증일을 모두 모아서 비니장毘尼藏이라 한다.'라고 하고 있다.[11]

법장에 대해서도, 마하깟싸빠는 먼저 『장아함』에 대해서 「범동경」·「증일경」·「증십경」·「세계성패경」·「승기타경」·「대인연경」·

10) 상동, 대정22권, 968쪽 a-b.
11) 상동. 대정22권, 968쪽 b.

「천제석경」에 대해서 묻고 있다. 아함경의 편성에 대해서 온갖 긴 경을 모아서 『장아함』, 온갖 중간 경을 모아서 『중아함』, 한 가지 일에서 열 가지 일에 이르고, 열 가지 일에서 열한 가지 일에 이르는 것을 『증일아함』이라 하고, 온갖 비구 · 비구니 · 우바새 · 우바이 · 하늘 · 무리들의 일과 온갖 제석 · 온갖 마왕 · 온갖 범왕의 일은 섞어 모아서 『잡아함』이라 했다.

이와 같이 하여 생경生經 · 본경本經 · 선인연경善因緣經 · 방등경方等經 · 미증유경未曾有經 · 비유경譬喩經 · 우바제사경優婆提舍經 · 구의경句義經 법구경法句經 · 파라연경波羅延經 · 잡난경雜難經 · 성게경聖偈經 따위는 함께 모아서 『잡장雜藏』이라 하고, 어렵거나 어렵지 않은 곳에 걸맞게 풀이한 것은 모아서 『아비담장論藏』이라 했다.」라고 하고 있다.[12]

넷째로 『십송율』인데 여기서는 마하깟싸빠가 이른 아침[清旦]에 왕사성에서 걸식하며 법을 결집하는 비구[集法人]를 공양하는 사람들을 교화하고, 그것을 끝내고 나서 정사로 돌아가서 승가를 모아서 결집에 들었다고 한다. 여기에서는 마하깟싸빠가 우빨리에 대해서 붓다가 "비니를 송출하는 비구 가운데 최고"라 하였음을 말하고, 우빨리를 위해 법좌를 펴고, 우빨리는 그 자리에 올라서 송출했다고 한다.[13] 결집 방법에 대해서는 이 율은 특히 구체적으로 상세하다. 즉 우빨리가 마하깟싸빠의 물음에 응하여 "첫 번째 바라이는 비야리국의 수제나 비구 가란타자에 기인한다."라고 하여 범 · 불범犯不犯을 설하자, 마하깟싸빠는 먼저 제1장로 아야교진여에게 "이러한가 그렇지 않는가"를, 다음으

12) 상동.
13) 『십송율』제60권, 대정23권, 447쪽 c.

로 제2 장로 균타에게, 다시 셋째 십력十力깟싸빠에게, 마지막으로 5백 아라한 내지 아난다에게 각각 "이러한가 그렇지 않는가"라고 문의했다. 예를 들어, 아난다는 "나도 역시 이처럼 들었습니다. 이것이야말로 그 일이고, 이것이야말로 법이고, 이것이야말로 선송善誦이니, 장로 우빨리께서 말씀하신 그대로입니다."라고 하고 있다. 그리고 이 아난다가 마지막으로 장로 마하깟싸빠에게 "이러한가 그렇지 않는가"를 반문하자, 이에 마하깟싸빠도 "그렇다."라고 하여, 전원이 긍정한 형식으로 결집의 결정을 하고 있다. 이 전원 긍정이 있었던 부분에서 마하깟싸빠는 첫 번째 바라이에 대해서 "이것이야말로 법이고, 이것이야말로 비니이고, 이것이야말로 부처님의 가르침입니다."라고 백일갈마로 선언하고 있는 것이다.[14] 이처럼 하여 두 번째 바라이가 왕사성에서 달니가 비구 와사자를, 세 번째 바라이가 발기국의 바구마제 강 주변에 사는 비구들을, 네 번째 바라이가 비야리국 바구마제 강 주변에 사는 비구들을 각각 인연으로 하는 것, 그리고 승가바시사 가운데 첫째부터 넷째 승가시사까지는 사바제국에서 가류타이 비구에 기인하여, 다섯째 승가시사는 사바제국에서 가라 비구 미리가자彌梨迦子에 기인하여 제정하셨다는 것과 그것들 전부에 대해서 범 · 불범상犯不犯相을 설하고, 앞의 첫째 바라이와 마찬가지로 아야교진여 이하 마하깟싸빠 자신까지 확인하는 절차를 행하고 결집하고 있다. 그리고 『십송율』은 여기까지 기록한 후는 「이러한 순서로 일체 비니를 모아서 끝내고 있다.」라고 간략하게 기술하고 있다.[15]

14) 상동, 대정23권, 448쪽 a.
15) 상동.

수다라와 아비담에 대해서 아난다는 우빨리와 마찬가지로 고좌高座에 오르는데 마하깟싸빠의 물음에 대답하여 아난다가 "이처럼 나는 들었습니다. 어느 때 부처님께서 바라나국 선인들의 주처인 녹림에 계셨을 때입니다."라고 말하자 5백 비구는 모두 땅에 엎드려서 무릎을 꿇고서 눈물을 흘리며, 일찍이 부처님의 처소에서 직접 들었는데, 지금은 '들었습니다[已聞]'라고 전하여 듣게 된 것을 슬퍼했다 한다. 그리고 이때 마하깟싸빠는 "지금부터 모든 경전[修妒路], 모든 비니, 모든 아비담은 모두 처음에 '이와 같이 내가 들었습니다. 어느 때 …'란 말을 붙이도록 하십시오."라고 하고, 아난다는 "그렇게 하겠습니다."라고 하고 송출하였는데,[16] 이는 『대지도론』제2권과 거의 같다.[17] 그리고 아난다는 사성제삼전십이행의 교설을 송출하고 "이를 '전법륜경'이라 합니다."라고 말하자, 앞에 「비나야」에서와 같은 방법으로 「아야교진여」 이하 모두가 긍정했다. 그리고 일체의 수다라[修妒路]를 다 모으자, 계속하여 모두 같은 방법으로 다섯 가지 두려운 것[五怖] · 다섯 가지 죄[五罪] · 다섯 가지 원수[五怨] · 다섯 가지 멸망[五滅]의 법에서 어떻게 천상에 태어나기도 하고 지옥에 떨어지기도 하는가의 것을 내용으로 하는 「아비담」을 모았다고 한다.[18] 이것도 『대지도론』과 같은 것으로[19] 따라서 또 이 「아비담」은 우바새의 업보를 설한다고도 하는데, 살 · 도 · 사음 · 음주 때문에 사후 바로 지옥에 떨어지고, 살생하지 않고 도둑질하지 않는 등으로 인해 사후 천상에 태어난다는 것을 설하는 것을 말

16) 상동. 대정23권, 448쪽 b.
17) 『대지도론』제2권, 대정25권, 69쪽 b-c.
18) 『십송율』제60권, 대정23권, 449쪽 a.
19) 『대지도론』 제2권, 대정25권, 69쪽 c.

한다.

『근본설일체유부비나야잡사』는 기사 구성은 『사분율』에 가깝고, 결집 전에 아난다의 과실에 대한 책벌과 회과, 소수소계小隨小戒(小小戒) 문제를 포함하여 먼저 설한 후 결집 기사에 들어가는데, 결집기사는 다음 『마하승기율』과 같이 경법을 먼저하고, 비나야를 뒤에 모았다고 하고 있어서 위에서 살펴본 여러 율과는 다르다.

경법의 결집이 아난다의 송출에 의해 이루어지는 것은 다른 율과 비슷하다.[20] 여시아문을 첫 구절로 하여 제1의 경 『삼전법륜경』, 제2의 경 『팔성도』, 제삼의 경 『오온개고경』이 송출되는데, 처음 2경에 대해서는 「아야교진여」가 그 진실을 인정하고,[21] 제3경에는 5백 아라한이 마찬가지로 이를 인정하고,[22] 이처럼 하여 온 · 처 · 계 · 연 · 성문 · 성도품 · 가타 등으로 상응하는 것은 『상응아급마』라 하고, 경이 길어서 길게 설한 것은 『장아급마』라 하고, 경이 중간이어서 중간으로 설한 것은 『중아급마』라 하고, 1구절의 일 내지 10구절의 일인 것은 『증일아급마』라고 했다.[23] 그리고 이 네 가지 『아급마』를 모으고, 마하깟싸빠는 아난다에게 "오직 그러한 『아급마경』이 있을 뿐입니까?"라고 하니, "다시 다른 것은 없습니다."라고 말하고는 곧 높은 자리에서 내려왔다고 한다.[24] 그러므로 이 「근본설일체유부」의 설은 위에서 본 모든 부파가 「5부 아함설」이었던 것과 달리 「4부 아급마설」인 셈이다.

20) 『근본설일체유부비나야잡사』 제39권, 대정24권, 406쪽 b 이하.
21) 상동, 대정24권, 406쪽 c-407쪽 a.
22) 상동, 대정24권, 407쪽 a-b.
23) 상동, 대정24권, 407쪽 b-c.
24) 상동, 대정24권, 407쪽 c.

다음으로 비나야 결집에는 우빨리[鄔波離]가 추거되어 높은 자리에 오른다.[25] 그리고 이 잡사에서는 다른 율과 달리 붓다가 비구를 위해 최초로 결집된 제1 학처는 바라니사波羅痆斯에서 5필추苾芻:比丘를 위해 "아래옷 군[裙]를 가지런히 정돈하여 입되, 너무 올리지도 말고 너무 내리지도 말도록 마땅히 배울지니라."하셨다고 결집되고, 다음으로 마찬가지로 제2 학처는 바라니사에서 5필추에게 "삼의를 가지런히 정돈하여 입을 것을 마땅히 배울지니라."라고 하셨다고 결집되고, 제3 학처가 갈란택가촌에서 갈란택가자 소진나羯蘭鐸迦子蘇陳那 필추를 위해 "만약 필추가 내지 축생과 음욕을 행한다면 바라시가죄를 얻으며, 또 같이 머물지 못하느니라."라고 하셨다고 결집되었다.[26] 그리고 바라시가법 · 승가벌시사법 · 2부정 · 30사타법 · 90바일저가법 · 4바라저제사니법 · 중다학법 · 7멸쟁법이 초제初制 · 수제隨制 · 정제定制 · 수청隨聽에 의해 행해지고, 또 출가出家 · 근원近圓을 받는 것 · 단백單白 · 백이白二 · 백사白四의 갈마 · 응도비도應度非度 · 포쇄타褒灑陀 · 안거安居 · 수의隨意부터 모든 일[諸事] 내지 잡사雜事 · 니타나尼陀那 · 목득가目得迦 등을 결집하고 우빨리는 높은 자리에서 내려왔다.[27]

다음으로 깟싸빠는 후세 지혜가 적고 근기가 둔한 자를 위해 스스로 마질리가摩窒里迦를 송출했다. 앞의 『십송율』「아비담」에 상당하는 것이 「마질리가」 즉 논모論母인데, 그러나 내용은 『십송율』 재가오계와는 전혀 다른 출가교학 논제의 법상명목法相名目으로 4념처念處 · 4정근正

25) 『근본설일체유부비나야잡사』제40권, 대정24권, 407쪽 c-408쪽 a.
26) 상동, 대정24권, 408쪽 a.
27) 상동, 대정24권, 408쪽 a-b.

勤 · 4신족神足 · 5근根 · 5력力 · 7보리분菩提分 · 8성도분聖道分 · 4무외無畏 · 4무애해無礙解 · 4사문과沙門果 · 4법구法句 · 무쟁無諍 · 원지願智 및 변제정邊際定 · 공空 · 무상無相 · 무원無願 · 여러 가지로 닦는 선정[雜修諸定] · 바르게 현관에 들어감[正入現觀] 및 세속지世俗智 · 점마타苫摩他 · 비발사나毘鉢舍那 · 법집法集 · 법온法蘊 등이다. 이는 삼장교학의 아비담장 전체 논제라고 해야 할 것인데, 이는 가장 새로운 시대에 율장에 도입된 것으로 보아야 하며, 그것을 후세에 지혜가 적고 근기가 둔한 사람을 위해 깟싸빠가 스스로 등단하여 설했다는 것으로 보인다.

이 『근본설일체유부비나야잡사』에서 가장 주목할 만한 것은 앞에서 언급한 비구계 결제의 시작을 다른 율과 달리 경죄輕罪인 중학법으로 설하고 있다는 점이다. 위에서 살펴본 바와 같이 『빠알리율』이나 『사분율』, 『오분율』, 『십송율』 모두 비구계의 결계結戒는 바라제목차에 기록되어 있는 중죄重罪에서 경죄輕罪에 이르는 순서를 따랐고, 모두 붓다 최초의 결계는 제1 바라이부터 순차적으로 있었다고 하여, 그것이 마치 붓다 결계의 순서가 되는 것처럼 되어 있다. 이는 율장 경분별 시작의 결계서結戒序에 영향을 받은 것이다. 즉 과거 7불의 결계가 있어 정법구주할 수 있음을 설하고, 사리불 등의 결계 요청에 대해서는 붓다는

「비구승은 진실로 때나 오염이 없고, 죄도 없고, 흑법이 없이 순수하고 청정하며 진실하게 산다.」

라고 말하며 결계하지 않았으나, 그 후 베살리에 머무실 때 수제

나須提那 사건으로 제1 바라이를 제정했다고 하는 데 기초한 것으로 보인다. 그러나 이 경분별은 비구계를 중죄에서 경죄의 순서로 정리한 것으로 해석을 내리는 경분별 서장이고, 이를 바로 역사적 순위라고 볼 수는 없다.

『마하승기율대비구계본』에는 제1 바라이는 「붓다께서 베살리성에 있고 성불 5년 동분冬分 제5 반월半月 12일, 식후 동쪽을 향하여 앉아 한 사람반 그림자일 때, 장로 야사가란타자를 위해 이 계를 제정한다.」라고 하고, 제2 바라이는 「붓다께서 왕사성에 있고, 성불 5년 동분 제2 반월 10일, 식후 동쪽을 향하여 앉아 두 사람 반 그림자일 때 와사자 장로 달이가 때문에 이 계를 제정한다.」라고 하고, 제3도 마찬가지로 「성불 6년 동분 제3 반월 9일 식전 북쪽을 향하여 앉아 한 사람반 그림자일 때」로, 제4도 「성불 6년 동분 제4 반월 13일 식후 동쪽을 향하여 앉아 세 사람 반 그림자일 때」로 각각 결계되었다고 하고 있다.[28] 이에 따르면 붓다 성도 제5년에 최초로 바라이죄를 시작으로 하는 결계가 있었음이 된다. 또 『선견율』제5에 따르면 성문 제자들이 잘못을 범하지 않기 때문에 「위덕바라제목차威德波羅提木叉」 즉 비구계를 결계하지 않고 반월반월에 계를 설하지 않은 것이 6년이었다고 하므로,[29] 이는 『마하승기율대비구계본』과 같은 취지라고 볼 수 있다. 그러나 바라이죄와 같이 출가자로서의 자격을 잃는 그러한 비행이 최초로 있어서 결계되었다는 생각은 중죄 제1과 결계 제1을 혼동하게 하는 것으로 보아야 한다.

28) 『마하승기율대비구계본』, 대정22권, 549쪽 c.
29) 『선견율비바사』제5권 「사리불품」, 대정24권, 707쪽 c. 본서 623쪽 이하 참조.

불교승가는「수계건도」가 기록하는 바로는 그 초기에 세 깟싸빠의 제자인 배화교도拜火教徒 1천명[30]과 사리불과 목건련을 따른 외도출가자 250명의 집단 개종이 있다.[31] 의복을 단정하게 입는 등 출가자로서 위의를 갖추지 못한 자들이 많았을 것이 분명하며, 새로운 출가자들이 수년간 화상을 의지하게 하는 법도 그 때문에 정해진 것이다.[32]『근본설일체유부율』의 소전 유래는 확인하기 어렵지만, 최초 결계 중 두 개까지가 여기에 보는 것 같은 중학법이었다고 하는 것은 사실로 맞다고 생각된다. 비구계 중에서도 중학법은 벌죄가 없는 주의注意이고, 스스로 훈계하고 스스로 책망하는 학법學法으로, 말하자면 마음가짐이다. 이처럼 항상 명심하고 주의해야 할 주의注意가 붓다에 의해 때에 따라 많이 있었으며, 그것이 비구계 가운데 중학법 및 위의威儀의 건도[33]가 제규制規된 것으로 보인다. 그리고 이러한 것들이 쌓여 붓다가 그 입멸 직전에 폐지해도 좋다고 하신「소소계」가 되었다고 해야 하지 않을까 생각된다. 어쨌든 이 율이 붓다 최초 제자인 5필추비구에게「아래옷 군[裙]를 가지런히 정돈하여 입도록」마땅히 익혀야 한다고 여겼던 것이 제1계, 마찬가지로 5필추에게「삼의를 가지런히 정돈하여 입

....

30) Mahāvagga, I, 20, 18-23. 남전대장경 제3권, 59쪽-63쪽.

31) Ibid., I, 24, 3. 남전대장경 제3권, 76쪽.

32)「그때 비구들의 화상이 없고, 教導·教誡를 받지 않아서 上衣·下衣가 가지런하지 않고 위의가 구족하지 않은 채 걸식하러 갔다. 운운」(Mahāvagga, I, 25, 1. 남전대장경 제3권, 79쪽)이라 하고, 이 기사는 세 깟싸빠의 무리 천명, 사리불·목건련의 무리 250명 집단개종 뒤에 나타나고 있다. 그리고 화상이 이를 인연으로 만들어졌다고 한다.

33) Cullavagga, VIII, Vattakkhandhaka.「의법건도」, 남전대장경 제4권, 318쪽 이하.『오분율』제27권「위의법」, 대정22권, 177쪽 a 이하,『마하승기율』제34권, 대정22권, 499쪽 a 이하,『사분율』제49권「법건도」, 대정22권, 930쪽 c 이하,『십송율』제40권「잡법」중, 대정23권, 287쪽 이하 등.

는 것을 마땅히 익혀야 한다.」라고 하신 것이 제2계이고, 갈란탁가자 소진나필추의 제1 바라시가가 제3 결계라는 것은 다른 율에 없는 일이므로 주의를 요하는 것이어야 한다.

여섯째, 『마하승기율』의 결집 기사인데, 여기서도 『근본설일체유부비나야잡사』와 마찬가지로 먼저 법장이 결집되고 다음으로 비니장이 결집되었다 한다. 또 이 율장에서는 여러 사람이 법송출자로 아난다를 추천하였는데, 그에 대해 처음에 한 번 아난다의 사퇴가 있고, 두 번째로 회중會衆으로부터 "세존이 다문제일이라 수기하셨다."라고 하며 재추대가 있어, 그에 따라 송출자로 되어 있다. 또 아난다는 법의 송출을 행하는 데 있어서 자신이 송출하는 바가 "여법하게 하면 수희하고 여법하지 못하면 마땅히 막아야 합니다."라는 것을 회중에 요구하는 것도 이 율이 구체적으로 기술하려는 특징 있는 기록 방법이다.[34] 아난다는 "어느 때 부처님께서 우루벨라[鬱毘羅]의 니련선하 물가의 보리만다라菩提曼陀羅에 계실 때입니다."라고 말하자, 장로들은 모두 "나무불南無佛"을 일컫고 자기 자리에 앉았다고 한다. 그리고 "존자 아난다는 이러한 것들 일체 법장을 송출하고, 문구가 긴 것을 모아서 『장아함』이라 하고, 문구가 중간인 것을 모아서 『중아함』이라 하고, 문구가 섞인 것을 모아서 『잡아함』이라 하니, 이른바 근이 여러 가지이고[根雜], 힘이 여러 가지이고[力雜], 깨달음이 여러 가지이고[覺雜], 도가 여러 가지인 것[道雜]인데, 이와 같이 비슷한 것을 '잡'이라고 한다. 하나가 증가하고, 둘이 증가하고, 셋이 증가하고, 그리하여 백이 증가하는 그 숫자[數類]를 따라 서로 좇아서 모아 『증일아함』을 만들었다. 『잡장雜藏』이

34) 『마하승기율』제32권, 대정22권, 491쪽 b.

라 하는 것은, 이른바 벽지불辟支佛과 아라한阿羅漢이 스스로 본행 인연本行因緣을 설한 것이니, 이러한 것들의 여러 게송을 『잡장』이라고 한다." 라고 편집되었다 한다.[35] 이는 「근본유부」와 다르고, 다른 율과 마찬가지로 「5부 아함설」이다.

율장에 대해서는 우빨리가 송출자인데, 이 경우도 송출자로 추천되어 사퇴하고, 붓다가 지율제일이라 하셨다고 다시 추천되어 송출자가 되었다.[36] 또 이 율의 비니 결집은 다른 율에는 없는 방침을 세워서 결집에 들어가고 있다. 그것은 우빨리가 말하는 오정법五淨法인데, 이에 따르면 "다섯 가지의 청정한 법[五淨法]을 법답게 계율답게 하면 수회할 것이요, 법답지 않게 계율답지 않게 하면 마땅히 막을 것이다. 어떠한 것들을 다섯 가지라 하는가? 첫째는 제한정制限淨이요, 둘째는 방법정方法淨이요, 셋째는 계행정戒行淨이요, 넷째는 장로정長老淨이요, 다섯째는 풍속정風俗淨이다."라고 한다.[37] 이에 대해서는 앞에서 언급했지만, 결국은 풍속 습관에 기초한 생활 여건과 율제의 관계는 「율제제일주의」로 처리한다는 방침이다. 이를 결정하자, 이어서 다른 율에서는 결집 뒤에 있는 아난다의 과실 문책이 여기에서 있고, 그러고 나서 우빨리는 "아홉 가지 법의 차례입니다. 어떤 것들을 아홉 가지 법의 서문[法序]이라 하는가 하면, 첫째는 바라이波羅夷요, 둘째는 승가바시사僧伽婆尸沙요, 셋째는 두 가지의 부정법不定法이요, 넷째는 서른 가지의 니살기尼薩耆요, 다섯째는 아흔두 가지의 바야제波夜提요, 여섯째는 네 가

35) 상동, 대정22권, 491쪽 c.
36) 상동, 대정22권, 491쪽 c-492쪽 a.
37) 상동, 대정22권, 492쪽 a.

지 바라제제사니波羅提提舍尼요, 일곱째는 중학법衆學法이요, 여덟째는 일곱 가지 멸쟁법滅諍法이요, 아홉째는 법수순법法隨順法입니다.」라고 하고, 하나하나의 계에 대해서「계율에 다섯 가지 일의 기록이 있으니, 어떤 것들을 다섯 가지라 하는가 하면, 첫째는 수다라修多羅요, 둘째는 비니比尼:毘尼요, 셋째는 뜻[義]이요, 넷째는 가르침[敎]이요, 다섯째는 가볍고 무거운 것[輕重]입니다. 다시 다섯 가지의 계율이 있으니, 어떤 것들을 다섯 가지라는가 하면, 첫째는 간략한 계율[略比尼]이요, 둘째는 자세한 계율[廣比尼]이요, 셋째는 방면方面 계율이요, 넷째는 견고堅固 계율이요, 다섯째는 응법應法 계율입니다."라고 하며 5비니를 결집했다고 한다.[38] 이 가운데 5사事는 다른 율의「경분별」, 5비니比尼는 건도부의 사항에 가까운 것을 가리키는듯하다.

이상과 같이하여 법장과 비니장의 결집이 끝나면, 이는 다른 율과 전혀 다른 점인데 이를 보고하기 위해 바깥에 있는 천 명의 비구를 불러들여서 "여러 장로들이여, 이와 같이 법장을 결집하고, 이와 같이 비니장을 결집했습니다."라고 보고를 하고 있다.[39] 그리고 이때 한 비구로부터 세미한 계[細微戒]는 붓다께서도 버려도 된다고 하셨으나 무엇을 버려야 하는가 하는 제안이 있어서 이에 관해서 아난다는 그 내용을 확실히 할 수 없고, 장로들에게도 정견이 없었기 때문에 마하깟싸빠는 바깥 사람들[外人]이 "구담이 세상에 계실 때에는 위엄과 법도가 치성熾盛하더니 오늘날 세존께서 열반에 드시니, 법도가 퇴폐해지는구나."라고 말하고, 이미 제정된 것은 모두 수순하여 배워야 함을 위엄

38) 상동, 대정22권, 492쪽 b-c.
39) 상동, 대정22권, 492쪽 c.

과 덕이 엄격하고 준엄하기가 마치 세존과 같은 태도로 말하며 결정했다고 한다.[40] 이는 이 율의 다른 율과 가장 다른 점이다. 즉 위에서 말했듯이 다른 율은 모두 오백 비구만을 왕사성에 안거하게 하고 다른 비구들은 왕사성에 못오게 하고 결집한 것으로 되어 있는데,[41] 『마하승기율』에서는 선택된 오백 비구가 굴 안에서 결집하고, 굴 밖에는 천 비구가 그 결집 결과를 기다리며 안거하고 있었다. 이 굴 밖 천 비구의 대기는 일전一轉하면 「굴외결집전설」로 바뀔 것이라고 생각할 수 있지만[42] 그러나 그것을 확실하게 결합시킬 자료는 없다.

(3) 결집 후의 제 문제

① 소소계와 아난다의 문책회과

『빠알리율』에서는 결집이 끝난 직후에 아난다는 장로들을 향하여

> "대덕들이여. 세존은 반열반할 때 나에게 말씀하셨습니다. '아난다여. 승가가 만약 원한다면 소소계khuddānukhuddaka는 버릴 수도 있다.' 라고 하셨습니다."

40) 상동.
41) 예를 들어, 『빠알리율』 Cullavagga, XI, 1, 3. 남전대장경 제4권, 427쪽.
42) 『국역일체경 · 律部八』 西本龍山 解題 「『僧祇律』과 窟外結集」 6쪽 참조.

이처럼 제안했다.[1] 이 붓다의 말은 『대반열반경』 안에서 붓다가 아난다에게 말하는 것에 상당하는 것이다.[2] 그러나 이 소소계의 내용이 이미 결집된 계의 예를 들어, 13승잔 이하인지 내지는 중학법뿐인지가 확실하지 않으므로 마하깟싸빠는 이 제안을 부정하고 이에 대해,

「우리들의 계율은 재가자에게 영향을 주고 재가자들도 우리에 대해서 '이는 수행자인 싸끼야의 아들들에게 허용되고, 이는 허용되지 않는다.'라고 압니다. 만약에 우리가 사소한 계율을 폐기하면, 이와 같이 '수행자 고따마는 화장장에 연기가 피어오를 때에도 제자들을 위하여 계율을 시설했다. 스승이 살아계실 때에는 그들은 계율을 배웠지만, 스승이 완전한 열반에 드시자 그들은 이제 계율을 더 이상 배우지 않는다.'라고 말하는 자가 있을 것입니다. 만약에 승가에 옳은 일이라면, 승가는 이미 시설된 것은 폐기하지 않고, 시설된 것에 따라서 계율을 지켜나가겠습니다. 이것이 제안입니다.」라고 제안하고, 백이갈마白二羯磨로 이 제안[白]대로 결정했다고 한다.[3]

이 「소소계폐지론」은 각 율 모두 아난다의 제안으로 기록하고 있으나, 그것은 물론 『대반열반경』에 근거한다고 생각된다. 『오분율』에서는 『빠알리율』과 마찬가지로 결집 직후에 소소계를 제외할 것을,[4]

1) Cullavagga, XI, 1, 9. 남전대장경 제4권, 430쪽.
2) Mahāparinibbānasuttanta(DN.), No. 16. VI, 3, 남전대장경 제7권, 142쪽.
3) Cullavagga, XI, 1, 9. 남전대장경 제4권, 431쪽-432쪽.

또는 『사분율』에서는 결집을 행하는 첫머리에 잡쇄계를 버릴 것을,[5] 『십송율』에서는 『빠알리』·『오분』 두 율과 마찬가지로 법과 율의 결집 직후에 미세계의 방사를[6] 모두 아난다가 제안하고 있다.

또 『근본유부율』에서는 결집 전 아난다가 증언을 하기 앞서 마하깟싸빠가 아난다의 죄를 문책하는 가운데 여섯째에[7] 붓다가 「별해탈경」에 있는 소수소계小隨小戒를 버릴 수 있다고 말씀하신 것에 아난다가 그 내용을 묻지 않은 것을 죄로 여겨 문책하고 있다. 또 『마하승기율』에서는 위에도 말했듯이 결집이 끝나고 나서 결집장 밖 천 비구를 불러들여서 결집 결과를 보고할 때, 어떤 비구가 세존께서 아난다에게 세미계는 버려도 된다고 하셨는데 무엇을 버릴 것인가 하는 제안을 하여 의제가 되었다.[8] 이에 대해 마하깟싸빠는 위덕이 있는 준엄한 태도로 『빠알리율』에서와 같은 취지의 의견을 언급하며 이를 물리쳤던 일은 앞에 서 언급한 바와 같다. 소소계폐지설에 관계하여 모든 제1결집 기사에 거론되는 것으로 아난다가 붓다의 열반 전·후에 붓다에 대해 범했다고 여겨지는 과실의 문책과 그것에 대한 아난다의 회과가 있다.

먼저 『빠알리율』에 따르면 결집이 끝났을 때, 즉 아난다가 법의 송출을 마쳤을 때 앞에 기록한 소소계 폐지 제안을 하였으나, 아난다가 그 내용을 분명히 할 수가 없어서 마하깟싸빠가 세상의 평판도 고려하여 이를 전면적으로 부정하였음은 앞서 살펴본 바와 같다. 이에 따

4) 『오분율』제30권, 대정22권, 191쪽 b.
5) 『사분율』제54권, 대정22권, 967쪽 b.
6) 『십송율』제60권, 대정23권, 449쪽 b.
7) 『근본설일체유부비나야잡사』제39권, 대정24권, 405쪽 b.
8) 『마하승기율』제32권, 대정22권, 492쪽 c.

라 이번에는 장로들이 아난다에게 다음의 일을 문책한 것이다. 그 내용은 『빠알리율』에서는 다음 5항이다.

(1) 사소한 계소소계가 무엇인가를 세존에게 묻지 않은 것은 그대의 악작죄dukkaṭa입니다. 그 악작죄를 참회해야 합니다.
(2) 세존의 우욕의vassikasāṭikā를 밟아서 꿰맨 것은 그대의 악작죄입니다. 그 악작죄를 참회해야 합니다.
(3) 여인들에게 세존의 사리에 먼저 예배하게 하여, 그녀들이 울다가 세존의 사리를 눈물로 적신 것도 악작죄입니다. 그 악작죄를 참회해야 합니다.
(4) 세존께서는 명백하게 징조를 보이고 명백한 암시를 보이셨으나, 그대는 세존께 '한 겁 남짓 머무르실 것'을 청하지 않는 것은 그대의 악작죄입니다. 그 악작죄를 참회해야 합니다.
(5) 여인을 여래가 설한 가르침과 계율에 출가시키려고 노력한 것도 악작죄입니다. 그 악작죄를 참회해야 합니다.[9]

이상이 『빠알리율』이 언급하는 아난다의 다섯 가지 과실인데, 이 가운데 첫째는 이미 위에 언급한 소소계에 관한 것이다. 둘째는 아난다가 세존의 우욕의를 꿰맬 때 바람이 불어서 이를 발로 눌렀던 것, 셋째는 아난다가 붓다의 유체遺體를 말라의 부인들에게 예배하게 했을 때 눈물로 발바닥의 윤보를 더럽혔다고 하는 것이다. 넷째는 『대반열반경』에 따르면 붓다는 입열반 3개월 전에 교화를 끝냈다고 하시고 수

9) Cullavagga, XI, 1, 10. 남전대장경 제4권, 432쪽-433쪽.

명의 형성[壽行 āyusaṁkhāra]을 버리고 입멸 결정을 하셨다.10) 그러한 결정에 앞서 아난다에게 예고하고, 신족神足을 얻은 자는 원하면 수명을 1겁 또는 그 이상이라도 연장하여 세상에 머물 수 있다고 하고, 명백한 징조를 보이고 명백한 암시를 보이시며 붓다에게 금후 1겁 동안 세상에 머무시기를 간청하면 지금 그것을 할 수 있다고 암시하셨다.11) 그러나 그때 아난다는 마라魔에게 마음을 빼앗겨 깨닫지 못하고 머물러 주시기를 간청하지 않았다. 그리고 붓다가 수명의 형성을 놓아 버려, 대지가 진동했을 때 비로소 그것을 깨닫고, 붓다께 1겁 동안 머물러 주실 것을 간청하였으나 그것은 이미 늦었다고 한다.12)

다섯째는 각 율장 모두 「비구니건도」에 기록하는 부분인 여인출가에 관한 것이다. 즉 붓다의 양모인 마하빠자빠띠고따미Mahāpajāpatī-Gotamī의 출가가 불교에 비구니가 생긴 최초였는데, 이는 붓다가 쉽게 승낙하지 않았던 것을 아난다가 고따미의 입장에 서서 여러 가지로 붓다를 설득하여 승인하게 한 것이다.13) 그러나 이 일이 칭찬 받지 않고 반대로 과실로서 언급되는 것은 율장의 입장이 비구니 승가의 존재에 호의적이지 않기 때문이다. 즉 율장 「비구니건도」에 의하면 비구니 승가는 비구 승가에 종속적일 뿐만 아니라, 붓다 자신도 비구니 승가가 생겼기 때문에 불교 정법이 천 년 머물 수 있는 것이 오백 년으로 단축되었다고 탄식했다고 기록하고 있다.14) 붓다가 그런 사실을 실제로 여

10) Mahāparinibbānasuttanta(DN.), No. 16III, 9-10. 남전대장경 제7권, 75쪽-76쪽.
11) Ibid., III, 3-4. 남전대장경 제7권, 70쪽-71쪽.
12) Ibid., III, 38-40. 남전대장경 제7권, 87쪽-88쪽.
13) Cullavagga, X, I, 2-6. 남전대장경 제4권, 378쪽-382쪽.
14) Ibid., X, 1, 6. 남전대장경 제4권, 382쪽.

겼는지는 의심스러운 일이지만, 「비구니건도」에는 또 불교 승가에 여인의 출가가 있었던 것은 마치 사탕수수밭에 아카네 곰팡이茜黴라는 역병이 생긴 것 같다고 한다.[15] 이것으로부터도 여인의 출가에 반대하였음을 알 수 있다. 당시 출가자의 최대 수행은 성적 욕망을 저버리는 데 있었기 때문에 비구니의 존재는 가장 위험한 것이었으므로 비구 중심의 승가에서는 이를 인정하는 것을 죄악시하여 아난다에게 과실로서 문책하는 결과라고 생각된다. 이상 모든 과실은 모두 아난다에게 있어서는 그 자신에게 악의가 없었던 일이었지만, 그는 그 일과 그렇게 하지 않을 수 없었던 사정을 말했을 뿐, 그러나 반항하는 일 없이 일일이 회과했다고 한다.

그런데 아난다의 과실 책임은 『오분율』에서는 소소계문제에 대해서 깟싸빠 자신이 아난다를 향한 문책으로 되어 있고,[16] 『사분율』에서도[17] 『십송율』도 마찬가지이지만[18] 『마하승기율』에서는 위에서 설명한 바와 같이[19] 결집 중에 법장의 결집을 끝내고 「오법정五法淨」을 송출하고 율장 송출에 들어가기 직전에 우빨리가 아난다에게 문책한 것으로 되어 있다. 또 『근본유부율』에서는[20] 결집 전에 아직 아난다가 무학의 깨달음에 이르지 않았을 때 마하깟싸빠로부터 이 과실을 문책 받고 있다. 그리고 어느 율의 경우든 『빠알리율』과 마찬가지로 아난다의 회과로 되어 있다. 그리고 각 율장의 제1결집 기사에는 반드시 그 어딘가

15) Ibid., 주14와 동일.
16) 주(4)와 동일.
17) 주(5)와 동일.
18) 주(6)과 동일.
19) 주(8)과 동일.
20) 주(7)과 동일.

에 이 아난다의 문책 회과를 기록하고 있지만 그 내용은 율에 따라서 다소 차이가 있다.

『오분율』에서는 과육실過六失을 드는데 그 중에서 다섯 가지는 『빠알리율』의 둘째 우욕의를 승가리saṅghāṭī라 하는 것 외에는 같으며, 이 밖에 또 하나 「붓다께서 먼저 세 번 반복해서 물을 찾았는데, 그대는 결국 올리지 않았다.」라고 하여 붓다에게 물을 드리지 않았던 과실을 이야기하고 있다.[21] 이는 『대반열반경』에 따르면 붓다는 대장장이 쭌다Cunda의 음식에서 심한 병을 얻어 꾸시나라구시성로 향하는 도중 까꿋타Kakutthā 부근에서 갈증이 나서 물을 청하였으나, 마침 그때 5백 대의 마차가 강을 가로지른 뒤라 강물이 탁하여 다시 청하였음에도 불구하고 아난다는 물을 뜰 수가 없었던 일을 가리키는 것이다.[22] 『장아함 유행경』에서는 이때 설산 귀신이 물을 바쳤다고 하고,[23] 디가니까야 『대반열반경』에서는 『오분율』과 다소 차이가 나는데, 재삼 붓다의 요청에 의해 아난다가 어쩔 수 없이 강 근처에 가자, 여래의 대위신력에 의해서인지 불가사의하게도 물이 맑아져 있었고 아난다는 떠서 이를 붓다에게 바칠 수 있었다고 하고 있다. 그러므로 『오분율』의 설은 『장아함 유행경』의 경우를 가리키고 있는 것으로 생각된다. 다음으로 『사분율』도 아난다의 6실六失을 드는데, 이는 『오분율』과 동일한 내용이다.[24] 다만 붓다에게 물을 바치지 않은 건에 관해서는 아난다가 「5백 대의 마차가 물속을 지나가 물이 탁해졌으므로 붓다에게 병을 주는 것을 염

21) 『오분율』제30권, 대정22권, 191쪽 b.

22) Mahāparinibbānasuttanta, IV 22-25. 남전대장경 제7권, 106쪽-108쪽.

23) 『장아함경』 제3권(「유행경」), 대정1권, 19쪽 c.

24) 『사분율』제54권, 대정22권, 967쪽 b-c.

려했다.」라고 한 반면, 깟싸빠는 「붓다의 위신력, 또는 천신들이 능히 물을 청정하게 한다.」라고 꾸짖고 있으므로 이것도 『장아함 유행경』의 경우에 상당한다고 할 수 있다.[25]

『십송율』은 여인에게 붓다 유체遺體의 발에 예배하게 한 사건 외의 다섯 가지는 『사분율』·『오분율』과 같다.[26] 다만 셋째에 놓여 있는 옷을 밟는 과실은 옷의 종류를 들지 않고, 단지 불의佛衣라고 할 뿐이고, 또 밟은 이유로는 바람이 불고 있었고, 옷을 개는데 다른 사람이 없어서 밟았다고 하고 있다.[27] 또 붓다에게 물을 드리는 건은 넷째에 기록되어 있는데 이는 디가니까야 『대반열반경』에 설하는 것과 일치시켜서 까꿋타Kakutthā 강변에서 결국은 물을 드렸지만 오백 수레가 지나간 후 물이 아직 맑아지지 않았다고 하고 물을 바로 뜰 수 없었던 과실로 하고있다.[28] 붓다의 유체를 여인에게 예배하게 한 과실은 『십송율』에서는 여인에게 유체의 부처님 음장상陰藏相을 내어 보여 주었다고 하고, 아난다가 이를 행한 것은 불상佛相을 보고 여인의 몸을 염리하게 하기 위한 것이었다고 밝히고 있다.[29] 『근본유부율』은 8과실을 들고 있는데, 6과실은 『십송율』에 있는 것과 일치한다. 다만 붓다의 옷을 밟는 과실에 대해서는 이 율에서는 「세존의 황금색 세군洗裙을 그대에게 세탁하게 하였는데, 그대는 발로 밟고 옷을 비틀었다.」라고 되어 있다.[30] 다음으로 본율에만 있는 것은 「그대에게 또 과실이 있다. 세존께

25) 상동, 대정22권, 967쪽 c.
26) 『십송율』제60권, 대정23권, 449쪽 b-c.
27) 상동. 대정23권, 449쪽 c.
28) 상동.
29) 상동.
30) 『근본설일체유부비나야잡사』제39권, 대정24권, 405쪽 a.

서 계시던 날 비유를 설하시는데, 그대는 부처님 앞에서 딴 말別說을 했다.」라는 것이다.31) 이는 율에서 셋째 과실로 되어 있는데 그 전후 다른 과실에서 보듯이 아난다 입장에서의 설명이 빠져있고 내용이 불분명하다. 그러나 이 율이 이른바 『대지도론』 마륜라국의 비유가 있는 율장32)에 상당할 수 있는 것이라는 점에서 볼 때 다른 율에 없는 비유에 관한 과실을 들고 있는 것은 주의할 일이다.

『마하승기율』은 비유에 관한 과실이 없으나 설한 방법은 『근본유부율』과 매우 비슷하다. 특히 아난다를 힐문하는 우빨리가 하나의 질문마다 하나의 산가지[一籌]를 내리는 것은 이 두 율 뿐이다.33) 언급하는 과실은 『근본유부율』의 8과실에서 비유의 과를 제외한 7과이고, 『십송율』의 6과에 여인의 눈물로 붓다의 발을 더럽힌 과실을 더한 것이다. 그러나 6과실 중 음장상을 이 율에서는 비구니에게 나타낸 것으로 되어 있고,34) 붓다의 발[佛足]을 더럽힌 것은 말라족의 노모老母에게 사리를 예배하게 했기 때문이라고 한다.35) 그래서 다른 율에서는 여인에게 붓다의 발에 경배하게 했다든가 음장상을 경배하게 했다든가 어느 하나를 이야기하지만, 『근본유부율』에서는 여인이 붓다의 음장상을 보게 한 과실과 눈물을 떨어뜨려 더럽힌漏落需汚尊儀 과실의 두 가지 모두를 언급하고36) 지금의 『승기율』 또한 음마장상시비구니와 노모누타족상을 이야기하여 두 가지 과실이 되는 것이다.

31) 상동.
32) 『대지도론』제100권, 756쪽 c.
33) 『마하승기율』제32권, 대정22권, 492쪽 a-c. 『근본설일체유부』는 주30 참조.
34) 『마하승기율』제32권, 대정22권, 492쪽 b.
35) 상동.
36) 『근본설일체유부비나야잡사』제39권, 대정24권, 405쪽 b-c.

이상과 같이 모든 율장의 제1결집 기사가 이 아난다의 과실을 들어 이에 대해 아난다로 하여금 회과하게 하고 있다. 『빠알리율』의 5실失, 소소계와 답의踏衣, 여인누오족과 주세일겁과 여인출가는 한역과 빠알리 모든 율에 공통되고, 이에 붓다가 물을 찾으셨는데 드리지 않은 것佛索水不與을 포함한 것이 한역 여러 율에 공통으로 존재하는 6과실이다. 여인의 눈물 건을 보면 눈물로 불족을 더럽힌 것이라 하는 것이 거의 대부분인데 『십송율』만은 이를 견불음장상見佛陰藏相이라 하고, 『마하승기율』과 『근본설일체유부비나야잡사』는 발足과 음장상을 함께 언급하므로 7과가 된 것이다. 『근본유부』의 비유 즉 아바다나avadāna에 관한 것은 이 율에서만의 특종인데, 그 문제가 되는 비유의 내용을 필자는 아직 발견할 수 없었다.

② 뿌라나의 이견異見과 범단梵壇

위에서 언급한 아난다의 과실 · 문책은 각 율에 공통인데 최초로 언급한 「아난다의 미증문제」나 「아난다의 소소계폐지론」 등을 함께 생각하면 아난다는 붓다 측근인데 측근과 마하깟싸빠와 같은 장로파 사이에는 경향적인 차이가 있었는지도 모른다. 두타제일로 여겨지는 「행지엄숙파」의 대표로 보이는 것이 마하깟싸빠다. 아난다는 마하깟싸빠보다는 젊고 경장의 송출자이고, 다문제일이라 불려지기 때문에 「행지엄중」이라 하기 보다는 「지식파」였는지도 모른다. 어쨌든 갑작스런 붓다의 입멸이 아난다의 책임같이 추궁되고 있는 것이 제1결집 기사가 되고 있는 분위기이다.

제1결집의 또 다른 문제였던 뿌라나 검개칠사儉開七事『오분율』와 팔사八事『사분율』의 내용은 아미 상세하게 논했다.[37] 그러나 결집기사로서 이것이 있는 것은 확실하게는『사분율』과『오분율』뿐이다.『빠알리율』은 결집 끝에 아난다의 과실 · 회과도 끝났을 때, 뿌라나Purāṇa는 뜻대로隨意 남산南山에 살다가 왕사성의 죽림가란타가원Veḷuvana-kalandakanivāpa으로 와서 장로들을 만났다. 그래서 장로들은 뿌라나에게 "벗이여, 뿌라나여. 장로들은 법과 율을 결집하였습니다. 이 결집을 받으십시오."라고 말한 것에 대해 뿌라나는 "벗들이여. 법과 율을 결집한 것은 좋습니다. 그러나 나는 세존의 현전에서 듣고 현전에서 받은 대로 수지하겠습니다."라고 대답했다고 한다.[38] 그리고『빠알리율』의 기사는 이것뿐이다. 또『빠알리율』은 처음 결집을 왕사성에서 행했다고 할 뿐이었으나, 뿌라나가 결집이 막 끝났을 때 도착한 것이라면『빠알리율』의 제1결집은 죽림 승원에서 행하여진 것이 된다.

『사분율』에서는 뿌라나는 왕사성에서 결집이 있었다고 듣고 마하깟싸빠의 처소에 갔다고 한다.[39] 그리고 뿌라나는 결집 삼장에 대해 "우리 모두 이 일을 인가합니만, 단지 8사事는 제외합니다. … 내숙內宿 · 내자內煮 · 자자自煮 · 자취식自取食 · 조기수식早起受食과 그에 따라 음식을 가져오는 것과 혹은 잡과雜果와 혹은 지중소출池中所出에서 먹을 수 있는 것은 이러한 여식법餘食法을 짓지 않고 먹을 수 있습니다."라고 한 것이다.[40] 앞의『빠알리율』의 경우는 마하깟싸빠 등의 결집에 대해서

37) 제8장 · 5「食의 淨法과 儉開七事」의 (2)「儉開七事」 645쪽 참조.
38) Cullavagga, XI, 1, 11. 남전대장경 제4권, 433쪽.
39)『사분율』 제54권, 대정22권, 968쪽 b-c.
40) 상동, 대정22권, 968쪽c.

는 뿌라나의 전면부정으로 되지만, 『사분율』의 경우 부정은 법 · 률 두 장 전체는 아니고 단지 이 식법 가운데 8법만이 된다. 『오분율』도 "우리는 나머지 일들은 인정해도, 이 7조에 있어서는 이를 행할 수 없습니다."[41]라고 하고 있다. 『오분율』은 한문 읽기도 미묘한 것을 포함하므로 지금은 『국역일체경』에 의하는데[42] 이것도 『사분율』과 같다고 보아도 좋을 것으로 생각된다.

다음으로 찬나Channa 비구의 범단법梵壇法은 『빠알리율』과 『오분율』 두율의 기사에만 있는데,[43] 아마도 이는 『대반열반경』에 「소소계폐지」와 함께 기록되기 때문에 그것을 받은 것이다. 『대반열반경』에는

> 아난다여, 내가 간 뒤에 승단은 원한다면, 소소계는 폐기해도 좋다. 아난다여, 내가 가고 난 뒤에 찬나 비구Channa bhikkhu에게 범벌梵罰 Brahmadaṇḍa이 주어져야 한다.

라고 하는데[44] 위에 언급한 「소소계폐지논의小小戒廢止論義」는 이 안에 붓다의 말씀이 붓다 입멸 후 어떻게 처치되었는가를 나타내는 것이다. 『빠알리율』과 『오분율』의 찬나Channa 비구의 기사도 이 『대반열반경』의 붓다 유언에 응하여 행해지고 있다. 양兩 율律 이외에는 이를 적지 않은 것은 직접 결집에 관계가 없는 일이기 때문에 아마도 어느 때 인가 삭제해버렸을 것이다. 그러나 제1결집에 관계없는 이것이 『빠알

41) 『오분율』 제30권, 대정22권, 191쪽 c.
42) 西本龍山 『국역일체경 · 율부십사律部十事』의 330쪽 참조.
43) Cullavagga, XI, 12-15. 남전대장경 제4권, 434쪽-437쪽, 『오분율』제30권, 대정22권, 192쪽 a.
44) Mahāparinibbānasuttanta(DN.), No. 16. VI, 3-4. 남전대장경 제7권, 142쪽.

리율』이나 『오분율』의 결집기사 안에 존재하는 것은 제1결집 기사와 『열반경』의 입멸 기사가 일찍이 하나의 전설을 이루고 있던 잔재 때문이라고도 할 수 있다.

범단법梵壇法이란 이를 부과받은 비구가 무슨 말을 하든 일반 비구는 이에 말을 걸지 않는 벌이다.

그런데 붓다 유언에 의해 범단을 주는 찬나Channa 비구는 꼬쌈비Kosambī국에 있다. 꼬쌈비는 유명한 우타나왕Upena의 나라로 제1결집이 있었던 왕사성의 저 멀리 서쪽에서 동쪽으로 흐르는 갠지스의 상류이다. 『빠알리율』에서는 아난다는 대비구중 500명과 함께 배로 갔다고 한다.[44] 또 『율장 마하박가』의 제10「꼬쌈비 건도Kosambakkhandhaka」는 붓다가 꼬쌈비 비구들이 화합하지 않고 쟁론하는 것으로 고민하시는 장이다.[45] 또 승잔법의 제12, 바일제 제12, 19, 54, 74는 찬나의 승가 대중과의 불협화를 말한다. 이 건도에는 쟁론하는 비구 개인의 이름은 없으나 지금 범단의 대상인 찬나Channa가 이 쟁론 비구의 한 사람임을 예상하게 하는 것이다. 그리고 아난다는 꼬쌈비국에서 궁녀나 왕의 공양을 받게 되고,[46] 구사라원Ghositārāma에서 찬나 비구의 마중을 받는다. 그러나 여기에서 찬나는 부끄러워慚愧하며 아라한을 증득하고, 아난다는 이에 범단을 주는 것을 멈추게 된다.[47] 이상이 『빠알리율』이 기술하는 부분인데, 『오분율』에서는 마하깟싸빠가 한 비구로부터 구사미

44) Cullavagga, XI, 1, 12. 남전대장경 제4권, 434쪽.

45) Mahāvagga, X. 남전대장경 제3권, 587쪽 이하, 승잔법 제12「惡性拒諫戒」, 바일제 제12「異語惱僧戒」, 제19「覆屋第三節戒」, 제54「不受諫戒」, 제71「拒勸學戒」는 모두 찬나Channa비구의 악성을 인연으로 삼고 있다.

46) Cullavagga, XI, 1, 13-14. 남전대장경 제4권, 434쪽-435쪽.

47) Ibid., XI, 1, 15. 남전대장경 제4권, 436쪽.

의 찬나Channa 비구가 승가 대중을 촉뇌觸惱하는 것을 듣고, 깟싸빠가 아난다에게 명하여 「그대는 구사미에 가서 부처님의 말씀[佛語] · 승가의 말씀[僧語]으로서 범단법을 행하여, 이를 벌하십시오.」라고 하였던 것으로 되어 있다.[48] 그리고 구사미에서는 500비구와 함께 온 아난다를 보고 찬나가 그 벌을 무서워하여 땅에 쓰러졌으므로, 아난다가 부처님께서 친히 내리신 법을 설하고, 법안정法眼淨을 얻게 했다고 하고 있다.

제1결집 전체적으로 아난다는 우대받지 못하고 있다. 다만 항상 부처님을 시봉했기 때문에 다문제일이었던 것이 중요한 지위를 차지하게 했으나, 결집 후에 이미 무학을 증득한 그에게 그 이전의 과실을 추궁하여 회과하게 하고 있다. 그러나 찬나 비구의 범단법을 위해 꼬쌈비에 갔을 때 우타연나왕에게 환영을 받고 있어서, 아난다의 재출발을 생각하게 하는 것이 있다.

제1결집 기사에서 『오분율』은 말미에 "비니법을 모을 때는 장로 아야교진여는 제1상좌가 되고, 뿌라나는 제2상좌가 되고, 담미는 제3상좌가 되고, 타파陀婆깟싸빠는 제4상좌가 되고, 발타跋陀깟싸빠는 제5상좌가 되고, 마하깟싸빠는 제6상좌가 되고, 우빨리는 제7상좌가 되고, 아나율은 제8상좌가 되었다. 대략 500아라한으로 많지도 않고 적지도 않은 '오백집법'이 되었다."라고 하고 있다.[49] 그러나 이 기사 중에서 뿌라나를 '제2상좌'라는 것은 앞의 글과 약간 모순이 있다. 앞의 글에서 뿌라나는 남방에 있고 "여러 장로들이 왕사성에 모여서 비니법을 논하고 있다."라고 듣고 가서, 위에 보았듯이 검개칠사儉開七事를 주장

48) 『오분율』제30권, 대정22권, 192쪽 a.
49) 상동.

하고 결집을 부인했기 때문에 500명 안에 들어가지 않았을 것이다. 따라서 여기에 언급하고 있는 장로들은 불입멸시에 생존하고 있던 장로를 법납 순으로 열거한 것이라 볼 수 있다. 여기에서는 아난다는 물론 지명될 지위가 아니다.

『사분율』은 앞에 말했듯이 결집의 좌차는 타혜라깟싸빠 제1상좌, 장로 파파나 제2상좌, 마하깟싸빠 제3상좌, 장로 대주나 제4상좌였다고 한다.[50]

『마하승기율』은 마하깟싸빠 제1상좌, 나두노 제2상좌, 우파나두노 제3상좌로 한다.[51]

『십송율』에는 결집 때 옳고 그름을 묻는 순서에 따라 생각하면, 아야교진여 제1, 장로 균타 제2, 십력깟싸빠 제3, 마하깟싸빠 제4가 된다.[52]

『근본설일체유부비나야』에는 상좌 순위를 기록하지 않지만 아야교진여는 결집 자리에 있었던 것으로 되어 있다.[53] 이들 장로의 이름은 아야교진여를 제외하고는 각 율에 일치하지 않으나, 이 장로들이 그 율을 전하는 부파와 어떠한 관계가 있는지에 대해서는 전혀 불분명하다. 다만 대중부의 율인『마하승기율』이 여러 율 중에서 유일하게 마하깟싸빠를 제1상좌로 하는 것은 앞에도 말했듯이 주목된다.

『빠알리율』의 제1결집 기사를 그대로 디가니까야『대반열반경』에 결합하면 이는 현재와 같이 결합해도 딱맞게 결합되고,『대반열반경』

50) 『사분율』 제54권, 대정22권, 967하중.

51) 『마하승기율』 제32권, 대정22권, 490쪽 c.

52) 『십송율』제60권, 대정23권, 447쪽 c.

53) 결집 자리에서『전법륜경』이 송출되자「그때 具壽阿若憍陳如, 告大迦葉波曰, 此微妙法親從佛聞 云云」이라 발언하고 있다.『근본설일체유부비나야잡사』 제39권, 대정24권, 406쪽 c.

에 설해져 미해결된 수발타의 방언, 붓다께서 남기신[遺命] 소소계와 범단도 제1결집 기사에서는 전부 해결 또는 처리되어 수미首尾 완결된 것이 된다. 범단법과 같이 제1결집과 전혀 관계가 없는 것이 결집 기사 안에 기록되어 있는 것은 이 기사가 『대반열반경』의 마지막 부분을 이루었던 것이라고 생각함으로써만 이해되는 일이다.

또 아난다의 과실 문책도, 말하자면 불입열반시 상수 아난다의 간병에 대한 불상수자不常隨者들의 문책이고, 이것도 결말적 처리로 볼 수 있는 것이다. 이러한 방식으로 『오분율』을, 이는 이미 말했듯이 아난다의 과실 가운데 붓다가 물을 찾는 기사가 『장아함 유행경』과 일치하으로, 그 『유행경』에 결합하더라도 연결되는 것이다.

그러나 다른 제1결집 기사는 『대반열반경』을 이루는 부분과 분리된 이후에 독립 기사가 되도록 수정되어 있다. 먼저 범단 기사를 무관하다고 삭제한 것으로 보인다. 붓다께서 열반하실 때 방일 비구의 발언을 결집 이유로 삼기 위해 『마하승기율』은 『대니원경』에 자세히 설하는 것과 같다고 하며 『열반경』의 기사에 이어지는 것임을 밝히지만, 다른 율은 이 방언을 한 장소, 혹은 이 방언을 마하깟싸빠가 어떻게 알았는가를 표현하는 것에 고심하고 있다. 특히 『십송율』이 그러하다. 그리고 결집이 붓다 입멸 직후이기 때문에, 또 결집주체인 마하깟싸빠의 지위를 높게 설하기 위해 마하깟싸빠가 붓다의 유체遺體를 다비하기 전에 천관사에 도착한 일과 기적을 먼저 나타내지만, 그렇다면 그것으로 멈출 수 없고, 그 결과는 『십송율』과 같이 사리분배와 10탑 건립까지를 설게 된다. 이들은 대개 『대반열반경』에 설한 기사인 결집 기사를 그로부터 떨어진 채 독립된 것으로 수정 증보했기 때문이다. 그리고 수정 증보도 불완전하고 만족할 수 없다고 하여 입열반부터 제1 결집을 거쳐 법이 전지되는 것까지를 나타내고자 하는 것이 『근본설일체유부비나야잡사』이다. 오백비구 가운데 장로 상좌의 순위도 이러한 결집 기사를 독립 기사로 여겨 수정할 때 점차로 서술을 구체적으로 할 필요가 생겨났고, 최초 제자가 아닌 마하깟싸빠가 결집을 주체한 데 대한 어려운 문제를 상식적으로 해결하기 위해서라도 마하깟싸빠에게 권위를 부여하기 위해 천관사의 기적을 기록하고, 아야교진여 등에게는 상석을 주어 처우한 것으로 보인다. 더욱이 교진여 등 장로의 이름을 거론하기에 이른 또 다른 이유는 이 결집이 붓다의 성스러운 제자들聖衆에 의해 이루어졌다는 정통성을 갖게 하는 데 있다. 5백 아라한 무학의 성자에 의해 이루어졌으며, 아난다조차 고심하여 무학을 얻어 겨우 5백 번째라는 것의 의미는, 확실히 결집된 법장 · 비니장의 순정 · 신성을 의미하는 것이다. 혹은 이것이 프라우바르너Erich Frauwallner가 말하는 것과 같이, 바라문 등 성자의 법전지法傳持의 전등 계열에 비교할 수 있는 것인지도 모른다. 그리고 그 성스러운 결집[聖集]을 보다 구체적으로 마하깟싸빠나 아난다 · 우빨리 뿐만 아니라 교진여 등 모두를 포함하고 있다는 것을 알리는 의미도 있었다고 해석해도 부당하지는 않을 것이다.

부록

프라우바르너 제작 「고건도古犍度」에 대하여

(1) 프라우바르너의 『원시율장』에 대하여

프라우바르너의 『원시율장』The Earliest Vinaya and Chebeginnings of Buddhist Literature [1])은 제1결집 기사와 제2결집 기사에서 사실성을 확인하고, 또한 범문이나 티베트어 자료의 많은 관계에서 『십송율』이나 『근본설일체유부율』을 중요시한다는 점에서 일본의 「불교경전사」 학계에서는 반드시 많은 찬성을 얻지 못하고 있는 것으로 보인다. 『근본유부율』의 새로움은 생각해야 하지만 프라우바르너의 『근본설일체유부율』 전설의 면밀한 분석이나 제부 율의 건도부 원형을 추구하는 방법에는 많은 배울 점이 있다. 각종 텍스트의 내용과 원형의 추구에는 최근 히라카와 아키라[平川彰]의 『율장의 연구』가 있는데, 이는 프라우바르너보다 몇 배의 양과 노력을 들인 것으로, 이것도 텍스트가 가지는 각종 특질이나 거기에 포함된 비유 등을 단서로 하고 있다.[2]) 아울러 우리도 현존하는 율장에 의해 원형을 추구할 수 있음을 입증한 것으로서 중요시해야 한

1) E, Frauwallner, The Earliest Vinaya and the biginnings of Buddhist Literature, Roma 1956,
2) 平川彰 『律藏의 硏究』 1960年刊, 東京.

다. 그리고 히라카와의 『율장의 연구』는 율장 전반의 「경분별부」suttavibhaṅga에 상세하고, 프라우바르너의 『원시율장』은 율장 후반의 「건도부」Khandhaka의 원형, 이른바 「고건도」old skandhaka의 탐구로서, 두 연구는 상호 보완하여 율장의 서술에 의해 원시불교승가를 연구하는 것에 대한 자료론을 형성하고 있다고 할 수 있다. 프라우바르너는 불멸佛滅을 기원전 5세기 전반(기원전 480년?)으로 보고 있으며, 현존하는 제부 율장의 원형이 되는 건도부는 기원전 4세기 중반에 탁월한 전문가(持律者?)의 손으로 만들어졌다고 한다. 그는 제2결집을 불멸 후 100년째 또는 110년째로 하되, 그 얼마 전에 이것이 완성되었다고 한다.[3] 앞서 제1장에서 서술한 바와 같이 한역 율장의 부파와 「아소카의 전도」의 연결을 생각하고, 또 우리나라에서도 반세기 전부터 문제의 『대지도론』 100권 말미에 기술하는 계빈罽賓 Kaśmīr의 비유 · 본생이 없는 율과 마투라Mathura의 그것을 가진 율과의 양자에 대해서[4] 『십송율』과 『근본설일체유부비나야』를 비교하여 특히 후자가 마투라의 율임을 논증하는 것이다. 이에 대해서는 제1장 「아소카 전도와 율장」에서 자세히 소개했다.

또한 그는 제1장에서 이 문제에 들어가기에 앞서 「근본설일체유부」를 기준으로 「설일체유부」(십송률) · 「담무덕부」(사분율) · 「미사색부」(오분율) · 『빠알리율』vinayapiṭaka의 각 건도의 이름을 대비하고,[5] 각 율의 건도부가 공통적인 편집형식이므로 이들 각 율의 건도는 하나의 원형 건

3) E, Frauwallner, op. cit., p. 67.

4) 『대지도론』 제100권, 대정25권, 756쪽c. 또한 이것에 대한 논문으로는 松本文三郎『佛典批評論』 420쪽 「八十部律」, 국역일체경(上田天瑞譯) 律部五 · 解題 2쪽-4쪽 참조, 同(西本龍山譯) 律部十三 · 解題 7쪽-8쪽 참조.

5) E, Frauwallner, op. cit., chap. I. pp.1-23.

도를 예상할 수 있다고 하여, 그것을 추구하는 것으로 논을 진행하고 있는 것이다. 그리고 위에서 언급한 바와 같이 이들 제 부파의 발생과 아소카왕 전도사 파견과의 관계를 추구하고 있는데, 그 결론으로 『십송』·『사분』·『오분』·『빠알리』의 각 율을 가진 유부·담무덕·미사색·분별상좌부는 상좌부계 율장이 아소카왕대의 베디싸vedisa, Vidiśā를 중심 사원으로 하고 있는 것,[6] 대중부에 대해서는 그 명확한 소설所說을 파악하기 어렵지만 이들과 같은 계열의 한 파로 하는 것 같고, 「근본설일체유부」의 율은 『십송』·『사분』·『오분』 등의 제율보다 더 오래된 마투라 사원의 율이라 하여, 부파전도의 역사에서도 근원으로서의 율장에 근거함을 입증하고자 하는 것이다.[7] 이 책은,

제1장 제 부파와 아소카의 전도(1-23쪽)
제2장 설일체유부와 근본설일체유부(24-41쪽)
제3장 건도의 시원(42-67쪽)
제4장 고건도의 구성(68-129쪽)
제5장 고건도의 원천과 원시불교전설(130-154쪽)
제6장 부처님의 전기와 불교교회사의 시작(155-171쪽)
부설 현존 제 율장의 전통과 구성(172-207쪽)

으로 이루어져 있는데, 가장 많은 쪽수를 사용하고 있는 제4장의 「고건도」가 그가 말하는 기원전 4세기 중반까지 이루어졌다고 보는 원

6) Ibid., chap. II, p. 41.
7) Ibid., chap. II, pp. 24-41.

형의 건도부에 상당하는 것으로, 다른 모든 장은 각각의 제목을 다루고는 있으나, 결론적으로 이 고건도의 성립과 그 존재를 입증하고 의미를 부여하는 것은 아니다. 그래서 지금 그 제4장에서 고건도의 내용으로서 각 율장 건도의 공통핵이 되고 있다고 여겨지는 것을 열거하여 논하고 있는데, 지금 그것을 추출하여 표와 같이 구성하여 소개하면, 다음과 같다. 물론 그 제4장에서는 이 표제목에 붙인 내용 표시 항목에 상당하는 것은 내용 설명의 문장으로서 이 문장이 주된 것이라고 할 수 있지만, 그 문장에는 각각에 그 문장에서 말하는 내용의 제부 율장의 소재 페이지나 행수가 올려져 있다.

지금 그 페이지나 행수 부분을 취하여 표시하면 대략 다음과 같은 것, 즉 그것이 현존 율장 중에 지적하는 프라우바르너의 「고건도」를 나타내게 되므로 이를 「프라우바르너의 원형 건도」로 기록하기로 했다. 물론 프라우바르너는 내용을 설명하여 그 소재를 나타내는 것이고, 그 설명이 중요하며, 또 소재에 대해서도 문제가 있는 것은 각주를 붙이고 있지만, 이 표를 그대로 프라우바르너의 책임으로 해서는 안 된다. 그러나 이 표를 통해 우리는 건도의 주요 내용과 제부 율장에서의 그 확실한 소재를 일견 알 수 있게 되는데, 그것은 아마도 많은 노동과 다년간의 조사에 의한 결과이며, 프라우바르너의 공로일 것이다. 소개의 의미를 겸해 사견에 의한 표제어를 붙여 놓았으나, 그러나 정확히는 그의 저서에서 비롯된 것 외에는 없다고 할 수 있다.

(2) 원형原形 건도犍度의 내용 8)

서序 · 불전佛傳(The life career of the Buddha)

『사분율』「수계건도」[대22. 779a1-799b24] · 『오분율』「수계법」[대22. 101a6-110c10], 대품 대건도[1. 1-24] · 『근본유부비나야파승사』[대24. 99a14-137c18] · 『근본유부비나야출가사』[대23. 1020b11-1030b15] · 기르깃뜨 문서[Vol. Ⅲ. 4. pp. 6-25.]

1	先祖系譜	**사분**[779a5-c10] · **오분**[101a10-c20] · **근본**[99a18-106b6]
2	出生-出家	**사분**[779b10-781c11] · **오분**[101b20-102c21] · **근본**[106b6-124c27]
3	成道-目犍連 出家	**사분**[781c11-799b24] · **오분**[102c21-110c10] · **대품**[1.1-24] · **근본**[124c28-137c18, 1020c11-1030b15] · **기르깃뜨**[pp. 6. 13-25, 11.]

1. 수계건도受戒犍度(Pravrajyāvastu)

십송율「수구족계법」[대23 · 148상1-157하28] · 사분율「수계건도」[대22. 799중25-816하4] · 오분율「수계법」[대22, 110하11-121상26] · 대품[1. 25-79] · 근본유부비나야「출가사」[대23. 1030중15-1041상21] · 기르깃뜨문서[Vol. Ⅲ. 4. pp. 27-68.] · 마하승기율「잡송발거법1」[大22. 412중21-422상8, 457중23-461중19]

1	和尙法	**십송**[148상4-b12, 중23-26] · **사분**[799중25-c7] · **오분**[110하11-28] · **대품**[1. 25. 1-6]
2	和尙乞請法	**십송**[149하4-10] · **사분**[799하7-12] · 오분[110하29-111상4] · **대품**[1. 25. 7]
3	弟子服務法	**십송**[148중21] · **사분**[801상16-803상18] · **오분**[111상5-29] · **대품**[1. 25. 8-24] · **근본**[1030하4-1031상1] · **마하**[459상10-460상28]

8) Ibid., chap. II, pp.68-129.

4	和尙義務	**십송**[148중17-21] · **사분**[800중16-801상16] · **오분**[111상5-29-b1] · **대품**[1. 26] · **마하**[458중2-459상10]
5	弟子의 罰	**사분**[804상22-c22] · **오분**[113중19-459상10]
6	10세 미만은 受具할 수 없다	**십송**[148중27-149상9] · **사분**[800상1-b6, 803중10-c3] · **오분**[114상13-21] · **대품**[1. 31 · 3-5] · **근본**[1031상6-23] · **마하**[457중25-c12]
7	어리석은 비구는 제자를 둘 수 없다	**십송**[149상10-b8] · **사분**[800중6-29] · **오분**[114상27-c7] · **대품**[1 · 31 · 6-8, 35]
8	제자를 두는 다섯 가지 資格	**십송**[149중8-c3] · **사분**[806중1-c9] · **오분**[114하8-29] · **대품**[1 · 36 · 2-17, 37 · 1] · **근본**[1031상25-c11] · **마하**[457하12-24]
9	阿闍梨法과 弟子法	**사분**[803상24-b10, 803하28-804하22] · **오분**[112하29-113하29] · **대품**[1 · 32-34] · **마하**[457하24-458중2]
10	제자가 스승에게 의지하는 것과 의지하지 않는 조건	**십송**[151상8-b3] · **사분**[805하24-806중1] · **오분**[116중19-c5] · **대품**[1 · 53] · **근본**[1032상26-b21, 1031하11-17] · **마하**[460중5-10, 17-21]
11	旅行 중의 不依止住	**사분**[804하22-805상13] · **오분**[118상26-c25] · **대품**[1 · 73, 36 · 1] · **마하**[460중10-17]
12	白四羯磨 受具法	**십송**[148중12-17] · **사분**[799하12-29] · **오분**[111중2-33] · **대품**[1 · 28 · 3-6] · **마하**[421중26-413상6 참조]
13	十衆受具	**오분**[111중23-25] · **대품**[1 · 31 · 2] · **마하**[416중7-10참조]
14	受具를 줄 수 없는 자	**사분**[811중7-12] · **오분**[111하5-8] · **대품**[1-69]
15	가사 · 발우衣鉢 등이 없는 자에게 受具하지 않는다	**사분**[811하13-20] · **오분**[119-b18-22참조] · **대품**[1 · 70]
16	多人共同受具	**사분**[805중1-12] · **오분**[112상10-17] · **대품**[1 · 74 · 2-3] · **마하**[416상23-c7참조]
17	僧伽의 授受具因緣	**오분**[112중11-19] · **대품**[1 · 28 · 1-3]
18	敎誡四依	**사분**[811중12-c1] · **오분**[112중19-c16] · **대품**[1 · 30-31] · **마하**[413하12-414하7참조]
19	外道出家者의 四月別住	**십송**[150중26-151상7] · **사분**[806하10-807중9] · **오분**[115상1-25] · **대품**[1 · 38] · **근본**[1031하18-1032a-25] · **마하**[420하10-421상20]
20	五種病者의 出家를 금한다	**십송**[152중9-c12] · **사분**[808하2-809상8] · **오분**[116상4-29] · **대품**[1 · 39] · **근본**[1034중15-1035상6] · **마하**[420중6-c10]

21	王의 臣下는 出家를 금한다	**사분**[811하1-13] · **오분**[116중1-18] · **대품**[1 · 40] · **마하**[419하23-420상18]
22	도둑盜人의 출가를 금한다	**십송**[151하13-29] · **사분**[807중18-c6] · **대품**[1 · 47] · **근본**[1033상12-b21] · **마하**[421중17-c12]
23	負債者의 출가를 금한다	**십송**[152상1-17] · **사분**[807하15-28] · **오분**[115상26-b10] · **대품**[1 · 46] · **근본**[1033중22-c27] · **마하**[420상18-b6]
24	盜賊의 출가를 금한다	**사분**[807하6015] · **오분**[115중29-c6, 115하7-16] · **대품**[1 · 41 · 42-45]
25	20세에 구족계를 받는다	**십송**[150중9-25] · **사분**[807하28-808하2] · **오분**[115중25-28] · **대품**[1 · 49] · **근본**[1032중22-c6]
26	十五歲出家	**십송**[151중4-22] · **사분**[810하16-23] · **오분**[115하22-116상3] · **대품**[1 · 50] · **근본**[132하7-29]
27	十五歲未滿은 驅烏人	**십송**[151중23-c1] · **사분**[810하24-811상3] · **오분**[117상16-28] · **대품**[1 · 51] · **마하**[460하2-22참조]
28	두 명의 沙彌를 기르는 것을 금한다	**십송**[151하2-12] · **사분**[811상3-7] · **오분**[115하17-21] · **대품**[1 · 52] · **근본**[1033상1-5] · **마하**[460하23-416상5]
29	羅睺羅의 출가	**사분**[809하3-22] · **오분**[116하6-14] · **대품**[154 · 1-2] · **근본**[파승사159상8-b10] · **마하**[460중22-25]
30	數沙彌를 허락한다	**사분**[811상7-15] · **오분**[116하14-17] · **대품**[1 · 55]
31	沙彌出家法	**십송**[149하11-150중8] · **사분**[810중11-c1] · **오분**[116하17-117상4] · **대품**[1 · 54 · 3, 56] · **마하**[460중25-c10]
32	부모가 허락하지 않으면 출가시킬 수 없다	**사분**[810상6-22] · **오분**[117상4-15] · **대품**[1 · 54 · 4-6] · **근본**[1035상7-b5] · **마하**[421상20-b17]
33	賊住者에게 受具시킬 수 없다	**십송**[153상26-b17] · **사분**[811하27-812상11] · **오분**[118상6-16] · **대품**[1 · 62] · **근본**[기르깃뜨 pp.21, 1-53, 17] · **마하**[417상12-b8, 417중8-19]
34	殺父母者에게 受具시킬 수 없다	**십송**[153하26-154상6] · **사분**[813상3-28] · **오분**[117중5-12] · **대품**[1 · 64-65] · **근본**[pp.53, 18-61, 13] · **마하**[417중19-c9]
35	殺阿羅漢者에게	**십송**[154상7-26] · **사분**[813상28-b7] · **오분**[117중13-22] · **대품**[1 · 66] · **근본**[pp.61,14-64, 20.] · **마하**[417하9참조]
36	比丘尼를 더럽힌 자에게	**십송**[152하26-153상25] · **오분**[117중27-c5] · **대품**[1 · 67] · **마하**[416하2-417상11참조]

37	佛身出血 · 破和合者에게	**십송**[154하4-11] · **사분**[813중7-15] · **오분**[117중23-26] · **대품**[1 · 67] · **근본**[기르깃뜨 pp.64, 21.-65, 11] · **마하**[417하9참조]
38	龍等에게	**십송**[154상27-b16] · **사분**[812하10-813상3] · **오분**[117하17-28, 하6-17] · **대품**[1 · 63]
39	還外道者에게	**십송**[153하18-25] · **사분**[807중12-18] · **오분**[118상17-20] · **대품**[1 · 38 · 1]
40	黃門에게	**십송**[153중18-c17] · **사분**[812중20-c10] · **오분**[117하29-118상5] · **대품**[1 · 6 ·] · **마하**[417하9-418상9]
41	各種不具者에게	**십송**[155상3-b18] · **사분**[814상18-b20] · **오분**[119상29-b11] · **대품**[1 · 71] · **근본**[기르깃뜨 pp.66,8-19] · **마하**[418중14-419하17, 421하12]
42	受具羯磨次第	**십송**[155중19-157하26] · **사분**[814하11-23] · **오분**[1] · **대품**[ ] · **마하**[413상4-415상28]
43	擧罪比丘還俗者의 再出家	**십송**[154하24-155상2] · **사분**[816상11-23] · **오분**[120하3-12참조] · **대품**[1 · 79] · **근본**[기르깃뜨 pp.65,19-66,7.]

2. 포살건도 布薩犍度(Poṣadhavastu)

십송율포살법[대23 · 158상1-165상4] · 사분율설계건도[대22 · 816하5-830상24] · 오분율포살법[대22 · 121중1-129상1] · 대품포살건도[2] · 근본유부비나야포살사[기르깃뜨문서 Vol.III.4.pp.69-116] · 마하승기율포살법[대22 · 446하7-450하2, 480상15-b1, 참고499상22-c27].

1	8일, 14일, 15일의 比丘集會	**십송**[158상4-15] · **사분**[816하6-817상3] · **오분**[121중5-16] · **대품**[2 · 1] · **근본**[pp.71, 6-72, 15] · **마하**[446하12-20]
2	集會에 法을 誦한다	**사분**[817상3-9] · **오분**[1212중17-20] · **대품**[2 · 2]
3	誦戒經, 布薩羯磨	**십송**[158상4-15] · **사분**[817중22-c4] · **오분**[121중5-16] · **대품**[2 · 3 · 1-2] · **근본**[pp.80, 20-81,3.]
4	戒經誦出形式	**사분**[817하4] · **오분**[122상6-18] · **대품**[2 · 3 · 3-8]
5	布薩은 15일로 정한다	**십송**[158중2-5] · **사분**[817하26] · **오분**[121중17-20] · **대품**[2 · 4, 14 · 1] · **마하**[447상14-23참조]
6	誦法은 會衆에서 들을수있어야한다	**사분**[817하25, 822중24-c2 참조] · **오분**[128중22, 27-29] · **대품**[2 · 16 · 6-7]

7	布薩日 歷算	**사분**[817하27-818상15] · **오분**[123중3-7] · **대품**[2 · 18 · 1-2]
8	布薩日 告知	**사분**[818상15-21] · **오분**[122하14-123상3,128하23-25] · **대품**[2 · 19]
9	出席者 算法	**사분**[819상18-29] · **오분**[123상3-17] · **대품**[21 · 18 · 2-4]
10	佛陀 劫賓那에게 布薩 尊重을 설하다	**십송**[158상16-b2] · **사분**[818상28-b16] · **오분**[121하27-122상6] · **대품**[2 · 5 · 3-6] · **근본**[pp.82,14-82,22] · **마하**[447하21-448상1]
11	布薩堂	**사분**[818중22-819상10] · **오분**[121하8-11, 122중20-c13] · **대품**[2 · 8-9, 20] · **근본**[pp.81,3-82,9.] · **마하**[447상24-b4]
12	界 및 界相	**십송**[158중2-c10, 159상8-22] · **사분**[819상29-821상20] · **오분**[123하12-124중16] · **대품**[2 · 6-7, 12-13] · **근본**[pp. 84,1-94,4.]
13	非法 · 如法 등의 四布薩羯磨	**십송**[159상23-29] · **사분**[821중22-c5] · **오분**[122중7-11] · **대품**[2 · 14 · 2-3] · **근본**[pp.94,5-8.]
14	戒經의 誦法	**십송**[159상29-b10] · **사분**[823상29-b15] · **오분**[122상19-26, 127중1-8] · **대품**[2 · 15 · 1-4] · **근본**[pp.94,9-20.] · **마하**[450중22-26]
15	不知戒經比丘	**십송**[159중11-16, 중25-c2] · **사분**[825상11-b14] · **오분**[124중27-c3, 128중11-18, 하1-9] · **대품**[2 · 17, 21 · 3-4] · **근본**[pp.95,4-97,10.] · **마하**[448상9-b2]
16	總明比丘尊重	**십송**[151하2-12] · **사분**[825하15-23] · **오분**[125상3-6, 125중10-c6참조] · **대품**[2 · 21 · 2] · **근본**[pp.97, 11-98,8]
17	一 · 二比丘布薩法	**십송**[159하12-160상16] · **사분**[821중8-22] · **오분**[123중17-24] · **대품**[2 · 26] · **근본**[p.101,15seq] · **마하**[450중8-22, 448하7-13]
18	別衆布薩	**십송**[160하8-13,161상23-28] · **사분**[822하28-823상29] · **오분**[126중8-15] · **대품**[2 · 24]
19	與清淨과 與欲	**십송**[160상17-c7,160하14-161상22,164하20-165상3참조] · **사분**[821하5-822중24] · **오분**[126상5-b7,127상26-29참조] · **대품**[2 · 22-23,36 · 4참조] · **근본**[pp.98,15-101,14.] · **마하**[449상14-9, 중20-c5, 하10-17, 449하29-450상9, 상22-b8]
20	狂羯磨	**십송**[161상29-b14] · **사분**[823중16-824상7] · **오분**[125하7-126상5] · **대품**[2 · 25] · **마하**[480상15-b1]

21	布薩前 罪懺悔	**십송**[161중15-c28] · **사분**[825하23-827중6] · **오분**[124하3-125상2, 125상7-22] · **대품**[2 · 27]
22	後來者의 再說布薩	**십송**[161하29-163하16] · **사분**[827중6-829중7] · **오분**[127중9-128중5] · **대품**[2 · 28-34] · **근본**[pp.103,11-114,16.] · **마하**[448중9-21, 448하2-449상14, 449하17-29참조]
23	布薩日에 移動禁止	**십송**[163하17-164하13] · **사분**[829중8-c2] · **오분**[128중6-10] · **대품**[2 · 35] · **근본**[pp.114,9-116,11.]
24	布薩妨害者 (비구 이외의 자)	**십송**[164하14-20] · **사분**[829하20-830상4] · **오분**[127상12-26, 126중16-22참조] · **대품**[2 · 36 · 1-3] · **마하**[447하3-21, 448중21-c2, 449중9-20참조]

3. 안거건도安居犍度(Varṣāvastu)

십송율안거법[대23 · 173중1-178상18] · 사분율안거건도[대22 · 830중1-835하11] · 오분율안거법[대22 · 129상2-130하18] · 대품안거건도[3] · 근본유부비나야안거사[대23 · 1041상22-1044하6, 기르깃뜨문서 Vol. 4. pp.131-155.] · 마하승기율안거법[대22 · 450하2-451상6]

1	聽安居	**십송**[173중4-15] · **사분**[830중5-c7] · **오분**[129상6-15] · **대품**[3 · 1,3 · 3] · **근본**[1041상26-b9] · **마하**[450하3-8]
2	夏季遊行難	**사분**[832상20-c9] · **오분**[129중21-23] · **대품**[3 · 2] · **근본**[1042중3참조]
3	結安居法	**십송**[173중18-c10] · **사분**[830하7-11] · **오분**[129상15-19] · **근본**[pp.135, 14-136,4.] · **마하**[450하8-17]
4	樹洞 等 安居不適處	**사분**[832중9-833상2] · **오분**[129상22-b19] · **대품**[3 · 12]
5	前住者와 新入者의 坐臥處置	**사분**[831상1-b17] · **오분**[129상22, 중22-27] · **근본**[1041중9-1042상14. 기르깃뜨 pp.133, 1-135,13]
6	受納安居精舍와 7일의 外出	**십송**[173하11-174상7] · **사분**[833상2-8] · **오분**[129중28-c6] · **대품**[3 · 5 · 1-4] · **근본**[pp.136,15-138,3.] · **마하**[450하18-451상6]
7	7일 外出의 目的 種類의 限定	**십송**[174상8-176하15] · **사분**[833상8-c14] · **오분**[129하6-11참조] · **대품**[3 · 5 · 4-7] · **근본**[pp.138,4-143,7.]
8	遊去하는 安居 障害	**십송**[176하15-177하11] · **사분**[834상10-835상6] · **오분**[129하20-130상2-b5] · **대품**[3 · 9-11] · **근본**[pp.143,11-147,3; 153,1-154,7.]

9	施主와 安居 契約의 處置	**십송**[177하12-178상12] · **사분**[835상14-c11] · **오분**[130중5-c9] · **대품**[3 · 14] · **근본**[pp.147,4-152, 18.]

4. 자자건도自恣犍度(Pravāraṇāvastu)

십송율자자법[대23 · 165상5-173상28] · 사분율자자건도[대22 · 835하12-843중10] · 오분율자자법[대22 · 130하19-133하20] · 대품자자건도[4] · 근본설일체유부비나야수의사[대23 · 1044하7-1048중23. 기르깃뜨문서 Vol. 3. pp.117-130.] 마하승기율자자법[451상6-452상1]

1	自恣의 因緣	**십송**[165상8-b14] · **사분**[835하13-836상17, 836중9-14] · **오분**[130하20-131상6, 131상29중5] · **대품**[4 · 1 · 1-13] · **근본**[1044하11-1045상6] · **마하**[451상7-25. 451상26-b6 참조]
2	安居 終日에 自恣를 한다	**사분**[837상25-b8] · **오분**[131중8-11] · **대품**[4 · 3 · 1] · **근본**[1045상10]**마하**[451중9-15]
3	自恣待機 중의 蹲居와 年長順	**사분**[836하3-10] · **오분**[131중14-24] · **대품**[4 · 2]
4	自恣人은 五法成就者	**사분**[836중14-19] · **오분**[131중24-c1] · **마하**[451중19-22]
5	差自恣人	**오분**[131하1-12] · **근본**[1045상16-b6] · **마하**[451중22-27] · **십송**[165중14-29] · **사분**[836중19-c3]
6	自恣羯磨	**십송**[165중29-c25] · **사분**[837상3-7, 837상10-18참조] · **오분**[131중5-7] · **대품**[4 · 1 · 14] · **근본**[1045중12-26]마하[451중27-c8]
7	正 · 不正의 各種 自恣	**십송**[165하25-166상1] · **사분**[837상18-25] · **대품**[4 · 3 · 2] · **근본**[1045하13-16]
8	病比丘의 與自恣	**십송**[166중1-c15] · **사분**[838상7-c2] · **오분**[131하19-22] · **대품**[4 · 3 · 3 · -5] · **근본**[1045하16-1046상16, 1048중5-9. 130(?)11-18]**마하**[451하8-14]
9	自恣參加와 世俗束縛	**십송**[166하15-21] · **대품**[4 · 4] · **근본**[p.124, 6-14.]
10	小數比丘의 자恣	**십송**[166상1-29] · **사분**[837하17-838상7] · **대품**[4 · 5] · **근본**[1046상17-b8]**마하**[451하19-452상1]

11	三語自恣	**십송**[171상4, 171상14-172중25] · **사분**[838하16-839상15] · **대품**[4 · 15] · **근본**[1046중16-1047상19. [pp.119,1-123,5.]
12	自恣中 도착한 比丘	**십송**[167중3-168하24] · **사분**[841상11-842하16] · **대품**[4 · 7-13] · **근본**[pp.128, 21-129,8.]
13	自恣障害(比丘以外) 者	**십송**[173상10-14] · **사분**[843상27-b4참조] · **오분**[131중11-14] · **대품**[4 · 14]
14	自恣中의 障罪懺悔法	**십송**[166하22-167중2, 168하25-169중12, 173상14-24] · **사분**[839상15-22] · **대품**[4 · 6] · **근본**[pp.124, 15-125,9.]
15	自恣中의 障罪不決定者	**사분**[839상22-b3] · **오분**[132하13-133상2] · **대품**[4 · 16 · 19-22]
16	難罪許容	**오분**[131하23-27] · **대품**[4 · 16 · 1-3]
17	禁自恣의 有效와 無效	**십송**[170하26-171상14] · **사분**[839중24-c6] · **오분**[131하28-132상25] · **대품**[4 · 16 · 4-5]
18	禁自恣提言者에의 僧伽 吟味	**십송**[169중13-170중14] · **사분**[839하6-840상19] · **오분**[133상23-b18] · **대품**[4 · 16 · 6-18] · **근본**[pp.125, 10-128, 18.]
19	不應事人除外法	**십송**[172하6-15] · **사분**[840하9-18] · **오분**[133상3-7] · **대품**[4 · 16 · 23-25] · **근본**[1048중9-22]
20	病者의 禁自恣	**십송**[170하15-26] · **사분**[840상19-b3] · **오분**[133상8-15] · **대품**[4 · 17 · 7-10]
21	自恣延期	**십송**[172하15-173상3] · **사분**[840중3-13] · **오분**[133중19-c1] · **대품**[4 · 18]
22	諍事不和가 있는 경우의 自恣	**십송**[170중15-c14] · **사분**[840중13-c8] · **오분**[133하2-19] · **대품**[4 · 17 · 1-6] · **근본**[pp.129, 12-130,10.]

5. 피혁건도皮革犍度(Carmavastu)

십송율피혁법[대23 · 178상14-184중17]사분율피혁건도[대22 · 843중11-849중9] · 오분율피혁법[대22 · 144상12-147상25] · 대품피혁건도[5] · 근본설일체유부비나야피혁사[대23 · 1048하1-1057중19] · 근본설일체유부비나야파승사[대24 · 184중26-187하20] · 기르깃뜨문서[Vol.III.4, pp.157-210.] · 마하승기율혁리법[대22 · 480하20-482중13, 415하17-416상21, 484하22-485하10, 487상29-b23]

1	首楼那二十億因緣	**십송**[183상15-b3] · **사분**[843중12-845상25] · **오분**[145상13-146중15] · **대품**[5 · 1] · **근본**[皮 · 1055하14-1056상15, 破 · 184중26-187하20. pp.202. 10-204, 4.]**마하**[481상2-482상1]
2	殺生牛皮	**십송**[182중4-24] · **사분**[846하6-19] · **오분**[144하8-20] · **대품**[5 · 10 · 7-10] · **근본**[pp.196, 6-197, 14.]**마하**[487상29-b28]
3	首楼那億耳의 邊土五事	**십송**[178상17-182상21] · **사분**[845중5-846상14] · **오분**[144상13-c4] · **대품**[5 · 13] · **근본**[1048하5-1053하5, 기르깃뜨 pp.159, 4-193,20.]**마하**[415중17-416상21]

6. 약건도藥犍度(Bhaiṣajyavastu)

십송율의약법[대23 · 184중18-194중3] · 사분율약건도[대22 · 866하1-877하4] · 오분율약법[대22 · 147중1-147하28, 同食法 · 147하29-153상17] · 대품약건도[6] · 근본설일체유부비나야약사[대24 · 1상1-97상24] · 기르깃뜨문서[Vol. III. 1.] · 마하승기율잡송발거법「약법」[대정22 · 457중3-23, 462하5-464하2, 470하21-471상24, 477상5-478상19, 485하21-487상28, 488중12-c6]

1	五種藥	**십송**[184중21-c5] · **사분**[869중21-c3] · **오분**[147중5-8] · **대품**[6 · 1 · 1-3] · **근본**[1상8-14참조] · **기르깃뜨**[G.1.8-11,5.]
2	五種藥許非時	**십송**[184하5-11] · **사분**[869하3-9] · **대품**[6 · 1 · 4-5]
3	七日藥 등의 區別	**십송**[193하19-194상16] · **근본**[1상14-b29] · **기르깃뜨**[G.11.6-IV6.] · **마하**[457중3-28참조]
4	기타의 藥	**십송**[194상16-26] · **사분**[470중26-c3] · **오분**[147하21-27] · **대품**[6 · 40 · 2-3] · **근본**[1중29-c11] · **기르깃뜨**[G.IV.7-v,3]
5	諸應病藥	**십송**[184하12-185상15, 185중22-c5] · **사분**[866하23-867중29, 869하14-18, 870하4-871상20, 874상25-b23, 876하28-877중10] · **오분**[147중26-c15] · **대품**[6 · 2-14, 16 · 3] · **근본**[2c-2하27] · **기르깃뜨**[G. V,4-X,11.] · **마하**[464중14-c2]
6	生肉	**십송**[185상7-15] · **사분**[868중5-9] · **대품**[6 · 10 · 2] · **근본**[2하7-27] · **기르깃뜨**[G. IX.10-X,11.] · **마하**[486하1-16참조]

7	密所의 刀治를 禁한다	**십송**[187상28-b5] · **사분**[871상13-18] · **오분**[147하10-13] · **대품**[6 · 22 · 1-3] · **근본**[5하9-7상7참조] · **마하**[488중12-25]
8	七日藥	**십송**[185상16-b10] · **사분**[870중3-23] · **대품**[6 · 15 · 9-10]
9	糖	**십송**[185중11-21] · **사분**[870상23-25] · **오분**[147하15-21] · **대품**[6 · 16 · 1] · **근본**[3상13-b1, 3중1-9] · **기르깃뜨**[G. XI.6-XII, 4-19.]
10	人肉	**십송**[185하5-186중1] · **사분**[868하5-869상18] · **오분**[148중10-c11] · **대품**[6 · 23 · 1-9] · **근본**[3중26-4중1] · **기르깃뜨**[G. XIV.9seq.] · **마하**[486상23-c1]
11	食動物肉	**십송**[186중2-187상3] · **사분**[868중9-c5] · **오분**[148하11-149상3] · **대품**[6 · 23 · 10-15] · **근본**[5상2-b12] · **마하**[486하16-487상28]
12	藥의 淨 · 不淨	**십송**[193하15-19] · **사분**[866하5-20] · **오분**[147하24-148상11] · **대품**[6 · 40 · 1참조]
13	請僧과 別請	**사분**[869상18-b5] · **오분**[149상3-24, 152상25-b6]
14	請食에 他食을 禁한다	**오분**[149상25-b6] · **대품**[6 · 25 · 1-5] · **마하**[470하21-471상24] · **십송**[190중25-c8참조]
15	自煮食	**십송**[187상4-14] · **사분**[871상20-24] · **오분**[148상28-b9] · **대품**[6 · 17 · 1-5] · **근본**[7상8-26] · **마하**[477하20-29]
16	更煮	**십송**[187상15-27] · **대품**[6 · 17 · 6] · **근본**[7상72-b27] · **마하**[477하27]
17	淨屋	**십송**[190상6-b1] · **사분**[871중5-7, 874하5-875상14] · **오분**[149하26-150중25] · **대품**[6 · 33 · 1-5] · **기르깃뜨**[G. 234,17-236,8.] · **마하**[477상19-c20]
18	宿食 · 林果 · 水物	**십송**[190하8-191상25] · **사분**[876상10-c24, 참조 · 867하29-868중5] · **오분**[148상12-c9, 152중11-c17] · **대품**[6 · 17 · 7, 18-21,32] · **기르깃뜨**[G. 233, 8-234,6;237,17]
19	蓮根	**십송**[190하24-191상8] · **사분**[867중29-c29] · **대품**[6 · 20] · **기르깃뜨**[G. 239, 18seq.]
20	糖蜜	**십송**[189상6-190상6] · **사분**[869하19-870상23] · **대품**[6 · 26] · **기르깃뜨**[G. 221, 7-223.6.]
21	見聞疑와 淨肉	**십송**[190중1-24] · **사분**[871중7-872중17] · **오분**[149중27-c39] · **대품**[6 · 31] · **기르깃뜨**[G. 236,9-237,5] · **마하**[485하21-486상24, 478상2-19참조]

22	道路糧	**십송**[191상26-192하9] · **사분**[872중18-873상24] · **오분**[150중25-151중18] · **대품**[6 · 34] · **기르깃뜨**[G. 241,1-249.17]
23	八種汁	**십송**[192하19-193상29] · **사분**[873상25-c122] · **오분**[151중19-c10] · **대품**[6 · 35] · **기르깃뜨**[G. 225,14-266,2] · **마하**[464상28-b14]
24	摩羅子盧夷와 餅	**십송**[193중22-c15] · **사분**[873하12-874상13] · **오분**[151하18-152상19] · **대품**[6 · 36] · **기르깃뜨**[G. 282,1-284,20]
25	老年出家와 不相應食	**십송**[193상29-b22] · **사분**[874상13-25] · **오분**[151하10-17] · **대품**[6 · 37] · **기르깃뜨**[G.280,8-281,13.] · **마하**[463상17-b2, 477상15-18]

7. 의건도衣犍度(Cīvaravastu)

십송율의법[대23 · 194중4-206중26] · 사분율의건도[대22 · 849중10-866중23] · 오분율의법[대22 · 133하21-144상11] · 대품의건도[8] · 근본설일체유부비나야의사 · 기르깃뜨문서[Vol.III.2,1-148.] · 마하승기율잡송발거의법[대22 · 453중5-457중3, 461중12-19, 478하25-480상14, 511중16-512상1]

1	糞掃衣	**십송**[194중7이하] · **사분**[849중11-16]
2	糞掃衣의 取捨	**오분**[135상7-13, 143중11-17]
3	塚間衣의 取法	**사분**[849하3-850하24] · **오분**[134중15-c27, 136중20-137상16, 142하16-143중1] · **대품**[8 · 4]
4	耆婆와 貴衣奉納	**십송**[194중9-c11] · **사분**[850하25-854하21] · **오분**[133하25-134중11] · **대품**[8 · 1 · 1-35] · **근본**[p.3,16-48.15.]
5	聽許糞掃 · 施衣	**십송**[197하7-24] · **사분**[849중16-c3, 854하22-855상6, 857상17-27등] · **오분**[137상17-20, 138상18-23, 138중9-11등] · **대품**[8 · 1 · 35-36, 8 · 2-3, 8 · 29] · **근본**[p.91,10-24.] · **마하**[455상17-20]
6	.條割裁	**십송**[194하12-195상4] · **사분**[855상20-b6] · **오분**[137상21-b2] · **대품**[8 · 12] · **근본**[p.49,1-51, 7.]**마하**[454하27-455상1]

7	.壞色	**십송**[195상18-b10] · **사분**[863중19-22] · **오분**[134중12-15, 135상2-4] · **근본**[p.48, 15-20;cf.p.52,1-12] · **마하**[455상11-17]
8	.染色割裁	**대품**[8 · 10-11]
9	.氈衣大小衣	**사분**[854하28-855상2, 863상10-15] · **대품**[8 · 21참조]
10	.單三衣	**십송**[1195상4-18] · **사분**[856하24-857상12] · **오분**[136상18-b2] · **대품**[8 · 13 · 1-5] · **근본**[p.51, 7-18.]
11	.覆瘡衣	**십송**[196하18-197상5] · **사분**[862하10-25, 866상2-6] · **오분**[138중11-12] · **대품**[8 · 17] · **근본**[90 · 12-91 · 9]
12	.欠衣入村	**십송**[198상29-b25] · **사분**[863상17-29] · **오분**[137중11-15, 138중12-17, 135하5-12] · **대품**[8 · 23] · **근본**[p.96.10-97.2.]**마하**[511중16-512상1]
13	外道衣	**십송**[197하24-198상29] · **사분**[858상6-c5] · **오분**[136중2-16, 138상23-b8] · **대품**[8 · 28] · **근본**[p.91,18-96.9.]**마하**[454하9-19]
14	施衣 受納保管人 等	**사분**[864상6-27] · **오분**[137하20-29] · **대품**[8 · 5-8]
15	衣의 配分法	**십송**[198중26-202중4] · **사분**[855상6-17, 858하6-28, 859상1-b3, 859하5-13, 860상29-b20, 863중24-c4, 864상27-b4, 864중20-24, 864하16-865하25] · **오분**[137하29-138상8, 138중20-c4, 139중10-c15, 140중3-13, 141하19-21, 142하9-16, 144상4-11] · **대품**[8 · 9, 8 · 24, 8 · 25, 8 · 30] · **근본**[p.98.0-113,10.]**마하**[453중7-454하7, 461중12-19]
16	.住處와 衣受配	**십송**[199상6-27] · **사분**[864하16-865상13] · **오분**[138중20-4] · **대품**[8 · 25 · 1-3] · **마하**[453중28-c5]
17	.八種施衣	**십송**[200중1-c26] · **사분**[865하25-866상2] · **오분**[138하20-139상9] · **대품**[8 · 32] · **근본**[pp.108,16-113,10.]
18	.比丘의 옷을 父母에게 줄 수 있다	**사분**[860중20] · **오분**[140하14-20] · **대품**[8 · 22]
19	.毘沙佉·終身供養	**십송**[195중11-196하8] · **오분**[140중20-24] · **대품**[8 · 15] · **근본**[pp.52,13-87,18.]
20	.病者의 看護	**십송**[205상18-206중18] · **사분**[861중21-862상1] · **오분**[139하26-140상20] · **대품**[8 · 26] · **근본**[pp.128,1-131,15.]**마하**[455상25-c12, 455하12-457중3]

21	遺物을 看病人에게 준다	**십송**[202중5-205상7] · **사분**[859중9-c4, 859하13-18, 862상1-c10] · **오분**[139상11-b9, 139하15-25, 140상20-b2, 143하22-25] · **대품**[8 · 27] · **근본**[pp.113,14-127,18.]**마하**[478하25-480상14]
22	옷을 受托者에게 준다	**십송**[206중19-25] · **사분**[866상21-b17] · **오분**[142상9-21] · **대품**[8 · 31] · **근본**[pp.147,10-148,20.]

8. 가치나의건도迦絺那衣犍度(Kaṭhinavastu)

십송율제팔가치나의법[대23 · 206하1-214상15] · 사분율제팔가치나의건도[대22 · 877하5-879중22] · 오분율제구가치나의법[대22 · 153상18-c21] · 대품가치나의건도[7] · 근본설일체유부갈치나의사[대24 · 97중1-99상13, 기르깃뜨문서 Vol. III. 2, pp.149-170.] · 마하승기율, 잡송발거[대22 · 452상7-453중5]

1	.受迦絺那衣	**십송**[206하4-20] · **사분**[877하6-28] · **오분**[153상22-b2] · **대품**[7 · 1 · 1-3] · **근본**[pp.151,7-152,17.] · **마하**[452상7-15]
2	.五事의 淨	**사분**[877하29-878상5] · **오분**[153중2-4] · **대품**[7 · 1 · 3] · **근본**[p.152,9-13.] · **마하**[452상19-21]
3	.期間	**십송**[206하20-22] · **사분**[878하15-22] · **오분**[153하11-16] · **근본**[p.153,13seq] · **마하**[452상16]
4	.受與羯磨	**십송**[206하22-207상23] · **사분**[878중4-c14, 하22-27] · **오분**[153중4-c4, 하16-20] · **대품**[7 · 1 · 4] · **근본**[pp.153,1-155,18;156,3-157,11.] · **마하**[452중2-18, 중27-c8]
5	.善作心語	**십송**[207상24-b6, 참조 · 중7-22] · **근본**[pp.155,19-156,3.] · **마하**[45218-27]
6	.成 · 不成	**십송**[207중22-c24] · **사분**[878상18-29] · **오분**[153하4-7] · **대품**[7 · 1 · 5-6] · **마하**[452하24-453상6]
7	.捨의 八事	**십송**[207하25-29] · **사분**[878하27-879상16] · **오분**[153하7-10] · **대품**[7 · 1 · 7] · **근본**[pp.161,14-163,16.] · **마하**[453상6-b5]
8	.八事細分別	**십송**[207하29-214상11] · **사분**[879상17-b20] · **대품**[7 · 2-12] · 근본[pp.163,17-170,19.]
9	.執受와 非執受	**십송**[879중20] · **오분**[153하10] · **대품**[7 · 13]

9. 구섬미건도拘睒彌犍度(Kośāmbakavastu)

십송율제9구사미법[대23 · 214상16-217하29] · 사분율제10구섬미건도[대22 · 879중23-885상7] · 오분율제11갈마법상[대22 · 158하1-161상13] · 대품구섬미건도[10] · 근본설일체유부[기르깃뜨문서 Vol. III.2, pp.171-196.] · 마하승기율잡법담비구[대22 · 439중22-440중25, 440중25-441상26, 구섬미비구 · 334하26-335중24]

1	.二党諍論	**십송**[214상19-215중6] · **사분**[879중24-880중15] · **오분**[158하5-159상10] · **대품**[10 · 1] · **근본**[pp.173,6-180,3.]
2	.長生王子譚	**십송**[215중7-c6] · **사분**[880중15-882하26] · **오분**[159상10-160중7] · **대품**[10 · 2-4] · **근본**[pp.180,4-186,7.]
3	.諍論比丘供養法	**십송**[215하6-216하17] · **사분**[882하26-883하2] · **오분**[160중7-c12] · **대품**[10 · 5 · 1-9] · **근본**[pp.186,7-190,2.]**마하**[439중22-c24, 440중26-c19참조]
4	.和合	**십송**[216하18-217하28] · **사분**[883하2-884상16] · **오분**[160하12-161상11] · **대품**[10 · 5 · 10-14] · **근본**[pp.190, 3-196, 6]**마하**[439하24-440중25]
5	.優婆離問和合法	**사분**[884상16-885상5] · **오분**[161상11-13] · **대품**[10 · 6] · **마하**[440하19-441상26 참조]

10. 갈마건도羯磨犍度(Karmavastu)

십송율제10잡법[대23 · 218상1-221상12] · 사분율제10첨파건도[대22 · 885상8-889상12] · 오분율갈마법하[대22 · 161상14-163상2] · 대품첨파건도[9] · 근본설일체유부갈마사[기르깃뜨문서 Vol. III. pp.197-211.] · 마하승기율잡송발거법[422상8-c28, 438중29-439상5. 참조 · 442상15-c17, 443중5-c4]

1	迦葉姓比丘의 擧罪正否	**십송**[218상16-c4] · **사분**[885상12-c10] · **오분**[161상14-b21] · **대품**[9 · 1] · **근본**[pp.199,4-202,11.]
2	.4(5)種僧伽羯磨	**십송**[218상2-15, 218하4-219하29] · **사분**[886상3-b8, 885하15-886상3] · **오분**[161하6-9, 162하13-21] · **대품**[9 · 2 · 1, 9 · 4 · 1-6] · **근본**[pp.203, 1-206,8.] · **마하**[422상9-14, 중3-9]

3	非法如法別衆和合羯磨(1)	**십송**[220상13-c5] · **사분**[885하11-15] · **오분**[161하14-17] · **대품**[9 · 2] · **근본**[pp.202,12-18;206,12-210,10.] · **마하**[422상18-20, 438하2-439상2]
4	同上(2)	**사분**[886중8-888중10] · **오분**[161하18-162상5] · **대품**[9 · 3]
5	.諍人罰羯磨	**사분**[888하4-19] · **오분**[162상17-c13] · **대품**[9 · 7 · 1-14]
6	.如法說者	**사분**[888하20-29] · **오분**[162상5-16] · **대품**[9 · 7 · 15-20]
7	呵應受 · 不受	**십송**[220하6-21] · **사분**[888중10-21] · **오분**[162하21-25] · **대품**[9 · 4 · 7-8] · **근본**[p.210,11-16.]
8	驅出 · 解羯磨의 好惡	**십송**[220하21-221상11] · **사분**[888하29-889상12] · **오분**[162하26-163상2] · **대품**[9 · 4 · 9-11] · **근본**[pp.210,16-211,3.] · **마하**[442상15-c17참조]

11. 반다로가건도般茶盧伽犍度(Pāṇḍulohitakavastu)

십송율제11반다로가법[대23 · 221상13-228중10] · 사분율제11가책건도[대22 · 889상13-896중24] · 오분율제11갈마법하[대22 · 163상2-164상11] · 소품갈마건도[1] · 근본설일체유부반다로가사[기르깃뜨문서 Vol. III.3,pp.3-32,12.] · 마하승기율잡송잡법[대22 · 422하28-428중10, 439상6-b20]

1	苦切羯磨	**십송**[221상17-222중13] · **사분**[889상14-890중21] · **오분**[163상2-b9] · 소품[1 · 1-8] · **근본**[pp.5,6-11,13.] · **마하**[참조 · 442하28-424하9, 439상8-12]
2	依止羯磨	**십송**[222중14-223상25] · **사분**[891중21-892상29] · **소품**[1 · 9-12] · **근본**[pp.11,14-15,19.] · **마하**[참조 · 424하9-425상5, 439상12-22]
3	驅出羯磨	**십송**[223상26-224상29, 참조 · 290상1-c15] · **사분**[890중21-891중21] · **소품**[1 · 13-17] · **근본**[pp.15,20-19,8.] · **마하**[425상5-10, 439상22-25]
4	下意羯磨	**십송**[224중1-225중4] · **사분**[892상29-893하25] · **오분**[163중10-164상11] · **소품**[1 · 18-24] · **근본**[pp.19,9-28,6] · **마하**[참조 · 425상10-426중9, 439상25-b1]
5	擧罪羯磨初二(1)	**십송**[225중5-226중7, 226중8-227중10] · **사분**[894상5-c2, 894하2-895중2] · **소품**[1 · 25-30, 31] · **근본**[pp.28. 7-29,4;29.5-30.2.] · **마하**[426중3-c28, 426하28-427상14]

6	擧罪羯磨後一(2)	**십송**[227중11-228중8] · **사분**[895중2-896중24] · **소품**[1 · 32-35] · **근본**[pp.30,3-32,12.] · **마하**[참조 · 427상20-428중10, 439중1-20]

12. 인건도人犍度(Pudgalavastu)

십송율제12승잔회법[대23 · 228중11-236하9] · 사분율인건도[대22 · 896중25-903하20] · 오분율제11갈마법하[대22 · 156중19-158중25] · 소품집건도[3] · 근본설일체유부제12인사[기르깃뜨문서 Vol. III. 3, pp.32,13-88.] · 마하승기율잡송발거법[대22 · 428중11-29, 431하26-432하20, 433중6-16, 433하2-438중29, 439중20-22]

13. 자자건도自恣犍度(Pārivāsikavastu)

십송율승잔회법[대23 · 236하10-239중5] · 사분율복장건도[대22 · 904상1-906상8] · 오분율별주법[대22 · 181중5-182상4] · 소품자자건도[2] · 근본설일체유부율자자사[기르깃뜨문서 Vol. III, 3. pp. 91-103] · 마하승기율송발거법[대22 · 432하20-433중6, 433중16-c2]

14. 차설계건도遮說戒犍度(Poṣadhasthāpanavastu)

십송율차법[대23 · 239중6-242상14] · 사분율차건도[대22 · 906상9-909중6] · 오분율차포살법[대22 · 180하18-181중4] · 소품차설계건도[9] · 근본설일체유부설계안립사[기르깃뜨문서 Vol. III. pp.105-117.] · 마하승기율잡송발거[대22 · 447중11-c2]

1	大海의 八勝法과 律의 八事	**십송**[239중7-240상19] · **사분**[824상7-825상11] · **오분**[180하22-181상28] · **소품**[9 · 1-2] · **근본**[pp.107,4seq.] · **마하**[447중11-c2]
2	犯比丘에게 포살을 금한다	**십송**[240상19-b15] · **오분**[181상28-b4] · **소품**[9 · 2] · **근본**[pp.107,9-20.]
3	遮說戒의 法 · 非法	**십송**[240중11-242상12] · **사분**[906상25-907중6] · **근본**[pp.108,11-116,17.] · **소품**[9 · 3]
4	比丘를 어렵게 하는 五法	**사분**[906상10-25, 907중6-c6等] · **소품**[9 · 5] · **근본**[pp.107,21-108,10.]

15. 멸쟁건도滅諍揵度(Śamathavastu)

십송율쟁사법[대23 · 251상16-256중23, 참조 · 141중12-147중15] · 사분율멸쟁건도[대22 · 913하12-922하5] · 오분율멸쟁법[대22 · 153하22-156중6-19] · 소품[4] · 근본설일체유부멸쟁사, 마하승기율발쟁계[대22 · 327상25-335중27, 잡송발거441하7-442상11]

1	現前毘尼	**십송**[142상3-b25] · **사분**[913하16-914상4] · **오분**[참조 · 77중7] · **소품**[4 · 1-3] · **마하**[327중17-328하11]
2	.憶念毘尼	**십송**[142중26-143상26] · **사분**[914상4-b15] · **오분**[참조 · 77중8-10] · **소품**[4 · 4] · **마하**[328하14-329상20]
3	不癡毘尼	**십송**[143상27-c15] · **사분**[914중15-c29] · **오분**[참조 · 77중11] · **소품**[4 · 5-6] · **마하**[332상10-333중6]
4	自言治	**십송**[141중13-142상2] · **사분**[914중29-915상27] · **오분**[참조 · 77중12-14] · **소품**[4 · 7-8] · **마하**[3332하18-333중6]
5	滅罪法	**십송**[143하16-144상22] · **사분**[915중2-c10] · **오분**[참조 · 77중18] · **소품**[4 · 11-12] · **마하**[333중6-c24, 441하7-442상11]
6	多覓罪	**십송**[144상23-147상15] · **사분**[915상27-b2] · **오분**[참조 · 77중15] · **소품**[4 · 9-10] · **마하**[333하25-334하26]
7	草覆地	**십송**[147상16-b15] · **사분**[915하11-20] · **오분**[참조 · 77중14-18] · **소품**[4 · 13] · **마하**[334하26-335중24]
8	四諍事現前 · 多覓滅	**십송**[251상19-256중22] · **사분**[915하21-922하5] · **오분**[153하26-156중18] · **소품**[4 · 14]

16. 파승건도破僧犍度(Samghabhedavastu)

십송율조달사[대23 · 257상1-267상21, 참조 · 24중22-25하15] · 사분율파승건도[대22 · 909중7-913하11, 참조 · 590중13-595하1] · 오분율파승법[대22 · 164ㅅ아13-166중7, 참조 · 16하21-21상1] · 소품[7, 참조 · 경분별승제10] · 근본설일체유부비나야파승사[대24 · 99상14-206상15, 참조 · 대23 · 700하29-704중26, 기르깃뜨문서 Vol. III. 4, pp.211-255.] · 마하승기율잡송발거[대22 · 442하28-443상26, 440하19-441상26, 489하9-25, 참조 · 승잔계 281하12-283중14]

1	釋子 등의 出家	**사분**[590중13-591하16] · **오분**[16하21-17, 하14] · **소품**[7 · 1] · **근본**[144중9-147중22]
2	.提婆達多의 王子親交	**십송**[257상4-c16] · **사분**[592상9-20] · **오분**[17하15-18상2] · **소품**[7 · 2] · **근본**[167하26-168하23]
3	佛聞提婆達多惡意	**십송**[257하17-258상9] · **사분**[592상20-b1] · **오분**[18상23-b10] · **소품**[7 · 2 · 5] · **근본**[168하23-169상11]
4	迦休天子目連에게 보고하다	**십송**[258상9-27] · **사분**[591하25-592상8] · **오분**[18상2-13] · **소품**[7 · 2 · 2] · **근본**[169상12-b18]
5	提婆의 要求	**십송**[258상28-b14] · **사분**[592중5-17] · **오분**[18중11-23] · **소품**[7 · 3 · 1] · **근본**[169중19-29]
6	五種의 惡事	**십송**[258중14-259상8] · **사분**[593상10-29] · **오분**[18상13-22] · **소품**[7 · 2 · 3-4] · **근본**[169하5-170중24]
7	提婆破僧을 시도하다	**십송**[259상9-c14] · **오분**[18중23] · **근본**[참조170중24-172중19]
8	顯示羯磨	**십송**[260하2-11] · **사분**[593상29-c1] · **오분**[19상5-23] · **소품**[7 · 3 · 2-3] · **근본**[173하9-21]
9	阿闍世의 王位 簒奪	**십송**[260하11-262상10] · **사분**[592중17-23, 593하1-594상1] · **오분**[19상23-b23] · **소품**[7 · 3 · 4-5] · **근본**[187하20-188상2, 189상15-190중22]
10	提婆의 殺客派遣	**십송**[260중9-25] · **사분**[592중23-c23] · **오분**[19하27-20상14] · **소품**[7 · 3 · 6-8]
11	投岩石, 佛足에서 出血하다	**십송**[260상13-b8] · **사분**[592하23-29] · **오분**[20상22-b2] · **소품**[7 · 3 · 9] · **근본**[192상14-193상29]
12	佛陀, 比丘를 위로하다	**십송**[260중25-c2] · **사분**[592하29-593상10] · **오분**[20상15-21] · **소품**[7 · 3 · 10] · **근본**[참조 · 201중25-c5]
13	미친 코끼리	**십송**[262상11-c19] · **오분**[19중24-c26] · **소품**[7 · 3 · 11-12] · **근본**[197중28-199상4]
14	提婆失世間利養制三人共食	**십송**[259하14-260상12] · **사분**[594상1-19] · **소품**[7 · 3 · 13]
15	提婆의 五條要求	**십송**[264중20-c16] · **소품**[7 · 3 · 14-16]
16	提婆의 五百比丘別立	**십송**[265상12-b9] · **사분**[909중8-18] · **오분**[164중5-14] · **소품**[7 · 4 · 1] · **근본**[202하5-28] · **마하**[참조 · 442하29-443상26]
17	五百比丘歸佛, 提婆吐血	**십송**[265중9-266상12] · **사분**[909하13-910상11] · **오분**[164중15-c15] · **소품**[7 · 4 · 1-3] · **근본**[202하28-203중14]

18	佛說五百比丘本生	**사분**[910중17-c17] · **오분**[164하15-165상2] · **소품**[7 · 4 · 4-5] · **근본**[203중14-c5]
19	提婆墮惡趣	**사분**[909중18-c13] · **오분**[166상8-14] · **소품**[7 · 4 · 7-8] · **근본**[참조 · 150상28-151상20, 기르깃뜨 pp.236,4-240,3.]
20	優婆離問破僧諸事	**십송**[266중15-267상21] · **사분**[913중2-c10] · **오분**[166상14-b7] · **소품**[7 · 5] · **근본**[153중4-155중9, 기르깃뜨 pp. 248,12-255,6] · **마하**[440하19-441상26, 489하9-25]

17. 와좌구건도臥坐具犍度(Śayanāsanavastu)

십송율와구법[대23 · 242상15-251상15] · 사분율방사건도[대22 · 936중18-945상19] · 오분율와구법[대22 · 166중8-169상23] · 소품와좌구건도[6] · 근본설일체유부상좌사[기르깃뜨문서 Vol. III.3, pp.119-144.] · 마하승기율잡송발거[대22 · 443하4-446하3, 415상29-c8]

1	王舍城居士精舍奉納	**십송**[243상21-b5] · **사분**[936중22-937상21] · **오분**[166중9-c9] · **소품**[6 · 1] · **근본**[pp.132,9-133,5.]
2	精舍設備	**십송**[243중5-c19] · **사분**[937상21-938중20, 참조 · 940하15-941중8, 941하4-943상18] · **오분**[참조 · 167중19-168중7] · **소품**[6 · 2-3] · **근본**[pp.133,6-13]
3	給孤獨의 精舍奉納	**십송**[243하20-245상3] · **사분**[938중20-939하15, 941중8-c4] · **오분**[166하10-167중19] · **소품**[6 · 4, 6 · 9] · **근본**[pp.133,13-144] · 마하[415상29-c8]
4	鵽 · 獼猴 · 象과 序 · 長幼	**십송**[242상18-243상21, 245상3-b3] · **사분**[939하15-940하4] · **오분**[121상2-25] · **소품**[6 · 6-7, 6 · 10] · **근본**[pp.121, 5-132,8.] · **마하**[445하22-446하3]
5	精舍, 臥坐具의 配分指定	**십송**[245중3-246하8, 247상2-c23] · **사분**[943중26-c29] · **오분**[167하20-27, 168하8-169상4] · **소품**[6 · 11-12, 6 · 15-16] · **마하**[445중5-c22]
6	營事比丘	**십송**[244중22, 247하24-248상13] · **사분**[944상6-b19, 944하4-945상2] · **오분**[167상13, 169상7-22] · **소품**[6 · 5, 6 · 17] · **근본**[pp.143, 22 seq.] · **마하**[415하3, 445상4-b5]
7	房舍의 如法한 施와 住	**사분**[943상18-b26] · **오분**[168중8-c7] · **마하**[444하18-445상3]
8	空屋管理比丘	**십송**[249하5-250상5] · **사분**[940하4-15] · **오분**[167중27-29]
9	諸執事人	**십송**[248상14-249하4, 250상21-251상14] · **사분**[945상5-18] · **소품**[6 · 21]

18. 위의건도威儀揵度(Ācāravastu)

십송율잡법[대23 · 298상26-302하8] · 사분율법건도[대22 · 930하6-936중17] · 오분율위의법[대22 · 177상1-180하17] · 소품의법건도[8] · 근본설일체유부비나야잡사[대24 · 374하29-382중28] · 마하승기율위의법[대22 · 499상18-514상18]

1	乞食威儀	**십송**[298상27-299상6] · **사분**[932중29-933하6] · **오분**[177하22-178하5] · **소품**[8 · 5] · **근본**[375상3-28]
2	居士家食	**십송**[299상7-b7] · **사분**[934하24-036상2] · **오분**[179상27-c16] · **소품**[8 · 4] · **근본**[375상29-376상26]
3	客來比丘	**십송**[300상11-b15, 하7-19] · **사분**[930하7-931하28] · **오분**[178하5-179상26] · **소품**[8 · 1-3] · **근본**[381상18-c24]
4	阿蘭若比丘	**십송**[300하20-301상27] · **사분**[933하6-934하24] · **오분**[179하17-180상24] · **소품**[8 · 6] · **근본**[377하9-378상18]

19. 잡건도雜揵度(Kṣudrakavastu)

십송율잡법[대23 · 267상22-290하20] · 사분율잡건도[대22 · 945상20-966중11] · 오분율잡법[대22 · 169중1-176하23] · 소품소사건도[5] · 근본설일체유부비나야잡사[대24 · 207상16-297중24, 324하15-328하25] · 마하승기율잡송발거[대22 · 461중19-499상17]

1	覆鉢과 賓頭盧	**십송**[268하12-269중4] · **사분**[946중13-c25] · **오분**[170상3-c24] · **소품**[5 · 8] · **근본**[213중27-c22] · **마하**[참조 · 462상14-b15]
2	菴婆果	**십송**[268상22-b28] · **사분**[963중11-21] · **오분**[170하24-171상6] · **소품**[5 · 5 · 1] · **근본**[209하18-210상28] · **마하**[478상20-b5]
3	覆鉢羯磨	**십송**[270하15-271하5] · **사분**[958하15-960상7] · **오분**[174하5-175상23] · **소품**[5 · 20] · **근본**[220상5-c17] · **마하**[참조 · 483하9-484중20]
4	蛇足蛇呪	**사분**[870하22-871상8] · **오분**[171상16-28] · **소품**[5 · 6] · **근본**[기르깃뜨문서 Vol. III. 1. pp.285,8-288,20.]

20. 비구니건도(Bhikṣuṇīvastu)

십송율잡법비구니법[대23 · 290하21-298상25] · 사분율비구니건도[대22 · 922하6-930하5] · 오분율비구니법[대22 · 185중1-190중9] · 소품[10] · 근본설일체유부비나야잡사[대24 · 350중7-374하28] · 마하승기율잡송발거법[대22 · 471상25-476중11]

1	比丘尼僧伽	**사분**[922하7-923하12] · **오분**[185상5-186상27] · **소품**[10 · 1] · **근본**[350중10-351상25] · **마하**[471상25-28]

21. 두 번의 결집兩度結集(Saṃghītivastu)

십송율오백비구결집 · 칠백집법비니멸악법품[대23 · 445하8-456중8] · 사분율집법비니오백인 · 칠백집법비니[대22 · 966상12-971하3] · 오분율오백집법 · 칠백집법[대22 · 190중10-194중21] · 소품오백건도 · 칠백건도[10 · 11] · 근본설일체유부비나야잡사[대24 · 382중29-414중19] · 마하승기율잡송발거[대22 · 489중26-493하11]

1	入滅	**십송**[445하10-447상11] · **사분**[966상15-c11] · **근본**[382중29-402하4] · **마하**[489하26-490중21]
2	王舍城結集	**십송**[447상12-450상26] · **사분**[966하11-968하17] · **오분**[190중13-192상25] · **소품**[11] · **근본**[402하5-408중25] · **마하**[490중21-492하17]
3	傳燈師	**근본**[408중26-411하3] · **마하**[492하17-493상19]
4	毘舍離結集	**십송**[450상27-456중8] · **사분**[968하18-971하2] · **오분**[192상26-194중20] · **소품**[12] · **근본**[411하3-414중11] · **마하**[493상25-c11]

༄༅། །འདུལ་བ་རྒྱ་མཚོའི་སྙིང་པོ་བསྡུས་པ་ཞེས་བྱ་བ་བཞུགས་སོ། །

律海心要攝頌附註

༄༅། །ཨོཾ་བདེ་ལེགས་སུ་གྱུར་ཅིག །

嗡,願樂善成就。

옴, 안락과 길상을 성취하게 하소서.

(옴 데(增上生:인간과 천신의 몸) 렉(決定勝:해탈 · 성불)을 성취하게 하소서.)

【註】이 길상한 발원은 부처님의 신 · 어 · 의身語意 삼밀三密의 공덕을 염하며 일체중생들이 안락과 길상을 성취하기를 축원하는 것이다.

ཐམས་ཅད་མཁྱེན་པ་ལ་ཕྱག་འཚལ་ལོ། །

敬禮一切智者。

일체지를 이루신 님께 공경히 예경하나이다.

【註】이것은 귀의하고 예경하는 찬탄이다.

།གང་ལ་བརྟེན་ནས་བདེ་ལྷག་ཏུ།།ཐར་པའི་གྲོང་དུ་བགྲོད་པའི་ཐབས།

།བདེ་གཤེགས་བསྟན་པའི་སྙིང་པོ་མཆོག།སོ་སོར་ཐར་ཅེས་གྲགས་པ་གང་།

依何爲方便，易趣解脫城？佛語勝心要，稱別別解脫。

어떤 방법에 의지해서
쉽고 빠르게 해탈의 성城**으로 갈 수 있는가?**
별해탈계를 의지하면 쉽고 빠르게
해탈의 도시[城]**로 갈 수 있으며,**
여래의 가르침 중에 최고의 핵심은
별해탈別解脫**이라고 알려져 있다네.**

【註】 이 한 게송은 별해탈계의 중요성을 밝힌 것이다.

● 戒體 – 계의 본질(=戒體)이 무엇인가

།ངོ་བོ་དང་ནི་རབ་དབྱེ་དང་།།སོ་སོའི་ངོས་འཛིན་སྐྱེ་བའི་རྟེན།

།གཏོང་བའི་རྒྱུ་དང་ཕན་ཡོན་ཏེ། །རྣམ་པ་དྲུག་གིས་ཇི་བཞིན་བཤད།

體性、及差別、別相、生所依、
捨緣、及功德、六種說如是。

(1)**정의**[體性] (2)**분류** (3)**각각의 정의**[別相]
(4)**어떤 몸에 의지해서 생기는가**
(별해탈계가 생길 수 있는 조건–생기게 하는 의지처),

(5)파계의 원인 (6)제대로 지키는 이득 등
여섯 가지를 토대로 해서 제대로 말하리라.

【註】 이 한 게송은 전체적인 표시인데, 여섯 가지 문으로 별해탈계를 해석하며 부처님의 면밀한 의취에 대해 해석한다. 여기까지는 본서의 서분이다.

(1)정의 : 체성體性에 대하여

།ངེས་འབྱུང་བསམ་པས་རྒྱུ་བྱས་ནས། །གཞན་གནོད་གཞི་དང་བཅས་པ་ལས།
།ལྡོག་པ་དེ་ཡང་ལུས་ངག་ལས། །གཟུགས་ཅན་ཡིན་ཞེས་འདོད་པ་དང་།

出離心爲因，遮損他及依。此復身語業，有許卽是色，

출리심을 원인으로 해서
타인에 대해 해침과 동기까지 막는 것이니,
이는 몸과 말의 불선업[身三口四]과
마음의 불선업[意三]의 열 가지에서
벗어남의 특징이고 사업이기 때문에 색온色蘊에 들어가고,

【註】 출리심 – 몸과 마음이 번뇌에서 벗어나고 삼독에서 벗어나고자 하는 마음, 윤회에서 벗어나고자 하는 마음, 해탈을 추구하는 마음을 뜻한다.

།སྤྲོང་བའི་སེམས་པ་རྒྱུན་ཆགས་པ། །ས་བོན་དང་བཅས་ཡིན་ནོ་ཞེས།
།འདོད་པའི་ཚུལ་ནི་རྣམ་པ་གཉིས། །རང་གི་སྡེ་པ་གོང་འོག་སྨྲ།

有許遠離心，等起及種子。自部上下說，所許理趣二。

파계로부터 벗어나려고 하는 마음과
마음의 상속[등기]과 종자種子까지를 계체戒體라 하나니,
불교 안에 상[上;유식, 중관] 하[下:유부, 경량부]의
각각에 두 가지가 있다네.

【註】이 두 게송은 체성을 해석하나니 곧 별해탈계체이다. 앞의 반 게송은 바로 계 체를 밝히는데, 이 출리심으로 스승 앞에서 서원을 일으킴으로 인하여 몸과 말의 일곱 가지 불선과 그 소의가 되는 마음의 세 가지 불선한 일로 다른 이를 해치거나 괴롭히는 것을 막고 멈추는 율의이다.

뒤의 한 게송 반은 계체를 결택한다. 불교의 각 종파에서 계체를 주장(안립)할 때 色에 의거하는 것과 心에 의거하는 두 가지 이취가 있다. 「유부」는 無見無對色을 주장하고, 「中觀 應成派」는 法處所攝色을 주장한다. 「經部」, 「唯識」, 「中觀 自續派」는 遠離心 等起 및 種子를 주장한다.

(2)분류

།བསྙེན་གནས་དགེ་བསྙེན་ཕ་མ་དང་། །དགེ་ཚུལ་ཕ་མ་དགེ་སློབ་མ།
།དགེ་སློང་མ་དང་དགེ་སློང་སྟེ། །སོ་སོར་ཐར་པ་རིགས་བརྒྱད་དོ།
།ཁྱིམ་པའི་སྡོམ་པ་དང་པོ་གསུམ། །རབ་བྱུང་སྡོམ་པ་ཐ་མ་ལྔ།

近住、二近事，二求寂、正學，比丘尼、比丘，
八種、別解脫。前三居家戒　出家戒後五。

①팔재계 ②우바새계 ③우바이계

④사미계 ⑤사미니계 ⑥식차마나니계

⑦비구니계 ⑧비구계의 여덟 종류 별해탈계가 있나니,

앞의 세 가지는 재가자의 계이며,

출가자의 계는 나머지 다섯 가지라네.

【註】 이 한 게송의 반은 차별을 해석한 것이다. 앞의 한 게송은 별해탈계의 차별을 바로 밝힌 것인데, 여덟 종류가 있다. 근주계近住戒(팔관재계), 근사남近事男, 근사녀近事女, 사미, 사미니, 정학녀(식차마나니), 비구니, 비구계이다. 뒤의 반 게송은 이 여덟 가지 계를 다 포섭한 것인데, 이 계를 의지하는 사람이 같지 않기 때문에 재가와 출가의 두 종류가 있는 것이다.

⑶각각의 정의[別相] :

①팔재계八齋戒

།རྩ་བ་བཞི་དང་ཡན་ལག་བཞི། །བརྒྱད་སྤོང་བསྙེན་གནས་སྡོམ་པའོ།

།མི་ཚངས་སྤྱོད་དང་མ་བྱིན་ལེན། །སྲོག་གཅོད་རྫུན་དང་སྨྲ་བ་རྣམས།

།རྩ་བ་བཞི་ཡིན་མལ་ཆེ་མཐོ། །ཆང་འཐུང་གར་སོགས་ཕྲེང་སོགས་དང་།

།ཕྱི་དྲོའི་ཁ་ཟས་ཡན་ལག་བཞི།

四根及四支, 離八近住戒。非梵行、盜取、殺生、虛誑語, 是爲四根本。高床、酒、舞等 過中食四支。

네 가지 근본계^{根本戒}와 네 가지 지말계^{支末戒}를
하루만 지키는 것을「팔재계[近住戒]」라 한다네.

여덟 가지란, ①깨끗하지 않는 것(음행)을 행하는 것[婬戒],
②도둑질, ③살생, ④거짓말을 하지 않는
네 가지는 근본계根本戒이고,

⑤높고 호화로운 침대, ⑥술,
⑦춤추거나 장식하는 것 등과
⑧정오를 지나서 먹는 것을 삼가는
네 가지는 지말계支末戒이라네.

【註】이 아래 15게송은 여덟 종류 별해탈계 하나하나의 계상이다. 이 7게송은 近住戒를 해석한 것인데,「춤추는 것 등」이란 것은 기악으로 노래 부르고 춤추거나 꽃다발 등으로 꾸미고 단장하는 것을 포함하는 것이다. (近住 :가까이 머문다-해탈과 가까이 머문다.)

②우바새계 ③우바이계 – 近事戒

།གསོད་རྐུ་རྫུ་དང་ལོག་པར་གཡེམ། །སྨྱོས་འགྱུར་འཐུང་བ་ལྔ་སྤོང་བ།
།དགེ་བསྙེན་གྱི་ནི་སྡོམ་པའོ།

殺、盜、虛誑語、欲邪行、飲酒，離五近事戒。

①살생, ②도둑질, ③거짓말, ④욕사행[邪婬],
⑤미치게 하는 것을 마시는[음주] 다섯 가지를
(죽을 때까지) 여의는 것이 「근사계近事戒」이라네.

།སྣ་གཅིག་སྣ་འགའ་ཕལ་ཆེར་སྤྱོད། །ཡོངས་རྫོགས་སྤྱོད་དང་ཚངས་སྤྱོད་དང་།
།སྐྱབས་འགྲོའི་དགེ་བསྙེན་རྣམ་པ་དྲུག།རྩ་བ་བཞི་ལས་གཅིག་གཉིས་གསུམ།
།འདོད་ལོག་མི་ཚངས་སྤྱོད་སྤོང་དང་། །སྐྱབས་འགྲོ་ཙམ་གྱི་དགེ་བསྙེན་དུ།
།ཁས་ལེན་རྣམས་དང་གོ་རིམ་བཞིན།

一、少、多分行，滿分行、梵行、歸依近事六；
離四根一、二、三、全非梵行，但歸依近事，承許如次第。

①하나만 지키는 것, ②두 가지 지키는 것,
③세 가지 지키는 것, ④전부 다 지키는 것,
⑤범행梵行만 지키는 것, ⑥귀의만 하는 것을
「근사의 여섯 가지」라 하나니,

네 가지 근본계에 한 가지, 두 가지, 세 가지를 여의는 것,
전부 다와 범행이 아닌 것을 여여는 것,
단지 귀의만 하는 것으로
근사의 여섯 가지 지계의 차제가 있다네.

【註】 이 두 게송 반은 근사남녀의 계를 해석한 것이다. 앞의 3구는 근사의

오계상을 밝히고, 뒤의 7구는 그 차별을 해석한 것이다. 4근본 가운데 1조를 멀리 여의면 1분을 행하는 근사이고, 2조를 멀리 여의면 少分을 행하는 근사이며, 3조를 멀리 여의면 多分을 행하는 근사이고, 네 가지 근본을 전부 멀리 여의면 滿分을 행하는 근사이다. 술은 공통 필요로 하는 계이므로 게송에 설명하지 않고 있다. 滿分을 행하는 근사는 또한 범행이 아닌 것을 멀리 여의는 것이므로 범행근사라 하고, 겨우 삼보에 귀의만 하는 이는 「단지 귀의만 한 근사」라고 한다.

④사미계 ⑤사미니계

།རྩ་བ་བཞི་དང་ཡན་ལག་དྲུག།བཅུ་སྤོང་དགེ་ཚུལ་སྡོམ་པའོ།

།གར་སོགས་ཕྲེང་སོགས་རྣམ་གཉིས་དང་། །གསེར་དངུལ་ལེན་དང་རྣམ་པ་གསུམ།

།ཕྱེ་བའི་ཡན་ལག་དྲུག་ཏུ་འགྱུར། །མཁན་པོར་གསོལ་བ་འདེབས་དང་། །

ཁྱིམ་པའི་རྟགས་ནི་སྤོང་བ་དང་། །རབ་བྱུང་རྟགས་ནི་ལེན་པ་ལས།

།ཉམས་པ་རྣམས་གསུམ་བསྣན་པ་ཡིས། །སྤང་བྱ་བཅུ་གསུམ་དག་ཏུ་འགྱུར།

四根、六支分，離十沙彌成。舞等及鬘等，执持金銀三開故成六支。啓請和尚法，遠離居家相，受持出家相，加三種毁犯，十三應遠離。

「네 가지 근본계」와 「여섯 가지 지분계」의
열 가지는 「사미계」이니,
「지분계」는 춤 등과 꾸미는 것 등과 금은을 가지는 것의
세 가지를 열어서 여섯 가지로 한 것이네.

화상[戒師]을 청하는 법, 세속의 징표를 버리는 법,
출가의 징표를 받는 법의 세 가지를 더한
열세 가지에 대한 궤범은 마땅히 멀리 떠나야 한다네.

【註】이 두 게송의 반은 사미 · 사미니계를 해석한 것이다. 사미계상의 4근본은 근주계와 같다. 근주의 4지분 가운데 가무 · 화만조를 열어서 2조로 하고, 금은을 가지는 것을 더하여 3조가 되고, 飮酒 · 高廣牀 · 正午를 지나서 먹는 것까지 이어서 6조가 된다. 4근본 6지분에 후의 3학처를 더하여 13이라 한 것이다.

⑥정학녀계(식차마나니계)

།དགེ་ཚུལ་སྡོམ་པ་ཐོབ་རྗེས་སུ། །རྩ་བའི་ཆོས་དྲུག་རྗེས་མཐུན་གྱི།
།ཆོས་དྲུག་སྲུང་བའི་སྡོམ་པ་ནི། །དགེ་སློབ་མ་ཡི་སྡོམ་པ་ཡིན།

得沙彌戒後, 離六根本法, 及六種随法, 爲正學女戒。

사미니계를 받은 뒤
근본 여섯 가지 법과
여섯 가지 부수적인 법(隨法)을 지키는 것을
「식차마나니계」라 한다네.

【註】이 한 게송과 아래의 두 게송 반은 정학녀계를 해석한 것이다.

།གཅིག་པུ་ལམ་དུ་འགྲོ་མི་བྱ། །ཆུ་བོའི་ཕ་རོལ་རྐྱལ་མི་བྱ།

།སྐྱེས་པ་ལ་ནི་རེག་མི་བྱ། །སྐྱེས་པ་དང་ནི་འདུག་མི་བྱ།
།སྨྱན་དུ་འགྱུར་བ་མི་བྱ་ཞིང་། །ཁ་ན་མ་ཐོ་འཆབ་མི་བྱ།
།དེ་དག་རྩ་བའི་ཆོས་དྲུག་སྤོང་། །གསེར་ལ་བཟུང་བར་མི་བྱ་ཞིང་།
།འདོམས་ཀྱི་སྤུ་ནི་བྲེག་མི་བྱ། །བྱིན་ལེན་མ་བྱས་ཟ་མི་བྱ།
།གསོག་འཇོག་བྱས་པ་ཟ་མི་བྱ། །རྩྭ་སྔོན་མི་གཙང་འདོར་མི་བྱ།
།ས་ནི་བརྐོ་བར་མི་བྱ་བ། །རྗེས་མཐུན་ཆོས་ནི་རྣམ་དྲུག་སྤོང་།

不獨在道行, 亦不獨渡水, 不故觸男子, 不與男同宿, 不爲媒嫁事, 不覆尼重罪, 離六根本法。金銀不應捉, 不除隱處毛, 不得不受食, 及以殘宿食, 生草棄不淨, 不應掘生地, 離六種隨法。

①혼자서 길에 다니면 안 되고,
②또한 혼자서 수영을 하면(=혼자서 물을 건너면) **안 되며,**
③남자의 몸을 만지면 안 되고,
④남자와 같이 앉으면 안 되며,
⑤중매를 하면 안 되고,
⑥자신의 허물[罪]**을 감추면 안 되나니,**
이 여섯 가지 근본의 법을 버려야 한다네.

①금은을 만지지 않으며,
②은밀한 곳의 털을 제거하면 안 되고,
③진녠(주고 받는 작법. 공양게 등)**을 하지 않은 음식을 먹으면 안**

되며,

④미리 남겨두었다(따로 모아서 챙긴 음식을) 먹으면 안 되고,

⑤풀을 더럽히면 안 되며,(풀을 뽑으면 안 된다고 하기도 함)

⑥땅을 파면 안 되나니,

이것을 「부가하는 여섯 가지 법」[隨六法]이라 한다네.

【註】 이 세 게송 반 또한 의정 삼장이 번역한 『근본설일체유부비나야송』 卷下에 정학녀 6法과 6隨 14句를 밝히고 있다.

⑦비구니계

།ཕམ་བརྒྱད་ལྷག་མ་ཉི་ཤུ་དང་། །སྤོང་བའི་ལྟུང་བྱེད་སུམ་ཅུ་གསུམ།

།ལྟུང་བྱེད་འབའ་ཞིག་བརྒྱ་བརྒྱད་ཅུ། །སོ་སོར་བཤགས་པ་བཅུ་གཅིག་དང་།

།ཉེས་བྱས་བརྒྱ་དང་བཅུ་གཉིས་ཏེ། །སུམ་བརྒྱ་དྲུག་ཅུ་རྩ་བཞི་རྣམས།

།སྤོང་བར་བྱེད་པ་དགེ་སློང་མ།

八重, 二十殘, 三十三捨墮, 百八十單墮, 十一對說悔,
百十二惡作, 三百六十四, 是比丘尼戒.

8바라이, 20승잔, 33사타

180단타, 11대설회,

112악작의 364가지는 「비구니계」이라네.

【註】 이 7구는 (설일체유부율에서의) 비구니계를 해석한 것이다.

⑧비구계

།ཕམ་པ་བཞི་དང་ལྷག་མ་ནི། །བཅུ་གསུམ་སྤང་ལྟུང་སུམ་ཅུ་དང་།
།ལྟུང་བྱེད་འབའ་ཞིག་དགུ་བཅུ་དང་། །སོར་བཤགས་བཞི་དང་ཉེས་བྱས་ནི།
།བརྒྱ་རྩ་བཅུ་གཉིས་བསྡོམས་པ་ཡིས། །ཉིས་བརྒྱ་ལྔ་བཅུ་རྩ་གསུམ་རྣམས།
།སྡོམ་པར་བྱེད་པ་དགེ་སློང་ངོ་།

四重、十三殘、捨墮有三十、
九十種單墮，四種對說悔，
百十二惡作，二百五十三，是爲比丘戒。

4바라이, 13승잔, 30사타가 있고
90단타, 4대설회,
112악작의 253가지 이것은「비구계」이라네.

【註】이 7구는 비구계를 해석한 것이다.

།དེ་ལྟར་སོ་ཐར་རིགས་བརྒྱད་དོ།

八種别解脫。

이것이「여덟 가지 별해탈계」이라네.

【註】이 1구는 총결이다.

(4) 별해탈계가 생길 수 있는 조건[所依]

།སྒྲ་མི་སྙན་པ་མ་གཏོགས་པའི། །གླིང་གསུམ་སྐྱེས་པ་བུད་མེད་ཀྱི།
།རྟེན་ལ་སྐྱེ་ཡི་ཟ་མ་དང་། །མ་ནིང་མཚན་གཉིས་སོགས་ལ་མིན།

除北俱盧洲, 三洲人男女, 所依, 非不男、黃門、二形等.

북쪽의 구로주를 제외한
3주洲에 있는 남녀는 별해탈계를 얻을 수 있지만,
그 중에도 불남不男, 황문黃門과 이형二形, 오역죄를 지은 이는
「별해탈계」를 얻을 수 없다네.

【註】이 한 게송은 계를 얻는 소의所依의 몸을 밝힌 것이다. 반드시 북구로주를 제외한 3주洲의 남녀인신男女人身이어야 하고, 그 가운데 남자도 아니고 여자도 아닌 자 등 및 무간업을 지은 자 등은 계를 얻을 수 없다.

(5)파계의 원인[捨緣]

: 사계의 인연에 두 가지가 견해가 있다. ①자신의 견해와 ②다른 견해이다.

①자신의 견해

།སྡོམ་པ་གཏོང་བའི་རྒྱུ་ལ་གཉིས། །བསླབ་པ་ཕུལ་དང་ཤི་འཕོས་དང་།
།མཚན་གཉིས་བྱུང་དང་ལན་གསུམ་གྱུར། །དགེ་རྩ་ཆད་རྣམས་ཐུན་མོང་ངོ་།

還戒、及命終、二形生、三轉、斷善根等, 共。

①환계還戒, ②죽는 것[命終], ③동시에 이성二性을 가지는 것, ④성性[根]을 세 번 바꾸는 것, ⑤선근이 끊어진 것[一闡提]의 다섯 가지 경우는 모든 계의 공통적인 사계捨戒의 원인이 된다네.

།ཉི་ཤུ་མ་ལོན་དེར་ཤེས་དང་། །བསྙེན་ཕྱིར་ཁས་བླངས་ཉིན་ཞག་འདས། །
རིམ་བཞིན་དགེ་སློང་དགེ་སློབ་མ། །བསྙེན་གནས་རྣམས་ཀྱི་ཐུན་མོང་མིན།

知不滿二十, 共期、及夜盡, 比丘、正學女, 近住不共因。

①20세가 되지 않았다는 것을 알게 된 것,
②2년이 지난 것, ③하룻밤이 지난 것은
차례대로 비구계와 정학녀계, 근주계[八關齋戒]
각각의 사계의 원인이라네.

②다른 견해

།རྩ་བའི་ལྟུང་བ་བྱུང་བ་དང་། །དམ་པའི་ཆོས་ནི་ནུབ་པ་ལས།
།སྡོམ་པ་གཏོང་ཞེས་འདོད་པའང་ཡོད། །ཁ་ཆེ་བྱེ་བྲག་སྨྲ་བ་རྣམས།
།སྡོམ་ལྡན་རྩ་ལྟུང་བྱུང་བ་ལ། །བུ་ལོན་ནོར་ལྡན་བཞིན་དུ་འདོད།

犯根本重罪，正法滅盡時，亦有許捨戒。
迦濕彌羅說，具戒犯根本，如負債有財。

①근본 바라이죄를 범하는 것, ②정법이 멸진하는 것으로 사계의 원인이라고 주장하는 견해도 있고, 「가습미라부」에서는 계를 갖추고 근본계를 범하는 것은 빚도 있고 재물도 있는 것과 같다고 주장한다네.

【註】 이 세 게송 반은 사계의 연을 해석하는데, 앞의 두 게송은 바른 해석이고, 뒤의 한 게송 반은 여러 가지 다른 해설들을 열거하고 있다. 사계 인연은 일반적인 것과 일반적이지 않은 것의 두 종류가 있다. 여덟 가지 별해탈계의 일반적인 사계 인연은 환계還戒 · 명종命終 · 이형생二形生 · 전근轉根이 세 번에 이르는 것, 선근을 끊은 것 등이다. '20이 차지 않은 것을 안 것'은 비구계의 일반적이지 않은 사계 인연이고, 공통적인 기간이 지난 것은 정학녀계의 일반적이지 않은 사계 인연이며, 밤이 다한 것은 근주계의 불공사연不共捨緣이다. 경량부와 서쪽의 여러 「비바사사師」들은 근본중죄 가운데 한 가지라도 범하면 곧 사계 인연이 된다고 하였다. 무착과 세친은 법이 멸하는 것은 사계 인연이 아니라고 했다. 법이 멸할 때 비록 새로 받을 수는 없어도 이미 받은 계는 잃어버리는 것이 아니라고 하였다. 단지 소승의 여러 부파 가운데 또한 법이 멸할 때 사계 인연이 된다고 하는 부파도 있다. 「가습미라비바사사」는 단지 하나의 중죄를 범하였다면 나머지 계는 잃지 않는데, 마치 어떤 사람이 빚을 지었더라도 재물이 있는 것과 같다고 하였다. 이는 『구사론』의 주장과 같다. 이상은 「정종분」이라 한다.

(6)계를 지킴으로써 생기는 이득.

།སྡོམ་པ་དེ་དག་བསྲུངས་པ་ལས། །གནས་སྐབས་འབྲས་བུ་ལྷ་མི་དང་།

།མཐར་ཐུག་འབྲས་བུ་བྱང་ཆུབ་གསུམ། །ཐོབ་པར་འགྱུར་ཞེས་གསུངས་པའི་ཕྱིར།

།བརྩོན་ལྡན་རྣམས་ཀྱིས་སོ་སོར་ཐར། །རྟག་ཏུ་གུས་པས་འབད་དེ་བསྲུང་།

།དགེ་དེས་སྐྱེ་བར་ལུས་ཅན་རྣམས།།རྟག་ཏུ་ཚངས་སྤྱོད་ལ་གནས་ཤོག

守護此諸戒，分位人天果，究竟三菩提，佛說能得故。
具勤常励力，謹護别解脫，願有情世世，恆住於梵行。

이 모든 계를 이치대로 잘 지킴으로써
일시적으로는 증상생增上生:원토**인**
인간이나 천신의 몸을 받을 수 있고,

궁극적으로는 결정승決定勝:외렉**인 세 가지 깨달음**
즉 성문[아라한]**, 독각, 완전한 깨달음**[무상정등보리]**을**
얻을 수 있다고 부처님께서 말씀하셨다네.

그러므로 「별해탈계」를 수지하는 이는
「가행정진」과 「불퇴정진」의 두 가지 정진으로
계율을 지키는 데 노력해야 한다네.

이 선한 공덕으로 원컨대 모든 유정들이
태어나는 모든 생마다 깨끗한 행[梵行]**에 머물게 하소서.**

【註】이 두 게송은 유통분이다. 첫 한 게송은 계의 공덕을 밝히고, 다음의 한 게송은 결송으로 받아 지니는 것과 회향을 권하는 부분이다. 삼보리는 성문보리와 독각보리와 무상정등보리를 가리킨다.

།ཁྲིམས་ཀྱི་ཚུལ་ཁྲིམས་སྐྱོན་མེད་ཅིང་། །ཚུལ་ཁྲིམས་རྣམ་པར་དག་དང་ལྡན།
།རློམ་སེམས་མེད་པའི་ཚུལ་ཁྲིམས་ཀྱིས། །ཚུལ་ཁྲིམས་ཕ་རོལ་ཕྱིན་རྫོགས་ཤོག

부처님 가르침 따라 허물없이 지계持戒를 지켜
자만 없이 지계의 삼륜을 청정하게 하고
지계바라밀을 완성하게 하소서.

།ཅེས་སོ་སོར་ཐར་པའི་སྡོམ་པ་གཏན་ལ་དབབ་པ་འདུལ་བ་རྒྱ་མཚོའི་སྙིང་པོ་བསྡུས་པ་ཞེས་བྱ་བ་འདི་ནི།ཡུལ་གངས་ཅན་གྱི་མཐར་སྐྱེས་པའི་སྨྲ་དངགས་མཁན་ཤར་བློ་བཟང་གྲགས་པའི་དཔལ་གྱིས་སྦྱར་བའོ། །སརྦ་མངྒ་ལཾ

이 「바다와 같은 별해탈계율의 심요를 결택하는 섭수의 노래」는 티베트에서 태어나신 위대한 시인詩人 롭상닥빠 쫑카빠 대사께서 지은 것이다. 길상이 원만하기를...

원시 불교 교단의 율장 연구

사토미츠오 『원시불교교단의 연구』 영문 序

중국과 일본에서는 율장의 전반부인 경분별suttavibhanga 經分別은 고대부터 자세히 연구되어 왔지만, 승단의 계율을 기술한 후반부인 건도부Khandhakas 健度部는 소홀히 다루어져 왔다. 이 놀라운 사실의 역사적 이유를 살펴보면 아래의 세 가지 사항을 발견하게 된다.

1) 중국과 일본에서는 이러한 조직이 성립하는 데 필요한 사회적 여건이 조성되지 않았기 때문에 불교 교단의 원형이 형성된 적이 없다. 따라서 율장을 연구하는 학자들은 율장에 제시된 세세한 사항의 의미를 제대로 파악하지 못했다.
2) 중국과 일본에서는 율장에 대한 연구는 주로 한자 경전을 기반으로 이루어져 왔다. 그러나 인도와 중국의 역경사들의 이 경전들에 대해 이해가 충분하지 못하여 적절한 번역을 하지 못했기에 내용이 다소 모호하고 이해하기가 어렵다. 특히 십송율十誦律과 마하승기율摩訶僧祇律이 그러하다.
3) 율장에 기술된 불교 교단은 국가와는 연관이 없는 민주적인 단체였다. 게다가 다른 구성원들 위에 군림할 수 있는 수장이 없

었다. 『대반열반경』MaJiaparinibbana-suttanta에 따르면, 부처님 자신도 공동체에서의 권한을 거부하셨다.(디가 니까야 16:2.25) 승단에서는 모든 구성원들이 동등한 권리를 가지며 모든 결정은 만장일치제로 정했다. 이러한 민주주의 체제는 군주제나 봉건제의 통치하에 살았던 북인도와 중앙아시아, 중국과 한국, 일본의 후기 불자들에게는 상당히 이질적인 것이었다. 이 국가들에서는 율장에 규정된 민주주의 체제가 현실로 나타날 수 없었다.

이러한 이유로 19세기가 넘는 중국과 한국, 일본의 오랜 역사에서 본래의 율장에 상응하는 교단이 없었으며, 건도부는 미개척지로 남아 있게 되었다.

필자는 이 책에서 원시 불교 교단의 체계를 알리고자 시도했고 중국과 일본의 교단이 원형에서 벗어난 것임을 밝혔다.

빠알리어와 한문 율장의 비교 연구를 통해 서로 다른 여섯 문헌 사이에 약간의 차이는 있지만 상당한 일치가 있다는 것을 알게 되었다. 이를 통하여 공통된 내용의 대부분이 원본 율장이고, 차이점은 이후 다양한 교단에서 다르게 발전되어 왔다는 결론에 이르게 되었다.

일반적으로 율장 원본의 대부분은 부처님 입멸 후 백 년 이내에 편찬되었지만. 현존하는 내용은 그보다 더 나중에 만들어진 것으로 알려져 있다. 또한 대다수의 학자들은 몇몇 중요한 금율禁律은 부처님 본인께서 정하셨지만, 부처님의 현존만으로도 제자들을 이끌기에 충분했기 때문에 사소한 규칙들은 공식화되지 않았다고 주장한다. 그러나 내가 보기에 이 내용은 적절하지 않은 것 같다. 초기 교단에는 이단에서 개종한 승려들이 많았다. 그중에는 종교에 대한 순수한 신심보다 자신의 삶을 지탱하기 위해 생활 지원이라는 실질적인 이익 때문에 불교로 개종한 사람이 적지 않았다. 예를 들어, 가섭의 삼형제와 사리불과 목건련이 불교로 개종하면서, 그들의 이전 제자들은 더 이상 신도들의 후원을 얻을 수 없게 되었다. 그래서 그들은 스승을 따를 수밖에 없었다. 『율장대품』 1.25.1에서 볼 수 있듯이 그들 대부분은 승려가 될 자격이 없었다.

'한때 비구들은 친교사가 없어서 훈계를 받지 못하고 가르침을 받지 못하여 하의下衣를 잘못 입고 상의上衣를 잘못 걸치고 위의를 갖추지 못한 체 탁발을 했다. 그들은 사람들이 식사할 때 남은 단단한 음식 위에 발우를 놓고, 남은 부드러운 음식 위에 발우를 놓고, 남은 맛있는 음식 위에 발우를 놓고, 남은 음료 위에 발우를 놓고, 스스로 카레와 밥을 요구하여 먹고, 식당에서 높은 소리를 내고 큰 소리를 내며 지냈다.

이와 같은 상황을 고려할 때, 교단의 형성 초기부터 일상생활에 대한 사소한 규율이 필요했고, 이 규율은 부처님 자신께서 직접 만든 것이라고 가정하지 않을 수 없다.

동경 산키보 부쇼린 타이쇼 대학 불교 연구소 1972

Notes 유의사항

사토미츠오『원시불교교단의 연구』

제1장 서설

이 장에서 나는 대중부大衆部의 분열이 일어난『대사』Mahavamsa 大史와『도사』Dipavamsa 島史의 대결집 전설을 부인하였다. 역사에 의하면, 제2결집 이후 결집에 불만을 품은 많은 승려들이 대거 대결집을 열었다고 한다.『대사』와『도사』는 제2결집에 대한 설명도 포함되어 있는「쭐라박가」Cullavagga 律藏小品 12장 보다 나중에 편찬되었으며, 전자『대사』와『도사』의 두 전통은 후자인『율장』「쭐라박가」를 기반으로 한다. 이 두 전통은 편집자들에게 편리하도록 제2결집의 변경된 판본을 나타낸다. 베살리vesali에서 열린 제2결집에는 다양한 지역에서 모인 700명의 비구가 참석했다고「쭐라박가」12장에 묘사되었다. 그들은 열 가지 논란이 되는 쟁점을 해결하기 위해 여덟 개의 위원회를 선택했다. 이와 대조적으로「도사」6장에 의하면 정통 비구 12000명 외에 밧지뿟따까跋耆子 비구가 12000명 모였다고 한다. 이때 여덟 장로들이 이 문제를 해결하고자 700명의 비구를 선정했다. 이 결의에 반발하여 1만 명의 밧지뿟따까跋耆子 비구들이 대결집을 하였다.「대사」는 베살리에 모인 비구가 무려 120만 명에 달한다고 기록하였다. 그러나 『대사』와 『도사』의 이러한 대결집의 전통은 상당히 문제가 있는 것으로 보인다.

제2장 출가와 비구

사문계samana-sila 沙門戒는 인도의 출가자들 사이에서 일반적으로 실천되는 윤리적 규범을 의미한다. 소계culla-sila 小戒, 중계majjhima-sila 中戒, 대계maha-sila 大戒의 이 셋을 「사문계」라 부른다. 불교 비구들 역시 출가 수행자였기에 이 계율을 수지했다. 예를 들어, 부처님께서는 이러한 계율에 합당한 선행을 하셨기에 재가자들의 존경을 받았다.(『범망경』, 디가 니까야 1장) 그리고 승려 제자들 역시 동일한 이유로 대중들의 존경을 받았다.(『사문과경』, 디가 니까야 2장) 이와 반대로 「비구계」는 부처님께서 특별히 정하신 비구들의 규율로서 사문계에 위반되는 행위를 하면 처벌을 받게 된다. 다시 말해, 비구계는 부처님께서 제정하신 반면, 사문계는 자연적인 발전의 결과로 형벌에 대한 규정을 수반하지 않았다. 불교 교단이 성립할 당시에는 비구계가 전혀 존재하지 않았다. 비구들은 이미 존재하는 사문계를 관찰하여 수행자의 삶을 살기 위해 노력했다. 그 후에 일부 비구들이 사문계를 범했을 때에만 부처님께서는 같은 일의 재발을 방지하기 위해 비구계의 계율을 정하셨다. 비구계의 모든 계율은 이런 방식으로 만들어졌다.

제3장 비구의 입단과 의지

우빠삼빠다upasampada 具足戒는 중국어로 수계受戒로 번역되며 '초심자가 승려의 계율을 수지하는 것'이란 의미이다. 중국 번역가들이 언급했듯이, 이 의식에서 부처님 또는 승가로부터 인허되어 비구성比丘性을 얻고 비구가 되는 것이다. 계율을 다룬 『율장』「마하박가大品 1장」에서 의식에 대한 다른 설명을 볼 수 있다. 비구가 되고자 하는 이는 신체적 조건과 가족과 사회에서의 지위를 면밀히 검토해야 한다고 묘사되어 있다. 그런 다음 자격이 있다고 판단된 후보자는 현전승가의 의결에 의해 비구로 인정된다. 여기에는 계를 받거나 서원하는 의식이 없다. 의식 직후, 새로운 승려는 은둔 수행자로 살기 위한 네 가지 의지(cattaro nissaya 四依)와 네 가지 금지(四不應作)에 대해 승단으로부터 교육받아야 한다. 뒤에서 설명할 이 네 가지 의지와 네 가지 금지 사항은 인도의 모든 출가 수행자들에게 해당되는 공통 사항으로 불교만의 것이 아니었다. 아마도 인도와 중국 번역자들은 이미 지적했듯이 네 가지 의지와 네 가지 금지를 설명하는데 오류를 범했을 것이다.

여기에서 나는 시간이 흐름에 따라 우빠삼빠다가 성스러운 승단의 일원인 비구가 재가자와 구별되는 비구성 또는 출가자로서의 신분을 얻는 의식으로 이상화되었다는 점에 주목한다. 부처님은 보리수 아래에서 깨달음을 얻음으로 비구성을 갖추게 되었기에, 부처님의 우빠삼빠다는 그의 깨달음이었다. 그러나 부처님의 일부 제자들은 규정에 맞지 않는 방식으로 비구가 되었다. 앞에서 설명한 것처럼 부처님 자신과 몇몇 제자들을 제외한 나머지 비구들은 규칙적인 출가 절차인 우빠삼빠다를 통해 출가한다.

네 가지 의지(四依)는 이러하다. 비구는 반듯이 탁발에 의지하고, 분소의에 의지하며, 나무 밑 처소에 의지하고, 진기약陳棄藥에 의지한다. 이 네 가지 외에 재가자가 주는 음식과 의복, 집과 의약품 등은 여득(餘得 atireka-lābha)이라 부른다. 이 네 가지 의지는 불교 승려뿐 아니라 인도의 모든 출가 수행자들에게 해당된다. 그러나 대다수의 비구들은 이 네 가지 의지 이외에 여득으로 생계를 유지했다. 사의四依에 대한 이러한 설명이 반드시 불교 승려를 다른 인도 출가 수행자와 구별하는 것은 아니다.

(1) 출가는 걸식에 의지한다. 그것에 의지하여 목숨이 다할 때까지 노력을 기울여야 한다. 별도로 얻을 수 있는 것으로는 승차식僧次食, 별청식別請食, 청식請食, 행주식行籌食, 십오일식十五日食, 포살식布薩食, 월초식月初食이 있다.

(2) 출가는 분소의에 의지한다. 그것에 의지하여 목숨이 다할 때까지 노력을 기울여야 한다. 별도로 얻을 수 있는 것으로는 아마옷, 비단옷, 모직옷, 모시옷, 삼베옷이 있다.

(3) 출가는 나무밑 처소[樹下座]에 의지한다. 그것에 의지하여 목숨이 다할 때까지 노력을 기울여야 한다. 별도로 얻을 수 있는 것으로는 정사精舍, 평부옥平賦屋, 전당殿堂, 누옥陋屋, 동굴이 있다.

(4) 출가는 진기약에 의지해야 한다. 그것에 의지하여 목숨이 다할 때까지 노력을 기울여야 한다. 별도로 얻을 수 있는 것으로는 버터기름[숙소], 신선한 버터[생소], 기름, 당밀이 있다 -본문에서 발췌

네 가지 금지 사항(사금사四禁事 or 사불응작四不應作)은 음, 도, 대망어, 살인을 뜻한다. 이 네 가지는 모든 인도 출가 수행자들이 공통적으로 준수하는 윤리적 규칙이었다. 그러나 이 동일한 규칙이 불교 승려를 위한 특별한 계율을 의미하는 바라이parajikas라는 이름으로 점차 알려지게 되었다. 중국의 율장에서는 네 가지 금지 사항을 바라이와 혼동하여 승려의 출가가 이를 지키겠다고 서원하는 것으로 해석하였다.

제4장 승가의 조직

부처님께선 입멸 직전 제자들에게 이런 유훈을 남기셨다. "나는 안팎의 차별을 두지 않고 가르침을 다 설했다. 아난다여, 여래의 가르침에 '감추어진 주먹'[師拳]은 없다. 아난다여, 여래는 '내가 수행승의 승단을 이끌어간다.'라던가 '수행승의 승단이 나에게 지시를 받는다.'라고 생각하지 않는다.

참고 : 붓다는 설해야 할 것을 모두 설하였으므로 더 말할 것이 아무것도 없다. 붓다에게는 아사리의 주먹[師拳]같은 것은 존재하지 않는다. 자신이 붓다로서 법法dharma과 율律vinaya을 설하였고 승가의 일원으로서 승가를 지도했다 하더라도, 승가가 자신에게 소속되어 있다고 생각하지 않는다는 의미를 아난다에게 말했다. 즉 아사리의 주먹(mutthi 握拳)이란, 바라문 사제가 스승에게서 이어받

는 비의秘義인데, 그러한 것은 붓다에게는 없으므로 이를 비밀상승秘密相承 할 교주가 필요도 없고, 또 붓다 자신도 붓다로서는 법과 율을 설하였지만, 승가의 일원으로서는 그 법과 율을 따르는 자였다고 한다. -본문에서 발췌

아난다여, 어떤 사람이 '나는 승가를 거느린다.'거나 '승가는 나의 지도를 받는다.'라고 생각한다면 그는 즉시 승가에 관하여 무언가를 공표해야 할 것이다. 아난다여, 그러나 여래에게는 '나는 승가를 거느린다.'거나 '승가는 나의 지도를 받는다.'라고 생각하지 않는다. 그러니 무엇 때문에 여래가 수행승의 승가와 관련하여 어떤 공표를 하겠는가?"(『대열반경』 51절. KPTS 번역본) 그리하여 부처님께선 승단의 교주임을 부정하였고 후계자 또한 지명하지 않았다. 부처님 입멸 후에도 불교 교단의 체계는 완전히 민주적으로 유지되었다.

제5장 승가의 쟁사와 멸쟁

쟁사諍事의 해결은 다음 네 가지 조건이 필요하다. 첫 번째, 승가현전samghasammukhatā이다. 이는 승가 전원의 완전 출석을 말하는 것이고, 갈마를 행하는 데 필요한 4명 이상의 비구가 있고, 낙욕樂欲을 주어야 할 결석자缺席者는 낙욕樂欲의 위임을 주고 나서, 출석한 자는 모두 청정하고 책 당하는 일 없는 비구뿐인 경우이다. 두 번째, 법현전法現前 dhammasammukhā tā은 교법과 스승의 가르침의 현전이며 세 번째, 율현전律現前 vinayasammukhatā은 율과 스승의 가르침의 현전으로 이 두 가지는 그 사건을 처리하는데 필요한 법과 율과 스승인 부처님의 가르침이 있는 것, 즉 법정은 법과 율과 스승의 가르침으로 쟁사를 멸하게 하는 것이다. 네 번째, 인현전人現前 puggalammukhatā이란, 지금 멸쟁 재판 처리해야 할 쟁사諍事의 쟁론자諍論者와 대쟁론자對諍論者 쌍방이 출석하는 것이다.

한역본의 설명에는 혼란스러운 부분이 많다. 나는 이것이 인도에서 이미 혼란을 겪고 있는 산스크리트어 본문과 중국어 번역자들의 무지 때문이라고 생각한다. 이러한 한역본이 나온 북인도와 중앙아시아에서는 쟁사의 해결이 실행되지 않았다. 구전에 의해 전승되었기에 번역자들이 참고할 만한 자료가 없었을 것이다.

예를 들어, 『근본설일체유부계경』, 『십송율』은 기원전 404년에 한역되었다. 이 중 2/3은 「불야다라」弗若多羅 Punyatara의 염송에서 처음 번역되었다. 이 부분에서 특히 현전비니의 설명에 현저한 혼란이 있다. 즉, 제 13 형식의 설명이 다수결로 결정된 다음 합의의 절반과 혼동되는 것이다.(신수대장경 1435장) 이 부분은 다음 형식의 중간에 삽입되어야 한다. 이 내용대로 수정하지 않으면, 이 형식은 현전비니現前毘尼 sammukha-vinaya와 다멱비니多覓毘尼 yebhuyyasika를 다루는 내용을 이해할 수 없게 된다.

한역의 이러한 변형과 혼란은 생활과 거의 연관이 없는 산스크리트어 경전이 구두로만 전승되었고, 이에 대해 거의 알지 못하는 사람들에 의해 번역되었기 때문이다. 반면, 빠알리어 경전은 생활과 밀접한 연관성을 가지고 전승되었다. 그러므로 빠알리어 경전을 한역본 경전보다 더 정통하다고 간주할 수 있다. 한역본을 읽을 때 빠알리어본을 참고한다면 한역본의 이해를 높일 수 있을 것이다.

이 해결 과정에서 만약 문제가 해결되지 않는 상황이라면 모든 승려들에 의해 선출된 위원회의 관리에 맡겨진다.

다음 장에서 다루게 될 다수결의 결정은 때론 분열을 일으킬 수도 있다. 따라서 위원회에 의한 결정은 문제를 해결하는 데 다음으로 중요한 방법이다. 예를 들어, 제2결집에 참가한 승려들은 열 가지 논란이 되는 문제를 조사했는데 이는 끝나지 않는 논쟁으로 이어졌다. 따라서 이 문제는 다수결로 해결되지 않고, 판단을 내리기 위해 여덟 명의 장로로 구성된 위원회에 맡겨졌다.(『쭐라박가』소품 12장)

화지부化地部 · 법장부法藏部 · 설일체유부說一切有部 등 한역본에 나오는 제2결집의 기록은 빠알리어 본과 동일하다. 하지만 전자의 위원회의 규칙에 대한 설명은 후자와 차이를 보인다. 나는 제2결집 편찬 당시 현존하는 여러 문헌의 공통된 출처를 형성한 율의 원문에는 빠알리어 본문과 유사한 위원회에 관한 규정이 있었을 것이라고 생각한다.

만약 위원회에서 문제를 해결하지 못할 때엔, 교단에 맡겨지고 다수결로 결정한다.

다수결의 결정은 교단에 의해 선출된 투표집행자인 행주인行籌人salākagāhāpaka의 감독을 받았다. 투표는 세 가지 방식이 있다. ①비밀행주祕密行籌 gūḷhaka-salākagāha–비밀 투표 ②이어행주耳語行籌 sakaṇṇajappaka-salākagāha–귓속말 투표 ③현로행주顯露行籌 vivaṭaka-salākagāha–공개 투표이다.(『쭐라박가』IV,14, 26)

행주인은 다수가 옳다고 선언하고 투표가 올바르게 이루어졌다고 생각하면[如法籌] 공개 방식을 선택하고 그 결과를 공개한다. 비밀행주나 이어행주 사용시 다수가 잘못된 것을 주장하고 투표가 잘못되었다고 판단하면[不如法籌] 그는 결과를 승인하지 않아야 한다. 이런 경우 행주인은 옳다고 판단하는 다수의 의견만을 참조해야 한다.

율에 맞지 않았다고 비방을 받은 승려는 자신의 결백을 증명하기 위해 이 재판을 요청할 수 있다.

정신병이 있거나 정신을 잃었을 때 율을 범했을 경우 유죄 판결을 받지 않는다. 따라서, 승려가 제정신이 아닌 상태일 때 저지른 행동으로 유죄로 판명되면 재판을 요청할 수 있다.

제6장 승가에서 징벌갈마

죄를 범한 승려가 앞에 했던 말을 번복하거나 일관성 없는 진술을 하면 혐의를 부인하고 의도적인 거짓말을 한 것이다. 이때 승가에서 반대 의견이 없으면 승잔법을 범했을 때와 같은 수준의 처벌을 받게 되며 비구의 권리가 정지된다.

이 장에서 죄를 지은 비구에게 징계를 부과하고 징계의 준수를 이행한 비구를 해방시키는 현존 승가의 결의에 대해 다루었다.

내 생각에 첫 네 가지 행법 (1)고절갈마, (2) (A)의지갈마, (B)구출갈마, (C)하의갈마가 승잔僧殘 samghadisesa의 처벌을 간소화한 형태를 나타낸 것 같다. 승잔의 처벌은 20명 이상의 비구들로 구성된 현전승가의 결정이 필요하다. 그러나 이 네 가지 행법은 4명의 승려로 구성된 모임에서 결정할 수 있는 간소화된 형태이다.

행법 (1)고절갈마, (2) (A)의지갈마는 승잔의 10번, 11번 항목과 동일하다. 행법 (2) (B)구출갈마는 승잔의 13번과 같다. 행법 (2) (C)하의갈마는 재가자들에게 불쾌한 행동을 한 승려는 참회하고 그들의 사과를 구하라는 판결이다. (2) (D)복발갈마는 그 반대이다. 교단의 이익에 반하는 행동을 하거나 교단을 향하여 악의적인 언행을 일삼은 재가자들과 모든 교류를 거부할 권리를 준다. '접시를 뒤집는다'pattamnikkujjati는 표현은 음식 공양을 받지 않겠다는 의미이다.

나는 이러한 행법이 다음과 같은 이유로 만들어졌다고 믿는다: 만약 자신의 범죄를 인정하지 않고, 그에 대해 보상하지 않고, 잘못된 견해를 포기하지 않는 승려가 있다면, 교단은 행법을 진행하고 결의를 내릴 적절한 기능을 수행할 수 없다. 이러한 행법은 그러한 승려들을 교단에서 제외하기 위한 목적으로 만들어졌다.

제7장 계경과 안거 · 포살

원래 바라제목차pāṭimokkha는 징벌 규정이 아니라 『법구경』이나 『숫다니파타』와 같은 경전에서 찾을 수 있는 불교 윤리에 관한 내용이었다. 그 후 부처님께서 징벌 규정을 만드셨을 때, 이 규칙의 규정이 옛 바라제목차를 대신하게 되었다. 이 새로운 바라제목차는 매월 보름 포살일에 송출되었다.

바라제목차를 염송하기 위한 의식이 거행되었고, 현전승가의 모든 승려들은 모두 참석하여 규율의 모든 항목을 스스로 점검해야만 했다. 이를 수행 중 한 승려가 이 내용을 듣고 죄를 저질렀음을 알게 된다면, 스스로 정화하기 위해 이를 고백해야만 했다. 그러나 이후에 이 행위의 의미가 변화하여, 승려들의 단결 · 화합을 나타내는 의식이 되어버렸다. 이에 병행하여 바라제목차의 염송도 단순한 의식으로 변하게 되었다.

우기 안거는 수행 도중 장마철 3개월 동안 공동 생활을 하도록 고안 되어졌다. 이 3개월을 제외하면 승려들은 전도傳道를 위해 홀로 여행을 한다. 초기에는 매년 장소를 바꾸어 가며 안거를 했지만, 후에 왕이나 장자들의 후원으로 한 곳에 거주하는 것이 관습이 되었다. 이런 방식으로, 이 우기 안거의 장소는 그들의 전도를 위한 여행의 거점이 되었으며, 결국 그곳에 영구 거주하게 되었다. 그래서 승려들의 여행생활은 율장에 묘사된 사원의 모습으로 변했다.(『쭐라박가』 6장)

제8장 律制와 淨法

『대열반경』에 따르면, 부처님 입멸 후에 네 가지 종류의 권한이 있었다. 그 네 가지는 부처님의 제자들, 승단과 그들의 지도자와 장로들, 승단의 여러 장로들, 경전에 해박하고 신심이 강한 장로들이다. 이들은 기존의 규율을 새롭게 해석하거나 법적 예외를 인정했다.

사타법Nissaggiya-pacittiya에 승려는 금전의 소유가 금지되었다. 그러나 시간이 흐르고 화폐의 유통이 발전함에 따라 승려들도 금전의 필요성이 발생하게 되었다. 그 후 금전을 소유하기 위한 많은 합법적인 방법이 개발되었다.

음식이 부족할 때 부처님께서는 승려들이 사원에서 요리하는 것을 허락하셨지만 그렇지 않으면 음식을 저장하거나 요리할 수 없었다. 그러나 승려들이 사원에서 생활하게 되면서 음식 조리와 저장이 필요해졌다. 그리하여 승려들의 결의에 따라 사원의 한 부분이나 사원 밖의 장소를 음식을 저장하고 조리할 수 있는 합법적인 장소로 지정했다.

제9장 불교의 衣制

빠알리 율장에서 부처님께서는 승려들의 의복에 대해 이렇게 언급하셨다. 비구는 세 가지 의복三衣만 있으면 된다. 겹 겉옷samghati 승가리, 상의Uttara-samgha 울다라승, 하의antaravasaka 안타회(『마하박가』대품 8장 13:5) 비구니는 다섯 개의 의복[五衣]만 있으면 된다. 겉옷, 상의, 하의, 조끼, 목욕의이다.(『쭐라박가』 10장 17:2)

승려들의 세 가지 의복에 관해서 다음과 같이 말하고 있다. '승려들은 여분의 옷을 입어서는 안 된다. 여분의 옷을 입은 승려는 율에 따라 처벌받아야 한다.'(『마하박가』 8장 13:6) 그러나 이후에 승려들은 일반적으로 합법적인 예외로 여분의 옷을 가지게 되었다. 이에 대해 다음 장에서 설명하겠다.

모든 율장에 비구니의 오의에 대해 열거했는데 이 중 삼의는 비구와 동일하나, 삼의 이외에 조끼는 공통적이나 빨리어 율장의 목욕의에 대해서는 설이 다른 것을 발견하게 된다. 내 생각에는 의정義净의 『남해기귀내법전南海寄帰内法伝』을 주의 깊게 살펴볼 필요가 있다. 그는 유일하게 실제 관찰을 기반으로 인도 비구니들의 생활을 기술했기 때문이다.

니살기바일제nissaggiya-pācittiya Nissaggiya 捨墮 11번에 요[褥]는 비단과 섞이는 것을 금지하였다. 중국의 율사였던 도선道宣은 비단 의복을 만들어서는 안 된다고 오해하였다. 이는 위에 언급한 의정의 저서에 크게 비판되어 있다. 여전히 중국과 한국, 일본에서 도선을 따르는 교단은 비단옷을 금지한다.

제10장 제바의 파승과 제1결집

부처님의 만년 무렵에 제자인 데바닷따Devadatta는 석존께서 연로하시기에 자신이 석존을 대신하여 「비구승가를 이끌겠다.」고 말했다. 이에 부처님께서 데바닷따의 요청을 첫 번째로 거절하셨다.(『쫄라박가』 7. 3:1-2) 데바닷따의 두 번째 요청은 그가 예전부터 생각하고 있던 다섯 가지 불교 개혁안이었다.

승려들은 목숨이 붙어 있는 한,

1) 숲속에 거주해야 한다.

2) 탁발식을 해야 한다.

3) 분소의를 착용해야 한다

4) 나무 밑에서 지내야 한다.

5) 물고기나 육고기를 먹지 말아야 한다

부처님께선 이 요청도 거절하셨다. 아울러 이렇게 말씀하셨다. "데바닷따여, 그만두어라. ⑴ 원한다면 숲속에 거주해도 되고, 원한다면 마을에서 거주해도 된다. ⑵ 원한다면 탁발식을 해도 되고, 원한다면 초대에 응해도 된다. ⑶ 원한다면 분소의를 입어도 되고, 원한다면 재가자가 제공하는 옷을 입어도 된다. ⑷ 데바닷따여, 나는 8개월 동안 나무 밑의 거처를 허용한다. ⑸ 보지 못했고, 듣지 못했고, 의혹이 없는 그러한 세 가지 청정을 지닌 물고기나 육고기라면 허용한다."라고 대답하셨다.(『쭐라박가』 3장 14-15)

데바닷따는 승려의 생활은 엄격한 출가자의 삶이 이상적인 것이라고 생각했다. 데바닷따의 이 요청은 수계식에서 받은 사의四衣의 지침에 근거하는 것 같다. 그의 요청은 이 이상을 실현하는 것 이외의 사항에 대해서는 고려하지 않았다. 부처님께서 인정한 다섯 가지 사항은 위에서 인용한 글과는 대조적으로 이미 각주 5번에 설명한 사의四依 이외에 여득에 대한 규정에 해당된다.

교단이 번창함에 따라 승려들의 여득도 증가하게 되었다. 데바닷따의 이상은 실제로 실현될 수 없었다. 다시 말해, 그는 이상주의자였으며 그의 금욕주의는 결국 그를 파승으로 이끌게 하였다.

쫑카빠 대사의 「율해심요섭송」

宗喀巴大師的「律海心要攝頌」

隆蓮 譯註

前記

『바다와 같은 별해탈계율의 심요를 결택하는 섭수의 노래』는 쫑카빠 대사의 계학에 관한 중요한 저술 가운데 하나이다. 『율해심요』라는 이름에 『별해탈계경』의 頌이라는 것이 보인다. 송에 이르기를, “여래께서 커다란 雪海를 조복하셨으니, 깊고 넓고 가없는 모든 곳에서 심요 중에 가장 으뜸가는 심요는 곧 이 별별해탈계라네.”라고 하셨다.

의미는 이른바 큰 바다가 깊고 넓어 헤아려 알기 어려우며 온갖 보배가 출생하는 곳이기도 하듯이, 바른 법(다르마)과 비니(비나야)의 가없는 학처에서 制와 隨制, 「止」와 「作」과, 「開」의 세 가지는 광박하여 헤아리기 어려우며, 인천이 해탈을 얻게 하는 일체의 공덕이 출생하는 곳이기도 한 것이 바다와 더불어 서로 같다. 큰 바다에서 나오는 갖가지 보배 가운데 가장 귀중한 것이 如意寶이듯이, 비니에서 생겨나는 모든 공덕 가운데 가장 중요한 것은 별해탈계이다. 그러므로 『율해심요』는 곧 이 「별해탈계」의 다른 이름이다.

『율해심요섭송』의 근거가 되는 경전은 「일체유부」의 『율장』과 공덕광 논사가 지은 「일체유부율장」의 『율경』이다. 공덕광 논사는 세친 보살에게 있던 4대 제자 가운데 홀로 지율자로써 일컬어졌고 일체유부 율학의 대사였다. 티베트불교의 여러 파에 율학에 관한 여러 스승이 있지만 「大善見」 이후로 불교를 계승하고 전한 것은 모두 공덕광 논사에게 돌아간다. 『율경』은 유부율장의 提要인데, 그 이후에 있었던 일체유부율장을 연구하는 학자는 전부 이 『율경』을 표준으로 삼았기 때문에 『율경』을 「율장의 어머니」라 한다.

『율해심요』는 이 『율경』에 대해서 서술한 것이기도 하다. 『율경』에 대한 주소가 매우 많은데, 그 중에 주요한 것으로 인도에 法友, 作慧, 阿羅漢薩嘎那, 法商主、釋迦光、調伏天 등의 저작이다. 『율경』은 승우와 용당이 디송데첸 왕 때에 번역하여 티베트에 전해졌는데, 티베트어로 찬술된 주석으로 주요한 것은 자재계, 혜현, 근자재, 부톤 등의 위대한 율사들이 지은 저작이 있다.

쫑카빠 대사가 태어나실 무렵의 티베트불교는 샤캬와 까규 두 파가 서로 정권을 두고 다투면서 교세가 쇠미해 가던 때이다. 특히 불교의 정법과 비니가 점차로 무너지고 있어서 계를 받은 사람은 많아도 받은 바의 계를 여법하게 수호하지 않을 뿐만 아니라 출가자의 형색이나 행동거지도 여법하게 수지하지 않았다.

쫑카빠 대사는 부처님 가르침을 정돈하며 가장 먼저 당시에 계행이 없이 함부로 하는 流弊를 대치하여 겔룩파의 청규를 세우면서 觀水, 作淨 등의 세세한 부분까지 모두 부처님이 제정하신 것에 맞추어 궤범을 세웠다. 당시에 율학에 관한 번역이나 저술이 많았지만, 배우는 이들은 옛 스승들이 지은 광대한 논소를 통달하기 어려웠고, 율장에서 설하는 「止, 作, 開」의 세 가지에 대한 차별을 판별할 수 없었으며, 흩어진 것을 결합하거나 뒤섞여 착종된 것을 정리할 수도 없었다. 그래서 쫑카빠 대사는 이 『율해심요섭송』을 지어서 배우는 이들이 『율경』과 諸家의 주석을 배우고 익히는 데 안목을 삼도록 했다.

그것은 별해탈계의 전체적인 결택이었고, 『율경』의 전체적인 섭지였다. 쫑카빠 대사의 별해탈계에 관한 저작으로 『율본사소출학처차기』, 『비구학처』, 『사미학처』 등도 있는데, 단지 글이 아주 간략하면서도 극히 폭넓게 의미를 섭수한 것으로는 특별히 이 『율해심요섭송』을 꼽을 수 있다. 글은 겨우 27개 게송이지만 율학상의 허다하고 중요한 문제들을 다 포함하고 있다. 특별히 계체의 결택에 관해서는 각 종파의 같지 않은 주장을 귀납시켰지만, 近住戒의 계상이나 그것에 관한 문제는 모두 율장 중에서 찾아낸 것이 아니고, 율장의 요의를 약간 섭집한 것이거나 또는 율장 이외의 경론에서 가려낸 것이기 때문에 근기가 예리한 이는 그것으로 안목을 삼아 율장의 모든 전적에서 지혜를 계발하고 증장시킬 수가 있을 것이고, 근기가 둔해서 폭넓게 문의를 섭지하지 못하는 사람은 섭송을 연찬하고 외우면 자신이 받은 학처를 잘 수호할 수 있게 될 것이다. 그러므로 『율해심요』는 후래에 티베트의 계율을 배우는 이들이 극히 중시하게 되었다.

『율해심요』의 주석에는 쫑카빠 대사의 再傳 제자인 慧幢이 먼저 『略解』를 지어 쫑카빠 대사의 별해탈계의 중요견해를 설명했는데, 나중에 다시 『광해』를 지어 허다한 경론을 널리 인용하며 『율해심요』에 대한 상세한 의미를 천명했다. 이후에 달마파찰이 다시 혜당의 『광해』에 의거해서 『현혜밀의현명소』를 지어 『율해심요』의 문의에 대해 다시 필요한 해석을 지었다.

현재 중국내에 몽골과 티베트 등 티베트어계통의 불교지구에 쫑카빠 대사의 교법이 왕성하게 전해지고 있고, 중국불교도 중에도 적지 않은 수의 겔룩파 신도들이 있어서, 쫑카빠 대사 탄신 600주년을 맞으며 대사의 저술 가운데 계율에 관한 명저를 소개하여 대사의 청정법류에 한 걸음 더 나아가 정확하게 인식할 수 있게 하고자 하는 의도로 번역을 하게 되었다. 원문 문장은 아주 아름답고 근엄하며, 성명방면의 운율에 있어서도 후래에 칭탄하는 바가 많은데 번역한 글이 매끄럽지 못하여 그 뜻을 제대로 전달하지 못하게 될까 두렵다. 필요한 곳은 달마파찰의 주석에 근거하며 간략하게 부주를 더하였다.

역자 후기

청정범행과 정법구주를 위하여

언제나 계행을 갖추고 지혜가 있고, 삼매에 들고
성찰할 줄 알고 새김을 확립한 님만이
건너기 어려운 거센 흐름을 건넌다.
감각적 쾌락의 욕망에 묶인 지각을 여의고
모든 결박을 뛰어넘어 존재에 대한 욕구를 멸해 버린 님,
그는 깊은 바다에 가라앉지 않는다. (『헤마바따의 경』 Stn.174-175.)

계율은 불법의 기초라고 말합니다. '계'는 악을 멈추게 하는 작용을 가지고 있고, '율'은 방호의 효과가 있어 위의를 구족하게 하는 중요한 추동력이기도 하기 때문에, "수행자가 바른 계의 별해탈율의에 머물러서 위의와 행할 대상을 구족하고 미세한 죄를 보더라도 능히 두려움을 내어서 배울 계를 받아서 지키는 것이 「바른 법(Dharma)과 율(Vinaya)」에서의 첫 번째 덕"(『잡아함경』 권33 제925경』)이라고 하신 것입니다.

북전 『대반열반경』에서, 이러한 계율에 두 가지가 있다고 설합니다. 첫째는 「성품이 중한 계율」[性重戒]이요, 둘째는 「세상의 혐의를 쉬는 계율」[息世譏嫌戒]입니다. 「성품이 중한 계율」은 네 가지 바라이계(波羅夷戒)를 말하고, 그 이외에 세상 사람들이 싫어하고 책망하는 것[譏嫌]을 쉬게 하는 것을 말하는데, 수행자들이 고기를 먹지 않고 술을 마시지 않고 오신채를 모두 먹지 않는 것 등으로 몸에 더러운 냄새가 없어서 천상 사람과 세상 사람들의 공경하고 공양하며 존중하고 찬탄함을 받게 하는 계율을 「세상의 혐의를 쉬는 계율」이라 합니다. 보디삿트바[菩薩]는 이러한 '세상의 혐의를 쉬는 계율'을 가지되 '성품이 중한 계율'과 평등하게 여기어 차별함이 없다(『涅槃經』「聖行品」)고 경전에서 설하고 있는데, 중죄에 해당하는 '중계重戒'이든 사소하고 자잘한 '소소계小小戒'이든 구분 없이 엄격하게 지키기 때문에 보디삿트바라고 한다는 것입니다.

이러한 관점은 『앙굿따라니까야』에서도 "비구들이여, 참으로 비구가 등정행계等正行戒(微細戒)를 충족시키지 못함에도 불구하고 초범행계初梵行戒(基盤的 淸淨行)를 충족시킨다는 것은 결코 있을 수 없다."(AN.III.14)라고 설하고 있습니다. 이것을 붓다고사 논사는 『율장』의 비구경분별과 비구니경분별에 포함되는 바라제목차는 기반적 청정행으로 「초범행계」이고, 건도부의 의무에 포함되는 사소하거나 아주 사소한 학처들은 올바른 원만행으로 「등정행계」라고 주석하면서, 초범행계의 지계止戒와 올바른 원만행의 작계作戒라는 두 가지 계행으로 설명하고 있습니다.

수행자는 「성품이 중한 계율」이든 「세상의 혐의를 쉬는 계율」이든, 또 「초범행계」의 지지계止持戒든 올바른 원만행의 작지계作持戒든 평등하게 여겨 차별 없이 엄격하게 지켜야 하고, 특히 작계의 올바른 원만행을 구족해야 지계의 초범행이 충족된다는 것입니다. 그런데 청정범행을 확립하게 하는 그 계행의 기본 바탕은 「부끄러움과 창피함을 아는 것」이라 합니다. 수행자가 부끄러움을 모르고 창피함을 모르면 계행이 생겨나지 않고, 부끄러움을 알고 창피함을 알 때 비로소 「계행」이 생겨나서 존속하게 된다는 것입니다.

잘 확립된 「계행」은 수행자 개인에게 신체적 청정 · 언어적 청정 · 정신적 「청정」이라는 현상으로 드러나고, 그 청정한 수행승들이 「화합승가」를 이루게 됩니다.

불교에서는 이 화합승가를 귀의와 예경 · 공양의 대상인 「승보僧寶」로 삼는 것이므로, 청정성淸淨性은 수행승과 승가의 목숨과 같은 것이라 할 수 있습니다. 그리고 승가가 갖는 본질적인 의미에서 보면 「화합승가」 이외에 「청정승가」, 「진실승가」라는 의미도 있습니다.

「청정승가」란 계율을 청정하게 지키는 수행승들의 모임인 승가를 가리키는 것인데, 불교는 행위의 청정을 목적으로 실제 수행할 것을 가르치고 있으므로 불교에서 말하는 승가가 청정성을 지키지 않는다면 「불교의 승가」가 아니라고 할 만큼, 초기 승가에서부터 이를 중시하고 있는 것을 볼 수 있습니다. 사실 승가가 청정하지 않으면 승가의 기능을 발휘할 수 없고, 승가의 기능을 발휘할 수 없다면 정법正法의 구주久住를 실현할 수 없기도 합니다.

그다음 「진실승가」란, 유학인有學人 · 무학인無學人의 승가를 의미하는데, 그들이야말로 사향사과四向四果에 사는 청정하고 수행자의 삶의 결실을 얻은 성스러운 수행승이기 때문입니다. 그러한 승가가 진실한 승가라는 관점에서 보면, 「승보僧寶로서의 승가」는 단순히 화합승가나 청정승가만이 아니고, 어디까지나 출가수행승으로서 청정한 삶의 길[四向]에 들어가 그 결과[四果]를 성취하는 이들[四雙八輩]의 모임이라고 해야 할 것입니다.

이 책은 출가 수행자가 자신의 일체 고苦를 지멸止滅하고 열반의 궁극적인 청정淸淨을 성취하는 것뿐만 아니라, 승가의 구성원으로서 승가 대중의 청정화합과 나아가 정법의 구주를 위해 의무적으로 지켜야 하는 계율, 즉 지지적止持的으로 지켜야 바라제목차와 작지적作持的으로 실행해야 하는 규칙들을 모아둔 『율장』의 쟁점들에 대해 다양한 관점에서 폭넓은 연구와 검토를 하고 있는 귀중한 연구서입니다. 특히 건도부의 여러 주제들에 대해 체계적으로 설명하면서 복잡한 승가갈마작법의 핵심을 이해하는 데 도움을 줍니다. 부록으로 소개하고 있는 「고건도古犍度」는 현존하는 율장을 바탕으로 건도부의 원형과 조직 체계를 이해하는 데 큰 도움을 주고 있고, 쫑카빠 대사의 「율해심요섭송」은 부파를 떠나 율장의 핵심적인 내용을 모은 게송이라 역자가 임의로 부록에 올린 것입니다.

율학 연찬에 귀중한 자료인 이 연구서는 전 해인총림 전계사이셨던 연담종진蓮潭宗眞 큰스님의 권유로 보게 되었습니다. 사토미츠오佐藤密雄 박사님의 탁월한 연구 성과를 천학비재淺學菲才한 역자가 거칠고 성글게 잘못 옮기지나 않았을까 하는 두려움이 앞서는 부끄러운 번역본이지만, 계율학을 연찬하는 학인들에게 밝은 안목을 키워주신 사토미츠오 박사님의 학은學恩에 공양 올립니다. 또한 역자가 티베트불교를 연찬할 수 있도록 법연法緣을 지어주신 달라이라마 존자님과 쫑카빠 대사의 『보리정도보살계론』과 『구히야사마자[密集]의 계』 구전[口傳:룽]을 전해 주신 인도 다람살라 규또밀교대학(上密院) 전 승원장 똑덴(RTOGS LDAN) 린포체님과 추천사를 보내 주신 부승원장 캉세르(KHANG SER) 린포체님, 일생 승해징청僧海澄淸을 위한 홍양비니弘揚毘尼에 전념하시는 전계 스승 무봉성우無縫性愚 대율사님과 연담종진蓮潭宗眞 대율사님의 교계를 억념하며 정중히 공양 올립니다.

아울러 역경에 집중할 수 있도록 후원해 주신 「람림학당 역경후원회」 불자님의 맑은 신심에 찬탄드립니다. 그리고 불교학 특히 율학의 발전을 위해 『비구계의 연구』 등 6권의 『계율학총서』(민족사 간)에 이어 율장의 건도부와 초기불교 교단사에 관한 탁월한 연구서인 『원시불교교단의 연구』를 흔쾌히 출판해 주신 부다가야 김주환 사장님과 편집부 여러분께도 깊은 감사를 드립니다. 더불어 이 수승한 법연이 이루어지기까지의 모든 선한 동기의 위력으로 '부처님 가르침의 정법이 영원

토록 함께 하여지기를'(Buddha-Sasanam Ciraṃ Tiṭṭhatu!) 기원드리며, 『청정도론』의 게송을 다시 마음 깊이 새깁니다.

"청견조가 알을, 야크가 꼬리를,
사랑하는 자식을,
또는 하나뿐인 눈을 수호하듯
그와 같이 계행을 수호하면서
항상 잘 예경받고 존중받는 자가 될지라.

바라제목차, 의무계율로 정화하면서
목숨을 버릴지언정
세상의 수호자가 시설한
계행에 의한 제어[律儀]**를 파괴하지 말라."**

(『청정도론』 1.99)

불기2568(2024)년 5월 길상한 날

靈鷲叢林 通度寺 圓寂山 菩提苑 람림Lamrim學堂

嗣律比丘 古天 釋慧能 頂禮

찾/아/보/기

산스크리트어 · 빠알리어 색인 | 법수 · 인명 · 용어 색인 | 경명 · 서명 색인

산스크리트어 · 빠알리어 색인

abbhantara 887
Abhidhamma bools 68
Abhidhamma 67
ācariya 336
Ācariyavāda 80
ācarya 163
Aciravatī 강 395
adhikaraṇa-samatha-dhammā 33
Agārasmā anagāriyam pabbājati 166
Aitareya-brāhmaṇa 156
Aitaśa 156
Ajātaśatru 127
Ajita-Kesakambala 169, 343
Ājīvaka 170, 171
Anamataggapariyāya-kathā 120
Ānanda 76, 89, 748
Ānarta 160
Andhakavinda산 877
Andhra 121
Aṅga 160
Aṅguttara 67
aniyata 31, 647
Anuruddha 76, 698
Apadāna 68
apalokanakamma 求聽羯磨 428
Aparagoyāna 730
apassenaphalaka枕板 680
appamatta 383
Āraṭṭa 160
arhat 155
Āryamahāsāṃghika Lokottaravādin 142
Āsīvisūpamasuttanta 120
Aśoka 98
āśrama 152
Assaji Punabbasu 553
Assaji 167
ātāpino 383
Atisha 5
aṭṭhagaru-dhammā 34
Aṭṭhakavagga 67
Avadāna 25, 996
Avanti 국 41, 268
Aviruddhaka 170
Baṅga 163
Bhadraānika 112
Bhāradvāja 154
Bhavya 98
bhikkhu-bhāva 比丘性 240
Bhikkhunīvibhaṅga 33
Bhikkhuvibhaṅga 30

bhisibimbohana枕 680
Bhoja 121
Bimala Churn Law 269
Birmanie 121
brahmacārin 152
Brāhmaṇagrāma 128
Bṛhadāraṇyaka-upanishad 156
Buddhaghosa 74, 78, 81
Buddha-Vaṁsa 68
Bühler 152
Buston 98
Campā 42
candanikā入浴池 679
Cariyā-Piṭaka 68
Cera 163
Chandāgārika 112
Chāndogya-upanishad 156
Channa 비구 89, 598, 957, 998, 999
Cīnabhukti 131
cīvararajju衣網 680
Cullavagga 67
Cunda 992
dārusanthāra木墻 679
Deccan 160
Deussen 156
Devadatta 596, 663, 764, 941
Devadhammika 170
Devadūtasutta 120
Dhamma 67
Dhammagutta 112
Dhammamahāmattā 121
Dhammapada 68
Dhammarakkhita 120, 122
Dhammavijaya 121
Dhammuttarika 112
Dharmāsoka 98
Dharmasūtra 156
Dīpavaṁsa 78
Dundubhissara 120
Ekabyohāra 113
Erich Frauwallner 9
Gagga 비구 482
Gairika 170
gāma聚落 891
Gandhāra 지방 120, 121
Gaṅgā 127, 129
Ghositārāma 998
Gokulika 113
Gotamika 170
Gujrāt 120
guru 163
Hastinapura 128
Hatthaka-Sakyaputta 91
Hemavanta 121
Hiraññavatī 강 962
iṭṭhakāsanthāra瓦墻 679
Jacobi 152, 171
Jambudīpa 730
Jātaka 68, 84
Jaṭilaka 170
Jīvakambavana 971
Jñānaprasthāna 131
kahāpaṇa 100
Kakutthā 강변 992, 993
Kālanagara 128
Kālāsoka 75, 76
Kāludāyin 91
Kamboja 121
Kannara 120
Kapilavastu 141
karaṇīa 33
Karnasuvarna국 950
Kaśmīr 120, 122, 126
Kassapagotta 120
Kassapiya 112
Kathāvatthu 67

Kathā-Vatthu 68
Kathāvatthuppakaraṇa-aṭṭhakathā 78
Kathāvatthuppakaraṇaṭṭhakathā 81
Kātiyāyanīputra 131
Kern 152
Khandakas 68
Khandhaka 26, 39, 66, 69
Khuddaka-Pāṭha 68
Khuddānukhuddaka 89
Khujjasobhita 76
Kiṭāgiri 마을 553
Kosambī 43
kosiya 913
kosiyamissaka 912
Kusinagara 130
Lalitavistara 141
Laṅkādīpa 121
Licchavī 127
Lohitaka 盧醯 538
macchamaṃsa 949
Madhyandina=Madhyāntika 126
Madhyantika 129, 130
Magadha 131, 160, 163
Māgaṇḍika 170
Mahādeva 120, 123
Mahādhammarakkhita 120
Mahākassapa 89, 347, 749
Mahā-khandhaka 137
Mahānāgara 128
Mahāpadma 98
Mahapajāpatī-Gotamī 34, 990
Mahāparinibbānasuttanta 135
Mahārakkhita 120, 122
Mahāraṭṭha 120
Mahāsaṁghika 80
Mahāvagga 39, 67
mahāvaṁsa 78
Mahāvastu 141
Mahāvīra 大雄 170
Mahiṁsāsaka 112
Mahinda 121, 123
Mahisamaṇḍala 120, 123
Maisūl지방 120
Majihima 67
Majjhantika 120, 122
Majjhima 120, 122
Makkhali-Gosāla 169, 343
Malaya 121
Mallaputta-Dabba 393, 420, 479, 687
Maṇḍana Miśra 155
Maratha 120
Mathurā 126, 129, 131
Mātṛka 131
Max Müller 152
mbalaṭṭhikā 971
micchājīva 邪命 555
Milikkhaputta 91
Moggaliputta Tissa 98
Mūlakadeva 121, 122
muṇḍaka 154, 155
Muṇḍasāvaka 170
muṭṭhi 握拳 346
Nābhaka 121
Nābhapaṁti 121
Nāga Apalāla 129
Nanda 왕 98
Nandiya 難提 382
Nidānakathā 141
Niddesa 84
Nigaṇṭha 170
Nigaṇṭha-Nātaputta 169, 343, 608
Nigrantha 170
Nigrodha 170
nikāyas 68
nissaggiya 32
nissaggiya-pācittiya 31, 32, 647, 851

Oldenberg 153
pabbajja 151
Pācīnavaṁsa 般那蔓闍 공원 382
pācīnavaṁsadāya 698
pācittiya 32
pakati 본성 596
Pakudha-Kaccāyana 169, 314, 343
pañca āpattikkhandhā五種犯罪蘊 420
Pañcāla 163
Paṇḍuka 盤那 538
pārājika 28, 647
Pārāyana 67
Paribbājika 170
Pāriṁda 121
parinirvāṇa 110
Parivāra 26, 59, 84, 705
parivāsa 30, 31
Parthia 122
Pāṭaliputra 67, 118
paṭhama-pārājika 971
pāṭidesaniya 32
Pāṭimokkha 28, 67
Paṭisambhidā 68, 84
paṭisāraṇiyakamma 100
Peṭa-Vatthu 68
Pipphali 동자 254
Pitinikya 121
prātimokṣa;pāṭimokkha 610
pravrajyā 151
Przyluski 130
Pubbārāma 富婆僧伽藍 623
Pubbavideha 730
Purāṇa 320, 347, 996
Pūraṇa-Kassapa 169, 314, 315, 343
Rahitaka 128
Rāhu 103
Rāhula 496
Rājagaha 67, 90, 91, 877, 971
Rājagṛha 127
Rakkhita 120
Raṭṭhika 121
Revata 76, 80, 105
S. Dutt 507, 613
Sabbakāmi 一切去 76, 439
Sabbatthivāda 112
Sabhiya 230
saddhivihārika 319
Sahādeva 121, 122
Sahajāti 80
śaikṣādha-rmāḥ 36
Sāketa 854
Sākya 170
salākavātapāna柵窓 679
Sāḷha 76
Sallavatī 강 269
samaṇa 151, 167
samaṇaka 154
Samantapāsādikā 78, 92
sambahulāḥ 36
Saṃbhūta 76, 131
Saṃgha 23, 162
Saṃgha-adhikaraṇa-kāraka 222
saṃghādisesa 647
Saṃghamitta 267
saṁgīti 99
saṁkakṣikā 838
Saṁkantika 112
saṁkhacchika 838
Sammitīya 112
sammukhāvinaya 100
saṃnyāsin 152, 165
Saṁyutta 68
Śāṇaka 127
Sāṇavāsa 129
saṅghāṭī 992
Sañjaya 167

Sañjaya-Belaṭṭhaputta 169, 343
Saṅkara 155
santharitvā 924
santhata 912
Śatapatha-brāhmaṇa 153
satta āpattikkhandhā 七種犯罪蘊 420
Saurāṣṭra 160
Sāvatthī 91, 92
Sāyana 156
sekhiya 32, 647
Seniya-Bimbisāla 674
Seyyasaka 施越 548
Sīha 장군 315
Śilakhanda 95
silāsanthāra石墻 679
Sogdiana 122
Soṇa 121
Soṇaka 76
Soṇa-Koḷivīsa 首樓那二十億 217
Soṇa-Kuṭikaṇṇa 首樓那億耳 268
Soṇakuṭikaṇṇa 41
Sopāka 252
śramaṇa 151
Śrughna 128
sthavira 116
Subhadda 89, 259
Sudatta장자 752
Sudhamma 善法 558
Sudinna-Kalandakaputta 28, 91
Sumana 76
Sutta 28, 67
Suttavāda 112
Sutta-vibhaṅga 199
Suttavibhaṅga 26, 28, 67, 69
Sutta-Vibhaṅga 66, 68
Suvaṇṇabhūmi 121
Śvetaketu 163
Takkasilā 164
Tāpasa 170
Theravāda 112
Therī-Gāthās 68
tilasaṃgulika 胡麻餠 558
Tsongkhapa 5
ubbāhika 烏迴鳩羅:斷事 459
ubbāhika:斷事 459
ubbāhika 100
udakaniddhamana排水溝 679
Udānas 68
unmadita mauneya 156
unmattavadācarantaḥ 156
upādhya 163
Upagupta 127, 129
Upāli 76, 89, 458, 970
upasaṃpadā dhammā 231
upasaṃpadā-khandhaka 231
Upavāla 485
Uppalavaṇṇā 비구니 91
Uttara 121
Uttarakuru 730
Vaḍḍha 570
Vaggumudā 91
Vaiśāli 127
Vaiśvānara 163
Vajjī 91
Vajjiputtaka 81, 100, 112
Vanavāsa 지방 120
Vaṅgantaputta 560
varga 53
Vāsabhagāmin 76
vasalaka 154
Vātsīputrīya 115, 118
Vātsīputrīya-Sāmmatīya 115
vedisa 1007
Veḷuvana-kalandakanivāpa 996
Vesālī 91, 92, 100, 118, 971
Vibhajjavādī 85

Vibhaṅga 28
Videśā 승가 123, 132
Vidiśā 123
vikappetvā 193
vikappita 193
Vimāna-Vatthu 68
vinaya 5
Vinayapiṭaka 23
Visākhā Migāramātā毘舍佉鹿母 390
vivādakāraka 222
Vrātya stoma의 공양 160
Vrātya 157, 158, 162
Vrātyastoma 163
W. Pachow 88, 90, 93, 96, 97, 104, 118, 136
Yakṣavajrapāṇi 129
Yamunā 129
yasa 76
Yasa-Kākaṇḍakaputta 100
Yonaloka 120
Yona인 121

法數 · 人名 · 용어 색인

10問 279
10비구승가dasavagga-bhikkhusaṃgha 358
10事 747
10종 구족계 248, 255
10遮事 227, 279
10塔說 965
13難 277
14법 성취 459
15일식pakkhika 290
15종의 구조 890
16事 489
17群비구 412
18事 418
20비구승가vīsativagga-bhikkhusaṃgha 358
24종 결격자 360
3종 괴색 830
43개의 학처學處 186
4념처念處 111
4대법大法 375
4바라이법cattāro pārājikā dhammā 293
4불응작cattāri akaraṇīyāni 293
4비구승가catuvagga-bhikkhusaṃgha 358
4依 667
5비구 수구 727
5비구 승가pañcavagga-bhikkhusaṃgha 358
5淨法 719
6衣 cha civarāni 818
6作捨法 599
7覺支 111
7종 득계 248
8법 491
8종 수구 248
8塔 965
94事 517
9雙 18事 390
9종 수구 248
9종 圓德 248
家界 907
迦葉卑 122
迦葉遺部 112
迦攝波 243
迦濕羅 126
可信saddheyya 우바이 201, 207
가야깟싸빠 232

迦葉佛 620
迦葉姓 比丘 Kassapagotto bhikkhu 402
呵責羯磨 538
가치나법kaṭhina 857
가치나의kaṭhina-cīvara 706, 827, 851
가치나의건도 42
가치나의식kaṭhinatthāra 706
各別prati 611
각상mañca-paṭipādakā 680
覺雜 983
간다라Gandhāra 269
갈마건도 43
羯磨說kammavācā 283, 365, 369
갈색gocariya 양모 916
褐衣kambala 290
康居 122
康僧鎧 122
客來比丘 374
居士衣gahapaticīvara 818, 946
犍度 26
犍度部 39
乾痟sosa 279
犍陀羅 122
乞食piṇḍi 858
乞食piṇḍiyālopabhojana 290
乞食者 673
걸식자piṇḍapātika 331, 809, 946
乞和尙 274
儉開七事『오분율』 996, 999
劫貝衣kappāsika 819, 820, 961
偈戒經 614
偈波羅提木叉 614
見境dassanūpacāra 565
堅固林 966
見聞疑 41
견사수구dūtena upasaṃpadā 246
見諦得 256
見諦得道 243
견해diṭṭhi 312
結戒 28, 29, 185, 971
結制 185
경계 안antosīmā 263
경계界upacāra 909
經分別Suttavibhaṅga 26, 611
경분별부Suttavibhaṅga 218
經師 716
境野黃洋 612
經營比丘navakammika-bhikkbu 787
境外者nissīma 688
經藏 89
經藏Suttapiṭaka 186
輕罪lahukā āpatti 417
界sīmā 263, 377, 687
界upacāra 902, 905
戒經 28, 185
界內samānasīmā 740
戒壇sīmāmaṇḍala 261, 264, 267
戒壇院 230
戒論 943
戒羸 29, 192
戒本 185
罽賓 122
계빈의 율 131
戒師 272
界相nimitta 263
戒說者 Sīlavādā 168
界勢分upacāra 886
戒蘊sīlakkhandha 186
계온의 학처 187
戒蘊品 8
鷄園寺 435
戒條śīlas 67
戒體 230
戒體發得 240
계학처 173
戒行淨 721, 984

戒和尙 339
庫koṭṭhaka 398
庫界 899
고망어sampajānamusāvāda 651
故二 28, 190
庫藏界 902
苦切羯磨tajjaniyakamma 222, 485, 538
苦行者 938
穀果汁dhaññaphalarasa 771
功德得 256
功德衣 851
供養塔法 63
空靜處 273
空靜處教師 274
공주공포살 878
過20비구승가
atirekavīsativagga-bhikkhusaṃgha 358
過六失 992
過五條pañcakena vā atirekapañcakena 827
관념화한 계학 189
觀十二因緣 138
灌筒 54
管鋪張者 402
刮舌法 63
壞戒sīlavipattiyā 421
壞色 dubbaṇṇakaraṇa 829, 834
教誡受具 244
教誡者anusāsaka 274
教誡諍事anuvādādhikaraṇa 418, 592
教團教授師gaṇācariya 608
교단의 교사gaṇācariya 170
교단의 師主gaṇācariya 343
教團主gaṇī 169, 343, 608
喬答摩 948
教法法身 372
教師 272, 274
교사야의koseyya 820
教授阿闍梨 274
教授波羅提木叉ovādapātimokkha 621
교시야kosiya 911
教義親判 86
교진여Koṇḍañña 231
教會史 130
교훈수구 254
具戒受具 240
拘那含牟尼佛 620
佉闍尼khādaniya=嚼食 770
俱羅果漿cocapāna 401
拘盧舍 896
구묵목건연경 Gopakamoggallāna-sutta 348
拘舍彌 62
俱蘇洛迦 kusūlaka 844, 846
口習近住 542
拘尸城 963
驅烏人kākuṭṭepaka 301
舊臥具purāṇa-santhata 918
拘留孫佛 620
구족계upasampadā 229, 231
久住淨 āciṇṇakappa 101, 350, 724, 741
驅逐 79
驅出羯磨 pabbājaniyakamma 101, 552
群支佛 984
堀謙德 114
굴외결집전설 986
厥修羅kusūlaka 838, 841, 842, 848,
龜玆 122
根本mūla 529
근본유부 102
近侍者antevāsika 336
近圓=구족계 138
根雜 983
禁戒vṛtta 186
禁律 30
금벌 187
金銀淨kappati jātarūparajataṁ 101, 746
給孤獨Anāthapiṇḍika 390

皀衣 837
耆闍堀山Gijjhakūṭa 674
器物lahubhanda 405
器物管理人bhājana-vārika 401
기뻐하는 자vaggarata 384
祇支saṁkakṣikā 843
起塔法 63
吉羅邑Kiṭāgiri 554
金倉圓照 75, 314
까시Kāsi 269
까잔갈라Kajaṅgalā 269
깔개santhata 926
깔라Kāla비구 91
깜보자Kamboja 269
꼬삼비 건도Kosambakkhandaka 43, 224, 388, 661, 998
꼬쌀라Kosala 269
꼬쌈비Kosambī 비구 382
꼬쌈비Kosambī 375
꾸루Kuru 269
꾸시나라Kusinārā 958
낌빌라Kimbila 金毘羅 382
螺髻梵志jaṭilaka 313
那頭盧 967
螺髮梵志 787
나시카 각문刻文 374
나시카굴 비문 374
나제깟싸빠 232
나형외도Gymnêtai 311, 677
나형파Acelaka 171
樂欲chanda 357
난간창vedikāvātapāna 679
南路Dakkhiṇāpatha 268
南無佛 983
남산율종 850
南山宗 846
內宿 996
內熟anta-pakka 779
內衣antaravāsaka 210
內煮 996
네 가지 흑색 915
盧醯德迦 129
니건자Nigaṇṭha-Nātaputta 315
다비[葬送](闍維-火葬) 66, 969
다싸까Dāsaka 350
多羅葉喩 295
多子塔 243
단니가도사자Dhaniya-Kumbhakāraputta 971
斷當事 54
斷頭喩 295
斷頭罪 28
單白羯磨ñattikamma 363, 428
斷事人Ubbāhika 100, 101, 359, 438, 451
單三衣者 673
団食piṇḍapāta 867
單位僧伽 376
斷肉法 947
団子cuṇṇa-piṇḍa 868
單墮 32
단푸라 사원의 비문 374
曇摩流支 64
담무덕부 102
噉食bhojaniya 318, 768
曇諦 122
답바비구Dabba-bhikkhu 674
踏衣 995
당phāṇita 290
당초제사唐招提寺 846
堂界 899
대가전연Mahākaccāna 268
大犍度Mahākhandhaka 40, 231
大界 263
大戒 94, 176
對面淨 193, 194
對面淨施sammukhā-vikappanā 193, 799, 859
대변소vaccaṭṭhāna 393

大分別 59
大事 142
대사문Mahāsamaṇa 172
大沙門百一羯磨 368
大沙門釋子 167
對首法 368
對首懺悔 494
對首悔 32
대애도구담미Mahāpajāpatī-Gotamī 245
對人淨施 193
대장엄 142
大精舍mahallaka-vihāra 682
大精舍Mahāvihāra 412
대중부 146
大天 Mahādeva 98
大天 111, 113, 123, 953
對他面淨 193
大學vihāra 321
大合誦 81
데바닷따Devadatta
53, 139, 221, 331, 345, 379, 596, 816, 940
道共戒 243
道具戒 256
도로의 계upacāra 883
塗面油 55
闍牟那河 132
導師 172
道相magganimitta 689
道宣 율사 889, 911, 931
道雜 983
刀治 54
道行界 900
獨覺 251
篤信者 32
犢子正量 113, 117
獨住vippavāsa 522
돌길라dukkaṭa 801
東大寺 230
同伴比丘anudūta-bhikkhu 398
동방성서S. B. E. 68
同世五師 351
同一界同一布薩 740
同一僧伽羯磨 378
同一自恣 378, 687
同一布薩 378, 687
동주자saddhivihārika 336
同住sahavāsa 522
東塔宗 846
두려움怖bhaya 400
遁世者saṃnyāsin 155, 157, 166, 330, 641
듯트 162, 163
드라프레·뿌셍 88
等起攝頌 59
띳싸 351
癩kuṭṭha 279
라열성Rājagaha 319
羅什 64
羅睺阿修羅 103
落黃葉喩 295
力雜 983
露坐地法 947
論藏 131
樓房hammiya 290, 675
漏心 306
漏精 85
律vinaya 346
律論 114
律毘婆沙論師 255
律師 351, 716
律現前vinayasammukhatā 432
楞伽島 121
리스·데이비드 67, 72, 90, 152, 613
隣方人 121
林住者āraññakā 946
摩訶南 561
마가다Magadha 269

摩訶羅 비구 966
摩訶波闍波提 34
마갈타 Magadha 130
摩那埵mānatha 218, 515
마니주계 Maṇicūḷaka 103
마디얀띠까末闡提 : 末田地那 131
摩摩帝 560
馬宿 553
磨崖法則 121
마을 경계gāma-upacāra 880, 881
마을 사문 677
마을gāma 880
麻衣bhaṅg 819, 820
麻衣sāṇa 290
摩夷mātikā:論母 716
摩夷論 376
摩窒里迦 979
마투라 사자비문獅子碑文 374
摩偸羅國 125, 1006
마포bhaṅga 818
마하깟싸빠Mahākassapa 135, 777, 877, 957, 958
마하데바 435
마하비라 161
마하살라Mahāsālā 269
마힌다Mahinda 351
막스·뮐러 152, 162
막칼리 고쌀라Makkhali-Gosāla 608
滿宿 553
滿願慈子 236
말라Malla 269
末羅子 961
말라족Malla 958
末田地那 126, 128
맛차Maccha 269
亡人衣 54
망창jālavātapāna 679
覓罪相法羯磨tassapāpiyyasikākamma 592
綿衣kappāsika 290
滅事 63
멸쟁건도Samathakkhandhaka 44, 656
明相出 903
明威儀法 45, 50
名字nāma 280
명주옷絹衣 911
목갈리뿟따 띳싸Moggaliputta-Tissa 350
목건련Moggallāna 93, 134, 138, 233, 343, 608
目犍連帝須 75
木蘭衣 837
木村日紀 159
無教主 교단 221
無教主制 333, 345, 371, 660
無負債anaṇa 279
無相animitta 754
無常物 54, 64
無餘罪anavasesā ā 417
無自白 209
무작용akiriya 315
無場大界 263
無罪anāpatti 482
無罪淸淨 647
無着 122
無表色 256
無學 89
무행처aparīkammana 680
聞境savanūpacāra 565
文陀草臥具管理者mundasayanāsana-vārika 401
彌多羅비구니 422
未遂罪 386
味食 318
未信者 188
밀madhu 290
蜜花汁madhukappharasa 772
바라제목차pātimokkham 41, 629
바라제제사니pāṭidesaniya 32, 420

바일제pācittiya 420
艄主大天 952
半迦尸 Aḍḍhakāsī 246
半迦尸비구니 242
半覆屋aḍḍhayoga 290, 675
般藪衣paṁsukūla 732
發狂者ummattaka 482
跋耆子 78, 79, 81, 84, 100, 103, 105
跋耆族 927
跋難陀(釋子)Upananda Sakyaputta 411, 761, 960
跋闍子 963
發露 203
발리까 원園Valikārāma 441
鉢法 54
跋率堵 : 건도 126
鉢衣pattacīvara 280
發喜羯磨 560
밤싸Vaṁsa 269
밧지Vajjī 269
밧지족跋耆族 960
方法淨 721, 984
방사pariveṇa 682
放逐 79
拜火教徒aggika 94, 310, 313, 982
白ñatti 332, 363, 364
百道梵書Śatapatha-Brāhmaṇa 639
白文ñatti 283
白法祖 137
白四羯磨ñatticatutthakamma 29, 56, 242, 365, 428
白四羯磨受具 231, 234, 244
白色odāta 양모 916
白衣時 102
白二羯磨ñattidutiyakamma 247, 264, 364, 428, 987
白一羯磨 962
白癩kilāsa 279
梵壇法brahmadaṇḍa 597, 997
梵摩達多Brahmadatta 971
梵罰Brahmadaṇḍa 997
犯罪諍事āpattādhikaraṇa 420
범지 니그로다Nigrodha 230
梵行 34, 236
梵行者brahmacārin 317, 330
法dharma 346
法談五過失 642
法大官 121
法師 716
法四依 292
法相名目 979
法授尼Dharmadinna 250
法隨順法 92
法眼淨 999
法預 비구니 247
法蘊 131
法藏 89
법장부 113
法顯 6, 123
法現前dhammasammukhātā 432
法護 122
벙어리 맹세啞戒mūgabbata 699
邊地paccantima janapada 269
邊地五衆受具 41
別住parivāsa 218, 515, 595
別住犍度Pārivāsikakkhandhaka 43, 218, 513
별중갈마vaggakamma 262
별청식uddesabhatta 290
별해탈율의 256
甁沙王:빔비싸라 972
甁塔 965
菩提曼陀羅 983
普行出家 paribbājaka 166
覆肩 848
覆肩衣saṁkacchika 838
복귀abbhāna 515

覆鉢pattaṃ-nikkujjita 226, 569
服事 543
復元paṭikassana 529
覆乳衣 841
覆藏 218
覆藏本日治 534
覆藏日羯磨 534
服罪 207, 389
覆瘡衣 214
本摩那埵 537
本生 125
本言治可悔羯磨 488
本二 972
本日治mūlāya-paṭikassanaṁ 219, 529
不覺者asādiyanta 482
부견의saṁkakṣikā 846
敷具bhummattharaṇa 679
敷具paccattharaṇa 912
敷具santhata 922
富那婆娑Punabbasuka 223
富蘭那 748
不能男 277
敷物sadasa 918
付法 127
不捨惡見擧罪羯磨 575
不善行anācāra 576
不說淨āvikappana 799
附隨Parivāra 26, 54, 58, 59, 241
不失衣가 되는 곳 884
不與取adinnādāna 971
不應悔罪 539
不作淨akappiyakata 768
不定 aniyata 199
不淨法 methunadhamma 29, 103, 971
不定法 33
부정행abrahma 640
不知者ajānantā 482
不差uddiṭṭhanuddiṭṭha 400
不懺罪āpattiyā appṭikamme 577
부톤 137
敷布 214
分果人phalabhājaka 400, 669
分鉢人patta-gāhāpaka 395
분별론자 85
分別上座部 82, 102
분소의paṁsukūla(cīvara) 290, 810, 812, 813, 858
糞掃衣者paṁsukūlika 331, 673, 809, 811, 813, 946
紛擾vālatta 498
分浴衣人sātiya-gāhāpaka 394
分衣人cīvara-bhājaka 394, 669
分嚼食人khajjakabhājaka 400, 669
分粥人yāgubhājaka 400, 669
佛㮙手 680
不見罪āpattiyā adassane 577
不見罪擧罪羯磨 388, 533, 575
不告anārocanā 522
불교개혁안 663
불교사문 677
불교의 無教主制 329
佛法王 260
佛生因緣 142
弗若多羅 64
佛衣 129, 993
不益縷尼師檀淨 101
佛傳 134
不定 31
不淨觀 244
佛足 994
佛磔手sugatavidatthi 918
佛陀所說 23
佛陀什 122, 446
붓다 친제의 금율 197
붓다고싸Buddhaghosa 351
붓다의 親制 198

비구 欝多羅 559
비구Bhikkhu 166, 172
比丘尼教誡差選 368
比丘尼分別 33, 59
비구니승가bhikkhunī-saṃgha 373
比丘性bhikkhu-bhāva 230, 603
比丘性戒體 591
비구승가bhikkhu-saṃgha 373
毘尼 125
비니근본 142
毘尼母經 112
比尼誦『십송율』 59
毘尼誦 63
毘尼增 59
毘尼增一 65
毘尼合誦 81
祕密相承 346
祕密行籌gūḷhaka-salākagāha 465
毘鉢施佛 619
非法adhammika 461, 958
非法增上alajjusanna 477
毘舍佉 840
비슈뉴교 161
비싸카 녹모Visākha Migāramātā 394
비율非律 958
非應悔罪 adcsanāgāminī-āpatti 225
非人 277
비작용론자akiriyavāda 315
毘提沙 123
비칠스키 88
毘婆沙師Vinaya-vaibhāṣika 255
毘婆尸佛 619
비행anācāra 555
賓鉢羅山 966
擯出羯磨 553
빠꾸다 깟짜야나 608
빠바波婆城 963
빤짤라Pañcāla· 269
빨라pala 921
뿌라나 깟싸빠Pūraṇa-Kassapa 608
뿌라나Purāṇa 715, 777, 958, 995
뿌톤 137
師satthar 312
捨家棄欲 190
捨戒 190, 196
舍界 899
師拳 346
捨金錢比丘rūpiyachaddaka-bhikkhu 396
사나sāṇa 819
四大教法 cattāro mahāpadesā 83, 145, 376, 713
四大印 713
舍樓果漿sāluka-pāna 401
舍利弗Sāriputta 93, 134, 233, 343, 596, 608
사리자 138
邪命:삿된 삶 176
사명외도ājīvaka 958
邪命派 668
사문samaṇa, 166
沙門瞿曇 94
捨物 265
사미sāmaṇeia 301
사미관리인使沙彌人sāmaṇera-pesaka 398
사미니sāmaṇerī 301, 303
四方比丘僧伽cātuddisa bhikkhusaṃgha 373
四方招提僧cātuddisa-saṃgha 356
捨法 42
四法 435
四法現前 436
捨覆鉢羯磨 574
四不應作 287
師比丘 301
捨比丘 913
四聖種 941
四翳 103
四喩法 289

四依 cattāro nissayā 196, 287, 288, 290
四依法 289, 763, 805, 941
四依四不應作 288
師資相承 351
事諍事kiccādhikaraṇa 427, 503
四種廣說 713
사종종자 794
捨懺 861
사치śarīrasatkāra 640
捨墮nissaggiya-pācittiya 31, 753, 801
四墮法 289
捨墮衣 860
蛇風病 301
事火 바라문 155
事火의 도구aggihuttamissa 314
事後承諾anumati 369
山相pabbatanimitta 689
산의 사문 677
산자야 벨랏티뿟따 608
산치법칙 86
살라하sāḷha 우바새 397
三諫 223
三歸受戒 238
三歸受具 tīhi saraṇagamanehi upasampadā 231, 232, 233
森林管理者parisanda-vārika 401
三師七證 268
三世實有論 111
三語受戒 238
三語의 수계 237
三衣 ticīvara 858
三衣者 tecīvarika 331
삿된 생활邪命 179
床 mañca 393, 680
象頭山 379
相部宗 846
上受具 253
喪心者khittacitta 482
相應事 kappiyavattihu 720
上衣uttarāsaṅga 210, 273
上人法uttarimanussadhamma 971
상좌부 146
上座派 56
常持衣 840
常恒食dhuvabhatta 558
常恒食niccabhatikā 668
生酥navanīta 290
生時髮塔 965
생애를 걸식piṇḍiyālpopabhojana 811
生涯四依cattāro nissayā 810
生主神:Prajāpati 160
生天 111
生天論 943
生和淨 101
生和合淨amathita-kappa 742
샤나까 128
西本龍山 446, 754, 766, 790, 986
석가모니본행 142
釋迦牟尼佛 620
석가족 출신자jātiyā-sākya 313
釋翅瘦 91
釋翅搜象力子 974
釋子 939
釋提桓因 240
釋種子 236
船界 898
善具足 138
善來具足 239
善來比丘受具 ehi-bhikkhu-upasampadā 231, 232
善來受具 139
善誦毘尼序 64
善受具足戒 235
善勝子 236
禪杖 52
禪定止觀 189

獼猴makkaṭa 29, 695
說戒 185
설계건도 110
설일체유부 102, 113
說淨 860
說淨해야 할 제한량vikappanupagapacchimaṃ 858
성냄瞋dosa 400
聖大衆部 142
聲聞 ājīvakasāvaka 669
성스러운 계온 āriya sīlakkhandha 181
성스러운 승가 阿梨耶僧 308
聖典成立史 87
세 가지 淨 832
세니야 빔비싸라 Seniya-Bimbisāra 638
세따깐니까 Setakaṇṇika 269
細微戒 985
勢分 upacāra 881
世友 98
小戒 94, 174
小戒論 92
소나까 Sonaka 350
所等起 61
消滅諍法 82
소변소 passāvaṭṭhāna 393
小事 aramattakaṃ adhikaraṇaṃ 464
小事犍度 Khuddakavatthukkkandhaka 44, 213
小床 pītha 393
小小戒 Khuddānukhuddaka 85, 89, 92, 598, 748, 995, 986
소소계khuddānukhuddaka 폐기설 637
소소계폐지론 95, 958, 987, 995
小隨小戒 988
小野玄妙 74,87, 97
少衆中ūnagaṇa 522
蘇陀 242
蘇陀夷Sodayin 244
俗信仰 110
속옷襯身 917
俗人發喜羯磨 560
쇄세하고 비근한 계Appamattaka oramattaka sīlamattaka 177
隨結 28, 29, 185, 971
樹界 895
水界 901
受戒式 230
守庫人bhaṇḍāgārika 398, 669
受教誡受具 ovādapaṭiggahaṇa-upsasṃpadā 252
受具(足)upasaṃpadā 40, 42, 229, 230, 373
受大戒 974
受樂 54
수명의 형성[壽行āyusaṁkhāra] 990
수발타Subhadda 135, 313
隨犯隨制 7
受法 42
須菩提 613
須卑Suppiya 971
樹相rukkhanimitta 689
水相udakanimitta 689
修禪 89
守와 不守guttāgutta 401
隨順法 952
水浴衣 395
水浴衣udakasāṭikā 395, 838, 846
守園人ārāmika 781
獸肉 949
隨意淨anumati-kappa 101, 740
受自恣人 41
水淨kappati jalogi pātum 101, 744
守精舍人vihārapāla 402
須提那 981
수제나가란타자Sudinna-kalandakaputta 971
須波迦Sopāka 244
樹下坐rukkhamūlasenāsana 290, 811
樹下坐者rukkhamūlikā 946

수행자 고따마 987
熟酥sappi 290
順法 53
순흑양모suddhakāḷaka eḷakaloma 914, 916
스리랑카 123
스승guru 317
스승satthā 608
승가saṃgha 373
독립된 승가갈마āveṇisaṁghakamma 662
승가갈마saṃghakamma 363
승가람saṁghārāma 785
僧伽藍界 890
승가리saṁghāṭī 822
승가와 不共住asambhogaṃ saṃghena 595
승가의 규약saṅghassa katikasaṇṭhānaṃ 393
승가의 主saṅghī 343
승가의 창고koṭṭhaka 394
승가의 화합saṃghaṃ samaggaṃ 384
僧伽主 saṅghī 170, 608
僧伽胝 844
승가현전saṃghasammukhatā 432
僧脚崎saṁkakṣikā 839
僧却崎衣saṁkakṣikā 843
僧竭支saṃkakṣikā 838, 848
僧物 62
僧房主 560
僧寶僧伽 376
僧園ārāma 406
僧園地ārāmavatthu 406
僧自集時 261
僧殘saṁghādisesa 30, 420, 515
僧殘悔法 43
僧次食saṃghabhatta 290, 399, 669
僧芻 비구 551
尸棄佛 619
施論 943
尸利沙宮 968
尸利耶婆 비구 583
時分utupamāṇa 289
施越Seyyasaka 219
施衣 851
拭面巾 214
食物 62
식차마나sikkhamāna 301
新戒 10
身口習近住 542
信度河 132
新發意 143, 229
新釋迦國 836
身習近住 542
信施 166
신흥 沙門團 161
실sutta 868
실멱법tassapāpiyyasikādhamma 206
心念法 368
心念淨 193
心生悔 57
心生悔毘尼 57
心悔 57
心悔折伏 552
十可喜法 Dasa pasādaniyā dhammā 348
十德 449
十利 188, 937
十非法受 62
十非法施 62
十非法用 62
十事 74, 78
十三事 278
十夜淨 63
十種具足 243
十種受具 241
十衆具足 239
十衆白四羯磨受具 139
쎄니야 빔비싸라Seniya-Bimbisāra 왕 235
쑤라쎄나Sūrasena 269
씩가봐Siggava 350

아나율타Anuruddha 856
아난다 848, 957, 990
아난다의 미증문제 995
아난다의 소소계폐지론 995
아누룻다Anuruddha 382
阿闍世韋提希子Ajātasattu-Vedehīputta 971
阿羅漢 arahant 331, 984
阿蘭若界 900
아란야자āraññaka 809
阿蘭若住者 āraññavāsa 673, 811
아련야자āraññaka 331
阿利吒 비구 578
阿摩利園 559
아마의khoma 290
아바다나비유 126
아반띠Avanti 269
아비달마적인 계체사상 243
아사리ācariya 316
아소카 왕 비문 168
아소카 왕 72, 121, 133, 267, 351
阿濕婆Assaji 223, 224
아야교진여 978
아지따 께싸깜발라 161, 608
아지따 비구Ajitabhikkhu 440
阿波陀那 125
惡教師 944, 952
樂斷樂修聖種 941
惡道墮 62
惡說dubbhāsita 420
樂欲chanda 389
악작(죄)dukkaṭa 420, 989
안거건도 41
案達羅 123
안락phāsu 654
安息 122
安咀婆娑 844
案陀羅派 118
안타회antaravāsaka 822, 867
頞鞞Assaji 554
앗싸까Assaka 269
앗싸지Assajji 343
앙가Aṅga 269
仰鉢法 573
앙카鴦伽국 947
愛樂roceti 608
애욕愛chanda 400
夜斷ratticcheda 522, 525
야마의sāṇa 820
耶舍 81, 99
야저면의koseyya 819
野蚕衣koseyya 290
야코비 교수 73, 314
약건도 42
藥法 62
楊子dantapoṇa 868
양잠가kosiykāraka 912
魚maccha 949
어리석음癡moha 400
魚肉maccha-maṃsaṃ 947
億耳Soṇakuṭikaṇṇa 723
掩腋衣saṁkakṣikā 846, 848
업설자kammavāda 314
與戒 253
여덟 가지 장漿aṭṭha pānāni 773
餘得 196
餘得atireka-lābha 811
여래의 常法āciṇṇaṃ tathāgatena 417
여래의 所制paññattaṃ tathāgatena 417
여래의 指 858
如法dhammika 461
如法增上lajjusanna 477
여섯 가지 衣料 818
여섯 가지 털 915
餘食法 996
與欲 262
여초복지법tiṇavatthāraka 498

연화색비구니Uppalavaṇṇā-bhikkhunī 867
열 가지 분소의 814
涅槃僧nivāsana 845
閻浮果漿jambupāna 401
厭惡修行說者 Tapojigucchāvādā 168
塩淨 101
染淨 832
營事比丘navakammika-bhikkhu 397
汚家 554
汚家惡行 556
五德 451
오바밀러 88, 137
五百比丘結集三藏法品 64
五百比丘集法藏 92
오백인 건도 44
五百集法 92
悟法得道 254
五法淨 991
五事kappa 801, 937
五失 110
五人衆 269
烏長那 122
五錢 293
五淨法 984
오종 종자 794
五衆具足 239
五衆七聚 542
오토·프랑케 88
五篇七重 420
五篇七聚 424
烏廻鳩羅 451
屋內channaṃ 946
올덴베르그 67, 72, 90, 136, 351, 613, 649
嗢呾羅僧伽 844
癰gaṇḍa 279
臥具santhata 867, 912, 914, 924
臥具喜足聖種 941
瓦師子 91
完全具足 229
Pasenadi 왕 686
왕사성Rājagaha 235, 959
왕신rājabhaṭa 279
外衣saṅghāti 210, 273
遙示淨施 193
龍樹 131
用水paribhojaniy 393
용품분배인捨些細人apamattaka-vissajjaka 396
雨季衣vassikasāṭika-cīvara 874
우다인비구Udāyin-bhikkhu 867
우루빈나깟싸빠 232
우바난타 석자upnanda-sakyaputta 868
우빠굽다 128
우빠까Upaka 344
우빠삼빠다upasaṃpadā 229
우빨리Upāli 350, 384, 957, 979
우빨리문오법 61
우사gonisādika 789
우시랏다자Usīraddhaja 269
雨浴衣varṣāśaṭī-cīvara 214, 840, 874
雨浴衣vassikasāṭikā 394, 989
于闐 122
宇井(伯壽) 74, 90, 97, 136, 183
牛主Gavampati 교범바제 968
愚癡增上bālusanna 477
우타나왕Upena 998
優波那頭盧 967
優婆私 205
울다라승uttarāsaṅga 822
圓具 229
圓滿 비구 968
圓滿 229
元照 율사 828
元照 848
원형건도 133
越毘尼 57

越毘尼罪 308, 313
越惡心 57
越威儀 57
越威儀法 57
월초일식pāṭipadika 290
威德波羅提木叉āṇāpātimokkha 621, 981
威儀法 33, 274
유tela 290
유난처sārambha 680
留守人ohiyyaka 402
有餘罪sāvasesā āpatti 417
有一界別界 908
有場大界 263
遺體 993
遊行 41
肉maṃsa 949
律論 112, 243
율의『대사』Vinayasya Mahāvastu 142
律藏 89, 114
율장의 학처 187
律宗 229
飮料管理者pānīya-vārika 401
婬法methuna-dhamma 293
음식āhāra 640
飮食喜足聖種 941
음용수pāniya 393
陰藏相 993
應不應 53
應分物 62
應悔罪 539, 577
應悔罪desanāgāminī-āpatti 578
의건도 42
衣界 904
衣糧 215
衣鉢 272
의복cīvara 867
衣服喜族聖種 941
衣時 851
의욕적tibbācchanda 312
의재pāpanika 812
義淨 116, 122, 126, 848, 931
依止羯磨 548
依他圓德 251
異境界者nānāsīmāya 361
二部僧得 245, 246
異世五師 351
已信者 188
二語受戒 237
耳語行籌sakaṇṇajappaka-salākagāha 465
異業異食 908
二種毘尼 63
異住處者nānāsaṃvāsaka 361
二指淨dvaṅgula-kappa 101, 738
익혀야 할sikkhā 것pada 186
忍khanti 312
人身manussaviggaha 971
因緣 28
人現前puggalammukhatā 433
一界eka-upacāra 887
日分divāsabhāga 289
日常俗事vyāpāra 640
一食 951
一食法 947
一語受具 259
一語捨戒 62, 65
一語受戒 237
日影chāyā 289
일족eka-kula 887
日中 128
一處不住 689
一切戒 230
林相vananimitta 689
入涅槃 127
Mettiyā慈 비구니 479
自覺妙証 138
資格dasa-aṅgā 439

資具lahuparikkhāra 405
自具足 138, 139, 239, 242
자기의 청정pārisuddhi 357
慈比丘尼Mettiyā bhikkhunī 420
自誓受 243
自誓受具 240
자설경』Udāna 172
自熟sāma-pakka 779
自言治paṭiññātakaraṇa 493
自然得 242, 256
자연섭의계의 표식nimitta 886
자유bhujjissa 279
자이나교 161, 351
자이나성전 168
自恣 73
自煮 996
자자ācenipavāraṇā 662
자자건도 41
慈 비구니 422
自取食 996
作壞色 dubbaṇṇakaraṇa 832
嚼食 318
嚼食khādaniya 768
작업론자kiriyavāda 314
작용론자kiriyavāda 315
作淨kappiya-karaṇa 829, 832, 860
作淨人kappiya-kāraka 399, 782
作持戒 26, 230
殘食法atiritta-bhojana 195, 738, 951
雜事 63
雜誦跋渠 45
雜碎戒 92
雜藏 973, 983
漿ambapānam 401
杖kattaradaṇḍa 393
場界 897
長老淨 721, 984
掌堂師 402
障法antarāyikā dhammā 279
長生王Dīghāvu 695
障礙法 antarāyikā dhammā 578, 651
長衣atirekacīvara 210
쟁론쟁사vivādādhikaraṇa 416
諍毘尼:諍法 63
紵衣bhaṅga 290
紵衣sāṇa 819
적당하게kapiya 399
賊盜住 278
적응적ārādhaka 312
赤衣 837
摘耳法 63
賊住比丘theyyasaṃvāsaka bhikkhu 85, 234
癲狂apamāra 279
傳道 232
顚倒cittavipariyāsakata 482
전도사 133
傳燈師 76
傳燈相承 351
殿樓pāsāda 290, 675
傳法 41
田舍 사문 678
前安居 851
前雨安居 purmika-vassāvāda 684
展轉淨 193, 194
展轉淨施 parammukhā-vikappanā 193, 799, 859
傳持者 435
截縷淨 832
淨kappa 836
淨kappiya 720, 737
正見 207
井界 901
定共戒 243, 256
精勤者 851
正量部 112
淨法kappiyadhamma 10, 24, 42, 96, 101, 106,

111, 182, 191, 196, 209, 768, 802, 913, 938
正法 34, 129
淨法kappa/kappiya 750, 829
淨法十事 727
定賓 203
精舍vihāra 290, 675, 864
淨修 236
正受三昧 966
淨施vikappana 192, 211, 860, 861
停食食 308
淨心 100
淨人ārāmika 302, 398, 399, 671, 754, 872
정인관리인使淨人者ārāmika-pesaka 398
淨作人kappa-kāraka 750
淨廚 671
淨地sammuti 781
정진pahitattā 383
制戒 133, 185
制規 133
制法 42
제어saṃvara 180
帝帝陀羅tantidhara=經持 402, 560
提婆 44
提婆達多 951
制限淨 721, 984
早起受食 996
조복의자lūlhacīvaradhāra 813
조복자lūkhacīvara 813
調部 59, 64
粗食 941
粗衣 941
助破僧 224
粗暴kakkhaḷatta 498
族界 907
族姓者 235
宗徒pakkha 641
終生無解除 486
終身食 783
좌구gilānapaccayabhesajja-parikkhāra 868
좌구nisīdana 918
坐臥具nisīdana-santhata 918
罪āpatti 417
罪vajjaṃ 946
주처āvasa 661, 687
洲界 901
住處淨 101
住處淨 āvāsa-kappa 661,739
竹林 Veḷuvana 235
죽림가란타가원 960
죽림승가람 330
中戒 94, 175
中國madhyadeśa 142
中國majjhima-janapada 269
重器物garubhanda 406
重物 54
衆聖点記 73
重資具garuparikkhāra 406
重罪garukā āpatti 31, 417
中村 元 72,77
衆學 32
證果 207
增上見 540
增上戒 540
地窟guhā 290, 675
持摩夷者 387
持犯 28
知臥坐具人senāsana-pāññāpaka 392, 674, 687
持律者 242, 269, 387
持律者五受具 245
智者Paṇḍita 539
止靜法 592
知坐臥具人senāsanapaññpaka 440
止住pajjusan 684
止持戒 26, 230
知와 不知paññattapaññattāni 401
織物avāyimaṃ 912

進具 229
陳棄藥pūtimutta-bhesajja 196,290, 811
眞實淨 193
眞實淨施sammukhā-vikappanā 859
盡形壽yāvajīvaṃ 946
盡形壽藥yāvajīvika 774
質多羅 559
執ādāya 312
集犍度Samuccayakkhandhaka 218
集法毘尼五百人 91
執事tantibaddha 402
執事upadhivārika 401
執事人 veyyāvaccadakara 392, 872
執三杖派 Tedaṇḍika 170
集犍度 43
懲罰羯磨 538
짜르바까Carvakā 314
쩨띠야Cetiya 269
쭌다Cunda 992
車界 897
車匿Channa 비구 582
遮法 63
차설계건도 44
差僧次食人bhattuddesaka 399
差次食人 400
찬나Channa 비구 939, 997
倉界 899
菜汁ḍākarasa 772
處置服罪 43
天冠寺Makuṭabandhana 958
鐵鉢 273
첨파건도 42
請食nimantanaṃ 290, 946
靑衣 837
靑點淨 832
淸淨 visuddha 654
淸淨邊別住 suddanta parivasa 534
剃頭髮 326
剃髮者의 출현 154
初犯ādikammika 482
招食 32
髑髏鉢 214
村gāma=취락 878
村界 891
村落界gāma-upacāra=취락세분 904
村里 gama 690
村外界gāma=upacāra=마을 경계 878
村邑內gāmante 949
총간의chavadussa 812, 813
총명 유능한 비구vyatta bhikkhu paṭibala 283
塚本啓祥 77
總僧伽 376
最後心 140
추마의khoma 819, 820
麤罪duṭṭhulla āpatti 417
출가pabbajja 291
出家戒 8, 94
出家棄欲 191
出家受具 233
출가의 常法 186
出家者pabbajita 233
출가자parivrājaka 683
出罪 207
取得 229
취락nigama 690
聚落間淨gāmantara-kappa 101, 738
聚落所行處gāma-upacāra 880, 906
幟nimitta 834
齒木法 63
勅聽 253
勅聽受具 252
襯身著 928
七滅諍 satta adhikaraṇasamathā dhammā 647
七滅諍法 33
七百比丘集滅惡法品 64
七百人犍度 44

七百集法藏 101
七事 777
七日藥sattāhakālika 774
七淨法 727
枕bimbohana 393
카니시카 왕 109
코흘리개涎唾 345
크리슈나 161
唾器法 63
他出比丘 374
炭塔 965
鵽tittira 695
塔物無盡 63
塔法 58
태자 아사세 944
털을 얻는 양羊 915
테두리sāmantā 918
痛惱者vedanaṭṭa 482
투나Thūṇa 269
偸蘭遮thullaccaya 420
투석소급처 895
破見 423
破戒 423
婆裘摩河 972
婆裘河vaggumudā 971
婆羅門食 318
波羅夷pārājika 420
波羅提木叉律儀防護 613
波樓果漿phārusakapāna 401
波利 비구 331
波利邑Pāṭheyya 854
波利婆沙 298
파사닉왕 942
破石喩 295
破僧(伽)saṁghabheda 86, 224, 387, 498, 660
파승건도 663
破僧者saṃghabhedaka 384
破威儀 423
波逸提 31
芭蕉漿mocapāna 401
婆麤富羅律 114
八事成重 306
八事成重戒 305
八事『사분율』 996
八十誦律 116
八語得 252
八語得具aṭṭha vācikā-upasaṃpadā 245
八齋戒 303
八正道 111
八重法 34, 242, 245
八重法의 수구 245
偏衫 842
褊衫 848
平川 彰 38, 135, 140, 195, 231, 241
蒲桃果漿muddikāpāna 401
蒲闍尼bhojaniya= 噉食 770
포살 행사uposatha-kamma 645
포살uposatha 638, 974
포살건도 41
布薩堂 uposathagga 690
布薩舍posadha-sālā 640
포살상응uposatha-saṁyutta 740
포살식uposathika 290
폭력upaghātika 555
표식nimitta 901
푸라나캇사파 161
風俗淨 721, 984
諷誦saṃgīti 290
프라우바르너
66, 97, 117, 127, 132, 136, 143, 146, 1002
皮淨 47
피틸스키 130
피혁건도Cammakkhandhaka 41, 215
필사차Pisācillika 214
苾芻:比丘 979
河相nadīnimitta 689

下衣 273
下意羯磨paṭisāraṇyakamma 100, 226, 557
學修 sikkhā 33, 37
學修法 33
學悔 46
合一別住samodhānaparivāsa 531
解羯磨 222, 389
解界 265
解捨 265
解釋 28
解脫mokṣa 611
解脫說者 Vimuttivādā 168
행사kamma 갈마 652
行儀 32
行者yati 166, 938
행주식salākabhatta 290
行籌salākagāha 461
行籌人salākagāhāpaka 392, 464
허가anuññāta 279
顯露行籌vivaṭaka-salākagāha 465
賢聖 52
顯示羯磨pakāsaniyakamma 595
玄奘 98, 117
현전승가sammukhībhūta-saṃgha 262, 357, 740
慧說者 Paññavādā 168
火舍agnyāgāra 639
和上 271
和尙upajjhāya 233, 270, 316
和尙尼 245
화상의 이름upajjhāya-nāma 280
和尙依止 235
火神 아그니 153
和辻哲郎 69, 135, 136, 140
火葬 965
火淨 47, 308
化地 122
화지부 102, 113
화합 포살sāmaggi-uposatha 662
和合羯磨samaggakamma 389
還衣 194, 211, 913
活命派 Ājīvaka 170
黃衣 837
會堂 samayappavādaka-sāla 171
회전욕pīṭha 680
悔罪 89
灰塔 965
後雨安居pacchimaka-vassāvāsa 684
後聽淨anumati-kappa 369
휘노 88, 136
흠바라의kambala 819, 820
喜ruci 312
凞連禪河 물가 966

▌경명 · 서명 색인

『Vinayapiṭaka 律藏』 649
『가치나경』 706
『개원록』 126
『개원석경록』 73
『고대인도』Ancient India 677
『구사론기』 244
『구사론』 248
『근본설일체유부비나야송』 248
『근본유부비나야송』 249
『근본유부약사』 130

『깔라까라마경Kālakārāmasutta』 120
『깟싸빠사자후경』 168
『꾸따단따의 경』 373
『나라타깟싸빠본생경 Mahānāradakassapajātaka』 120
『남해기귀내법전』 841, 843, 929, 930
『남해기귀전』 137
『論事註』 78
『담미까경Dhammika-sutta』 183
『대반열반경』Mahāparinibbānasuttanta 83, 88, 107, 144, 145, 167, 255, 260, 313, 375, 714, 969, 987, 1001
『대방등대집경』 116
『대비바사론』 109, 132, 435
『大事』 142
『大史』 76, 123
『대지도론』 125, 968, 1006
『島史』 72, 76, 81, 123, 952
『디가니까야 열반경』 182
『디뷔야·아바다나』 236
『리그·베다』 156, 157
『마하박가』 67
『마하승기율사기』 116
『마하승기율』 84
『망월불교사전』 944
『無穢經』Anaṅgaṇa-sutta 813
『바리하드·아라냐카·우파니샤드』 Bṛhadāraṇyakopanishad 163
『바우다야나 법전』 160
『밧지론』 132
『百道梵書』Śatapatha-brāhmaṇa 153, 160, 163
『번역명의집』 401, 839, 841
『梵動經』 177
『범망경』Brahmajālasutta 95, 121, 174, 179, 971
『梵和大辭典』 845
『법구경』Dhammapada 157, 349, 579, 618, 671, 695
『법현전』 950
『普曜經』 141, 143
『본생경』Jātaka 41, 629
『部執異論』 74
『佛教經濟思想研究』 240
『불교인도』Buddhist India 67
『불니원경』 137
『佛門衣服正儀』 845
『불본행집경』 141, 143
『불설필추오법경』 65
『비니모경』 113, 236, 252, 254, 742
『사리불문경』 837
『사문과경』 95, 168, 169, 179, 615, 629, 644, 971
『사미십법병위의』 302
『사분비구계본소』 203
『四分律疏飾宗義記』 770
『사분율행사초자지기』 828
『사분율행사초』 889
『사자후대경』Mahāsīhanāda-sutta 813
『살바다비니마득가』 368
『살바다비니비바사』 255
『삼림서』 641
『삼전법륜경』 978
『서역기』 115, 764, 950
『선견율비바사』Samantapāsādikā 73, 81, 255, 350, 534, 736, 901
『小象跡喻經』Cūḷahatthipadopamasutta 121
『순정리론』 248
『숫타니파타』 154, 627, 671
『쑤뜨라끄리땅가』Sūtrakṛtāṅga 168
『아급마경』 978
『아루니카·우파니샤드』 641
『아비담장論藏』 975
『아육왕전』 74, 129
『아이따레야 삼림서』 163
『아타르바·베다』 157, 159
『앙굿따라니까야』 103

「오온개고경」 978
「오의서」 146
「우빨리문불경」 65
「원시불교의 실천철학」 68, 69
「原始佛教地誌」 269
「原始僧衣研究」 842
「원시율장과 불교문학의 始元」 66
「원시율장」 1005
「유행경」 965
「六物圖纂註」 931
「六物圖採摘」 890, 904, 910
「六足論」 131
「율이십이명료론」 113, 248, 921
「율장의 연구」 38, 135, 195
「이부종륜론」 98, 113
「인도 암굴사원」 681
「인도고대정신사」 75, 314
「인도고유명사사전」 944
「인도민족」 159
「인도찰학연구제2」 68
「人施設」Puggala-Paññatti 68
「자이나성전」 152
「자타카Jātaka本生」 141
「장로게」 695
「장로니게」 695
「전법륜경」Dhammacakkappavattanasutta 121, 977
「증일아함」 973
「천민경」 154
「天使經 Devadūtasutta」 120
「청정도론」 267
「출삼장기집」 116
「팔성도」 978
「八宗綱要」 229
「필추니계경」 625
「解說西域記」 114
「행사초자지기」 847
「火聚喩經」 Aggikkhandopamasutta 120

著者略歷

明治34年 富山縣 生
昭和 4年 大正大學文學部佛教學科卒業
昭和 8年 京都佛教專門學校教授
昭和25年 大正大學教授 · 文學博士
主要著書 論事附覺音註, 分別論, 律藏, 其他

고천 석혜능(古天 釋慧能)

동국대학교 불교대학, 동대 불교문화대학원, 해인총림율원, 영산율원, 일본 진언종 총본산 高野山 金剛峰寺 寶城院, 인도 다람살라 규뙤密教大學(上密院) 등지에서 수학 연찬하고, 해인총림 율원장, 직지사 승가대학 학장을 역임하였다. 中山慧南 大講伯으로부터 傳講(義天)을, 無縫性愚 大律師로부터 傳戒(古天)를, 佛心道文 大宗師로부터 傳法(日藏)과 海東 七佛戒脈 傳戒(古天)를 받았다. 한국역경학회(마하카샤파학회)에서 람림첸모(보리도차제광론)를 공동번역한 법연으로 달라이 라마 존자님과 까르마파 존자님으로부터 『입보리행론』과 『람림[보리도차제]』, 「마하무드라」에 근거한 구전과 가르침을 받았으며, 현재 인도 다람살라 규뙤사원(티베트불교 겔룩파 밀교대학)과, 한국 람림의 마을 원적산 보리원 람림학당에서 역경과 수행에 정진하고 있다. 『묘법연화경』, 『법화경의 세계』, 『싱갈라를 가르치다』, 『계율연구집성(비구계의 연구 4권, 비구니율의 연구 1권, 원시불교의 연구 1권)』, 『반야이취경 강해』, 『까규묀람 대기원법회 독송집』, 『입보살행론』, 『마하무드라』, 『티베트밀교명상법』, 『티베트불교수행설계도』, 『감로의정수』, 『성 묘길상진실명경』(공역), 도해 쫑카빠 대사 『람림, 깨달음의 길을 말하다』, 『문수사리에게 깨달음에 이르는 세 가지 길을 듣다』, 『〈반야학〉입문』 등 기타의 번역서가 있다.

원시불교 교단의 연구

초 판 인 쇄 | 불기 2568(2024)년 5월 15일
초 판 발 행 | 불기 2568(2024)년 5월 22일(음 4.15. 하안거 결제)

저 자 | 佐藤密雄
번 역 | 比丘 古天 釋慧能
발 행 인 | 고 천 석 혜 능
원적산 보리원 람림학당
울산광역시 울주군 웅촌면 은하1길 16-3
전화 : (052)227-4080

펴 낸 곳 | 도서출판 부다가야
부산광역시 부산진구 초연로6, 105동 1301호
전화 : (051)865-4383
등 록 | 1992년 7월 8일
등 록 번 호 | 제 5-387호

편집디자인 | 대한기획
전화 : (051)866-7818 · 팩스 : (051)864-7075
E-mail : daehan5680@daum.net

ISBN 979-11-86628-57-7 (03220)

값 45,000원

03220
ISBN 979-11-86628-57-7

『원시불교 교단의 연구』 정오표

- 17P 7줄 거갈마의 → **거죄갈마의**
- 18P 23줄 (4)화구 → **(4)와구**
- 20P 4줄 자자건도 → **별주건도**
- 88P 3줄 제1결집을 → **제1결집이**
- 142P 5줄 니사색의 → **미사색의**
- 170P 19줄 아비봐까파의 → **아지봐까파의**
- 205P 18줄 부인을 → **부인할**
- 275P 7줄 아무가 아무 스승에게 → **아무(受者)가 아무 화상에게**
- 275P 8줄 제가 아무를 ~ 10줄 들으소서. → **문장 전체 삭제**
- 287P 15줄 하도륵 → **하도록**
- 333P 17줄 10년 비구이는 → **법랍 10년 비구인**
- 404P 1줄 분작인 → **분작식인**
- 409P 19줄 지팡이枝 → **지팡이杖**
- 411P 15줄 발나타석자 → **발난타석자**
- 417P 21줄 투쟁 → **투쟁사**
- 421P 10줄 그것을 포함말했듯이 → **말했듯이 그것을 포함**
- 447P 1줄 오의 → **5의**
- 448P 5줄 제오의 → **제5의**
- 449P 15줄 들과과 → **들과**
- 460P 11줄 달뢰타 → **달뢰둔**
- 468P 6줄 될 때 → **때**
- 472 13줄 」라 하고 있다. → **」라고 하고 있다.**
- 496P 12줄 버라이 → **바라이**
- 514P 19줄 6일 → **6야**
- 517P 6줄 6일간 → **6야간**, 17줄 6일간 → **6야간**
- 549P 17줄 그기에서 → **거기에서**
- 552P 3줄 않다. → **않는다.**
- 563P 7줄 방해치는 → **방해하는**
- 570P 21줄 는 왕래하거나 → **은 왕래하거나**
- 572P 22줄 5중『오분율』은4중이라 했다은 → **5중(『오분율』은 4衆이라 했다.)은**
- 578P 16줄 이해치는 → **이해하는**
- 592P 7줄 않다. → **않는다.**
- 597P 10줄 별로로 → **별도로**
- 613P 18줄 이해치는 → **이해하는**
- 619P 16줄 비바시불 → **비발시불**
- 631P 8줄 상당시킬 → **상당하여 얻을**
- 652P 4줄 일간 → **야夜**
- 655P 14줄 「6일간」 → **「6야夜」**
- 665P 1줄 사분 → **사문**
- 674P 6줄 빔비살라 → **빔비싸라**
- 692P 6줄 않는[一所不止]의 → **않는[一所不止]**
- 696P 4줄 화되어가면 → **화되어가면서**

- 699P 12줄 해 다음 활동에 들어가는 → **연차 활동에 들어가라는**
- 705P 20줄 「가차 → 「**가치**
- 717P 8줄 더우기 → **더욱이**
- 722P 18줄 「점파 → **첨파,**
- 731P 21줄 구마의 → **추마의**
- 732P 1줄 음발라의 → **흠발라의**
- 745P 16줄 제1오의 → **제15의**
- 751P 7줄 제2 → **둘째**
- 751P 14줄 제삼의 → 셋째의
- 753P 15줄 않다. → **않는다.**
- 761P 10줄 비야리 → **베살리**
- 770P 20줄 포도니 → **포사니**, 21줄 거도니 → **거사니**
- 771P 1,7줄 포도니 → **포사니**, 3,10줄 거도니 → **거사니**
- 778P 17줄 베살리에게 → **베살리에서**
- 782P 11줄 행하여고 → **행해지고**
- 784P 1줄 비야리 → **베살리**
- 791P 19줄 된다는 둥 → **된다는 등**
- 793P 12줄 않다. → **않는다.**
- 794P 8줄 오중으 → **오종으**
- 802P 2줄 가치나의을 → **가치나의를**, 8줄 금계을 → **금계를**
- 810P 14줄 였다고 → **이었다고**
- 857P 6줄 자치나의법 → **가치나의법**
- 860P 9줄 인[一人] → **1인**[一人]
- 861P 13줄 아마 아마도 → **아마도**
- 862P 4줄 니살기발일제 → **니살기바일제**
- 865P 17줄 「망월의계」 → 「**월망의계**」
- 898P 10줄 척을 → **척를**
- 905P 4줄 마을으로 → **마을에서**
- 906P 17줄 외의겉옷가 → **외의**(겉옷)**가**
- 911P 1줄 화구 → **와구**, 8줄 생활을 → **생활이**
- 927P 19줄 않다. → **않는다.**
- 929P 6줄 일으로 → **일로**
- 937P 20줄 이해치는 → **이해하는**
- 942P 21줄 방해치는 → **방해하는**
- 943P 7줄 일찍이부터 의무이다. → **처음부터 의무가 된다.**
- 952P 9줄 미중유법 → **미증유법**
- 962P 17줄 가 있다고 하여 → **이 있다고 하여**
- 992P 8줄 꾸시나라구시성로 → **꾸시나라**(구시성)**로**
- 994P 18줄 **음마장상시비구니**陰馬藏相示比丘尼**와 노모누타족상**老母淚墮足上**을**
- 997P 8줄 두율의 → **두 율의**
- 1001P 22줄 설게 된다. → **설하게 된다.**
- 1024P 13. 자자건도自恣 → **별주건도**別住
- 1025P 15. 揵度 → **犍度**
- 1053P 2줄 반듯이 → **반드시**
- 1063P 14줄 四衣 → **四依**